L'ATLAS MONDIAL DU VIN

HUGH JOHNSON   JANCIS ROBINSON

L'ATLAS MONDIAL DU VIN

SIXIÈME ÉDITION

Traduit de l'anglais par Patricia Crossley-Lamin, Jacques Guiod, Florence La Bruyère, Catherine Sobecki

FLAMMARION

The World Altas of Wine
Hugh Johnson, Jancis Robinson

Publié pour la première fois en Grande-Bretagne en 1971, par Mitchell Beazley, une édition d'Octopus Publishing Group Ltd, 2-4 Heron Quays, London E14 4JP

Copyright © Octopus Publishing Group Ltd 1971, 1977, 1985, 1994, 2001, 2007

Texte © Hugh Johnson 1971, 1977, 1985, 1994
© Hugh Johnson, Jancis Robinson, 2001, 2007

Responsable éditorial Gill Pitts

Révision des cartes pour la sixième édition Cosmographics

Cartes originales Clyde Surveys Ltd

© Flammarion 2008 pour l'édition française
Direction éditoriale : Ghislaine Bavoillot
Adaptation de la maquette : David Fourré
Traduction : Patricia Crossley-Lamin pour l'Espagne, le reste de l'Europe, l'Afrique du Sud, l'Asie, et l'Amérique du Nord ; Jacques Guiod pour la France ; Florence La Bruyère pour le Portugal, l'Allemagne, et la Suisse ; Catherine Sobecki pour l'introduction, l'Italie, l'Amérique du Sud, l'Australie, la Nouvelle-Zélande, le glossaire, et les remerciements

ISBN : 978-2-0812-1047-9
Imprimé en Chine

Nous dédicaçons cette sixième édition de l'Atlas à Len Evans qui eut une telle importance dans le monde du vin.

Utilisation des cartes
L'échelle des cartes est très variable, car tout dépend du nombre de détails devant figurer. Chacune comporte une échelle graduée et des courbes de niveau spécifiques. Les termes en capitales (par exemple MEURSAULT) indiquent des noms et des lieux en relation avec le monde du vin. Ceux en minuscules (par exemple Meursault) apportent d'autres informations. Chaque carte est quadrillée avec, sur la page correspondant, des lettres sur le côté et des chiffres en bas. Pour trouver un château, un chai, etc., reportez-vous à l'index (pp. 385-399) qui indique le chiffre de la page et les références de la grille. Nous nous sommes efforcés de présenter des cartes aussi exactes que possible. Afin que les éditions futures continuent de répondre à cette volonté de qualité, les éditeurs remercient d'avance ceux et celles qui fourniraient des informations concernant des changements de limites ou de noms.

Page précédente Cabernet Franc en Touraine
Ci-contre Exploitation de Peter Lehmann, Barossa, Australie

Sommaire

Préface de Hugh Johnson 6
Introduction de Jancis Robinson 7

Histoire du vin 10
Le monde antique 12
Le Moyen Âge 14
L'évolution du vin 15

La culture de la vigne
La vigne 18
Les cépages internationaux 20
Les cépages régionaux 22
Le vin et les conditions climatiques 24
Le terroir 26
L'année d'un producteur de vin 28

La fabrication du vin
Faire du vin dans le vignoble 30
Faire le vin dans le chai 32
Le chêne et les autres possibilités 35
Comment est fait le vin 36

Le plaisir du vin
L'anatomie d'une propriété viticole 38
Le bouchage du vin 40
La conservation 41
Le vin et son évolution dans le temps 42
Apprécier le vin 44
Déguster un vin et en parler 48

FRANCE 52
Bourgogne 54
Côte d'Or : le facteur qualité 56
Côte de Beaune : Santenay 59
Côte de Beaune : Meursault 60
Côte de Beaune : Beaune 62
Côte de Nuits : Nuits-St-Georges 64
Côte de Nuits : Gevrey-Chambertin 66
Côte chalonnaise 68
Mâconnais 69
Pouilly-Fuissé 71
Beaujolais 72
Les crus du beaujolais 74
Chablis 75
Le cœur du Chablisien 76
Champagne 78
Le cœur de la Champagne 80
Bordeaux 82
Bordeaux : le facteur qualité 84
Nord du Médoc 86
Saint-Estèphe 88
Pauillac 90
Saint-Julien 92
Centre du Médoc 94
Margaux et le Médoc méridional 96
Graves et Entre-deux-Mers 98
Pessac-Léognan 100
Sauternes et Barsac 102
Libournais 104

Pomerol 106
Saint-Émilion 108
Vins du Sud-Ouest 112
Dordogne 115
Vallée de la Loire et Muscadet 118
Anjou 120
Saumur 121
Chinon et Bourgueil 122
Vouvray et Montlouis-sur-Loire 123
Pouilly et Sancerre 124
Alsace 126
Le cœur de l'Alsace 128
Rhône septentrional 130
Côte-Rôtie et Condrieu 132
Hermitage 134
Rhône méridional 136
Châteauneuf-du-Pape et ses environs 138
Languedoc oriental 140
Languedoc occidental 142
Roussillon 144
Provence 146
Bandol 148
Corse 149
Jura 150
Savoie 151
Vins de Pays 152

ITALIE 155
Nord-Ouest de l'Italie 158
Piémont 160
Barbaresco 162
Barolo 164
Nord-Est de l'Italie 166
Trentin 168
Haut-Adige 169
Vérone 170
Frioul-Vénétie Julienne 172
Italie centrale 174
Côte toscane 176
Chianti 178
Montalcino 181
Montepulciano 182
Ombrie 183
Italie du Sud 184
Sicile 186
Sardaigne 188

ESPAGNE 189
Côte galicienne 194
Toro 195
Ribera del Duero 196
Rioja 198
Navarre 200
Somontano 201
Catalogne 202
Priorato 204
Andalousie – Pays du xérès 205

PORTUGAL 209
   Bairrada et Dão 212
   Estrémadure et péninsule
      de Setúbal 214
   Alentejo 215
   Douro –
      le sanctuaire du porto 216
   Les lodges de porto 220
   Madère 222

ALLEMAGNE 224
   Moselle 227
   Sarre 228
   Piesport 230
   Bernkastel 232
   Ruwer 234
   Rheingau 235
   Le cœur du Rheingau 236
   Hochheim 239
   Hesse rhénane 240
   Nahe 242
   Palatinat 244
   Bade et Wurtemberg 248
   Franconie 250
   Saxe et Saale-Unstrut 251

ANGLETERRE 253

SUISSE 254
   Valais, Vaud et Genève 256

AUTRICHE 258
   Wachau 260
   Kremstal et Kamptal 262
   Burgenland 264

HONGRIE 266
   Tokay 268

**RÉPUBLIQUE TCHÈQUE
ET SLOVAQUIE 270**

SLOVÉNIE 271

BALKANS OCCIDENTAUX 272

BULGARIE 274

ROUMANIE 276

**ANCIENNES RÉPUBLIQUES
SOVIÉTIQUES 278**

GRÈCE 281
   Péloponèse 284

MEDITERRANNÉE ORIENTALE 285

AFRIQUE DU NORD 287

AMÉRIQUE DU NORD 288
   Californie 292
   Mendocino et Lake 294
   Sonoma septentrional 295
   Sonoma méridional
      et Carneros 298
   Napa Valley 300
   Rutherford 303
   Oakville 304
   Stags Leap 305
   Sud de la Baie 306
   Côte centrale 308
   Contreforts de la Sierra,
      Lodi et le Delta 311
   États du Sud-Ouest
      et Mexique 312
   Nord-Ouest Pacifique 314
   Willamette Valley 316
   Washington 318
   New York 320
   Ontario 321

AMÉRIQUE DU SUD 322
   Chili 326
   Argentine 330

AUSTRALIE 334
   Australie-Occidentale 339
   Margaret River 340
   Australie-Méridionale :
      Barossa Valley 342
   Eden Valley 344
   Clare Valley 345
   McLaren Vale
      et ses alentours 346
   Adelaide Hills 348
   Limestone Coast 349
   Coonawarra 350
   Victoria 351
   Yarra Valley 354
   Tasmanie 355
   Nouvelle-Galles-du-Sud
      dont la Hunter Valley 356

NOUVELLE-ZÉLANDE 358
   Hawke's Bay 360
   Martinborough 361
   Marlborough 362
   Central Otago 363

AFRIQUE DU SUD 366
   Constantia 369
   Stellenbosch et Paarl 370

CHINE 372

JAPON 374

RESTE DE L'ASIE 375

Glossaire 376

Index 378

Une nouvelle géographie du vin

L'intérêt pour le vin n'est pas encore un phénomène universel. Pourrai-je toujours écrire cela lorsque paraîtra la septième édition de cet atlas ? Tout va tellement vite que des parties de l'Asie, jusque-là importatrices de vin, en produisent désormais et l'exportent. Les changements en cours sont si radicaux qu'il convient d'aborder le sujet avec une prudence accrue.

Ce sujet n'a cessé d'évoluer depuis que le vin est sorti du cercle restreint, essentiellement en Europe, où il était confiné. À l'époque de la première édition, en 1971, nous mettions l'accent sur la géographie d'un vignoble, le sol et le climat mais, depuis les années 1980, les différents cépages occupent le devant de la scène.

À une époque, la qualité, avec ses secrets, reposait sur des analyses chimiques et des contrôles. Rapidement, les facteurs physiques devinrent plus importants. Il y eut ensuite la biochimie qui fit un come-back inattendu sous la forme énigmatique de la biodynamie. On s'est alors surtout intéressé aux cépages, puis aux viticulteurs. Le facteur humain occupait alors une place qu'il n'avait jamais tenue précédemment et le vin devenait une activité gouvernée par le culte de la célébrité. Avec les nouvelles méthodes de marketing, il est devenu difficile d'ignorer les effets de mode. Si un simple film peut inciter des viticulteurs à arracher une variété de raisin pour en planter une autre, on peut légitimement se demander s'il reste quelque chose de fondamental à dire à propos du vin.

Probablement pas, aurait-on tendance à conclure, si l'on en juge aux millions d'hectolitres en bouteilles qui recouvrent les linéaires des supermarchés du monde entier. Le vin de base est bel et bien une réalité, qu'il soit étiqueté en tant que vin de cépage ou sous un nom géographique. L'essentiel est qu'il soit, à quelques exceptions près, heureusement de plus en plus rares, élaboré dans les règles de l'art.

Le vin est encore loin d'être un produit comme un autre. Même un vin bu au quotidien reste associé, pour la plupart des consommateurs, à un moment agréable, une conversation plaisante et de la gaieté. Certains refusent néanmoins de payer plus que le minimum pour ce qu'ils boivent ou mangent. Les poulets de batterie ont été inventés pour eux, tout comme les vins de batterie. Mais, pour quiconque voyage, réfléchit, mange au restaurant, cuisine et partage de bons moments entre amis, c'est le choix qui compte : celui entre le goût et la culture. La simplicité et la sophistication sont tous deux à la mode. Tout comme la cuisine fusion ou italienne ou asiatique ou encore française. L'idée d'un style unique qui conviendrait à n'importe quelle culture gastronomique est dépassée. Et ce qui vaut pour la nourriture vaut aussi pour le vin. S'il existe aujourd'hui une mode, c'est bien celle de la diversité.

Où commence la diversité ? Là où elle a toujours débuté : dans les champs, les régions et les pays où l'on fait du vin, avec ceux qui le produisent et leurs ambitions. Parmi les modes fugaces du dernier quart de siècle, il y eut la tentative de rejeter la notion de terroir d'un simple abracadabra. Pour de nouvelles régions, ce n'était parfois qu'un snobisme de viticulteurs jaloux de leur réputation. Étonnamment ou non, ces mêmes régions, dès qu'elles trouvent leurs marques, regardent mûrir leur raisin, goûtent le vin de leur cuvée, se mettent à parler de « leur terroir ». On avait tendance à affirmer que le sol et le climat étaient parfaits dans toute une vallée, si vaste soit-elle, mais une génération plus expérimentée a établi des distinctions. Des sols plus légers, des pentes plus raides, des brumes matinales ou une brise en fin de journée ne sont pas ce que l'on remarque au début dans une jeune exploitation viticole mais lorsque, dix ou vingt ans plus tard, on goûte à nouveau le vin, on comprend où les grappes mûrissent en premier, où le gel sévit, où il vaut mieux planter du cabernet ou encore du merlot. S'il existe une tendance universelle, en matière d'étiquetage du vin, c'est celle qui vise à différencier une parcelle, qui confère au vin des qualités ou un caractère bien distinct, afin de pouvoir le vendre au prix fort. C'est ce type d'information qui intéresse les lecteurs de cet atlas.

Nous avons dû renoncer, par manque de place, à décrire la beauté inhérente à ce sujet. Il importait surtout de traiter les données géographiques, le sol et le climat, la culture et l'ambition humaine qui aboutissent à cette incroyable diversité de l'offre. Vous trouverez ailleurs, dans nos travaux respectifs, nos appréciations sur les vins qui justifient les aspects purement géographiques. Verre après verre, le vin nous attire et nous éblouit – ou parfois nous déçoit. Ce que nous décrivons, quand nous parlons d'une syrah poivrée, d'un riesling aux arômes de miel ou d'un côte de nuits mûr et structuré, c'est ce qui a retenu notre attention, stimulé nos papilles et suscité notre émerveillement durant de longues soirées de pur bonheur.

Lorsque nous essayons de décrire un bon vin, il ne faudrait pas voir dans les termes que nous employons une forme de pédanterie ou de rhétorique creuse. Certains vins possèdent une vigueur naturelle et une éloquence intrinsèque qui expriment mieux que tout les forces qui les ont créés. On ne peut pas remonter d'une fraise au champ, d'un poisson à une rivière lorsqu'on le savoure. Or, c'est possible avec un vin, et pas uniquement à partir de l'endroit où il a été élaboré et du fruit qui lui a donné toute sa flaveur, mais aussi de l'année où le raisin a mûri et même du vigneron qui a mené les opérations. Existe-t-il autre chose qui justifie mieux un atlas de ses origines ?

Jancis s'est attelée à l'essentiel des voyages, des recherches et de l'écriture de ce qui était, au départ, les notes que j'avais prises sur ses épaules et celles de son assistante pleinement qualifiée, Julia. C'est peu dire combien je lui en suis reconnaissant. Ce qu'elle écrit est souvent, pour moi, une révélation. Parfois, je fais un commentaire ou je rectifie un détail, mais la tâche que j'ai entreprise lui incombe désormais. Du reste, il n'y a qu'elle, j'en suis intimement convaincu, qui en soit capable. Par ailleurs, nous sommes profondément débiteurs des personnes impliquées dans la conception des cartes, les recherches iconographiques et la lecture des épreuves. Je tiens à remercier tout particulièrement Gill Pitts, notre éditeur si capable, dévoué, enjoué et infatigable. Un bon livre ne voit jamais le jour sans que certains acceptent de veiller tard. Personnellement, j'ai travaillé avec bien des personnes depuis que j'ai entrepris ce travail, il y a 36 ans. Nous n'avons jamais formé une équipe aussi soudée ni plus heureuse.

Les mutations du monde du vin

C'est la seconde fois que j'ai l'honneur de réviser un livre qui, avec ses 400 pages, n'a jamais été aussi volumineux ni, si l'on en juge par l'intensité des efforts de notre équipe ces deux dernières années, aussi satisfaisant. Cette tâche toujours plus exigeante m'a obligée à me confronter aux mutations, profondes et rapides, du monde du vin depuis la dernière édition, parue en Angleterre en 2001, deux jours après la catastrophe survenue à New York.

Sept ans seulement ont passé depuis la parution de la cinquième édition (les précédentes ayant été publiées en 1971, 1977, 1985 et 1994), mais s'il existe une constante qui vaut pour notre époque, c'est bien l'accélération, notamment du rythme des changements. Nous avons fort à faire pour réécrire et redessiner, afin que ce livre reste à la pointe de l'édition du livre sur le vin où il se trouve depuis 36 ans.

Il suffit de constater l'extraordinaire intérêt pour la consommation et la production du vin dans le monde, depuis le début de ce siècle, pour voir que le mouvement va en s'accélérant. Lorsque j'ai commencé à écrire sur le vin, au milieu des années 1970, ce fut avec une certaine inquiétude. Il faut dire qu'à l'époque, beaucoup considéraient encore le vin (et la nourriture) comme des sujets frivoles. Consacrer sa vie à l'un ou l'autre de ces sujets passait facilement pour du temps perdu à gaspiller une bonne éducation.

Aujourd'hui, tout a changé. Il semble désormais improbable qu'un homme de lettres, un champion sportif ou un capitaine d'industrie – sans oublier un nombre croissant de femmes qui s'y connaissent en vin – ne déclare pas son amour du vin, nombre d'entre eux allant jusqu'à créer leur propre marque ou domaine ou, au moins, à investir dans une cave digne de ce nom.

Le vin, qui prend désormais le pas sur la bière et les spiritueux, est devenu la boisson par excellence des pays dont l'économie gouverne le monde. Les États-Unis cherchent à s'imposer en tant que principal exportateur de vin au monde tout comme ils sont devenus, de loin, le plus gros pays producteur hors de l'Europe. Les charmes et les bienfaits sur la santé du vin ont conquis la planète, faisant même une percée importante dans une grande partie de l'Asie, un continent que l'on croyait autrefois immunisé contre le virus du vin.

LE BALANCIER DE LA MODE

Pour ne prendre qu'un exemple de la rapidité avec laquelle la mode évolue, la « chardonnay manie » semblait une menace bien réelle lors de la rédaction de la précédente édition. L'engouement pour les vins rouges l'a remplacé depuis et nous avons désormais le choix parmi une gamme impressionnante de cépages du patrimoine viticole, des variétés sauvées d'une disparition qui semblait imminente sur leur terre d'origine. Autre exemple de changement rapide, lors de la précédente édition, la viticulture biologique et, encore plus, biodynamique faisaient figure d'activité marginale. Aujourd'hui, alors que nous avons de plus en plus conscience des dangers qui menacent notre planète, rares sont les viticulteurs qui ignorent encore la nécessité de réfléchir au développement durable de leurs vignobles et les adeptes de la biodynamie comprennent désormais un nombre important de producteurs de renom.

Il est peut-être inévitable que la différence la plus notable entre cette édition et la précédente concerne les changements climatiques observés quasiment partout et leurs conséquences sur le type de vin produit localement. Les grands gagnants de ce réchauffement sont les viticulteurs des limites nord (et parfois sud) du monde viticole : Canada, Angleterre et, surtout, Allemagne où le raisin mûrit bien plus facilement que lors de la précédente édition. Les progrès technologiques, notamment la réfrigération et l'irrigation, parviennent, pour l'heure, à préserver la viticulture dans ses bastions près de l'équateur et ont permis l'apparition de nouvelles régions viticoles. Il est cependant évident qu'en de nombreux endroits de la planète, à commencer par les parties les moins prestigieuses d'Australie et de Californie, ainsi qu'en certaines zones d'Espagne, l'accès à l'eau deviendra bientôt une préoccupation majeure.

Alors que de plus en plus de viticulteurs font appel à des technologies de pointe, comme la modélisation spatiale de données, pour repérer des variations infimes dans les parcelles d'un même vignoble, nous avons vu augmenter la carte du monde viticole même si, entre la cinquième et la sixième édition, cette expansion a plus été due à des facteurs sociaux que climatologiques. L'Asie, qui était pratiquement absente avant la fin des années 1990, devrait jouer un rôle de plus en plus important en tant que consommateur et producteur de vin. Reconnaître que la Chine est déjà le sixième producteur au monde nous a obligés à couvrir davantage ce vaste continent dans cette édition (et il devrait en aller de même pour la suivante).

Étant donné la sophistication intense des producteurs californiens, nous avons traité de manière plus approfondie la Napa Valley, avec des cartes détaillées de Rutherford, Oakville et du district de Stags Leap. Également en Amérique du Nord, mais plus au nord, nous avons inclus pour la première fois une carte de l'Okanagan Valley en Colombie-Britannique, à l'ouest du Canada (une source d'intérêt relativement nouvelle).

En Australie, la carte du monde viticole continue de s'étendre vers les parties plus froides. Nous avons donc, là aussi, augmenté considérablement cette partie importante du monde viticole en ajoutant une carte de la Limestone Coast, dans le sud du pays, et ajouté de plus amples informations sur la Barossa Valley, l'Eden Valley, la McLaren Vale et les Adelaide Hills. La couverture de la Nouvelle-Zélande, avec les vignobles les plus méridionaux du monde, a été étendue avec des cartes de Martinborough et du Central Otago, un signe du succès récent du pinot noir, tandis que la région, historique mais toujours intéressante, de Constantia en Afrique du Sud a désormais elle aussi une carte propre.

Mais le vin a également évolué en Europe, comme en témoignent de nouvelles cartes de plusieurs régions allemandes, du Kremstal et du Kampta en Autriche, du Péloponnèse en Grèce et du Toro en Espagne. Suivre à la trace l'évolution permanente de la carte du vin en Espagne ces dernières années a constitué un défi, même si nous avions déjà, lors de la précédente édition, remanié toute la couverture de ce pays. La France a toujours été cartographiée avec de nombreux détails, notamment parce que son histoire du vin est particulièrement ancienne, complexe et codifiée. Nous sommes cependant très satisfaits d'une carte, nouvelle et très utile, des différents types de sols présents dans l'une des appellations les plus riches et l'une de celles qui évoluent le plus aujourd'hui, Saint-Émilion.

De tous nos achats, le vin est l'un des produits dont il est le plus facile de retrouver la provenance géographique. C'est l'une des très rares choses dont on puisse dire immédiatement qui l'a fait, quand et d'où il vient exactement. Cela justifie d'autant plus que tout amoureux du vin dispose d'un ouvrage pouvant être consulté n'importe où (dans une voiture, un champ, chez un caviste ou près d'un feu de cheminée) en lui apportant un maximum d'informations sur l'endroit précis, dans le monde, à l'origine de chaque bouteille.

Nous sommes fiers que ces cartes continuent d'être la référence des amoureux du vin, même à l'époque de Google Earth et des nombreux sites Internet. Ces cartes, qui visent à mieux faire connaître le vin et dont la complexité dépend du sujet traité, sont la grande force de cet atlas. Elles ne constituent toutefois qu'une partie de ce que ce livre offre. En fournissant des commentaires sur ce qui peut être trouvé dans et autour d'un vignoble, d'un chai et d'un verre, nous avons parfaitement conscience de notre rôle d'interprète dans un monde viticole de plus en plus complexe.

Les textes originaux de Hugh sont si plaisants à lire que, dans la cinquième édition, je les avais réactualisés avec le plus de légèreté possible. Cependant, les changements ont été si rapides durant ce siècle que j'ai dû, souvent à mon grand regret, introduire des modifications plus conséquentes pour que cette référence demeure aussi utile et d'actualité que possible. Les cartes ont aussi étaient révisées plus énergiquement.

L'objectif, comme toujours, n'est pas uniquement de fournir un nouveau guide, mais d'introduire également chaque région avec enthousiasme et des informations à jour. Hugh et moi avons essayé de prendre le lecteur par la main et de lui expliquer ce qui fait que chaque endroit est unique et comment il imprime ses spécificités au vin produit. Cependant, en raison des changements du climat, des techniques, de la mode et des régulations, ces descriptions doivent souvent être revues. Malgré les apparences, superficielles, et l'attirance viscérale pour cette boisson magique, le vin n'est pas intemporel.

Vers la fin du XXe siècle, surtout en dehors de l'Europe, les producteurs avaient tendance à utiliser le raisin de plusieurs viticulteurs différents et de l'assembler, si bien que l'emplacement d'une exploitation vinicole ne permettait plus de connaître la provenance du fruit. Toutefois, comme de plus en plus de vinificateurs se passionnent pour les spécificités de chaque parcelle de vigne, nous assistons aujourd'hui à une augmentation de la production de vins issus d'un vignoble unique. C'est pourquoi cette édition a ajouté des vignobles d'exception sur plusieurs cartes, même hors de l'Europe.

Je suis ravie de constater qu'après des décennies durant lesquelles les cépages et les techniques de vinification, sans parler des notations, menaçaient de prendre le pas sur ce qui fait vraiment un vin, le monde viticole est de plus en plus préoccupé par son aspect le plus important, sa géographie.

COMMENT FONCTIONNE CET ATLAS

Les cartes ont été conçues en pensant aux consommateurs et non aux bureaucrates. Si une appellation (AOC, DOC, DO, AVA, etc.) existe mais ne présente aucun intérêt pratique pour un amateur de vin, nous n'en parlons pas. En revanche, si le nom d'une région, d'une zone ou d'un district est pertinent, même s'il n'a reçu aucune dénomination officielle, nous avons tendance à l'inclure.

Nous avons indiqué les exploitations vinicoles qui nous semblent particulièrement intéressantes pour les amoureux du vin dans le monde entier, sur la base de la qualité ou de l'importance locale. Il devient cependant de plus en plus difficile, dans certaines parties du monde, de localiser avec précision certaines d'entre elles. Souvent, notamment en Californie et en Australie, une salle de dégustation ou un point de vente se trouve loin de l'endroit où est produit le vin (il s'agit parfois d'une coopérative vinicole). Dans ce cas, nous avons indiqué le précédent emplacement. Les producteurs de vin ne figurent cependant pas sur les cartes, exceptionnellement détaillées, de la Côte d'Or car

Les qualités et l'éthique professionnelle bien connues des Chinois sont aujourd'hui mises au service de la culture et de la fabrication du vin, comme on le voit ici à partir de Merlot, cultivé pour les Bodega Langes, propriété des Autrichiens dans la province de Hebei. Les cépages rouges de Bordeaux sont prépondérants dans les plantations chinoises plus récentes.

nous avons plutôt mis l'accent sur les vignobles (d'autant que les chais se trouvent a priori dans le même village).

Afin de faciliter la distinction entre les noms liés aux vins et aux lieux, tous les noms de vin, qu'il s'agisse d'appellation ou de cave, figurent en majuscules (par exemple l'appellation MEURSAULT) tandis que les noms géographiques sont en minuscules (par exemple le village de Meursault).

En choisissant l'ordre de présentation des différentes régions d'un pays, nous avons plutôt été d'ouest en est et du nord au sud même si, comme toute règle, celle-ci présente des exceptions. En ce qui concerne la France (une exception notable à cette règle), les vins de pays possèdent une section propre, mais leurs étiquettes apparaissent plutôt aux pages géographiques concernées.

Pour ce qui est du choix des étiquettes présentées (une innovation dans l'édition de livres sur le vin, dès la première édition), notre politique a été plus stricte que jamais. J'ai voulu que ces étiquettes reflètent mes choix personnels des meilleurs vins d'un pays, d'une région ou d'un district. Le millésime sur l'étiquette n'a aucune signification particulière même si, à l'époque de la publication, il s'agissait de cuvées remarquables. Ces choix devraient servir de guide pour au moins plusieurs années en ce qui concerne les régions viticoles embryonnaires. Le nombre des étiquettes présentées sur chaque page est souvent plus déterminé par le graphisme d'une page que par des considérations qualitatives. L'esthétique, la géographie, le type de cépage et la rédaction des légendes ont tous joué un rôle.

REMERCIEMENTS PERSONNELS

Je tiens tout d'abord à remercier plus que jamais Hugh Johnson qui n'aurait pu être un collaborateur plus généreux, talentueux, toujours de bonne humeur et d'un soutien précieux. Il semble avoir été impliqué plus étroitement dans la sixième édition que dans la précédente, examinant attentivement chaque illustration et carte, relisant chaque mot et réécrivant souvent une partie de mon texte. Un peu de sa poussière dorée parsème les textes révisés qui illuminent les cartes.

Ces deux dernières années, je me suis souvent reposée sur les compétences, la diligence et la mémoire de Julia Harding, mon assistante et, comme moi, Master of Wine [maître ès vins] qui a développé tout un réseau de généreux informateurs dans les vignobles, les caves et les laboratoires du monde entier. (Je suppose que nous devrions également reconnaître une dette immense envers les messages électroniques, magiques, sans qui la révision aurait demandé le double du temps).

Hugh, Julia, moi-même et, bien sûr, notre éditeur Mitchell Beazley avons eu la chance exceptionnelle d'avoir, pour directrice de la rédaction, Gill Pitts. Elle a accompli, comme pour la précédente édition, ce qui semblait impossible en un temps si court, sans jamais se départir de sa bonne humeur et au prix de

ABRÉVIATIONS

Les plus utilisées dans les encadrés, les cartes et au sein du texte sont :

ft pieds	**AOC** Appellation d'origine contrôlée
g grammes	**AVA** Aire de Viticulture Américaine
ha hectares	**DOC** Denominazione di Origine Controllata
hl hectolitres	
in inches	**DO** Denominación de Origen
kg kilogrammes	**EU** Union européenne (UE)
km kilomètres	**GI** Indication géographique (IG)
l litres	**INAO** Institut National de l'Origine et de la Qualité
m mètres	
mm millimètres	**OIV** Organisation internationale de la Vigne et du Vin

nombreux week-ends de travail. Elle et Julia furent si efficaces que j'ai à peine eu besoin de voir l'éditrice des cartes, Zoë Goodwin, qui a réalisé un travail véritablement magique. Tout ce que j'ai pu accomplir, je le dois en grande partie à son efficacité, à sa compétence et à sa logique impressionnante.

Tout cela vaut également pour le reste de cette équipe admirable, à commencer par Sarah Ahmed dont j'ai admiré les talents de chercheuse ainsi que Philippa Bell qui n'a pas ménagé sa peine lorsqu'elle recherchait dans le monde entier les étiquettes les plus obscures. J'ai eu aussi le plaisir de m'entretenir directement avec le directeur artistique, Tim Foster, et la rédactrice artistique, Yasia Williams. Ces conversations étaient toujours stimulantes, enrichissantes et gratifiantes. Hugh et moi sommes très reconnaissants envers les personnes citées p. 4. Grâce à elles, ce livre a pu devenir réalité.

Les autres éminences grises mises à contribution pour les cartes ont été Alan Grimwade et son équipe chez Cosmographics.

J'adresse également tous mes remerciements à tous ceux et celles qui sont cités, en particulier aux personnes oubliées par inadvertance, sur a liste des remerciements p. 400. Nous ne pouvons que bénir les innombrables informateurs du monde entier et leur bonne volonté. Nous bénissons également les progrès de la technologie qui nous ont permis de respecter les délais en communiquant si rapidement. Toute erreur dans cet ouvrage doit m'être imputée à moi, et non à eux, d'autant qu'ils ne sauraient être tenus pour responsables des nombreuses opinions exprimées et, encore moins, du choix subjectif des étiquettes.

Comme toujours, cependant, je dois l'essentiel à Nick et à nos enfants, Julia, Will et Rose, qui sont à présent suffisamment âgés pour voir que certains pourraient peut-être acheter mes livres, après tout.

DONNÉES CLÉS

Bien des cartes comportent un tableau avec des données géographiques et météorologiques ainsi que les principaux cépages et dangers viticoles. Ces informations qui reposent sur les données climatologiques fournies, en 2000, par le Dr Richard Smart et John Gwaller dépendent de l'enregistrement sur plusieurs années de stations météorologiques situées en des lieux donnés. Marquées par un triangle rouge inversé, ces stations se trouvent plutôt à proximité d'une ville et non dans un vignoble. Il peut donc y avoir de légères différences de températures. Par ailleurs, en raison des changements climatiques, la plupart des régions viticoles ont connu une légère augmentation des températures depuis le recueil de ces données. Nous ne les avons pas modifiées depuis 2000, pensant qu'elles restent suffisamment fiables pour servir de base à une comparaison entre les régions (ce qui est l'un des buts principaux).

Comparez les informations, très différentes, entre le climat chaud et sec de Mendoza et celui plus froid et humide de Mérignac. Les courbes de chaque graphique ont été tracées à partir de la moyenne des températures, minimales et maximales, et des précipitations mensuelles. Pour Mendoza, les données de l'année commencent en juillet et, pour Mérignac, en janvier.

Latitude/Altitude (en m)
En règle générale, plus une latitude est basse (près de l'équateur) et plus le climat est chaud. Mais cela peut être modifié par l'altitude, un facteur important qui détermine aussi les variations de la température diurne : plus un vignoble est en hauteur et plus la différence entre les températures diurnes (maximum) et nocturnes (minimum) est grande.

Temp. moyenne en juillet/janvier (en °C)
La température moyenne, lors du mois qui est normalement le plus chaud, est un bon indicateur de celle durant toute la période de croissance. Des études en Australie par Richard Smart et Peter Dry ont montré qu'il suffit pour cela de prendre la température moyenne du mois normalement le plus chaud : juillet et janvier dans, respectivement, les hémisphères Nord et Sud.

Précipitations annuelles (en mm)
Le total des précipitations moyennes indique la disponibilité probable en eau.

Précipitations le mois dess vendanges (en mm)
Les précipitations moyennes du mois probable de la récolte du raisin (même si cela dépend du cépage et du climat de l'année). Plus il pleut et plus le risque de pourriture est grand.

Principaux dangers viticoles
Il ne s'agit que de généralisations, pouvant inclure des risques liés au climat, comme des gelées printanières ou des pluies automnales, ainsi que des nuisibles endémiques ou des maladies de la vigne. Voir le glossaire pour de plus amples explications.

Principaux cépages
Cette liste est loin d'être exhaustive.

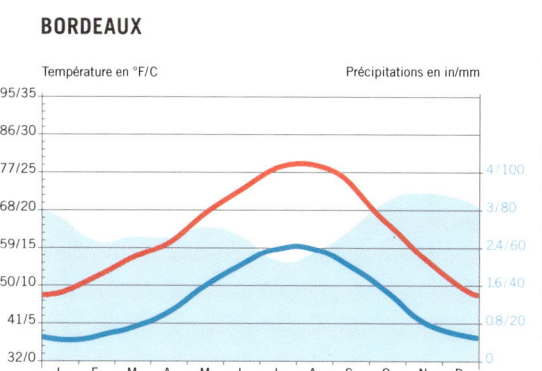

BORDEAUX

BORDEAUX : MÉRIGNAC
Latitude / Altitude **44° 50 / 60 m**
Température moyenne en juillet **20,3 °C**
Précipitations annuelles moyennes **850 mm**
Précipitations le mois des vendanges **septembre 70 mm**
Principaux dangers viticoles **pluies automnales, maladies cryptogamiques**
Principaux cépages **merlot, cabernet-sauvignon, cabernet franc, sémillon, sauvignon blanc, muscadelle**

— Température max. en °F/°C
— Température min. en °F/°C
  Précipitations en in/mm

MENDOZA

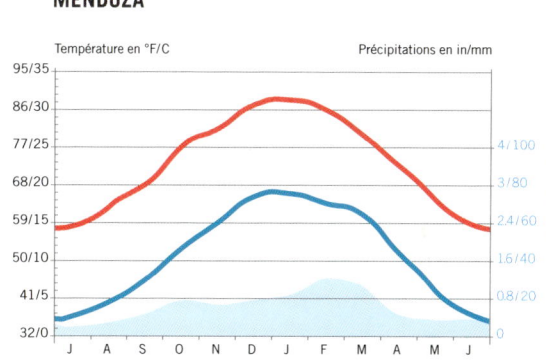

ARGENTINE : MENDOZA
Latitude / Altitude **32° 50 / 760 m**
Température moyenne en janvier **23,9 °C**
Précipitations annuelles moyennes **200 mm**
Précipitations le mois des vendanges **mars 30 mm**
Principaux dangers viticoles **grêle estivale**
Principaux cépages **bonarda, malbec, criolla grande, cereza, cabernet-sauvignon, barbera, sangiovese**

Le monde du vin

La carte du vin dans le monde ne se borne plus à deux bandes bien délimitées dans les zones tempérées de chaque hémisphère. Cette évolution tient au réchauffement climatique et aux techniques, de plus en plus sophistiquées, de la viticulture en région tropicale.

D'après les dernières statistiques de l'OIV, l'Europe reste probablement en tête, mais l'Asie, et plus particulièrement la Chine, progresse à pas de géant. Du reste, en Asie comme dans tous les autres pays marqués d'un rond, le vin est loin d'être l'unique produit de ces nouveaux vignobles. Il faut y ajouter une quantité significative de raisin, frais ou sec, ce qui fausse les rendements moyens. (L'Irak, l'Afghanistan et le Yémen, qui occupent respectivement les 25e, 26e et 32e rangs des pays viticoles, ont été omis car ils ne produisent pas officiellement du vin.) Les Amériques et l'Australie occupent une place bien plus importante que dans le milieu des années 1990, avec de nouvelles plantations de grande ampleur en Australie, au Chili et aux États-Unis – même si ce rythme a ralenti au milieu des années 2000.

En raison de l'état alarmant des vignobles dans certains pays d'Europe de l'Est, la surface viticole mondiale n'a quasiment pas augmenté entre 1998 et 2004. En revanche, la production mondiale de vin a fait un bond de près de 14 % sur la même période. Cela s'explique surtout par des techniques plus performantes et des étés plus prévisibles. Mais, si la consommation mondiale de vin a, elle, augmenté de 8 %, un problème persiste, celui de la surproduction de vins que plus personne ne veut boire. L'Europe s'enfonce dans un cercle vicieux. Elle soutient des prix élevés en distillant le surplus en alcool industriel et en subventionnant les producteurs. Des pays comme l'Argentine et l'Afrique du Sud font de leur mieux pour écouler leur surplus via du concentré de jus de raisin et des boissons à base d'eau-de-vie.

RÉPARTITION DES VIGNOBLES DANS LE MONDE

(en milliers d'hectares)

Rang	Pays	2004	1998	% Modif.
1	Espagne	1 200	1 180	-1,7
2	France	889	914	+2,7
3	Italie	849	899	+5,6
4	Ex Rép. soviétiques*	587	788	+25
5	Turquie °	570	602	+5,3
6	Chine °	471	194	-143
7	États-Unis	398	364	-9,3
8	Iran °	296	270	-9,6
9	Portugal	247	260	+5
10	Roumanie	222	253	+12
11	Argentine	213	210	-1,4
12	Chili °	189	144	-31
13	Australie	164	98	-67
14	Afrique du Sud	133	111	-20
15	Grèce	130	129	-0,8
16	Allemagne	102	106	+3,8
17	Bulgarie	97	109	+11
18	Algérie °	95	56	-70
19	Hongrie	83	131	+37
20	Brésil °	74	60	-23
21	Serbie-et-Monténégro*	72	106	+32
22	Égypte °	71	56	-27
23	Inde °	65	43	-51
24	Maroc °	50	50	0
27	Autriche	49	49	0
28	Syrie °	46	86	+46
29	Mexique °	42	41	-2,4
30	Slovaquie et Rép. tch.	31	33	+6
31	Corée du Sud	25	30	+17
33	Tunisie °	23	27	+15
34	Japon	20	22	+9,1
35	Slovénie	17		–
36	Chypre °	17	20	+15
37	Liban °	15	26	+42
38	Suisse	15	15	0
39	Pérou °	11	11	0
40	Uruguay	9	11	+18
41	Jordanie °	4	15	+73
	Total mondial	**7 591**	**7 519**	**+0,9**

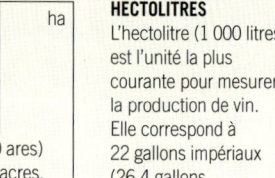

HECTOLITRES
L'hectolitre (1 000 litres) est l'unité la plus courante pour mesurer la production de vin. Elle correspond à 22 gallons impériaux (26,4 gallons américains).

Un hectare (100 ares) équivaut à 2,47 acres.

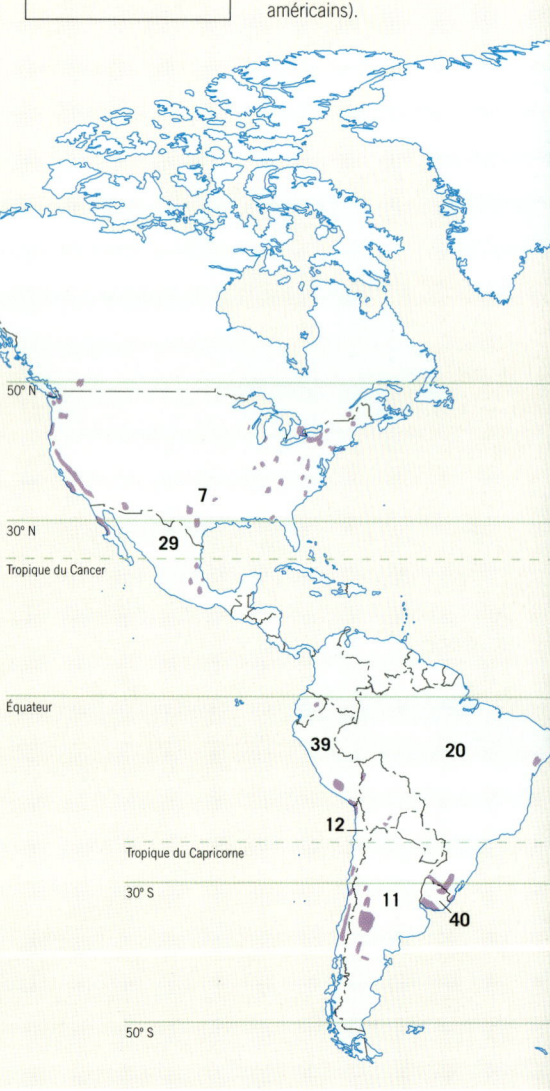

– · – Frontières
▨ Vignobles

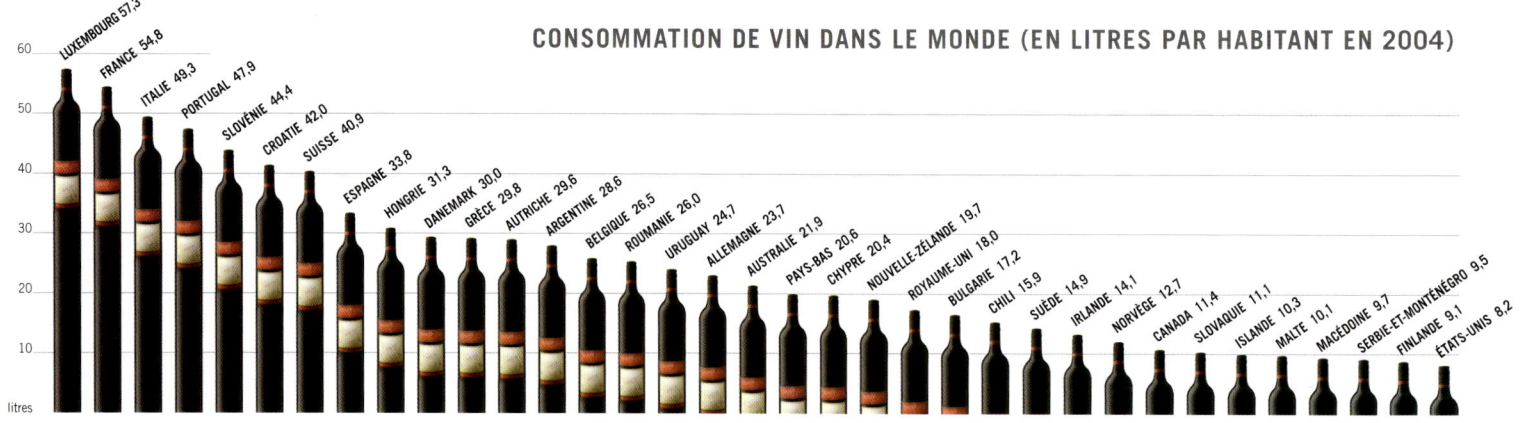

CONSOMMATION DE VIN DANS LE MONDE (EN LITRES PAR HABITANT EN 2004)

LUXEMBOURG 57,3 · FRANCE 54,8 · ITALIE 49,3 · PORTUGAL 47,9 · SLOVÉNIE 44,4 · CROATIE 42,0 · SUISSE 40,9 · ESPAGNE 33,8 · HONGRIE 31,3 · DANEMARK 30,0 · GRÈCE 29,8 · AUTRICHE 29,6 · ARGENTINE 28,6 · BELGIQUE 26,5 · ROUMANIE 26,0 · URUGUAY 24,7 · ALLEMAGNE 23,7 · AUSTRALIE 21,9 · PAYS-BAS 20,6 · CHYPRE 20,4 · NOUVELLE-ZÉLANDE 19,7 · ROYAUME-UNI 18,0 · BULGARIE 17,2 · CHILI 15,9 · SUÈDE 14,9 · IRLANDE 14,1 · NORVÈGE 12,7 · CANADA 11,4 · SLOVAQUIE 11,1 · ISLANDE 10,3 · MALTE 10,1 · MACÉDOINE 9,7 · SERBIE-ET-MONTÉNÉGRO 9,5 · FINLANDE 9,1 · ÉTATS-UNIS 8,2

LE MONDE DU VIN | 11

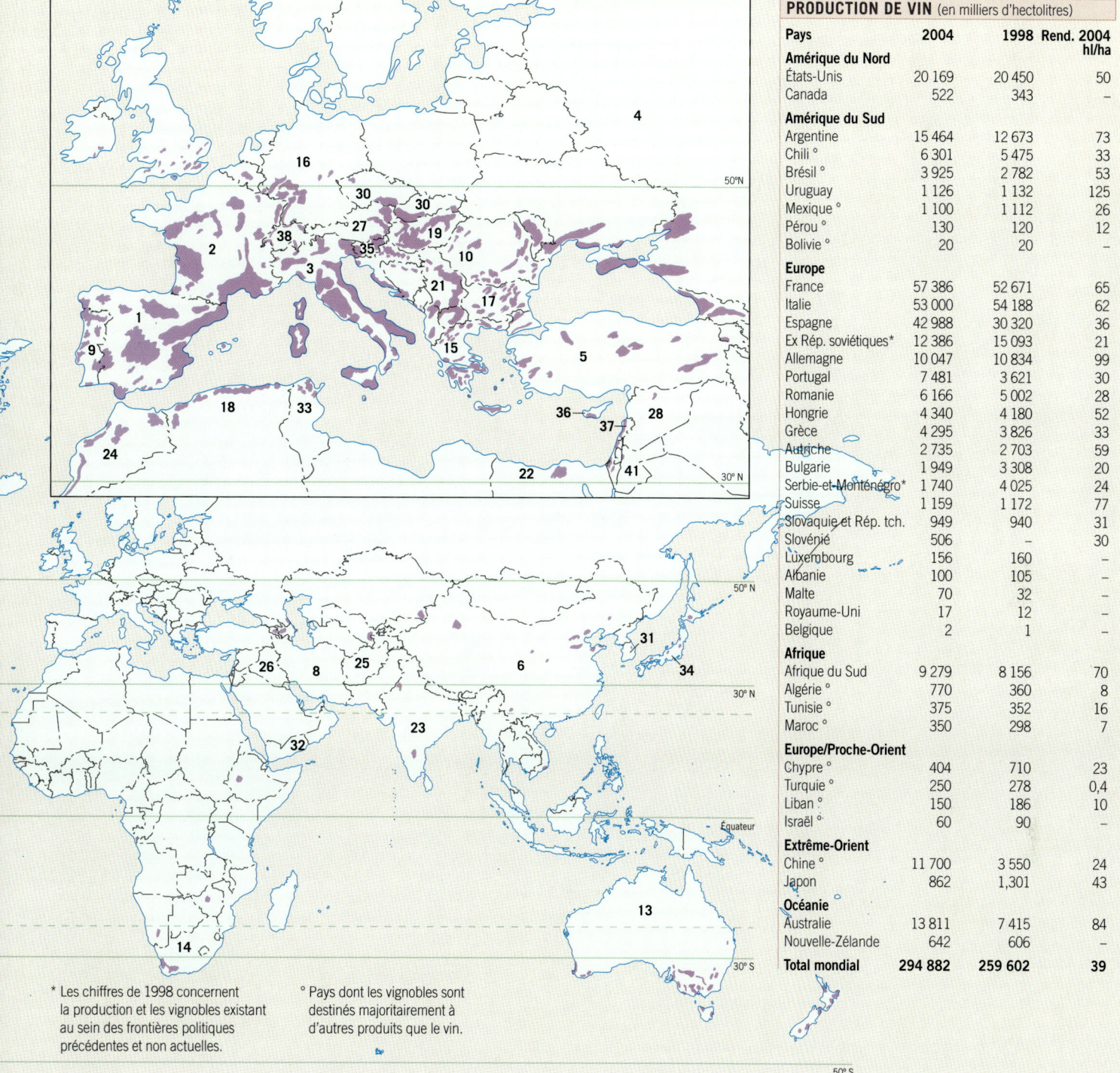

PRODUCTION DE VIN (en milliers d'hectolitres)

Pays	2004	1998	Rend. 2004 hl/ha
Amérique du Nord			
États-Unis	20 169	20 450	50
Canada	522	343	–
Amérique du Sud			
Argentine	15 464	12 673	73
Chili °	6 301	5 475	33
Brésil °	3 925	2 782	53
Uruguay	1 126	1 132	125
Mexique °	1 100	1 112	26
Pérou °	130	120	12
Bolivie °	20	20	–
Europe			
France	57 386	52 671	65
Italie	53 000	54 188	62
Espagne	42 988	30 320	36
Ex Rép. soviétiques*	12 386	15 093	21
Allemagne	10 047	10 834	99
Portugal	7 481	3 621	30
Romanie	6 166	5 002	28
Hongrie	4 340	4 180	52
Grèce	4 295	3 826	33
Autriche	2 735	2 703	59
Bulgarie	1 949	3 308	20
Serbie-et-Monténégro*	1 740	4 025	24
Suisse	1 159	1 172	77
Slovaquie et Rép. tch.	949	940	31
Slovénie	506	–	30
Luxembourg	156	160	–
Albanie	100	105	–
Malte	70	32	–
Royaume-Uni	17	12	–
Belgique	2	1	–
Afrique			
Afrique du Sud	9 279	8 156	70
Algérie °	770	360	8
Tunisie °	375	352	16
Maroc °	350	298	7
Europe/Proche-Orient			
Chypre °	404	710	23
Turquie °	250	278	0,4
Liban °	150	186	10
Israël °	60	90	–
Extrême-Orient			
Chine °	11 700	3 550	24
Japon	862	1,301	43
Océanie			
Australie	13 811	7 415	84
Nouvelle-Zélande	642	606	–
Total mondial	294 882	259 602	39

* Les chiffres de 1998 concernent la production et les vignobles existant au sein des frontières politiques précédentes et non actuelles.

° Pays dont les vignobles sont destinés majoritairement à d'autres produits que le vin.

La consommation mondiale de vin continue lentement de croître, même si elle a beaucoup diminué depuis 1998 dans les dix pays qui sont les plus gros consommateurs de vin par habitant, à l'exception du Portugal et de la Suisse où les chiffres sont restés constants. L'augmentation mondiale résulte surtout d'un engouement pour les vins dans de nombreux pays hors du club des dix, notamment les gros importateurs de vin : le vaste marché américain, l'Allemagne et le Royaume-Uni.

RÉP. TCHÈQUE 8,0 · AFRIQUE DU SUD 7,8 · ESTONIE 7,8 · RUSSIE 7,1 · LETTONIE 5,7 · ALBANIE 5,7 · LITHUANIE 5,6 · BIÉLORUSSIE 5,0 · TURKMÉNISTAN 5,0 · MOLDAVIE 4,9 · PARAGUAY 4,2 · UKRAINE 3,7 · LIBAN 3,6 · GÉORGIE 2,6 · ARMÉNIE 2,5 · BOSNIE-HERZÉGOVINE 2,4 · TUNISIE 2,2 · JAPON 2,0 · KAZAKHSTAN 1,8 · BRÉSIL 1,8 · PÉROU 1,8 · OUZBÉKISTAN 1,7 · POLOGNE 1,6 · ISRAËL 1,1 · TADJIKISTAN 1,0 · MAROC 1,0 · CHINE 1,0 · ALGÉRIE 0,8 · KIRGHIZTAN 0,6 · MADAGASCAR 0,5 · AZERBAIDJAN 0,3 · TURQUIE 0,3 · BOLIVIE 0,3 · MEXIQUE 0,1 · ÉGYPTE 0,1

litres

HISTOIRE DU VIN

Le monde antique

Le vin est apparu en même temps que la civilisation, en Orient, avant l'histoire écrite. Tablettes, papyrus et tombeaux égyptiens en apportent de nombreuses preuves. L'humanité dans laquelle nous nous reconnaissons, qui travaille, se querelle, aime et souffre, est mise en scène avec un pichet de vin. Du temps des pharaons, le vin est représenté sous des couleurs éclatantes, mais il date d'une époque trop reculée pour avoir une réelle signification pour nous. Notre « âge du vin », avec ses traces tangibles, débute avec la colonisation du pourtour méditerranéen par les Phéniciens vers 1100 av. J.-C. et les Grecs vers 350 av. J.-C. Le vin arrive alors en Italie, en France et en Espagne.

Les Grecs appellent l'Italie la Terre des vignes palissées et les Vikings surnomment l'Amérique Vínland en raison des vignes qu'on y trouve vers l'an 1000. L'Afrique du Nord, l'Espagne, la Provence, la Sicile, l'Italie continentale et la mer Noire ont déjà leurs premiers vignobles à l'époque des empires grec et phénicien.

LA GRÈCE ANTIQUE

Les vins grecs n'occupent plus une grande place aujourd'hui, mais ils sont alors abondamment loués et cités par les poètes. À Athènes, un jeu très en vogue à la fin des banquets, le *kóttabos*, consiste à lancer le fond d'une coupe de vin vers un plat posé en équilibre sur une tige. Ceux qui marquent les plus beaux points gagnent toutes sortes de récompenses. Néanmoins, le fait que le vin soit toujours coupé avec de l'eau (parfois de mer) et additionné d'herbes, d'épices et de miel incite à s'interroger sur sa qualité. Il n'en reste pas moins que les vins de plusieurs îles de la mer Égée sont très prisés, particulièrement ceux de Chio. Quant à savoir si ces vins nous plairaient aujourd'hui, il est impossible de se prononcer.

Les Grecs développent la viticulture dans le sud de l'Italie, les Étrusques en Toscane et plus au nord, puis les Romains leur emboîtent le pas. On a tant écrit sur le vin et la vinification, dans la Rome antique, qu'il est possible d'établir une carte approximative (voir ci-contre) des vins au début de l'Empire romain. Les grands auteurs, Virgile y compris, donnent des instructions écrites aux vignerons. Une phrase de ce dernier : « La vigne se plaît sur des collines découvertes » est peut-être le plus beau conseil que l'on puisse donner à un viticulteur européen. D'autres, plus calculateurs, discutent du minimum de nourriture et de sommeil nécessaires à un esclave pour qu'il soit capable de travailler. La viticulture est une activité économique majeure où prime la recherche de profit. Elle se développe dans tout l'Empire et Rome importe d'innombrables amphores rapportées par bateau de ses colonies d'Espagne, d'Afrique du Nord, de tout le pourtour méditerranéen. Pompéi étant alors une importante station de villégiature et un vaste entrepôt pour le commerce du vin, ses vestiges remarquables nous fournissent de nombreuses preuves éloquentes.

Le vin romain était-il bon ? Certains se conservaient très bien, ce qui tend à prouver qu'ils étaient faits dans les règles de l'art. On concentre souvent le moût en le chauffant et l'on conserve le vin au-dessus d'un foyer, exposé à la fumée, ce qui lui confère un goût quelque peu madérisé.

LES PREMIERS RÉCIPIENTS À VIN

3000 AV. J.-C.
Babylone
On a trouvé, notamment en Géorgie, des récipients plus anciens, mais cette pièce très travaillée révèle l'importance du vin en Mésopotamie. D'après Hérodote, les Mésopotamiens importaient leur vin par l'Euphrate. Le bec verseur fait penser au *porrón* espagnol.

VERS 1900 AV. J.-C.
Égypte ancienne
Nous en savons plus sur la viticulture, l'œnologie et les bonnes manières à table des pharaons que pour la plupart des autres époques. On buvait le vin, millésimé et issu d'un vignoble unique, dans des coupes en métal précieux. Ce gobelet en argent a été trouvé au temple de Montou près de Louxor.

560-530 AV. J.-C.
Grèce antique
Lors du symposium, une cérémonie qui clôturait les banquets, on servait le vin mélangé à de l'eau et des épices dans des jarres somptueusement décorées. Une scène conventionnelle du culte de Dionysos, le dieu du vin, orne cette amphore (une jarre à deux anses) en terre cuite.

HISTOIRE DU VIN | 13

Scène de vendanges dans l'Égypte antique, provenant de la tombe de Khaemwaset à Thèbes, vers 1 450 av. J.-C. Toutes les étapes de la viticulture et de la vinification sont illustrées avec beaucoup de vie sur les peintures retrouvées.

LES GRANDS MILLÉSIMES ROMAINS

Les grands millésimes sont commentés et bus pendant une période incroyablement longue. Le célèbre Opimian, du nom du consulat d'Opimius, en 121 av. J.-C., est ainsi encore consommé alors qu'il a 125 ans d'âge.

Les Romains ont tout ce qu'il faut pour faire vieillir le vin, même si leur matériel diffère du nôtre. Le verre, par exemple, n'est pas utilisé pour sa conservation. Les tonneaux en bois ne sont employés qu'en Gaule (qui inclut l'Allemagne). Comme les Grecs, les Romains ont recours aux amphores en terre cuite qui contiennent jusqu'à 35 litres.

La plupart des Italiens d'il y a 2000 ans buvaient probablement le vin comme leurs descendants les moins raffinés : jeune, d'élaboration plutôt grossière, piquant ou fort selon les années. La méthode romaine consistant à faire pousser la vigne sur des arbres, à l'origine des frises sur les édifices classiques, était encore pratiquée récemment dans certaines parties du sud de l'Italie et (surtout) au nord du Portugal.

Les Grecs apportèrent le vin dans le sud de la Gaule. Les Romains y feront pousser de la vigne. Lorsqu'ils se retirent de ce qui est aujourd'hui la France, au Ve siècle, ils laissent derrière eux les bases de presque tous les vignobles célèbres de l'Europe moderne.

Partant de Provence, où la vigne existe depuis plusieurs siècles grâce aux Grecs, les Romains occupent la vallée du Rhône et le Languedoc, et fondent la *Provincia Narbonensis*. Au début du XXIe siècle, nous ignorons encore quand la viticulture est apparue avec certitude dans le Bordelais. Elle est probablement bien antérieure à la première mention, faite au IVe siècle par le poète Ausonius qui vivait à Saint-Émilion, peut-être au lieu qui porte son nom (Château Ausone).

Les premières vignes sont cultivées de part et d'autres des fleuves, ces voies de communication naturelles déboisées par les Romains pour prévenir tout risque d'embuscade et pratiquer l'agriculture. En outre, les navires sont le meilleur moyen pour transporter les lourds fûts de vin. Bordeaux, les cités de Bourgogne et Trèves (Trier) sur la Moselle, dont le musée conserve un bas-relief de bateau avec sa cargaison de vin, sont probablement à l'origine des centres marchands pour l'importation du vin italien ou grec avant qu'ils ne se mettent à en produire eux-mêmes.

Au Ier siècle, la vigne pousse le long de la Loire et du Rhin, au IIe siècle en Bourgogne, au IVe siècle à Paris (une piètre idée), en Champagne et le long de la Moselle. Les vignobles de la Côte-d'Or, en Bourgogne, sont plus surprenants car dépourvus de voie navigable. Cependant, comme ils se trouvent là où la route principale septentrionale (qui part de Trèves, surnommée la Rome du Nord) jouxte la province opulente d'Autun, il est probable que les Autunois y auront vu une belle opportunité commerciale. Ils ont ensuite découvert qu'ils avaient choisi un coteau en or. Les bases de l'industrie actuelle du vin français sont en place.

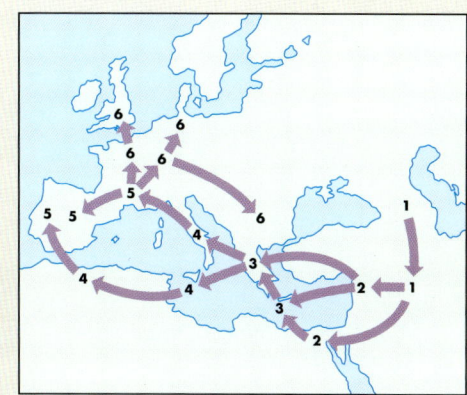

Débutant dans le Caucase ou la Mésopotamie 1, en 6000 av. J.-C., la vigne est cultivée en Égypte et en Phénicie 2 vers 3000 av. J.-C. Elle arrive en Grèce 3 en 2000 av. J.-C. puis en Italie, en Sicile et en Afrique du Nord 4 en 1000 av. J.-C. Lors des cinq siècles suivants, elle atteint l'Espagne, le Portugal, le sud de la France 5 et le sud de la Russie. Elle gagne grâce aux Romains, le nord de l'Europe 6, jusqu'en Grande-Bretagne (voir la carte ci-contre).

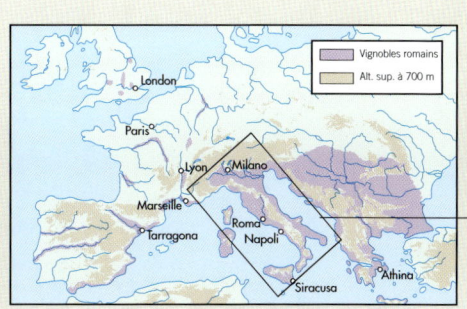

Vignobles et vins romains en l'an 100 La carte ci-dessus montre la répartition sommaire de Vitis vinifera dans l'Empire romain en l'an 100. Elle est incroyablement similaire à celle des vignobles actuels, même si la vigne est beaucoup moins présente en Espagne et au Portugal, un peu moins en France et bien plus dans l'Europe de l'Est (et apparemment aussi en Grande-Bretagne). La carte ci-contre est une reconstitution des vignobles en Italie cette même année. Les noms des villes actuelles sont en gras et ceux des vins en maigre.

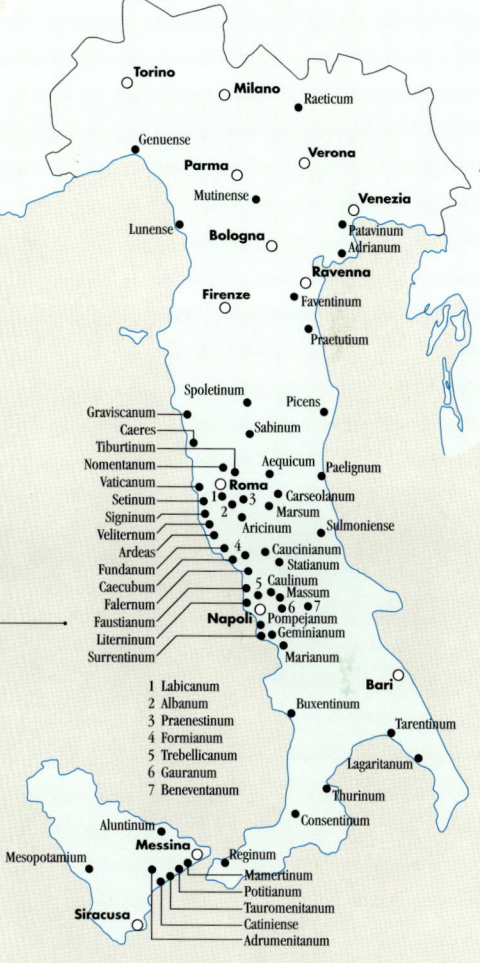

VERS 500 AV. J.-C.
Thrace
Le pays au nord de la Grèce était réputé pour son travail des métaux précieux. Ce rhyton (vase à boire) en or massif représente une tête de biche surmontée de nymphes. Trouvé à Panagyurishte, en Bulgarie, au XXe siècle, il témoigne du respect, immense, envers le vin qu'il renfermait.

400 AV. J.-C.
Étrurie
Les Étrusques peuplaient la région entre la Toscane et Rome. Ils furent les premiers, en Italie, à apprécier le vin avant que les colonisateurs grecs ne l'introduisent dans le Sud. Cette cruche en bronze est peut-être le portrait d'un jeune homme. La vie des Étrusques reste, en grande partie, mystérieuse.

100 APR. J.-C.
Rome antique
Les Romains utilisaient des matériaux que nous connaissons, comme le verre, pour boire le vin, mais le plus recherché était la murrhe, une matière précieuse trouvée en Perse et réputée pour en développer le bouquet. Il semble que les riches mordillaient ces tasses à vin si précieuses.

Le Moyen Âge

Au sortir de l'Âge des ténèbres qui suit la chute de l'Empire romain, la période médiévale nous montre, dans ses ravissantes pages peintes, une scène familière : des personnes qui prennent plaisir à boire du vin. La vinification évoluera peu jusqu'à notre époque actuelle. Dépositaire des savoirs, l'Église perpétue alors l'administration impériale romaine. L'empereur Charlemagne instaure un nouveau système et promulgue de grandes lois en faveur d'un meilleur vin.

Les monastères, en plein essor, défrichent les collines et érigent des murs autour des champs de vigne. Les vignerons leur lèguent leurs terres, lorsqu'ils meurent ou partent aux croisades, si bien que l'Église devient liée au vin, qui est le sang du Christ mais également un produit de luxe. Les cathédrales, les églises et, surtout, les monastères, possèdent ou créent la plupart des grands vignobles d'Europe.

Depuis leurs abbayes de Monte Cassino, en Italie, et de Cluny, les bénédictins cultivent les meilleurs vignobles. Leur mode de vie deviendra célèbre : « Se lever de table les veines gonflées et la tête en feu. » Leurs grands monastères comprennent Fulda, près de Francfort, Lorsch, près de Mayence, et d'autres établissements en Alsace, en Bavière et en Autriche.

La réaction survient en 1098 lorsque Robert de Molesme quitte les bénédictins pour fonder, à Cîteaux, non loin de la Côte d'Or, l'ordre ascétique des cisterciens. Cet ordre, qui rencontre un énorme succès, est à l'origine du « climat » de clos-vougeot, en Bourgogne, et du vignoble de Steinberg dans le Rheingau, près de leur abbaye de Kloster Eberbach, ainsi que de magnifiques monastères dans toute l'Europe, comme celui d'Alcobaça au Portugal.

Avec ses vignobles florissants, Bordeaux est l'unique exception à la domination de l'Église. Son essor est d'ordre strictement commercial. De 1152 à 1453, suite au mariage d'Aliénor avec Henri II, le duché d'Aquitaine passe à l'Angleterre qui sera alors régulièrement approvisionnée par bateaux en « claret », ce vin nouveau qu'aiment tant les Anglais.

Mais c'est à l'Église et aux monastères, dont les outils, les termes et les techniques semblent immuables, que nous devons certains vins et même cépages. Au Moyen Âge, peu de choses sont aussi strictement réglementées que le vin et la laine, les deux principaux produits de luxe de l'Europe du Nord. Leur commerce enrichit les bourgeois, en Flandre surtout et aussi dans les grandes foires annuelles de Champagne qui attirent même des marchands transalpins. Cependant, aucune région n'est plus obsédée par le vin que l'Allemagne où l'on fabrique d'énormes barriques, appelées tonnes, pour conserver les grands millésimes. À Heidelberg, une tonne équivaut à 19 000 douzaines de bouteilles. Les connaissances sont probablement rudimentaires mais, en 1224, le roi de France organise un concours international de dégustation. « La bataille des vins » comprend soixante-dix participants d'Espagne, d'Allemagne, de Chypre et de toute la France. Le juge est un prêtre anglais. C'est Chypre qui gagne.

L'art de faire du vin a peu changé au Moyen Âge, comme au cours des siècles suivants. On sélectionnait alors des cépages, en s'efforçant de les améliorer. Dans cette scène de vendange, seuls le style et le costume diffèrent de ce que l'on voyait dans pratiquement toute l'Europe au début du XXe siècle. Le transport à dos d'âne était bénéfique, efficace et, bien sûr, écologique. Cette tapisserie du début du XVIe siècle est l'une des cinq qui représentent ce thème. Tissée à Tournai, alors aux Pays-Bas, elle se trouve aujourd'hui au grand musée du Vin dans l'art du Château Mouton-Rothschild dans le Médoc.

L'évolution du vin

Jusqu'au début du XVIIe siècle, le vin est l'unique boisson saine et qui se conserve – jusqu'à un certain point. L'eau est généralement impropre à la consommation, du moins en ville. La bière, sans houblon, devient vite imbuvable. Les alcools forts et les boissons caféinées n'existent pas encore...

Les Européens boivent du vin en quantité difficile à concevoir aujourd'hui. Il est probable que nos ancêtres étaient perpétuellement en état d'ébriété. Les descriptions du vin antérieures à 1700 ne permettent pas d'en connaître le goût ou le style, car elles font juste référence à des recommandations royales ou des propriétés miraculeuses. La seule exception est le commentaire de Shakespeare dans *Henri IV*: « Un vin merveilleux pour échauffer, et qui vous allume le sang avant qu'on ne sache quoi ni comment. »

Tout change au XVIIe siècle avec le chocolat, venu d'Amérique centrale, puis le café d'Arabie et enfin le thé de Chine. Les Hollandais développent la distillation et achètent d'énormes quantités de vin blanc bon marché qu'ils utilisent pour leurs alambics. Le houblon améliore la qualité de la bière. Les grandes villes amènent par canalisations l'eau potable dont elles manquaient depuis l'époque romaine. L'industrie du vin est menacée.

Ce n'est pas un hasard si la plupart des vins que nous connaissons aujourd'hui remontent à la seconde moitié du XVIIe siècle. Cependant, cette évolution aurait été impossible sans l'invention, fort opportune, de la bouteille en verre. Depuis les Romains, le vin passe toute sa vie dans un fût. Des bouteilles, ou plutôt des pichets, en terre cuite ou en cuir, servent juste à l'apporter à table. Le début du XVIIe siècle voit l'amélioration de l'art de fabriquer le verre, ce qui donne des bouteilles plus solides et moins onéreuses à souffler. Au même moment, quelqu'un a la bonne idée de réunir la bouteille, le bouchon et le tire-bouchon.

Peu à peu, il devient évident qu'un vin en bouteille fermée par un bouchon se conserve mieux que dans un fût, où il se dégrade rapidement après qu'on a percé le tonneau. Il vieillit en outre différemment et acquiert du « bouquet ». Le vin de garde apparaît alors et, avec lui, la possibilité de doubler voire de tripler le prix des vins qui vieillissent bien.

Le propriétaire du Château Haut-Brion a, le premier, l'idée de « réserver » des vins. Les raisins sont sélectionnés, récoltés tardivement et donnent un vin puissant, soigneusement élaboré et mûr. Vers 1660, il ouvre une taverne à Londres, sous le nom de Pontac's Head, afin de faire la promotion de son vin.

Au début du XVIIIe siècle, les bourgognes évoluent eux aussi. Jusque-là, les plus prisés sont le volnay et le savigny. À ces vins de primeur, on préfère désormais des vins de garde, plus sombres et fermentés, en particulier ceux de la Côte de Nuits. Le pinot noir devient, en Bourgogne, le seul cépage pour le rouge. Il sera également adopté en Champagne. En Allemagne, les meilleurs vignobles sont replantés avec du riesling. Quant aux autres régions, elles continuent de tâtonner.

Depuis la fin du XVIIe siècle, les Anglais boivent du porto, car le vin français qu'ils aiment tant est devenu prohibitif (les taxes ne cessent d'augmenter à cause d'un état de guerre pratiquement ininterrompu). C'est le premier vin à tirer profit de la mise en bouteille. Son succès grandissant, au fur et à mesure qu'il prend de l'âge, aura raison des réticences initiales.

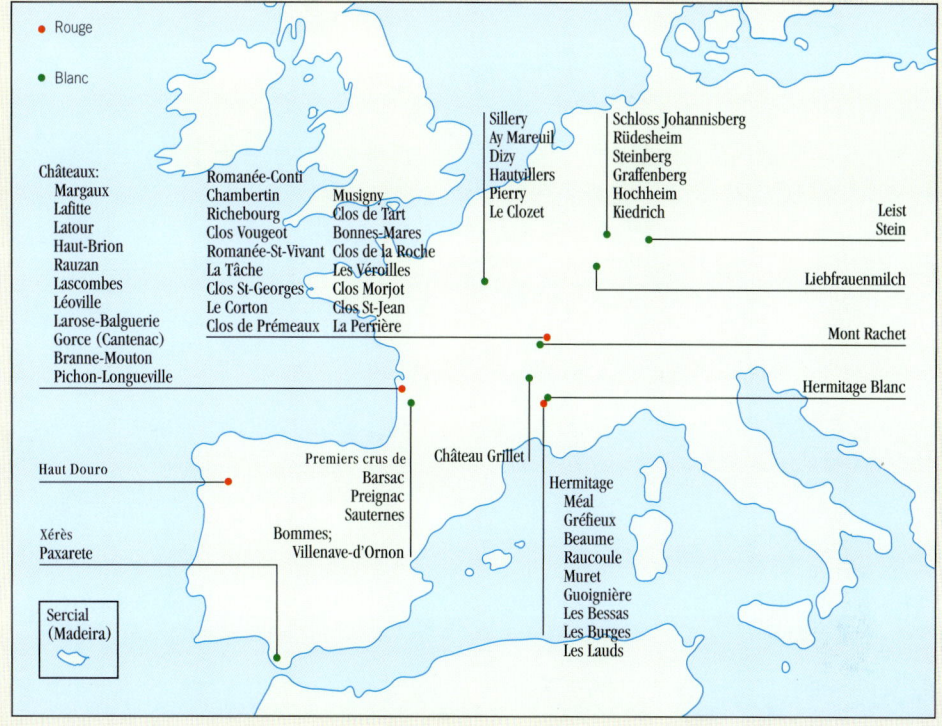

Il est fascinant de comparer le classement des grands vins du monde, réalisé par André Jullien en 1866, avec nos goûts actuels. Sa Topographie de tous les vignobles connus *présente, sur cette carte, les vignobles avec leur orthographe d'alors.*

L'ÉVOLUTION DE LA BOUTEILLE DE PORTO

En 1708, le porto est conservé en carafe. Sa forme pansue se rapproche des proportions modernes en 1793. Lorsqu'on découvre que le porto vieillit bien, on allonge la forme de la bouteille afin de pouvoir la coucher.

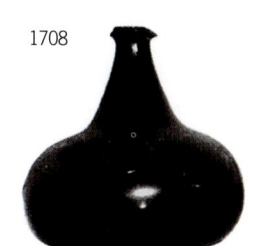
1708

1719

1739

1741

1753

1780

1793

Ouvriers posant en 1885 devant la tour du Château Tahbilk, dans le Victoria (Australie). L'exploitation, créée en 1860, fut l'une des rares à survivre aux ravages du phylloxéra dans les années 1870. Elle a aujourd'hui le statut de National Trust.

Cette tendance est illustrée par l'évolution de la forme de sa bouteille au XVIIIe siècle (voir page précédente).

En 1866, André Jullien publie les degrés alcooliques des récents millésimes. Les bourgognes sont, selon nos critères actuels, redoutables : 15,6° pour le corton 1858, 14,3° pour le montrachet 1858, 14,9° pour le volnay 1859, 14,3° pour le richebourg 1859, alors qu'en même temps le degré d'alcool des bordeaux n'est que de 8,9° pour le château lafite et (c'est le maximum) de 11,3° pour un saint-émilion supérieur.

Cette faiblesse naturelle en alcool des bordeaux explique une étonnante habitude. Jusqu'au milieu du XIXe siècle, les vins pour l'Angleterre (essentiellement les meilleurs bordeaux) subissent un « travail à l'anglaise ». On ajoute, à chaque fût de « claret », 30 litres de vin espagnol (alicante ou benicarlo), 2 litres de moût de cépage blanc non fermenté et une bouteille d'eau-de-vie. L'été qui suit la vendange, le vin est remis à fermenter avec ces additifs, puis traité comme les autres vins et élevé plusieurs années en fût avant son envoi par bateau. Ce vin puissant et riche en arômes, mais « qui monte à la tête et ne convient pas à tous les estomacs », rapporte plus qu'un vin naturel.

Ces pratiques peuvent heurter à une époque où l'on recherche l'authenticité, parfois au prix de la qualité. Pourtant, c'est comme si l'on s'insurgeait d'ajouter de l'eau-de-vie à un porto. Nous aimons le vin de Douro avec un peu d'eau-de-vie et nos ancêtres préféraient un peu d'alicante dans leur lafite.

Au XIXe siècle, le champagne est somme toute similaire à ce qu'il est aujourd'hui, si ce n'est qu'il est plus sucré, coloré et riche en flaveur. Le porto et le xérès ont été améliorés. Certains vins doux sont plus puissants : le málaga et le marsala sont célèbres entre tous. Le madère, le constantia et le tokay sont aussi prisés qu'un trockenbeerenauslese allemand.

Le commerce du vin est en plein essor. Dans les pays viticoles, l'économie repose pour beaucoup sur le vin. En 1880, 80 % des Italiens dépendent du vin pour vivre. L'Italie (en Toscane et dans le Piémont) et l'Espagne (dans la Rioja) créent les premiers vins modernes d'exportation. La Californie connaît sa première ruée vers le vin. Cependant, cet essor sera frappé de plein fouet par le phylloxéra (voir pp. 18-19). La nécessité d'arracher la plupart des pieds de vignes semble alors marquer le glas du monde viticole.

Rétrospectivement, la rationalisation des plantations, l'introduction du greffage et la sélection accrue des meilleurs cépages ont permis un nouveau départ. Celui-ci a, cependant, subi divers contretemps : surproduction, fraudes, prohibition, dépression, guerres mondiales et... mauvaises conditions climatiques. Si l'on prend l'exemple du bordeaux, sur quarante ans, seules onze années sont satisfaisantes. C'est dans ce climat morose que la France met peu à peu en place le système des appellations contrôlées (voir p. 52). La notion de terroir est alors codifiée.

SCIENCE ET INDUSTRIE

Le XXe siècle connaît deux révolutions dans le monde du vin, scientifique et industrielle. Au début, on ne réalise pas pleinement la portée des découvertes de Pasteur. La fermentation ne relève plus du mystère mais peut être contrôlée. Bordeaux crée le premier diplôme universitaire en œnologie. Montpellier, Geisenheim, Davis (en Californie) et Roseworthy (en Australie) font de même pour la viticulture. Le monde viticole a eu son lot de problèmes à résoudre. Il doit à présent prendre les décisions qui s'imposent, à commencer par le choix de meilleurs cépages.

Il faut attendre les années 1950, lorsque les États-Unis sortent de la Prohibition et que l'Europe se remet de la guerre, pour qu'un semblant de prospérité revienne dans les châteaux, les caves et les domaines.

Pour les pays chauds du Nouveau Monde, la véritable révolution tient à la réfrigération et à la capacité de refroidir le moût qui fermente.

ÉVOLUTION DE LA PRODUCTION DU VIN À BORDEAUX

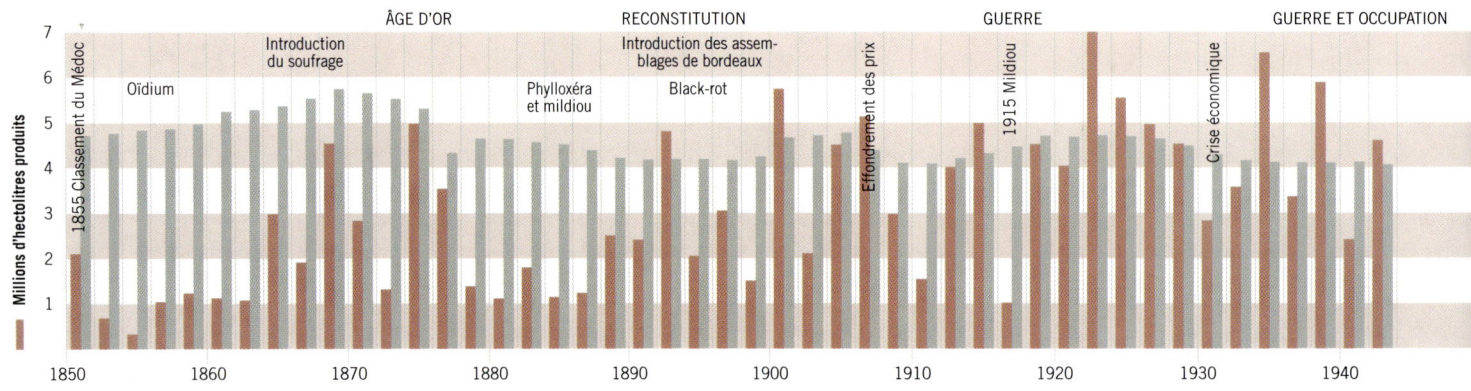

HISTOIRE DU VIN | 17

Jusque-là, presque tous les vins de table aromatiques, équilibrés et de bonne garde venaient du nord de l'Europe. Désormais, la Californie entre en religion avec les vins de cépage. Leur variété est peu nombreuse : zinfandel, seul cépage californien ; chardonnay, « unique source des grands bourgognes blancs français » ; et cabernet, « premier cépage de rouge du Bordelais ». L'Australie, où les premiers viticulteurs avaient planté de la syrah, du sémillon et du riesling, s'empresse d'introduire ce que le monde entier réclame.

L'ère viticole moderne débute dans les années 1960 avec l'apparition, quasi simultanée, d'ambitieuses entreprises de vinification en Californie et en Australie et, peut-être plus encore, le lancement par E. & J. Gallo de vins de table agréables qui attirent un nouveau public.

LE CHÊNE COMME FAIRE-VALOIR

Les nouveaux producteurs de vin peuvent désormais faire face à la demande, car ils maîtrisent cette science qui leur permet d'améliorer la qualité et la technologie. Leur ambition semble sans limites. Le fût de chêne français est la grande découverte des années 1960. Utilisé à bon escient, il donne à des vins issus de différents terroirs la possibilité de ressembler aux grands « classiques » de France, comblant le fossé qui existait entre les vins français et ses imitations.

Le XXIe siècle a débuté avec une surproduction, potentiellement problématique, de bons vins issus d'un nombre incroyable de provenances. Les progrès scientifiques et technologiques ont permis, à la fin du XXe siècle, de faire un pas de géant dans le domaine de la communication, ce qui a favorisé la compétition mondiale.

Il reste peu de secrets, si ce n'est aucun, dans ce monde autrefois très fermé. Le « vigneron itinérant » est une invention des années 1980 : un professionnel acquis aux dernières connaissances, souvent australien, employé au départ pour faire du vin en Europe, lorsque c'est l'été en Australie, et qui élabore aujourd'hui plusieurs vins à la fois aux quatre coins de la planète. Les producteurs de vin, itinérants ou non, dévoilent parfois tout leur savoir-faire sur les contre étiquettes. Le danger permanent de la mondialisation est, bien sûr, que le marketing prenne le pas sur ceux qui ont les mains tachées de vin. Leurs marchands ont les coudées franches pour inonder le marché de vins qui se sont bien vendus l'année précédente, faisant fi des meilleures potentialités d'un vignoble.

Le danger de l'homogénéisation des vins, où chaque producteur vise le marché mondial, existe bien, mais cela ne gêne nullement la plupart des consommateurs. Les buveurs de vin basique, majoritaires, veulent de la constance. La diversité équivaut à de la confusion et à une perte de confiance. Les Anglo-Saxons apprécient que les étiquettes soient en anglais, ce qui contribue au succès des vins du Nouveau Monde.

D'un autre côté, certains deviennent peu à peu des connaisseurs et s'intéressent à ce qu'ils boivent. Les vins de qualité prennent le pas sur ceux de table. Une tendance que la future surproduction ne peut qu'accélérer.

L'heure n'est plus, par exemple, au chardonnay vendu massivement à bas prix et à grands renforts de publicité. Les consommateurs, avertis, acceptent de payer plus cher. Il est évident, depuis les dernières décennies du XXe siècle, que les jours des vins quelconques sont désormais comptés. Les vignobles du sud de la France, qui produisaient autrefois du vin ordinaire, proposent désormais des vins du pays. Un tel succès stimule les producteurs.

Plusieurs raisons incitent à croire que la diversité a le vent en poupe. C'est ainsi que des producteurs ambitieux du Nouveau Monde remplacent du cabernet et du merlot par du sangiovese, du nebbiolo, du tempranillo, du touriga nacional et de grandes étendues de syrah (en Australie). Des signes réconfortants montrent que les producteurs du monde entier se plaisent à proposer quelque chose qui sorte du lot, que cela tienne à des conditions locales très spécifiques ou à un cépage local, indigène, pratiquement disparu. Cela ne facilite pas la tâche, mais le vin est naturellement complexe, et c'est tant mieux.

Le terme de « vigneron itinérant » s'est d'abord appliqué à un Australien, Nigel Sneyd. Tony Laithwaite, de la société anglaise Bordeaux Direct, l'emmena avec lui en 1987 pour superviser la production de vin millésimé à la coopérative de Saint-Vivien, en Dordogne.

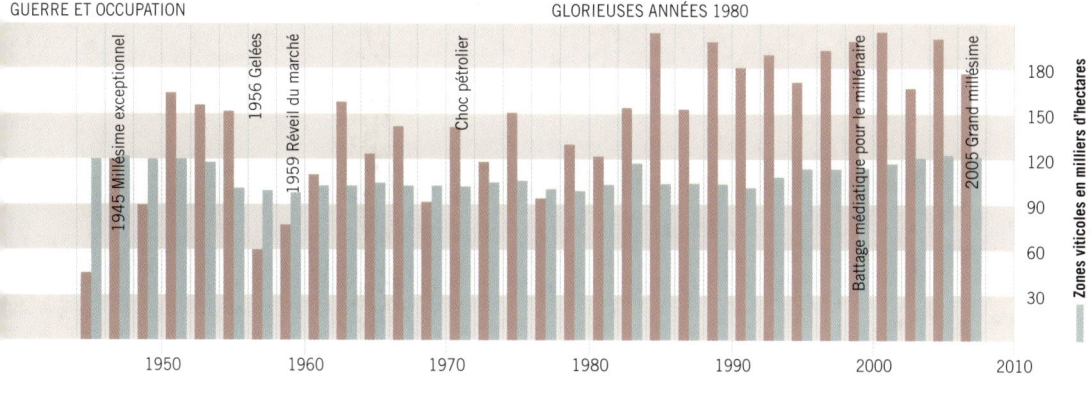

À gauche La région viticole de Bordeaux et sa production de vins en lien avec les guerres, les épidémies de peste, les maladies, les récessions, les inflations, et les conditions météorologiques, données réunies jusqu'en 1988 par Philippe Roudié, de l'Université de Bordeaux. Deux auxiliaires chimiques importants, le soufre (contre l'oïdium) et un mélange de Bordeaux (sulfate de cuivre et chaux) contre le mildiou, eurent un effet immédiat. Les années 1990 furent dominées par des différends concernant les prix. Le siècle qui commence connaîtra-t-il des vendanges de plus en plus chaudes ? Jusqu'à présent, elles ont été inégales comme jamais.

La vigne

Il est extraordinaire que cette boisson si variée et évocatrice, que nous appelons du vin, résulte de la fermentation du jus d'un fruit unique, le raisin. Chaque goutte de vin provient de la pluie (et de l'eau d'irrigation dans les régions plus chaudes) récupérée dans le sol par les racines de la plante qui porte les grappes, la vigne, ainsi que du soleil qui, grâce à la photosynthèse et aux nutriments, donne le sucre qui, en fermentant, se transformera en alcool.

Pendant les deux à trois premières années, la vigne est trop occupée à créer son système racinaire et à se constituer un pied solide pour donner plus de quelques grappes. Ensuite, si on laisse faire la nature, elle devient rampante et donne quelques fruits, mais dépense l'essentiel de son énergie à produire de nouvelles pousses et de longs sarments. Elle cherche alors, si possible, un arbre sur lequel grimper et finit par recouvrir pratiquement un demi-hectare de sol, avec de nouveaux systèmes racinaires qui se forment dès qu'un rameau touche le sol.

Cette forme de reproduction, appelée provinage, était utilisée dans l'Antiquité pour créer un vignoble. Afin d'empêcher que les raisins ne pourrissent ou ne soient mangés par des souris (ils reposaient sur le sol), des tuteurs soutenaient chaque tige. Si la vigne poussait près d'un arbre, elle utilisait ses vrilles pour grimper à des hauteurs vertigineuses. Les Romains plantèrent des ormes dans ce but. Ne voulant pas risquer de perdre leurs esclaves, ils embauchaient des travailleurs indépendants pour la vendange.

Bien sûr, on ne laisse plus les vignes modernes gaspiller leur énergie. On les empêche de devenir vigoureuses, avec de longs sarments feuillus (voir p. 29). Les raisins de qualité supérieure poussent sur un sol modérément fertile, les ceps étant taillés l'hiver et régulièrement rabattus pour limiter le nombre de bourgeons.

Comme la plupart des autres végétaux, la vigne se reproduit à partir d'une graine pouvant donner une variété différente. Étant donné que les viticulteurs veulent une réplique exacte de la vigne cultivée, ils prélèvent des boutures. Les pépins ne servent que pour des expérimentations sur des croisements entre cépages différents.

Pour obtenir un nouveau vignoble, on plante des boutures qui prendront racines seules ou après greffage sur un porte-greffe, déjà enraciné et choisi en fonction du sol ou pour sa résistance à la sécheresse ou encore, par exemple, aux nématodes (de minuscules vers).

Les pépiniéristes s'efforcent de ne prélever des boutures que sur des plantes saines, exemptes de virus. Les plants greffés sont conservés un an en pleine terre, où se développent les racines. En cas de risque d'infection virale, on cultive les boutures en laboratoire, à partir de scions sains, jusqu'à l'apparition des racines.

En vieillissant, les racines principales du pied de vigne s'enfoncent dans le sol à la recherche d'eau et de nutriments. Pour résumer, plus une vigne est jeune et plus le vin sera léger et peu subtil – quoique, parfois, les raisins soient délicieux les deux premières années, quand les rendements sont naturellement faibles et que la flaveur est concentrée dans un petit nombre de grappes. Entre trois à six ans après la plantation, la vigne se stabilise, occupant tout l'espace qui lui est alloué au-dessus du sol. Le raisin devient de plus en plus riche en flaveur, ce qui donne un vin de plus en plus concentré, probablement grâce au système racinaire, complexe et croissant, qui régule les apports en eau et en nutriments.

Au bout de 25 à 30 ans, les rendements diminuent généralement ou la vigne meurt de maladie, ou encore le cépage n'est plus plébiscité. C'est alors que l'on arrache la vigne, plus assez rentable. Pourtant, un vin élaboré à partir de vieilles vignes, ce qui est parfois mentionné sur l'étiquette, est souvent exceptionnel.

Dans les meilleurs sols (voir pp. 26-27), l'eau est rapidement drainée, souvent en profondeur, ce qui pousse les racines à s'enfoncer pour trouver une réserve d'eau stable mais pas trop abondante. Pendant ce temps, la vigne continue de produire de nouvelles racines nourricières près de la surface.

LES NUISIBLES ET LES MALADIES

En Europe, l'espèce de la vigne à vin s'appelle vinifera. Ses ennemis sont innombrables, les pires étant ceux introduits trop récemment (souvent d'Amérique) pour parvenir à développer des résistances naturelles. Au XIXe siècle, l'oïdium puis le mildiou ont attaqué les vignes européennes et les pieds vinifera plantés dans le Nouveau Monde. On finit par découvrir que le remède à ces deux maladies cryptogamiques était la pulvérisation régulière de produits phytosanitaires. C'est également la solution, pendant la période de croissance, contre la pourriture, surtout la forme maligne due à un champignon microscopique, Botrytis cinerea (à ne pas confondre avec la pourriture noble, voir p. 102). Cette « pourriture grise » donne un goût de moisi au raisin. Autre problème, la vigne est de plus en plus résistante aux antifongiques (voir les solutions alternatives pp. 30-31). Les maladies cryptogamiques sont particulièrement problématiques si le climat est humide ou le feuillage particulièrement dense.

Vers la fin du XIXe siècle, le traitement contre le mildiou et l'oïdium vient juste d'être découvert qu'un fléau pire encore fait son apparition : le phylloxéra, un puceron qui dévore les racines de la plante, qui finit par mourir. Il est sur le point de détruire la totalité du vignoble européen lorsque l'on découvre qu'une vigne indigène américaine y est immunisée (le phylloxéra est arrivé des États-Unis). Pratiquement tous les pieds de vigne sont remplacés par des porte-greffes résistants au phylloxéra, des souches de variétés américaines sur lesquelles on a greffé une bouture vinifera.

Quelques-unes des meilleures régions viticoles du monde (notamment le Chili et certaines parties de l'Australie) n'ont pas encore été confrontées à ce puceron et peuvent conti-

LE CYCLE VÉGÉTATIF ANNUEL DE LA VIGNE

APPARITION DES BOURGEONS

Dès le mois de mars dans le nord de l'Europe et en septembre pour l'hémisphère sud (quand la température est de 10 °C environ), les bourgeons conservés après la taille hivernale commencent à gonfler. De jeunes pousses apparaissent sur les rameaux.

SÉPARATION DES FEUILLES

Dix jours plus tard, les feuilles commencent à se séparer des bourgeons et des embryons de vrilles apparaissent. C'est une période de grande fragilité au gel, qui peut sévir jusqu'à la mi-mai ou la mi-novembre, dans les zones plus froides, respectivement, des hémisphères nord et sud. Une taille tardive peut retarder le bourgeonnement.

DÉBUT DE LA FLORAISON

Entre 6 à 13 semaines après le bourgeonnement, la floraison débute avec l'apparition de minuscules grappes de fleurs, chaque fleur étant recouverte par une capsule de pétales réunis. Ces grappes de raisin miniatures évoluent en baies quand les capsules tombent, exposant les étamines à la fécondation par le pollen.

nuer de planter directement des vignes vinifera, sans porte-greffe. Dans l'Oregon et en Nouvelle-Zélande, cette stratégie n'a fonctionné qu'un temps. Dans les années 1980, les producteurs de vin californiens ont appris, à leurs dépens, qu'il fallait sélectionner avec soin les porte-greffes pour qu'ils résistent au phylloxéra. Il leur a fallu replanter des centaines de milliers d'hectares avec des porte-greffes vraiment résistants. Depuis, une quarantaine stricte est en vigueur dans de nombreuses régions viticoles.

Les parties de la vigne au-dessus du sol sont elles aussi la proie de nombreux nuisibles : araignées rouges, larves de papillons (eudemis et cochylis), érinose, altise, anguillule et pyrale. Le dernier en date est une coccinelle asiatique (*Harmonia axyridis*) qui sécrète un liquide dont une quantité infime rend le vin impropre à la consommation. La plupart de ces nuisibles sont détruits, en été, par des pulvérisations de produits phytosanitaires. Pendant ce temps, les viticulteurs de vin biologique et biodynamique expérimentent des méthodes plus naturelles : prédateurs, phéromones et biopesticides.

PROPAGATION DU PHYLLOXÉRA

1863 Découverte du phylloxéra dans le sud de l'Angleterre.

1866 Présence dans le sud de la vallée du Rhône et dans le Languedoc.

1869 Atteint Bordeaux.

1871 Découverte au Portugal et en Turquie.

1872 Présence en Autriche.

1874 Gagne la Suisse.

1875 Trouvé en Italie et jusqu'en Australie, dans le Victoria, à la fin de 1875 ou au début de 1876.

1878 Gagne l'Espagne. Début en France du greffage de vignes sur des porte-greffes américains résistants.

1881 Présence confirmée dans les vignobles allemands.

1885 Découverte en Algérie.

1897 Présence en Dalmatie (Croatie).

1898 Propagation à la Grèce.

Années 1980 Affecte des vignobles du nord de la Californie.

Années 1990 Découverte dans l'Oregon et en Nouvelle-Zélande (photo ci-contre).

2006 Foyer isolé en Australie dans le Victoria, dans la Yarra Valley.

NUISIBLES, MALADIES ET LEURS EFFETS SUR LA VIGNE

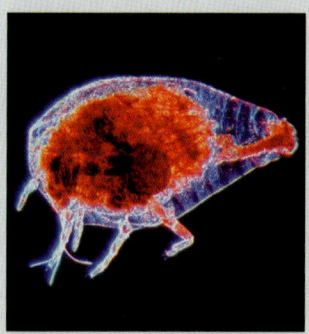

Larve de phylloxéra vue au microscope électronique. Originaire d'Amérique du Nord, ce puceron gagne l'Europe en bateau à vapeur, assez rapide pour qu'il puisse survivre à la traversée de l'Atlantique, sur des spécimens botaniques recueillis par des Anglais. Les vignes américaines étant résistantes, le greffage de vignes européennes sur des souches américaines est la seule protection.

Les maladies cryptogamiques (mildiou, oïdium et toutes sortes de pourritures) sont le pire ennemi de la vigne, sauf si le climat est très aride. Le remède le plus radical du vigneron est la pulvérisation de fongicides à base de cuivre (traditionnellement le sulfate de cuivre ou la bouillie bordelaise), ce qui explique la couleur bleu vif des feuilles de vigne traitées.

Le virus de l'enroulement regroupe en fait plusieurs virus. Le limbe des feuilles rougit et s'enroule vers le bas. La vigne attaquée est peut-être photogénique, mais elle est très maigre parce que la virose peut aller jusqu'à diminuer les rendements de moitié. Ce virus, présent dans le monde entier, est très préoccupant en Afrique du Sud.

La maladie de Pierce est propagée par une cicadelle, « le tireur d'élite aux ailes de cristal » (*Homalodisca coagulata*). Sa capacité à voler sur de longues distances a menacé de nombreux vignobles en Californie. La vigne meurt en cinq ans de cette maladie bactérienne. Le premier signe est un jaunissement localisé des feuilles. Aucune variété n'est résistante et il n'existe pas de traitement connu.

EFFETS DE LA FLORAISON – LA NOUAISON

L'importance de la récolte dépend du succès de la pollinisation. Un mauvais temps, durant les 10 à 14 jours de la floraison, provoque parfois de la coulure (un nombre excessif de très petites baies non fécondées se dessèche et tombe) ou du millerandage (une même grappe porte des baies de tailles différentes).

VÉRAISON

Les bourgeons ayant échappé au gel et à la pluie sont remplacés par des grappes naines, vertes et dures, en juin/décembre, qui augmentent de volume en été. Lors de la véraison, en août/février, les baies deviennent plus tendres, prennent une couleur rouge ou jaune et mûrissent. Les sucres se concentrent.

PLEINE MATURATION

Mesurer le degré de maturité et décider quand cette maturité est idéale est au cœur de bien des études récentes. Bien sûr, les raisins rouges doivent présenter une couleur uniforme de leur peau. De plus, il faut que les tiges et les rafles commencent à se lignifier et que les pépins ne montrent aucun signe de verdeur.

Les cépages internationaux

Si la géographie détermine les nuances de la saveur d'un vin, c'est le cépage qui en est l'élément de base. Depuis le milieu du XXᵉ siècle, les cépages jouent un rôle de plus en plus important dans le langage du vin. De nos jours, les amateurs de vin connaissent mieux le nom d'un cépage que celui d'un vin, par exemple le chardonnay et non l'appellation Chablis. Il est plus facile de se souvenir du nom de quelques cépages connus que de mémoriser tous les lieux de production qui figurent sur l'étiquette. C'est pourquoi les « vins de cépage » ont un tel succès. Cela étant, l'assemblage de deux cépages ou plus est une pratique qui se popularise.

Connaître les cépages les plus importants à l'échelle mondiale, que nous décrivons dans cette double page, constitue une bonne base pour débuter son éducation œnologique. Les caractéristiques qui figurent en italique sous chaque cépage sont plus ou moins garanties pour n'importe quel vin de cépage. Cela concerne la grande majorité du vin produit hors de l'Europe et une proportion croissante de vins européens, dont français.

Cependant, si l'on veut progresser dans la connaissance du vin, comprendre la plupart des vins supérieurs européens et les subtilités des autres, il faut satisfaire une certaine curiosité géographique. Ce livre vous expliquera ainsi pourquoi la saveur d'un hermitage diffère de celle d'un côte-rôtie, qui est issu du même cépage, la syrah, mais pousse sur les contreforts de coteaux orientés différemment, à 48 km au nord.

COUPE D'UN GRAIN DE PINOT NOIR EN FIN DE MATURATION

Faisceaux libéro-ligneux Partie du grain qui reste attachée à la rafle lors de l'égrappage dans le cuvier ou est arrachée par une vendangeuse.

Pulpe (ou chair) Principal ingrédient, en volume, du vin qui renferme les sucres, les acides et, surtout, de l'eau. La chair de presque tous les raisins à vin a cette couleur grise.

Pépin (ou graine) Le nombre, la taille et la forme des pépins diffèrent selon les variétés de raisin. Tous les pépins libèrent un tanin amer lorsqu'on les écrase.

Peau L'ingrédient le plus important du vin rouge, qui renferme une concentration élevée de tanins, d'agents colorants et de composés déterminants pour la flaveur.

Pédicelle (ou rafle) Quand le raisin arrive à parfaite maturité physiologique, les rafles ne sont plus vertes et tendres mais brunes et ligneuses. Cela contribue, dans un vin, au goût âpre et astringent.

PINOT NOIR

Cerise, framboise, violette, gibier, teinte rubis assez profonde

Ce cépage insaisissable est très sensible au terroir et mûrit assez tôt. Planté sous un climat chaud, il mûrirait trop vite pour développer les fascinants arômes qui résultent de sa peau relativement mince. L'encépagement idéal est la Côte-d'Or, en Bourgogne, où, si les techniques de clonage, de viticulture et de vinification sont bonnes, le terroir s'exprime dans toute sa complexité. Le charme des grands bourgognes rouges est si obsédant que des vignerons du monde entier s'efforcent de l'imiter mais, jusqu'ici, seuls ceux de Nouvelle-Zélande, d'Oregon et des régions les plus froides d'Australie y sont parvenus. Il est généralement vinifié seul, sauf dans le cas du champagne où il est mélangé avec du chardonnay et du pinot meunier, son cousin.

RIESLING

Aromatique, délicat, racé, expressif, rarement boisé

Le riesling est au vin blanc ce que le cabernet-sauvignon est au rouge : il donne des vins très différents selon les terroirs et vieillit admirablement. Mal prononcé (c'est « reessling »), sous-estimé et sous-évalué pendant pratiquement toute la fin du XXᵉ siècle, il devient peu à peu plus apprécié. Le vin est généralement très odorant avec des notes minérales, florales, de citron vert ou de miel selon sa provenance, sa douceur et son âge. En Allemagne, sa patrie, il donne de grands vins botrytisés mais aussi, grâce au réchauffement climatique, des vins secs fins et consistants. Il reste le roi des cépages en Allemagne et en Alsace, et il est de plus en plus admiré en Australie et en Autriche.

SYRAH/SHIRAZ

Poivre noir, chocolat noir, couleur et tanins prononcés

Dans sa terre d'origine, le nord de la vallée du Rhône, la syrah donne les célèbres hermitage et côte-rôtie (ce dernier étant traditionnellement assemblé avec un peu de viognier), sombres et de longue garde. Plantée dans tout le sud de la France, elle est couramment vinifiée en assemblage. Son goût est très différent en Australie où, sous le nom de shiraz, elle est le cépage rouge le plus planté, donnant des vins denses, riches et puissants dans des régions chaudes comme Barossa, mais avec parfois une nuance de poivre noir dans les terres plus fraîches du Victoria. Aujourd'hui, les vignerons du monde entier se tournent vers ce cépage facile à aimer dont le vin, quelle que soit sa maturité, présente toujours une note finale d'une grande vivacité.

CABERNET SAUVIGNON

Cassis, cèdre, très tannique

Synonyme de vin rouge sérieux capable de vieillir avec une grande subtilité, il est le cépage rouge le plus répandu dans le monde. Mais, comme il mûrit assez tardivement, il ne convient qu'aux climats plutôt chauds. Certaines années, il n'atteint pas une maturité suffisante dans sa terre d'origine du Médoc et des Graves mais, lorsque c'est le cas, la couleur, la flaveur et les tanins de la peau épaisse de ses minuscules baies bleu foncé sont remarquables. Avec une vinification et un élevage en fût attentifs, il donne quelques-uns des meilleurs vins de longue garde et s'avère le plus étonnant des rouges. Dans le Bordelais et, de plus en plus ailleurs, il est assemblé avec du merlot et du cabernet franc. Il peut aussi donner un excellent vin de cépage s'il pousse dans des régions chaudes comme le Chili et le nord de la Californie, sa seconde patrie.

CHARDONNAY

Large, ordinaire sauf s'il est très boisé

C'est le cépage blanc de Bourgogne, mais il est beaucoup plus versatile que son homologue rouge, le pinot noir. Il pousse et mûrit sans difficulté pratiquement partout, à l'exception des régions extrêmes du monde viticole (son bourgeonnement précoce craint le gel au printemps). Il est devenu le cépage blanc le plus célèbre du monde, probablement parce que (contrairement au riesling par exemple) sa flaveur n'est pas particulièrement forte. C'est l'une des raisons qui explique pourquoi il réagit si bien à la fermentation et/ou au vieillissement en fût. Il prend facilement le caractère souhaité par le vigneron : vivace et effervescent, rafraîchissant si non boisé, riche et avec des notes de beurre, voire doux.

MERLOT

Rond, souple, lie-de-vin

Partenaire traditionnel, un peu plus pâle et plus charnu, du cabernet-sauvignon en assemblage, surtout dans le Bordelais, où sa maturité précoce le rend plus facile à cultiver que n'importe quel autre cépage. Comme il mûrit mieux que le cabernet-sauvignon les années froides, sa teneur en alcool est plus élevée les années chaudes. Ses baies plus grosses et sa peu plus fine donnent un vin moins tannique et plus opulent, que l'on peut boire tôt. Le merlot a aussi une existence indépendante en tant que vin de cépage, surtout aux États-Unis, où l'on estime qu'il est plus facile à boire que le cabernet, et au nord-est de l'Italie où il mûrit mieux. Il atteint son apogée dans le pomerol, donnant parfois des notes voluptueuses, veloutées. Il est très répandu au Chili.

SAUVIGNON BLANC

Herbe, fruits verts, acéré, rarement boisé

Étonnamment aromatique, très rafraîchissant et, contrairement aux autres cépages de cette double page, meilleur jeune. Le Val de Loire est sa patrie d'origine, en particulier tout autour de Sancerre et de Pouilly-sur-Loire pour le pouilly fumé où il varie beaucoup d'une année à l'autre. Cultivé en climat trop chaud, il perd ses arômes et son acidité caractéristiques, et devient trop lourd dans presque toute la Californie et l'Australie. Les régions les plus froides de l'Afrique du Sud et la Nouvelle-Zélande, obtiennent de bons résultats, à la condition de contrer, la tendance naturelle de la vigne à un excès de vigueur. Dans le Bordelais, il est traditionnellement assemblé avec du sémillon et donne des vins secs ou de sublimes vins doux.

GEWURZTRAMINER

Lychee, rose, capiteux, riche en alcool, de couleur profonde

Le gewurztraminer est diabolique à prononcer (et perd souvent son tréma), mais divin à boire. Son arôme caractéristique, qui a valu au cépage le préfixe allemand gewürtz, « épicé », peut devenir désagréable, surtout si le vin a trop de sucres résiduels. Mais les meilleurs exemples de gewurztraminer alsacien, où il est le plus prisé, ont beaucoup de corps et de nervosité ainsi qu'une belle longueur en bouche. Une acidité suffisante les empêche d'être écœurants. De bons vins ont également fait leur apparition sur la côte est de Nouvelle-Zélande, au Chili, en Colombie-Britannique, dans l'Oregon et le Trentin-Haut-Adige. Le raisin est typiquement rose foncé, ce qui donne un vin dont la couleur est presque toujours d'un beau doré profond, parfois rosé.

SÉMILLON

Figue, agrume, lanoline, corsé, riche

Ce cépage figure ici pour la force de l'exceptionnelle qualité du vin moelleux qu'il donne, particulièrement à Sauternes et Barsac où il est traditionnellement assemblé avec du sauvignon blanc, dans une proportion de quatre pour un, avec un peu de muscadelle. Sa peau assez fine le rend, hors de France, très vulnérable au botrytis qui, si les conditions sont bonnes, concentre admirablement les sucres grâce à la pourriture noble. C'est le cépage le plus planté dans le Bordelais où il produit aussi d'excellents vins secs fins et boisés, surtout dans les Graves. En Australie, la Hunter Valley est un autre terroir de prédilection (le raisin, vendangé tôt, donne un vin sec complexe, aux notes minérales et de longue garde) ainsi qu'en Afrique du Sud.

Les cépages régionaux

Les cépages présentés ici et aux pages précédentes font partie des meilleures variétés de l'espèce européenne *vinifera* du genre Vitis. Cela inclut aussi des espèces américaines et asiatiques, et la vigne vierge de Virginie.

Dans certaines parties des États-Unis, le vin est élaboré à partir de vignes américaines, généralement très résistantes à de nombreuses maladies cryptogamiques courantes (voir p. 18), mais des espèces comme la labrusca ont une flaveur particulièrement foxée (caractéristique de la gelée de raisin concorde) qui déplaît aux non autochtones. Les vignes américaines et asiatiques peuvent toutefois s'avérer très utiles pour créer de nouvelles variétés adaptées à des conditions particulières. On a ainsi créé des centaines d'hybrides par croisement avec des cépages européens vinifera, surtout lorsqu'il fallait un raisin qui mûrisse vite car la période de croissance est courte. Certains cépages de Mongolie, par exemple, permettent d'obtenir une vigne qui résiste mieux au froid.

Étant donné que de nombreux hybrides (mais pas tous) donnent un vin de qualité inférieure, ils ont été dédaignés et officiellement interdits en Europe. La plupart des viticulteurs européens se sont concentrés sur les croisements entre cépages vinifera pour répondre à un besoin ou à un environnement spécifique. Le müller-thurgau, par exemple, est un hybride créé en 1882 pour sa capacité à mûrir dans des régions trop rudes pour le riesling.

Les vignerons n'ont pas uniquement besoin de décider du cépage à associer à un porte-greffe. Une vigne vit en moyenne trente ans (même si, dans certaines régions sensibles aux modes, on taille parfois la partie au-dessus du sol pour y greffer un nouveau cépage, plus désirable). Le choix du ou des clones d'un cépage favori est également important. Les pépiniéristes étudient des plantes qu'ils choisissent et diffusent pour leurs caractéristiques spécifiques : rendement ; bonne résistance aux nuisibles, maladies et climats extrêmes ; maturité précoce, etc. De nos jours, un viticulteur peut choisir un clone unique ou, plutôt, plusieurs clones.

Bien sûr, toutes les vignes n'ont pas une « étiquette » qui leur correspond. L'ampélographie est la science de l'identification des cépages. Elle repose sur l'observation des variations de la forme de la baie et de la feuille, de sa couleur, etc. Elle a permis de découvrir de fascinantes relations entre les cépages, surtout depuis la possibilité d'analyser leur ADN. Cette science exacte a ainsi montré que le cabernet franc et le sauvignon blanc sont les parents du cabernet-sauvignon ou que le chardonnay, l'aligoté, le gamay, le melon, l'auxerrois et une dizaine d'autres sont issus du croisement entre le pinot noir et le gouais blanc, un obscur cépage français. On s'attend à d'autres révélations de ce type.

GRENACHE NOIR
Pâle, sucré, mûr, utile pour le rosé

Ce cépage est très planté autour de la Méditerranée, surtout au sud du Rhône où il est souvent assemblé avec du mourvèdre, de la syrah ou du cinsault. Il est très présent dans le Roussillon où, grâce à sa teneur en alcool élevée, il permet d'obtenir, comme avec le grenache blanc et le grenache gris, des vins doux naturels (voir p. 144). C'est, sous le nom de garnacha, le cépage le plus planté en Espagne. Appelé cannonau en Corse et grenache en Californie ou en Australie, il n'est prisé que si le vin est très vieux ou assemblé avec de la syrah ou du mourvèdre.

TEMPRANILLO
Feuille de tabac, épices, cuir

Cépage le plus célèbre en Espagne, il constitue l'ossature du ribera del duero, un vin rouge vivant, aux arômes intenses. On l'appelle ull de llebre en Catalogne et cencibel dans les Valdepeñas. En Navarre, il est souvent assemblé avec des cépages bordelais. Comme le tinta roriz, il a longtemps été un ingrédient important du porto. Au Portugal, il est de plus en plus prisé comme raisin de table. Son bourgeonnement précoce le rend vulnérable aux gelées printanières et sa peau fine à la pourriture, mais il est de plus en plus apprécié à l'échelle internationale pour les vins fins.

SANGIOVESE
Savoureux, vif, variable

Principal cépage italien, sous divers noms, il est surtout répandu en Italie centrale, les plus illustres étant le chianti classico, le brunello dans la région de Montalcino et le vino nobile dans celle de Montepulciano. Les clones les moins prestigieux donnent un vin rouge léger et âpre dans toute l'Émilie-Romagne. Dans le chianti traditionnel, il est assemblé avec du trebbiano, un cépage blanc, du canaiolo, une variété locale, et un peu de colorino pour sa couleur profonde. De nos jours, de nombreux producteurs misent tout sur la robe et la flaveur. Le sangiovese est de plus en plus planté ailleurs.

MOURVÈDRE
Animal, mûre, alcoolique, tannique

Ce cépage a besoin de soleil pour mûrir. Il est majoritaire dans le bandol, le vin le plus célèbre de Provence, mais son élevage est délicat. Dans tout le sud de la France et de l'Australie, il apporte de la chair à un assemblage, surtout avec du grenache ou de la syrah. Appelé monastrell en Espagne, c'est le second cépage par ordre d'importance, mais il est plus associé à la robustesse qu'à la qualité. En Californie et en Australie, il s'appelait autrefois mataro. Rebaptisé mourvèdre, il jouit aujourd'hui d'un regain de popularité dans des assemblages avec de prestigieux cépages français.

CABERNET FRANC
Arôme de feuille, rafraîchissant, rarement lourd

C'est l'ancêtre du cabernet-sauvignon en moins intense et plus souple. Comme il mûrit plus tôt, il est très planté dans le Val de Loire et les sols, plus frais et humides, de Saint-Émilion où il est souvent assemblé avec du merlot. Dans le Médoc et les Graves, il sert d'assurance en cas d'incapacité à mûrir du cabernet-sauvignon. Plus résistant aux hivers froids que le merlot, il donne un vin qui met en appétit en Nouvelle-Zélande, à Long Island et dans l'État de Washington. Dans le nord de l'Italie, il a parfois une note herbacée. Les Chinon, Bourgueil, Saumur-Champigny et Anjou-Villages ont un soyeux extraordinaire.

NEBBIOLO
Goudron, rose, violette, orange avec des reflets noirs

C'est la réponse piémontaise au pinot noir. Dans un barolo ou un barbaresco, il exprime chaque nuance du terroir. Il ne mûrit que dans les endroits les mieux exposés. À pleine maturité, il est exceptionnellement riche, outre en pigments, en tanins et en acides, mais un long élevage en fût et en bouteille peut donner un vin de la chair à la séduction obsédante. Dans le nord de l'Italie, le nebbiolo donne toutes sortes de vins, généralement inférieurs. Comme le pinot noir, il voyage mal, mais certains viticulteurs américains et australiens s'efforcent de prouver le contraire.

LA CULTURE DE LA VIGNE | 23

ZINFANDEL

Fruits rouges et noirs, alcool, douceur

Durant un siècle, on a cru que le zinfandel était authentiquement californien, jusqu'au jour où l'on a découvert qu'il était connu dans le sud de l'Italie, sous le nom de primitivo, depuis le XVIIIe siècle. Son ADN démontre qu'il est originaire de Croatie. Le raisin mûrit de manière hétérogène. Il est cultivé communément pour produire en quantité industrielle le vin de la vallée centrale de la Californie. Il y est souvent assemblé avec du muscat ou du riesling, afin de perdre en couleur et de gagner en arômes, et vendu en tant que zinfandel blanc (rose pâle).

CHENIN BLANC

Très varié, miel et paille humide

C'est le cépage du centre de la Loire, où il est pris en sandwich entre le melon de Bourgogne (muscadet) du pays nantais et le sauvignon blanc de la Haute-Loire. Mal compris, il donne parfois un vin blanc sec ordinaire en Californie et en Afrique du Sud, où il est massivement planté. Mais, dans le Val de Loire, sa vinification produit toutes sortes de vin : de bonne garde, plus ou moins sec et nerveux ou moelleux à botrytisé, comme à Vouvray, où il est merveilleusement liquoreux en passant par demi-sec (avec un léger arôme de miel) sans oublier les mousseux caractéristiques de Saumur et Vouvray.

MALBEC

Épicé et riche en Argentine, gibier à Cahors

Ce cépage est une énigme. Il a longtemps été vinifié en assemblage dans tout le sud-est de la France, y compris dans le Bordelais, mais il ne domine qu'à Cahors où, sous le nom de côt ou d'auxerrois, il donne un vin typiquement rustique, aux notes parfois animales, de moyenne garde. Des émigrés l'ont introduit en Argentine où il s'est si bien adapté à la région de Mendoza (notamment à Luján de Cuyo) qu'il est devenu le cépage rouge le plus populaire du pays, donnant des vins vivants, somptueusement soyeux, concentrés et riches en alcool.

MUSCAT BLANC

Goût de raisin, relativement simple, souvent sucré

Cette star des muscats a de petits grains, ronds et non ovales comme ceux de son homologue, moins noble, le muscat d'Alexandrie (appelé gordo blanco ou lexia en Australie, que l'on cultive pour la table). Il donne l'asti et de nombreux vins fins pétillants en Italie, sous le nom de moscato bianco, et de grands vins doux dans le sud de la France et en Grèce. En Australie, la variété brown muscat (muscat marron) donne un vin doux, fort et visqueux. En Espagne, le moscatel est généralement du muscat d'Alexandrie. Le muscat ottonel est différent et plus léger.

TOURIGA NACIONAL

Tannique, feux d'artifice, parfois goût de porto

C'est le cépage vedette des grands portos élaborés au Portugal dans la vallée du Douro, qui cultive également les variétés : touriga franca (sans lien de parenté), tinta barroca, tinta cão et tinto roriz (tempranillo). Il est de plus en plus vendu comme vin de cépage dans tout le Portugal et, dans le Dão, il est le cépage dominant dans les assemblages. Sa classe et sa personnalité devraient séduire de plus en plus de viticulteurs du monde entier. Il est toujours très riche en tanins, en alcool et en couleur, probablement parce qu'il est naturellement stérile.

VIOGNIER

Capiteux, corsé, fleur d'aubépine, abricot

Ce cépage racé est parti de sa terre natale, Condrieu, pour se retrouver pratiquement partout. Ses arômes caractéristiques ne se développent que s'il est bien mûr, sinon il est trop alcoolique. Toute la difficulté est donc d'améliorer la rondeur sans diminuer l'acidité. La Californie et l'Australie y sont parvenues. Meilleur jeune, il est de plus en plus vinifié en assemblage avec d'autres cépages blancs du Rhône : roussanne (nerveux mais aromatique), marsanne (puissant, avec une note d'amande). On ajoute parfois un peu de syrah, lors de la fermentation, pour le stabiliser.

CARMENERE

Ferme, de type bordeaux, parfois une légère verdeur

Ce cépage qui mûrit tardivement est originaire du Bordelais, où il est rare aujourd'hui. Il est très présent au Chili, des boutures ayant été introduites avant le phylloxéra dans les années 1850. On l'a longtemps confondu avec le merlot, dont on le sépare désormais dans les vignobles. Le raisin doit être cueilli à parfaite maturité pour éviter que le vin, à la robe toujours profonde, n'ait un goût de feuille de tomate verte. De nombreux viticulteurs préfèrent le vinifier en assemblage avec d'autres cépages bordelais. On le trouve aussi dans le nord de l'Italie.

PINOT BLANC

Vif, léger, proche du chardonnay

Ce mutant à peau fine du pinot noir est souvent confondu avec son cousin le chardonnay, surtout en Italie où on l'appelle pinot bianco. En Alsace, c'est un cépage courant qui ressemble à l'auxerrois et que l'on appelle parfois clevner ou klevner. Il peut donner des vins substantiels, dont le trockenbeerenauslese, merveilleusement ample, appelé weissburgunder en Autriche. Il est aussi très populaire dans le sud de l'Allemagne et dans le Trentin-Haut-Adige pour ses blancs secs corsés. Le vin se boit plutôt jeune, car le raisin est relativement pauvre en alcool et en flaveur.

PINOT GRIS

Ample, doré, fumé, mordant

Ce cépage tendance est largement planté en Alsace qui le considère, avec le riesling, le gewürztraminer et le muscat, comme une variété noble. Il donne, malgré sa douceur, l'un des vins les plus puissants de la région. Ce mutant à peau rose du pinot noir est un cousin du chardonnay. En Italie, sous le nom de pinot grigio, il donne des blancs secs ternes malgré un certain caractère. Ailleurs, des vignerons l'appellent gris et d'autres grigio sans qu'il semble exister une différence de style. C'est une spécialité dans l'Oregon et, de plus en plus, en Nouvelle-Zélande.

MARSANNE

Arômes d'amande et de pâte d'amandes, très corsé

C'est, avec la roussanne, le cépage caractéristique de l'hermitage blanc dans le nord de la vallée du Rhône. Il est désormais planté aussi dans le Sud ainsi qu'en Australie, surtout dans le Victoria. Dans le sud de la France et la Californie, on l'assemble souvent avec des variétés comme la roussanne, le rolle/vermentino, le grenache blanc et le viognier. Les vins sont a priori capiteux et alcooliques, d'une profonde couleur dorée. La marsanne pousse aussi en quantités limitées en Suisse et dans le nord de l'Espagne.

Le vin et les conditions climatiques

Après la vigne, le climat est le second élément essentiel – et le plus variable. Le climat moyen pour chaque région, prévu sur le long terme, donne les limites générales de ce qui peut pousser, plus ou moins bien, mais ce sont ses variations au sein d'une même année qui font, ou ne font pas, un grand millésime. La grêle ou le gel peuvent également affecter la quantité plus que la qualité, allant parfois jusqu'à décimer une récolte. La grêle est aussi désastreuse qu'une gelée de printemps mais, heureusement, elle est généralement localisée.

De nombreux facteurs influent sur le climat, les plus importants étant la température et les chutes de pluie. L'ensoleillement est bien sûr vital pour la photosynthèse, mais la température est plus critique, surtout en climat froid. Le climat d'une région viticole pèse sur le choix du cépage, mais aussi sur le type de vin produit. Les vins issus d'un climat froid sont souvent plus faibles en alcool et plus acides que ceux d'un climat chaud, où la flaveur est parfois moins raffinée mais aussi plus intense. Pas assez d'eau ou de chaleur empêche le raisin de mûrir correctement. À l'opposé, un excès nuit à la qualité du vin.

Lors du dernier mois de maturation du raisin, l'idéal est que les températures moyennes (la moyenne entre les maximales et les minimales) chutent pour atteindre entre 15 °C et 21 °C. Ainsi, le vin est de qualité (un climat plus chaud donne parfois de bons vins de table et des vins mutés excellents). L'hiver doit être suffisamment froid pour permettre à la vigne de se régénérer durant la période de dormance. Mais si les températures sont souvent inférieures à - 15 °C en hiver (voir par exemple les anciennes Républiques soviétiques, p. 278), le risque d'un gel fatal est élevé et des mesures de protections s'imposent alors.

La différence entre les températures hivernales et estivales est importante. En climat continental, par exemple dans l'Ontario, à Finger Lakes, ou dans l'est de l'Allemagne, où cette différence est grande et où le climat est surtout affecté par une chute brutale de la température, à l'automne, le raisin risque de ne pas parvenir à maturité. En climat maritime, tempéré par la proximité de la mer ou de l'océan, la différence entre les températures hivernales et estivales est moins marquée. Dans les climats maritimes chauds comme à Margaret River, dans l'ouest de l'Australie, l'hiver n'est parfois pas suffisamment froid pour permettre à

la vigne d'entrer en dormance. La viticulture biologique peut alors s'avérer difficile parce que les nuisibles et les maladies ne sont pas toujours éradiqués par le froid. Dans les climats maritimes plus froids, comme dans le Bordelais ou à Long Island, dans l'État de New York, le climat lors de la floraison, crucial et déterminant pour la quantité de raisin au début de l'été, est souvent instable voire froid, ce qui affecte la récolte future.

Les températures sont aussi très variables au cours de la journée. L'air est généralement plus chaud en début d'après-midi et plus froid à l'aube. Dans certaines régions, le contraste entre les températures nocturnes et diurnes est plus marqué. On dit que la variation de température est importante. (La signification de la topographie sera traitée dans la partie sur le terroir.)

La vigne a autant besoin d'eau que de soleil. Des précipitations annuelles de 500 mm sont un minimum (de 750 mm au moins si le climat est plus chaud, car l'évaporation du sol et la transpiration des feuilles sont accrues) pour que la photosynthèse permette au raisin de mûrir. Dans de nombreuses régions viticoles, les précipitations sont moindres, mais les viticulteurs pallient ce manque en irriguant (grâce à des rivières, des aqueducs, des barrages et des puits). Certains cépages comme l'airén, dans la Manche en Espagne, poussent sous la forme de buissons particulièrement tolérants à des conditions qui frisent la sécheresse.

Si une vigne manque d'eau, elle subit un stress hydrique. Les raisins, plus petits, ont une peau plus épaisse. Cela réduit les rendements, mais donne parfois un vin concentré en flaveur et en couleur. Une sécheresse importante empêche cependant la maturation complète du raisin, ce qui donne un vin déséquilibré (voir p. 26).

Les techniques d'irrigation, plus que les conditions climatiques, limitent la propagation de la vigne dans de nombreuses régions aux étés chauds, en particulier dans l'hémisphère sud et en Californie. En théorie, il n'existe aucune limite supérieure aux précipitations annuelles. Des vignes inondées sont capables de récupérer rapidement, surtout en hiver, et, par exemple, certaines parties de la Galicie, dans le nord de l'Espagne, ou le Minho, au nord du Portugal, reçoivent en moyenne plus de 1 500 mm de pluies par an. C'est le moment de la survenue de ces pluies qui peut s'avérer critique. S'il pleut beaucoup juste avant les vendanges, surtout après une période relativement sèche, les raisins gonflent rapidement si bien que les sucres, les acides et la flaveur se diluent (voir les méthodes utilisées pour y pallier p. 32). Un climat humide qui se prolongerait durant la seconde moitié de la période de croissance favorise la propagation des maladies cryptogamiques, ce qui provoque la pourriture du raisin (les viticulteurs disposent de techniques de conduite de la vigne et de produits phytosanitaires qui leur évitent de devoir vendanger, comme leurs prédécesseurs, avant que le raisin ne soit parfaitement mûr).

Le vent joue également un rôle important. Son action est bénéfique lorsqu'il rafraîchit un vignoble trop chaud ou qu'il en assèche un autre trop humide, par exemple en Corse ou dans le sud de l'Uruguay. Néanmoins, un vent incessant, comme dans la Salinas Valley, dans le comté de Monterey en Californie, risque d'interrompre la photosynthèse et de retarder la maturation. Les viticulteurs des parties les plus exposées du sud de la vallée du Rhône ont installé des coupe-vents pour minimiser les effets du mistral. En Argentine, les producteurs de vin redoutent le zonda, un vent chaud et sec.

Le gel à la fin du printemps, quand les bourgeons sont vulnérables, est un cauchemar pour les vignerons. Des chaufferettes comme celles du vignoble de Stag's Leap, dans la Napa Valley, empêchent la température d'atteindre un point critique pour la vigne.

Le terroir

Le terroir est une notion qui englobe tout ce qui a trait à l'environnement physique d'un vin (la composition du sol, le climat, l'exposition au soleil, le choix du cépage, etc.). C'est ce qui donne à un « vin de terroir » sa spécificité. Cependant, cette notion est moins reconnue hors de l'Europe, que l'on accuse parfois d'avoir inventé ce concept pour se protéger de la concurrence des autres pays producteurs.

Pourtant, le terroir n'a rien de mystérieux. Chacun ou, du moins, chaque endroit en possède. Votre jardin a probablement plusieurs terroirs. L'avant et l'arrière d'une maison offrent certainement des conditions différentes pour la croissance des végétaux. Le terroir recouvre un environnement naturel et l'existence, chez les Aborigènes, du terme pratiquement équivalent de pangkarra suggère que ce concept est profondément enraciné en nous. Il nous relie à la Terre.

Dans son sens le plus restrictif, il signifie le sol. Par extension, et c'est sa signification courante, il comprend le sol, le sous-sol et la roche sous-jacente, ses propriétés physiques et chimiques, son interaction avec le climat local et le macroclimat régional. Il détermine, à la fois, le mésoclimat d'un vignoble et le microclimat d'une vigne. Cela inclut, par exemple, la rapidité avec laquelle une parcelle de terre est drainée, le degré de réflexion des rayons du soleil ou d'absorption de la chaleur (si le soleil est réfléchi ou la chaleur absorbée), l'altitude, le degré d'inclinaison d'une pente, son orientation par rapport au soleil, sa proximité avec une forêt rafraîchissante ou protectrice ou, au contraire, un lac, une rivière ou une mer qui réchauffe le vignoble.

De ce fait, le terrain au pied d'une pente peut être sujet au gel tandis que sa partie supérieure bénéficie de l'action de l'air frais. Même si le sol est identique, le terroir est alors différent (c'est pourquoi, par exemple, on ne plante pas de vigne dans la Willamette Valley, dans l'Oregon, si l'altitude est inférieure à 60 m). En règle générale, plus l'altitude est importante et plus la température moyenne est fraîche, surtout la nuit (ce qui explique pourquoi la viticulture est possible, par exemple, à Salta au nord de l'Argentine). Cependant, certains vignobles à flanc de coteaux, dans le nord de la Californie, bénéficient de plus de chaleur que ceux au fond de la vallée, car ils se trouvent au-dessus de la zone de brouillard.

De même, une pente orientée à l'est, qui reçoit le soleil le matin, peut avoir un sol identique à celui d'une pente orientée à l'ouest, qui se réchauffe plus tard dans la journée et bénéficie des rayons du soleil de la fin de l'après-midi, mais les terroirs diffèrent tout comme les vins produits. En Allemagne, la Moselle constitue la limite septentrionale de la vigne. En raison de ses nombreux méandres, une orientation bien précise de la pente fait toute la différence entre un grand vin et pas de vin du tout.

Lorsqu'une vigne est plantée là où l'été est suffisamment chaud et sec pour permettre au raisin de mûrir, l'aspect le plus important du terroir est la disponibilité en eau et en nutriments. Si une vigne dispose d'un sol fertile et d'une nappe phréatique conséquente, comme dans le fond de la Napa Valley, en Californie, ou de la Wairau Valley, dans le Marlborough en Nouvelle-Zélande, les vignes ne souffrent jamais de la sécheresse et ont même les pieds dans l'eau une partie de la période de croissance. L'instinct naturel de la vigne l'incite alors à devenir « vigoureuse ». Les feuilles risquent de pousser au détriment du raisin, incapable de mûrir, ce qui donne un vin au goût d'herbe et de feuillage.

Toutefois, si une vigne est plantée dans un sol très infertile et pauvre en eau, comme dans de nombreux vignobles du sud de l'Espagne ou de l'Italie et de l'Afrique du Nord, la photosynthèse s'interrompt une bonne partie de l'été. La vigne souffre de stress hydrique et dépense, afin de survivre, une partie de son énergie qu'elle devrait consacrer à la maturation. L'évaporation progressive de l'eau des baies est alors l'unique raison qui permet aux sucres de s'accumuler dans le raisin. Le vin obtenu est déséquilibré et âpre : il manque de flaveur et de tanins ; il est trop alcoolisé et sa couleur est instable.

Le viticulteur a plus d'un tour dans son sac pour compenser ces inconvénients naturels (la conduite du feuillage et une irrigation contrôlée sont les mesures les plus évidentes pour pallier les environnements extrêmes que nous venons de décrire) et obtenir, parfois, un vin sublime. Afin de minimiser ou de dépasser les caractéristiques de leurs terroirs, certains producteurs choisissent de procéder à des assemblages avec des vins d'autres régions, plus ou moins distantes, ou de modifier le vin dans leur exploitation. D'autres misent plutôt sur la spécificité de leur terroir.

VITICULTURE DE PRÉCISION : COMPRENDRE LA VARIABILITÉ D'UN VIGNOBLE

Les outils de la viticulture de précision permettent à un producteur de comprendre la variabilité d'un vignoble pour en tirer meilleur profit. Ici, une carte de rendement, établie en croisant la mesure du sol à haute définition par induction électromagnétique et les données altimétriques, identifie des zones homogènes au sens du vignoble. Les rendements varient de un à dix (par exemple de 2 à 20 tonnes/ha) avec des méthodes culturales identiques.

Dans ce vignoble de 7,3 ha du Coonawarra, en Australie, les variations de la topographie entraînent des variations de la profondeur du sol d'où, aussi, de la disponibilité en eau et, de ce fait, du rendement. Alors que la différence entre le point le plus haut et le plus bas n'est que de 1,2 m, la terre sous le vignoble a une influence énorme sur la productivité.

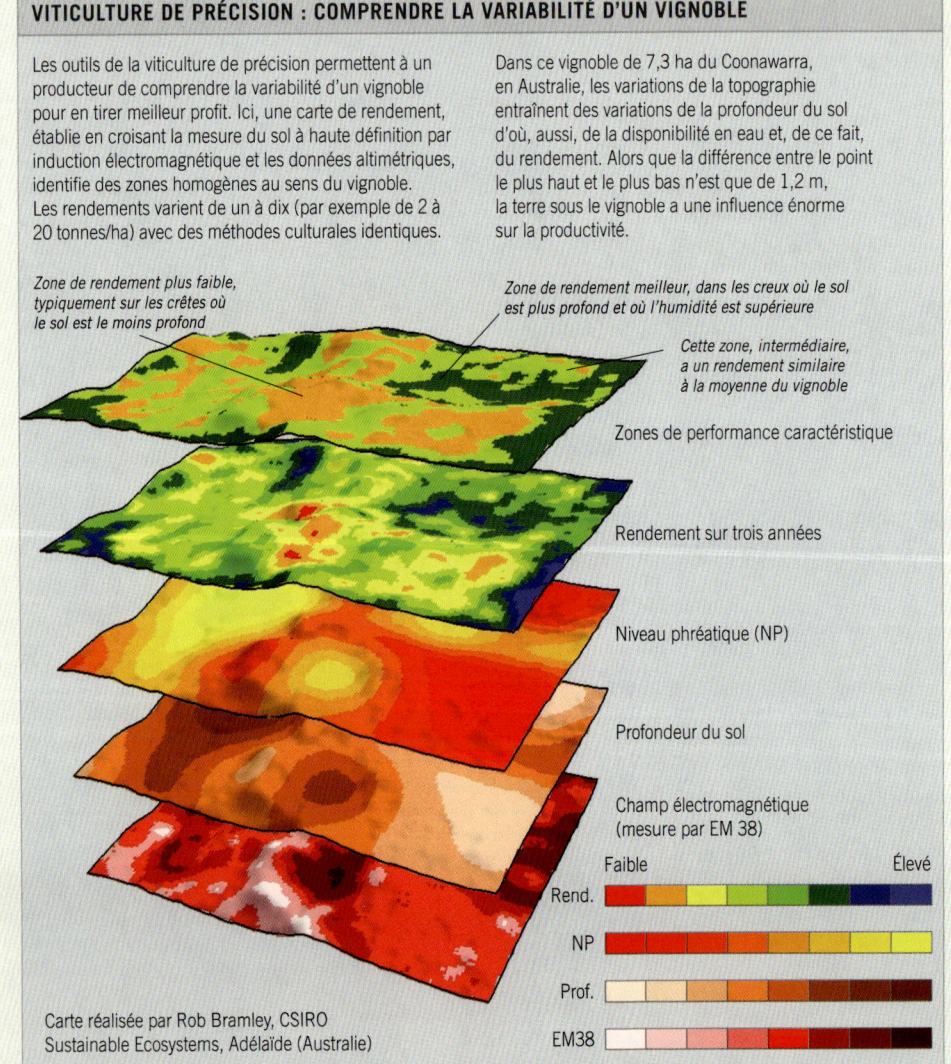

Carte réalisée par Rob Bramley, CSIRO Sustainable Ecosystems, Adélaïde (Australie)

Quel est donc le terroir qui produit naturellement un grand vin ? Les études de l'interaction entre le sol, l'eau et les nutriments se sont beaucoup développées ces cinquante dernières années. Des techniques sophistiquées permettent, depuis dix ans, de mieux comprendre les effets d'un terroir très localisé. L'encadré ci-contre en montre un exemple.

En Bourgogne, les vignobles ayant prouvé depuis longtemps (sans besoin d'analyses de pointe) qu'ils donnent les meilleurs vins proviennent du centre de la célèbre Côte d'Or. L'association de la marne, du limon et du calcaire qui prend fin ici (voir p. 57) semble idéale pour un apport hydrique restreint mais adapté et, par conséquent, un vin de qualité. La photo ci-contre illustre une étude récente sur une propriété établie de longue date dans le Bordelais. L'analyse du sol a montré que, même avec une longue tradition viticole, il est facile de passer à côté des meilleures parcelles.

Rappelons cependant qu'un terroir supérieur se perpétue d'une manière qui n'est pas entièrement naturelle. Le propriétaire d'un vignoble de grand cru peut se permettre de viser la perfection en termes de drainage, d'engrais, tant pour sa quantité exacte que pour sa qualité, et de technique culturale. Cette attitude serait une aberration économique pour une parcelle moins prestigieuse. L'expression d'un terroir dépend des hommes et de leurs moyens financiers, comme l'atteste la baisse de la qualité du Château Margaux entre 1966 et 1978, quand son propriétaire n'avait plus les moyens de maintenir son cru classé au rang qu'il méritait.

Selon des tenants de l'agriculture biologique et biodynamique, le terme terroir devrait également s'appliquer à toute la flore et la faune locales, visibles ou microscopiques. Les engrais chimiques et tous les intrants extérieurs à l'écosystème d'un vignoble modifient son terroir. En outre, les siècles de monoculture et de pratiques comme les labours et les cultures dérobées ont certainement transformé, depuis son classement, une parcelle. Mais le plus intéressant, c'est la diversité possible entre deux parcelles parfois contiguës. Même si chacune a reçu le même traitement, le vin peut s'avérer très différent.

RÉPARTITION DES VIGNOBLES EN ZONES

Le relevé cartographique du sol d'un vignoble est de plus en plus une science exacte. Les producteurs ayant accès à la technologie peuvent acquérir des cartes de très haute résolution qui leur permettent de décider quelle terre acheter, comment la modifier et quel cépage y planter. Dans les vignobles existants, surtout les plus grands où le rendement et la maturation varient parfois d'une parcelle à une autre, la vigueur d'une vigne peut être mesurée grâce à des méthodes très poussées (modélisation spatiale de données, mesure et carte de rendement, etc.). Cette « viticulture de précision » permet de vendanger au meilleur moment, mais ce n'est qu'une option qui se justifie si et seulement si la qualité potentielle et le prix d'un vin justifient un tel coût. L'encadré ci-contre montre un exemple de ce type d'étude, le terroir étant compris à une échelle très petite, qui aide le producteur à produire du meilleur vin et à engranger plus de bénéfices.

Dans le Nouveau Monde, de plus en plus de vins portent la mention, outre du nom de la région d'origine, de celui du vignoble afin de mettre en avant les spécificités de chacun et, peut-être aussi, de réagir face à une compétitivité accrue. Pour qu'un nouveau chardonnay s'impose sur le marché, il ne peut plus se contenter d'une belle étiquette et d'une description minutieuse du mode de vinification sur la contre étiquette, mais il doit acquérir de la crédibilité et, surtout, du caractère.

MYSTÉRIEUX TERROIR

Dans le Bordelais, durant les années 1960 et 1970, l'étude du Médoc par Gérard Seguin a montré que les meilleurs sols ne sont pas particulièrement fertiles (« potentiel moyen » comme disent les scientifiques). L'eau est rapidement drainée, ce qui favorise un enracinement très profond, jusqu'à 7 m à Margaux. Cornelis van Leeuwen et d'autres chercheurs ont ensuite établi que, pour obtenir un vin de qualité, ce n'est pas tant la profondeur du sol qui compte que la disponibilité en eau. Si les racines se développent vers le fond, les réserves hydriques d'un sol fertile peuvent être trop importantes. Dans les sols très argileux de Pomerol (par exemple à Château Pétrus), la profondeur des racines n'est que de 1,3 m environ. Dans ceux calcaires de Saint-Émilion (par exemple à Château Ausone), les racines vont de 0,4 m sur le plateau à 2 m sur les pentes (voir la carte p. 111). Néanmoins, la matière organique est parfois suffisante en sol argileux pour empêcher l'eau de stagner.

On a longtemps cru qu'un vin avait le goût des minéraux présents dans le sol, mais il semble désormais acquis que le drainage et la disponibilité en eau, plus que la composition chimique précise, soient les clés d'un terroir idéal pour un grand vin.

Cette photo illustre un exemple de sol à « potentiel moyen » prélevé à Château Olivier dans le Bordelais. La propriété comprend 190 ha de terres au sein de l'appellation Pessac-Léognan, mais seul un quart environ est planté en vignes. En 2002, des études ont été entreprises pour voir si certaines des parcelles non cultivées pouvaient offrir un terroir meilleur ou plus intéressant que celles des vignobles existants. Avec l'aide des consultants Denis Dubourdieu et Xavier Choné, des prélèvements ont été effectués en plus de 200 endroits, à une profondeur de 2 à 3 m, afin d'analyser le profil du sol.

Une parcelle appelée Bel Air, sur la partie ouest de la propriété, a révélé sur une petite terrasse un affleurement superficiel de graves (graviers) de l'ère glaciaire plus ancien que le vignoble principal de Château Olivier. Ce sol en gravier compacté (de petits cailloux au sein d'une matrice d'argile sableuse) draine parfaitement l'eau, ce qui limite la vigueur de la vigne tandis que l'argile en faible proportion permet des apports en eau réguliers et limités, quoique suffisants.

Ce sol est idéal pour le cabernet-sauvignon, un cépage à maturité tardive qui reste plus facilement vert, certaines années, que le merlot, une variété plus précoce. Le choix du bon cépage est donc une composante essentielle à l'identification d'un terroir.

Couche arable riche en matière organique, épaisse de 20 à 40 cm

La profondeur du gravier compacté est de 2 à 5 m ; 50 % à 60 % du gravier au sein d'une matrice d'argile sableuse avec du fer (orange quand le fer est oxydé, verte quand il est réduit)

L'année d'un producteur de vin

Pour qui cultive la vigne et fait du vin, chaque acte dans le vignoble et le chai tourne autour de la période la plus importante de l'année (vendanges et vinification qui suit juste après). Des différences existent d'une région et d'un producteur à l'autre, mais nous présentons les principales opérations effectuées mois après mois (celui de l'hémisphère nord vient en premier, puis les tâches dans le vignoble, enfin celles dans le chai).

JANVIER / JUILLET

Taille Souvent manuelle, la taille sèche s'accomplit au cœur de l'hiver (les sarments seront appréciés pour les barbecues). Les cépages au bourgeonnement précoce sont parfois taillés tardivement. Cela recule l'éclosion des bourgeons et minimise le risque dû au gel.

Fermentation malolactique Cette étape est bien avancée dans le chai, en cuve ou en fût. Il faut la surveiller et l'analyser sans cesse pour vérifier la bonne conversion en acide lactique, sous l'action des bactéries.

FÉVRIER / AOÛT

Taille Elle se poursuit dans le vignoble. Les fils de fer, les piquets et les tuteurs, très exposés, sont réparés si besoin.

Ouillage Par temps froid, le vin se contracte. Pour prévenir le risque d'oxydation, néfaste, il faut rajouter du vin jusqu'en haut du fût pour éviter le « volume mort ». Les bondes, souvent en plastique, doivent être hermétiques. Si une bonde se trouve en haut du fût, et non sur le côté où elle reste humide, on ouille plus souvent, jusqu'à une ou deux fois par semaine.

MARS / SEPTEMBRE

Labours Cette opération printanière est essentielle pour éliminer les mauvaises herbes. Les labours mécaniques, où des capteurs évitent d'endommager les ceps, sont courants. Mais des vignerons préfèrent le cheval, surtout si la pente est raide ou s'ils ne veulent pas compacter le sol.

Embouteillage Il se pratique pour un vin à boire jeune. Les petites exploitations louent une machine à embouteiller, après avoir vérifié que le vin est stable, prêt à être consommé.

JUILLET / JANVIER

Traitement phytosanitaire La pluie et un climat humide favorisent les maladies cryptogamiques et les nuisibles, néfastes à tant de vignes. Les méthodes de pulvérisation vont de l'homme portant un bidon au tracteur équipé jusqu'à l'épandage par hélicoptère.

Embouteillage des bons vins Il a lieu la seconde année, avant l'été. Le moment précis dépend de l'état du vin, de l'efficacité de l'atelier d'embouteillage et des disponibilités de l'équipe du chai.

AOÛT / FÉVRIER

Véraison Les baies foncent et mûrissent. Une vendange verte se pratique souvent pour supprimer les raisins en surnombre ou trop verts, le but étant d'obtenir un vin plus concentré sous l'action du soleil et des nutriments. En cas de sécheresse importante, les baies laissées risquent toutefois de sécher, ce qui donnera un vin déséquilibré.

Préparation au chai Dans les régions chaudes, on se prépare car la vendange a parfois débuté, surtout dans les régions les plus chaudes.

SEPTEMBRE / MARS

Vendange C'est l'opération vitale du mois, le plus important étant de décider de sa date (voir p. 32). On recrute les vendangeurs, qui sont répartis et parfois logés et nourris, ou des vendangeuses et leurs conducteurs se tiennent prêts.

Préparation à la vinification Cette période de l'année, la plus éprouvante, demande parfois beaucoup de diligence. Tous les équipements nécessaires à la vinification et les additifs (levures, sucre, acide, etc.) sont prêts.

LA CULTURE DE LA VIGNE | 29

AVRIL / OCTOBRE

Ébourgeonnage Supprimer les gourmands et les rameaux inutiles permet de concentrer l'énergie dans les jeunes rameaux fructifères.

Soutirage On débarrasse le vin de ses dépôts, comme les lies, en le transférant d'un récipient à un autre, généralement juste après la fermentation alcoolique (une légère aération ne nuit pas à la plupart des vins très jeunes). La première année en fût, on peut répéter cette opération trois à quatre fois.

MAI / NOVEMBRE

Protection contre le gel Si la température tombe en dessous de 0 °C, on protège les vignes avec des chaufferettes, un tracteur équipé d'un brûleur ou autres. On peut aussi pulvériser de l'eau qui, en gelant, recouvrira les bourgeons d'un manteau protecteur ou utiliser des machines soufflantes, voire des hélicoptères pour chasser l'air froid.

Commercialisation On prépare les commandes de vin pour pouvoir les expédier avant la chaleur de l'été.

JUIN / SEPTEMBRE

Conduite du feuillage Surtout en climat humide, où la vigne est facilement vigoureuse, il faut palisser les rameaux sur du fil de fer pour que l'orientation au soleil donne une bonne récolte. Une période stable de beau temps est nécessaire pour que les fleurs (voir p. 18) donnent beaucoup de raisin. Un temps instable peut supprimer le besoin de vendange verte en août/février.

Soutirage On peut soutirer à nouveau les meilleurs vins dans les semaines à venir, avant les fortes chaleurs de l'été.

OCTOBRE / AVRIL

Préparation au repos végétatif Après les vendanges, grâce au soleil, les ceps continuent de stocker des réserves de sucre en prévision de l'hiver et d'un nouveau cycle végétatif au printemps.

Macération Chaque jour, il faut pousser dans la cuve les peaux flottant à la surface du vin qui fermente pour en conserver l'humidité, l'aérer et favoriser l'extraction des couleurs et de la flaveur. Cela demande beaucoup de force. Diverses alternatives mécaniques existent.

NOVEMBRE / MAI

Entrée en dormance Les feuilles deviennent jaunes, dorées, puis, surtout en cas de virose, d'un rouge somptueux. Elles tombent aux premières gelées. C'est alors le temps des cultures dérobées.

Collage On ajoute au vin rouge, la seconde année, du blanc d'œuf ou autre agent de collage (gélatine, un type d'argile, etc.) pour attirer les minuscules particules solides en suspension qui se précipitent au fond du fût. On transfère aussi les vins d'un an de la cuve de fermentation à des fûts.

DÉCEMBRE / JUIN

Bouturage On prélève des boutures dans le vignoble pour propager de jeunes vignes. La vigne est entrée en dormance. Elle supportera l'hiver si les températures ne descendent pas au-dessous de - 4 °C. La taille peut débuter.

Dégustation On goûte les nouveaux vins afin de voir si l'on procédera à des assemblages. Favorisée par l'ajout de bactéries lactiques et la chaleur, la fermentation malolactique est en cours, en cuve ou en fût.

Faire du vin dans le vignoble

Nous avons vu les principaux cépages et les effets du temps, du climat et de l'environnement local sur le vin. Voyons à présent comment choisir une vigne et la planter. Le choix du site d'un vignoble, une question que l'on ne se posait pas autrefois, lorsque la tradition, le système des appellations et le droit de planter dictaient l'emplacement d'un vignoble, est désormais une science exacte de plus en plus importante.

Un investisseur à la recherche d'un vignoble a besoin de savoir qu'une quantité suffisante de grappes saines mûrit a priori chaque année sur un site. Il peut agir sur un coup de tête, mais a plutôt intérêt à se fonder sur l'analyse topographique du terrain, le climat et la composition du sol (voir p. 26).

Des statistiques sur la température, les précipitations et les heures d'ensoleillement sont utiles, à la condition de savoir les interpréter. Par exemple, des températures moyennes élevées l'été peuvent sembler idéales sur le papier, mais la photosynthèse s'interrompt, en fonction du site, au-delà d'une certaine température (entre 30 °C et 35 °C). Un nombre trop important de journées très chaudes nuit à la maturation. Le vent, rarement inclus dans les statistiques météorologiques, peut lui aussi arrêter la photosynthèse en refermant les stomates, ces minuscules ouvertures sur les feuilles et les baies qui en assurent la régulation.

Dans les zones plus fraîches, la question se pose de savoir si les grappes parviendront à mûrir. Lorsque les températures moyennes, en été et en automne, sont relativement basses pour la viticulture (comme en Angleterre ou dans le Luxembourg) ou si l'automne survient tôt et s'accompagne de pluies (comme dans l'Oregon) ou d'une chute notable de la température (comme en Colombie-Britannique), il vaut mieux planter des cépages qui mûrissent tôt. Le chardonnay et le pinot noir conviennent bien pour le nord-ouest du Pacifique, mais ils arrivent trop tard à maturité pour les régions au sud de l'Équateur. Le riesling mûrit dans les sites favorisés de la Moselle, au nord de l'Allemagne, mais ne peut qu'être marginal en Angleterre et au Luxembourg (même si le réchauffement climatique est en train de modifier cette donne). Des cépages précoces comme le seyval blanc et le müller-thurgau sont des choix plus sûrs.

Les précipitations moyennes, l'été, et le moment probable de leur survenue permettent de prévoir quand s'attendre à des maladies cryptogamiques (décrites p. 18). Le total des précipitations mensuelles et la mesure de l'évaporation probable aident le vigneron à décider s'il doit irriguer. Si c'est le cas, et que c'est autorisé, il lui faut alors s'interroger sur l'existence, à proximité, d'une source d'eau suffisante. La qualité et la quantité du vin reposent de plus en plus sur une irrigation opportune, en temps et

ANALYSE DU JUS DE RAISIN

Un spectromètre portatif (ci-contre) analyse la teneur en sucre d'une goutte de jus de raisin du vignoble. Lors de la maturation des grappes, le taux d'acidité (surtout acides tartrique et malique) chute tandis que les sucres pouvant fermenter (surtout du fructose et du glucose) augmentent. À l'approche de la vendange, les viticulteurs surveillent sans cesse la formation des sucres ainsi que les prévisions météorologiques, afin de décider quand vendanger.

Pour les raisins à peau foncée, les producteurs préfèrent désormais attendre la maturation physiologique. À ce stade, les peaux commencent à se rider, les rafles passent du vert au brun et les baies se détachent facilement, même si l'analyse au spectromètre indique qu'un taux suffisant de sucre a été atteint quelques jours plus tôt.

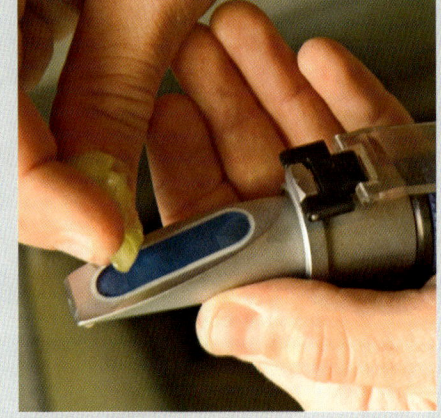

Mesure de la teneur en sucre

Gravité spécifique	1,060	1,065	1,070	1,075	1,080	1,085	1,090	1,095	1,100	1,105	1,110	1,115	1,120	1,125
Degré Oechsle	60	65	70	75	80	85	90	95	100	105	110	115	120	125
Degré Baumé	8,2	8,8	9,4	10,1	10,7	11,3	12,5	13,1	13,7	14,3	14,9	15,5	16,0	
Degré Brix	14,7	15,8	17,0	18,1	19,3	20,4	21,5	22,5	23,7	24,8	25,8	26,9	28,0	29,0
Degré d'alcool potentiel	7,5	8,1	8,8	9,4	10,0	10,6	11,3	11,9	12,5	13,1	13,8	14,4	15,0	15,6

en quantité. Le manque d'eau est le frein majeur à l'extension de la vigne en Californie, en Argentine et, tout particulièrement, en Australie. Suite à une déforestation massive, l'eau fait, en effet, souvent défaut ou est trop salée.

L'eau sert parfois pour d'autres raisons. Dans les zones de viticulture les plus froides, la longueur de la période de gel et la probabilité des gelées de printemps sont des facteurs cruciaux. Dans l'Ontario et au nord-est des États-Unis, par exemple, le nombre total de journées de gel régit la durée de la période de croissance et, de ce fait, les cépages susceptibles de pouvoir mûrir. Dans le Chablis et la vallée froide de Casablanca, l'eau sert aux systèmes de pulvérisation d'eau qui protègent les jeunes vignes du gel en les recouvrant d'une fine couche de glace. Cependant, à Casablanca, en raison de la pénurie d'eau, le gel est un risque que l'on espère éviter.

Il faut analyser soigneusement le sol ou plutôt les sols d'un vignoble potentiel, généralement par des prélèvements réguliers, des mesures de l'altitude et de la disponibilité en eau. Les cartes p. 26 croisent des informations sur le sol et l'eau recueillies par des techniques et des appareils sophistiqués.

La fertilité est une composante essentielle pour la qualité du vin produit. Le sol ne doit être ni trop acide ni trop basique et comporter suffisamment de matière organique (issue de végétaux, d'animaux et d'insectes) et de sels minéraux (surtout phosphore, potassium et azote). Le phosphore, vital pour la photosynthèse, fait rarement défaut. Un excès de potassium donne parfois un vin manquant d'acidité (pH trop élevé). Trop d'azote (un élément courant dans les engrais et fumier) risque de rendre la vigne trop vigoureuse. Les feuilles se

développent alors au détriment des grappes qui peinent à mûrir. C'est particulièrement fréquent si les sols sont très fertiles, plutôt relativement jeunes, comme ceux de Nouvelle-Zélande et du fond de Napa Valley en Californie. La vigueur dépend aussi du cépage et du porte-greffe. Une vigne vigoureuse a besoin d'un traitement spécifique (voir l'encadré du bas page ci-contre).

CONCEVOIR UN VIGNOBLE

Après avoir choisi un site ou nettoyé un vignoble pour y planter de nouvelles vignes, le viticulteur doit décider de l'orientation des rangs, de la distance idéale entre chaque pied, de la meilleure manière de palisser, de la hauteur des pieux (puis des fils des fer) et du nombre de bourgeons laissés lors de la taille. Faut-il orienter les vignes nord-sud pour que les feuilles absorbent un maximum de soleil ? Des terrasses sont-elles nécessaires sur un site pentu (ce qui revient plus cher) afin que les rangs de vigne suivent les courbes de niveau, pour faciliter le travail du tracteur et des hommes ?

Vient ensuite la décision la plus importante : l'espacement entre les pieds, entre eux et entre les rangs, en fonction du rendement souhaité (voir p. 84). En climat méditerranéen, souvent trop chaud et trop sec, des apports limités en eau dans les vignobles à faible altitude incitent à planter selon une densité inférieure à 1 000 pieds à l'hectare, ce qui donne un rendement naturellement faible.

Dans le Nouveau Monde, on plantait traditionnellement les vignobles dans les régions chaudes, souvent sur un sol fertile vierge, ce qui risquait d'apporter trop de nutriments. Les producteurs laissaient des espaces allant jusqu'à 3,7 m, pour permettre le passage des machines entre les rangs, et souvent de 2,4 m entre

chaque pied. Le résultat était, là aussi mais pour des raisons différentes, une densité de vigne à peine supérieure à 1 000 pieds à l'hectare. On faisait ainsi des économies sur les pieds, les piquets, le fil de fer et le travail requis pour tout installer. De plus, cela facilitait la culture et la vendange mécaniques, mais le prix à payer était souvent une vigueur excessive. Les raisins étaient cachés par le feuillage et de nombreuses feuilles, à l'ombre, ne profitaient pas de la photosynthèse. Comme les grappes mûrissaient mal, le vin était trop acide, avec des tanins non mûrs. En outre, le bois ne se gorgeait pas assez de réserves pour la future récolte. Pour fructifier, les bourgeons embryonnaires ont besoin de soleil. Un feuillage trop abondant et c'est le cercle vicieux : des rendements faibles et un surplus de feuilles l'année suivante. De l'eau en abondance donne a priori un rendement à l'hectare économiquement viable, mais le risque est que chaque pied porte un nombre trop important de grappes.

Ce stéréotype, en voie d'être dépassé, contraste fortement avec les vignobles traditionnels de Bourgogne et du Bordelais où le rendement à l'hectare est souvent bien inférieur, tout comme celui du vin produit. Les vignes sont plantées à une densité de 10 000 pieds à l'hectare avec des intervalles de 1 m entre les rangs et les pieds (pour permettre le passage d'un tracteur enjambeur). Chaque pied est délibérément maintenu petit et taillé en cordon Guyot simple ou double (voir ci-dessous à gauche). Les coûts de plantation et de labours sont majorés, mais la maturation des raisins est optimale, ce qui rejaillit sur la qualité du vin. Ces dernières décennies, de grands progrès ont été accomplis en matière de conduite du feuillage. Un nombre accru de techniques de taille et de palissage permet de mieux contrôler la disposition des feuilles, même des vignes les plus vigoureuses (voir, par exemple, la taille en lyre ci-dessous à droite).

D'autres décisions importantes s'imposent : cultiver entre les rangs ou laisser pousser l'herbe ou d'autres plantes, en ignorant les marcottes de l'été ou en les retirant, et pratiquer une taille verte qui limite le nombre de grappes avant ou pendant leur maturation (voir p. 28). La solution à ces interrogations a évolué en Europe au cours des siècles, en procédant parfois par tâtonnements, vers des modèles adaptés aux conditions locales et à quelques-uns des vignobles les plus précieux et admirés dans le monde entier.

Ces choix peuvent être influencés, ou limités, par la philosophie culturale du vigneron. La viticulture biologique ou biodynamique attire de plus en plus de producteurs de vin. Ces deux approches interdisent l'utilisation d'engrais et autres produits chimiques qui laissent des résidus sur les feuilles, même si des quantités limitées de soufre sont pulvérisées pour lutter contre le mildiou. Les viticulteurs biodynamiques ont recours à des préparations homéopathiques (voir la photo p. 349) et, ce qui est plus controversé, s'occupent des vignes et du vin en tenant compte du cycle lunaire. Le résultat est parfois impressionnant, même si la science qui sous-tend leur action relève du mystère.

Après tout, les viticulteurs sont, comme n'importe quel agriculteur, dépendants de la nature et des pratiques locales. De tous les aspects de la production de vin, c'est le facteur le plus important et exigeant pour déterminer le goût d'un vin.

Cet insectarium du domaine en biodynamie Benziger Estate, à Sonoma Mountain, est un paradis pour les oiseaux, les papillons et autres insectes bénéfiques. C'est l'aspect, haut en couleurs, d'une stratégie visant à contrôler de manière naturelle les nuisibles.

MODE DE CONDUITE DU FEUILLAGE ET DE LA VIGNE

VIGNES PEU VIGOUREUSES

Les vignobles du Bordelais, comme celui-ci dans la région de Sauternes, sont plantés densément, jusqu'à 10 000 pieds à l'hectare, et taillés bas sur un simple treillis vertical, comme un cordon **Guyot** simple ou double, car les sols ne sont pas très fertiles et le climat est généralement tempéré. Avec une taille minutieuse et la suppression de feuilles et des sarments non fructifères, le viticulteur obtient le ratio fruits/feuilles idéal pour que les baies mûrissent complètement avant la chute des températures.

VIGNES TRÈS VIGOUREUSES

Dans les sols plus fertiles, la vigne produit un rendement légèrement supérieur, sans perte de qualité, si la taille laisse un feuillage juste suffisant pour que les grappes mûrissent sans souffrir de l'ombre. La taille en **lyre**, montrée ici à Kumeu River en Nouvelle-Zélande, divise le feuillage en deux pour optimiser la photosynthèse tout en évitant une ombre excessive. La densité de vigne est relativement faible, ce qui convient à des sols plus vigoureux. Des filets coûteux s'imposent parfois pour protéger des oiseaux.

Faire le vin dans le chai

Si, dans un vignoble, la nature a toujours le dernier mot, c'est l'homme qui l'emporte dans le chai (ou winery, cantina, bodega, keller, etc. comme on l'appelle ailleurs). Faire du vin revient à prendre des décisions dictées par le raisin et par le vin que le vinificateur entend ou doit produire (ce qui est parfois conflictuel). Les schémas des pages 36 et 37 montrent les étapes pour obtenir deux types de vin différents : un blanc non boisé et relativement bon marché, et un rouge de qualité, élaboré et élevé de manière traditionnelle en fût.

COMPOSITION DU JUS DE RAISIN

Eau	70 à 80 %
Glucides	15 à 25 %
Acides organiques	0,3 à 1 %
Tanins	0,01 à 0,1 %
Matières azotées	0,03 à 0,17 %
Matières minérales	0,3 à 6 %

Les glucides du jus de raisin sont principalement des sucres simples (fructose et glucose) et les acides organiques essentiellement les acides maliques et tartriques. Les matières azotées sont des protéines, des acides aminés primaires et de l'ammoniac, des nutriments importants pour les levures qui peuvent ainsi transformer les sucres en alcool. Le sel minéral prédominant est le potassium, mais il ne représente jamais plus de 0,25 % du jus. La teneur en sodium est infime (0 % à 0,02 %). Ce ratio élevé potassium/sodium est conseillé aux patients cardiaques.

VENDANGER LE RAISIN

La première, et probablement la plus importante décision du producteur, est de savoir quand vendanger. Il doit avoir surveillé les taux de sucre et d'acide des grappes et leur état général durant les semaines qui précèdent la récolte. Les bans de vendange sont décidés en fonction des prévisions météorologiques. Si, par exemple, les raisins ne sont pas tout à fait mûrs, mais que l'on annonce de la pluie, il s'agit de décider si l'on laisse le raisin, en espérant qu'il y aura suffisamment de temps sec et chaud ensuite pour qu'il atteigne sa pleine maturité. Certains cépages sont plus sensibles que d'autres à la date exacte de la vendange. Le merlot, par exemple, perd facilement en qualité (une certaine vivacité du vin) s'il reste trop longtemps en place, tandis que le cabernet-sauvignon tolère plus facilement quelques jours supplémentaires. Si le raisin est atteint d'une maladie cryptogamique (voir p. 19), la pluie ne ferait qu'empirer la situation et il vaut mieux alors le récolter alors qu'il n'est pas idéalement mûr. Un vin blanc tolère plus aisément un peu de pourriture qu'un rouge, dont la couleur disparaît rapidement et la saveur est affectée par un goût de moisissure.

Le vinificateur, en accord avec le responsable de la vendange, doit aussi décider du meilleur moment de la journée pour récolter. En climat chaud, le raisin est souvent vendangé de nuit (ce qui est plus facile avec des machines équipées de puissants projecteurs) ou très tôt le matin, afin que le raisin arrive aussi frais que possible au chai. Autrefois, on laissait le raisin dans des camions, au soleil, si bien qu'il arrivait souvent écrasé, oxydé et ayant perdu une bonne partie de ses arômes primaires. De nos jours, un vinificateur souhaitant produire un vin de qualité fait en sorte que les grappes arrivent les plus fraîches et intactes possibles dans de petites unités, classiquement des bacs en plastiques (même si des grappes entières sont impossibles lorsque la récolte se fait au moyen de machines qui récupèrent le raisin en secouant les pieds de vigne).

Les machines sont de plus en plus fréquentes, pas uniquement pour la récolte mais également la taille et la pose des fils de fer pour le palissage durant la période de croissance. Cependant, les meilleurs vins du monde proviennent toujours de raisin vendangé manuellement, quels qu'en soient le coût et la difficulté à trouver des vendangeurs, parce que cela permet de détacher des grappes entières en les choisissant avec soin.

PRÉPARER LE RAISIN À LA FERMENTATION

Lorsque le raisin arrive au chai, on décide parfois de le refroidir (on peut même trouver des chambres froides, en climat chaud, où l'on conserve les grappes pendant des heures ou des journées entières jusqu'à ce qu'une cuve de fermentation soit disponible). En outre, quel que soit le climat, il est probable que le raisin sera trié si le but est de produire un vin de qualité. Dans les années 1990, l'une des innovations majeures a été l'installation de tables de tri, classiquement des tapis roulants à faible vitesse sur lesquels les raisins sont minutieusement examinés avant d'arriver au fouloir ou au fouloir-égrappoir. (Des fouloirs mécaniques permettent de presser tout le jus et remplacent le pied humain, toujours utilisé pour quelques portos de grande qualité.)

La plupart des raisins blancs sont éraflés avant le pressurage, car les rafles sont astringentes, ce qui gâterait un vin léger et aromatique. Mais pour certains blancs corsés et la plupart des vins effervescents et doux de qualité, on choisit parfois de mettre des grappes entières dans le pressoir car les rafles facilitent l'expression du jus. Dans tous les cas, seule la première partie, le « jus de goutte », sera utilisée.

Les producteurs de vin blanc doivent décider s'ils veulent le protéger le plus possible de l'oxygène, pour conserver tous les arômes de fruit frais (en introduisant, dès le début, des levures œnologiques et du dioxyde de soufre, en retirant la totalité des rafles, en conservant une température basse, etc.) ou, au contraire, exposer les grappes à de l'oxygène afin de privilégier les arômes secondaires, plus complexes et intenses. Le riesling, le sauvignon blanc et d'autres

Les grappes de chardonnay sont pompées dans le pressoir de cette modeste propriété viticole de Meursault dont l'exploitant, Pierre Morey, est aussi le maître de chai du prestigieux domaine Leflaive à Puligny-Montrachet. Remarquez la table de tri dans le fond. Des bottes en caoutchouc sont de rigueur pour qui fait du vin.

cépages aromatiques sont plutôt vinifiés sans oxydation, tandis que le chardonnay plus haut de gamme, comme le bourgogne blanc, est oxydé. L'oxydation comporte parfois une période de « contact avec la peau » : quelques heures dans le pressoir avant son fonctionnement ou dans une cuve spéciale, durant laquelle le moût se concentre en composés pelliculaires aromatiques. Toutefois, si les peaux restent trop longtemps en contact avec le jus, le vin blanc sera trop astringent. C'est pourquoi, contrairement au vin rouge dont la peau est nécessaire pour la couleur et les tanins, celle d'un blanc est pressée avant la fermentation.

Plus le pressurage est brutal et plus le vin blanc manquera de moelleux. Au fil des ans, les pressoirs ont été améliorés afin de presser le jus le plus délicatement possible, sans rompre les pépins ni extraire l'astringence des peaux. Des pressoirs pneumatiques, équipés d'une membrane en plastique qui gonfle afin de comprimer les grappes contre l'intérieur des parois du cylindre horizontal, sont désormais très courants. Certains sont isolés de l'oxygène pour protéger le jus. Les vinificateurs font de plus en plus attention à bien séparer les différents jus qui sortent de la presse, le premier étant le meilleur et le moins astringent.

À ce stade, on clarifie les vins blancs protégés de l'oxydation en filtrant tous les fragments de raisin encore en suspension. On utilisait autrefois une centrifugeuse, mais cela éliminait trop de moût et de flaveur. On préfère aujourd'hui laisser les particules solides se déposer dans le fond d'une cuve de conservation avant de transférer le jus clair dans une cuve de fermentation. Il ne faut pas que la fermentation s'interrompe, ce qui explique l'importance d'une température basse et des ajouts de soufre.

Pour le vin rouge, les raisins sont généralement broyés et débarrassés de leurs rafles, même si on en conserve parfois un peu pour augmenter, dans la cuve de fermentation, le degré de tanin. Des vinificateurs traditionalistes, surtout en Bourgogne, préfèrent laisser fermenter des grappes entières. Cela n'est possible que si le climat autorise une période de croissance suffisamment longue pour permettre aux rafles, et pas seulement au raisin, de mûrir pleinement. Sinon, le vin est trop astringent. (La plupart des raisins rouges australiens, par exemple, manqueraient d'acidité si l'on ne vendangeait pas quand les rafles sont mûres.)

Il existe une exception à cette règle de l'éraflage pour un rouge. C'est la technique de fermentation appelée macération carbonique, propre au beaujolais, à quelques côtes-du-rhône et, surtout, à des cépages naturellement tanniques comme le carignan dans le Languedoc-Roussillon, où l'on recherche un vin fruité et peu tannique. On enferme des grappes entières dans une cuve hermétiquement fermée. Le raisin au fond de la cuve est pressé par les poids des grappes au-dessus et fermente naturellement, libérant du dioxyde de carbone. Toute la cuve est bientôt saturée en gaz. Les grappes du dessus, restées entières, subissent alors une fermentation interne, ce qui aboutit à des arômes doux, caractéristiques, de banane ou de chewing-gum.

LA FERMENTATION

Après le foulage et le pressurage des raisins blancs et le foulage des rouges, le vinificateur doit prendre des décisions concernant la fermentation, cette transformation miraculeuse du jus sucré en vin, plus sec et riche en flaveur. Les levures (naturellement présentes ou ajoutées) mises en contact avec les sucres du raisin les transforment en alcool, en chaleur et en dioxyde de carbone. Plus les grappes sont mûres et plus la teneur en sucre est élevée et le vin puissant. Les cuves de fermentation se réchauffent naturellement pendant la fermentation. C'est pourquoi, en climat chaud, il faut les doter d'un système de refroidissement pour conserver le moût (ce mélange pulpeux entre le jus de raisin et le vin) en dessous de la température à laquelle les précieux composants aromatiques pourraient s'évaporer. À ce stade, le gaz généré rend parfois le chai nocif en raison du mélange toxique de dioxyde de carbone, de jus en fermentation et d'alcool, surtout si les cuves de fermentation sont ouvertes, comme c'est le cas pour les vins rouges traditionnels.

Les vins blancs fermentent dans des cuves scellées afin de protéger le moût de l'oxydation néfaste et d'éviter tout brunissement, mais une cuve pleine de moût de raisin rouge possède sa propre protection, une épaisse couche de peaux qui flottent en surface. Bien des aspects de la vinification ont bénéficié d'améliorations ces dernières décennies, mais les levures demeurent toujours un mystère et un sujet de controverse. La question est de savoir s'il vaut mieux utiliser des levures exogènes sélectionnées, de laboratoire, ou laisser agir les levures indigènes, naturellement présentes dans l'atmosphère.

Dans le Nouveau Monde, la question ne se pose parfois pas. Les levures œnologiques ont besoin de temps pour se développer et, les premières années, les souches disponibles risquent d'être plus nuisibles que bénéfiques. À de rares (mais croissantes) exceptions près, la plupart des vinificateurs du Nouveau Monde ajoutent des levures exogènes au moût qui, s'il a été refroidi, aura besoin d'être réchauffé pour que la fermentation puisse débuter. (Une fois la fermentation initiée dans une cuve, l'ajout de moût fermenté dans une seconde enclenchera le même processus, mais certains vinificateurs préfèrent laisser macérer les raisins rouges quelques jours au préalable.) Les levures de culture, sélectionnées à partir de levures naturellement présentes dans d'autres régions viticoles, plus anciennes, se comportent d'une manière prévisible. Les plus puissantes proviennent de vins très alcoolisés, qui favorisent la précipitation des sédiments dans les vins effervescents. Le choix des levures exogènes peut aussi influer sur la flaveur du vin, par exemple en développant certains arômes ou en rehaussant une note de fruits frais. Les traditionalistes préfèrent toutefois laisser agir les levures indigènes qui, bien que moins prévisibles, ajoutent de l'intérêt à un vin. C'est un aspect du « terroir ».

Pigeage à Spice Route dans le Swartland (Afrique du Sud). Cette opération importante consiste à repousser les peaux de raisin rouge qui flottent naturellement à la surface de la cuve de fermentation, afin de favoriser l'extraction des pigments, de la flaveur et des tanins.

Le cauchemar de tout vinificateur est une fermentation qui s'interrompt avant que tout le sucre n'ait été transformé en alcool. Le mélange, dangereusement vulnérable, est facilement la proie de l'oxydation et de bactéries indésirables. Le degré d'alcool d'un vin est alors une arme efficace contre de nombreuses bactéries.

La durée et la température de la fermentation d'un vin rouge en fermentation conditionnent le type de vin obtenu. Plus l'atmosphère est chaude (jusqu'à une certaine limite au-delà de laquelle les arômes s'évaporent) et plus on extrait de flaveur et de pigments. Une fermentation lente, à basse température, donne un vin léger et fruité, mais si elle est trop courte et chaude, le vin peut manquer de corps et de flaveur. La température augmente peu à peu mais, pour un vin rouge corsé, elle est généralement comprise entre 22 °C et 30 °C. Elle est plus basse pour un vin blanc aromatique, pouvant descendre jusqu'à 12 °C.

Afin d'extraire les tanins, la flaveur et les pigments des peaux durant la fermentation d'un vin rouge, les pellicules et le moût doivent être en contact. On y parvient généralement en pompant le moût au-dessus des pellicules ou en poussant ces dernières dans le liquide, mais on

34 | LA FABRICATION DU VIN

a également recours, de plus en plus, à des méthodes mécaniques et informatisées. Grâce à cette technologie de mieux en mieux maîtrisée, tout comme à la macération qui fait suite à la fermentation et vise à extraire et à adoucir les tanins, de nombreux vins jeunes sont plus agréables à boire.

Pour un vin de qualité supérieure, on estime encore, le plus souvent, qu'il faut manipuler les raisins, le moût et le vin en général avec une extrême douceur. Quand l'argent n'est pas un problème ou si le chai est bâti sur un terrain en pente, les installations utilisent la force de la gravité pour éviter l'emploi de pompes (voir pp. 38-39).

AMÉLIORER LA NATURE

Au stade de la fermentation d'un rouge ou d'un blanc, le vinificateur décide d'ajouter ou non de l'acide ou du sucre. Les producteurs français, hormis ceux de l'extrême Sud, mettent depuis deux siècles du sucre dans les cuves de fermentation pour augmenter le degré alcoolique (et non la douceur). Cette chaptalisation a d'abord été proposée par le ministre de l'Agriculture Jean-Antoine Chaptal. La législation des appellations contrôlées prévoit la quantité maximale de sucre (ou aujourd'hui de moût) pouvant être ajoutée, généralement l'équivalent de 2 degrés d'alcool ou moins. Dans la pratique, grâce aux étés chauds, à une meilleure conduite de la vigne (voir p. 31) et à des stratégies antipourriture, on vendange des raisins de plus en plus mûrs, ce qui permet de limiter le sucre.

Dans les climats plus froids, avec des cépages qui mûrissent moins, les producteurs décident parfois de retirer une partie du jus de la cuve de fermentation d'un vin rouge afin d'améliorer le ratio, essentiel, de peaux riches en flaveur et en pigments par rapport au jus. Cette « saignée » est parfois remplacée par une manipulation plus mécanique : la concentration, fondée sur l'évaporation sous vide ou osmose inverse.

Par ailleurs, en climat chaud, les producteurs ont l'habitude d'augmenter (« adapter » comme ils disent) l'acidité du moût ayant une teneur en sucre dont rêveraient ceux du nord de la France, mais dont l'acidité naturelle a chuté à un niveau trop bas. On privilégie l'acide naturel du raisin : l'acide tartrique. Une autre méthode, plus naturelle, permet d'accentuer l'acidité d'un vin. On peut faire suivre la fermentation alcoolique par un autre type de fermentation, dite malolactique, durant laquelle les rudes acides maliques (au goût de pomme) sont transformés en acides lactiques (laiteux), plus doux. Comprendre et maîtriser cette seconde fermentation, en réchauffant le vin et en y ajoutant parfois des bactéries lactiques spécifiques, a été dans la seconde moitié du XXe siècle le facteur clé qui a permis de boire des vins rouges plus jeunes en abaissant l'acidité générale et en ajoutant de la flaveur.

Mais ces arômes supplémentaires ne sont pas toujours nécessaires ni souhaitables dans un vin blanc aromatique, probablement protégé de l'oxydation. Si l'on supprime volontairement la fermentation malolactique (en filtrant les levures et les protéines), on obtient alors un vin au goût plus frais. Dans la pratique, on encourage la fermentation malolactique avec un chardonnay de qualité, pour ajouter de la texture et de la flaveur, et on la compense en climat plus chaud pour un résultat plus acide.

La fermentation malolactique est toujours bénéfique au vin rouge. La tendance actuelle est de la réaliser en fût, et non plus en cuve comme c'était auparavant la règle. Étant donné que cela demande une main-d'œuvre et une surveillance accrue, cette opération est réservée au vin de qualité supérieure. La texture résultante étant nettement plus souple et séduisante à court terme, des dégustateurs l'associent à la qualité. C'est pourquoi les vinificateurs qui veulent promouvoir des vins jeunes les transvasent de plus en plus des cuves, juste avant la fin de la fermentation, dans des fûts où ils achèveront leur fermentation alcoolique et malolactique.

Une controverse croissante, surtout en climat chaud comme dans certaines régions de l'Australie ou en Californie, concerne la forte teneur en alcool du vin, qui est souvent la conséquence d'une récolte tardive en vue d'obtenir un maximum de flaveur, ce qui augmente inévitablement le taux de sucre. Comme pour la concentration du moût, diverses méthodes mécaniques, là aussi fondées sur l'évaporation ou l'osmose inverse, permettent de limiter le degré d'alcool du vin. Cependant, des producteurs préfèrent des stratégies alternatives dans le vignoble, ce qui permet de partir d'un matériau brut plus équilibré.

Si certains bons vins rouges terminent leur fermentation alcoolique en fût, la règle, pour les vins blancs corsés, est de la réaliser entièrement en fût, le but étant d'en obtenir un prix élevé.

La chromatographie permet de visualiser l'évolution de la fermentation malolactique d'un vin. La première tache correspond à l'acide tartrique (présent dans tous les vins), la deuxième à l'acide malique et celle le plus en haut à l'acide lactique. Les tests seront répétés tant que la tache d'acide malique n'aura pas disparu.

LIRE UNE ÉTIQUETTE : LES ADDITIFS

le blanc d'œuf est parfois utilisé pour clarifier le vin

certaines personnes sont allergiques au sulfite

tous les vins ne conviennent pas aux végétariens, car de nombreux agents de collage renferment des produits d'origine animale

Longtemps, dans pratiquement tous les pays, le vin ne comprenait aucune mise en garde. Ceci est en train d'évoluer, comme le montre la contre-étiquette de ce valpolicela vendu par une coopérative britannique. Elle mentionne la présence de dioxyde de soufre (comme pour 99,9 % des vins) qui prévient l'oxydation et préserve la fraîcheur des arômes. Sinon, un vin ne contient que du jus de raisin, des levures et des additifs destinés à empêcher ou à ralentir la précipitation des pigments et du tartrate. Le vin a aussi été clarifié par collage, avec de la bentonite (un type d'argile) et du blanc d'œuf, mais il n'en reste normalement que des traces infimes.

À la fin du XXe siècle, le chêne est devenu incontournable. Une forte proportion de vins rouges ou blancs, bons ou excellents, sont élevés voire fermentent dans de petits fûts de chêne. Pratiquement tous les vins rouges dignes de ce nom sont élevés en fût pour gagner en souplesse et tous les vins blancs, hormis les plus aromatiques et vifs, fermentent et vieillissent dans des fûts en chêne de 225 litres.

Quelle que soit la manière dont on laisse vieillir un vin, il faut ensuite le mettre en bouteilles. Avant cette étape souvent plutôt brutale, le vinificateur doit s'assurer que le vin est stable (qu'il ne renferme pas de bactéries potentiellement néfastes et qu'il réagit bien s'il est soumis à des températures extrêmes). Il faut d'abord le clarifier, car il est encore trop trouble pour le goût du consommateur. Les vins blancs bon marché sont souvent refroidis en cuve afin que l'acide tartrique encore en solution précipite avant l'embouteillage (sinon, il risquerait de se retrouver sous forme de cristaux, inoffensifs mais à l'aspect inquiétant). On filtre la grande majorité des vins, blancs ou rouges, pour éviter tout risque de reprise de la fermentation, puis on les clarifie par collage (voir p. 29) afin de précipiter les dernières particules restées en suspension. Le filtrage est cependant une question sensible chez les amateurs de vin. Un excès peut supprimer des arômes et nuire au potentiel de garde, mais un vin insuffisamment filtré risque d'être attaqué par des bactéries néfastes et de fermenter à nouveau, surtout si la bouteille est exposée à la chaleur. Toutefois, en vieillissant, il est parfois difficile de faire la différence entre un vin filtré ou non (hormis bien sûr la quantité de dépôt dans la bouteille).

Le chêne et les autres possibilités

Depuis des siècles, on conserve le vin dans du chêne parce qu'il est très peu perméable et facile à travailler. Plus récemment, on a pris conscience que le chêne ajoutait des arômes au vin en l'enrichissant de composés complexes. Plus important encore, le vin est bonifié, plus limpide et stable, sa texture est plus souple et, pour les rouges, la robe est plus intense.

Un vin blanc fermenté en fût, à la condition que l'on n'ait pas éliminé toutes les particules solides et qu'on limite l'action des tanins et des pigments du chêne, acquiert une texture plus soyeuse et des arômes plus intenses. Une autre astuce, pour donner au vin une texture plus moelleuse, qu'il ait fermenté en fût ou en cuve, consiste à racler régulièrement le fond à l'aide d'un bâton (bâtonnage) pour en décoller les lies de fermentation. Cela aère le vin, qui gagne en onctuosité et en complexité aromatique.

Un vin blanc peut être élevé sous bois juste trois mois, le temps de s'imprégner d'une légère flaveur boisée (plus le fût est vieux et moins il y a de la flaveur et de tanins du chêne). Les bons vins rouges sont généralement élevés sous bois plus longtemps, jusqu'à 18 mois voire plus dans des tonneaux plus grands ou plus anciens. Afin de séparer le nouveau vin des lies grossières, le vin est a priori soutiré (voir p. 29) dans un fût propre, rapidement après la fermentation et ce plusieurs fois de suite (pratique plus courante en Europe que dans le Nouveau Monde). Le soutirage aère le vin, assouplit les tanins et minimise le risque d'odeurs désagréables provenant du bois. Cependant, un peu de vin est toujours perdu lors de l'évaporation. C'est pourquoi il faut en rajouter régulièrement (ouillage), une méthode qui limite l'oxydation au contact de l'air et diminue la raideur du vin. Durant l'élevage sous bois, le vinificateur doit régulièrement goûter le contenu de chaque fût afin de savoir s'il convient de soutirer le vin et quand celui-ci est prêt pour l'embouteillage.

Une autre solution, parfois complémentaire à l'élevage sous bois, consiste à ajouter au vin de l'oxygène en quantité infime, bien définie, dans la cuve ou le fût. Cette micro-oxydation imite l'aération du vin en fût. Par ailleurs, si l'on veut obtenir des arômes similaires à ceux d'un vin élevé sous bois, mais à un coût bien inférieur, il suffit d'utiliser des copeaux de chêne (des éclats de différentes formes et tailles). Cela permet également d'améliorer la texture et de rendre la couleur plus stable. Ces alternatives sont sujettes à controverse, mais elles ont bel et bien une histoire. C'est l'agronome français Olivier de Serres qui, le premier, parla de « vin de coipeau » (pour copeaux) dans son livre *Théâtre d'Agriculture* publié en 1600. Il explique comment procéder et suggère qu'ils aideront à clarifier le vin, qui pourra être bu plus jeune, et à l'enrichir en arômes séduisants.

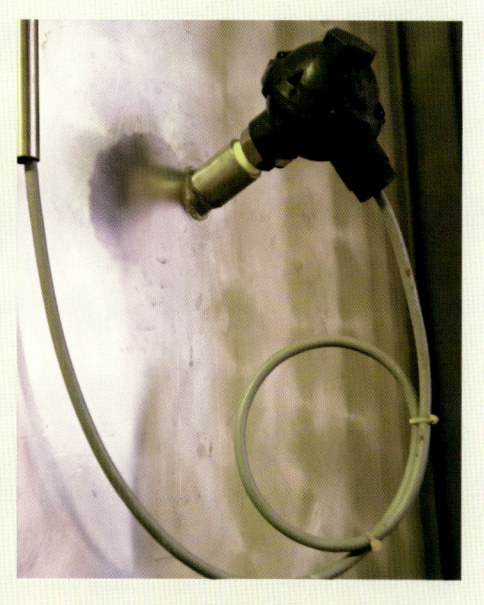

L'utilisation du feu lors de la fabrication d'un fût permet de courber les douelles en chêne afin de les assembler et de torréfier l'intérieur. La micro-oxygénation du vin en cuve en Inox (ci-dessus) est moins efficace sur la flaveur, mais son effet sur la texture est très similaire.

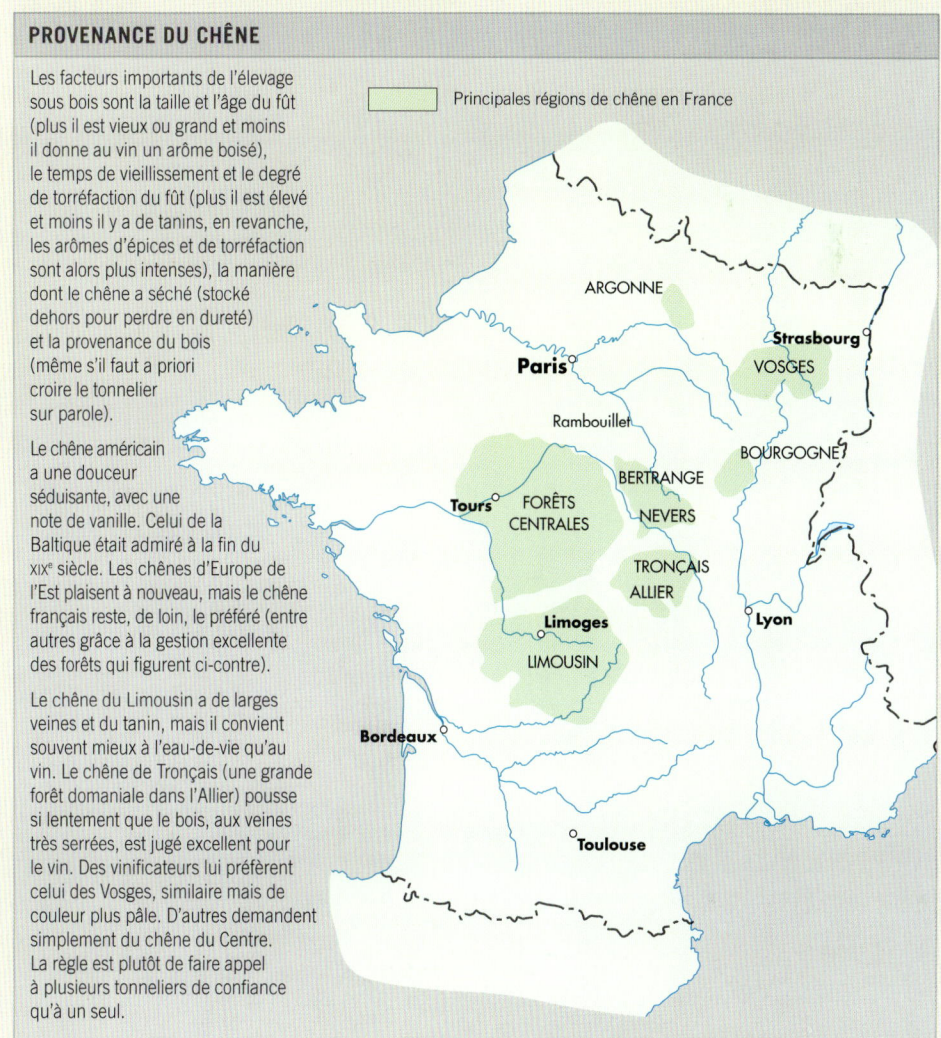

PROVENANCE DU CHÊNE

Les facteurs importants de l'élevage sous bois sont la taille et l'âge du fût (plus il est vieux ou grand et moins il donne au vin un arôme boisé), le temps de vieillissement et le degré de torréfaction du fût (plus il est élevé et moins il y a de tanins, en revanche, les arômes d'épices et de torréfaction sont alors plus intenses), la manière dont le chêne a séché (stocké dehors pour perdre en dureté) et la provenance du bois (même s'il faut a priori croire le tonnelier sur parole).

Le chêne américain a une douceur séduisante, avec une note de vanille. Celui de la Baltique était admiré à la fin du XIXe siècle. Les chênes d'Europe de l'Est plaisent à nouveau, mais le chêne français reste, de loin, le préféré (entre autres grâce à la gestion excellente des forêts qui figurent ci-contre).

Le chêne du Limousin a de larges veines et du tanin, mais il convient souvent mieux à l'eau-de-vie qu'au vin. Le chêne de Tronçais (une grande forêt domaniale dans l'Allier) pousse si lentement que le bois, aux veines très serrées, est jugé excellent pour le vin. Des vinificateurs lui préfèrent celui des Vosges, similaire mais de couleur plus pâle. D'autres demandent simplement du chêne du Centre. La règle est plutôt de faire appel à plusieurs tonneliers de confiance qu'à un seul.

Principales régions de chêne en France

Comment est fait le vin

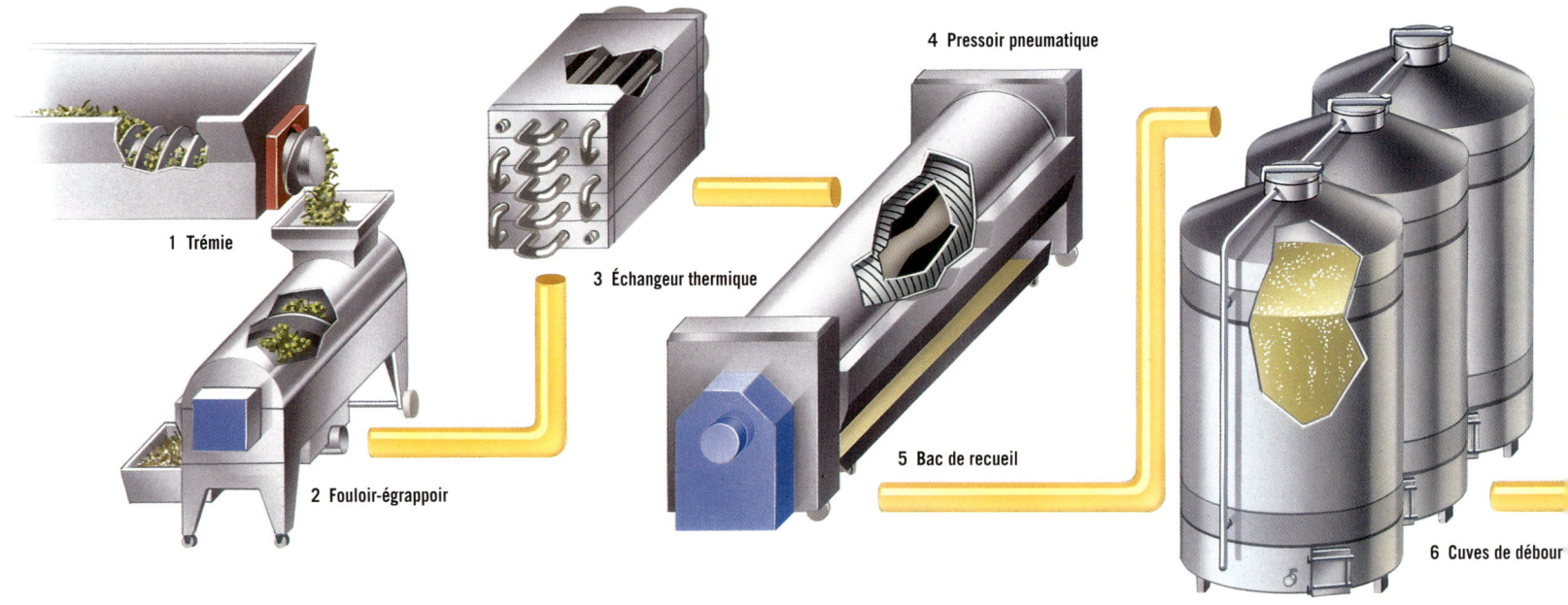

1 Trémie
2 Fouloir-égrappoir
3 Échangeur thermique
4 Pressoir pneumatique
5 Bac de recueil
6 Cuves de débour

COMMENT EST PRODUIT UN VIN BLANC D'ENTRÉE DE GAMME

Pour un vin blanc bon marché produit en climat chaud dans une exploitation bien équipée, on a vendangé le raisin mécaniquement. Un camion s'adosse à la cave pour décharger dans la trémie **1** les grappes et divers débris végétaux. La vis sans fin alimente en raisin le fouloir-égrappoir **2**. Le raisin est écrasé dans la trémie par des cylindres rotatifs (perforés de trous juste assez grands pour laisser passer les baies mais pas les feuilles ou les pédicelles astringentes) et éraflé. Le mélange pulpeux est pompé dans l'échangeur thermique **3** pour être refroidi. Cela ralentit l'oxydation, prévient la perte d'arômes et retarde la fermentation. On ajoute souvent du dioxyde de soufre pour la même raison. La pulpe est pompée dans le pressoir pneumatique **4** (sa membrane en plastique gonfle lentement), puis comprimée contre le cylindre en Inox perforé sans rompre les pépins, amers. Le jus est recueilli dans un bac **5** puis pompé dans une cuve de débourbage **6** en Inox dotée d'un système de refroidissement. On le recouvre parfois d'une couche de gaz inerte comme du dioxyde de carbone pour prévenir l'oxydation. On peut aussi ajouter des enzymes exogènes pour favoriser en 24 heures le dépôt de particules solides au fond de la cuve.

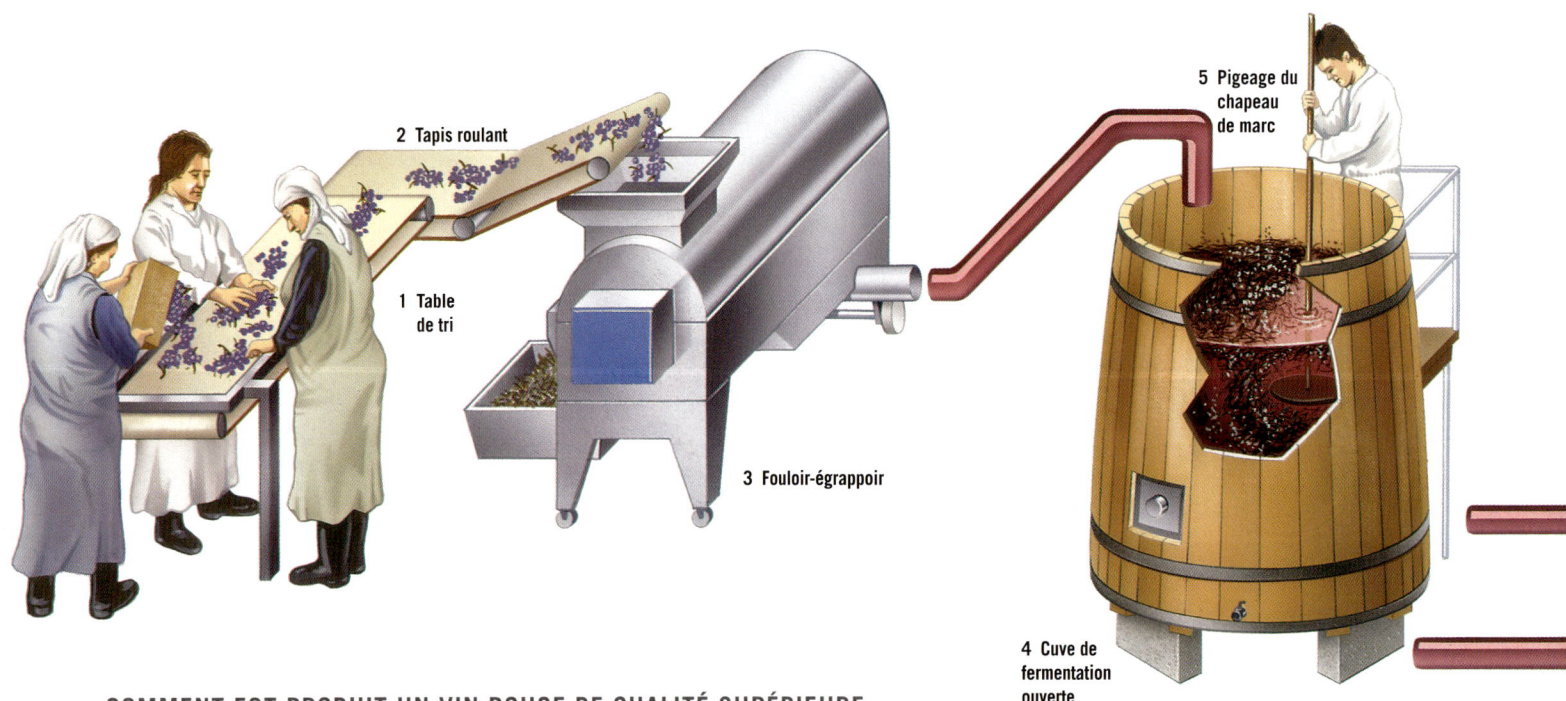

1 Table de tri
2 Tapis roulant
3 Fouloir-égrappoir
4 Cuve de fermentation ouverte
5 Pigeage du chapeau de marc

COMMENT EST PRODUIT UN VIN ROUGE DE QUALITÉ SUPÉRIEURE

Ce vin rouge haut de gamme est obtenu de la manière la plus traditionnelle qui soit. Les grappes sont délicatement cueillies à la main avant d'être déposées dans de petits contenants conçus pour permettre au raisin d'arriver intact au chai, sur la table de tri **1**. Toute baie abîmée, non mûre ou moisie est éliminée, de même que les débris végétaux. Un tapis roulant **2** amène le raisin au fouloir-égrappoir **3** (comparer avec le point 2 du haut) où les rafles sont détachées et la plupart des grappes pressées. On adapte la vinification au nombre de rafles et de grappes entières. Pour un cépage peu tannique comme le pinot noir, on laisse tout ou partie des rafles afin d'apporter à ce stade de la structure. Le moût, dont les peaux sont essentielles pour la couleur, la flaveur et les tanins, est alors pompé dans la cuve de fermentation ouverte **4** (souvent aujourd'hui en Inox, mais autrefois en chêne, en béton voire en ardoise). Les levures naturelles présentes dans l'atmosphère mettent alors lentement en route la fermentation alcoolique. Un maître de chai refroidit le moût avant la fermentation pour prolonger un peu le contact avec les peaux. Certains le réchauffent immédiatement pour favoriser la fermentation alcoolique. Le taux de sucre commence à chuter alors que celui d'alcool augmente et que le dioxyde de carbone libéré pousse vers le haut les peaux et la pulpe formant le chapeau du marc qui protège

LA FABRICATION DU VIN | 37

7 Cuves de fermentation

8 Cuves de stockage

9 Filtre à plaques

10 Chaîne d'embouteillage ultrarapide

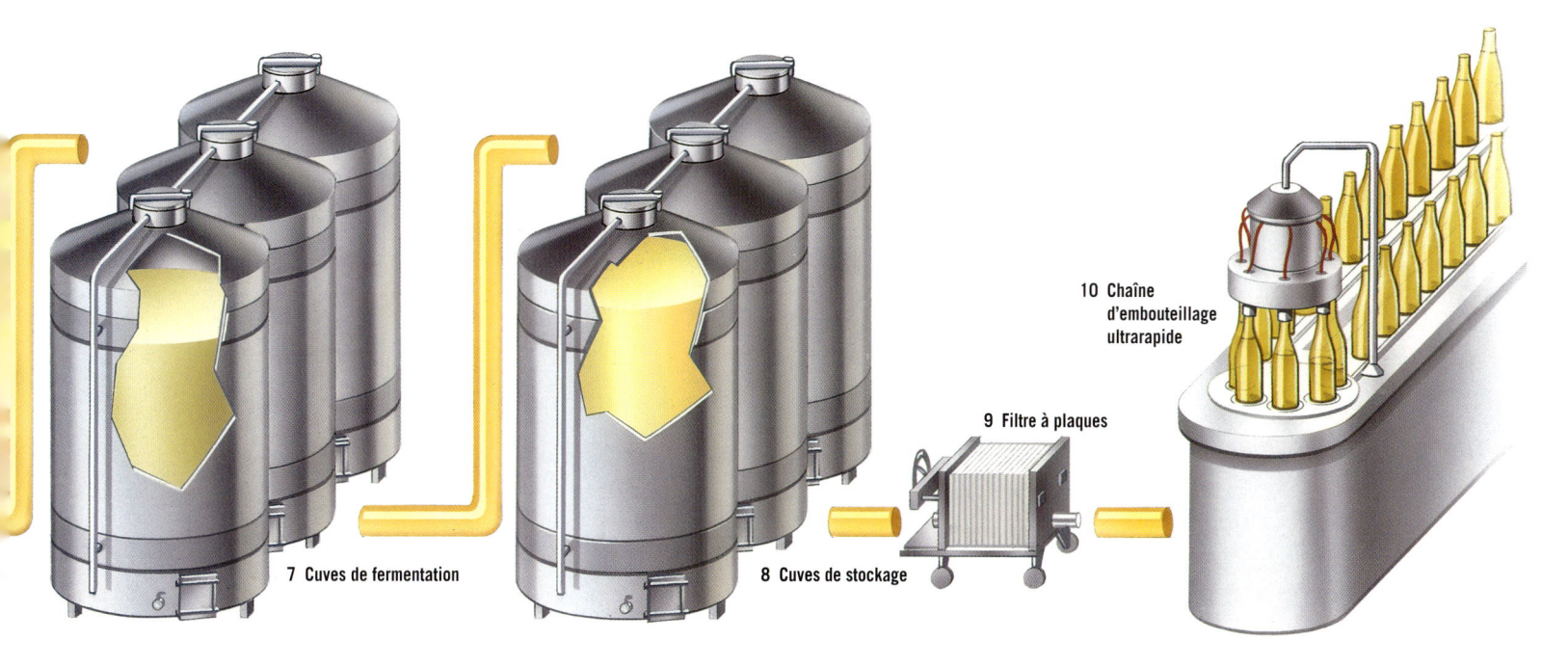

Le jus moins trouble est alors pompé dans une cuve de fermentation **7** en Inox à température contrôlée. On y ajoute des levures spécialement sélectionnées. Ce vin bon marché reste à une température comprise entre 12 °C et 17 °C pour préserver la fraîcheur et les arômes de fruit (mais plus la température est élevée et plus la fermentation est rapide, ce qui permet de réutiliser plus vite la cuve). La durée de la fermentation varie de quelques jours à un mois, le dioxyde de carbone s'échappant d'une valve non représentée ici. On sépare le vin de ses lies avant de stocker le liquide clair dans une cuve de stockage **8** protégée de l'oxygène. On conserve le vin à basse température pour qu'il garde sa fraîcheur jusqu'au moment où il faut répondre à une commande. Il est parfois assemblé avec d'autres vins avant d'être refroidi à presque 0 °C (pour que les cristaux de tartre précipitent) et souvent clarifié. Comme tout vin commercial, on le filtre ensuite pour le débarrasser des bactéries potentiellement néfastes. Il est parfois pompé au travers d'un filtre à plaques **9** ou à membrane pour ôter les particules encore en suspension. Le vin est alors mis en bouteille sur une chaîne d'embouteillage **10** avant d'être expédié par bateau, ce qui limite les coûts de stockage.

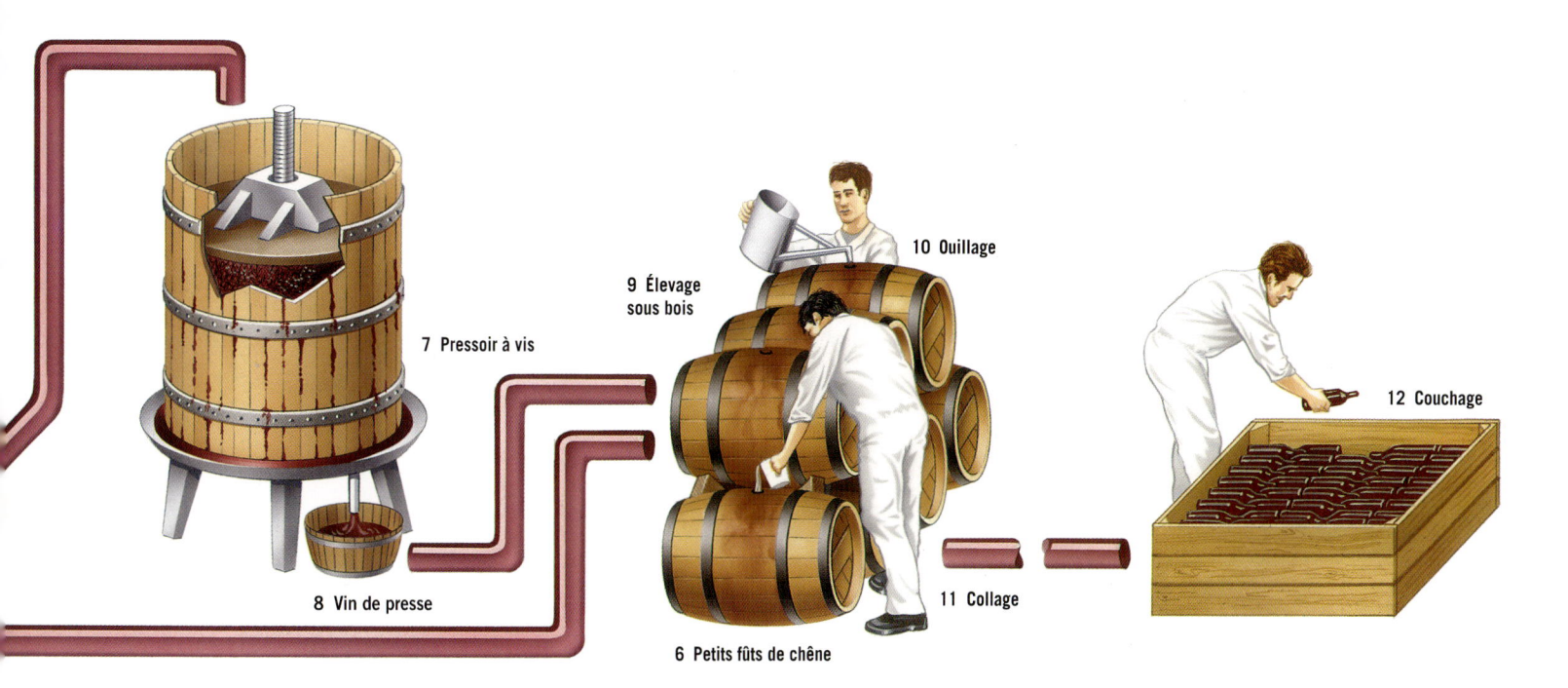

7 Pressoir à vis

8 Vin de presse

6 Petits fûts de chêne

9 Élevage sous bois

10 Ouillage

11 Collage

12 Couchage

le moût de l'oxydation. Le chapeau de marc est régulièrement enfoncé **5** ou brisé en pompant le moût par-dessus afin d'éviter son dessèchement. Quand la fermentation alcoolique est terminée, le maître de chai prolonge la macération pour extraire plus de phénols des peaux. Certains transvasent le vin dans de petits fûts en chêne **6** avant que tout le sucre n'ait fermenté en alcool. Dans les deux cas, la fermentation malolactique suit. Les particules solides laissées au fond de la cuve de fermentation sont alors transférées à un pressoir (ici un pressoir traditionnel à vis **7**) d'où le vin de presse **8**, bien plus tannique, est recueilli. En climat froid, on le garde à part. En climat plus chaud, il est immédiatement ajouté pour améliorer la structure du vin. Celui-ci est ensuite élevé sous bois **9**, parfois pendant 18 mois. En raison de l'évaporation, il faut ouiller **10** le vin qui sera parfois « soutiré » de ses sédiments, par transfert dans un nouveau fût, ce qui l'aère et prévient la formation de composants néfastes. Il sera probablement clarifié **11** (l'ajout d'un agent de collage précipite les suspensions solides) et légèrement filtré pour garantir la stabilité microbiologique. Avant la mise en bouteille, on procède parfois à un ultime assemblage. Une fois l'embouteillage effectué avec soin, les bouteilles sont couchées **12** dans des casiers où elles sont stockées pour l'élevage. La pose d'étiquettes et de capsules a lieu juste avant l'expédition.

L'anatomie d'une propriété viticole

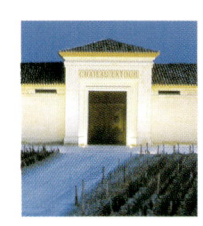

En 1993, le château latour, un des cinq grands crus classés du Médoc, est racheté par François Pinault et redevient français après avoir appartenu pendant trente ans à un groupe britannique. Le château est entièrement repensé. La tâche est confiée à Bruno Moinard, architecte d'intérieur et designer, qui redessine et réaménage les chais.

Frédéric Engerer, le président de Château Latour, refuse que des pompes n'abîment les grappes (les baies risqueraient d'éclater et de s'oxyder) et le moût. Le raisin est vendangé, grappe après grappe, et placé dans des cagettes en plastique, inesthétiques mais très pratiques car elles sont faciles à laver et le risque que les grappes du fond soient écrasées par celles du dessus est minime. Comme dans de nombreux vignobles luxueux et modernes, tout est pensé pour que les grappes et le moût soient déplacés uniquement sous l'effet de la gravité. C'est pourquoi la zone de réception du raisin se trouve toujours le plus en haut possible.

L'un des aspects primordiaux du réaménagement intérieur était la nécessité de disposer de cuves de fermentation en acier inoxydable de différentes tailles, pour que le raisin des diverses parcelles du vignoble, avec ses caractéristiques propres, puisse être vinifié séparément jusqu'au moment crucial de l'assemblage, décidé après de nombreuses séances de dégustation au cours du premier hiver. Il faut en effet déterminer quels lots entreront dans la composition des trois vins produits : le Grand vin château-latour, le deuxième vin les-forts-de-latour et le troisième le pauillac de Château-Latour. Dans le plus grand cuvier, la contenance des cuves varie en moyenne entre 106 hl et 166 hl, hormis pour les plus petites, parfois d'à peine 12 hl voire 1 hl, qui sont réservées à des microcuvées de 120 bouteilles.

Après l'assemblage, le vin est élevé sous bois pendant plusieurs mois dans des chais dits de première année puis de seconde année avec du chêne neuf, en proportions différentes. Il est généralement mis en bouteille avant les chaleurs de l'été de la seconde année qui suit la vendange. La plupart des bouteilles sont étiquetées immédiatement, mais elles ne seront pas expédiées avant le mois de novembre, afin de minimiser le risque que le vin souffre de la chaleur durant le transport. Les vins de Château Latour sont élaborés selon les méthodes expliquées dans la seconde partie des pages précédentes.

Cuve d'assemblage Cette énorme cuve a une capacité de 2 000 hl (soient plus de 266 000 bouteilles). Le vin reste ici juste le temps de s'assurer que le vin final, vérifié par plusieurs dégustations, est parfaitement homogène.

Chai des fûts de seconde année Avant la chaleur de l'été, les fûts sont descendus au sous-sol, pour un vieillissement ultérieur de 11 à 13 mois.

Chai des fûts de première année Après la récolte, début décembre, l'élevage du vin débute dans des fûts de chêne français. On utilise chaque année de nouveaux fûts pour le Grand vin de château-latour, et une certaine proportion de chêne neuf pour le deuxième vin, les-forts-de-latour.

Salle du raisin en attente Au même niveau que le vignoble, lorsque les trieurs n'arrivent plus à traiter le raisin vendangé, il est mis en attente ici, le moins longtemps possible, dans des paniers indiquant de quelle parcelle il provient.

Tables de tri Le raisin est trié à la main à deux reprises, avec deux tables parallèles pour accélérer la cadence. Le premier tri élimine les feuilles, les rafles et les baies abîmées. Les baies saines sont transportées à l'égrappoir en tapis roulant. On vérifie ensuite qu'il ne reste aucun fragment de rafle avant d'amener les baies en tapis roulant au fouloir. Une équipe de 20 personnes compétentes trie environ 3 tonnes par heure.

Réception du raisin Les grappes des diverses parcelles vendangées à la main sont transportées dans des cagettes en plastique que l'on hisse par palettes à l'étage supérieur.

Laboratoire Toute cave digne de ce nom est équipée pour analyser le vin. D'autres font faire leurs analyses à l'extérieur. Le contrôle de la qualité d'un vin implique son analyse chimique à tous les stades de la vinification, en particulier de la fermentation malolactique.

Cuves plus petites Elles servent pour vinifier le raisin des parcelles les plus petites et pour mener des expériences de vinification. C'est un grand avantage de pouvoir optimiser les caractéristiques de chaque terroir et cépage en disposant de nombreuses cuves de tailles différentes. Des cuves individuelles peuvent être réservées à des parcelles spécifiques.

Bureaux

L'extérieur du vignoble Château Latour est impressionnant de nuit, avec sa tour fortifiée que l'on aperçoit de la route qui sépare le château à proprement parler de l'exploitation vinicole avec ses chambres, ses salles de réception et, pour certains, le souvenir de quelques millésimes d'exception.

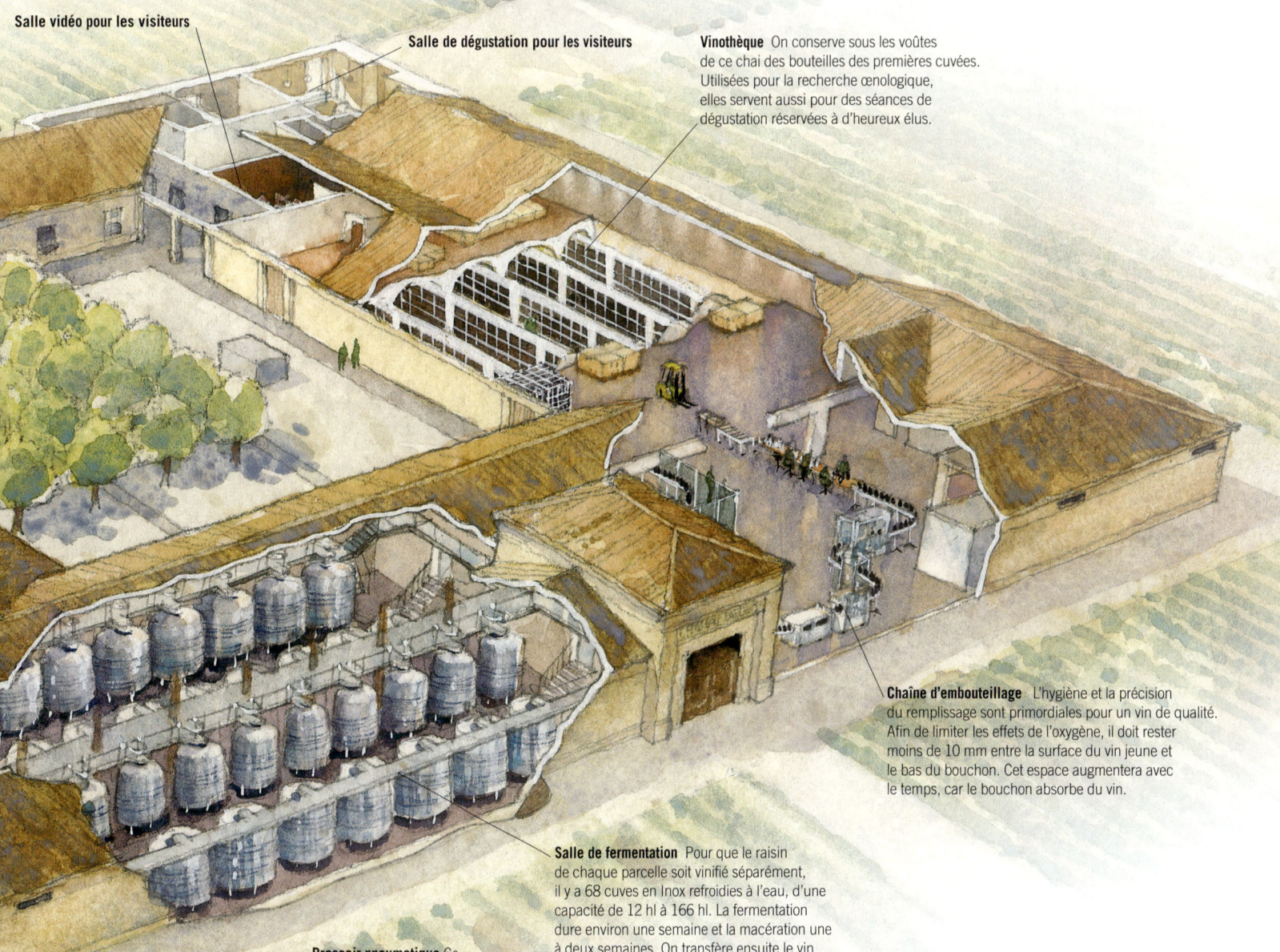

Salle vidéo pour les visiteurs

Salle de dégustation pour les visiteurs

Vinothèque On conserve sous les voûtes de ce chai des bouteilles des premières cuvées. Utilisées pour la recherche œnologique, elles servent aussi pour des séances de dégustation réservées à d'heureux élus.

Chaîne d'embouteillage L'hygiène et la précision du remplissage sont primordiales pour un vin de qualité. Afin de limiter les effets de l'oxygène, il doit rester moins de 10 mm entre la surface du vin jeune et le bas du bouchon. Cet espace augmentera avec le temps, car le bouchon absorbe du vin.

Salle de fermentation Pour que le raisin de chaque parcelle soit vinifié séparément, il y a 68 cuves en Inox refroidies à l'eau, d'une capacité de 12 hl à 166 hl. La fermentation dure environ une semaine et la macération une à deux semaines. On transfère ensuite le vin dans des cuves propres, pour la fermentation malolactique. Ces cuves servent aussi, après l'élevage sous bois, pour des analyses techniques et de conservation.

Pressoir pneumatique Ce qui reste après l'élaboration du vin jeune se retrouve ici, pour séparer le vin de presse (récupéré à partir des particules solides déposées au fond de la cuve) qui peut entrer dans la composition d'un assemblage.

Concentrateur Cet appareil fondé sur le principe de l'évaporation par le vide est rarement nécessaire. On l'utilise pour ôter l'excès d'eau du jus après une année très humide, surtout s'il a plu pendant la récolte, comme ce fut le cas en 1997.

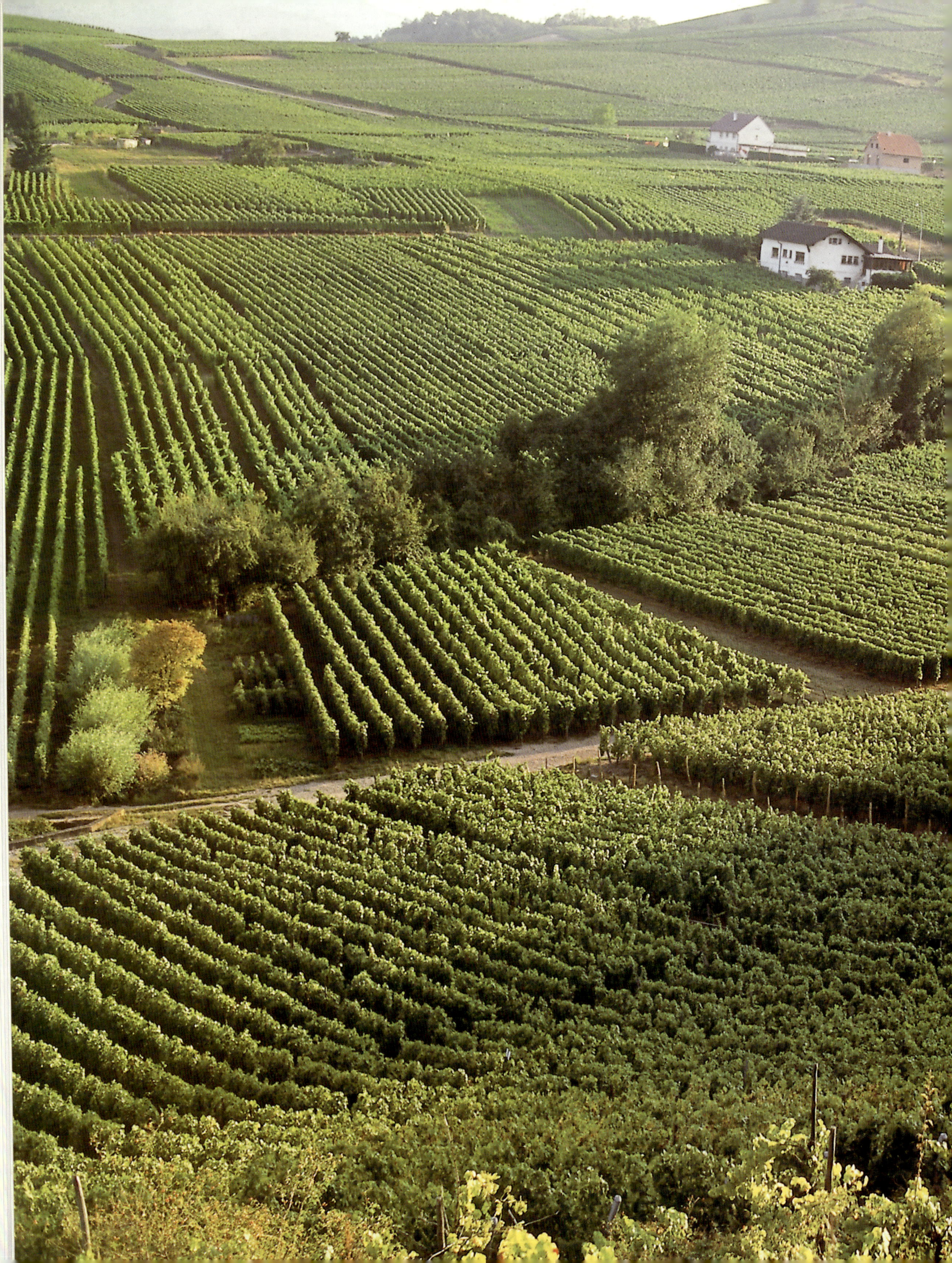

Les vignes autour de Niedermorschwihr, en Alsace.

Le monde du vin

France

On ne peut évoquer la France sans mentionner le vin, de même qu'on ne peut penser au vin sans penser aussi à la France. La carte ci-contre montre les départements, mais surtout cet objet de fierté nationale et de plaisir international que sont les nombreuses et diverses régions vinicoles. Des noms tels que « champagne » et « bourgogne » sont depuis si longtemps synonymes d'excellence que d'autres pays les ont repris sans vergogne, au grand dam des Français. Les zones mauve pâle indiquent l'étendue de la culture du vin jusqu'à une époque aussi récente que le milieu du XXe siècle. Depuis, les vignes ont souvent été remplacées par d'autres cultures (voir les surfaces de vignobles par département sur chaque petite grappe bleue), même si elles sont encore largement cultivées en Charente (pour le cognac) et en Languedoc-Roussillon, en dépit des appels répétés aux propriétaires pour qu'ils arrachent leurs plants, générateurs d'excédents.

Le surplus pose toujours un problème dans des vignobles aussi archaïques que ceux du Midi, et la chute de la consommation de vin en France ne fait qu'envenimer la situation. Le marché de l'exportation ne s'intéresse qu'à la qualité qui, en dépit de tout le reste, place toujours la France loin devant les autres pays.

Le caractère national français et ses préoccupations en matière de cœur, palais et foie ne sont pas négligeables, mais la géographie explique quasiment tout. Baignée par l'Atlantique et la Méditerranée, la France jouit d'une situation unique. Dans l'Hexagone, entre l'océan, la mer et l'influence du continent à l'est, tous les climats sont quasiment représentés. De même pour les sols, dont le précieux calcaire, si propice à la qualité du vin, est davantage présent que dans tout autre pays. Pour l'instant, les variations climatiques ont été globalement très bénéfiques.

La France ne se contente pas d'avoir de bons vignobles : elle les définit, les classe et les contrôle bien plus finement que les autres contrées. Cela a commencé vers 1920 avec l'AOC (Appellation d'origine contrôlée), qui limite l'usage d'un nom à une région de production spécifique. La loi indique quelles variétés de cépages peuvent être cultivées, le rendement maximal par hectare, le degré de maturité minimal du raisin, les méthodes de culture et, dans une certaine mesure, la méthode de vinification. Les AOC (ou AC parfois) sont administrées par l'Institut national des appellations d'origine (INAO). On se demande aujourd'hui si la régulation très imitée des AOC constitue un trésor national ou un carcan qui limite l'expérimentation et handicape la France face aux produits d'un Nouveau Monde plus libéral.

Juste en dessous de la catégorie des AOC, qui constituent la moitié des vins français, on trouve les VDQS (Vins délimités de qualité supérieure), sortes d'AOC en devenir, qui ne représentent que 1 % de chaque récolte. La troisième grande catégorie de vins français est celle des « vins de pays », décrits en pages 152 et 153. Tout au bas de l'échelle qualitative, on trouve le très ordinaire vin de table.

LIRE UNE ÉTIQUETTE

L'appellation est souvent imprimée en plus grosses lettres que le nom du producteur, même si ce dernier est souvent le meilleur indicateur de qualité.

LES DIFFÉRENTES CATÉGORIES

Appellation d'origine contrôlée (AOC, ou AC) vins dont l'origine géographique, le mélange de cépages et les méthodes de production sont définis de façon précise – ce sont souvent les meilleurs et certainement les plus traditionnels

VDQS vins en attente d'AOC

Vin de pays souvent originaire de régions plus vastes que les AOC ; variétés non traditionnelles et rendements plus élevés sont autorisés (voir page 152)

Vin de table vin ordinaire dont l'étiquette ne mentionne ni l'origine géographique, ni le cépage, ni le cru

AUTRES EXPRESSIONS COURANTES

Cave coopérative

Château propriété typique du Bordelais

Cru parcelle de qualité supérieure

Cru classé cru sélectionné lors d'une grande classification, en 1855 dans le Bordelais par exemple (voir page 82)

Domaine équivalent bourguignon du château bordelais, généralement de taille plus réduite

Grand cru en Bourgogne, les meilleurs vignobles ; rien de spécial à Saint-Émilion

Méthode classique, méthode traditionnelle vin effervescent reprenant la méthode champenoise

Mis (en bouteille) au château / au domaine / à la propriété vin mis en bouteille par ses cultivateurs

Négociant entreprise qui achète du vin ou des raisins (voir domaine)

Premier cru en Bourgogne, légèrement inférieur au grand cru ; un des quatre grands châteaux du Médoc

Supérieur avec une teneur en alcool un peu plus élevée

Vieilles vignes vin plus dense en théorie, mais la notion de « vieillesse » n'est pas définie

Villages dans une appellation, suffixe désignant une commune ou une paroisse

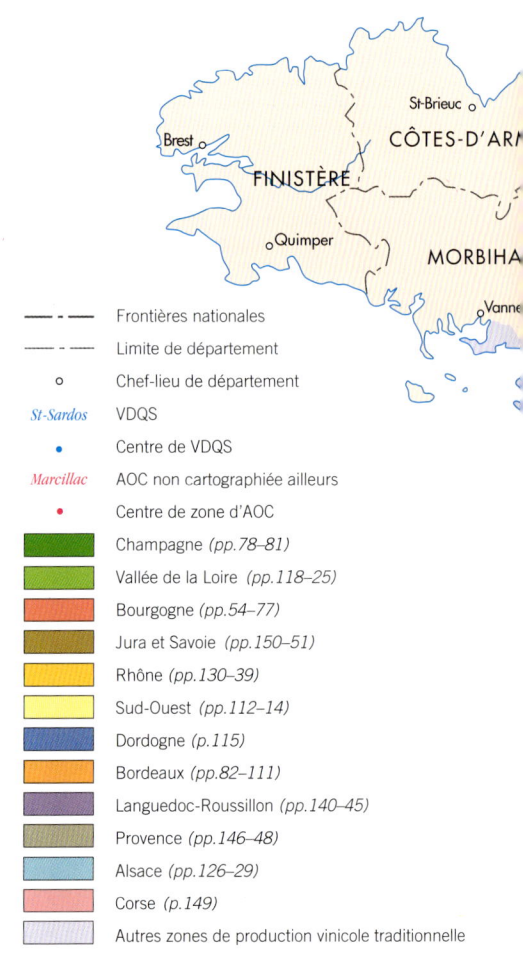

- - - Frontières nationales
- - - Limite de département
○ Chef-lieu de département
St-Sardos VDQS
• Centre de VDQS
Marcillac AOC non cartographiée ailleurs
• Centre de zone d'AOC

- Champagne (pp. 78–81)
- Vallée de la Loire (pp. 118–25)
- Bourgogne (pp. 54–77)
- Jura et Savoie (pp. 150–51)
- Rhône (pp. 130–39)
- Sud-Ouest (pp. 112–14)
- Dordogne (p. 115)
- Bordeaux (pp. 82–111)
- Languedoc-Roussillon (pp. 140–45)
- Provence (pp. 146–48)
- Alsace (pp. 126–29)
- Corse (p. 149)
- Autres zones de production vinicole traditionnelle

Symboles proportionnels

40 — Surface de vignobles par département en milliers d'hectares (le chiffre n'est pas mentionné s'il est inférieur à 1 000 ha)

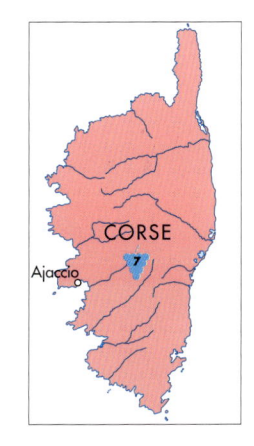

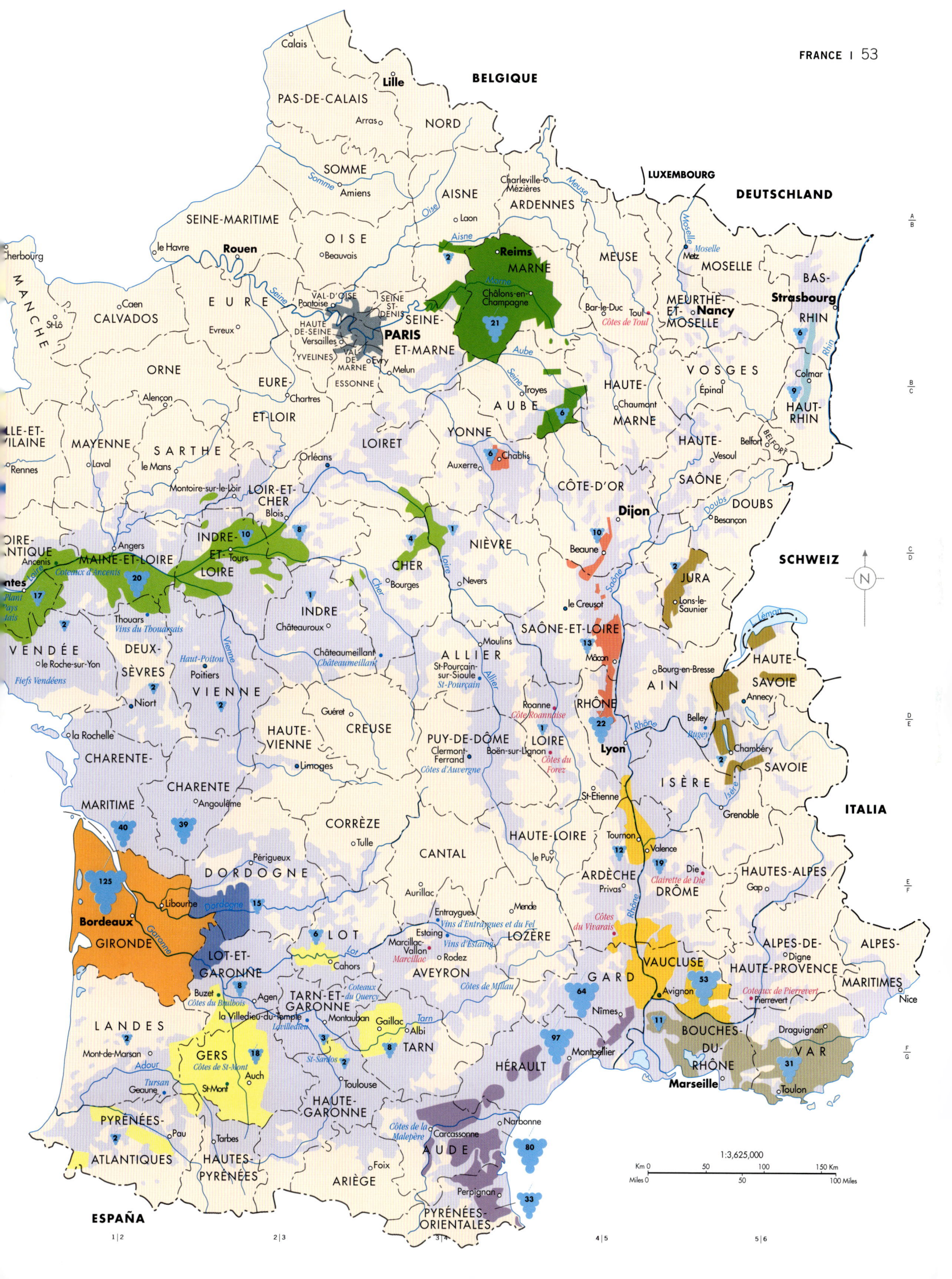

France

Bourgogne

Le nom de Bourgogne sonne à nos oreilles comme la cloche de l'église ou celle qui appelle aux repas. Si Paris est la tête de la France et la Champagne son âme, la Bourgogne en est le ventre. C'est une région d'interminables repas, où sont présents les mets les plus copieux (bœuf du Charolais à l'ouest, poulets de Bresse à l'est, fromages crémeux comme le chaource et l'époisses). C'était autrefois le plus riche duché de France, et son vin était renommé bien avant l'arrivée du christianisme dans notre pays.

La Bourgogne n'est pas le nom d'un seul et vaste vignoble, mais celui d'une province présentant plusieurs régions vinicoles distinctes et de belle qualité. La plus riche et la plus importante est la **Côte d'Or**, cœur de la Bourgogne, avec la **Côte de Beaune** au sud et la **Côte de Nuits** au nord, terre d'origine du pinot noir et du chardonnay. Dans un autre contexte, chardonnays du **Chablisien**, rouges et blancs de la **Côte chalonnaise** et blancs du **Mâconnais** occuperaient la première place. Immédiatement au sud du Mâconnais, on trouve le **Beaujolais**, très différent de la Bourgogne par la taille, le style, le sol et les cépages (voir pp. 72-74).

La région donne une impression de simplicité et de rusticité. On ne trouve pratiquement pas de grande demeure d'une extrémité à l'autre de la Côte d'Or, alors que le Médoc est ponctué de propriétés luxueuses, témoignages de la vie de loisirs et de richesse des XVIIIe et XIXe siècles. La plupart des quelques grands domaines, propriétés de l'Église, ont été divisés à l'époque napoléonienne. La Bourgogne est encore aujourd'hui la plus morcelée des régions vinicoles française : la propriété moyenne est peut-être plus grande qu'autrefois, mais elle ne dépasse pas les 6 ha.

La fragmentation de la région est à l'origine du seul défaut majeur de son vin : son imprévisibilité. Du point de vue du géographe, le facteur humain ne peut être cartographié et, en Bourgogne, plus que n'importe où ailleurs, il se doit d'être placé au tout premier plan. Même après avoir associé un vin à un climat (parcelle de vignes), une commune et une année donnés, il pourra dans bien des cas avoir été cultivé par l'un des six ou sept propriétaires des petites parcelles du lieu, et fabriqué par n'importe laquelle des six ou sept caves. Les monopoles (grands vignobles appartenant à un seul producteur) font ici exception. Même un petit producteur possède des parcelles dans deux ou trois vignobles. Les plus gros possèdent 20 à 40 ha disséminés à travers la Côte. Les 50 ha du Clos de Vougeot se répartissent entre plus de 90 viticulteurs.

C'est pour cela que 65 % du bourgogne nouveau est encore acheté en fûts chez le producteur par des négociants qui le mélangent avec d'autres vins de la même appellation, afin d'obtenir des quantités commercialisables d'un vin de qualité. Il n'est pas présenté au consommateur comme le produit d'un vigneron donné, dont la production peut n'atteindre qu'un ou deux fûts, mais comme le vin d'un secteur donné (qu'il s'agisse d'un vignoble ou, plus vaguement, d'un village) élevé par un négociant.

La réputation des plus grandes maisons de négoce varie énormément, mais Bouchard Père & Fils, Joseph Drouhin, Faiveley, Louis Jadot et Louis Latour (pour ses meilleurs blancs) sont très fiables, Boisset a fait d'énormes progrès, et tous sont eux-mêmes d'importants propriétaires de vignobles. La profession a retrouvé une respectabilité nouvelle vers la fin du XXe siècle avec l'émergence d'un groupe de jeunes négociants ambitieux à l'origine de certains des meilleurs vins de Bourgogne : ainsi, Dominique Laurent et Verget viennent respectivement en tête pour la production des rouges et des blancs. Aujourd'hui, un nombre accru de viticulteurs respectés s'occupe aussi de négoce.

Il existe près de 100 appellations contrôlées en Bourgogne. La plupart se réfèrent à des zones géographiques et sont exposées dans les pages qui suivent. À partir de ces appellations géographiques, on trouve une classification de la qualité qui est une œuvre d'art en soi (page 58). Mais les appellations présentées peuvent s'appliquer à des vins faits à partir de raisins cultivés dans n'importe quelle partie de la Bourgogne, y compris dans des vignobles faisant partie de communes célèbres, mais dont le sol et la situation géographique sont de qualité inférieure : c'est ce qui se passe pour le bourgogne (pinot noir ou chardonnay), le bourgogne grand ordinaire rouge ou blanc (rare, à partir de plusieurs cépages bourguignons), le bourgogne passetoutgrain (mélange de gamay et d'au moins un tiers de pinot noir), et le bourgogne aligoté (vin blanc frais fait avec l'autre cépage blanc de Bourgogne, l'aligoté). Il ne faudrait pas oublier des mini-appellations aussi discrètes que le bourgogne vézelay, hommage à un village unique béni de l'Église autant que de la gastronomie.

BOURGOGNE | FRANCE | 55

Les chevaux sont de retour en Bourgogne, où des vignerons tels que celui-ci (domaine de La Romanée-Conti) apprécient leur façon de laisser le sol plus souple et moins compact que le feraient de lourdes machines.

Chablis
- Chablis grand cru et premier cru
- Chablis

Vézelien
- Bourgogne vézelay

Côte-de-nuits
- Côte-de-nuits
- Hautes-côte-de-nuits

Côte-de-beaune
- Côte-de-beaune
- Hautes-côtes-de-beaune

Côte chalonnaise

Couchois
- Bourgogne côtes-du-couchois

Mâconnais
- Pouilly-fuissé
- Mâcon-villages
- Mâcon

Beaujolais
- Beaujolais-villages
- Beaujolais

Morgon • Commune vinicole de premier ordre

56 Zone cartographiée à une échelle supérieure à la page indiquée

▼ Station météo

BOURGOGNE : DIJON
Latitude / Altitude 47° 15'/ 220 m
Température moyenne en juillet 19,7 °C
Précipitations annuelles moyennes 690 mm
Précipitations le mois des vendanges sept. 55 mm
Principaux dangers viticoles gel, maladies (mildiou particulièrement) et pluies d'automne
Principaux cépages pinot noir, chardonnay, gamay, aligoté

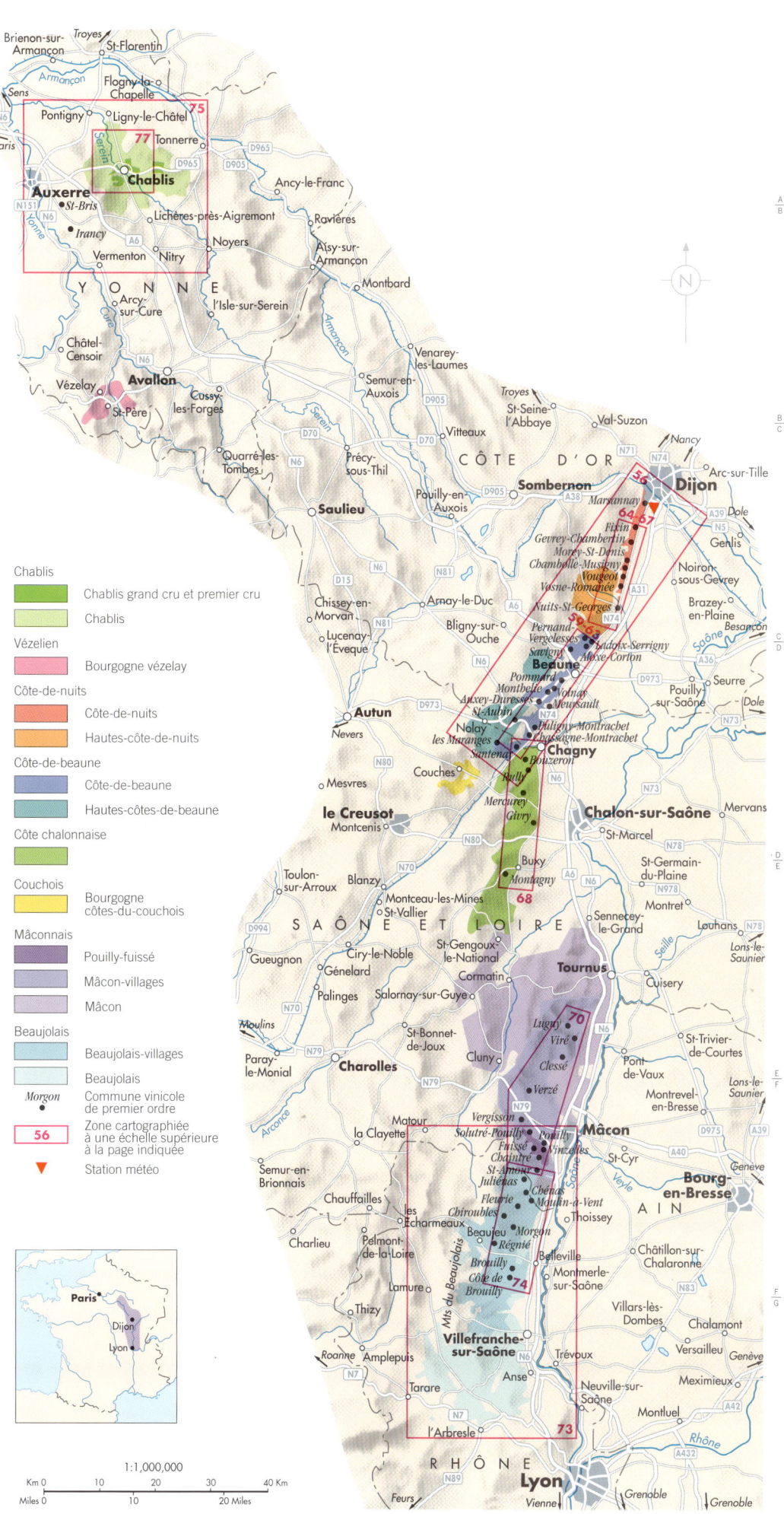

1:1,000,000

Côte d'Or : le facteur qualité

Cela se comprend, un Bourguignon fait preuve d'une certaine vénération à l'égard de ce paysage de collines assez banal qu'est la Côte d'Or – un peu comme un Athénien face à un dieu inconnu. On peut s'étonner de voir quelques petites parcelles de terre à même de donner des vins si exceptionnels, si personnels aussi, alors que d'autres en sont incapables. Des facteurs précis distinguent une parcelle d'une autre, accordant à certains raisins davantage de sucre, une peau plus épaisse, ou en règle générale un caractère et une distinction accrus, mais peut-on les définir avec certitude ?

Le sol et le sous-sol ont été examinés à maintes reprises, la température, l'humidité de l'air et la direction du vent relevées avec minutie, le vin analysé avec soin... pourtant, le mystère central demeure. On ne peut que retenir certains facteurs physiques et les comparer à la réputation des grands vins, mais personne n'a démontré de façon définitive les liens qui les unissent.

La Côte suit une importante ligne de faille où les dépôts marins de diverses époques géologiques, chacune riche en calcium d'origine animale, sont exposés à l'instar d'un gâteau coupé en tranches. Cette exposition a érodé les roches pour donner des sols d'âges et de textures différents, et l'angle des pentes les a mélangées en proportions variables. Des lignes de faille mineures perpendiculaires à la Côte viennent affiner ces variations.

L'altitude moyenne à mi-pente est de 250 m. Plus haut, au faîte rocheux des collines où le sol est plus mince, le climat est plus rude et le raisin mûrit tardivement. Plus bas, où le sol est plus alluvial, brumes et gelées hors saison sont plus fréquentes, et il est difficile d'obtenir une pleine maturation.

La Côte est tournée vers l'est pour obliquer localement vers le sud (Côte de Beaune principalement) et même franchement vers l'ouest.

Tout au long de la partie inférieure et, en règle générale, jusqu'à un tiers de sa hauteur, un étroit affleurement de marne donne un sol argileux. Seule, la marne constituerait un sol trop riche pour un vin de grande qualité, mais, combinée aux pierres et aux éboulis calcaires en provenance du sommet, elle donne un résultat idéal. L'érosion poursuit ce mélange en dessous de l'affleurement sur une distance dépendant de l'angle de pente.

Dans la Côte de Beaune, l'affleurement marneux, dit argovien, est plus large et se situe plus haut ; au lieu d'une étroite bande de vignobles située sous un surplomb calcaire, la pente large et faible accueille les pieds de vigne. Celle-ci atteint par endroits le sommet dénudé.

Sur la colline de Corton, le sol d'origine marneuse donne la meilleure partie du vignoble et n'est surmonté que d'une zone calcaire couverte d'arbres. À Meursault, le calcaire qui réapparaît sous la marne de la pente forme une deuxième colline plus petite, plus basse, calcaire et riche en pierres, excellente pour le vin blanc.

Ce ne sont là que des exemples des variations de la Côte. Chaque variante de sol s'accompagne de modifications au niveau du drainage, de l'aspect et de la température du sol – en un mot, de n'importe quel facteur affectant le vignoble et, par conséquent, le vin.

La Bourgogne est en Europe la région la plus septentrionale à produire des grands vins. Il est vital que le pinot noir mûrisse avant la venue des gelées et des précipitations automnales. Le climat particulier à chaque vignoble, ou microclimat (voir p. 26), combiné à la structure physique de la terre, a l'effet le plus décisif. Les meilleurs vignobles de la Côte sont orientés plein est : ils ont besoin du soleil matinal pour réchauffer progressivement le sol et retenir la chaleur tout au long de la journée. Ils sont à l'abri du sud-ouest et de ses vents porteurs de pluie, mais pas assez pour qu'il n'y ait pas de gelées nocturnes.

Autre qualité subtile du sol, le choix des cépages par les propriétaires, ainsi que la façon de les tailler et de les fertiliser. Il existe des clones plus ou moins vigoureux des variétés classiques, et le vigneron qui choisit la plus productive, taille mal ou fertilise à outrance le sol, compromet automatiquement la qualité de sa production. Aujourd'hui, la recherche de la qualité l'emporte sur les considérations mercantiles et les producteurs prennent de plus en plus conscience du besoin de revitaliser le sol après des années d'emploi massif d'engrais chimiques. La viticulture biologique et biodynamique est de plus en plus populaire, surtout chez la jeune génération.

La Côte d'Or est cartographiée avec davantage de détails que toute autre région vinicole, en partie pour sa grande diversité de microclimats et de sols, et pour son histoire unique. C'est la région dont on étudie depuis le plus longtemps la qualité du vin – certainement depuis le XIIe siècle, époque où moines bénédictions et cisterciens s'efforçaient déjà de différencier les crus et d'en exploiter le potentiel.

Aux XIVe et XVe siècles, les ducs de Bourgogne de la maison des Valois firent tout pour encourager et tirer profit des vins de la région. Depuis, chaque génération a amélioré les connaissances locales avec la création des climats et des crus de Dijon à Chagny.

La carte ci-contre présente une vue générale. Au sommet des collines de dimensions modestes, on trouve un plateau accidenté avec des escarpements abrupts marqués de plans de faille géologiques. Ce sont les Hautes-Côtes, divisées en Côtes de Beaune et Côtes de Nuits : avec plus de 400 m d'altitude, elles connaissent des températures plus basses et une exposition qui retardent les vendanges d'une semaine par rapport aux Côtes situées en contrebas.

Cela ne veut pas dire que dans les combes abritées faisant face à l'est et au sud, le pinot noir et le chardonnay ne peuvent produire de bons vins, plus légers en général, et présentant le caractère de la Côte d'Or : pendant les étés exceptionnellement chauds des années 2003 et 2005, les Hautes-Côtes, comme les parties les plus fraîches de la Côte d'Or, se sont distinguées. Parmi les meilleures communes des Hautes-Côtes de Beaune, il faut citer Nantoux, Echevronne, La Rochepot et Meloisey ; dans les Hautes-Côtes de Nuits, dominés par les vins rouges, ce sont Marey-lès-Fussey, Magny-lès-Villers, Villars-Fontaine et Bévy.

À l'extrémité sud de la Côte de Beaune, l'appellation maranges est responsable de rouges délicats provenant de trois communes situées à l'ouest de Santenay et portant toutes trois le suffixe « -lès-Maranges ».

VARIATIONS DES SOLS

Coupe de la Côte d'Or à travers les quatre grands vignobles indiqués sur la carte de la page précédente. La surface (sol) est la conséquence du soubassement rocheux situé en dessous ainsi que plus en altitude. À Gevrey-Chambertin, le sol immature (rendzine) persiste en contrebas sous la couche de marne. Au-dessus et en dessous de la marne se trouve une bonne terre calcaire en position bien protégée (chambertin). Un mélange de sol se poursuit jusque dans la vallée pour fournir une terre bonne à la vigne. À Vougeot, la marne affleure par deux fois. Sous l'affleurement supérieur, c'est Grands-Échezeaux ; sous le second, le Clos de Vougeot. La colline de Corton possède une large bande de marne quasiment à son sommet : elle accueille les meilleurs vignobles. Cependant, la pente est raide et les vignerons doivent sans cesse recueillir la terre pour la répandre plus en hauteur. À l'endroit où tombent les débris calcaires, on cultive le vin blanc (corton-charlemagne). À Meursault, la marne est à nouveau large et superficielle, mais on en ressent les bénéfices à une altitude inférieure, où elle forme un sol pierreux sur un affleurement calcaire.

Sol
- Terre brune calcaire avec fossiles
- Terre brune calcaire normale
- Terre brune calcaire argileuse avec fossiles
- Terre brune calcaire argileuse normale
- Terre brune
- Sols immatures (rendzines)
- Limites du vignoble

Roche
- Argovien (marne)
- Bajocien supérieur (marne)
- Callovien et bathonien supérieur (calcaire mou, argile ou schiste)
- Bathonien moyen et inférieur (calcaire dur)
- Bajocien inférieur (calcaire sablonneux)
- Oligocène supérieur (divers calcaires, grès et argiles)
- Galets du Quaternaire
- Rauracien (calcaire dur)
- Lœss

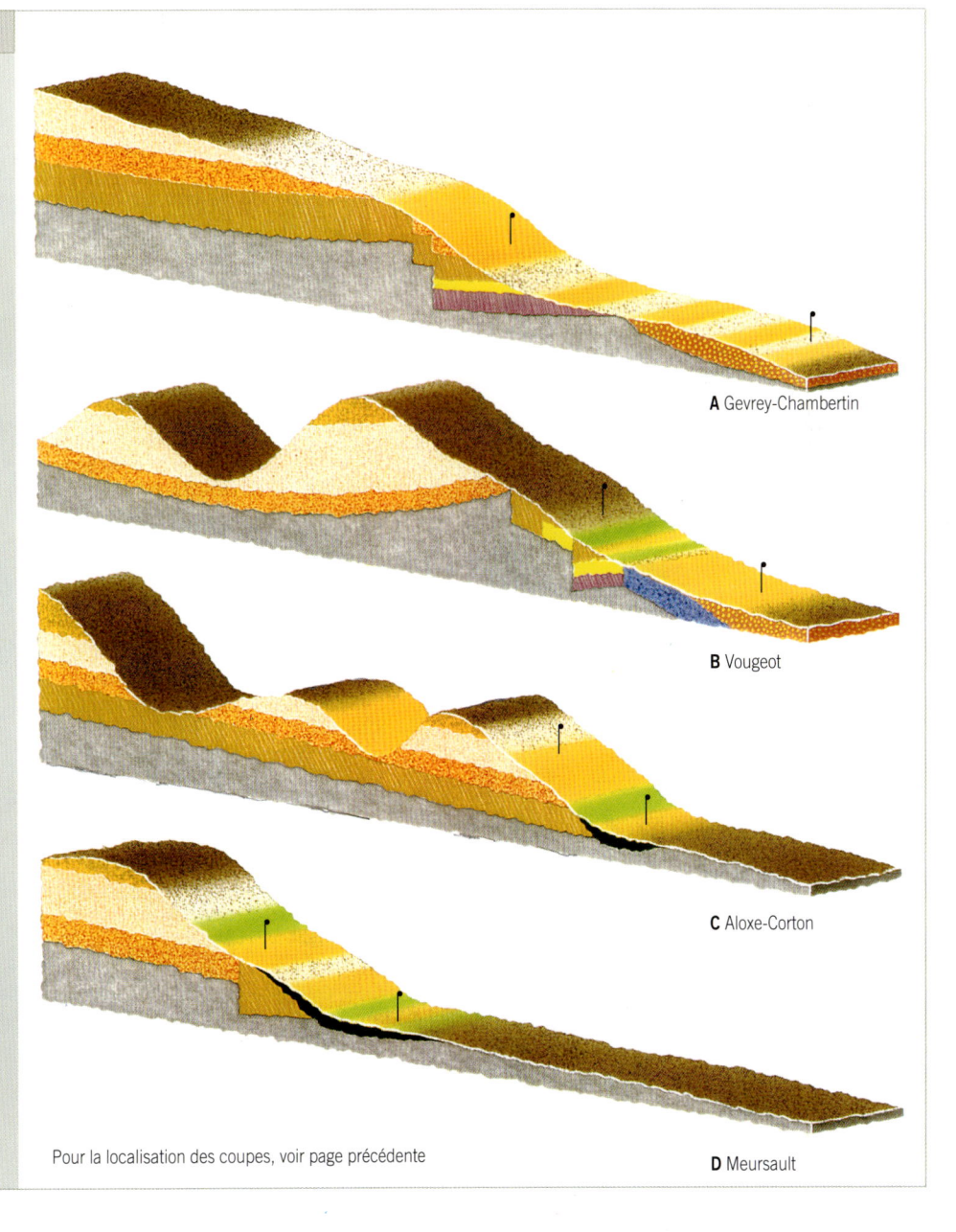

A Gevrey-Chambertin
B Vougeot
C Aloxe-Corton
D Meursault

Pour la localisation des coupes, voir page précédente

Côte de Beaune : Meursault

C'est le cœur du bourgogne blanc – mais pas uniquement blanc : en effet, une quantité étonnante de vin rouge est produite ici. Une vallée latérale dans les collines au nord de Chassagne mène au hameau de **Saint-Aubin**, avec ses vins abordables légèrement verts, et divise les vignobles en deux. Au sud, on trouve un excellent vin blanc, mais c'est le rouge qui l'emporte ; au nord, à la limite de Puligny, naît le meilleur blanc de Bourgogne, pour ne pas dire du monde.

Le grand cru montrachet doit sa réputation à une incroyable concentration des qualités du bourgogne blanc. Il est à son summum à 10 ans d'âge : plus parfumé, robe or plus brillante, plus long en bouche, plus succulent et aussi plus dense. En un mot, tout est plus intense, ce qui est la marque d'un grand vin digne de ce nom. Une exposition parfaite vers l'est, sous un angle tel que le soleil baigne encore les pieds à neuf heures du soir en été, et une bande de sol calcaire inattendue lui assurent une belle supériorité sur ses voisins. Pour ce vin illustre, la demande est si supérieure à l'offre que l'on peut redouter de coûteuses déceptions.

Les autres grands crus environnants sont moins célèbres, moins bien situés, mais leurs vins sont souvent élaborés avec plus de soin. Le chevalier-montrachet a tendance à avoir moins de profondeur (le sol est plus pierreux ; ce qu'il a de meilleur a servi à renouveler le montrachet). Le bâtard-montrachet est issu d'un sol plus lourd et ne parvient pas souvent à la même finesse (même si sa maturation demande autant de temps). Les Criots (à Chassagne) et Les Bienvenues appartiennent à la même classe – comme, dans le meilleur des cas, les premiers crus de Puligny, Les Pucelles, Les Combettes, Les Folatières et Le Cailleret (et Les Perrières, le meilleur des Meursaults).

Il existe une réelle distinction entre le **puligny-montrachet** et le **meursault**, même si les vignes de l'un forment une sorte de brèche à l'intérieur de celles de l'autre. En fait, le hameau de Blagny – qui produit un excellent vin sur un sol pierreux tout en haut du coteau – possède les deux, de sorte que l'appellation est une fois encore très complexe : premier cru à Meursault, blagny premier cru à Puligny-Montrachet, et AOC Blagny lorsque le vin est rouge, ce qui est rare.

Le puligny serait plus délicat, plus raffiné que le meursault. En général, ce dernier est moins distingué, mais sa haute qualité est constante.

◀ Seuls les quatre premiers de ces bourgognes blancs sont classés parmi les grands crus, mais de nombreux amateurs n'hésitent pas à leur comparer le meursault premier cru Les Perrières du domaine Coche-Dury. Lafon et Leflaive furent des pionniers de la viticulture biodynamique. Lafarge et le marquis d'Angerville font un grand volnay.

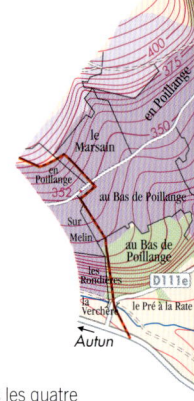

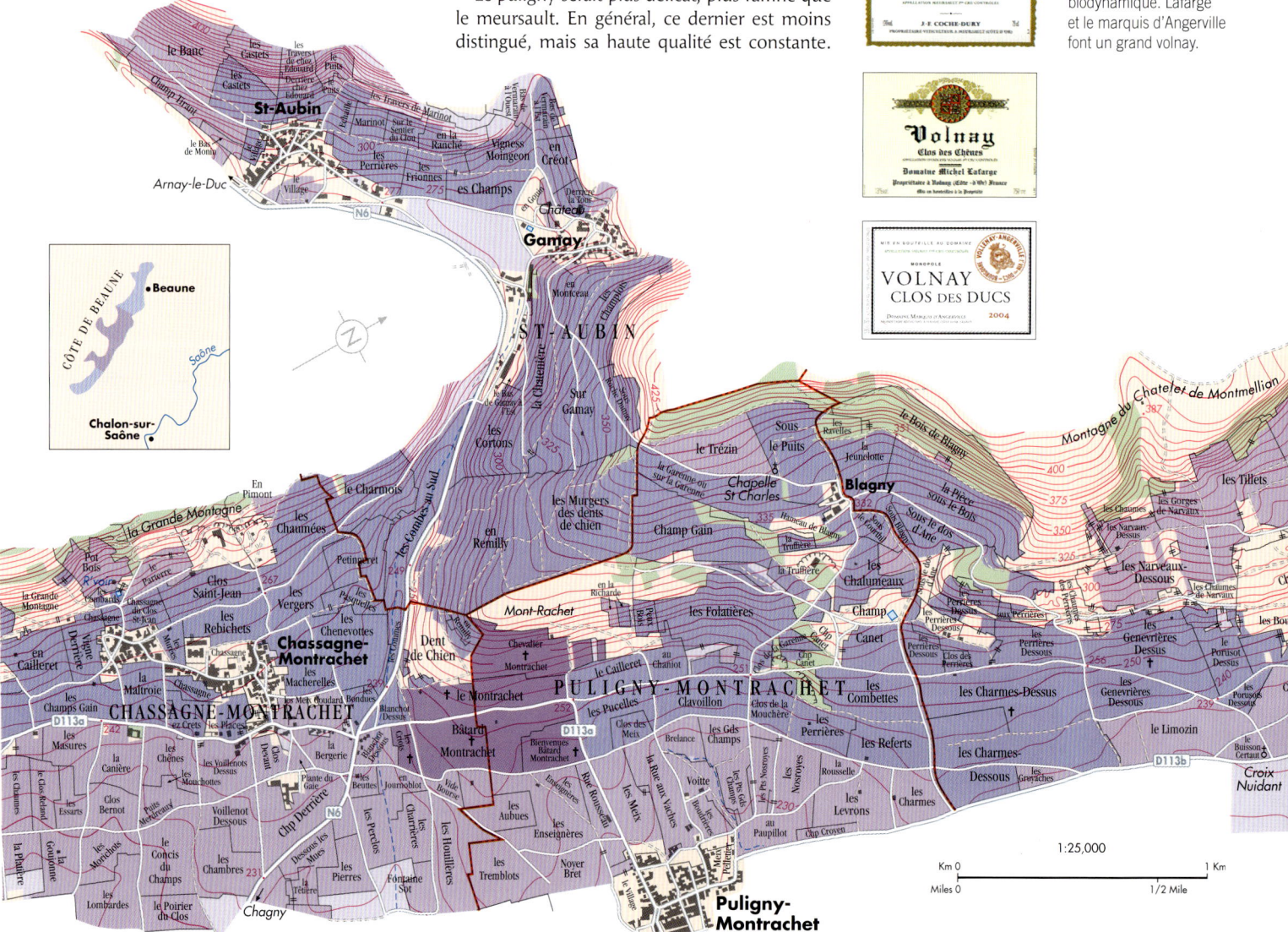

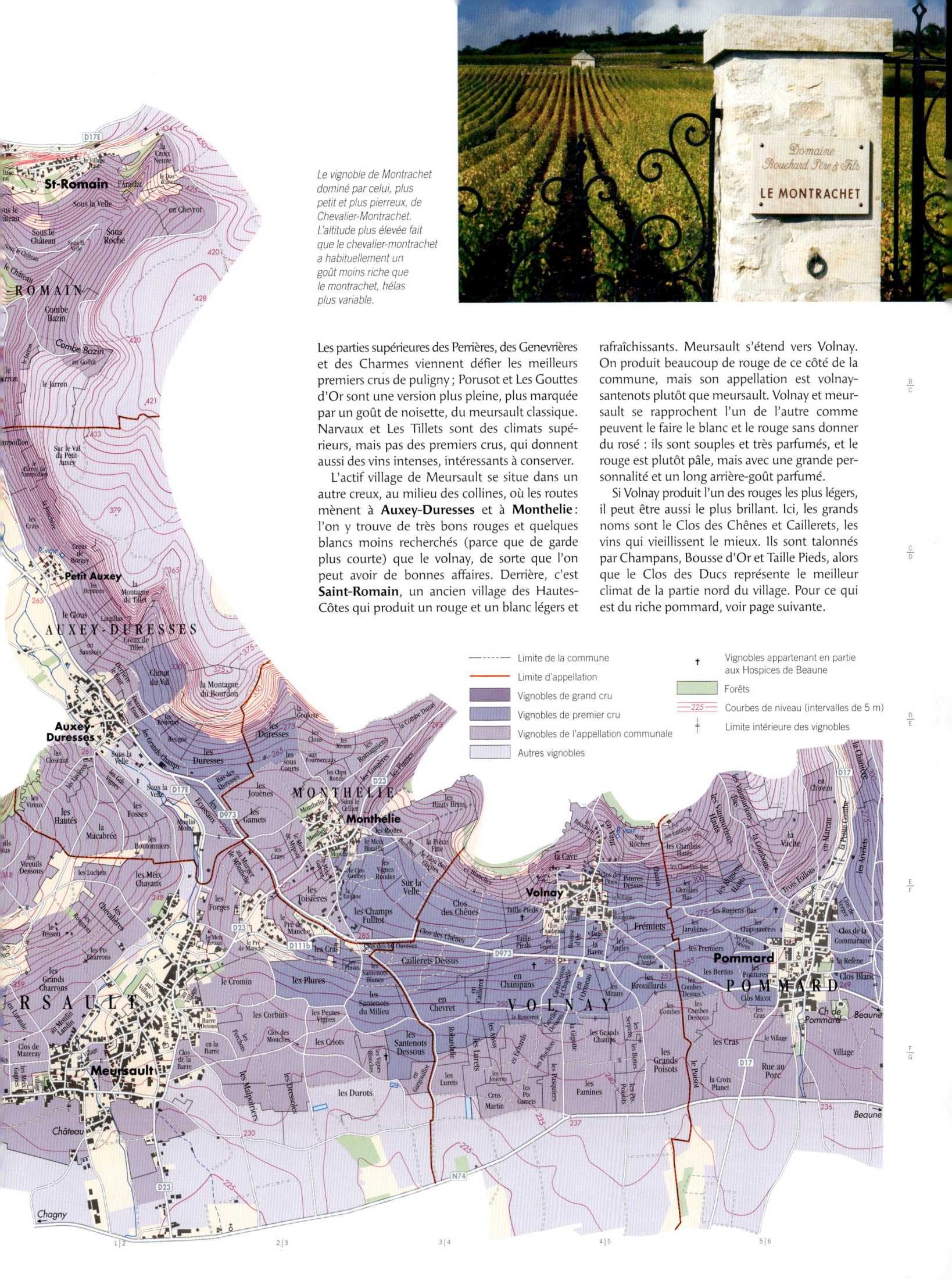

Le vignoble de Montrachet dominé par celui, plus petit et plus pierreux, de Chevalier-Montrachet. L'altitude plus élevée fait que le chevalier-montrachet a habituellement un goût moins riche que le montrachet, hélas plus variable.

Les parties supérieures des Perrières, des Genevrières et des Charmes viennent défier les meilleurs premiers crus de puligny ; Porusot et Les Gouttes d'Or sont une version plus pleine, plus marquée par un goût de noisette, du meursault classique. Narvaux et Les Tillets sont des climats supérieurs, mais pas des premiers crus, qui donnent aussi des vins intenses, intéressants à conserver.

L'actif village de Meursault se situe dans un autre creux, au milieu des collines, où les routes mènent à **Auxey-Duresses** et à **Monthelie** : l'on y trouve de très bons rouges et quelques blancs moins recherchés (parce que de garde plus courte) que le volnay, de sorte que l'on peut avoir de bonnes affaires. Derrière, c'est **Saint-Romain**, un ancien village des Hautes-Côtes qui produit un rouge et un blanc légers et rafraîchissants. Meursault s'étend vers Volnay. On produit beaucoup de rouge de ce côté de la commune, mais son appellation est volnay-santenots plutôt que meursault. Volnay et meursault se rapprochent l'un de l'autre comme peuvent le faire le blanc et le rouge sans donner du rosé : ils sont souples et très parfumés, et le rouge est plutôt pâle, mais avec une grande personnalité et un long arrière-goût parfumé.

Si Volnay produit l'un des rouges les plus légers, il peut être aussi le plus brillant. Ici, les grands noms sont le Clos des Chênes et Caillerets, les vins qui vieillissent le mieux. Ils sont talonnés par Champans, Bousse d'Or et Taille Pieds, alors que le Clos des Ducs représente le meilleur climat de la partie nord du village. Pour ce qui est du riche pommard, voir page suivante.

------- Limite de la commune	† Vignobles appartenant en partie aux Hospices de Beaune
—— Limite d'appellation	Forêts
Vignobles de grand cru	—225— Courbes de niveau (intervalles de 5 m)
Vignobles de premier cru	† Limite intérieure des vignobles
Vignobles de l'appellation communale	
Autres vignobles	

Côte de Beaune : Beaune

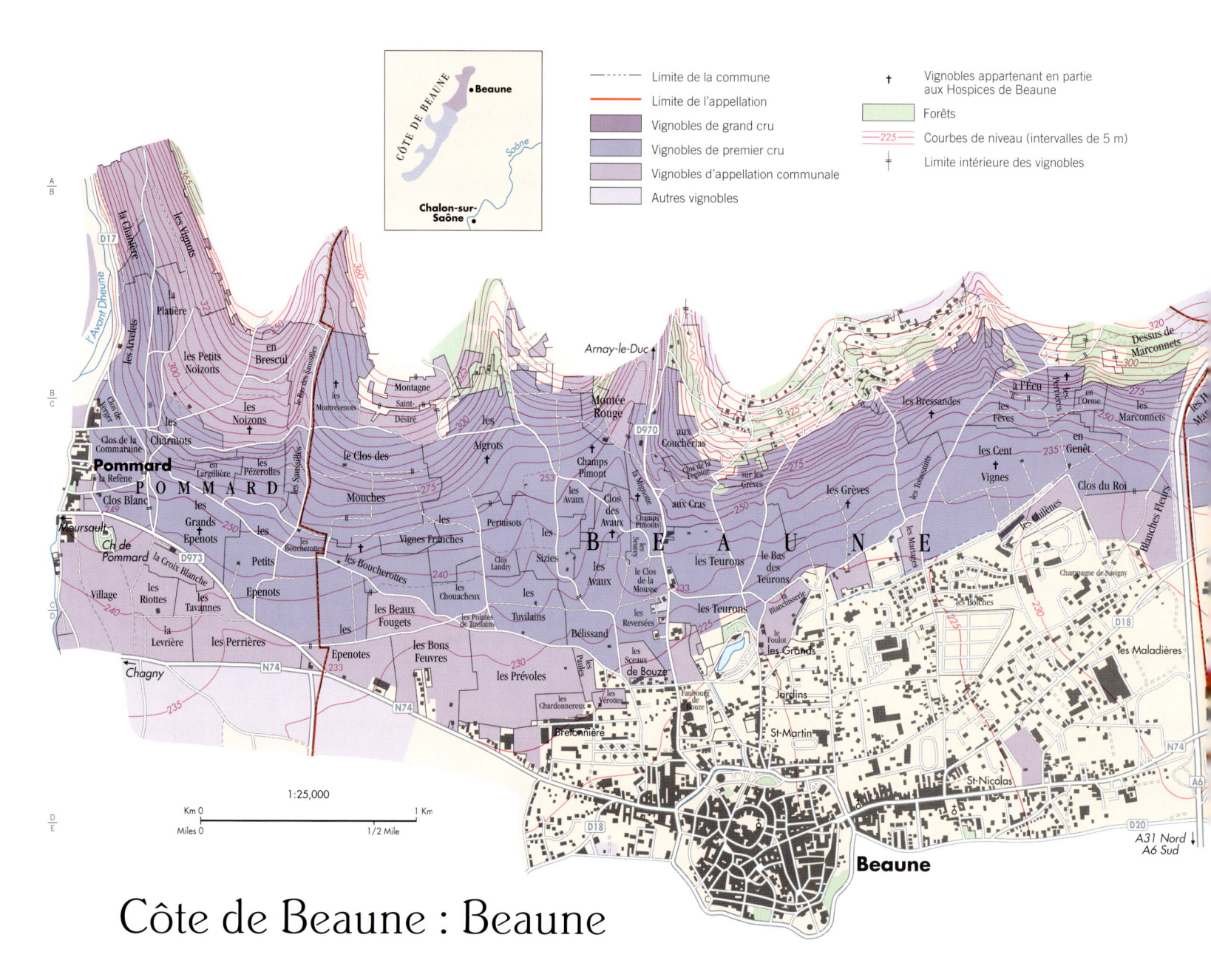

On pourrait s'attendre à ce que les vignobles de **Pommard**, en bordure de Volnay, donnent des vins parfumés, éthérés, très proches du volnay, mais là encore, la Bourgogne va à l'encontre des prévisions. Les limites de la commune s'accompagnent d'un changement de la nature du sol qui fait des premiers crus Les Rugiens (rouges comme le nom l'indique, avec une terre riche en fer) le porte-drapeau du pommard : sombre, capiteux et tannique. De nombreux vignobles ayant droit à l'appellation pommard-village occupent un tiers de la commune et peuvent produire des vins sans style ni distinction, mais on trouve aussi deux ou trois premiers crus exceptionnels (surtout Les Rugiens et Les Épenots) et quatre ou cinq bons producteurs. N'oublions jamais qu'en Bourgogne, le producteur est aussi important que le vignoble. « Il n'y a pas de grands vins, il n'y a que de grandes bouteilles », dit-on.

Les vignobles les plus prestigieux de Pommard se situent dans la partie inférieure des Rugiens (Les Rugiens-Bas, carte p. 61), juste au-dessus de la partie ouest du village. Une des meilleures cuvées proposées lors de la vente des Hospices de Beaune, Dames de la Charité, est due à un mélange de Rugiens et d'Épenots. Le Clos de la Commaraine et les vins des producteurs Courcel, Comte Armand et Montille comptent parmi les meilleurs : bien charpentés, il leur faut dix ans pour développer vraiment leur caractère.

Dans la bande de vignobles célèbres constituant ce que les Bourguignons appellent « le rein de la Bourgogne », à quelque 250 m au-dessus de **Beaune**, une grande proportion appartient aux négociants de la ville : Drouhin, Jadot, Bouchard Père & Fils, Chanson et Patriarche... La parcelle du Clos des Mouches qui appartient à Drouhin est célèbre pour son rouge et son blanc exquis, tandis qu'une partie des Grèves appartenant à Bouchard Père & Fils, connue sous le nom de Vigne de l'Enfant Jésus, produit un autre vin d'exception. Il n'existe pas de beaune grand cru : le meilleur vin est généralement délicat, sans toutefois exiger d'être conservé au moins 10 ans, comme le ferait une romanée ou un chambertin.

Partant de Beaune vers le nord, la route traverse une plaine devant laquelle coteaux et vignobles se trouvent en retrait. C'est là que se dresse la proue de Corton, seule colline isolée de toute la Côte d'Or, surmontée de sombres forêts. Corton brise l'anathème empêchant la Côte de Beaune de s'enorgueillir d'un grand cru rouge. Le flanc lisse et massif de la colline, entièrement peuplé de vignes, fait face à l'est, au sud et à l'ouest : elles sont toutes excellentes. Il n'y a en fait pas une, mais deux appellations de grand cru, pour le vin blanc et le rouge, sur presque toute la colline. Le corton-charlemagne, vin blanc, naît sur la partie supérieure des versants sud et ouest, où les éboulis du sommet calcaire viennent blanchir le sol marneux et brun. Il est étrange de constater que le charlemagne n'est planté de chardonnay que depuis une centaine d'années. La conversion est récente, mais ce vin puissant, voire extraordinaire, peut rivaliser avec le montrachet.

Le rouge tannique est cultivé sur une large bande faisant tout le tour de la colline – trop large même sur les versants est, où la partie

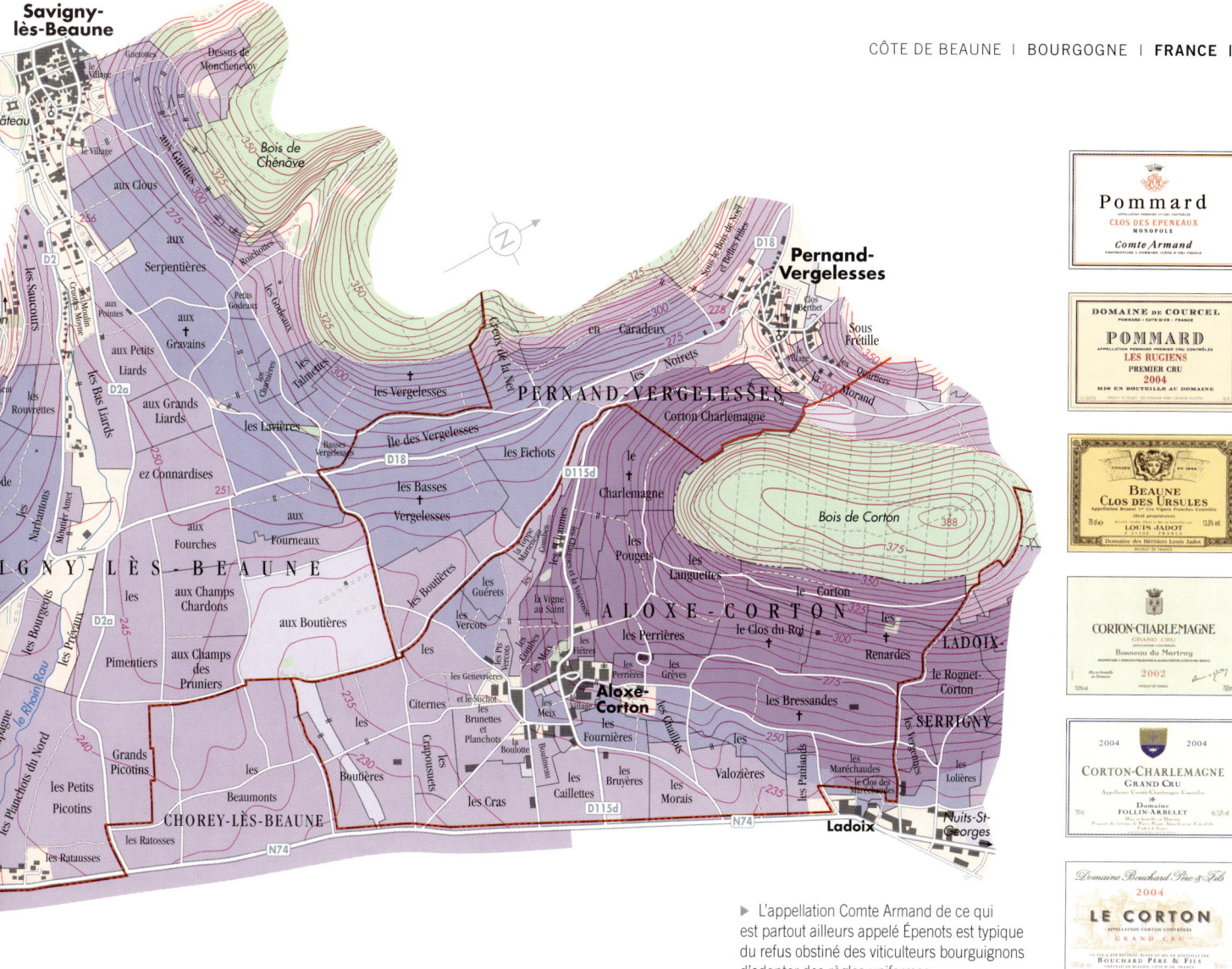

▶ L'appellation Comte Armand de ce qui est partout ailleurs appelé Épenots est typique du refus obstiné des viticulteurs bourguignons d'adopter des règles uniformes.

basse du grand cru est d'une qualité nettement inférieure. Les meilleurs cortons rouges ont pour seules origines Corton, Les Bressandes, le Clos du Roi et Les Renardes. La parcelle marquée corton-charlemagne sur la carte produit un grand vin blanc (au sommet) et un corton rouge (en contrebas) : tout est fait pour prêter à confusion, comme dans *Alice au pays des Merveilles*, sauf en ce qui concerne le vin lui-même.

L'appellation **aloxe-corton** concerne des vins de qualité inférieure (rouges et blancs) cultivés au pied de la colline, au sud, alors que celle de **pernand-vergelesses** a trait à des premiers crus nés sur le versant est, plus frais, et à des grands crus issus du versant ouest de la colline de Corton.

Si **savigny** et pernand sont en retrait, c'est parce que le premier plan est très imposant. Les meilleurs producteurs de ces vins sont à la hauteur des plus grands beaunes, ce dont témoignent les prix actuellement pratiqués. À l'extrémité d'une vallée latérale, Savigny produit des vins « nourrissants, théologiques et morbifuges », à en croire une publicité locale, qui sont autant de merveilles de finesse. **Chorey** se trouve plus en contrebas de cette colline magnifique.

La colline de Corton et son sommet boisé. Le pinot noir pousse principalement sur le versant sud, au centre, tandis que le chardonnay, qui donne le corton-charlemagne, reçoit un ensoleillement moins direct sur le versant ouest, à gauche.

Côte de Nuits : Nuits-Saint-Georges

Davantage de corps, une durée de vie supérieure et une robe plus profonde, voilà ce qui caractérise un côte-de-nuits comparé à un volnay ou à un beaune. C'est ici le pays du vin rouge, et le blanc y est rare.

Des parcelles de grands crus s'accrochent à la ligne de premiers crus serpentant sur les collines de la Côte de Nuits. Ces vins expriment avec la plus grande intensité l'inimitable richesse en sève du pinot noir. Cette ligne suit les affleurements de marne en contrebas du calcaire dur du faîte de la colline, mais c'est aux endroits où des éboulis limoneux surmontent la marne que la qualité atteint son summum. Cela correspond une fois encore aux parcelles les mieux abritées et les plus ensoleillées.

Les vins de Prémeaux-Prissey sont commercialisés sous le nom de **nuits-saint-georges**. La qualité très élevée est aussi constante : ces grands vins puissants approchent dans le meilleur des cas les chambertins. Comme le Clos Arlot, le Clos de la Maréchale est un monopole que la famille de Faiveley, métayer de longue date, a rendu à son propriétaire, J.-F. Mugnier, à temps pour les vendanges 2004. De l'autre côté des limites de la commune, les premiers crus, Les Saint-Georges et Les Vaucrains, produisent des vins aux arômes positifs et intenses qui exigent un long vieillissement en bouteille – ce qu'on ne pourrait dire de la plupart des côtes-de-nuits-villages, appellation récente accordée à l'extrême nord et à l'extrême sud de la Côte de Nuits.

Contrairement à Beaune, les touristes n'affluent pas à Nuits-Saint-Georges, mais la ville accueille un certain nombre de négociants. Les premiers crus produits jusqu'à **Vosne-Romanée**, au nord, sont une excellente introduction à cette extraordinaire paroisse.

Vosne-Romanée est un petit village modeste dont seule l'étonnante concentration de noms renommés sur les plaques de rues laisse entendre que le vin le plus onéreux du monde est ici, à nos pieds. Le village se trouve au pied d'une longue pente de terre rougeâtre et le plus proche vignoble est celui de Romanée-Saint-Vivant. Le sol est profond, riche en chaux et en argile. À mi-pente, la Romanée-Conti est dotée d'un sol plus pauvre, moins profond. Plus haut, la Romanée présente une inclinaison plus forte ; elle semble plus sèche et moins argileuse. Sur la droite, le grand vignoble de Richebourg contourne le versant est-nord-est. En haut du flanc gauche, voici la bande étroite de la Grande Rue et, à côté, la longue bande de La Tâche. On trouve là quelques-uns des bourgognes les plus onéreux.

Romanée-Conti et La Tâche sont des monopoles du domaine de La Romanée-Conti, qui détient aussi des parts essentielles de Richebourg et de Romanée-Saint-Vivant (sans compter échézeaux et grands-échézeaux). Pour leur finesse, leur chaleur veloutée combinée à des épices et l'opulence quasi orientale de leurs vins, le marché peut atteindre n'importe quel prix. Romanée-conti est le plus parfait de tous, mais tout le groupe a un air de famille, résultat de la situation des vignobles, de la petite taille des parcelles, de l'âge des pieds de vigne, des vendanges tardives et des soins exceptionnels.

On peut chercher parmi leurs voisins des vins de même caractère bien qu'à des prix inférieurs (très proches cependant dans le cas du domaine Leroy). Les autres vignobles de Vosne-Romanée sont splendides. À propos de la Bourgogne, un texte ancien affirme sèchement : « Il n'est point de vin commun à Vosne. » Le premier cru Aux Malconsorts, juste au sud de la tâche, mérite une mention spéciale.

Avec ses 30 ha, la grande parcelle d'Échézeaux grand cru – qui inclut la plupart des climats rose sombre autour d'échézeaux-du-dessus – et celle plus petite des Grands-Échézeaux se trouvent en réalité dans la commune de Flagey, village situé trop à l'est pour figurer sur notre carte et absorbé (d'un point de vue œnologique tout au moins) par Vosne. Le Grands-Échézeaux a plus de régularité, plus de cette intensité prolongée, marque des grands bourgognes et certainement des prix plus élevés.

Un haut mur de pierre ceint les 50 ha du Clos de Vougeot, signe évident d'un vignoble monastique. Il y a aujourd'hui tant de subdivisions qu'on ne peut plus se fier qu'aux étiquettes des bouteilles, mais le climat dans sa totalité est celui d'un grand cru. Les cisterciens mélangeaient le vin du sommet, du milieu et même du bas de la pente, pour constituer ce que nous croyons être l'un des meilleurs bourgognes qui soient... et l'un des plus cohérents puisqu'en année de sécheresse le vin du bas l'emporte tandis que c'est celui du haut en année humide. On reconnaît toutefois que le vin du milieu et surtout du sommet du versant produit aujourd'hui le meilleur vin. Il y a tout de même près du sommet des vins (juste à côté du Clos) qui peuvent être aussi grands que leur voisin du nord, le musigny. Mais comme toujours, il faut se fier au nom du producteur.

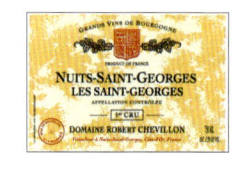

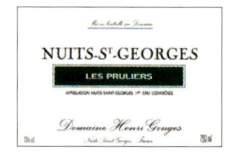

-------	Limite de la commune
———	Limite de l'appellation
	Vignobles de grand cru
	Vignobles de premier cru
	Vignobles d'appellation communale
	Autres vignobles
	Forêts
—250—	Courbes de niveau (intervalles de 5 m)
+	Limite intérieure des vignobles

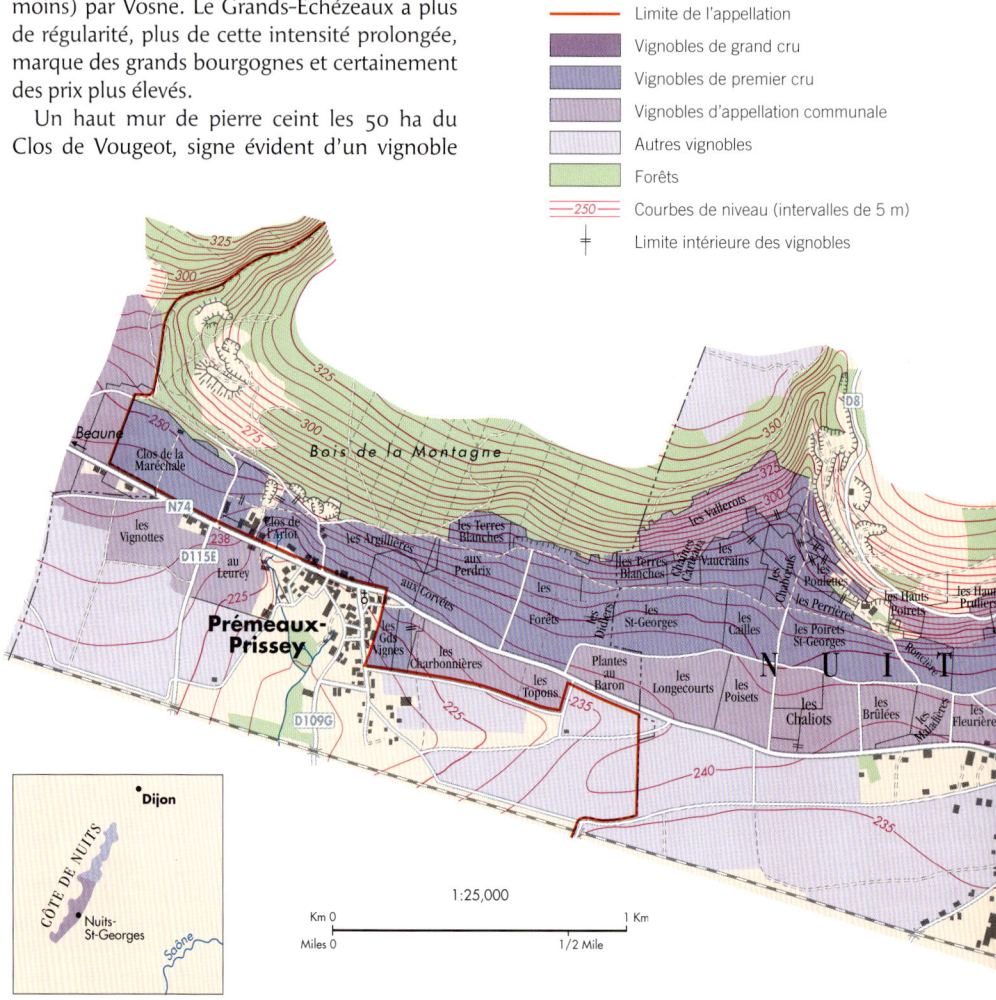

1:25,000

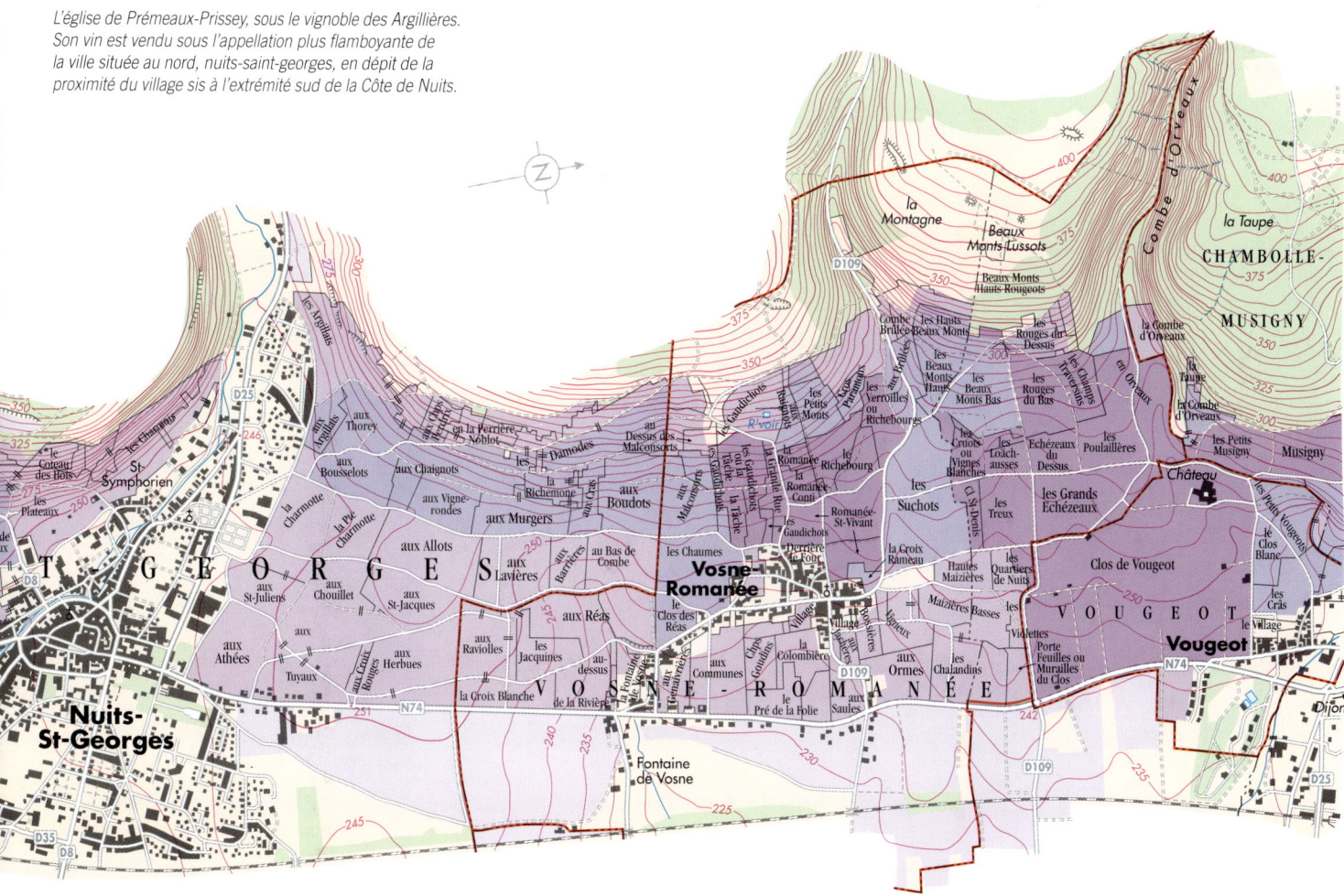

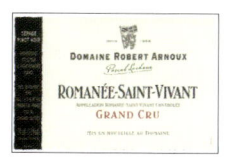

L'église de Prémeaux-Prissey, sous le vignoble des Argillières. Son vin est vendu sous l'appellation plus flamboyante de la ville située au nord, nuits-saint-georges, en dépit de la proximité du village sis à l'extrémité sud de la Côte de Nuits.

◀ Ces étiquettes vont du nord au sud, comme les vignes qui en sont à l'origine, pour culminer au milieu avec le plus étonnant crescendo de qualité qui soit autour du village béni de Vosne-Romanée. Le mot romanée revient très souvent : le vignoble de La Romanée fut récemment rendu à son ancien propriétaire.

Côte chalonnaise

Le nord de la Côte chalonnaise est si près de l'extrémité sud de la Côte d'Or qu'on peut s'étonner d'y trouver des vins au goût si différent, des sortes de cousins de province moins bien nourris en quelque sorte. Les collines au sud de Chagny sont en bonne partie une continuation de la Côte de Beaune, même si la ligne de crête régulière est remplacée par des pentes calcaires sur lesquelles la vigne pousse parmi les vergers et les pâturages. Ces vignobles s'élèvent à une altitude légèrement supérieure à celles de la Côte d'Or, et le processus de maturation est plus précoce. Jadis appelée « région de Mercurey », la Côte chalonnaise tire son nom de la proximité de la ville de Chalon-sur-Saône, à l'est.

La carte ne montre que la partie centrale, la plus célèbre aussi, de la Côte, plus particulièrement les cinq grandes communes qui donnent leurs noms aux appellations rully, mercurey, givry, montagny et bouzeron, et quelques-uns de leurs vignobles mieux connus encore, situés principalement sur les versants est et sud.

Au nord, **Rully** produit plus de blanc que de rouge. Le blanc est effervescent et très acide les mauvaises années, mais idéal à la fabrication du crémant de Bourgogne ; les meilleures années, c'est un bourgogne vif à la fraîcheur de pomme, de valeur parfois exceptionnelle. Les rouges de Rully ont également tendance à une certaine maigreur, mais ils ne manquent pas de classe.

Mercurey est l'appellation la plus connue avec deux tiers de la production en rouge de la Côte chalonnaise. Le pinot noir est ici l'égal d'un petit côte-de-beaune : ferme, structuré, d'une certaine rudesse en sa jeunesse, mais propre au vieillissement. Les négociants Antonin Rodet et Faiveley en sont des producteurs importants.

Le premier cru a connu une inflation rampante : les mercureys sont passés de 5 dans les années 1980 à plus de 30 aujourd'hui, sur seulement 100 ha de vignobles. La proportion de premiers crus, supérieure à celle de la Côte d'Or, au nord, est très caractéristique de la Côte chalonnaise, et les vins se vendent à des prix plus modestes.

Voisin de mercurey, **givry** est la plus petite des cinq grandes appellations, presque entièrement consacrée au vin rouge. Jeune, il est souvent plus léger, plus facile et plus agréable que le mercurey, même si le Clos Jus, récupéré sur les broussailles à la fin des années 1980, produit un vin puissant et structuré qui mérite de vieillir en cave.

Au sud, **montagny** ne produit que du blanc ; l'appellation inclut le village voisin de Buxy dont la coopérative est certainement la plus active de tout le sud de la Bourgogne. Les blancs sont ici plus pleins et les meilleurs d'entre eux ressemblent davantage à de petits côte-de-beaune qu'au rully, plus mince. L'entreprise Louis Latour reconnaît depuis longtemps leur valeur, et on lui doit une grande partie de la production.

Bouzeron, village situé juste au nord de Rully, a sa propre appellation pour ce qui est des vins issus d'un seul cépage : en Bourgogne, elle est la seule à concerner un aligoté provenant d'un seul village. C'est évidemment un plus pour les producteurs perfectionnistes, parmi lesquels on peut citer Aubert de Villaine, copropriétaire du domaine de La Romanée-Conti.

La région tout entière, Bouzeron compris, produit en quantité les blancs et rouges génériques vendus sous l'appellation bourgogne.

Le village de Mercurey, à l'image de l'ensemble de la Côte chalonnaise, a souvent choisi de se trouver en dehors des sentiers battus, même si ses vignerons affichent de plus en plus la même ambition que la Côte d'Or.

▼ Ces producteurs de vins supérieurs du Chalonnais font partie de la nouvelle vague, avec des domaines tels que ceux de Stéphane Aladame, Vincent Dureuil-Janthial, François Lumpp, Saint-Jacques et Tupinier-Bautista.

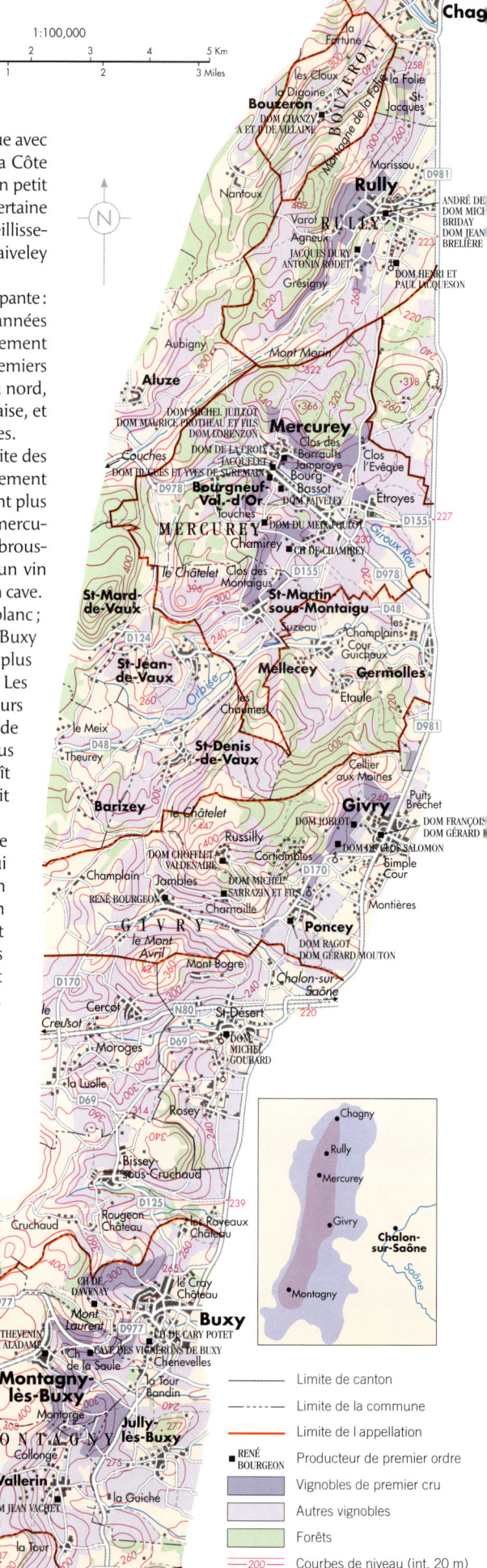

Mâconnais

À 55 km au sud de Chalon, la ville de Mâcon, sur la Saône, donne son nom à une vaste région couverte de collines et très rurale dont les blancs, intéressants, sont en constante progression. Avec son sous-sol calcaire et sa couche superficielle d'origine argileuse ou alluviale, c'est de toute évidence le pays du vin blanc. Le climat légèrement plus chaud que celui de la Côte d'Or est propice au chardonnay, qui semble tout à fait chez lui dans le Mâconnais et donne près de 90 % du vin de cette région.

Le gamay est l'élément principal du mâcon rouge. Planté sur du calcaire et non sur du granit, comme dans le Beaujolais plus au sud, il peut prendre une certaine rusticité, de sorte que le mâcon rouge est rarement enthousiasmant. Une proportion accrue de vignes est réservée au pinot noir qui est vendu sous l'appellation bourgogne.

La carte (page suivante) montre en détail une petite section du Mâconnais, tracée dans l'encadré. La partie mauve au nord et à l'ouest produit la majeure partie du mâcon rouge, blanc mais aussi rosé le plus basique. Le nom de mâcon-villages devrait en théorie garantir une qualité supérieure à partir des meilleurs villages de la région, mais il s'applique en réalité à pratiquement tous les mâcons blancs. Pour être certain de la qualité d'un blanc, il faut acheter un vin vendu sous le nom d'un des 26 villages autorisés sur les étiquettes et parfois indiqués sur la carte. Parmi ceux-ci, quelques-uns, en rouge, ont droit à l'appellation beaujolais-villages qui va jusqu'à l'extrémité sud du Mâconnais, tout en bas de la carte.

Dans cette zone tampon, les villages de Chasselas, Leynes, Saint-Vérand et Chânes peuvent aussi prétendre à l'étrange appellation de complaisance de **saint-véran**. Elle s'applique au chardonnay cultivé sur les franges sud et nord de l'appellation pouilly-fuissé (carte détaillée p. 71). Au sud, le sol plutôt rouge, acide et sablonneux produit des vins très différents et généralement plus simples et plus maigres que ceux plus succulents issus du sol calcaire de Prissé et de Davayé, au nord de Pouilly-Fuissé.

Pouilly-vinzelles et **pouilly-loché**, à l'est de la partie centrale de pouilly-fuissé, sont en théorie des solutions de rechange à celui-ci, mais leur production est minime.

Le mâcon-prissé pousse lui aussi sur un sol calcaire et peut atteindre une certaine valeur.

Les vignes alternent avec les pâturages à Saint-Vérand qui, d'une certaine façon, prête son nom à l'appellation plutôt disparate de saint-véran. Elle fut créée en 1971, pour ce qu'on pourrait appeler les franges du pouilly-fuissé.

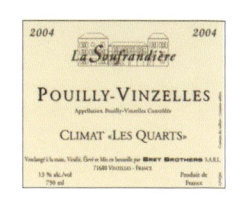

◀ Rien ne pourrait mieux valoriser cet avant-poste du sud de la Bourgogne que l'arrivée de Lafon et Leflaive, respectivement meilleurs producteurs de meursault et de puligny-montrachet, en Côte d'Or. L'ancienne maison Thévenet rivalise aujourd'hui avec les frères Bret dont la réputation n'est déjà plus à faire.

70 | FRANCE | BOURGOGNE | MACONNAIS

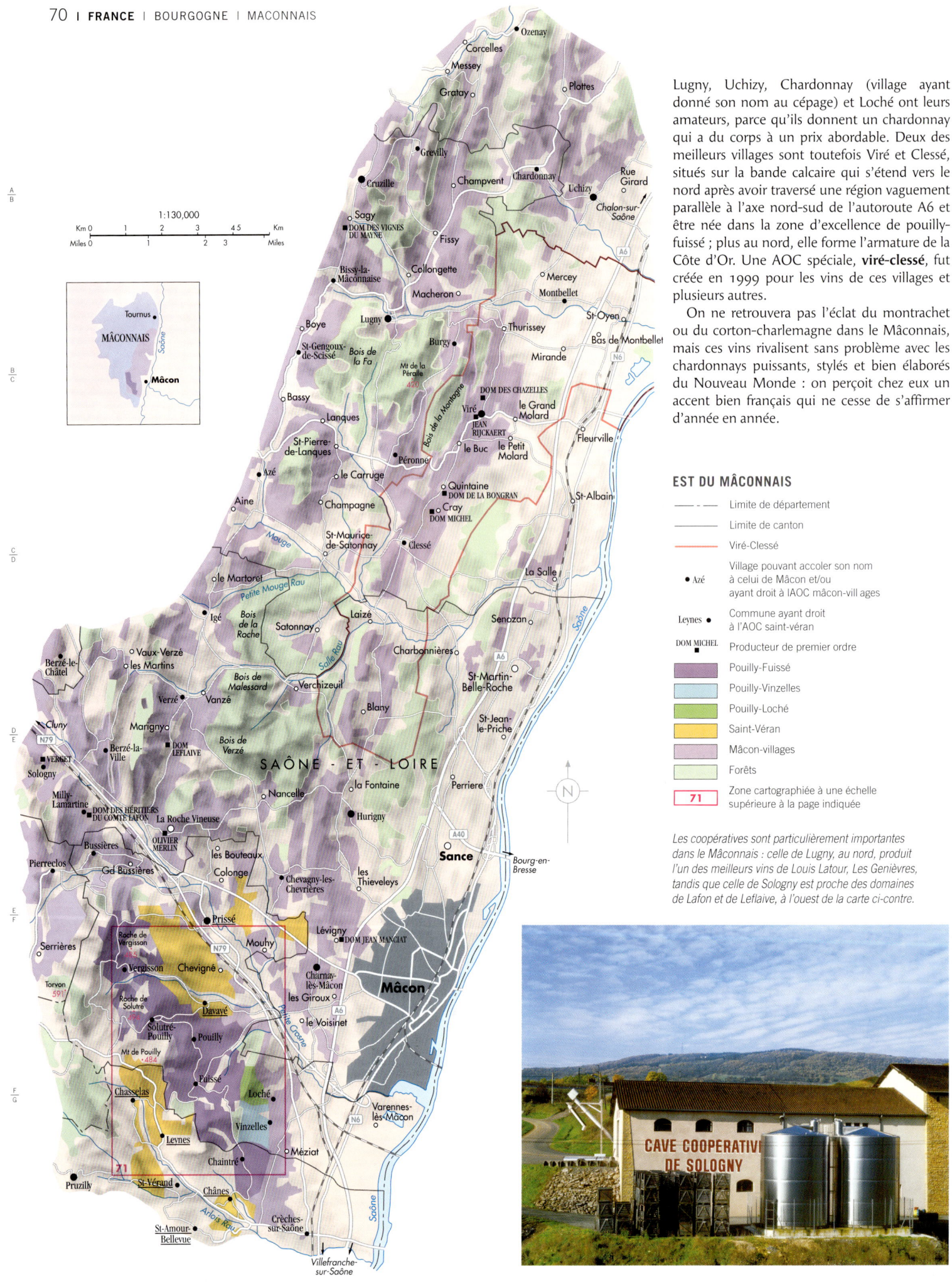

Lugny, Uchizy, Chardonnay (village ayant donné son nom au cépage) et Loché ont leurs amateurs, parce qu'ils donnent un chardonnay qui a du corps à un prix abordable. Deux des meilleurs villages sont toutefois Viré et Clessé, situés sur la bande calcaire qui s'étend vers le nord après avoir traversé une région vaguement parallèle à l'axe nord-sud de l'autoroute A6 et être née dans la zone d'excellence de pouilly-fuissé ; plus au nord, elle forme l'armature de la Côte d'Or. Une AOC spéciale, **viré-clessé**, fut créée en 1999 pour les vins de ces villages et plusieurs autres.

On ne retrouvera pas l'éclat du montrachet ou du corton-charlemagne dans le Mâconnais, mais ces vins rivalisent sans problème avec les chardonnays puissants, stylés et bien élaborés du Nouveau Monde : on perçoit chez eux un accent bien français qui ne cesse de s'affirmer d'année en année.

EST DU MÂCONNAIS

- —·—·— Limite de département
- ——— Limite de canton
- ——— Viré-Clessé
- ● Azé — Village pouvant accoler son nom à celui de Mâcon et/ou ayant droit à l'AOC mâcon-villages
- ● Leynes — Commune ayant droit à l'AOC saint-véran
- ■ DOM MICHEL — Producteur de premier ordre
- Pouilly-Fuissé
- Pouilly-Vinzelles
- Pouilly-Loché
- Saint-Véran
- Mâcon-villages
- Forêts
- 71 Zone cartographiée à une échelle supérieure à la page indiquée

Les coopératives sont particulièrement importantes dans le Mâconnais : celle de Lugny, au nord, produit l'un des meilleurs vins de Louis Latour, Les Genièvres, tandis que celle de Sologny est proche des domaines de Lafon et de Leflaive, à l'ouest de la carte ci-contre.

Pouilly-Fuissé

Les vins du Mâconnais étaient traditionnellement associés aux notions de simplicité et de valeur plus que d'excellence, mais il existe, près de la limite du Beaujolais, une poche de culture du vin blanc dont la distinction est d'un tout autre ordre. La région de Pouilly-Fuissé, riche en argile alcaline chère au chardonnay, ressemble à une tempête dont les collines calcaires seraient les vagues.

Les cinq villages du pouilly-fuissé sont nichés au bas des pentes ; les courbes de niveau montrent l'irrégularité de la topographie et la variété des vignobles. Les vignes des pentes de Chaintré sont orientées plein sud et parviennent à maturité deux semaines avant celles de Vergisson, tournées vers le nord, qui donnent à la suite d'un long vieillissement un vin plus corsé. Solutré-Pouilly est dominé par la roche rose pâle de Solutré, tandis que les villages jumeaux de Pouilly et de Fuissé, à plus faible altitude, ne cessent d'attirer les touristes amateurs de vin.

C'est avec le temps que le meilleur pouilly-fuissé déploie toute sa richesse et sa succulence. Une douzaine de petits producteurs donnent des vins qui atteignent fréquemment de tels sommets et recourent pour ce faire à des méthodes diversifiées en matière de traitement du chêne, de brassage de la lie et d'ajout de raisins de secondes vendanges pour donner de l'acidité à un vin parfois trop gras. D'autres peuvent être moins intéressants, pratiquement impossibles à discerner d'un mâcon-villages, parce que leurs producteurs se reposent sur la renommée internationale du pouilly-fuissé.

Après une stagnation dans les années 1980, l'appellation n'a fait qu'évoluer dans le bon sens. Un des catalyseurs fut le minuscule Domaine Guffens-Heynen, à Vergisson, dirigé par Jean-Marie Guffens et sa talentueuse épouse. L'ancien meilleur pouilly-fuissé, Château de Fuissé, a dû rehausser son niveau de qualité et la région peut se vanter de posséder des perfectionnistes, tels les frères Bret, J.-A. Ferret, Robert-Denogent, Daniel Barraud et Olivier Merlin (tous installés au nord de cette zone, sur les riches pentes orientées plein nord de La Roche-Vineuse).

Le cycle popularité, lassitude et intérêt nouveau, qu'a connu le pouilly-fuissé nous donne une leçon. Dans les années 1980, peu de vins étaient plus à la mode que celui-ci, surtout aux États-Unis. En conséquence, les producteurs ont donné dans la facilité et vendu sous ce nom, à des prix élevés, toutes sortes de vins blancs sans corps et riches en soufre. Au début des années 1990, ils se retrouvèrent avec des caves pleines de vin dont on ne voulait plus, d'où la révolution dans la qualité que l'on observe aujourd'hui.

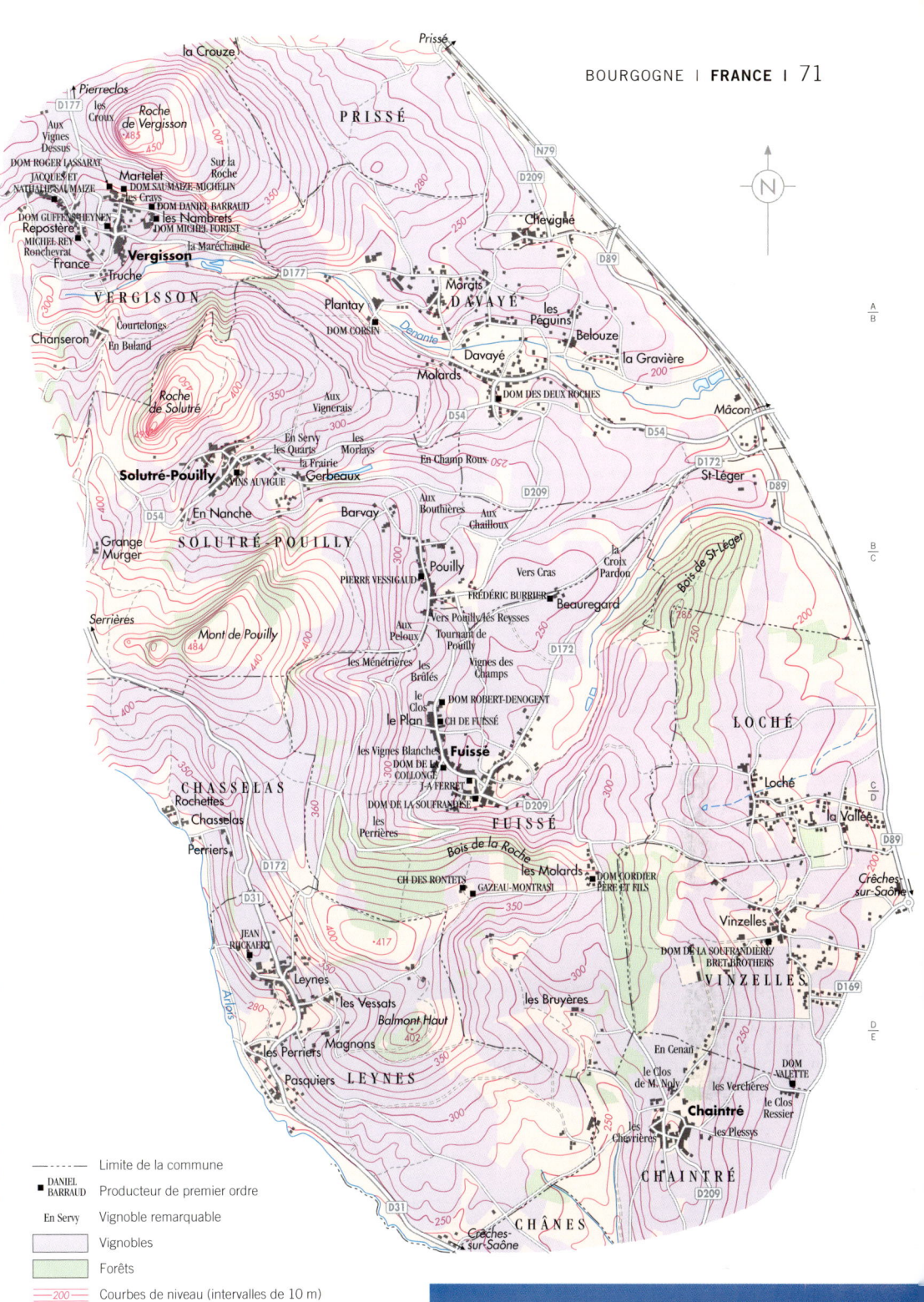

Quelques-unes des vedettes de cette zone, si faciles à confondre avec le fouilly-fumé de la Loire où le cépage dominant est le sauvignon blanc et non le chardonnay. Jean Rijckaert, ancien associé de Jean-Marie Guffens, est maintenant établi à son compte.

Il est difficile de passer à côté de la roche de Solutré, qui marque l'extrémité sud du plateau calcaire où naissent les bourgognes. C'est de là que provient une partie des plus riches pouilly-fuissé.

Beaujolais

Le mariage du chardonnay et d'une argile sableuse sur fond granitique, insignifiant partout ailleurs, donne ici un vin frais et vif, léger et fruité, que l'on boit avec plaisir. « Gouleyant », voilà le mot qui caractérise le mieux le beaujolais.

La légèreté n'est pas une qualité à la mode et même des amateurs avertis peuvent dédaigner le beaujolais, en grande partie parce que la popularité du beaujolais nouveau (chaque année à la mi-novembre) et les bénéfices engrangés ont incité certains producteurs à donner dans la facilité. Cependant, des efforts récents ont contribué à la fabrication d'un vin plus sérieux.

La région du Beaujolais s'étire sur 55 km, des collines à base granitique situées juste au sud de Mâcon (pointe méridionale de la Bourgogne) aux terres moins vallonnées au nord-ouest de Lyon. En tout, le Beaujolais produit presque autant de vin que le reste de la Bourgogne et, on s'en doute, cette région est loin d'être homogène. Le sol change brutalement au nord de Villefranche-sur-Saône, capitale de la région. Au sud, c'est le « Bas » Beaujolais dont le sol argileux produit le véritable beaujolais. Ses villages sont méconnus : le mieux que puissent espérer ses vins, c'est un degré d'alcool plus élevé leur permettant d'être qualifiés de beaujolais supérieur. Quelque 70 millions de litres de vin sont produits par an… pour être aussitôt bus.

Très frais, jeune et naturel, c'est un vin que l'on consomme volontiers dans les petites brasseries lyonnaises, ou « bouchons ». Hélas, le degré d'alcool a été artificiellement relevé par chaptalisation (ajout de sucre au jus), remplaçant son parfum leste et sa légèreté par une rudesse et une lourdeur certaines. Le vrai « bas » beaujolais ne se conserve pas bien. Même lorsque l'année est bonne, le sol argileux est trop froid pour exalter les parfums du gamay (encore y a-t-il quelques exceptions).

La partie nord de la région, ou « Haut » Beaujolais, est constituée d'un sol granitique surmonté de couches sableuses qui drainent, chauffent et font mûrir le gamay, à la perfection bien souvent. Trente-huit communes, en bleu et en mauve sur la carte, ont le droit à l'appellation **beaujolais-villages**. Leurs meilleures vignes courent sur les collines boisées à l'ouest et s'élèvent jusqu'à 450 m d'altitude.

Sa grande concentration fait qu'il vaut presque toujours mieux payer un peu plus cher pour un « villages ». Seuls les producteurs individuels qui mettent eux-mêmes en bouteille ont tendance à utiliser les noms des communes du beaujolais-villages. La majeure partie du beaujolais est vendue par des négociants qui créent un « villages » générique correspondant au goût de leurs clients.

Sur la partie mauve de la carte, les 10 régions colorées en magenta ont le droit d'apposer leurs propres noms sur les étiquettes, et l'on attend d'elles des caractéristiques bien distinctes. Ce sont les crus du beaujolais, indiqués en détail p. 74, au sud du Mâconnais, non loin de Pouilly-Fuissé. Dans cette région nord, on produit également du beaujolais blanc, de sorte que quelques villages vendent leur rouge sous le nom de beaujolais-villages et leur blanc sous celui de mâcon-villages.

Le gamay est ici dans son élément. Chaque pied était traditionnellement soutenu à l'aide d'échalas individuels, mais le treillage est aujourd'hui accepté dans loes meilleurs vignobles. Comme l'être humain, il est indépendant ; au bout de dix ans, il n'est plus assisté, simplement maintenu en été à l'écart de ses voisins. Et un pied de gamay peut vivre plus longtemps qu'un homme.

Aujourd'hui, la grande majorité du beaujolais est le fruit d'une macération semi-carbonique. Sans être broyées, les grappes tombent directement dans la cuve et, pour celles du dessus tout au moins, commencent à fermenter : ce processus ultra-rapide rehausse l'odeur et l'arôme caractéristiques des fruits, tout en minimisant les tanins et l'acide malique. On a cependant tendance à revenir à des méthodes de vinification plus anciennes, plus « bourguignonnes », et certains producteurs remettent en valeur les fûts de chêne pour produire des vins plus aptes au vieillissement.

À Régnié, ajout récent aux crus du Beaujolais, le gamay est cultivé selon la tradition, sans treillage, mais taillé en pieds individuels en forme de gobelets.

En dehors de la carte, à l'ouest, sur une crête montagneuse et dans le bassin de la Haute-Loire, trois régions de moindre importance se consacrent elles aussi au gamay (voir la carte p. 53). L'appellation **côte roannaise**, sur les versants de la Loire exposés au sud et au sud-est, tout près de Roanne, profite d'une base granitique, et plusieurs domaines produisent des vins aussi rafraîchissants que le beaujolais quand il est au mieux de sa forme. Plus au sud, avec du gamay poussant sur un sol de même nature, les **côtes-du-forez** sont dominées par une coopérative unique et de qualité. Les **côtes-d'Auvergne** sont plus vastes encore puisqu'ils touchent au centre de la France, près de Clermont-Ferrand : on y trouve des rouges légers et des rosés faits à partir de gamay ainsi qu'un peu de vin blanc.

BEAUJOLAIS | BOURGOGNE | **FRANCE** | 73

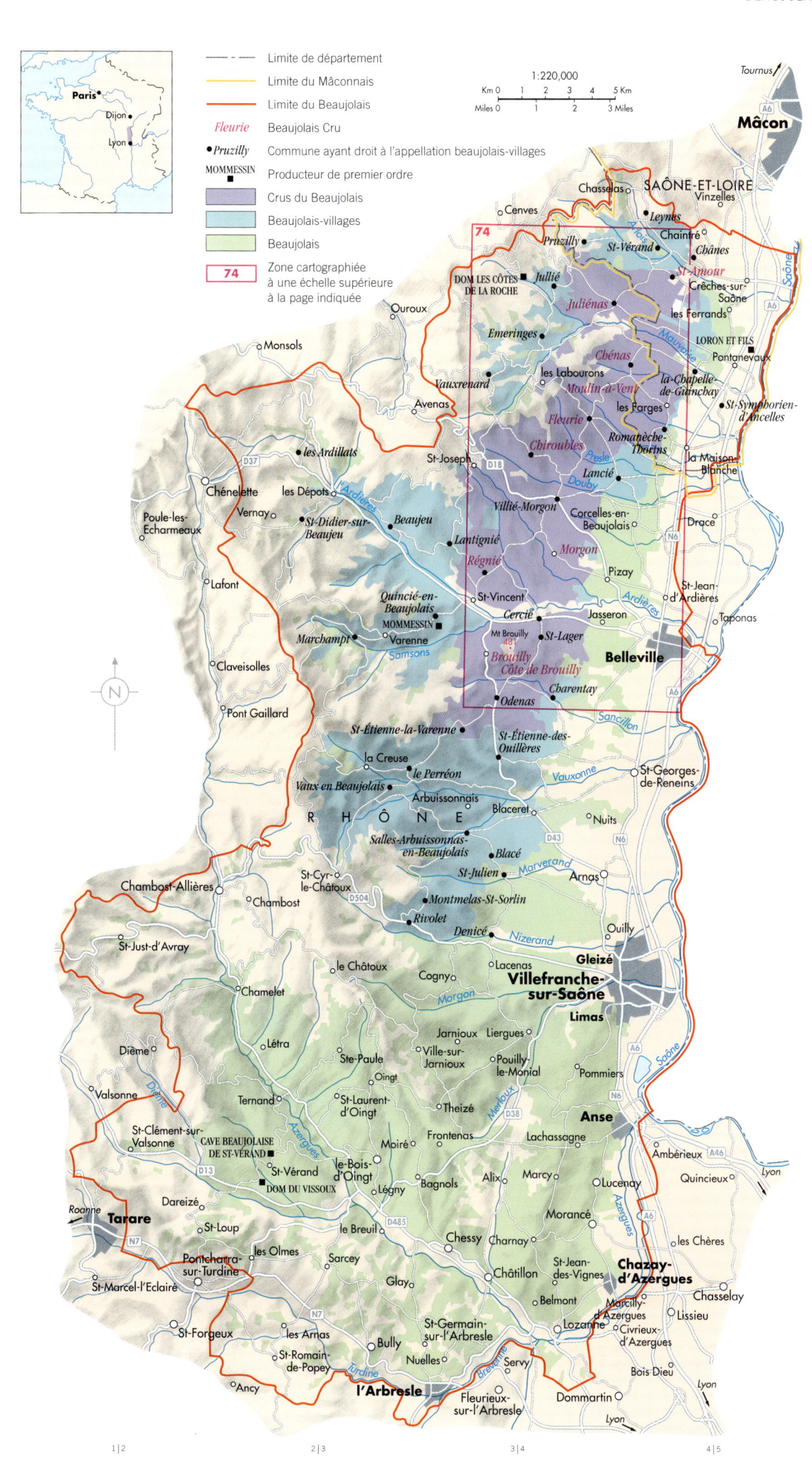

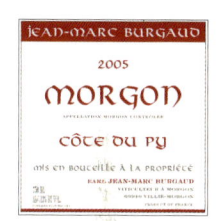

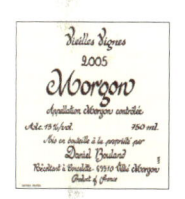

Toutes ces étiquettes, à l'exception de celle du bas, viennent des communes des crus du Beaujolais mentionnées page suivante. La plupart appartiennent à des producteurs individuels, mais le négociant beaunois Louis Jadot a beaucoup investi dans la région, tandis que Georges Dubœuf en est le meilleur pour ce qui est de la mise en bouteille.

Le cœur du Chablisien

La classification du chablis en quatre catégories est le parfait exemple pour l'hémisphère Nord de l'importance des versants exposés au sud : un grand cru est toujours plus riche en goût qu'un premier cru, lui-même plus riche qu'un chablis générique et enfin qu'un petit chablis.

Tous les grands crus sont regroupés sur un versant tourné vers le sud et l'ouest, dominant ainsi le village de Chablis et sa rivière, le Serein. Avec 100 ha, ils ne constituent que 2 % de la totalité du vin produit ici. En théorie, chacun des sept grands crus a sa propre personnalité. On considère souvent que Les Clos et Vaudésir sont les meilleurs, parce qu'ils présentent les arômes les plus puissants, mais le plus important est ce qu'ils ont en commun : un arôme intense, très chargé, équivalent aux meilleurs blancs de la Côte de Beaune, plus nerveux toutefois, ce qui, avec l'âge, entraîne une plus grande complexité. Dans l'idéal, les chablis grands crus doivent avoir dix ans d'âge ; dans bien des cas, ils sont magnifiques à 20, 30, voire 40 ans.

Avec 26 ha, Les Clos est le grand cru le plus connu – certains diraient qu'il domine tous les autres par son parfum, sa force et sa longévité. Avec le temps, il peut développer un arôme proche du sauternes. Les Preuses peut être très mûr, rond, et peut-être moins pierreux, alors que Les Blanchots et Grenouilles offrent un arôme exceptionnel. Riche et parfumé, Valmur est le grand cru idéal pour certains, mais d'autres lui préfèrent la perfection et la finesse du Vaudésir. La Moutonne, à cheval sur Vaudésir et Les Preuses, n'a pas reçu la classification officielle de grand cru, mais devrait l'être ; son nom apparaît sur certaines étiquettes. Bougros vient souvent en dernier, mais la renommée de son producteur est plus caractéristique que son emplacement sur ce versant relativement homogène.

On dénombre 79 premiers crus, mais les moins connus ont depuis longtemps reçu l'autorisation d'être commercialisés sous le nom de la douzaine des plus célèbres. Ils diffèrent par leur pente et leur exposition ; l'avantage revient à ceux qui ont grandi sur la rive nord du Serein, au nord-ouest (Fourchaume par exemple) et à l'est des grands crus (Montée de Tonnerre et Mont de Milieu). En règle générale, le taux d'alcool d'un premier cru est d'un demi-degré inférieur à celui d'un grand cru, ce qui le rend moins impressionnant et moins parfumé. Il n'empêche que c'est un vin très stylé qui peut durer aussi longtemps qu'un blanc de premier cru de la Côte d'Or. De nos jours, son défaut tient à ce qu'il est déclassé pour cause de surproduction.

Les années 1970 et 1980 ont vu un développement non négligeable de la superficie accordée aux vignobles ; c'est toujours un sujet de controverse entre producteurs. Tout tient à la nature du sol. Les conservateurs louent les propriétés uniques de la marne du kimméridgien, les autres attribuent les mêmes propriétés au portlandien, faciès assez proche qui affleure plus largement dans la région. L'INAO s'est prononcé en faveur de ce dernier, de sorte que la superficie totale a pu atteindre les 4 600 ha en 2006. En 1960, davantage de vignobles produisaient du chablis premier cru que de chablis.

Il y a presque autant d'appareils de chauffage que de pieds de vigne dans le vignoble du grand cru bougros, avec Les Preuses en arrière-plan. On les allume pour élever la température au-dessus du point de congélation lorsque les gelées printanières menacent. Une méthode plus moderne consiste à vaporiser les pieds de vigne d'eau, laquelle formera une couche de glace protectrice.

Aujourd'hui, et bien que la superficie des premiers crus ait considérablement augmenté, celle du chablis est quatre fois supérieure.

Certains disent que la qualité a souffert de cette expansion. Comme c'est toujours le cas à une telle distance de l'équateur, elle est d'une année sur l'autre très inégale et diffère selon le producteur. De nos jours, la plupart des producteurs préfèrent les vins frais, fermentés en cuve plutôt qu'en fûts de chêne, mais d'autres ont démontré que le chêne a des propriétés spéciales qui viennent ajouter à la qualité.

La quantité produite chaque année varie énormément à cause du gel qui peut provoquer de terribles dégâts dans les vignobles.

Bien qu'ignoré par les meilleurs négociants du monde, un chablis grand cru vaut aujourd'hui la moitié d'un corton-charlemagne. Un rapprochement des tarifs ne serait que justice.

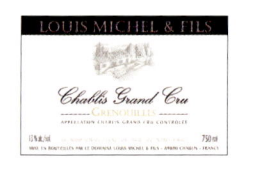

LE CŒUR DU CHABLISIEN | BOURGOGNE | **FRANCE** | 77

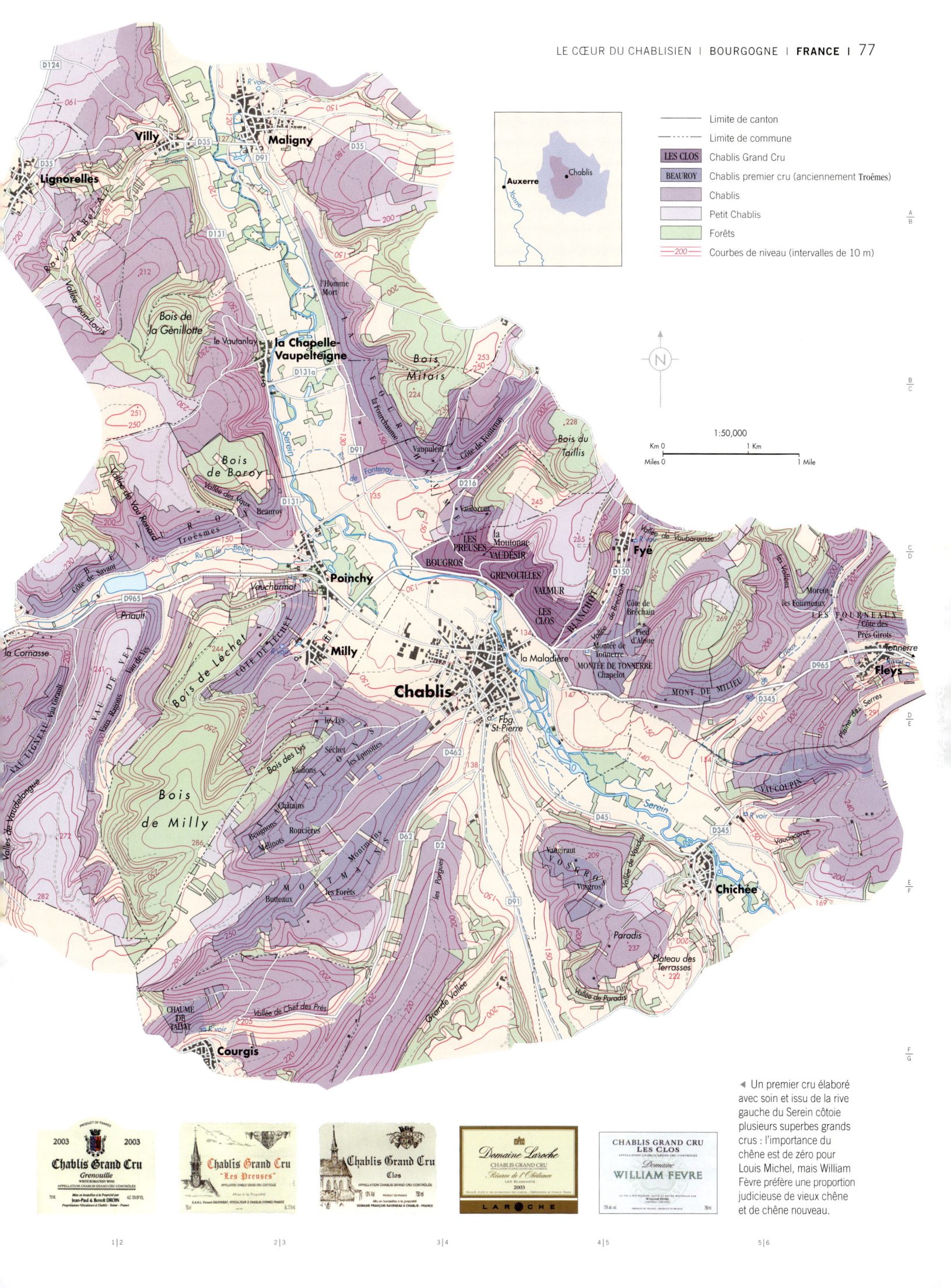

———	Limite de canton
–·–·–	Limite de commune
LES CLOS	Chablis Grand Cru
BEAUROY	Chablis premier cru (anciennement Troêmes)
	Chablis
	Petit Chablis
	Forêts
—200—	Courbes de niveau (intervalles de 10 m)

1:50,000

◄ Un premier cru élaboré avec soin et issu de la rive gauche du Serein côtoie plusieurs superbes grands crus : l'importance du chêne est de zéro pour Louis Michel, mais William Fèvre préfère une proportion judicieuse de vieux chêne et de chêne nouveau.

Champagne

Pour être appelé champagne, un vin ne doit pas se contenter de pétiller : il faut qu'il soit originaire de Champagne. C'est un principe fondamental en France, en Europe et désormais, suite à d'âpres négociations, dans le reste du monde. Le champagne n'est pas supérieur à tout autre vin effervescent, mais le meilleur champagne possède à la fois fraîcheur, richesse, délicatesse et vivacité, sans parler d'une certaine énergie vaguement stimulante.

Le secret de la Champagne réside en partie dans le mariage de la latitude et de la situation. La latitude est supérieure à celle de toute région vinicole de cet Atlas (excepté l'Angleterre, dont les meilleurs vins effervescents sont d'honnêtes imitations du champagne). Même avant que le réchauffement planétaire n'avance la date de maturation, la proximité de la Champagne et de la mer a permis de faire mûrir le raisin, et les températures en juillet, mois de la maturation, sont plus élevées dans le Franken en Allemagne, à Santa Maria en Californie et à Marlborough en Nouvelle-Zélande. Cela veut dire que les variétés assez précoces que l'on trouve en Champagne parviennent à un niveau de sucre et d'acidité parfaits avant la venue de l'automne. Des températures plus élevées ont toutefois entraîné des productions trop importantes.

La Champagne, dont le sol et le climat ont tant de choses à proposer, n'est qu'à 145 km au nord-est de Paris : elle a pour cœur une petite série de coteaux dressés au-dessus d'une plaine crayeuse où coule la Marne. La carte de la page suivante montre le cœur de la Champagne, mais la zone de production est plus vaste. Le département de la Marne produit encore plus des deux tiers de tout le champagne, mais il y a dans l'Aube, au sud, des vignobles spécialisés dans le pinot noir, vigoureux et fruité (environ 22 % de la production régionale) ; sur les rives de la Marne, les vignobles faisant principalement appel au pinot meunier s'étendent vers l'ouest jusqu'au département de l'Aisne (9 % environ).

La demande en champagne est plus forte que jamais. En 2004, la totalité de la région officiellement productrice de champagne (délimitée en 1927), soit 32 871 ha, était plantée en intégralité. Les Champenois discutent toujours d'une éventuelle extension. Seuls 10 % de ces précieux vignobles appartiennent aux grands exportateurs responsables de la réputation mondiale du champagne, lesquels ont tendance à mélanger plusieurs récoltes de la région pour produire leurs vins. Le reste appartient à plus de 19 000 viticulteurs travaillant souvent à temps partiel.

Ces viticulteurs sont de plus en plus nombreux à récolter et vendre leurs propres vins (plus de 2 000 au dernier recensement) plutôt qu'à vendre leurs grappes aux grandes maisons, même si cela leur arrive occasionnellement. De plus en plus prisés, les champagnes de récoltants constituent aujourd'hui près d'un quart des ventes globales. Un peu plus d'un dixième est mis sur le marché par l'une des coopératives nées de la canicule du début du XXIe siècle. Ce marché est toutefois dominé par des noms prestigieux, et les grandes maisons de Reims et d'Épernay sont citées à gauche ; il ne faut pas oublier celles qui, comme Bollinger à Ay, sont installées en dehors des deux villes en question.

La réussite est ici obligatoire, ainsi la recette du champagne a été souvent copiée. Prenez du pinot noir, du pinot meunier et du chardonnay et appliquez avec des gants de velours un traitement qui porte aujourd'hui le nom de « méthode traditionnelle » (les Champenois ont rejeté le terme ancien de « méthode champenoise » pourtant prisé dans le monde entier).

Les raisins sont pressés par lots de 4 tonnes, si doucement que le jus est très pâle, même celui

LES GRANDES MAISONS DE REIMS

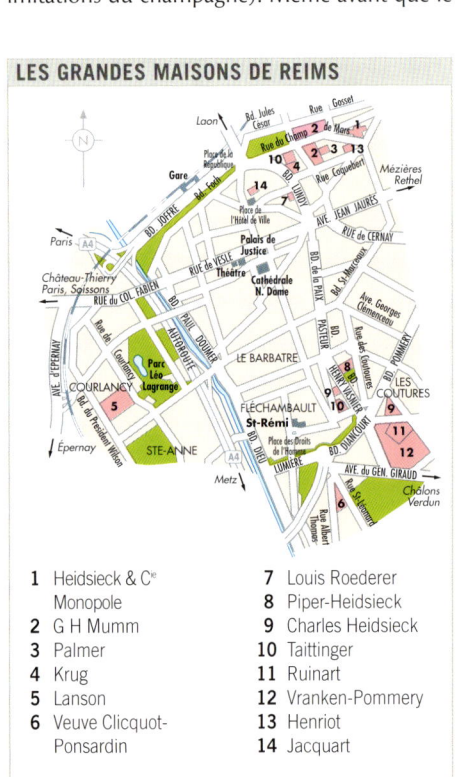

1. Heidsieck & Cie Monopole
2. G H Mumm
3. Palmer
4. Krug
5. Lanson
6. Veuve Clicquot-Ponsardin
7. Louis Roederer
8. Piper-Heidsieck
9. Charles Heidsieck
10. Taittinger
11. Ruinart
12. Vranken-Pommery
13. Henriot
14. Jacquart

LES GRANDES MAISONS D'ÉPERNAY

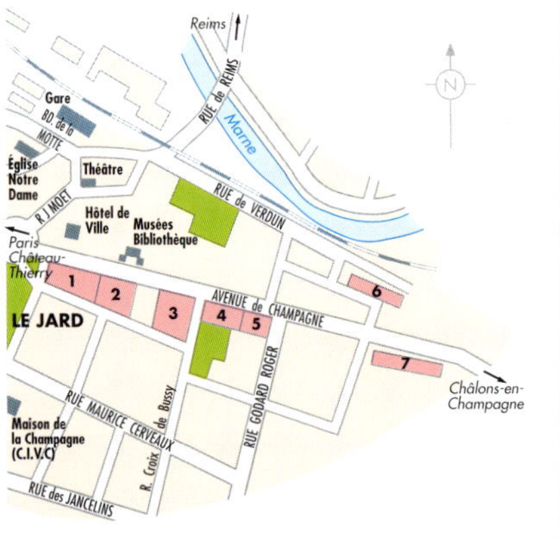

1. Moët & Chandon
2. Perrier-Jouët
3. de Venoge
4. Pol Roger
5. Demoiselle
6. de Castellane
7. Mercier

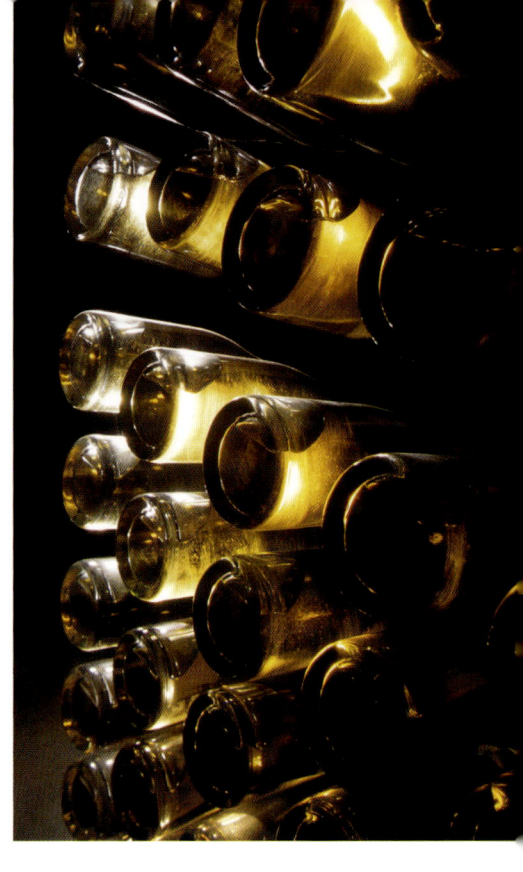

La cuvée Cristal, champagne de très haute qualité de la maison Louis Roederer, est remarquable par la transparence de son verre et son étiquette dorée, mais il se distingue aussi par l'absence de cul, ou fond, dépression à la base de la bouteille facilitant le service et l'empilement des bouteilles en cave.

LIRE UNE ÉTIQUETTE

La plupart des noms de négociants-manipulants comportent les mots Brut, Cuvée ou Réserve. Bollinger écrit Special à l'anglaise.

Blanc de blancs champagne à base de chardonnay

Blanc de noirs champagne fait de raisins à peau noire exclusivement

Cuvée assemblage (c'est le cas de tout champagne)

Non millésimé (NM) champagne contenant des vins d'années différentes

Réserve terme souvent employé mais sans signification véritable

Vintage vin d'une seule année

NIVEAUX DE DOUCEUR

Extra brut

Brut

Sec

Demi-sec

Doux

MISE EN BOUTEILLE

NM négociant-manipulant, producteur qui achète ses raisins

RM récoltant-manipulant, viticulteur qui fait son propre vin

CM coopérative de manipulation

RC récoltant-coopérateur, viticulteur vendant le vin d'une coopérative

MA marque d'acheteur

du pinot noir et du pinot meunier à la peau sombre ; seule une quantité bien définie de jus produira du champagne. (De plus en plus prisé, le champagne rosé est souvent le résultat de l'ajout de vin rouge au vin blanc.)

Le jus connaît une importante fermentation dans un premier temps. Lorsqu'elle ralentit, on ouvre les portes pour laisser entrer la fraîcheur automnale qui met un terme à la fermentation. Le vin passe un hiver glacial, mais son potentiel de fermentation est encore là.

C'est ainsi qu'on l'expédiait : l'Angleterre du XVIIe siècle faisait venir par tonneaux entiers ce vin à la fois vif et délicat. Les Anglais le mettaient en bouteille à l'arrivée dans des flacons plus résistants que ceux utilisés en France. La fermentation reprenait au printemps, les bouchons sautaient et la bonne société de l'époque se délectait de ce vin effervescent. On ne sait si les Anglais furent les premiers à recourir à cette méthode – les habitants de Limoux prétendent avoir créé le premier brut effervescent au XVIe siècle –, toujours est-il que la mise en bouteille prématurée transforma en prima donna le vin local préféré des Parisiens.

En effet, le vin continuait à fermenter dans sa bouteille et le gaz issu de cette fermentation venait se dissoudre dans le vin. L'effet naturel fut encouragé par l'addition de sucre et de levure, de sorte que ce vin, plaisant mais léger, réussit à prendre en deux ans ou plus une force et un caractère incommensurables. Surtout, la vivacité de ses bulles lui conférait un charme indéniable. Aujourd'hui, sucre et levure sont ajoutés au vin sec pleinement fermenté pour qu'une seconde fermentation se produise dans la bouteille.

Ce qui différencie les marques de champagne, c'est l'assemblage des vins auquel on donne le nom de cuvée. Tout dépend de l'assemblage des vins jeunes – une dose de vin plus vieux, de réserve, les renforce parfois – et de la somme que les maisons décident de consacrer à l'achat de matériaux bruts. On verra page suivante que la qualité et le caractère des vignobles varient énormément, même au cœur de la Champagne.

La qualité du champagne dépend aussi d'un autre élément : le laps de temps pendant lequel le producteur laisse le vin en bouteille sur les sédiments de la seconde fermentation. Plus il est long, meilleur est le champagne : on compte un minimum de 15 mois pour les vins non millésimés, de trois ans pour les autres, car c'est le contact avec ces sédiments qui, plus que tout, donne au champagne son arôme subtil.

La réputation d'une grande maison repose sur ses vins non millésimés, assemblés de sorte qu'il n'y ait pas de différence notable d'une année sur l'autre. Les styles varient, de l'étonnante concentration d'un Krug ou d'un Bollinger à la délicatesse subtile d'un Taittinger ; Pol Roger et Louis Roederer passent pour des modèles d'équilibre classique.

La fabrication industrielle du champagne a commencé au début du XIXe siècle avec la veuve Clicquot. Elle parvint à débarrasser le vin de ses sédiments sans perdre les bulles. Cela passe par la technique dite du remuage : les bouteilles sont tournées à la main et les sédiments viennent se déposer sur le bouchon. Peu à peu, les bouteilles sont redressées. Le processus est aujourd'hui mécanisé et les « pupitres » contrôlés par ordinateur. Le goulot est ensuite congelé et un bouchon de glace sale saute à l'ouverture de la bouteille ; il reste un vin limpide auquel on rajoute du vin plus ou moins sucré.

- - - Limite de département
— Limite de l'AC Champagne
Régions productrices
81 Zone cartographiée à une échelle supérieure à la page indiquée

CHAMPAGNE : REIMS
Latitude / Altitude 49° 19'/ 90 m
Température moyenne en juillet 18,9 °C
Précipitations annuelles moyennes 630 mm
Précipitations le mois des vendanges sept. 45 mm
Principaux dangers viticoles gelées printanières, maladies cryptogamiques
Principaux cépages pinot noir, pinot meunier, chardonnay

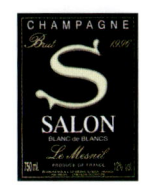

◄ Une série impressionnante, même si les autres grandes maisons savent répliquer à ces cuvées de luxe. Il faut aussi mentionner le R.D. de Bollinger, le Grand Siècle de Laurent-Perrier, La Grande Dame de la Veuve Clicquot-Ponsardin, le Belle Époque de Perrier-Jouët et la cuvée Sir Winston Churchill de Pol Roger.

Le cœur de la Champagne

La Champagne a un atout de choix : ses caves fraîches et humides, creusées sans mal dans la craie, peuvent retenir l'humidité et sont un humidificateur des vignobles qui réchauffe le sol et produit des raisins riches en azote, permettant ainsi une excellente fermentation.

Trois cépages dominent aujourd'hui. Le pinot noir a du corps et représente la majeure partie des vignobles (38 % du total) ; il a supplanté le pinot meunier, sorte de cousin de province, d'une croissance et d'une maturation plus faciles, fruité certes, mais aussi délicat. Rafraîchissant, potentiellement plus crémeux, le chardonnay occupe aujourd'hui 28 % du total.

Même de nos jours où un nombre accru de champagnes provient de vignobles uniques, le processus traditionnel, toujours employé, unit la qualité des meilleurs raisins issus de parties bien distinctes de la région. Dans un climat aussi marginal, la pleine maturation fait exception et les infimes variations de pente et d'aspect jouent un rôle primordial.

La Montagne de Reims, « montagne » boisée – elle s'élève à moins de 300 m – de la ville où étaient sacrés les rois de France, est plantée de pinot noir et, à moindre échelle, de pinot meunier. Le pinot implanté sur des versants nord, tels ceux de Verzenay et de Verzy, produit des vins plus acides et moins puissants que celui des versants de la Montagne de Reims orientés plus au sud ; il peut en revanche donner un mélange à la délicatesse raffinée et moins tranchante. Les vins de la Montagne contribuent au bouquet, au caractère capiteux et, grâce à leur acidité bien établie, à la « charpente » de l'ensemble.

Si le village de Bouzy, dont les pentes basses peuvent être trop productives pour un champagne de qualité supérieure, est célèbre pour son champagne, il produit aussi une petite quantité de vin rouge « tranquille ». Les vins relativement acidulés de la Champagne – des blancs ou parfois des rouges légers – sont vendus sous l'appellation coteaux champenois.

À l'ouest, la vallée de la Marne présente une succession de versants orientés plein sud, qui captent le soleil et donnent des vins plus pleins, ronds et riches en arômes. Il s'agit de vignobles où le raisin noir prédomine, avec du pinot noir sur les sites les mieux exposés, mais on trouve de plus en plus de chardonnay et de pinot meunier.

La pente orientée à l'est d'Épernay (d'un point de vue topographique semblable à la Côte de Beaune) porte le nom de Côte des Blancs et est plantée de chardonnay qui apporte fraîcheur et finesse à l'assemblage. Le champagne composé de 100 % de chardonnay est vendu sous le nom de Blanc de Blancs. Cramant, Avize et Le Mesnil-sur-Oger sont trois villages renommés depuis longtemps pour leur vin blanc (sans assemblage). (La Côte de Sézanne est une extension quelque peu moins distinguée que la Côte des Blancs.)

Ces vignobles (et tous ceux qui portent l'appellation champagne) ont ce que l'on pourrait appeler une classification cachée : elle n'est en effet jamais mentionnée sur les étiquettes. L'« échelle des crus » classe les cépages de chaque commune. Jusqu'à la fin du siècle dernier, le prix indicatif d'un raisin concernait l'ensemble de la vendange. Le récoltant d'une des communes classées grand cru recevait 100 % du prix ; les premiers crus entre 90 et 99 % selon leur position sur l'échelle, et cela pouvait tomber jusqu'à 80 % pour certaines zones périphériques. Aujourd'hui, le prix est établi de manière individuelle entre le producteur et l'acheteur, même si la hiérarchie des vignobles joue encore un rôle – certains aimeraient que l'on révise cette hiérarchie pour mettre en valeur de façon plus précise le potentiel de chaque vignoble.

Les marques prestigieuses – Dom Pérignon, Krug, Sir Winston Churchill de Pol Roger, Cristal de Roederer, Belle Époque de Perrier-Jouët, La Grande Dame de la Veuve Clicquot ou encore les Comtes de Champagne de Taittinger – s'appuient évidemment sur les vins occupant le plus haut degré de l'échelle. Krug et Bollinger pratiquent depuis longtemps la fermentation des vins de base dans des fûts de chêne. Un nombre toujours accru de producteurs, dont quelques-uns des plus ambitieux, fait de même. Les vins qui en résultent – car il ne faut jamais oublier que le champagne est un vin – peuvent souffrir quand on les sert trop jeunes ou trop frais. Le champagne le moins cher n'a que peu d'intérêt, quelle que soit l'étape de son évolution.

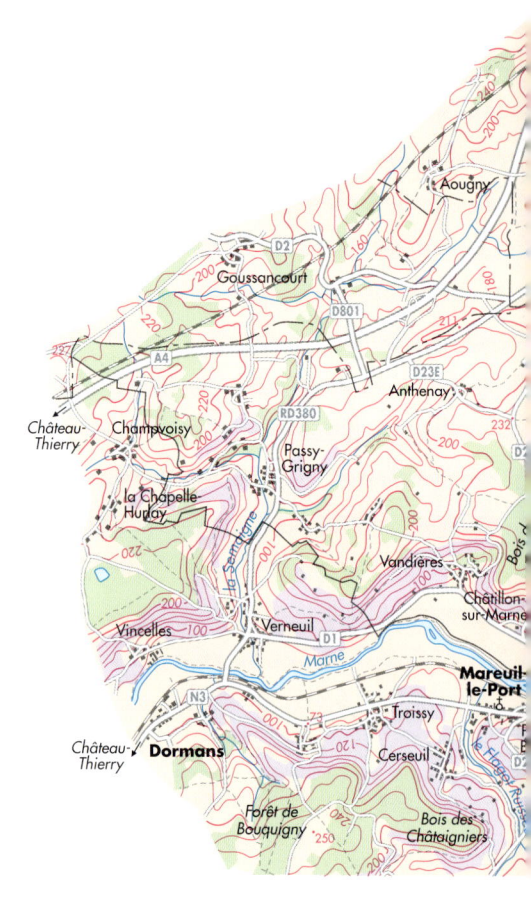

LE CŒUR DE LA CHAMPAGNE | CHAMPAGNE | **FRANCE** | 81

— · —	Limite de département
——	Limite de canton
AVIZE	Vignobles d'une commune grand cru
Dizy	Vignobles d'une commune premier cru
	Autres vignobles
	Forêts
—100—	Courbes de niveau (intervalles de 20 m)

1:157,000

La taille hivernale a longtemps été l'une des étapes les moins agréables de la production de champagne ; la tendance des pieds à donner des raisins en quantité aussi importante qu'imprévisible n'a fait que renforcer la difficulté. Certaines années, il a même fallu laisser des grappes sur les ceps lors des vendanges.

Bordeaux

Si le bourgogne fait sans vergogne appel aux sens, le bordeaux est quant à lui plus cérébral. Cela tient en partie à la nature du vin en soi : il présente, dans le meilleur des cas, une subtilité et des nuances étonnamment complexes. Mais on peut aussi parler du défi intellectuel que se lancent les innombrables propriétés, ou « châteaux », de la région et de ses subdivisions.

Le Bordelais est la plus grande région de vins fins au monde. L'intégralité du département de la Gironde se consacre à la production vinicole, et tous ses vins sont des bordeaux. Sa production – 6 millions d'hectolitres en 2005 – dépasse largement toutes les autres régions françaises, Languedoc-Roussillon excepté. On y trouve huit fois plus de vins rouges que de blancs.

Les grandes régions viticoles sont le Médoc, au nord de la ville de Bordeaux, et au sud, la rive ouest de la Garonne, où l'on trouve le meilleur des graves, le pessac-léognan. Ce sont les vins de la « rive gauche ». Ceux de la « rive droite » ont pour nom saint-émilion et pomerol, le long de la rive nord de la Dordogne. La partie située entre ces deux fleuves porte le nom d'entre-deux-mers : on ne le trouve que sur les étiquettes de vin blanc sec, même si cette région produit les trois quarts du vin rouge vendu sous les AOC bordeaux et bordeaux supérieur. Tout au sud de la carte ci-contre se trouve le centre de production de vin blanc doux.

Certaines appellations marginales mentionnées ici ne dépassent pas la région, même si les vins fins du nord de la rive droite portant les appellations de côtes-de-bourg et de côtes-de-blaye sont de plus en plus répandus ; la simple appellation de blaye évoque habituellement des rouges particulièrement ambitieux. Une AOC générique, côtes-de-bordeaux, s'applique à certains noms moins connus (voir p. 99).

Ce qui fait la gloire du bordeaux, ce sont ses plus beaux vins rouges (archétypes pour le monde entier de l'assemblage de cabernet et de merlot), l'infime production de sauternes, doré et suave, et quelques vins blancs uniques produits dans les Graves. Cette gloire ne s'étend cependant pas à toute la région qui, déjà grande, s'est encore développée à la fin du XXe siècle. Pour des raisons expliquées p. 84 et 85, les régions les plus favorisées sont capables de produire quelques-uns des plus grands vins du monde à des prix impossibles à dépasser. Mais dans les régions moins privilégiées, il y a trop de viticulteurs n'ayant ni la volonté ni, dans certains cas, la capacité physique de produire un vin intéressant.

La marginalité du climat fait que, certaines années, le bordeaux rouge de base semble terne à côté des cabernets bien mûrs d'une grande partie du Nouveau Monde. La stricte appellation de bordeaux, accordée à plus de vin rouge que n'en produit chaque année l'Afrique du Sud ou l'Allemagne, n'est que rarement à la hauteur de la réputation de cette région renommée. Après de nombreuses discussions sur la manière de résoudre ce problème (dont l'arrachage des vignobles les moins favorisés), une appellation vin de pays de l'Atlantique fut créée en 2006 pour les trois couleurs de vins.

Comparé aux bourgognes, le système d'appellation des bordeaux est simple. La carte ci-contre les présente tous. Ils incluent les châteaux (vastes propriétés ou petite parcelle accompagnée d'une cave) qui doivent régler leurs propres problèmes d'identification. En revanche, la Bourgogne possède un système de classification de la qualité des vignobles qui n'existe pas ici. Les systèmes de classification des châteaux ne reposent sur aucun critère commun.

La classification la plus célèbre est celle des châteaux du Médoc (et du Château Haut-Brion dans les Graves) : finalisée en 1855, elle s'appuie sur la valeur que leur accordaient les marchands de l'époque. Les premiers, deuxièmes, troisièmes, quatrièmes ou cinquièmes crus représentent le système de classification d'un produit agricole le plus élaboré qui soit.

Cette classification a réussi à identifier les sols dotés du plus fort potentiel, comme on le verra dans les pages suivantes. Il y a d'ordinaire une explication lorsque les critères actuels diffèrent de ceux d'origine (un propriétaire industrieux en 1855 et un paresseux aujourd'hui, ou le plus souvent le contraire). De plus, des terres ont, dans bien des cas, été ajoutées ou échangées, de sorte que le vignoble n'est plus tout à fait le même. Les vignobles d'un château l'entourent rarement de façon bien nette. De nos jours, ils sont la plupart du temps disséminés et entremêlés à ceux des châteaux voisins. Ils peuvent produire annuellement de 10 à 1 000 barriques de vin, représentant chacune l'équivalent de 300 bouteilles ou 25 caisses. Les meilleurs vignobles donnent au mieux 5 000 litres par hectare et les moins bons considérablement plus.

Les premiers crus de très grand luxe peuvent donner sans problème jusqu'à 200 000 bouteilles de leur vin principal, ou « grand vin » (le second vin est un mélange de cuves moins bonnes), et coûtent quasiment deux fois plus cher que les deuxièmes crus ; un cinquième cru peut aussi rapporter plus qu'un deuxième, par exemple, s'il est mieux géré. Le système adopté sur les cartes des pages suivantes a pour but de distinguer les crus classés (quand ils existent) des vignobles environnants.

La fin du XXe siècle a vu l'apparition, sur la rive droite particulièrement, des microcuvées – des vins produits par des « garagistes », ainsi appelés parce que la production de quelques centaines de caisses par an est assez réduite pour être vinifiée dans un garage. À l'exception de certains prototypes (Le Pin de Pomerol et Château Valandraud de Saint-Émilion), les microcuvées sont rares à jouir d'une réputation et d'un marché durables – à noter que cela ne décourage personne d'essayer.

Le plus important à très long terme pour la région, c'est la formidable amélioration des techniques viticoles qui a commencé au milieu des années 1990. De nos jours, les producteurs sont plus nombreux à récolter du raisin en pleine maturation, parce que le climat change, certes, mais aussi grâce à une taille plus stricte tout au long de l'année, un meilleur emploi du treillage, un mode de conduite du feuillage plus soigneux et un usage plus raisonné des substances agrochimiques.

À Bordeaux, le quai des Chartrons était jadis célèbre pour son commerce du vin. Négligé pendant un certain temps, il retrouve aujourd'hui son importance au sein de la restauration de la ville. Il y a plus de 400 négociants dans la cité et, surtout, dans les environs.

BORDEAUX | FRANCE | 83

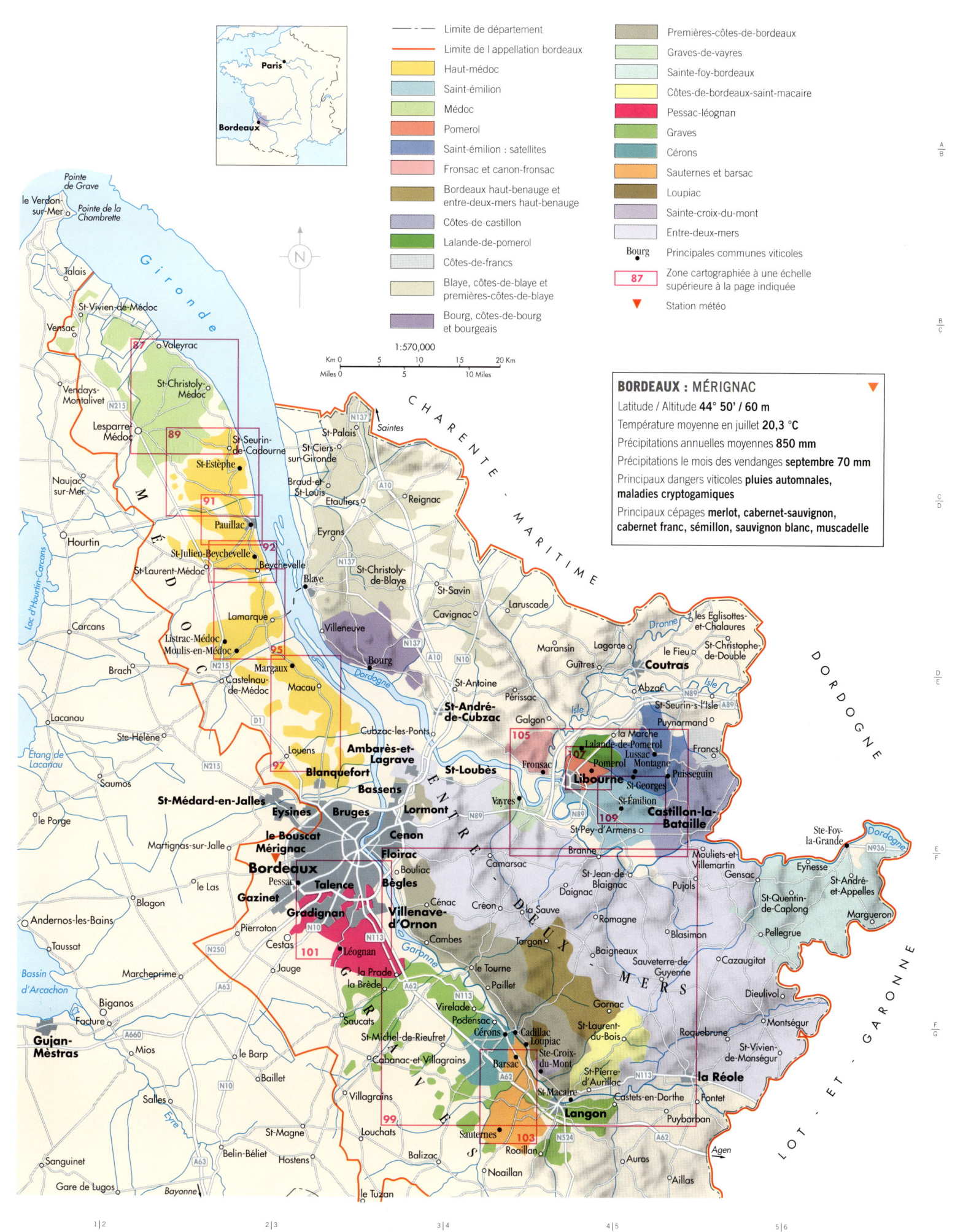

Légende

- ---·--- Limite de département
- ——— Limite de l'appellation bordeaux
- Haut-médoc
- Saint-émilion
- Médoc
- Pomerol
- Saint-émilion : satellites
- Fronsac et canon-fronsac
- Bordeaux haut-benauge et entre-deux-mers haut-benauge
- Côtes-de-castillon
- Lalande-de-pomerol
- Côtes-de-francs
- Blaye, côtes-de-blaye et premières-côtes-de-blaye
- Bourg, côtes-de-bourg et bourgeais
- Premières-côtes-de-bordeaux
- Graves-de-vayres
- Sainte-foy-bordeaux
- Côtes-de-bordeaux-saint-macaire
- Pessac-léognan
- Graves
- Cérons
- Sauternes et barsac
- Loupiac
- Sainte-croix-du-mont
- Entre-deux-mers
- **Bourg** Principales communes viticoles
- 87 Zone cartographiée à une échelle supérieure à la page indiquée
- ▼ Station météo

Échelle 1:570,000

BORDEAUX : MÉRIGNAC ▼

Latitude / Altitude **44° 50' / 60 m**

Température moyenne en juillet **20,3 °C**

Précipitations annuelles moyennes **850 mm**

Précipitations le mois des vendanges septembre **70 mm**

Principaux dangers viticoles **pluies automnales, maladies cryptogamiques**

Principaux cépages **merlot, cabernet-sauvignon, cabernet franc, sémillon, sauvignon blanc, muscadelle**

Bordeaux : le facteur qualité

Si la qualité et la quantité de vin produit chaque année dans la région sont très variables, le secteur bénéficie de quelques avantages notables. Sa position près de la mer et son réseau fluvial lui confèrent un climat stable et modéré, avec assez peu de gelées suffisamment sévères pour tuer les pieds en hiver ou endommager les bourgeons au printemps. Du côté de l'océan et dans les Landes, la plus grande forêt d'Europe le protège des bourrasques de vent salé et modère les précipitations. En juin, période de la floraison, le temps est variable, ce qui explique les différences de récolte, mais l'été et surtout l'automne sont des saisons normalement chaudes et ensoleillées. Les températures et les précipitations moyennes sont légèrement supérieures à celles relevées en Bourgogne – statistiques en pages 83 et 55 –, ce qui veut dire que le Bordelais peut cultiver sans problème des variétés à maturation plus tardive.

Merlot, cabernet-sauvignon, cabernet franc et petit verdot, tels sont les principaux cépages de vin rouge, par importance décroissante ; un peu de malbec au nord de la Gironde, du sémillon et une proportion accrue de sauvignon blanc constituent les grands cépages de vin blanc (à quoi il faut ajouter de la muscadelle dans les parties productrices de vin doux et un peu d'ugni blanc dans la région de Cognac). La floraison de ces cépages s'effectuant à des périodes différentes, leur mélange protège dans une certaine mesure le propriétaire d'un château des jours de mauvais temps en juin, période critique, et d'un automne particulièrement frais pouvant empêcher le cabernet-sauvignon d'arriver à pleine maturité.

Par conséquent, quasiment toutes les propriétés recourent à divers cépages dont les proportions varient en fonction des conditions locales, de la tradition et, de plus en plus, de la mode.

Le caractère charnu du merlot complète naturellement le caractère plus anguleux du cabernet, mais, à la fin du XXe siècle, il fut particulièrement prisé des viticulteurs et des amateurs pour sa maturation précoce. Le cabernet franc présente une floraison et une maturation postérieures au merlot mais antérieures au cabernet-sauvignon : il offre une garantie accrue et, bien souvent, un arôme séduisant. Le petit verdot mûrit en dernier, mais à pleine maturation – ce qui se produit de plus en plus souvent à cause du réchauffement planétaire –, il peut ajouter une note merveilleusement épicée à un mélange de médocs.

C'est une tradition de la rive droite de préférer le merlot à maturation précoce au cabernet-sauvignon, prédominant dans le Médoc et les Graves. À Pomerol et surtout à Saint-Émilion, le merlot charnu s'accompagne plus souvent de cabernet franc que de cabernet-sauvignon. En

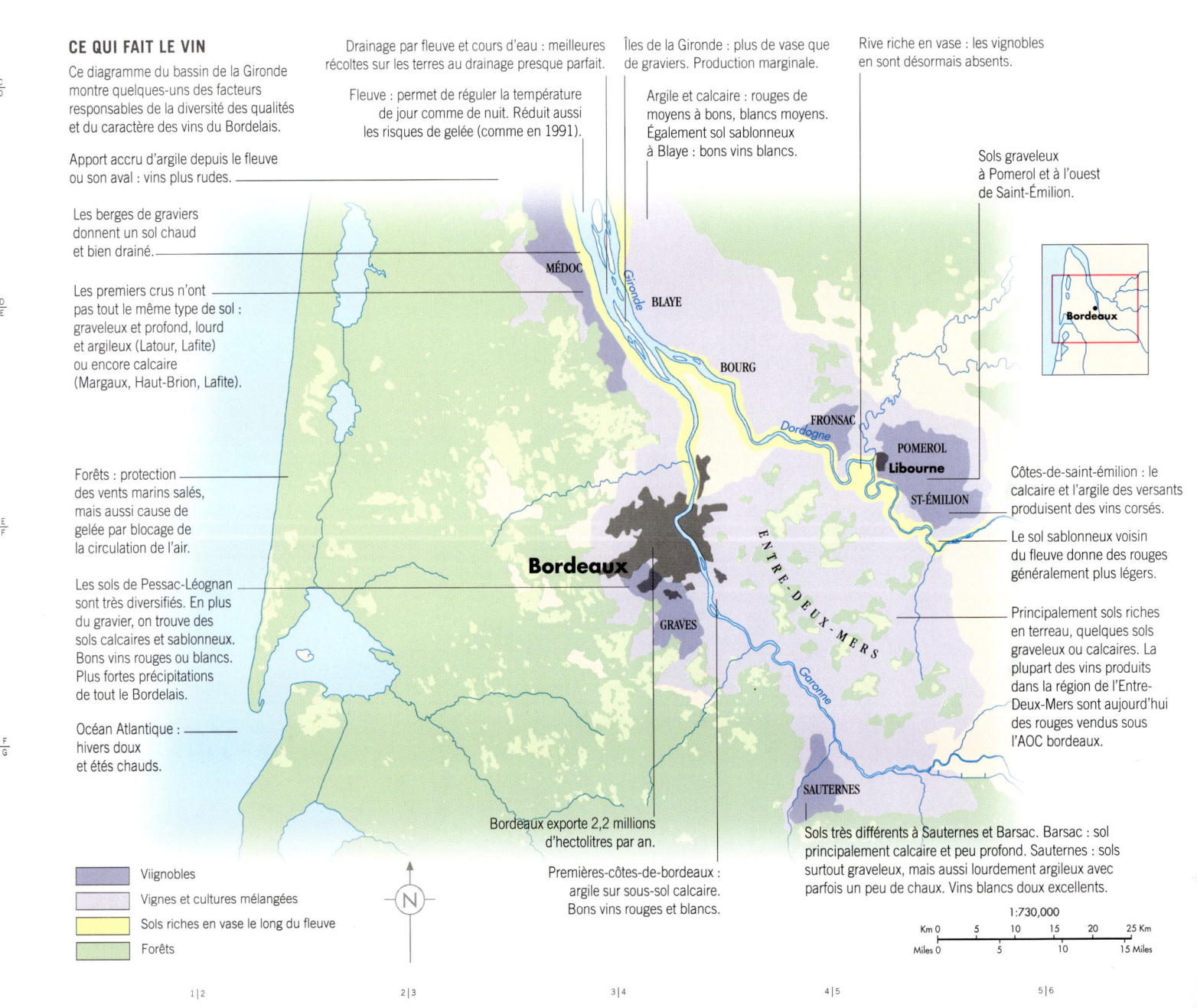

CE QUI FAIT LE VIN

Ce diagramme du bassin de la Gironde montre quelques-uns des facteurs responsables de la diversité des qualités et du caractère des vins du Bordelais.

Apport accru d'argile depuis le fleuve ou son aval : vins plus rudes.

Les berges de graviers donnent un sol chaud et bien drainé.

Les premiers crus n'ont pas tout le même type de sol : graveleux et profond, lourd et argileux (Latour, Lafite) ou encore calcaire (Margaux, Haut-Brion, Lafite).

Forêts : protection des vents marins salés, mais aussi cause de gelée par blocage de la circulation de l'air.

Les sols de Pessac-Léognan sont très diversifiés. En plus du gravier, on trouve des sols calcaires et sablonneux. Bons vins rouges ou blancs. Plus fortes précipitations de tout le Bordelais.

Océan Atlantique : hivers doux et étés chauds.

Drainage par fleuve et cours d'eau : meilleures récoltes sur les terres au drainage presque parfait.

Fleuve : permet de réguler la température de jour comme de nuit. Réduit aussi les risques de gelée (comme en 1991).

Bordeaux exporte 2,2 millions d'hectolitres par an.

Premières-côtes-de-bordeaux : argile sur sous-sol calcaire. Bons vins rouges et blancs.

Îles de la Gironde : plus de vase que de graviers. Production marginale.

Argile et calcaire : rouges de moyens à bons, blancs moyens. Également sol sablonneux à Blaye : bons vins blancs.

Rive riche en vase : les vignobles en sont désormais absents.

Sols graveleux à Pomerol et à l'ouest de Saint-Émilion.

Côtes-de-saint-émilion : le calcaire et l'argile des versants produisent des vins corsés.

Le sol sablonneux voisin du fleuve donne des rouges généralement plus légers.

Principalement sols riches en terreau, quelques sols graveleux ou calcaires. La plupart des vins produits dans la région de l'Entre-Deux-Mers sont aujourd'hui des rouges vendus sous l'AOC bordeaux.

Sols très différents à Sauternes et Barsac. Barsac : sol principalement calcaire et peu profond. Sauternes : sols surtout graveleux, mais aussi lourdement argileux avec parfois un peu de chaux. Vins blancs doux excellents.

- Vignobles
- Vignes et cultures mélangées
- Sols riches en vase le long du fleuve
- Forêts

1:730,000

fait, comme le démontre le Château Figeac, le cabernet-sauvignon peut pousser sur la partie occidentale, graveleuse, du plateau de Saint-Émilion mais, lorsqu'il s'agit des parties de ce même plateau où domine le calcaire, il a tendance à produire un vin dur et tannique, de sorte qu'on ne le trouve pas souvent sur la rive droite. C'est là une des raisons pour lesquelles les deux rives produisent des vins de style si différents.

Inconnue en Bourgogne par exemple, la différence de dosage des assemblages n'est qu'un des facteurs (importants) permettant d'expliquer les énormes disparités constatées entre les vins de deux propriétés. Le statut du vignoble joue aussi son rôle. Le succès engendre le succès, et il faut consacrer davantage d'argent à l'entretien de la terre déjà coûteuse (voir tableau) ou à l'acquisition de parcelles supplémentaires. Des nuances marginales à l'origine peuvent s'amplifier au cours des années, ce qui permet certainement d'expliquer l'énorme différence de qualité entre un cru classé et son voisin non classé.

La structure et le type de sol présents dans le Bordelais sont très marqués et il est délicat d'identifier un type de sol précis à la qualité d'un premier cru. Dans une même partie du Bordelais, et surtout dans le Médoc, on dit que le sol « change à chaque pas ». La carte de la page 83 montre comment une partie du Médoc située entre Saint-Julien et Margaux fait exception à la qualité superlative que l'on trouve habituellement au nord de Margaux. Elle montre aussi que le plateau de Pomerol et Saint-Émilion a quelque chose de très spécial.

En gros, les sols du Bordelais se sont développés sur des dépôts datant du Ternaire ou du Quaternaire, les premiers cédant généralement la place à des sols calcaires ou argileux, tandis que les autres sont constitués de graviers sablonneux alluviaux que la fonte des glaciers du Massif central et des Pyrénées a déposé sous forme de monticules il y a des centaines de milliers d'années. Ces graviers, toujours bien exposés contrairement aux graviers que l'on trouve dans la majeure partie du sud-ouest de la France, sont particulièrement visibles dans les Graves (d'où le nom), à Sauternes (qui en est la continuation) et dans le Médoc.

Le docteur Gérard Séguin, de l'université de Bordeaux, fut l'un des premiers à chercher à montrer le rapport entre le sol du Bordelais et la qualité du vin. Il étudia les sols graveleux du Médoc où les ceps bien enracinés produisent un grand vin parce que les graviers régulent parfaitement l'approvisionnement en eau. Il découvrit surtout qu'un apport d'eau modéré avait plus d'importance que la composition du sol.

Son successeur, Cornelis Van Leeuwen, est allé plus loin en démontrant qu'il n'y a pas corrélation absolue entre profondeur des racines et qualité du vin. Ceps âgés et graviers profonds, voilà qui paraît constituer la recette idéale dans certaines parties du Médoc, comme Margaux, mais à Pomerol les vignobles semblent parfaitement capables de produire des grands vins alors que les racines s'enfoncent à moins d'1,50 m dans les argiles lourdes du Pétrus. Le facteur clef en matière de qualité, c'est la régulation de l'apport en eau plutôt que la profondeur des racines, très variable d'un site à un autre : par exemple, 7 m à Margaux, 2 m sur les Côtes (versant calcaire abrupt au sommet duquel perche la petite ville de Saint-Émilion, comme au Château Ausone) ou encore 0,40 m sur le plateau à l'ouest de Saint-Émilion.

La relation entre sol et qualité du vin permet de conclure que les meilleurs terroirs se distinguent surtout les années où la récolte est moindre et qu'ils peuvent ainsi assurer une qualité permanente. D'autres sites, semblables en surface et souvent très proches, produisent des vins plus dépendants de l'importance de la récolte, même si les techniques vinicoles toujours plus complexes viennent modérer cela. L'explication tiendrait-elle aux propriétés inaltérables (et peut-être invisibles) des sols ?

Le Domaine de l'Île de Margaux produit un vin qui n'est éligible que pour l'appellation bordeaux supérieur, car les vignes sont cultivées sur un sol alluvial plat et limoneux (bien que sa position d'île lui ait épargné tout ce temps le phylloxéra).

COÛTS DE PRODUCTION

Le tableau ci-dessous donne les estimations les plus récentes (2004) des coûts de production en euros pour un bordeaux AOC typique (A), un château du Médoc courant (B) et un cru classé (C). Par exemple, on utilise davantage de chêne nouveau pour C que pour A et pas du tout pour B. Les premiers crus reviennent plus cher, mais le résultat est largement supérieur à celui de prétendus « deuxièmes crus ». Quelques « microcuvées » (sur la rive droite principalement) reçoivent encore plus de soin que des premiers crus dans l'espoir d'attirer l'amateur par leur rareté.

La plupart des propriétés du Bordelais fonctionnent grâce à des emprunts bancaires. Il faut compter 1,8 million d'euros à l'hectare avec un amortissement sur 15 ans et un taux d'intérêt fixe de 4,5 %. (On dit parfois que le Crédit Agricole posséderait l'intégralité du vignoble français !) Cela ajouterait chaque année 100 000 euros aux coûts de production, c'est-à-dire 62 euros par bouteille au chiffre en bas de la colonne C. Bien entendu, ces coûts n'incluent pas la mise en bouteille, la vente et le transport. Ils sont incroyablement bas comparés au prix d'achat d'un « grand vin », mais cela ne représente qu'une partie du vin vendu par le château.

	A	B	C
Nombre de vignes à l'ha	3 330	6 500	7 800
Coût de la vendange à l'ha	314	1 572	2 700
Coût viticole total à l'ha	5 030	17 780	20 000
Rendement moyen (hl/ha)	58	58	40
Coût viticole total par hl	87	306	500
Vieillissement en fût	–	182	550
Coût total par hl	87	488	1 050
Coût total par bouteille	0,65	3,66	7,88

Source : Conseil interprofessionnel du vin de Bordeaux (CIVB) et AXA Millésimes

Saint-Estèphe

Les rives de gravier donnent au Haut-Médoc et à ses vins à la fois caractère et qualité ; elles bordent la Gironde, abritées de l'océan à l'ouest par la forêt, et commencent à disparaître à Saint-Estèphe. C'est la partie la plus septentrionale des quatre communes célèbres formant le cœur du Médoc. Une jalle – mot gascon signifiant « cours d'eau » – sépare Saint-Estèphe de Pauillac, drainant d'un côté les vignobles du Château Lafite, de l'autre trois des cinq crus classés de Saint-Estèphe : les Châteaux Cos d'Estournel, Cos Labory et Lafon-Rochet.

Il existe une distinction entre les sols de Saint-Estèphe et de Pauillac au sud : les graviers charriés par la Gironde diminuent et la proportion d'argile se renforce. Plus haut, à Margaux, il y en a très peu. À Saint-Estèphe, le sol, plus lourd, est moins drainé. C'est pourquoi les vignobles de Saint-Estèphe semblent supporter des étés particulièrement chauds et secs, comme en 1990 et 2003, mieux en tout cas que ceux des graviers bien drainés, au sud. Même dans des conditions climatiques moins extrêmes, les vins ont tendance à être plus acides, plus pleins et structurés, et souvent moins parfumés. Ce sont traditionnellement des clairets robustes pouvant devenir vénérables sans perdre de leur vigueur. Mais depuis quelque temps, la tendance à faire les bordeaux rouges sur le même modèle, plus puissants et plus audacieux, a eu pour effet de gommer quelques-unes des différences entre le saint-estèphe et les vins des autres communes.

Cos d'Estournel est le plus étonnant des crus classés. La propriété présente un édifice excentrique en forme de pagode venant couronner la pente ardue qui monte de la limite de Pauillac pour dominer les prairies de Château Lafite. Avec le Château Montrose qui domine le fleuve, il donne le plus important et le meilleur des saint-estèphe, des vins puissants, de couleur sombre et propres à bien vieillir. Le « Cos », comme on l'appelle presque toujours, a une puissance et une succulence particulières : cela tient peut-être en partie à la forte proportion de merlot dans le vignoble, mais aussi à sa détermination bien marquée quand il est au mieux. Sur le monticule de gravier qui surplombe la Gironde, la situation de Montrose anticipe celle de Latour à Pauillac, juste au sud. Certains retrouvent cette ressemblance dans ce vin intense, tannique, concentré. Les millésimes classiques de Montrose mettent habituellement 20 ans pour parvenir à maturité même si les vins peuvent se déguster plus jeunes.

Des deux autres crus classés voisins de Cos d'Estournel, le Château Cos Labory semble se satisfaire d'arborer un parfum fruité alors qu'il est encore jeune. Rénové dans les années 1960 par le négociant en cognac Guy Tesseron, Lafon-Rochet fut le premier château du Médoc à se reconstruire au XXe siècle pour donner aujourd'hui des vins particulièrement fiables. Calon-Ségur, au nord du village de Saint-Estèphe, est le plus septentrional des crus classés du Médoc : aussi structuré que n'importe quel saint-estèphe, il est habituellement plus robuste que le Cos d'Estournel ou le Montrose quand il est jeune. Il y a quelque 250 ans, le marquis de Ségur, propriétaire de Lafite et de Latour, avait coutume de dire que son cœur résidait à Calon. Il y demeure depuis, comme on le voit sur l'étiquette ci-dessous.

On connaît surtout Saint-Estèphe pour ses crus bourgeois, provisoirement répartis en 2003 en crus exceptionnels, supérieurs et bourgeois. Quatre des neuf crus exceptionnels se trouvent sur le plateau au sud et à l'ouest du village. Les Châteaux Phélan Ségur et de Pez produisent des vins remarquables. Pez a un fort passé historique : propriété des Pontac à Haut-Brion, son vin se vendait sous le nom de Pontac à Londres, au XVIIe siècle – certainement avant tout autre cru du Médoc. Il appartient aujourd'hui à la maison de champagne Louis Roederer. Non loin de là, le Château Les Ormes de Pez bénéficie de la même gestion rigoureuse que le Château Lynch-Bages à Pauillac ; au sud, entre Montrose et Cos d'Estournel, le Château Haut-Marbuzet est d'ordinaire assez doux et boisé.

Parmi la douzaine de crus bourgeois supérieurs dignes d'intérêt (plus que dans tout autre commune), le Château Meyney a, fait inhabituel dans le Médoc, des origines monastiques.

Le vignoble du Cos d'Estournel fut fondé au début du XIXe siècle. Il s'imposa vite comme un grand Médoc.

Sa situation proche du fleuve, proche de Montrose, pourrait faire penser à un vin plus intéressant, plus propre à bien évoluer. Il est en fait robuste et souvent de valeur intéressante, comme les Châteaux Beau-Site, Le Boscq, Chambert-Marbuzet (même propriétaire que Haut-Marbuzet), Clauzet, Le Crock, La Haye, Lilian Ladouys (un nouveau venu), Petit Bocq, Tour de Marbuzet, Tour de Pez et Tronquoy-Lalande – tous des crus bourgeois supérieurs qui démontrent les solides vertus de la commune mais sont normalement à boire plus jeunes que les crus classés.

Parmi la bonne vingtaine de crus bourgeois, le Château Marbuzet se distingue pour avoir le même propriétaire que le Cos d'Estournel.

Au nord de Saint-Estèphe, la rive de graviers diminue pour ne plus former qu'un promontoire au-dessus des « palus », laisses de vase proches de l'estuaire où ne pousse aucun vin de qualité. En haut de ce promontoire, dans le petit village de Saint-Seurin-de-Cadourne, on produit un ensemble de vins intéressants comme le délicat Château Coufran, le Château Verdignan plus tannique, le Château Bel Orme Tronquoy de Lalande parfois admirable et surtout, sur un monticule classique proche du fleuve, le Château Sociando-Mallet dont les vins ambitieux et flamboyants dépassent les premiers

▼ Orgueil de la commune, les grands vins de Saint-Estèphe. Les étiquettes du Montrose et du Sociando-Mallet ont été redessinées pour ne conserver que les informations les plus importantes aux yeux de leurs propriétaires ; les autres se trouvent sur la seconde étiquette.

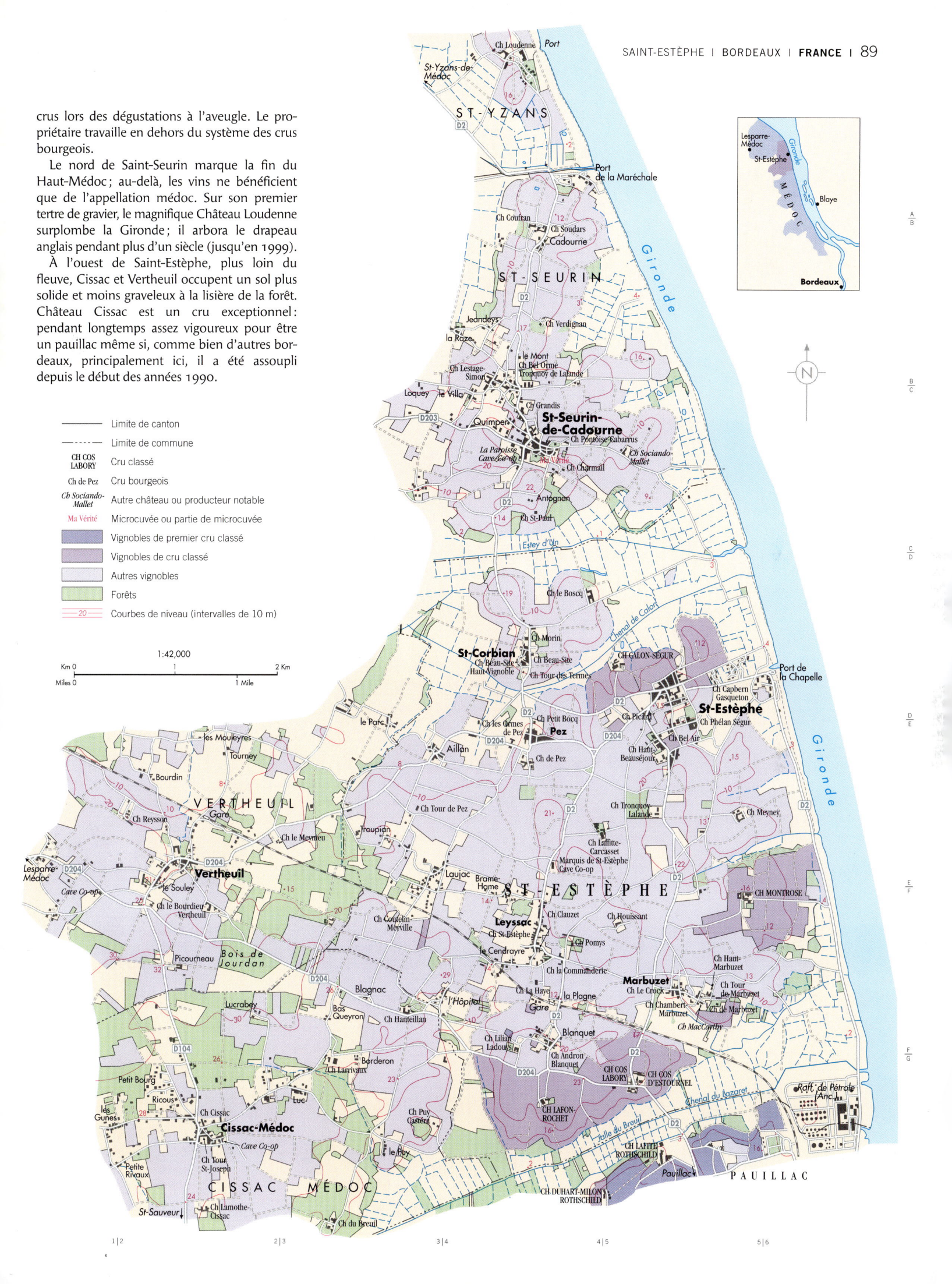

crus lors des dégustations à l'aveugle. Le propriétaire travaille en dehors du système des crus bourgeois.

Le nord de Saint-Seurin marque la fin du Haut-Médoc; au-delà, les vins ne bénéficient que de l'appellation médoc. Sur son premier tertre de gravier, le magnifique Château Loudenne surplombe la Gironde; il arbora le drapeau anglais pendant plus d'un siècle (jusqu'en 1999).

À l'ouest de Saint-Estèphe, plus loin du fleuve, Cissac et Vertheuil occupent un sol plus solide et moins graveleux à la lisière de la forêt. Château Cissac est un cru exceptionnel: pendant longtemps assez vigoureux pour être un pauillac même si, comme bien d'autres bordeaux, principalement ici, il a été assoupli depuis le début des années 1990.

——	Limite de canton
- - -	Limite de commune
CH COS LABORY	Cru classé
Ch de Pez	Cru bourgeois
Ch Sociando-Mallet	Autre château ou producteur notable
Ma Vérité	Microcuvée ou partie de microcuvée
	Vignobles de premier cru classé
	Vignobles de cru classé
	Autres vignobles
	Forêts
—20—	Courbes de niveau (intervalles de 10 m)

1:42,000

Pauillac

La réponse ne serait pas difficile à donner s'il fallait nommer la commune venant en numéro un pour ce qui est des bordeaux. Ce serait Pauillac. Sont là pour le prouver les Châteaux Lafite Rothschild, Latour et Mouton Rothschild (trois des cinq plus grands vins selon la classification des médocs et des graves de 1855). De nombreux amateurs de bordeaux rouges diraient que les vins de Pauillac présentent l'arôme parfait – mélange frais et fruité, chêne, sécheresse subtilement combinée à de la substance, touche de « boîte à cigares », suavité suggérée et surtout vigueur. Même les crus inférieurs approchent cet idéal tant recherché.

À Pauillac, les monticules de graviers, ou croupes graveleuses, du Médoc sont par leur aspect semblables à de petits coteaux. Leur sommet, dominé par les Châteaux Mouton Rothschild et Pontet-Canet, atteint les 30 m d'altitude – un exploit dans cette région côtière.

La ville de Pauillac est la plus grande du Médoc. Sa raffinerie de pétrole a fermé ses portes pour devenir un simple mais gigantesque dépôt. Le vieux quai a été transformé en marina et quelques restaurants se sont installés ici. La famille Cazes (du Château Lynch-Bages) a doté le hameau endormi de Bages d'un restaurant étoilé au Michelin, le Château Cordeillan-Bages, d'une brasserie ouverte toute la journée et d'une belle boulangerie, mais cela s'arrête là. Il est difficile de dire que Pauillac est animé.

Les vignobles des châteaux de Pauillac sont en règle générale moins morcelés que ceux de la majeure partie du Médoc. Ainsi, à Margaux, les châteaux sont regroupés dans la ville et les terres imbriquées les unes dans les autres – une rangée par ci, deux rangées par là. À Pauillac, des pentes, des monticules et des plateaux entiers peuvent appartenir à un seul propriétaire. On peut s'attendre à juste titre à des styles plus diversifiés. Et l'on n'est pas déçu.

Les trois grands vins de Pauillac sont très différents les uns des autres. Les Châteaux Lafite Rothschild et Latour se situent aux deux extrémités de la commune : le premier est tout près de Saint-Estèphe et le second de Saint-Julien. Curieusement, leurs caractères tendent à prendre une direction assez opposée : Lafite aurait plutôt la finesse et la souplesse d'un saint-julien, Latour la fermeté emphatique d'un saint-estèphe.

Lafite est, avec ses 100 ha, le plus grand vignoble du Médoc et produit 700 fûts de son « grand vin » : c'est un produit parfumé, policé, très élégant, élevé dans un chai circulaire souterrain unique en son genre. Carruades, son second vin, est produit en plus grande quantité encore.

Plus ferme et plus structuré, Latour (dont l'évolution est mentionnée pp. 38-39) semble éviter l'élégance pour exprimer sa situation privilégiée sur la colline, tout près du fleuve, dans une robustesse qui met parfois des décennies à révéler sa complexité. Il a le grand mérite de faire preuve de stabilité, en dépit de millésimes inégaux. Même son second vin, Les Forts de Latour, qualifié de cru classé et né de parcelles séparées à l'ouest et au nord-ouest du château, est considéré comme un second cru dont il a d'ailleurs la valeur marchande. Jeune, d'une saveur pourtant très riche, il est commercialisé sous l'appellation pauillac.

Mouton Rothschild est le troisième type de Pauillac : puissant, sombre, avec une forte odeur de cassis quand il est à son summum. La visite de Pauillac passe obligatoirement par celle du musée consacré aux œuvres d'art associées au vin – verres anciens, tableaux, tapisseries –, mais aussi par celle des beaux chais qui font du Château Mouton Rothschild la vitrine du Médoc.

Lorsque l'on sent la richesse et la force du cabernet-sauvignon dans ces vins, on peut s'étonner que cela ne fasse que 150 ans que ces vignobles passent pour les meilleurs du Médoc. Jusqu'à cette époque, même les premiers crus avaient établi la supériorité de leurs terroirs grâce à un mélange de cépages moins distingués – dont le malbec. Mais le meilleur cabernet-sauvignon est très long à parvenir à maturité. Vu les 10 voire 20 ans qui leur sont nécessaires, ces vins atteignent une perfection que peu d'autres arrivent à suivre. Hélas ! les millionnaires font souvent preuve d'impatience et le boivent trop jeune.

La D2 permet d'atteindre Pauillac par le sud : elle est flanquée des deux deuxièmes crus rivaux de l'ancien domaine Pichon. Pendant des années, Pichon-Lalande (connus sous le nom de Château Pichon Longueville Comtesse de Lalande) occupa la première place, mais il est aujourd'hui détrôné par le Château Pichon-Longueville, autrefois propriété de Pichon-Baron et maintenant indépendant. L'élément clef est le formidable investissement effectué par la compagnie d'assurances AXA qui a restauré le château encadré de tourelles, créé un centre assez spectaculaire pour les visiteurs, et qui est peut-être le premier bâtiment de tout le Médoc qu'on pourrait qualifier d'établissement vinicole. (Dans le Bordelais, les cuviers abritent généralement des cuves de fermentation, alors que les chais regroupent les fûts.)

Château Lynch-Bages est « seulement » un cinquième cru, mais il est depuis longtemps

Oui, le tourisme se porte bien dans le Médoc. On est ici à Bages, hameau situé au sud de Pauillac et fief de la famille Cazes, propriétaire du Lynch-Bages. Remarquez que les visiteurs peuvent lire leurs courriels tout en dégustant leurs croissants.

apprécié, particulièrement en Grande-Bretagne, pour son riche parfum – sorte de Mouton pour ceux qui ne sont pas tout à fait millionnaires – ainsi que pour son second vin, Château Haut-Bages Averous. Il ne faut cependant pas oublier Pontet-Canet, le plus grand des crus classés. Superbement situé à côté de Mouton, il en est pourtant très différent, tannique et réservé, alors que Mouton est ouvert et opulent. Les derniers millésimes sont impressionnants.

Le Château Duhart-Milon appartient aux Rothschild de Lafite, les Châteaux d'Armailhac et Clerc-Milon à Mouton. Tous trois bénéficient de la richesse et des connaissances techniques de leurs propriétaires et managers. Les Châteaux Batailley et Haut-Batailley (meilleur habituellement) sont en retrait du fleuve et plus près de la forêt. Comme Haut-Batailley, Grand-Puy-Lacoste, rénové et fiable, est géré par François-Xavier

▼ *De gauche à droite, une série au statut et au prix toujours plus élevés. Après une période où les premiers crus étaient commercialisés au même prix d'ouverture, Latour distance de plus en plus les deux autres premiers crus présentés de part et d'autre.*

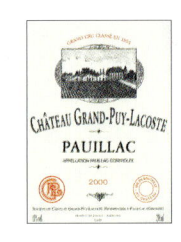

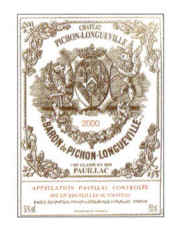

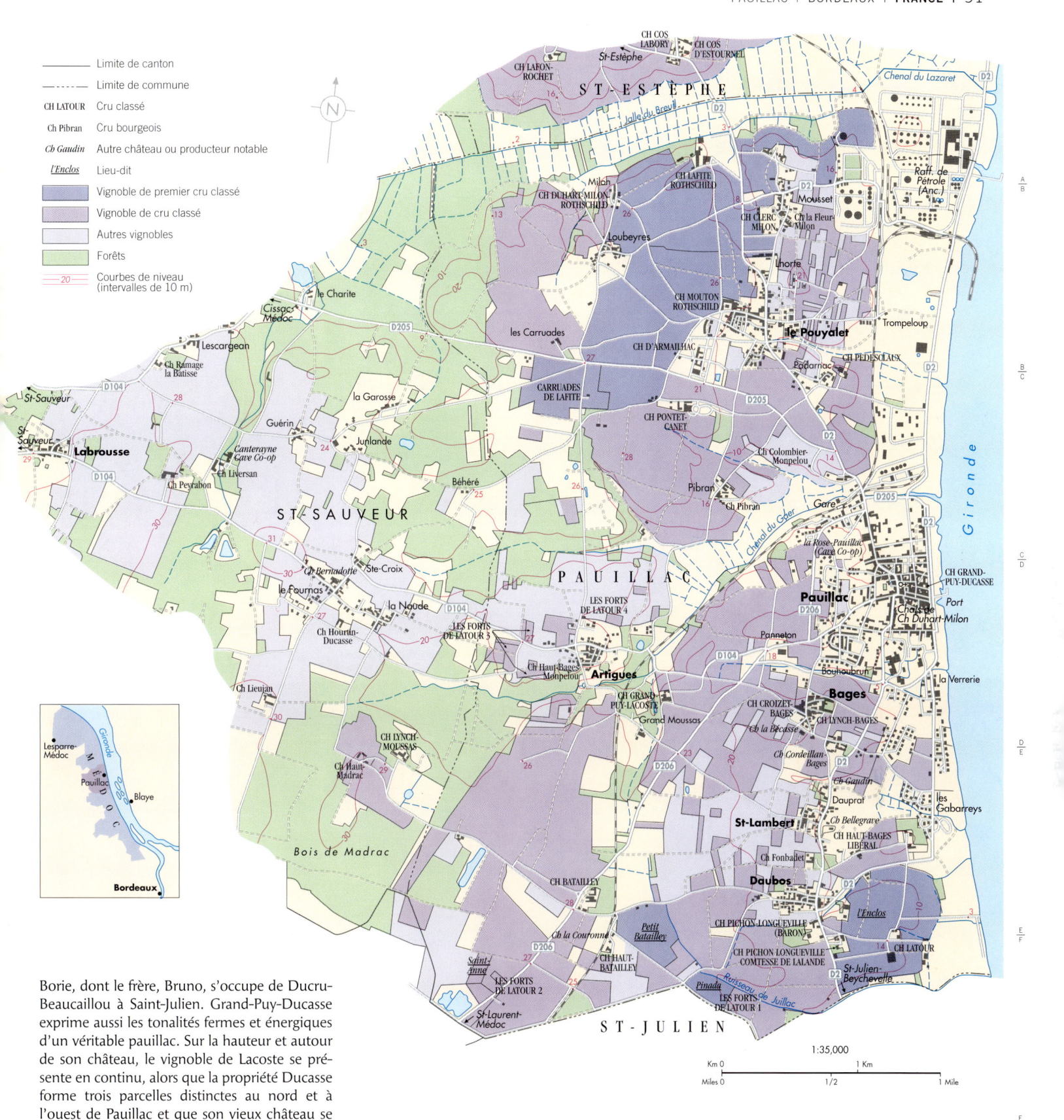

Borie, dont le frère, Bruno, s'occupe de Ducru-Beaucaillou à Saint-Julien. Grand-Puy-Ducasse exprime aussi les tonalités fermes et énergiques d'un véritable pauillac. Sur la hauteur et autour de son château, le vignoble de Lacoste se présente en continu, alors que la propriété Ducasse forme trois parcelles distinctes au nord et à l'ouest de Pauillac et que son vieux château se dresse sur le quai même.

Château Haut-Bages Libéral, dont les vignobles sont superbement situés à Saint-Lambert, jouit de nouveaux locaux et d'une seconde jeunesse. Géré conjointement avec le Château Batailley, Lynch-Moussas vend à des prix modérés des vins d'une qualité constante. Les Châteaux Croizet-Bages et Pédesclaux sont des cinquièmes crus qui ont pour rivaux les quatre crus bourgeois supérieurs millésimés 2003 : Colombier-Monpelou, bien situé à côté de Château Canet bien rénové ; Fonbadet à Saint-Lambert, avec ses vieilles vignes et son vin sérieux ; Haut-Bages Monpelou (même propriétaire que Batailley) ; et enfin, Pibran, choyé et propriété d'AXA. Sous le nom de La Rose-Pauillac, la coopérative locale fabrique aussi un vin honorable dont les quantités tendent cependant à diminuer.

La carte inclut une partie de Saint-Sauveur, paroisse voisine située à l'ouest. On n'y trouve aucun vin de qualité exceptionnelle, toutefois les crus bourgeois sont respectables et intéressants. Château Liversan appartient au même propriétaire que les Châteaux Patache d'Aux et Le Boscq, plus au nord ; Château Peyrabon profite d'un grand vignoble bien entretenu ; Château Bernadotte fut acquis en 1993 par le propriétaire du Pichon-Lalande ; enfin, le vin de Ramage La Bâtisse est parfumé et agréable à consommer.

Saint-Julien

Aucune autre commune du Bordelais ne présente une proportion de crus classés aussi élevée. La production de la petite commune de Saint-Julien est la plus réduite des quatre grands noms du Médoc, mais la quasi-totalité de ses terres viticoles a quelque chose d'exceptionnel : il s'agit de monticules de gravier typiques, bien que moins profonds qu'à Pauillac, proches du fleuve ou descendant vers le sud et la vallée considérable (selon les critères du Médoc) drainée par la Jalle du Nord et le Chenal du Milieu.

C'est ainsi que les grands châteaux forment deux groupes distincts : les propriétés en bordure de fleuve avec les Léoville entourant le village de Saint-Julien, et le groupe du sud centré sur le village de Beychevelle, avec en tête Beychevelle, Branaire-Ducru et Ducru-Beaucaillou, puis plus à l'intérieur des terres les Châteaux Gruaud-Larose et Lagrange. On trouve autour de Beychevelle nombre de châteaux supérieurs, mais non classés, dont le puissant Gloria.

Si pauillac donne le vin le plus brillant et le plus éclatant du Médoc et margaux le plus raffiné et le plus exquis, saint-julien établit une transition entre les deux. À de très rares exceptions, ses châteaux produisent un vin plutôt délicat et rond – rond lorsqu'il est à maturité, tannique et rude quand il est jeune.

La principale fierté de la commune est la vaste propriété de Léoville, à la limite du pauillac : jadis la plus importante du Médoc, elle est de nos jours divisée en trois. Léoville Las Cases possède le vignoble le plus étendu avec près de 100 ha. Son vin dense, presque austère et de longue durée de vie, est d'un « classique » si évident et la famille Delon qui s'en occupe est si avertie, que le Léoville Las Cases atteint parfois des prix proches des premiers crus. Le Léoville Barton vient tout de suite après : il appartient à la vieille famille irlandaise des Barton, qui s'établirent négociants à Bordeaux au début du XVIIIe siècle. Anthony Barton habite le superbe château Langoa Barton, non loin de là, et élève ses deux vins dans le même chai. On considère habituellement que le Langoa est très légèrement inférieur, mais tous deux sont d'excellents clairets élevés selon la tradition, toujours très bons même lorsque l'année est mauvaise. Le Léoville Poyferré a eu un passé plus inégal, mais, depuis les années 1980, il justifie son grand nom avec des vins excellents et vigoureux.

Au sud des Léoville, le Château Ducru-Beaucaillou de Bruno Borie et sa propriété à l'italienne a imposé son style propre, d'une remarquable finesse, alors que son voisin, Branaire-Ducru, est un peu moins raffiné. En revanche, le Château Beychevelle et son voisin, Saint-Pierre, font preuve de finesse, d'élégance et d'une rondeur séduisante.

Avec le Château Gruaud-Larose débute la section « intérieure » du saint-julien : la richesse et l'énergie de ses vins les placent au premier rang. On trouve difficilement dans le Bordelais un

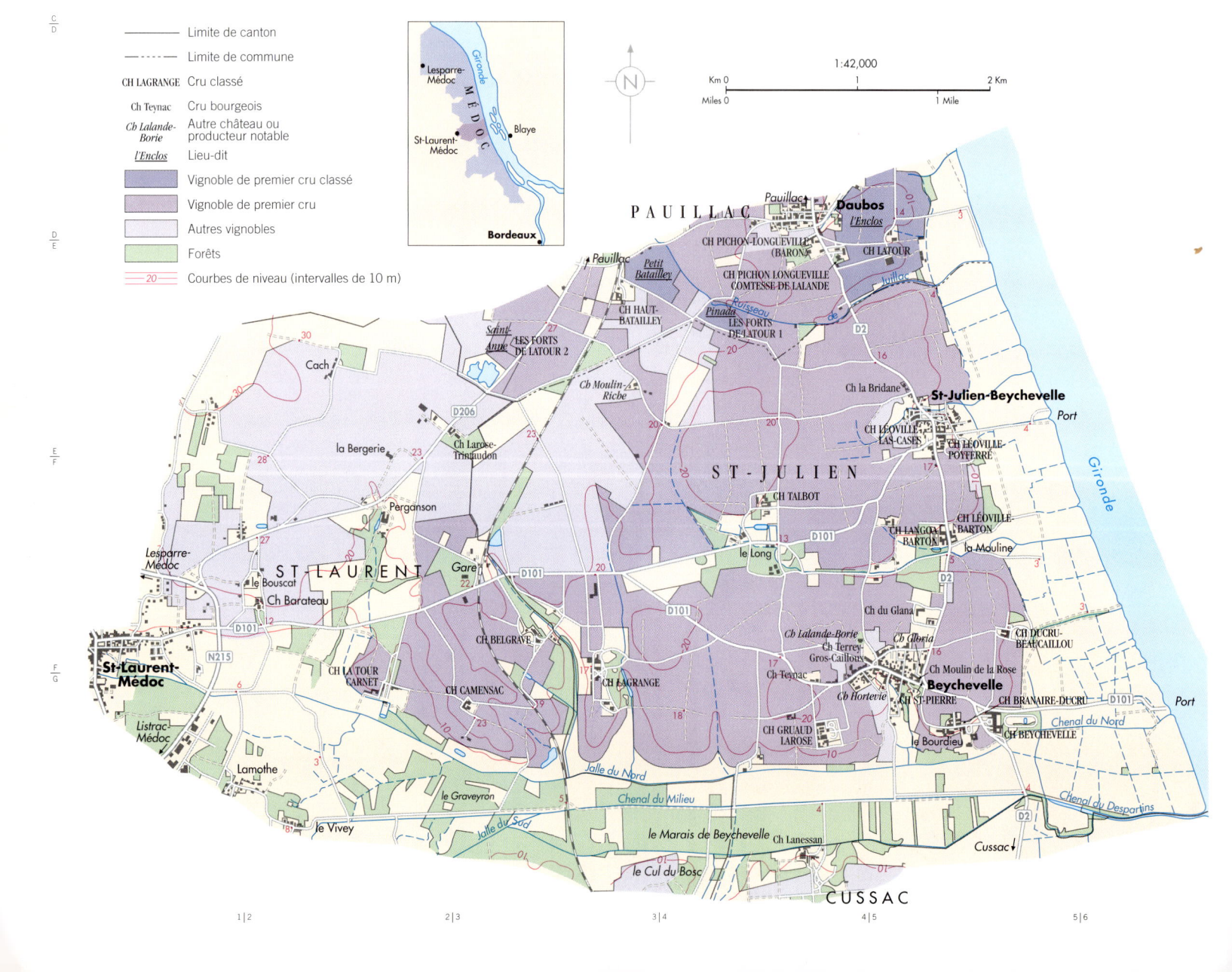

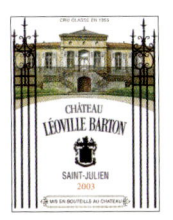

▲ Les trois vins du haut proviennent de ce qui ne formait à l'origine qu'une seule propriété. Chacun offre à l'amateur le quasi-archétype du clairet, un rouge sec et appétissant conçu pour la table après une période prolongée passée en cave.

château plus fiable que ce joyau de la couronne de la famille Merlaut. Le Château Talbot occupe la partie centrale de la commune : moins bien peut-être, mais dense, souple et savoureux avec constance, grâce à son site et à sa vinification.

Le Château Lagrange, dernier des crus classés, était autrefois prisé pour son vin riche et substantiel. Le groupe japonais Suntory lui a rendu la vedette depuis qu'il en a fait l'acquisition en 1984. Il se situe bien à l'intérieur des terres, dans l'arrière-pays paisible à la limite de Saint-Laurent (dont l'appellation est celle de haut-médoc), à côté de deux autres crus classés en pleine réhabilitation. La Tour Carnet en est au stade le plus avancé et donne aujourd'hui un vin séduisant. Le Camensac, devenu propriété de la famille Merlaut, également détentrice de Gruaud-Larose, fut replanté quelques années après par le propriétaire de l'imposant cru bourgeois Larose-Trintaudon. Son vin retrouve substance et reconnaissance. Comme tant d'autres vins du Médoc depuis le début des années 1980, le Château Belgrave a lui aussi été res-

Le chai de seconde année du Château Langoa Barton (où vieillit également le Château Léoville Barton) montre la quantité de vin disponible chaque année. Son propriétaire, Anthony Barton, l'un des rares propriétaires de crus classés résidant dans le Médoc, n'a jamais pratiqué de prix prohibitifs.

tauré, par les négociants Dourthe dans le cas présent. Quoi qu'il en soit, cet arrière-pays n'arrive jamais à la hauteur des vignobles plus proches de la Gironde.

Saint-Julien n'est pas une grande région de crus bourgeois, malgré tout c'est sous cette appellation que les Châteaux du Glana, Moulin de la Rose et Terrey-Gros-Cailloux furent classés crus bourgeois supérieurs en 2003.

Centre du Médoc

C'est la zone de transition du Médoc, le *mezzo forte* entre l'*andante* du saint-julien et l'*allegro* du margaux. Quatre villages n'ont pas le moindre premier cru et ne reçoivent que l'appellation haut-médoc. Ici, les monticules de gravier s'élèvent plus fièrement au-dessus du fleuve et la nappe phréatique est plus élevée pour mieux arroser les vignobles et donner des vins moins complexes en règle générale. La commune de Cussac est encore animée de l'élan du saint-julien, et l'on a tenté à plusieurs reprises de reclasser en tant que tel une partie de ses terres.

Plus encore qu'à Saint-Estèphe règnent les crus bourgeois, avec une belle proportion de crus bourgeois supérieurs 2003 et pas moins de deux des neufs crus bourgeois exceptionnels de moulis-en-médoc : les Châteaux Chasse-Spleen et Poujeaux. Ils se situent à la limite du petit hameau, avec le prestigieux nom de Grand-Poujeaux bien à l'ouest d'Arcins où les monticules de gravier s'élèvent en s'avançant davantage à l'intérieur des terres pour culminer à Grand-Poujeaux et à Listrac. Les deux communes ont une appellation propre au lieu de celle plus générique de « haut-médoc ». Récemment, le listrac et le moulis se sont vus accorder une estime accrue.

La qualité augmente avec la hauteur des monticules de gravier. Le Chasse-Spleen peut être qualifié de saint-julien honoraire, par sa souplesse, son accessibilité et sa structure ferme due aux fûts de chêne. Le Château Poujeaux peut être aussi impressionnant, bien qu'habituellement plus robuste et moins subtil. Entre ces deux propriétés, le village de Grand-Poujeaux est entouré de domaines intégrant tous « Grand-Poujeaux » dans leur nom : Gressier, Dutruch, La Closerie et Branas (ces deux derniers ne sont pas des crus bourgeois), tous des rouges au cœur vaillant, de longue vie et à l'arôme unique du médoc. Au nord, de l'autre côté de la ligne de chemin de fer, le Château Maucaillou peut offrir une valeur exceptionnelle.

Plus à l'intérieur, listrac a un plateau plus élevé, du calcaire sous son gravier et un nom correspondant à des rouges rudes et tanniques exigeant un vieillissement. Sur les trois châteaux portant le nom de Fourcas, Hosten et Dupré sont dignes d'attention. Ici, replantage et remplissage ont récemment augmenté la superficie du vignoble.

Largement rénovés, le Château Clarke et ses 53 ha sont la création du baron Edmond de Rothschild. Au sud du village de Listrac, les Châteaux Fonréaud et Lestage occupent à eux deux 74 ha. Renouvelés, ils tempèrent l'austérité du listrac et donnent des vins plus ronds susceptibles de faire mieux connaître l'appellation.

Au nord de la carte, le cru bourgeois supérieur Château Lanessan fait face au saint-julien, de l'autre côté du canal séparant les deux paroisses. Lanessan et son voisin Caronne Sainte-Gemme (en grande partie à Saint-Laurent) présentent des critères élevés. Cussac n'est pas très riche en gravier ; ici, les bois s'approchent du fleuve. Le Château Beaumont occupe le meilleur effleurement ; son vin facile, parfumé, d'une maturation rapide est très populaire. Curieusement, le Château Tour du Haut-Moulin sur le lieu-dit Vieux-Cussac en est l'exact contraire : sombre, il met des années à vieillir, mais cela vaut le coup d'attendre.

Au bord du fleuve se dressent les murailles datant du XVIIe siècle du fort Médoc, chargé de protéger des attaques anglaises. À Lamarque, une forteresse plus ancienne encore, le splendide Château de Lamarque produit un vin qui a du corps et mérite bien le nom de médoc. Lamarque fait le lien avec Blaye, sur l'autre rive de la Gironde.

Le replantage récent a donné à cette région un air plus déterminé. Le Château Malescasse

La petite ville industrieuse de Lamarque. Son importance pour les vins de Médoc tient au fait qu'elle est le lieu de résidence de l'œnologue réputé Jacques Boissenot et de son fils Éric.

fut l'un des premiers à être rénové. À Arcins, juste au sud, les grandes et anciennes propriétés des Châteaux Barreyres et d'Arcins ont été largement replantées par les Castel, dont l'empire va du Maroc à la chaîne britannique de magasins de vins Oddbins. Avec leur voisin bien géré qu'est le Château Arnauld, ils ne cessent de faire mieux connaître Arcins. Pourtant, le titre de gloire du village est toujours le petit Lion d'Or.

Au-delà de l'Estey de Tayac, au sud-est de la région, nous entrons dans la sphère de margaux. Le vaste Château Citran appartient aujourd'hui à la famille Merlaut. Il se situe sur la commune d'Avensan, tout comme le plus petit Villegeorge (plus au sud de la carte, c'est un cru bourgeois supérieur à surveiller) ; leur style est proche du margaux.

Soussans fait partie des communes dont l'AOC n'est pas simplement haut-médoc, mais aussi margaux, un nom que quelques propriétaires plus au nord aimeraient s'approprier. Les Châteaux La Tour de Mons et Paveil de Luze sont des crus bourgeois supérieurs ; ce dernier est depuis un siècle la belle demeure d'une grande famille bordelaise qui fait un vin propre à son goût, facile et élégant.

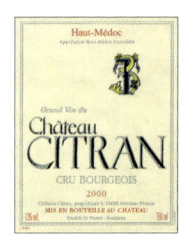

◀ *Des étiquettes destinées non pas aux collectionneurs, mais aux amateurs de vin. Ces dernières années, la qualité des vins inférieurs s'est améliorée autant que celle des vins supérieurs, et les prix n'ont pas augmenté en proportion.*

CENTRE DU MÉDOC | BORDEAUX | **FRANCE** | 95

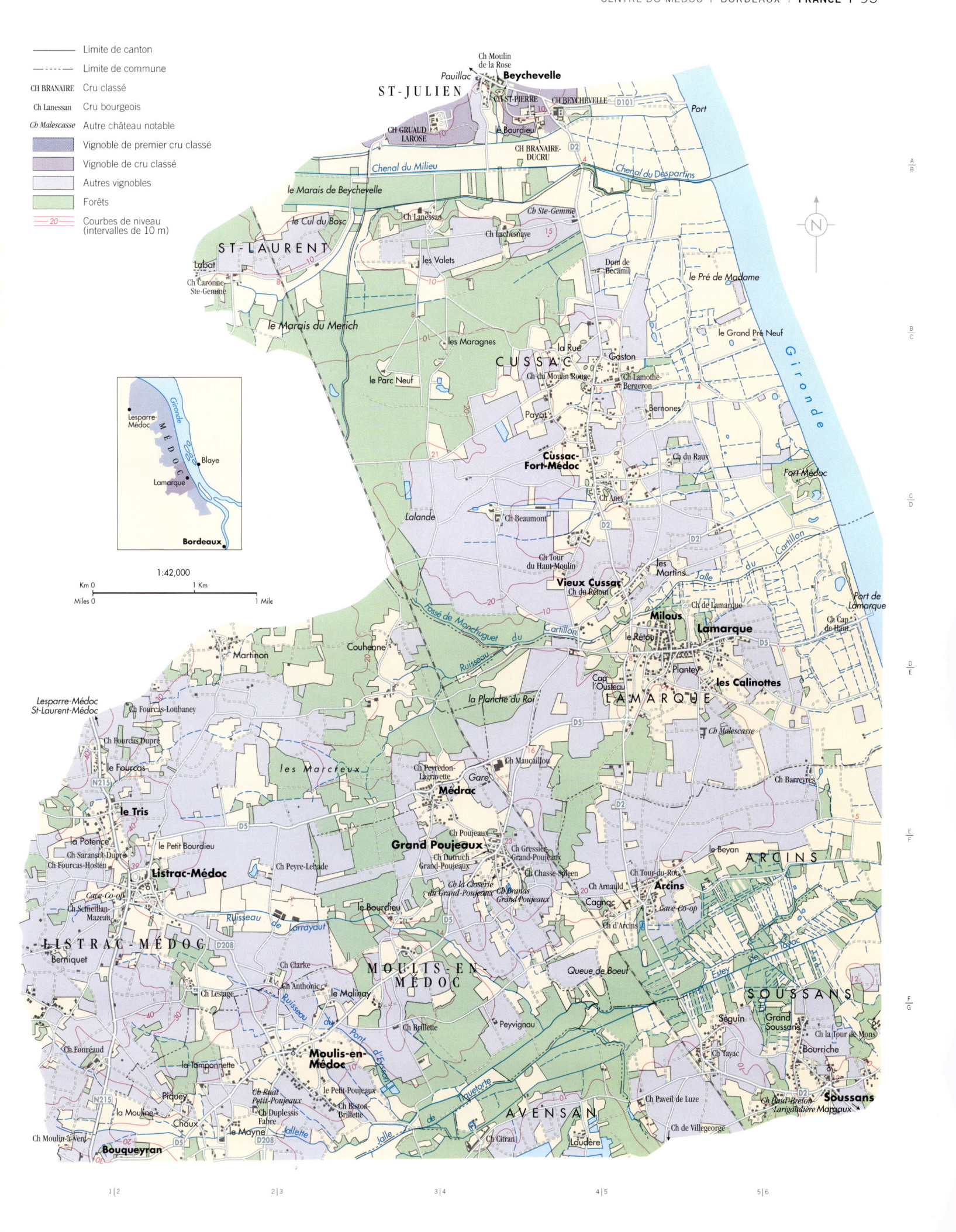

Margaux et le Médoc méridional

Margaux et Cantenac, village situé juste au sud, passent pour donner les vins les plus raffinés et les plus parfumés du Médoc. L'histoire l'atteste et la réalité actuelle s'y adapte lentement. Il y a ici plus de deuxièmes et de troisièmes crus que partout ailleurs et une ardeur nouvelle balaye le sud du Médoc.

Cette carte montre un visage très différent de celui de pauillac ou de saint-julien. Les châteaux ne sont pas disséminés, mais regroupés dans les villages. Le cadastre révèle que les domaines sont encore plus imbriqués les uns dans les autres qu'à pauillac, par exemple. Les différences de cépages, de techniques et de tradition expliquent, plus que le sol, celles des châteaux.

En fait, le sol de margaux est le plus mince et le plus graveleux du Médoc, et les racines peuvent aller chercher l'eau jusqu'à 7 mètres de profondeur. Cela donne des vins qui, en début de vie, sont relativement souples, mais peuvent afficher de la maigreur en vieillissant. Cependant, avec les meilleurs millésimes, tout ce que l'on raconte sur les vertus du gravier se trouve justifié : il y a dans les margaux classiques une délicatesse et un parfum lancinant qui en font les plus exquis des clairets.

Les vins des Châteaux Margaux et Palmer accèdent le plus souvent à ces hautes qualités. Château Margaux n'est pas seulement un premier cru du médoc : sa demeure a tout d'un palais et son chai n'est pas en reste. Après des sous-investissements à la fin des années 1950, la famille Mentzelopoulos l'a acquis en 1978 pour produire depuis un vin exceptionnel. Le Pavillon Blanc à l'arôme de chêne pousse à la limite occidentale de la carte ci-contre mais, en tant que vin blanc, il ne porte que l'humble AOC bordeaux. En revanche, le Château Palmer de troisième cru peut lancer un formidable défi et, contrairement à tant de bordeaux rouges, parfaitement exprimer ses origines.

Le Château Lascombes (propriété successive de l'œnologue américain Alexis Lichine, du brasseur anglais Bass et d'un fonds d'investissement américain) est un cas à part : l'achat de nombreuses terres au cours des années 1970 et 1980 en a dilué la qualité. La situation s'améliore lentement grâce à une aide extérieure. Juste à côté, le troisième cru Château Ferrière récemment restauré produit un margaux convaincant à la finesse caractéristique.

Des deux grands vins issus du vaste domaine Rauzan, aussi fameux au XVIIIe siècle que le Léoville l'était à Saint-Julien, Rauzan-Ségla (l'ancien Rausan-Ségla) est aujourd'hui le meilleur : réformé dans les années 1980, il a été bien repris en main en 1994 par la famille qui se cache derrière la maison Chanel. Plus petit, Rauzan-Gassies est toujours au-delà des critères des deuxièmes crus et ne semble pas vouloir rattraper son retard.

Il existe à Margaux plusieurs paires de châteaux remarquables. Brane-Cantenac et Durfort-Vivens, deux deuxièmes crus, appartiennent à plusieurs membres de la famille Lurton, mais leurs vins sont différents : le Brane est parfumé, presque fondant, et le Durfort bien moins généreux. Un infime vestige du troisième cru Desmirail a récemment été ressuscité.

Le Pouget, un quatrième cru, est souvent plus convaincant que le troisième cru Boyd-Cantenac. Le Malescot Saint-Exupéry (sans aucun doute l'un des meilleurs margaux avec son parfum miraculeux) et le petit troisième cru Château Marquis d'Alesme-Becker appartiennent aux frères Zuger, Roger et Jean-Claude respectivement ; une concurrence commence ainsi à se faire jour.

Toujours dans l'appellation margaux, le quatrième cru Château Marquis de Terme, rarement exporté, donne un vin assez bon, et le troisième cru Château d'Issan (voir photo) occupe l'un des meilleurs sites avec un vignoble descendant en pente douce vers le fleuve.

À Cantenac, le château du Prieuré-Lichine était renommé pour son clairet, un des plus constants de margaux, quand il appartenait à Alexis Lichine. Pour sa part, le Château Kirwan a connu une éclipse, mais il a été restauré pour retrouver son éclat dans les années 1990. Une belle restauration et des qualités renouvelées sont aussi l'apanage du Château du Tertre, isolé sur un terrain élevé dans la région d'Arsac et propriété du même dynamique propriétaire hollandais que Château Giscours. Le Château Cantenac-Brown (sa demeure est d'une grande laideur et ressemble à une école victorienne) borde Brane-Cantenac pour produire un margaux des plus charpentés.

On trouve ici les trois plus grands crus classés avant que les vignobles du haut-médoc cèdent la place à la banlieue nord de Bordeaux : le Giscours, dont le corps de ferme à colombage fait face à une belle étendue de vignobles et donne un style de vin particulièrement flatteur ; le Cantemerle, sorte de château de la Belle au bois dormant, entouré d'arbres centenaires et de bassins, dont le vin est surtout connu pour son élégance ; et le beau Château La Lagune, bâtisse XVIIIe siècle appartenant à Paul Jaboulet Aîné (celui de la vallée du Rhône).

Le Dauzac, quatrième cru de cette partie méridionale et bien de la famille Lurton, s'est amélioré. Le Siran voisin est l'un des membres de l'une des paires de crus bourgeois exceptionnels de margaux, l'autre étant le Labégorce-Zédé qui a depuis 2005 le même propriétaire que le Labégorce voisin. Possédés et habités par la famille Sichel, le Siran et le Château d'Angludet peuvent donner des vins ayant la qualité de crus classés.

Sur l'un des sites les plus romantiques du Bordelais, le manoir XVIIe siècle du Château d'Issan est entièrement ceint de douves, vestiges d'une ancienne forteresse. Et son vin peut être vraiment très très bon.

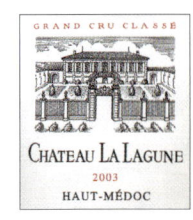

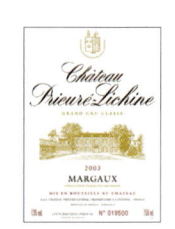

MARGAUX ET LE MÉDOC MÉRIDIONAL | BORDEAUX | **FRANCE** | 97

◀ Le changement est caractéristique du bordeaux. Un nouveau propriétaire ou une nouvelle détermination peuvent modifier le style du vin et la réussite du château. Sur ces 11 domaines, seul le plus grand de tous, le Château Margaux premier cru, fait preuve d'une grande constance au cours de ces 30 dernières années.

Tous ceux qui circulent dans les grandes régions viticoles du Bordelais connaissent la ville de Sauveterre-de-Guyenne, à mi-chemin entre la « rive gauche » et la « rive droite », la bande intermédiaire portant le nom d'Entre-deux-Mers.

Graves et Entre-deux-Mers

La région des **graves** ne se limite pas à ses communes les plus connues, Pessac et Léognan, réunies sous une seule appellation. La partie sud de cette zone aux vignes éparpillées s'éveille aussi. Des blancs anonymes ont cédé la place à d'autres blancs, frais et secs, ainsi qu'à des rouges fruités et riches en tanin. Langon accueille les acheteurs venus chercher arôme et valeur. Dans le centre et le sud des graves, plusieurs vieux domaines, surtout dans les paroisses jadis renommées de Portets, Landiras et Saint-Pierre-de-Mons, ont aujourd'hui de nouveaux propriétaires animés d'une philosophie nouvelle.

La capacité du sol des graves à donner des rouges et des blancs se voit bien avec les Châteaux de Chantegrive à Podensac et Rahoul à Portets, ainsi que dans les propriétés disséminées autour d'Arbanats et Castres-Gironde. Comme tant d'autres beaux domaines sis près de la Garonne, le Clos Floridène à Pujols-sur-Ciron et le Château du Seuil excellent dans des blancs secs, vieillis en fûts de chêne, produits à partir des cépages sauvignon blanc et sémillon qui se sentent parfaitement chez eux dans ce coin tranquille de la Gironde, même si la proportion de vin blanc produit dans l'appellation dépasse à peine le quart et ne cesse de chuter.

L'extension de la carte vers le nord et l'est témoigne des efforts fournis dans quelques régions du Bordelais moins prestigieuses. La plupart du vin vendu sous l'humble AOC bordeaux vient de l'Entre-deux-Mers, bande de terres arables situées entre la Garonne et la Dordogne, même si le nom d'**entre-deux-mers** est réservé sur les étiquettes aux innocents blancs secs qu'on y produit en très petite quantité.

Un nombre toujours accru de producteurs de vins rouges ne méritant pas plus que l'AOC bordeaux ou bordeaux supérieur cherchent tout de même à améliorer la qualité, notamment en soignant mieux leurs vignobles et en réduisant leur production. Nombre d'entre eux sont indiqués sur la carte, qui inclut la partie la plus intéressante de l'Entre-deux-Mers.

D'importants châteaux et une exceptionnelle coopérative ont changé l'aspect de la région, surtout les communes du nord de la carte, vers la Dordogne et Saint-Émilion : cultures mixtes et vergers ont cédé devant la monoculture viticole. Parmi les plus valeureux, citons l'excellent Château Bonnet de la famille Lurton, au sud de Grézillac ; l'instable Château Tour de Mirambeau de la famille Despagne, au sud de Branne ; le Château Thieuley de la famille Courcelle, près de Créon ; et le Château Toutigeac avec la sous-appellation peu usitée de **haut-benauge**. Avec encore plus de succès, plusieurs d'entre eux font des blancs secs (à partir de sémillon et de sauvignon). Le Château de Sours à Saint-Quentin-de-Baron a même réussi à vendre en primeur son bordeaux rosé de couleur sombre.

Il y a des signes d'une production plus passionnante encore dans l'Entre-deux-Mers, comme ce pourrait aussi être le cas dans l'extrême nord où le sol calcaire ressemble étrangement à certaines parties de l'appellation saint-émilion. Les Despagne ont créé le Girolate, un « vin de garage » fait de merlot, sur un des vignobles les plus denses de tout le Bordelais. Au nord-ouest de cette carte, le Château de Reignac près de Saint-Loubès (voir p. 83) a atteint des prix aussi vertigineux grâce à l'obstination de son propriétaire, Yves Vatelot. Pendant ce temps, Pierre Lurton, directeur des Châteaux Cheval Blanc et d'Yquem, donne du lustre à la région avec son Château Marjosse, près de Grézillac.

Étant donné que les **premières-côtes-de-bordeaux** entourent les appellations de vin doux de cadillac, loupiac et sainte-croix-du-mont, il n'est pas étonnant que l'on produise également ici de bons vins doux. Ceux du sud de cette zone sont vendus sous le nom de **cadillac**, alors que les blancs secs ne sont que des bordeaux. Un des plus grands œnologues du Bordelais, Denis Dubourdieu (Château Reynon à Béguey, près de la ville de Cadillac), a connu une belle réussite avec un sauvignon blanc frais et un rouge bien plein. À Cadillac, le Château Fayau s'en tient à la tradition locale du blanc doux et fruité.

■ VILLA BEL AIR — Producteur de premier ordre

- Barsac
- Cadillac et premières-côtes-de-bordeaux
- Cérons
- Côtes-de-bordeaux-saint-macaire
- Entre-deux-mers
- Bordeaux-haut-benauge et entre-deux-mers-haut-benauge
- Graves
- Loupiac
- Pessac-Léognan
- Premières-côtes-de-bordeaux
- Sainte-croix-du-mont
- Sauternes

101 Zone cartographiée à une échelle supérieure à la page indiquée

GRAVES ET ENTRE-DEUX-MERS | BORDEAUX | **FRANCE** | 99

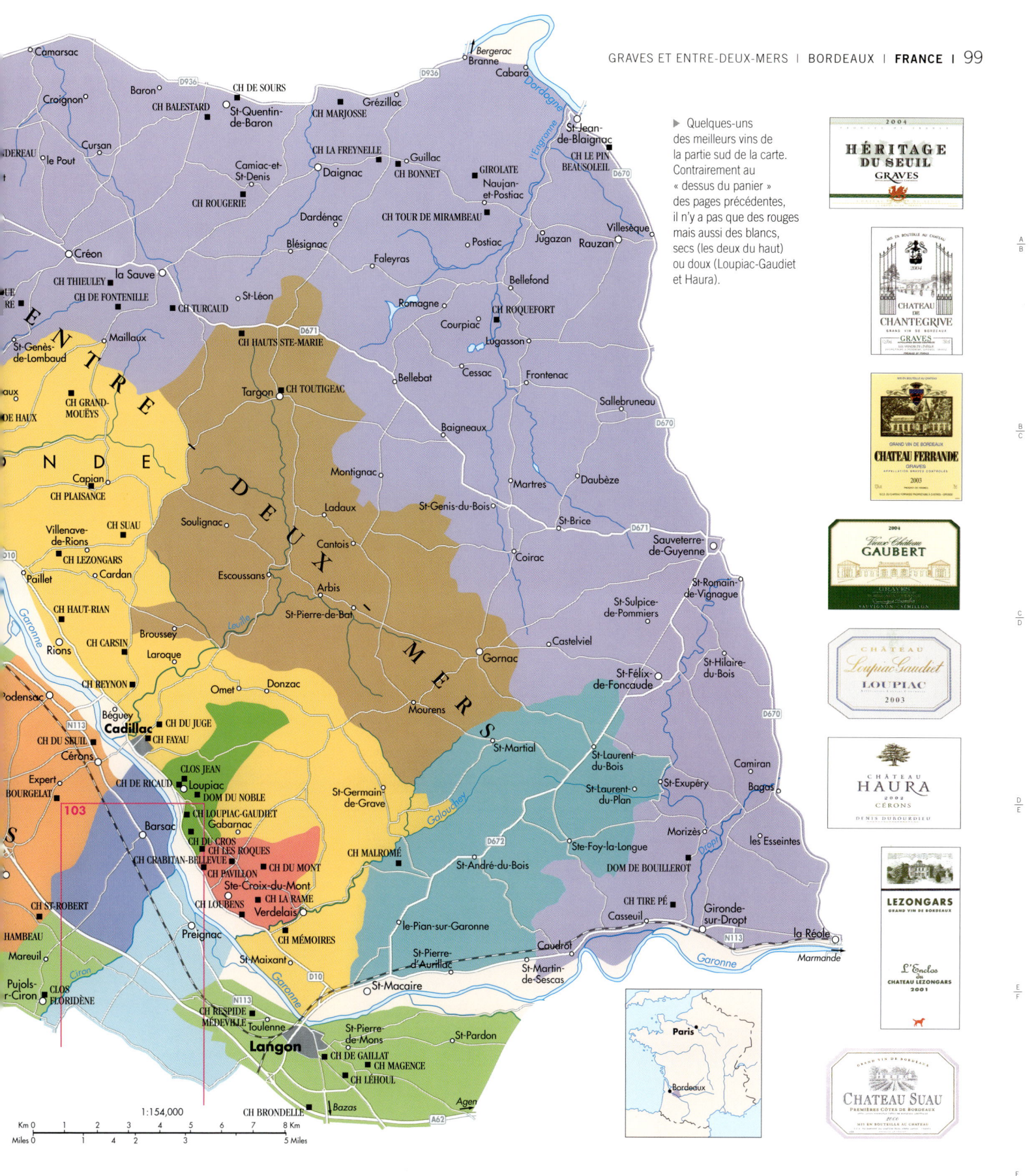

▶ Quelques-uns des meilleurs vins de la partie sud de la carte. Contrairement au « dessus du panier » des pages précédentes, il n'y a pas que des rouges mais aussi des blancs, secs (les deux du haut) ou doux (Loupiac-Gaudiet et Haura).

Un projet voudrait créer une AOC générique, **côtes-de-bordeaux**, pour ces deux appellations ainsi que pour trois autres situées sur la rive droite dont le nom comporte à chaque fois le mot « côtes » : premières-côtes-de-bordeaux (avec le côtes-de-bordeaux-saint-macaire), côtes-de-bourg, premières-côtes-de-blaye, côtes-de-castillon et côtes-de-francs. Le but est de gagner une meilleure reconnaissance, pas de mélanger ces différentes appellations.

Ce serait aller loin que de dire que le liquoreux **sainte-croix-du-mont** est devenu source de profit, mais trois châteaux – Loubens, du Mont et La Rame – font de grands efforts ; aux environs de **Loupiac**, les Châteaux Loupiac-Gaudet et de Ricaud sont prêts à prendre des risques pour produire des vins vraiment doux, plutôt que des demi-doux (voir p. 102). Le **côtes-de-bordeaux-saint-macaire** est une AOC de blanc méconnue de cette zone.

Sur l'autre rive de la Garonne, au nord de Barsac, dans les graves, on trouve le **cérons**, appellation distincte longtemps oubliée (comprenant Illats et Podensac), qui a trouvé une prospérité nouvelle (au Château d'Archambeau, par exemple) en donnant des blancs et des rouges courants avec l'appellation graves et en abandonnant la tradition d'un style à mi-chemin entre les graves supérieures (blanc un peu doux de graves) et le barsac, plus doux que liquoreux.

Pessac-Léognan

C'est ici, au sud de la ville de Bordeaux, que le concept de bordeaux rouge fut lancé dans les années 1660 par le propriétaire du Château Haut-Brion. Son gravier et son sable arides permettaient à la région d'exporter depuis au moins 1300 son meilleur vin rouge, époque où le pape Clément V (d'Avignon) fit planter ce qui est aujourd'hui le Château Pape Clément.

Pessac-Léognan, tel est le nom du cœur des graves. Les pins ont toujours été le végétal dominant de ce sol sablonneux. Les vignobles sont des clairières, souvent isolées les unes des autres dans un paysage boisé marqué par des vallées peu profondes. La carte ci-contre montre comment ville et anciens vignobles empiètent sur la forêt, qui se prolonge vers le sud et l'ouest, d'ici aux contreforts basques des Pyrénées.

La ville a désormais absorbé les vignobles plantés sur son chemin, à l'exception du groupe remarquable situé sur le sol de gravier profond de Pessac : Haut-Brion et son voisin et rival La Mission Haut-Brion, Les Carmes Haut-Brion et Picque Caillou (respectivement au nord et à l'ouest de Haut-Brion) puis, plus loin encore, l'archiépiscopal Pape Clément.

Les Châteaux Haut-Brion et La Mission sont difficiles à trouver, perdus dans la banlieue, de part et d'autre de la vieille route d'Arcachon qui dessert Pessac. Haut-Brion est un premier cru, équilibre suave de force et de finesse avec toute la singularité des grands graves : notes de terre et de fougère, de tabac et de caramel ; un arôme pas aussi prononcé, mais souvent plus intéressant qu'un Lafite ou un Margaux. La Mission a un goût plus dense, plus mûr, plus sauvage, bien souvent aussi splendide. En 1983 les propriétaires américains de Haut-Brion achetèrent son rival de toujours, dont le Château La Tour Haut-Brion, produit lui aussi sur la vieille propriété de La Mission, non pas pour réunir les vignobles, mais pour faire perdurer leur concurrence. La partie se dispute chaque année, pas seulement entre ces deux vins rouges renommés, mais entre leurs frères blancs d'une incomparable richesse, les Châteaux Haut-Brion et Laville Haut-Brion. On trouve rarement de meilleurs exemples de l'importance que revêt le terroir, caractéristique de chaque parcelle de terrain, pour le sol bordelais.

Bien que la majorité des vins produits dans les vignobles mentionnés sur la carte soient des rouges, avec à peu près la même recette de cépage que dans le Médoc, la plupart des domaines de Pessac-Léognan produisent également du blanc de qualité parfois exceptionnelle au sein de la même appellation. En pleine forêt, la commune de Léognan est au cœur de la carte. Le Domaine de Chevalier en est le plus beau fleuron, en dépit de son apparence modeste. Il n'a jamais eu de château. Même si son chai et son cuvier ont été remarquablement reconstruits et son vignoble considérablement augmenté à la fin des années 1980 et au début des années 1990, il ressemble toujours à une ferme au milieu d'une clairière de pinède. On ne fabrique chaque année que 1 000 caisses d'un magnifique vin blanc fermenté en barrique à partir de sauvignon et de sémillon, et les prix s'en ressentent.

Le Château Haut-Bailly est l'autre grand cru classé de pessac-léognan, inhabituel dans une zone où l'on ne produit que du vin rouge, mais profond et persuasif. Celui du Château de Fieuzal l'a longtemps défié : son blanc est aussi d'une grande finesse, en quantité volontairement limitée, comme pour les meilleurs graves. Assez semblable, le Malartic-Lagravière a été entièrement modernisé lorsque la famille belge Bonnie l'a acquis en 1997.

Le Château Carbonnieux est différent. Cette ancienne propriété bénédictine fut longtemps renommée plus pour son blanc que pour son rouge léger, même si ce dernier le rattrape depuis peu. Le Château Olivier, à coup sûr le plus ancien et le plus envoûtant corps de bâtiment du Bordelais, produit les deux, tout en étant soumis à un renouvellement de longue haleine (voir p. 26 et 27).

Aucune propriété des graves n'a connu de transformation récente plus marquée que Smith Haut-Lafite, dans la commune de Martillac, à la limite sud de pessac-léognan. Il produit un rouge et un blanc de grande qualité, mais on trouve de plus aux Sources de Caudalie un hôtel, des restaurants et un spa à base de raisins (voir ci-dessus). Au sud, les améliorations apportées au Château Latour-Martillac ont été plus modestes.

Ici, le grand prophète a pour nom André Lurton : fondateur de l'organisation des producteurs locaux, il est aussi le propriétaire des Châteaux La Louvière, de Rochemorin, de Couhins-Lurton classé (les propriétés mentionnées ici ont quasiment toutes été classées en 1959), et de Cruzeau (au sud de Latour-Martillac, indiqué sur la carte de la p. 99). Il est aussi l'initiateur de la majeure partie du renouveau récent. Également classé, même s'il n'est pas le meilleur, le Château Bouscaut appartient à sa nièce, Sophie Lurton.

Qui aurait cru que le vin tiendrait une place de choix dans les soins esthétiques modernes, comme c'est le cas au spa, à l'hôtel et au restaurant du Château Smith Haut-Lafite ? Il existe également toute une gamme de crèmes et de potions à base de raisin.

▼ Les quatre vins exceptionnels de droite appartiennent tous à la même famille, des descendants de l'Américain Clarence Dillon qui acheta le premier cru Château Haut-Brion en 1935, époque où était également en vente le premier cru de saint-émilion qu'est le Château Cheval Blanc.

PESSAC-LÉOGNAN | BORDEAUX | FRANCE | 101

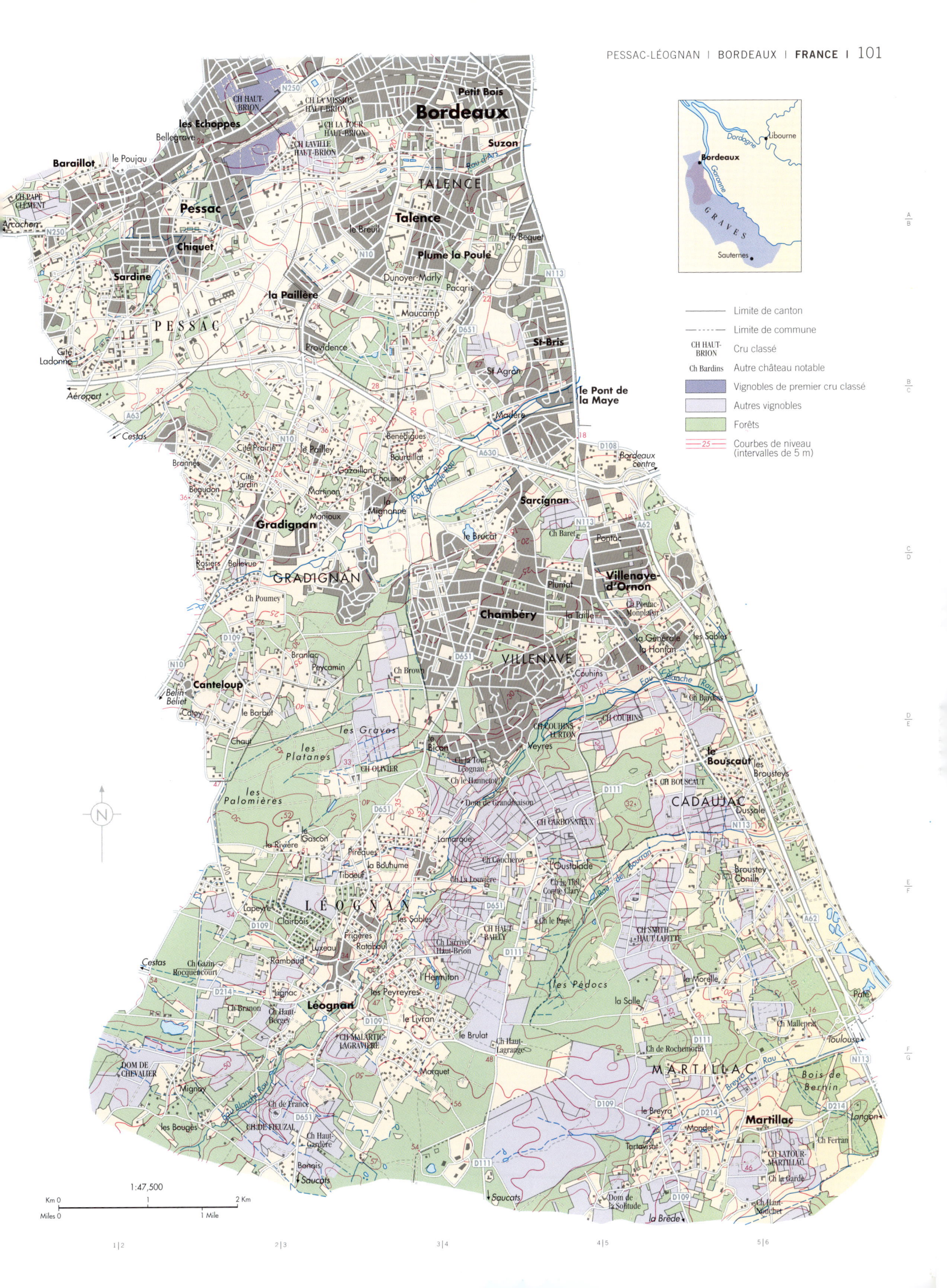

——	Limite de canton
----	Limite de commune
CH HAUT-BRION	Cru classé
Ch Bardins	Autre château notable
▓ (dark)	Vignobles de premier cru classé
▓ (light)	Autres vignobles
▓ (green)	Forêts
—25—	Courbes de niveau (intervalles de 5 m)

1:47,500
Km 0 — 1 — 2 Km
Miles 0 — 1 Mile

Sauternes et Barsac

Toutes les autres régions du Bordelais citées dans cet Atlas peuvent être comparées et préférées les unes aux autres, mais il n'en va pas de même pour le **sauternes** : sans doute sous-estimé mais incomparable, c'est une spécialité quasiment sans rivale. Peut-être le vin qui se conserve le mieux au monde, il dépend des conditions locales ainsi que d'un champignon et d'une technique de vinification inhabituels. Avec les grands millésimes, le résultat peut être sublime : très doux, d'une riche texture et scintillant avec un bouquet fleuri. Certaines années, il peut aussi mériter à peine le nom de sauternes.

Par-dessus tout, seuls peuvent produire un tel nectar les châteaux les mieux situés et gérés, parmi lesquels nous incluons Barsac. Le sauternes ordinaire n'est rien de plus qu'un blanc doux.

Parmi les conditions locales de ce coin chaud et fertile de l'Aquitaine, on trouve les brumes qui se forment au-dessus de la petite rivière Ciron les soirs d'automne et persistent bien après l'aube. La technique spéciale – que seuls les châteaux les plus riches peuvent se permettre d'employer – consiste à cueillir huit ou neuf fois le raisin, en débutant en septembre pour finir parfois en novembre. On bénéficie ainsi d'une forme de champignon (*Botrytis cinerea* pour les scientifiques et « pourriture noble » par les poètes) qui apparaît sur le sémillon, le sauvignon blanc et la muscadelle au cours des nuits de brume, pour ensuite se développer à la chaleur du jour jusqu'à réduire la peau des grains de raisin en une pulpe brune. Au lieu de donner aux grappes un goût de moisi, ce champignon favorise l'élimination de la majeure partie de l'eau qu'elles renferment pour laisser les sucres, acides et éléments aromatiques dans un jus plus concentré que jamais. Le résultat de la fermentation soigneuse de ce jus de raisins d'une grande richesse et de son vieillissement en petits fûts est un vin présentant un arôme intense, une texture lisse et onctueuse et d'un potentiel de vieillissement exceptionnel que nulle autre méthode ne peut atteindre.

Il faut pour cela cueillir le raisin dès qu'il se flétrit, souvent grain par grain. Les propriétaires des petits châteaux ne peuvent se permettre que d'effectuer une seule vendange, en espérant que la pourriture noble sera présente au rendez-vous.

La production est d'une faiblesse frisant le ridicule, puisque l'évaporation est fortement encouragée. Le Château d'Yquem, le plus grand des producteurs de sauternes, aujourd'hui propriété du richissime groupe LVMH, tire à peine 1 000 bouteilles de chacun de ses 100 hectares. Un premier cru du médoc en produit cinq ou six fois plus.

Les risques sont énormes : le temps humide d'octobre peut transformer la moisissure en un champignon nocif appelé pourriture grise et ôter au producteur toute chance de fabriquer un vin doux – quand ce n'est pas rien du tout. Les coûts sont évidemment élevés et le prix du plus fin des sauternes (à l'exception d'Yquem) en fait l'un des vins les moins rentables pour le producteur. Les prix en question augmentent doucement, mais peu d'amateurs se rendent compte à quel point les grands vins doux du Bordelais sont sous-côtés par rapport aux rouges de qualité équivalente.

Sauternes fut la seule région en dehors du Médoc à être classée en 1855. Yquem fut classé premier grand cru, rang créé pour lui seul dans tout le Bordelais. Curieusement, sa position dominante au sommet d'une colline ne l'empêche pas d'avoir une nappe phréatique « élevée » qui permet à la vigne de pousser, même en cas de sécheresse. Onze autres châteaux furent classés premiers crus et douze autres, deuxièmes crus.

Cinq communes, dont Sauternes, ont le droit de porter ce nom. **Barsac**, la plus grande, peut appeler son vin soit sauternes soit barsac.

Les styles de sauternes varient autant que les critères, même si la plupart des meilleures propriétés sont regroupées autour d'Yquem. Le Château Lafaurie-Peyraguey a un goût aussi floral que son nom ; à Preignac, le Château Suduiraut, propriété d'AXA, est riche et somptueux ; le Château Rieusec (propriété des Rothschild de Lafite) est souvent riche et d'une robe sombre. Parmi les autres grands noms, on trouve le Clos Haut-Peyraguey et les Châteaux de Fargues (bien de la famille Lur-Saluces, ancien propriétaire d'Yquem), Raymond-Lafon et La Tour Blanche où l'on trouve aussi une école d'œnologie. Un vin très différent, vieillissant bien et sans arôme de chêne, est produit au Château Gilette. À Barsac, les Châteaux Climens, Coutet et Doisy-Daëne viennent en tête avec des vins plus légers que le sauternes. La proportion accrue de nectar élaboré avec zèle dans cette partie du monde du vin mérite une meilleure connaissance.

À Yquem, les grains de raisin flétris par le champignon Botrytis cinerea sont déposés dans un panier traditionnel. Une fois plein, il est roulé jusqu'au pressoir. La méthode consiste à presser très doucement, mais avec beaucoup de fermeté.

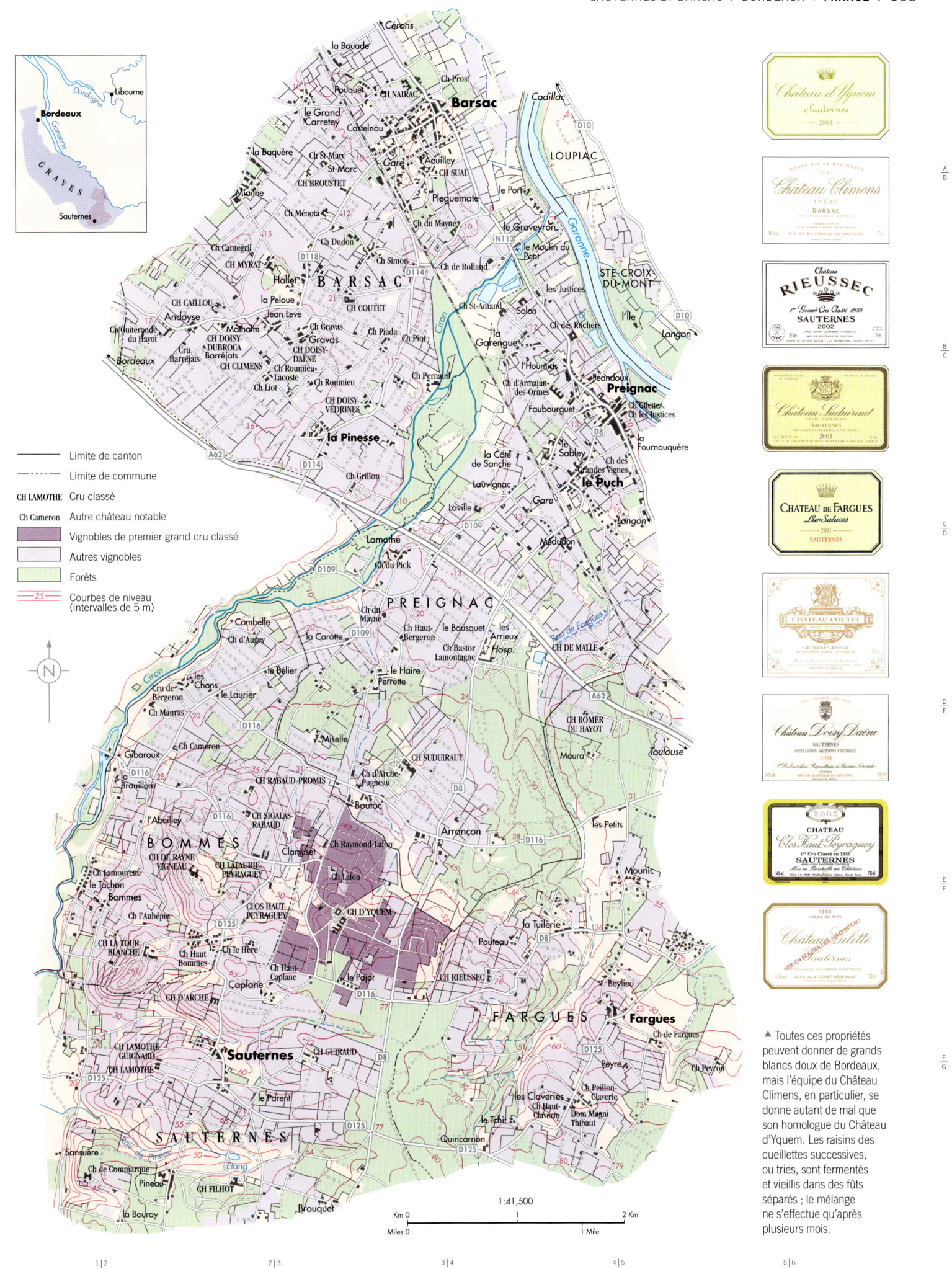

SAUTERNES ET BARSAC | BORDEAUX | FRANCE

Légende :
- Limite de canton
- Limite de commune
- CH LAMOTHE — Cru classé
- Ch Cameron — Autre château notable
- Vignobles de premier grand cru classé
- Autres vignobles
- Forêts
- 25 — Courbes de niveau (intervalles de 5 m)

Échelle 1:41,500

▲ Toutes ces propriétés peuvent donner de grands blancs doux de Bordeaux, mais l'équipe du Château Climens, en particulier, se donne autant de mal que son homologue du Château d'Yquem. Les raisins des cueillettes successives, ou tries, sont fermentés et vieillis dans des fûts séparés ; le mélange ne s'effectue qu'après plusieurs mois.

Libournais

Cette carte présente la région la plus dynamique du Bordelais, surnommée « rive droite » par les Anglo-Saxons par contraste avec le médoc et les graves de la « rive gauche » de la Gironde. En France, on lui donne le nom de Libournais, d'après son ancienne capitale, Libourne, second centre de commerce du vin du Bordelais. Libourne approvisionnait le nord de l'Europe en vins simples mais satisfaisants, provenant des vignobles voisins, fronsac, saint-émilion et pomerol. Le plus gros acheteur était la Belgique.

Aujourd'hui, deux de ces noms connaissent une grande célébrité et un prix très élevé. Le pomerol et le saint-émilion sont décrits en détail aux pages suivantes, mais ce que nous pouvons voir ici, ce sont les zones viticoles qui les entourent et – à en juger d'après le nombre de producteurs remarquables – leur dynamisme en ce début de XXIe siècle.

Les appellations jumelles de **fronsac** et de **canon-fronsac**, à l'ouest de Libourne, en sont l'un des meilleurs exemples. Lorsque le premier négociant de Libourne, J.-P. Moueix, jusqu'alors meilleur producteur, s'en désintéressa apparemment en 2000 en vendant plusieurs propriétés remarquables à la famille Halley (supermarchés Carrefour), nombreux furent ceux qui virent là le commencement de la fin. En fait, cela apporta une belle impulsion à cette région, où plusieurs concurrents se donnèrent les moyens de rendre à fronsac, en particulier, la vigueur dont elle manquait depuis des siècles.

Il y eut un temps où Fronsac passa pour une région historique digne d'admiration, et il est certainement vrai que ses meilleurs vins se distinguent en étant non seulement merveilleusement fruités dans le style typique de la rive droite, mais aussi d'une rigueur plus caractéristique et plus tannique dans leur jeunesse. Ils ont un style rustique comparé au beau vernis d'un pomerol, par exemple, mais les investissements et la modernisation permettent de les améliorer d'année en année. Les pentes calcaires le long du fleuve sont connues sous le nom de canon-fronsac, même s'il est parfois difficile d'établir un distinguo entre les deux appellations.

Non loin de là, les vignobles de Pomerol regroupés autour des villages de Néac et de **Lalande-de-Pomerol** ont droit à cette dernière appellation. Ils sont souvent moins vifs que les vignes du plateau de Pomerol, mais leur qualité, comme celle de la majeure partie de la région cartographiée ici, tient souvent à l'investissement de la part du propriétaire d'un grand domaine. Ainsi, par exemple, La Fleur de Boüard à Lalande-de-Pomerol bénéficie de l'équipement et du savoir-faire de la famille détentrice du Château Angélus à Saint-Émilion.

On observe le même phénomène avec les appellations les plus orientales de la rive droite, **côtes-de-castillon** et, hors de la carte à l'est, **côtes-de-francs**. Les Châteaux Les Charmes Godard et Puygueraud appartiennent à la famille belge Thienpont (au même titre que Vieux Château Certan et Le Pin, entre autres). Dans les côtes-de-castillon, dont on ne voit ici que la partie occidentale, le Château d'Aiguilhe appartient au même propriétaire que le Château Canon-la-Gaffelière à Saint-Émilion, le Château Joanin Bécot fait partie d'un important conglomérat de propriétés de la rive droite, et le Clos Puy Arnaud est la propriété sœur du Troplong Mondot de Saint-Émilion.

Les « satellites » de Saint-Émilion sont quatre villages situés au nord de la ville, **Montagne**, **Lussac**, **Puisseguin** et **Saint-Georges**, ayant tous

Vignobles près de Cassoret, dans les côtes-de-francs, une des nombreuses appellations de la rive droite, dont le prestige a été renouvelé à la fin du XXe siècle. Les vignes poussent souvent plus haut que celles des appellations supérieures de saint-émilion, à l'ouest, pour permettre une vendange mécanique moins onéreuse qu'une vendange manuelle.

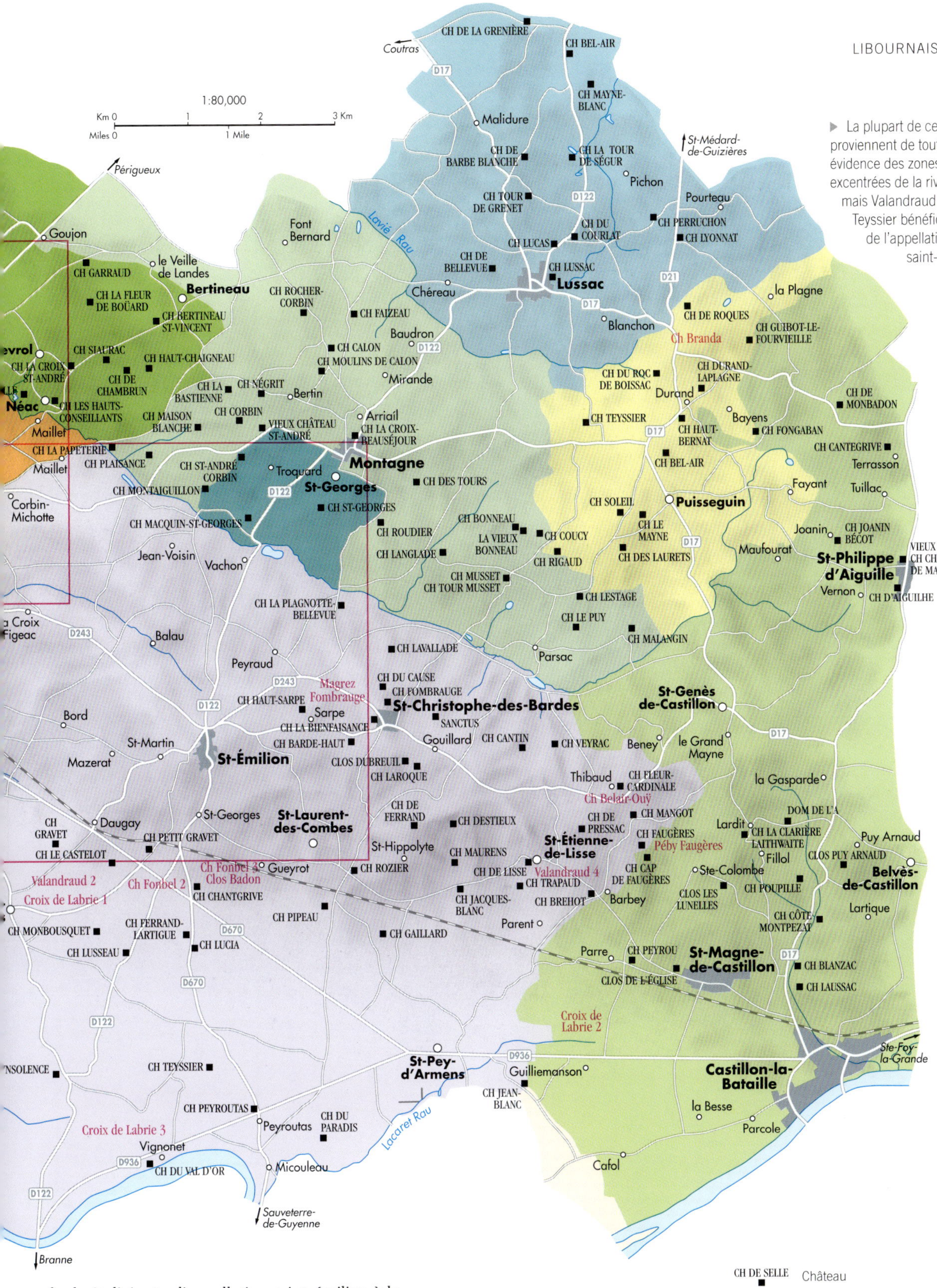

LIBOURNAIS | BORDEAUX | **FRANCE** | 105

▶ La plupart de ces vins proviennent de toute évidence des zones excentrées de la rive droite, mais Valandraud et Teyssier bénéficient de l'appellation saint-émilion.

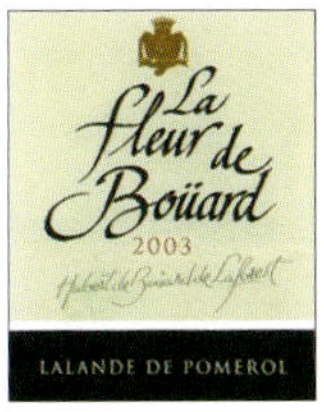

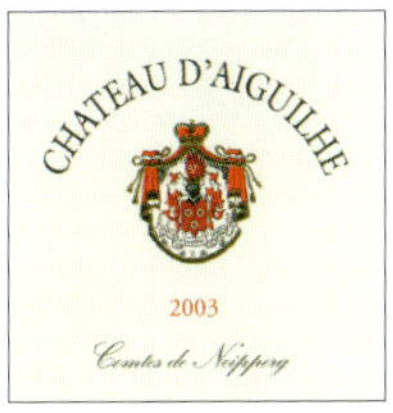

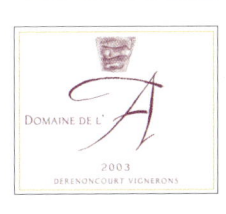

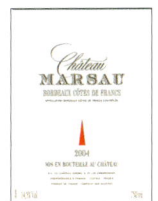

le droit d'ajouter l'appellation saint-émilion à la leur propre. Leurs vins ont trop souvent le goût d'un mélange un peu rustique entre le saint-émilion et les rouges de Bergerac, ville située juste à l'est (voir p. 115) : est-ce un terrain favorable à l'investissement et à l'amélioration ?

Il est surtout intéressant de noter le nombre de châteaux célèbres répertoriés dans la zone violet clair autour de Saint-Émilion bien qu'en dehors de son bastion classique. Aucune autre partie du Bordelais n'a vu déployer autant d'efforts récents pour repousser les limites géographiques et stylistiques de ce qui passe pour un grand bordeaux rouge. (Pour plus de détails, reportez-vous aux pages 108 à 111.)

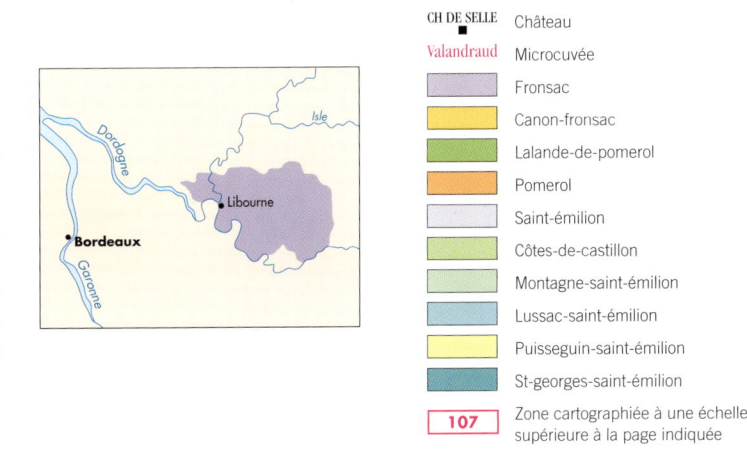

CH DE SELLE	Château
Valandraud	Microcuvée
(violet clair)	Fronsac
(jaune)	Canon-fronsac
(vert)	Lalande-de-pomerol
(orange)	Pomerol
(gris)	Saint-émilion
(vert clair)	Côtes-de-castillon
(vert pâle)	Montagne-saint-émilion
(bleu)	Lussac-saint-émilion
(jaune pâle)	Puisseguin-saint-émilion
(sarcelle)	St-georges-saint-émilion
107	Zone cartographiée à une échelle supérieure à la page indiquée

Pomerol

Même si pomerol est, à bien des égards, une étoile montante dans le firmament du bordeaux, ses vins les plus recherchés peuvent atteindre des prix plus élevés que les premiers crus du Médoc, et un nombre étonnant de petites propriétés, sur une zone à peine plus grande que saint-julien, passent pour les meilleures de tout le Bordelais.

Pomerol est un coin si curieux que l'on a du mal à s'y retrouver. Le village ne présente pas de vrai centre. De petites routes toutes semblables sillonnent le plateau, comme tracées au hasard. Chaque famille semble faire du vin et chaque maison se dresser au milieu des vignes. Le paysage est parsemé de modestes demeures s'enorgueillissant tout de même du nom de « château ». L'église est également très isolée. Voilà Pomerol : il n'y a rien d'autre à voir.

Du point de vue de la géologie, il s'agit d'une autre étendue de gravier qui s'élève et redescend en pente douce, mais tout de même d'une grande platitude. Vers Libourne, le sol a tendance à être plus sablonneux alors qu'à l'est et au nord ; non loin de Saint-Émilion, il s'enrichit d'argile.

Il pousse ici la plus douce, la plus riche, la plus veloutée, la plus séduisante aussi, forme de bordeaux rouge. Les bons pomerols ont une couleur profonde, sans acidité marquée ni tanin, un nez qui rappelle la prune mûre quand ce n'est pas la crème, et parfois une grande concentration de toutes ces qualités : l'essence d'un grand vin en un mot.

Pomerol est une démocratie. Il n'y a pas de classification, d'ailleurs il serait difficile d'en établir une. Il n'existe pas de longue tradition : les châteaux sont de petites affaires familiales qui changent au gré des individus. Le sol est très complexe, puisque le gravier peut s'accompagner en proportions variables d'argile et de sable, et cela se reflète dans les limites des propriétés.

Il existe toutefois un consensus quant à la qualité des pomerols. Petrus fut pendant des années considéré comme le premier de tous, peut-être suivi de peu par Trotanoy, sans oublier Vieux Château Certan (« VCC »). Il faut aussi citer Le Pin, microscopique, même au regard des critères du pomerol (à peine 3 ha), création de Jacques Thienpont, membre de la famille belge qui possède aussi le VCC.

Un vin fabriqué en si petite quantité peut être élevé à la main en recourant à la vieille technique très exigeante de la fermentation malolactique (seconde fermentation destinée à adoucir le vin) en fûts individuels. Le résultat est un « ultra-vin », excessif en tout point, dont le charme et bien sûr la rareté se reflètent dans des prix parfois supérieurs à ceux du Petrus.

La carte ci-contre indique en lettres capitales les crus dont les vins atteignent en temps normal les prix les plus élevés. Le Clos l'Église et les Châteaux Clinet, L'Église-Clinet et La Fleur de Gay sont des joyaux relativement récents de la couronne du pomerol. Les Châteaux La Fleur-Petrus, La Conseillante, L'Évangile, Lafleur et Latour à Pomerol ont un long passé, marqué par l'excellence.

Le rassemblement de ces châteaux sur un sol argileux renseigne sur leur caractère et leur qualité. En règle générale, ces propriétés donnent les vins les plus charnus, les plus denses et les plus riches. Au lieu d'entrer dans les complications du pomerol, il vaut mieux savoir que le critère moyen est ici très élevé. L'appellation est sûre, mais les bonnes affaires sont rares.

L'influence la plus importante de cette zone est celle des négoces de Libourne, menés avec style et autorité par la société familiale de Jean-Pierre Moueix, propriétaire ou gestionnaire des plus beaux domaines. C'est ainsi qu'a été renommé et reconstruit Hosanna (l'ancien Château Certan Guiraud), à côté de Petrus ; non loin, Providence (l'ancien Château La Providence) a été relancé par les Moueix avec le millésime 2005.

Un élément a certainement contribué à la popularité de cette région : c'est le fait que ces vins parviennent à une maturité relativement précoce pour des bordeaux. Le cépage principal n'est pas le cabernet-sauvignon à peau dure, qui produit un vin à la jeunesse tannique ; à Pomerol, le merlot vient en tête (en second dans le Médoc). Les grands crus contiennent de 70 à 80 % de merlot avec peut-être 20 % de cabernet franc, appelé ici bouchet. Le plus grand pomerol, le Petrus, est constitué presque exclusivement de merlot qui pousse sur une argile presque pure pour donner des résultats éblouissants.

Les meilleurs pomerols dégagent tout leur parfum et leur finesse étonnante au bout d'une douzaine d'années, mais nombre d'entre eux sont déjà séduisants à cinq ans.

Un spectacle familier pour ceux qui tentent de s'y retrouver sur le plateau de Pomerol. Comment tant de châteaux aussi renommés peuvent-ils être si près les uns des autres ? Leur petite taille explique tout, mais cela ne fait pas descendre les prix.

POMEROL | BORDEAUX | **FRANCE** | 107

——	Limite de canton
– – –	Limite de commune
CH PÉTRUS	Châteaux de premier ordre
CH Guillot	Autres bons châteaux
La Fleur de Gay	Microcuvée
▓	Saint-émilion premier cru
▓	Autres vignobles
▓	Forêts
—50—	Courbes de niveau (intervalles de 5 m)

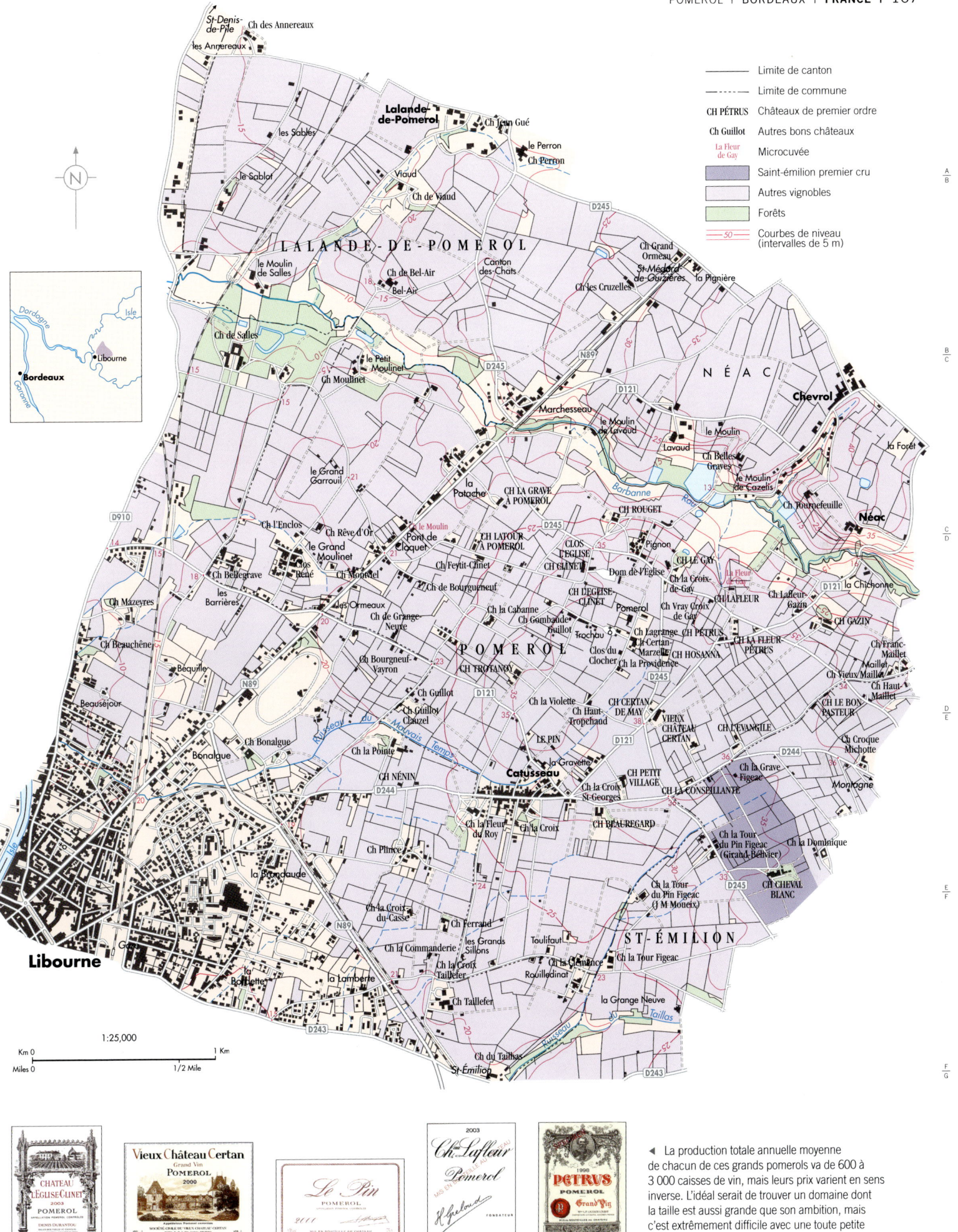

◄ La production totale annuelle moyenne de chacun de ces grands pomerols va de 600 à 3 000 caisses de vin, mais leurs prix varient en sens inverse. L'idéal serait de trouver un domaine dont la taille est aussi grande que son ambition, mais c'est extrêmement difficile avec une toute petite appellation déjà subdivisée à maintes reprises.

La minuscule ville de Saint-Émilion est de loin le site touristique le plus visité du Bordelais, avec ses multiples marchands de vin et ses cafés. La gendarmerie fait de son mieux pour limiter la circulation, mais il n'existe pas de rocade. De plus, plusieurs propriétés vinicoles sont installées au cœur de la ville.

Saint-Émilion

L'ancienne et belle ville de Saint-Émilion, épicentre de la région viticole la plus sismique du vin de Bordeaux, est posée sur un escarpement dominant la vallée de la Dordogne. Derrière, sur le plateau de sable et de gravier, les vignes vont jusqu'à Pomerol. À côté, elles couvrent des pentes crayeuses assez raides (les Côtes), descendant jusqu'à la plaine.

Petit mais très visité, c'est le joyau rural du Bordelais : d'esprit terrien et élevé, d'origine romaine, percé de caves, riche en vins. Même l'église de Saint-Émilion est une cave, creusée comme toutes les autres dans la roche.

Saint-Émilion donne un vin rouge riche. Les amateurs apprécient le goût solide du saint-émilion avant d'accepter la sécheresse et l'âpreté des médocs. Les meilleurs saint-émilion deviennent presque doux en vieillissant lorsqu'ils appartiennent à une année ensoleillée.

Merlot et cabernet franc sont les cépages du saint-émilion. Le cabernet-sauvignon mûrit difficilement sous un tel climat, moins tempéré par l'océan, sur un sol plus humide et plus frais. En règle générale, les vins atteignent la perfection plus rapidement que les médocs, mais un peu moins que les pomerols : quatre ans pour un millésime médiocre, huit et plus pour un bon.

La classification du saint-émilion est encore plus rigoureuse que celle des médocs : tous les 10 ans environ (la dernière fois en 2006), elle remet en question les premiers grands crus classés et les grands crus classés. D'autres saint-émilion peuvent être qualifiés de « grand cru », sans le mot « classé » (il convient de bien lire les étiquettes). Il y en a actuellement 13 de la première catégorie, plus Cheval Blanc et Ausone, uniques représentants d'une super-catégorie apparemment constante, et 46 de la seconde. Les simples grands crus se comptent par centaines. Les plus récentes promotions au rang de premier grand cru classé sont les Châteaux Pavie Macquin et Troplong Mondot ; même les domaines les plus renommés peuvent être déclassés.

Un nombre toujours plus élevé de vins, souvent très prisés, s'inscrivent en dehors du système de classification. Dans les années 1980, le Château Tertre Roteboeuf fut l'une des premières propriétés a faire l'objet d'une gestion

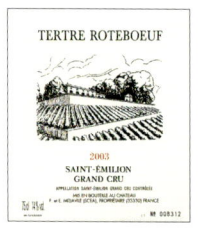

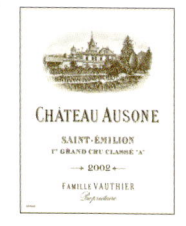

◀ L'admirable système de classification du saint-émilion, révisé tous les 10 ans, a porté en 2006 au statut de grand cru classé Troplong Mondot et Pavie Macquin. La Mondotte, lopin particulièrement choyé par les propriétaires du Château Canon-la-Gaffelière, se situe par pure coïncidence très près du Château Tertre Roteboeuf, qui fonctionne également en dehors du système de classification. Ausone et Cheval Blanc, tel est le summum de la qualité.

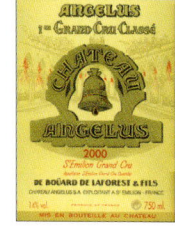

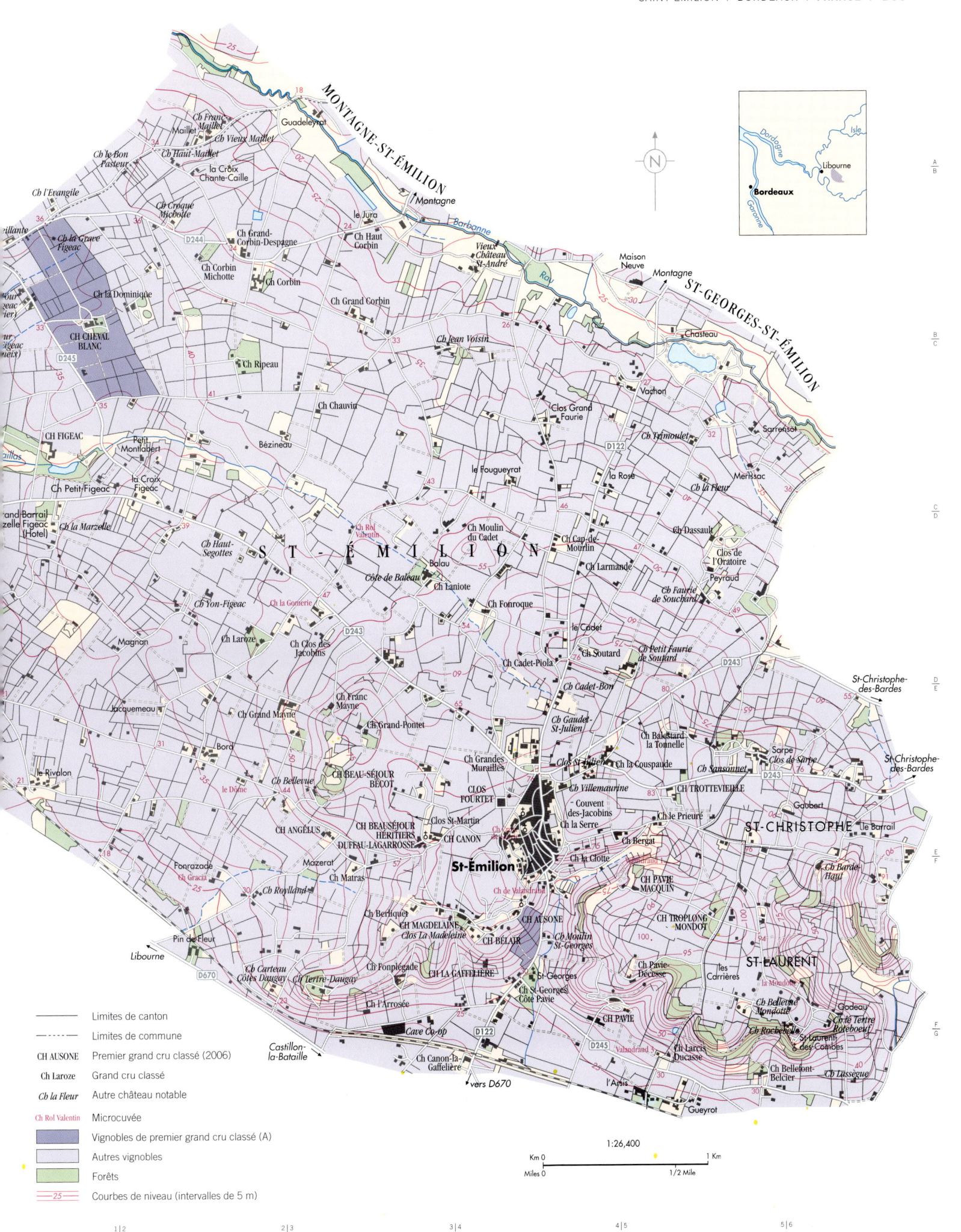

SAINT-ÉMILION | BORDEAUX | **FRANCE** | 109

Le Château Belair est voisin du premier cru Château Ausone ; comme lui, il possède d'extraordinaires caves creusées dans le calcaire, dont les blocs ont permis de bâtir la ville de Saint-Émilion.

fanatique qui poussa au maximum la qualité et l'envie du vin, sans pour autant rechercher une reconnaissance officielle. Depuis, des dizaines sinon des centaines de châteaux parmi les 800 de cette appellation ont été modernisés et leurs vins sont généralement devenus plus doux, moins rustiques et plus concentrés.

Une autre tendance, sans doute moins bienveillante, est apparue au début des années 1990 avec l'émergence du Château Valandraud, un vin concentré, désagréablement non-filtré, élaboré par un négociant local, Jean-Luc Thunevin, à partir de minuscules parcelles de vignobles. Ce fut la première micro-cuvée, ou « vin de garage », de Saint-Émilion, et de nombreuses autres suivirent, comme jaillies de nulle part. Celles qui semblent avoir acquis une certaine réputation sont portées en magenta sur la carte, mais beaucoup ont disparu très rapidement, sans décrocher la récompense financière tant attendue. La formule consiste à créer des vins sans subtilité en quantités minuscules (moins de 1 000 caisses habituellement) pour susciter la demande, et cela marche parfois.

Dans le même temps, la vaste appellation saint-émilion a attiré d'innombrables investisseurs qui, typiquement, ont acheté des vignobles, beaucoup investi dans du matériel de vinification et engagé les meilleurs œnologues de la région. Michel Rolland, Stéphane Derenoncourt et Pascal Chatonnet sont les plus connus. À cet égard, et même dans le style de quelques-uns de ses vins délibérément modernistes, saint-émilion présente une similitude inattendue avec la Napa Valley, en Californie. La main de l'homme et le dieu argent semblent ici particulièrement puissants.

Il y a deux régions bien distinctes dans le saint-émilion, sans parler des vignobles plus petits de la plaine alluviale et des communes de l'est et du nord ayant reçu l'autorisation de porter ce nom (voir texte et carte en p. 104 et 105). Vous trouverez en page suivante le détail des différents types de sol correspondant à l'appellation saint-émilion.

On trouve un ensemble de beaux châteaux à la limite de Pomerol, sur le bord occidental du plateau de sable et de gravier de Saint-Émilion. Le plus célèbre est Cheval Blanc, demeure coquette à la façade couleur crème, bâtie au milieu d'un bouquet d'arbres, loin de laisser imaginer son splendide vin rouge, un des mieux équilibrés au monde, produit par des vignes où domine le cabernet franc. Parmi ses voisins, le grand Château Figeac se hisse pratiquement à son niveau, mais avec un style plus léger, plus parfumé, dû à un sol encore plus graveleux et, chose rare, à une grande proportion de cabernet-sauvignon.

L'autre groupe est plus important : les côtes saint-émilion occupent les escarpements environnant la ville et s'étendant vers l'est en direction de Saint-Laurent-des-Combes. Un versant sud très propice flanque la pointe sud de la ville, depuis Tertre Daugay jusqu'au Tertre Rotebœuf en passant par les Châteaux Pavie. Le plateau se termine de manière si abrupte qu'il est facile de voir la fine couche recouvrant le calcaire tendre mais solide où sont creusées les caves (voir ci-dessus). Au Château Ausone rénové, véritable joyau des Côtes bénéficiant d'un site exceptionnel au-dessus de la vallée de la Dordogne, on peut se promener dans des caves au-dessus desquelles poussent les vignes.

Les vins des Côtes ne sont peut-être pas aussi fruités que les graves du plateau (ce nom qui prête à confusion s'explique par le sol de gravier) mais, lorsqu'ils sont au mieux, certains font partie des bordeaux les plus parfumés et les plus « généreux ». Ils sont d'ordinaire plus alcoolisés que les médocs. Les Côtes abritées du nord et de l'ouest s'inclinent vers le soleil et sont relativement peu sensibles au gel. En revanche, sur le plateau environnant le Château Cheval Blanc, un petit renfoncement dans le sol peut emprisonner l'air froid par les nuits d'hiver sans nuages.

En un temps incroyablement court, le petit coin tranquille qu'était Saint-Émilion s'est changé en un foyer d'ambition, fort de ses étiquettes racoleuses. Heureusement, le saint-émilion offre à l'amateur moyen de nombreux châteaux de bonne réputation et des critères toujours élevés susceptibles de donner naissance à des vins délectables et relativement abordables.

LES TERROIRS DU SAINT-ÉMILION

La carte géologique de l'appellation s'inspire des recherches approfondies menées par Cornelis Van Leeuwen, de l'université de Bordeaux, pour le compte du syndicat viticole de Saint-Émilion. Elle montre toute l'amplitude des variations que présente cette appellation complexe.

Une grande partie des terres au sud de la route de Bergerac a un aspect peu prometteur, avec ses récents dépôts alluviaux de la Dordogne, graveleux près de la plaine alluviale et sablonneux au-delà. En montant vers Saint-Émilion, nous rencontrons des sols sablonneux que l'on pense devoir produire des vins relativement légers, mais ils s'effacent rapidement devant la base calcaire si présente en ville. Les molasses du Fronsadais (même type de sol qu'à Fronsac) forment les pentes inférieures et le calcaire à astéries, le plateau, avec sa couche superficielle riche en argile. Il ne faut pas s'étonner si un vin de cette qualité peut naître de raisins poussant sur les prétendues Côtes. Les pentes qui entourent la ville sont le résultat du travail à l'ère quaternaire de la Dordogne, de l'Isle puis de la Barbanne sur des dépôts datant du tertiaire. Remarquez aussi les îles, plus riches en terreau qu'en calcaire, surtout celle située au nord de Saint-Hippolyte.

On trouve au nord-ouest de la ville une vaste étendue de sols sablonneux différents et peu profonds, surmontés de façon spectaculaire par le monticule de gravier situé à la limite de Pomerol, avec ses Châteaux Figeac et Cheval Blanc.

La carte explique parfaitement pourquoi Figeac et Cheval Blanc peuvent avoir un goût très semblable, mais aussi pourquoi les deux premiers grands crus classés A, Cheval Blanc et Ausone, sont de style si différent.

En théorie, les terroirs ne changent pas, mais la façon nouvelle dont Alain Vauthier dirige Château Ausone a occasionné un aménagement du paysage des Côtes. Les vignobles ont énormément changé et sont bien plus concentrés depuis 1995.

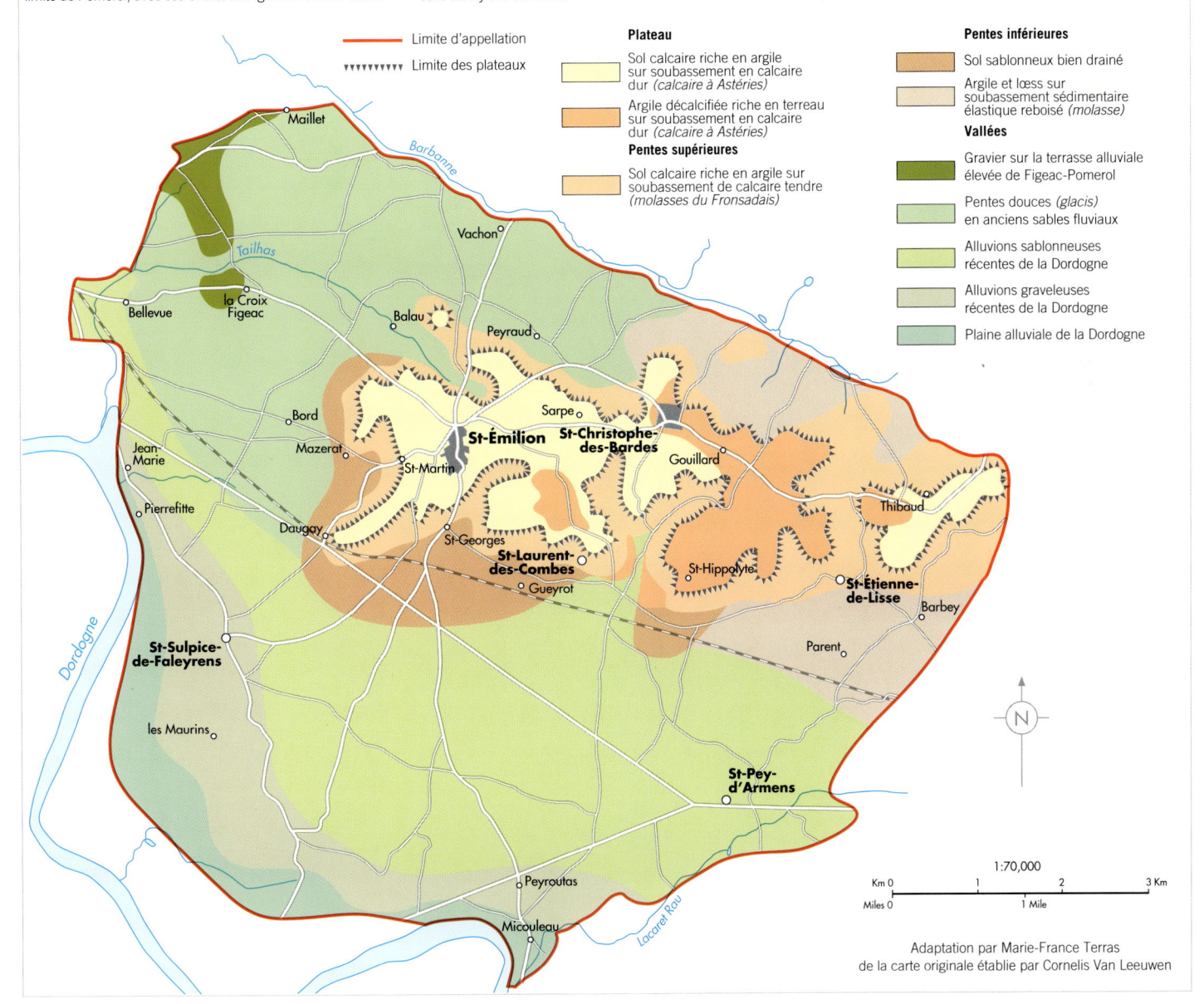

Vins du Sud-Ouest

Au sud des grands vignobles du Bordelais, à l'ouest du Midi et bien abritée de l'Atlantique par les forêts des Landes, la vigne s'épanouit dans des régions éparses, riches d'une importante tradition gastronomique, et chacune traversée par une rivière permettant de relier les vignobles aux marchés les plus lointains. C'était là le « haut pays » que les négociants bordelais, jaloux, excluaient de leur port jusqu'à ce que leur propre vin soit entièrement vendu (renforcé parfois de vins plus robustes produits en amont). Les cépages du Bordelais peuvent dominer les terroirs à la limite du département de la Gironde où sont produits les bordeaux (y compris les vins de Dordogne étudiés aux pages suivantes), mais c'est dans le reste du sud-ouest de la France que l'on trouve la plus grande diversité de cépages locaux, parfois spécifiques à leur propre petite appellation.

Le **cahors**, renommé depuis le Moyen Âge pour la profondeur et la longévité de ses vins, est bien caractéristique. Bien que souvent adouci par un peu de merlot, il mêle cabernet-sauvignon et cabernet franc et dépend, pour ce qui est de son âme et de son arôme, d'un cépage connu ici sous le nom de côt (malbec en Argentine et dans le Bordelais). Grâce à ce cépage et à des étés généralement plus chauds que dans la région de Bordeaux, le cahors a tendance à être plus plein et plus vigoureux, un peu plus rustique peut-être, qu'un bordeaux rouge. Cependant, le phylloxéra a détruit les vignobles de la région, le développement des chemins de fer du Languedoc a réduit la demande de manière draconienne, et le terrible hiver de 1956 a ravagé les vignobles restants.

De nos jours, l'active ville de Cahors voit remonter la qualité de ses vignobles. Comme on le remarque p. 114, on trouve aussi du maïs et du tournesol sur les trois terrasses alluviales plantées de vignes au-dessus de la vallée du Lot ; les deux plus hautes sont renommées pour leur vin. Les vignobles rappellent les jardins anglais avec leur gazon bien entretenu et leurs haies de vignes ; ils ont été plantés à une plus grande altitude, sur les causses rocheux. Le cahors a attiré de façon quelque peu exagérée de riches investisseurs extérieurs à la région, qu'ils viennent de Paris ou de New York, et le style des vins a évolué en fonction de ceux-ci, au point d'arriver pratiquement à la hauteur du mendoza argentin par sa charpente et son goût de chêne évident.

Bien en amont de Cahors, ville située à la limite du département de la Gironde (indiquée sur la carte de France p. 53 plutôt que sur celle ci-contre), on trouve les vignobles de l'Aveyron. Cette terre sauvage accueille les derniers vestiges du vignoble jadis florissant du Massif central. Le **marcillac** est le vin le plus important : c'est un rouge poivré fait à partir du fer-servadou, cépage rustique. Ses voisins aux nuances multiples, les **vins d'entraygues et du fel** et **vins d'estaing**, se font de plus en plus rares, contrairement aux **côtes-de-millau**, au sud, dont les rouges de montagne sont élaborés à partir d'un cocktail de cépages méridionaux.

Le paysage de collines qui entoure le Tarn à l'ouest d'Albi et en aval des magnifiques gorges, fleuron des Cévennes, semble bien paisible en comparaison. Ses pâturages vallonnés, marqués par la douceur du climat, sont parsemés de superbes villes et villages, dont 73 peuvent afficher l'appellation **gaillac**. La vigne était probablement cultivée ici bien avant qu'en aval, dans le Bordelais, comme dans le cahors, le phylloxéra ait lourdement nui au commerce du vin. Ce n'est qu'au cours de la dernière décennie qu'un réel enthousiasme lui a permis de revivre. Cela tient beaucoup à la complexité accrue des techniques consistant à marier les divers terroirs du Gaillacois aux nombreuses variétés de cépages. Les rouges les plus caractéristiques sont le braucol, poivré (fer-servadou), et le duras, bien plus léger. La syrah est une intruse assez bienvenue, le gamay un peu moins,

Comme la plupart des régions viticoles du Sud-Ouest, le paysage vallonné d'Irouléguy, dans les Pyrénées-Atlantiques, accueille des cépages locaux, tels le petit courbu, les mansengs ou le tannat, preuve que la vigne est ici travaillée depuis longtemps.

VINS DU SUD-OUEST | FRANCE

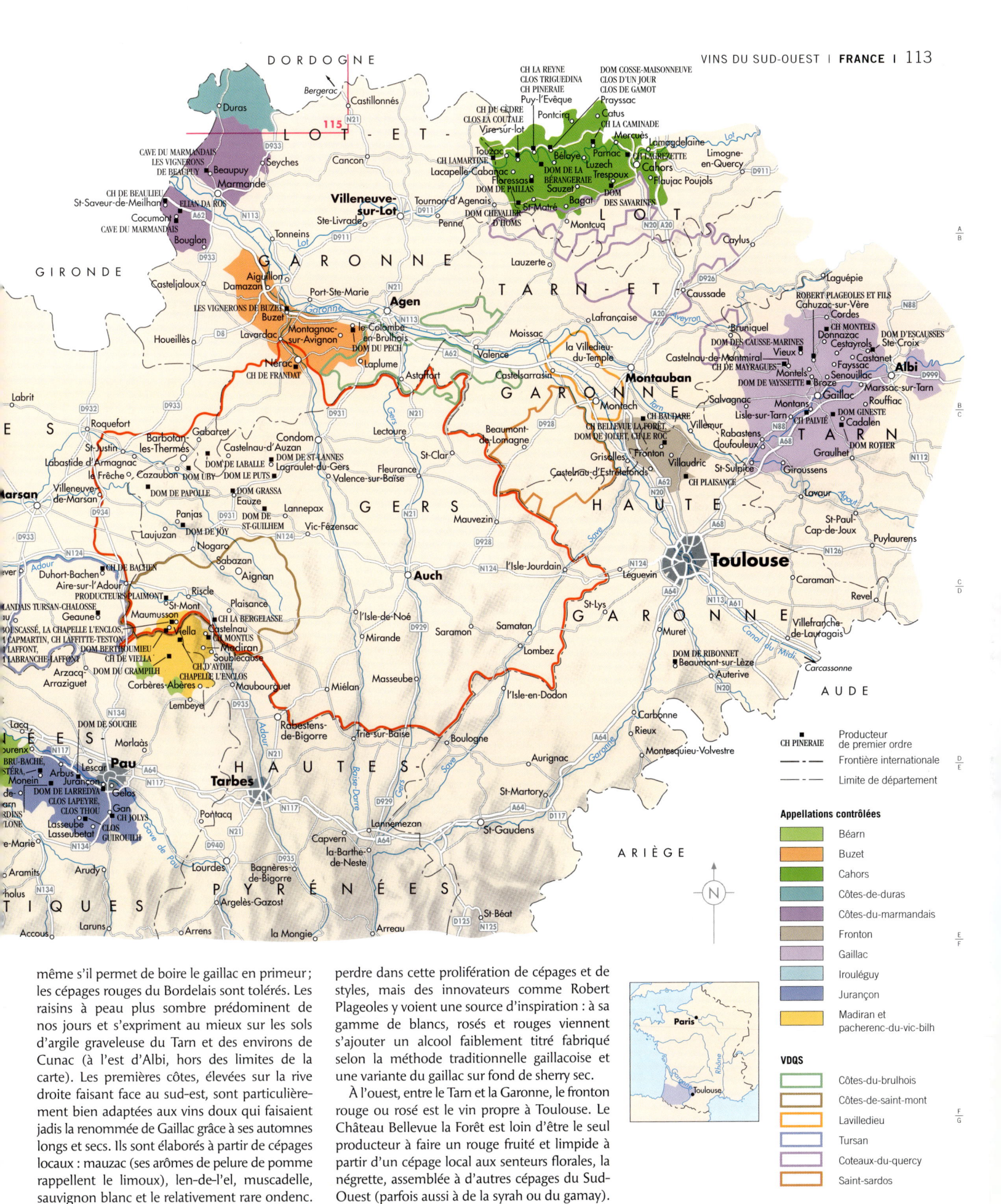

même s'il permet de boire le gaillac en primeur ; les cépages rouges du Bordelais sont tolérés. Les raisins à peau plus sombre prédominent de nos jours et s'expriment au mieux sur les sols d'argile graveleuse du Tarn et des environs de Cunac (à l'est d'Albi, hors des limites de la carte). Les premières côtes, élevées sur la rive droite faisant face au sud-est, sont particulièrement bien adaptées aux vins doux qui faisaient jadis la renommée de Gaillac grâce à ses automnes longs et secs. Ils sont élaborés à partir de cépages locaux : mauzac (ses arômes de pelure de pomme rappellent le limoux), len-de-l'el, muscadelle, sauvignon blanc et le relativement rare ondenc. Les blancs modernes, en général peu secs et effervescents à divers degrés comme l'agréable perlé, sont une spécialité des vignobles calcaires au nord, autour du village haut perché de Cordes. Les étrangers à la région peuvent s'y perdre dans cette prolifération de cépages et de styles, mais des innovateurs comme Robert Plageoles y voient une source d'inspiration : à sa gamme de blancs, rosés et rouges viennent s'ajouter un alcool faiblement titré fabriqué selon la méthode traditionnelle gaillacoise et une variante du gaillac sur fond de sherry sec.

À l'ouest, entre le Tarn et la Garonne, le fronton rouge ou rosé est le vin propre à Toulouse. Le Château Bellevue la Forêt est loin d'être le seul producteur à faire un rouge fruité et limpide à partir d'un cépage local aux senteurs florales, la négrette, assemblée à d'autres cépages du Sud-Ouest (parfois aussi à de la syrah ou du gamay). Les **vins de lavilledieu** et les **côtes-du-brulhois**, assez semblables, sont élaborés plus en aval, les seconds étant renforcés par du tannat.

Au nord des vastes vignobles consacrés à l'armagnac (et de plus en plus tournés vers la production de blancs peu chers appelés vins de pays des côtes-de-gascogne), sur la rive gauche de la Garonne, on trouve l'appellation **buzet**, dont la production à partir de vignobles répartis sur 27 communes de vergers et de fermes est en grande due à une coopérative bien gérée. Son meilleur vin, le Château de Gueyze, supporte la comparaison avec un bon médoc.

Encore plus au nord, les **côtes-du-marmandais** ont eux aussi une excellente coopérative. L'abouriou épice l'assemblage de cépages bordelais caractéristique de la région.

Les autres zones viticoles de cette carte dépendaient du port de Bayonne plus que de celui de Bordeaux. L'appellation générale **béarn** et son enclave **béarn-bellocq** concernent les rouges, blancs et rosés élaborés en dehors des régions viticoles renommées de madiran et de jurançon, véritables joyaux jumeaux du Sud-Ouest.

Le **madiran** est le grand vin rouge de la Gascogne, issu des collines calcaires ou argileuses le long de la rive gauche de l'Adour. Le tannat, cépage rouge local, mérite bien son nom avec ses vins sombres et tanniques, rudes et vigoureux, souvent assemblés avec du cabernet et du pinenc (fer-servadou). Les viticulteurs dynamiques de cette région ont des avis contradictoires sur leur production et recourent à divers degrés de chêne neuf voire à la (micro-) oxygénation. Certains de ces vins peuvent se boire jeunes mais, au bout de sept ou huit ans, le madiran est réellement admirable : aromatique, très parfumé, fluide, vivant, capable de soutenir la comparaison avec un cru classé de bordeaux. Il accompagne merveilleusement le confit de canard.

Le talent viticole de cette région s'est également porté sur le blanc local ; ainsi la coopérative de Plaimont domine la production des **côtes-de-saint-mont** et a beaucoup fait pour sauver des variétés locales en voie de disparition. Le **pacherenc-du-vic-bilh**, vin blanc sec, est produit dans la région de Madiran à partir des cépages : petit courbu, arrufiac, gros et petit manseng. Il s'améliore d'année en année, mais le jurançon, son concurrent du sud de Pau, a tendance à lui faire de l'ombre.

Le **jurançon**, l'un des vins blancs français les plus personnels avec son essence piquante et verte, est élaboré dans toute une gamme de douceur sur les contreforts pyrénéens du Béarn. Le gros manseng donne un jurançon sec récolté jeune, alors que les grains plus petits et à peau plus épaisse du petit manseng permettent de retarder les vendanges jusqu'en novembre, voire décembre, pour réduire et concentrer les

Le Lot est toujours bordé par quelques vignobles de cahors, mais les plus admirés peuvent se trouver à 200 m d'altitude sur des causses pierreux et calcaires : là, le rendement est plus faible et les vins sont plus structurés.

sucres et l'acidité (la pourriture noble ne caractérise pas le jurançon). Ces vins moelleux sont assez vivants pour être bus en début de repas, avec du foie gras par exemple, et sont peut-être plus près du vouvray par leur style que du poids d'un bon sauternes. Les vins étiquetés « vendanges tardives » sont plus riches et faits de grains de raisin encore plus flétris recueillis en au moins deux passages.

En aval de Madiran, le **tursan** est en cours de revitalisation, même si ses rouges surpassent en nombre les blancs intéressants confectionnés à partir du cépage baroque.

La minuscule appellation d'**irouléguy** en fait l'unique vin basque français : rosés, rouges et blancs, fermes et rafraîchissants, sont produits à partir de cépages locaux, dont le tannat, le petit courbu et les mansengs. Les vignes poussent sur des terrasses plein sud pouvant atteindre les 400 m d'altitude. Leurs étiquettes sont décorées d'une croix.

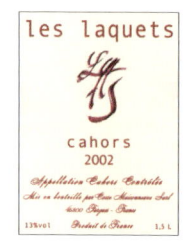

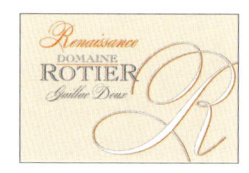

◀ *Des étiquettes très diverses pour des vins très variés. Le Rotier Gaillac est un vin doux intense et Le Faite est le meilleur produit de la coopérative dynamique de Plaimont, mais l'un et l'autre se caractérisent par leur discrétion. N'oublions pas les vins du Marmandais, comme l'Elian da Ros et le Château de Beaulieu.*

Dordogne

Le bel arrière-pays de la rive droite du Bordelais, le pays des bastides qu'est la Dordogne, remonte vers le labyrinthe de vallées verdoyantes tracées dans les plateaux pierreux de Périgueux. C'est depuis longtemps un lieu de prédilection pour les touristes qui, désormais, profitent également des vignobles et des caves de la région.

Même la petite appellation **côtes-de-duras** produit des vins respectables à partir de cépages du Bordelais. On trouve quelques rouges et quelques blancs doux, ainsi qu'un sauvignon blanc sec particulièrement fougueux.

Traditionnellement, les vins de **bergerac** avaient tout du rustre à côté des précieux bordeaux. Les rouges et les blancs secs les plus ordinaires de l'appellation passe-partout du département de la Dordogne ressemblent toujours à l'AOC la plus modeste du Bordelais avec tous ses défauts, mais on voit aujourd'hui une masse critique de producteurs déterminés à prouver que l'appellation peut donner des vins plus sérieux – dans les trois couleurs et, avec les blancs, dans toute une gamme de douceur. Converti à la biodynamie, Luc de Conti, du Château Tour des Gendres, a beaucoup de mérite, même s'il n'est pas le seul en ce domaine. En combinant faible rendement, maîtrise de l'hygiène des caves et vieillissement en fûts de chêne, la nouvelle vague de producteurs ambitieux (pas tous français) donne des vins bien structurés, aux arômes profonds, à même de rivaliser avec quelques-unes des plus subtiles appellations du Bordelais.

Les cépages sont les mêmes que pour les bordeaux. Le climat est un peu plus rude que celui de la Gironde, influencée par l'Atlantique, et les terrains les plus élevés sont calcaires. La gamme des blancs est vaste, voire déroutante, mais intéressante à explorer. Le bergerac sec peut être un blanc sec très convaincant issu de n'importe quelle combinaison de sémillon et de sauvignon blanc (on produit aussi un vin doux non dénué d'intérêt, principalement pour la consommation locale). Il existe au sein des côtes-de-bergerac des rouges supérieurs élaborés dans l'aire de Bergerac selon des critères plus stricts.

La région de Bergerac comporte tant d'appellations individuelles que certaines sont pratiquement ignorées. Ainsi, l'appellation **rosette** occupe un magnifique amphithéâtre de vignobles au nord de la ville de Bergerac, mais les viticulteurs sont rares à vendre sous ce nom leurs blancs doux et délicats. Non loin de là, le **pécharmant** n'est connu qu'au niveau local, en dépit de ses rouges bien structurés vieillis en fûts de chêne.

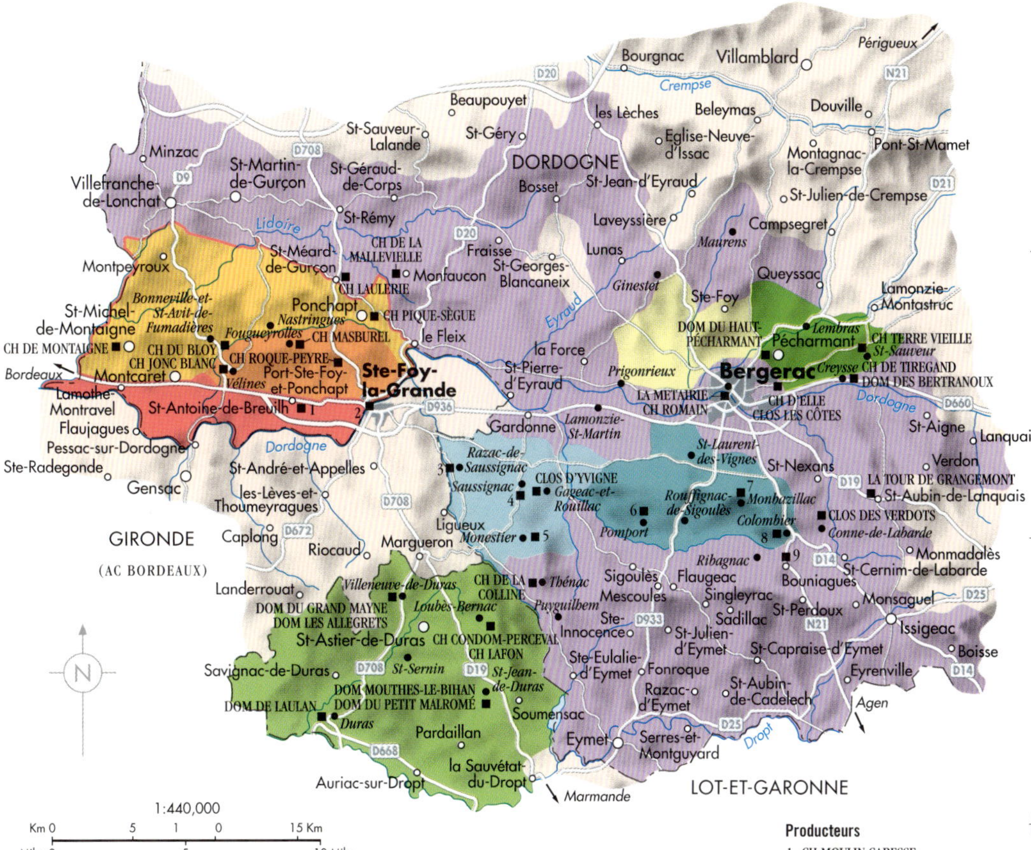

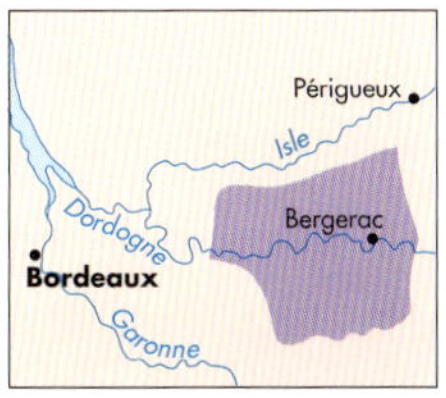

À la frontière du département, en face des côtes-de-castillon, se situe la complexe appellation des vins blancs de **montravel** où les **côtes-de-montravel** et le **haut-montravel** sont des vins plus doux provenant respectivement du nord et de l'est de cette zone. Le montravel élaboré dans toute la région en question est un blanc sec, de plus en plus sûr, à partir de sauvignon blanc et de chêne, alors que le sémillon donne des vins doux très semblables à ceux élaborés de l'autre côté de la « frontière » dans les côtes-de-francs. La muscadelle est également autorisée. Dominé par le merlot, le montravel rouge a aujourd'hui sa propre appellation, mais le vin peut être déclassé en bergerac après avis d'une commission de dégustation locale.

Les vins les plus élégants et les plus somptueux de cette partie de la France sont des blancs d'une douceur admirable, fabriqués en toute petite quantité dans deux zones au sud-ouest de la ville de Bergerac. La production totale de **saussignac**, voisin occidental du monbazillac, est, malgré la détermination de ses producteurs, de quelques milliers de caisses seulement.

La production totale de **monbazillac** est 30 fois supérieure et sa qualité s'est beaucoup améliorée depuis 1993, année où les vendanges mécaniques furent remplacées par plusieurs vendanges manuelles sélectives. Les doses de dioxyde de soufre ont été abaissées. Comme la région de Sauternes, monbazillac se trouve juste à l'est d'un affluent venu traverser la rive gauche d'un cours d'eau plus important (dans le cas présent la Gardonette et la Dordogne). Les cépages autorisés sont les mêmes, mais les vins sont différents, peut-être parce que la muscadelle s'est bien adaptée à Monbazillac. La pourriture noble peut s'imposer aux vignobles de Monbazillac sans être présente à Sauternes. Les meilleurs monbazillacs jeunes, comme ceux du Château Tirecul La Gravière, sont plus exubérants et plus vifs que les meilleurs sauternes jeunes, alors que le monbazillac vieilli prend une couleur ambrée que ne connaît pas le plus grand vin doux du Bordelais.

Producteurs
1 CH MOULIN CARESSE
2 CH PUY-SERVAIN
3 CH COURT-LES-MÛTS
  CH LA MAURIGNE
4 CH RICHARD
  CH LES MIAUDOUX
  CH GRINOU
5 CH DES EYSSARDS
6 CH BÉLINGARD
  LES HAUTS DE CAILLEVEL
  CH LE FAGÉ
7 CH TIRECUL LA GRAVIÈRE
  CH LA GRANDE MAISON
  CH THEULET
  CAVE DE MONBAZILLAC
8 DOM DE L'ANCIENNE CURE
9 CH TOUR DES GENDRES

◀ Trois grands vins blancs avec le rouge voluptueux de Miadoux et le blanc sec, porte-étendard de Luc de Conti, meneur officieux de la nouvelle génération de viticulteurs de bergerac. Le gloire-de-mon-père est l'homologue en rouge.

La Grande Vignolle

DOMAINE

Des vignobles entre la Loire et le Domaine Filliatreau à Saumur-Champigny, bâti dans le tuffeau calcaire qui caractérise cette appellation populaire. Ici, le tuffeau est typiquement plus jaune, plus mou, et plus sableux qu'en amont, où il est généralement blanc.

ILLIATREAU

Vallée de la Loire et Muscadet

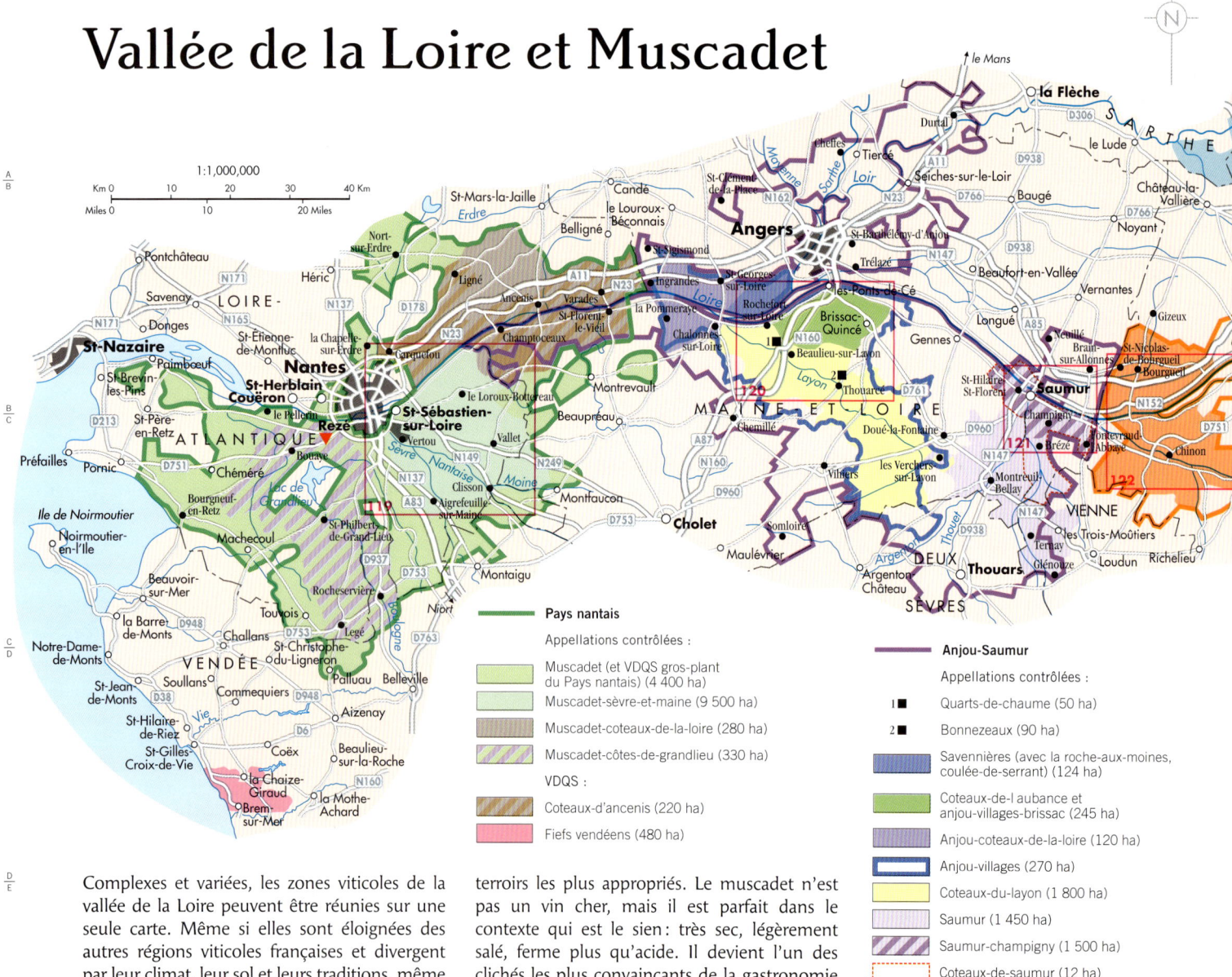

Complexes et variées, les zones viticoles de la vallée de la Loire peuvent être réunies sur une seule carte. Même si elles sont éloignées des autres régions viticoles françaises et divergent par leur climat, leur sol et leurs traditions, même si l'on trouve ici quatre ou cinq grands cépages, leurs vins présentent un air de famille. Ils sont légers et revigorants avec une acidité palpable. Charmant, tel est le mot qui les caractérise le mieux. Pourtant, ils ne sont pas réellement appréciés en dehors du nord de la France. Ces vins font les frais de l'intérêt moderne exagéré que l'amateur porte aux productions plus spectaculaires.

Plus de la moitié des vins de Loire sont blancs. Ils se divisent nettement entre vins secs à l'est (sancerre et pouilly) et à l'ouest (muscadet), et vins plus doux dans la partie intermédiaire (Touraine et Anjou), produits à partir d'un cépage local assez décrié, le chenin blanc. En revanche, les meilleurs rouges de Touraine et d'Anjou jouissent du charme et du parfum du cabernet franc. Rouges et blancs recourent plus que jamais au chêne neuf et l'anhydride sulfurique est utilisé en quantité plus restreinte.

Le vignoble breton, celui du Pays nantais, fief du **muscadet**, fut le premier vin de Loire à acquérir un certain prestige. Au milieu du xx siècle, c'était un vin de pays méconnu, mais, dans les années 1970, il devint le compagnon obligé des fruits de mer et vit doubler l'étendue de son domaine. Il retrouve aujourd'hui ses terroirs les plus appropriés. Le muscadet n'est pas un vin cher, mais il est parfait dans le contexte qui est le sien : très sec, légèrement salé, ferme plus qu'acide. Il devient l'un des clichés les plus convaincants de la gastronomie en accompagnant crevettes, huîtres ou moules.

Muscadet est le nom d'un vin, pas celui d'un village ou d'un cépage (on utilise un cousin du chardonnay, le melon de Bourgogne). La **Sèvre-et-Maine** possède à elle seule 85 % des vignobles, plantés de façon très dense sur de basses collines d'origines géologiques diverses, composées de gneiss et de granit principalement. Vertou, Vallet, Saint-Fiacre-sur-Maine et La Chapelle-Heulin forment le noyau de cette région : les vins y sont les plus vivants, les plus parfumés, les plus adultes.

Plus à l'intérieur des terres, sur des pentes escarpées de schiste ou de granit, le **muscadet-coteaux-de-la-loire** a tendance à être un peu plus maigre, alors que le **muscadet-côtes-de-grandlieu**, sur un sol sablonneux ou pierreux, est plus souple et plus mûr.

Le muscadet est traditionnellement mis en bouteille sur lie, directement à partir de la cuve de fermentation, car la lie approfondit la texture et le parfum (c'est aussi le cas avec le champagne, bien que de manière quelque peu différente). Les meilleurs producteurs ne veulent plus que le muscadet passe pour un vin simple : ils tirent de leurs vignes des grappes plus mûres et plus saines, tentent un vieillissement bien plus court, distinguent les différents types de sols et confient au chêne le vieillissement d'une partie du fruit le plus concentré, se rapprochant ainsi des méthodes bourguignonnes.

En dehors des zones représentées en détail, l'appellation **jasnières** produit un chenin blanc d'une sécheresse audacieuse, ainsi que des rouges et des rosés à base du pineau d'Aunis local au sein d'une zone portant l'appellation vague de **coteaux-du-loir**.

Le **cheverny** s'épanouit sous des formes multiples, et le sauvignon blanc en est certainement l'une des meilleures ; les vins vifs et secs de Romorantin sont appelés **cour-cheverny**.

Le manque de régularité de la qualité nuit aux producteurs de la zone septentrionale. Le réchauffement planétaire a des conséquences évidentes, mais la maturité de bien des vignobles de la Loire varie d'une année sur l'autre, au point de les rendre quasiment incapables de toujours donner le même vin. Un bel automne parvient presque à transformer les raisins en raisins secs ; humide, il peut donner un produit très acide. D'où l'importance locale du vin effervescent.

VALLÉE DE LA LOIRE ET MUSCADET | FRANCE | 119

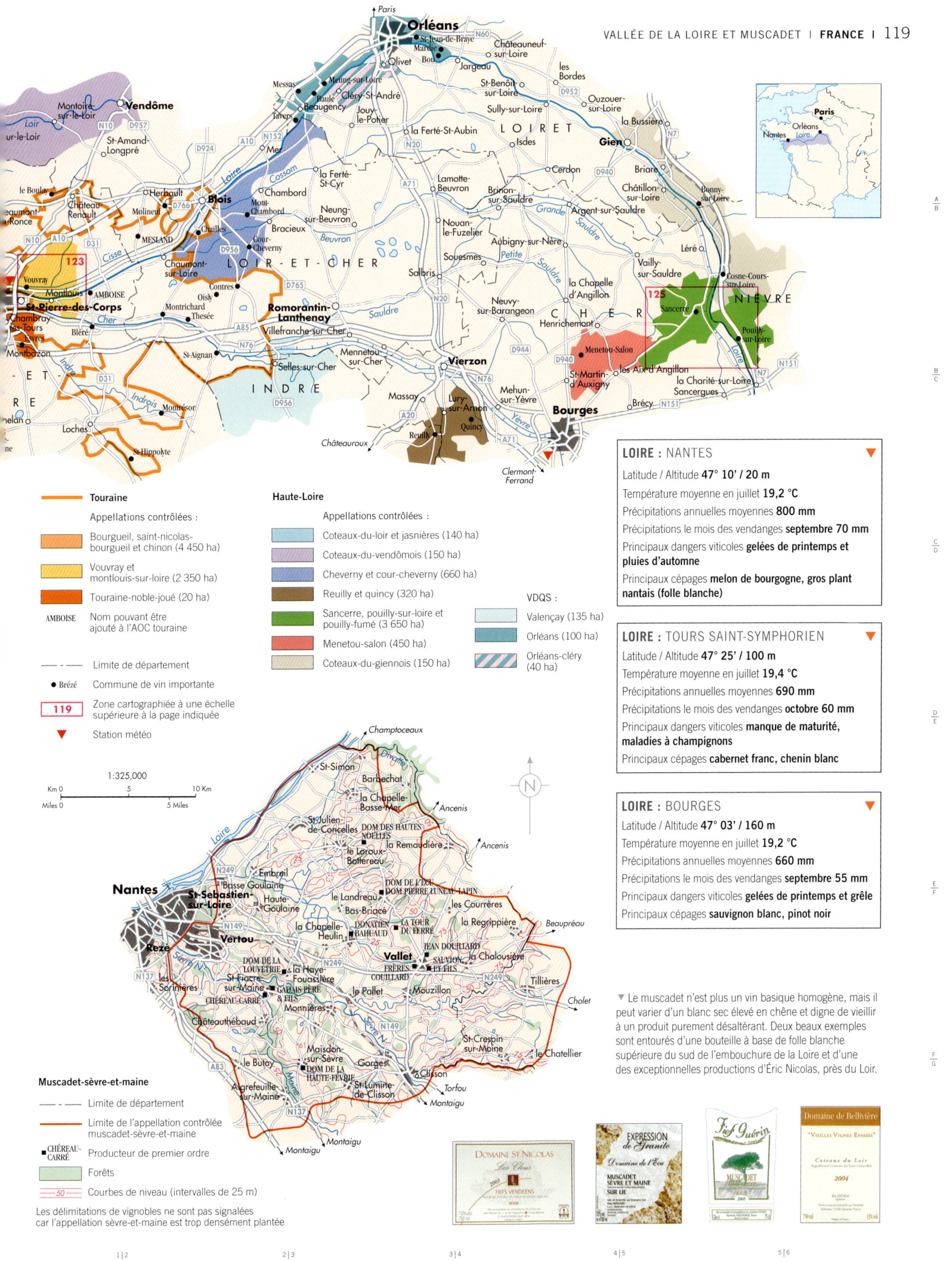

Touraine

Appellations contrôlées :
- Bourgueil, saint-nicolas-bourgueil et chinon (4 450 ha)
- Vouvray et montlouis-sur-loire (2 350 ha)
- Touraine-noble-joué (20 ha)

AMBOISE — Nom pouvant être ajouté à l'AOC touraine

- – – – Limite de département
- ● Brézé — Commune de vin importante
- 119 — Zone cartographiée à une échelle supérieure à la page indiquée
- ▼ Station météo

Haute-Loire

Appellations contrôlées :
- Coteaux-du-loir et jasnières (140 ha)
- Coteaux-du-vendômois (150 ha)
- Cheverny et cour-cheverny (660 ha)
- Reuilly et quincy (320 ha)
- Sancerre, pouilly-sur-loire et pouilly-fumé (3 650 ha)
- Menetou-salon (450 ha)
- Coteaux-du-giennois (150 ha)

VDQS :
- Valençay (135 ha)
- Orléans (100 ha)
- Orléans-cléry (40 ha)

Muscadet-sèvre-et-maine
- – – – Limite de département
- ▬▬ Limite de l'appellation contrôlée muscadet-sèvre-et-maine
- ■ CHÉREAU-CARRÉ — Producteur de premier ordre
- Forêts
- ═50═ Courbes de niveau (intervalles de 25 m)

Les délimitations de vignobles ne sont pas signalées car l'appellation sèvre-et-maine est trop densément plantée

Échelle 1:325,000

LOIRE : NANTES ▼
- Latitude / Altitude **47° 10' / 20 m**
- Température moyenne en juillet **19,2 °C**
- Précipitations annuelles moyennes **800 mm**
- Précipitations le mois des vendanges **septembre 70 mm**
- Principaux dangers viticoles **gelées de printemps et pluies d'automne**
- Principaux cépages **melon de bourgogne, gros plant nantais (folle blanche)**

LOIRE : TOURS SAINT-SYMPHORIEN ▼
- Latitude / Altitude **47° 25' / 100 m**
- Température moyenne en juillet **19,4 °C**
- Précipitations annuelles moyennes **690 mm**
- Précipitations le mois des vendanges **octobre 60 mm**
- Principaux dangers viticoles **manque de maturité, maladies à champignons**
- Principaux cépages **cabernet franc, chenin blanc**

LOIRE : BOURGES ▼
- Latitude / Altitude **47° 03' / 160 m**
- Température moyenne en juillet **19,2 °C**
- Précipitations annuelles moyennes **660 mm**
- Précipitations le mois des vendanges **septembre 55 mm**
- Principaux dangers viticoles **gelées de printemps et grêle**
- Principaux cépages **sauvignon blanc, pinot noir**

▼ Le muscadet n'est plus un vin basique homogène, mais il peut varier d'un blanc sec élevé en chêne et digne de vieillir à un produit purement désaltérant. Deux beaux exemples sont entourés d'une bouteille à base de folle blanche supérieure du sud de l'embouchure de la Loire et d'une des exceptionnelles productions d'Éric Nicolas, près du Loir.

Anjou

Le but et l'idéal de l'Anjou ont de tout temps été un vin blanc doux, fruit d'un automne ensoleillé et d'une pourriture noble. Dans le passé, les années ne bénéficiant pas de ces deux atouts n'ont rien produit d'intéressant. En revanche, la dernière décennie a vu se développer une approche plus ambitieuse, quasi révolutionnaire du blanc sec. Chaque année donne désormais un excellent blanc sec, grâce à des vendanges manuelles plutôt que mécaniques, une sélection stricte et un usage accru du chêne.

Le cépage est le chenin blanc, localement appelé pineau de la Loire. Il peut atteindre une maturité exaltante et une douceur en parfait équilibre avec son acidité au sud-est de la carte, dans les **coteaux-du-layon**. Ici, le Bassin parisien vient se heurter au Massif armoricain pour créer des buttes exposées plein sud-ouest, où les vents de l'Atlantique aident à la concentration des sucres. Avec 50 ha seulement, le **quarts-de-chaume** particulièrement bien protégé et le **bonnezaux** (le double de superficie) se distinguent au point d'avoir leur propre appellation, comme les grands crus de Bourgogne.

La discrète rivière Aubance, parallèle au Layon au sud, voit également naître de grands vins doux, quand la nature daigne coopérer. Une armée de producteurs talentueux a envahi les **coteaux-de-l'aubance**.

Savennières se situe au nord de la Loire, sur l'une des rares rives faisant face au sud. On retrouve ici le chenin blanc, mais le vin est sec, aussi dense et riche en substance qu'il est rigide en structure. La combinaison de concentration et d'acidité mérite un vieillissement en bouteilles de plusieurs années. À l'intérieur de l'appelation savennières, deux grands crus bénéficient d'une appellation propre : la **roche-aux-moines** avec moins de 30 ha et la **coulée-de-serrant**, avec seulement 5 ha cultivés en biodynamie.

Ce sont, du point de vue historique, les vins d'Anjou les plus prestigieux, mais l'appellation générique anjou a connu une transformation bénéfique. L'**anjou blanc** peut aujourd'hui faire preuve de fermeté et de caractère. L'écœurant **rosé d'anjou** est dépassé par le **cabernet d'anjou**, un rosé sec délicatement parfumé.

Le cabernet franc a sa place, même si les sols semblent généralement plus appropriés aux blancs. Les producteurs d'Anjou ont la maîtrise de leurs vins, et des fûts de chêne neufs leur permettent d'obtenir des rouges aromatiques. Parfois renforcés par du cabernet-sauvignon, les meilleurs d'entre eux ont droit à l'appellation **anjou-villages**. Et les meilleurs millésimes peuvent procurer à moitié prix le plaisir subtil d'un grand touraine.

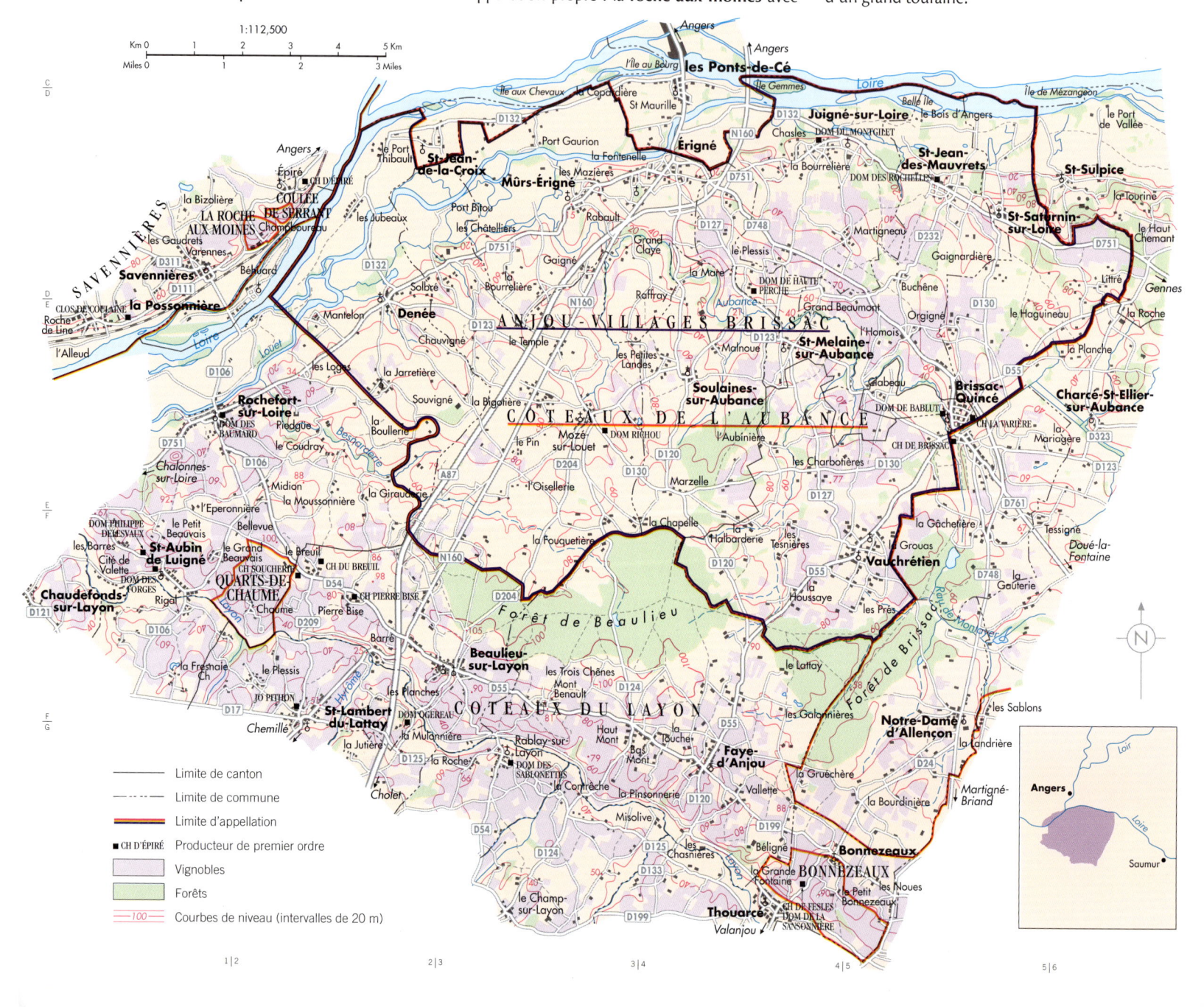

Saumur

Le dioxyde de carbone est depuis longtemps vital pour l'économie du vin de la région de Saumur. Comme avec le champagne, il transforme l'acidité en vertu. Le saumur effervescent (mousseux) s'empare du chenin blanc (et jusqu'à 10 % du chardonnay) qui pousse autour de Saumur et même dans certaines parties de l'Anjou (coteaux du Layon et de l'Aubance), trop âpre pour donner un blanc normal.

À 48 km en amont d'Angers, la ville de Saumur est à la fois le Reims et l'Épernay de la Loire, avec des kilomètres de caves creusées dans le tuffeau local. Il est dans la nature du chenin blanc de produire un effervescent plus léger que les cépages utilisés pour le champagne, mais les meilleurs saumurs effervescents – bruts ou élaborés selon la méthode traditionnelle – ne sont pas dépourvus d'ambition. Ils peuvent avoir une composante fermentée dans le chêne. Par contraste, le crémant de Loire peut contenir des raisins cultivés n'importe où le long de cette longue bande étroite à l'est de la Loire, mais les règles présidant à sa production sont plus strictes et les vins souvent plus fins que le saumur mousseux.

Le saumur tranquille, sans bulles, se présente sous les trois couleurs. Sa maturité est supérieure à ce qu'elle était il y a une décennie ou deux, mais aujourd'hui le vin plus important fabriqué dans la région de Saumur (au sens large) est le très à la mode **saumur-champigny**, produit dans une petite enclave sur la rive gauche de la Loire. Les vignobles sont denses sur les falaises blanches qui dominent le fleuve, alors que dans les terres, autour de l'important centre viticole de Saint-Cyr-en-Bourg et de sa coopérative, le tuffeau local devient plus jaune, plus sablonneux et tend à produire des vins un peu plus légers. C'est l'une des plus rafraîchissantes expressions du cabernet franc sur une terre dominée par le tuffeau, extension de la meilleure région tourangelle pour le vin rouge, de l'autre côté de la limite de département. Comme dans le reste de la Loire, les rouges sont plus profonds et plus forts grâce aux nouvelles techniques de vinification et aux changements climatiques.

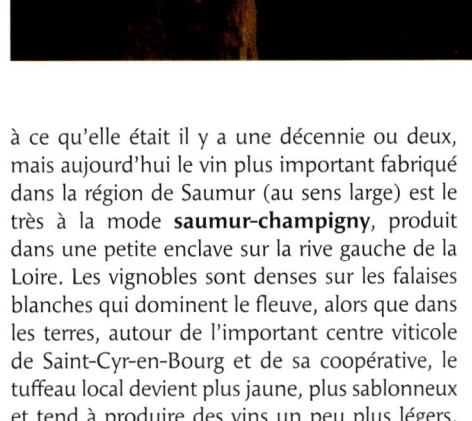

Une grande proportion de caves, comme celles du domaine des Vernes, dans cette bande centrale de la Loire, sont creusées dans le tuffeau : il règne là une température et une humidité qu'il coûterait une fortune de créer artificiellement.

▼ *Une sélection de quelques-uns des plus beaux représentants de l'anjou et du saumur : trois grands anjous doux à base de chenin, un sec de saumur et rouge délicieux (saumur-champigny) dont le producteur, Philippe Vatan, n'aime pas trop confier ses rouges au chêne.*

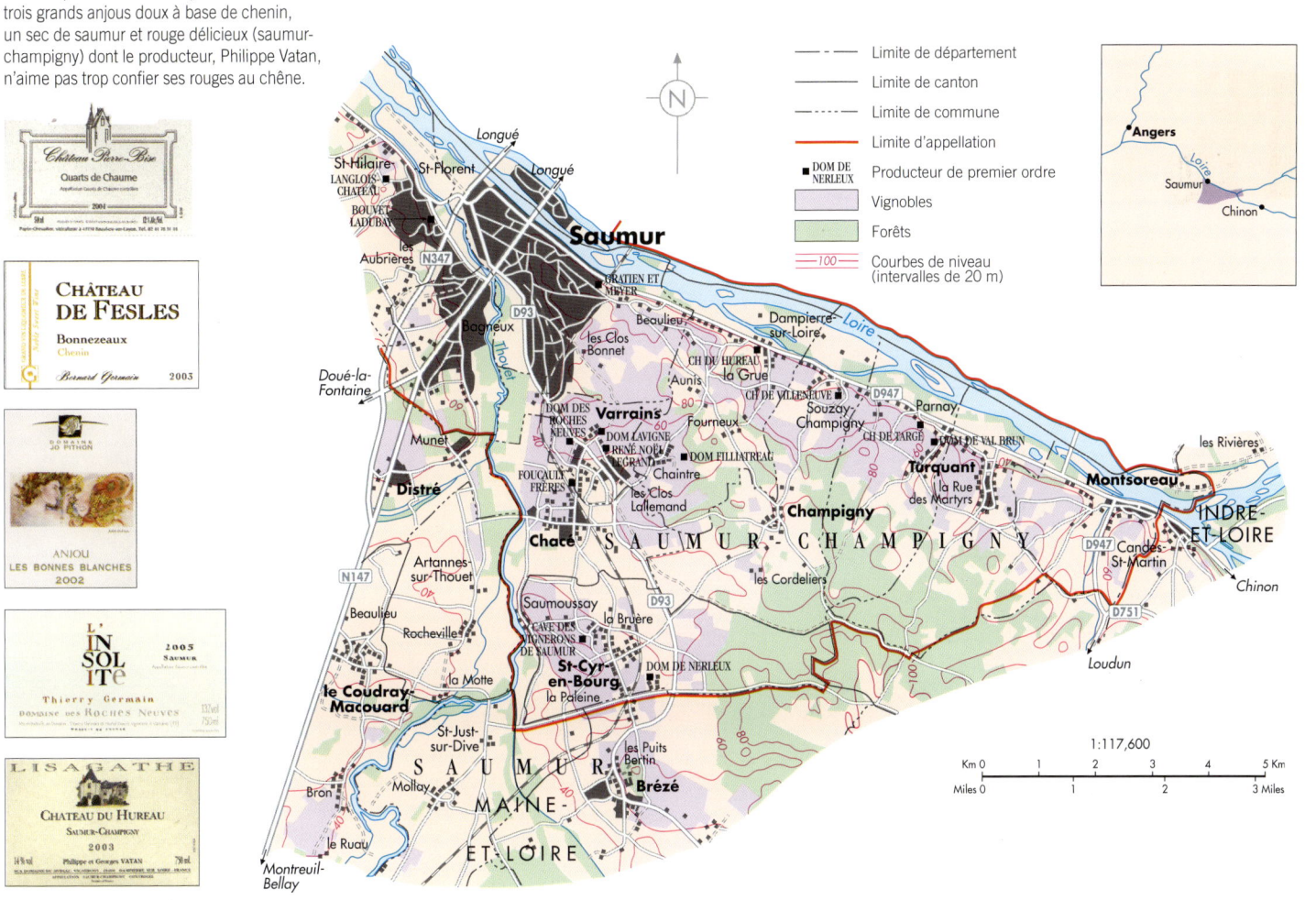

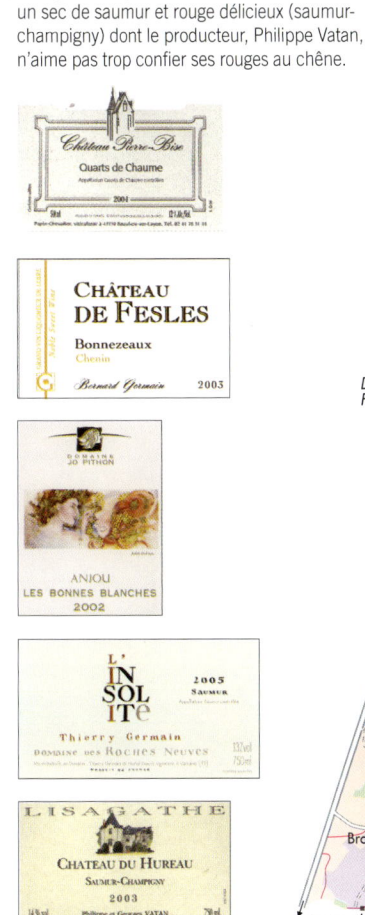

Chinon et Bourgueil

Saint-Nicolas-de-Bourgueil, Bourgueil et Chinon donnent les meilleurs vins rouges de Touraine et de Loire. Le saumur-champigny est le seul à s'en approcher. Dans cette partie occidentale de la Touraine influencée par l'Atlantique, le cabernet franc, appelé ici breton, donne un vin vigoureux avec un fruité de framboise et la fraîcheur râpeuse d'un crayon que l'on vient de tailler. Dans une année moyenne, le vin violet est excellent quand on le boit frais, quelques semaines après les vendanges. Lorsque la maturité est exceptionnelle (1997, 2003 et 2005 par exemple), le vin a une substance et une structure qui permettent d'atteindre les dix ans d'âge.

Chinon donne le vin le plus tendre, le plus soyeux de la région sur des sols étonnamment variés, dont les productions sont maintenant vinifiées individuellement. Les vignobles plantés sur le sable et le gravier de la rive donnent des styles plus légers et faciles à boire. Le tuffeau – et particulièrement sur les versants sud de Cravant-les-Coteaux, à l'est de Chinon, et sur le plateau de Beaumont, à l'ouest – tend à produire des vins ayant la structure d'un bon **bourgueil** : un sol plus pentu et plus calcaire donne un vin à même de se bonifier en bouteille pendant dix ans. Le sol du **saint-nicolas-de-bourgueil** est très semblable à celui du bourgueil.

Il y a cent ans, le vin de Chinon était classé au même rang qu'un margaux. Par son charme, sinon par sa force et sa structure, il s'en approche de très près aujourd'hui, de sorte que sa production est en progression constante. On trouve très peu de vin blanc à Chinon.

La région tourangelle au sens large produit d'innombrables rouges, rosés et blancs moins intéressants, tous baptisés **touraine**, avec des suffixes géographiques tels que amboise, azay-le-rideau et mesland. Le **touraine-noble-joué** est un rosé (ou vin gris) inhabituellement sec et riche en caractère fabriqué au sud de Tours, entre Esvres et Joué-lès-Tours, à partir des pinots meunier, noir et gris. Une gamme étonnante de cépages est autorisée, mais le gamay léger est caractéristique des rouges, tandis que le sauvignon, de grande qualité parfois, va mieux aux blancs vifs.

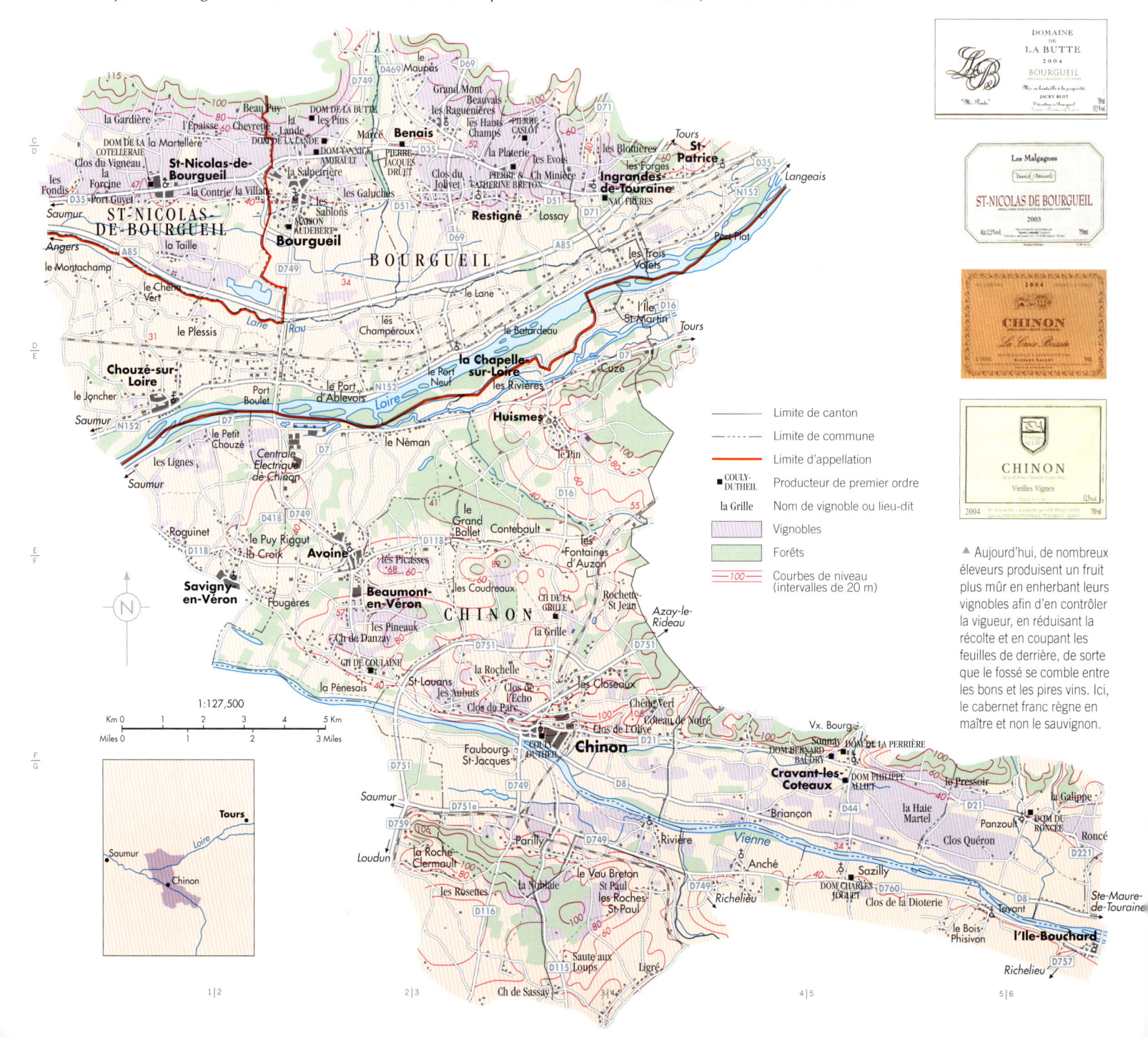

▲ Aujourd'hui, de nombreux éleveurs produisent un fruit plus mûr en enherbant leurs vignobles afin d'en contrôler la vigueur, en réduisant la récolte et en coupant les feuilles de derrière, de sorte que le fossé se comble entre les bons et les pires vins. Ici, le cabernet franc règne en maître et non le sauvignon.

Vouvray et Montlouis-sur-Loire

Tout ce que la France peut avoir de royal et de romantique se retrouve dans cette région de châteaux Renaissance, de villes anciennes, mais aussi de vins blancs séduisants.

De basses collines de tuffeau flanquent le fleuve de Noizay à Rochecorbon. Depuis des siècles, elles offrent aux viticulteurs caves et habitations troglodytiques. Souvent plus acidulé qu'en Anjou, le chenin blanc est, à son mieux, doux avec un arrière-goût de miel, mais ce qui le distingue, c'est sa longue durée de vie. Sa longévité est étonnante pour un vin aussi léger. On peut s'attendre à trouver un porto d'un demi-siècle d'âge, mais c'est plutôt rare dans le cas d'un vin pâle, ferme, délicat, d'avoir la capacité de s'améliorer aussi longtemps en bouteille. On ne trouve l'égal qu'en Allemagne, et l'acidité explique tout.

Le **vouvray** se présente sous diverses formes : sec, sec-tendre (style non officiel, mais de plus en plus recherché), moelleux ou effervescent. L'influence de l'Atlantique se heurte à celle du continent ; le temps varie beaucoup d'une année sur l'autre, de même que la maturité et la santé des raisins. C'est pourquoi le vouvray change radicalement de caractère d'un millésime à l'autre : certaines années, sec et austère au point de devoir vieillir plusieurs années en bouteille (un peu moins maintenant qu'on lui ajoute l'anhydride sulfurique de façon plus modérée) ; de temps à autre, marqué par la riche expression de la pourriture noble qui exige plusieurs vendanges pour un même vignoble. Les millésimes de moindre qualité peuvent être transformés en excellents vins effervescents : leur goût de miel et leur capacité à vieillir les distinguent du saumur effervescent.

Normalement, seuls les plus riches millésimes portent le nom de l'un des rares grands vignobles planté sur les meilleurs versants, où l'argile et le terreau recouvrent le tuffeau du bord de fleuve. Le producteur le plus connu, Huet (en copropriété depuis 2005 avec un domaine du Tokay – un signe des temps ?), en détient trois : Le Haut-Lieu au-dessus des caves, Le Mont dont les vins sont plus concentrés, et le Clos du Bourg, favori du viticulteur Noël Pinguet qui y applique des techniques biodynamiques depuis la fin des années 1980.

Le **montlouis-sur-loire** évolue dans des conditions très semblables à celles du vouvray – même les gens de la région ont du mal à les différencier ! –, mais il ne bénéficie pas de la situation abritée, face au sud, des meilleurs vignobles de vouvray, le long de la Loire. Les sols sont un peu plus sablonneux, de sorte que le montlouis est plus léger et moins intense, plus propre à la fabrication de vin effervescent.

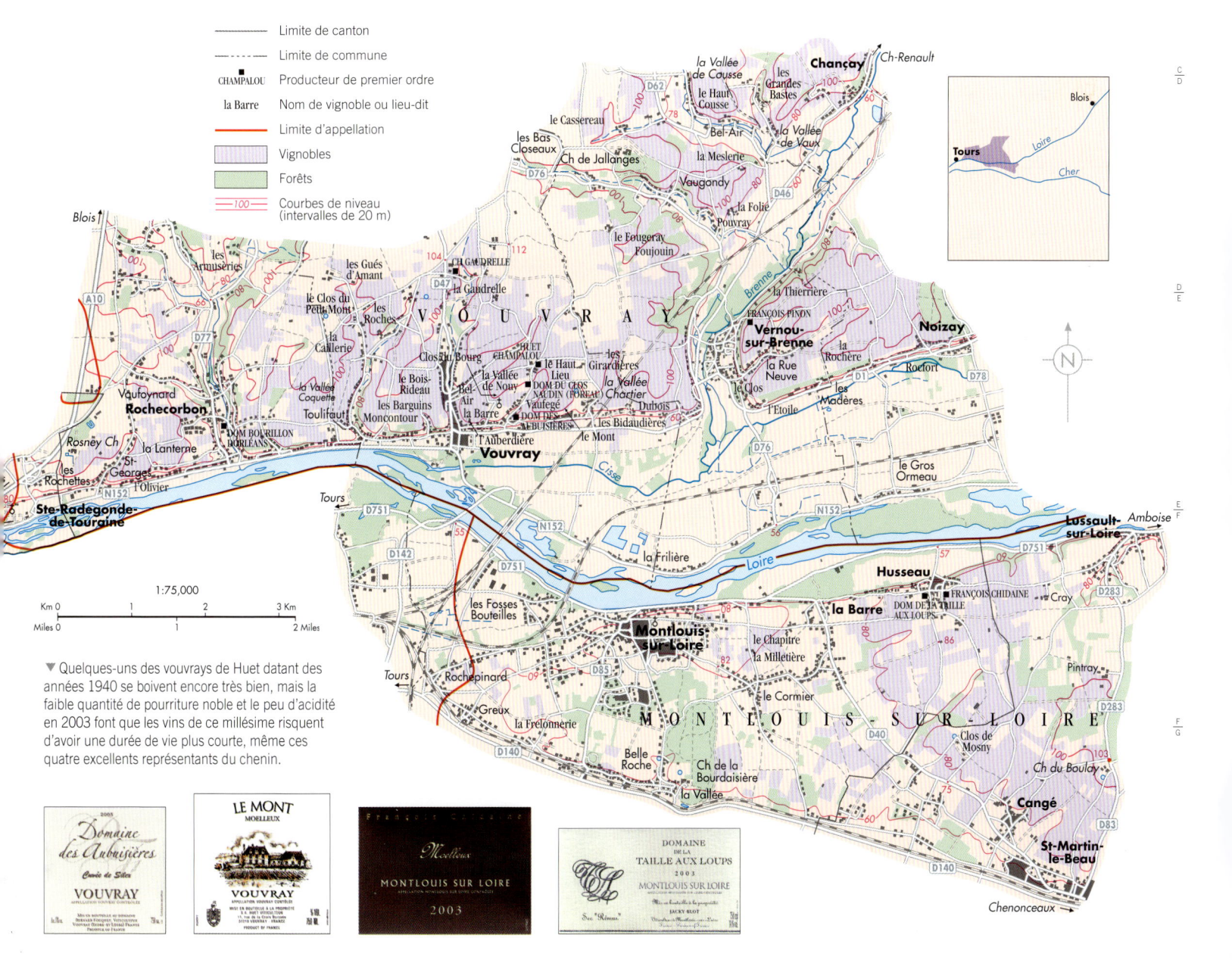

▼ Quelques-uns des vouvrays de Huet datant des années 1940 se boivent encore très bien, mais la faible quantité de pourriture noble et le peu d'acidité en 2003 font que les vins de ce millésime risquent d'avoir une durée de vie plus courte, même ces quatre excellents représentants du chenin.

Pouilly et Sancerre

Les vins blancs gouleyants de Pouilly et de Sancerre sont peut-être les plus faciles à reconnaître en France. Sur ces collines calcaires et argileuses découpées par le cours supérieur de la Loire, dans un climat quasi continental, le sauvignon blanc peut donner un vin meilleur, plus fin et plus complexe que nulle part ailleurs dans le monde. Hélas, cela n'arrive que trop rarement ! La popularité du **sancerre** et du **pouilly-fumé**, de l'autre côté du fleuve, a entraîné une baisse notable de la qualité.

La ville s'appelle Pouilly-sur-Loire ; son vin ne porte le nom de pouilly-fumé que lorsqu'il est fait de sauvignon blanc, souvent dénommé ici blanc fumé. L'autre cépage qu'est le chasselas donne un vin si doux que sa survie dans cette région est un mystère. (Il n'y a pas le moindre rapport avec le pouilly-fuissé, vin blanc du Mâconnais décrit page 71.)

Il faudrait être très averti pour faire la différence entre un sancerre et un pouilly-fumé. Les meilleurs représentants de l'un et de l'autre sont de même qualité ; le sancerre est peut-être plus plein, plus évident, le pouilly-fumé plus parfumé. Bien des vignobles de pouilly sont moins élevés que ceux du sancerre (200-350 m d'altitude) et la plupart des meilleurs se situent au nord de la ville. Ici, les sols présentent une forte proportion de silex qui confère aux vins une capacité à vieillir, et leur donne un caractère presque âcre, avec un goût de pierre à fusil. Le silex se retrouve dans les vignobles du Sancerre, de l'autre côté du fleuve, sur les versants faisant face à Pouilly et à l'est de la ville, alors que ceux situés à l'ouest de l'appellation sancerre sont plutôt des « terres blanches », au sol calcaire, très argileux, qui donne des vins plus robustes. Entre les deux, le calcaire se mêle souvent à des graviers pour donner un vin plus léger, plus raffiné.

En tout quatorze villages et trois hameaux ont le droit de produire du sancerre. On considère que les deux vignobles suivants sont les meilleurs : le Chêne Marchand, dans le village de Bué, dont le sol calcaire mêlé de gravier donne un vin particulièrement minéral ; et les Monts Damnés de Chavignol, où les marnes du kimméridgien produisent un vin plus ample. Le silex de Ménétréol donne un vin plus métallique, si le producteur recherche vraiment la qualité.

La superficie des vignobles de sancerre a plus que triplé au cours du dernier quart du XXe siècle ; en 2005, elle était de 2 700 ha, près de deux fois et demi plus que pour le pouilly-fumé.

Dans l'appellation pouilly, plus homogène, le château du Nozet, propriété de la famille de Ladoucette arborant un style très Disneyland, constitue peut-être la plus vaste et la meilleure propriété, mais Didier Dagueneau s'est lancé dans des rendements plus faibles et des expériences avec le chêne (comme Vincent Pinard, Henri Bourgeois, Alphonse Mellot et d'autres producteurs de premier plan de sancerre).

Ces producteurs ambitieux veulent démontrer que leurs vins sont dignes de vieillir mais, contrairement aux grands blancs de vouvray, par exemple, la grande majorité des vins de Sancerre et de Pouilly atteint son maximum de séduction après un ou deux ans de mise en bouteille. Toutefois, un projet récent de privilégier les rejetons des plants antérieurs à 1950, plutôt que leurs clones plus modernes, pourrait donner des vins d'une plus grande longévité.

L'autre passion du sancerre, c'est le pinot noir, très prisé dans cette région et peu usité en dehors. Assez rare, sa forme rosée est parfois très belle, mais certains rouges peuvent s'avérer d'une légèreté déconcertante lorsque l'on s'attend à trouver une sorte de bourgogne rouge de qualité inférieure. Il ne représente peut-être qu'un septième de la production totale (sans jamais bénéficier de l'appellation pouilly-fumé), mais quelques producteurs ambitieux désirent montrer que les bons millésimes peuvent procurer autant de plaisir qu'un côte-de-beaune, à prix égal de surcroît.

Une grande tradition gastronomique fait la fierté du village de Chavignol, au nord-ouest de Sancerre, et certains propriétaires – tels que les Cotat – pensent que les vins de Chavignol étaient jadis plus réputés que ceux de Sancerre.

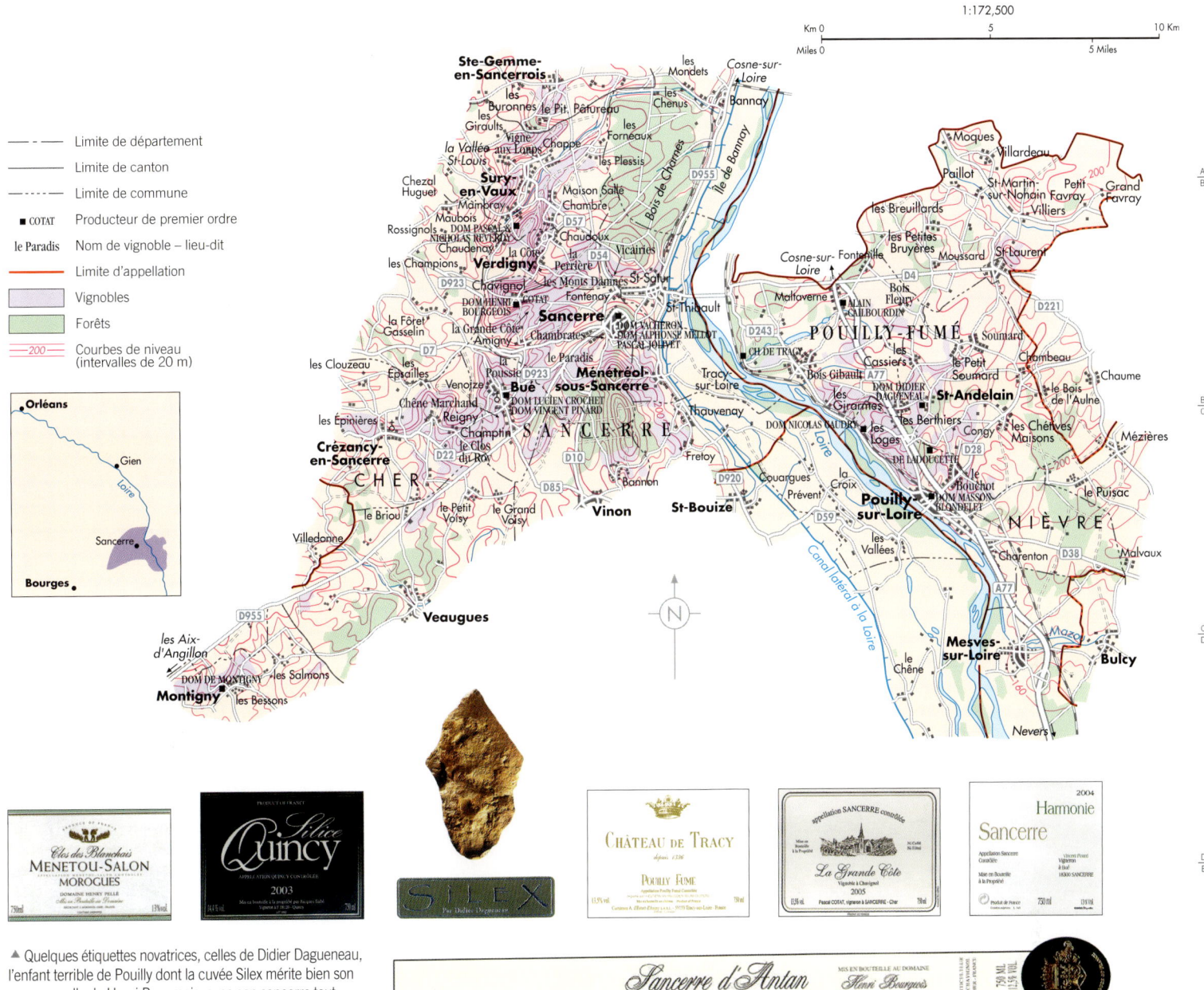

▲ Quelques étiquettes novatrices, celles de Didier Dagueneau, l'enfant terrible de Pouilly dont la cuvée Silex mérite bien son nom, ou celle de Henri Bourgeois, avec son sancerre tout aussi dense, produit également sur un sol de silex.

On trouve à l'intérieur de la boucle du fleuve les autres vignobles du Centre. Les vignobles historiques de Quincy et de Reuilly, ainsi qu'un fragment en rapide expansion de Menetou-Salon, produisent aussi des sauvignons blancs fruités et un pinot noir pâle susceptible de concurrencer le sancerre, bien qu'à des prix inférieurs.

Sur un sol largement sablonneux, le **quincy**, la plus rustique de ces trois appellations, ne concerne que le vin blanc. Le **reuilly** offre les trois couleurs sur un versant de marnes, de gravier et de sable, en terrasses bien exposées. Une haute proportion de calcaire donne tout son charme au **menetou-salon**. Ses meilleurs représentants peuvent rivaliser avec les vins les plus paresseux du Sancerrois voisin.

Le crottin, petit cylindre de fromage de chèvre acide et salé, est depuis longtemps apprécié des habitants du Sancerrois. C'est pour beaucoup la meilleure façon de démontrer que le vin blanc peut accompagner toutes sortes de fromages.

Alsace

Le vin d'Alsace reflète toute l'ambiguïté d'une province frontalière. Il existe deux frontières physiques possibles entre l'Allemagne et la France : le Rhin et la crête des Vosges, 25 km plus à l'ouest. Le Rhin a tout au long de l'histoire été la grande frontière politique, mais les Vosges fondent la différence climatique, stylistique, voire linguistique. L'Alsace n'a été allemande qu'en périodes d'occupation militaire. Sa langue est proche de l'allemand, mais son cœur est français. L'Alsace fait du vin allemand à la française. La tonalité est donnée par le sol, le climat et le choix de cépages : la région viticole germanique la plus proche est celle de Baden, de l'autre côté du Rhin.

Les vignerons alsaciens ont de tout temps voulu produire des vins secs et forts en faisant fermenter chaque gramme de sucre né des étés longs et secs et, souvent, en en ajoutant (chaptalisation) pour obtenir un vin encore plus fort. Cela contraste avec le modèle allemand des vins légers comme une plume, où le sucre de raisin naturel réside tel quel. Ces deux stéréotypes tendent toutefois à se rejoindre. Le niveau de sucre résiduel moyen du vin alsacien a augmenté, tandis que les produits allemands sont plus forts et plus secs. Les meilleurs producteurs des deux rives du fleuve sont fiers de ce résultat, conséquence d'un abaissement du rendement et d'une concentration accrue sur ce que chaque cépage propose de mieux. Pour leur part, les consommateurs se plaignent de ce que les vins alsaciens se marient de plus en plus difficilement avec les plats et que les étiquettes indiquent mal le degré de douceur.

Les indices les plus fiables transmis par ces étiquettes sont, chose inhabituelle en France, les cépages. Ceux qui donnent leur nom et leur qualité aux vins d'Alsace sont le riesling – l'origine des meilleurs vins d'ici et d'Allemagne –, le sylvaner, le muscat, les pinots blanc, gris et noir, ainsi que le gewurztraminer au parfum unique. Ce dernier est le plus bel ambassadeur de cette région. On ne croirait pas qu'un vin aussi sec puisse donner une senteur aussi fruitée. *Würze* signifie « épices » en allemand, mais il ne faut pas oublier les notes de pétales de roses, de pamplemousse, voire de litchi.

Le gewurztraminer accompagne quelques-uns des plats régionaux les plus riches : l'oie et le porc. Cependant, de nombreux Alsaciens pensent que le riesling est leur « grand vin ». Il a une qualité insaisissable, un mélange de douceur et de dureté, de fort et de fleuri, qui ne déçoit jamais. Il ne faudrait pas négliger le pinot gris : il est celui qui, de toute la région, a le plus de corps et le moins de parfum. À table, il remplace aisément un bourgogne blanc.

Le muscat d'Alsace est habituellement un assemblage de muscat ottonel et de muscat blanc. Dans le meilleur des cas, il conserve le goût de raisin caractéristique du muscat, tout en donnant un vin sec idéal pour l'apéritif.

Le klevener de Heiligenstein est une variété de cépage que l'on trouve autour du village de Heiligenstein, au nord de Barr, dans une zone dominée par le calcaire qui s'étend au nord jusqu'à Ottrott. Le vin légèrement épicé, au subtil arôme de beurre, est relativement faible en alcool ; les meilleurs millésimes peuvent bien vieillir.

Plus important encore, on trouve le pinot blanc – nom donné au pinot blanc proprement dit, cépage alsacien parvenant à transmettre le caractère fumé propre aux blancs de la région, mais aussi à l'auxerrois plus doux (les deux sont fréquemment assemblés). Pour mieux compliquer les choses, l'auxerrois peut s'appeler klevner (ou clevner). C'est le vin de base du crémant d'Alsace produit selon les méthodes traditionnelles, susceptible d'égaler en qualité les crémants de Loire ou de Bourgogne.

Au-dessus des vins les plus courants de la région, se situe le sylvaner, léger et parfois d'une séduisante âcreté. Sans elle, il peut se montrer assez terne. On le sert souvent en premier dans les repas alsaciens avant de présenter le vin principal qu'est le riesling.

Les cépages inférieurs, chasselas et knipperlé (issus de sols pauvres ou granitiques) ne sont pas signalés sur les étiquettes. Très jeunes, surtout en été après une bonne récolte, ils sont si bons que le visiteur ne doit pas les délaisser pour un nom plus connu. Le terme « edelzwicker » (mélange noble) s'applique d'ordinaire à un assemblage de cépages sans noblesse.

Le Clos Saint-Urbain de Zind-Humbrecht sur le versant sud très pentu du grand cru rangen, au sud du cœur de l'Alsace. Le sous-sol volcanique permet une maturation parfaite du gewurztraminer et du pinot gris.

◀ *René Muré a l'un des plus intéressants vignobles d'un cépage souvent sous-estimé, le sylvaner ; de même, mis entre des mains expertes comme celles de Schoffit à Nonnenberg, près de Colmar, le chasselas peut être transformé en un produit remarquable et sortant de l'ordinaire.*

De tous ces cépages, seuls le riesling, le pinot gris, le gewurztraminer et le muscat – fleuron de l'Alsace – ont en général droit à l'appellation controversée « alsace grand cru » explicitée page suivante, même si les qualités des vieux sylvaners de Zotzenberg, au nord de Mittelbergheim, leur ont valu d'accéder au statut de grand cru. Les sites méritant le nom de grands crus non signalés sur la carte détaillée des pages suivantes sont numérotés sur la carte ci-contre ; la plupart se trouvent dans une zone argileuse et calcaire à l'ouest de Strasbourg, sur l'un des vignobles les plus bas du Bas-Rhin. Steinklotz est particulièrement renommé pour son pinot gris et son pinot noir, altenberg de bergbieten pour son riesling. En bas à gauche de la carte, à 20 km au sud de la plus grande concentration de grands crus du Haut-Rhin, se trouve le vignoble historique de Rangen, au-dessus de la petite ville de Thann. Les domaines Schoffit et Zind-Humbrecht produisent grâce à leur sol chaud et volcanique des vins d'une grande richesse, surtout le riesling et le pinot gris. En général, les vignobles du Bas-Rhin sont moins abrités par les Vosges et produisent des vins plus légers.

Un des grands attraits de l'Alsace pour les viticulteurs et les amateurs éclairés tient à la mosaïque de sols et au défi constant de leur associer un cépage donné. Ce qui distingue l'Alsace des autres régions viticoles françaises, ce sont ses faibles précipitations (voir les statistiques page suivante). Une rapide comparaison montre que seul Perpignan est plus sec que Colmar et que même Toulon est plus humide que Strasbourg. La sécheresse peut parfois nuire aux vignobles, mais la maturité est généralement garantie.

Comme ses homologues de la Loire ou d'Allemagne, le vin alsacien dépend plus du fruit que du chêne. Si le chêne est utilisé, c'est sous la forme de vieux fûts ovales incapables de transmettre le parfum du bois. À Epfig, André Ostertag est l'un des seuls à utiliser des barriques. De même, la plupart des viticulteurs alsaciens ont volontairement abandonné la seconde fermentation (malolactique) pour leurs vins blancs, mais elle est la plupart du temps nécessaire pour adoucir les rouges (6 % de la production régionale) à base de pinot noir. Couleurs et styles varient énormément, du rosé sombre et acide au rouge profond vieilli en fût de chêne au goût fruité plus discret. Comme en Allemagne, les viticulteurs ne peuvent ignorer ce trésor qu'est le pinot rouge, mais sa production est infiniment délicate.

Un autre défi se pose aux producteurs de la région : tirer le maximum de ses plus beaux automnes lorsque les raisins plus que mûrs peuvent être cueillis pour donner des vendanges tardives ou une sélection de grains nobles – plus douce, plus rare, issue de plusieurs vendanges successives – généralement botrytisés (touchés par la pourriture noble). Un gewurztraminer de vendanges tardives est peut-être le vin au goût le plus exotique qui soit au monde, tout en conservant une étonnante limpidité et un arôme d'une grande finesse.

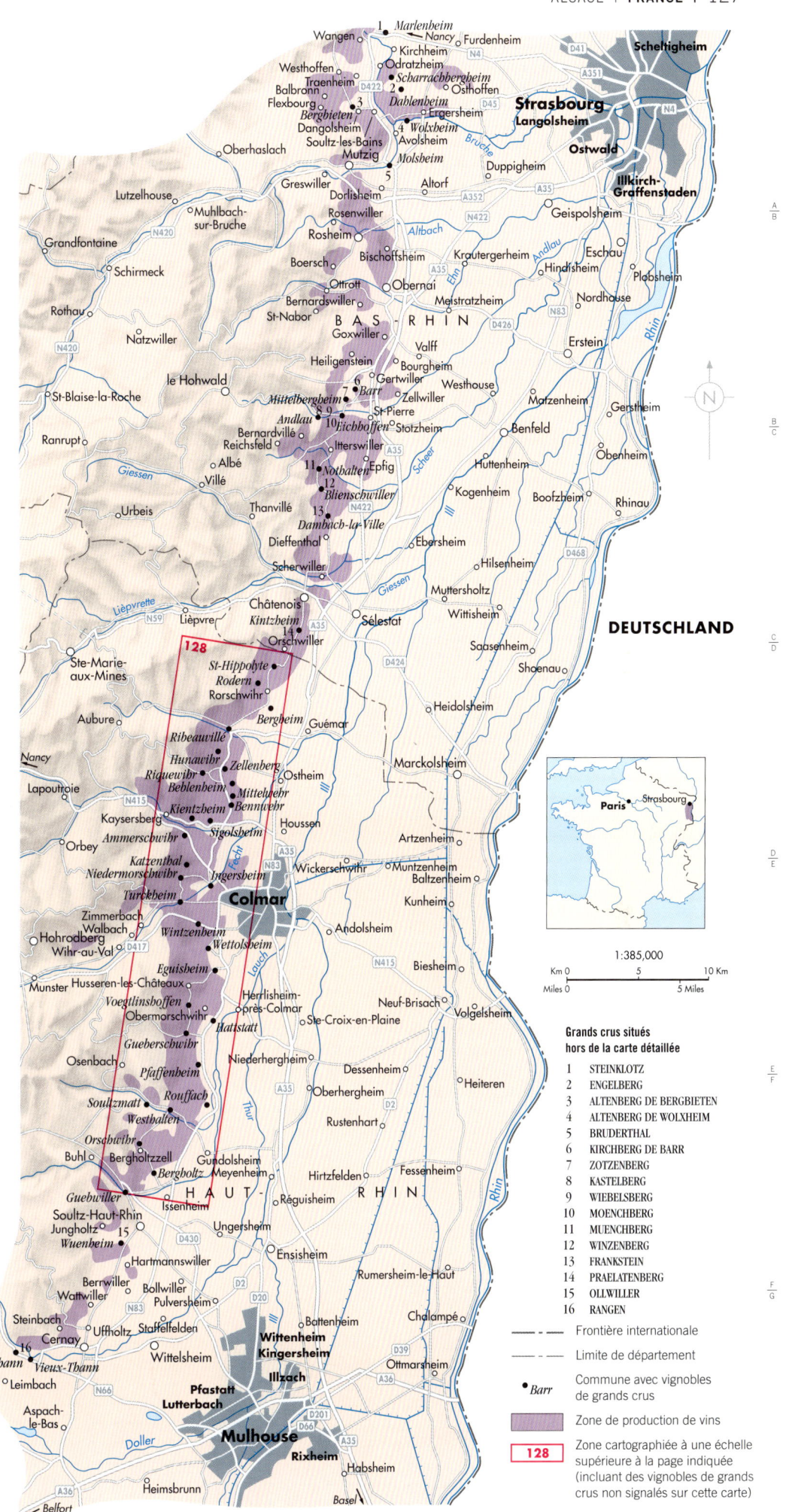

Grands crus situés hors de la carte détaillée

1. STEINKLOTZ
2. ENGELBERG
3. ALTENBERG DE BERGBIETEN
4. ALTENBERG DE WOLXHEIM
5. BRUDERTHAL
6. KIRCHBERG DE BARR
7. ZOTZENBERG
8. KASTELBERG
9. WIEBELSBERG
10. MOENCHBERG
11. MUENCHBERG
12. WINZENBERG
13. FRANKSTEIN
14. PRAELATENBERG
15. OLLWILLER
16. RANGEN

Le cœur de l'Alsace

La carte de cette double page présente à l'horizontale le cœur du vignoble alsacien pour mieux le comparer à la Côte d'Or. Le nord se trouve donc à droite. Comme en Bourgogne, une série de collines orientées vers l'est procure à la vigne un environnement idéal. Contreforts et angles rentrants offrent un abri supplémentaire et une orientation privilégiée permettant aux vignobles de faire face à l'est, au sud-ouest ou au sud. La proximité d'une forêt de pins peut abaisser la température moyenne d'un vignoble d'un bon degré par rapport à un autre plus proche d'une forêt de chênes. Chaque nuance du paysage se retrouve dans l'alignement des pieds de vigne, afin de tirer le maximum de l'ensoleillement.

Et l'Alsace est ensoleillée. La hauteur des Vosges, à l'ouest, est le secret de ces vignobles situés à flanc de montagne de 180 à 360 m d'altitude et formant un ruban vert n'atteignant jamais les 2 km de large. Les routiers qui montent vers Saint-Dié rencontrent une épaisse couche de nuages en arrivant sur la crête des Vosges. Plus hautes sont les montagnes, plus sèche est la terre qu'elles protègent des vents d'ouest chargés d'humidité. La carte représente la bande centrale des vignobles du Haut-Rhin, regroupés sous les pentes boisées au nord et au sud de Colmar : là, les montagnes peuvent arrêter les nuages pour donner un ciel bleu pendant des semaines. Dans cette zone protégée, prospère le ferme et classique riesling.

Ironiquement, les conditions viticoles sont si idéales que l'Alsace est passée pendant de longues périodes de son histoire mouvementée pour une source de « vin ordinaire », comme l'Algérie à une certaine époque, d'où l'absence de hiérarchie entre vignobles comme cela existe en Côte d'Or.

Ici, certaines familles travaillent la terre depuis le XVIIe siècle, et l'industrie viticole moderne s'est transformée grâce aux fermiers, devenus marchands pour commercialiser leurs vins et ceux de leurs voisins, que seules des différences de cépage distinguaient. De grands noms sont ainsi apparus : Hugel, Dopff, Trimbach, Humbrecht, Becker, Kuehn ou Muré. L'Alsace a eu la première cave coopérative de France en 1895 et des coopératives comme celles d'Eguisheim, Kientzheim, Beblenheim et Westhalten sont aujourd'hui parmis les meilleurs producteurs.

L'appellation grand cru (voir p. 127), tentative lancée en 1983 pour désigner les meilleurs vignobles, ne va pas sans problème. Indiqués sur la carte en violet, ces grands crus transforment lentement la perception que l'on a de l'Alsace. Le rendement restreint et le haut degré de maturation apportent, en théorie tout au moins, une qualité supérieure. Les vins devraient abandonner le seul nom de leur cépage pour acquérir un vrai statut, au sens le plus fort de ce mot : l'union spécifique d'un terroir et d'un cépage reposant sur le sol, la situation et, jusqu'à un certain point, la tradition.

Jusqu'à une date récente, le commerce du vin d'Alsace était organisé de manière à vendre des combinaisons particulières de marques et de cépages plutôt que des vignobles partagés, dont les délimitations exactes sont des sujets de controverse. Les noms les plus célèbres, tels Hugel et Trimbach, sont d'abord des marchands, ensuite des éleveurs. En s'intéressant aux

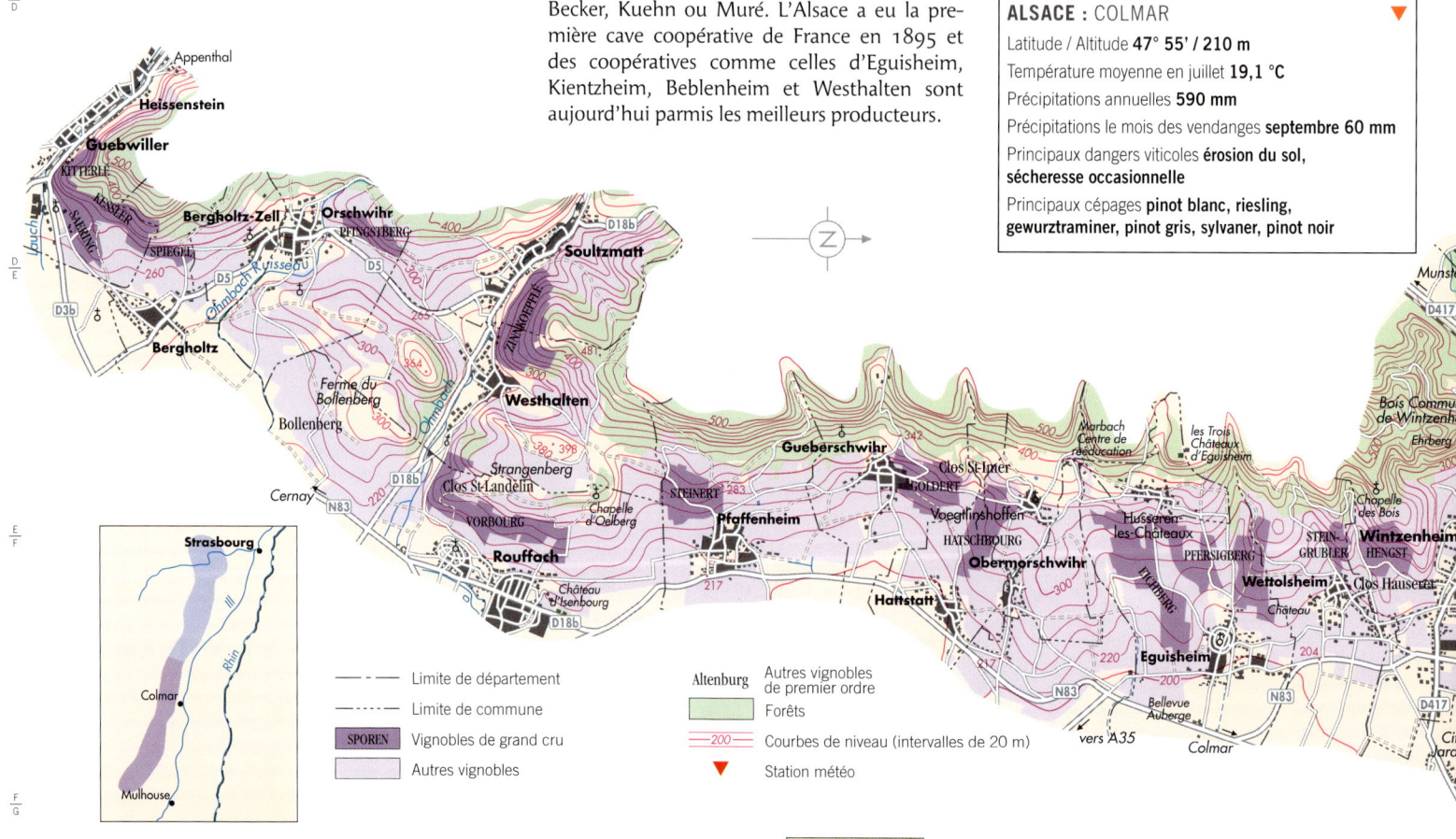

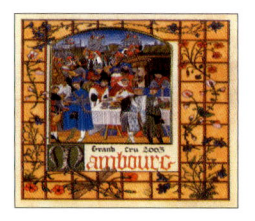

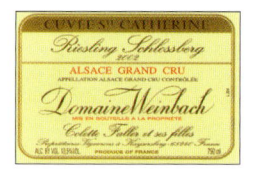

ALSACE : COLMAR
Latitude / Altitude **47° 55' / 210 m**
Température moyenne en juillet **19,1 °C**
Précipitations annuelles **590 mm**
Précipitations le mois des vendanges **septembre 60 mm**
Principaux dangers viticoles **érosion du sol, sécheresse occasionnelle**
Principaux cépages **pinot blanc, riesling, gewurztraminer, pinot gris, sylvaner, pinot noir**

vignobles individuels, on transfère le pouvoir des négociants aux viticulteurs, et cette pratique n'est pas toujours la bienvenue.

Les décrets sur les grands crus précisent quels cépages peuvent entrer dans un grand cru donné, et les assemblages comme celui autorisé pour altenberg de bergheim peuvent être sanctionnés par le comité de surveillance. De nombreuses associations site/cépage sont déjà en place, fondées sur une bonne expérience de culture et de dégustation, deux qualités souvent liées par la géologie. À Guebwiller, à l'extrémité sud de la bande de vignobles, le grès de Kitterlé est renommé pour ses vins délicieux constitués de plusieurs cépages, surtout ceux de Schlumberger. Un peu plus au nord, à Westhalten, la pente plus calcaire de Zinnkoepflé orientée plein sud tire le maximum du gewurztraminer et du riesling ; à Rouffach, les marnes et le grès de Vorbourg, exposés au sud-est ont une certaine affinité avec le muscat.

Hatschbourg à Voegtlingshofen est un splendide vignoble où les marnes et le calcaire font mûrir un pinot gris et un gewurztraminer à la texture dense ; il en va de même chez son voisin, Goldert. Eichberg à Eguisheim fait pousser du gewurztraminer et du riesling sur des marnes et du grès, alors que Hengst à Wintzenheim est renommé pour ces mêmes cépages.

Les contreforts granitiques des Vosges produisent des rieslings d'une richesse supérieure quand ils influencent des vignobles comme Brand à Turckheim et Kientzheim à Schlossberg. À Riquewihr, les marnes argileuses de Schoenenbourg produisent également un superbe riesling, mais les argiles du Sporen, au sud du village, correspondent mieux au gewurztraminer.

Quelques producteurs, surtout lorsqu'ils jouissent d'une certaine réputation, évitent le système des grands crus. Le meilleur riesling d'Alsace (du monde, pour certains) est celui du Clos Sainte-Hune de Trimbach, à l'intérieur du grand cru rosacker qui domine Hunawihr. Le mot « rosacker » n'apparaît jamais sur les étiquettes, parce que les Trimbach ne croient pas que le reste de ce vignoble poussant principalement sur un sol calcaire soit à la hauteur de leur Clos Sainte-Hune.

On appelle « clos » un vignoble installé à l'intérieur d'un autre vignoble. Il peut être synonyme de qualité. C'est le cas avec le Clos des Capucins dans le domaine Weinbach, au pied des pentes de Schlossberg, à Kientzheim ; le Clos Saint-Landelin de Muré dans le vignoble de Vorbourg ; et le Clos Hauserer de Zind-Humbrecht près du grand cru hengst, le Clos

En haute saison, les rues étroites de Riquewihr accueillent de nombreux promeneurs, mais les Vosges, qui donnent tant de vins délicieux, ne sont jamais loin.

Jebsal près de Turckheim, le Clos Saint-Urbain dans le grand cru rangen à Thann (voir la carte de la page 127) et le Clos Windsbuhl près de Hunawihr.

Les concepts de grand cru et de clos peuvent attirer de nombreux viticulteurs, mais d'autres produisent des sélections tout aussi bonnes sous le simple nom de « cuvées » de leurs meilleurs cépages. L'Alsace ne sera jamais d'accord avec elle-même.

Ici, le touriste est particulièrement choyé. La fameuse Route des vins fait passer par quelques-unes des plus belles bourgades viticoles au monde. Riquewihr et Kaysersberg sont les plus remarquables, et Colmar, capitale de l'Alsace, présente de magnifiques maisons à colombages du XVᵉ siècle.

Entre les zones habitées, les vignobles bien dessinés occupent tout le paysage, mais en haut des crêtes on découvre soudain une mer verdoyante qui s'arrête aux montagnes et disparaît dans le brouillard à l'horizon.

◀ Grands crus de viticulteurs, plus trois vins appartenant aux négociants Léon Beyer (spécialiste du gewurztraminer), Hugel et Trimbach. Le modeste Clos Sainte-Hune donne une fausse impression de sa réputation, mais on peut le garder dix ou vingt ans en cave.

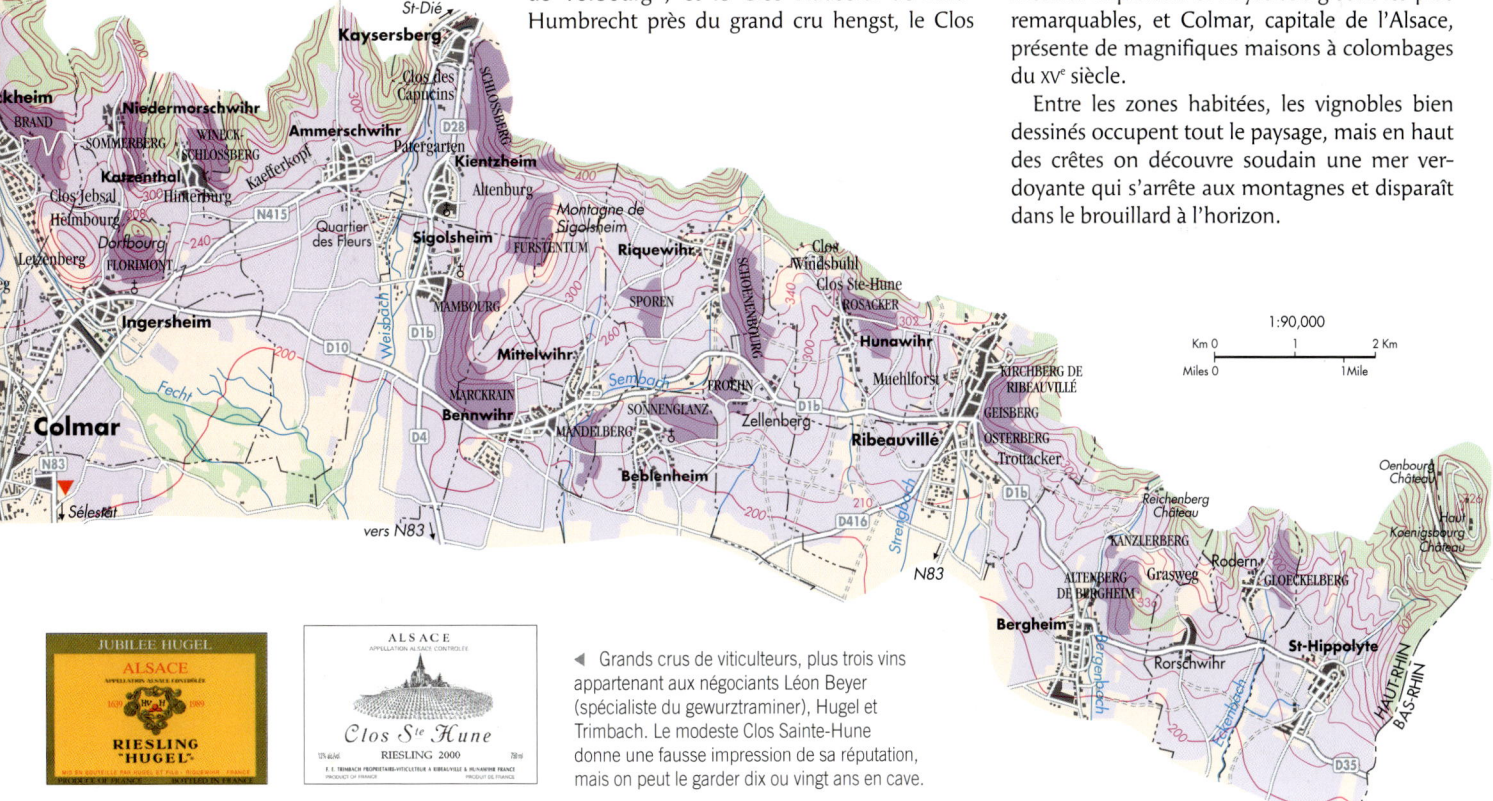

Rhône septentrional

Les vallées de la Loire et du Rhône sont les deux faces d'une même pièce. Le vin de Loire est en majeure partie blanc, celui du Rhône, rouge. Pour chaque région, il existe toute une gamme de styles, mais tous ont quelque chose en commun et, pour le Rhône, il s'agit de la substance.

Les rouges du Rhône vont du vin très tannique, à la concentration extrême, rubis noir à violet noir lorsqu'ils sont jeunes, à un jus de fruit assez simple mais très alcoolisé. Les meilleurs vins ont une profondeur, une longueur et une maturité pour gagner une harmonie comparable à celle des plus grands bordeaux. Les vins blancs, minoritaires, sont plutôt capiteux, mais les progrès en vinification leur permettent de se hisser à la hauteur des meilleurs rouges.

Les vignobles de la vallée du Rhône se répartissent naturellement en deux groupes : le groupe du nord, dit septentrional, avec moins d'un dixième de la production totale et généralement de bons vins ; celui du sud (dit méridional), plus diversifié grâce à un paysage changeant. Le Rhône naît en Suisse, traverse la France pour se jeter dans la Méditerranée, et le paysage ne cesse de se modifier, des forêts de chênes, où les vignes se partagent les champs avec les pêchers et les noyers, jusqu'aux terres arides et aux oliveraies provençales. Une rapide comparaison des précipitations de ces deux régions suffit à expliquer pourquoi le Rhône septentrional est bien plus verdoyant que sa contrepartie méridionale. La coupure s'effectue à hauteur de Montélimar où, pendant quelque temps, le vin déserte la vallée.

Au nord, les vignobles s'accrochent sur des terrasses à des falaises en granit décomposé, où l'exposition au soleil est à son maximum. Le cépage est ici la syrah. Le Rhône septentrional peut aussi se vanter de posséder trois cépages blancs élégants – marsanne, roussanne et viognier –, même s'ils donnent assez peu de vin.

Côte-rôtie, condrieu et hermitage, les vins les plus majestueux du Rhône, dépendent tous du secteur nord ; ils sont entourés d'autres vins à la forte réputation locale, avec une longue tradition et une réputation toujours croissante.

Le **cornas**, par exemple, est une sorte de cousin de campagne obstiné du noble hermitage, né des mêmes plants de syrah poussant sur du granit, avec autant d'autorité et de puissance, mais moins de finesse. Aujourd'hui, l'appellation présente des signes de rajeunissement certains grâce à des éleveurs comme Stéphane Robert du Domaine du Tunnel, Vincent Paris et Éric et Joël Durand. Ces dernières années, la superficie totale a atteint les 104 ha sur des amphithéâtres, faisant face à l'est, abrités des influences du fleuve au point de mûrir précocement. Jean-Luc Colombo et ses expériences sur de forts arômes de chêne et le vénérable Auguste Clape font partie des producteurs de cornas les plus remarquables, mais ils ne sont plus les seuls à jouir d'une réputation internationale.

La tentation d'étendre au maximum un nom de qualité a fait céder **saint-joseph**, appellation de la rive occidentale (rive gauche) au nord de Cornas qui s'étend sur 60 km, de Guilherand à l'appellation saint-péray jusqu'au nord du village de Chavanay près de Condrieu. C'était jadis un groupe de six communes, dont Mauves, avec son sol granitique semblable à celui de la colline de l'Hermitage, sur l'autre rive du fleuve, était sans conteste la meilleure. Depuis 1969, saint-joseph a pu englober 26 communes et passer de 100 à près de 1 000 ha. Un saint-joseph devrait être le vin rouge le plus vert et le plus prompt à arriver à maturité du Rhône septentrional, sans toutefois perdre la nervosité de la syrah. Heureusement, depuis les années 1990, une proportion croissante pousse sur les rives granitiques escarpées plutôt que sur le plateau, bien plus frais. On distingue

Les vignobles mécanisés d'Australie, par exemple, doivent se montrer perplexes devant ceux de côte-rôtie où les pentes peuvent atteindre les 60 %. Il y a assurément une différence entre les vins produits au sommet ou au pied de telles côtes.

difficilement les saint-joseph d'un **côtes-du-rhône** septentrional, appellation passe-partout de la vallée du Rhône qui s'applique à 50 communes au nord de Montélimar (plus 113 au sud). Le nom des six communes d'origine du saint-joseph – Glun, Mauves, Tournon-sur-Rhône, Saint-Jean-de-Muzols, Lemps et Vion – et celui de Chavanay près de Condrieu, plus au nord, sont toujours synonymes d'excellence. Des vins parfois désignés par le seul nom de leurs vignobles sont produits ici par des hommes comme Jean-Louis Chave, Stéphane Montez, Chapoutier et Jean Gonon. L'appellation saint-joseph donne également un des blancs les moins connus du Rhône, bien que plus adapté à toutes sortes de mets (et souvent meilleur que ses rouges), à partir de deux cépages : la marsanne et la roussanne.

Les vins produits selon la méthode traditionnelle ne semblent pas à leur place dans cet environnement rustique et méridional. Pourtant **saint-péray**, au sud de Cornas, est connu depuis longtemps pour son vin doré et effervescent constitué de roussanne et de marsanne.

Sur la Drôme, à l'est de la carte, d'autres cépages, la clairette et le muscat, donnent deux vins effervescents de styles différents : le **crémant-de-die** plus substantiel et principalement à base de clairette, et la **clairette-de-die**, bien plus légère (elle est ainsi appelée, même si la clairette ne constitue pas plus d'un quart d'un assemblage composé surtout de muscat). Des vins légers et plats se présentent sous trois formes avec le nom de **châtillon-en-diois**.

L'étroitesse du nord de la vallée du Rhône a limité l'expansion des appellations les plus vénérables, mais certains viticulteurs travaillent sur des parcelles ne bénéficiant pas du statut d'AOC. Quelques-uns des plus énergiques producteurs de côte-rôtie et de condrieu (voir page suivante) ont recherché des versants granitiques favorisés sur l'autre rive du fleuve (par exemple à Seyssuel, entre Vienne et Lyon) pour y implanter de la syrah et du viognier. En dehors de ces zones autorisées, le produit des vignes doit être vendu sous le nom de vins de pays : c'est souvent le cas pour les collines rhodaniennes (voir la carte de la page 153). De même, des producteurs soutenus du point de vue financier et travaillant bien plus au nord, comme Louis Latour de Beaune et Georges Duboeuf dans le Beaujolais, capitalisent avec des vins de pays au prix étudié sur le potentiel et le coût peu élevé de la terre des coteaux de l'Ardèche.

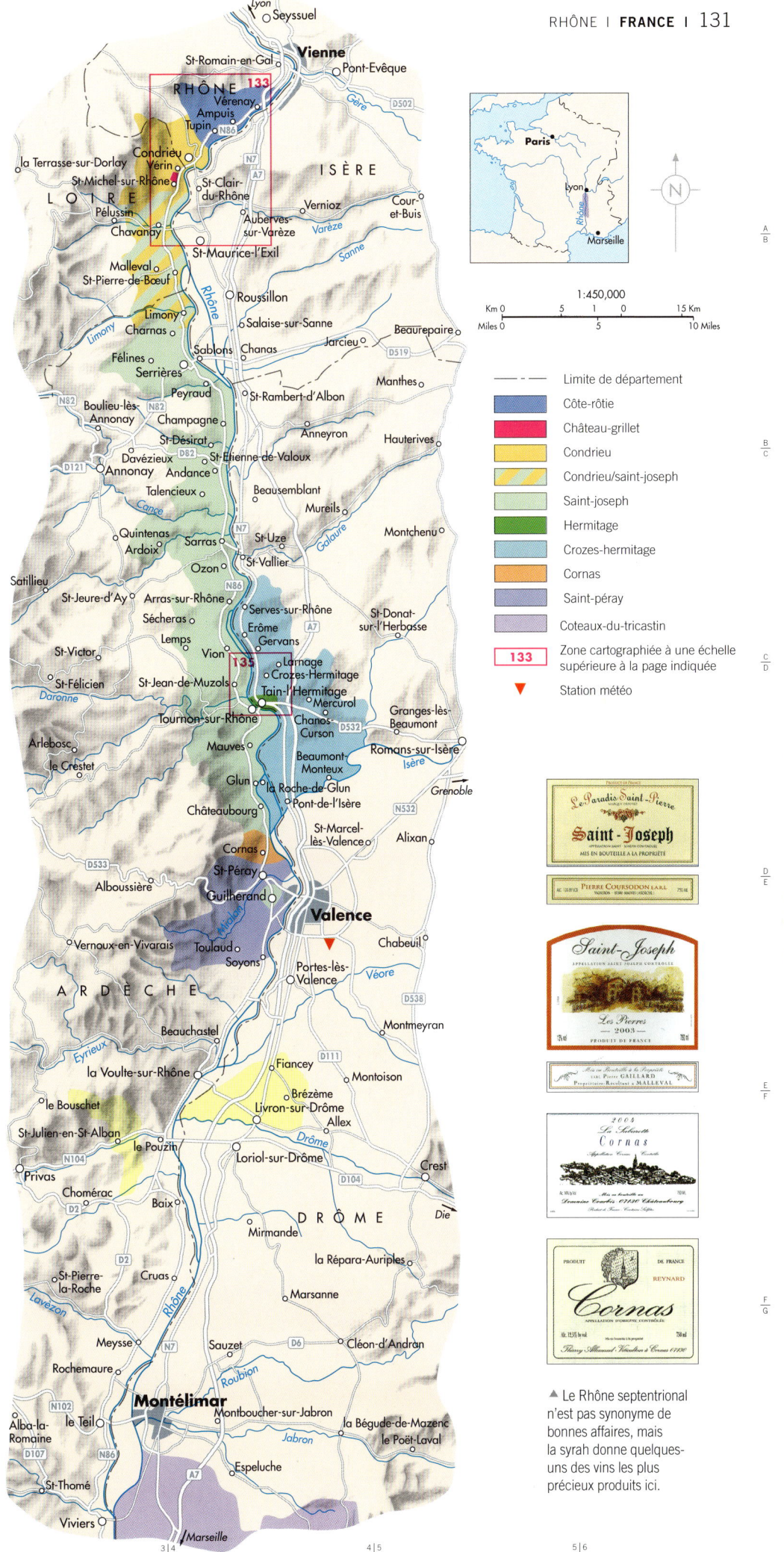

RHÔNE : VALENCE

Latitude / Altitude **44° 55' / 160 m**
Température moyenne en juillet **22,5 °C**
Précipitations annuelles moyennes **840 mm**
Précipitations le mois des vendanges **septembre 130 mm**
Principaux dangers viticoles **temps médiocre en période de floraison, maladies dues aux champignons**
Principaux cépages **syrah, viognier**

Le Rhône septentrional n'est pas synonyme de bonnes affaires, mais la syrah donne quelques-uns des vins les plus précieux produits ici.

Côte-rôtie et condrieu

Le ruban de vignobles de la côte-rôtie à Ampuis occupe de périlleuses terrasses accrochées aux parois granitiques occidentales de la vallée du Rhône. Sa renommée mondiale est assez récente. Avant que le projecteur de la mode ne se braque dans les années 1980 sur Marcel Guigal et ses vins exceptionnels, le côte-rôtie était un vin de connaisseurs, surprenant ceux qui le découvraient par sa finesse fruitée – un vin méridional par sa chaleur, mais plus proche d'un grand bourgogne par la manière dont son tanin affirmé s'accompagnait d'arômes délicats, contrairement au plus célèbre ambassadeur du Rhône septentrional qu'est l'hermitage.

Comme l'hermitage, le côte-rôtie date certainement de l'époque romaine, voire plus tôt encore. Jusqu'au XIXe siècle, on le vendait par vase de 76 litres (soit le double d'une amphore). Il a longtemps passé, de façon confidentielle, pour l'un des meilleurs vins de France. Lors de la première édition de cet Atlas, en 1971, la superficie totale du vignoble atteignait tout juste les 70 ha. Le prix justifiait à peine le dur labeur effectué sur des terrasses parfois très pentues. Depuis, le monde a « découvert » le côte-rôtie, les prix ont augmenté en fonction et la superficie a plus que triplé en 35 ans (225 ha aujourd'hui) pour dépasser en quantité la production d'hermitage.

Comme le nom l'indique, le versant exposé au sud-est (si raide que la pente peut atteindre les 60 % et qu'il faut parfois recourir à des poulies ou des wagonnets pour transporter une seule caisse de raisins) est effectivement « rôti » en été. De nombreuses sections de cette bande de vignobles, ne dépassant pas parfois les 500 m de large, sont ensoleillées toute la journée. Le sol dur (du schiste au nord) qui constitue le socle de ces parcelles retient toute la chaleur ; c'est pourquoi les nouvelles plantations effectuées sur le plateau dominant ne parviennent pas à une vraie maturation et affaiblissent la réputation des vins de côte-rôtie.

La délimitation paraît évidente : il y a la limite nord-ouest au sommet de la pente rôtie et la limite sud-est, aujourd'hui suivie par la N 86 qui longe la rive droite du fleuve au sud de Lyon. Pourtant, la controverse perdure depuis des siècles : jusqu'où exactement s'étend au nord-est et au sud-ouest le territoire du véritable côte-rôtie ? Chacun s'accorde pour dire que les vignobles d'origine sont centrés sur les deux versants dominant la petite ville d'Ampuis, la Côte Blonde sur un éperon tourné plein sud au sud de la ville, et la Côte Brune au nord sur la rive tournée vers le sud-ouest. Partie du Massif central, la Côte Blonde présente davantage de granit, parfois visible en surface, avec une couche supérieure très tendre faite de sable et d'ardoise avec en plus une composante de calcaire pâle. Ces parcelles produisent des vins plus doux, plus charmants et plus précoces que ceux de la Côte Brune, plus vaste et plus variée, dont le schiste et l'argile plus lourde sont assombris par le fer et dont les vignes sont traditionnellement plus résistantes. Ici, la proportion de calcaire dans le sol peut varier beaucoup, mais elle n'est pas prisée par les cultivateurs de syrah alors qu'elle le serait en Bourgogne, par exemple.

Les vignobles individuels sont plus nombreux que ceux notés sur la carte ci-contre et la plupart du temps signalés sur les étiquettes. Égaux en qualité mais pas en style, les vins des Côtes Blonde et Brune étaient dans le passé mélangés par les marchands pour donner un côte-rôtie unifié. Aujourd'hui, la mode est à la mise en bouteilles personnalisée, tendance particulièrement marquée par la figure dominante de cette appellation qu'est le perfectionniste Marcel Guigal. En mettant en bouteilles séparément les vins étiquetés La Mouline (Côte Blonde) et La Landonne ou La Turque (Côte Brune), et après les avoir fait vieillir en fûts de chêne pendant 42 mois, il est parvenu, plus que tous ses confrères, à créer un nouveau romanée-conti. Ce sont des vins pour millionnaires, impressionnés par leur puissance et leur goût, mais pas toujours destinés à l'amateur de côte-rôtie classique, vieillis dans des fûts eux-mêmes vieillis. Les adeptes de la tradition se satisfont mieux des vins de Gangloff et Jasmin ou des Côte Blonde mis en bouteilles par Rostaing.

La situation se complique avec la divergence entre les noms inscrits sur les étiquettes de Guigal, les côte-rôtie les plus renommés, et ceux répertoriés sur les cartes locales. Le plus puissant des vins de Guigal est issu des vignobles de La Landonne, mais il est aussi mis en bouteilles par Jean-Michel Gérin et René Rostaing. La Mouline, autre marque de Guigal, est un velouté somptueux issu de terres situées sur la Côte Blonde, comme le montre la carte. Toujours chez Guigal, La Turque provient de vignobles également indiqués sur la carte bien au-dessus d'Ampuis, alors que son Château d'Ampuis, plus traditionnel et d'acquisition récente, mêle des vins originaires de sept vignobles des Côtes Brune et Blonde. Guigal ne cesse d'accroître son emprise sur la ville

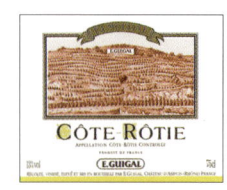

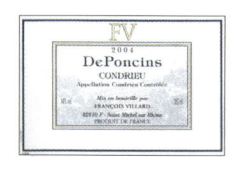

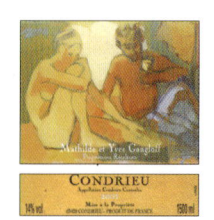

On comprend facilement pourquoi il faut recourir à des poulies pour soigner les vignobles de syrah séculaires de la Côte-Rôtie. Seules quelques parties de la vallée de la Moselle, dans le nord de l'Allemagne, présentent ce genre de difficultés.

◂ La Mouline, le plus abordable des 3 « La » de Guigal, est fabriquée à partir des vignobles les plus anciens. Les producteurs de condrieu sont tous des nouveaux venus ayant fermement établi leur réputation.

faciles qui faisaient la renommée de cette région. Dans les années 1960, la superficie de l'appellation Condrieu (créée en 1940) n'était que de 12 ha. Heureusement, les charmes du viognier en général et du condrieu en particulier étaient si évidents que des amateurs se manifestèrent dans le monde entier. Le cépage est plus largement planté dans le Languedoc, en Californie et en Australie qu'à Condrieu. L'enthousiasme a suffi pour identifier de nouveaux clones du viognier (n'impliquant pas forcément la qualité du vin) et renforcer l'énergie créatrice de condrieu.

Parmi les meilleurs producteurs de condrieu classique, parfumé et presque exclusivement sec, il faut citer Georges Vernay avec son Coteau du Vernon, Pierre Dumazet, André Perret et... Guigal, qui propose aujourd'hui un vin de luxe, La Doriane, où se mêlent les raisins mûris dans les vignobles de la Côte Châtillon et du Colombier. Des producteurs plus jeunes mais tout aussi ambitieux travaillent sur des vins de vendanges tardives, botrytisés et vieillis en fûts de chêne : c'est le cas d'Yves Cuilleron, Yves Gangloff, Pierre Gaillard et François Villard.

Toute cette créativité a besoin de vignobles et ceux de Condrieu dépassaient les 130 ha en 2005. L'appellation condrieu part du village de Chavanay – ses producteurs peuvent aussi faire du saint-joseph, et le sol est si granitique qu'il donne un caractère minéral au vin – et s'étire vers le nord jusqu'aux collines de Condrieu, où le viognier est particulièrement riche.

Les nouveaux vignobles n'occupent pas toujours les sites inaccessibles propres au délicat viognier qui y trouve à l'époque de sa floraison un abri contre le froid vent du nord. Les vignobles les plus favorisés de Condrieu ont tendance à avoir un sol superficiel riche en mica appelé ici arzelle. Ils ont pour nom Chéry, Chanson, Côte Bonnette et Les Eyguets. Le condrieu allie un fort degré d'alcool à un arôme envoûtant mais étonnamment fragile. C'est l'un des très rares vins blancs de luxe qu'il vaut mieux boire jeune.

Le plus étonnant viognier est celui du **château-grillet** : 3,8 ha au sein d'un amphi-théâtre privilégié qui lui vaut sa propre appellation, une enclave dans le territoire du condrieu. Le prix du vin reflète depuis quelque temps sa rareté plutôt que sa qualité. Très changeant, il peut se montrer revêche dans sa jeunesse, puis révéler toute sa beauté après quelques années passées en bouteille.

Jamet, Ogier, Jean-Michel Stéphan et bien d'autres installés à Condrieu ou à Saint-Joseph fabriquent tous des vins intéressants. Les marchands proposant des côte-rôtie de qualité ont pour nom Chapoutier, Delas, Duclaux, Jaboulet, Vidal-Fleury (propriété de Guigal) et bien entendu Guigal lui-même.

Les côte-rôtie ne se distinguent pas des hermitages que par la seule géographie. En théorie, les éleveurs de côte-rôtie sont depuis longtemps autorisés à ajouter jusqu'à 20 % de viognier pour parfumer et stabiliser la syrah dont dépend le vin. La Mouline de Guigal comporte plus de 10 % de viognier, mais la moyenne se situe entre 2 et 5 %. (Cette technique fut reprise dans de nombreux pays, en Australie notamment, au début du XXIe siècle.)

Extrêmement capiteux, le cépage viognier et son parfum très personnel, ses arômes d'abricot et sa floraison en mai, est la spécialité de l'appellation encore plus restreinte de **condrieu**, à laquelle les vignobles de côte-rôtie se fondent au sud, où le schiste et le mica cèdent la place au granit. De nombreux producteurs locaux fabriquent à la fois ces blancs et ces rouges très recherchés, de même que les gros marchands aimeraient acquérir leurs vins ou de préférence leurs vignobles. À une époque, le condrieu courant passait pour un vin doux, mais relativement obscur. La difficulté de cultiver un cépage aussi peu fiable, aussi voué aux maladies et d'aussi faible rendement que le viognier, sur les pentes relativement inaccessibles dominant le village de Condrieu, ne jouait pas en sa faveur, comparé aux récoltes plus lucratives et plus

d'Ampuis. Il était inévitable qu'il acquiert et rénove le Château d'Ampuis, plutôt mal en point, au bord du fleuve, et qu'il y installe sa propre tonnellerie.

L'appellation côte-rôtie n'est cependant pas l'apanage d'un seul homme. Gilles Barge, les Bonnefond, Bernard Burgaud, Clusel-Roch,

Rhône méridional

L'embouchure de la vallée du Rhône occupe une place de choix dans le cœur des voyageurs. L'histoire et l'histoire naturelle se marient pour en faire l'une des régions les plus intéressantes de France. Qui ne songe aux travaux gigantesques des Romains, aux lézards somnolant dans les ruines, aux plantations de légumes précoces abritées du mistral, aux pins et aux amandiers mêlés aux oliviers tout au sud – et, à flanc de colline ou dans la plaine, sur du sable ou de l'argile, aux vignobles omniprésents ?

Ces vignobles semblent se prélasser sur de larges terrasses de pierres rondes et lisses que réchauffe le soleil, et la diversité des cépages est étonnante. Au sud, le cépage dominant des vins rouges est le versatile grenache, de plus en plus renforcé par la syrah et le mourvèdre. Le cœur de cette région, le vignoble qui en concentre toutes les qualités, est celui de châteauneuf-du-pape. Autour se regroupent des villages ayant tous une histoire à raconter, perpétuée par d'ambitieux producteurs toujours plus nombreux. Les vins de village du Rhône méridional vont pouvoir asseoir leur réputation et demander que le nom du village d'origine soit porté sur l'étiquette.

L'appellation **côtes-du-rhône** regroupe les rouges, rosés et blancs de la vallée du Rhône sur plus de 40 300 ha. La récolte annuelle peut être trois fois supérieure à celle du Beaujolais et inférieure de très peu à celle du Bordelais.

On observe bien entendu d'importantes variations de qualité et de style, les sols plus légers et les climats plus froids donnant des vins eux-mêmes plus légers. Certains côtes-du-rhône sont tout ce qu'il y a de plus ordinaire, mais même cette appellation générique recèle des trésors : ce sont souvent les vins les plus simples des plus grands producteurs. L'archétype en est le Château de Fonsalette, issu du même groupe que le fameux Château Rayas, un châteauneuf-du-pape. Le Coudoulet de Beaucastel est une riposte au Château de Beaucastel. Il y a aussi de belles réussites dans des zones plus écartées, comme celles dont les étiquettes apparaissent au bas de la page suivante.

Le grenache est aujourd'hui à l'origine d'au moins 40 % du côtes-du-rhône rouge ; on le marie souvent à la syrah ou au mourvèdre. Les blancs et les rosés ne constituent respectivement que 2 et 4 % de la production globale.

L'appellation **côtes-du-rhône-villages** est bien supérieure, au point d'offrir quelques-unes des meilleures valeurs du vignoble national. Des 95 communes ayant droit au suffixe -villages, toutes situées au sud, les 20 meilleures ont le droit d'accoler leur nom à celui déjà pesant de côtes-du-rhône-villages. Ces villages privilégiés sont indiqués en italique sur la carte et quelques-uns des plus renommés sont répertoriés page suivante. Parmi ceux ayant atteint une certaine notoriété en dehors de leur région, citons Valréas, Visan et, sur la rive droite du Rhône, Chusclan qui, avec son voisin Laudun, est réputé pour ses rosés et ses rouges. À l'extrême nord de l'appellation côtes-du-rhône-villages, Rousset-les-Vignes et Saint-Pantaléon-les-Vignes vendaient leurs vins sous le nom de haut-comtat, quasiment disparu aujourd'hui.

Entre les villages du nord et le Rhône, les **coteaux-du-tricastin** occupent un paysage aride, balayé par le mistral, plus connu autrefois pour ses truffes que pour ses vins. Le mourvèdre ne peut mûrir si loin de la Méditerranée, et c'est le cinsault qui vient renforcer le grenache fruité et la syrah plus dure. Des vins semblables à ceux du Domaine Gramenon peuvent se conserver plus longtemps que les deux ou trois ans habituels.

Les **côtes-du-ventoux** sont le reflet d'altitudes plus élevées et de conditions plus fraîches que dans le reste des côtes-du-rhône. Il y avait ici une tradition de rouges et de rosés légers à tout point de vue, très vifs lorsqu'ils étaient jeunes, mais des producteurs comme Fondrèche et Pesquié fabriquent à présent des vins de plus en plus sérieux.

Sur la rive droite du Rhône, les **côtes-du-vivarais** ressemblent presque invariablement aux côtes-du-rhône « poids plume » grâce à des conditions météo exceptionnellement fraîches pour cette partie torride de la France.

Bien plus chauds et bien plus influencés par la Méditerranée, les vignobles des **costières-de-nîmes**, au nord de la Camargue, passent à juste titre pour une extension de ceux répertoriés page suivante plutôt que du Languedoc.

N'entendez-vous pas le chant des cigales en cette paisible après-midi passée à Gigondas, sous les Dentelles de Montmirail, si prisées des peintres ? Gigondas fut l'un des premiers villages du Rhône méridional à gagner sa propre appellation.

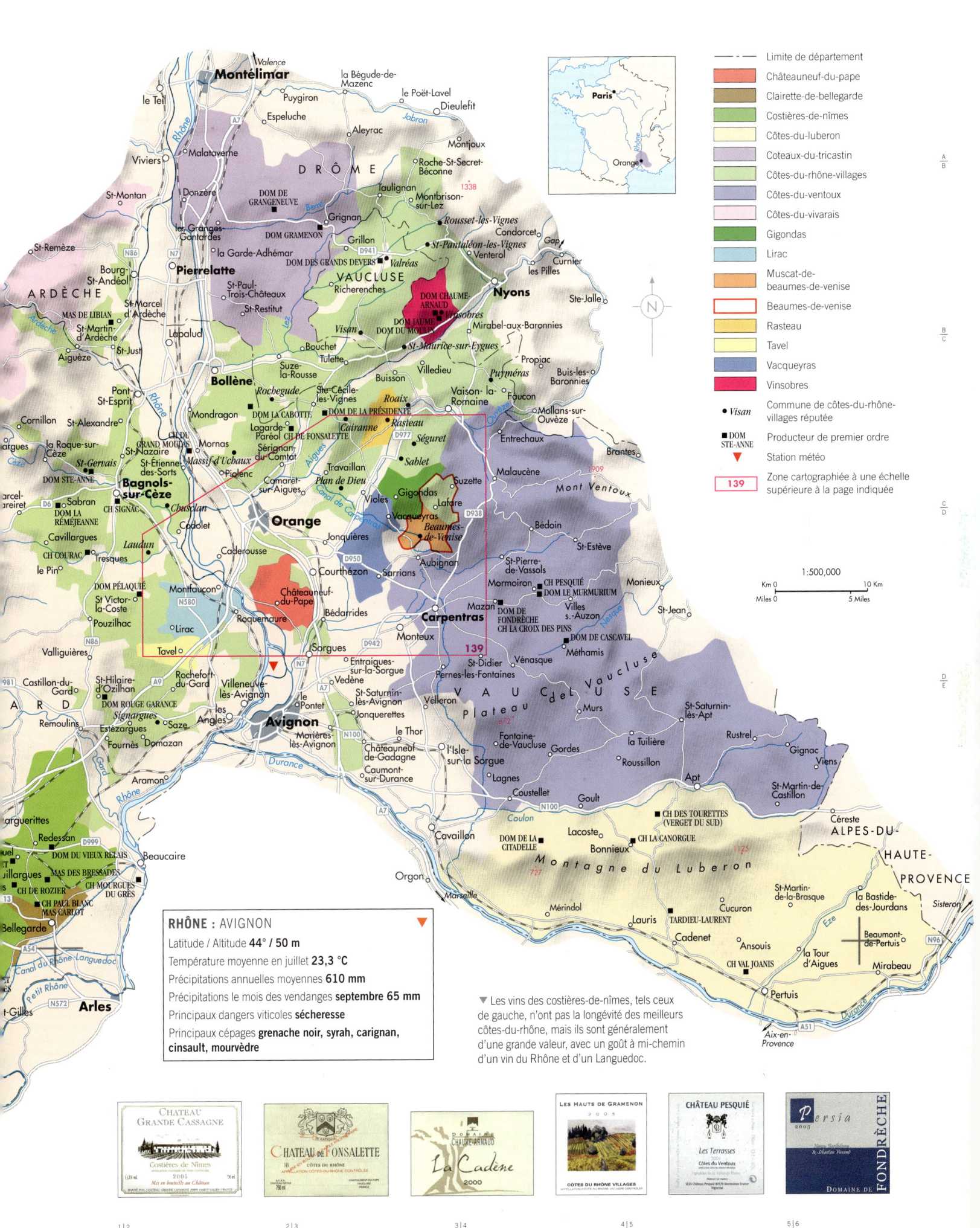

RHÔNE MÉRIDIONAL | RHÔNE | **FRANCE** | 137

Légende

- Limite de département
- Châteauneuf-du-pape
- Clairette-de-bellegarde
- Costières-de-nîmes
- Côtes-du-luberon
- Coteaux-du-tricastin
- Côtes-du-rhône-villages
- Côtes-du-ventoux
- Côtes-du-vivarais
- Gigondas
- Lirac
- Muscat-de-beaumes-de-venise
- Beaumes-de-venise
- Rasteau
- Tavel
- Vacqueyras
- Vinsobres

- • Visan — Commune de côtes-du-rhône-villages réputée
- ■ DOM STE-ANNE — Producteur de premier ordre
- ▼ — Station météo
- 139 — Zone cartographiée à une échelle supérieure à la page indiquée

1:500,000
Km 0 — 10 Km
Miles 0 — 5 Miles

RHÔNE : AVIGNON

Latitude / Altitude **44° / 50 m**
Température moyenne en juillet **23,3 °C**
Précipitations annuelles moyennes **610 mm**
Précipitations le mois des vendanges septembre **65 mm**
Principaux dangers viticoles **sécheresse**
Principaux cépages **grenache noir, syrah, carignan, cinsault, mourvèdre**

▼ Les vins des costières-de-nîmes, tels ceux de gauche, n'ont pas la longévité des meilleurs côtes-du-rhône, mais ils sont généralement d'une grande valeur, avec un goût à mi-chemin d'un vin du Rhône et d'un Languedoc.

Châteauneuf-du-Pape et ses environs

Châteauneuf-du-Pape est le centre renommé du Rhône méridional, juste au nord d'Avignon, sur une colline dominée par les vestiges d'une résidence d'été papale. On le voit ici entouré de ses plus célèbres voisins, soit de l'autre côté du Rhône soit à l'est de la carte, au-delà d'une zone trop plate et trop fertile pour accueillir une production vinicole digne de ce nom. Le vin rouge profond de châteauneuf-du-pape a pour caractéristique de présenter le plus haut titre alcoométrique minimum autorisé en France (12,5 % vol., même s'il est en pratique de 14 %), mais aussi d'être le premier à avoir été soumis à une telle réglementation. En 1923, son célèbre producteur, le baron Le Roy du Château Fortia, délimita des terres assez arides pour accueillir également le thym et la lavande et posa ainsi la première pierre du remarquable système des « appellations d'origine contrôlées », ou AOC.

Quelque 100 000 hl de vin sont produits ici chaque année, dont 95 % de rouge, mais la qualité est très variable. Elle se situe le plus souvent entre le bon et le moyen ; le vin est allégé en couleur (pas en alcool) par l'ajout d'une plus grande quantité de grenache susceptible de le rendre consommable dès un an ou deux. Mais à l'instar des châteaux du Bordelais, de nombreuses propriétés de Châteauneuf donnent des vins classiques, sombres et profonds : chacune recourt à un cocktail bien personnel, mêlant quelques-uns des treize cépages différents pour obtenir des vins plus ou moins épicés, plus ou moins tanniques ou souples, plus ou moins susceptibles de vieillir. Le grenache est la colonne vertébrale de cette AOC, souvent assemblé au mourvèdre et à la syrah, à un peu de cinsault et de counoise, plus de petites quantités de vaccarèse, picpoul noir, terret noir, grenache blanc à peau mince, clairette, bourboulenc, roussanne et picardan, cépage neutre. Le Château de Beaucastel et le Clos des Papes sont les seuls à continuer à utiliser l'intégralité des 13 cépages.

Les méthodes de vinification modernes et le goût général pour les vins méditerranéens ont vu des maisons bien établies – par exemple Châteaux de Beaucastel, Rayas et La Nerthe, Domaine du Vieux Télégraphe et Clos des Papes – rejointes par une horde de producteurs très originaux comme Henri Bonneau, André Brunel aux Cailloux et les Féraud au Domaine du Pegaü, dont les bouteilles en édition limitée exercent tant d'attrait sur les collectionneurs de bons vins. Leurs rouges, toujours riches et épicés mais souvent rudes jeunes, peuvent vieillir et donner des parfums profonds, somptueux, rappelant parfois le goût du gibier. Les blancs rares, savoureux dès le début, développent au bout de sept ou huit ans des senteurs exotiques évoquant parfois l'écorce d'orange. De nombreux producteurs utilisent de lourdes bouteilles dont la forme est propre au bourgogne.

Quand on dit Châteauneuf-du-Pape, on pense toujours aux galets susceptibles d'absorber la chaleur que l'on trouve dans certains de ses vignobles, mais en réalité les sols de cette petite région sont assez diversifiés. Les célèbres vignobles de Rayas n'ont quasiment pas de galets, mais une forte proportion de sable et d'argile. Le vin produit sur les versants principalement tournés vers le nord, entre Mont-Redon et Orange, ont tendance à être plus légers, plus élégants et moins tanniques que ceux des sites plus chauds. L'utilisation de bois nouveau, la dimension des fûts et la proportion de mourvèdre sont elles aussi responsables de la variété de styles que présentent les châteauneufs.

Châteauneuf-du-Pape est entouré par plus de cent communes produisant du côtes-du-rhône ; celles ayant droit au nom côtes-du-rhône-villages sont indiquées en magenta. D'autres ont cependant gagné leur propre appellation. C'est le cas de **gigondas** : issu de vignobles situés au pied des Dentelles de Montmirail, son vin rouge a besoin de vieillir cinq ou six ans et peut rivaliser avec un châteauneuf-du-pape. Des producteurs ambitieux, comme le Domaine Santa Duc et le Château de Saint-Cosme, ont fait des expériences heureuses avec du chêne nouveau, alors que les gardiens de la tradition – tel le Domaine de Cayron – continuent à donner des vins somptueusement capiteux.

Vacqueyras a gagné sa propre appellation en 1990 ; généralement plus contenu que le gigondas, ce vin peut apporter à un prix raisonnable les épices et les herbes du Rhône méridional. **Vinsobres** et **beaumes-de-venise** ont aussi accédé en 2004 au statut d'AOC avec des rouges assez trapus. **Cairanne** et rasteau ont également été promus au statut d'AOC, même si au milieu de l'année 2006, tout ce qu'ils ont pu officiellement décrocher, c'est une appellation pour les vins doux naturels rustiques de rasteau. Beaumes-de-venise est renommé depuis longtemps pour son muscat doré, fort et doux.

La cave du Château de Beaucastel. Les cépages et la vinification sont si particuliers que certains amateurs trouvent que les rouges rappellent trop leur origine tant qu'ils n'ont pas atteint un âge respectable.

RHÔNE | FRANCE | 139

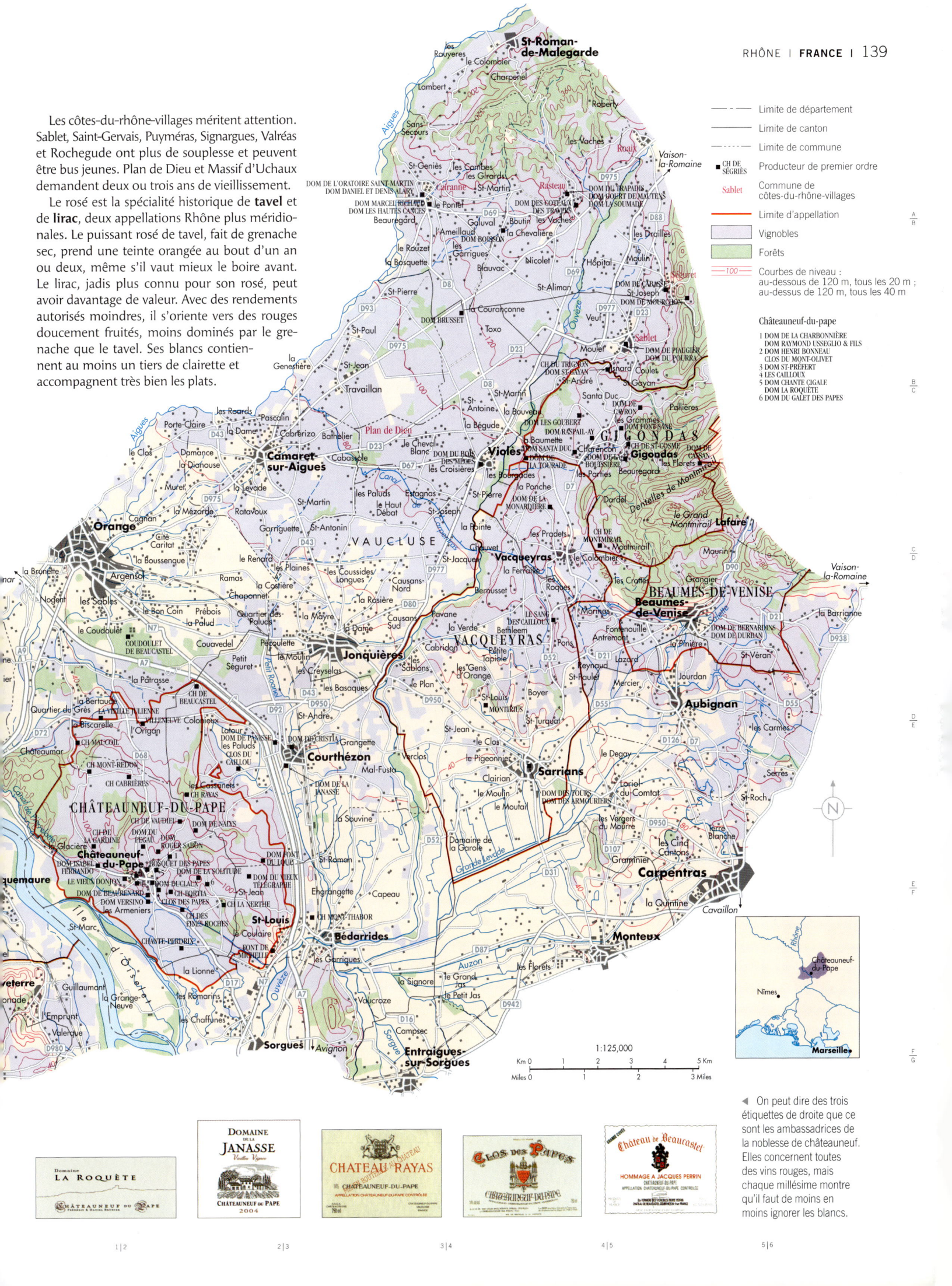

Les côtes-du-rhône-villages méritent attention. Sablet, Saint-Gervais, Puyméras, Signargues, Valréas et Rochegude ont plus de souplesse et peuvent être bus jeunes. Plan de Dieu et Massif d'Uchaux demandent deux ou trois ans de vieillissement.

Le rosé est la spécialité historique de **tavel** et de **lirac**, deux appellations Rhône plus méridionales. Le puissant rosé de tavel, fait de grenache sec, prend une teinte orangée au bout d'un an ou deux, même s'il vaut mieux le boire avant. Le lirac, jadis plus connu pour son rosé, peut avoir davantage de valeur. Avec des rendements autorisés moindres, il s'oriente vers des rouges doucement fruités, moins dominés par le grenache que le tavel. Ses blancs contiennent au moins un tiers de clairette et accompagnent très bien les plats.

- – · – Limite de département
- ——— Limite de canton
- – – – Limite de commune
- ■ CH DE SÉGRIÈS Producteur de premier ordre
- **Sablet** Commune de côtes-du-rhône-villages
- ——— Limite d'appellation
- Vignobles
- Forêts
- —100— Courbes de niveau : au-dessous de 120 m, tous les 20 m ; au-dessus de 120 m, tous les 40 m

Châteauneuf-du-pape
1 DOM DE LA CHARBONNIÈRE
  DOM RAYMOND USSEGLIO & FILS
2 DOM HENRI BONNEAU
  CLOS DU MONT-OLIVET
3 DOM ST-PRÉFERT
4 LES CAILLOUX
5 DOM CHANTE CIGALE
  DOM LA ROQUÈTE
6 DOM DU GALET DES PAPES

1:125,000

On peut dire des trois étiquettes de droite que ce sont les ambassadrices de la noblesse de châteauneuf. Elles concernent toutes des vins rouges, mais chaque millésime montre qu'il faut de moins en moins ignorer les blancs.

Les murailles protectrices (reconstruites relativement récemment) de la cité de Carcassonne, où se rencontrent les influences atlantiques et méditerranéennes.

Languedoc occidental

Le Languedoc est une porte ouverte sur l'étranger et un creuset aux multiples composantes. Alors que la majeure partie de cette région est décidément méditerranéenne, sa partie la plus occidentale subit l'influence de l'Atlantique. Ses régions vinicoles les plus élevées et les plus sauvages sont indiquées sur la carte ci-contre. Leurs vins, semblables à ceux du Rhône à l'est, ressemblent plus à du bordeaux à l'ouest, par leur structure sinon leur arôme.

L'une des deux grandes appellations du Languedoc occidental, le **minervois**, est légèrement plus civilisée, plus policée. Le terrain n'est pas aussi rude que dans les Corbières même si, à sa limite nord où les vignes poussent sur les contreforts de la Montagne noire, les plants s'accrochent à la garrigue rocheuse des Cévennes et paraissent aussi fragiles que ceux des Corbières, sur les contreforts des Pyrénées. Au-dessus du village de Minerve, quelques-uns des vignobles les plus hauts et les plus tardifs de cette appellation dominent un amphithéâtre orienté plein sud. En bas, sur une vaste région située à l'ouest, le Petit Causse est une ceinture d'argile et de calcaire. Les vignobles entourant La Livinière produisent tant de vins qui semblent marier les rudes senteurs des hauts vignobles au caractère suave et souple de ceux situés en contrebas qu'ils ont gagné leur propre appellation.

Au sud-ouest, la vallée de la Clamoux subit les premières influences atlantiques : le niveau d'acidité est plus élevé, le style un peu plus léger. La sous-région de l'Argent-Double, une terre plus chaude et plus sèche qui descend vers l'Aude, et celle de Serres, plus proche de la Méditerranée, donnent en grande partie le terne minervois, que l'on trouve à bas prix dans n'importe quel supermarché. Les noms de producteurs indiqués sur la carte sont ceux des coopératives et des hommes ambitieux qui produisent un vin particulièrement souple.

Le minervois est à 94 % rouge, et rosé à 4 %, mais l'ancien cépage qu'est le bourboulenc est de plus en plus présent dans le vin blanc avec d'autres cépages (maccabéo, grenache blanc, marsanne, roussanne et rolle) intégrant le chêne.

Communément appelé malvoisie, le bourboulenc règne en maître sur l'avant-poste rocheux de l'appellation coteaux-du-languedoc (décrite en détail page suivante) ; sous le nom de La Clape, ce massif rocheux calcaire était à l'époque romaine une île située au sud du port de Narbo (la Narbonne d'aujourd'hui). Ses blancs ont une senteur marine pour ne pas dire iodée. Le Minervois donne aussi des vins doux naturels, dont le **muscat-de-saint-jean-de-minervois** n'est pas le moins aromatique.

Le paysage des **Corbières** est plus tourmenté : ce chaos de montagnes et de vallées part de la Méditerranée pour s'enfoncer dans le département de l'Aude. Le calcaire alterne avec le schiste, l'argile, les marnes et le grès ; l'influence de la Méditerranée et parfois celle de l'Atlantique se manifestent sur la vallée de l'Aude et ses collines occidentales.

Le corbières rouge dans sa forme la moins courante a un goût plus sauvage et plus concentré, souvent plus rude que le minervois dont les vignobles connaissent des étés moins cléments. La sécheresse et les incendies menacent diverses parties de l'appellation corbières, foyer d'une politique locale très animée. En 1990, une grande réorganisation divisa les Corbières en pas moins de 11 zones climatiques, mais celles de Saint-Victor, Quéribus et Termenès, à l'extrême sud-ouest, se sont depuis regroupées sous le nom de Hautes-Corbières, alors que les petites collines austères entourant Boutenac ont reçu l'appellation **corbières-boutenac**.

Fitou, première appellation languedocienne en 1948, produit depuis longtemps un vin doux naturel (voir page 144) du nom de rivesaltes. Ce sont en fait deux zones distinctes à l'intérieur des Corbières : une bande argilo-calcaire autour des lagons du littoral et une zone de schiste dans la montagne, 24 km à l'intérieur des terres, séparées par des coteaux escarpés. Pendant la plus grande partie des années 1980 et 1990, fitou était en retrait par rapport à ses voisins du nord, mais, aujourd'hui, des producteurs tels que le Domaine Maria Fita et Bertrand-Bergé aident à financer les deux grandes coopératives, Mont Tauch et Cascatel. La proportion du grenache augmente aux dépens du carignan dans le fitou montagneux, alors que la syrah et le mourvèdre gagnent du terrain dans le fitou maritime.

L'influence plus froide de l'Atlantique s'exerce jusqu'aux collines occidentales situées au sud de Carcassonne, où **Limoux** jouit depuis longtemps d'une réputation internationale grâce à ses vins effervescents fabriqués selon la méthode traditionnelle, la blanquette à base de mauzac local, et le crémant-de-limoux, plus délicat, constitué de chardonnay et de chenin blanc. Le limoux blanc tranquille à base de chardonnay et vieilli en fût de chêne est produit dans un environnement bien plus frais que ce à

LANGUEDOC-ROUSSILLON | FRANCE | 141

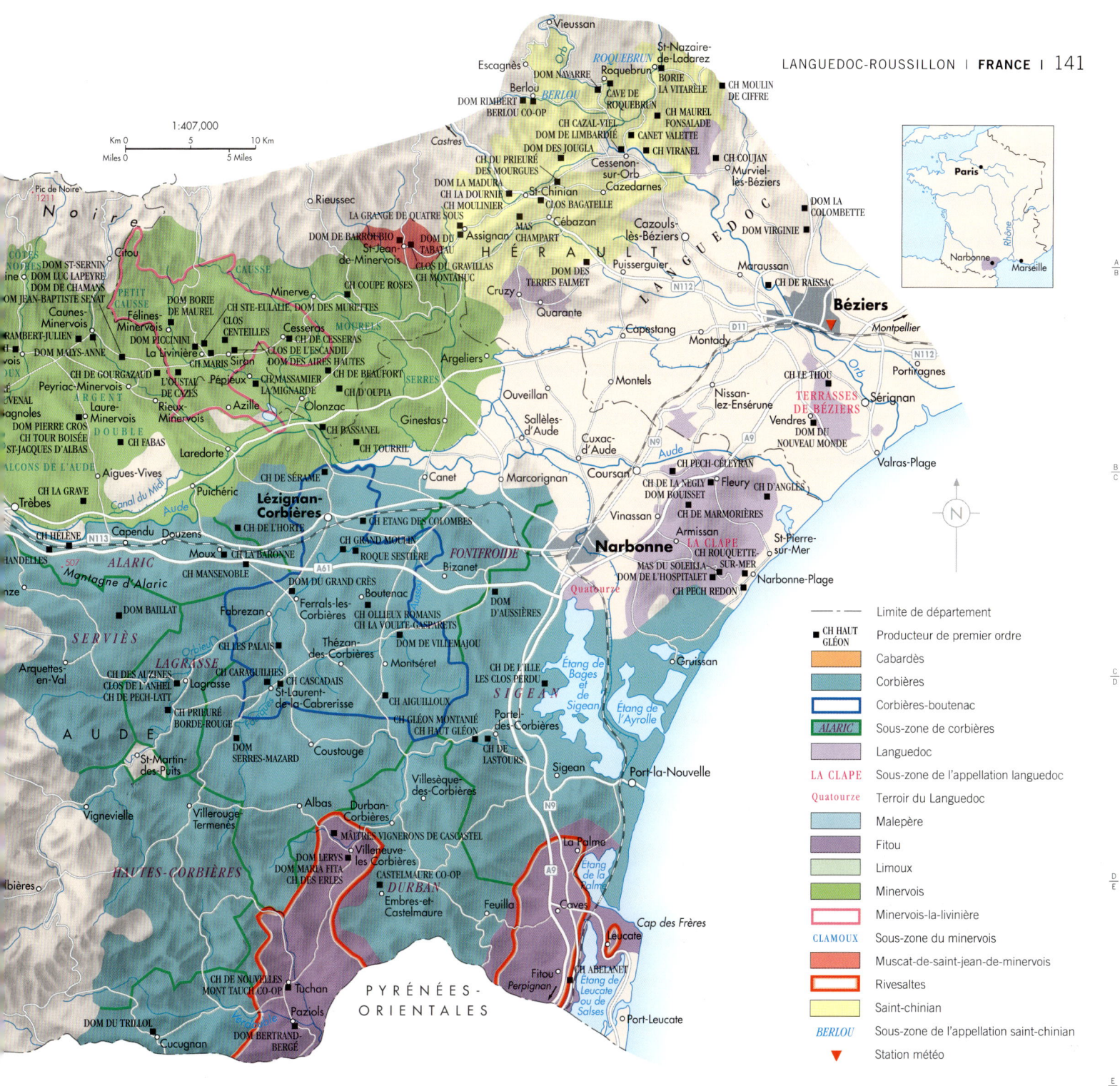

quoi l'on s'attendrait dans une région aussi méridionale. Relativement récente, l'appellation limoux rouge est un assemblage élevé en fûts de chêne, composé pour moitié de merlot et pour le reste d'autres cépages de bordeaux, ainsi que de grenache et de syrah.

Tous ces vins ont une acidité plus discrète que ceux élaborés dans le Languedoc oriental, plus chaud, et c'est aussi le cas des vins des côtes de la malepère juste au nord. Les vins de l'AOC **malepère**, de modeste réputation, sont dominés par le merlot et le malbec (ou côt). Au nord de Carcassonne, **cabardès** est la seule appellation où se mêlent obligatoirement cépages méditerranéens et atlantiques (bordelais).

Le saint-chinian indiqué sur cette carte est décrit page suivante avec son voisin, le faugères.

▼ Une sélection des nombreuses appellations indiquées ici, avec le fitou, la seule datant d'avant 1985, et Chloé, assemblage de cépages du Bordelais constituant les vignobles élevés et relativement frais près de Roquetaillade.

LANGUEDOC : BÉZIERS ▼

Latitude / Altitude **43° / 80 m**
Température moyenne en juillet **23 °C**
Précipitations annuelles moyennes **710 mm**
Précipitations le mois des vendanges **septembre 65 mm**
Principaux dangers viticoles **sécheresse**
Principaux cépages **carignan, grenache noir, cinsault, syrah, merlot, cabernet-sauvignon**

Légende

- Limite de département
- ■ CH HAUT GLÉON Producteur de premier ordre
- Cabardès
- Corbières
- Corbières-boutenac
- ALARIC Sous-zone de corbières
- Languedoc
- LA CLAPE Sous-zone de l'appellation languedoc
- Quatourze Terroir du Languedoc
- Malepère
- Fitou
- Limoux
- Minervois
- Minervois-la-livinière
- CLAMOUX Sous-zone du minervois
- Muscat-de-saint-jean-de-minervois
- Rivesaltes
- Saint-chinian
- BERLOU Sous-zone de l'appellation saint-chinian
- ▼ Station météo

Languedoc oriental

Les vignobles longeant le littoral méditerranéen ne connaissent la notoriété que depuis une date relativement récente. Pendant des années, la région se contenta de produire un vin rouge pale très ordinaire à partir de vignobles surexploités dépendant bien souvent des zones d'appellation mentionnées ci-contre et des étendues plates de l'arrière-pays. Aujourd'hui, tout tend à prouver que l'on peut produire des vins de qualité dans des zones plus propices, en général sur des terrains plus pauvres et plus en altitude : ils ont un caractère local bien marqué, un accent français prononcé et un prix de vente attrayant. Alors que la plupart des cartes de cet Atlas présentent l'étendue de tous les vignobles d'une région donnée, les vignes ont été plantées ici de manière si extensive que seules les zones d'AOC ont été mises en valeur.

En ce début de XXIe siècle, le grand défi, pour la France comme pour toute l'Europe, consiste à savoir quoi faire des vignobles du Languedoc ne jouissant pas du statut d'AOC, en particulier ceux dont les cépages ne peuvent donner que le vin de table le plus ordinaire. Le Languedoc-Roussillon est toujours la plus grande région vinicole du monde avec 292 000 ha de vignobles (le Bordelais n'en compte que 151 600). À la fin des années 1990, 30 000 viticulteurs et leurs familles ne tiraient leurs revenus que du vin. Grâce à un programme ambitieux de subvention et une gestion rigoureuse des droits fonciers, ce nombre dépassait à peine les 24 000 en 2005, mais c'est toujours une force politique jouissant d'un long passé de militantisme.

Ces viticulteurs sont relativement peu nombreux à faire leur vin. Au moins deux tiers d'entre eux, plus que dans toute autre région viticole française, se contentent de vendre leurs raisins aux coopératives : elles sont toujours plus de 200 en Languedoc-Roussillon, dont près de la moitié dans l'Hérault. Les coopératives se regroupent de plus en plus pour prendre leur place dans le marché très concurrentiel du vin, mais leur capacité à faire et vendre un vin exportable est toujours très variable. Une grande proportion du surplus en vin européen – il devrait atteindre les 27 millions d'hectolitres en 2010, soit près de la moitié de la production française – provient toujours de la zone ici cartographiée.

Les amateurs devraient davantage s'intéresser aux vins issus des zones colorées du Languedoc oriental. Les vins les plus attirants sont l'œuvre

▼ L'étrange étiquette de gauche encercle le goulot d'une bouteille de Château Puech Haut. Le Servières a pour base un superbe cinsault aux arômes de cerise. Aucune autre région viticole ne fait appel à tant de cépages différents.

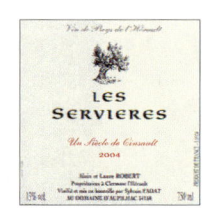

d'individus passionnés, bien souvent des producteurs de première génération qui, à une autre époque, se seraient tournés vers des métiers plus conventionnels. De façon assez typique, ils travaillent aux endroits mêmes où les Romains faisaient pousser leurs vignes (les premières de Gaule), sur des versants où la terre arable est si mince que rien d'autre n'y pousserait.

L'appellation coteaux-du-languedoc, rebaptisée en 2006 **languedoc** pour embrasser toute la région, est de loin la plus importante et la plus variée. Ses terroirs et ses sous-appellations (voir les noms en magenta sur la carte) correspondent à la plupart des sites du Languedoc oriental capables de présenter une viticulture de grande qualité – ce que montre la répartition des producteurs de premier ordre.

Un des terroirs languedociens les plus originaux est celui du pic Saint-Loup, tout au nord de la carte, sur les contreforts des Cévennes. Sur le piton rocheux, le pic Saint-Loup, au nord de Montpellier, les vins produits par certaines propriétés – Clos Marie, Mas Bruguière, Domaine de l'Hortus, Châteaux de Cazeneuve, de Lancyre et Lascaux, entre autres – sont de toute évidence les enfants du soleil méridional. Ils reflètent la végétation de la région, mais également les conditions imposées par l'altitude et la fraîcheur relative des nuits. L'appellation sub-régionale, terrasses-du-larzac, qui comprend les terroirs de Montpeyroux et de Saint-Saturnin, au nord de Clermont-l'Hérault, est encore plus élevée et donne des vins encore plus intenses rappelant le caractère sauvage que l'on trouve dans les collines des Corbières, au sud-ouest. Dans les années 1970, le pionnier était le Mas de Daumas Gassac. Certains producteurs, comme les Domaines l'Aiguelière, d'Aupilhac (cinsault et carignan), Font Caude et La Sauvageonne ont confirmé le fort potentiel de ces collines éventées.

La zone des Grés de Montpellier incorpore un grand nombre de vignobles situés au nord et au sud-ouest de cette ville universitaire : les sols sont très divers, mais tous bénéficient de l'influence modérée des vents marins qui atténuent la chaleur estivale. La ville médiévale de Pézenas donne son nom à une appellation sub-régionale qui s'étend au nord jusqu'à Cabrières, riche de ce schiste qui caractérise à la fois Faugères, tout de suite à l'ouest, et son voisin Saint-Chinian (carte de la page précédente).

L'appellation **saint-chinian** s'est forgée l'une des meilleures réputations en matière de vins du Languedoc des trois couleurs ; ce sont peut-être ceux qui ont le plus de caractère, grâce aux terrains schisteux accidentés situés au nord et à l'ouest de la zone et à des altitudes dépassant fréquemment les 600 m. Il y a de bons blancs, des rouges à base de carignan à Saint-Chinian-Berlou, et des Saint-Chinian-Roquebrune rouges, plus influencés par les variétés du Rhône, en particulier la syrah implantée dans le schiste. Les vignes poussant à plus basse altitude sur les curieux sols de calcaire et d'argile violette, autour du village de Saint-Chinian, ont tendance à être plus douces et plus souples. **Faugères** est presque exclusivement constitué de schiste, et il est pénible de travailler le sol et la vigne qui, à 700 m d'altitude parfois, dominent Béziers, la plaine et les vignobles de qualité inférieure qui s'étirent jusqu'à la côte.

Sur la vaste production du Languedoc, on compte plus de 80 % de vins rouges, surtout

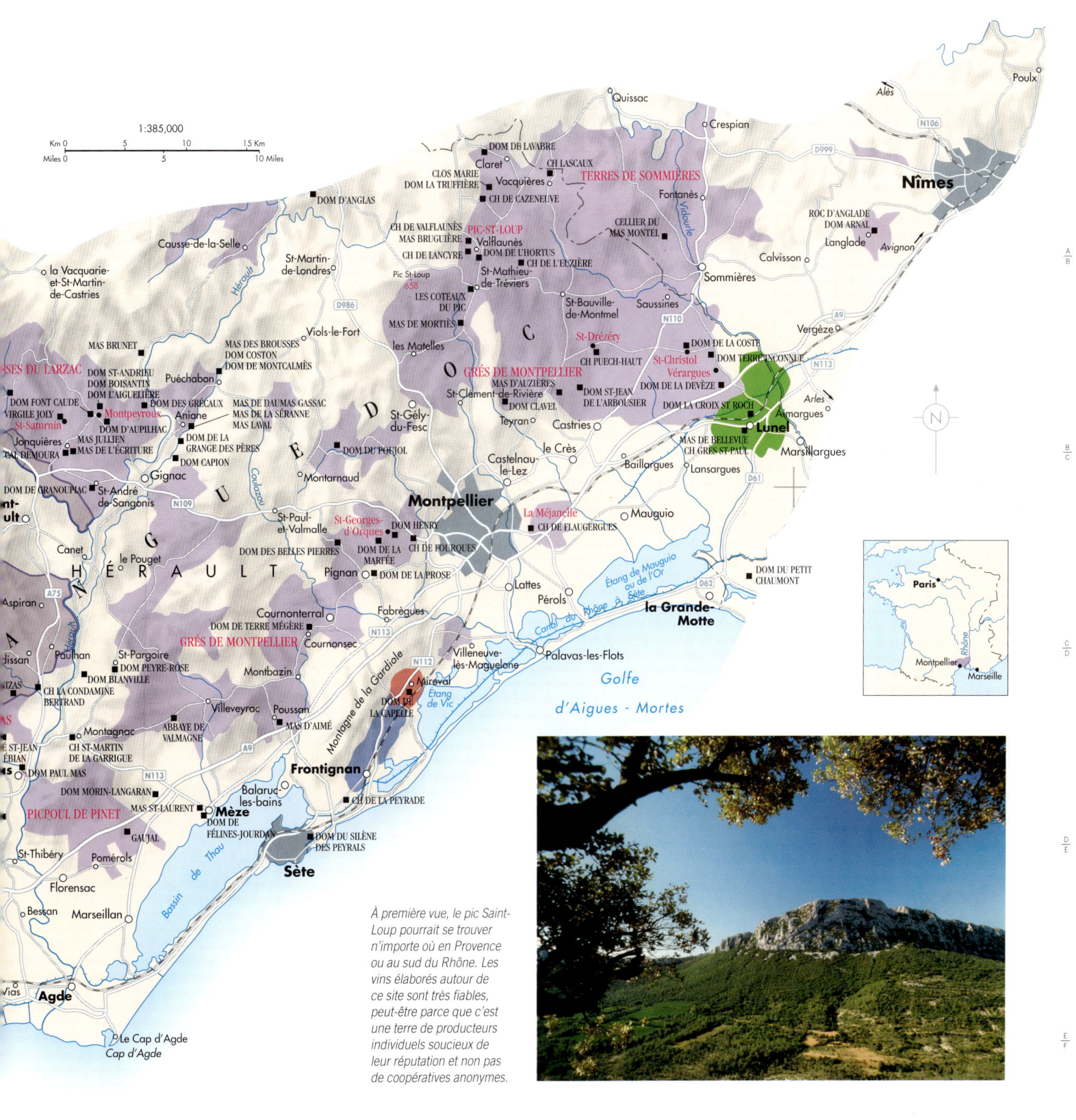

À première vue, le pic Saint-Loup pourrait se trouver n'importe où en Provence ou au sud du Rhône. Les vins élaborés autour de ce site sont très fiables, peut-être parce que c'est une terre de producteurs individuels soucieux de leur réputation et non pas de coopératives anonymes.

des assemblages de cépages méditerranéens comme le carignan – c'est toujours le cépage le plus planté en France, qu'une vinification traditionnelle par macération carbonique cherche à adoucir –, avec une proportion toujours plus forte de grenache, syrah, mourvèdre ou cinsault. La vinification des blancs est de plus en plus complexe, et l'on trouve aujourd'hui des mélanges très originaux à base de grenache blanc, clairette, bourboulenc, picpoul, roussanne, marsanne et viognier.

La **clairette-du-languedoc** et le **picpoul-de-pinet** sont des vins blancs reconnus par le système des AOC. Le premier est fabriqué au nord de Pézenas dans un style de plus en plus frais afin de flatter ce qui peut être un cépage très rafraîchissant, tandis que le second est, chose inhabituelle en France, une appellation variétale : elle dépend dans le cas présent du picpoul, cépage à l'arôme citronné, cultivé entre Pézenas et la mer. Ils représentent la tradition du Languedoc, au même titre que les vins doux naturels dorés à base de muscat. Le muscat-de-frontignan jouissait jadis d'une belle renommée, alors que les muscat-de-mireval et muscat-de-lunel, au sud de Nîmes, présentent rarement l'entrain d'un vin de frontignan.

Ce sont là les principales appellations du Languedoc oriental, mais la plupart des producteurs, qu'ils appartiennent à une zone d'AOC ou aux plaines intermédiaires, fabriquent également toute une gamme de vins de pays (voir en détail les pages 152 et 153). D'autres, particulièrement dans les zones extérieures aux appellations officielles, ne font que du vin de pays – qu'il porte le nom d'un petit vin de pays local ou celui mieux connu de vin de pays d'Oc accompagné d'un nom de cépage. Les étés chauds peuvent faire mûrir une étonnante diversité de cépages : au moins ici, le préjugé français contre les vins de cépage est bien moins marqué.

Le Languedoc a montré qu'il pouvait tenir sa place dans le jeu désolant auquel se livrent les producteurs les plus basiques du Nouveau Monde mais, heureusement, il a aussi prouvé qu'il était à même de donner des vins de terroir sentant bon le sud de la France.

Le produit traditionnel de la haute vallée de l'Agly est un VDN qui ne vieillit pas en fût, mais traditionnellement dans des bonbonnes en verre exposées au soleil : on en voit ici 3 024 au Mas Amiel, dans l'appellation maury.

Roussillon

Avec des vins en perpétuelle évolution, le Roussillon est bien plus qu'un suffixe, complètement différent du Languedoc du point de vue physique et culturel. Ses habitants se considèrent comme des Catalans que le hasard a fait vivre en France, et ce depuis 1659 seulement ! Leur drapeau « sang et or » est omniprésent, et leur langue ressemble plus à l'espagnol qu'au français.

Ici, le paysage est peut-être plus impressionnant – à la pointe orientale des Pyrénées, le Canigou enneigé pendant la majeure partie de l'année se dresse à 2 784 m –, mais la région est plus douce, moins sauvage que les contours rocheux des Corbières, plus au nord. L'ensoleillement (325 jours par an en moyenne) explique les champs et les plantations de légumes ou d'arbres fruitiers caractéristiques de la plaine de Perpignan ainsi que des vallées de l'Agly, de la Têt et du Tech. Les effets de cet ensoleillement sont renforcés par l'amphithéâtre orienté plein est formé par les Corbières, le Canigou et la chaîne des Albères, entre l'Espagne et la France.

Les fruits français les plus précoces viennent de cette région et les vignobles de plaine sont parmi les plus secs et les plus chauds de France : assez bas, les pieds ne présentent que quelques grappes de grenache de toutes les couleurs, mûres dès la mi-août. Ce cépage sert traditionnellement à la confection des vins doux naturels les plus basiques du Roussillon. Ces apéritifs jadis très prisés ne sont pas des vins naturellement doux, comme leur nom le ferait croire, mais du jus de raisin en partie fermenté qu'un ajout d'alcool empêche de se transformer en vin (la douceur et la force recherchée imposent le moment de cette opération).

Le Roussillon est à l'origine de 90 % des vins doux naturels français, et le **rivesaltes** en est de loin le préféré (à base principalement de grenaches noir, blanc et gris). Il peut être ambré, grenat ou tuilé, s'il est constitué respectivement de raisins à peau claire, de raisins à peau foncée ou exclusivement de grenache noir délibérément exposé à l'air.

Le **muscat-de-rivesaltes** est issu de la même zone, à l'exception des vignobles d'altitude des Pyrénées-Orientales et des deux enclaves du Fitou, dans l'Aude (voir carte p. 141). Le rendement autorisé pour le muscat est plus bas et le vin, fait à partir de muscat d'Alexandrie et de muscat blanc, est généralement meilleur, même s'il vaut mieux le boire jeune.

La haute vallée de l'Agly et son sol de schiste noir, aux environs de **Maury**, tout au nord du Roussillon, présente depuis quelque temps une activité vinicole tout à fait remarquable. La seule qualité de ses rouges à l'arôme profond et de ses blancs secs fermes aux senteurs minérales a convaincu des viticulteurs du monde entier de venir rejoindre Gérard Gauby, pionnier de la viticulture biodynamique. À l'heure actuelle, ce paysage étonnant n'a pas d'appellation propre, mais maury en a une pour ses vins doux naturels, des rouges et des rosés principalement, susceptibles d'avoir autant de noblesse et un développement aussi lent qu'un bon banyuls.

Le **banyuls** est le meilleur vin doux naturel français : avec un rendement moyen parfois inférieur à 20 hl/ha, il est issu des vignobles français les plus méridionaux, de longues terrasses pentues de schiste brun, balayées par le vent, qui descendent jusqu'à la mer au nord d'un poste frontière plutôt endormi. Les cépages sont très divers, mais on trouve surtout l'ancien grenache noir dont la maturation est parfois telle que les raisins finissent par ressembler à des raisins secs. Pour le banyuls grand cru, conçu uniquement les années exceptionnelles, 30 mois de vieillissement en fût et 75 % de grenache noir sont obligatoires. Les techniques de vieillissement et, par conséquent, la couleur et le style du vin, sont aussi diversifiés que dans le cas du porto (voir p. 221), pour les mêmes raisons parfois. Des vins pâles et capiteux à l'arôme de rancio peuvent être issus d'un long vieillissement en vieux fûts de bois dans des conditions relativement chaudes, alors que les vins de rimage vieillissent lentement en bouteilles, comme le porto millésimé.

Les vins secs issus des vignobles consacrés au banyuls portent souvent le nom du joli port de pêche de **Collioure**, célèbre par ses artistes et ses anchois. Presque plus espagnols que français, ces vins d'un rouge profond offrent une forte teneur en alcool due au grenache mais aussi, de plus en plus, à un ajout de syrah et de mourvèdre. Les grenaches blanc et gris donnent aussi un collioure blanc plein de puissance.

Il est certainement plus facile de comprendre les vins secs du Roussillon que ses vins doux naturels, même s'ils évoluent en style et en composition chaque année. L'appellation **côtes-du-roussillon** est la plus basique de toutes, faite en grande partie de carignan de plus en plus souvent renforcé par d'autres cépages (grenache, cinsault et surtout syrah et mourvèdre). De nombreux vins rouges et blancs, dont les meilleurs d'Agly, sont vendus sous le nom de vin de pays des côtes catalanes. Le Roussillon peut se vanter de posséder une palette très riche de cépages à peau claire, susceptibles de donner des vins de table secs capiteux et parfumés (voir liste des cépages ci-contre).

Les **côtes-du-roussillon-villages** sont plus audacieux, plus positifs (uniquement les rouges),

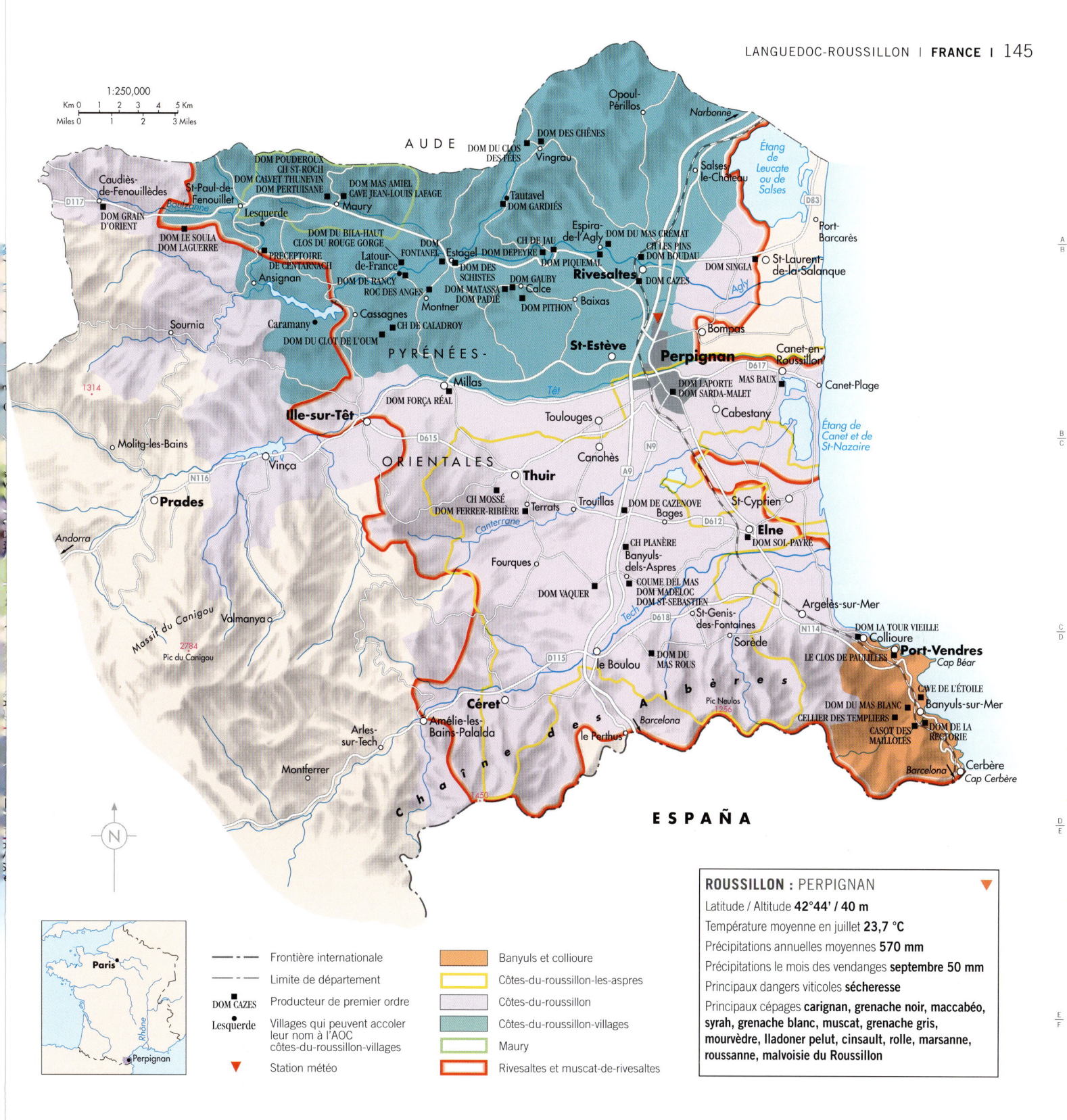

LANGUEDOC-ROUSSILLON | FRANCE | 145

ROUSSILLON : PERPIGNAN

Latitude / Altitude **42°44' / 40 m**

Température moyenne en juillet **23,7 °C**

Précipitations annuelles moyennes **570 mm**

Précipitations le mois des vendanges **septembre 50 mm**

Principaux dangers viticoles **sécheresse**

Principaux cépages **carignan, grenache noir, maccabéo, syrah, grenache blanc, muscat, grenache gris, mourvèdre, lladoner pelut, cinsault, rolle, marsanne, roussanne, malvoisie du Roussillon**

grâce à des rendements encore plus faibles et une concentration plus élevée. Cette appellation est réservée au tiers nord de la région ; les villages de Latour-de-France, Lesquerde, Tautavel et Caramany ont leurs propres sous-appellations. Ce sont des vins structurés et ferme, propres à vieillir, dont l'arôme doit plus au sol qu'à la mode internationale.

Née au début du XXIe siècle, l'appellation **côtes-du-roussillon-les-aspres** fut inventée pour les vins supérieurs des villages ne relevant pas de celle de côtes-du-roussillon-villages.

▼ Quelques étoiles montantes – des rouges et des blancs secs personnels et passionnants, ainsi que deux des meilleurs produits des vignobles entourant Collioure, l'un fort, l'autre très fort et doux.

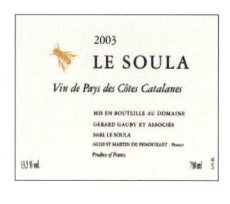

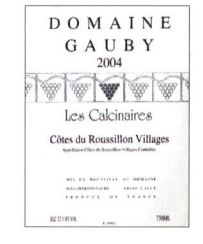

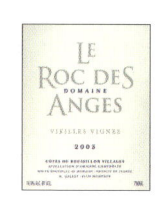

Bandol

Parmi les pins, sur des terrasses inclinées vers le sud, en retrait par rapport au port touristique, mais tout de même sous l'influence des vents méditerranéens, l'appellation bandol est à la fois unique et isolée. Ses dimensions ne sont en rien comparables à celles des côtes-de-provence qui constituent la majeure partie du vin de cette région bien ensoleillée dans le sud-est de la France, mais sa qualité fait d'elle un des vins les plus importants de la Provence, très en phase avec les critères modernes de dégustation.

Le vin est principalement rouge, fait en grande partie de mourvèdre (cépage à la mode), avec un caractère très herbacé des plus agréables. Grâce à un climat assez doux pour faire mûrir un cépage dont le cycle de vie est l'un des plus longs, la plupart du bandol rouge est d'une maturité voluptueuse qui le met au mieux de sa forme après six ou sept ans. On boit beaucoup dans la région un rosé sec et substantiel à base de cinsault ; on produit aussi en petite quantité du bandol blanc, composé surtout de clairette, de bourboulenc et d'ugni blanc.

L'appellation est minuscule, mais les terroirs y sont très variés. Sur les sols d'argile rouge prédominants, le tanin du mourvèdre peut être très marqué, au point qu'on le marie habituellement à du grenache ou à du cinsault. Le grenache peut atteindre facilement un degré en alcool si élevé qu'on le cultive sur les versants orientés plein nord. Les sols de la partie nord-est sont particulièrement riches en cailloux ; les jeunes sols allant de Saint-Cyr-sur-Mer au Brûlat produisent des vins meilleurs et plus souples, alors que les sols les plus anciens se trouvent au sud du Beausset. Les plus élevés en altitude – par exemple vers 300 m ou ceux autour du Château de Pibarnon – sont aussi les moins fertiles ; les vendanges peuvent durer jusqu'à mi-octobre.

Bandol cherche à s'adapter aux transformations du monde extérieur (les barriques en chêne jeune et les cuvées spéciales qui leur sont associées sont sujet à controverse, et les fûts de vieux chêne sont toujours la norme dans la région) et peut s'enorgueillir d'un bon niveau de qualité. Les rendements sont parmi les plus bas de France, et le mourvèdre doit arriver à complète maturité avant d'être autorisé à donner du vin rouge. Les averses sont heureusement suivies d'un puissant mistral qui évite tout risque de pourriture. Peu acide, le mourvèdre n'est peut-être pas le raisin le plus facile à vinifier (il s'en dégage un goût désagréable si la cave n'est pas assez aérée), mais les techniques employées à Bandol sont de plus en plus performantes.

▶ Le grand absent de cette série d'excellents producteurs est le Domaine de Tempier, appartenant à la famille Peyraud pour qui travaille depuis quelques années un nouveau directeur, Daniel Ravier. Le comte Henri de Saint-Victor et sa famille gèrent le Château de Pibarnon dont les vignes dominent la mer.

Corse

La Corse est la région française la plus sèche et la plus ensoleillée, mais son sol montagneux fait que ses nombreux terroirs n'ont en commun que des mois de juillet et d'août à la sécheresse exceptionnelle. L'île est plus proche de l'Italie que de la France ; c'est pourtant cette dernière qui a le plus influencé l'histoire de sa viticulture. Lorsque l'Algérie gagne son indépendance au début des années 1960, un grand nombre de viticulteurs expérimentés émigrent sur la côte orientale, alors frappée par le paludisme. Vers 1976, le vignoble avait quadruplé en superficie.

La contribution de la Corse à la production européenne de vin a diminué depuis. Les importantes subventions accordées par Paris et Bruxelles font que les caves de l'île sont aujourd'hui relativement bien équipées et que ses viticulteurs sont formés dans les meilleures écoles d'œnologie du continent ; de plus, le vignoble a été réduit et planté des seuls cépages que le consommateur moderne puisse avoir vraiment envie de boire. Malgré cela, la majeure partie du vin produit dans l'île y est aussi consommée sans que l'on y porte une grande attention. Le plus communément exporté est un vin de pays ordinaire que seul rehausse le surnom de la Corse, « l'île de Beauté » ; près de la moitié du vin corse voyage sous ce nom.

Une proportion toujours plus grande de vin corse accède à la qualité en tirant parti de ses hardis cépages traditionnels et des collines rocheuses où ils poussent. Il est frappant de remarquer l'absence quasi systématique de fûts de chêne dans les caves.

La Corse s'intéresse de près aux cépages qui ont fait son histoire. Le nielluccio, ou sangiovese toscan, importé peut-être par les Génois qui gouvernèrent l'île jusqu'à la fin du XVIIIe siècle, représente plus d'un tiers des cépages de l'île : il domine l'appellation septentrionale de **patrimonio**, dans l'arrière-pays de Bastia. Seule région calcaire de cette île rocailleuse, Patrimonio produit quelques-uns des meilleurs vins corses et des plus aptes à vieillir : rouges fermes rappelant ceux du Rhône, blancs équilibrés et riches muscats de grande qualité. Jadis rudes et d'un abord difficile jeunes, les rouges révèlent désormais des tanins plus mûrs grâce au travail effectué dans les vignes et dans les caves.

Bien plus doux, le sciacarello occupe près de 15 % des vignobles ; on l'associe principalement à la plus vieille région vinicole de la Corse, sur la côte occidentale granitique, aux abords d'Ajaccio, de Calvi et de Propriano. Il donne un rouge agréable à boire, souple et épicé, ainsi qu'un rosé qui reste très vivant en dépit de sa forte teneur en alcool.

Les vins doux à base de muscat ou de vermentino local (appelé « malvoisie de Corse » dans le nord de l'île) sont également la spécialité du cap Corse, sorte de doigt tendu tout au nord de l'île. Le rappu, rouge doux et puissant des alentours de Rogliano, avec le cépage aleatico, est aussi très apprécié, sur place comme sur le continent. Les vins de cette région portent le nom de **coteaux-du-cap-corse**. Le vermentino, principal cépage blanc des AOC corses, donne aussi des vins secs parfois très aromatiques et pouvant rappeler carrément les agrumes.

Au nord-ouest, l'appellation corse-alvi fait appel à du sciacarello, du nielluccio et du vermentino, mais aussi à des cépages plus internationaux pour donner des vins de table bien charpentés ; il en va de même pour **corse-figari** et **corse-porto-vecchio** au sud. On peut difficilement qualifier ces vins de désaltérants, même si les appellations corse-figari et corse-sartène sont parvenues à fabriquer des vins, des blancs plus particulièrement, présentant une certaine netteté fruitée et moderne.

Comparés à ces vins concentrés de caractère traditionnel, les vins de pays sans autre suffixe géographique n'ont pas d'intérêt particulier ; c'est le cas de ceux d'Aléria et de Ghisonnacia, sur la plaine côtière orientale. Le mélange de variétés locales à d'autres internationales a pu se révéler fructueux pour quelques-unes des meilleures coopératives de l'île.

Une nouvelle génération de viticulteurs cherche à tirer le maximum des terroirs et d'un marché trop local ; elle veut retrouver dans ses vins les parfums les plus insaisissables de sa région.

L'île est d'une beauté à couper le souffle et le climat tellement plus sec que sur ce que les Corses appellent le « continent » que toutes les saveurs, bonnes ou mauvaises, s'en trouvent amplifiées, y compris celles des vins.

CORSE : BASTIA

Latitude / Altitude **42° 33' / 10 m**

Température moyenne en juillet **23,3 °C**

Précipitations annuelles moyennes **730 mm**

Précipitations le mois des vendanges **septembre 65 mm**

Principaux dangers viticoles **sécheresse**

Principaux cépages **nielluccio, merlot, vermentino, grenache noir, sciacarello**

◄ Les muscats de la pointe nord de la Corse font partie des vins les plus originaux de l'île. Le meilleur, celui d'Antonio Arena, est originaire du village pittoresque illustré à gauche.

Jura

Le vignoble du Jura, petite enclave de vignes éparpillées parmi les bois et les prairies, a considérablement diminué depuis l'épidémie de phylloxéra, à la fin du XIXe siècle, mais ses productions sont toujours variées et originales. Ses appellations, arbois, château-chalon, l'étoile et côtes-du-jura, ont beaucoup de personnalité et font le bonheur de ceux qui apprennent à marier les mets et les vins.

C'est une contrée verdoyante peuplée de bons vivants, très influencée par les traditions gastronomiques, le sol et le climat bourguignons, immédiatement à l'ouest, même si dans les collines les hivers peuvent être encore plus rudes. Comme en Côte d'Or, les meilleurs vignobles sont implantés sur des versants parfois assez raides, orientés vers le sud et le sud-est pour bien profiter du soleil. Le caractère jurassique est caractéristique du Jura comme de la Bourgogne (l'AOC **l'étoile** tire son nom des minuscules fossiles en forme d'étoile que l'on trouve dans son sol).

Le Jura cultive les cépages bourguignons – un peu de pinot noir et beaucoup de chardonnay, élaboré de plus en plus selon le style non oxydant importé de Bourgogne et qualifié de « floral » par les gens de la région. Cependant, les vins les plus intéressants du Jura sont le fruit de cépages locaux, en particulier le savagnin à maturation tardive, et ils sont souvent exposés à l'oxygène pendant leur vieillissement (on les dit alors typés ou de tradition). Souvent étoffé par du chardonnay, le savagnin apporte de la rigueur et une note de noisette à des vins de table blancs, à la fois délicieux et personnels.

De ce noble cépage dépend entièrement le célèbre vin jaune. Sorte de riposte française au sherry, le raisin est cueilli le plus mûr possible, puis laissé dans de vieilles barriques bourguignonnes pendant plus de dix années au cours desquelles le vin s'évapore et s'oxyde ; à sa surface se forme une pellicule rappelant la fameuse « flor » de la région de Jerez (voir p. 206). Ce vin ferme à la puissante odeur de noisette est mis en bouteilles dans des clavelins de 62 cl (volume censé être celui qui resterait d'un litre mis en barrique). Ce vin n'est pas destiné aux néophytes : il peut vieillir pendant des décennies, et il convient de l'ouvrir bien à l'avance pour le déguster avec un poulet de Bresse, par exemple. L'AOC **château-chalon** se limite à ce vin curieux potentiellement excellent, mais la région tout entière produit du vin jaune, en qualité variable toutefois.

Le cépage noir jurassien le plus répandu est le poulsard très parfumé, souvent appelé ploussard, surtout autour de Pupillin (sous-appellation d'**arbois**) où il est le plus apprécié. Les rouges ont rarement une couleur très profonde, mais ils peuvent être intéressants : doux et souples, ils s'accordent bien avec le gibier. On trouve aussi en belle proportion un rosé soyeux, en réalité un rouge léger. De couleur plus sombre, plus rare aussi, le trousseau est un autre cépage du Jura. On le trouve au nord, à Arbois, et il se vend de plus en plus sous sa forme variétale. Le pinot noir se plaît surtout aux environs d'Arlay, à l'ouest de Château-Chalon et au sud de cette carte, dans la partie sud-ouest de ce qui est l'appellation la plus importante de la région après arbois, celle de **côtes-du-jura**, nom principalement associé aux vins blancs y compris le vin jaune.

Le Jura a toujours produit un vin effervescent de qualité ; nouvelle, l'appellation crémant-du-jura s'applique en fait à la méthode traditionnelle. Ce crémant est bien moins personnel que l'onctueux vin de paille, élaboré dans toute la région à partir des cépages chardonnay, savagnin et/ou poulsard, généralement cueillis tôt et mis à sécher jusqu'en janvier dans des conditions de ventilation bien précises. Les raisins sont ensuite mis à fermenter (jusqu'à plus de 15 °C d'alcool), puis vieillis pendant deux ou trois ans dans de vieux fûts. Comme le vin jaune, ces vins peuvent se conserver très longtemps.

Citons enfin le macvin-du-jura, mélange de jus et d'eau-de-vie de raisin servi en apéritif.

Plants de savagnin dans le vignoble des Terrasses des Puits-Saint-Pierre, propriété de Jean-Pierre Salvadori, juste en dessous du village de Château-Chalon.

◂ La région est petite mais les styles de vins très divers, du vin jaune rappelant le sherry au vin de paille ultra-doux en passant par des rouges légers très personnels et des blancs secs au goût de noisette.

Savoie

La carte ci-contre couvre une région presque aussi vaste que le Bordelais (voir p. 83), pourtant la Savoie produit cinquante fois moins de vin que Bordeaux, parce que ses zones viticoles, pour ne pas dire ses vignobles, sont très dispersées. Les montagnes sont partout et la terre arable précieuse. Le paysage alpestre répond à toutes les demandes du tourisme : hivers assez froids pour attirer des foules de skieurs et lacs réchauffant en été les vignes voisines.

Une partie infime mais croissante de la Savoie se consacre aujourd'hui à la vigne, mais ses vins sont si divers et issus de tant de cépages régionaux que l'on peut s'étonner de les voir regroupés sous l'appellation **vin-de-savoie**.

Un vin-de-savoie a deux fois plus de chances d'être blanc que rouge ou rosé. Et il en a dix fois plus d'être léger, frais et limpide – à l'image d'un paysage savoyard – que profond et capiteux, même si certains producteurs s'y emploient en s'intéressant davantage à la mondeuse au goût poivré, le cépage noir le plus intéressant de la région. Certains traitent la mondeuse comme du beaujolais, d'autres la renforcent en fûts ; les meilleurs conservent une note de prune et un trait de tanin des plus attirants. La grande majorité des vins vendus sous le nom de vin-de-savoie sont issus de jacquère, et le résultat est léger, blanc, sec et équilibré comme un muscadet des Alpes.

À l'intérieur de la région savoyarde, 14 crus individuels ont reçu l'autorisation d'ajouter leur nom à l'appellation générique, sous certaines conditions évidemment, différentes pour chaque cru, mais plus strictes que pour un simple vin-de-savoie. Sur la rive sud du lac Léman, par exemple, seul le chasselas si prisé de la Suisse voisine est autorisé pour les vins issus des crus ripaille (parfois riche et doré), marin et marignan. (Le **crépy**, de la même zone géographique, a droit à sa propre appellation.)

Plus au sud, dans la vallée de l'Arve, le cru d'ayze produit des vins blancs tranquilles ou effervescents avec du gringet, cousin local du savagnin jurassien.

La troisième appellation individuelle porte le nom de seyssel. Elle est renommée pour ses vins effervescents à base d'altesse (voir ci-dessous) renforcée de molette. Les vins tranquilles de l'appellation sont principalement constituées d'altesse. Ils jouissent d'une certaine réputation historique.

Au nord de Seyssel, frangy est un cru isolé, spécialisé dans l'altesse, cépage local plein de caractère. La supériorité de l'altesse, ou roussette, est reconnue par une appellation spéciale accordée à tout vin de Savoie dont elle est à l'origine (dans certaines conditions) : roussette-de-savoie. (Les crus autorisés à la seule production de roussette-de-savoie sont indiqués en magenta sur la carte ci-dessus.)

Au sud de Seyssel s'étendent les grands vignobles de chautagne, cru renommé pour ses rouges, en particulier son gamay granuleux. À l'ouest du Bourget, voici Jongieux. Un vin simplement dénommé jongieux est fait exclusivement de jacquère, mais on cultive aussi un peu d'altesse.

Au sud de Chambéry, ville dont le vermouth herbacé est de plus en plus impossible à trouver, la plus grande zone viticole de Savoie se déploie sur les pentes sud et sud-est les plus basses du mont Granier. On trouve ici les crus populaires d'apremont et d'abymes où, sans aucun doute, le maximum de parfum est extrait d'une jacquère plutôt réticente.

En remontant l'Isère jusqu'à la combe de Savoie, plusieurs cépages sont cultivés, principalement la jacquère et un peu d'altesse. Chignin est responsable de l'un des plus beaux ambassadeurs du bon vin de Savoie. Sa spécialité, le chignin-bergeron, composé exclusivement de roussanne, cépage du Rhône, est l'un des blancs les plus puissants et les plus parfumés de la région. Chignin et Arbin peuvent aussi faire pousser de la mondeuse.

Les délicats vins effervescents élaborés en dehors de Seyssel et d'Ayze, mais aussi selon la méthode traditionnelle, sont vendus sous le simple nom de vin-de-savoie.

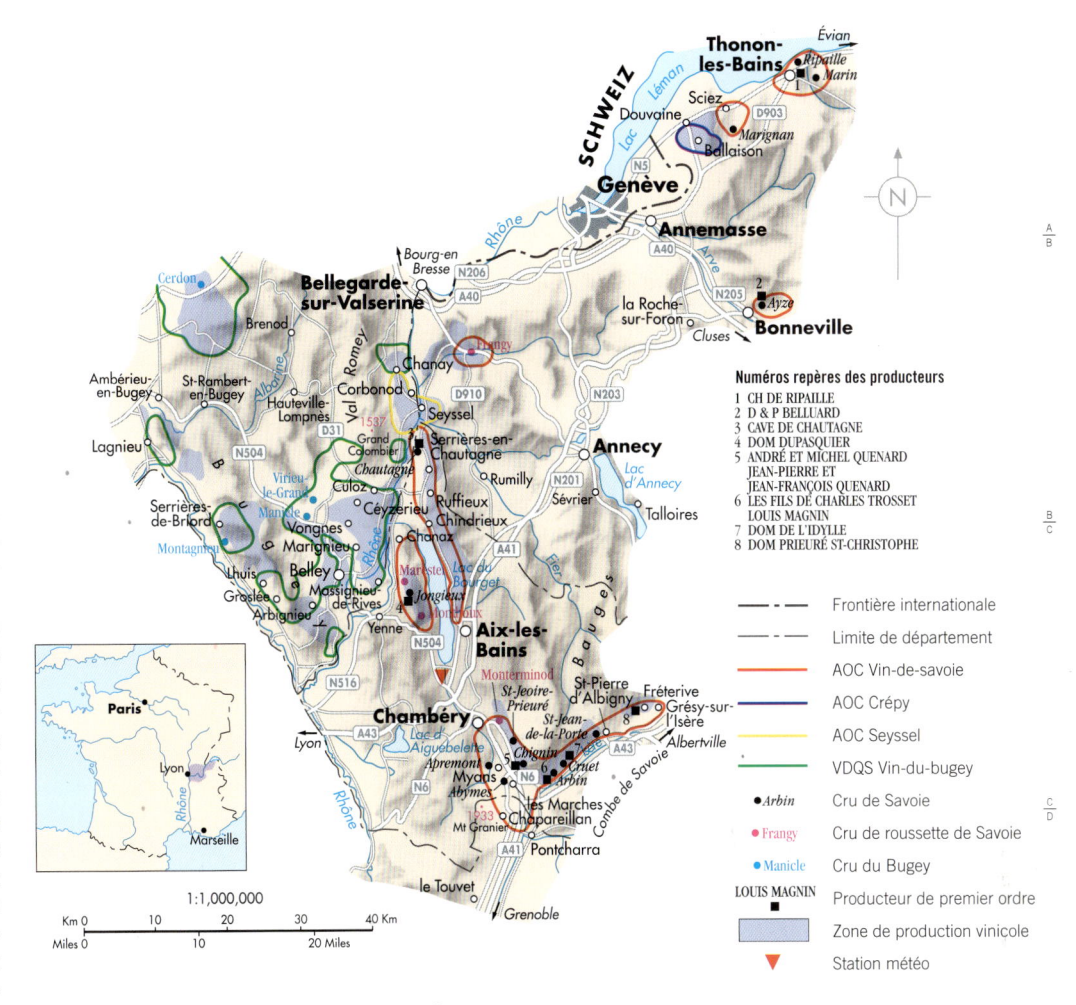

Numéros repères des producteurs
1. CH DE RIPAILLE
2. D & P BELLUARD
3. CAVE DE CHAUTAGNE
4. DOM DUPASQUIER
5. ANDRÉ ET MICHEL QUENARD
   JEAN-PIERRE ET
   JEAN-FRANÇOIS QUENARD
6. LES FILS DE CHARLES TROSSET
   LOUIS MAGNIN
7. DOM DE L'IDYLLE
8. DOM PRIEURÉ ST-CHRISTOPHE

- Frontière internationale
- Limite de département
- AOC Vin-de-savoie
- AOC Crépy
- AOC Seyssel
- VDQS Vin-du-bugey
- Arbin — Cru de Savoie
- Frangy — Cru de roussette de Savoie
- Manicle — Cru du Bugey
- LOUIS MAGNIN — Producteur de premier ordre
- Zone de production vinicole
- Station météo

SAVOIE : CHAMBÉRY
Latitude / Altitude 45° 39' / 230 m
Température moyenne en juillet 20 °C
Précipitations annuelles moyennes 1 220 mm
Précipitations le mois des vendanges septembre 105 mm
Principaux dangers viticoles **manque de maturité, humidité en septembre**
Principaux cépages **jacquère, gamay, altesse, chasselas, mondeuse**

À l'ouest du lac du Bourget, les vignobles du **Bugey** utilisent les mêmes cépages que le reste de la Savoie, en y ajoutant parfois du chardonnay (mais pas du chasselas) ; ils se définissent par leur précision et leur complexité. L'appellation se spécialise dans des vins effervescents légers, blancs et rosés, et la roussette au parfum délicat est très appréciée à Montagnieu et Virieu-le-Grand.

▼ Un seul coup d'œil sur ces étiquettes donne une impression de fraîcheur et de simplicité toute montagnarde. Bergeron recourt au chignin, synonyme du cépage roussanne planté dans la vallée du Rhône et dans tout le sud de la France.

Vins de pays

La catégorie « vins de pays » est une création relativement récente de la réglementation française, et elle connaît un beau succès. Si la catégorie VDQS (voir en p. 52) fut créée pour distinguer les zones en attente d'AOC, celle de vin de pays date de 1973 (officialisée en 1979 seulement) pour dynamiser la vaste catégorie des vins de table. Pour les Français, un vin de pays est un vin de table supérieur, ce qui vaut au produit le plus humble d'accéder à un statut honorifique, celui de l'origine géographique. Un vin de table devient un vin de pays « de quelque part ». Le nom de chaque zone de vin de pays a été choisi avec soin pour qu'il n'y ait pas la moindre confusion avec les AOC. On compte plus de 150 de ces noms dont certains sonnent parfois de façon très poétique : Vals, Coteaux et Monts, Gorges et Pays, Marches et Vicomtés, Balmes et Fiefs. Qui pourrait résister à la Vallée du Paradis (au nord-est des Corbières) ou à L'Île de Beauté (en Corse) ?

Les vins de pays opèrent à trois niveaux : on trouve 100 petits districts locaux ou zones, 54 départements (mais pas ceux des « bons vins » d'Alsace, du Bordelais et de la Côte d'Or) et 6 grandes régions : toute la vallée de la Loire (vin de pays du Jardin de la France, autre joli nom) ; Bordelais, région de Cognac et Dordogne (vin de pays de l'Atlantique ; majeure partie du reste du Sud-Ouest (vin de pays du Comté Tolosan) ; une grande tranche de l'est de la France (vin de pays des Comtés Rhodaniens) ; tout le sud-est de la France et la Corse (vins de pays Portes de la Méditerranée) ; et enfin tout le Languedoc et le Roussillon (vin de pays d'Oc). Ce dernier est de loin le plus important, divisé en 60 noms locaux, trop petits pour être mentionnés sur la carte et bien moins usité que le nom générique.

Un projet très controversé visait à établir une sorte de « super » vin de pays, le vin de pays des Vignobles de France, où pourraient se marier des vins issus de pratiquement toutes les régions françaises répondant aux critères propres aux vins de pays. Ce concept contredit en apparence l'amour des Français pour la géographie locale, mais il établit une différence notable avec les vins de table qui sont eux-mêmes issus de plusieurs régions.

Les critères des vins de pays sont bien plus stricts que ceux des vins de table pour lesquels la mention du millésime est interdite. La réglementation sur les vins de pays précise la zone de production, le rendement maximum relativement généreux de 90 hl/ha (85 pour les rouges et les rosés), le degré d'alcool minimum et les cépages autorisés – en général une large gamme de cépages locaux plus une sélection appropriée de grands cépages internationaux.

Tout le monde est d'accord pour admettre que certains vins de pays ont plus de valeur que d'autres. Des noms apparaissent à peine, alors que la production annuelle de vin de pays d'Oc approche les 350 millions de litres, soit plus de

Le modernisme sied au producteur Skalli, à Sète. Son opération Fortant de France a donné une bonne image contemporaine des vins de pays en incitant la production massive du Languedoc-Roussillon à commercialiser des vins sous une forme variétale, avec des noms adaptés aux étiquettes. Il en va différemment pour le Domaine de Baron'arques, près de Limoux (ci-dessous). L'équipe du Château Mouton-Rothschild s'appuie sur ses relations dans le Bordelais pour produire, entre autres, du vin de pays de la Haute-Vallée de l'Aude.

5 % de la récolte annuelle. (Cela explique pourquoi 70 % du vin de pays est rouge ; le sud de la France est essentiellement consacré au rouge.)

Les vins de pays donnent aux producteurs le moyen d'échapper à la réglementation sur les AOC. Le nombre de cépages autorisés est plus grand, le rendement est plus élevé, il n'y a pas d'âge minimum pour un cépage donné et la zone géographique est bien plus réduite. Par exemple, un producteur du Rhône septentrional peut vendre le produit d'un cépage trop jeune pour donner du condrieu, ou une syrah plantée sur une terre ne disposant pas du statut d'AOC, comme c'est le cas du vin de pays des collines rhodaniennes. Des marchands comme Louis Latour (Bourgogne) et Georges Duboeuf (Beaujolais) ont pu s'étendre vers le sud en vendant respectivement du pinot noir et du viognier sous le nom de vins de pays des Coteaux de l'Ardèche. Les producteurs de muscadet désireux de profiter de l'adaptation du chardonnay à leur région peuvent vendre leur vin sous le nom de vin de pays du Jardin de la France.

La catégorie vin de pays est également venue au secours de centaines pour ne pas dire de milliers de producteurs du sud-ouest de la France. Une grande partie du surplus destiné à l'origine à l'armagnac et au cognac (voir carte p. 53) a été détournée pour donner des vins de pays des Côtes de Gascogne et du Charentais, respectivement. On espère que les récents vin de pays de l'Atlantique et vin de pays des Gaules aideront les producteurs ayant cultivé des cépages destinés aux appellations basiques de bordeaux et de beaujolais et n'ayant pas trouvé de débouché pour leurs produits.

Les vins de pays représentent aujourd'hui plus d'un tiers de la production vinicole française, en récupérant une grande partie de ce qui aurait précédemment été classé sous l'étiquette peu flatteuse de vins de table. Leur succès sur le marché de l'exportation doit beaucoup au fait que 40 % d'entre eux sont vendus non pas sur la base de leur région d'origine, mais sur leur aspect variétal, avec des étiquettes portant des mots connus dans le monde entier comme chardonnay ou merlot. Les vins de pays donnent aux producteurs français le moyen d'affronter leurs confrères du Nouveau Monde sur leur propre terrain. La plupart des amateurs français considèrent toujours comme inférieurs les vins de pays mais, sur de nombreux marchés extérieurs, surtout en Allemagne et en Grande-Bretagne, leurs formes variétales ont un air familier, bien plus facile à comprendre que le système complexe des AOC.

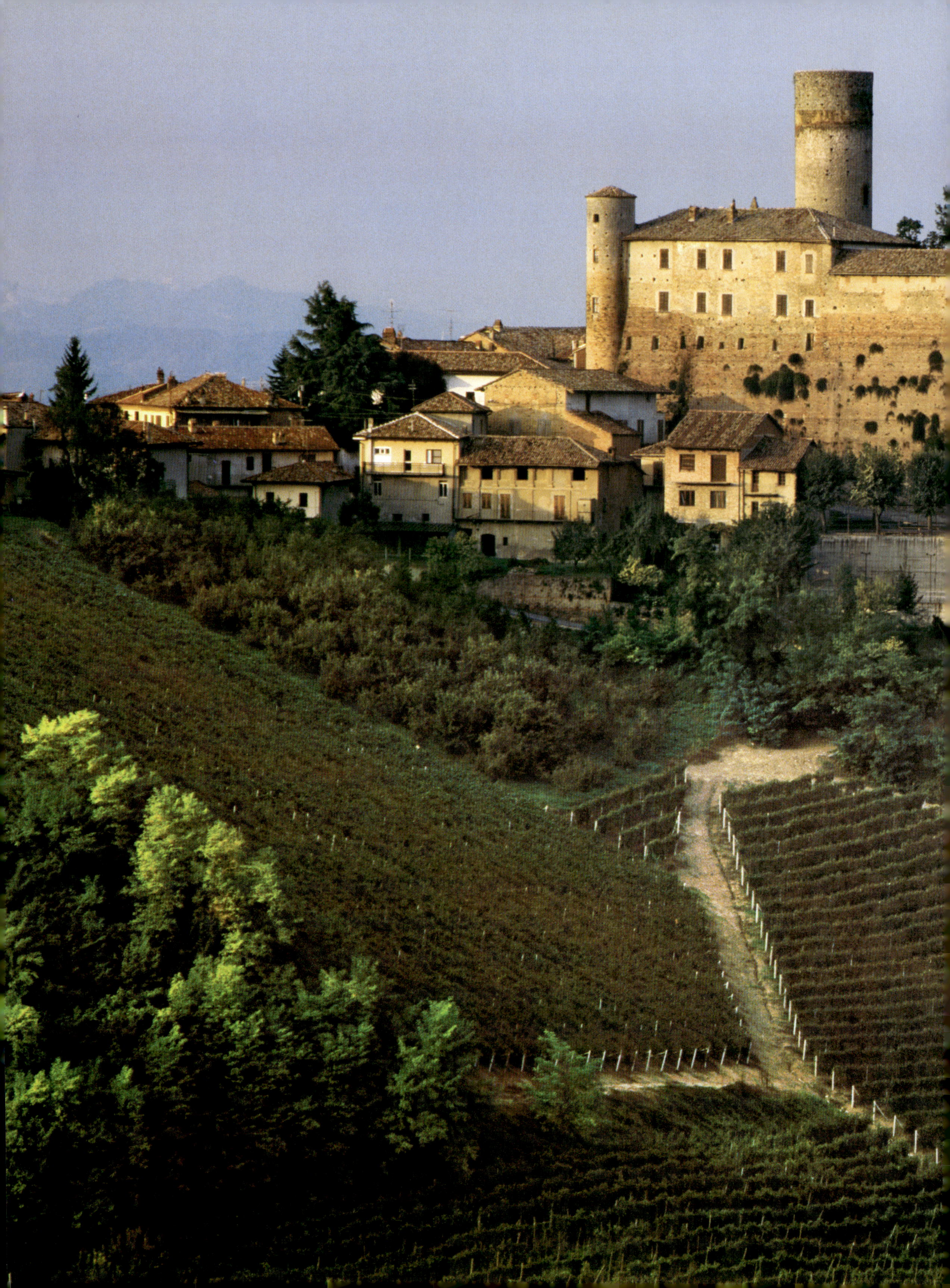

Castiglione Falletto où l'on produit du barolo, le roi des vins italiens et le vin des rois, même si les prétendants au trône sont nombreux aujourd'hui.

Italie

Italie

Les Italiens ont autant de goût que les Français mais, également, une grande créativité. L'Italie est, de tous les producteurs de vin au monde, le pays qui possède la plus grande variété de styles de vins, de climats locaux et, plus important encore, de cépages indigènes. Un atout qu'elle exploite à fond. La France demeure la patrie d'origine des vins fins, mais l'Italie est elle aussi dotée d'une forte personnalité viticole, quelque peu exaspérante du reste. Ses meilleurs vins ont une vivacité et un style bien spécifiques, ce qui n'empêche pas ce pays, comme tous les principaux producteurs européens, d'inonder le marché de vins dépourvus d'intérêt. Heureusement, la tendance s'est inversée avec des cuvées de milieu de gamme (dont la qualité s'améliore de manière impressionnante), notamment des blancs.

Pour certains, il était temps. En effet, les Grecs n'avaient-ils pas surnommé l'Italie « Œnotria », la « terre du vin » ou, plutôt, « des vignes palissées » ? La carte nous rappelle que la quasi-totalité du territoire italien est viticole. Seule la France — et pas tous les ans — produit plus de vin que l'Italie.

En terme de géographie, l'Italie a tout pour produire du bon vin en quantité, avec son climat tempéré, son ensoleillement et ses pentes. La combinaison idéale de l'altitude, de la latitude et de l'exposition fait rarement défaut avec les chaînes de montagnes qui partent des Alpes pour descendre jusqu'aux confins de l'Afrique du Nord. Nombre de ses sols sont d'origine volcanique. Le calcaire ou le tuffeau sont très présents, tout comme les argiles graveleuses. Néanmoins, le terroir est si varié qu'il est impossible de formuler des généralités.

L'Italie convient si bien à la vigne et ses vins sont aujourd'hui si merveilleux et variés, que l'on a tendance à oublier combien ce phénomène est récent. Il y a à peine plus d'une génération, seule une infime proportion de vins était mise en bouteille par le producteur. La grande majorité était expédiée dans les villes pour la consommation courante, et ce vin exporté était souvent assemblé par de grands négociants.

Il n'est donc pas étonnant que les étiquettes se ressemblent, le problème étant la confusion qui règne en la matière. Le vin, omniprésent, étant un sujet de fierté pour les producteurs indépendants, toutes sortes de noms servent à promouvoir l'originalité. De ce fait, une étiquette comporte souvent, outre sa dénomination officielle et le nom du producteur, celui de la propriété ou d'une partie de la propriété ou encore de tout ce qui plaît au producteur. Les contre-étiquettes sont rares tout comme l'indication de la région, la seule référence géographique étant souvent celle d'une ville peu connue. L'Italie aurait besoin d'un système d'étiquetage (sans forcément modifier la législation viticole) qui permettrait d'identifier clairement le producteur, le lieu d'origine et son nom le plus significatif.

Depuis les années 1960, le gouvernement italien s'est attelé à une tâche monumentale : instaurer un système équivalant à celui des Appellations d'origine contrôlées (AOC) français. La *Denominazione di Origine Controllata* (DOC) garantit des limites (souvent trop généreuses), un rendement autorisé (*ibidem*) ainsi que les cépages et les méthodes de production. Une forme supérieure « garantie » de la DOC, la DOCG, a ensuite été créée. Dans les années 1980, elle a récompensé des vins de qualité supérieure (barolo, barbaresco, vino nobile di Montepulciano et brunello di Montalcino) et y a ajouté, dans un but incitatif, le chianti. (Voir les principales DOCG dans l'encadré ci-contre.)

Malheureusement, ce système de dénominations, loin d'avoir eu l'effet escompté, a figé la pratique de chaque région viticole. Il a perpétué des rendements excessifs, souvent au détriment de la qualité, et pénalisé ceux qui voulaient améliorer

- - - Frontière internationale
- - - Limite de région
- Zone viticole
- Terres au-dessus de 600 m
- 159 Zone cartographiée à une échelle supérieure à la page indiquée

1:6,000,000

Une statue en Toscane à Vignamaggio, l'un des meilleurs vignobles du chianti classico. Comme en témoignent les bouteilles et les exploitations viticoles, l'art joue toujours en Italie un rôle plus important que n'importe où ailleurs.

leurs vins en introduisant des changements que ce soit, par exemple, pour l'encépagement ou les techniques de vieillissement. C'est ainsi que, dans les années 1970 et 1980, on a assisté à la prolifération de vins de table (vini da tavola) autrement meilleurs (et plus chers) que ceux des DOC.

En 1992, la réforme de ce système a introduit des restrictions, notamment des rendements autorisés. La dénomination DOCG fut réservée à l'élite des vins. Venaient ensuite la DOC puis, une nouvelle catégorie, l'Indicazione Geografica Tipica (IGT), créée pour les vins de table novateurs qui, comme en France, peuvent utiliser le nom géographique et celui du cépage.

En théorie, un vin IGT n'a pas le même statut qu'un vin DOC. Pourtant, le marché en décide souvent autrement, en particulier pour ceux vinifiés à partir de cépages non traditionnels plantés aujourd'hui dans tout le pays. Cette nouvelle invasion a débuté par le cabernet-sauvignon (introduit au début du XIXe siècle) et le chardonnay. D'autres, comme le merlot et la syrah ont suivi. On dénombre aujourd'hui plus de 60 IGT qui portent, le plus souvent, le nom d'une des 19 régions d'Italie. Un nombre croissant d'étiquettes mentionne une IGT, en partie parce que le nom (Ombrie ou Sicile par exemple) est plus parlant d'un point de vue commercial que celui d'une DOC.

La carte ci-contre vise à rappeler la localisation des différentes régions qui feront ensuite l'objet de cartes plus détaillées. Les principales DOC et DOCG sont indiquées sur les cartes des quatre pages qui découpent le pays (régions nord-ouest, nord-est, centre et sud) ainsi que sur d'autres cartes reproduites à plus grande échelle, portant sur les zones de production de vin de qualité.

Et le vin ? Les meilleurs vins italiens sont-ils toujours rouges ? Cela reste vrai pour la plupart, mais l'Italie a appris dans les années 1960 à faire du vin blanc « moderne » (frais et à l'acidité plaisante). Dans les années 1980, elle leur a redonné du caractère et, dix ans plus tard, le pari était gagné. Soave, verdicchio et pinot grigio donnent aujourd'hui les seuls blancs délicieusement fruités, même sous leur forme complexe.

Les vins rouges italiens ne cessent de s'améliorer à partir des redoutables cépages indigènes jusqu'à l'inévitable cabernet international. Leurs styles et arômes, nombreux, vont du soyeux et fragile au violet et puissant. Cette révolution fulgurante de la qualité des vins tient, en partie, aux subventions européennes et, surtout, aux conseils d'un petit groupe de consultants ayant beaucoup voyagé. Spécialisés au départ en vinification, ils jouent désormais un rôle actif croissant dans la revitalisation des vignobles italiens. Une grande partie de la production destinée à l'étranger se concentre sur la qualité, tandis que le système de conduite à *tendone* (la vigne poussant en hauteur), surtout adapté au raisin de table, tend à disparaître.

La qualité des vins d'Italie ne peut être comprise que si on l'associe à sa cuisine, incroyablement variée et sensuelle. Le véritable génie des Italiens, c'est leur sens de la fête. Le vin y joue un rôle majeur.

LES VINS DE DENOMINAZIONE DI ORIGINE CONTROLLATA E GARANTITA (DOCG)

ABRUZZES
Montepulciano d'Abruzzo colline Teramane

CAMPANIE
Fiano di Avellino, greco di Tufo, taurasi

ÉMILIE-ROMAGNE
Albana di Romagna

FRIOUL
Picolit, ramandolo

LOMBARDIE
Franciacorta, sforzato della Valtellina ou sfursat della Valtellina, valtellina superiore

MARCHES
Conero, vernaccia di Serrapetrona

OMBRIE
Montefalco sagrantino, torgiano rosso riserva

PIÉMONT
Asti, moscato d'Asti, barbaresco, barolo, brachetto d'Acqui ou acqui, dolcetto di Dogliani superiore ou dogliani, gattinara, gavi ou cortese di Gavi, ghemme, roero

SARDAIGNE
Vermentino di Gallura

SICILE
Cerasuolo di Vittoria

TOSCANE
Brunello di Montalcino, carmignano, chianti, chianti classico, morellino di Scansano, vernaccia di San Gimignano, vino nobile di Montepulciano

VÉNÉTIE
Recioto di soave, soave superiore, bardolino superiore

LIRE UNE ÉTIQUETTE

Étiquette toute simple d'un producteur relativement récent, où il est malheureusement impossible de savoir de quelle région vient le vin.

LES DIFFÉRENTES CATÉGORIES

Denominazione di Origine Controllata e Garantita (DOCG) des vins reconnus comme les meilleurs d'Italie ou soutenus par d'habiles hommes politiques

Denominazione di Origine Controllata (DOC) la réponse de l'Italie à l'AOC française (voir p. 52)

Indicazione Geografica Tipica (IGT) la réponse récente aux vins de pays français (voir p. 150)

Vino da Tavola vin de table, la catégorie la plus ordinaire

AUTRES EXPRESSIONS COURANTES

Abboccato légèrement doux

Amabile plutôt doux

Annata année, millésime

Azienda agricola propriété viticole qui n'achète pas de raisin ou de vin, contrairement à une azienda vinicola

Bianco blanc

Cantina cave ou chai

Cantina sociale, cantina cooperativa coopérative vinicole

Casa vinicola négociant en vins

Chiaretto rouge très pâle

Classico zone d'origine, par opposition à zone étendue

Consorzio association de viticulteurs

Dolce doux

Fattoria ferme

Frizzante semi-effervescent

Gradi (alcool) teneur en alcool en % vol.

Imbottigliato (all'origine) mis en bouteille (au domaine)

Liquoroso liquoreux, souvent muté

Metodo classico, metodo tradizionale méthode d'élaboration d'un vin effervescent obtenue par une seconde fermentation en bouteille

Passito vin liquoreux, au titre alcoolique élevé, obtenu à partir de raisins passerillés

Podere propriété agricole très petite, plus qu'une *fattoria*

Recioto vin élaboré à partir de raisins à moitié passerillés, une spécialité de Vénétie

Riserva partie de la production élevée, vieillie plus longtemps

Rosato rosé (rare en Italie)

Rosso rouge

Secco sec

Spumante mousseux

Superiore vin élevé plus longtemps qu'une DOC normale et renfermant 0,5 % à 1 % d'alcool supplémentaire

Tenuta petit domaine

Vendemmia vendange

Vendemmia tardiva vendange tardive

Vigna, vigneto vigne, vignoble

Vignaiolo, viticoltore vigneron, viticulteur

Vino vin

Barolo

Si le barbaresco est un grand exemple de nebbiolo, le barolo est encore plus grand. L'appellation du barolo débute à 3 km seulement au sud-ouest de Barbaresco avec, au milieu, les vignobles de dolcetto sur la commune de Diano d'Alba. Les influences et les caractéristiques sont les mêmes que celles précédemment décrites p. 162. Deux petits affluents du Tanaro, le Tallòria dell'Annunziata et le Tallòria di Castiglione, divisent le Barolo en trois chaînes principales de collines qui s'élèvent à 50 m au-dessus du Barbaresco.

Grâce à une augmentation de 40 % de la surface des vignobles depuis la fin des années 1990, on compte aujourd'hui plus de 1 700 ha autour de Barolo, même si certains vignobles récents se trouvent sur des sites trop froids pour que le nebbiolo puisse mûrir entièrement. Tous les vignobles du Barolo sont concentrés dans cette zone qui ne comporte que onze communes relativement peuplées dans les collines des Langhe. Comparez la carte ci-contre avec celle de la région autrement moins vallonnée de Pessac-Léognan (p. 101), qui est plus ou moins à la même échelle. Les expositions, altitudes et mésoclimats si différents, ainsi que les deux types principaux de sols, sont à l'origine de discussions sans fin sur la possibilité de créer des sous-zones.

À l'ouest de la route d'Alba autour de La Morra, les sols sont très semblables à ceux du Barbaresco : des marnes calcaires du Tortonien. Ces collines occidentales autour des communes de Barolo et de La Morra ont tendance à donner un vin légèrement moins nerveux et plus ouvertement parfumé. Les grands vignobles comprennent Brunate, Cerequio, Le Rocche et La Serra aux environs de La Morra et le site le plus célèbre du barolo, Cannubi, plus en contrebas.

À l'est toutefois, dans les vignobles de Castiglione Falletto, Serralunga d'Alba et ceux au nord de Monforte d'Alba, le sol est helvétique, beaucoup moins fertile, avec plus de grès. Il produit du vin plus concentré, le barolo le plus charnu, qui demande un élevage très long et acquiert, avec les années, une robe noire d'encre avec un bord orangé très net. À Castiglione Falletto, certains vignobles donnent des vins bien plus souples que ceux de Serralunga, tandis que l'éperon de terre qui divise les vallées de Serralunga et du Barolo produit des vins qui combinent la puissance du serralunga au parfum du barolo vinifié à Castiglione Faletto et au nord de Monforte. Les meilleurs exemples comprennent le Bussia et le Ginestra à Monforte et, à Castiglione Falletto, le Villero de Vietti et un vin que Scavino appelle, dans le dialecte piémontais, *bric dël fiasc* (« bricco fiasco » en italien). La seule exception à la rudesse des barolo de Castiglione Falletto est probablement le bricco rocche qui peut produire, sur son sol relativement sableux, un vin particulièrement parfumé.

Serralunga d'Alba appartenait à la propriété royale de Fontanafredda, qui a permis d'élever le barolo au statut de « vin des rois et roi des vins ». La commune possède quelques-uns des vignobles les plus en altitude du Barolo, mais la chaleur qui règne dans la vallée étroite qui sépare Serralunga de Monforte d'Alba à l'ouest suffit à compenser l'effet de l'altitude, ce qui permet au nebbiolo de mûrir pratiquement tous les ans. C'est à Serralunga qu'Angelo Gaja s'est développé à la fin des années 1980 à partir de Barbaresco dans la zone du Barolo. Dès 1980, le barolo et le barbaresco avaient tous deux le statut de DOCG.

Toutefois, même avant cette date, le Barolo pouvait s'enorgueillir d'une douzaine de vinificateurs passionnés (le terme domaine semble mieux approprié que propriété pour cette région viticole comparable à la Bourgogne). Selon la tradition, comme en Bourgogne, la famille qui cultive la vigne fait le vin — même si ce vin vif, expressif et presque bourguignon a considérablement évolué en deux à trois décennies. Le barolo est de loin un vin qui refuse tout compromis. Il doit attendre plusieurs années d'élevage pour révéler sa véritable allure, son bouquet éthéré. Quelques traditionalistes ont des clients si fidèles et éclairés qu'ils peuvent se permettre de continuer de produire un tel vin. Les autres ont adapté le barolo aux attentes modernes, à des degrés divers, en réduisant le temps de fermentation et d'élevage en fût pour qu'il soit disponible plus tôt. Personne ne détient la vérité et seuls ceux qui ont décidé d'ignorer les qualités uniques de ce cépage et de cette région ont tort.

Serralunga d'Alba, l'un des principaux villages du Barolo, avec sa brume automnale (nebbia en italien) qui a donné son nom au cépage – le nebbiolo – qui se plaît si bien ici. Le nebbiolo est moins convaincant hors du Piémont.

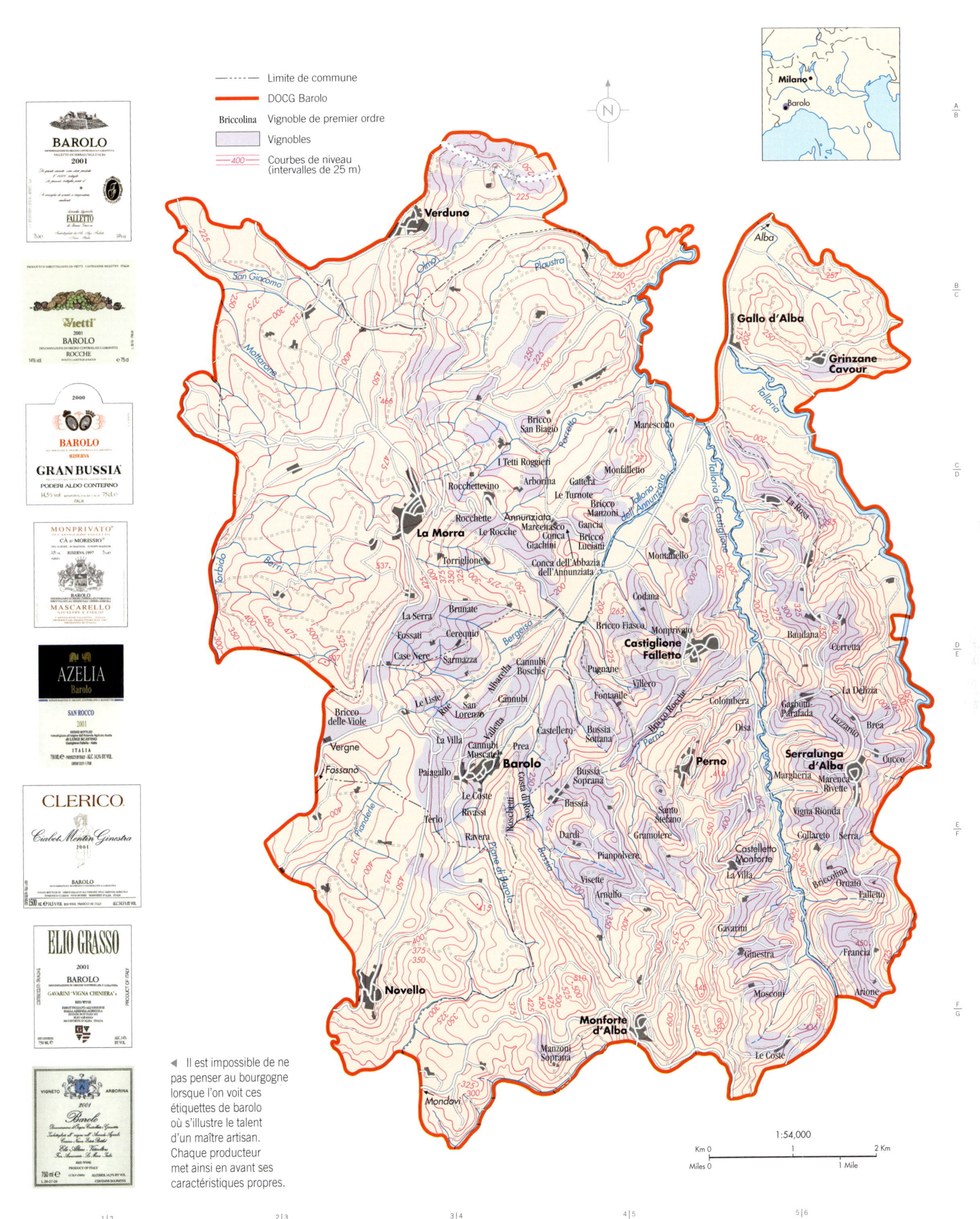

NORD-OUEST DE L'ITALIE | ITALIE | 165

Il est impossible de ne pas penser au bourgogne lorsque l'on voit ces étiquettes de barolo où s'illustre le talent d'un maître artisan. Chaque producteur met ainsi en avant ses caractéristiques propres.

Nord-Est de l'Italie

Autrefois, la Sicile et les Pouilles étaient la cave à vin de l'Italie. Depuis l'arrachage massif de vignes, dans les années 1980 et 1990, le Nord-Est est devenu la principale région viticole de la péninsule. D'ailleurs, cette partie du pays a toujours été plus ouverte aux idées modernes. Cela tient au réalisme des Vénitiens, la pression de l'influence autrichienne et au climat tempéré.

À ouest de la carte ci-contre, **Franciacorta** s'est forgé une réputation d'excellence pour ses vins élaborés selon le *metodo classico*. Le succès des mousseux italiens a débuté dans les années 1970, au domaine de la famille Berlucchi où l'on imitait la méthode champenoise, qui fut reprise d'exploitation en exploitation dans la région au sud du lac d'Iseo. Le chardonnay et le pinot nero sont adaptés à un climat sans extrêmes. Les meilleurs vins, mousseux et tranquilles, viennent de chez le charismatique Maurizio Zanella à la Ca'del Bosco, dont la cuvée Annamaria Clementi possède la finesse des meilleurs champagnes. D'autres ont suivi son exemple, comme Bellavista, Ferghettina, Gatti, Majolini, Monte Rossa et Uberti. Leurs vins de cépages rouges et blancs sont vendus sous le nom de **Terre di Franciacorta**.

La ceinture viticole de la Vénétie est décrite en détail pp. 170-171. Dans sa partie occidentale, elle produit un séduisant vin blanc sec au sud du lac de Garde, à partir de verdicchio, que l'on appelle ici laguna. La Ca' dei Frati a montré que ce vin est de bonne garde et que l'on peut aussi obtenir des rouges parfaitement mûrs, ainsi que le léger **bardolino** et que le rosé chiaretto qui provient de cette station au bord du lac. Tous deux sont vinifiés à partir des mêmes cépages que le valpolicella et se boivent jeunes, de préférence sur une terrasse en pergola quoique le **bardolino superiore** DOCG se prête à des assemblages plus substantiels. Le nom de **garda** a été donné à une appellation DOC fourre-tout qui autorise l'assemblage entre les vins de référence de la Vénétie : soave, valpolicella et bianco di Custoza. Le **bianco di Custoza** élaboré au sud est parfois, comme le **gambellara** à l'est de Soave, très similaire, si ce n'est qu'il est plus sûr que le soave ordinaire.

Le vin le plus populaire à l'est de la Vénétie est le **prosecco**, un mousseux très apprécié des touristes. Le prosecco di Valdobbiadene superiore di Cartizze en est l'incarnation la plus fine et brute. Le verduzzo est le cépage blanc de l'arrière-pays vénitien, tandis que les légers cabernet (surtout franc) et merlot, complétés par le raboso, une austère variété locale, dominent les plaines de Piave et de Lison-Pramaggiore.

Comme le montre la carte, la vallée du Pô est large et plate lorsqu'elle descend de la plaine au sud de Milan vers l'Adriatique. Ce n'est pas une contrée très viticole, et un seul vin y est célèbre (infâme pour d'autres) : le **lambrusco**, un rouge mousseux produit autour de Modène, surtout vers Sorbara. Il y a quelque chose de très appétissant dans ce vin, au fort goût de raisin, avec son étrange mousse de surface. Il contrebalance admirablement la richesse de la cuisine de Bologne. Sa ressemblance, vague mais indéniable, avec le Coca-Cola lui a valu une grande fortune aux États-Unis (en un an, Riunite, la coopérative de Reggio nell'Emilia, y a expédié 11 millions de caisses, faisant la richesse, par exemple, de Castello Banfi à Montalcino). C'est l'une des *success stories* les plus extraordinaires de toute l'histoire du vin.

Les vins deviennent beaucoup plus variés en Vénétie et vers l'est. Sur les îlots verdoyants volcaniques dans la plaine, le succès du **colli berici** et du **euganei**, près de Vicenza et de Padoue, est grandissant. Les cépages rouges sont les cabernets du Bordelais et, surtout, le merlot qui mûrit précocement. Les blancs sont un mélange de variétés traditionnelles : garganega de Soave, prosecco, verdiso léger et vif, et de variétés plus robustes : friulano (voir p. 172), sylvaner, riesling, sauvignon blanc et pinot bianco. Les DOC de la région sont une série de zones délimitées qui donnent leurs noms à divers rouges et blancs, généralement qualifiés de vins de cépage.

Breganze, au nord de Vicence, est un exemple de DOC devenue célèbre (comme Franciacorta) grâce à un producteur passionné. Fausto Maculan a dépassé les blancs traditionnels de Tocai et de Vespaiolo (même s'il les fait) en ressuscitant le goût des Vénitiens pour les vins doux, à partir du torcolato doré passerillé. Il a aussi montré que les cépages rouges de Bordeaux et même aujourd'hui le pinot nero se plaisent admirablement. Voir p. 172 pour de plus amples détails sur les vins élaborés à l'est de la Vénétie.

La réputation viticole de l'Émilie-Romagne est de plus en plus grande. Les collines autour de Bologne, les **colli Bolognesi**, donnent désormais des vins très respectables à partir de cabernet, de merlot et de sauvignon blanc. La région au sud de Bologne et de Ravenne produit en quantité industrielle le romagna, un vin de cépage à partir d'un remarquable trebbiano di Romagna. L'**albana di Romagna** fut le premier vin de cépage blanc à accéder au statut de DOCG en 1986 à l'étonnement de tous, hormis des hommes politiques locaux. Comme tant de cépages blancs italiens, l'albana existe sous des variantes plus ou moins sucrées, mais le seul vin intéressant vient des collines à l'est de Forlì, où la peau du raisin a des notes de pommes qui confèrent un certain charme aux vins doux ou secs.

Autrement plus fiable que l'albana est le **sangiovese di Romagna**, un cépage rouge parfois inconstant produit dans une vaste zone. Parfois trop léger, il peut aussi donner de sublimes vins de cépage qui ont convaincu certains producteurs toscans avisés de Romagne de se convertir à certains clones du sangiovese. Des hommes comme Stefano Berti, Leone Conti, Tre Monti et Zerbina ont ouvert la voie.

Cette épicerie dans la capitale gastronomique de Bologne montre ce qui accompagne les vins italiens, surtout le lambrusco légèrement mousseux, extra-sec et âpre. Des versions plus sucrées sont exportées vers le nord de l'Europe et en Amérique du Nord.

▼ Tous ces vins, sauf le bellavista mousseux ci-dessous et les deux vins secs tout à droite, sont élaborés dans le Trentin ou le Haut-Adige. Ils sont décrits en détail dans les pages suivantes, mais viennent d'une zone limitée car les vignes ne poussent que dans ces étroites vallées subalpines.

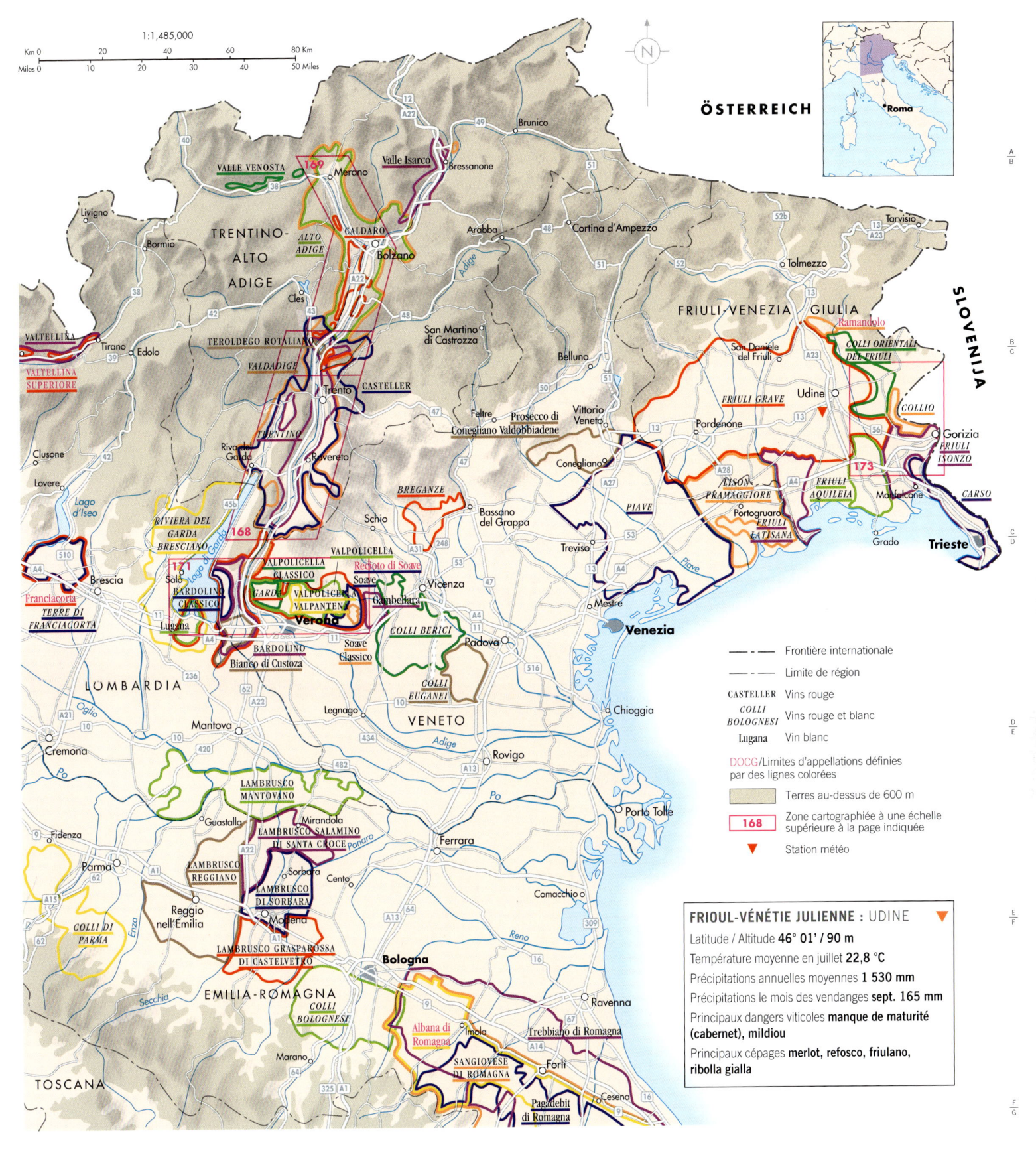

NORD-EST DE L'ITALIE | ITALIE

Légende

- Frontière internationale
- Limite de région
- **CASTELLER** Vins rouge
- *COLLI BOLOGNESI* Vins rouge et blanc
- Lugana Vin blanc
- DOCG/Limites d'appellations définies par des lignes colorées
- Terres au-dessus de 600 m
- 168 Zone cartographiée à une échelle supérieure à la page indiquée
- ▼ Station météo

FRIOUL-VÉNÉTIE JULIENNE : UDINE

- Latitude / Altitude 46° 01' / 90 m
- Température moyenne en juillet **22,8 °C**
- Précipitations annuelles moyennes **1 530 mm**
- Précipitations le mois des vendanges **sept. 165 mm**
- Principaux dangers viticoles **manque de maturité (cabernet), mildiou**
- Principaux cépages **merlot, refosco, friulano, ribolla gialla**

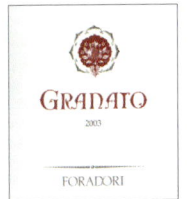

Échelle 1:1,485,000

Trentin

La vallée de l'Adige est un corridor impressionnant dans les Alpes, qui relie l'Italie à l'Autriche par le col du Brenner. Cette tranchée de roches qui s'élargissent par endroits, offrant des points de vue sur les sommets, est un passage nord-sud constamment encombré. Ses vignobles forment un contraste agréable avec la circulation qui règne au fond de la vallée. Ils s'empilent sur toutes les pentes disponibles entre le fleuve et les murs rocheux en une multitude de pergolas qui évoquent des marches recouvertes de feuilles.

Le **Trentin** est l'appellation fourre-tout de la vallée, mais dont chaque partie a ses spécialités, et naturellement ses cépages indigènes spécifiques. Les conditions climatiques sont bonnes pour presque tous les cépages blancs qui ont accru, dans les vignobles du Trentin, de 20 % à près de 60 % depuis 1980. Le chardonnay est la variété la plus plantée, ce qui s'explique par l'importance du *metodo classico* utilisé pour les amateurs de mousseux italiens. Ferrari et Cavit produisent quelques-uns des meilleurs. Les plantations de pinot grigio ont aussi augmenté, en raison de son succès mondial, tandis que le merlot est la variété rouge prépondérante.

En outre, on apprécie trop les cépages rouges indigènes, très productifs de surcroît, pour les supplanter par des variétés importées. En allant au nord vers Trente, la gorge qui serpente, la Vallagarina, est la patrie du marzemino, un cépage rouge sombre, peu corsé. L'extrémité septentrionale du Trentin est l'unique foyer du teroldego, un vin rouge sanguin produit à partir du cépage éponyme qui pousse entre Mezzolombardo et Mezzocorona, à Campo Rotaliano, une plaine graveleuse ponctuée de collines recouvertes de pergolas. Le **teroldego rotaliano** est l'un des vins italiens qui possèdent le plus de caractère. D'un violet profond, de bonne garde, il est souple en bouche avec de délicats arômes de baies (un peu excessive quand il est jeune) et une acidité qui est le signe de la surexploitation des vignes de teroldego. Grâce à son travail de pionnière pour améliorer les clones disponibles, Elisabetta Foradori est la reine du bon teroldego rotaliano.

On cultivait autrefois beaucoup de schiava ou vernatsch, un cépage du Tyrol (appelé trollinger en Allemagne), mais il perd heureusement du terrain aujourd'hui. Le schiava est peut-être surtout apprécié dans le rosé produit au village de Faedo (à l'extrémité nord de cette carte).

Les pentes orientales de l'Adige autour de San Michele conviennent particulièrement aux cépages blancs et aussi, depuis quelques années, aux cépages rouges internationaux. Quelques-uns des très intéressants vins au monde produits à partir de müller-thurgau sont produits d'ici.

Le flanc occidental de la vallée près de Trente, qu'il relie par trois petits lacs, est propice aux mêmes variétés (toutes ces zones produisent un bon vin de base, tranquille, pour le spumante), mais il s'est spécialisé dans le vino santo passerillé, de grande qualité, à partir d'un autre cépage indigène, le nosiola.

Haut-Adige

Le Haut-Adige est la région viticole la plus septentrionale d'Italie et l'une des plus prospères. L'allemand y est plus parlé que l'italien, même si les cépages français sont les plus répandus. On y produit des vins de cépage blancs racés, auxquels la région doit sa réputation moderne, et des variétés qui donnent des rouges sérieux dans les zones les plus chaudes. La plupart des vins sont vendus sous l'étiquette de DOC **alto adige** (südtiroler) avec le nom du cépage.

La production est centrée sur la banquette et les pentes en contrebas de la vallée de l'Adige. L'altitude des vignobles varie de 200 à 1 000 m, mais l'idéal pour éviter le gel et optimiser la maturation tourne autour de 350-500 m.

Les vignobles les plus élevés, souvent sur des pentes escarpées en terrasses, comme dans la **Valle Venosta** au nord-ouest et la **Valle Isarco** (Eisack) qui s'étend sur 24 ou 32 km au nord-est de Bolzano (voir p. 167), sont particulièrement réputés pour le riesling, dont les arômes bénéficient des grandes fluctuations entre les températures diurnes et nocturnes.

Sur les pentes un peu plus basses, le chardonnay, le pinot bianco et le pinot grigio sont fruités et vifs, tandis que le village de Terlano, plus au nord en direction de Merano, est réputé pour son sauvignon blanc. Ici, les sols habituellement calcaires ont été remplacés, sous l'action des anciens glaciers, par du porphyre granitique dur qui est mis en avant sur les étiquettes. Le gewurztraminer doit son nom au village dont il est probablement issu, Tramin (Termeno en italien), à 19 km au sud de Bolzano. Hofstätter, producteur renommé, montre pourquoi.

Le schiava (vernatsch en allemand), cépage rouge battant, donne un vin assez pâle, souple et ordinaire. Le lagrein, une variété locale qui poussait à l'origine autour de Bolzano, produit un vin nettement plus intéressant, à commencer par un rosé très fruité, le lagrein-kretzer, et un rouge plus sombre, le lagrein-dunkel. Tous deux sont de bonne garde et séduisent de plus en plus d'amateurs dans le monde entier.

Les cépages rouges importés au XIXᵉ siècle (pinot nero, merlot et cabernet) peuvent également être très bons, surtout pour les producteurs qui ont abandonné la traditionnelle conduite en pergola pour un palissage sur des fils de fer. Ces variétés remplacent peu à peu, avec le lagrein, le schiava dans les sites les plus chauds de la région, à l'est du lac Caldaro et sur les pentes au-dessus de Bolzano, où ils bénéficient de la brise du lac de Garde qui souffle l'après-midi et des nuits fraîches. L'irrigation est souvent essentielle.

Les coopératives locales, ou *cantine*, jouent un rôle majeur dans le Haut-Adige. Celles de Bolzano, Caldaro, Colterenzio, Cortaccia, San Michele Appiano, Terlano et Termeno font parfois des vins aussi bons que les meilleurs producteurs privés, comme Franz Haas, Hofstätter, Kuenhof (à Bressanone), Lageder et Elena Walch.

La coopérative de Mezzacorona, à la limite entre le Trentin et le Haut-Adige, n'est pas aussi importante que celle de Colterenzio ou de San Michele Appiano, mais c'est certainement l'une des plus esthétiques de cette région frontière entre les cultures latine et germanique.

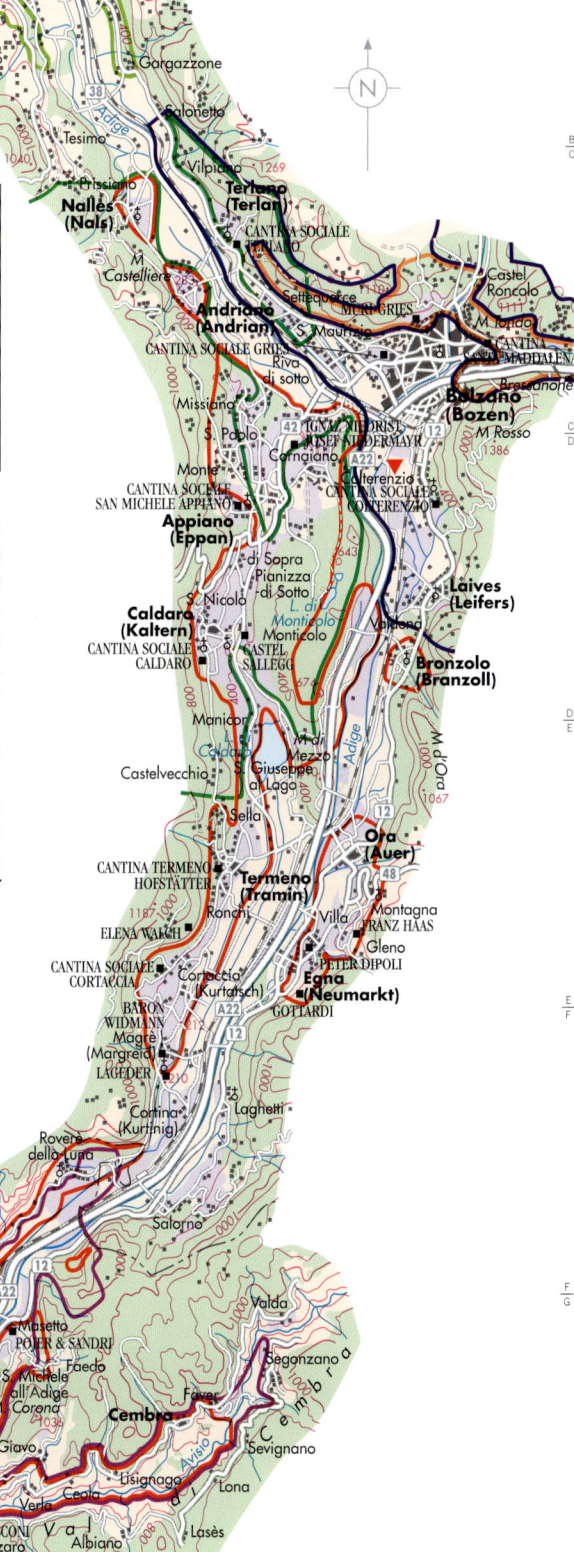

HAUT-ADIGE : BOLZANO

Latitude / Altitude **46° 28' / 230 m**

Température moyenne en juillet **21,7 °C**

Précipitations annuelles moyennes **650 mm**

Précipitations le mois des vendanges octobre **50 mm**

Principaux dangers viticoles **gelées printanières**

Principaux cépages **schiava, pinot grigio, pinot bianco, chardonnay, lagrein, gewurztraminer, pinot noir**

Frioul-Vénétie Julienne

Le nord-est de l'Italie est réputé pour ses vins blancs fins. La vinification en blanc a beaucoup progressé dans tout le pays ces dix dernières années, mais c'est le Frioul-Vénétie Julienne qui s'est illustré dès le début des années 1970 avec ses blancs lisses. On y trouve désormais quelques-uns des meilleurs blancs au monde, surtout des vins de cépage parfumés, vifs, nets et jamais désagréablement boisés.

Les DOC les plus réputées en blanc sont : **colli orientali del Friuli** (ou COF), dans la moitié nord-est de la carte, et **collio Goriziano**, qui doit son nom à la province de Gorizia, mais que l'on appelle plus souvent « Collio » dans la moitié sud. Les vignobles de la Primorska occidentale ont aussi été inclus, même s'ils sont en Slovénie (et décrits p. 271), car ils appartiennent au Frioul d'un point de vue géographique. Comme ailleurs en Italie, le Frioul a des coopératives viticoles, mais il est surtout dominé par des familles de producteurs privés.

Les vignobles des colli Orientali sont protégés des rudes vents du Nord par les Alpes juliennes de Slovénie au nord-est, mais le climat y est plus froid et continental que pour ceux des Collio, tempérés par l'influence de l'Adriatique. Ces collines orientales (colli Orientali) sont à 100-350 m au-dessus du niveau de la mer. Comme ces terres étaient autrefois sous le niveau de la mer, les sols conservent la trace des dépôts de marne et de grès, souvent en couches alternées, typiques de ce qu'on appelle un sol de type « de Cormons » d'après le nom de la ville au centre de la carte.

Le principal cépage planté est le friulano (que les Hongrois continuent d'appeler tocai friulano) qui est identique au sauvignonasse ou sauvignon vert. Il est parfois plutôt cru ailleurs, notamment au Chili où il a longtemps été plus courant que le sauvignon blanc, mais il semble se plaire dans cette partie de l'Italie. Les autres variétés sont le sauvignon blanc, le pinot grigio, le pinot bianco et un cépage local, le verduzzo. Un bon tiers des vignobles des colli Orientali est destiné à la production de vins rouges de plus en plus accomplis. Le cabernet et, en particulier, le merlot dominent, mais on peut aussi trouver des variétés locales (refosco, schioppettino et pignolo) dans des vins de cépage rafraîchissants, clairs et de plus en plus souvent vinifiés, à des degrés divers, sous bois. On a longtemps cru que le cabernet qui poussait dans le Frioul était du cabernet franc (parfois écrit frank), mais on a récemment découvert qu'il s'agissait d'une vieille variété bordelaise, le carmenère (que le Chili a pris un temps pour du merlot). Certaines parties des colli Orientali du Frioul sont plus

Le vignoble de Collio, une déformation de colli (le mot italien pour collines). Environ 85 % du vin est destiné à des blancs secs très nets et parfumés avec (le plus souvent) une belle dominante fruitée. Le pinot grigio a remplacé le friulano en tant que cépage le plus planté.

alpines que maritimes, mais l'extrémité au sud-ouest, entre Búttrio et Manzano, est assez chaude pour que le cabernet-sauvignon puisse mûrir. Le réchauffement climatique et l'amélioration constante de la vinification ont contribué à une augmentation de la qualité, même si quelques producteurs sont tentés de cultiver trop de vigne pour accroître leurs rendements.

À l'extrême nord des colli Orientali, autour de Nimis au nord-ouest sur la carte ci-contre (voir aussi p. 167), les pentes du **ramandolo** (DOCG) sont escarpées, froides et parfois humides. La spécialité locale est le verduzzo, doux et ambré. L'autre raison de fierté est le **picolit**, un vin blanc de cépage puissant que l'on pourrait qualifier de jurançon italien : un vin de dessert riche en arômes de foin et de fleurs, au goût de miel moins mordant qu'un sauternes.

La petite appellation contrôlée **collio**, au sud des colli Orientali, donne des vins très semblables, dont bien sûr d'excellents blancs, mais nettement moins de rouges d'autant que ceux-ci sont souvent trop légers et non mûrs (les pluies automnales empêchent une maturation complète). La demande mondiale pour le pinot grigio ne cesse d'augmenter. Ce cépage a depuis longtemps conquis le Frioul et le sauvignon blanc est lui aussi de plus en plus populaire. Comme dans les colli Orientali, le chardonnay et le pinot bianco se prêtent mieux que les autres blancs à un léger élevage sous bois. Les autres variétés locales à peau fine sont la ribolla gialla, le traminer aromatico, la malvasia istriana et le riesling italico (Welschriesling), que l'on retrouve aussi de l'autre côté de la frontière, en Slovénie.

Dans l'ensemble, le cabernet du Frioul-Vénétie Julienne a plus de cœur à l'ouest de cette région, en particulier dans l'appellation **lison-pramaggiore** (voir p. 167) où le merlot est parfois un peu trop sec pour les raisins qui donnent du pomerol. En allant à l'est, le merlot qui mûrit tôt semble mieux adapté à de grandes récoltes et au climat frais de cette partie de l'Italie. Le merlot domine dans les appellations de **grave** et d'**isonzo**. La zone côtière avec ses vignobles plats donne des vins moins concentrés à partir des mêmes cépages que ceux des plantations plus limitées dans les colli Orientali du Frioul. Néanmoins, certains producteurs d'isonzo dont les vignobles sur les Rive Alte, au nord de la rivière, sont mieux drainés, font désormais des vins aussi bons que ceux des zones des collines du Frioul. Depuis plusieurs années, des producteurs des colli Orientali s'approvisionnent même en vins rouges auprès des vinificateurs d'isonzo. Les vins produits sur les terres plus basses, plates et fertiles entre le fleuve et la mer ressemblent de plus en plus au grave de la plaine du Frioul à l'ouest. Isonzo fait également de bons vins blancs, surtout à partir de friulano et de pinot grigio.

La spécialité de **carso**, le long de la côte près de Trieste, est le refosco, appelé ici terrano. Ce cépage pousse également beaucoup de l'autre côté de la frontière, en Slovénie.

▼ La plupart de ces étiquettes représentent l'aristocratie des vins blancs produits dans la zone cartographiée, même s'il faut y ajouter l'un des meilleurs prosecco, réalisé beaucoup plus à l'ouest. Le merlot rouge, au succès inhabituel, provient presque uniquement du domaine Le Due Terre, tout près de la frontière slovène, qui vinifie aussi à partir d'un cépage local pourpre, le schioppettino.

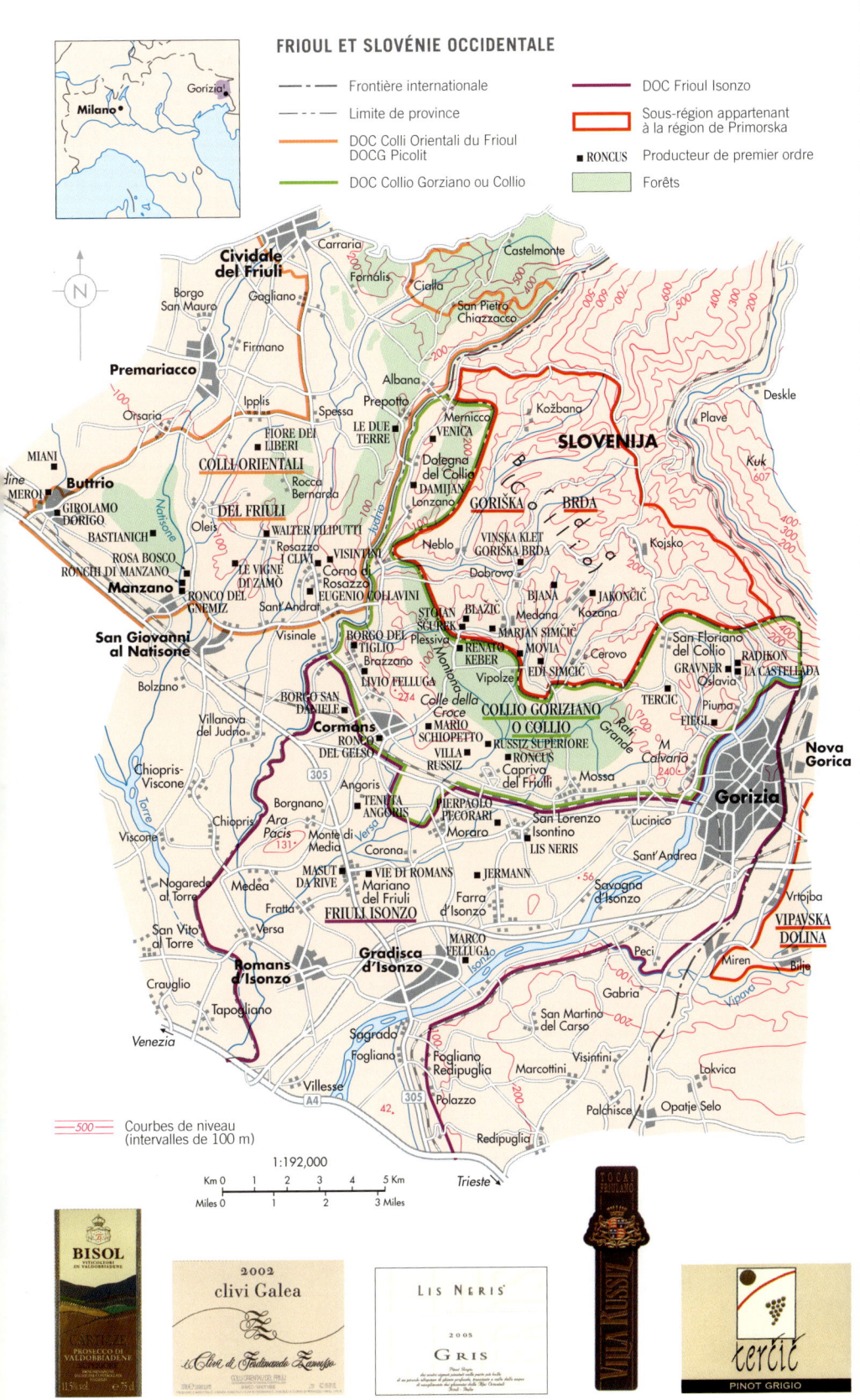

Italie centrale

Le cœur et peut-être l'âme de l'Italie reposent dans cette partie de la péninsule, légèrement de travers avec Florence et Rome, les villes les plus connues pour un étranger, la région mythique du chianti, les tombes des Étrusques... Est-ce un hasard ? En fait, l'altitude, le terrain et, surtout, les idées varient énormément. Les anciennes identités sont recouvertes d'une épaisse couche de créativité. Rien n'est jamais gagné d'avance. La chaîne des Apennins impose une délimitation supérieure stricte, tandis que la mer qui borde cette région des deux côtés influe diversement sur les terroirs viticoles.

À l'exception de la région des vins sur la côte adriatique, c'est le pays du sangiovese, le cépage italien le plus planté et dont le vin va de pâle, maigre et acide en bouche à l'expression la plus somptueuse qui soit. Aux altitudes les plus élevées de cette carte, il a besoin de délicates attentions pour mûrir pleinement. C'est particulièrement vrai pour les clones sélectionnés dans les années 1970 pour leurs rendements énormes, sans égard pour une quelconque qualité. Leur remplacement par de meilleurs clones a révolutionné nos attentes d'un vin (surtout) toscan. Le sangiovese y est désormais plus intense, en couleur comme en flaveur, mais il a conservé ce zeste de structure qui rend ces vins incontournables à table. Plus un vignoble est bas et protégé, de préférence orienté au sud, et plus les arômes s'expriment intensément. Cependant, bien des rouges plus délicats poussent à des altitudes supérieures à 500 m, tandis que les blancs se plaisent même plus haut. Cela étant, le trebbiano toscano, ce cépage blanc bas de gamme qui pousse dans le pays du sangiovese depuis plus d'un siècle, est un mauvais choix. Pour sa défense, il contribue à donner du corps au vin santo, ce vin de dessert obtenu à partir de raisins passerillés.

Les sols sur les collines au pied des Apennins varient, mais les types les plus caractéristiques sont le galestro, variante locale grumeleuse d'argile et de calcaire, et l'albarese, sol plus lourd. Les lacs et les rivières apportent une chaleur bienvenue tout comme, bien sûr, les deux mers.

La côte adriatique est assez plate, mais ses collines verdoyantes dans l'arrière-pays produisent des vins ayant plus de caractère et de verve, comme l'attestent ceux produits dans la communauté de réhabilitation de toxicomanes de San Patrignano sur les collines au-dessus de Rimini. Au sud pousse le verdicchio, qui donne les vins blancs les plus sublimes. La zone du **verdicchio dei castelli di Jesi** est vaste et le soi-disant « classico », au centre, en représente plus de 90 %. Des producteurs comme Umani Ronchi et Fazi Battaglia font tout leur possible pour promouvoir leurs meilleurs vins. L'appellation plus

Un orage est sur le point d'éclater sur ces collines verdoyantes de Montecarotto, dans la zone du verdicchio dei castelli di Jesi classico, dans les Marches sur la côte adriatique.

▶ Ces étiquettes représentent les vins que l'on trouve en bordure de l'Italie centrale en dehors des zones les plus célèbres. Hormis le poggio valente morellino di Scansano et le carmignano, le sangiovese est à peine représenté ici. On y trouve plutôt des cépages bordelais, du vernaccia, de la syrah, du montepulciano d'Abruzzo et du verdicchio.

ITALIE CENTRALE | ITALIE | 175

petite du **verdicchio di Matelica** tend à produire plus de vins de caractère sur ses terrains vallonnés, à une altitude supérieure.

Les rouges des Marches ont mis plus de temps à se forger une identité, mais le **rosso conero**, vinifié avec le juteux cépage montepulciano, a montré qu'il avait du caractère. Le **rosso piceno**, élaboré à partir de sangiovese et de montepulciano, est une valeur sûre. Les rendements sont généralement plus faibles et l'élevage sous bois judicieux.

Le montepulciano est le cépage rouge de cette partie de la côte adriatique et le **montepulciano d'Abruzzo** est rarement trop cher, même s'il est un peu variable (le cerasuolo d'Abruzzo, un vin rosé sec, à la robe tirant sur le rouge, est très satisfaisant). La meilleure zone du montepulciano se trouve dans les collines sauvages des Abruzzes, autour de la ville de Teramo. En 2003, elle a été récompensée par la DOCG **montepulciano d'Abruzzo colline Teramane**. Les producteurs les plus méritants sont, entre autres, Illuminati et Villa Medoro. Le **trebbiano d'Abruzzo** peut être très variable, mais il atteint parfois des sommets, en partie à cause d'une certaine confusion qui règne sur le type de cépage impliqué. Feu Eduardo Valentini de Loreto Aprutino a longtemps bataillé et obtenu la consécration pour ses vins de magnifique garde, très charpentés, vinifiés à partir du bombino bianco des Pouilles, mûrement sélectionné et autrement moins commun que le trebbiano toscano.

Sur la côte occidentale, la région romaine du Latium est étonnamment inerte en matière de vin. Une poignée de producteurs peine à importer des variétés internationales et à restaurer le cesanese, un cépage rouge ancien et léger, mais Rome est surtout une ville du vin blanc. Le **marino** et le **frascati** qui proviennent des Castelli Romani y coulent à flot.

Plus au nord, Cerveteri semble plus importante sur la carte qu'en réalité. C'est dans l'arrière-pays de la côte toscane et au-dessus de Cerveteri qu'ont eu lieu les changements les plus importants ces dernières années. Vous trouverez plus de détails sur son centre, autour de Bolgheri, sur la carte p. 173, mais l'une des régions les plus novatrices a été celle de **Morellino di Scansano**, désormais une DOCG. Le morellino est le nom local du sangiovese, qui bénéficie ici de la douceur de cette zone juste au-dessus du niveau de la mer. Quelques outsiders ont investi ici ces dernières années, ce qui a fait exploser le prix du terrain. Ils comprennent les plus vieilles familles productrices de vin de Florence, comme Antinori et Frescobaldi, ainsi que Barbi et Biondi-Santi et les producteurs de chianti Badia a Coltibuono, Cecchi, Fonterutoli et Rocca della Macie. Comme pour le domaine La Parrina sur la côte, les vins obtenus ont plus de chair et de subtilité que tout ce qui est produit sur les collines du chianti classico.

Monteregio di Massa Marittima se trouve entre Scansano et la bande de terre qui s'étire de Val di Cornia jusqu'à Montescudaio. Elle est dominée par un autre M, le compétent Moris Farms qui a étendu ses ailes au sud de Scansano.

Côte toscane

Difficile de dire si, depuis le « chianti » du baron Ricasoli, un producteur a eu plus d'impact sur le vin italien que le propriétaire de Sassicaia, le petit vignoble près de la côte toscane qui a bouleversé le système des appellations. La cuvée sassicaia, superbe, allait à l'encontre de toute tradition et n'était qu'un simple *vino da tavola* car, en l'absence d'autre vignoble, une dénomination contrôlée n'était pas envisageable.

Rêvant de suivre la trace des médocs, le marquis Incisa della Rocchetta avait choisi dans les années 1940 un hectare très caillouteux du domaine de San Guido pour planter du cabernet. Il n'y avait aucun vignoble à la ronde et, à Bolgheri, que des champs de pêches et de fraises quasiment en friche.

Le domaine se trouve à 10 km de la mer, sur les premières pentes des colline Metallifere qui, comme leur nom l'indique, sont riches en minéraux et dont leur forme en amphithéâtre crée un climat merveilleux. La vigne fleurit en mai et après un printemps et un été secs, les grappes mûrissent fin septembre, avant les pluies d'automne. Lorsque les premiers vins du marquis commencèrent à perdre leur tanin, ils révélèrent des arômes inconnus jusque-là en Italie.

Ses neveux Piero et Lodovico Antinori goûtaient les vins. Piero parla à Bordeaux avec le professeur Peynaud. La mise en bouteille et la commercialisation du sassicaia débutèrent avec la cuvée 1968. Au milieu des années 1970, il était réputé dans le monde entier. Puis, dans les années 1980, Lodovico Antinori sélectionna diverses parcelles dans sa propriété Ornellaia et y planta du cabernet-sauvignon, du merlot et, avec moins de succès, du sauvignon blanc. Les meilleurs sols étaient les plus cailouteux et en hauteur plus un lopin argileux dont le merlot donne son masseto.

En 1990, sur une parcelle plus en hauteur, au sud-ouest, son frère Piero produisit un assemblage cabernet-merlot qu'il appela guado al tasso. Le sol, plus sablonneux, donnait un vin plus léger.

De nouvelles exploitations viticoles sont apparues. Beaucoup doivent encore faire leurs preuves, dont Campo di Sasso fondée par les frères Antinori au nord de Bolgheri. Gaja du barbaresco a créé Ca'Marcanda. Ruffino du Chianti est là également. Les meilleurs cépages sont le cabernet et, à un degré moindre, le merlot.

L'appellation Bolgheri évolue vite (et comprend la DOC bolgheri sassicaia). Tous les autres vins sont des assemblages (de cabernet, de merlot ou de sangiovese pour les rouges). De ce fait, par exemple, le Cavaliere de Michele Satta (monocépage sangiovese) et le masseto (monocépage merlot) sont des IGT.

Si Bolgheri s'est révélé idéal pour le cabernet, le merlot est peut-être le cépage de la zone du blanc, qui recouvre une bonne partie de la moitié sud de cette carte : le **val di Cornia** (DOC). Les sols sont bien plus argileux que ceux de bolgheri. Le propriétaire de Bellavista à Franciacorta (voir p. 166) mise surtout sur le merlot dans son domaine Petra, tout comme celui de San Luigi à Piombino dans ce que l'on

ITALIE CENTRALE | ITALIE | 177

La Ca'Marcanda d'Angelo Gaja est l'un des nouveaux domaines viticoles, discret, bâti à Bolgheri par un producteur d'une autre région viticole. L'architecte s'est efforcé de fondre le plus possible l'édifice dans le paysage relativement plat.

pourrait appeler aujourd'hui la Côte d'Or de Toscane.

Dans l'appellation **montescudaio** au nord de la carte, le Castello del Terriccio connut un succès précoce avec son lupicaia, un assemblage de cépages bordelais aux arômes de menthe. Lodovico Antinori a perdu le contrôle d'Ornellaia et acheté de la terre à Bibbona, où lui et son frère Piero produisent le campo di Sasso.

▲ Les cépages bordelais dominent dans tous ces vins, présentés dans l'ordre chronologique (celui du haut correspond au producteur établi depuis la période la plus longue). La première cuvée de l'ornellaia est celle de 1985. Autant dire qu'il s'agit d'un bébé dans l'histoire du vin italien.

- - - Limite de province
——— Limite de commune
——— DOC Bolgheri
——— DOC Bolgherie Sassicaia
——— DOC Val di Cornia
——— DOC Suvereto
■ ORNELLAIA Producteur de premier ordre
Aia Nuova Vignoble de premier ordre
Forêts
—500— Courbes de niveau (intervalles de 100 m)

1:154,000

Chianti

Les collines entre Florence et Sienne correspondent à l'idéal, pour un poète romain, de la vie courtoise à la campagne. L'association entre le paysage, l'architecture et l'agriculture y est ancestrale et profonde. Les villas, les cyprès, les oliviers, les vignes, les rochers et les bois composent un tableau qui pourrait aussi bien être romain, de la Renaissance ou du Risorgimento.

Dans cette scène intemporelle où se mêlaient autrefois les cultures nécessaires à la vie des paysans de Toscane, les vignobles recouvrent les collines et les vallées et appartiennent aux nouveaux propriétaires étrangers, très rigoureux.

La zone d'origine du chianti, l'une des premières à avoir été définie en Italie, dès 1716, se limitait aux terres autour des villages de Radda, Gaiole et Castellina ; Greve fut ajouté plus tard. La ligne rouge sur la carte montre la zone historique qui a été étendue et qui produit l'un des meilleurs vins du pays, le **chianti classico**.

Des six autres sous-zones de chianti, le **chianti rufina**, à l'est de Florence (en partie sur la carte), est la plus intéressante. Elle produit d'excellents vins de longue garde. Un passage dans les Apennins, au nord, qui permet à la brise maritime de rafraîchir les vignobles, explique en grande partie la finesse du chianti Rufina ; celui-ci a besoin de temps pour donner le meilleur de lui-même. Quelques domaines de renom se développent autour de San Gimignano dans la sous-zone de **chianti colli Senesi**, les collines au-dessus de Sienne. Le chianti produit sur les collines au-dessus de Florence, de Pise et d'Arezzo (respectivement les sous-zones de **chianti colli Fiorentini, colline Pisane** et **colli Aretini**) est moins réputé, tout comme les vins de la sous-zone de **chianti Montalbano** au nord-est de Florence.

La carte p. 1759 montre l'étendue d'une zone (presque 160 km du nord au sud, soit plus que le Bordelais) autorisée à produire du vin étiqueté simplement chianti. Au mieux un vin de terroir très fruité à boire un à deux ans après son élaboration, mais souvent bien moins ambitieux que le chianti classico qui doit respecter des contraintes plus strictes.

Dès 1872, l'illustre baron Ricasoli (un temps Premier ministre de l'Italie) distinguait dans son château de Brolio deux formes de chianti : un à boire jeune et un autre plus ambitieux destiné à la cave. Pour le premier, il assemblait un peu de malvasia, le cépage blanc alors prédominant, à des variétés rouges, le sangiovese et le canaiolo. Malheureusement, la proportion de cépage blanc

Dans les meilleurs domaines viticoles du chianti classico, la table de tri est aussi essentielle pour améliorer la qualité d'un vin que dans le Bordelais. Celle-ci se trouve dans l'abbaye du Xᵉ siècle Badia a Coltibuono à Gaiole, qui est dirigée par la famille Stucchi. En règle générale, moins de 10 % d'un domaine est propice à la viticulture.

TOSCANE : FLORENCE ▼

Latitude / Altitude **43° 45' / 40 m**
Température moyenne en juillet **24,2 °C**
Précipitations annuelles moyennes **830 mm**
Précipitations le mois des vendanges **octobre 100 mm**
Principaux dangers viticoles **manque de maturité, mildiou, esca**
Principaux cépages **sangiovese, trebbiano, canaiolo nero**

ITALIE | 179

Montepulciano

Les voisins du montalcino à l'est, de l'autre côté d'une partie enclavée du chianti, ont des prétentions anciennes incarnées dans leur DOCG **vino nobile di Montepulciano**. Montepulciano est une cité sur une colline pleine de charme entourée de vignobles plantés avec un mélange de clones locaux du sangiovese, appelé ici prugnolo gentile, de variétés locales et du Bordelais. Le vino nobile doit contenir au moins 70 % de sangiovese (des producteurs préfèrent 100 %, d'autres un assemblage). Le vin tient donc plus du chianti classico que du brunello.

Comme à Montalcino, l'élevage sous bois a été raccourci (juste un an pour les versions normales et les Riserva). Si un jeune vino nobile est souvent très mâchu, le rosso di Montepulciano, sa variante junior, vieillie plus tôt, peut être étonnamment souple.

L'altitude des vignobles varie ici moins qu'à Montalcino. La plupart des meilleurs terroirs se trouvent entre 250 et 600 m. Les précipitations annuelles moyennes, d'environ 740 mm, sont un peu plus élevées ce qui, en raison des sols souvent sableux, tend à donner des vins plus accessibles, même si l'influence de la chaleur du sud de la Toscane favorise la maturation.

Sous la houlette de la talentueuse maison Avignonesi, un nombre de plus en plus important de producteurs passionnés s'est rallié à la formule du supertoscan, et plusieurs ont renoncé à l'appartenance à la DOC cortona juste à l'est. Mais le plus grand succès de montepulciano est sans conteste le vin santo, ce luxe oublié de nombreuses régions de l'Italie, surtout de Toscane. De robe orange, avec des arômes de bois fumé, extraordinairement doux, intense et persistant, il est typiquement élaboré à partir de malvasia bianca, de grechetto bianco et de trebbiano toscano. Les grappes sont soigneusement mises à sécher dans des locaux bien ventilés au moins jusqu'en décembre avant de fermenter et de vieillir durant trois ans dans de minuscules fûts aplatis appelés *caratelli*. Pour les raisins du vin santo di Montepulciano riserva, le passerillage est plus long, tout comme l'élevage. La spécialité des Avignonesi, le prugnolo gentile vinifié en vin santo di Montepulciano occio de pernice (œil-de-perdrix) vieillit souvent plus de huit ans avant d'être mis en bouteille.

▼ Étonnamment, bien plus de producteurs de renom sont apparus dans la zone de brunello di Montalcino que dans celle qui produit le vino nobile di Montepulciano.

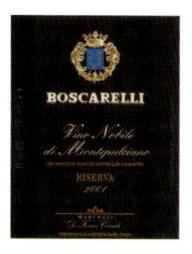

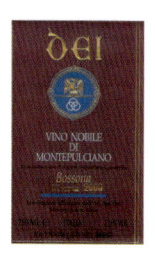

Des hommes au travail dans les vignobles de la Fattoria Le Casalte qui, comme de nombreux producteurs autour de Montepulciano, élabore aussi bien du vin rouge que du vin santo blanc doux à partir de grappes passerillées.

Ombrie

L'Ombrie a offert deux cépages : le grechetto qui donne aux vins blancs leur charpente et leur intense saveur de noix et le sagrantino pour les rouges. La peau épaisse du sagrantino est riche en parfum et en potentiel de garde. Ce fut longtemps un secret local autour de la ville de Montefalco où était élaboré un rouge liquoreux, le passito. Mais au début des années 1990, Marco Caprai attira l'attention en créant de superbes blancs secs au fruité extraordinaire et aux fins tanins. Aujourd'hui, **montefalco sagrantino** est une DOCG de plus de 500 ha qui produit du vin dans plus de 40 domaines avec, en outre, 300 ha trop jeunes pour donner un vin sérieux.

La seule région dépourvue d'accès à la mer au sud du Pô a la tradition viticole la plus ancienne. Orvieto était une importante cité étrusque. Les magnifiques caves creusées il y a 3 000 ans dans la roche volcanique sont un exemple unique de technologie préhistorique ; très bien conçues pour permettre une fermentation longue et fraîche, elles permettent l'aboutissement d'un vin blanc doux, *amabile*. Hélas, la mode dans les années 1960 et 1970 pour des blancs secs aboutit à un autre assemblage en Italie centrale fondé sur le trebbiano toscano (appelé ici procanico) avec un minimum de grechetto pour le caractère. La fortune de ce leader des vins d'Ombrie s'effondra.

Entra alors en scène Giorgio Lungarotti qui, dans son domaine à Torgiano près de Pérouse, fut le premier de l'histoire moderne à prouver, à la fin des années 1970, que l'Ombrie pouvait produire des vins rouges aussi bons qu'en Toscane et, même, explorer ce que l'on pourrait appeler des « superombriens ». Ses filles, Teresa et Chiara, continuent de veiller à la réputation du **torgiano**, dont la version Riserva est une DOCG.

C'est dans le sud-ouest, au domaine Castello della Sala qui appartient aux Antinori, que l'histoire du vin ombrien connut un nouveau rebondissement. Le domaine produisait au départ de l'orvieto, mais, à partir du milieu des années 1980, un vigneron, Renzo Cotarella, frère du célèbre consultant œnologue Riccardo, créa une gamme révolutionnaire de vins blancs non traditionnels. Un chardonnay fermenté en fût était probablement la seule chose à quoi l'on pouvait s'attendre, mais le cervaro della sala eut dès le départ une pureté et une singularité qui le placèrent comme l'un des meilleurs blancs italiens. Le muffato botrytisé, élaboré à partir de divers cépages internationaux plus du grechetto, révéla d'autres possibilités.

L'Ombrie se porte bien. Elle produit aujourd'hui toutes sortes de vins rouges et blancs typiquement italiens, dont un orvieto intéressant une fois de plus, à partir de cépages locaux et importés. On continue de tâtonner quant au choix des assemblages et des parcelles, mais le rôle des consultants œnologues – ces demi-dieux de la scène viticole moderne en Italie – demeure vital. Les frères Cotarella ont mené en Ombrie des tentatives couronnées de succès depuis leur domaine de Falesco à Montefiascone, dans le Latium. Ces novateurs ont préféré étiqueter leurs vins IGT **umbria** et non sous une DOC locale, comme colli Perugini, colli del Trasimeno, colli Martani (spécialement bon pour le grechetto) ou colli Amerini. Il faut désormais compter avec l'Ombrie dont le climat, très variable, est plus froid que les terres montagneuses du chianti au nord, autour du lac Trasimène, et méditerranéen à Montefalco et Terni au sud.

OMBRIE : PÉROUSE

Latitude / Altitude **43° 07' / 510 m**
Température moyenne en juillet **23,1 °C**
Précipitations annuelles moyennes **910 mm**
Précipitations le mois des vendanges **septembre 70 mm**
Principaux dangers viticoles **un peu d'esca dans les vieilles vignes**
Principaux cépages **sangiovese, ciliegiolo, sagrantino, trebbiano, grechetto**

◀ Le sagrantino, un cépage ombrien, donne des rouges très structurés. Le cervaro est un assemblage blanc et sec de chardonnay et du grechetto local. L'exception est ici le montiano de Riccardo Cotarella, produit de l'autre côté dans le Latium. Son merlot succulent est un défi au style international.

Italie du Sud

Historiquement, c'est dans l'arrière-pays de la Campanie, en particulier dans la province d'Avellino, à l'est de Naples, que des vins typiques du sud de l'Italie sont apparus. L'aglianico est incontestablement le meilleur cépage à peau foncée du sud de la péninsule. Il donne des vins au caractère puissant, noble bien sûr, et troublant. Le raisin mûrit si tard qu'il ne pourrait pas pousser plus au nord. Sur les collines de l'appellation (DOCG) **taurasi**, où il trouve son expression la plus fine, il est parfois récolté dans la neige. Son acidité est si élevée que la fermentation malolactique n'est pas une opération de routine. Cependant, comme ailleurs en Italie, les techniques modernes de vinification visent à assouplir l'aglianico et, parfois, à gommer une partie de son caractère.

Le **greco di tufo** est un cépage blanc substantiel de l'intérieur de la Campanie aux arômes remarquablement originaux (un parfum de peau de pomme et des notes minérales profondes). Il doit son nom à ses origines grecques et à la roche de tuf sur laquelle il pousse. Dans la même province vallonnée de l'Avellino, le classique fiano est un cépage blanc plus délicat et subtil dont le vin combine l'intensité et la fermeté avec un entêtant parfum floral. Son charme est si manifeste qu'il a été importé avec succès en Sicile. Greco di tufo et **fiano di Avellino** sont désormais des DOCG.

Certains vins ont des noms bien établis en Campanie, mais d'autres font leur apparition dans des zones moins évidentes. Dans les

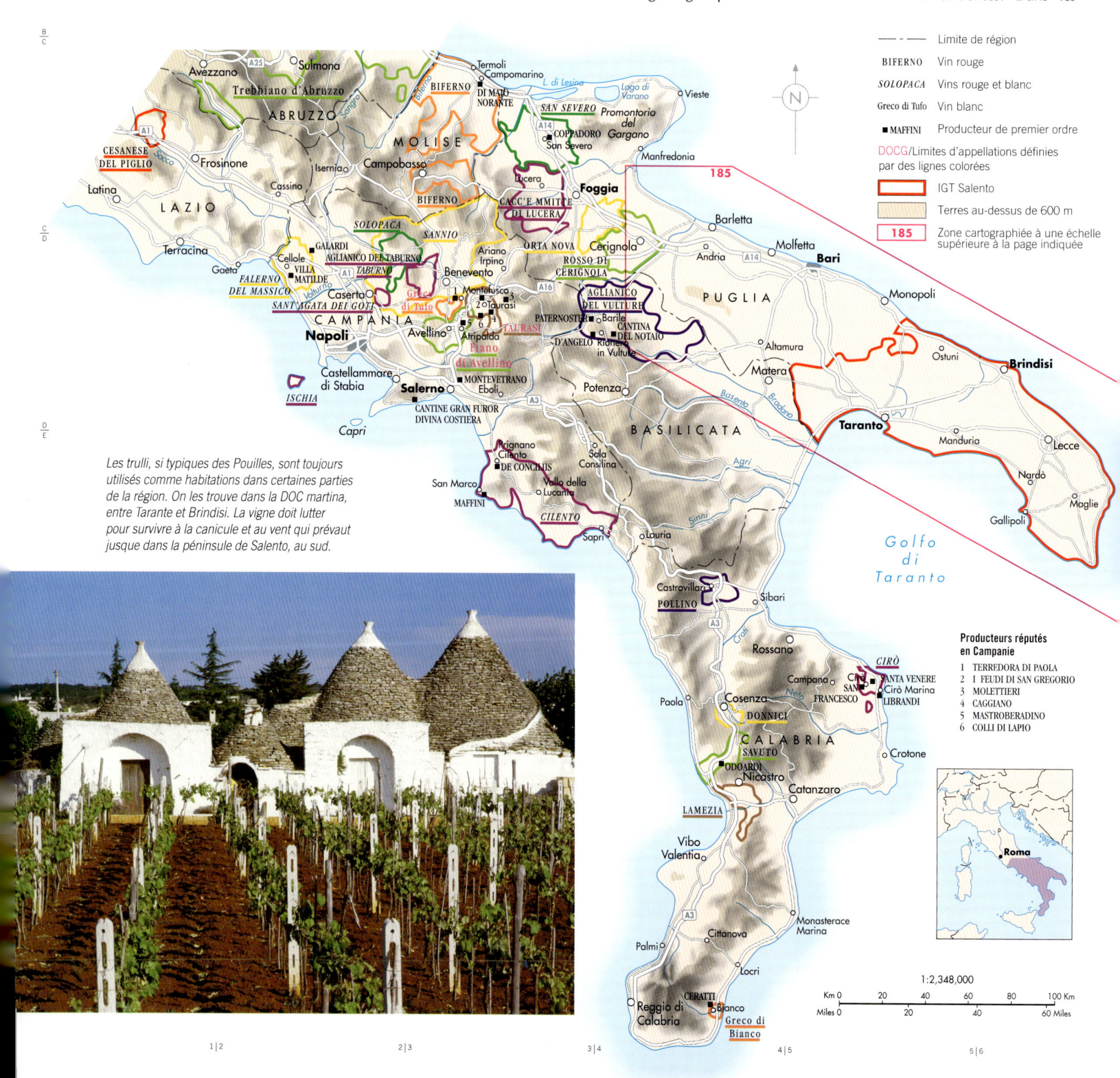

Les trulli, si typiques des Pouilles, sont toujours utilisés comme habitations dans certaines parties de la région. On les trouve dans la DOC martina, entre Tarante et Brindisi. La vigne doit lutter pour survivre à la canicule et au vent qui prévaut jusque dans la péninsule de Salento, au sud.

Producteurs réputés en Campanie
1. TERREDORA DI PAOLA
2. I FEUDI DI SAN GREGORIO
3. MOLETTIERI
4. CAGGIANO
5. MASTROBERADINO
6. COLLI DI LAPIO

ITALIE DU SUD | ITALIE | 185

vignobles de la côte autour des temples de Paestum, des producteurs comme Montevetrano, De Conciliis et Maffini font des vins de niveau international, presque exclusivement à partir du riche héritage des cépages indigènes. Au nord de la zone de Falerno del Massico, qui tire son nom du falernum, le vin le plus célèbre dans l'Antiquité (voir p. 12), le domaine Villa Matilde en tire le meilleur avec des vins rouges fins produits avec de l'aglianico et du piedirosso et des blancs, qui vont en s'améliorant, à base de falanghina. Le Terra di Lavoro de Fontana Galardi est un rouge impressionnant, très typé, élaboré dans cette partie septentrionale de la Campanie.

Plus au sud, la Basilicate n'a qu'une seule DOC : **aglianico del Vulture**. On y cultive une variété différente de l'aglianico qui pousse à Taurasi, jusqu'à 760 m d'altitude sur les pentes d'un volcan éteint, avec un savoir-faire propre à cette partie du monde. Moins célèbre que le vin de Taurasi, il est souvent plus intéressant, même si les standards des vinificateurs sont très variables. Les meilleurs producteurs sont Paternoster et D'Angelo, qui a eu la bonne idée d'introduire un peu de merlot pour une meilleure souplesse. L'aglianico pousse aussi sur la côte adriatique en **Molise**, cette région peu connue où Di Majo Norante fait un travail exceptionnel. Ce producteur biologique cultive aussi du montepulciano et du falanghina.

La sauvage Calabre est plus connue pour ses mystérieuses maisons à moitié construites que pour son vin (même si, en 2004, on a eu la surprise de découvrir qu'un des parents du sangiovese était un obscur cépage trouvé en Campanie mais appelé calabrese montenuovo, ce qui laisse penser qu'il serait d'origine calabraise). Le seul vin rouge réputé est le cirò sur la côte est. Le meilleur producteur est l'exploitation de la famille Librandi qui s'est donné bien du mal pour sauver des cépages locaux, comme le magliocco canino, qui donne le soyeux Magno Megonio. Cependant, le vin le plus original de Calabre est probablement le **Greco di Bianco**, un vin puissant, à la saveur acide et délicatement parfumé qui provient des alentours du village Bianco, presque à la pointe de la botte italienne.

Si les producteurs de Calabre et de Basilicate arrivaient à exprimer ce frisson que suscite inévitablement leur côte, la scène viticole des Pouilles serait métamorphosée. Grâce aux subventions généreuses de l'Union européenne pour l'arrachage de vignes, la production annuelle a dégringolé. Hélas, ce fut trop souvent au détriment des cépages les plus intéressants. Les Pouilles sont la région la plus plate du Sud, ce qui la rend plus facile à travailler que ses voisines, mais son altitude est insuffisante pour apporter un soulagement lors des canicules estivales.

Les trois quarts de la production demeurent des assemblages destinés au nord (dont la France) ou de la matière première pour des producteurs de concentré de raisin, de vermouth, ou les distilleries qui écoulent le surplus de vin qui embarrasse l'Europe. Néanmoins, la proportion de vin des Pouilles destiné aux amateurs dignes de ce nom a certainement augmenté. Les terrains plats autour de Foggia au nord produisent du vin en quantités industrielles avec du trebbiano, du montelpulciano et du sangiovese, mais des bouteilles plus ambitieuses sont désormais le fruit de producteurs passionnés basés à **San Severo**. Un peu d'uva di Troia très prometteuse pousse dans l'appellation **castel del monte**, à l'ouest de Bari, et plus au sud, quelques producteurs ont eu du succès avec le montepulciano des Abruzzes.

La plupart des vins les plus intéressants des Pouilles proviennent de la péninsule plate de Salento où l'exposition et le climat varient peu, mais où les vignes jouissent des vents rafraîchissants qui soufflent des mers Adriatique et Ionienne. Aujourd'hui, grâce aux améliorations de la viticulture, les meilleurs raisins sont rarement cueillis avant la fin de septembre.

À la fin des années 1990, la péninsule a su fournir des vins assez intéressants – comme le chardonnay del Salento (IGT) – qui ont attiré l'attention internationale, mais l'attention s'est surtout tournée vers les cépages locaux, bien spécifiques, de Salento. Le negroamaro est le nom donné en garantie du principal cépage rouge à l'est de Salento. Il donne des rouges rôtis qui évoquent le porto dans des DOC, comme **squinzano** et **copertino**. La malvasia nera, avec ses différentes formes identifiées respectivement à Lecce et Brindisi, est le partenaire habituel de l'assemblage avec du negroamaro auquel il confère un certain velouté à la texture. Cependant, le cépage des Pouilles le plus célèbre est le primitivo. Il est identique au zinfandel californien, et l'on sait désormais que ses racines historiques sont croates. C'est traditionnellement une spécialité à l'ouest de Salento, en particulier à Gioia del Colle et Manduria. La teneur en alcool est parfois diaboliquement élevée, mais certains vins sont merveilleusement voluptueux.

Producteurs indiqués sur la carte
1. TORMARESCA (ANTINORI)
2. DUE PALME
3. MASSERIA LI VELI
4. CANDIDO
5. CANTINA SAN DONACI
6. TAURINO
7. CASTELLO MONACI
8. AMATIVO
9. CANTINA SOCIALE COPERTINO
10. MASSERIA MONACI

ITALIE DU SUD : BRINDISI

Latitude / Altitude **40° 39' / 10 m**
Température moyenne en juillet **24,6 °C**
Précipitations annuelles moyennes **550 mm**
Précipitations le mois des vendanges août **25 mm**
Principaux dangers viticoles **maturité trop rapide, stress hydrique, brûlure du soleil**
Principaux cépages **negroamaro, primitivo, malvasia nera, uva di Toia**

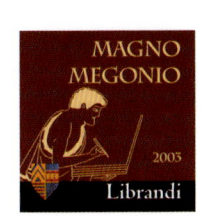

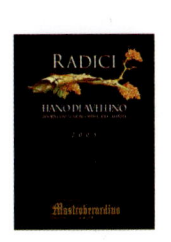

◂ Le noir domine, tout comme la créativité, dans cette sélection de quelques-unes des étiquettes les plus admirées de cette pointe sud de la péninsule italienne. Néanmoins, seul 25 % du vin est mis ici en bouteille et étiqueté. La grande majorité est expédiée en vrac pour servir dans un assemblage et, parfois, distillée.

Sicile

Après une longue période de stagnation et de surproduction, cette splendide île méditerranéenne peut désormais prétendre être la région viticole la plus dynamique. La Sicile n'est pas uniquement la terre où les influences culturelles sont les plus nombreuses, c'est aussi là où se trouvent les vestiges visibles de plus de civilisations que n'importe où ailleurs dans le monde du vin. Du temple grec pratiquement intact d'Agrigente aux mosaïques romaines de Piazza Armerina, des châteaux des croisés et des églises arabo-normandes de Palerme aux splendeurs baroque de Noto et de Raguse, et, plus récemment, les gigantesques coopératives qui sont apparues à la fin des années 1980 et au début des années 1990. La Sicile est aussi riche et variée dans le domaine de la culture que dans celui de la viticulture, avec tant de terroirs différents qu'elle devrait plus être considérée comme un continent que comme une simple île.

Sa pointe sud-est se trouve plus au sud que Tunis. Au large, l'île de Pantelleria, dont les muscats sont à juste titre si célèbres, est à la même latitude que celle de cette ville d'Afrique du Nord et plus près d'elle que de Palerme. La Sicile est parfois très chaude, et la mer de vignes plantées en catarratto, dans la province de Trapani à l'ouest, dont les raisins à peau pâle étaient au départ destinés aux producteurs de marsala, frise régulièrement le point d'ébullition sous l'effet des vents venus d'Afrique. L'irrigation est une nécessité pour une bonne moitié des vignobles siciliens. Le climat est si sec que la vigne a besoin de peu de traitement phytosanitaire par pulvérisation. L'île est remarquablement bien adaptée à la viticulture biologique. Cependant, l'intérieur des terres peut être plus vert et les montagnes au nord-est sont souvent recouvertes de neige pendant plusieurs mois en hiver.

La géographie est une constante, mais il faut également tenir compte de la complexité politique de l'industrie viticole.

Au milieu des années 1990, la Sicile n'était en compétition qu'avec les Pouilles pour le titre de région viticole la plus productive du pays. Il faut dire qu'elle produisait plus de 10 millions d'hectolitres de vin fort pour des assemblages dans le nord. Dix ans plus tard, la récolte annuelle tournait autour de 7 millions d'hectolitres (bien moins que celle de la Vénétie) et provenait d'une région viticole un peu plus petite. Résolument tournée vers l'économie du XXIe siècle, l'île est désormais plus concernée par la qualité que par la quantité. L'entreprise familiale de Tasca d'Almerita a pris la tête, partageant le fruit de ses nombreuses recherches dans le vignoble et le chai. Plus récemment, l'Institut régional de la Vigne et du Vin, sous de la direction de Diego Planeta et grâce aux conseils avisés de la famille Planeta, a mis le vin sicilien moderne sur la carte mondiale. Il y est d'abord parvenu en montrant que la Sicile était capable de produire des vins de qualité à partir de cépages internationaux.

L'exploitation de la famille Planeta a été bâtie en 1995 sur les bords du lac Arancio, près de Sambuca di Sicilia. On y produit, d'excellents blancs et rouges et de l'huile d'olive de qualité.

Il n'est pas anodin que la famille Planeta soit désormais plus intéressée par les variétés indigènes que par le merlot et le chardonnay qui avait initialement attiré son attention. Toute l'île a parfaitement conscience que c'est là que réside son avenir, avec des vins capables d'exprimer toute la diversité de leurs spécificités.

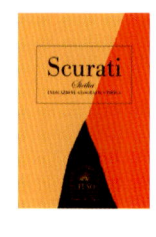

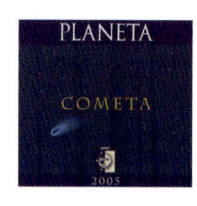

◀ Trois rouges et trois blancs dans une île pourtant dominée longtemps par les cépages à peau pâle. Le vecchio samperi, un vin sec de marsala manqué, supporte la comparaison avec un sercial madeira pour sa fraîcheur. Le cometa est élaboré à partir de fiano, un cépage de Campanie.

Le cépage qui a fait la réputation de la Sicile à l'étranger est le nero d'avola (Avola étant une ville au sud-est). Il donne des vins somptueux avec beaucoup de structure et des arômes de fruits rouges mûrs, surtout autour d'Agrigente près de la côte méridionale au centre ainsi qu'à l'extrême ouest. Le raisin a parfois du mal à mûrir dans les vignobles les plus en altitude, mais des producteurs talentueux (dont Abbazia Santa Anastasia) l'ont transplanté avec succès sur la côte septentrionale, où ils l'assemblent avec de la syrah et du merlot.

Un autre cépage rouge tout aussi intéressant est le nerello mascalese. Il est traditionnellement cultivé sur les pentes de l'Etna, où un nombre croissant de viticulteurs ambitieux brave les colères du volcan. Le nerello pousse jusqu'à 1 000 m d'altitude. On le rencontre surtout dans l'**Etna Rosso**, un vin légèrement épicé, mais il donne aussi des vins particulièrement délicats que la société Murgo élabore en mousseux selon une méthode traditionnelle. Le frappato, un ingrédient important dans l'assemblage pour la **cerasuolo di Vittoria** DOCG, est un autre cépage de plus en plus apprécié pour ses arômes intenses de cerise.

Le catarratto a longtemps été le cépage blanc basique de l'ouest mais, dans les années 1990, des vignerons itinérants sont parvenus à produire des vins très intéressants, tout comme probablement avec son partenaire l'inzolia (cultivé en Toscane sous le nom d'ansonica). Le grecanico, qui gagne du terrain depuis quelques années, donne quant à lui un blanc savoureux.

Mais, si l'on en juge au Grappoli di Grillo de De Bartoli et au Gruali de Rallo, c'est peut-être l'élégant et parfumé grillo, une autre variété traditionnelle du marsala, qui devrait permettre de produire de très grands vins blancs secs. Sur l'Etna, des producteurs ont démontré que le vin qu'ils obtiennent avec un cépage local, le carricante (probablement le plus âpre de toute l'île), vieillit admirablement jusqu'à dix ans. Tout ceci est nouveau, excitant pour les vinificateurs, excitant pour nous aussi, mais encore dépourvu de signification hors de la Sicile.

Le muscat n'est pas un inconnu, mais c'est peut-être le cépage le plus prometteur de tous ceux à peau pâle. La famille Planeta a sauvé le **moscato de Noto** de l'oubli. Nino Pupillo a fait de même pour le **moscato de Syracuse**, très différent. Tous deux sont élaborés à partir de moscato bianco/muscat blanc, mais dans des environnements qui n'ont rien à voir. Mais le vin le plus connu de toute l'île est peut-être le moscato sicilien, fait avec le muscat d'Alexandrie, souvent appelé ici zibbibo. Cultivé sur l'île volcanique de Pantelleria, au large de la côte sud-ouest, il donne le somptueux moscato di Pantelleria. Dans les îles Lipari, c'est la malvasia qui permet d'obtenir des vins aux doux arômes d'orange. Le meilleur exemple de malvasia delle Lipari est produit par le dmaine Barone di Villagrande.

Quoique non immunisée, la Sicile est cependant moins dominée par les consultants œnologues itinérants qui dictent leur loi à tant de chais de renom en Italie. Les coopératives continuent de jouer un rôle majeur, et souvent bienveillant. Settesoli est l'un de ceux qui, avec Planeta, ont tant fait pour importer sur l'île des cépages adaptés comme le fiano de Campanie.

Le marsala, un cousin très éloigné du xérès, est célèbre depuis l'époque de Nelson, lorsqu'on l'utilisait pour renforcer le moral de la Royal Navy. À la fin du XXe siècle, il semblait en plein marasme, mais Buffa a montré qu'il croyait en ce vin unique, Pellegrino persiste avec beaucoup de compétence et De Bartoli donne des signes de vitalité. Pourtant, ses meilleurs vins, Vecchio Samperi Riserva 30 anni et Vigna la Miccia, évitent l'appellation contrôlée, et les contraintes qui vont avec.

Sardaigne

La Sardaigne a connu pendant des siècles des influences souvent similaires à celles de la Sicile mais elle est plus lente à rejoindre le club des vinificateurs internationaux modernes.

Le vin n'a jamais joué un rôle important dans la culture ou dans l'agriculture sarde, même si des plantations très subventionnées au milieu du XXe siècle ont produit des vins rouges si alcoolisés qu'ils semblaient presque doux et destinés à des assemblages sur le continent. On faisait autrefois fermenter les vins rouges sardes dans le but de conserver une part des sucres résiduels. Les vins rouges doux, comme l'angheluruju de Sella & Mosca, perpétuent cette tradition et, aujourd'hui, la plupart des grands cépages sardes, parfois exportés, sont doux : les rares et riches moscato, malvasia et **vernaccia di Oristano**. Toutefois, durant les années 1980, les subventions pour planter des vignes sont devenues de pots-de-vin pour les arracher, si bien que la surface des vignobles a diminué de près des trois quarts pour ne plus représenter qu'un tiers de celle de la Sicile. Les vignes sont surtout concentrées dans la plaine de Campidano au sud.

Pendant plusieurs siècles (jusqu'en 1708), la Sardaigne fut gouvernée par l'Aragon et la plupart de la vigne venait d'Espagne. D'autres cépages furent introduits ensuite lorsque l'île fut rattachée à la maison de Savoie. Le bovale sardo et le bovale grande seraient des cousins du bobal espagnol. Tous deux donnent des rouges corsés. Les cépages rouges monica et girò et les blancs nuragus et nasco sont typiquement sardes. Leurs origines sont plus obscures, mais l'analyse de leur ADN devrait permettre de mieux les connaître.

Le cannonau, une forme locale de garnacha (grenache) espagnol, est un caméléon d'une qualité potentiellement élevée, sec ou doux, qui représente 20 % de la production. Sa zone d'appellation a fortement augmenté jusqu'à inclure la totalité de l'île. Il en va de même pour le **vermentino di Sardegna**, dont les rendements atteignent parfois 130 hl/ha, et qui conserve pourtant le statut de DOC. Le cépage blanc le plus caractéristique de la Sardaigne est le léger vermentino aux arômes de citron. Il donne parfois des vins très rafraîchissants. On le trouve sur la côte ligure, sous le nom de pigato, et dans tout le sud de la France où il est appelé rolle ou rollo. Dans le nord-est rocheux et aride de la Sardaigne, autour de la fameuse Costa Smeralda, le vermentino est si concentré à Gallura du fait de la combinaison de la chaleur et des vents marins que vermentino di Gallura est la première DOCG de l'île.

L'appellation qui connaît le plus grand succès, pour ses vins rouges, est **carignano del Sulcis** au sud-ouest de l'île. Le vin est obtenu à partir de vieilles vignes de carignan (cariñena en Espagne) en foule quoique, même ici, des rendements de 105 hl/ha soient considérés comme parfaitement acceptables. C'est certainement le terroir le plus prometteur pour ce cépage. Giacomo Tachis, le célèbre œnologue qui travaille pour Barrua, une *joint-venture* entre les producteurs de Sassicaia sur la côte toscane et Santadi en Sardaigne, y croit tant qu'il a basé les nouveaux vins les plus prestigieux de l'île sur 85 % de carignan. Il prévoit à présent de nouvelles plantations sur plus de 110 ha de ce vieux cépage espagnol dans la région du Sulcis Meridionale. Santadi produit déjà de telles bouteilles concentrées et soyeuses de carignano del Sulcis sous les noms de Terre Brune et Rocco Rubia. Pendant ce temps au nord de la capitale, Cagliari, là aussi sur les terres plus plates au sud de l'île, Argiolas a établi la réputation de la Sardaigne moderne avec le turriga, un assemblage hautement concentré, élevé sous bois, de vieux cépages, le cannonau et le carignano — un autre projet de Tachis.

La Sardaigne possède indéniablement des trésors cachés, à commencer par de rustiques cépages rouges qui poussent dans les montagnes autour de Nuoro. Un chercheur médical, attiré par le nombre anormalement important de centenaires en ce lieu, y a relevé une concentration particulièrement élevée de phénols antioxydants. Les amateurs de vin ne peuvent qu'espérer que le potentiel de cette île, aux nombreuses vignes anciennes dont les variétés locales sont si intéressantes et dont le climat est idéal, s'accroisse davantage.

▲ Derrière ces deux étiquettes prestigieuses se trouve Giacomo Tachis, le célèbre vinificateur de la maison toscane Antinori qui connaît la Sardaigne et ses vins depuis des décennies.

Une vigueur excessive de la vigne ne constitue pas un problème dans ces vignobles balayés par les vents au sud-ouest de la Sardaigne. Des coupe-vent en bambou ont été installés pour protéger ce vignoble implanté dans une terre sablonneuse sur l'île de Sant Antioco. La vigne prédomine et les rendements sont généralement faibles.

La Cité du vin du Marqués de Riscal doit son design à Frank O. Gehry, Elciego, Rioja.

Espagne

＃ Espagne

Résumer l'Espagne ? Autant essayer de retracer le parcours des abeilles dans une ruche. Au début des années 2000, les vignobles espagnols étaient en plein essor. Un essor qui perdure, stimulé par des investissements sans précédent, notamment dans les *bodegas*, terme que les Espagnols appliquent à tout lieu où l'on produit, vieillit ou vend du vin.

La popularité internationale des vins espagnols est à son apogée, probablement alimentée par les vins du Nouveau Monde qui ont familiarisé les amateurs du monde entier avec les vins issus du climat chaud de la Méditerranée. En tous les cas, les vignerons ici n'ont guère de préoccupations au sujet de la bonne maturation de leurs raisins et, dans de nombreuses régions, les coûts sont peu élevés, ce qui donne à l'Espagne de nombreux avantages. Mais ce producteur prolifique peut s'attendre à un développement justifié pour d'autres raisons : après une période francophile et un excès de technologie, le pays redécouvre ses propres atouts et ses pratiques traditionnelles. Certes, les cépages natifs sont moins nombreux qu'au Portugal, mais ils sont de nouveau appréciés et mis en valeur.

Sur le plan viticole, l'Espagne bénéficie de deux grands atouts que sont l'altitude et la latitude de ses vignobles. Ses montagnes sauvages sont inhospitalières et certaines régions du Nord sont certes trop exposées, mais le reste du pays convient parfaitement à la culture de la vigne, avec une altitude assez élevée et une latitude autour de 40°. Plus de 90 % des vignobles, dont une grande partie de la Vieille-Castille – la Castille et le Léon et la Castille-La Mancha –, se situent à une altitude plus élevée que la majorité des grandes régions viticoles françaises.

Les hivers rigoureux et les étés brûlants font de l'automne une course pour accumuler sucre et arôme du raisin avant que les températures ne chutent. La sécheresse estivale est un gros problème dans le sud, l'est et une partie du nord du pays. Un sol sec ne pouvant soutenir un grand nombre de souches, dans la plupart des régions la distance entre les ceps est plus grande que d'ordinaire. De ce fait, l'Espagne est le pays au monde qui a la plus grande superficie de terres vouées à la vigne, et avec des vignes qui poussent pratiquement au ras du sol.

Depuis 2003, les vignerons espagnols ont le droit d'irriguer, bien que ce droit soit concédé au cas par cas. C'est une avancée majeure ;

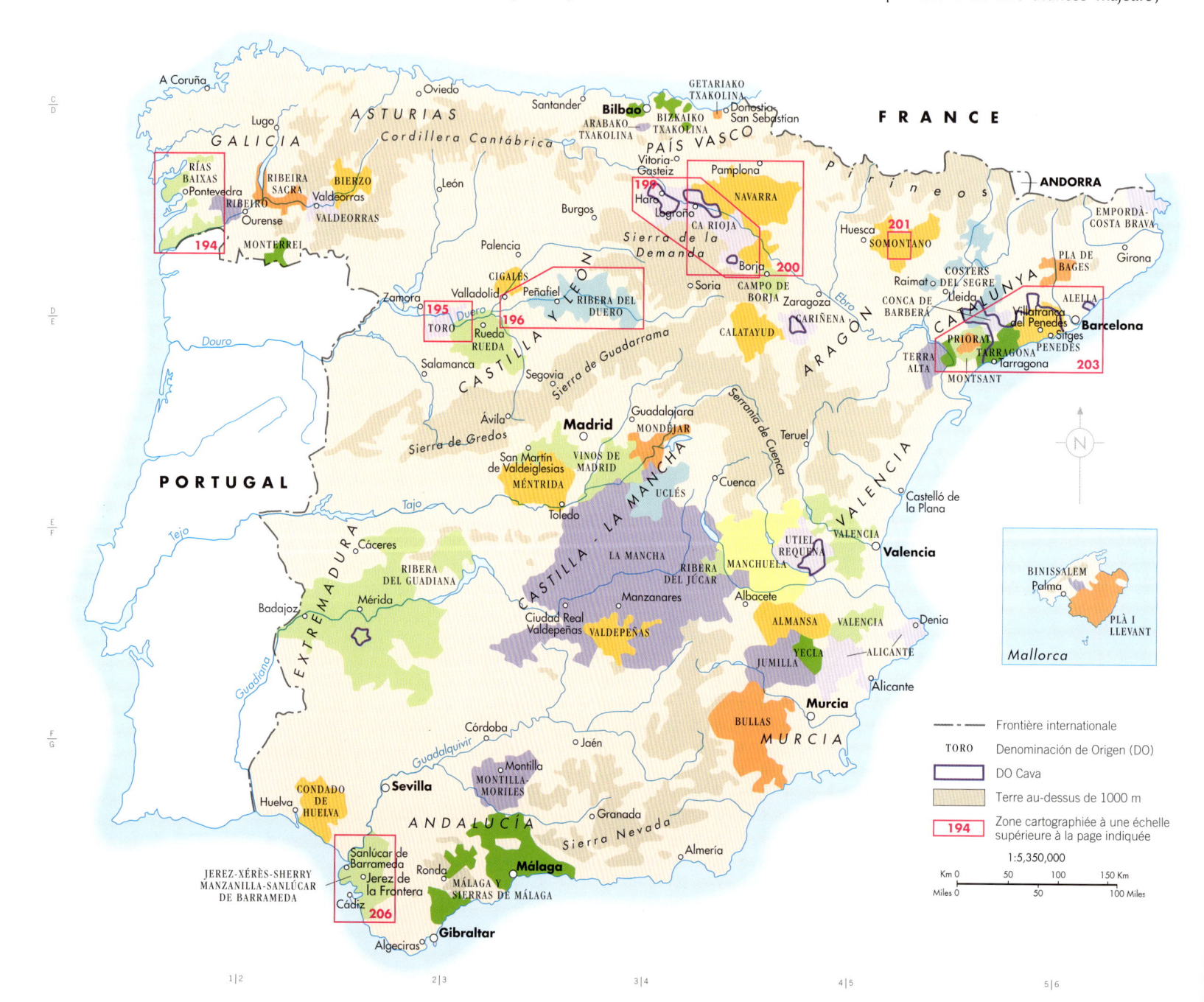

cependant, seuls les plus riches peuvent supporter le coût du forage des puits et de l'installation des systèmes d'irrigation. Malgré quelques sécheresses graves, l'irrigation a augmenté de manière incroyable la production.

Le système hispanique des DO est bien plus simple que le système français des AOC – ou que le système italien des DOC. La plupart des DO sont si vastes qu'elles englobent des terrains très différents. On trouve dans ce secteur une touche d'anarchie bien latine (voir L'Italie) dans l'attitude des Espagnols envers la réglementation, notamment en ce qui concerne les cépages. En effet, il y a parfois des disparités entre ce que la loi permet et ce qui est planté. En général, ces irrégularités représentent un mieux, car nombre de vignerons ont à cœur d'améliorer la qualité. La mise en bouteille au domaine n'est pas une caractéristique du marché ibérique, les producteurs préférant s'approvisionner en raisin, et souvent en vin, auprès des vignerons. Ceci dit, l'Espagne peut désormais se targuer d'avoir trois DO de Pagos, c'est-à-dire des dénominations strictes de zones géographiques : Dominio de Valdepusa (voir p. 193), Finca Elez à Albacete et Dehesa del Carrizal près de Madrid.

Les *bodegas* étaient traditionnellement des lieux dans lesquels on laissait les vins se bonifier, souvent plus longtemps qu'il n'est coutume ou qu'il n'est, en certains cas, judicieux. Toutefois, l'habitude de ne mettre un vin en vente que lorsqu'il est considéré à point pour la consommation a son charme. Mais même dans les *bodegas* les choses changent. Pendant des siècles, grâce au trafic maritime transatlantique, le chêne américain a été le bois préféré des Espagnols pour la fabrication des fûts. Toutefois, depuis les années 1980, les producteurs « nouvelle vague » sont parmi les meilleurs clients des fabricants français de fûts de chêne, même si la fabrication de ces tonneaux est pour la plupart du temps sous-traitée en Espagne, notamment à Logroño, dans La Rioja. L'Espagne se rapproche donc de la France, par ces achats de fûts, et par la durée de l'élevage. Les catégories *Reserva* et *Gran Reserva* ont été explicitement créées pour honorer un élevage très long en vieilles barriques de chêne, mais un nombre croissant de producteurs favorise la puissance plutôt qu'un long vieillissement, et les vins *Gran Reservas* sont ainsi soit abandonnés, soit dévalués.

Dans le nord-ouest verdoyant de l'Espagne, la Galice est la plus petite des nombreuses et très variées zones viticoles et vinicoles du pays. Ici, les traditions sont celtes et chrétiennes. Parmi les facteurs physiques déterminants, citons l'Atlantique, les collines, le vent et un bon niveau de pluie. Les vins sont surtout légers, secs et rafraîchissants. Les vignes d'alicante-bouschet, à la pulpe rouge, et de palomino, plantées pour pallier les dégâts du phylloxéra, cèdent progressivement le terrain à des variétés de cépages indigènes, tels le godello, le treixadura et le mencía. Les exportations de vins galiciens, modestes, concernent principalement les vins blancs, mais les habitants de la région ici sont également amateurs des âpres vins rouges de la

L'Ermita, vignoble escarpé parmi les plus célèbres d'Espagne, proche de Gratallops dans le Priorat, et sur lequel Alvaro Palacios a attiré l'attention internationale. D'autres vignerons espagnols de premier ordre ont été inspirés par les grands vins français et les méthodes de viticulture traditionnelles.

région. Pratiquement tous les vins blancs espagnols manquent d'un peu d'acidité pour être vraiment vifs, mais pas les vins blancs galiciens. Le vin de Rías Baixas est décrit en détail p. 194, mais les vins blancs produits par quelques producteurs sérieux dans la zone voisine du **Ribeiro** à partir de cépages vifs (l'albariño, le treixadura, le loureira et, de plus en plus, le godello de Valdeorras) valent la peine d'être mieux connus. La zone du Ribeiro, quasiment abandonnée, exportait du vin en Angleterre bien avant que celle-ci ne découvre les vins de la

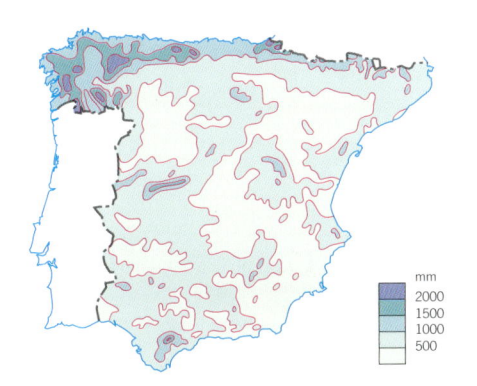

PRÉCIPITATIONS ANNUELLES MOYENNES
Le bleu indique le paysage verdoyant de la Galice ; on constate que de nombreuses régions reçoivent moins de 500 mm de pluie par an, chiffre ordinairement considéré comme le minimum indispensable pour la viticulture.

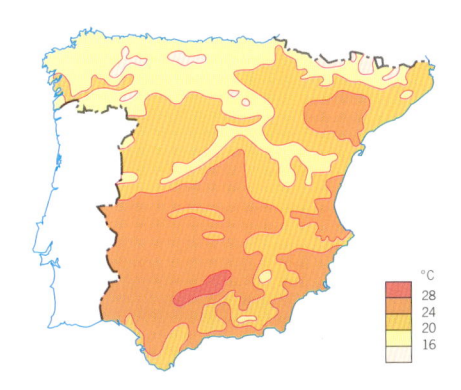

TEMPÉRATURES MOYENNES LE JOUR EN JUILLET
La canicule sévit dans une grande partie de l'Espagne, en particulier dans la Mancha et le Levant ; les statistiques utilisées précèdent les changements climatiques récents.

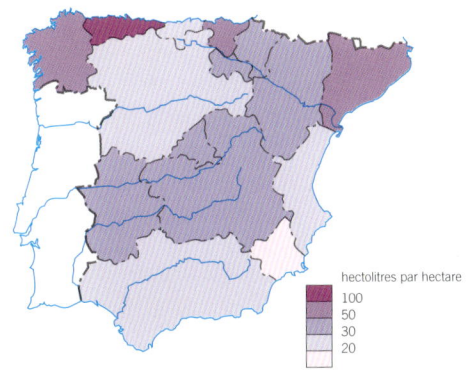

PRODUCTION VITICOLE
Ces données reposent sur les rendements moyens des producteurs dans chaque région en 2006. La moyenne en Catalogne est sans doute rehaussée par la production de raisin destiné à l'industrie du cava.

vallée du Douro, plus au sud. L'appellation Ribeira Sacra, plus à l'intérieur des terres, produit toujours le vin rouge sans doute le plus intéressant de cette région, dans des conditions archaïques sur des terrassements incroyablement escarpés. Le mencía aux arômes fruités, cultivé dans la **Ribeira Sacra**, est également cultivé dans l'appellation **Monterrei**, une petite zone qui renaît et dont le climat est suffisamment chaud pour permettre la maturation du tempranillo, ainsi qu'à **Valdeorras**, dont le principal atout est le godello, ce raisin blanc et ferme capable de donner des vins d'une très grande finesse qui méritent de vieillir.

Le mencía a inspiré le très en vogue **bierzo**, un des vins rouges les plus fruités et les plus aromatisés d'Espagne, et qui se distingue par sa fraîcheur. Ce fut Alvaro Palacios, fameux pour son Priorato, qui fit connaître l'appellation Bierzo, dont les terrasses d'ardoise plutôt que d'argile l'intriguèrent.

La majorité des vignobles de Castille et Léon se situent en altitude, dans la vallée encaissée du Duero. Les régions de Toro et de Ribera del Duero (cartes détaillées pp. 195, 196 et 197) sont connues pour leurs vins rouges de qualité, mais le terroir de Cigales, juste au nord du Duero, produit aussi aujourd'hui d'excellents vins rouges (ainsi que des vins rouges courants et des rosés). Les meilleurs vins blancs de Castille et Léon proviennent de **Rueda**, dont le cépage local, le verdejo, sans doute importé du sud de l'Espagne, donne des vins qui peuvent être aussi rafraîchissants que le sauvignon blanc planté ici plus récemment. Le rueda rouge est généralement issu du cabernet et du tempranillo.

Tout au nord, sur la baie de Biscaye, les zones environnant les villes de Santander et de Bilbao produisent des vins blancs étonnants, notamment le **Bizkaiko Txakolina/Chacolí de Vizcaya** et le **Getariako Txakolina/Chacolí de Guetaria**. **Arabako Txakolina/Chacolí de Álava** est issu de petits rendements dans la province d'Álava. Très proches des vins basques des terroirs français de l'autre côté de la frontière, ils sont servis dans de délicats verres droits.

L'Ebre, issue des monts Cantabriques, coule vers le sud-est en Catalogne jusqu'à la Méditerranée. En amont, elle traverse La Rioja et la Navarre où sont implantés le tempranillo et le grenache ; mais aussi dans l'appellation **Campo de Borja**, dont les vieilles vignes de grenache fournissent des vins rouges très juteux à des prix abordables. On l'utilise aussi pour des vins plus boisés et concentrés, destinés au seul marché américain. Les conditions climatiques continentales, très

Voici une sélection de nouveaux vins espagnols fort intéressants. De gauche à droite : Valdeorras, Bierzo, Castille-La Mancha, Campo de Borja, Manchuela, Jumilla, ainsi que deux vins de Majorque. Seuls le Finca Coronado et le San Bordils sont issus de cépages importés. Seul As Sortes, à base de godello élevé en fût, est blanc.

Les vignobles arides de Valdapeñas dans la Mancha, véritable fournaise où a prédominé pendant longtemps l'airén à la peau pâle, résistant à la sécheresse. Aujourd'hui, les deux tiers du vin produit ici sont rouges ; le cencibel (tempranillo) est la variété de vigne la plus prospère.

rudes, et le cierzo, un vent local froid et sec qui souffle du nord-est, y contribuent. Le climat est semblable à celui de Cariñena au sud, mais le grenache n'y est pas aussi dominant et des producteurs non-autochtones, venus par exemple de La Rioja, réussissent de très bons vins à base de tempranillo et de cabernet.

Par certains côtés pourtant, les vignobles de l'arrière-pays de la côte centrale méditerranéenne ont réalisé des progrès encore plus percutants en ce début du XXIe siècle. Longtemps, les régions de Manchuela, Valence, Utiel-Requena, Almansa, Yeda, Jumilla, Alicante et Bullas furent reléguées au rôle de producteurs de vins capiteux de consommation courante, destinés à une exportation en baisse de régime. Mais nombre de ces DO exploitent de nouveaux fonds et de nouvelles idées pour produire des vins rouges fruités et même racés. On y produit encore délibérément des vins capiteux et doux, mais les meilleurs vins se comparent très favorablement avec les prestigieux vins rouges longuement vieillis de Californie et d'Australie. Les cépages locaux sont normalement assemblés avec des cépages importés, mais des producteurs tels que Julia Roch dans l'appellation **Jumilla** ont montré leur talent en « apprivoisant » le monastrell (le mourvèdre) local. Dans la région d'**Alicante**, Enrique Mendoza a ouvert la brèche avec des vins aux taux de sucre et d'alcool très variables. D'autres l'ont suivi. La DO de **Manchuela**, sur un haut plateau avec des sédiments de calcaire, s'est construite sur un vin, le finca sandoval, à base de syrah et de monastrell. Le puissant bobal (l'équivalent du bovale sarde) est typique de cette région.

La Meseta est un symbole fort dans la vie courante espagnole. L'étendue de **La Mancha**, sa principale appellation, est évidente sur la carte. Ses vignobles classés en DO représentent moins de la moitié de sa superficie – pourtant ils occupent un espace plus grand que la totalité des vignobles australiens. Traditionnellement, une grande partie de sa production tenait son nom de la ville de **Valdepeñas**. Ce vin fort, d'un rouge pâle, était pourtant historiquement produit à base d'airén (raisin blanc le plus courant en Espagne, duquel est issue l'eau-de-

LES ÎLES CANARIES

Ces îles volcaniques au large du Maroc ont un héritage viticole unique (épargnées par le phylloxera) et une longue tradition de vins blancs doux typés issus de vignes basses balayées par les vents. Le gouvernement régional s'investit pour que ces vins puissent percer sur les marchés extérieurs.

vie de vin de Jerez) teinté avec un peu de vin rouge. Vers la fin des années 1990, le paysage viticole et vinicole de La Mancha a lui aussi connu une évolution marquée par une forte conversion au raisin à peau foncée, au détriment des raisins à la peau claire. Déjà en 2005, plus des deux tiers de la production vinicole de cette vaste région concernaient le vin rouge, pour la plupart du vin courant fait à partir de cencibel, variété locale de tempranillo. On trouve aussi du grenache dans la région, et ceci depuis fort longtemps, mais les cépages internationaux ont envahi le terrain de manière intempestive. Ici sont cultivés le cabernet, le merlot, la syrah et même les cépages blancs chardonnay et sauvignon blanc, quoiqu'il soit difficile de leur donner un caractère propre dans cette région où les vendanges commencent obligatoirement à la mi-août. Les idées nouvelles ne manquent cependant pas : en 2005, un vin effervescent de La Mancha à base de viura et d'airén a remporté une médaille lors d'une importante dégustation internationale.

Situées entre La Mancha et Madrid, les DO de **Méntrida**, **Vinos de Madrid** et **Mondéjar** sont probablement mûres pour pareille transformation. Mais les vignobles les plus innovants appartiennent au Marqués de Griñon.

À l'ouest de La Mancha, dans l'Estrémadure, près de la frontière portugaise, se trouve la DO **Ribera del Guadiana**. Ce grand domaine relativement récent promet un potentiel considérable pour la production de vins mûrs et robustes, semblables aux vins de l'Alentejo de l'autre côté de la frontière.

Malgré leur situation (à 1 150 km des côtes espagnoles), les Canaries jouent la carte des appellations contrôlées avec enthousiasme. Une DO pour chacune des îles de La Palma, El Hierro, Lanzarote et La Gomera ; deux pour la Grande Canarie, tandis que l'île de Tenerife peut s'enorgueillir d'en avoir pas moins de cinq (voir la carte ci-dessous). Actuellement, les meilleurs vins sont des blancs qui séduisent par leur touche de zestes et d'agrumes ; ils sont issus de raisins autochtones, tel le marmajuelo (bermejuela) et le güal (le boal de Madère).

Les Baléares espagnoles ne restent pas non plus en marge. L'orgueil du Majorquin envers ses vins et son manto negro, ainsi qu'envers le callet, a été rehaussé, à juste titre d'ailleurs, par deux DO : le **Binissalem** et le **Plà i Llevant**.

LIRE UNE ÉTIQUETTE

LES DIFFÉRENTES CATÉGORIES

La plupart des denominaciónes espagnoles ont une estampille qui leur est propre, telle celle d'une des DOCa Rioja ci-contre. Elle figure normalement juste au-dessus du volume et de l'indication du taux d'alcool.

Denominación de Origen Calificada (DOCa) est la plus haute qualification de qualité attribuée en Espagne. Seules deux DOCa existent à ce jour : La Rioja et Priorato. Dans la région du Priorato, on emploie le terme : DOQ.

Denominación de Origen (DO) est l'équivalent espagnol de l'AOC française (p. 52).

Denominación de Origen de Pago (DO de Pago) est réservée aux vins issus d'un seul domaine et particulièrement réussis.

Vino de Calidad con Indicación Geografica (VCIG) est accordé aux vins de pays qui approchent du statut de DO.

Vino de la Tierra (VdlT) est l'équivalent de l'appellation « vin de pays » en France (p. 152) ; Vi de la Terra en catalan.

Vino de Mesa (VdM) désigne le vin de table, les vins espagnols les plus courants ; Vi de Taula (VdT) en catalan.

AUTRES EXPRESSIONS COURANTES

Año année

Blanco blanc

Cava vin mousseux élaboré selon la manière traditionnelle

Cosecha millésime

Crianza vin ayant vieilli au moins 2 ans, dont 6 mois en fût de chêne (12 mois pour les appellations La Rioja et Ribera del Duero)

Dulce doux

Embotellado (de origen) mis en bouteille (au domaine)

Espumoso vin mousseux

Gran Reserva implique au moins 18 mois en fût de chêne, puis 42 mois en bouteille

Joven vin vendu dans l'année après la récolte n'ayant pas connu le tonneau (ou peu)

Reserva vin ayant vieilli au moins 3 ans, dont au moins 1 an en fût de chêne et 1 an en bouteille

Rosado rosé

Seco sec

Tinto rouge

Vendimia vendange

Vino vin

Viña, viñedo vigne, vignoble

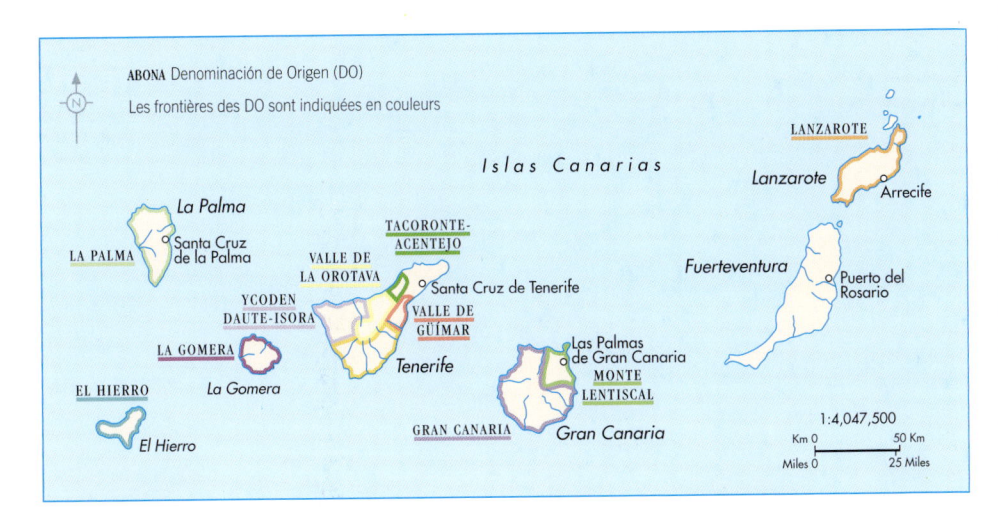

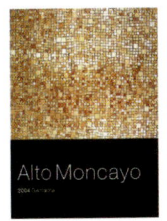

Côte galicienne

Les vins phares de la Galice surprennent, car ils sont loin du stéréotype des vins espagnols ; ces vins blancs fins, vifs et aromatiques, accompagnent parfaitement les fruits de mer.

Ici, tout est à petite échelle dans le secteur vinicole. En effet, certains des meilleurs producteurs ne produisent que quelques centaines de caisses de vin à l'année et, en général, les viticulteurs ne possèdent que quelques hectares de vignes. Cette région humide et verdoyante était, jusqu'à récemment, extrêmement pauvre et méconnue du reste du pays. Tout Galicien un tant soit peu débrouillard émigrait, mais restait nonobstant farouchement attaché aux parcelles de terre dont il avait hérité. Cela, tout comme l'isolement géographique de la Galice, explique le fait que ces vins singuliers ne trouvèrent des marchés preneurs – et enthousiastes – hors de la région que dans les années 1990.

Comme les vins, le paysage de la Galice est une exception en Espagne, un paysage criblé de rias sauvages. Ces fjords maritimes peu profonds sont surplombés de collines fortement boisées de pins autochtones et d'eucalyptus envahissants importés dans les années 1950. Même les vignes ici sont très différentes d'aspect.

Tout comme dans la région du Vinho Verde au Portugal sur l'autre rive du Minho, les vignes sont traditionnellement conduites sur des pergolas, sorte de treilles horizontales qui s'élèvent au moins à hauteur d'épaule pour courtiser le soleil. Les troncs, chétifs, sont bien espacés et sont souvent soutenus par des poteaux en granit très typiques de la région. Pour des milliers de petits agriculteurs qui cultivent la vigne afin de subvenir uniquement à leurs propres besoins en vin, la hauteur de cette voûte leur permet d'exploiter chaque précieux mètre carré. Elle permet aussi une meilleure ventilation du raisin, facteur important ici où les brumes de l'océan envahissent régulièrement les vignobles, même en été.

Val do Salnés est la zone de viticulture la plus importante en Galice. Située au nord, elle suit la côte, ce qui lui vaut d'être la zone la plus fraîche et la plus pluvieuse, quoique les étés puissent être secs. Plus au sud, **O Rosal** a implanté ses meilleurs vignobles sur des terrasses découpées dans les versants sud des collines. Les vins ont un taux d'acidité bien inférieur à celui du Val do Salnés. **Condado do Tea** (Tea est un petit affluent du fleuve Minho) est la partie la plus chaude, car nichée à l'intérieur des terres ; elle produit des vins plus capiteux, mais moins raffinés. Les sols sont souvent granitiques dans cette région, ainsi qu'à Soutomaior, au sud de Pontevedra, tandis que les sols de Ribeira do Ulla, au sud de Saint-Jacques-de-Compostelle, sont plutôt de type alluvial.

Le cépage dominant est l'albariño ; avec sa peau épaisse, il résiste le mieux au mildiou qui menace en permanence, et le jeune plant de ce nom a ses adeptes fidèles. Mais les producteurs innovent de plus en plus avec des assemblages, l'élevage en fût de chêne et la bonification poussée.

RIAS BAIXAS : VIGO
Latitude / Altitude 42° 13' / 250 m
Température moyenne en juillet 19,3 °C
Précipitations moyennes annuelles 1 520 mm
Précipitations le mois des vendanges sept. 90mm
Principaux dangers viticoles maladies fongiques, vents violents
Principaux cépages albariño, treixadura, loureira blanca

- - - Frontière internationale
- - - Frontière de province
—— Limites de la DO Rías Baixas

Sous-zones des Rías Baixas :
- Condado do Tea
- O Rosal
- Ribeira do Ulla
- Soutomaior
- Val do Salnés

FILLABOA Producteur de premier ordre
400 Courbes de niveau (intervalles de 200 m)
▼ Station météo

◄ Ci-contre une sélection de styles anciens et modernes de ces vins blancs secs intrinsèquement marins. Nora da Neve est l'une des étiquettes de l'omniprésent importateur américain Jorge Ordoñez.

Toro

Toro pourrait très bien être surnommé l'Eldorado du paysage vinicole espagnol. En 1998, cette ville médiévale à l'extrémité occidentale de la région de Castille-Léon avait 8 *bodegas*. À peine deux ans plus tard, elle en comptait 25 et, dès 2006, en affichait 40. Pendant des années, le vin de Toro avait la réputation d'être rustique, provincial, bien que capiteux ; mais la suprême exubérance de sa variante locale du tempranillo, le tinto de Toro, cassa forcément cette image.

Il y eut une époque où toute *bodega* de qualité, située dans le nord de l'Espagne, fut-ce à La Rioja ou à Ribera del Duero, venait, semble-t-il, fureter dans la région de Toro en aval de Ribera ; mais sa réputation fut vraiment scellée lorsque Vega Sicilia annonça son intention d'y installer une *bodega* pour y produire l'un des vins les plus sophistiqués et les plus ambitieux de la région, le pintia. Parmi les autres investisseurs de renom, on remarque : Alejandro Fernández et Marciano García, originaires de Ribera del Duero, ainsi que Telmo Rodríguez, producteur itinérant. Des investisseurs encore plus illustres se sont établis dans la région, notamment les frères Lurton de Bordeaux avec Michel et Dany Rolland (auxquels on doit le Campo Eliseo), le négociant bordelais Franck Mähler-Besse (j'ai rectifié son nom) (sous l'étiquette Oro) et Gérard Depardieu (en association avec le Bordelais Bernard Magrez).

Comme souvent en Espagne, la qualité du vin de Toro est liée à l'altitude des vignobles qui sont situés entre 600 et 750 m. Les viticulteurs peuvent donc compter sur des nuits fraîches qui « fixent » la couleur et la saveur du raisin, mûri par la forte chaleur estivale sur ces terres argileuses et particulièrement sablonneuses.

L'âge des vignes de la région est en moyenne assez élevé, et les vignobles sont pour la plupart implantés de ceps espacés souvent de 3 m. Cette faible densité de plantation qui bat tous les records s'impose du fait de manque de précipitations dans cette région quasiment désertique, car elle reçoit moins de 400 mm de pluie par an, ce qui est bien en dessous du niveau nécessaire reconnu pour une viticulture réussie.

Quelque 85 % des vignes sont vouées à la production du tinto de Toro. Il en résulte des vins vifs, profondément cramoisis, si effrontément fruités que le tinto de Toro est désormais planté dans d'autres régions en Espagne. On trouve également dans le Toro : le grenache, parfois assemblé avec du tinto de Toro, et un peu de malvoisie et de verdejo destinés à la petite production des vins blancs amples de la région.

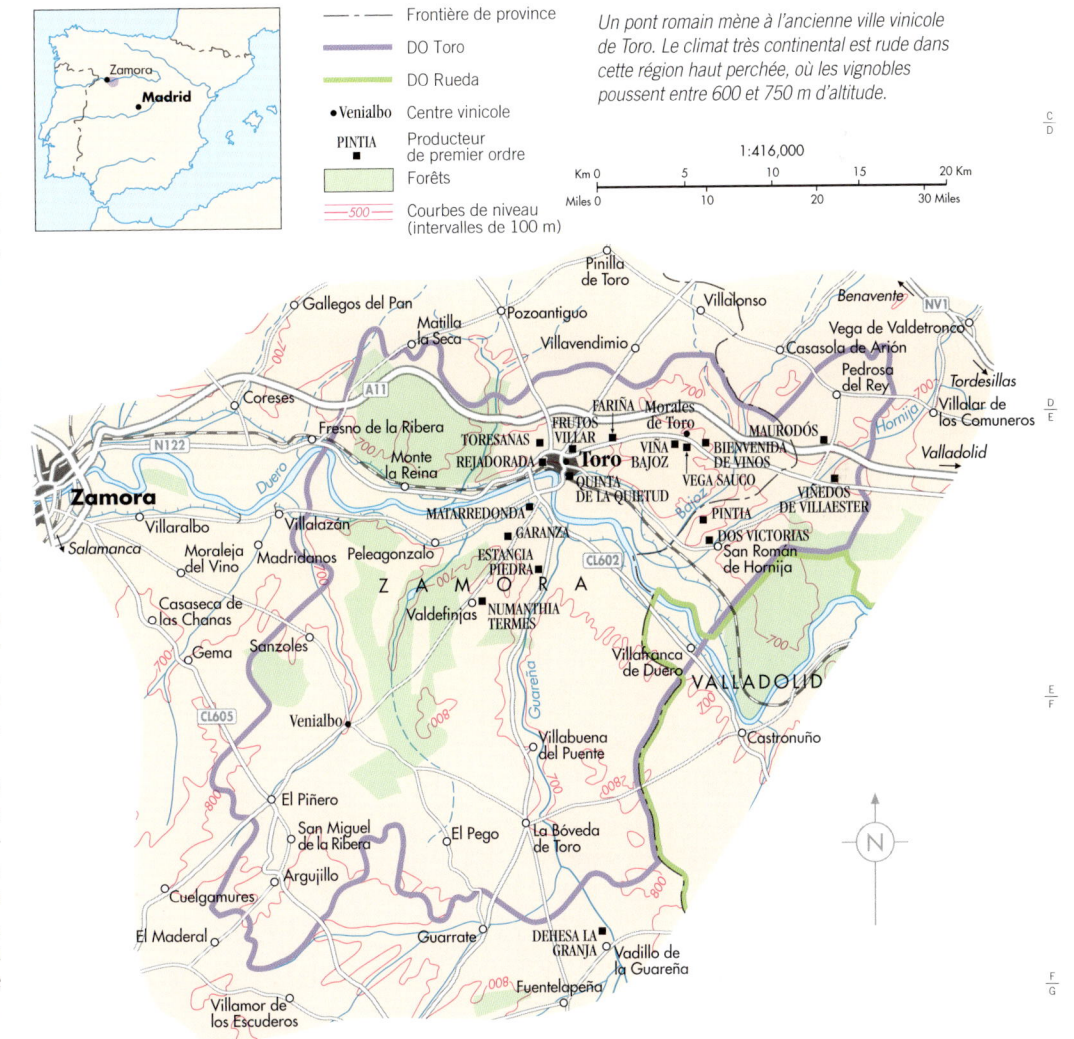

Un pont romain mène à l'ancienne ville vinicole de Toro. Le climat très continental est rude dans cette région haut perchée, où les vignobles poussent entre 600 et 750 m d'altitude.

◀ Aucune des *bodegas* qui produisent ces vins – aujourd'hui parmi les plus prisés d'Espagne – n'existait avant 1998. Pintia a réussi son premier millésime en 2001, après que son équipe eut déjà fait des essais à Vega Sicilia, dans la région de Ribera del Duero, pendant plusieurs années.

Ribera del Duero

Ribera del Duero est le miracle moderne du vin rouge de l'Espagne septentrionale. Méconnue au début des années 1980, elle est considérée aujourd'hui comme la meilleure région vinicole pour ses vins rouges, à égalité avec La Rioja.

La plaine de la Vieille-Castille s'étend au nord de Ségovie et d'Avila jusqu'à l'ancien royaume de Léon. Son paysage fauve est sillonné par le Duero, qui devient le Douro au Portugal, dans la région viticole du porto (voir pp. 216-221). L'ample vallée du fleuve et de ses affluents, depuis Valladolid en amont jusqu'à Aranda de Duero en aval, a une tradition viticole et vinicole séculaire. À 850 m d'altitude, les nuits sont très fraîches : vers la fin août, il fait 35 °C à midi, mais 12 °C la nuit. Les gelées printanières sont fréquentes. Les vendanges se font couramment fin octobre. Il y a ici dans la lumière et dans l'air un éclat et une sécheresse typiques des hautes altitudes, et que l'on retrouve dans les vins, dont l'acidité particulièrement fébrile est assurée par cette fraîcheur nocturne. Les rouges sont concentrés, d'une intensité remarquable au niveau de leur couleur, de leur fruité, de leur saveur – très différents dans leur style des vins types produits dans La Rioja, à moins de 100 km au nord-est.

Le domaine Vega Sicilia a donné la preuve que d'excellents vins rouges pouvaient être produits ici. Les premières vignes, dont une partie provenait de cépages bordelais, furent plantées dans les années 1860. Au même moment, La Rioja fut envahie par les marchands et l'influence de Bordeaux. Aujourd'hui, Único, le vin de Vega Sicilia produit uniquement dans les bonnes années, puis vieilli dans des barriques de chêne plus longtemps que tout autre vin de table et vendu au bout de 10 ans (après quelques années en bouteille) affiche une personnalité extraordinairement pénétrante. Ici, les cépages bordelais sont utilisés pour conférer au tempranillo une note cosmopolite et prestigieuse.

Plutôt que de planter du cabernet, du merlot et du malbec (encore utilisés par Vega Sicilia, mais uniquement en complément du tinto fino), la région a désormais fait ses preuves avec le raisin local, bien que de petites quantités de ces trois cépages bordelais, ainsi que du grenache et même un peu d'albillo, soient également plantés ici. L'appellation Ribera del Duero est devenue très en vogue dans les années 1990 ; s'il n'y avait que 24 *bodegas* dans la région lorsque la DO fut créée en 1982, fin 2005 on en comptait 215. Ce plateau a montré une remarquable reconversion, puisque des terres auparavant consacrées à la culture de céréales et de betteraves sucrières ont aujourd'hui plus de 20 000 ha de vignes.

Les viticulteurs peuvent être déroutés par la variété des sols, même dans un seul vignoble, au grand dam du vigneron qui y voit ses vignes mûrir à des allures disparates. Des affleurements de calcaire, plus nombreux au nord du Duero, contribuent à retenir les rares eaux de pluie.

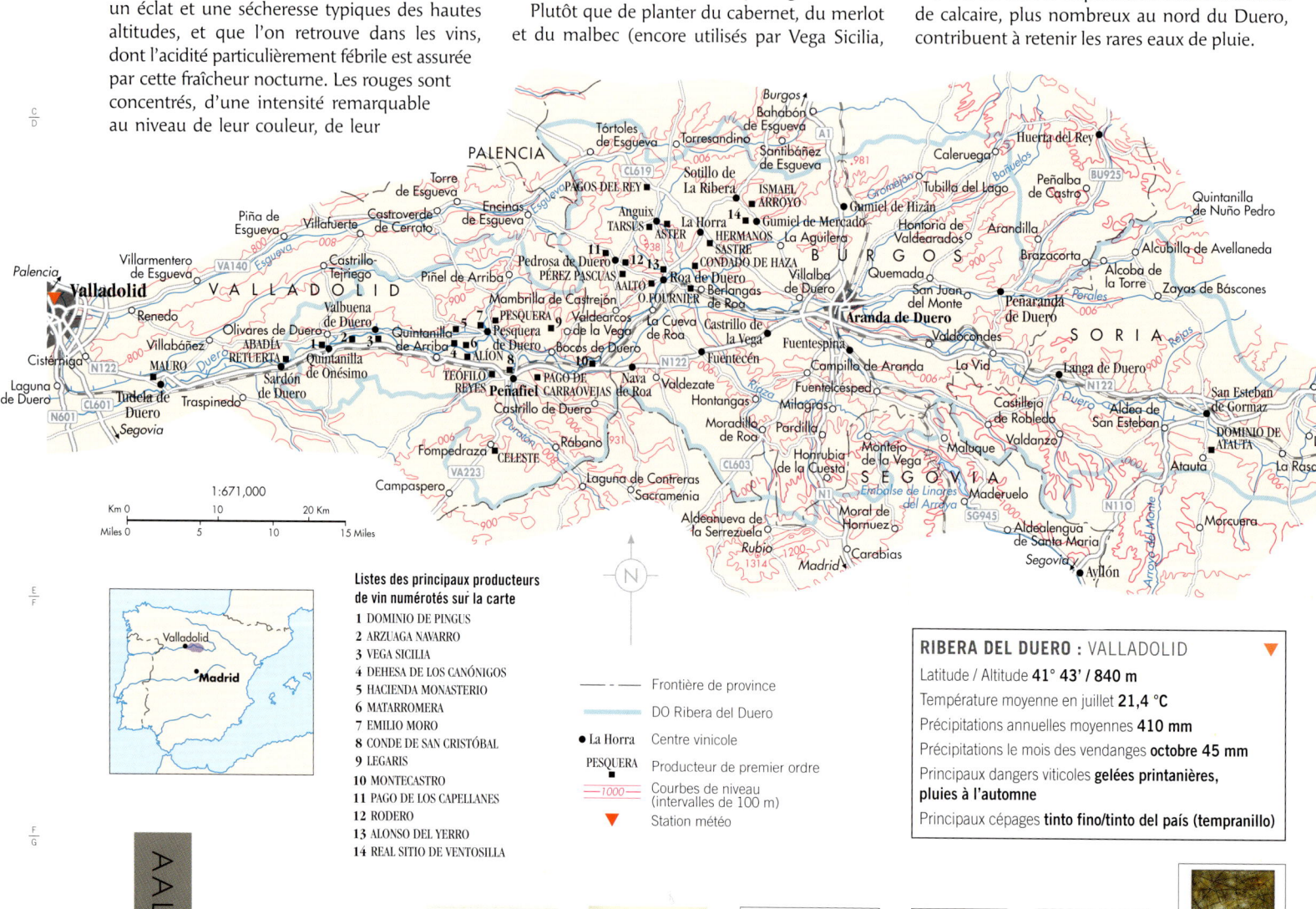

Listes des principaux producteurs de vin numérotés sur la carte

1. DOMINIO DE PINGUS
2. ARZUAGA NAVARRO
3. VEGA SICILIA
4. DEHESA DE LOS CANÓNIGOS
5. HACIENDA MONASTERIO
6. MATARROMERA
7. EMILIO MORO
8. CONDE DE SAN CRISTÓBAL
9. LEGARIS
10. MONTECASTRO
11. PAGO DE LOS CAPELLANES
12. RODERO
13. ALONSO DEL YERRO
14. REAL SITIO DE VENTOSILLA

RIBERA DEL DUERO : VALLADOLID
Latitude / Altitude 41° 43' / 840 m
Température moyenne en juillet 21,4 °C
Précipitations annuelles moyennes 410 mm
Précipitations le mois des vendanges octobre 45 mm
Principaux dangers viticoles gelées printanières, pluies à l'automne
Principaux cépages tinto fino/tinto del país (tempranillo)

La tradition d'acheter son raisin est aussi forte ici que dans La Rioja (même Vega Sicilia, avec plus de 200 ha, signe des contrats d'approvisionnement avec d'autres vignerons), aussi nombre de *bodegas* se retrouvent en compétition pour couvrir leurs besoins en raisin. Les meilleures grappes proviennent de chez La Horra, mais les excellents viticulteurs – comme Peter Sisseck, le Danois qui a hissé Dominio de Pingus au rang des vins espagnols les plus convoités et les plus chers – sont réticents à divulguer leurs sources.

Deux des producteurs les plus couronnés de succès dans la région ne sont même pas dans le périmètre de la DO. Abadía Retuerta est un vaste domaine fondé en 1996 par Novartis, la compagnie pharmaceutique suisse, à Sardón de Duero, un peu à l'ouest de l'appellation officielle. (En 1982, lorsque la DO fut délimitée, il n'y avait pas de vignes ici, mais elles avaient fait partie intégrante du paysage presque constamment depuis le XVIIe siècle. L'abbaye était l'un des principaux fournisseurs en vin de Valladolid jusqu'au début des années 1970.) Encore plus à l'ouest, à Tudela, se trouve Mauro, fondé en 1980 et établi dans un charmant bâtiment ancien en pierre par Mariano García, qui était viticulteur chez Vega

◀ Les influences sur cette sélection des meilleurs vins de Ribera sont loin d'être toutes espagnoles. Par exemple, l'inabordable pingus est le fruit du travail d'un Danois, Peter Sisseck, et les vins du nouveau venu Alonso del Yerro sont l'œuvre de Stéphane Derenencourt, un consultant de Bordeaux.

Le peu de hauteur des vignes sur fil conducteur de la bodega Hacienda Monasterio, à Pesquera de Duero, transforme les vendanges de ces raisins tinto fino en un travail éreintant. La fraîcheur des nuits à cette altitude fait que les vendanges n'ont pas lieu avant le mois d'octobre.

Sicilia. García s'adonne aussi à la production de l'aalto, un vin relativement récent comme tant d'autres dans la Ribera del Duero, où, semble-t-il, les réputations peuvent se bâtir sur un seul millésime.

Citons parmi les investisseurs récents Felix Solis (Pagos del Rey), Alonso del Yerro, Marqués de Vargas (Conde de San Cristóbal), Torres (Celeste), Faustino – dont la plupart sont déjà solidement établis dans d'autres régions vinicoles, notamment dans La Rioja voisine. Il semblerait que d'autres investisseurs cherchent à se diversifier, tel le fameux éditeur madrilène Alfonso de Salas, ou le Marqués de Montecastro (avec un vin rouge doux tout à fait atypique dans cette région).

Rioja

Il fut un temps où La Rioja avait la main mise sur le marché des vins fins espagnols. Ces jours sont révolus. La région a toujours été pénalisée par sa situation géographique marginale, avec les problèmes climatiques qui en résultent. Aujourd'hui, elle est pénalisée de surcroît par les questions que pose le style de ses vins. Mais sa variété autochtone, ses traditions et sa flexibilité la maintiennent au premier rang. Peu de grandes régions vinicoles ont des terrains aussi difficiles et réussissent à en tirer parti pour produire des vins à la personnalité si trempée.

Sans le rempart massif des sommets rocheux de la Sierra de Cantabria, La Rioja serait fouettée par les vents atlantiques et la viticulture y serait impossible. Dans l'extrême nord-ouest de la région, les vignes les plus hautes au-dessus de Labastida parfois ne mûrissent pas. À l'est, en revanche, les vignes mûrissent pleinement, même à 800 m d'altitude, grâce à l'influence chaude de la Méditerranée et cela jusqu'à Elciego à l'ouest. Les vendanges peuvent se dérouler à Alfaro, dans l'est, quatre à six semaines avant qu'elles ne puissent avoir lieu aux alentours de Haro, où les derniers raisins peuvent se faire attendre jusqu'à fin octobre.

La région se divise en trois zones: la **Rioja Alta**, la **Rioja Alavesa** et la **Rioja Baja**, la plus grande des trois zones à l'est et la plus chaude.

Les sols de La Rioja Baja sont encore plus variés que ceux de La Rioja Alta et ses vignes encore plus éparses. Dans les deux sous-régions à l'ouest, la vigne est pratiquement l'unique culture : le paysage est tissé de petites parcelles tachetées de vignes basses, plantées dans des terroirs très divers alliant la terre moelleuse de l'argile rouge au calcaire blanc tinté de dépôts alluvionnaires jaunes. Sur les terrasses que le fleuve a érodées sur différents niveaux, l'argile

La Rioja a attiré quelques-unes des architectures de vignobles récentes parmi les plus ambitieuses ; ici à la bodega Ysios, en harmonie avec l'horizon de la Sierra de Cantabria à l'arrière-plan. Marqués de Riscal a fait venir l'architecte Frank Gehry, du musée Guggenheim à Bilbao, à Elciego.

domine généralement dans La Rioja Alta, là où le calcaire règne dans La Rioja Alavesa. Les terres rouges autour de Fuenmayor sont parmi les plus fertiles de La Rioja, et l'argile y est si prédominante qu'elle a justifié la création d'une immense usine de céramiques.

Le tempranillo est le cépage le plus important de la région. Il se marie bien avec le grenache, plus charnu et qui est meilleur dans La Rioja Alta, en amont de Nájera, et dans La Rioja Baja, dans les vignes hautes de Tudelilla. Le graciano (le morrastel dans le Languedoc et, au Portugal, le tinta miúda) est une spécialité de La Rioja. D'une grande finesse, quoique difficile, il a un futur maintenant assuré.

Curieusement, le vin phare de l'Espagne a débuté le XXIe siècle en étant incertain quant à sa vraie personnalité. La réputation de la région fut établie à la fin du XIXe, lorsque des négociants bordelais affluèrent pour parer à l'importante baisse de volume occasionnée dans leurs barriques d'assemblage au nord des Pyrénées par les ravages du phylloxéra. Ils eurent la preuve du potentiel des vins de La Rioja, avec les vins des Marqués de Riscal et Murrieta, qui avaient établis leurs domaines, l'un en 1860 à Elciego et l'autre en 1872 à l'est de Logroño.

Reliée à la côte atlantique par voie ferrée, la ville de Haro était le lieu idéal pour assembler le vin transporté par charrette, parfois des confins de La Rioja Baja. Les marchands bordelais montrèrent comment l'élever en petites barriques, ce qui ouvrit la voie à la création de nombreuses *bodegas* parmi les plus importantes de Haro, fondées vers 1890 et groupées autour de la gare – certaines avaient même leurs propres quais.

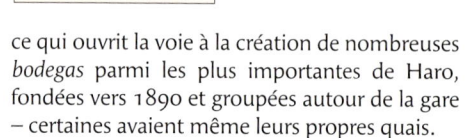

Dans les années 1970, le rioja était souvent un vin juteux produit par des petits agriculteurs. Tout reposait alors sur l'assemblage et l'élevage plus que sur la vinification ou sur les conditions géographiques. Le rioja était rapidement fermenté, puis vieilli des années durant dans de vieux fûts en chêne américain. Il en résultait des vins pâles, d'une douceur vanillée, qui pouvaient être très séduisants lorsque le raisin était de qualité impeccable. Mais le contrôle des embouteilleurs sur les viticulteurs de la région a dérapé dangereusement, lorsque la tentation de prendre des raccourcis et d'augmenter le rendement est devenue trop forte.

Cette situation a incité de nombreuses *bodegas* à revoir leurs techniques de vinification (la plupart produisent aujourd'hui leur propre vin, certaines à partir de leur propre raisin). Le tempranillo, ce cépage issu d'un raisin doux à la peau fine, macère dès lors plus longtemps et est mis en bouteille plus tôt après un élevage dans des fûts de chêne maintenant souvent

▼ *L'étiquette la plus ancienne sur cette page est indubitablement celle du contino, du domaine CVNE dans La Rioja Alavesa, établi en 1973. Fernando Remírez de Ganuza fonda sa bodega en 1989. Les autres étiquettes de marque sont beaucoup plus récentes.*

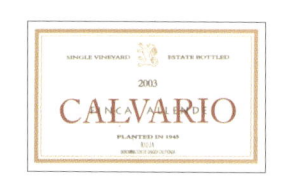

RIOJA | **ESPAGNE** | 199

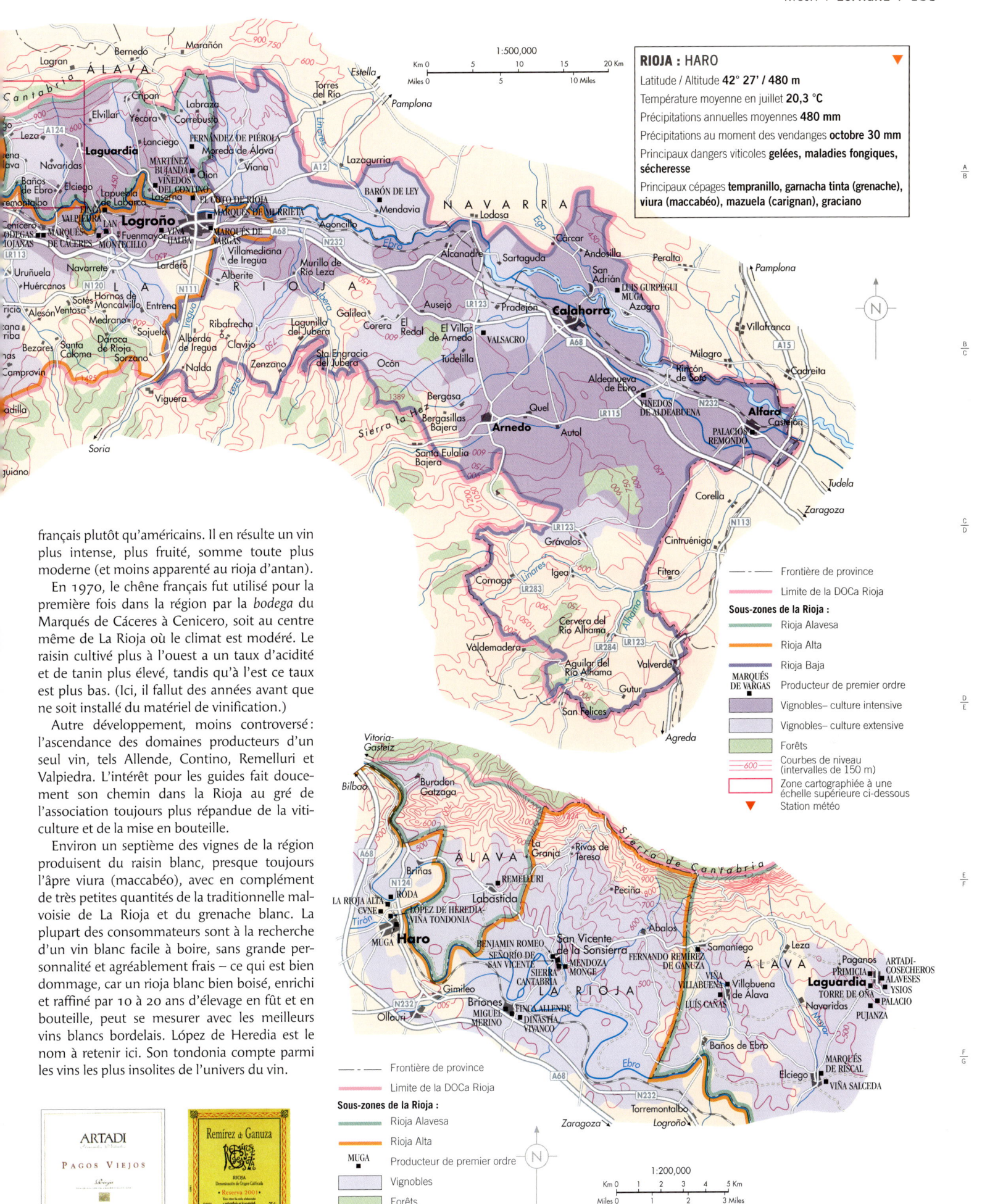

RIOJA : HARO

Latitude / Altitude **42° 27' / 480 m**
Température moyenne en juillet **20,3 °C**
Précipitations annuelles moyennes **480 mm**
Précipitations au moment des vendanges **octobre 30 mm**
Principaux dangers viticoles **gelées, maladies fongiques, sécheresse**
Principaux cépages **tempranillo, garnacha tinta (grenache), viura (maccabéo), mazuela (carignan), graciano**

---

français plutôt qu'américains. Il en résulte un vin plus intense, plus fruité, somme toute plus moderne (et moins apparenté au rioja d'antan).

En 1970, le chêne français fut utilisé pour la première fois dans la région par la *bodega* du Marqués de Cáceres à Cenicero, soit au centre même de La Rioja où le climat est modéré. Le raisin cultivé plus à l'ouest a un taux d'acidité et de tanin plus élevé, tandis qu'à l'est ce taux est plus bas. (Ici, il fallut des années avant que ne soit installé du matériel de vinification.)

Autre développement, moins controversé : l'ascendance des domaines producteurs d'un seul vin, tels Allende, Contino, Remelluri et Valpiedra. L'intérêt pour les guides fait doucement son chemin dans la Rioja au gré de l'association toujours plus répandue de la viticulture et de la mise en bouteille.

Environ un septième des vignes de la région produisent du raisin blanc, presque toujours l'âpre viura (maccabéo), avec en complément de très petites quantités de la traditionnelle malvoisie de La Rioja et du grenache blanc. La plupart des consommateurs sont à la recherche d'un vin blanc facile à boire, sans grande personnalité et agréablement frais – ce qui est bien dommage, car un rioja blanc bien boisé, enrichi et raffiné par 10 à 20 ans d'élevage en fût et en bouteille, peut se mesurer avec les meilleurs vins blancs bordelais. López de Heredia est le nom à retenir ici. Son tondonia compte parmi les vins les plus insolites de l'univers du vin.

Légende :

- Frontière de province
- Limite de la DOCa Rioja

Sous-zones de la Rioja :
- Rioja Alavesa
- Rioja Alta
- Rioja Baja

MARQUÉS DE VARGAS — Producteur de premier ordre

- Vignobles – culture intensive
- Vignobles – culture extensive
- Forêts
- Courbes de niveau (intervalles de 150 m)
- Zone cartographiée à une échelle supérieure ci-dessous
- ▼ Station météo

Légende (carte inférieure) :

- Frontière de province
- Limite de la DOCa Rioja

Sous-zones de la Rioja :
- Rioja Alavesa
- Rioja Alta

MUGA — Producteur de premier ordre

- Vignobles
- Forêts
- Courbes de niveau (intervalles de 50 m)

Navarre

Au cours des siècles, différentes régions d'Espagne ont aidé les Bordelais. Et le benicarlo de Valence compta vraiment dans la production du claret. À l'époque des années catastrophiques du phylloxéra, La Rioja et la Navarre, sa voisine au nord-est, ont prêté main-forte aux viticulteurs bordelais. En fin de compte, le réseau ferroviaire vers Haro a remporté la victoire : la fertile Navarre, malgré ses paysages verdoyants, ses cultures d'asperges et ses pépinières, a dû céder ses marchés vinicoles à la quasi désertique Rioja.

Pendant presque tout le XXe siècle, les vignes éparses de la Navarre furent vouées à la culture du grenache donnant des rosés toujours opportuns et des vins rouges en vrac, à la fois intenses et soutenus. Puis surgit la révolution apportée par le cabernet, le merlot, le tempranillo et le chardonnay. Aujourd'hui, le tempranillo a supplanté le grenache en terme d'hectares plantés, le cabernet-sauvignon prenant la troisième place. Les coopératives, très musclées sur ce marché, continuent d'acheter la plus importante part du grenache local de grande consommation, mais les vieilles vignes de ce cépage ne sont pas sans intérêt. On les retrouve dans des vins comme le Gran Feudo Viñas Viejas Reserva de Chivite.

Les vins de Navarre les plus exportés forment un pont entre La Rioja et le Somontano : ils sont assez boisés, mais reflètent une large palette de cépages, à la fois espagnols et internationaux. Le chêne français est employé plus couramment ici qu'en Rioja, peut-être à cause de l'introduction très tardive en Navarre de l'élevage en fût, mais aussi à cause de l'important volume de vignes dédiées au raisin français.

Ceci dit, la Navarre n'est guère plus homogène que La Rioja. Un monde sépare le nord, avec ses sols plus variés, ses climats plus frais et ses cultures éparses, du sud, avec les plaines brûlantes et arides de la Ribera Baja et les berges de l'Ebre dans la Ribera Alta qu'il faut irriguer (avec un système de canalisations créé par les Romains). La Ribera Alta est un peu plus chaude et plus exposée aux influences de la Méditerranée que la Ribera Baja, celle-ci étant protégée au sud par les hauteurs de la Sierra del Moncayo. Les meilleurs grenaches de la Ribera Baja proviennent de Fitero, car ses sols pauvres – semblables à ceux de Châteauneuf – sont complètement exposés. Corella est connu pour son moscatel de Grano Menudo, un excellent muscat blanc botrytisé, encore une réussite de l'admirable Bodegas Chivite. Les vins produits vers le nord de la Ribera Alta sont en général plus pâles et moins capiteux que ceux du sud de la région.

Il peut faire une chaleur torride dans le sud, alors qu'au même moment dans le nord montagneux, la proximité de l'océan Atlantique apporte une relative fraîcheur. Comme dans La Rioja, l'altitude dans le nord de la Navarre donne lieu à des récoltes tardives pour les cépages bordelais, plus tardives même qu'à Bordeaux, puisque la vendange des vignes les plus hautes peut être repoussée jusqu'au mois de décembre. **Baja Montaña** produit surtout des rosés. Ici, l'argile prédomine, entrecoupée de calcaire, mais sols, altitudes et conditions sont tellement variables dans le nord de la **Tierra Estella** et en **Valdizarbe** que les vignerons pionniers dans ces zones sont obligés de sélectionner leurs terrains avec une extrême prudence. Gelées printanières et automnes froids les attendent au tournant.

Notez l'immense espace dédié à la bonification en fût dans ce domaine relativement neuf et qui est la fierté de Chivite : le Señorío de Arínzano, dans le nord de la Navarre. Conçu par Rafael Moneo, président du département d'architecture de la Graduate School of Design d'Harvard, le nouveau chai encercle les trois bâtiments préexistants sur ce domaine de 300 ha.

◄ *Guelbenzu s'est retiré du Conseil régulateur de Navarre et vend ses vins sous le nom du Vino de la Tierra local, Ribera del Queiles. Comme tant de vins rouges de la Navarre, le lautus est un assemblage de cépages espagnols (tempranillo et grenache) et bordelais (cabernet et merlot).*

Somontano

Somontano signifie « au pied des montagnes ». Par beau temps, on aperçoit au loin les pics enneigés des Pyrénées. Toutefois, ce ne sont pas elles qui rendent possible la viticulture dans cette région vinicole bien entretenue et exceptionnellement cohésive, mais bien la Sierra de Guara et la Sierra de Salinas. Ces chaînes prépyrénéennes protègent Somontano du froid du nord et forment un amphithéâtre exposé au sud, dont les douces pentes entre 350 et 650 m d'altitude conviennent à la viticulture. Celle-ci est concentrée autour des villages de Barbastro, Salas Bajas et Salas Altas, et s'étend le long des berges des rivières, Vero et Cinca.

Cette DO relativement jeune est l'initiative du gouvernement régional, lequel, vers la fin des années 1980, poussa Viñas del Vero à planter du tempranillo et des cépages nobles étrangers pour apporter une touche de prestige cosmopolite aux raisins autochtones, le moristel et le parraleta. La superficie totale cultivée a plus que doublé depuis la fin des années 1990.

Si l'Aragon peut s'enorgueillir de son histoire, en revanche en matière viticole, la région demeure loin derrière ses voisines, la Catalogne et la Navarre. La majeure partie occidentale de l'Aragon est trop extrême et trop exposée pour que les vignes puissent y prospérer ; au sud, c'est le désert.

Aujourd'hui, le Somontano ne peut sans doute toujours pas se mesurer aux meilleurs produits de la Ribera del Duero, de La Rioja et du Priorat ; toutefois la région produit des vins qui sont parmi les meilleurs du pays sur le plan de la fiabilité et du rapport qualité prix. Environ trois bouteilles sur quatre sont remplies soit par Viñas del Vero, détenu par Enate, une société privée, soit par la coopérative modèle Pirineos. Ils sont suivis aujourd'hui par des *bodegas* de qualité. Blecua est un domaine particulièrement ambitieux construit par Viños del Vero sur le modèle de la Napa Valley. Laus est un nouveau venu d'une grande classe, tandis qu'Idrias produit par Sierra de Guara, et Castillo de Monesma produit par Dalcamp, sont parfois étonnants.

Le vin se distingue ici par son acidité naturellement croustillante, due en partie au fait que le faible taux de potassium des sols se révèle être une aide précieuse pour maintenir des taux de pH peu élevé. La région produit d'amples rouges bordelais, du tempranillo savoureux, un chardonay beaucoup plus convaincant que celui produit de façon générale en Espagne et du gewurztraminer, plutôt rare en Espagne, mais agréablement sec. Bodega Pirineos est le producteur qui s'implique le plus pour sauvegarder des plants de vigne autochtones, extrayant jusqu'à la dernière once la saveur du moristel, ce cépage à la robe légère et au fruité marqué de framboises de Logan, en poussant la fermentation malolactique en fût. Pirineos s'acharne aussi à valoriser le parraleta, un raisin à bas rendement mais qui est plus structuré, avec des arômes minéraux. Les deux méritent de vieillir. Des efforts sont également faits pour produire un vin sec de qualité, issu de vieilles vignes de maccabéo vendangé tardivement. Le grenache était l'autre cépage autochtone de la région ; les gens du pays produisent encore leur propre version de grenache au goût de rancio qu'ils élèvent en tonneau.

▲ Le pionnier de la nouvelle vague, Viñas del Vero, produit le secastilla, vin issu à 100 % du grenache, et sur un autre domaine, plus petit, le blecua, issu d'un assemblage de cépages espagnols et bordelais. Bodegas Laus est un autre producteur de premier ordre.

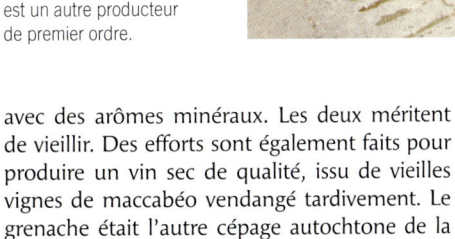

Des vignes poussent dans les ruelles du village de Graus, près de Barbastro. Cette scène rustique donne une fausse impression, car des bodegas réputées comme Bestué, Estada, Meler et Monesma, se sont très récemment installées dans le Somontano, démontrant que les sceptiques ont tort.

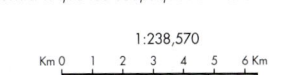

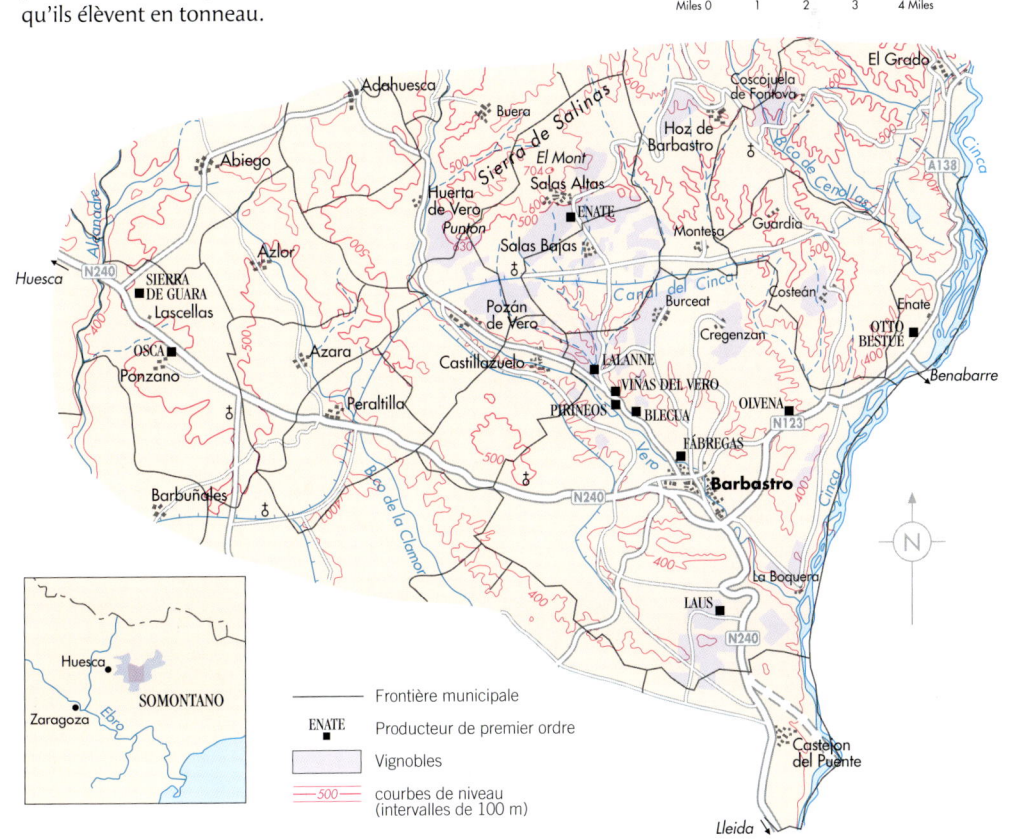

Catalogne

Les Catalans sont-ils espagnols ? Voilà un sujet qui ne relève pas d'un livre sur les vins, mais dans ce territoire littoral, tout est insolite. Barcelone est une cité qui fait parler d'elle ; sur le plan gastronomique, c'est l'une des villes les plus dynamiques d'Europe. La frontière qui sépare la Catalogne en Espagne du Roussillon catalan en France se laisse facilement oublier. Les vignobles détaillés ici s'étalent depuis le littoral de la Méditerranée baigné de soleil jusqu'à des altitudes dont la froidure est un atout pour la qualité du raisin. Ces vignes produisent la palette de styles de vins la plus variée du pays – du mousseux le plus fin au moelleux le plus raffiné.

Pour commencer, le **cava** n'est autre que le « champagne » espagnol. La Catalogne assure 95 % de sa production. Cette industrie, car ne nous voilons pas la face, il s'agit bien d'une industrie, est dominée par Codorníu et Freixenet, compétiteurs acharnés. Même si la méthode champenoise est appliquée ici, les cépages sont quant à eux très différents. Le neutre maccabéo domine la plupart des assemblages de cava, car son débourrement tardif est une bonne assurance contre les gelées printanières qui peuvent sévir dans les vignobles du Penedès. Le xarel-lo autochtone, qui donne les meilleurs vins dans les zones basses du Haut-Penedès, contribue à l'arôme du cava, qui parfois peut sembler trop accusé. Le parellada est considéré comme l'ingrédient clef qui donne au cava toute son élégance, ainsi qu'une véritable fraîcheur grâce à sa note de pomme. C'est vrai en tout cas dans le nord du Penedès, pourvu qu'il n'y ait pas de surproduction. Le chardonnay occupe environ 5 % des vignobles, tandis que le pinot noir est permis dans la production du cava rosé, de plus en plus courtisé. Grâce à la limitation des rendements et une mise en bouteille plus longue, la qualité des cava s'améliore progressivement. La grande contribution catalane aux producteurs de vins effervescents dans le monde entier – en dehors de son liège autochtone – est la conception du gyropalette. Ce cageot géant assure le remuage automatique des vins effervescents, le remuage manuel des sédiments étant un travail minutieux qui, de surcroît, donne des résultats variables.

Le **penedès** est la principale DO en matière de vins tranquilles aux arômes particulièrement francs. Les cépages internationaux sont plus répandus ici que partout ailleurs en Espagne. Ils sont apparus dans la région dans les années 1960, lorsqu'ils ont été importés par des pionniers tels que Miguel Torres, géant catalan parmi les producteurs de vins tranquilles. Ayant réussi son pari avec le cabernet et le chardonnay qui donne le milmanda (cultivé dans une enclave à l'intérieur des terres dans la région de **Conca de Barberá**, au nord de Tarragone sur les collines calcaires, réputées pour leur cava), Torres soigne maintenant des cépages autochtones pour son meilleur vin rouge, le Grans Muralles. L'appellation **Catalunya**, de plus en plus répandue, englobe toutes les régions catalanes et permet le mélange de leurs différents raisins ; elle fut créée en 1999, principalement parce que la société Torres, alors en plein essor, trouvait l'appellation Penedès trop contraignante.

Traditionnellement, les vignobles les plus chauds, dans les zones littorales du Baix Penedès, fournissaient du moscatel extra-mûr et de la malvoisie pour les vins moelleux. Plus récemment, le monastrell, le grenache et le carignan y ont proliféré, destinés à la production de vins rouges passablement secs ; ces cépages auraient des difficultés à mûrir dans les hauteurs du Penedès, où les vignes sont plantées jusqu'à 800 m. Dans le Penedès Medio, à partir de 200 m, le cava domine, mais certains producteurs plus ambitieux s'attellent à parfaire des vins avec beaucoup de caractère local – vins issus de cépages autochtones ou importés, cultivés à plus d'altitude dans des vignes à bas rendement, qu'ils ont extirpées de la brousse méditerranéenne et de la pinède.

Depuis 2001, les vignobles sur les hauteurs, à l'ouest de Tarragone, ont été regroupés pour former leur propre appellation, **Montsant**, qui encercle l'exceptionnelle DOCa Priorato décrite à la page suivante. Les meilleures *bodegas* sont concentrées autour de Falset, une petite bourgade à haute altitude qui donne accès au Priorato, mais se trouve juste à la périphérie de la DOCa. Ici, une large palette de cépages produit des rouges secs et puissamment concentrés, quoique dépourvus du « plus » caractéristique qu'apporte la qualité des sols dans le Priorato.

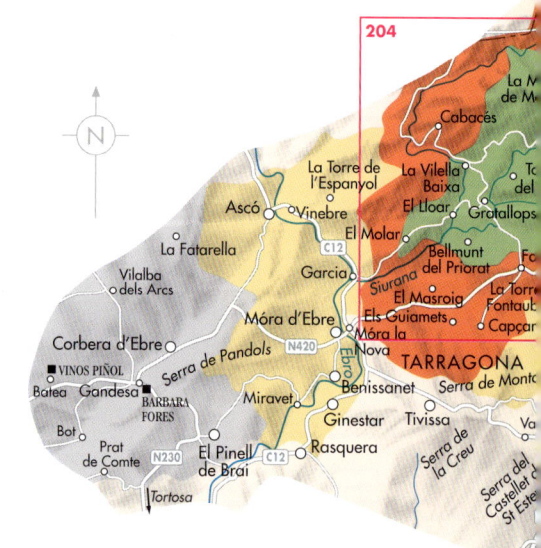

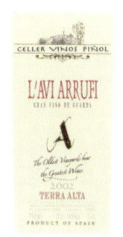

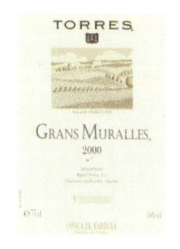

CATALOGNE | ESPAGNE | 203

La carte ci-dessous ne montre qu'une petite partie de la DO **Costers del Segre**. Elle est constituée de quatre zones très disparates (voir la carte d'Espagne p. 190). Les Garrigues côtoient le massif du Montsant face au très en vogue Priorato ; ses terrains rappellent ceux du Montsant, tout en étant un peu moins sauvages. Des vieilles vignes de grenache et de maccabéo plantées jusqu'à 750 m ont un excellent potentiel, mais aujourd'hui les treilles couronnées d'amandiers et d'oliviers soutiennent du tempranillo et de nouvelles variétés internationales. Les brises de la Méditerranée y minimisent les risques de gelées. Au nord-est, des vins assez légers mais épicés sont produits à partir de cépages internationaux dans les zones plus basses du Segre et du Vall de Riu Corb, tandis que tout à fait au nord, la viticulture d'Artesa se rapproche plus de celle de Somontano dans l'Aragon (voir p. 201). Enfin, citons le domaine de Raimat, véritable oasis dans le paysage désertique du nord-ouest de Lleida, et qui doit sa réussite à un système d'irrigation installé par la famille Raventós, de Codorníu, sur ce vaste domaine agricole. Les vins produits ici sont plus de style Nouveau Monde que Catalans.

Sur la côte juste au nord de Barcelone, les producteurs d'**Alella** ont maille à partir avec les promoteurs immobiliers ; la mode des cépages internationaux est manifeste ici aussi.

On trouvera la DO **Pla de Bages** non pas sur la carte ci-dessous, trop petite, mais sur la carte d'Espagne en introduction. Cette appelation est centrée sur la ville de Manresa, au nord de Barcelone. Elle produit l'intéressant et vieux picapoll (le picpoul du Languedoc), mais plante aussi du cabernet et du chardonnay. À l'extrême nord de la Catalogne, la DO **Empordà-Costa Brava** était connue uniquement pour son rosé pour touristes, à base de carignan. Aujourd'hui, elle offre une gamme plus excitante d'assemblages de rouges et de blancs, gamme qui s'élargit. Pour conclure, il serait approprié de dire que la Catalogne est en pleine fermentation !

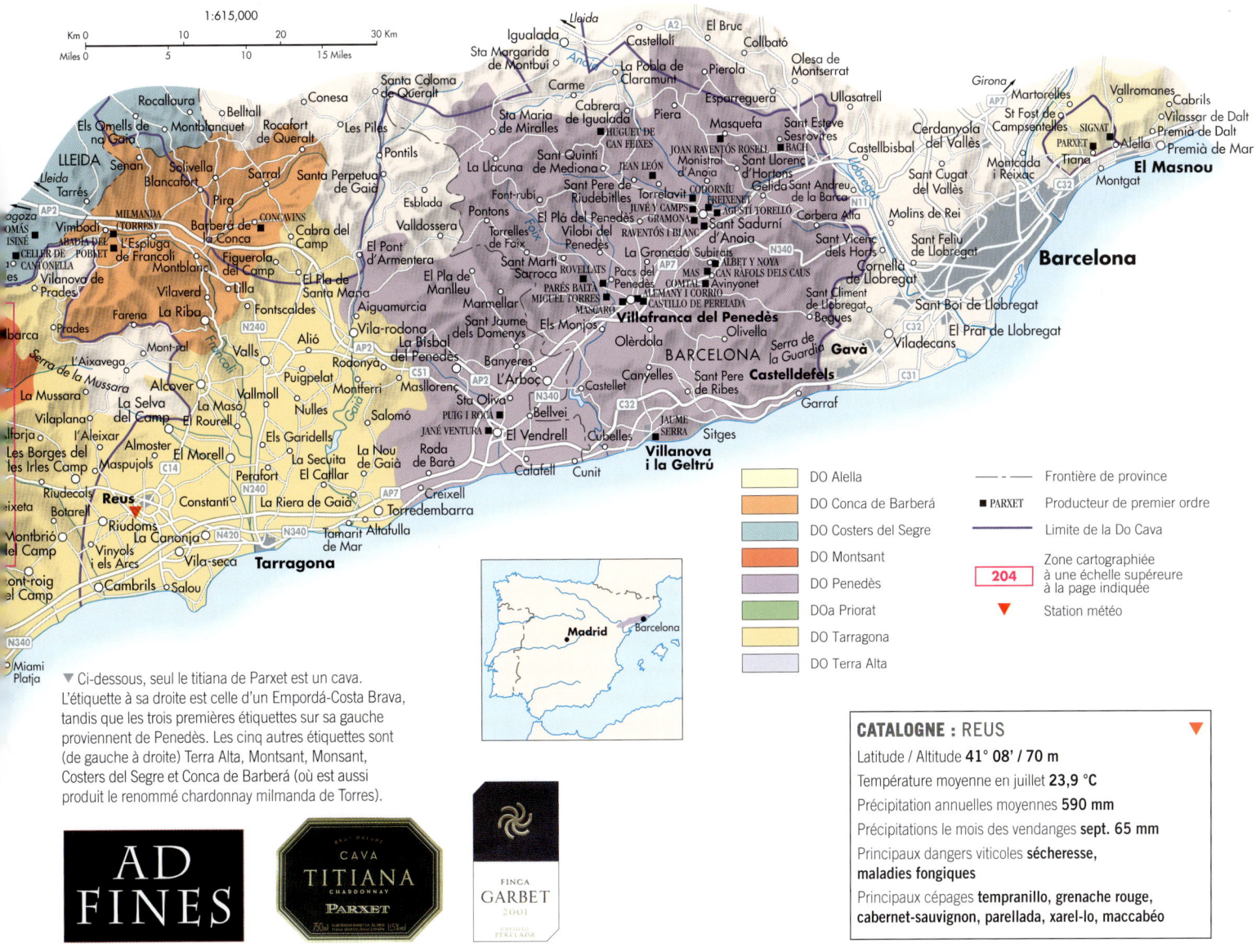

Vignes au printemps consacrées à la production de cava, « champagne » espagnol très prisé qui domine le paysage viticole catalan, malgré l'éclosion dans la région d'une ribambelle de séduisants vins tranquilles. La région tire parti d'une des palettes de cépages les plus variées d'Espagne.

▼ *Ci-dessous, seul le titiana de Parxet est un cava. L'étiquette à sa droite est celle d'un Empordá-Costa Brava, tandis que les trois premières étiquettes sur sa gauche proviennent de Penedès. Les cinq autres étiquettes sont (de gauche à droite) Terra Alta, Montsant, Monsant, Costers del Segre et Conca de Barberá (où est aussi produit le renommé chardonnay milmanda de Torres).*

CATALOGNE : REUS

Latitude / Altitude **41° 08' / 70 m**
Température moyenne en juillet **23,9 °C**
Précipitation annuelles moyennes **590 mm**
Précipitations le mois des vendanges **sept. 65 mm**
Principaux dangers viticoles **sécheresse, maladies fongiques**
Principaux cépages **tempranillo, grenache rouge, cabernet-sauvignon, parellada, xarel-lo, maccabéo**

Priorato

En 1990, le gouvernement catalan publiait un document sur un millénaire d'activités viticoles en Catalogne ; le Priorato n'y figurait pas. Pourtant à la fin des années 1990, cette minuscule région produisait certains des vins les plus intéressants et les plus coûteux de toute l'Espagne. Et cette métamorphose fut inspirée par un seul individu.

Avant l'arrivée du phylloxéra, les vignes occupaient 5 000 ha dans ce paysage dentelé par des collines froissées. En 1979, lorsque René Barbier pressentit pour la première fois le potentiel de cette région historiquement viticole, il ne restait que 600 ha de vignes – en majorité du carignan. En 1989, il institua un cercle de cinq amis pour lancer cinq nouveaux « clos ». Au début, ils partagèrent locaux et raisins dans le village de Gratallops. Leurs vins se distinguaient des levures rustiques et du raisin sec qui faisaient la norme en Priorato – et différents des traditionnels vins espagnols boisés.

Ces vins concentrés furent tellement acclamés sur la scène internationale que la région a depuis été envahie et pour ainsi dire remodelée par de nouveaux venus – certains en provenance de Penedès, d'autres de contrées lointaines telles l'Afrique du Sud. Au tournant de ce siècle, 2 500 ha étaient déjà soit plantés de vignes, soit passés au bulldozer pour en planter de nouvelles. 2 500 ha de plus sont en attente de droits de plantation. Il y maintenant 70 *bodegas*, et toute cette activité a été imposée à une région où bergers et charrettes étaient monnaie courante jusqu'à récemment, et où le village de Gratallops ne compte que 200 résidents permanents.

Alors pourquoi ces vins sont-ils si particuliers ? Il y a le fait que le Priorato est protégé du vent soufflant du nord-ouest par le long massif rocheux de la Sierra de Montsant. Mais c'est son sol qui fait la différence, un sol très particulier, le llicorella, sorte d'ardoise brun foncé dont les parois saillantes, saupoudrées de quartzite, miroitent au soleil, ce qui confère au meilleur priorato sa touche minérale.

Les précipitations annuelles sont souvent inférieures à 400 mm, chiffre qui dans la plupart des régions vinicoles fait de l'irrigation une nécessité. Mais le sol ici est exceptionnellement frais et humide, permettant aux racines des plants de se frayer un chemin dans les failles du llicorella jusqu'à l'eau, comme dans le Douro. Le résultat dans les meilleurs vignobles est un rendement incroyablement bas et un vin d'une concentration captivante.

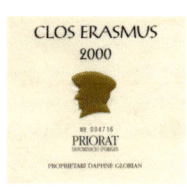

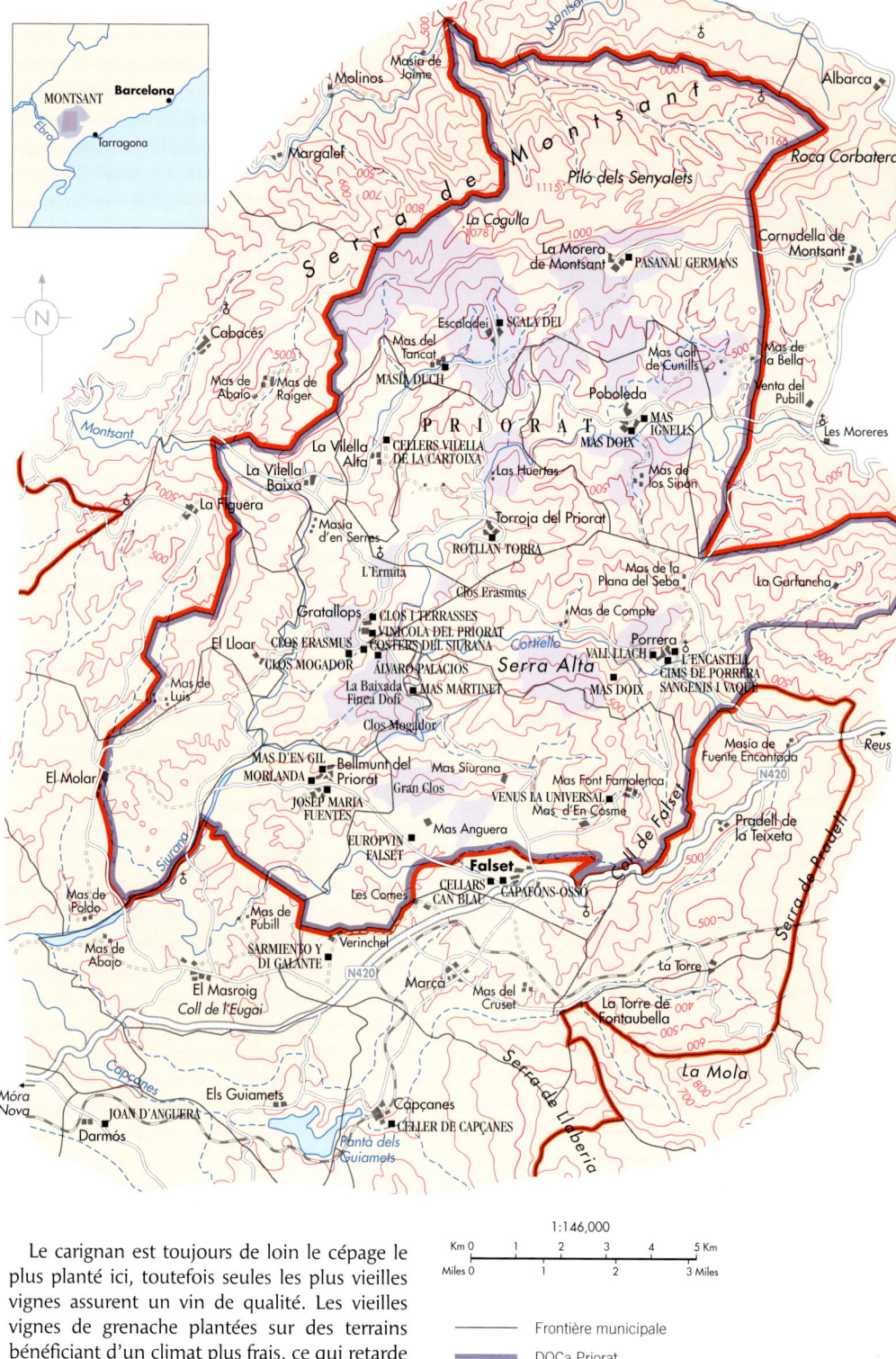

Le carignan est toujours de loin le cépage le plus planté ici, toutefois seules les plus vieilles vignes assurent un vin de qualité. Les vieilles vignes de grenache plantées sur des terrains bénéficiant d'un climat plus frais, ce qui retarde la maturation du raisin, comme par exemple dans le vignoble de L'Ermita (photo p. 191), donnent des vins sombres les plus nobles en Priorato. Nombre des vins moins concentrés ont reçu un apport de cabernet-sauvignon, de syrah et de merlot plus récemment implantés.

◀ Ces étiquettes représentent toutes des vins produits en Priorato et issus des « clos » établis par les pionniers. Seule exception, le Vall Llach, fondé au début des années 1990, et non au milieu des années 1980. Aujourd'hui, environ 70 *bodegas* produisent du priorato, alors qu'au début des années 1980, Scala Dei, sur le site d'un prieuré du XIIe siècle du même nom, était pratiquement le seul à en produire.

Andalousie — Pays du xérès

Pendant des siècles, les vins d'Andalousie étaient synonymes de vins généreux : le xérès par-dessus tout, mais aussi le montilla-moriles et le malaga, semblables et pourtant différents du xérès. Celui-ci demeure de loin le produit le plus célèbre de l'Andalousie – certains le considèrent même comme le plus grand vin d'Espagne – mais les temps modernes en décident autrement. Les ravages de l'immobilier sur la Costa del Sol ont été accompagnés par l'expansion rapide de vignobles consacrés aux vins non fortifiés à la fois secs et même, et cela surprend, doux.

Une fois de plus, le facteur clef pour produire un vin qui combine fraîcheur et maturité méridionale est l'altitude. Un vignoble planté à quelques kilomètres de la Méditerranée peut dominer le bleu scintillant de la mer à plus de 800 m de hauteur ; les nuits y seront aussi fraîches que les journées y sont chaudes.

En 1998, l'appellation malaga s'appliquait exclusivement à un vin en sérieuse perte de volume, adouci et fortifié soit par l'addition d'alcool de raisin lors de la fermentation, soit en laissant sécher le raisin. En 2001, la DO fut commuée en Malaga et Sierras de Malaga (voir la carte page 190). En 2005, la superficie de vignes plantées avait déjà augmenté de 50 %, en partie grâce à l'addition de deux nouveaux sous-secteurs.

La plus dynamique de ces deux zones encercle la très touristique ville de Ronda perchée haut sur sa colline ; une quantité considérable de cépages internationaux y a été plantée récemment, tels que le petit verdot, mais aussi le tempranillo et la variété locale de raisin rouge, le romé. Pour les vins blancs, le pedro ximénez de l'appellation Montilla-Moriles, le moscatel et le maccabéo sont autorisés, ainsi que le sauvignon blanc et le chardonnay.

L'appellation **Sierras de Malaga** est donnée à ce type de vin blanc qui a moins de 15 % de volume d'alcool. Quant à l'appellation **Malaga**, elle désigne soit un vin muté avec 15 à 20 % de volume d'alcool, soit un vin doux naturel dépassant 13 % de volume d'alcool, lequel dépend entièrement du soleil andalou pour son taux de sucre et sa concentration.

Si les vins de Sierras de Malaga sont remarquables par leur existence même, le malaga quant à lui revêt une personnalité unique – une personnalité double, par ailleurs, puisqu'il existe deux versions du malaga, l'une légère, l'autre sirupeuse. Scholtz Hermanos, le plus illustre représentant de la version traditionnelle sirupeuse, a fait faillite vers la fin du siècle dernier. Cela semblait de mauvais augure pour le vin. Pourtant Lopez Hermanos (Bodegas Málaga Virgen) est toujours prospère semble-t-il, et offre une palette éblouissante de *vinos generosos*. Entre-temps, Telmo Rodríguez, originaire de La Rioja mais une force positive pour la viticulture partout en Espagne, a revivifié le malaga moscatel avec la saveur acidulée de mandarine de son Molina Real, proposant un vin frais, parfumé et délicat. Et pourtant, un importateur de vins espagnols innovateur, basé aux Etats-Unis, Jorge Ordoñez, lui-même originaire de Malaga, a fait mieux encore avec un nectar issu de vieilles vignes de moscatel cultivées sur les hauteurs des collines. Le jarel, du producteur Almijara, est un autre illustre exemple.

Certains des Vinos de la Tierra, produits autour de Grenade à des altitudes excédant 1 300 m, laissent penser que cette zone pourrait éventuellement devenir l'une des régions d'Espagne les plus remarquables en ce qui concerne les vins non fortifiés. M. Valenzuela et H. Calvente sont des noms à retenir en l'occurrence.

Et que dire de jerez-xérès-sherry et de montilla-moriles, le cœur de l'industrie vinicole de l'Andalousie depuis 2 000 ans ? Leur futur est mal assuré : d'une part, il y a surproduction, d'autre part, il y a pénurie de consommateurs. La région du xérès, plus importante, s'en ressent sans doute encore plus que la région du montilla-moriles, dont les produits les plus réputés – des vins sombres, doux à vous pourrir les dents, issus de pedro ximénez – sont à présent très en vogue en Espagne. Cela dit, et malgré l'indifférence générale et peu justifiée envers le xérès en dehors de l'Andalousie, **Jerez** a vu récemment l'apparition de nouvelles *bodegas* d'exception qui viennent renflouer son registre de noms illustres. Fernando de Castilla, Tradición et Valdivia en sont trois exemples.

Le xérès se distingue avant tout par sa finesse, fruit de sols crayeux, de la variété de raisin palomino fino utilisée, d'investissements colossaux et d'une longue tradition de savoir-faire. Chaque bouteille n'est pas garante de cette qualité, loin de là – de fait, l'aristocratie du xérès a pour ainsi dire été ruinée par la forte proportion de vins de mauvaise qualité exportée de Jerez dans les années 1970 et 1980. Mais un authentique fino, hautement estimé, issu des dunes dénudées de craie du Macharnudo ou de Sanlúcar de Barrameda, est la plus belle expression du vin et du bois qui soit au monde.

La région du xérès, située entre les villes au nom romantique de Cadix et de Séville, est presque une caricature de ce berceau des Grands d'Espagne, avec ses patios, ses guitares, ses danseurs de flamenco, ses nuits sans fin et ses petits matins. Jerez de la Frontera, la ville qui donne son nom au vin, vit par et pour le xérès, comme Beaune vit avec le bourgogne et Epernay avec le champagne.

Il y a beaucoup de points de comparaison entre le xérès et le champagne. Ce sont tous deux des vins blancs à la personnalité unique

Des vignes basses consacrées au malaga, sans doute du moscatel, rampent au pied des montagnes de la Axarquia. Même cette région endormie tout au sud de l'Espagne a connu une révolution inattendue dans ses vignobles, dans ses celliers et jusque dans ses types de vins.

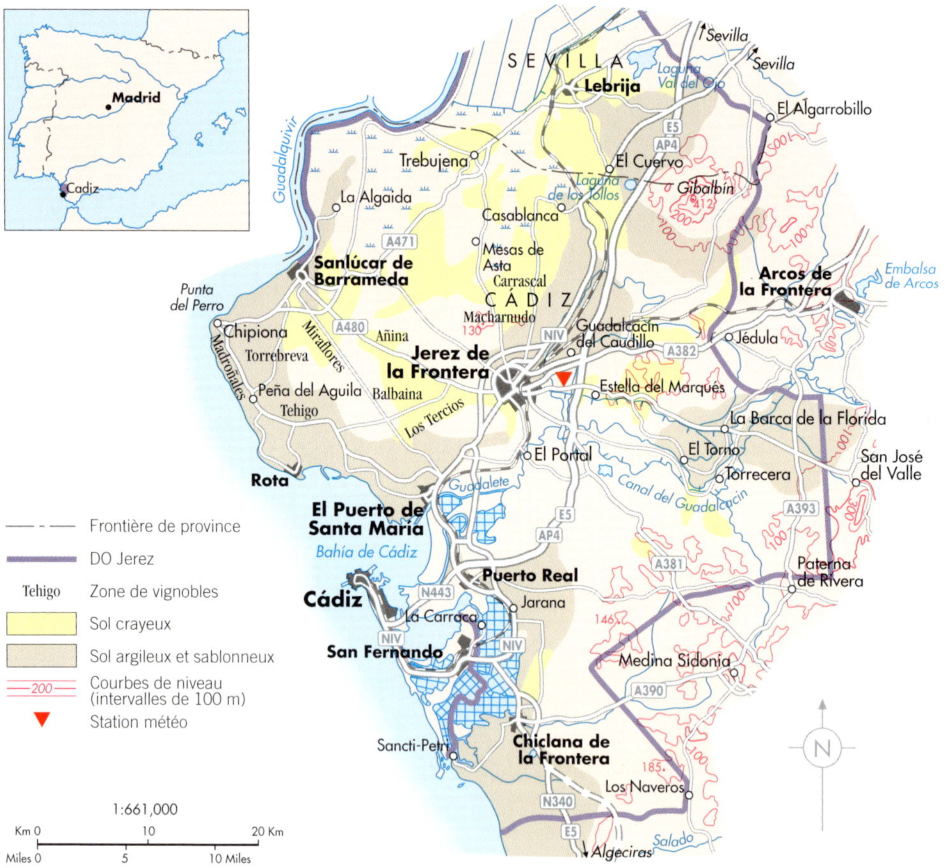

206 | ESPAGNE | ANDALOUSIE – PAYS DU XÉRÈS

JEREZ : JEREZ DE LA FRONTERA
Latitude / Altitude **36° 45' / 30 m**
Température moyenne en juillet **25,5 °C**
Précipitations annuelles moyennes **477 mm**
Précipitations le mois des vendanges **août 3 mm**
Principaux dangers viticoles **sécheresse**
Principaux cépages **palomino fino, pedro ximénez**

---

conférée par un sol crayeux. Tous les deux demandent un long traitement traditionnel pour développer leur caractère insolite. Enfin, tous deux sont des apéritifs vivifiants, qui se laissent boire facilement dans leur pays d'origine. Ils sont la version nordique et méridionale de la même équation, ou du même poème : celle du raisin blanc issu de sols blancs.

Les plus grandes attractions touristiques de Jerez sont les traditionnelles *bodegas* des négociants. Leurs couloirs imposants aux murs blanchis à la chaux, où s'entrecroisent les rayons du soleil, rappellent irrésistiblement une cathédrale. C'est ici, dans des rangées de fûts sur trois niveaux, que le vin est élevé. La plupart des vins ne sortiront pas avant d'avoir subi un complexe procédé d'assemblage, connu sous le nom de système de *solera* ; néanmoins, certains vins prestigieux sont vendus sans assemblage, soit en tant que vin d'un seul millésime – une tradition récemment réinstaurée pour relancer le marché des connaisseurs de xérès –, soit directement par un *almacenista* (distributeur).

Lorsque la fermentation du nouveau vin est terminée, il est réparti en différents lots, selon qu'il est de bonne qualité ou de moins bonne qualité, léger ou plutôt ample. Ensuite, chaque vin commence son parcours dans le système de *solera*, lequel consiste simplement à remplir peu à peu les tonneaux plus anciens avec du vin du même style issu de tonneaux plus jeunes ; ainsi l'assemblage est continuel, éliminant la variation.

Le nouveau vin est classé dans la rangée la plus jeune d'une *criadera* spécifique (ce terme espagnol de « garderie » évoque l'éducation des enfants, mais ici indique une rangée de fûts de vin du même âge) selon sa catégorie. Chaque année, une partie du vin est soutirée de la *solera*, la rangée du bas qui est la plus ancienne, pour être mise en bouteille ; les fûts de la *solera* sont alors remplis de nouveau avec du vin de la première *criadera* (l'étage supérieur), elle-même remise à niveau avec du vin de la deuxième *criadera*, et ainsi de suite. Plus il y a de *criaderas*, plus le xérès sera fin.

Tout jeune xérès est classé, soit comme un vin léger et suffisamment délicat pour se transformer en *fino*, soit comme un vin plus ample, classifié comme *oloroso*. Un *fino* doté d'un taux d'alcool faible vieillit sous un curieux voile : la *flor* ; provoquée par des levures naturelles, cette *flor* est propre au fino de Jerez. Les *olorosos* sont vieillis au contact de l'air et sont délibérément fortifiés pour monter la teneur en alcool à plus de 15,5 % vol. – il faut normalement 17,5 %, pour empêcher la formation de flor.

Les vins des *soleras* forment la palette des négociants à partir de laquelle ils préparent les vins maison. Les Espagnols boivent du xérès sec provenant directement de la *solera*. Hélas, le marché de grande consommation à l'exportation s'est construit sur des produits d'assemblage adoucis et fortifiés jusqu'à disparition de la personnalité propre au xérès – d'où ces vins dont personne ne veut plus.

Les xérès mis en bouteille dans la catégorie des finos sont les plus fins et les plus pâles ; des vins très particuliers, extrêmement secs et qui nécessitent un assemblage minimal. Ils s'évaporent très vite ; comme tout vin blanc, une bouteille de xérès, une fois ouverte, doit être bue dans les heures qui suivent, et non des jours ou des semaines plus tard. Les manzanillas de Sanlúcar de Barrameda sont encore plus légers et plus secs ; produits comme les finos, les manzanillas ont un petit goût légèrement salé qui leur viendrait des brises marines. Un vieux manzanilla (connu sous le nom de *pasada*) est un compagnon sublime pour les fruits de mer.

L'amontillado, vin plus sombre et plus complexe, est la catégorie suivante. Les meilleurs amontillados sont des finos qui ont subi un vieillissement prolongé, en fait des finos auxquels il manquait un je-ne-sais-quoi pour mériter d'être bus jeunes et qui se sont perfectionnés avec l'âge – quoique le nom couvre le plus souvent des assemblages exportés qui sont médiocres à tous points de vue.

Un vrai oloroso classique, sec, ambré et fort, est moins répandu, mais fort apprécié des habitants de Jerez. Ces vins vieillissent superbement, mais sont trop lourds pour un fino solera. Les marques commerciales dont l'étiquette porte la mention « oloroso » ou « cream » désignent des vins plus jeunes et moins raffinés, qui ont été

▼ De g. à dr. : un vin de table rouge de bonne qualité produit juste à l'est de l'appellation xérès, deux vins doux de Malaga, trois xérès et deux vins très doux de Montilla-Moriles. Le plus sec et le plus léger est La Gitana Manzanilla, un style de vin parmi les plus originaux et rafraîchissants au monde.

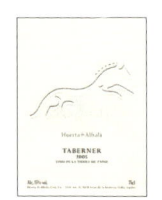

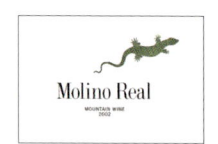

Un fino dans la bodega de González Byass, l'un des derniers grands noms du xérès détenu par le producteur d'origine, qui a suivi la tendance en se diversifiant dans d'autres régions vinicoles. Le groupe a acquis le domaine Beronia Riojas et a investi dans un joint-venture au Chili, Conde de Aconcagua.

sucrés par l'addition de vins doux ; la mention « pale cream » désigne le même type de vin, avec une robe plus pâle. Ceci dit, le palo cortado, intermédiaire entre l'amontillado et l'oloroso, est une rareté, un vin noble, à la fois ample et sec.

Les producteurs ont imaginé une autre stratégie pour intéresser les amateurs de vins fins aux xérès. Deux labels certifient désormais l'âge et la qualité du vin : pour les vins expertisés comme ayant plus de 20 ans en fût, les initiales VOS (en anglais Very Old Sherry) correspondent à la mention latine *Vinum Optimum Signatum* (vin sélectionné parmi les meilleurs) ; et pour les vins ayant plus de 30 ans de fût, les initiales VORS (en anglais Very Old Rare Sherry) correspondent à la mention latine *Vinum Optimum Rare Signatum* (vin sélectionné parmi les meilleurs et de qualité exceptionnelle). Deux nouveaux labels concernant les vins ayant passé plus de 12 et 15 ans en fût ont aussi vu le jour.

Aucun xérès d'assemblage, c'est-à-dire ces xérès moyennement doux ou doux, comme ils le sont en majorité, n'arrive à la cheville des meilleurs vrais xérès naturels.

La région de Montilla-Moriles, juste au sud de Cordoue, est aussi en perte de vitesse. Jusqu'à il y a 50 ans, son produit était assemblé à Jerez au même titre que les deux régions n'en faisaient qu'une. En 2005, il lui restait encore 8 000 ha de vignes ; les meilleures se trouvent sur des sols crayeux semblables à ceux qui produisent les finos et les olorosos de Jerez, mais la plupart sont dans des sols sablonneux.

Mais le montilla est différent. Son raisin est non pas le palomino, mais le pedro ximénez, lequel est régulièrement acheminé à Jerez pour la production de vin doux. Le climat plus chaud produit des moûts capables d'atteindre tout naturellement une forte teneur en alcool, ce qui permet au vin d'être expédié sans être muté, ce qui n'est pas le cas du xérès. Le vin est produit à la manière du xérès. Une fois la période minimale de 2 ans d'élevage passée, il est prêt. Il est alors plus lourd, mais aussi plus souple que le xérès, et aussi facile à boire qu'un vin de table, en dépit de sa forte teneur en alcool. Ses amateurs lui trouvent un goût d'olives noires (lesquelles sont un parfait compagnon pour ce vin). Alvear et Pérez Barquero sont les deux *bodegas* qui produisent le meilleur montilla.

LES BODEGAS DE XÉRÈS À JEREZ DE LA FRONTERA

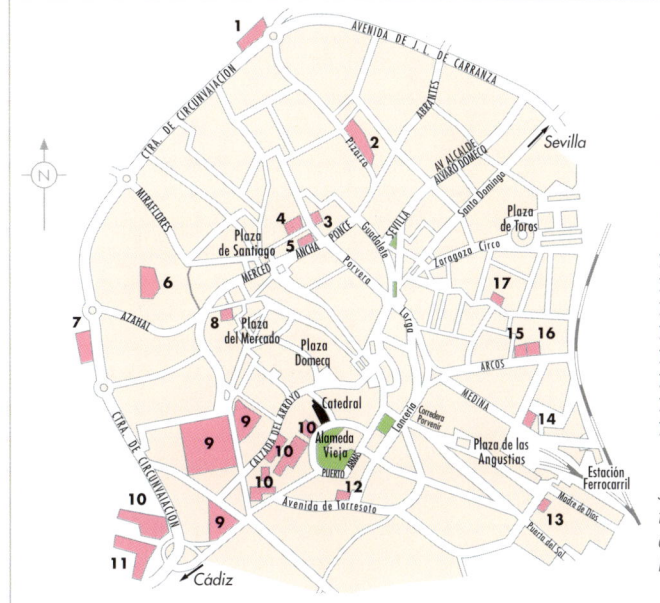

1. Garvey
2. Sandeman
3. Sanchez Romate
4. Rey Fernando de Castilla
5. Almocaden
6. Valdivia
7. Valdespino/Real Tesoro
8. Tradición
9. Domecq
10. González Byass
11. Williams & Humbert
12. Maestro Sierra
13. Alvaro Domecq
14. Dios Baco
15. Emilio Lustau
16. John Harvey
17. Emilio Hidalgo

Jerez a beaucoup à offrir aux touristes, pourvu qu'ils acceptent de manger trois, voir quatre heures plus tard que d'ordinaire.

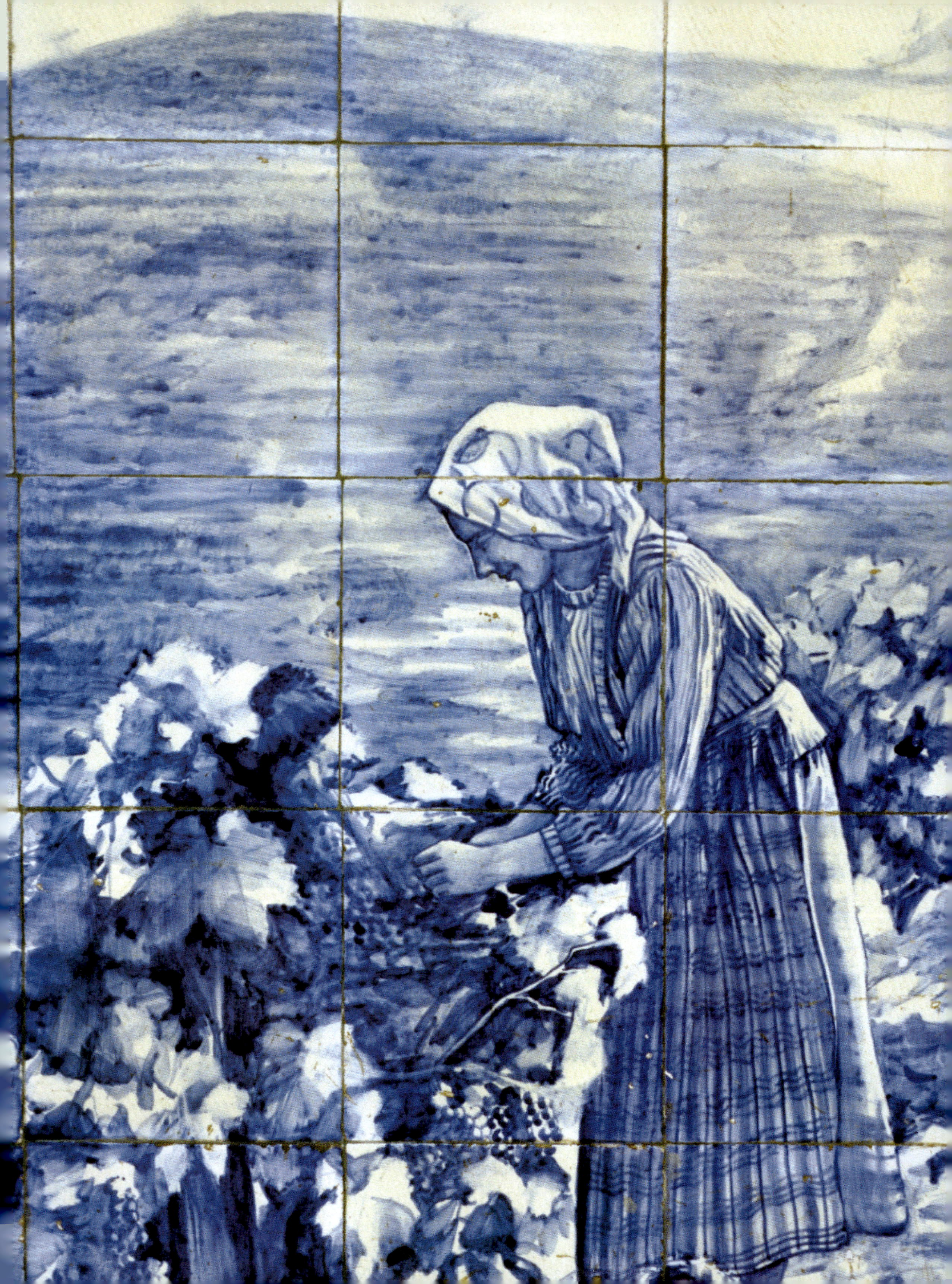

Gare de Pinhão. Des carreaux de faïence peints (azulejos) illustrent les vendanges dans la vallée du Douro.

Portugal

Portugal

Balcon de l'Europe sur la côte atlantique, le Portugal a longtemps été isolé du reste du continent. C'est précisément à cause de son isolement qu'il est resté à l'écart des tendances de la mode. Tandis que d'autres pays plantaient des cépages français à tout-va, le Portugal conservait son riche héritage de cépages locaux, un atout qui lui permet aujourd'hui de séduire les consommateurs du monde entier.

Ainsi le touriga nacional, longtemps réservé au porto, entre aujourd'hui dans l'élaboration d'excellents vins rouges de table, produits dans le Douro mais aussi dans les îles, preuve de l'avènement de nouveaux modes de pensée. Le touriga franca et le tinto cão sont les autres cépages du porto, capables de faire aussi bien des vins mutés que des vins moins puissants. Quant au riche trincadeira (le tinta amalera du porto) et au jaen (l'équivalent du mencía espagnol), ils donnent des vins jeunes, élégants et fruités. Ce ne sont pas les seuls cépages à avoir évolué. Le tempranillo espagnol est très renommé au Portugal où il prend le nom de tinta roriz au Nord et d'aragonês au Sud. L'arinto est sans doute le cépage le plus aristocratique du Portugal, mais le bical vieillit également très bien et l'encruzado, dans la région du Dão, a un grand potentiel pour les blancs charpentés. Sans compter les grands cépages blancs de Madère, l'île viticole du Portugal (voir p. 222-223).

Ces arômes sont aujourd'hui plus accessibles au consommateur, car le Portugal produit des vins plus souples et plus voluptueux, même si l'acidité et les tanins restent plus prononcés qu'en Espagne. Tout en gardant sa personnalité, le pays a rejoint le monde du vin. Pendant longtemps le Portugal n'a été connu que pour son grand vin muté, le porto, et pour ses vins spécialement destinés à l'exportation – ni rouges ni blancs, ni doux ni secs, ni plats ni effervescents – dont Mateus et Lancers furent les principaux ambassadeurs au milieu du XXᵉ siècle.

Les Portugais ont toujours été de prodigieux buveurs des vins qu'ils produisaient. N'ayant pas d'autres points de comparaison, ils s'accommodaient fort bien des vins locaux vinifiés de la même façon depuis des siècles, fort acides au Nord et particulièrement rustiques au Sud. Le pays n'est pas très étendu mais ses régions connaissent des climats différents : atlantique, méditerranéen et même continental. Les sols

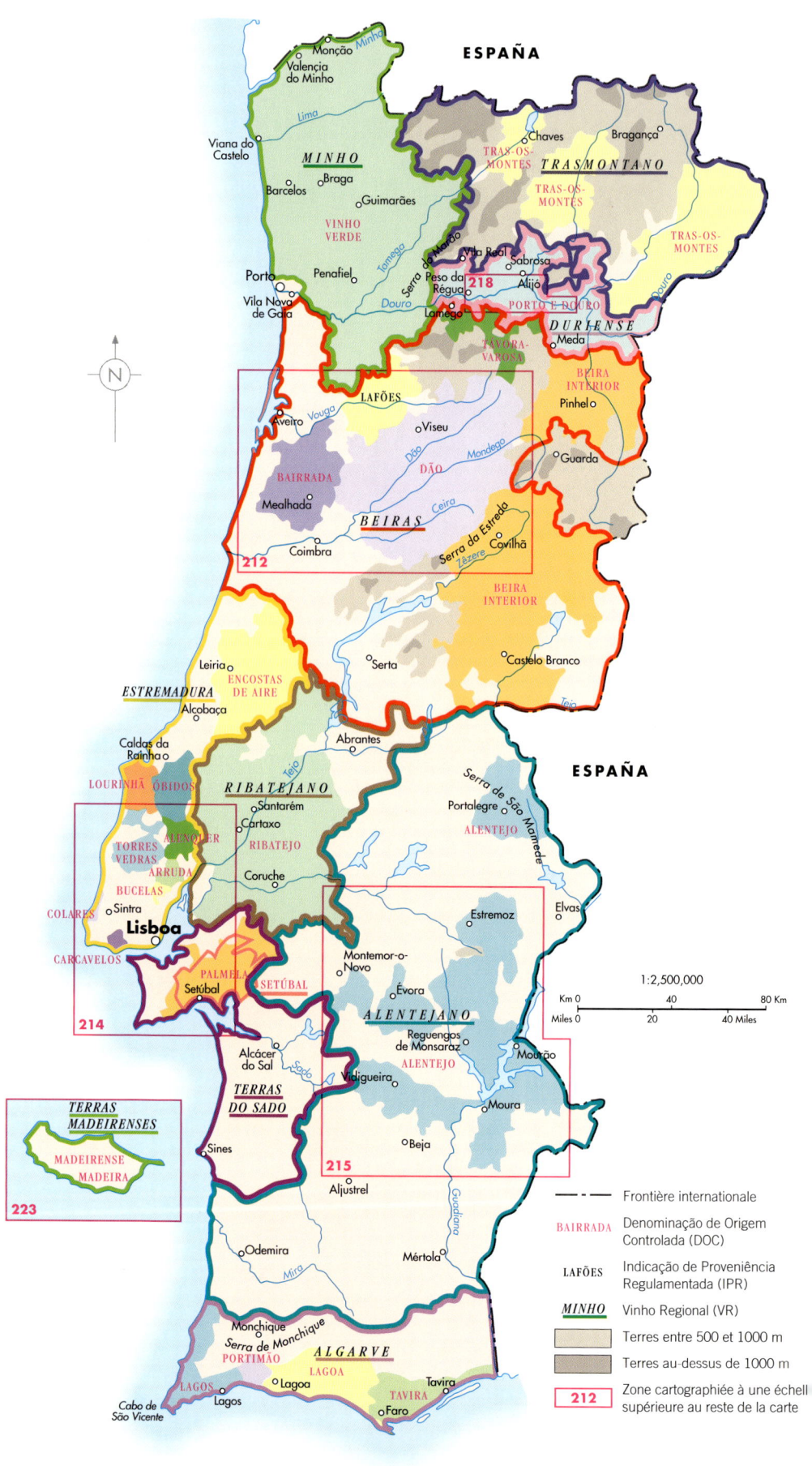

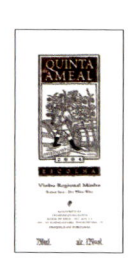

◀ Vins du sud et du nord du pays. Ils viennent du Minho, de Beiras et d'Algarve, une région totalement ignorée jusqu'au jour où le chanteur Cliff Richard a lancé son vin rouge, le vida nova, vinifié par David Baverstock, un œnologue australien basé en Alentejo.

varient énormément, depuis les terres de granit, de schiste et d'ardoise dans le Nord aux sols argilo-calcaires du Sud et de la côte.

Depuis le début des années 1990, les producteurs de vins de table du Portugal, particulièrement ses rouges si singuliers, ont accompli des progrès considérables dans la vinification. Contrôle des températures, triage des rafles, nouveaux fûts de chêne, meilleure compréhension du processus de fermentation dans les lagares, ces cuves peu profondes : autant de facteurs qui ont contribué à une meilleure restitution du fruit des cépages et à la production de vins qui n'ont plus besoin de vieillir dix ans avant d'être buvables. Et cela grâce aux nombreux œnologues talentueux que compte le Portugal, mais aussi aux experts formés en Australie tels que David Baverstock et Peter Bright qui ont joué des rôles de pionniers, notamment aux domaines d'Esporão et de JP Vinhos (aujourd'hui Bacalhôa Vinhos).

Cela dit, le Portugal est loin d'être novice en matière de lois et de réglementation. Le Douro est réputé être la plus ancienne région viticole délimitée au monde (1756) et bien avant l'entrée du Portugal dans l'Union européenne en 1986, de nombreuses régions avaient été créées, et chaque étape de la vinification réglementée.

Comme en Espagne, l'entrée du Portugal sur la scène européenne a entraîné une floraison de nouvelles délimitations. Les DOC, copiées sur les AOC françaises, spécifient les cépages autorisés. L'appellation Vinho Regional, qui s'applique à des régions plus étendues, prend une importance croissante car sa réglementation est plus souple. Dernière catégorie, les IPR (Indicação de Proveniência Regulamentada), sorte d'antichambre des DOC, sont appelées à disparaître. En 2006, il n'en restait plus que quatre. La carte ci-contre montre les labels approuvé. Tandis que certaines des nouvelles régions ont une réelle authenticité et sont dotées d'un fort potentiel, d'autres auront peut-être un destin plus éphémère. Le temps le dira.

À l'extrême nord-est, le **Trás-os-Montes** est un Vinho Regional qui regroupe généralement les vins déclassés du Douro, réalisés à partir de cépages internationaux. Mais il inclut aussi quelques honnêtes vins d'assemblage produits par les coopératives au nord de la vallée du Douro, sur de hautes terrasses granitiques qui se parent d'or à l'époque des vendanges.

Le **Beiras** couvre presque toute la moitié septentrionale du pays, au sud de la vallée du Douro. Cette appellation Vinho Regional est de plus en plus utilisée pour des vins qui ne se qualifient pas pour les DOC Bairrada ou Dão, parce qu'ils sont entièrement ou partiellement issus de cépages importés. Longtemps numéro un de la DOC Bairrada, Luis Pato commercialise aujourd'hui ses vins sous l'étiquette Beiras, à l'instar des remarquables domaines Campolargo et Quinta de Foz de Arouce.

La région de **Ribatejo**, très productive, tire son nom des rives du Tage (Tejo) qui la traverse jusqu'à Lisbonne, où il se jette dans la mer. Les rives fertiles du fleuve ont longtemps produit de grandes quantités d'un vin extrêmement léger. Mais à la fin des années 1980 et 1990, des centaines de vignerons ont profité des subventions européennes à l'arrachage des vignes et la production a fortement baissé. Actuellement, la plupart des vignes du Ribatejo ne sont plus cultivées sur les rives mais à l'intérieur des terres et le vin s'enrichit parfois de variétés importées telles que le cabernet-sauvignon et, plus récemment, la syrah (dont l'avenir au Portugal semble prometteur). Le principal cépage local est le castelão pour les rouges, quoique le trincadeira soit aussi présent. Les vins blancs sont issus du fernão pirres, étonnamment parfumé.

Dans le Minho, le vignoble d'Amarante est cultivé sur un terrain semblable à celui de Rias Baixas, en Espagne, situé de l'autre côté du fleuve appelé Miño en espagnol. Mais, contrairement à l'Espagne, le côté portugais offre une large gamme de cépages.

Au sud du pays, la catégorie Vinho Regional joue un rôle plus important que les DOC. La plupart des vins d'**Algarve** sont vendus sous cette appellation plutôt que sous l'une des quatre DOC de la région.

Le Portugal possède des vins de caractère très différent, mais le plus singulier est le **vinho verde**, le « vin vert » (par opposition au vin vieilli) produit dans la province la plus septentrionale, le **Minho**. Il représente un sixième de la production nationale. Le terme « verde » désigne son style frais, parfois immature et non sa couleur, qui est soit rouge (de caractère astringent et surtout consommé au Portugal), soit blanc, presque translucide. Dans ce climat humide (les précipitations moyennes atteignent 1 200 mm), les vignes sont très vigoureuses, l'acide malique élevé et les raisins relativement faibles en sucres. Cela donne des rouges et des blancs peu alcoolisés et assez tanniques, avec une note âpre qui fait leur spécificité. Généralement issu d'une grande diversité de cépages – azal, loureiro, trajadura, avesso et parfois padernã (arinto) –, le meilleur vinho verde est celui qui est fait exclusivement à base d'alvarinho (albariño en Espagne), un cépage cultivé autour de Monção.

La vigne n'est pas la seule plante qui présente un intérêt pour les amateurs de vin. Le sud du pays abrite les plus grandes plantations de chênes-liège au monde, ce qui fait du Portugal le principal fournisseur de bouchons de liège.

LIRE UNE ÉTIQUETTE

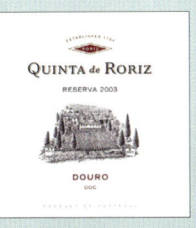

En un temps record, le Douro s'est imposé comme la première région productrice de vin de table. C'est aussi le sanctuaire du vin (fortifié) le plus célèbre du Portugal.

LES DIFFÉRENTES CATÉGORIES

Denominação de Origem Controlada (DOC) réplique portugaise du système français de l'AOC

Indicação de Proveniência Regulamentada (IPR) régions en attente du statut de DOC, comparable au système des VDQS français

Vinho Regional (VR) réplique portugaise du système français des Vins de Pays

Vinho de Mesa vin de table ordinaire

AUTRES EXPRESSIONS COURANTES

Adega cave
Amarzém cave
Branco blanc
Colheita vendange
Doce doux
Garrafado (na origem) mise en bouteille (à la propriété)
Garrafeira réserve spéciale de négociant
Maduro vieux ou mûr
Quinta ferme ou propriété
Rosado rosé
Séco sec
Tinto rouge
Verde jeune
Vinha vignoble

012 | PORTUGAL | BAIRRADA ET DÃO

Bairrada et Dão

Les deux régions viticoles les plus anciennes du Portugal subissent actuellement les affres de la transition – mais une transition bénéfique. La Bairrada est une province très rurale, traversée par l'autoroute reliant Lisbonne à Oporto – ce qui permet de se déplacer facilement pour goûter tous azimuts la spécialité locale, le cochon de lait rôti. Située entre les collines granitiques de Dão et la côte atlantique, sa proximité de l'océan en fait l'une des régions viticoles les plus humides du pays, et les vignerons ont les mêmes problèmes pour amener la vigne à maturité et la préserver des maladies fongiques que leurs homologues bordelais.

Les douces collines de la **Bairrada** englobent des terroirs expressifs et variés, mais le lourd sol argilo-calcaire, dominant dans la région, donne aux vins rouges (85 % de la production) du corps et un mordant typiquement portugais.

Une variété, le baga, détient la quasi exclusivité de l'encépagement rouge. Luis Pato est l'un des plus fervents promoteurs de la Bairrada, bien qu'il ne commercialise pas ses vins sous ce label mais sous celui du Vinho Regional Beiras. Le baga donne des vins consistants et généreux demandant patience et attention – certains doivent mûrir 20 ans en cave –, ce qui en fait un produit peu adapté au goût du consommateur d'aujourd'hui. Quelques producteurs choisissent de mener eux-mêmes leurs meilleurs vins à maturité, et l'on obtient ainsi des rouges vénérables et exquis, par exemple ceux de Casa de Saima et de la Quinta de Baixo. Tous les rouges de Bairrada gagnent à être décantés.

La plupart des 7 000 viticulteurs de la province sont membres de coopératives. Toutefois de petits viticulteurs fort ambitieux se sont regroupés et sont admirablement bien organisés, et un programme de recherche est actuellement en train de façonner la Bairrada du XXIe siècle. L'élimination des rafles devient une pratique plus courante, et certains exploitants réduisent les récoltes et taillent la végétation pour pousser le raisin à sa maturité maximale. Des investissements considérables ont récemment eu lieu pour moderniser les domaines.

Les blancs, de plus en plus complexes, sont issus du bical, cépage local aussi acide que le baga, donnant des mousseux très respectables et des vins de plus en plus charnus. Mais depuis 2003, le vin de Bairrada peut aussi inclure des cépages d'autres origines, comme le touriga nacional, le tinta roriz, le verdelho (pour les blancs) et même du cabernet-sauvignon, du merlot et de la syrah.

La DOC **Dão** est exclusivement portugaise puisque seuls les cépages locaux sont autorisés. Jusqu'en 1990 la région était connue pour ses vins épais, tanniques, pesants. Cela parce qu'en vertu d'une réglementation absurde, le raisin n'était vinifié que par des coopératives plus soucieuses de quantité que de qualité. L'Union européenne a heureusement mis fin à ce monopole et les vins actuels sont bien plus agréables et moelleux ; ils comptent même parmi les meilleurs du Portugal. En ce qui concerne les vins rouges, aucune région n'a accompli autant de progrès depuis 1990 que le Dão.

Traversée par la rivière qui lui donne son nom, cette province est un plateau de granit au sol sablonneux où la roche affleure en surface ; cependant, au sud et à l'est, la présence de schiste rend la terre moins propice à la culture de la vigne. Les vignobles ne jouent qu'un rôle secondaire dans le paysage, plantés ici et là dans

La façade du Palace Hotel Buçaco affiche son goût pour la tradition et sa répugnance à céder aux caprices de la mode. Les vins élaborés ou assemblés et mûris dans ses caves (photo ci-contre) sont des cuvées uniques – tant rouges que blancs (deuxième étiquette en partant du haut à droite).

les clairières au milieu de pinèdes odorantes, idéalement situés à 400 m d'altitude et parfois même à 800 m. Deux chaînes montagneuses, la Serra do Granulo à l'ouest et la Serra da Estrela au sud-est, protègent le Dão de l'humidité de l'Atlantique et des vents du sud. Aussi bénéficie-t-il d'un climat froid et sec en hiver, et chaud et ensoleillé en été – beaucoup plus sec que dans la Bairrada.

Comme c'est souvent le cas au Portugal, on y cultive une gamme époustouflante de cépages qui donnent des rouges de plus en plus fruités et des blancs aromatiques, qui révèleront leur rondeur si on les laisse vieillir. Le vieillissement en cave était déjà une coutume bien ancrée pour les dãos traditionnels, mis en bouteilles par les négociants qui achetaient les vins à la coopérative, puis les assemblaient et les menaient à maturité avant de les vendre comme leurs propres Reservas ou Garrafeiras.

Les petits propriétaires les plus talentueux, tels que Quinta dos Roques/Quinta das Maias et Quinta da Pellada/Quinta de Saes continuent à produire des cuvées tout en se lançant dans des vins issus d'un seul cépage. Le touriga nacional possède des qualités prometteuses pour un vin de longue garde, alors que le jaen (le mencía espagnol) donne un vin fruité qui doit être bu sans attendre, et le tinto cão est chargé d'arômes. L'alfrocheiro, d'une couleur très foncée, est également une variété prometteuse. Quant au généreux encruzado, c'est l'un des meilleurs cépages blancs du Portugal et sa réputation n'est plus à faire.

Cette région a tous les atouts pour produire d'excellents vins de table. Sur ce point, le domaine Palace Hotel Buçaco a été un précurseur, original et mystérieux certes, mais tout à fait révélateur d'un bon potentiel. Situé à l'est de la Bairrada, le Palace Hotel Buçaco a sélectionné ses rouges et ses blancs, et les a fait vieillir de façon traditionnelle. En général, les rouges venaient du nord de Coimbra, belle ville universitaire, et les raisins blancs étaient cueillis à la main dans la Bairrada et le Dão avant d'être assemblés puis vieillis en fût pendant des années. Sur la carte des vins de l'Hotel, on trouve encore des rouges et des blancs qui remontent à plusieurs décennies et les millésimes courants au début des années 2000 étaient ceux des années 1960 et 1970. Leur robe, leur nez et leur goût merveilleux en font de vénérables reliques, symboles d'un fascinant âge d'or.

▶ Luis Pato utilise cette étiquette (en haut à droite) uniquement pour son vin issu de Baga – un vignoble de la Bairrada datant d'avant le phylloxéra et qui n'a pas été replanté – qu'il vend sous l'appellation Vinho Regional Beiras plutôt que Bairrada, car il trouve la réglementation de cette DOC insatisfaisante. La Sogrape (en bas à droite) produit l'un des meilleurs vins de la région.

… | PORTUGAL | ESTRÉMADURE ET PÉNINSULE DE SETÚBAL

Estrémadure et péninsule de Setúbal

ESTRÉMADURE : LISBONNE ▼

Latitude / Altitude **38° 47' / 120 m**

Température moyenne en juillet **22,5 °C**

Précipitations annuelles moyennes **670 mm**

Précipitations le mois des vendanges **septembre 35 mm**

Principaux dangers viticoles **pluie pendant la nouaison, pluie d'automne**

Principaux cépages **castelão, camarate, trincadeira, fernão pires, arinto**

― Frontière de district
■ PEGOS CLAROS Producteur de premier ordre
ARRUDA DOC
Les limites de DOC sont définies par des lignes colorées
▼ Station météo

▶ Les vins ci-contre sont parmi les meilleurs vins de la région. Les étiquettes illustrent un goût marqué pour le design. Le chocapalha est un nouveau vin prometteur, élaboré par un domaine familial du Douro.

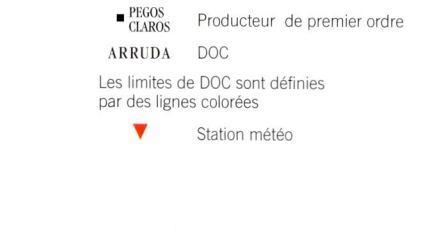

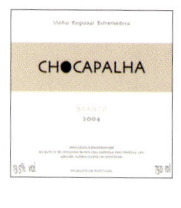

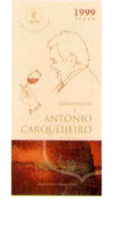

Deux régions viticoles très différentes sont représentées dans ce chapitre. L'**Estrémadure** est la première région productrice du Portugal, même si la surface moyenne des 55 000 exploitations ne dépasse guère un hectare. Cette région sous forte influence maritime, aux sols argileux et sablonneux, a longtemps été vouée à des vins bon marché, parfois de bon rapport qualité-prix, produits par ses nombreuses coopératives. Mais depuis peu, il faut aussi compter avec de petites propriétés intéressantes et dynamiques.

La réputation de cette région a longtemps reposé sur trois grands vins, actuellement menacés d'extinction. L'appellation **Bucelas** est la moins en danger car le producteur Quinta da Romeira a engrangé de tels succès que son exemple a attiré des investisseurs dans la région. Elle est issue de l'arinto, un cépage au parfum de fraîcheur et aux arômes de citron, d'une acidité relativement équilibrée.

Sur la côte atlantique, la **Colares** est l'une des régions viticoles les plus étranges au monde. Planté au milieu des dunes balayées par le vent, le vignoble planté de ramisco semble s'accrocher au sable, qui l'a immunisé contre le phylloxéra. Ses vieux ceps émergent des dunes, tels du bois flotté, portant de petites grappes d'un bleu intense. Aujourd'hui, l'investisseur privé qui est le seul à produire ce vin historique se bat contre un autre péril : l'inexorable urbanisation. Au sud, le **Carcavelos**, dont le vin suave et liquoreux à la robe ambrée devint célèbre pendant la Guerre d'Espagne, a presque perdu la bataille contre le béton.

Ces fameux vins historiques ont été supplantés par les vignobles de la péninsule de Setúbal, située entre le Tage (Tejo) et l'estuaire du Sado. Le contraste est grand entre les collines argilo-calcaires de la Serra da Arrabida, sous l'influence des vents frais de l'Atlantique, et la fertile plaine sablonneuse du fleuve Sado, à l'est de **Palmela**, qui jouit d'un climat beaucoup plus chaud. L'appellation Vinho Regional Terras do Sado englobe les vignobles plus au sud de la carte ci-contre, à la limite de l'Alentejo.

Bacalhão Vinhos et José Maria Fonseca sont les plus grands producteurs de **Setúbal**. Ils ont été à l'avant-garde de la nouvelle vague en matière de vins de table. Bacalhão Vinhos a été le premier à élaborer de nouveaux blancs, issus de chardonnay ou de fernão pires, mais les deux propriétés ont une longue expérience dans la fabrication de rouges moyennement corsés. Ils sont élaborés à partir de castelão, cépage qui domine dans la contrée. Toutefois, la syrah, l'aragonês (tempranillo) et le douro, cépages rouges, gagnent du terrain.

Le vin le plus classique de la région est le **moscatel de Setúbal**. Ce muscat légèrement muté et couleur d'ambre claire est puissant au nez et en bouche. La longue macération des grains de muscat d'Alexandrie, cépage dominant dans sa composition, lui donne un arôme intense.

Alentejo

Si le nord du Portugal offre un paysage entièrement tapissé de vignes. Les plaines arides de l'Alentejo, roussies par le soleil et parsemées d'oliviers au feuillage argenté et de chênes-liège foncés, sont plus investies par les moutons que par les vignobles verdoyants. Dans ces grands espaces à faible densité humaine, contrairement au Nord, les petites exploitations sont rares ; les vastes propriétés riches (latifundias) sont la norme.

Même en plein hiver, le soleil règne en maître sur ces terres qui s'étendent à perte de vue. L'on perçoit la proximité des régions arides de l'Espagne, de l'autre côté de la frontière. La faible pluviométrie et l'extrême chaleur estivale font que les vendanges commencent souvent la troisième semaine d'août. Dans ce Sud, les sols riches et gras alternent avec des sols de schiste et de granit plus propices à la viticulture.

L'Alentejo se divise en huit sous-régions ; six d'entre elles sont membres de la grande coopérative de **Reguengos** située à Monsaraz, et qui produit l'un des vins rouges les plus vendus au Portugal. Une bonne partie des récoltes de l'Alentejo est vendue sous l'étiquette Vinho Regional Alentejano, souvent labellisé d'après le cépage. La ville d'Evora a une longue histoire de savoir-faire vinicole.

Mais ce sont les nouveaux venus qui ont placé les vins de l'Alentejo sous les feux de la rampe. Lorsque José Roquett a engagé un œnologue australien et transformé sa propriété de Reguengos, Herdade do Esporão, en un domaine capable de rivaliser avec ceux de Napa Valley, le Portugal en a pris bonne note. Mais lorsque Lafite-Rothschild a investi dans le domaine Quinta do Carmo à **Borba** en 1992, c'est le monde entier qui a découvert l'Alentejo. Enfin, l'œnologue João Portugal Ramos a insufflé une dynamique à toute la région avec un vin populaire et facilement exportable, le Marquês de Borba.

L'Alentejo n'est pas un pays de tradition vinicole, ce qui lui a permis de se poser en pionnier et de jouer d'un atout supplémentaire : des prix relativement bas – du moins jusqu'à l'arrivée récente sur le marché de purs produits de la mode. En 2006, la région comptait pas moins de 160 producteurs, établis au sud mais aussi sur les hauts plateaux (1000 m d'altitude) de granite et de schiste de **Portalegre**, et au nord, et jusqu'à la frontière avec l'Algarve qui a connu d'importants investissements.

Les cépages destinés au vin rouge sont aujourd'hui plus populaires que le roupeiro blanc à l'arôme floral. L'aragonês (tempranillo) et le trincadeira, variété indigène, ont le vent en poupe, comme l'alicante bouschet, qui semble même avoir acquis un certain prestige en Alentejo. Le touriga nacional, le cabernet-sauvignon et la syrah sont bien entendu importés.

Récolte du liège. La récolte se fait en détachant les morceaux de liège du tronc du chêne, à un rythme moins régulier que les vendanges. Toutefois, comme la demande augmente, les récoltes sont plus fréquentes, au grand dam des vignerons.

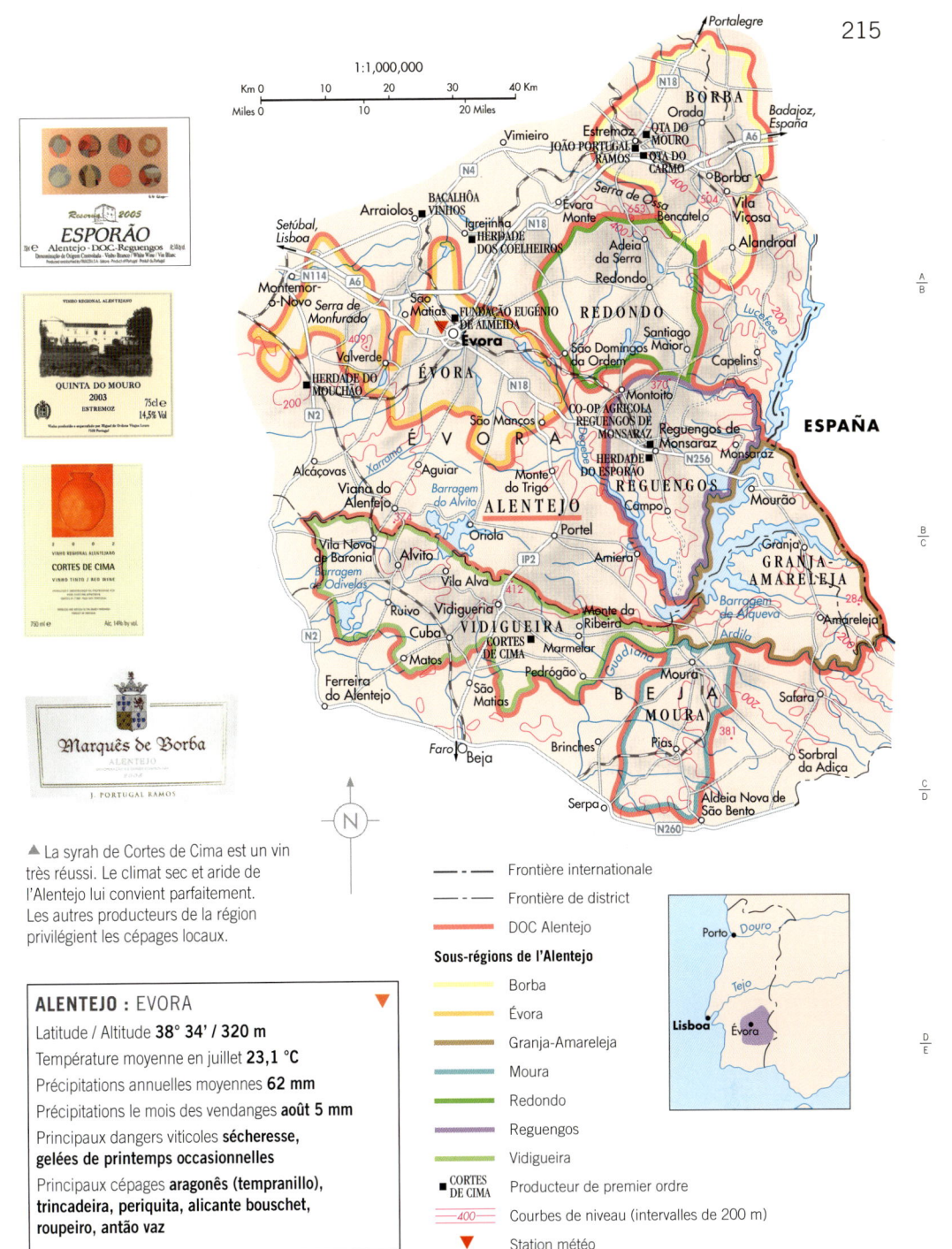

▲ La syrah de Cortes de Cima est un vin très réussi. Le climat sec et aride de l'Alentejo lui convient parfaitement. Les autres producteurs de la région privilégient les cépages locaux.

ALENTEJO : EVORA

Latitude / Altitude **38° 34' / 320 m**
Température moyenne en juillet **23,1 °C**
Précipitations annuelles moyennes **62 mm**
Précipitations le mois des vendanges août **5 mm**
Principaux dangers viticoles **sécheresse, gelées de printemps occasionnelles**
Principaux cépages **aragonês (tempranillo), trincadeira, periquita, alicante bouschet, roupeiro, antão vaz**

- - - Frontière internationale
— — — Frontière de district
——— DOC Alentejo

Sous-régions de l'Alentejo
- Borba
- Évora
- Granja-Amareleja
- Moura
- Redondo
- Reguengos
- Vidigueira

■ CORTES DE CIMA Producteur de premier ordre
─400─ Courbes de niveau (intervalles de 200 m)
▼ Station météo

Douro – le sanctuaire du porto

Pendant des siècles la vallée du Douro a été le sanctuaire du porto, se consacrant exclusivement à la production de ce vin muté. Elle s'est aujourd'hui découverte une nouvelle vocation et s'est lancée dans la production de vins non mutés appelés vins du Douro, pour lesquels elle acquiert rapidement une renommée internationale. La viticulture, dont l'organisation reposait auparavant sur une main d'œuvre abondante et bon marché, a beaucoup évolué. Grâce à un programme d'investissement financé par la Banque mondiale, plus de 2 500 ha de vignes ont été remplacés dans les années 1980. Autre facteur notable de l'évolution, les salaires et la qualité de vie se sont sensiblement améliorés, entraînant une forte hausse des coûts de production ; dès lors, la production de porto bon marché vendue en larges quantités (surtout en France) a cessé d'être rentable. Le contexte économique du Douro, où les exploitants – essentiellement des petits propriétaires – sont tenus à de stricts quotas de production alloués chaque année, paraît plus fragile que jamais.

Les conditions climatiques, elles, ont de tout temps été exceptionnelles. De tous les lieux où l'homme a planté la vigne, le Haut-Douro est le plus insensé. Il n'existait pratiquement pas de terre où planter la vigne, seulement des pentes de schiste à 60 %, décomposées et instables, brûlées par le soleil et la canicule (jusqu'à 40 °C en été) et infestées par la malaria. C'était une terre de désolation absolue ; d'ailleurs les habitants s'installèrent prudemment en hauteur.

Toutefois, la vigne est l'une des rares plantes à ne pas être rebutée par un environnement hostile. Le climat rude, atlantique à l'est et de plus en plus continental à l'ouest, lui convient tout à fait. Il fallait simplement accomplir un miracle d'ingénierie en construisant des murets à flanc de montagne, des milliers de murets de pierres sèches qui épousaient les courbes de niveau et retenaient les terrasses – on hésite à parler ici de sol – où l'on planta la vigne. Une fois la terre stabilisée et la pluie retenue, les oliviers, les orangers, les chênes, les châtaigniers et la vigne prospérèrent dès le XVIIe siècle.

Après la dévastation du vignoble par le phylloxéra, les terrasses en pierre furent progressivement remplacées dans les années 1970, où l'on privilégiait l'efficacité, par des terrasses plus larges (patamares) soutenues par des couches de schiste plutôt que par des murs de pierre. Leur grand avantage est de permettre aux tracteurs et aux machines de circuler, bien que la mécanisation ait aussi ses opposants. Leur désavantage est qu'elles réduisent la densité de la vigne. Les anciennes terrasses ont toutefois été conservées car la région du Douro est inscrite au Patrimoine mondial de l'humanité ; l'on a simplement tendance à remplacer les couches d'ardoise par des plaques de métal pour soutenir les murets. Plus efficace mais moins pittoresque... Le long des patamares, là où l'inclinaison le permet, les viticulteurs plantent les rangs de vigne dans le sens de la pente et non en travers, afin de permettre à la fois la mécanisation de la culture et une densité plus grande de la vigne. Cela n'est possible que si l'inclinaison de la pente est inférieure à 40 %. Ce nouveau mode de plantation à la verticale rend la vigne plus homogène car les raisins mûrissent à peu près au même moment sur l'ensemble d'une parcelle.

Bon nombre des terrasses originelles (créées au XVIIe siècle) survivent dans les montagnes au-dessus de Régua, dans la zone initiale du porto qui s'étendait jusqu'à l'affluent du Douro, le Tua, et fut délimitée officiellement en 1756 (première délimitation au monde). Aujourd'hui, cette contrée du Cima Corgo reste le principal producteur de porto, mais la recherche de la qualité a conduit à remonter de plus en plus haut sur le fleuve.

Le Douro, qui prend sa source en Espagne, rejoint le Portugal en traversant une zone désertique qui n'est accessible par la route que depuis la fin des années 1980, lorsque les fonds de l'Union européenne ont commencé à être versés au Portugal. Se frayant un chemin vers la mer, le fleuve a creusé un canyon gigantesque dans la roche du Haut-Douro (ou Douro supérieur), la partie la plus plate, la plus sèche et la moins développée de la région mais qui donne néanmoins d'excellents raisins. Cette partie orientale de la vallée n'a été plantée que relativement récemment, mais, grâce au climat très continental, il est plus facile d'y cultiver la vigne que sur les pentes abruptes du Cima Corgo.

À l'ouest, les 1 400 m d'altitude de la Serra Do Marão empêchent les nuages pluvieux de l'Atlantique de rafraîchir pendant l'été les sols schisteux de Cima Corgo, le cœur du pays du porto. Les précipitations annuelles vont de 500 mm dans le Haut-Douro à 650 mm dans le Cima Corgo (voir carte page suivante). Elles atteignent 900 mm dans le Baixo Corgo, à forte densité de plantations. Cette contrée en aval du Corgo, un affluent du Douro, jouit du climat le plus frais et le plus humide. À l'ouest de cet affluent (qui ne figure pas sur la grande carte) et au nord, à Vila Real, les précipitations sont

Il n'est guère surprenant que chaque parcelle donne un vin différent. Ici, tout dépend de l'orientation, de l'inclinaison de la pente et de l'altitude et à l'intérieur même d'une parcelle. Les techniques modernes ont mis du temps à pénétrer cette vieille région viticole très fragmentée.

encore plus importantes que dans le Baixa Corgo (voir carte p. 219). Les portos ordinaires les moins chers viennent de cette région où le raisin est cultivé par de petits exploitants et le vin vinifié en coopérative.

Le Baixo Corgo a la réputation d'être trop humide pour donner des vins de qualité. Pour produire un grand porto, les vignes doivent plonger leurs racines profondément dans le sol à la recherche de la nappe phréatique, parfois jusqu'à 8 m, comme à Quinta do Vesuvio (à l'est sur la carte p. 218-219).

Les meilleurs vignobles de Porto sont ceux qui se trouvent autour et au-dessus de la ville de Pinhão, y compris dans les vallées du Tedo, de la Távora, du Torto, du Pinhão et du Tua, tous affluents du Douro. Du fait des grandes variations d'altitude et d'orientation, le caractère des vins diffère d'un vignoble à l'autre. Dans la vallée du Tedo, par exemple, le vin est particulièrement tannique alors que le vin issu du domaine tout proche de Quinta do Crasto, de l'autre côté du Douro, déjà connu pour son bon rouge, est léger et fruité. Les raisins des vignobles plantés en altitude, quelle que soit leur orientation, mûrissent plus tard et donnent des vins plus légers ; ceux qui sont orientés sud et sud-ouest bénéficient d'un ensoleillement maximal et donnent les moûts les plus forts en alcool.

Chaque vignoble de Porto est classé de A à F, en fonction de ses avantages naturels – altitude, emplacement, rendement, sol, inclinaison de la pente, orientation. D'autres critères tels que le cépage, l'âge et l'état général de la vigne, sa densité, sont aussi pris en compte. Plus le classement est élevé, plus les raisins sont chers sur le marché strictement encadré qui règle les rapports entre viticulteurs et producteurs de porto. Avant le travail de pionnier de José Ramos Pinto Rosas et de João Nicolau de Almeida dans les années 1970, on ne savait pas grand-chose des cépages qui poussaient dans le Douro, en général un enchevêtrement de vignes buissonnantes. Ces deux chercheurs ont découvert les cépages qui donnaient le meilleur porto : le touriga nacional, le touriga franca, le tinta roriz (variétés modifiées du tempranillo espagnol), le tinto cão et le tinta barroca. Ils occupent la majorité des vignobles aujourd'hui plus disciplinés du Douro.

◀ Quatre des plus intéressants vins de table de la région du Douro. Ils sont de style différent, ce qui n'est guère surprenant puisque, il y a de cela moins d'une génération, le Douro ne comptait qu'un seul vin de table correct : Ferreira Barca Velha.

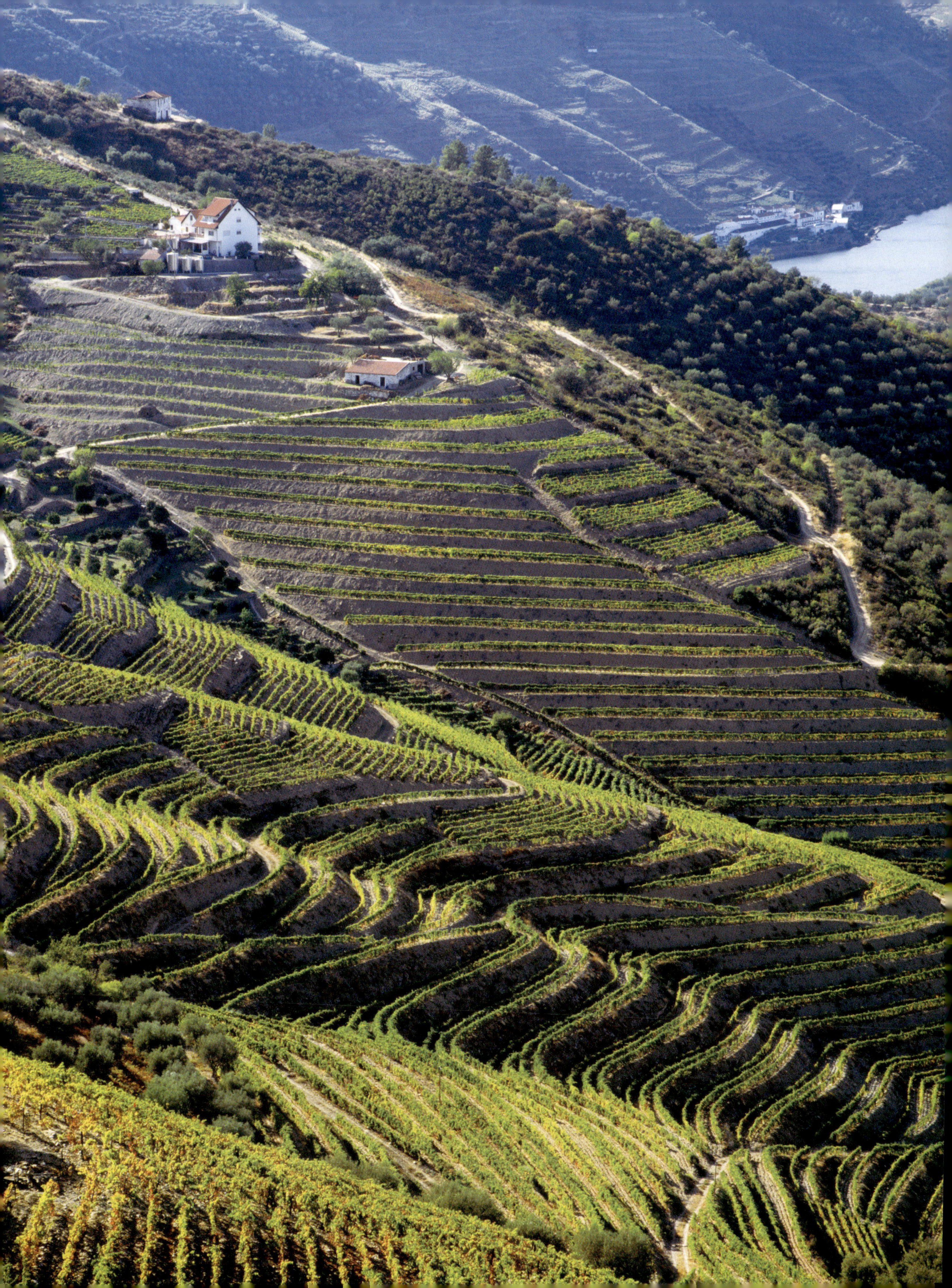

Pour faire du porto blanc – très apprécié localement – le viozinho, le gouveio, la malvoisie et le rabigato sont quelques-uns des meilleurs cépages à peau fine qui, chaque année, affrontent les étés brûlants et les hivers glacials du Douro. Ces variétés servent de plus en plus à élaborer des vins blancs de table tels que le redoma, un vin que l'on doit à l'inventif Dirk Niepoort.

Dans toute la région, la saison des vendanges est la période de l'année la plus importante. Peut-être parce que le quotidien y est rude, c'est une expérience qui peut se révéler dionysiaque. Il y a une frénésie antique attachée à ce rituel, aux chansons, à la musique des tambours et des cornemuses (ou des stéréos portables aujourd'hui) et aux longues nuits de foulage et de danse à la lumière des lampes tempête, du moins jusqu'à l'arrivée récente de l'électricité.

Les négociants de portos célèbres ont leurs propres quintas, ou fermes vinicoles, où ils vont superviser les vendanges. Ces immenses maisons blanches, cachées sous les treilles et décorées de carreaux de faïence richement peints, sont un havre de fraîcheur dans la chaleur et la poussière de l'été. La Quinta do Noval au-dessus de Pinhão, rénovée par Axa, est connue dans le monde entier. La source principale de raisins et de vin pour le porto n'est cependant pas les grandes propriétés, mais la multitude des petits viticulteurs, même si un nombre croissant d'entre eux sont tentés de vendre leur produit sous le nom de leur propre quinta.

C'est particulièrement vrai en ce qui concerne les vins de table – rouges pour la plupart et tous étiquetés Douro – qui ont émergé dans la région depuis que les subventions de l'Union européenne ont fait du contrôle de la température, par exemple, un élément courant de la vinification. Cette pratique est par ailleurs encouragée par les nombreux œnologues formés à Vila Real. Traditionnellement, les vins de table du Douro étaient faits avec l'excédent de la récolte pour le porto. Mais les vins légers sont devenus tellement importants pour les producteurs tels que Sogrape (propriétaire de Ferreira et de Quinta da Leda), Ramos Pinto, Quinta de la Rosa, Quinta do Crasto, Quinta do Côtto, Quinta do Vale Meão, Quinta do Vale Dona Maria, Quinta de Roriz, Quinta do Vallado et Quinta da Gaivosa (dans le Baixo Corgo) qu'ils ont planté des vignobles uniquement destinés aux vins de table. Un bon vin de table est, selon eux, issu de cépages faits pour les vins non mutés et non des raisins en surplus de la production de porto.

Les Bordelais leur ont emboîté le pas : Bruno Prats (ancien propriétaire du Château Cos d'Estourne) a créé une joint-venture avec la famille Symington, spécialisée dans le porto, et la famille Cazes, du Château Lynch Bages, s'est associée aux Roquettes, propriétaires de Quinta do Crasto. Désormais les producteurs de petits millésimes rivalisent d'efforts pour utiliser les meilleurs cépages.

Les styles de vin rouge de Douro diffèrent considérablement selon le type de cépage et le style de vinification. Le vin charme de Nieeport a presque le caractère d'un vin de Bourgogne tandis que le pintas déploie une intensité subtile. Le Quinta da Gaivosa est, lui, fortement structuré, avec un léger goût de silex. La richesse de ce terroir s'exprime aujourd'hui à travers deux vins très différents, et c'est sans doute la raison pour laquelle la région fascine et enthousiasme tout à la fois.

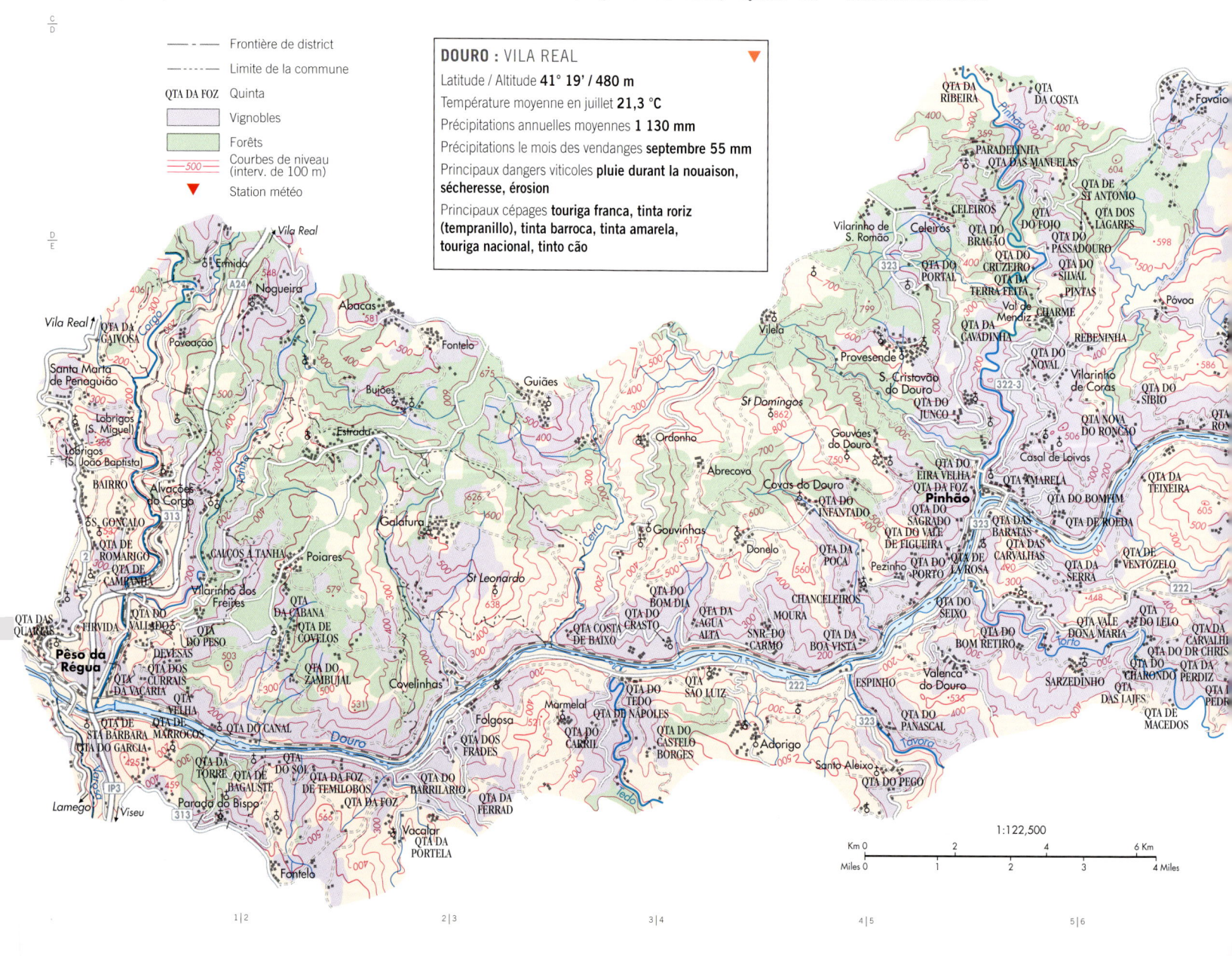

DOURO : VILA REAL

Latitude / Altitude **41° 19' / 480 m**

Température moyenne en juillet **21,3 °C**

Précipitations annuelles moyennes **1 130 mm**

Précipitations le mois des vendanges **septembre 55 mm**

Principaux dangers viticoles **pluie durant la nouaison, sécheresse, érosion**

Principaux cépages **touriga franca, tinta roriz (tempranillo), tinta barroca, tinta amarela, touriga nacional, tinto cão**

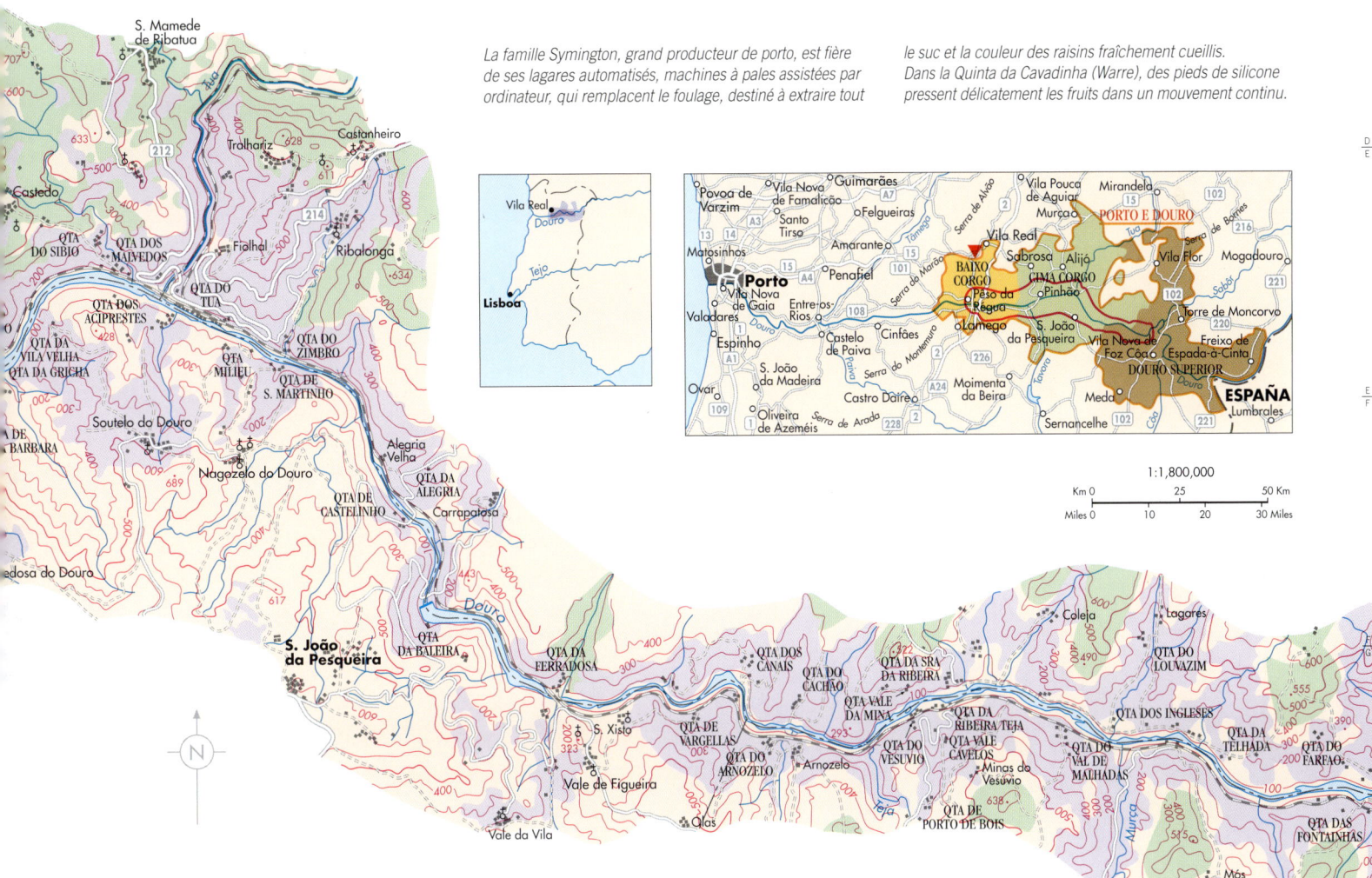

La famille Symington, grand producteur de porto, est fière de ses lagares automatisés, machines à pales assistées par ordinateur, qui remplacent le foulage, destiné à extraire tout le suc et la couleur des raisins fraîchement cueillis. Dans la Quinta da Cavadinha (Warre), des pieds de silicone pressent délicatement les fruits dans un mouvement continu.

Les lodges de porto

Si les raisins qui servent à faire le porto sont cultivés dans la partie sauvage de la vallée du Douro, l'essentiel du vin est encore vieilli dans les empilements de fûts des lodges des négociants à Vila Nova de Gaia, sur l'embouchure du fleuve. De l'autre côté du fleuve, c'est la ville d'Oporto qui a donné son nom au vin et qui connaît actuellement un véritable renouveau. Avant d'être transportés, les raisins y sont transformés en ce vin puissant et doux qu'est le porto (nom protégé).

Le porto est obtenu en faisant s'écouler du vin rouge partiellement fermenté, quand il contient encore la moitié du sucre du raisin, dans un récipient rempli, pour un quart, d'eau-de-vie. Celle-ci interrompt la fermentation de sorte que la mixture qui en résulte est à la fois forte et douce. Mais le vin a aussi besoin de la pigmentation des peaux de raisins pour se colorer et de leurs tanins pour se conserver. Dans le cas d'un vin non muté, l'on retire généralement les peaux de raisin à mi-parcours. Mais la fermentation du porto étant exceptionnellement réduite, la pigmentation et le tanin doivent être obtenus d'une autre manière – dans le Douro, cela se fait par le foulage.

Le foulage est un moyen de faire macérer les peaux de raisins dans leur jus afin d'en extraire les essences. Le pied nu est l'instrument parfait pour cette opération : chaud et ne broyant pas les pépins qui, sinon, rendraient un jus amer. Le foulage rythmé traditionnel s'effectue dans une large cuve en pierre (lagar) où l'on s'enfonce jusqu'aux cuisses. C'est cette méthode qui donnera au porto une couleur et une saveur uniques et lui permettra de se bonifier en vieillissant.

L'amélioration du niveau de vie au Portugal a permis à bon nombre de producteurs et de négociants de porto de remplacer le foulage traditionnel par des méthodes modernes. Ce sont souvent des auto-vinificateurs, cuves de fermentation fermées qui brassent le vin et les peaux. Mais de nouvelles méthodes apparaissent, plus naturelles, comme les machines à pales contrôlées par des ordinateurs. Toutefois, quelques négociants considèrent que la méthode traditionnelle du foulage, beaucoup plus coûteuse,

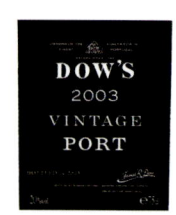

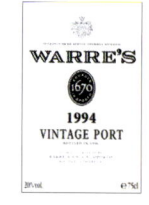

À l'aube, les lodges de Vila Nova de Gaia vus de l'autre côté du Douro, où se trouve la ville d'Oporto. Le lieu très prisé par les touristes regorge de restaurants pittoresques, de bars et de cafés, comme celui de droite. Sur les toits, les enseignes lumineuses des négociants. Beaucoup sont portugais et aspirent à une reconnaissance internationale.

LES LODGES DE PORTO À VILA NOVA DE GAIA

1. Fonseca
2. Graham
3. Smith Woodhouse
4. Churchill
5. Ferreira
6. Niepoort
7. Martinez
8. Cockburn
9. Warre
10. Burmester
11. Quarles Harris
12. Taylor
13. Silva & Cosens (Dow)
14. Delaforce
15. Borges
16. Ramos Pinto
17. Sandeman
18. Croft
19. Offley Forrester
20. Noval
21. Cálem
22. Osborne
23. Barros
24. Rozès
25. Kopke
26. Wiese & Krohn

Chacune des marques des deux grosses sociétés a toujours ses propres lodges, reflets de leurs personnalités individuelles aujourd'hui encore.

est la meilleure. Elle est donc encore pratiquée dans de nombreuses quintas, particulièrement dans la région de Cima Corgo (voir cartes pages précédentes).

Après le rude hiver du Douro, mais avant que l'été étouffant ne confère au porto un trait de caractère connu sous le nom de « cuisson du Douro », l'essentiel du vin jeune est expédié dès le printemps. Les rues pavées de Vila Nova de Gaia pouvant être rapidement encombrées par une circulation intense, les installations électriques étant plus fiables désormais et la climatisation une réalité dans le Douro, le porto vieillit de plus en plus souvent en amont du fleuve, sur le lieu même de sa production.

Porto et Vila Nova de Gaia, sur l'autre rive, sont encore sous influence anglaise. La Factory House de Porto, de style géorgien, est le lieu de rendez-vous des négociants britanniques de porto depuis des siècles.

De l'autre côté du fleuve, les lodges de porto avec leur empilement d'antiques fûts poussiéreux, ressemblent beaucoup aux bodegas de sherry. Le porto tawny de qualité supérieure vieillit dans des fûts, appelés pipes qui contiennent de 550 à 600 litres (une pipe, unité spéculative de mesure commerciale, correspond toutefois à 534 litres), pendant des périodes qui peuvent varier de deux à cinquante ans. Les portos de bonne qualité, qui tirent leur couleur rouge de l'oxydation à travers le bois, vieillissent dans des cuves plus grandes.

Trois années sur dix environ, les conditions sont réunies pour faire un porto parfait. Le meilleur vin de ces bonnes années n'a pas besoin d'être mélangé. Rien ne peut l'améliorer, si ce n'est le temps. Il est mis en bouteille au bout de deux ans avec simplement l'étiquette du négociant et la date. C'est du porto millésimé, produit en toute petite quantité, un breuvage inestimable. Au bout de 20 ans peut-être, il aura une épaisseur, un parfum, une richesse et une délicatesse incomparables. Mais ces portos millésimés se boivent de plus en plus jeunes, sans que cela nuise à leur qualité.

Un grand porto millésimé compte parmi les meilleurs vins au monde. La plupart des autres portos passent par une procédure de mélange pour finir comme un vin de marque au caractère bien défini. Ce vin, vieilli dans le bois, mûrit plus rapidement, pour parvenir assez vite à un résultat assez moelleux. Un vieux porto de fût est plutôt pâle, mais surtout très souple. Les tawnies qui vieillissent le mieux, généralement étiquetés vingt ans d'âge (il est aussi permis d'étiqueter dix, trente et plus de quarante ans d'âge), peuvent coûter aussi cher que des portos millésimés. Bien des amateurs les préfèrent à l'ardeur pleine et riche que le porto millésimé peut conserver pendant des années. Le tawny frais est la boisson courante des négociants.

Les portos étiquetés Colheita (vendange en portugais) sont vieillis en fût pendant une année seulement, des tawnies assez expressifs pouvant être bus dès qu'ils ont été mis en bouteilles – la date doit figurer sur l'étiquette.

Les portos de fût ordinaires, étiquetés Ruby, ne sont pas conservés aussi longtemps car, même avec le temps, ils ne gagneraient guère en qualité. Ces vins peu chers, étiquetés Tawny sans indication d'âge, sont en général un mélange de jeunes portos ruby assez pâles. Le porto blanc est, lui, fabriqué comme le rouge mais à partir de cépages blancs. La France est le principal marché pour ces vins, même si le porto encore rude et à peine mûr se vend bien n'importe où.

Parmi ces portos ordinaires, signalons cependant les Réserve, un peu au-dessus de la moyenne. Ce sont soit de jeunes ruby qui ont du corps, soit des tawnies tout à fait respectables, vieillis un peu moins de dix ans avant d'être mis en bouteilles.

L'un des aspects particuliers de ce vin muté est que, comme la fabrication n'est pas continue bien après sa mise en bouteille, les sédiments forment sur les parois de la bouteille un voile, une sorte de « croûte » plus épaisse que le résidu dans un bordeaux rouge. Il faut donc décanter le vin avant de le servir. Un porto vendu comme porto voilé ou susceptible de se voiler est un mélange de vin de plusieurs années mis en bouteille suffisamment tôt pour s'assurer de la bonne dose de sédiments dans la bouteille. À l'instar du millésimé, il demande à être décanté.

Le compromis le plus courant entre le porto millésimé et le porto de fût est représenté par la catégorie très variée du Late Bottled Vintage (LBV), un porto conservé en fût quatre à six ans et mis en bouteille une fois qu'il s'est débarrassé de sa « croûte ». C'est le millésimé de l'amateur moderne. Les LBV les plus commerciaux n'ont rien à voir avec le caractère d'un porto millésimé, mais Warre et Smith Woodhouse élaborent un LBV tout à fait honnête, vinifié comme un millésime mais mis en bouteille au bout de quatre ans. Il est conseillé de les décanter.

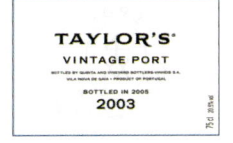

◀ *Les deux grands exportateurs de porto supérieur sont la famille Symington (page précédente, les quatre étiquettes en partant de la gauche) et le groupe Taylor Fladgate (ci-contre). Les autres étiquettes représentent trois bons producteurs.*

Madère

Il y a longtemps, elles étaient connues sous le nom d'Îles Enchantées. Les îles volcaniques qui se trouvent à 640 km de la côte du Maroc sont aujourd'hui appelées Madère, Porto Santo et Désertas. Madère est la plus grande de l'archipel et l'une des plus jolies îles du monde. La légende veut que les Portugais, en débarquant en 1420 à Machico dans l'est de l'île, aient mis le feu à la végétation dense. L'incendie dura des années, laissant sur le sol les cendres d'une forêt entière.

L'île est encore fertile aujourd'hui. Depuis le bord de l'eau jusqu'à mi-distance de son sommet (1 800 m), elle s'étale en terrasses régulières, où de petites parcelles sont plantées de vigne, canne à sucre, maïs, haricots, pommes de terre, bananiers et fleurs. Comme dans le nord du Portugal, la vigne est cultivée à hauteur d'homme, sur des treilles, afin de laisser l'espace libre au-dessous pour d'autres cultures. Des centaines de kilomètres de levadas, petits canaux d'irrigation, distribuent l'eau venue des sommets.

Le vin en est la principale production agricole depuis près de 400 ans. Mais Madère n'est pas la première île que les Portugais aient plantée. Porto Santo, l'île basse et sablonneuse au climat proche de celui de l'Afrique du Nord, paraissait plus prometteuse que Madère, montagneuse, pluvieuse et verdoyante.

Les colons plantèrent le cépage de malvoisie (nommé d'après le port grec de Monemvasia) sur Porto Santo pour obtenir un raisin riche en sucre, et trouvèrent un marché déjà existant pour le vin doux qu'ils en tiraient, le vendant même en France à la cour de François Iᵉʳ.

À Madère, la vigne fut plantée plus tard, en même temps que la canne à sucre. Le développement des colonies d'Amérique eut pour effet une augmentation du trafic et du commerce maritimes. La grande île, avec le port de Funchal, devint l'étape d'approvisionnement obligée pour les navires en partance pour l'Amérique. Les conditions climatiques de Madère sont très différentes de celles de Porto Santo. La pluie n'est jamais très loin, surtout sur la côte septentrionale exposée aux vents de l'Atlantique. La malvoisie, le verdelho et les autres cépages ont souvent du mal à parvenir à maturité. Pour adoucir ces vins astringents, l'on recourut à un procédé incontournable : l'ajout de sucre.

Le vin doux-amer qui en résultait était très utile pour servir de lest sur les navires ou de remède contre le scorbut. C'est d'ailleurs en servant de lest que le madère est devenu ce qu'il est. Pour que le vin se conserve durant ces longs voyages en mer, on y ajoutait une bonne dose d'eau-de-vie (ou d'alcool de canne). Le passage de l'équateur aurait gâté n'importe quel vin, mais l'on découvrit que les fortes températures tropicales apportaient au contraire une amélioration notable au madère, lui donnant un merveilleux moelleux. Le breuvage devenait encore plus délicieux si la cargaison franchissait une deuxième fois la ligne de l'équateur. Au XVIIIᵉ siècle, le madère devint le vin préféré des colonies américaines.

L'épreuve du feu remplace aujourd'hui les longs voyages en mer dans la chaleur. On le réchauffe (sans brutalité) pendant au moins trois mois dans des cuves chaudes (estufas) à 45 °C (des températures plus modérées sur des périodes plus longues produisent de meilleurs effets ; la meilleure méthode consiste à suivre un procédé naturel et à conserver le vin dans un grenier baigné de soleil puis dans un chai chauffé). Quand cette étape est terminée, le vin a ce goût caramélisé typique de tous les madères. Si ce goût est trop marqué, cela signifie que l'estufa était trop chaude.

Auparavant, les vins étaient assemblés selon un système proche de celui de la solera pour le sherry, mais il est à présent interdit par l'Union européenne pour les vins de plus de dix ans. Certains vins de solera, mis en bouteilles il y a longtemps, sont excellents, mais les qualités supérieures de madère, comme le porto, se trouvent traditionnellement dans les bouteilles au millésime unique – et dans le cas du madère, dans un cépage unique.

Les madères « colheitas », de plus en plus populaires sur le marché, sont issus d'une seule récolte et vieillis en fût pendant cinq ans avant leur mise en bouteille. Si l'étiquette n'indique pas le cépage, le vin est probablement issu du tinta negra mole, variété qui a envahi l'île après le double désastre de l'oïdium dans les années 1850 et du phylloxéra dans les années 1870. Puis ce sont la Révolution russe et la Prohibition en Amérique qui ont failli mettre fin au madère en provoquant la fermeture ou la fusion de nombreux négoces. Les vignobles furent largement replantés avec des cépages hybrides américains (le black spanish essentiellement, connu à Madère sous le nom de jacquet) et les cépages classiques devinrent rarissimes.

Il était courant, jusqu'à ce que le Portugal devienne membre de la CEE en 1986, que soient mentionnés sur les étiquettes les cépages classiques de Madère, qu'ils entrent ou non dans la composition du vin. Aujourd'hui, à moins que le vin ne soit issu d'un cépage traditionnel, les étiquettes doivent simplement mentionner l'âge (trois, cinq, dix et quinze ans) et le degré de douceur, contrôlé par l'addition de vinho surdo ou vin sourd : du jus de raisin qu'on a empêché de fermenter en y ajoutant de l'eau-de-vie. De nos jours, les madères sont en général faits comme les portos, en interrompant la fermentation avec de l'alcool.

Les cépages traditionnels sont associés à un niveau de douceur particulier. Le plus doux des quatre, et celui qui arrive à maturité le plus tôt, est la malvoisie : c'est un vin brun sombre, parfumé et riche, avec une texture souple et presque grasse, et ce goût relevé propre aux madères. Le madère de bual (le cépage blanc le plus planté de l'île) est plus léger et un peu moins doux – mais très certainement un vin de dessert. Une note fumée peut subsister, qui modifie alors sa richesse. Le verdelho donne un vin moins doux et moins souple que le bual. Son arôme de miel légèrement fumé permet de le boire avant ou après les repas. Les minuscules

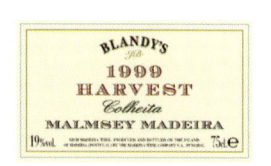

◀ Les meilleurs madères ne sont pas étiquetés mais leur nom est peint au pochoir sur la bouteille. Les madères millésimés tels que Blandy's sont relativement récents et ceux qui portent la mention des cépages traditionnels forment l'élite.

MADÈRE : FUNCHAL

Latitude / Altitude **32° 41' / 50 m**
Température moyenne en juillet **21,6 °C**
Précipitations annuelles moyennes **640 mm**
Précipitations le mois des vendanges **septembre 30 mm**
Principaux dangers viticoles **maladies cryptogamiques**
Principaux cépages **tinta negra mole, verdelho, sercial, malvasia (malvoisie), bual**

plantations de sercial (cerceal sur le continent), qui donne le madère le plus sec et le plus tonique, sont les vignobles les plus élevés de l'île et ceux qui sont vendangés les derniers. Le vin de sercial, le plus lent de tous à se développer, est léger, parfumé, très vif, d'une astringence désagréable quand il est jeune, mais d'un attrait merveilleux quand il vieillit. Il est plus substantiel qu'un sherry fino, mais reste un apéritif parfait. Enfin, le terrantez, une variété ancienne, est à nouveau cultivée sur de petites parcelles.

Pour que le millésime figure sur l'étiquette, un madère doit être issu d'une seule récolte annuelle et vieilli en barrique pendant au moins vingt ans. En pratique, les meilleurs vins peuvent passer un siècle en fût et s'oxyder très lentement avant d'être décantés dans des dames-jeannes puis mis en bouteilles. En bouteille, ils évoluent avec une lenteur d'escargot.

Le madère millésimé est un vin qui semble inaltérable, à l'abri des outrages du temps. Plus il est vieux, meilleur il est. Même ouverte, une bouteille de bon madère gardera sa fraîcheur pendant des mois.

Malgré ses pentes, l'île est propice à de belles promenades sur les chemins épousant les courbes de niveau, entre les petites parcelles. Ici, sur les collines en terrasse de Garachico, à Câmara de Lobos (à l'ouest de la capitale, Funchal) alternent les cultures de vigne et de fruits et légumes.

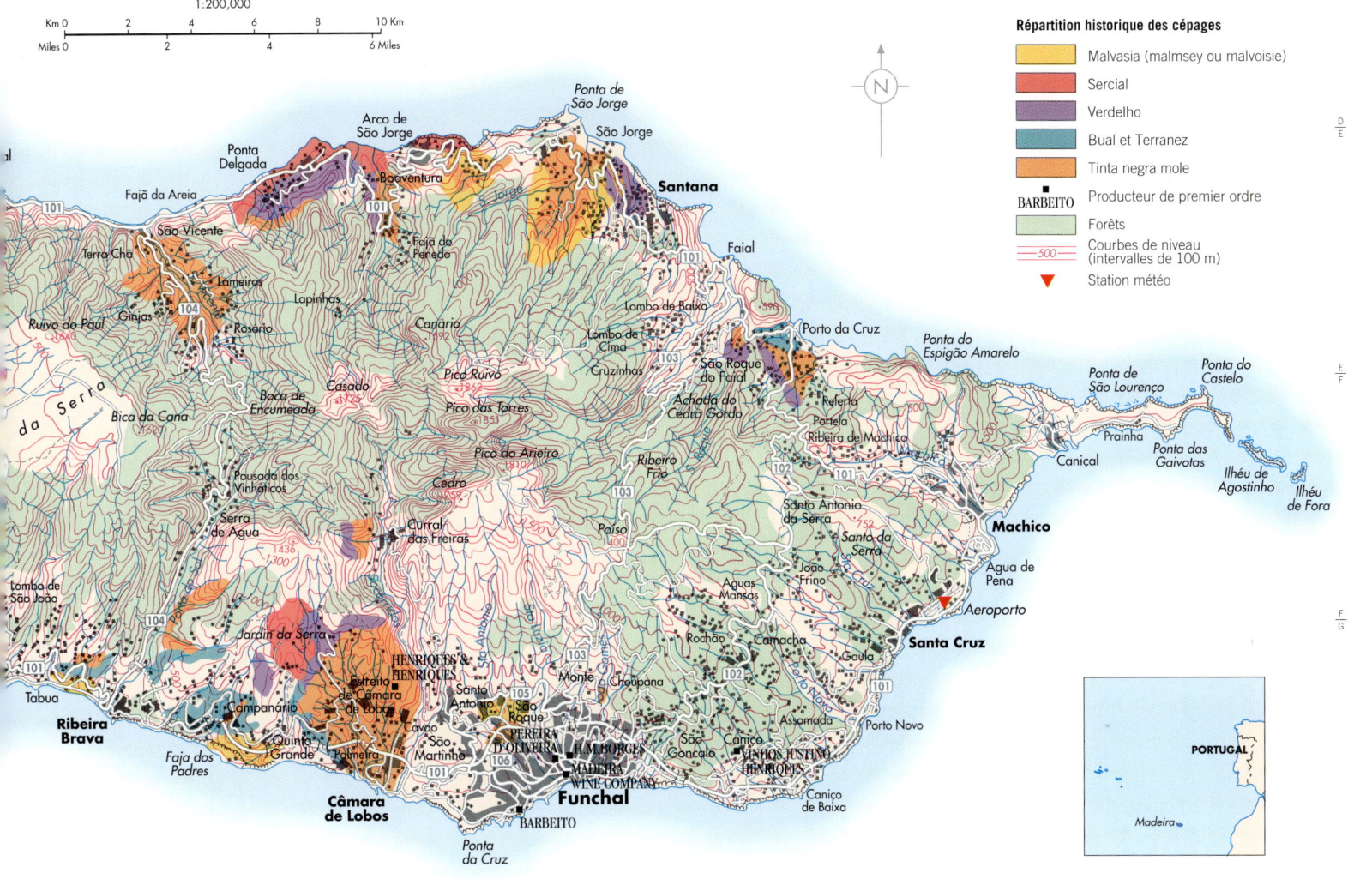

Vendanges du riesling sur les terrasses très pentues du vignoble Doktor, à Weingut, au-dessus de la ville de Bernkastel-Kues (Moselle).

Allemagne

Allemagne

Quelles qu'en soient les causes, l'industrie viticole allemande a indéniablement traversé une grave crise pendant une génération. Ses vins blancs issus du cépage riesling, qui étaient les meilleurs du monde il y a quarante ans, ont peu à peu été supplantés par les vins d'Australie et de Nouvelle-Zélande. Néanmoins le vin allemand opère un timide retour sur la scène mondiale grâce à une nouvelle génération de vignerons. Tout en se fondant sur les traditions, ils insufflent un vent de modernité qui remet l'Allemagne à la mode.

La plupart des vignobles se situent dans une région très septentrionale ; au-delà de cette limite, c'est le nord de l'Europe, où il est impossible de cultiver la vigne. Bon nombre de vignobles se trouvent sur des sites impropres à l'agriculture : s'ils n'étaient pas encépagés, on n'y trouverait que des forêts ou des rochers. Pourtant ils relèvent le défi et donnent des vins à l'élégance et au parfum de terroir absolument inimitables.

Le secret de ces vins tient à l'équilibre de deux éléments a priori peu attirants : le sucre et l'acidité. Mais les bonnes années, les deux se contrebalancent si finement que les vins en sont époustouflants. Ils deviennent le creuset où fusionnent les essences du raisin et du sol. Cette fusion donne un bouquet exceptionnel que l'on ne trouve pas dans d'autres vins, peut-être parce qu'ils sont en général vinifiés simplement, sans passer par des étapes sophistiquées comme la fermentation malolactique ou le bâtonnage. Et le vieillissement en fûts de chêne fait qu'ils exhalent des arômes d'une éclatante sincérité. Grâce à leur acidité importante, les meilleurs vins vieillissent de façon magnifique, en tout cas bien mieux que la plupart des blancs.

Résultant d'une délicate fermentation, leur taux d'alcool ne dépasse guère 8° et ils retiennent une bonne partie des sucres du raisin. En 2005, pourtant une année propice à l'élaboration de vins fruités, 59 % des vins allemands ont été classés comme trocken (secs) ou halbtrocken (demi-secs).

Depuis le début des années 1980, où les vins secs (trocken) ont commencé à être très à la mode, la tendance a évolué. Après s'être concentrés sur des vins très secs (un moselkabinett très sec peut même être râpeux), les producteurs élaborent aujourd'hui des vins plus fermes et d'une grande élégance, principalement les spätlesen secs et les Grosses Gewächs (Erstes Gewächs dans le Rheingau). Ils sont très prisés en Allemagne, où les prix se sont envolés, et sont de plus en plus appréciés au-delà de ses frontières.

La nouvelle génération de producteurs a su s'inspirer du riche potentiel des vignobles allemands, autrefois réputés dans le monde entier, et de l'expérience de leurs homologues dans de lointains pays étrangers. Elle a en outre bénéficié du réchauffement climatique. Alors que ce phénomène s'est révélé désastreux près de l'équateur, il a eu des effets positifs en Allemagne. Le raisin mûrit plus facilement et il est moins enclin à pourrir ou à contracter des maladies que par le passé. Un taux d'alcool de 12° à 14° est fréquent pour les blancs secs et dans les mains d'un vigneron talentueux, cela donne des vins au caractère plus structuré et plus aromatique, bien que certains producteurs soient

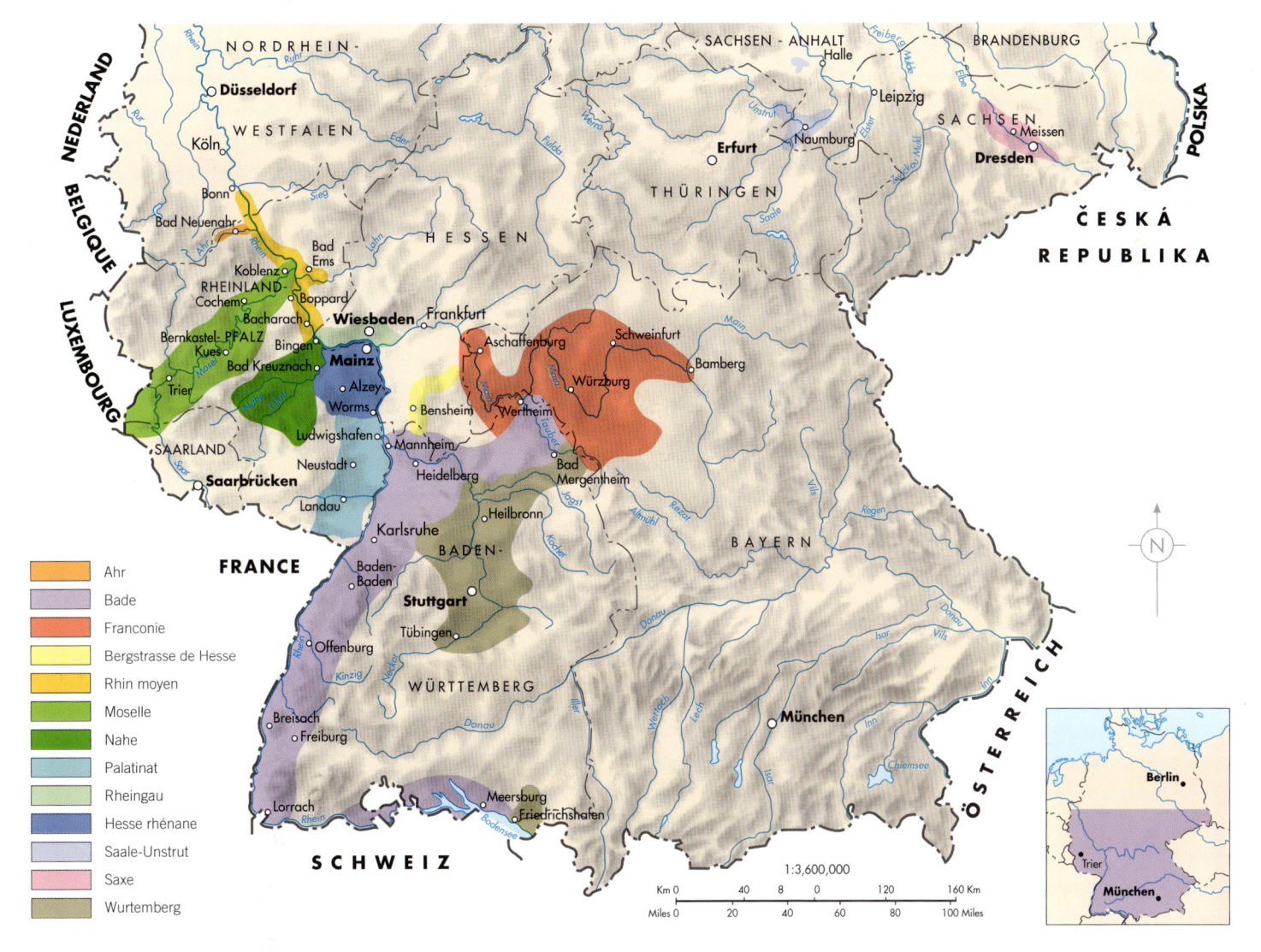

- Ahr
- Bade
- Franconie
- Bergstrasse de Hesse
- Rhin moyen
- Moselle
- Nahe
- Palatinat
- Rheingau
- Hesse rhénane
- Saale-Unstrut
- Saxe
- Wurtemberg

conscients du danger d'un taux d'alcool trop élevé. Cela peut menacer l'équilibre d'un vin et lui conférer un goût de pétrole ou de brûlé.

L'image du vin allemand à l'étranger a longtemps été ternie par la production massive d'un breuvage sucré et médiocre, exporté sous l'étiquette Liebfraumilch et Niersteiner Gutes Domtal. Aujourd'hui la production de ce type de vins est en baisse, ce dont il faut se réjouir.

Toutefois cette confusion joue un moins rôle moins important aujourd'hui, car des producteurs imaginatifs ont trouvé d'autres noms pour leurs vins – des noms précis et plus facilement reconnaissables à l'étranger.

Le riesling est le grand cépage de l'Allemagne, qui entre dans l'élaboration des meilleurs blancs. À quelques exceptions près, seuls les meilleurs sites de Moselle-Sarre-Ruwer, du Rheingau, du Nahe et du Pfalz (Palatinat) sont encépagés avec cette variété qui aurait peu de chances de mûrir sur des sols médiocres, surtout en cas de mauvaise année.

Le müller-thurgau, variété hybride créée en 1882, est un cépage plus fiable, à fort rendement et qui mûrit rapidement. Il n'est donc guère étonnant qu'on l'ait beaucoup planté en Allemagne à partir des années 1920.

Bien que cette variété connaisse une certaine renaissance en Franconie et près du Bodensee, au sud de l'Allemagne, elle donne des vins plats qui n'ont pas la délicieuse structure de l'acidité fruitée du riesling. Cependant, depuis 1996, le müller-thurgau est en perte de vitesse - en 2005 il ne représentait plus que 14 % de l'encépagement total du pays – et le riesling est redevenu le cépage numéro un, à la grande satisfaction des amateurs de vin de grande qualité. Néanmoins, les vins ordinaires qui ne mentionnent aucun cépage sur leur étiquette sont en général issus, du moins en grande partie, du müller-thurgau.

Bien qu'on le trouve sur les meilleurs sites de Franconie, où il donne un vin meilleur que le riesling, le sylvaner arrive en troisième position, loin derrière le riesling et le müller-thurgau.

Dans le Bade et dans certains vignobles de la Rhénanie-Palatinat, le grauburgunder (pinot gris) et le weissburgunder (pinot blanc) sont les variétés les plus appréciées. Les vins blancs qui en sont issus ont une plénitude plus marquée et ont de ce fait connu une vague de popularité sans précédent en Allemagne au tournant du XXIe siècle – ne serait-ce qu'en raison des étés exceptionnellement chauds, qui ont favorisé le mûrissement en petits fûts de chêne, une nouveauté qui a clairement été bénéfique.

Mais l'évolution la plus significative au cours des dix dernières années, en termes d'encépagement, a été la montée en puissance du vin rouge. On cultive trois fois plus de spätburgunder (pinot noir) qu'il y a vingt ans, ce qui place cette variété en troisième position, derrière le müller-thurgau. Vient ensuite le dornfelder (hybride créé en 1956), quatrième cépage le plus planté, qui donne un rouge particulièrement goûteux en Rhénanie-Palatinat. De nos jours 40 % du vignoble allemand, *grosso modo*, est planté de raisins rouges : une vraie révolution.

Ces nouveaux encépagements ont entraîné une diminution de la culture des hybrides, destinés à pousser la maturité des blancs à un niveau plus élevé, et qui étaient très en vogue au début des années 1980, surtout en Hesse rhénane et dans le Palatinat. Mais ces variétés étaient de toute façon moins prisées par les producteurs, pour deux raisons : leurs arômes acides et dépourvus de profondeur, et leur faible résistance aux hivers rudes, inférieure à celle du riesling. Cela a poussé les pépiniéristes allemands à incorporer dans leurs hybrides des gènes de cépages de Mongolie qui résistent au froid.

De tous les hybrides de raisins à peau claire, le kerner et le scheurebe sont les variétés les plus raffinées et les plus populaires. L'Allemagne se lance par ailleurs dans de nouveaux cépages pour le rouge, comme le regent, résistant à la pourriture, qui couvrait déjà 2 000 ha en 2005, et le cabernet cubin, un hybride entre le cabernet-sauvignon et le lemberger élaboré par l'École viticole de Weinsberg. Ce dernier cépage est déjà fort apprécié dans le Palatinat et le Wurtemberg.

Pendant des années, la loi vinicole allemande n'avait pris aucune disposition pour limiter les rendements (parmi les plus élevés du monde), ni pour classer les vignobles comme en France. Cependant les choses ont changé, du moins au sein du consortium des 200 meilleurs producteurs d'Allemagne, le VDP (Verband Deutscher Prädikatsweingüter). Cette association a imposé à ses membres des rendements maximum et a même entrepris la tâche – politiquement sensible – de classer les grands crus – Erste Lagen – par variété et par région. Bien entendu, ce classement n'est pas exhaustif, puisqu'il ne comprend que les propriétés des membres de l'association. Et comme tout classement de ce type, il a été l'objet de critiques. Nous avons, pour notre part, sélectionné les vignobles que nous considérons comme supérieurs. Sur les cartes détaillées, ils sont indiqués par la couleur violet clair (les vignobles exceptionnels sont indiqués en violet foncé). Cet audacieux classement a été établi en collaboration avec les meilleurs producteurs d'Allemagne, les organisations locales et les experts, et dans une certaine mesure avec le VDP. Toutefois il ne correspond pas exactement au classement effectué par le VDP en 2000.

▼ Notre étude avait laissé de côté le Rhin moyen et la vallée de l'Ahr, productrice de vin rouge. Les étiquettes ci-dessous sont celles de deux excellentes propriétés dans ces régions. Toni Jost, dans le Rhin moyen, est en pleine expansion et possède aussi des vignobles à Walluf, à l'est du Rheingau.

LIRE UNE ÉTIQUETTE

L'étiquette de cette propriété irréprochable du Nahe illustre à la fois un certain conservatisme, avec la reproduction du blason, et la rupture avec les traditions. Le texte est imprimé en caractères faciles à lire, et non plus en style gothique.

LES DIFFÉRENTES CATÉGORIES

Qualitätswein mit Prädikat (QmP) Élaborés avec des raisins très mûrs. Les QmP sont les grands vins doux d'Allemagne. Selon les années, ils représentent entre 24 % (1995) et 64 % (2000) de la récolte. La chaptalisation est interdite.

Les classifications additionnelles sont en ordre de maturité croissante :

Kabinett vins légers, frais, idéaux pour l'apéritif.

Spätlese littéralement « vendange tardive », en fait plus mûr qu'un kabinett. Les vins varient du sec et plein au plus doux et plus léger ; vieillissent bien.

Auslese faits à partir de raisins plus mûrs, parfois de grains nobles vinifiés en général avec du sucre résiduel ; doivent vieillir.

Beerenauslese (BA) vins rares, doux, faits avec une sélection de grains nobles (*beeren*).

Eiswein vins faits avec des raisins à forte concentration de sucre et d'acidité, complètement desséchés (*trocken*) sur le pied de vigne par le botrytis ; moins rares que les TBA.

Trockenbeerenauslese (TBA) vins rares, doux, chers, faits avec des raisins desséchés (*trocken*) par le botrytis sur le pied de vigne et vendangés à la main.

Qualitätswein bestimmter Anbaugebiete (QbA) « vin de qualité d'une région vinicole spécifique ». Cette classification ne pose pas de critères très exigeants pour la vinification de ces vins qui sont souvent chaptalisés.

Grosses Gewächs (Erstes Gewächs in the Rheingau) classés par le VDP comme vins de qualité supérieure, équivalents en maturité aux meilleurs crus spätlese (Erste Lage).

Classique vins secs de qualité (15 g/l maximum de sucre résiduel) pour la consommation courante, à cépage unique.

Sélection vins secs supérieurs d'un seul cépage (maximum 12 g/l de sucre résiduel).

Landwein comparable aux « Vins de pays » français. Mais cette appellation est moins répandue que le QbA.

Deutscher Tafelwein Léger vin de table, le plus ordinaire. Appellation qui concerne peu de produits.

AUTRES EXPRESSIONS COURANTES

Amtliche Prüfungsnummer (AP Nr) Numéro d'identification qui signifie qu'un lot de vin a été officiellement testé ; les premiers numéros indiquent le centre de test, les deux derniers l'année du test

Erzeugerabfüllung or Gutsabfüllung mis en bouteilles à la propriété

Halbtrocken demi-sec

Trocken sec

Weingut propriété vinicole

Weinkellerei cave ou chai

Winzergenossenschaft/Winzerverein coopérative

Moselle

Cette région comprend plusieurs sous-régions : l'Obermosel (Moselle supérieure), aux sols calcaires plantés d'elbling, de grauburgunder et de weissburgunder ; la Mittelmosel (Moselle moyenne), où le riesling est cultivé sur un sol de schiste gris mais où l'on trouve d'autres types de sols et de cépages ; et, en aval, la Terrassenmosel (Moselle inférieure), où l'on replante actuellement du riesling qui résiste mieux sur ces sols durs et riches en quartz.

Cette région étant extrêmement septentrionale, seuls les sites les mieux exposés permettent au riesling d'atteindre une maturation parfaite. Les vignobles offrent un potentiel très varié, qui change parfois du tout au tout au détour d'une boucle de la rivière. Les meilleurs sites sont en général ceux situés plein sud, sur des sols en pente raide descendant vers le cours d'eau réfléchissant la lumière du soleil.

Mais, revers de la médaille, ils sont difficiles à travailler. Aussi ces sites souffrent-ils d'une pénurie de main-d'œuvre car les jeunes Allemands n'ont pas envie de s'échiner sur ces vignes dures à travailler, qui plus est le dos courbé, défiant les lois de la pesanteur. Ces dernières années, des ouvriers surqualifiés d'Europe orientale, en majorité de Pologne, sont venus travailler en Allemagne. Mais l'importation de cette main-d'œuvre n'est pas forcément une solution à long terme à ce problème persistant.

Tous les grands vins de Moselle sont faits à partir de riesling, d'autant plus que l'on procède de plus en plus couramment à l'arrachage du müller-thurgau et que les vignobles plantés sur des pentes et difficiles à travailler cessent d'être cultivés. De fait, la superficie totale du vignoble de Moselle-Sarre-Ruwer a baissé d'un tiers entre 1995 et 2005.

La plupart des meilleurs vins sont faits entre Zell et Serring (voir la liste des vignes au meilleur potentiel entre Zell et Cochem). Le riesling est le cépage dominant dans la région en aval de Cochem et dans la région voisine du Rhin moyen, où les plantations sont moins denses, sur les rives du fleuve autour de Coblence.

Un autre cépage s'est imposé dans la région vallonnée en amont de Trèves, soumise à un climat plus rude et aux gelées de printemps récurrentes. Il s'agit de l'elbling, une variété historique robuste qui résiste au froid et qui, dans la Moselle supérieure et au Luxembourg de l'autre côté du fleuve, donne un vin aux arômes peu complexes et d'une bonne acidité, légèrement pétillant. Au Luxembourg, terre par excellence du vin pétillant, les producteurs privilégient le rivaner (müller-thurgau) et utilisent de plus en plus des cépages donnant des vins à faible teneur en acides, comme l'auxerrois. La chaptalisation y est courante.

Les vignobles descendent en pente vertigineuse jusqu'au village de Hatzenport, en amont de Löf, dans la Moselle inférieure. La lumière réfléchie par le fleuve favorise le mûrissement des raisins.

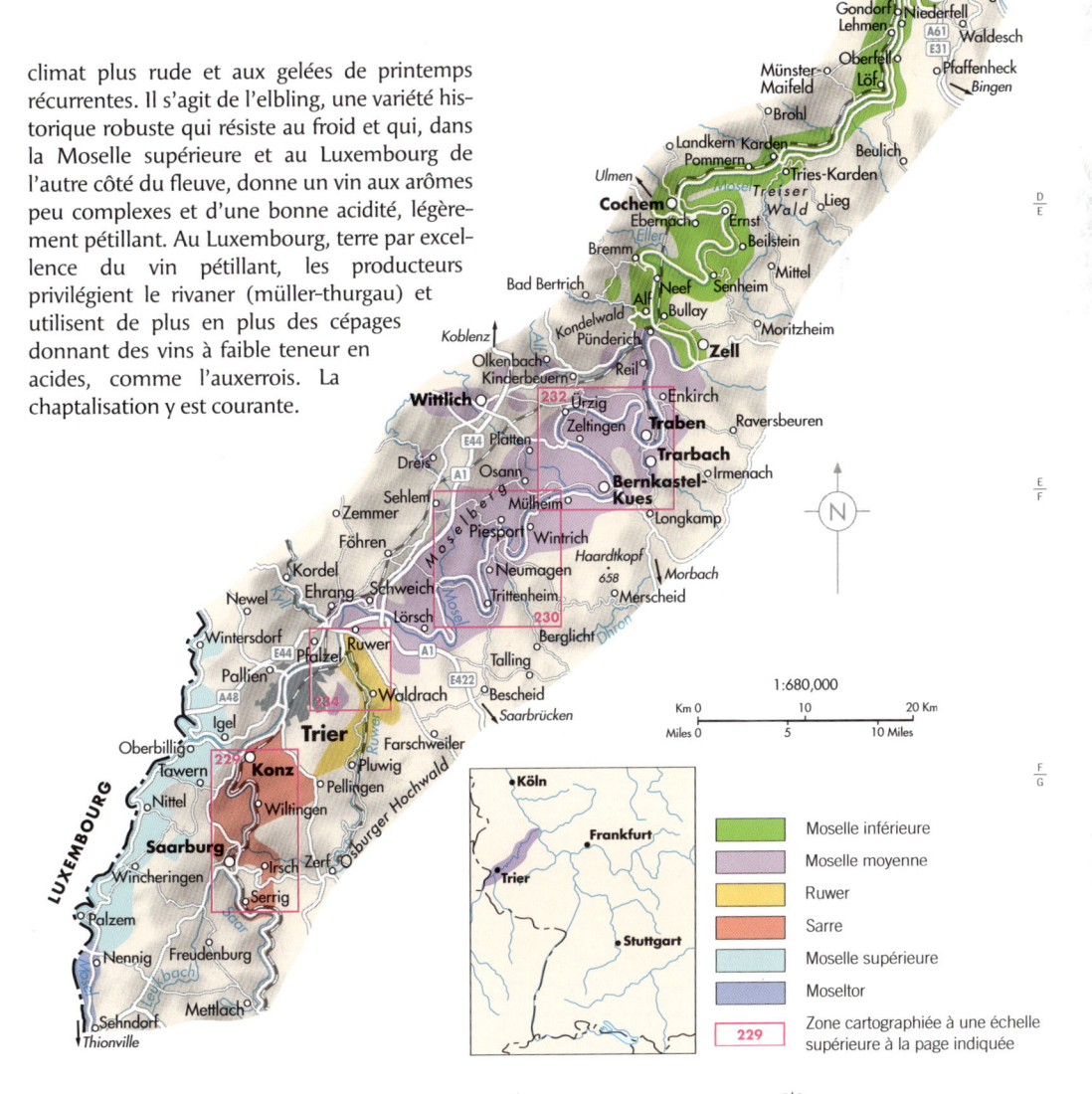

▼ Ces 2 propriétés sont à Winningen, au sud de Coblence (hors carte). Issus de vignobles situés sur des pentes schisteuses, les vins de cette région ont regagné du terrain grâce aux propriétaires Heymann-Löwenstein, réputé pour son riesling sec au fort goût de terroir, et Knebel, qui produit un bon trockenbeerenauslese.

Couleur	Région
Vert	Moselle inférieure
Mauve	Moselle moyenne
Jaune	Ruwer
Rouge	Sarre
Bleu clair	Moselle supérieure
Bleu-violet	Moseltor
229	Zone cartographiée à une échelle supérieure à la page indiquée

Sarre

La vallée de la Sarre, l'affluent de la Moselle, est un microcosme des atouts et des faiblesses du vin allemand. Dans cette région froide, les raisins parviennent difficilement à maturité et leur teneur en sucres est alors insuffisante. Il n'y a que 3 ou 4 bonnes années sur une période de dix ans quoiqu'il faille mettre un bémol à cette affirmation, car le réchauffement climatique a changé la donne. Il n'en reste pas moins qu'au cours de la dernière décennie les millésimes 1995, 1997, 1998 et 2001, 2003, 2004 et 2005 ont été exceptionnels. Ce sont des crus incomparables, qui comptent sans doute parmi les meilleurs vins blancs au monde.

Plantée sur 750 ha, la vigne partage la vallée avec vergers et pâturages. C'est une région agricole paisible. Les sols situés plein sud, presque tous descendant en pente raide vers la rivière, jouissent du meilleur ensoleillement nécessaire à une excellente maturation. Contrairement à la Moselle moyenne, la vallée de la Sarre est largement ouverte aux froids vents d'est. L'air frissonnant se répercute dans ses vins.

Le sol se compose surtout d'ardoise et le cépage dominant est le riesling. Les qualités du vin de Moselle – le mordant et la fraîcheur de la pomme, avec un bouquet de miel et une note métallique en fin de bouche – sont à leur apogée dans le vin de la Sarre. Plus sec que dans la Ruwer, ce vin est de rendement plus faible et révèle des arômes plus subtils. L'emphase est ici mise sur le goût métallique plus que sur le miel.

Les mauvaises années (de plus en plus rares) donnent un vin si acide qu'il pousse les meilleurs exploitants à vendre la totalité de leur récolte aux fabricants de sekt, le vin effervescent, qui ont besoin d'un vin acide à la base. Mais quand le soleil brille, que le riesling mûrit pendant de longs mois, jusqu'en octobre ou novembre, l'énorme bouffée de senteurs de fleurs et de miel serait trop enivrante si elle n'était corrigée par cette acidité légèrement râpeuse. Le vin de la Sarre atteint alors des sommets d'excellence, révélant à la fois un corps plein et des arômes d'une grande finesse, bref, un vin à la fois grave et léger.

Les sites exceptionnels sont rares. La plupart sont entre les mains de riches propriétés qui peuvent se permettre d'attendre les bonnes années pour en tirer le meilleur parti. Egon Müller, dont la maison apparaît sur la carte sous le nom de Scharzhof, est le producteur le plus connu de la Sarre et ses grands vins sont parmi les plus onéreux au monde. De l'autre côté du fleuve, sur la rive opposée à Sarrebourg, le vignoble de Rausch a prouvé son excellence grâce aux seuls efforts de Geltz Zilliken. Parmi les autres viticulteurs qui ont le vent en poupe, citons le très traditionaliste Van Volxern (voisin

Vue du sud du vignoble Scharzhofberg qui produit une gamme variée de rieslings. Ceux-ci vont de l'auslesen classique et fruité et des vins très doux faibles en alcool aux vins secs charpentés élaborés par Van Volxern. Selon le producteur, ces vins évoquent l'âge d'or du « montrachet allemand ».

de Müller à Wiltingen, qui produit uniquement ce qu'il appelle des blancs secs « harmonieux »), Herrenberg à Schoden et Van Othegraven à Kanzem. Von Kesselstatt possède une partie du vignoble de Scharzhofberg tandis que Saint-Urbanshof est connu pour ses excellents rieslings de la Sarre, à Leiwen. Egon Müller administre aussi la propriété Le Gallais, avec son vignoble de Braune Kupp, de l'autre côté de Wiltingen.

Plusieurs institutions religieuses caritatives de Trèves sont propriétaires de nombreux vignobles de Moselle. Les plus importantes d'entre elles sont le Friedrich-Wilhelm-Gymnasium (l'école de Karl Marx), le Bischöfliches Konvikt (pensionnat catholique), le Bischöfliches Priesterseminar (séminaire), le Vereinigte Hospitien (hospice) et la cathédrale. Les deux Bischöfliches et la cathédrale gèrent ensemble 105 ha de vignobles, ici et dans la Moselle moyenne, sous le nom de Vereinigte Bischöfliches Weingut. Les caves de ce domaine sont à Trèves, sous des voûtes datant de l'époque romaine.

MOSELLE | **ALLEMAGNE** | 229

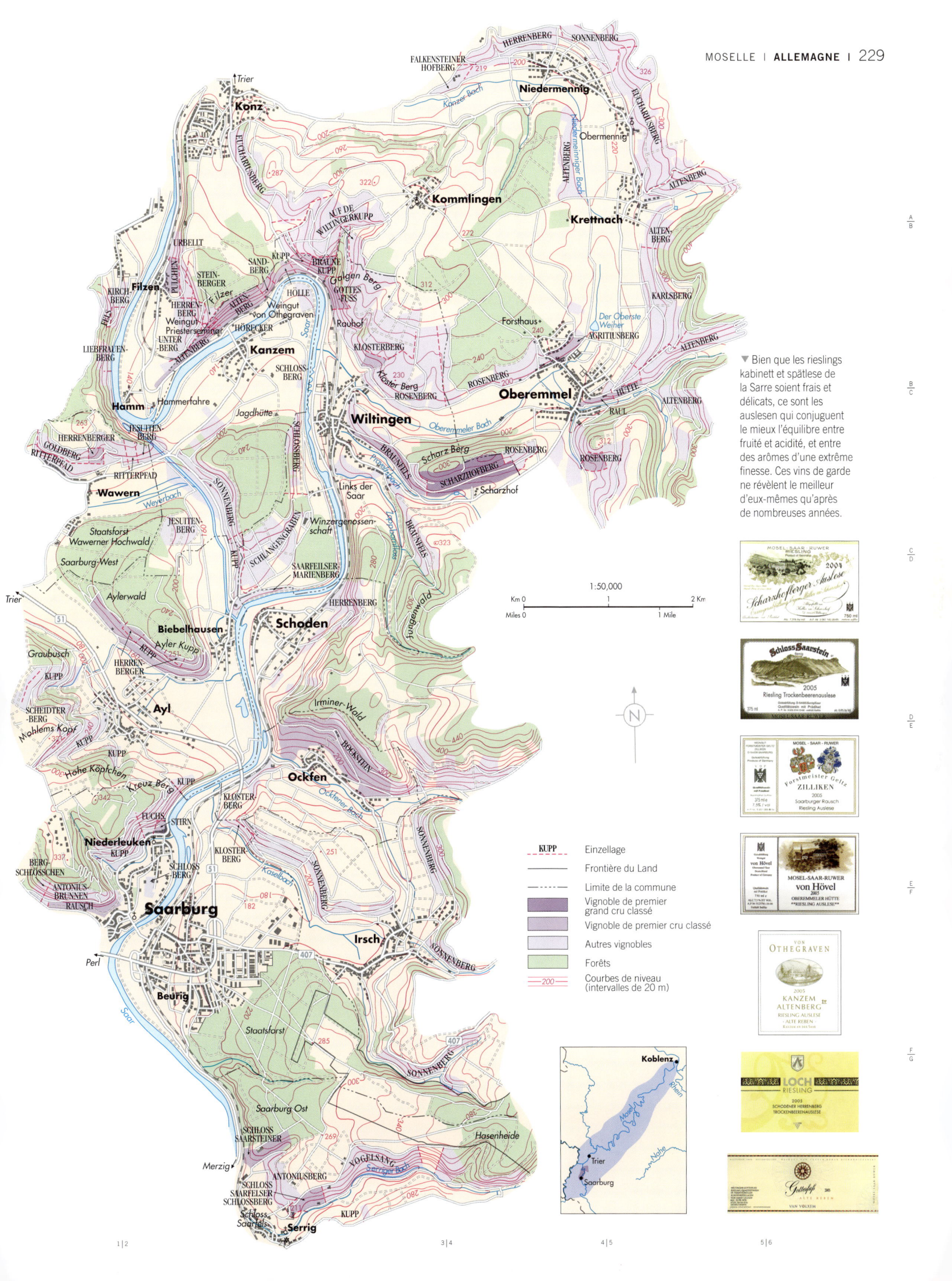

▼ Bien que les rieslings kabinett et spätlese de la Sarre soient frais et délicats, ce sont les auslesen qui conjuguent le mieux l'équilibre entre fruité et acidité, et entre des arômes d'une extrême finesse. Ces vins de garde ne révèlent le meilleur d'eux-mêmes qu'après de nombreuses années.

1:50,000

KUPP	Einzellage
—	Frontière du Land
---	Limite de la commune
■	Vignoble de premier grand cru classé
■	Vignoble de premier cru classé
■	Autres vignobles
■	Forêts
—200—	Courbes de niveau (intervalles de 20 m)

Moselle moyenne : Piesport

Les spectaculaires rives aux sols d'ardoise qui encadrent la Moselle et s'élèvent parfois jusqu'à 200 m étaient déjà connues des Romains qui y plantèrent la vigne. Elles offrent des conditions parfaites pour la culture du riesling.

Le long du fleuve, les vins sont encore plus variés que les vins de Bourgogne le long de la Côte d'Or. Les sols sont presque tous exposés soit plein sud, soit au sud-est et au sud-ouest. Les pentes étant en général très raides, cela donne d'excellents vins, dont la qualité est d'ailleurs proportionnelle à l'inclinaison du versant. En été, il y fait si chaud qu'il serait impensable de travailler la vigne à l'heure de midi. Autre atout, la colline au nord de Minheim protège cette partie de la vallée des froids vents d'est. De plus, les bois surplombant le vignoble procurent une grande fraîcheur pendant la nuit, ce qui renforce considérablement l'écart entre les températures de jour et de nuit et accentue le caractère acide et parfumé des vins.

L'un de ces villages gagnant à être connus est Thörnich, où l'exploitant Carl Loewen a redonné une gloire toute méritée au vignoble Ritsch. Même cas de figure à Klüsserath, un peu en aval, avec le vignoble Bruderschaft qui, avec ses sols en pente raide orientés au sud et au sud-est, représente l'exemple classique d'un excellent site sur la Moselle. Autre exemple, celui du vignoble de Laurentiuslay, à Trittenheim, situé au bout d'une étroite

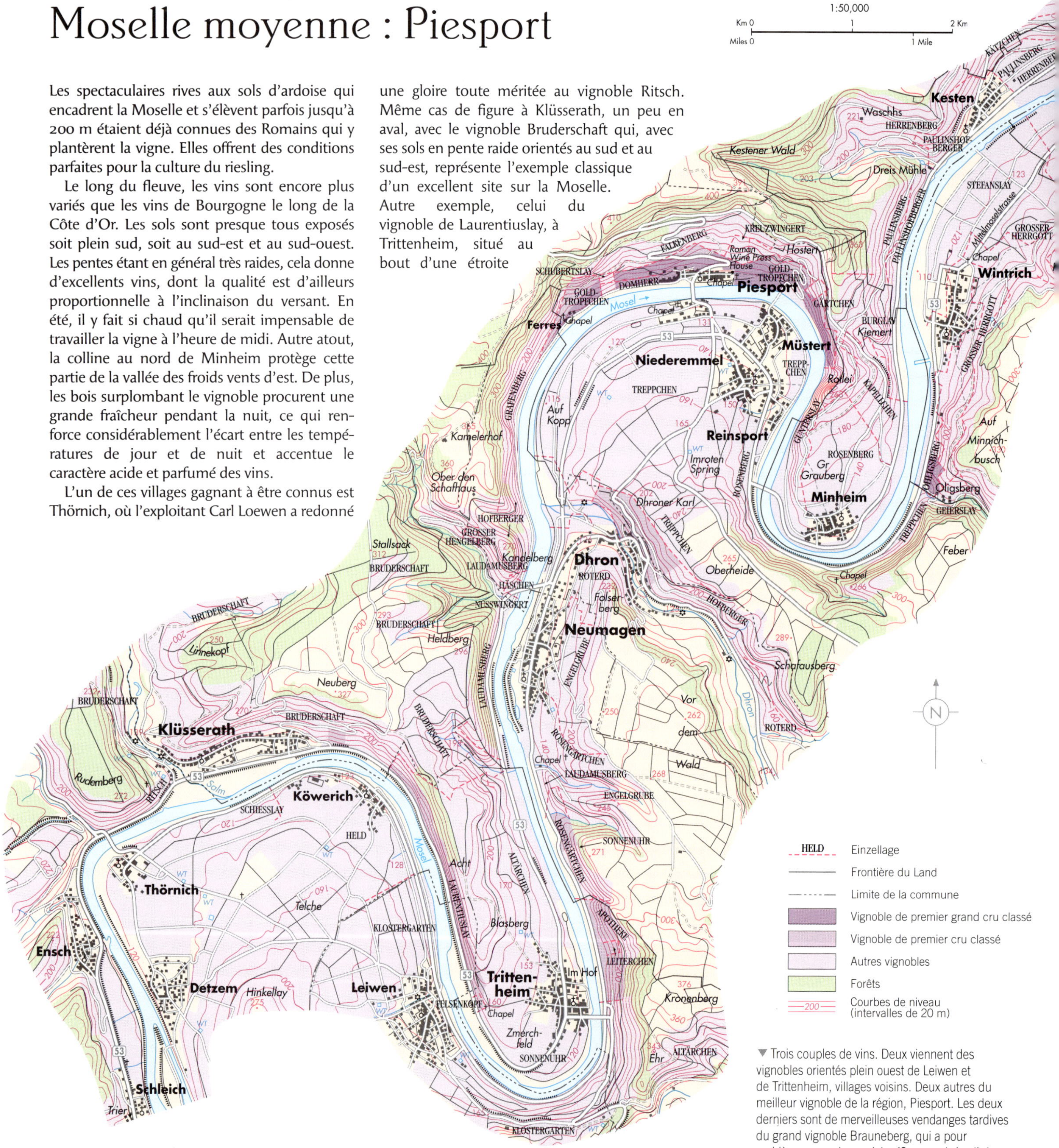

▼ Trois couples de vins. Deux viennent des vignobles orientés plein ouest de Leiwen et de Trittenheim, villages voisins. Deux autres du meilleur vignoble de la région, Piesport. Les deux derniers sont de merveilleuses vendanges tardives du grand vignoble Brauneberg, qui a pour emblème un cadran solaire (Sonnenuhr) ; d'où leur étiquette encore plus chargée que la normale.

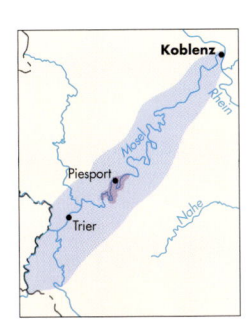

plaine qui s'élève en plateau aux allures de falaise à hauteur du village de Leiwen, avant de plonger dans la rivière.

Ce site a attiré bon nombre de jeunes vignerons extrêmement dynamiques et les bons vins y sont légion. Les vignobles les mieux exposés de Trittenheim sont ceux d'Apotheke, situé de l'autre côté du pont de Leiterchen, et qui appartiennent au seul domaine Weingut Milz. Comme dans beaucoup de lieux, les pentes sont si abruptes que les vignerons se déplacent grâce à un petit funiculaire pour travailler la vigne.

Ces grands vignobles, les premiers de la Moselle, n'ont jamais failli à leur réputation et produisent toujours des vins de grande qualité, fins et racés. Sur une place ombragée de la ville de Neumagen, ancienne place forte de l'époque romaine où l'on embarquait les tonneaux pour un long voyage, une sculpture représentant une pinasse romaine chargée de barriques rend hommage à la vigne. Voisin de Neumagen, le village de Dhron a acquis une renommée certaine pour ses vins, notamment le dhroner-hofberger, cultivé sur les versants les plus raides.

Rheinhold Haart est l'excellent producteur du coin. Son beau vignoble est merveilleusement situé à Piesporter Goldtröpfchen.

Le site idéal de Piesport, un amphithéâtre à forte pente exposé plein sud, lui donne un grand avantage sur les contrées voisines. Selon notre classement, la moitié de ces pentes sont des grands crus et l'autre des premiers crus.

Michelsberg est le nom de la Grosslage (groupement de vignobles) et aussi celui de cette partie du fleuve, de Trittenheim à Minheim. Le vin étiqueté « Piesporter Michelsberg » n'est donc pas obligatoirement du Piesporter. Voilà un exemple de la confusion, évoquée plus haut, entre région géographique et vignoble, qui induit bien souvent en erreur le consommateur.

À Wintrich et Kesten, qui méritent d'être cités pour leurs bons vins, les terrains ne bénéficient pas tous de la même orientation et de la même inclinaison de pente, sauf ceux situés en face du village de Brauneberg, sur les lieux les plus en hauteur. À Kesten, le vignoble s'appelle Paulinshofberger. Les domaines de Juffer et Juffer Sonnenuhr, à Brauneberg, produisent un vin ambré et corsé qui était considéré, il y a un siècle, comme le meilleur de la Moselle. Un goût qui redevient heureusement à la mode.

Un paysage typique de Moselle : les vignobles pentus, cultivés sur un sol tendre et prompt à l'érosion, de Piesport Goldtröpfchen. De l'autre côté du fleuve, une terre plate et fertile qui donne des vins médiocres. Bien que la vigne y soit plus facile à travailler, elle disparaît progressivement au profit d'autres cultures.

Moselle moyenne : Bernkastel

La vue depuis le château en ruine (détruit par Louis XIV) à Bernkastel est celle d'un mur de vignes de 200 m de haut et de 8 km de long. De toutes les rivières auxquelles la vigne s'est unie, seul le Douro offre un tel spectacle.

Les collines s'y succèdent en pente douce de Brauneberg à Kues, la banlieue de Bernkastel. C'est ici que Max Ferd Richter produit un vin remarquable, l'eiswein, issu du vignoble de Helenkloster au-dessus de Mülheim. Les meilleurs sites déroulent leurs versants abrupts à Lieser, un village célèbre en raison de son austère manoir appartenant à Thomas Haag, propriétaire de l'excellent domaine Schloss Lieser au pied du vignoble de Rosenlay. Le Schloss Lieser est situé sur le vignoble de Niederberg-Helden, sur une pente parfaite, exposée plein sud.

Le plus célèbre vignoble de la Moselle démarre sur une pente abrupte, s'élevant presque au-dessus des pignons du très touristique village de Bernkastel : l'ardoise sombre toisant l'ardoise. Au bas de la colline se trouve le vignoble le plus célèbre d'Allemagne, le Doktor, qui jouit d'une belle orientation au sud.

Puis les plus grands noms des vins de Moselle se succèdent à flanc de colline. Comparer les premiers crus de Bernkastel avec ceux de Graach ou de Wehlen – souvent élevés par les mêmes vignerons – est une affaire à la fois délicate et passionnante. La caractéristique des vins de Bernkastel est une légère note de silex, tandis que ceux de Wehlen, issus de sols schisteux peu profonds, développent des arômes plus riches. Quant à ceux de Graach, ils se distinguent par leur profonde note minérale, dûe aux épaisses couches d'ardoise contenues dans le sol.

Tout vin issu de ces vignobles, même le plus quelconque, a une personnalité très évidente : une robe pâle avec un reflet vert, des douzaines de petites bulles au fond du verre, un parfum presque agressif de raisin, remplissant et tapissant la bouche de son acidité, de sa douceur et de son parfum. Quant aux grands crus, après avoir vieilli de longues années, ils présentent une robe pâle et dorée. Leurs arômes épicés, aux senteurs à la fois profondes et évanescentes, en font des vins dignes d'être comparés à une œuvre musicale ou poétique.

Ces collines abritent les plus grands producteurs au monde. En grimpant les pentes abruptes plantées de rangs de vignes, l'on s'aperçoit que tous les exploitants ne soignent pas leur vigne avec la même attention. J. J. Prüm est depuis longtemps le numéro un des producteurs de Wehlen ; (Dr) Erni Loosen, de Bernkastel, est apparu comme un vigneron de talent. Selbach-Oster et Willi Schaeffer jouissent d'une réputation internationale et von Kesselstatt poursuit ici, en aval de la Moselle, son excellent travail.

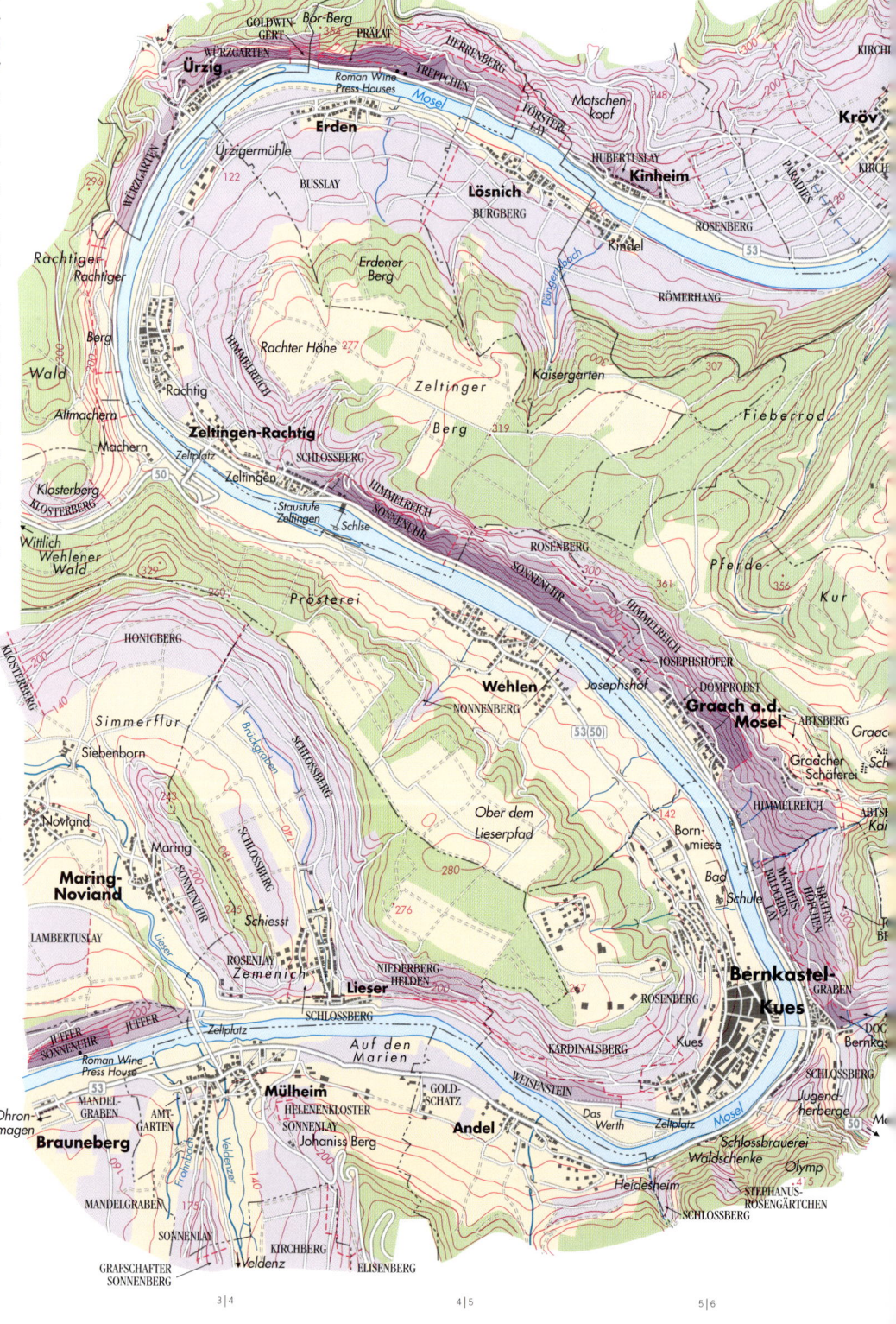

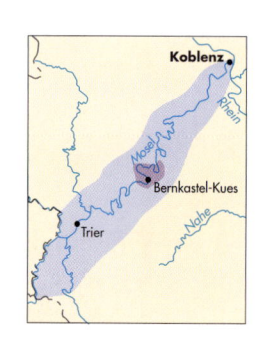

Zeltingen met fin à la « Grande Muraille ». C'est la plus grande commune vinicole de la Moselle et l'une des meilleures. À Urzig, de l'autre côté du fleuve, le schiste rouge, niché dans des poches rocailleuses plutôt que sur des rives homogènes, donne aux vins de Würzgarten (« jardin d'épices ») un arôme différent, plus pénétrant et plus nerveux que ceux de Zeltingen. Le Prälat, qui jouit probablement du climat le plus chaud de la vallée de la Moselle, est le meilleur vignoble d'Erden. Il est situé entre la rivière et les abruptes falaises de schiste rouge. Le vignoble de Treppchen donne, pour sa part, des vins moins expansifs.

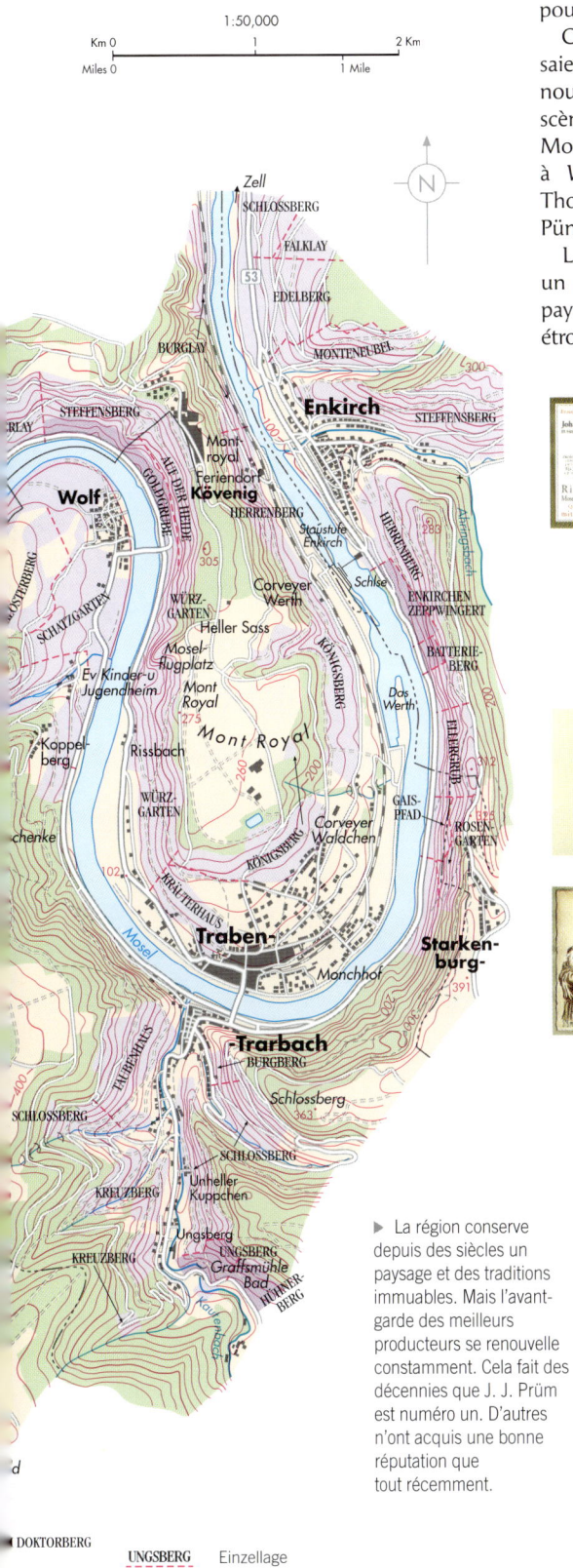

Ceux qui pensaient que les vignobles finissaient à Kinheim en seront pour leurs frais. Une nouvelle génération de producteurs a investi la scène et prolonge ainsi le répertoire des vins de Moselle. Daniel Vollenweider (natif de Suisse) à Wolf, Martin Müllen à Traben-Trarbach, Thorsten Melsheimer à Reil et Clemens Busch à Pünderich : tous élaborent d'excellents vins.

La région de la Moselle moyenne prend fin un peu en aval, à Zell. Ici apparaît soudain un paysage tout à fait différent, fait de terrasses étroites, plantées de vignes – d'où son nom assez récent de Terrassenmosel. Parmi les nombreux sites de premier ordre, les meilleurs sont Frauenberg à Neef, Calmont à Bremm, Gäns à Gondorf et, à Winningen, Uhlen (vignoble remarquable) et Röttgen. D'ambitieux vignerons tels que Heymann-Löwenstein et Knebel (à Winningen), Franzen (Bremm) et Lubentiushof (Niederfell) témoignent de cette excellence avec leurs rieslings superbes, secs ou doux.

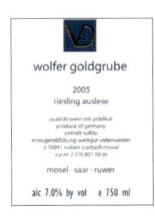

Cette fontaine décorative, à Bernkastel, rappelle que l'on consommait couramment du vin au Moyen Âge. La vigne fut plantée sur les rives de la Moselle dès l'époque des Romains.

▶ La région conserve depuis des siècles un paysage et des traditions immuables. Mais l'avant-garde des meilleurs producteurs se renouvelle constamment. Cela fait des décennies que J. J. Prüm est numéro un. D'autres n'ont acquis une bonne réputation que tout récemment.

UNGSBERG Einzellage
——— Frontière du Land
- - - Limite de la commune
▨ Vignoble de premier grand cru classé
▨ Vignoble de premier cru classé
▨ Autres vignobles
▨ Forêts
— 200 Courbes de niveau (intervalles de 20 m)

Ruwer

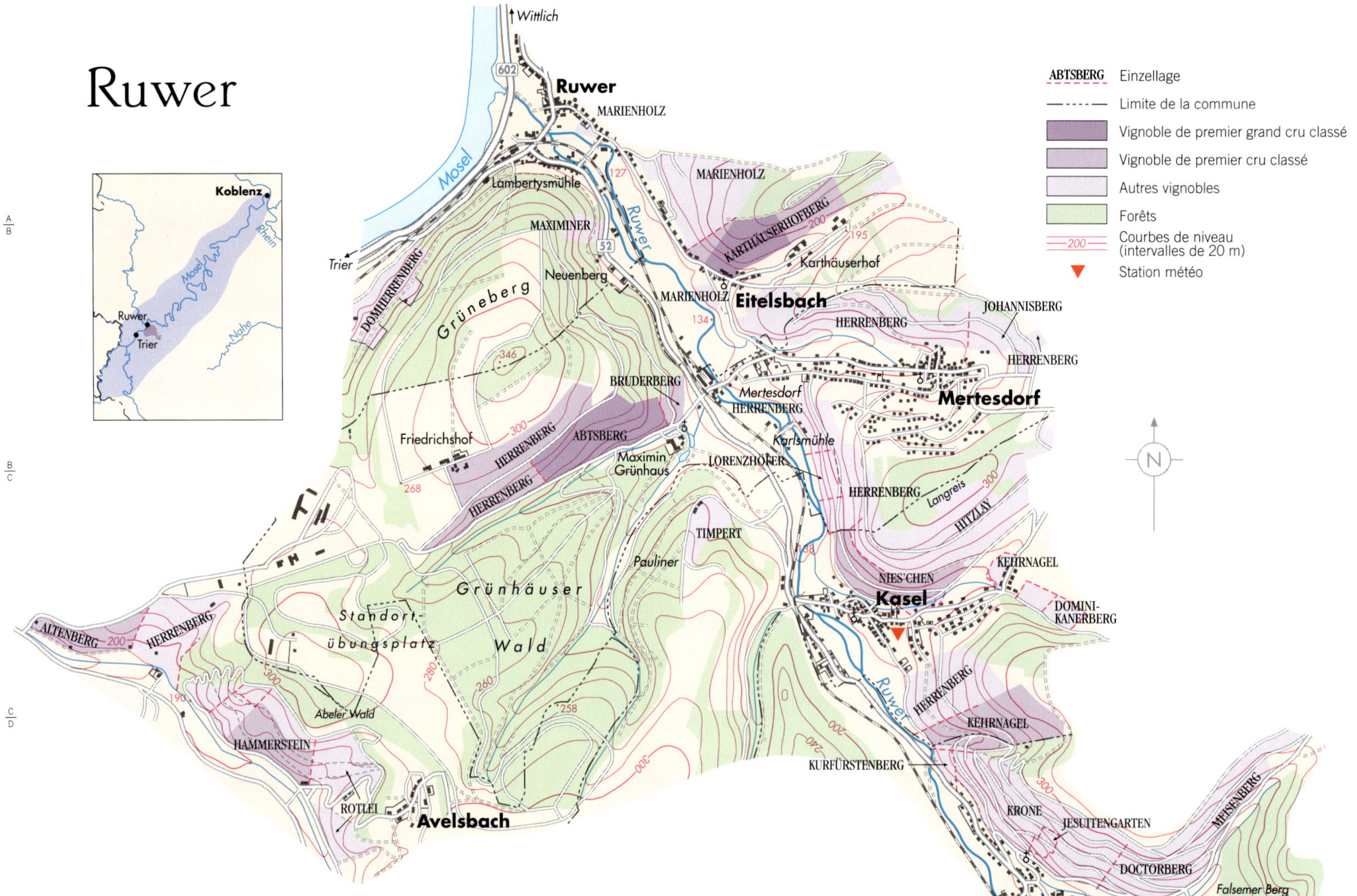

La Ruwer est un simple cours d'eau. Les vignobles répartis le long de ses rives représentent en superficie à peu près la moitié de ceux d'une commune de la Côte d'Or. Avant que les effets du réchauffement climatique ne se fassent sentir, la région produisait la plupart du temps un vin médiocre, pâle et acide. Aujourd'hui, les vignobles de qualité moyenne sont abandonnés car ils ne sont pas suffisamment connus pour qu'un exploitant s'y investisse corps et âme en espérant les rentabiliser.

Premier producteur de la région, le village de Waldrach fait un vin léger très honnête mais celui de Kasel est d'une qualité bien supérieure.

Les grandes années, les kaseler sont fantastiques. Les meilleurs sites se trouvent souvent sur les terres des grandes propriétés, ce qui est assez inhabituel en Allemagne. Ainsi, à Mertersdorf, Karlsmühle est l'unique propriétaire du domaine Lorenzhöfer qui élabore des vins remarquablement équilibrés.

Bien qu'ils soient loin d'être célèbres, les villages de Mertesdorf et Eitelsbach possèdent tous deux un vignoble extraordinaire, appartenant à l'un des meilleurs producteurs de vin au monde. Il s'agit d'une part du Karthäuserhofberg, à Eitelsbach, qui domine fièrement un ancien monastère ; ce domaine produit des vins d'exception. En deuxième lieu, de l'autre côté de la Ruwer, à Mertesdorf, le domaine Maximin Grünhaus s'étend sur la rive gauche de la rivière, et surplombe lui aussi un ancien monastère. La plus grande partie de ses vignes s'appelle Herrenberg. La section qui produit la qualité supérieure s'appelle Abtsberg (« colline de l'abbé ») et la partie moins bien située Brudersberg (« colline des frères »). Un aqueduc souterrain, que l'on peut suivre à pied, relie le domaine Grünhaus à Trèves, l'actuelle capitale de la Moselle (ancienne capitale régionale sous les Romains), située à 8 km en amont sur le fleuve.

Située dans les murs mais à la limite de Trèves, la clairière d'Avelsbach, propriété de l'État et de la cathédrale de Trèves, non loin du vénérable Thiergarten, produit un vin particulier. Le vin d'Avelsbach est comparable à celui de la Ruwer par son arôme frais et délicat, parfois encore plus parfumé et affable.

RUWER : KASEL
Latitude / Altitude **51° 19' / 200 m**
Température moyenne en juillet **17,5 °C**
Précipitations annuelles moyennes **590 mm**
Précipitations le mois des vendanges octobre **55 mm**
Principaux dangers viticoles **pourriture, immaturité**
Principaux cépages **riesling, müller-thurgau**

◀ Les noms des grands domaines reflètent le rôle important qu'ont joué dans le passé l'Église et les monastères dans le maintien des traditions vinicoles. Maximin Grünhaus, depuis peu dans les mains d'un nouvel œnologue, et Karthäuserhof sont d'anciens domaines monastiques. Le Bischöfliche Weingüter appartient bien entendu à l'Église.

Rheingau

Avec ses châteaux et ses abbayes dominant les courbes du Rhin, le Rheingau a toujours été le symbole, au cours de l'Histoire, de ce fleuve majestueux, l'un des plus beaux au monde, qui creuse son lit au milieu des collines plantées de vignes. Hélas, la couronne semble avoir été cédée au Palatinat et à la Hesse rhénane, mais cela n'ôte rien au potentiel des magnifiques vignobles du Rheingau qui allient subtilité, profondeur et sérieux pour donner le plus noble des vins du Rhin.

À l'extrémité occidentale du Rheingau, les pentes du Rüdesheimer Berg Schlossberg, situé plein sud, descendent en pente raide et semblent presque tomber dans le fleuve. Le Rüdesheimer Berg se distingue des autres sites de la région par l'addition du mot « Berg » avant chaque nom de vignoble. Les meilleures années (qui ne sont pas toujours les plus chaudes car les sols sont parfois trop drainés) donnent des vins exceptionnels, pleins de fruit et de puissance, en restant délicats et nuancés. Les années les plus chaudes, les vignobles situés derrière la ville de Rüdesheim déploient tout leur potentiel. Georg Brenner, Johannishof et Leitz sont ici les maisons les plus réputées.

Les vins blancs du Rheingau sont dominés par le cépage du riesling, bien plus que ceux de la Moselle. Toutefois 13 % des vignobles sont aujourd'hui encépagés de spätburgunder (pinot noir). Assmannshausen, ville au nord-ouest de la courbe du fleuve, n'est plus le seul avant-poste du vin rouge.

L'assmannshäuser sec, élaboré par des producteurs tels que Krone et Robert König, reste le vin rouge le plus célèbre du pays. Il faut noter que Staatsweingut (domaine de l'État) et von Mumm sont également les gardiens d'une grande qualité. Assmannshausen produit par ailleurs un rosé extraordinaire, le trockenbeerenauslese, un vin rare et toujours vénéré par les amateurs.

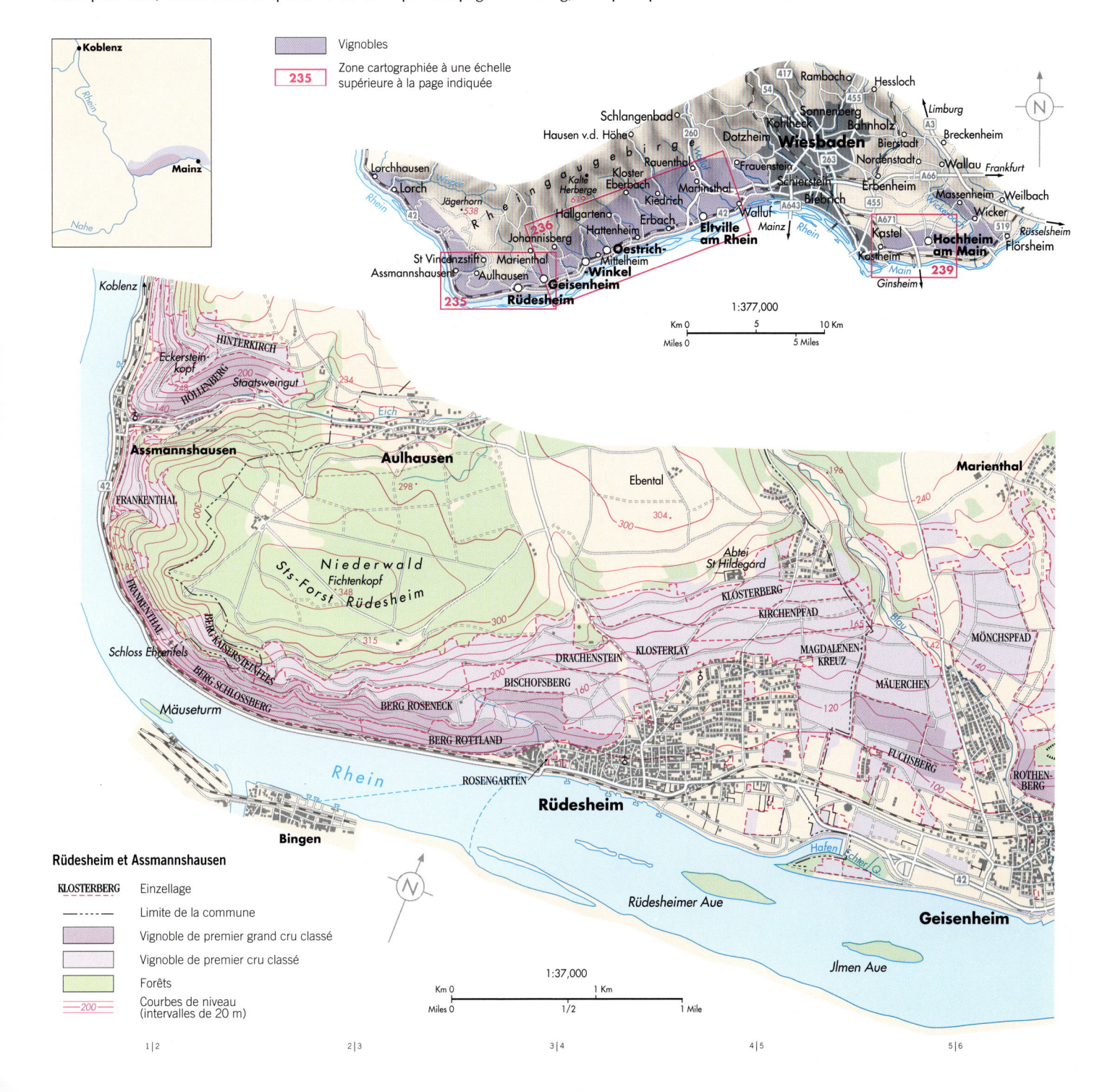

Le cœur du Rheingau

Les vins du Rheingau les plus chers sont les vendanges tardives, les beerenauslese et trockenbeerenauslese à pourriture noble, qui exigent d'être bus avec concentration et seuls, plutôt qu'en accompagnement d'un plat. Les vins moins onéreux avaient eux aussi tendance à être doux jusqu'au moment où les vignerons pionniers de la modernité, suivant le sillage de leurs homologues au sud du pays, se sont écartés de cette tradition : en 2005, 84 % de la production est composée de blanc sec. Il est vrai que la Charta, organisation des meilleurs producteurs, avait ouvert la voie dans les années 1980 avec des vins secs de qualité spätlese et des rendements faibles. Depuis 1999, l'association des meilleurs producteurs d'Allemagne, le VDP, a repris le flambeau et donne aux plus grands vins l'appellation Erstes Gewächs. Dans le classement du VDP (2000), 35 % des vins du Rheingau sont généreusement considérés comme des Erste Lagen (premiers crus). Nous n'avons pas suivi ce classement ; sur la carte ci-dessous, les vignobles exceptionnels sont indiqués en violet foncé, et les bons vignobles en violet clair.

La large bande de vignobles exposés au sud, abrités au nord par les collines du Taunus et réchauffés par la réverbération de l'eau du fleuve, est un emplacement idéal pour la vigne. Le fleuve, grande artère où défilent d'énormes péniches noires, est ici large de plus de 600 m. Il favorise la formation des brumes propices au développement du botrytis. Les sols très variés se composent de différents types d'ardoise et de quartzite, ainsi que des marnes.

À l'ouest de cette section du Rheingau, Geisenheim abrite un Institut d'enseignement et de recherche en œnologie connu dans le monde entier. Au-dessus du fleuve, le Schloss Johannisberg, surplombant une vaste étendue de vignes, domine le paysage vinicole entre Geisenheim et Winkel. Ce domaine aurait été un pionner en introduisant en Allemagne, au XVIIIe siècle, la pourriture noble et autres subtilités sucrées – aujourd'hui ses vins n'éclipsent plus ceux de ses voisins, comme Johannishof.

Schloss Vollrads est une autre propriété historique magnifique, mais ses vins ne déploient pas encore tout leur potentiel. La propriété se situe à 2 km environ au nord de Winkel. Quant à Hasensprung (« saut du lièvre »), deuxième vignoble du village de Winkel, il est capable de faire un vin nuancé et aromatique.

Mittelheim n'a guère d'identité et vit dans l'ombre de ses voisins. Les vins d'Oestrich, dont ceux des vignobles Doosberg et Lenchen, ont du caractère et de la succulence, qu'ils soient secs ou doux. Peter Jakob Kühn, Spreitzer et Querbach excellent dans cette production.

C'est à Hallgarten que l'on trouve les vignobles à l'altitude la plus haute dans tout le Rheingau. Les sols de marne de Würzgarten et de Schönhell sont connus pour donner des vins charpentés qui vieillissent bien mais Jungfer est réputé être le meilleur vignoble. Fürst Löwenstein et Fred Prinz sont de bons producteurs.

Les terres de Hattenheim se prolongent jusqu'à la crête du Steinberg, vignoble clos de murs d'un ancien monastère cistercien, datant du XIIe siècle. C'est en quelque sorte le Clos de Vougeot de l'Allemagne. Au-dessous, dans un renfoncement boisé, se trouve le vieux monastère de Kloster Eberbach, autrefois considéré comme le cœur historique du vin allemand. L'État, qui est propriétaire du lieu, entend rendre au Steinberg son heure de gloire et est en train de construire de nouveaux chais.

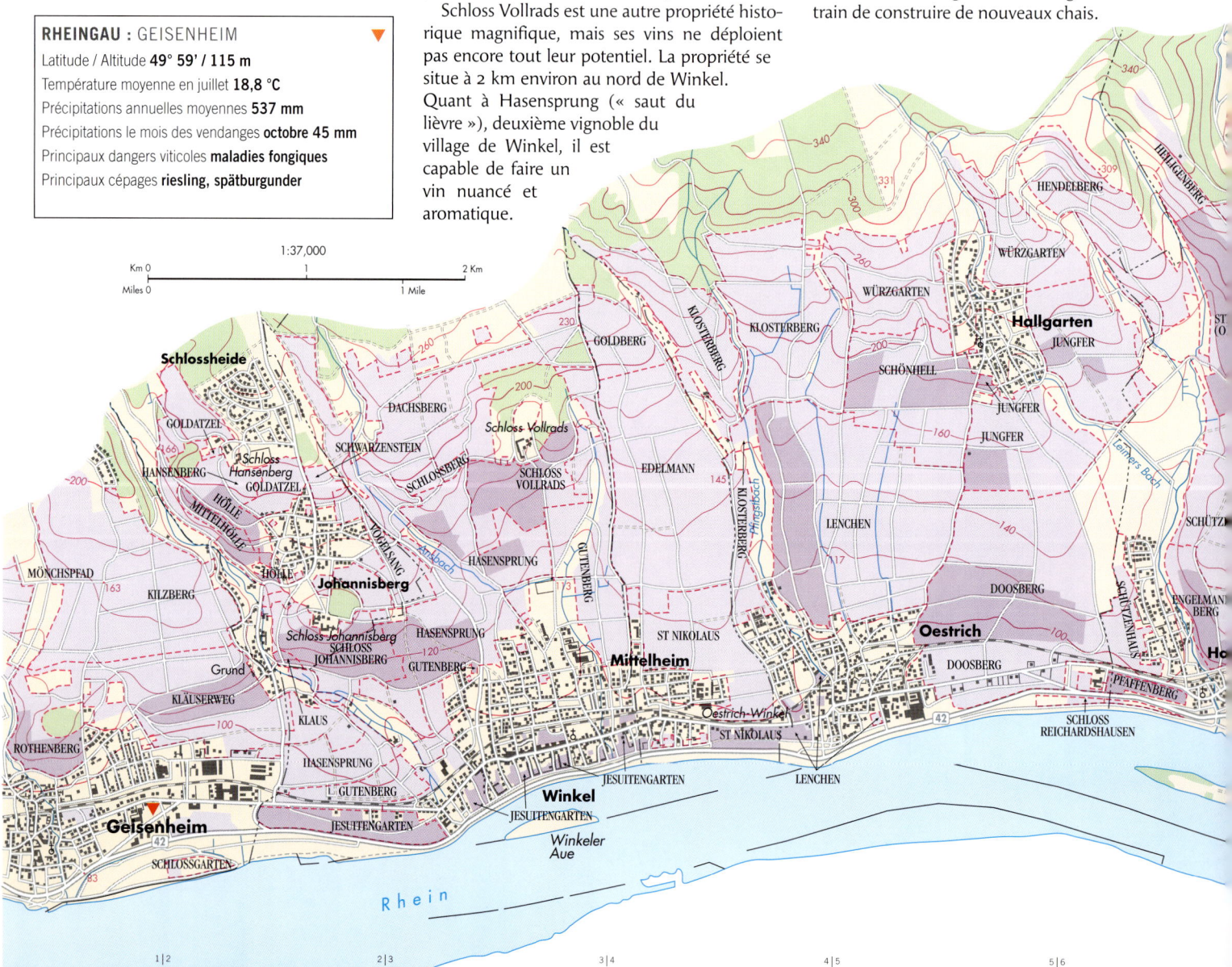

RHEINGAU : GEISENHEIM
Latitude / Altitude **49° 59' / 115 m**
Température moyenne en juillet **18,8 °C**
Précipitations annuelles moyennes **537 mm**
Précipitations le mois des vendanges **octobre 45 mm**
Principaux dangers viticoles **maladies fongiques**
Principaux cépages **riesling, spätburgunder**

Le vignoble du Kläuserweg descend en pente douce jusqu'au village de Geisenheim, plus connu pour son Institut d'œnologie que pour ses vins. Les chercheurs, qui ont mis au point le cépage müller-thurgau, se concentrent actuellement sur les effets du réchauffement climatique.

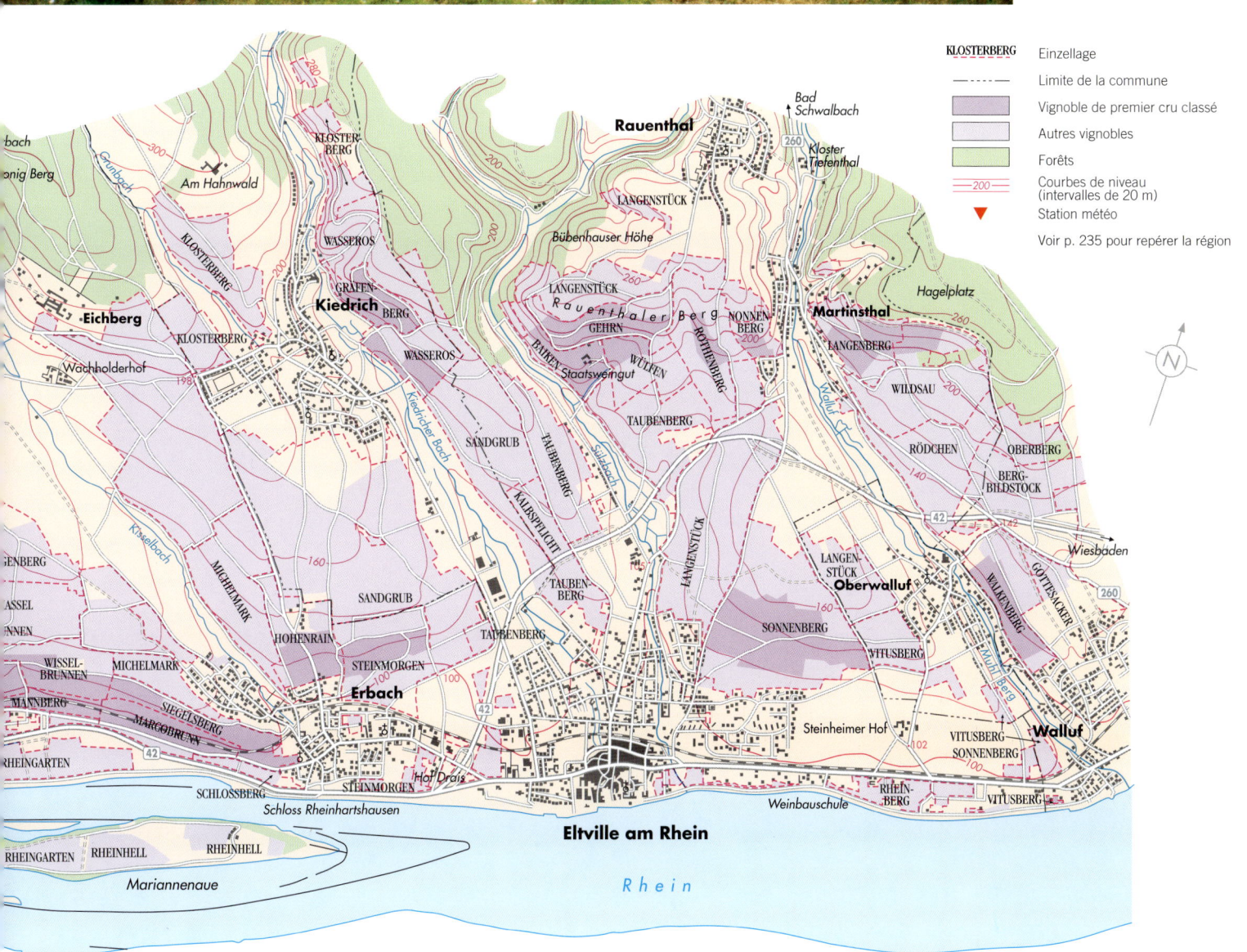

Comme à Hallgarten, on trouve de la marne dans le sol de Hattenheim. À l'est du village, le vignoble de Mannberg appartient à 90% au baron Langwerth von Simmern, un excellent domaine. Juste un peu plus haut, Nussbrunnen et Wisselbrunnen donnent des vins qui peuvent être tout aussi bons.

Ce vin a un caractère plein, avec des arômes puissants de fruits et d'épices. Les propriétaires de Marcobrunn, dont le sol marné produit des vins impressionnants, sont Schloss Schönborn, Schloss Rheinhartshausen, le domaine d'État et le domaine Knyphausen. Le Siegelsberg, un vignoble parallèle à celui de Marcobrunn, mais situé à Erbach, est d'une qualité légèrement inférieure.

Le village voisin de Kiedrich, doté d'une magnifique église gothique, possède des vignobles classés qui font un vin agréablement équilibré, aux délicates senteurs d'épices. Robert Weil (associé à des Japonais) est le plus grand propriétaire de Kiedrich et ses vins doux sont sans doute les plus remarquables du Rheingau. Gräfenberg est le numéro un, talonné par le vignoble de Wasseros.

Weil fait également un séduisant liquoreux, le trockenbeerenauslese (vendange tardive), en quantité appréciable.

La ville d'Eltville vaut la peine d'être mentionnée car c'est un grand producteur en termes de volume, sans pourtant pouvoir rivaliser avec la qualité éblouissante des vins de ses voisins. Elle abrite les pénates du domaine d'Etat dont les vins occupaient naguère la première place, notamment de ceux de Steinberg.

Les villages de Walluf et Martinsthal ne sont pas aussi célèbres mais leurs vins sont d'une qualité presqu'aussi respectable que ceux des villages alentour. Les meilleurs producteurs sont J. B. Becker et Toni Jost, vigneron le plus réputé du Rhin moyen.

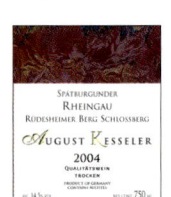

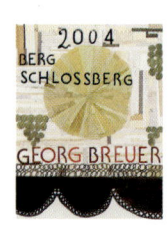

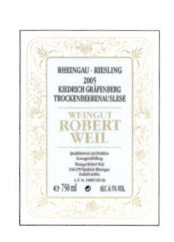

▼ Les familles d'aristocrates ne sont plus les seuls membres de l'élite des producteurs. Plusieurs petits propriétaires dynamiques y ont accédé. Les 3 arches sont l'emblème de la Charte des producteurs de vins secs, fondée par Bernhard Breuer.

Isolé au milieu des bois surplombant Hattenheim, le domaine Kloster Eberbach, ancienne abbaye cistercienne, n'a rien perdu de sa magnificence en neuf siècles d'existence. L'une de ses caves, le Cabinet, a donné naissance au terme allemand de « Kabinett ».

Hochheim

À l'est du Rheingau, séparé des autres vignobles cartographiés aux pages précédentes par la banlieue sud de la ville de Wiesbaden, voici un avant-poste inattendu : Hochheim. Ses vignobles se déploient en pente douce juste au nord du Main et de son influence tempérée, dans une zone isolée au milieu d'une région où l'on ne trouve pas de vigne. Les bons vins de Hochheim ont la qualité des meilleurs crus du Rheingau et le style de ceux de Nackenheim-Nierstein dans la Hesse rhénane (cette excitante qualité corsée, donnée par des sols profonds et un microclimat chaud).

Des producteurs comme Franz Künstler et Domdechant Werner ont injecté du sang neuf dans une région qui était auparavant spontanément associée à la reine Victoria, dont la visite est commémorée par le vignoble et l'étiquette Königin Victoriaberg.

Kirchenstück fait les vins les plus élégants. Hölle et Domdechaney produisent des vins si riches qu'ils en deviennent atypiques dans cette région si distinguée.

Quant à Reiner Flick, il ne se contente pas d'élaborer d'excellents vins, secs ou doux. Il s'efforce également de redonner ses lettres de noblesse au vignoble historique de Wicker (nord-est de la carte, p. 235).

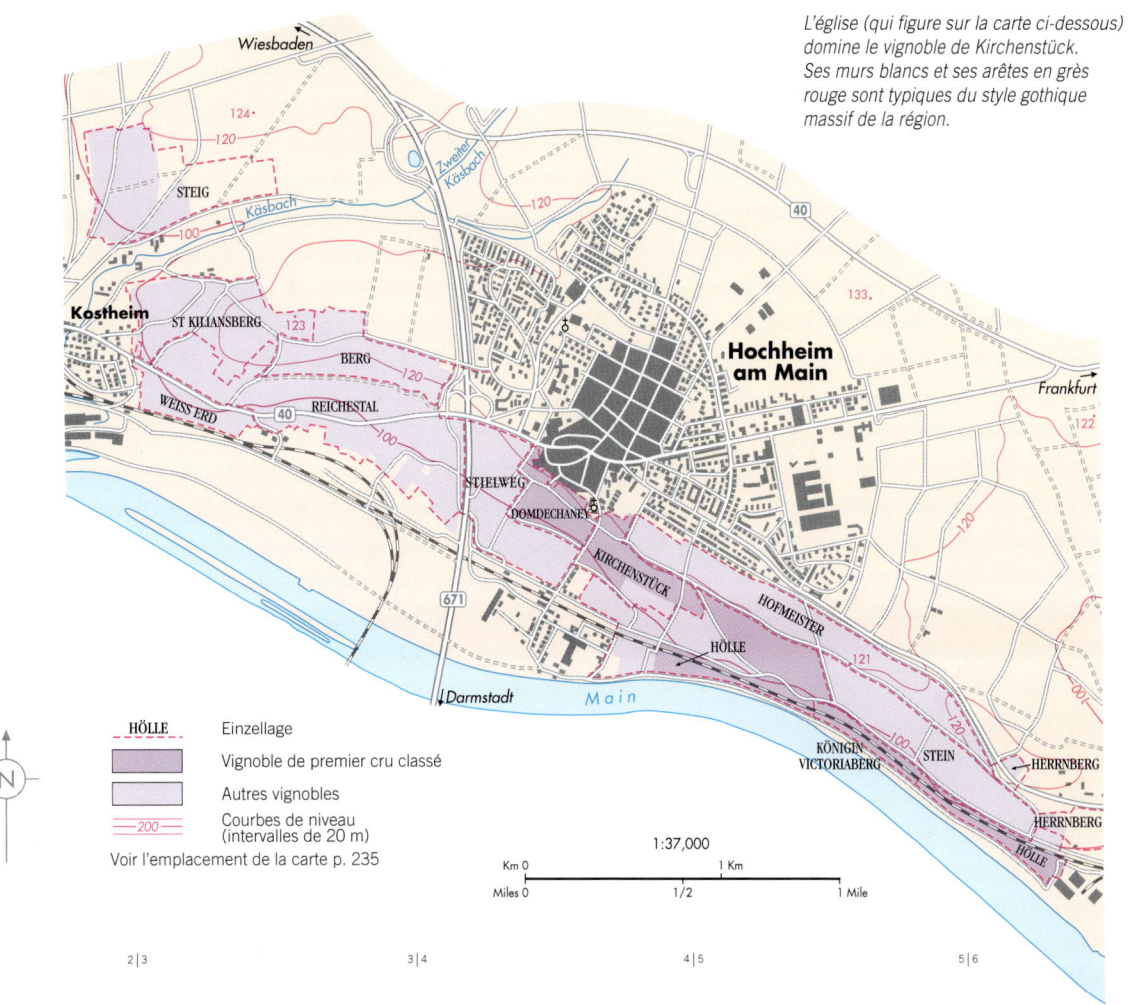

L'église (qui figure sur la carte ci-dessous) domine le vignoble de Kirchenstück. Ses murs blancs et ses arêtes en grès rouge sont typiques du style gothique massif de la région.

▼ *La maison Künstler élabore d'admirables rieslings secs issus du vignoble de Kirchenstück. Fait surprenant, ces vins sont très différents de Domdechaney, vignoble pourtant proche.*

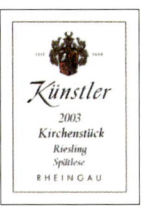

Hesse rhénane

Pendant des années, la région vinicole la plus étendue d'Allemagne, la Hesse rhénane, a paru assoupie. Située dans un crochet dessiné par le Rhin, délimitée par la Nahe à l'ouest et le Palatinat au sud, la région comprenait quelques bons producteurs autour de la célèbre ville vinicole de Nierstein, mais l'on y trouvait surtout du vin médiocre, écoulé sous les étiquettes de Liebfraumilch ou de Niersteiner Gutes Domtal.

Aujourd'hui, la Hesse rhénane dispute au Palatinat la place de région vinicole la plus passionnante. Le tournant a eu lieu dans les années 2000, lorsque le vent du changement a soufflé sur les 150 villages de la Hesse rhénane, répartis sur un périmètre de 50 km sur 30 km, et dont les noms finissent tous en « heim ». Dans ces villages, la vigne n'était qu'une culture parmi d'autres jusqu'à ce qu'un groupe de jeunes vignerons ambitieux, âgés d'une vingtaine d'années et hautement qualifiés, mettent à profit leur expérience acquise lors de voyages à l'étranger. Ils ont montré que ces terres d'agriculture mixte, assez monotones et vaguement ondulées, fertiles mais sans caractère, pouvaient donner des vins fascinants, capables de rivaliser avec les meilleurs vins des régions réputées. La plupart de ces vignerons sont membres d'organisations telles que Message dans une bouteille, Les Cinq de Hesse rhénane, Vinovation, et ont suivi l'exemple de deux exploitants remarquables, Philipp Wittmann et Klaus Peter Keller, dont les domaines sont à Flörsheim-Dalsheim, au sud.

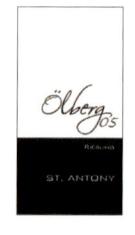

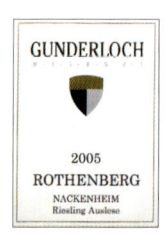

C'est autour de Nierstein – région en bordure du Rhin auparavant appelée Rheinfront, aujourd'hui Rheinterrasse, que nous avons été les premiers à inventorier – que cette révolution a eu lieu, dans des villages qui sont soudain sortis d'un long anonymat. Dittelsheim a été découvert grâce à Stefan Winter, Siefersheim (situé à l'ouest, connu comme la Suisse de la Hesse rhénane) grâce à Wagner-Stempel, Hohen-Sülzen à Battenfeld-Spanier, Bechtheim à Dreissigacker et Weinheim grâce à Gysler. En fait ces vignerons ne font rien d'autre que de remettre en valeur des sites historiques car la culture de la vigne dans la Hesse rhénane remonte au temps des Romains. En l'an 742, l'oncle de Charlemagne offrit les vignobles de Nierstein au diocèse de Wurtzbourg. Le riesling est mentionné – sous le terme de « russling » – dans des manuscrits de 1402.

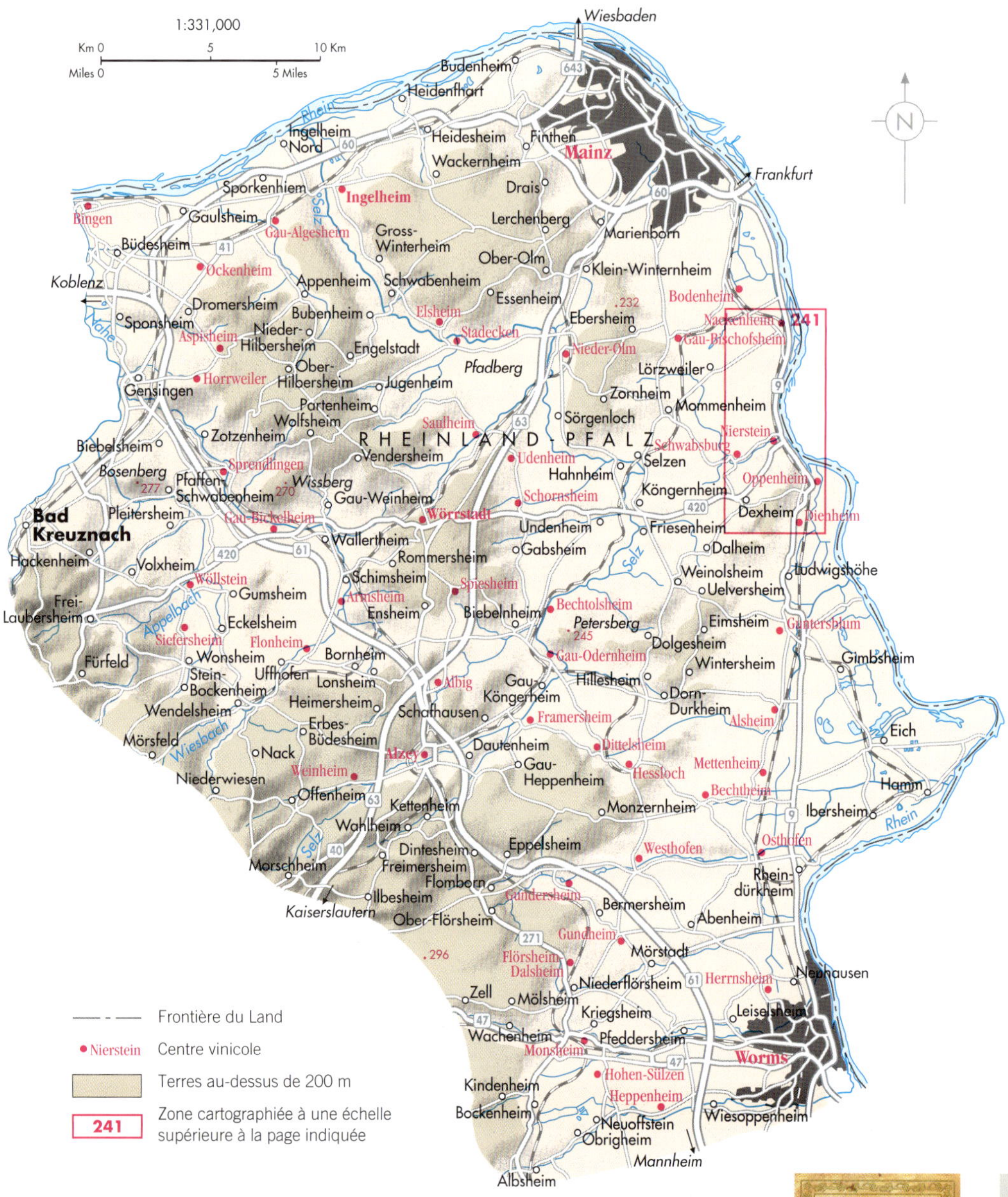

▶ La plupart de ces producteurs étaient inconnus il y a quelques années. Keller, à Flörsheim-Dalsheim, et Wittmann, dans le village voisin de Westhofen, appartiennent à la nouvelle vague de producteurs qui montrent que la section du Rheinterrasse (cartographiée en détail sur la page de droite) peut donner d'excellents vins.

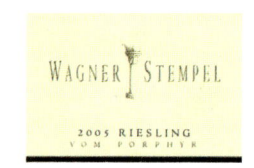

Le paillis entre les rangées de vignes de riesling à Freiherr Heyl zu Herrnsheim prouve que ce domaine historique, soucieux d'écologie, comme tant d'autres en Allemagne, s'est converti à la viticulture organique.

Cette nouvelle vague de producteurs recourent à des méthodes traditionnelles ; ils privilégient les faibles rendements et laissent agir les levures indigènes sans ajouter de levures de laboratoire. Cela donne des vins aux arômes plus intenses mais qui tendent à se déployer plus lentement qu'un vin allemand typique.

Ces vignerons ne se limitent pas au riesling. On trouve dans la Hesse rhénane la plus grande variété des cépages cultivés en Allemagne. Le müller-thurgau, autrefois très populaire, ne représente plus que 16 % de l'encépagement. La région était auparavant le premier producteur de blancs d'assemblage de qualité médiocre mais même ces vins sont aujourd'hui essentiellement élaborés à partir de riesling plutôt que de müller-thurgau. Le riesling est la troisième variété la plus cultivée dans la Hesse rhénane, venant toutefois derrière le dornfelder, un cépage très prisé qui donne des rouges agréablement fruités. Le sylvaner, le portugieser, le kerner, le spätburgunder (pinot noir), le scheurebe et le grauburgunder représentent chacun entre 4 % et 9 % de l'encépagement.

L'essentiel du vin de cette région reste, comme par le passé, plus doux que la plupart des halbtrocken (demi-secs). Il n'y a guère que les régions de Moselle et de Nahe qui soient encore moins prodigues que la Hesse rhénane en blancs secs. Notons toutefois que la nouvelle génération de producteurs élabore des vins extrêmement secs.

Cultivé depuis des lustres, le sylvaner jouit ici d'un prestige historique et donne deux sortes de vins différents. La plupart sont légers et frais ; délicatement fruités, ils accompagnent fort bien les asperges blanches, une spécialité locale que l'on savoure au début de l'été. Mais le sylvaner peut aussi déboucher sur des vins robustes, comme ceux de Keller et de Wagner-Stempel. Secs et dotés d'un arôme de terre assez vigoureux, ce sont aussi des vins de garde.

Worms fut pendant des siècles l'une des grandes villes du Rhin et hébergea la célèbre « Diète » de 1521 qui vota l'excommunication de Martin Luther. Situé sur ses terres, le notoire vignoble de Liebfrauenstift produisit durant des décennies des tonnes de Liebfraumilch, produit si médiocre qu'il faillit faire s'effondrer le vin de qualité en Allemagne. Heureusement, grâce à deux petits propriétaires, Schembs et Valckenberg, ce vignoble s'est beaucoup amélioré et donne aujourd'hui des vins tout à fait remarquables.

À Wonnegau, plusieurs producteurs produisent des vins respectables, des sylvaners comme le veut la tradition, et aussi des rieslings.

La ville de Nierstein est aussi célèbre que celle de Bernkastel, d'abord en raison de sa taille et du nombre de ses producteurs (près de 300), et de la qualité initiale de son vignoble.

Mais son nom est aujourd'hui galvaudé par la Niersteiner Gutes Domtal, une appellation régionale (Grosslage) attribuée à quinze villages qui produisent malheureusement un vin très moyen et ne représentent qu'une partie de Nierstein. Car, ironie de l'histoire, Nierstein recèle par ailleurs d'excellents vignobles, remarquablement mis en valeur par les talentueux vignerons Heyl zu Herrnsheim, Kühling-Gillot et Georg Gustav Huff de Schwabsburg. Dommage que le même nom recouvre des réalités radicalement différentes.

Jouxtant cette région, Oppenheim et Nackenheim possèdent des vignobles comparables en qualité à la plupart de ceux de Nierstein, mais Oppenheim manque malheureusement de vignerons ambitieux. Ici le meilleur vignoble est celui de la colline de sable rouge, le Roter Hang, au nord de la rivière. Mais trop d'exploitants se contentent de se reposer sur le nom de leur domaine. Ce n'est pas le cas de la famille Hasselbach qui, à la tête de la maison Gunderloch, se fait l'interprète virtuose du vignoble de Rothenberg à Nackenheim.

Un véritable vin de Nierstein mentionne nécessairement l'un des noms des vignobles indiqués sur la carte.

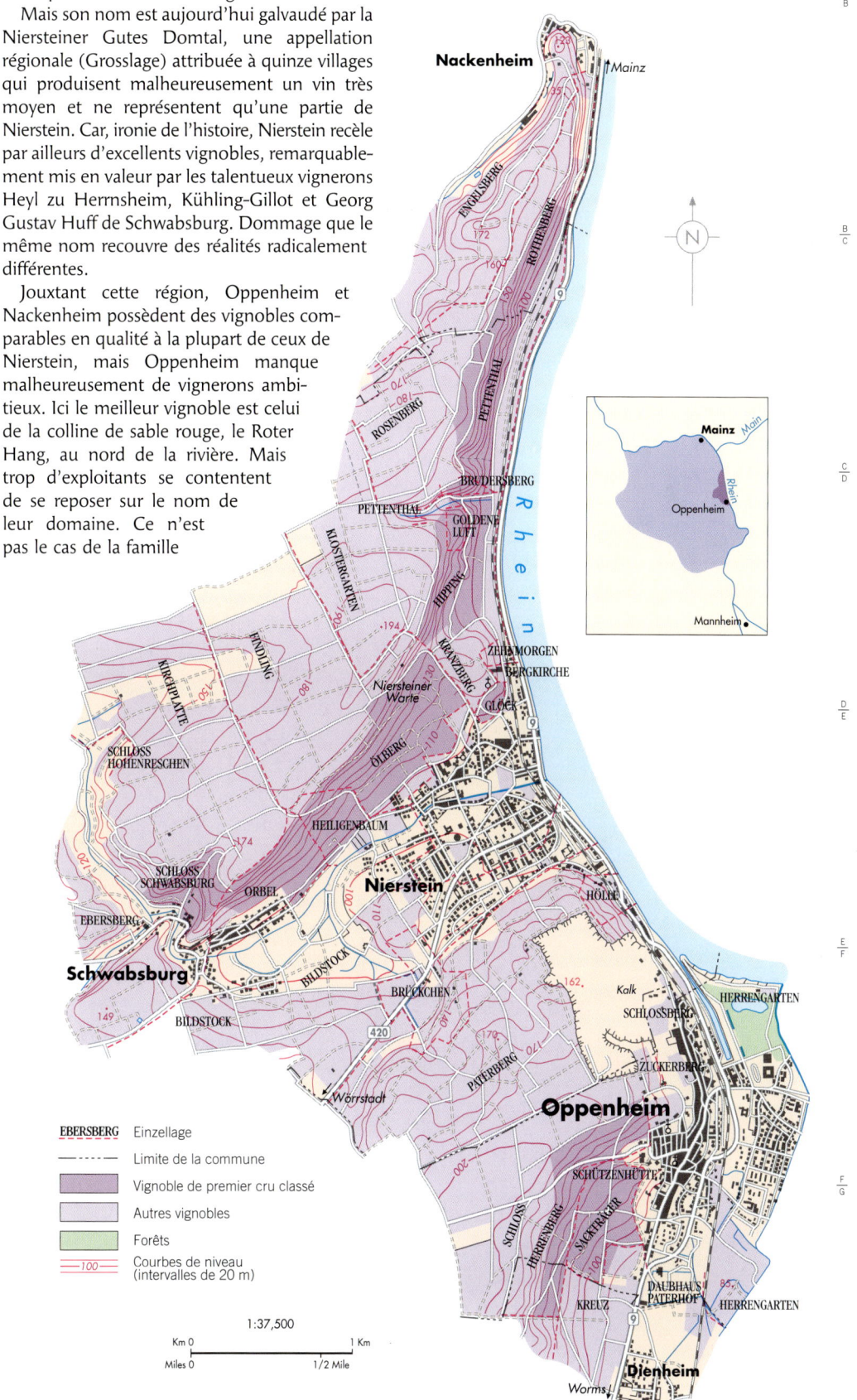

Nahe

Que peut-on attendre d'une région blottie entre la Moselle, la Hesse rhénane et le Rheingau ? Précisément le meilleur de ces trois régions. Les bonnes années, le vin de la Nahe a un fort goût de raisin, avec la même intensité et la même longévité qu'un vin de Moselle ; en même temps il a quelque chose de l'arôme plein, et des notes minérales d'un vin du Rhin. Sans oublier cette touche qui évoque l'antre de l'alchimiste.

Parallèle à la Moselle, la Nahe s'écoule vers le nord depuis les collines de Hunsrück pour rejoindre le Rhin à Bingen. Alors que la Moselle est régulièrement encadrée de vignes, les vignobles de la Nahe sont dispersés, surgissant çà et là lorsque que les rives de la rivière ou de ses affluents s'orientent vers le sud.

Le cœur historique de cette région vinicole se trouve sur les collines en amont de Bad Kreuznach, unique grande ville. Mais les meilleurs vins viennent aujourd'hui des vignobles situés à

Chaque mois d'août depuis 1987, l'artiste Johannes Helles peint de nouveaux motifs sur les cuves du domaine Schlossgut Diel à Burg Layen. La photo représente sa création pour 2006, un bon millésime. Fait rare, les bonnes années se sont succédé dans les années 2000.

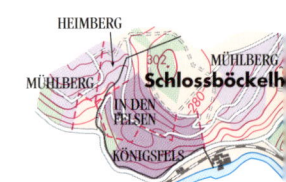

l'ouest, en amont de la Nahe, parfois dans de petites vallées en aval, et sont tous élaborés par de talentueux vignerons qui se sont récemment hissés sur la scène internationale. Malgré tout, ces terres sont aussi difficiles à travailler que celles de la Moselle et le nombre d'exploitants diminue d'année en année.

Ceux qui restent cultivent le riesling sur un quart de la surface totale. Le müller-thurgau a perdu du terrain et ne représente plus que 13 % de l'encépagement tandis que le dornfelder est la troisième variété la plus courante. La région produit pour un quart de vins rouges, vendus presque exclusivement en Allemagne. La majorité des blancs sont doux et fruités mais ceux de Helmut Dönnhoff, à Oberhausen, montrent que les vignobles de la région – notamment Hermannshöle à Niederhausen – peuvent donner de fantastiques blancs secs.

Les sites les plus célèbres situés en amont de la zone cartographiée se trouvent à 10 km à l'ouest de Monzingen. Ce sont deux vignobles de premier cru classé, sur les sols schisteux et rocailleux de Halenberg et à Frühlingsplätzchen dont les terres grasses et argileuses donnent un arôme légèrement piquant au vin. Emrich Schönleber est assurément le meilleur producteur du coin, tant pour ses vins doux que secs, et le plus remarquable de la Nahe, derrière Dönnhoff. Schäfer-Fröhlich est un autre propriétaire de talent.

La section où se trouve la plus grande concentration de grands vignobles est située sur la rive gauche, orientée plein sud, de la rivière qui enroule ses courbes successives autour des villages de Schloss Böckelheim, d'Oberhausen, de Niederhausen et de Norheim. Ces villages furent classés pour la première fois par le Contrôleur royal de Prusse dans sa classification des vignobles de la Nahe en 1901 (le VDP a réutilisé cette carte en 1990 pour attester de la qualité des vignobles). Le vignoble de Hermannshöhle, à Niederhausen, fut le premier à être classé, encourageant ainsi le gouvernement prussien à créer un nouveau domaine (Staatsweingut) l'année suivante. De grands travaux furent mis en route et l'on planta de la vigne sur les collines arides et les anciens sites des mines de cuivre. Des forçats furent réquisitionnés pour construire les murs immenses et les vignobles en terrasses de Kupfergrube (qui signifie « mines de cuivre ») à Schloss Böckelheim. Depuis lors, ses vins rivalisent avec ceux de Felsenberg pour obtenir la suprématie à Schloss Böckelheim.

Vers la fin des années 1980, le domaine d'État n'a plus été en mesure de jouer le rôle moteur pour lequel il avait été établi. Il est désormais entre les mains d'un groupe privé et a été rebaptisé Gutsverwaltung Niederhausen-Schlossböckelheim. À Bad Kreuznach, les grands

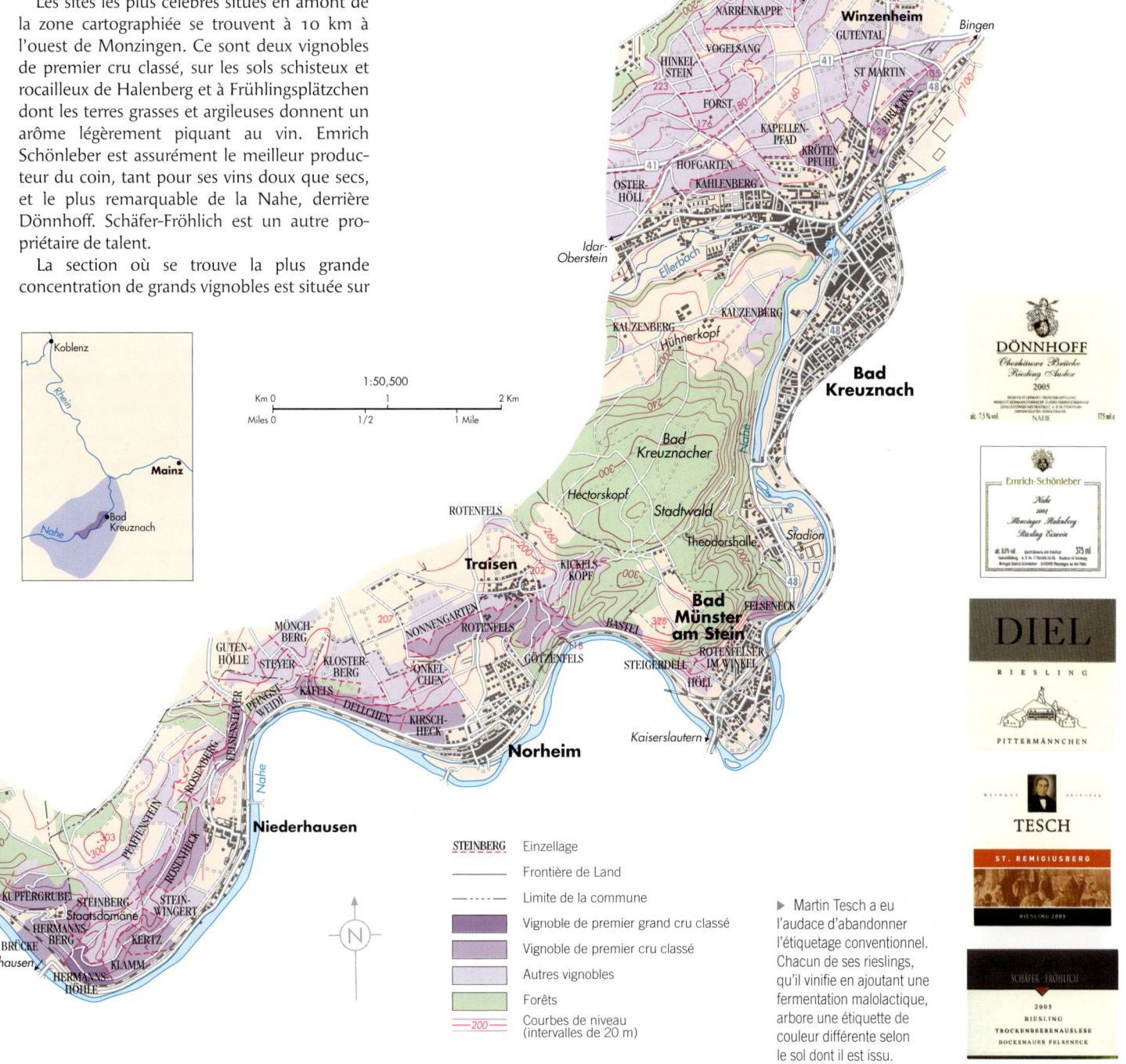

▶ Martin Tesch a eu l'audace d'abandonner l'étiquetage conventionnel. Chacun de ses rieslings, qu'il vinifie en ajoutant une fermentation malolactique, arbore une étiquette de couleur différente selon le sol dont il est issu.

Palatinat

domaines ont malheureusement vendu de nombreux vignobles. La grande bénéficiaire de ces bouleversements a été la propriété de Hermann Dönnhoff à Oberhausen, aujourd'hui gérée par son fils Helmut. Ce domaine est aujourd'hui le meilleur producteur de rieslings, élaborant une gamme variée de vins doux exceptionnels.

En amont de la boucle de Bad Munster, le précipice rouge des Rotenfels, censé être la falaise la plus élevée en Europe au nord des Alpes, bloque le cours de la rivière. Au pied de la falaise, on trouve des éboulis de terre rouge sur environ 30 m. Les pieds de vigne sont plantés serrés dans l'espace limité, profitant d'un sol idéal dans un site qui est un véritable piège à soleil. C'est le Traiser Bastei, un vignoble qui a un peu perdu de son prestige.

En aval, au nord de la carte détaillée, une série de vallées latérales abrite une région vinicole qui connaît actuellement un grand essor. À Langelongsheim, Martin Tesch fait des blancs très modernes, issus de vignobles d'une belle maturité. Pour ces vins à base d'un seul cépage, Tesch choisit des étiquettes décoiffantes qui tranchent avec le conservatisme allemand. Armin Diel, lui, a fait connaître Dorsheim grâce à ses vins parfois époustouflants. Kruger-Rumpf exerce ses talents à Münster-Sarmsheim, presque à l'orée de Bingen, où la Nahe jouxte le Rheingau.

La famille Dönnhoff a transformé une masure destinée aux ouvriers en lieu de dégustation, la « Türmchen ». Cette petite tour offre une belle vue sur la partie orientale et abritée du vignoble de Felsenberg à Schlossböckelheim. Une première dégustation de rieslings a eu lieu en 2006.

S'étendant sur 80 km au nord de l'Alsace, abrité par le massif montagneux du Haardt qui prolonge la chaîne des Vosges, le Palatinat est le plus grand et sans doute le plus fascinant vignoble d'Allemagne. Dotée du même atout que l'Alsace, cette région a le privilège d'être la plus ensoleillée et la moins humide du pays. Une route très tortueuse, la Deutsche Weinstrasse, l'équivalent de la route du Vin en Alsace, commence aux portes de l'Allemagne – au sens propre puisque l'on trouve un portail massif à Schweigen – et serpente vers le nord à travers les vignobles et les villages jusqu'à son point culminant dans le Mittelhaardt (section cartographiée en détail). Une bonne partie du vin de la région (qui répond au nom officiel de Südliche Weinstrasse) sort des caves des coopératives qui ont dépoussiéré leurs méthodes et amélioré l'image de la région, avec un vin offrant un bon rapport qualité-prix. Le Palatinat est aussi réputé pour ses petits domaines, gérés par de jeunes vignerons ambitieux qui ont fondé leurs propres organisations : Junge Pfalz (le jeune Palatinat), Freunde (amis), Pfalzhoch (le haut Palatinat) et Südpfalz Connexion, afin de promouvoir leurs ventes et leur image.

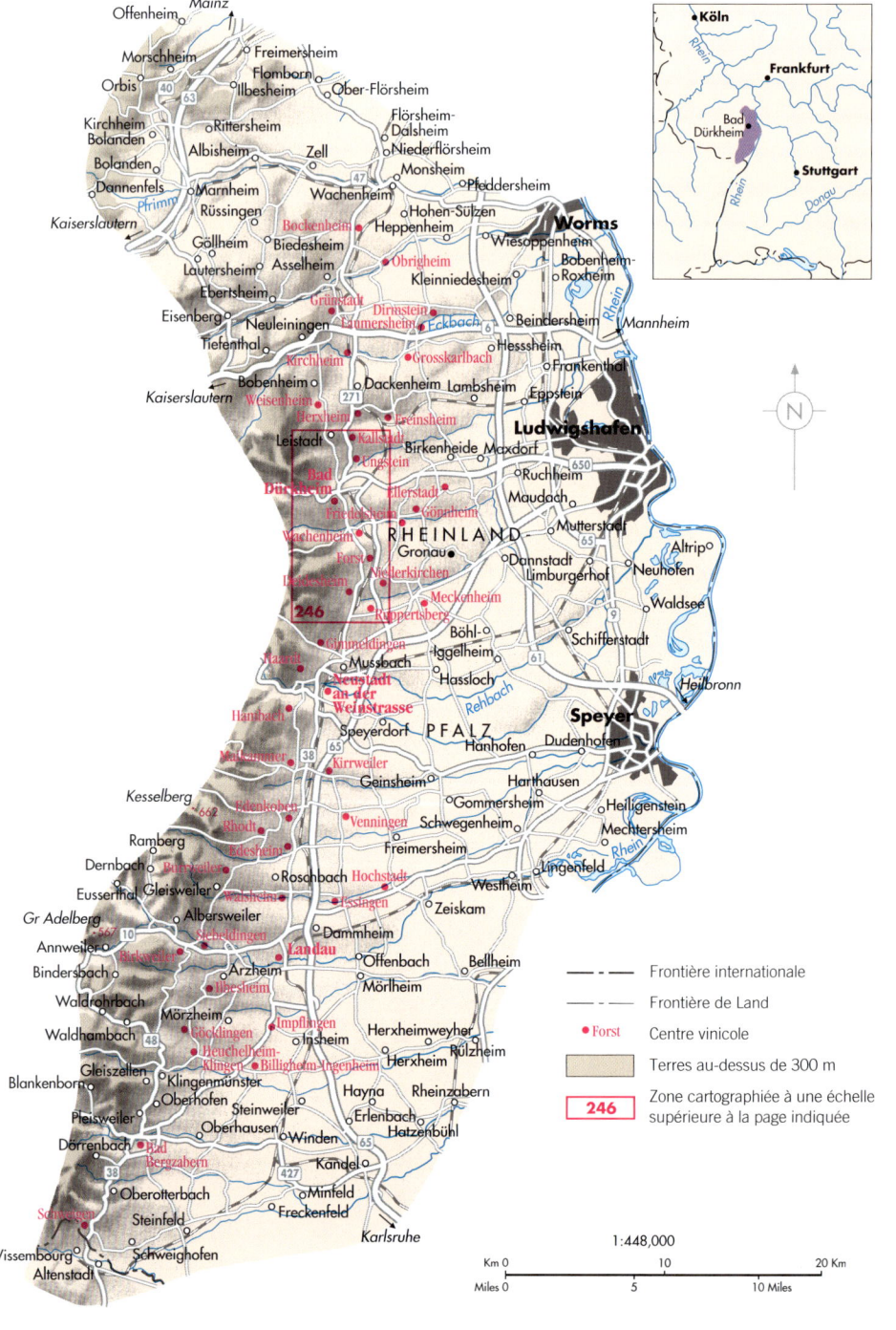

Le riesling est le cépage le plus abondamment planté, quoique le Palatinat ait été saisi par la passion du rouge, à l'instar d'autres régions. En 2005, plus de 40 % des vignobles étaient encépagés de variétés produisant du vin rouge comme le dornfelder qui a, du coup, supplanté le müller-thurgau. Comme le liebfraumilch est un vin moins demandé, le müller-thurgau est moins cultivé qu'avant et occupe actuellement la même surface que le portugieser rouge, cépage encore moins raffiné. Néanmoins, une riche variété de cépages couvre encore 45 % des vignes de la région. Le Palatinat est une région pionnière où les vignerons ont expérimenté toute une palette de nouveaux vins, rouges et blancs, à base de différentes variétés de pinots. Les weissburgunder, grauburgunder et spätburgunder (pinot blanc, gris et noir) sont de plus en plus appréciés par les producteurs qui se concentrent sur les vins secs et privilégient le vieillissement en petits fûts.

Même le cabernet-sauvignon peut être mené à maturité. Deux bouteilles de blanc sur trois sont des vins secs.

Tout cela a changé dans les années 1980 et 1990. Cette région a commencé à produire des vins enthousiasmants et gorgés de fruit grâce à des producteurs comme Rebholz, dans la zone très méridionale de Siebeldingen, et Müller-Catoir à Neustadt-Haardt. Ce dernier avait déjà ouvert la voie en montrant que de nouvelles variétés, le scheurebe, le rieslaner et le muskateller, donnaient de bons résultats. Heureusement, comme dans la Hesse rhénane, une nouvelle génération leur a emboîté le pas. Ces jeunes vignerons optent naturellement pour des rendements faibles et des vins secs et s'attachent à restituer ce qu'il y a de meilleur dans chaque cépage et chaque vignoble en expérimentant de nouvelles variétés sans tenir compte de la mode. Pour l'amateur éclairé, les vins du Palatinat sont un objet de pure satisfaction, qu'ils soient issus de viognier, de sangiovese ou de variétés plus traditionnelles, et qu'ils viennent de régions aussi septentrionales que Laumersheim ou que Schweigen au sud, ou encore Ellerstadt, tout à fait à l'est, à l'orée de Ludwigshafen.

Dans le Mittelhaardt, toutefois, le riesling reste le cépage roi. Il donne des vins d'une succulente richesse équilibrée par une acidité de grand ressort – même si son étiquette le désigne souvent comme un trocken ou d'un halbtrocken. Loin d'avoir la nervosité métallique d'un vin de la Sarre, il a une teneur en alcool plus élevée.

Trois célèbres producteurs ont traditionnellement dominé ce noyau du Palatinat : Bürklin-Wolf (un vigneron récemment reconverti dans la viticulture biologique, et qui ne fait pas partie du VDP dont il juge les normes trop floues), von Basserman-Jordan et von Buhl. Mais leur quasi-monopole de la qualité a disparu avec l'apparition de producteurs dynamiques et inventifs.

Situés sur les versants vallonnés et plein ouest des villages, les vignobles des Einzellagen atteignent souvent les cimes de l'excellence. Au sud, Ruppertsberg est l'un des premiers villages du Mittelhaardt. Ses meilleurs sites (Linsenbusch, Hoheburg, Reiterpfad, Nussbien ou Spiess) s'étendent sur des pentes douces et bien exposées, et sont principalement plantés de riesling.

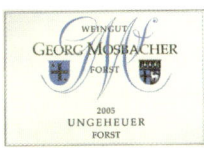

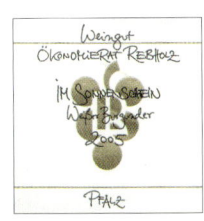

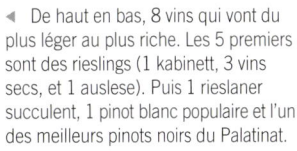

Le vin du village de Forst est réputé pour être le plus élégant du Palatinat ; les habitants le comparent volontiers à la haute flèche gracieuse de leur église. Ici, les meilleurs vignobles sont plantés sur des sols argileux, qui ont l'avantage de retenir l'eau ; en revanche, sur les hauteurs du bourg, les sols à base de terres noires et grasses, où affleure le basalte, sont riches en potassium et l'on se sert parfois de ce terreau pour nourrir les vignobles, comme à Deidesheim. Le Jesuitengarten et le Kirchenstück, les vignobles les plus célèbres de Forst, se trouvent derrière l'église. Freundstück (qui appartient en grande partie à Reichsrat von Buhl) et une partie d'Ungeheuer sont dans la même catégorie. Georg Mosbacher est un autre excellent producteur.

Plus récemment, Deidesheim, au sud, a été classé par de nombreux experts comme le meilleur village de toute la région (c'est aussi un des plus jolis villages d'Allemagne), pour ses vins aux arômes de miel particulièrement succulents. Von Basserman-Jordan et von Buhl y

◁ De haut en bas, 8 vins qui vont du plus léger au plus riche. Les 5 premiers sont des rieslings (1 kabinett, 3 vins secs, et 1 auslese). Puis 1 rieslaner succulent, 1 pinot blanc populaire et l'un des meilleurs pinots noirs du Palatinat.

Pas étonnant que le vin rouge gagne du terrain dans une région si sèche. Le dornfelder, variété hybride de raisin rouge créée en 1956, a été abondamment planté, si bien qu'il est le 2ᵉ cépage de la région.

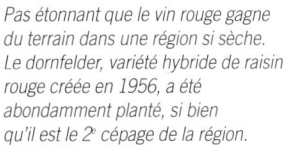

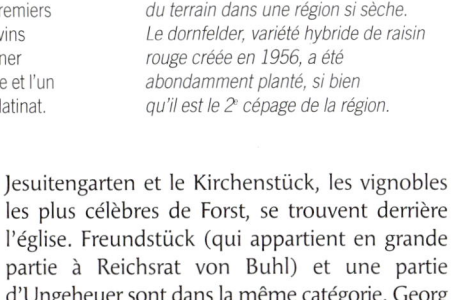

ALLEMAGNE | PALATINAT

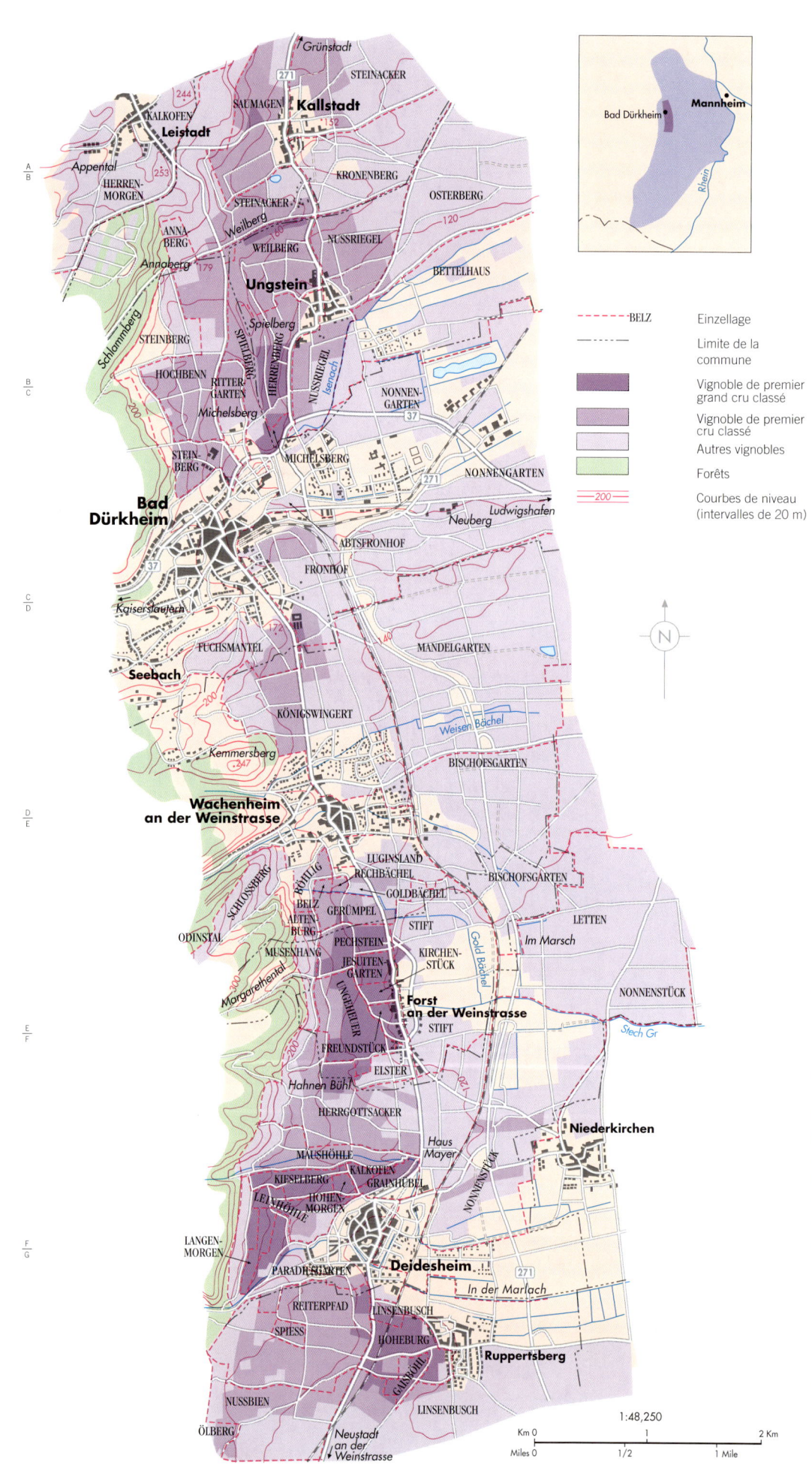

ont leur chai depuis longtemps, mais un nouveau venu, Josef Biffar, s'est déjà taillé une bonne réputation. Les meilleurs vignobles sont Hohenmorgen, Langenmorgen, Leinhöhle, Kalkofen, Kieselberg et Grainhübel.

Le village de Wachenheim, où est installé Bürklin-Wolf et où Erni Loosen, vigneron de Moselle, a acheté l'ancien domaine de J. L. Wolf, possède plusieurs petits vignobles très renommés ; Belz, Rechbächel, Goldbächel et Gerümpel y sont les premiers crus. Le vin de Wachenheim ne déploie pas des arômes complexes mais c'est un vin bien équilibré, avec un nez pur et d'une grande finesse. Wachenheim marque la limite du Mittelhaardt historique.

Avec ses 800 ha de vignobles, Bad Dürkheim est la plus grande commune vinicole d'Allemagne. Une foire aux saucisses (Wurstmarkt) s'y tient avant les vendanges et l'on y boit le rouge de Dürkheim (souvent fait à partir du cépage populaire du dornfelder) pour accompagner les saucisses. On y déguste également du blanc bien que le riesling soit ici minoritaire, sauf sur les meilleurs sites que sont Herrenberg et Spielberg. Bad Dürkheim a longtemps été le parent pauvre du Mittelhaardt mais de nouveaux producteurs, Thomas Hensel et Karl Schaefer, font d'excellents vins issus des vignobles en terrasses de Spielberg et de Michelsberg. Les raisins récoltés à Bad Dürkheim sont même achetés par les vignerons d'autres régions, tels que Markus Schneider à Ellerstadt, et Schäfer-Fröhlich à Bockenau, dans la Nahe, qui en font des vins estimables.

À partir de là, en direction du nord, on entre dans l'Unterhaardt, dont les paroisses les plus célèbres sont Ungstein et Kallstadt où Koehler-Ruprecht est le domaine vedette. Les premiers crus sont Saumagen (planté sur le site d'une ancienne carrière romaine) et Annaberg, célèbre pour son riche scheurebe. À Laumersheim, Knipser propose toute une gamme de vins très intéressants, des vins vieillis en fûts (rouges et blancs) aux rieslings secs des Grosses Gewächs.

Mais l'on trouve des vins extraordinaires au-delà des anciennes limites de cette dynamique région viticole, très au nord ou bien au sud de Ruppertsberg. Bref, des vins excellents, secs et souvent très vifs sont aujourd'hui produits sur l'ensemble de la région.

Comme le Palatinat est la région la plus ensoleillée d'Allemagne, c'est elle qui ressent le plus les effets du réchauffement climatique. Les précipitations annuelles sont faibles (400 m), deux fois inférieures à celles de la Moselle, et les vignes souffrent de la sécheresse. La canicule qui a frappé la région en 2003 et en 2005 est un argument de plus en faveur de l'irrigation.

Ce n'est pas le Palatinat mais Kaiserstuhl, dans le Land du Bade, dont le paysage vinicole a été profondément remodelé par l'homme. Dans la seconde moitié du XXe siècle, un plan national de rationalisation (Flurbereinigung) a rendu l'exploitation des vignobles plus facile, au prix de grands travaux qui ont restructuré le paysage.

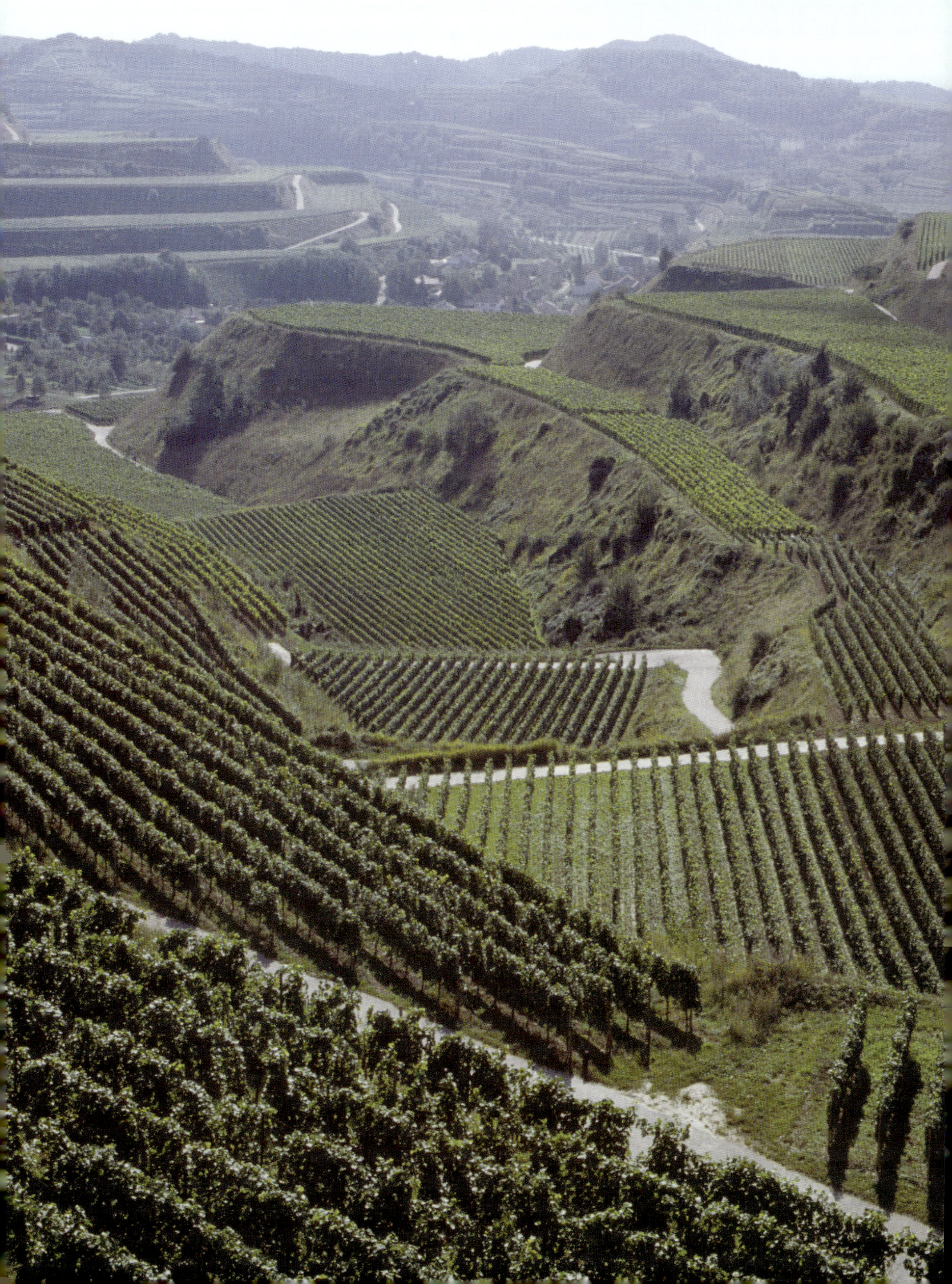

Bade et Wurtemberg

Bénéficiant d'un climat de plus en plus chaud, il n'est pas surprenant que le sud de l'Allemagne soit une région à fort caractère vinicole. De fait, le style des vins du Bade n'a rien à envier aux rieslings éthérés de la Moselle. Situé de l'autre côté du Rhin, en face de l'Alsace, le Bade produit des vins immanquablement secs, puissants (en 2003, de nombreux vins titraient à 15°), aux arômes de chêne. Ils accompagnent parfaitement les repas ; d'ailleurs on les trouve souvent sur les meilleures tables d'Allemagne et il est dommage qu'ils ne soient pas plus exportés.

Le spätburgunder, le grauburgunder et le weissburgunder, peut-être inspirés des cépages français, sont des cépages courants puisqu'ils sont respectivement la première, la troisième et la cinquième variétés plantées dans le Bade. En Allemagne, seule la région de l'Ahr produit plus de vin rouge que le Bade et le Wurtemberg, qui allouent respectivement 44 % et 71 % de leur superficie au raisin rouge. Dans le Bade, le spätburgunder couvre un tiers de l'encépagement.

Durant la seconde moitié du XXe siècle, un plan de rationalisation a été mis en œuvre. Le paysage vinicole a été profondément remodelé afin de faciliter le travail de l'homme et l'industrie a été modernisée. Les coopératives ont été les locomotives de ce mouvement, gérant jusqu'à 90 % de la récolte avec une grande efficacité. Cette proportion est tombée à 70 %, mais une bonne partie du vin est toujours commercialisée par l'immense coopérative Badischer Winzerkeller à Breisach, la ville-frontière sur le Rhin, entre Fribourg et l'Alsace.

Le vin vinifié par les coopératives s'améliore de jour en jour mais ce sont les petits producteurs talentueux, à l'autre bout de l'échelle, qui font aujourd'hui la réputation du Bade. Le professeur Heger à Kaiserstuhl, Bernhard Huber à Breisgau, Andreas Laible à Durbach et Salwey à Oberrotweil ont été les fers de lance de nouvelles techniques. D'autres producteurs ont suivi leur exemple. À Buhl, l'ancien sommelier hollandais Jakob Duijn ; à Kaiserstuhl, Karl Heinz Joner (au style plus californien qu'allemand) et Fritz Keller (fils de Franz Keller), qui a auparavant travaillé dans l'importation de vin et la gastronomie et qui est très influencé par la France.

Le Bade est un peu plus humide et plus nuageux que l'Alsace, de l'autre côté du Rhin, qui est protégée par le parapluie des Vosges. Situés entre la vallée du Rhin et la Forêt noire, dont les sapins noyés de brume composent l'un des plus beaux paysage du pays, les vignobles du Bade s'étendent sur 130 km. Les sites donnant les meilleurs vins sont sur les versants orientés au sud, et sur le plateau volcanique du Kaiserstuhl, surplombant la vallée du Rhin.

Le Kaiserstuhl et le Tuniberg fournissent un tiers de la totalité du vin du Bade. La majorité des terres se composent de loess mais les plus grands rouges (pinot noir) et les blancs les plus intenses, le grauburgunder (pinot gris), viennent des sols volcaniques qui leur donnent un caractère puissant et un arôme très charpenté. Le grauburgunder est d'ailleurs la spécialité du Bade, où se tient chaque mois de mai un colloque sur ce vin (à Endingen).

Kaiserstuhl jouxte la région de Breisgau où Bernhard Huber, implanté à Malterdingen, fait un des meilleurs spätburgunder d'Allemagne sur les terrasses du Bienenberg. Au nord, à Lahr, la famille Wöhrle a insufflé un nouveau souffle au domaine Weingut Stadt Lahr, qui produit des chardonnays et des pinots blancs purs et cristallins.

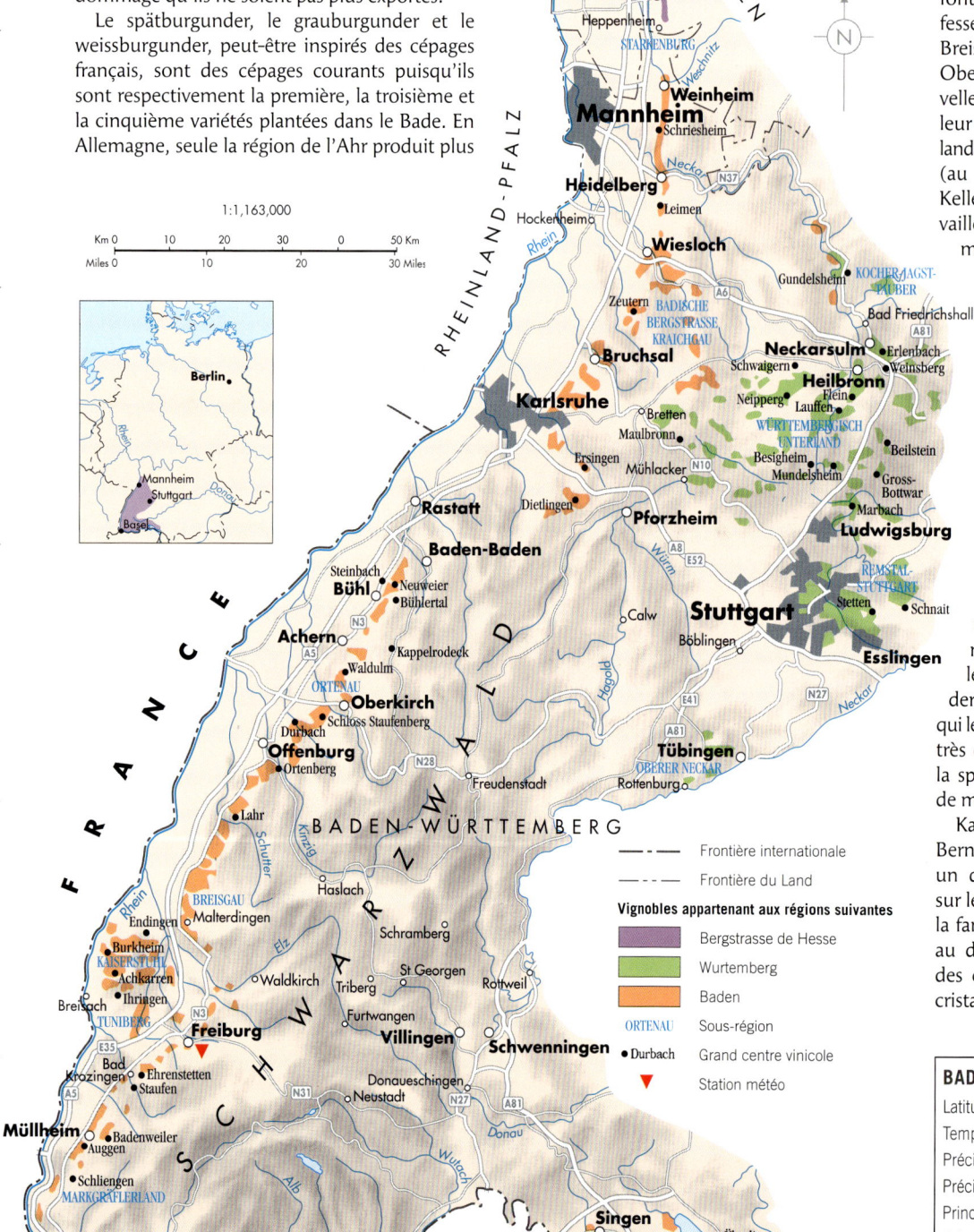

BADE : FRIBOURG

Latitude / Altitude 48° / 280 m
Température moyenne en juillet 19,2 °C
Précipitations annuelles moyennes 880 mm
Précipitations le mois des vendanges septembre 85 mm
Principaux dangers viticoles gelées de printemps
Principaux cépages spätburgunder, müller-thurgau, grauburgunder

Au nord, l'Ortenau est une petite région située en aval de la célèbre station thermale de Baden-Baden, dans la Forêt Noire, qui donne des vins de qualité – essentiellement des rouges. À Durbach, le riesling est roi, mais il est connu ici sous le nom de klingelberger. Les principaux producteurs sont les propriétés seigneuriales du Margrave de Bade (Schloss Staufenberg) et du comte Wolff Metternich, mais la palme de l'excellence revient à Andreas Laible et Schloss Neuweier. Plus au nord, les régions du Kraichgau et du Badischer Bergstrasse ont été regroupées en une seule région vinicole (Bereich) malgré leurs différences ; elles partagent toutefois un point commun : élaborer leurs meilleurs vins à partir des cépages de riesling et de grauburgunder exclusivement plantés sur les meilleurs sols.

À l'opposé, tout à fait au sud, la région du Markgräflerland, située entre Fribourg et Bâle, a pour cépage favori le gutedel. Cette variété locale du chasselas suisse donne un vin frais et léger, qui manque parfois de puissance.

Le chardonnay est une autre variété parfaitement adaptée, tandis que des producteurs, tels que Fritz Wassmer à Bad-Krozingen-Schlatt, ont remis le spätburgunder au goût du jour.

Autour de Meersburg et du lac Bodensee, tout à fait au sud du Bade, se trouve la contrée de Seewein (littéralement « lac de vin ») où l'on cultive traditionnellement un weissherbst de couleur légèrement rosée, assez sec, fait à partir d'un cépage de spätburgunder.

Les domaines Kress de Hagnau, Stiftskeller Konstanz et Staatsweingut Meersburg font des très bons blancs à partir du müller-thurgau, le principal cépage dans la région, et de weissherbst. Leurs pinots blancs sont très élégants.

Le Wurtemberg, en dépit de l'étendue de ses vignobles (c'est la quatrième région vinicole), reste plus connu pour ses voitures (fabriquées à Stuttgart) que pour ses vins. Mais l'exemple de Rainer Schnaitmann, un vigneron de talent à Felbach, dans les environs de Stuttgart, suggère que le Wurtemberg est en train de vivre la même révolution vinicole que dans la Hesse rhénane. La région, qui s'étend, comme le Bade, bien au-delà des limites de cette carte (voir page 225), fait plus de rouge ou de rosé weissherbst que de blanc. Le trollinger est la variété la plus cultivée et le lemberger, un cépage qui occupe la quatrième place derrière le riesling et le schwarzriesling, donne au Wurtemberg des rouges originaux et convaincants. Le climat est plus continental qu'ailleurs et pas toujours clément pour les vignerons qui choisissent donc leurs sites avec prudence, le long du Neckar et de ses affluents, et au nord de Stuttgart, où sont concentrés les trois quarts des vignobles. Comme partout en Allemagne, ce sont les rieslings parfumés qui dominent mais il n'empêche que le Wurtemberg est aussi un pays de vins rouges. Des expériences intéressantes ont été faites avec le cépage frühburgunder et même certaines variétés de bordeaux rouge.

Tout à fait au nord, au-delà de Mannheim, l'on trouve une microrégion viticole, le Bergstrasse de Hesse qui produit surtout des rieslings secs consommés localement.

▶ Ces exemples illustrent à quel point les étiquettes et le profil vinicole de l'Allemagne ont changé. Du haut en bas, 8 vins du Bade (pinots rouges et blancs) et 2 vins du Wurtemberg. Le rouge de Simonroth est un assemblage de merlot et de cabernet franc.

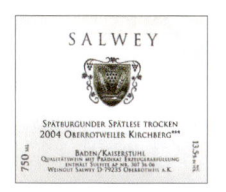

Vendanges en plein brouillard matinal à Kaiserstuhl (voir photo p. 247) En les remodelant par de grands travaux, l'homme a rendu ces terres (auparavant aussi pentues que le site en p. 224) plus faciles à travailler.

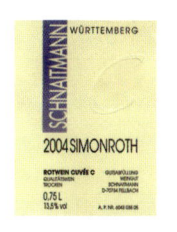

Le reste de l'Europe
et le bassin méditerranéen

Vignobles suisses méticuleusement entretenus à Chamoson, dans le Valais, premier canton vinicole du pays.

Angleterre

Pour les viticulteurs des pays méditerranéens, le vin anglais est un bon sujet de plaisanterie. Comment voir mûrir le raisin à cette latitude, dans un climat pluvieux aux étés frileux ? Pourtant, les vignerons irlandais, belges, néerlandais et danois y parviennent alors qu'ils sont tout aussi éloignés de l'équateur que leurs homologues britanniques. Et il est vrai que l'Angleterre a un passé vinicole : au Moyen Âge, les vignobles des monastères couvraient de vastes domaines et produisaient de bons vins. Sans l'acquisition du Bordelais (grâce au mariage d'Henry II avec Éléonore d'Aquitaine, en 1152), ces vignobles auraient sans doute poursuivi leur activité. Mais ils ont disparu vers la fin du Moyen Âge. Pour que le vin anglais sorte de l'oubli, il a fallu attendre les années 1950.

L'Angleterre et le **pays de Galles** ont aujourd'hui retrouvé une belle assurance puisque 870 ha de vignobles sont disséminés dans toute la moitié méridionale du pays, avec une forte concentration dans le sud-est et une pléthore de petits vignobles (plus de 360 au total) dans le sud du West Country, le long des vallées de la Tamise et de la Severn, et dans l'East Anglia, région la plus sèche d'Angleterre. Le plus grand vignoble est celui de Denbies, dans le Surrey, avec 107 ha – exception notable dans un secteur où la superficie moyenne des vignobles est inférieure à 2,3 ha. Ces petites propriétés dépendent largement du tourisme pour écouler leur récolte.

L'Angleterre produit surtout du vin blanc qui, comme en Allemagne, est de plus en plus sec. Le seyval blanc, le müller-thurgau, le reichensteiner et le bacchus sont les cépages les plus populaires mais les raisins à champagne, chardonnay, pinot noir et pinot meunier gagnent en popularité. Les cépages rouges à maturation précoce, comme le dornfelder et le rondo, sont de plus en plus plantés, et la qualité globale des vins rouges s'est considérablement améliorée. Les vins pétillants qui fermentent en bouteilles – à partir de cépages de chardonnay et de pinot noir – sont peut-être le meilleur atout de l'Angleterre et le meilleur concurrent du champagne, à prix similaire. Après tout, il n'y a guère de différence entre les sols crayeux de Champagne et ceux de la région anglaise des Downs, et il est clair que le réchauffement climatique est un avantage pour l'Angleterre. Jusqu'alors le vin était régulièrement et fortement chaptalisé. Mais le changement de climat et les progrès réalisés après des essais un peu hésitants portent leurs fruits ; chaque année, des producteurs chevronnés proposent de bons vins, rouges et blancs. Les importations sont meilleur marché, mais les vins faits en Angleterre et au pays de Galles ont un caractère bien à eux, acide, aromatique et vif, et vieillissent mieux que la plupart des blancs plus corsés.

Les vins anglais et gallois, classés officiellement comme vins de qualité, vins régionaux ou vins de table du Royaume-Uni, n'ont rien à voir avec le vin britannique (British wine), ce nom s'appliquant (de manière un peu confuse) au jus de fruit concentré et fermenté importé en Grande-Bretagne depuis des pays où il est extrêmement bon marché.

Nyetimber, dans le Sussex, n'a apparemment pas grand-chose à voir avec un paysage vinicole. Mais la région a les mêmes caractéristiques que la Champagne, et c'est pourquoi un couple américain s'y est implanté dans les années 1990.

ANGLETERRE : ODIHAM

Latitude / Altitude 51° 14' / 120 m
Température moyenne en juillet 16,9 °C
Précipitations annuelles moyennes **700 mm**
Précipitations le mois des vendanges octobre **60 mm**
Principaux dangers viticoles **absence de maturité, pluie d'automne, nouaison inégale**
Principaux cépages **seyval blanc, reichensteiner, müller-thurgau, bacchus**

▼ Deux des premiers producteurs à s'être taillé une excellente réputation pour leur vin comparable au champagne. Ridgeview a appelé son vin Merret, du nom du gentleman anglais qui aurait appris aux Champenois à conserver leur vin pétillant, au XVIIe siècle.

Suisse

Au-dessus du lac de Thun, un paysage typiquement suisse où la vigne joue un rôle moins prépondérant que les Alpes ou le tourisme. Longtemps, le vin suisse a surtout été connu des touristes pour son fendant et sa dôle, aux bouteilles encapsulées. Mais comme partout ailleurs, la qualité des vins s'améliore.

Le vin suisse était jusqu'à une période récente une sorte d'État dans l'État, un privilège réservé à d'heureux élus et auquel le monde moderne, y compris à l'intérieur de la Suisse, n'avait pas forcément accès. Après des décennies d'isolement, la Suisse a fini par sortir de sa coquille et produit aujourd'hui plus de rouge que de blanc. Le marché du vin est complètement libéralisé depuis 2001 et, en 2006, les derniers obstacles à l'importation de vins étrangers ont été levés.

Les Suisses sont de grands amateurs de vin et n'exportent que 2 % de leurs récoltes. Faire du vin, quel qu'il soit, en Suisse où les coûts sont élevés, est inévitablement onéreux. Le royaume du lait et de la finance ne sera jamais en mesure de produire du vin de masse bon marché. D'ailleurs, les producteurs suisses se concentrent de plus en plus sur des vins à la singularité très marquée. Ce qui n'est pas surprenant car chaque vignoble, voire chaque grappe de raisin, est une propriété en soi. Le pays dispose de 15 000 ha de vignobles appartenant à des milliers de viticulteurs à plein temps ou à mi-temps qui s'occupent avec un soin jaloux de leurs propriétés impeccables et souvent spectaculaires, les considérant comme des jardins plus que comme des entreprises commerciales.

Le soin scrupuleux accordé à la vigne, grâce à l'irrigation dans les parties les plus sèches du Valais, a permis à la Suisse d'obtenir des rendements aussi élevés qu'en Allemagne. En parvenant à produire de telles quantités, en chaptalisant si nécessaire, les Suisses ont rendu la viticulture rentable, en dépit des conditions topographiques et d'un coût de la vie élevé. Dans la cave, la fermentation malolactique courante (à la différence de l'Allemagne et de l'Autriche) compense l'âpreté naturelle excessive des raisins.

La Suisse a les vignobles les plus élevés d'Europe et héberge la source de deux des plus grands fleuves vinicoles du monde, le Rhône et le Rhin, qui naissent sur le mont Saint-Gothard.

Chaque canton suisse cultive du raisin pour faire du vin. Au cours de ces dernières années, quatre cinquièmes de la production totale du vin du pays ont été faits dans les cantons occidentaux, dans la Suisse romande où l'on parle français. Le canton du Valais a supplanté celui de Vaud en tant que premier producteur de vin. Genève est le troisième canton, suivi par celui du Tessin au sud (où l'on parle italien) qui produit l'essentiel du vin rouge du pays.

Les Suisses boivent deux fois plus de rouge que de blanc aussi, depuis le début de ce siècle, nombre de vignobles ont été replantés de variétés de raisin rouge, notamment le pinot noir.

Le cépage le plus planté de la Suisse reste le pâle chasselas, qui parvient à avoir du caractère dans les sites les plus favorisés (voir carte page suivante). Ce cépage domine la production dans le canton de Vaud et joue un rôle important dans celle du Valais, de Genève et de Neuchâtel. On trouve dans le Valais et dans d'autres parties de la Suisse romande des parcelles de pinot gris, de pinot blanc, de sylvaner, de marsanne, de chardonnay, de sauvignon blanc et de viognier. Dans la partie orientale, en Suisse germanophone, le cépage blanc le plus répandu est le müller-thurgau, créé par le professeur Müller de Thurgau. Parfois appelé riesling-sylvaner, il perd cependant du terrain au profit des variétés de rouge.

Le principal cépage à l'origine des vins rouges, très à la mode et de plus en plus remarquables, est connu sous le nom de blauburgunder, clevener ou pinot noir. Il est cultivé dans tout le pays à l'exception du Tessin qui se concentre sur le merlot, importé de Bordeaux en 1907 après les ravages du phylloxéra dans la région.

Mais les vins les plus élégants de la Suisse ont tendance à provenir d'un des nombreux cépages locaux : petite arvine, amigne, humagne blanc, païen (heida) et rèze pour les blancs, cornalin et humagne rouge pour les vins rouges. En Suisse germanophone, le compléter, le räuschling, un cépage historique et l'elbling sont les variétés favorites ; dans le Tessin, c'est le bondola rouge. Parmi ces variétés, la petite arvine, le completer, le cornalin rouge et l'humagne peuvent donner des vins excellents. De nouvelles variétés, issues de croisements hybrides, sont par ailleurs en train d'être plantées, par exemple le gamaret, le garanoir, le diolinoir et le carminoir pour les rouges. Certains producteurs à l'est du pays ont planté des hybrides résistant aux maladies.

La **Suisse orientale** produit 17 % de la récolte de raisin du pays, en général dans des sites où le pinot noir, appelé ici blauburgunder, est susceptible de mûrir – ce cépage a été importé de France pendant les guerres du XVIIe siècle. La qualité de ces vins s'améliore constamment et donne d'excellents résultats, notamment à Schaffhausen, à Thurgau et à Bündner Herrschaft où la vigne acquiert une belle maturité grâce au vent chaud d'automne, le föhn. Le blanc favori de la région est l'austère et antique completer.

L'échelle de la qualité dans l'autre région de vin rouge de la Suisse, le **Tessin**, est encore plus étendue. Le merlot varie du franchement éhonté au meilleur des vins qui, s'il mûrit sur des pentes bien situées, soutient la comparaison avec les grands vins de Toscane.

À l'ouest du pays, les vignobles dont les pentes sont exposées au sud, au-dessus du lac de Neuchâtel, sont dédiés au pinot noir et au chasselas, et donnent des vins délicats dans les trois couleurs, souvent animés par le léger pétillement procuré par un contact prolongé avec les lies. Tous les producteurs de **Neuchâtel** mettent en vente leur chasselas non filtré, variation bienvenue d'une recette traditionnelle, le troisième dimanche de janvier chaque année. Des vins semblables à ceux de Neuchâtel sont faits au nord-est, sur le lac de Bielersee, avec un pinot noir particulièrement bon, sur des petites parcelles au-dessus de Schafis, Ligertz et Twann.

▶ L'une des deux étiquettes de Neuchâtel représente un célèbre rosé local, l'Œil de Perdrix. Les autres vins, originaires de Suisse germanophone, incluent un räuschling (blanc sec) et un pinot noir particulièrement impressionnant.

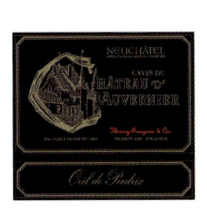

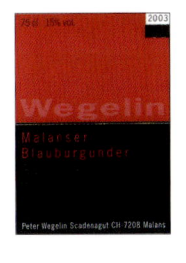

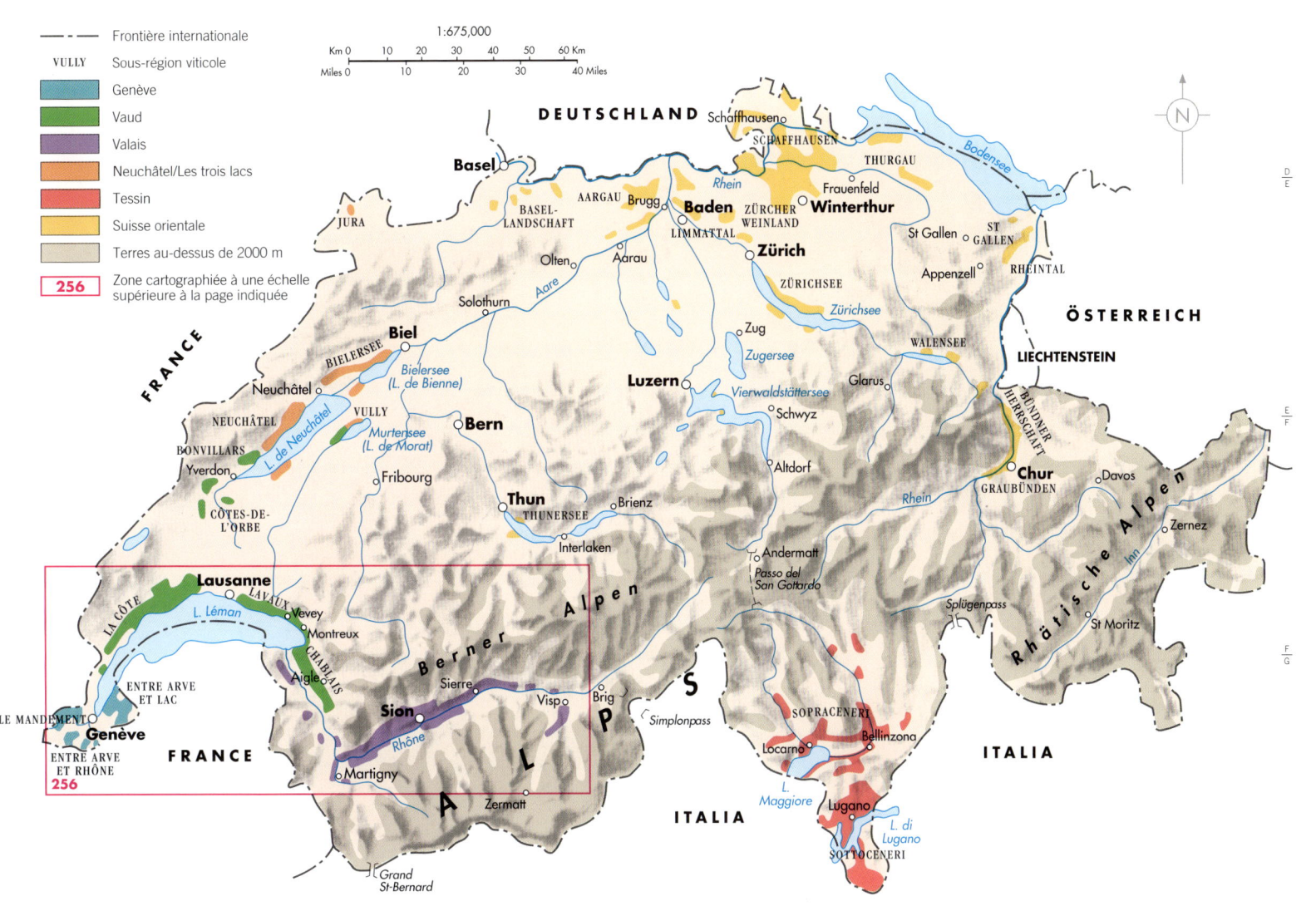

Valais, Vaud et Genève

Les pentes raides du Valais, la vallée où le jeune Rhône a creusé son lit dans les Alpes, sont suivies de pentes plus douces dans le canton de Vaud, où les eaux du Rhône s'élargissent avant d'entrer dans le lac Léman. Une bande presque continue de vignobles orientés au sud est accrochée à la rive nord du fleuve et du lac, répartis sur trois cantons qui produisent à eux seuls les trois quarts du vin suisse : le Valais, laboratoire d'expérimentation ; le Vaud, cœur traditionnel de la Suisse vinicole où les moines cisterciens venus de Bourgogne plantèrent les premières vignes il y a plus huit siècles ; et Genève qui s'efforce de relever la qualité de ses vins.

Dans le haut du **Valais**, les conditions alpines (soleil intense et sécheresse l'été) donnent des vins très concentrés et très mûrs. Les précipitations moyennes à Sion, grand centre viticole, ne représentent pas les deux tiers de celles du Bordelais. De nombreux producteurs ont construit des bisses, canalisations pour recueillir l'eau des montagnes et irriguer leurs vignes.

Les premières vignes sur le Rhône poussent près de Brig : des cépages traditionnels comme le lafnetscha, l'himbertscha, le gwäss (gouais blanc) et l'heida renvoient à l'époque où le tunnel du Simplon et le chemin de fer n'avaient pas encore transformé l'économie valaisanne. Juste au sud-ouest, à Visperterminen, se trouvent les plus hauts vignobles d'Europe (1 100 m), presque dans l'ombre du Matterhorn.

La production de vin à grande échelle commence un peu avant Sierre (l'endroit le plus sec de toute la Suisse) et se prolonge sur une distance de 50 km jusqu'à Martigny, où sont implantés de nombreux producteurs de vins de base du Valais, le fendant blanc (nom local du chasselas) et la dôle rouge (un mélange de pinot noir et de gamay, mais certaines dôles sont faits uniquement à base de pinot).

Un quart des vignes du Valais est cultivé par de petits propriétaires et la récolte est vinifiée par Provins, la plus importante coopérative. Cette dernière a fait des progrès notables en matière de qualité, mais ce sont les petits producteurs inventifs qui ont ouvert la voie, particulièrement avec les vins rouges qui représentent actuellement plus de 60 % de la production totale du Valais. Les cépages traditionnels, comme le cornalin fruité et le humagne rouge rustique, sont de plus en plus souvent remplacés par le pinot noir et le gamay, mais aussi par la tannique syrah, qui s'est bien acclimatée loin de son foyer originel, la vallée du Rhône française.

Parmi les trente cépages à peau fine cultivés dans le Valais, la petite arvine est celle qui remporte le plus de succès. C'est autour de Sion et de Martigny, où le climat aride est bénéfique, que ce cépage donne le meilleur de lui-même. Les blancs du Valais sont en général très puissants, qu'ils proviennent du johannisberg (sylvaner), de l'ermitage (marsanne), et de la malvoisie (pinot gris, parfois flétri, à la fois fort et sucré). Ils sont aussi issus du chardonnay ou de l'amigne (spécialité du village de Vétroz), de l'humagne blanc (sans relation avec le rouge,

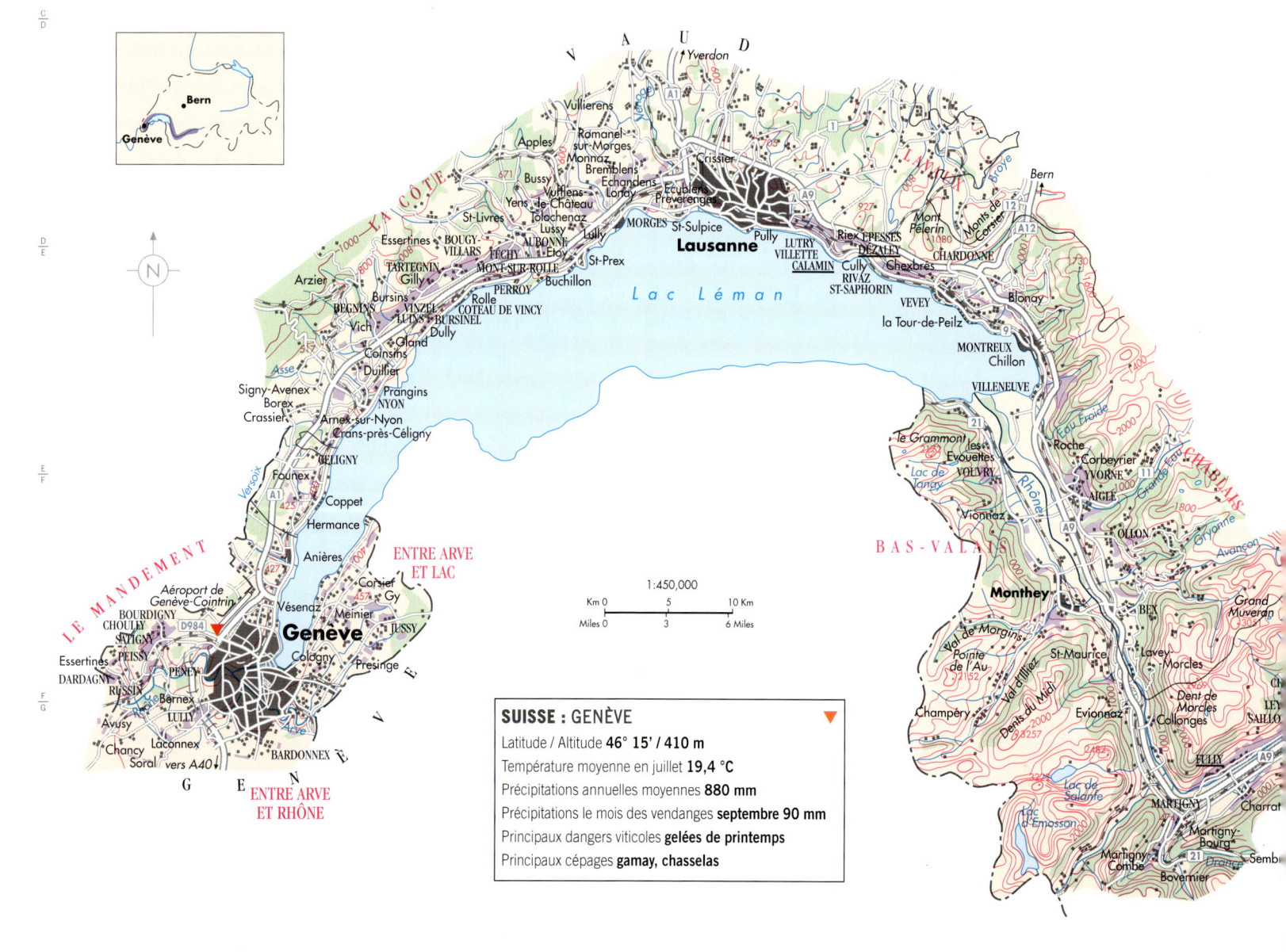

SUISSE : GENÈVE
Latitude / Altitude **46° 15' / 410 m**
Température moyenne en juillet **19,4 °C**
Précipitations annuelles moyennes **880 mm**
Précipitations le mois des vendanges **septembre 90 mm**
Principaux dangers viticoles **gelées de printemps**
Principaux cépages **gamay, chasselas**

apparemment), ou du païen (heida). La rèze est cultivée à Sierre et vieillie très haut dans les Alpes, dans le val d'Anniviers, pour donner un vin rare, proche du sherry, le Vin de Glacier.

Les vignobles du **Vaud**, favorisés par l'influence tempérée du lac Léman, sont très différents : 63 % d'entre eux sont consacrés à un seul cépage, le chasselas, mais les rouges gagnent rapidement du terrain. Les rendements sont encore trop élevés – avec une moyenne supérieure à 100 hl/ha – pour produire un vin très enthousiasmant, même s'il existe quelques vignobles isolés qui donne les vins de chasselas les plus expressifs au monde.

La jolie rive en terrasses au nord du lac est divisée en deux zones : Lavaux (qui comprend les vignobles situés entre Montreux à l'est et Lausanne et La Côte qui se déploie sur un arc moins glorieux et moins spectaculaire, de l'ouest de Lausanne à la ville de Genève.

Au sein de Lavaux, les meilleurs villages viticoles sont, dans l'ordre ascendant, Chardonne, Rivaz, Epesses et Saint-Saphorin ; leur réputation remonte au Moyen Âge. Ici deux grands crus, calamin et dézaley, font l'objet d'une estime toute particulière et atteignent des prix faramineux. Calamin, tout petit vignoble de 7 ha, se trouve dans Epesses. Les 55 ha de dézaley comprennent des propriétés comme le Clos des Abbayes et le Clos des Moines, qui appartiennent tous deux à la ville de Lausanne. À l'intérieur de ces crus, le chasselas peut prendre une expression nerveuse, fumée, pierreuse, en fonction des terroirs et des expositions, les meilleurs vignobles bénéficiant de la lumière réfractée par le lac et de la chaleur accumulée par les terrasses de pierre érigées par les cisterciens. Les meilleurs vins de La Côte viennent en général des villages de Féchy, de Bougy-Villars, de Mont-sur-Rolle et de Morges.

La région de **Genève** est celle qui a le plus évolué au cours des années passées. Le gamay y a supplanté le chasselas et est le principal cépage du vignoble genevois, suivi par le pinot noir, le gamaret et le garanoir. La coopérative, auparavant pilier de la production, se cantonne désormais aux vins de table et s'approvisionne dans trois zones, principalement à Mandement (Satigny en est la principale commune viticole), qui donne le chasselas le plus mûr et le plus aromatique. Les vignobles qui se situent entre l'Arve et le Rhône sont plus neutres, et ceux qui sont entre l'Arve et le lac sont assez secs et donnent des vins pâles.

Les vignobles de Visperterminen situés en altitude dans le Valais, vus d'un télésiège. Surmontant tous les obstacles, les viticulteurs suisses cultivent chaque centimètre carré de terrain, même au sommet des montagnes.

Comme dans le Valais, le rythme est donné par un petit groupe de viticulteurs ambitieux qui ont montré que l'innovation (planter du merlot et du sauvignon blanc, par exemple) peut être plus gratifiante que la tradition. Le village de contes de fée de Dardagny, par exemple, a aujourd'hui la réputation de produire un pinot gris aux arômes d'une vivacité exceptionnelle.

- - - Frontière internationale
——— Frontière de canton
CHABLAIS Sous-région viticole
VINZEL Principale commune viticole
CALAMIN Grand cru
▨ Vignobles
▨ Forêts
—1000— Courbes de niveau (intervalles de 200 m)
▼ Station météo

▼ La petite arvine (étiquette bleue) est l'inestimable cépage du Valais. Le cornalin est une autre variété locale et le chasselas (deuxième en partant de la droite) est l'atout majeur du canton de Vaud.

Autriche

Les amateurs de vins qui ont eu la chance de déguster la palette des vins blancs d'Autriche, si intensément purs et secs (trocken), savent que par plus d'un côté, ceux-ci ressemblent plus aux vins d'Alsace qu'aux vins allemands. On y décèle la fraîcheur du Rhin, mais il n'y a guère de ressemblance avec les vins autrichiens d'il y a 25 ans, avant la révolution vinicole du pays.

La majorité du vin autrichien provient d'une région autour de Vienne, à l'extrémité est du pays, là où les Alpes descendent jusqu'à la grande plaine pannonienne qui sillonne la Hongrie ; surnommée Weinland Osterreich (le Pays du vin de l'Autriche), la région offre des conditions extrêmement variables pour la viticulture. S'y côtoient des sols schisteux, sablonneux, argileux, du gneiss, du limon, du loess fertile, mais aussi des champs arides et d'autres perpétuellement verts, des précipices montagneux surplombant le Danube et les eaux tranquilles du lac de Neusiedler.

Le climat farouchement continental de l'Autriche et ses rendements moyens relativement modestes donnent le jour à des vins plus forts qu'en Allemagne. Les saveurs fruitées les plus courantes sont celles que l'on rencontre dans le raisin blanc autochtone, le grüner veltliner, cultivé sur plus d'un tiers de la surface viticole du pays. Ce n'est guère un raisin qui a une longue histoire en Autriche, mais au cours des 50 dernières années, il a fait ses preuves, car il s'est parfaitement acclimaté. Le grüner peut être très désaltérant par sa fraîcheur et son goût fruité ; il est doté par ailleurs d'une bonne dose d'acidité et d'une saveur dont l'onde de résonance se situe quelque part entre le pamplemousse et l'aneth. Dans des mains expertes et des zones propices (notamment en amont de Vienne), le grüner peut aussi vieillir très honorablement en bouteille.

Au nord de Vienne, la campagne ondoyante et boisée du prolifique **Weinviertel**, avec ses églises baroques et ses charmants villages, est typique de l'Europe centrale. La barrière des collines slovaques protège la région de la chaleur provenant de la plaine pannonienne au sud-est, de sorte que les vins produits ici sont les plus frais et les plus légers du pays. Mailberg produit des rouges qui sont parmi les meilleurs d'Autriche grâce au climat tempéré de cette vallée particulièrement bien abritée. Le cépage rouge employé à tout venant est le blauer portugieser, mais le zweigelt autrichien est meilleur.

Le grüner veltliner cultivé dans le Weinviertel est la riposte de l'Autriche aux Appellations d'origine contrôlées françaises. La DAC (*Districtus Austriae Controllatus*), comme la DOC de l'Italie et la DO de l'Espagne, donne la préférence aux labels géographiques. Deux autres régions, le Traisental (pour le grüner veltliner et le riesling) et le Mittelburgenland (pour le blaufränkisch) ont entre-temps aussi adhéré au système, et d'autres régions s'y préparent.

Jusqu'à encore très récemment, presque 70 % du vin autrichien était blanc. Le grüner veltliner prédominait (et prédomine toujours), le welschriesling et le riesling étaient également importants, mais aujourd'hui, le consommateur réclame du rouge. Le zweigelt, le blauer portugieser et le blaufränkisch représentent à eux trois environ un cinquième des vignes. La révolution vinicole du pays s'est répercutée sur la cartographie des vins, entraînant une vague de nouvelles délimitations géographiques et une flopée de régions rebaptisées.

Quoique la polyculture prédomine dans le **Traisental** et dans le **Donauland**, ces régions produisent néanmoins un excellent grüner veltliner, ainsi que le roter veltliner, ce cépage à la peau rouge sans rapport avec le grüner veltliner. Trois des plus illustres producteurs du pays sont Markus Huber von Reichersdorf de Traisental, Benhard Ott de Feuersbrunn et Karl Fritsch d'Oberstockstall dans le Donauland. Aux abords de Vienne, mais techniquement encore dans le Donauland, se trouvent les caves monastiques et l'influente école nationale du vin de Klosterneuburg.

Les vins rouges ordinaires sont l'apanage de **Carnuntum**, la région viticole la plus au sud et la plus chaude de la Basse Autriche (Niederösterreich), le meilleur cépage étant de nouveau le zweigelt. Protégée au nord par les montagnes et par les fameuses forêts de Vienne, elle est sujette à l'influence pannonienne, un peu comme le Burgenland au sud. Les villages sans doute les plus propices à la viticulture sont Göttlesbrunn et Höflein ; ailleurs, le froid peut être fatal pour les vignes en hiver et les étés peuvent être trop secs. Gerhard Markowitsch est le meilleur producteur de cette région.

Aucune capitale n'est aussi intimement liée au vin que **Vienne**, où plus de 700 ha de vignes occupent toujours le terrain, jusqu'aux lignes de

▼ Suivant l'exemple des AOC en France, l'étiquette DAC à l'extrême gauche ne fait volontairement pas mention du nom grüner veltliner, comme d'ailleurs la Réserve Personnelle d'Ott, issue du Donauland. Les trois sauvignons blancs haut de gamme de la Styrie, ici-bas, sont précédés par une spécialité de la Thermenregion, le vin rouge St Laurent.

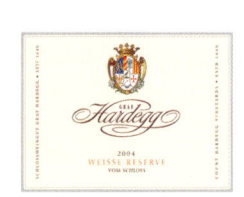

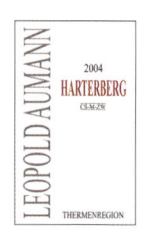

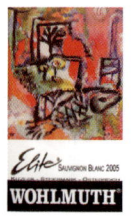

Les vignobles de Weingut Sepp Muster, près de Leutschach dans le sud de la Styrie, sollicitent la protection divine, même s'ils n'en ont généralement pas besoin dans une région si méridionale, car le climat continental qui y règne suscite des étés particulièrement chauds.

tramway au cœur même des quartiers résidentiels. Vienne propose sa propre biennale du vin, exceptionnellement élégante, la VieVinum, qui a lieu dans la splendeur du palais impérial, où les délicats verres à pied, spécialité dans laquelle l'Autriche excelle, au même titre que la Bohème voisine, ne manquent pas.

Une grande partie du vin de Vienne est le heurige, qui se boit dans des Heurigen – mots difficiles à traduire, mais qui se rapportent au vin nouveau et aux tavernes couvertes de feuilles où il est bu, dans une ambiance qui peut aussi bien être un piège à touristes qu'un coin de paradis. Chaque viticulteur, semble-t-il, est également aubergiste, notant à la craie sur un tableau les vins à boire sur place ou à emporter, et leurs prix (fort raisonnables). Un bon heurige est sensationnel : vivace, effervescent, agréablement enivrant. C'est en majorité du grüner veltliner. Sinon, on trouve du weiss burgunder (pinot blanc), du traminer et du müllerthurgau, ou encore du riesling.

Les vignobles se propagent également au sud de la capitale, dans la **Thermenregion**, qui doit son nom à ses sources thermales et qui est entourée par les derniers contreforts alpins face à l'ardente plaine hongroise. À la différence des vignobles viennois, ceux de la Thermenregion sont trop loin du Danube pour bénéficier de la fraîcheur que celui-ci diffuse. Cependant, la Thermenregion cultive aussi la tradition des Heurigen, les foules de touristes en moins. Elle se concentre présentement sur le pinot noir et son pendant autrichien, le St Laurent, en plus du chardonnay et du pinot blanc ; parmi les blancs autochtones, citons le vif zierfandler et les rotgifler et neuburger, plus lourds.

Au sud, la **Steiermark** (en Styrie) a peu en commun avec le nord de l'Autriche. Pendant des décennies, elle n'a produit que des vins secs similaires aux vins slovaques. Ses vignobles très dispersés ne représentent que 7 % des vignobles du pays et pourtant la réputation de son sauvignon blanc intensément nerveux (parfois boisé), de son chardonnay et de son welschriesling, est sans pareil en Autriche. Le traminer est une spécialité issue des sols volcaniques de Klöch dans le sud-est de la Styrie, tandis que le schilcher rosé, issu d'un cépage rare, le blauer wildbacher, est une spécialité de l'Ouest.

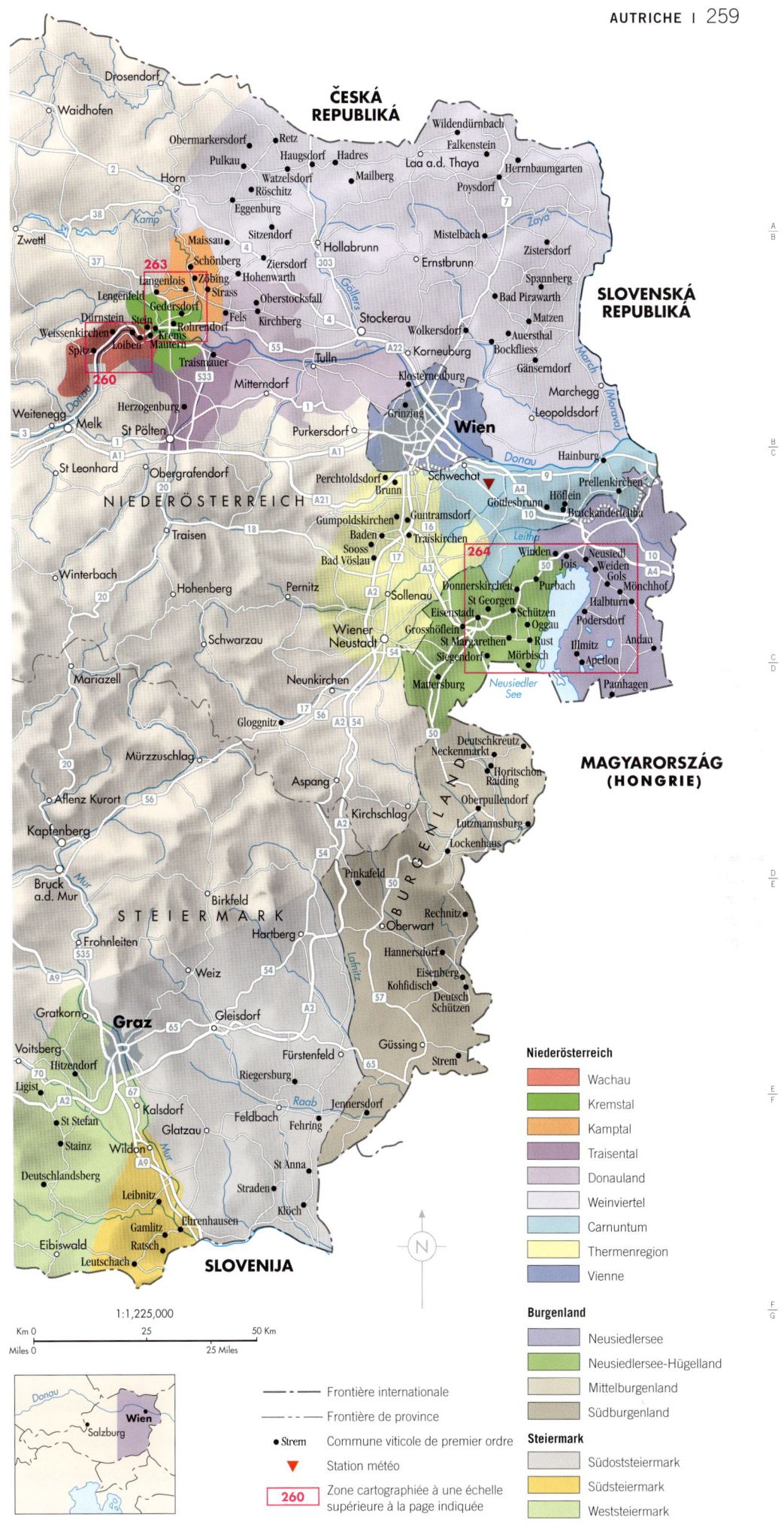

AUTRICHE : VIENNE

Latitude / Altitude **48° 04' / 180 m**
Température moyenne en juillet **19,8 °C**
Précipitations annuelles moyennes **665 mm**
Précipitations le mois des vendanges **septembre 40 mm**
Principaux dangers viticoles **gelées printanières**
Principaux cépages **grüner veltliner, zweigelt, blauer portugeiser, welschriesling, riesling, blaufränkisch**

Niederösterreich
- Wachau
- Kremstal
- Kamptal
- Traisental
- Donauland
- Weinviertel
- Carnuntum
- Thermenregion
- Vienne

Burgenland
- Neusiedlersee
- Neusiedlersee-Hügelland
- Mittelburgenland
- Südburgenland

Steiermark
- Südoststeiermark
- Südsteiermark
- Weststeiermark

— Frontière internationale
— Frontière de province
• Strem Commune viticole de premier ordre
▼ Station météo
260 Zone cartographiée à une échelle supérieure à la page indiquée

Wachau

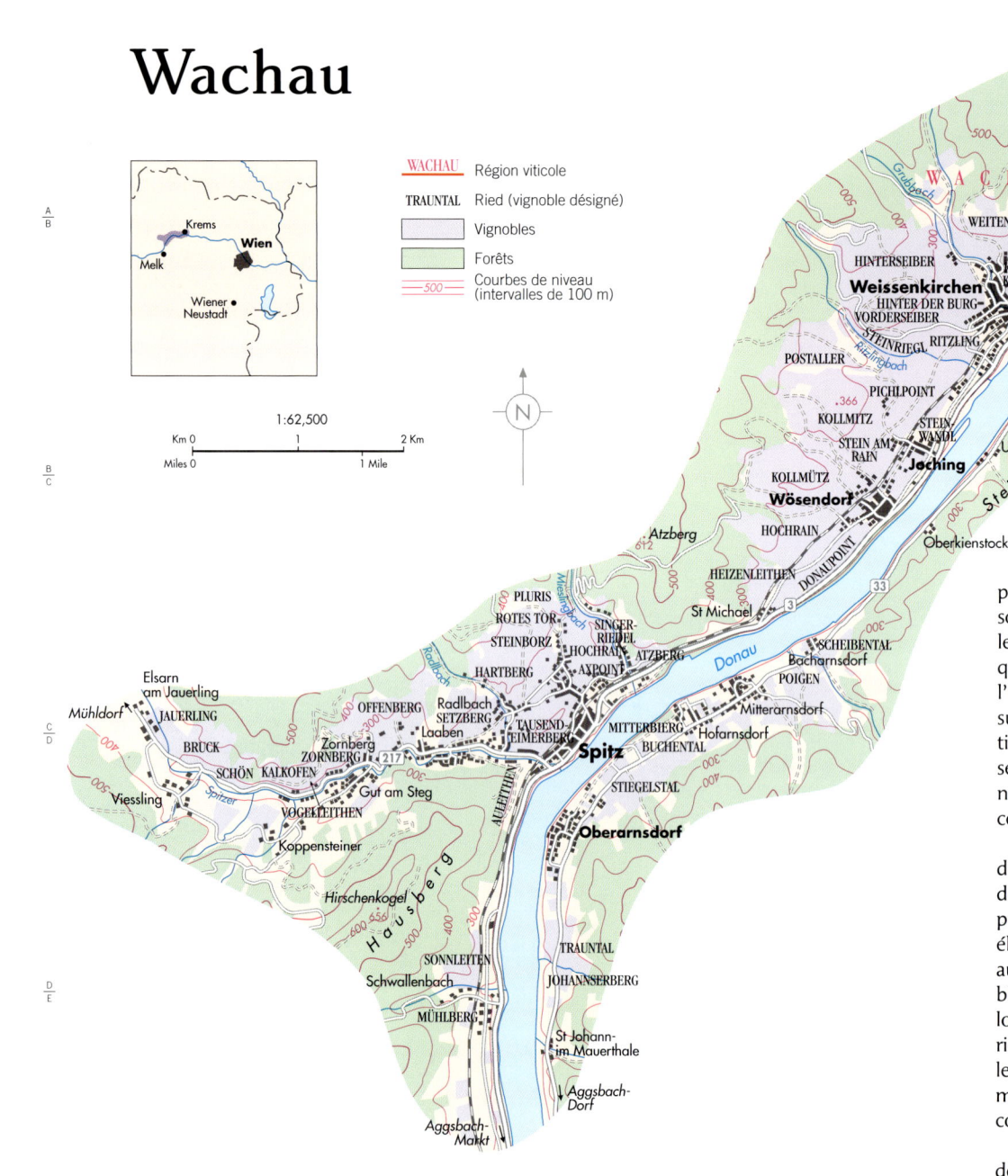

Si une région a besoin d'un atlas pour expliquer son histoire, c'est bien la Wachau, point de rencontre de climats nordiques et méridionaux, et mosaïque de sols et de rochers variés. À 65 km en amont de Vienne, les eaux amples et grises du Danube fendent une chaîne de collines haute de 490 m. Le long d'une courte portion de la rive nord, aussi accidentée et escarpée que celle de la Moselle ou de la Côte-Rôtie, les vignes s'entrecroisent le long de corniches et de saillies et bordent les sentiers étroits qui remontent de la rivière aux forêts sur les hauteurs.

Par endroits, la terre forme une couche profonde ; ailleurs, le rocher guette juste sous la surface. Certains endroits sont ensoleillés toute la journée, d'autres semblent être toujours à l'ombre. C'est le propre de la Wachau, la plus illustre des régions vinicoles de l'Autriche, même si ses 1 500 ha de vignes ne représentent que 3 % des vignes plantées dans le pays.

La géographie est un facteur décisif dans la différenciation des vins de la Wachau (presque invariablement des blancs secs ou demi-secs). L'influence des brûlants étés pannoniens qui réchauffent la vallée du Danube jusqu'à l'extrémité est de la Wachau ne se propage pas plus loin à l'ouest. Dans ces vignobles à bas rendement, le raisin peut atteindre un taux d'alcool potentiel de 15 % ou plus. Toutefois, les vins sont loin d'être des monstres pulpeux, car la nuit, les vignes sont rafraîchies par le vent du nord qui descend des hauteurs boisées. En plein été, l'irrigation peut être de mise pour ces vignobles sur leurs terrassements escarpés (les précipitations annuelles étant souvent en dessous du seuil minimal acceptable de 500 mm), mais les nuits fraîches compensent et le Danube agit comme un régulateur de chaleur naturel.

Le grüner veltliner était le raisin traditionnel de la Wachau et il donne ce qu'il a de mieux : des vins très vifs, un peu verts, vigoureux, presque poivrés. Les meilleurs se prêtent à un élevage aussi poussé, et avec des résultats tout aussi intéressants, que les grands bourgognes blancs. Le grüner veltliner se plaît sur les sols de loess et de sable qui recouvrent les berges. Le riesling s'est donc vu relégué vers les endroits les plus hauts et les plus escarpés, sur les gisements moins fertiles de gneiss et de granite qui couronnent la colline. La clientèle en est ravie.

Les rieslings supérieurs de la Wachau laissent deviner une minéralité propre à la Saar, leur charpente rivalisant avec la plénitude d'un riesling Alsace grand cru. Les producteurs de tels vins sont Hirtzberger à Spitz, Prager à Weissenkirchen, FX Pichler à Oberloiben, Emmerich Knoll, la famille Tegernseerhof, mais aussi Leo Alzinger à Unterloiben, Johann Schmelz et Josef Jamek à Joching, Rudi Pichler à Wösendorf et la coopérative Freie Weingärtner Wachau, à Dürnstein. Le chêne nouveau n'est pas utilisé ici, quoiqu'il y ait eu quelques essais avec du raisin botrytisé.

Les producteurs de la région ont un système propre pour désigner les vins : un système qui prend en compte le goût local, en fait. Le steinfeder est un vin léger avec une teneur en alcool

◂ Un échantillon de l'élite des producteurs de la Wachau – mais il y en a une ribambelle. Il est vraiment très rare de tomber sur un vin décevant ou bâclé dans cette contrée extrêmement cohésive. Même la coopérative est d'un niveau nettement supérieur.

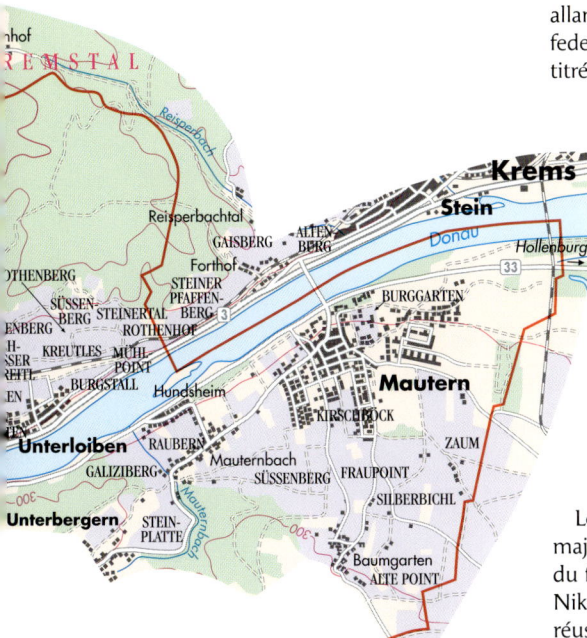

allant jusqu'à 11 %, il est à boire jeune. Le federspiel est issu de raisins un peu plus mûrs ; titré à 11,5-12,5 %, il est bon à boire dans les cinq premières années. Enfin le Smaragd est un vin très ample, qui dépasse (souvent de beaucoup) les 12,5 %. Ce vin mérite un élevage de six ans et plus.

L'influence nordique, plus fraîche, est à son apogée à l'ouest de Spitz, tandis que la Haute et la Basse Loiben bénéficient d'un climat sensiblement plus tempéré que Weissenkirchen. Dürnstein, dont le château fut la prison de Richard Cœur de Lion, est la capitale naturelle de la Wachau et le summum scénique de la vallée. Son clocher baroque, son château en ruine et ses vignobles pentus sont d'un romantisme irrésistible.

Les meilleurs vins de la Wachau sont en majorité issus de vignes situées sur la rive nord du fleuve. Cependant au moins un producteur, Nikolaihof, produit des vins biodynamiques réussis autour de Mautern, sur la rive sud. Les fongicides sont rarement nécessaires dans ce climat sec qui sied à la viticulture organique.

Le fait que cette mosaïque de vignobles longue de 20 km réunisse non moins de 900 sites indépendants, ou *Rieden*, n'est guère surprenant. Leur démarcation est encore trop floue pour qu'elles puissent être représentées avec précision sur une carte, mais s'il fallait en élire une, ce serait Achleiten, au nord-est de Weissenkirchen. La combinaison d'ardoise et de gneiss donne au vin une signature minérale que les dégustateurs reconnaîtront même les yeux bandés, faute de quoi ils feraient mieux de jeter l'éponge. L'association des producteurs de vin de la Wachau, la Vinea Wachau, fait le serment (son « Codex Wachau ») de produire uniquement des vins de la plus grande pureté et expressivité.

Au premier plan, le vignoble très escarpé de Schreiberberg domine les eaux bleues de l'imposant Danube et son trafic fluvial touristique. Dürnstein la jolie est en aval. Le paysage laisse rapidement deviner pourquoi quasiment la totalité des vignes sont plantées sur la berge nord du fleuve.

Kremstal et Kamptal

Lorsque l'Autriche s'est lancée à la conquête des amateurs de vins blancs secs de par le monde, la Wachau était en tête de liste, mais il ne leur a pas fallu longtemps pour s'apercevoir que les régions voisines du Kremstal et du Kamptal produisaient des vins d'un style semblable – et souvent à des prix plus intéressants.

Les jolies villes jumelles de Stein et Krems marquent la frontière est de la Wachau et le début du Kremstal, région semblable mais légèrement moins dramatique. Ici les vignobles, y compris le légendaire (Steiner) Hund, poussent sur de l'argile et du calcaire, conférant une densité particulière au riesling et au grüner veltliner.

La région du **Kremstal** s'étend au nord et au sud du Danube, en majorité sur du loess singulièrement mou - mi-terre, mi-rocher – source de quelques grüner veltliner de renom mais aussi de certains rougesamples. Le Kremstal est une zone intermédiaire entre la spécificité de la Wachau et la plus grande variété du Kamptal, exposée plus bas. Par endroits, l'altitude et l'escarpement dans la région sont tels que l'on y a recours au terrassement, comme dans la Wachau.

Parmi les producteurs talentueux, Malat et Nigl obtiennent des blancs racés aussi concentrés que nombre des bons vins produits dans la Wachau. Autre producteur notable : Salomon Undhof, dont les vins en bouteille offrent un bon rapport qualité/prix et qui s'est investi dans l'industrie du vin en Afrique du Sud. La cave de Stadt Krems et ses vignobles (propriété de la ville) sont gérés par Fritz Miesbauer depuis 2003. Miesbauer était précédemment œnologue à la coopérative Freie Weingärtner Wachau. Le patrimoine ancien de la municipalité inclut le vignoble de Wachtberg, lequel date du XIIe siècle.

L'imposant chai du plus grand producteur autrichien, Lenz Moser, remplit 18 millions de bouteilles par an et se trouve dans le Rohrendorf, sur les collines plus basses et plus sablonneuses de l'est du Kremstal.

Le **Kamptal**, cette zone fertile qui sert de tampon entre le Kremstal et le Weinviertel, est une source de vins tellement exceptionnels qu'il a été baptisé le K2 de l'Autriche (la Wachau faisant figure de mont Everest). Ses vignobles, exposés au sud, souvent sur des sols où le loess prédomine, et protégés du froid nordique par des montagnes, bénéficient d'un climat et d'une exposition très semblables à ceux du Kremstal et de la Wachau à l'ouest. Son altitude plus basse fait que le Kemptal est environ 1 °C plus chaud que la Wachau et qu'il produit des rieslings et des grüner veltliner d'une densité comparable, ainsi qu'une gamme un peu plus variée d'autres cépages, souvent de moindre qualité. Ici, l'influence fluviale principale n'est pas l'ample Danube qui coule vers l'est, mais le Kamp, un affluent du Danube qui coule vers le sud et diffuse des températures plus fraîches la nuit. Il en résulte des interprétations sensiblement plus vivaces des deux plus illustres cépages de vins blancs secs de l'Autriche.

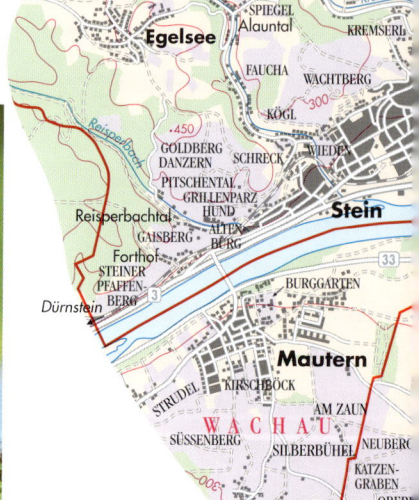

Une vision inattendue au milieu des vignes à Langenlois dans le Kamptal – le fameux centre des Visiteurs du Loisium, conçu par l'architecte Steven Holl en 2003. En plus de ses vins, notamment autochtones, l'Hôtel Loisium offre un restaurant, un spa avec traitements à base de vin et ce musée du vin.

▶ Le chai de Fred Loimer (étiquette du haut) rappelle le bâtiment du Loisium sur la photo (p.262) – toutefois rares sont les étiquettes de ces producteurs consacrés qui n'adhèrent pas à une présentation classique. Les couleurs vives semblent être évitées. Comme dans la Wachau, le grüner veltliner et le riesling prédominent ici.

Les centres vinicoles les plus importants sont Langenlois, ville vinicole depuis des siècles ; Zöbing, qui est réputé pour son vignoble de Heiligenstein ; et Gobelsburg, dont le grand château a été remarquablement restauré depuis 1996 par Michael Moosbrugger, le prédécesseur de Fritz Miesbauer à la cave coopérative de la Freie Weingärtner Wachau. Son partenaire au château est Willi Bründlmayer, le prestigieux producteur de Langenlois – quoique les frères Jurtschitsch y produisent aussi de très fins grüner veltliner et riesling.

Fred Loimer est un autre protagoniste clé, notamment par son remarquable chai, véritable boîte de magicien. Revenant aux méthodes traditionnelles dans ses caves souterraines, il a fait des essais de fermentation avec de grandes barriques en chêne. Loimer a été une inspiration pour toute une nouvelle génération de producteurs plus jeunes et passionnés.

Les amateurs de vin qui visitent le Kemptal sont vivement exhortés à découvrir l'exceptionnel Hôtel Loisium à Langenlois : dédié au vin, il incorpore un musée du vin, un spa à base de vin et un restaurant dont la carte des vins offre des grüner veltliner expertement préservés qui remontent jusqu'aux années 1930.

Burgenland

Le Burgenland jouxte la frontière hongroise et de fait, Sopron, région hongroise de vin rouge, forme une enclave dans le Burgenland. Mais les berges plates et souvent sablonneuses du lac de Neusiedl, sorte de marais gigantesque de plus de 32 km de long et profond d'1 mètre seulement, sont aujourd'hui le berceau un tantinet invraisemblable du fleuron des vins blancs et rouges doux en Autriche : le **neusiedlersee**.

Ce recoin vinicole anodin s'est construit une notoriété internationale en un laps de temps très court. Après la Seconde Guerre mondiale, moins de 100 ha de vignes poussaient entre les étangs marécageux de la rive est du lac, autour de villages tels qu'Illmitz et Apetlon qui arboraient encore des routes en terre et n'avaient pas l'électricité. Les amples rues des villages sont toujours bordées de simples chaumières. Il n'est guère étonnant d'y voir des voitures tirées par des chevaux. Les alentours sont si plats et les pourtours du lac si touffus de grands roseaux qu'il est rare d'apercevoir le lac. Une butte de 25 m est élevée avec vénération au rang de colline.

Cette description d'une grande contrée vinicole a de quoi surprendre. Son secret, c'est le lac peu profond, recouvert de brume pendant les longs automnes tempérés, favorisant tellement le botrytis ou la pourriture noble que l'une après l'autre, les grappes de raisin acquièrent l'apparence d'avoir été trempées dans de la cendre. Cette région vinicole est la plus chaude d'Autriche, complètement exposée à l'influence pannonienne ; ainsi les raisins rouges (cultivés ici dans un paysage qui rappelle celui du Médoc) mûrissent de manière fiable chaque année, mais les brumes matinales contribuent à les garder relativement fermes. Et l'ingrédient final, ce sont des producteurs de vins qui sont parmi les plus sensés, curieux et cosmopolites du monde.

Alois Kracher père et fils ont beaucoup contribué à placer Illmitz sur la carte mondiale des vins, avec leur extraordinaire gamme de vins blancs doux (souvent des assemblages expertement conçus) créée dans le vignoble et dans un chai très simple qui sert aussi de laboratoire. Chaque année, une série de prélèvements est réalisée en fonction de la profondeur du botrytis – plus le numéro de la cuvée est élevé, plus le vin sera merveilleusement sucré. Le chardonnay et le welschriesling sont deux cépages qui s'allient particulièrement bien dans leur illustre Trockenbeerenauslesen. Maintenant Kracher produit aussi des vins en Californie (K&K) et à Málaga. Angerhof-Tschida est un autre producteur notable d'Illmitz, et Willi Opitz fait aussi parler de lui. Ces vins richement dramatiques, d'une douceur intense, sont produits soit à l'ancienne, dans de grands fûts anciens en chêne, soit de manière plus concentrée, dans le style moderne qui fait sourire les œnologues des coopératives françaises.

Le Burgenland cultive une gamme de raisins plus variée que toute autre région en Autriche : les cépages rouges blaufränkisch et zweigelt sont déjà nettement plus répandus que le grüner veltliner. Le welschriesling, le chardonnay et le weissburgunder (pinot blanc) sont également des cépages appréciés pour la production de vins blancs, quel que soit leur niveau de douceur. Rentrent aussi dans la production des vins de la région le neuberger, le muskateller (muscat ottonel), le saint-laurent, le sämling 88 (scheurebe) et le cabernet sauvignon, mais les vins doux sont la spécialité historique de la région.

Les meilleurs neusiedlersee rouges proviennent généralement de vignobles (légèrement) plus hauts et plus éloignés du lac, autour des villages de Frauenkirchen, Mönchhof et Gols. Ici aussi, l'introduction de nouveaux fûts de chêne français a ajouté de la rigueur au raisin local zweigelt et saint-laurent, tous deux des cépages avec peu de tannin à la base. Pour chaque millésime, des producteurs comme Paul Achs, Gernot Heinrich, Hans et Anita Nittnaus, Juris, Unathaum, Josef Pöckl et Schloss Hatburn produisent des vins rouges supérieurs dont la qualité semble à chaque fois meilleure.

De l'autre côté du lac, dans le **Neusiedlersee-Hügelland**, commencent de vraies collines (ce qui amène souvent de la vraie pluie), qui constituent la chaîne du Leithaberg, laquelle a prêté son nom à un groupe de producteurs particulièrement attachés à leur terroir, avec son architecture baroque encore plus splendide et une sérieuse tradition de vins fins. Historiquement, le vin le plus réputé du Burgenland provient de Rust, où Feiler-Artinger est le producteur le plus réputé. Le ruster ausbruch était régulièrement comparé au tokaji

◀ Les vins les plus célèbres du Burgenland sont les vins blancs doux d'Alois Kracher, très riches, nets et vibrants. Des vins blancs doux de qualité supérieure sont aussi produits à Rust, tandis que les vignobles au nord-est de la carte produisent les meilleurs rouges charnus. Velich s'est taillé une solide réputation pour son Chardonnay ample et sec issu du vignoble de Tiglat à Illmitz.

(voir p. 268), malgré son taux d'acidité moins élevé et sa teneur en alcool plus forte ; sa douceur est intermédiaire entre le beerenauslese et le trockenbeerenauslese.

Les vignobles descendent à l'est jusqu'aux villages de Purbach, Donnerskirchen, Rust et Mörbisch ; situés plus hauts que les vignobles des pourtours du lac, ils ont tendance à développer un peu moins de botrytis. Un volume impressionnant de vin rouge est produit ici, ainsi que dans les vignobles qui s'étendent à l'ouest presque jusqu'aux abords de Wiener Neustadt, et au sud en dessous de Mattersburg. Andi Kollwentz, du domaine de Römerhof, à Grosshöflein, est réputé pour être le meilleur œnologue d'Autriche à tous les niveaux.

Dans le **Mittelburgenland** directement au sud, une vigne sur deux est du blaufränkisch. Cela a permis de développer des variétés de vins de plus en plus sophistiquées à partir de ce raisin rouge revigorant, utilisant le chêne dans un style innové par feu Hans Igler. Grâce à une succession de millésimes excellents à l'aube de ce siècle, l'investissement dans cette zone, notamment dans d'élégantes caves, a été considérable – Albert Gesellmann, Johann Heinrich, Paul Kerschbaum et Franz Weninger.

Le blaufränkisch est également roi dans le **Südburgenland**, région vinicole plus dispersée, bien au sud du lac. Les vins y sont plus légers que dans le Mittelburgenland, avec une touche notable de minéralité et d'épices qui reflète la composition riche en fer du sol. Les meilleurs producteurs ici sont la famille Krutzler, dont le meilleur vin en bouteille est le Perwolff, tandis que l'unique vignoble d'Uwe Schiefer, le reihburg blaufränkisch, est aussi notable.

Le producteur autrichien ne se repose pas sur ses lauriers.

Une infection de pourriture noble, ou botrytis, aussi fiable et importante, concentre les sucres dans les grappes sur ces vignes cultivées avec tant d'expérience par Alois Kracher père. Les oiseaux en sont parfaitement conscients, et les quantités de ces vins super-concentrés du Burgenland, quel que soit leur producteur, dépendent de l'efficacité avec laquelle celui-ci protège ses vignes, que l'on recouvre d'un filet pendant les dernières semaines de maturation de la vigne.

Hongrie

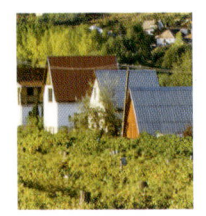

Budapest est redevenue une cité palpitante ; la Hongrie renaît et elle mène cette renaissance tant attendue de l'Europe centrale et de l'Est, prisonnières de leur cauchemar communiste. Pendant des siècles, la Hongrie se démarqua de tous les pays à l'est de l'Allemagne par sa tradition gastronomique et vinicole plus typée, sa gamme de cépages locaux plus développée, ses lois et ses coutumes vinicoles plus raffinées. Son engouement, vers la fin du XXe siècle, pour des cépages internationaux bon marché et plutôt anodins fut donc interprété comme un réel danger, mais aujourd'hui, il semblerait que son extraordinaire palette de cépages blancs indigènes soit reconnue comme un atout plutôt qu'un handicap.

Le vin hongrois traditionnel est typiquement blanc – quoique sa robe soit plutôt d'un doré chaleureux – et épicé. Quand il est bon, il est d'une amplitude appuyée, pas forcément doux, mais très vivace et même un tantinet agressif. C'est un vin mieux adapté qu'un vin léger à une cuisine riche, épicée et poivrée pour parer aux terribles hivers de la Hongrie. À l'automne, les grappes mûrissent par un temps plus chaud que dans la majorité de l'Europe continentale. Les températures moyennes annuelles les plus élevées sont dans le Sud, les alentours de la ville de Pécs affichant 11,4 °C ; les plus fraîches étant dans le Nord, Sopron affichant des températures moyennes de 9,5 °C (voir Tokay page suivante). La carte ci-contre montre les vingt-deux secteurs vinicoles définis par loi en 1997, quoique plusieurs aient changé de nom depuis.

Les cépages supérieurs de la Hongrie commencent avec le furmint, puissant et acide, l'hárslevelű – le raisin entre autres du Tokay –, plus doux, plus parfumé. Aromatique, vif et plus léger, le leányka est très différent, au même titre que le királyleányka (fetească regală), dont l'arôme de raisin est plus prononcé. Autres cépages réservés principalement à la production de blancs plus frais et légers : le sauvignon blanc et l'irsai olivér, un croisement très apprécié, tandis que le furmint, l'hárslevelű, l'olaszrizling (welschriesling), le chardonnay, le szürkebarát (pinot gris) et le plus récent viognier sont plutôt la base de vins plus amples et boisés.

Parmi les cépages, rares aujourd'hui, qu'on ne trouve qu'en Hongrie, citons le kéknyelű (« tige bleue ») du lac Balaton, l'ezerjó, frais et même acidulé, le mézesfehér (« miel blanc »), riche, ample et généralement doux, et le juhfark de Somló, peu aromatique et qui demande de vieillir quelque temps en fût de chêne pour s'assouplir. Zeta, zeus, zenit et zefír sont d'autres hybrides hongrois facilement reconnaissables.

Les cépages rouges hongrois sont encore en minorité et sont cultivés principalement à Eger, Villány, Sopron et dans la Grande Plaine d'Alföld. Les clones traditionnels de l'honnête kadarka (gamza en Bulgarie) produisent des vins de table agréables et précoces, notamment dans la région de Szekszárd, au sud. Le kékfrankos est le blaufränkisch autrichien : il donne de bons résultats dans la région de Szekszárd et à Sopron. Le pinot noir est prometteur aux alentours d'Eger, tandis que les cabernets s'accordent mieux avec les sols et le climat ensoleillé de Villány. Sont également cultivés le merlot et le bien plus léger portugieser (appelé auparavant le kékoportó).

En Hongrie, la moitié des vignobles sont localisés dans la Grande Plaine. Se prêtant facilement à la mécanisation, elle s'étend entre le Duna (le Danube) et le Tsiza dans la partie méridionale du centre du pays, des régions connues aujourd'hui sous le nom de **Kunság** et **Csongrád**, sur des sols sablonneux qui ne sont bons pratiquement que pour la viticulture. Les vins issus de la Grande Plaine sont les vins de table ordinaires des grandes villes hongroises. Mais certains producteurs comme Frittmann Tesvérek prouvent qu'une qualité supérieure de vins est possible.

Les meilleurs vignobles sont disséminés dans les collines qui traversent le pays du sud-ouest au nord-est, culminant dans la région du Tokay (ancien Tokajhegyalja, ou contreforts du Tokay).

À l'extrême sud, **Villány** est la zone la plus chaude et mène la danse avec des vins rouges riches et étoffés qui deviennent de plus en plus intéressants et complexes. Avec Eger dans le nord, la région de Villány est la plus visitée par les touristes étrangers et elle figure sur toutes les bonnes cartes de vins à Budapest. Les viticulteurs tels qu'Attila Gere, Ede Tiffán et Vylyan sont très demandés pour leur cabernet-sauvignon, leur cabernet franc (surtout) et leur merlot, parfois associés avec du kékfrankos ou du zweigelt, ou même du portugieser, pour assurer une touche magyare. Le lœss profond et rougeâtre des coteaux de la **Szekszárd** donne vie à un kadarka tannique, du merlot et des cabernets. Les noms à retenir sont Vesztergombi, Ferenc Takler et Péter Vida. Antinori, de Toscane, a investi à Tolna, dans le voisinage. La Szekszárd produit aussi un Bikáver composé normalement de kékfrankos, de cabernet et de merlot. L'appellation sinon se limite à l'Eger.

Il fut un temps où l'Egri Bikáver était célèbre en Occident, sans doute à cause du surnom de ce rouge corsé, « sang de taureau ». Situé à l'extrémité est de la chaîne des monts Mátra dans le nord-est du pays, **Eger** est l'un des centres vinicoles les plus importants de Hongrie. Cette cité baroque, avec des caves immenses creusées dans le tuf sombre et tendre des collines, possède des centaines de fûts en chêne noircis par le temps. Larges de 3 m et cerclés de métal rouge vif, ils s'alignent sur 13 km de tunnels. Son vin historique a connu une baisse de qualité, à laquelle ont contribué l'âge et l'état plutôt piteux des fûts, ainsi que le remplacement du kardarka par le kékfrankos ; cependant, la production de vin rouge connaît un essor en ce XXIe siècle. György Lőrincz, Gróf Buttler et le GIA de Tibor Gál (sa famille a pris la relève après son accident de voiture fatal) sont la face moderne de l'Eger. Parmi les blancs, le vainqueur est le séduisant et aromatique leányka. Un blanc doux, l'hárslevelű de Debrő dans l'Eger, était historiquement le grand vin de cette région.

À l'ouest de l'Eger, face aux versants méridionaux de la chaîne des monts Mátra, se trouve la

Des toits typiquement pentus sont alignés le long des vignobles dans le village de Markaz, à l'est de Gyöngyös, abrité des vents du Nord par les monts Mátra. À la même latitude que Chablis, cette région est par définition un pays de vin blanc.

région du même nom. Les vins blancs constituent 80 % de la production de la **Mátra**, deuxième région vinicole de la Hongrie, dont le centre est la ville de Gyöngyös. L'olaszrizling, le tramini et le chardonnay se vendent bien, mais leur qualité est discutable.

Tout à fait à l'ouest, pratiquement à la frontière avec l'Autriche, se niche **Sopron**, région de vins rouges à l'écart où est cultivé le kékfrankos, qui connaît un renouveau grâce à des producteurs comme Franz Weninger.

À l'est de Sopron, **Ászár-Neszmély** était plus connu pour ses vins blancs secs issus de cépages traditionnels, mais aujourd'hui, la région dispose d'un éventail de cépages très internationaux et de plusieurs chais ultramodernes (dont l'illustre Hilltop) conçus pour l'exportation. **Etyek-Buda**, juste à l'ouest de Budapest, est un autre centre florissant, source principalement de vins blancs au profil international, comme ses blancs pétillants produits en quantité impressionnante dans les caves de Budafok, au sud de la capitale. Le meilleur est sans doute le Château Vincent.

Des raisins très distinctifs sont aussi produits par les petites régions isolées et accidentées de **Somló**, au nord du lac Balaton, où le furmint et l'olaszrizling sont cultivés sur des sols volcaniques, et de **Mór**, au nord-est, qui cultive de l'ezerjó sur des sols calcaires. Mór est connu pour ses vins frais, âpres et parfumés ; Somló pour ses arômes plus fermes et minéraux, dont le meilleur exemple est sans doute le juhfark, qui se raréfie.

Le lac Balaton n'est pas seulement le plus grand lac d'Europe, il a une signification très particulière pour les Hongrois. Dans ce pays dépourvu de côtes, le lac remplace la mer. Endroit très prisé, ses rives sont envahies de villas d'été et de villages de vacances, parfumées par une cuisine sublime. Il jouit d'un bon climat et d'une vie sociale active. La rive nord du lac Balaton bénéficie de solides avantages : son orientation sud la protège des vents froids et elle est rafraîchie par cette grande étendue d'eau qui agit comme un climatiseur. Inévitablement, cette rive est un vignoble.

Ses qualités proviennent bien sûr du climat, mais aussi de l'association de sols sablonneux et d'anciens monts volcaniques (le mont Badacsony est le plus renommé) qui se dressent dans un paysage complètement plat. Sur ces pentes abruptes, le sable, riche en basalte, assure un bon drainage et capte la chaleur. En dehors d'une année exceptionnelle qui permet la production de vins doux botrytisés – principalement du szürkebarát –, les vins produits ici sont secs et du fait de leur forte composante minérale, il est conseillé de les aérer. L'olaszrizling est le cépage blanc courant. Il donne un vin qui peut être très bon jeune (dès un an) ; le rhine riesling peut aussi être excellent.

La région du lac Balaton a été divisée en quatre appellations. Sur la rive nord, se trouve la classique **Badacsony**, dont les producteurs les plus renommés sont Szent Orban et Jósef Laposa du chai Huba Szeremley et **Balatonfüred-Csopak**, où Mihály Figula et István Jásdi se démarquent. Sur la rive sud, **Blatonboglár** est l'appellation la plus connue à l'étranger grâce à Chapel Hill. János Konjári est son meilleur producteur. À l'ouest, l'appellation **Zala** regroupe de nombreux vignobles plus éloignés, dont le meilleur producteur est László Bussay.

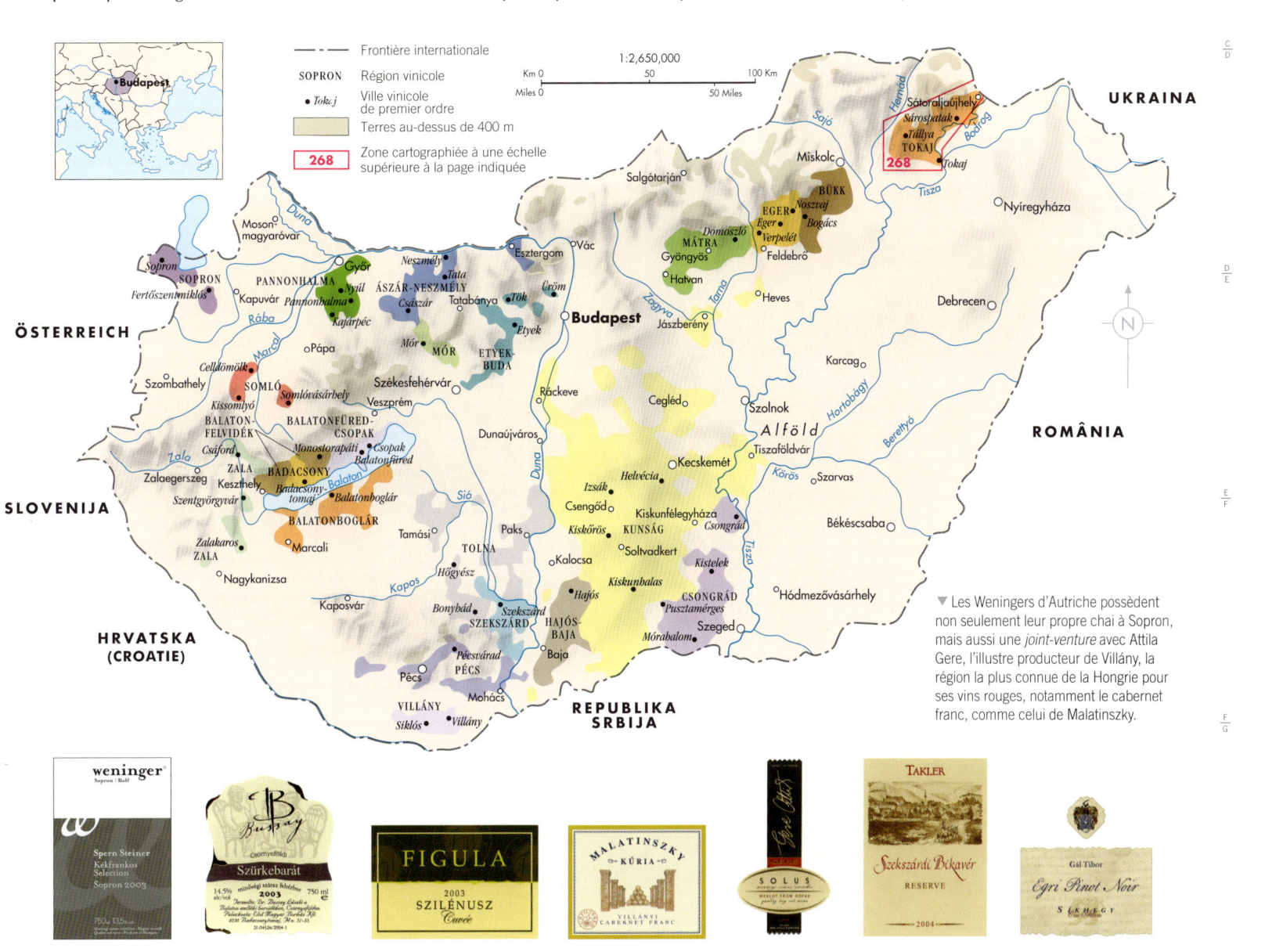

▼ Les Weningers d'Autriche possèdent non seulement leur propre chai à Sopron, mais aussi une *joint-venture* avec Attila Gere, l'illustre producteur de Villány, la région la plus connue de la Hongrie pour ses vins rouges, notamment le cabernet franc, comme celui de Malatinszky.

Tokay

Le qualificatif légendaire est plus souvent attribué au tokay qu'à aucun autre vin. Et à juste titre. Quand la Hongrie est devenue communiste en 1949, la qualité de ce vin, considéré partout dans le monde comme le fleuron de l'Europe de l'Est, fut compromise. Les fameux vignobles et les vastes domaines de la chaîne des monts du Tokay, le Tokaj-hegyalja perdirent leur identité. La plupart furent confisqués et leurs vins homogénéisés dans les vastes opérations des caves collectivistes qui en prirent le contrôle. Les vignobles furent déplacés des collines escarpées aux terres plates, leur densité passa de 10 000 vignes par hectare à seulement 2 500, et les rendements augmentés dans des proportions absurdes. On autorisa l'oxydation du vin. C'est comme si tous les châteaux du Médoc envoyaient leurs vins à une même cave pour y être élevés, mis en bouteille... et pasteurisés.

Le tokay était pourtant légendaire depuis 400 ans. Seul le champagne a suscité autant d'anecdotes. L'histoire raconte comment le somptueux Tokay Aszú, issu de raisins botrytisés, fut produit pour la première fois – non pas par chance, mais méthodiquement – par l'aumônier de la famille Rákóczi dans leur vignoble appelé Oremus (l'aumônier s'appelait Szepsy et on était en 1650). Comment, en 1703, le patriotique prince de Transylvannie, Rákóczi, se servit du tokay pour séduire Louis XIV et rallier son soutien contre ses suzerains, les Habsbourg. Comment Pierre le Grand et la Grande Catherine maintenaient un détachement de Cosaques dans le Tokay pour escorter les convois transportant le prestigieux vin et comment les vertus fortifiantes du tokay poussaient les puissants à en garder à leur chevet.

Le tokay fut le premier vin à être produit à partir de raisins touchés par la « pourriture noble », raisins dits botrytisés, plus d'un siècle avant le vin du Rhin et peut-être deux siècles avant le Sauternes. Les conditions qui causent la pourriture, qui flétrissent les raisins et entraînent une concentration intense de leur sucre, de leur acidité et de leur saveur, font partie intrinsèque du tokay.

Des vents chauds soufflent de la plaine en été, les monts forment un bouclier contre les vents du Nord et des brumes automnales s'élèvent des rivières et fomentent le botrytis. Octobre est normalement un mois ensoleillé.

Aujourd'hui, le Tokay cultive trois variétés de raisin autochtones. Le furmint, raisin au goût aigre, à la peau fine, à maturation tardive, très sensible au botrytis, totalise environ 70 % des vignes. L'hárslevelű (« feuille de tilleul ») représente 20 à 25 % des vignes ; moins sensible au botrytis, il est néanmoins très riche en sucre et en arômes. Le furmint et l'hárslevelű sont souvent récoltés, pressés et fermentés conjointement. Le muscat blanc à petits grains, appelé ici sárgamuskotály, représente entre 5 et 10 % des vignes. Il est soit utilisé comme cépage d'appoint, comme la muscadelle dans le Sauternes, soit seul en tant que spécialité à savourer.

Les vignobles du Tokay furent classés pour la première fois en 1700, par le prince Rákóczi. En 1737, ils étaient déjà répertoriés selon leur qualité. La carte montre les principaux villages de la région (vingt-sept au total), dont les pentes forment un large V avec une exposition sud-est, sud ou sud-ouest. La partie la plus septentrionale

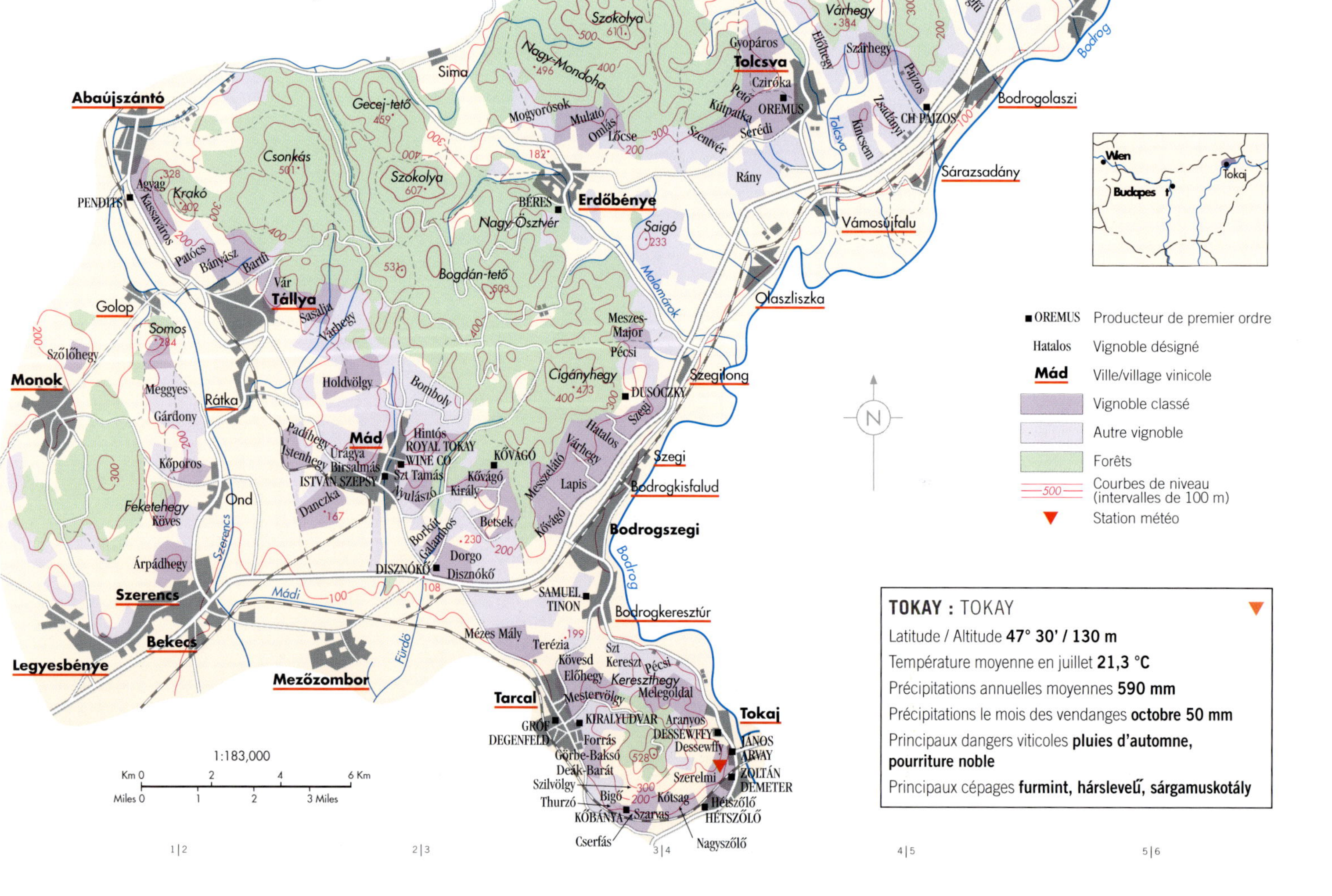

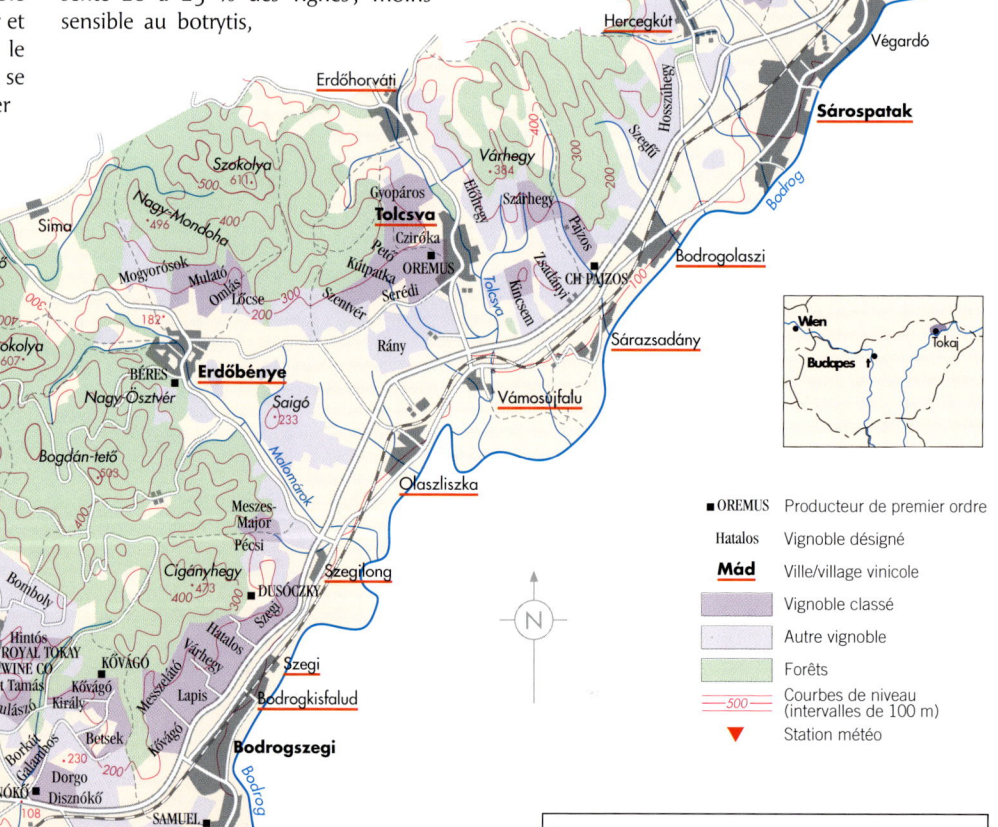

TOKAY : TOKAY

Latitude / Altitude **47° 30' / 130 m**
Température moyenne en juillet **21,3 °C**
Précipitations annuelles moyennes **590 mm**
Précipitations le mois des vendanges **octobre 50 mm**
Principaux dangers viticoles **pluies d'automne, pourriture noble**
Principaux cépages **furmint, hárslevelű, sárgamuskotály**

produit des aszú délicats et fins à partir de sols sablonneux. C'est ici que l'Oremus, l'exploitation originale des Rákóczi, conçut les premiers vins *aszú*. La nouvelle cave Oremus, propriété de Vega Sicilia, le caviste espagnol, est localisée plus au sud, à Tolcsva.

À Sárospatak, avec son splendide château Rákóczi sur la rivière, Megyer et Pajzos furent les deux premiers vignobles à être privatisés. Kincsem, nommé ainsi d'après le meilleur cheval de course de la Hongrie, est le fameux vignoble de Tolcsva. Au début de ce siècle, les anciennes caves impériales de Tolcsva faisaient toujours partie de la coopérative d'État, mais elles furent en partie privatisées en 2006, sous l'ancien nom Tokaj Kereskedőház. Elles sont toujours le plus grand producteur de la région.

Après Tokay, depuis le versant sud du mont Kopashegy jusqu'à Tarcal, les vignobles escarpés et abrités forment la Côte-d'Or de la région ; un chapelet de sites autrefois réputés (le plus illustre étant Szarvas) se succèdent d'abord dans Tarcal, puis sur la route qui mène à Mád, avec Terézia et le fameux grand cru Mézes Mály. À Mezőzombor, Disznókő fut l'un des premiers vignobles à être privatisés ; il fut restauré de manière spectaculaire par le groupe français Axa. Mád, autrefois centre du commerce vinicole, réunit de célèbres premiers crus : Nyulászó, Szt Tamás, Király et Betsek, ainsi que le très accidenté et abandonné Kővágó.

Si la renaissance actuelle du tokay avait un chef de file, ce serait István Szepsy, un producteur d'une originalité passionnante. Si elle avait un leader commercial, ce serait la Royal Tokaji ; située également à Mád, elle fut fondée en 1989 par Hugh Johnson et d'autres, et fut la première société vinicole indépendante créée sous le nouveau régime.

Le tokay est produit par un procédé unique en deux phases. Les vendanges débutent fin octobre. Les raisins passerillés et les raisins non-pourris, bien juteux, sont récoltés en même temps, mais conservés séparément. Ces derniers sont ensuite pressés et fermentés pour produire plusieurs styles de vins secs ou demi-secs, dont un vin de base puissant. Entre temps, les raisins aszús sont entreposés en un tas presque sec, duquel s'écoule le fabuleux eszencia – un jus naturel qui contient jusqu'à 850 g/l de sucre – qui sera conservé comme le trésor le plus précieux de la région.

À la fin des vendanges, le viticulteur fait macérer les raisins aszús pressés dans du moût frais ou dans du vin de base partiellement ou complètement fermenté. La fermentation se déclenche, contrôlée d'une part, par la teneur en sucre et d'autre part, par la température ambiante des caves. Les vins les plus riches et les plus fins maintiennent les taux de sucre naturel les plus élevés, ce qui explique leur faible taux d'alcool (couramment 10,5 %).

Le taux de sucre est encore aujourd'hui exprimé en *puttonyos*, ou hottes de vendange, de 20 kg d'*aszú* ajoutés à 137 litres (soit une barrique *gönci*) de vin de base, quoique de nos jours, le taux de sucre est plus conventionnellement mesuré en grammes de sucre résiduel par litre et les vins sont fermentés dans des barriques de tailles différentes, voire dans des barriques en acier inoxydable. Un vin vendu en tant qu'Aszú à 6 *puttonyos* doit contenir plus de 150 g/l de sucre. L'élevage minimum pour ces vins est de trois ans, dont deux en barrique et un en bouteille. Anciennement, l'élevage était bien plus long, mais aujourd'hui, la mise en bouteille précoce est favorisée pour accélérer la rotation ; cela donne des vins plus fruités, plus frais, mais moins complexes. S'il n'y a pas d'aszú ajouté, le vin est alors un szamorodni (ce qui veut dire littéralement « comme cela vient ») – assez semblable à un xérès léger. L'usage non réglementaire du terme Vendange tardive qui apparaît sur l'étiquette ne fait que compliquer une situation déjà confuse. Ces vins sont doux, libres de pourriture et peu fermentés.

Le caractère unique du Tokay Aszú provient également de son élevage. La tradition veut (ou voulait) que les cuves ne soient pas complètement remplies et les vins stockés dans l'obscurité totale des tunnels bas et densément couverts de *Cladosporium cellare*, une moisissure propre aux caves humides. De ce fait, une pléthore de levures et de bactéries se nourrit de l'oxygène contenu dans le vin, un peu comme la flore se nourrit du xérès fino, mais bien plus lentement dans ce cas-ci, tissant ainsi un canevas complexe de saveurs.

N'est-ce pas le plus bel hangar à tracteur au monde ? Lorsque le groupe d'assurances Axa acheta l'exploitation vinicole Disznókő dans les années 1990, il engagea l'architecte hongrois Dezső Ekler et le domaine fut entièrement transformé jusqu'à en être méconnaissable.

Eszencia, le plus opulent des tokays, est tellement liquoreux qu'il ne fermente quasiment pas. Et de toutes les essences de raisin, c'est le plus velouté, onctueux et pénétrant, avec un arôme puissant de pêche. Son parfum perdure dans la bouche comme de l'encens. Jadis, on stabilisait l'Eszencia avec du brandy ; de nos jours, l'Eszencia est le vin le moins alcoolisé de tous. Le temps n'a pas de prise sur lui (ni d'ailleurs sur aucun des vins nobles d'Aszú).

Que réserve l'avenir ? La privatisation des vignobles et des caves est presque complète ; certains ont été restitués à leurs anciens propriétaires, d'autres ont été vendus à de nouveaux venus. En 1993, six nouvelles entreprises avaient vu le jour, dont trois fondées par des sociétés françaises d'assurances. Des sommes colossales ont été investies pour améliorer les vignobles, remplacer le matériel et déterminer comment tirer le meilleur parti des sols. Des tokays mis en bouteilles au domaine sont de nouveau en vente et les noms des premiers crus redeviennent familiers.

Le Tokay découvre les qualités d'un furmint, le deuxième atout de la Hongrie, travaillé comme un chardonnay. Cela donne un vin sec, intense, parfumé et généreusement minéral.

▼ Ces étiquettes représentent l'éventail complet de vins qui ont émergé de la région de Tokay depuis 2003 environ, allant de vins amples et secs (à l'extrême gauche), jusqu'à des vins incroyablement liquoreux, qui ne sont presque plus des vins (à droite). Les raisins furmint sont si acides que ceux destinés à la production de vins secs sont parfois vendangés après les raisins destinés aux vins les plus succulents.

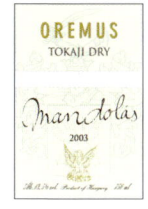

Balkans occidentaux

Les traditions vinicoles des pays, indiqués sur la carte de la page suivante, de cette partie de l'Europe déchirée par les conflits, sont aussi diverses que le suggère cette mosaïque si complexe de différentes cultures – quoiqu'il y ait des ressemblances entre le passé vinicole de la Croatie et celui de la Slovénie.

La **Croatie** (Hrvatska) est un important producteur de vin et un pays plein de trésors inédits cachés, avec des différences très nettes entre la majorité des vins produits le long des côtes adriatiques et dalmatiennes, et ceux issus de l'intérieur, plus continental. Les vins blancs prédominent, sauf au sud de la côte dalmatienne.

L'Istrie (Istra) ressemble au littoral slovène et au nord-est de l'Italie. Elle produit surtout des rouges à base de merlot, de cabernet et de teran (refosco), ainsi que des blancs à partir de malvoisie (malvazija istarka) local fortement typé. Ces blancs amples ont souvent une saveur acidulée de pelure de pomme et sont produits, le plus souvent avec grande compétence, avec des taux de sucre variables.

Les îles de la côte adriatique et la Dalmatie, au sud, sont une mine en ce qui concerne les cépages indigènes. Le crljnak kaštelanski, découvert à Kaštela, près de Split, s'est forgé une réputation internationale au début de ce siècle lorsque les tests d'ADN ont démontré que ce n'était autre que le zinfandel de Californie. Un cousin proche, le plavac mali, est plus commun ici ; on compte parmi ses manifestations les plus puissantes l'épais et assez doux dingač et l'aromatique postup.

Parmi les cépages blancs les plus intéressants de cette région, citons le pošip et le grk sur l'île de Korčula, le vugava sur l'île de Vis, le bogdanuša sur l'île de Hvar et le maraština cultivé tout le long du littoral. Le pošip et le bogdanuša peuvent donner des vins blancs avec des notes d'agrumes – comme ceux de Mike Grgich, revenu de Napa Valley en 1966 à sa Croatie natale. La spécialité de l'île de Krk est le zlahtina. En accompagnement de mets dalmates – petites huîtres, jambon cru, poissons grillés, grillades fumées ou à l'oignon et des montagnes de délicieux raisins et figues –, l'ardeur et la saveur de ces vins locaux font penser à de l'ambroisie.

À l'intérieur des terres, la Croatie continentale produit des vins moins singuliers, surtout des blancs, majoritairement issus d'un cépage local honnête, le graševina (welschreisling), dans les traditions de l'Europe centrale. Les vins de Varaždin, au nord de la capitale, et de Sveti Ivan Zelina, ressemblent fort aux vins de l'intérieur de la Slovénie. La plupart des meilleurs chardonnays de Croatie viennent de là.

La Slavonie (Slavonija), mieux connue dans l'univers du vin pour le chêne qu'elle exporte pour la fabrication des fameuses botte, ces grandes cuves si chères à l'Italie, tente progressivement de rétablir ses traditions vinicoles. Ses meilleurs atouts sont sans doute le traminac (traminer) et le riesling, bien qu'on y cultive aussi un peu de silvaner et du zweigelt noir autrichien.

La région montagneuse de **Bosnie-Herzégovine** était jadis un gros producteur de vin. Vers la fin du XIXe siècle, les Austro-Hongrois établirent des vignobles près de Trebinje, favorisant le très typé vranac (voir ci-dessous) pour les vins rouges et le zilavka, qui donne encore aujourd'hui autour de Mostar des blancs secs mémorables, au bouquet généreux et aux arômes d'abricot. Mais actuellement, le raisin le plus répandu est le blatina à la peau sombre, un cépage bien plus ordinaire, qui donne des vins en général peu charpentés. La Bosnie-Herzégovine a exporté des quantités importantes de vin jusqu'à la Seconde Guerre mondiale. La guerre civile du début des années 1990 a considérablement réduit l'industrie vinicole du pays ; toutefois de gros efforts sont en cours pour la reconstruire, avec l'aide officielle des États-Unis, de la Suisse et de l'UE. Des projets envisagent d'augmenter la surface totale de vigne de 4 000 ha en 2006 à 10 000 ha en 2010.

La production de vin en **Serbie** (Srbija) a connu des hauts et des bas en fonction de l'occupant : les Turcs musulmans ont cherché à éradiquer la vigne, alors que les Habsbourg ont tout fait pour la faire prospérer. Aujourd'hui, d'après les chiffres de l'OIV, la Serbie possède nettement plus de vignobles que la Croatie ; ils sont majoritairement dans les vallées du Danube et de son affluent, la Morave.

Au nord, la province autonome de Vojvodina partage avec la Hongrie au nord et la Roumanie à l'est le climat torride de la plaine pannonienne. L'influence magyare sur le style de ses cépages et de ses vins est évidente, avec en majorité des blancs amples et assez doux, et un pinot noir plein de promesses. Les vignobles les plus prometteurs se trouvent dans les monts Fruška Gora, qui viennent interrompre la monotonie de la plate Vojvodina le long du Danube, au nord de Belgrade.

Le paysage le long du Danube rappelle l'arrière-pays croate, de l'autre côté de la frontière, à l'ouest, alors que tout au nord, les sablonneuses régions vinicoles de Subotica-Horgoš et de Čoka ont plus d'affinités géographiques et culturelles avec la Hongrie qu'avec la Serbie, et leurs vins ont une note magyare très prononcée. Au sud, la plus grande partie de la Serbie méridionale produit des vins rouges plus stimulants à partir de prokupac, un cépage local. Celui-ci peut être assemblé avec du pinot noir ou du gamay cultivés dans la vallée de Morava, tandis que le cabernet et le merlot d'un potentiel intrigant peuvent arriver à maturité, notamment aux alentours de Vranje, Niš et Leskovac, dans le sud. À l'est, vers la frontière bulgare, la région de Timok a aussi du potentiel pour les vins rouges, mais cette zone est bien moins développée.

Jusqu'à la désintégration de la Yougoslavie, l'industrie vinicole du **Kosovo** se maintenait grâce principalement à des exportations d'amselfelder, un assemblage de cépages rouges doux conçu spécialement pour le marché allemand. L'ancienne industrie vinicole de l'**Albanie** est également plongée dans le désarroi, mais elle dispose d'un vrai potentiel et certains conseillers italiens espèrent la développer. Le

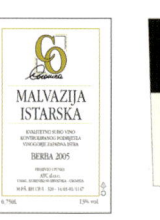

Techniques de culture des plus basiques dans cette pépinière de Fidal, à Lezhe, en Albanie ; pas moins de 140 cépages locaux y sont cultivés. Le gérant de Fidal conseille les vignerons de la région qui veulent savoir que planter et où.

BALKANS OCCIDENTAUX | 273

Légende :
- —·—·— Frontière internationale
- ——— Frontière des républiques
- **BANAT** Région vinicole
- HALOZE Sous-région vinicole
- • Kukës Ville de production de vin
- Terres au-dessus de 1 000 m
- [173] Zone cartographiée à une échelle supérieure à la page indiquée

cépage historique du pays, le kallmet, donne des vins d'une couleur intense et au parfum singulier dans la région de Shkodra (Shkodër) ; il est probablement à l'origine du kadarka, le cépage hongrois, du scadarca de Croatie et du gamza de Bulgarie.

Parmi les centaines de cépages rouges locaux de cette partie du monde, un des plus notables est indubitablement le vranac, cépage dominant du **Monténégro**, qui donne des vins capiteux mais bien charpentés, et même de qualité supérieure après trois à quatre ans de bonification. L'exploitation vinicole de l'État à Podgorica en exporte un bon spécimen. Encore plus au sud, sur la frontière avec la Grèce, les vignobles chauds de **FYROM** (en Macédoine) réunissent toutes les conditions pour produire de bons vins rouges, mais elles n'ont pas encore été exploitées. Le producteur principal est Tikveš, à Kavadarci.

◀ La diversité est représentée par ces étiquettes. À gauche, des vins croates, dont deux produits à partir du singulier malvoisie ; ci-dessous, un vin albanais, suivi de trois vins issus de Bosnie-Herzégovie. Deux d'entre eux ont étés faits à partir du cépage blanc zilavka, au caractère bien trempé.

Bulgarie

De tous les pays vinicoles de l'ancien bloc soviétique, la Bulgarie était le pays le plus résolu à orienter son industrie vinicole vers l'exportation et à la concevoir de façon à pouvoir en retirer des devises. Son cabernet était devenu un modèle de rapport qualité-prix. Mais dans les années 1980, elle perdit l'objectif de vue. Elle semble enfin retrouver son chemin, en proposant des vins de valeur issus de cépages internationaux et locaux.

Cependant la campagne contre l'alcool menée par Gorbatchev dans les années 1980 avait donc eu un effet radical sur la Bulgarie. Avec l'effondrement de l'économie bulgare et la réduction de son marché d'exportation, les vignobles du pays furent tout simplement délaissés ou abandonnés. Il est difficile de préciser les quantités de vin consommées ou vendues hors des circuits commerciaux par les exploitants, mais selon les données officielles, en 2005, la surface totale de vigne plantée était de 90 000 ha et le rendement moyen à moins de 30 hl/ha, à peine la moitié du rendement moyen en France. Il semblerait qu'un nombre croissant de nouveaux vignobles soient créés et entretenus conformément aux normes internationales, de même que de nombreux anciens vignobles sont à présent mieux travaillés.

Pendant les années 1990, les exploitations vinicoles et les embouteilleurs furent privatisés, certaines des exploitations les plus prometteuses attirant des investisseurs de l'Europe occidentale, ainsi que des fonds d'investissement de l'UE, avec des montants atteignant des millions de dollars. Les investisseurs se bousculent encore pour tirer un avantage financier des vins ordinaires du pays, mais la Bulgarie est en train de regrouper ses activités viticoles et vinicoles pour reconstruire sa réputation d'antan basée sur des vins robustes et fruités. La majorité des producteurs de vin a compris que le contrôle du raisin est un facteur stratégique.

À la fin des années 1990, les exploitations vinicoles bulgares bénéficient du programme d'investissement de l'UE. Ces cuves en acier inoxydable, dans l'exploitation de la East Thracian, illustrent les modernisations qui ont en résulté.

Les anciennes grandes exploitations qui perdurent depuis le régime communiste continuent à être achetées ou revendues, scindées ou fusionnées. La liste d'investisseurs pleins d'espoir, principalement étrangers, inclut le magnat du textile italien, Edoardo Miroglio ; ses nouvelles vignes de pinot noir, sur un domaine avec vente à la propriété situé à Elenovo, dans les montagnes, sont prometteuses. Belvédère, la société française de distribution, s'est révélée un acteur majeur dans ce secteur. Bessa Valley a bénéficié d'investissements réalisés par le propriétaire du Château Canon-la-Gaffelière à Saint-Émilion et le Château de Val est la propriété d'un fabricant américain de robotique.s

Anticipant l'entrée de la Bulgarie dans l'UE en 2007, l'administration bulgare établit un répertoire de qualité complexe pour les quarante-sept régions vinicoles reconnues (parfois nommées « Controliran » sur l'étiquette). Seuls les plus notables se trouvent sur la carte ci-contre. Le terme « Réserve » ne s'applique qu'aux vins issus d'un seul cépage et vieillis un an minimum avant d'être mis en vente.

Si l'on en croit les statistiques publiées, 13 000 ha de vignes sont encore aujourd'hui plantés en cabernet. C'est un cabernet-sauvignon pur, franc et exceptionnellement vigoureux qui a construit la réputation de qualité de la Bulgarie, à la fin des années 1970 et au début des années 1980. Le merlot s'est joint à la fête et, au début de ce siècle, suite à des investissements longtemps attendus, en matière de contrôle de la température, mais également suite à un afflux d'experts étrangers, quelques producteurs bulgares ont finalement réussi, quoique tardivement, à produire des vins rouges frais et fruités, ainsi que du chardonnay.

Cependant, l'attention des producteurs bulgares se focalise sur les cépages autochtones qui sont tout à fait respectables. Le mavrud est un raisin noir de qualité ; de maturation tardive, il est plein de personnalité et peut donner des vins rouges robustes et épicés qui vieillissent bien. De plus en plus apprécié, il gagne du terrain, notamment dans le sud, autour de Plovdiv et Assenovgrad, car il exige des vendanges tardives. Le melnik, un autre cépage

▼ *Preuve du niveau d'investissements étrangers attirés par l'industrie vinicole bulgare, les propriétaires de ces labels résident aux États-Unis, en Allemagne, en Italie, en France et en Bulgarie. Enira est produit par Bessa Valley et Maxima est une cave relativement récente entre des mains bulgares.*

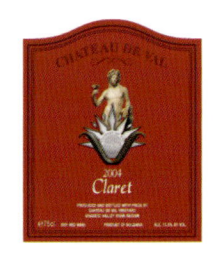

BULGARIE | 275

BULGARIE : PLOVDIV

Latitude / Altitude **42° 08' / 190 m**
Température moyenne en juillet **23,6 °C**
Précipitations annuelles moyennes **520 mm**
Précipitations le mois des vendanges **sept. 30 mm**
Principaux dangers viticoles **maladies fongiques, gelées hivernales, grêle**
Principaux cépages **pamid, merlot, cabernet-sauvignon, rkatsiteli, melnik, misket rouge, chardonnay**

indigène, est exclusivement cultivé dans la torride vallée de la Struma, sur la frontière avec la Grèce (voir ci-dessous). Il donne des vins parfumés et puissants, parfois d'une douceur singulière. Le rubin est un hybride bulgare prometteur de nebbiolo et de syrah.

La grande majorité des cabernets, merlots et pamid bulgares sont cultivés dans le sud, là où les vins sont plus mûrs et plus charpentés, tandis que dans le Nord, les rouges, produits par les meilleures exploitations, ont plus de finesse.

En Bulgarie, les vins rouges sont prédominants, sauf dans les régions qui donnent sur la mer Noire. La plupart des excellents vins blancs bulgares viennent des alentours de Shumen et de Veliki Preslav, dans le nord-est du pays où il fait le plus frais. Néanmoins, Belvédère a prouvé que ses nouvelles vignes dans les montagnes du Sakar pouvaient produire un sauvignon blanc très aromatique (voir l'étiquette à l'extrême droite). Parmi les blancs, les cépages indigènes dominants sont le dimiat et le croustillant rkatsiteli de Géorgie. Le misket rouge (hybride local de dimiat et de riesling) et le muscat ottonel, ainsi que l'aligoté, sont également populaires.

La vallée des Roses, qui sépare les Balkans du massif de Sredna Gora, est surtout célèbre pour ses roses de Damas mais aussi pour ses vins parfumés : le misket et le muscat, ainsi que le cabernet-sauvignon.

De l'autre côté des massifs montagneux de Rhodope et de Pirin (Zapadni Rodopi et Pirin Planina), dans le sud-ouest tempéré du pays, proche des frontières de la Grèce et de la Macédoine, la vallée de la Struma produit du vin en très petites quantités. L'exploitation vinicole de Damianitza, à Melnik, est réputée pour son shiroka melnishka losa (« vigne de Melnik aux feuilles larges ») et une variété précoce connue simplement sous le nom de melnik, laquelle produit certainement les vins rouges les plus originaux et les plus âpres du pays.

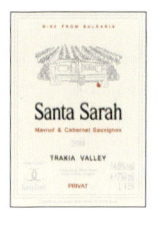

Roumanie

La Roumanie exportera certainement à nouveau de bons vins un jour. Ce n'est pas seulement une question de situation, mais de tempérament. La Roumanie est un pays latin pris en sandwich par des pays slaves. Elle a longtemps eu une affinité naturelle avec la culture française et la France a un faible pour la Roumanie. Sa littérature vinicole exhibe le même lyrisme réaliste que beaucoup d'écrits gastronomiques français.

Il existe pourtant une grande différence entre l'influence atlantique qui fait que la France est humide et tempérée, et l'influence continentale, qui domine la Roumanie et engendre des étés torrides et secs. Mais des éléments modérateurs entrent en jeu : mer Noire et altitude des Carpates.

Les Carpates occupent presque la moitié du pays, s'élevant de la plaine environnante jusqu'à une altitude maximale de 2 400 m et encerclant le haut plateau de la Transylvanie. Traversant la Valachie au sud du pays, le Danube (Dunărea) s'écoule à travers une plaine sablonneuse, virant vers le nord et vers son delta, et isolant la province de Dobrogea le long de la mer Noire.

En Roumanie, comme dans l'ancienne Union soviétique, un vaste programme de plantations dans les années 1960 transforma d'immenses étendues de terre arable en vignobles, mais aux alentours de 2005, la surface totale de vignes était de nouveau en baisse, même si les 180 000 ha de vignes plantés faisaient de la Roumanie le sixième producteur de vins de l'Europe, et de loin le plus important de l'ancien bloc soviétique. Alors que la Bulgarie et la Hongrie ont été, à une époque, de gros exportateurs de vins, la Roumanie continue de consommer presque toute sa production, même si elle a bénéficié de l'afflux de capitaux pour moderniser ses exploitations.

Près de 70 % des vins consommés en Roumanie sont blancs, issus de cépages locaux. Les plus répandus sont le fetească albă (cépage connu en Hongrie sous le nom de leányka) et le fetească regală (un hybride des années 1930 à base de rasă de Cotnari et de fetească albă). Avec le tămâioasă românească, ils constituent les cépages les plus favorisés pour l'avenir. Toutefois, le welschriesling et l'aligoté sont aussi répandus, tout comme le merlot. Le cabernet-sauvignon, le sauvignon blanc, le pinot gris et le muscat ottonel sont des cépages internationaux qui ont fait leurs preuves en Roumanie. On y trouve aussi un peu de chardonnay et de pinot noir. Parmi les cépages rouges roumains, le babească neagră donne des vins légers et fruités, et le fetească neagră offre des vins plus sérieux.

Comme la Hongrie, la Roumanie possède un vin qui était réputé dans toute l'Europe à une certaine époque. Mais alors que le tokay a lutté pour survivre sous le régime socialiste et s'est reconstruit dans toute sa splendeur, le cotnari, qualifié de vin vert et appelé « la Perle de Moldavie » à Paris, avait disparu. Aujourd'hui, il est de nouveau produit. À l'origine, c'était un vin blanc de dessert, tout à fait naturel, développé dans le nord-est du pays. Il ressemble au tokay, mais n'est que moyennement doux et non boisé. Pâle, délicat et aromatique, il est le résultat de l'attaque du botrytis sur le cépage local « gras » de grasă et sur l'âpre frâncusa, agrémenté de cépages indigènes très parfumés, le fetească albă et le tămâioasă. L'élevage en fût est bref : sa complexité se développe en bouteille. Le cotnari provient d'une partie de la Moldavie laissée aux Roumains après l'annexion de sa moitié septentrionale par les tsars, puis par les Soviétiques – annexion qui eut pour conséquence de multiplier les plantations plus au sud.

Aujourd'hui, le pays est divisé en sept régions vinicoles ; la **Moldavie** roumaine est de loin la plus importante, avec plus d'un tiers des vignobles du pays. Les collines de Munténie et d'Olténie, remparts méridionaux de la Transylvanie, prennent la deuxième place avec environ un quart des vignobles roumains.

La Moldavie septentrionale est une contrée de vin blanc, cotnari étant sa perle. Toutefois, la production se concentre plus au sud, sur les collines de la Moldavie centrale : la Vrancea, dont la capitale est Focşani, possède 20 000 ha de vignes. Coteşti, Nicoreşti, Panciu (réputé pour ses vins effervescents) et Odobeşti (centre de production de brandy) sont les noms mélodieux de ses principales villes vinicoles. Le terrain est variable, mais le sable domine comme dans la Grande Plaine hongroise. Les vignes doivent être plantées dans des poches relativement profondes pour permettre aux racines d'atteindre le sous-sol, parfois à 3 m de profondeur. Cela peut paraître un expédient désespéré, notamment parce qu'il faudra un certain temps pour que la vigne atteigne la surface et se commence à fructifier, mais de bons vins légers en résultent, alors que rien ne poussait auparavant.

En suivant l'arc des Carpates, la Moldavie cède la place à la **Munténie** et à l'**Olténie**, plus connus sous le nom de ses vignobles les plus illustres de Dealu Mare. Ces collines, bien arrosées, exposées au sud sous le climat le plus chaud du pays, sont vouées au cabernet, au

Cet écusson en plâtre sur une maison transylvanienne typique, à Hogilag dans la Târnave, est un rappel de l'importance capitale du vin dans l'histoire de la Roumanie. Importance tout aussi vraie aujourd'hui, mais plutôt, jusqu'à présent, à l'insu du reste du monde.

ROUMANIE | 277

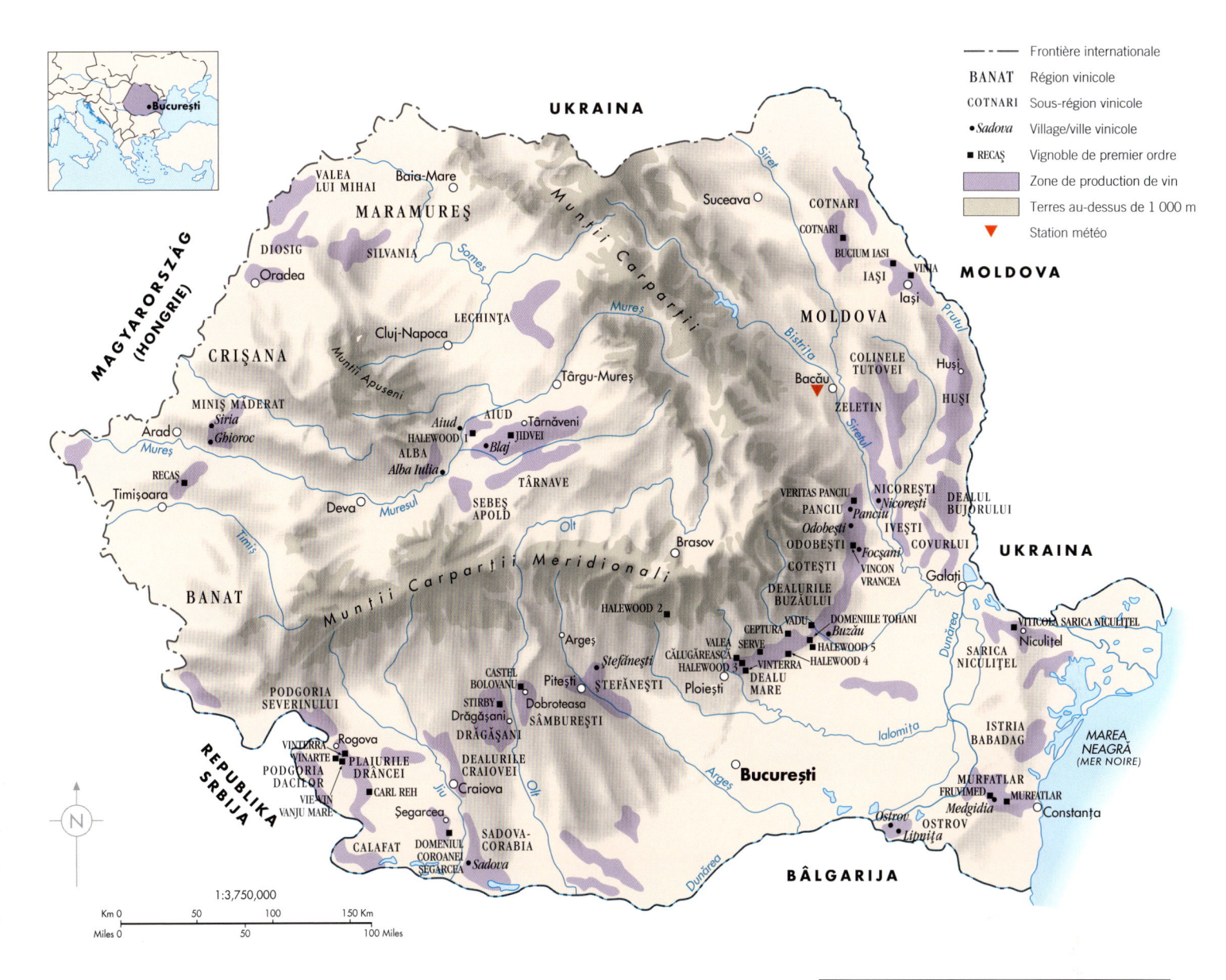

merlot, au pinot noir, mais aussi à l'ample fetească neagră, au burgund mare (le blaufränkisch autrichien) et récemment, à l'appétissant sangiovese. Du temps des Soviétiques, les vins rouges produits ici étaient adoucis pour s'adapter au marché russe. Les exportations vers l'Occident (pinot noir et cabernet), ont corrigé le tir. Une spécialité se distingue : le tamâioasă de Pietroasa (au nord-est de Dealu Mare), un vin de dessert, blanc, onctueux et aromatique.

La petite côte roumaine sur la mer Noire apporte à **Dobrogea**, sur l'autre rive du Danube, à l'est, le climat le plus ensoleillé et le moins pluvieux de la Roumanie. Murfatlar s'est forgé une réputation avec ses vins rouges souples et ses vins blancs succulents, et même des chardonnays doux issus de raisins très mûrs, cultivés sur des sols calcaires tempérés par les vents du large.

Les contreforts des Carpates disséminés en Munténie et en Olténie ont chacun leurs spécialités. Le Pitești est connu pour ses vins blancs aromatiques (notamment ceux de Stefănești) ; le Drăgășani fait du cabernet-sauvignon, du merlot et du pinot gris. À l'ouest, Vânju Mare est réputé pour son cabernet-sauvignon et son pinot noir est prometteur.

Dans la partie occidentale de la Roumanie, l'influence hongroise est évidente : nombreux sont les vins rouges du **Banat** issus de pinot noir, de merlot et de cabernet-sauvignon. Les meilleurs proviennent de Recaș. Les raisins blancs dominants sont le fetească regală, le welschriesling et le sauvignon blanc.

La **Transylvanie** est, elle, comme une île au centre du pays : un plateau à plus de 400 m d'altitude, frais et assez pluvieux, favorise la production de vins blancs plus frais et croustillants que dans le reste de la Roumanie. La Târnave produit le meilleur fetească, Alba Iulia, le muscat ottonel et des gewürztraminer aromatiques.

Il reste à voir quelles seront les conséquences de l'entrée de la Roumanie dans l'UE sur son industrie vinicole.

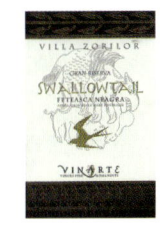

ROUMANIE : BACAU ▼

Latitude / Altitude **46° 35' / 190 m**

Température moyenne en juillet **19,9 °C**

Précipitations annuelles moyennes **540 mm**

Précipitations le mois des vendanges **sept. 45 mm**

Principaux dangers viticoles **gelées printanières, sécheresse, pluies en septembre, froid glacial en hiver**

Principaux cépages **fetească regală, merlot, welschriesling, fetească albă, băbească neagră, aligoté, cabernet-sauvignon**

▼ Historiquement, les exportations de vin de la Roumanie ont représenté moins de 10 % de sa production. Toutes les étiquettes ci-dessous sont néanmoins conçues pour les marchés extérieurs, avec La Cetate, par exemple, propriété de Carl Reh (Allemagne).

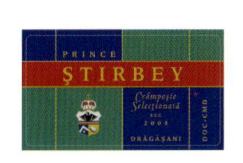

Anciennes Républiques soviétiques

Dans les années 1970, l'Union soviétique était le troisième producteur vinicole mondial. À la fin du XXᵉ siècle, elle ne produisait plus que 3 % du total mondial. La campagne contre la consommation d'alcool menée par Gorbatchev a heurté de plein fouet les producteurs locaux de vin (et les fournisseurs des pays limitrophes).

Lorsque l'Union soviétique s'est désagrégée dans les années 1990, de nombreux vignobles avaient déjà été arrachés et d'autres délaissés par manque d'ouverture du marché. Aujourd'hui, de nombreuses difficultés chroniques et apparemment contradictoires persistent : un environnement commercial anarchique, un excès de bureaucratie, des standards statistiques périmés et obstructionnistes, une dangereuse absence de contrôles sur la composition du vin (certains des vins en vente en Russie ne contiennent pas le moindre jus de raisin). En 2006, Vladimir Poutine utilisa ces problèmes pour justifier une interdiction totale des importations de vins de Moldavie et de Géorgie, portant un coup terrible à leur industrie vinicole.

Les producteurs de vins sérieux militent pour une réglementation vinicole qui combattrait la fraude. Les régions qui ont produit les meilleurs vins en Russie dans le passé suscitent, dans certains cercles, un réel intérêt et des investissements sérieux. Sans exception, ces régions sont situées dans une large bande qui longe la côte septentrionale de la mer Noire, jusqu'à la mer Caspienne, à l'extrémité est.

Des anciennes Républiques soviétiques, la **Moldavie**, à l'extrémité est, est celle qui possède le plus de vignes et le grand potentiel. Grâce aux efforts de colons français à la fin du XIXᵉ siècle, la majorité des vignes sont plantées, comme en Roumanie, en cépages qui se vendent le mieux dans le monde : cabernet-sauvignon et merlot.

Les caves des tsars au Kremlin comptaient sur ce qui était la Moldavie, autrefois la Bessarabie, pour leurs meilleurs vins de table. La Moldavie fut au centre d'une lutte continuelle entre la Russie et la Roumanie. Heureusement pour son peuple (en majorité roumain), ni la Russie ni la Roumanie n'en sortirent victorieuses et la Moldavie gagna son indépendance en 1991.

Vers 1980, la Moldavie satisfaisait un cinquième de la consommation de vin de l'Union soviétique. En 2005, en dépit d'hivers très rigoureux et de la campagne anti-alcool menée par Gorbatchev, la Moldavie était à la tête d'un vignoble de 150 000 ha, soit un douzième du territoire national, ce qui est colossal.

Les facteurs contribuant à l'excellence du raisin cultivé en Moldavie sont sa latitude, (celle de la Bourgogne), des sols relativement pauvres et un climat tempéré par la mer Noire. Parfois, un hiver très rude peut détruire les vignes mal protégées, mais les vignobles qui existent depuis longtemps et qui sont bien situés bénéficient d'un climat pour ainsi dire parfait.

Les vignes se trouvent en majorité dans la Moldavie méridionale et centrale, autour de la capitale, Chişinău. L'exploitation la plus réputée en Moldavie est à Purcari, dans le Sud-Est : elle produit un assemblage merveilleux qui ressemble au clairet, à base de cabernet et de saperavi, ce magnifique cépage rouge de Géorgie qui donne des vins sombres, acidulés, à l'arôme de prune, qui supportent un long temps d'élevage. Seul le problème de l'instabilité de l'environnement commercial freine les investisseurs étrangers.

L'**Ukraine** est le deuxième producteur viticole des anciennes Républiques soviétiques, même si son industrie n'a pas encore attiré les investissements étrangers. Il existe des vignobles méritoires autour des ports d'Odessa et du Kherson sur la mer Noire, mais la région vinicole la plus intéressante est de loin la Crimée (Krym).

Elle fut annexée par l'Empire russe sous le règne de la Grande Catherine, à la fin du XVIIIᵉ siècle. Le climat méditerranéen de sa côte sud a motivé le développement de stations balnéaires. La côte fut développée dans les années 1820 par le comte Mikhail Vorontzov. Ce dernier construisit une exploitation viticole, et son palais, à Alupka, au sud-ouest de Yalta ; il fonda non loin de là, à Magarach, un institut du vin, encore aujourd'hui le plus important des anciennes Républiques soviétiques.

UKRAINE : SIMFEROPOL
Latitude / Altitude **45° 01' / 210 m**
Température moyenne en juillet **21,1 °C**
Précipitations annuelles moyennes **520 mm**
Précipitations le mois des vendanges **septembre 35 mm**
Principaux dangers viticoles **gelées hivernales**
Principaux cépages **muscat, rkatsiteli, magarach ruby**

Frontière internationale
KARTLI Région vinicole
• Alushta Village/ville vinicole de premier ordre
Zone de production de vin
Terres au-dessus de 1 500 m
▼ Station météo

1:9,000,000

Parallèlement avec ce qui se passait en Australie (puis en Californie), Vorontzov se mit à imiter fidèlement les grands vins français. Son succès fut mitigé dans la mesure où il tentait de produire du bourgogne à Barossa, sur la côte sud trop chaude. Mais à 10 km du littoral, il faisait trop froid. En hiver, la température peut descendre à −20 °C ; les vignes ne peuvent survivre que si elles sont entièrement enterrées. Cela dit, les Soviétiques avaient réalisé un volume important de plantations à l'intérieur des terres, non seulement de cépage blanc géorgien, le rkatsiteli, mais aussi de cépages hybrides résistants au froid, conçus spécialement pour braver les rigueurs climatiques de Magarach.

Une génération après, le prince Lev Golitzin eut une démarche plus scientifique. Après la guerre de Crimée de 1853-1856, le tsar construisit un palais d'été, le Livadia, entre Alupka et Yalta. Golitzin connut un succès notable avec son shampanskoy effervescent, deuxième boisson préférée des Russes, qu'il produisait dans son domaine de Novy Svet (« Nouveau Monde »), à 50 km à l'est le long de la côte septentrionale.

Mais la Crimée était prédestinée aux vins de dessert. En 1894, le tsar érigea « la plus belle exploitation vinicole au monde » à Massandra, près de Livadia, avec Golitzin à sa tête, pour développer le potentiel de la côte méridionale, bande étroite longue de 130 km, pour y produire des vins puissants et doux.

Ces vins – porto, madère, sherry, tokay, cahors (vin qui a un statut historique au sein de l'Église orthodoxe russe), yquem, mais aussi muscat, blanc, rosé ou noir – jouissaient d'une très bonne réputation dans la Russie prérévolutionnaire. L'exploitation de Massandra abrite toujours près d'un million de ces bouteilles, formant ce qui doit représenter la plus grande collection de vieux vins au monde.

La **Russie** a semble-t-il consacré moins de surface à la vigne que l'Ukraine, selon les chiffres officiels de l'OIV. La plupart des vignes russes figurent sur cette carte, pas trop éloignées de l'influence tempérée des mers Noire et Caspienne, car le climat continental rude de ce pays nécessite que les vignes soient enterrées chaque hiver pour leur protection.

Avec sa culture vinicole en plein essor, Krasnodar est la plus importante région vinicole de la Russie, suivi de Rostov-on-Don. Les vignes de Stavropol, Chechnya et Dagestan sont consacrées principalement au brandy.

Alors que les anciennes exploitations du régime soviétique devenaient rapidement trop obsolètes pour une mise en bouteille fiable et encore moins pour la vinification, vers 2005 l'intérêt pour la production vinicole moderne augmenta, avec la rénovation d'anciennes exploitations comme Myskhako et Fanagoria, ainsi que de plus récentes, d'influence française, comme le Château Grand Vostock et le Château Tamagne. Myskhako exporte déjà du chardonnay en Occident et développe des projets de tourisme vinicole sur le littoral de la mer Noire.

La majorité des nouvelles vignes plantées sont importées de France, mais certains viticulteurs explorent le potentiel de cépages autochtones comme le pinot franc, le golubok et le krasnostop (qui signifie « pied rouge », comme le piediroso italien). Le saperavi géorgien s'adapte bien aussi dans le sud de la Russie. Les variétés principales de vins blancs sont le chardonnay, le sauvignon blanc, l'aligoté et le rkatsiteli.

Comme l'a longtemps voulu la tradition soviétique, des fabriques semi-industrielles aux abords des grandes villes transforment vins et concentrés de raisin, importés en masse du monde entier, satisfaisant la passion historique des Russes pour les vins effervescents. Mais certains sont encore produits à l'ancienne à partir de cépages purement locaux, comme l'exploitation vinicole d'Abrau Durso (fondée, elle aussi, par Golitzin) à Krasnoda.

Dans le passé, le fort dosage des vins, rouges comme blancs, recouvrait une multitude de défauts. Mais alors que l'influence occidentale augmente, notamment grâce à l'univers palpitant des restaurants de Moscou et de Saint-Pétersbourg, on peut s'attendre à ce que les vins plus secs rallient davantage d'amateurs en Russie.

Depuis fort longtemps, la diaspora arménienne a fait de tout vin portant une étiquette arménienne un must en Russie, même si l'Arménie n'a que 13 000 ha de vignes, dont la majorité sert de matière brute à la production de brandy arménien, encore plus populaire. Les vignobles ici sont à 1 600 m d'altitude et suscitent l'intérêt d'investisseurs expatriés, alors qu'en 2005 sévissait encore une pénurie de matériel vinicole moderne et que la plupart du raisin était pressé et vinifié à l'ancienne dans de vieilles usines à vin soviétiques. Dans la région de Yeghegnadzor, au sud-est de la capitale arménienne de Yerevan, le raisin indigène areni

Les chaînes modernes de mise en bouteille ne sont sans doute pas ce qui distingue les exploitations de vin dans la plupart des pays, mais en Russie, il est encore relativement rare de rencontrer un équipement aussi neuf et récent que celui qu'on trouve sur l'exploitation vinicole de Fanagoria, dans la péninsule de Taman, entre la mer Noire et la mer d'Azov, au nord-ouest d'Anapa.

Le vignoble de Chandrebi, à 520 m d'altitude, près du village d'Ikalto, en Géorgie, fut complètement reconçu en 2001 ; il est maintenant divisé en segments qui sont surveillés, vendangés et vinifiés séparément. Les raisins, en majorité du saperavi, sont achetés par Orovela.
À droite, Santorin (voir pages suivantes).

est particulièrement prometteur et peut produire des vins rouges remarquablement frais et délicats, très proches d'un bourgogne.

L'**Azerbaïjan** produit aussi du vin, pour la plupart des rouges doux, issus principalement du matrassa, le cépage local.

La **Géorgie** est un cas à part dans le contexte des anciennes Républiques soviétiques. Les Géorgiens ne sont sans doute pas les seuls à penser qu'ils ont inventé le vin, mais ils ont un meilleur argument que les autres pour étayer leur thèse. Au cours de fouilles archéologiques, des pépins de raisin ont été retrouvés, suggérant que du vin était produit il y a au moins 5 000 ans. Des objets de cette époque témoignent également d'un extraordinaire respect pour les boutures de vignes. Le temps et la motivation ont permis à la Géorgie de développer au moins 500 cépages, toujours avec des méthodes de vinification préclassiques, ce qui est exceptionnel. Une visite à un marani géorgien, cave extérieure où le vin fermente dans des kwevri, des pots en terre cuite enterrés jusqu'à leur bord dans la terre, laisse une impression homérique.

Raisins foulés, peaux, queues vont dans les kwevri et y restent jusqu'à ce qu'une fête nécessite des provisions de vin. Le résultat, fermenté ou non, est très tannique, ce qui ne plaît pas à tout le monde. Mais c'est un vin qui peut être remarquablement bon. Ce n'est cependant pas la conception industrielle du vin et il faudrait un miracle pour que cette méthode survive, même si les meilleurs raisins géorgiens n'ont pas besoin d'être trafiqués, que ce soit le mtsvane à la peau claire, l'excellent saperavi à la peau noire ou le rkatsiteli si plein de caractère et toujours frais. Grâce au doux et pétillant shampanskoye, on génère une vie sociale plein d'entrain.

Les Géorgiens sont connus pour leur passion du vin et leur capacité à le boire. Ils prétendent qu'il y a une relation naturelle entre leur fameuse longévité et la valeur nutritive du saperavi. Le vin de Géorgie est vendu en primeur en Russie depuis Pouchkine. Hélas, la tentation d'en produire des faux était trop forte. Ce fut en tout cas la raison évoquée par le Kremlin (qui n'est pas un ami de la Géorgie), en 2006, pour bannir son importation — mais également l'importation des vins potentiellement excellents de Moldavie —, et ce malgré le fait que les Moscovites estiment que le saperavi est le vin rouge le plus fiable de tout l'ancien empire.

La Géorgie possède trois régions viticoles historiques. Le Kakheti, où plus de deux tiers des vignes géorgiennes sont cultivés, est la plus sèche, couvrant les contreforts les plus à l'est du Caucase. Le Kartli, où les kwevri sont rares et dont la capitale est Tbilissi, est plus plat, et l'Imereti, à l'ouest, connaît des conditions plus humides.

Au nord de ces régions, dans la Racah-Lechkumi, le climat est bien plus pluvieux et les cépages indigènes, principalement l'alexandreuili et le mudzuretuli, donnent des vins naturellement doux. Des variétés autochtones et des vins naturellement doux prédominent aussi dans la zone humide et subtropicale autour du littoral de la mer Noire.

Des colons russes introduisirent la vinification moderne en Géorgie au début du XIXe siècle. Pouchkine préférait ce qui en résultait au bourgogne et des exploitations comme Tsinandali devinrent illustres. Sous les Soviétiques, le déclin était inévitable, mais depuis l'indépendance, le progrès a été lent. Georgian Wine & Spirit Company et Pernod Ricard, une joint-venture, représente l'exportation de vin la plus dynamique. Elle a adopté une combinaison de techniques vinicoles traditionnelles et de méthodes actuelles du contrôle de la qualité dans une exploitation vinicole moderne à Telavi, dans le Kakheti.

Le saperavi est un cépage extrêmement prometteur dans le contexte global et donne les meilleurs vins — souvent doux, avec des tanins et une acidité vivaces qui font que le vin reste frais en bouche. Le rkatsiteli a démontré son utilité et son adaptabilité dans toute la zone de la mer Noire et même dans le Nouveau Monde. Les producteurs géorgiens de vin sont en lutte pour produire des vins toujours meilleurs, dans le style ancien et dans le nouveau, malgré la pénurie de matériel (et même de bouteilles). Actuellement, la politique entrave toute possibilité de progrès, mais personne ne doute de l'extraordinaire potentiel que représentent les vignes de Géorgie, son climat et son tempérament.

▼ En partant de la gauche : deux étiquettes de Moldavie, une de Crimée (1929), un merlot russe de Fanagoria (sans doute apposée par l'équipement montré à la page suivante), un cabernet russe et trois spécialités géorgiennes. Teliani Valley, à Tsinandali, dans le Kakheti, est le successeur moderne d'une exploitation construite pour les Romanov dans les années 1880.

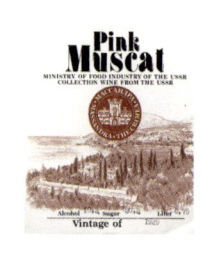

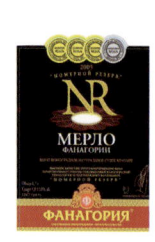

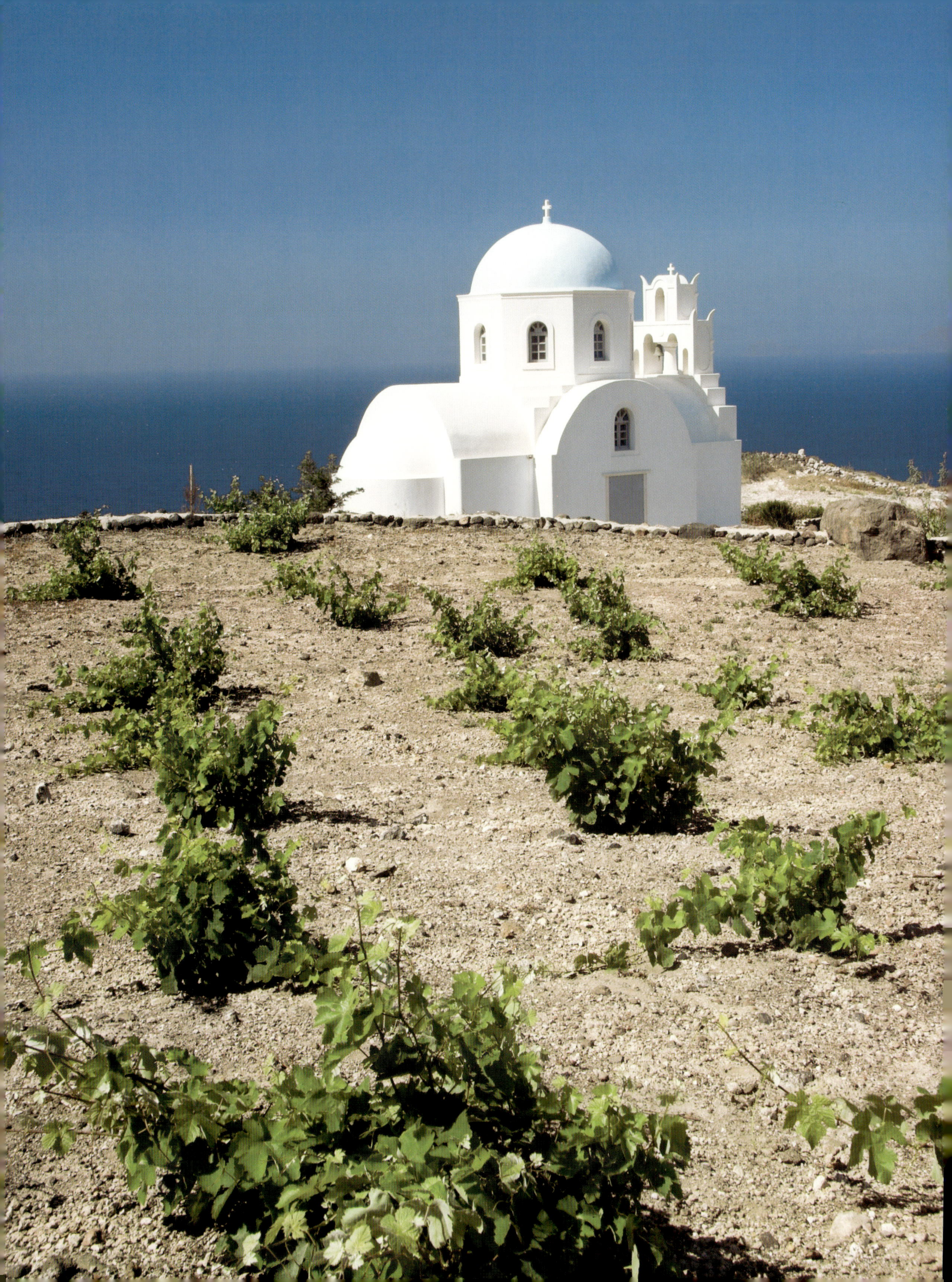

Grèce

Le paysage vinicole de la Grèce est un des plus enthousiasmants, par sa capacité à puiser dans son passé pour construire son avenir. En 10 ans, la Grèce s'est bâti une nouvelle réputation non pas pour ses cépages internationaux importés, mais pour ses cépages indigènes. Certains (en majorié blancs) pourraient retracer leur ascendance jusqu'à la Grèce antique, berceau de la culture moderne du vin.

Cette nouvelle ère pour le vin grec commença en 1985, lorsqu'une poignée d'agronomes et d'œnologues rentrèrent en Grèce après une période de formation officielle en France. Un afflux de subventions, d'une part de l'UE et d'autre part d'individus ambitieux, leur permit de moderniser la technologie chez certains des grands négociants (dont Boutari et Kourtakis) et de créer de nouvelles exploitations, bien plus petites et dans des zones plus fraîches où les terrains étaient bon marché à l'achat. Une classe moyenne de plus en plus aisée a fourni une clientèle pour ces vins nouveaux à prix fort, des vins à des années-lumière des ferments oxydés si typiques des vins grecs d'autrefois.

On pourrait s'imaginer que la Grèce est un pays trop chaud et trop sec pour produire de bons vins, mais la culture de cépages capables de s'adapter aux conditions locales a été un facteur clé dans la production de vin, et l'altitude comme l'exposition y jouent un rôle important. Sur le plateau de Mantinée, dans l'arrière-pays du Péloponnèse, les millésimes qui connaissent des températures fraîches ont besoin d'être désacidifiés, et à Naoussa, en Macédoine, dans le nord de la Grèce, quelques millésimes ont été sévèrement frappés par la pluie et la pourriture, alors que dans certains vignobles orientés vers le nord, le raisin a peine à mûrir.

La Grèce a déjà un système de classification modelé sur le système d'appellations français, avec huit OPE, équivalents aux AC, et non moins de vingt-cinq OPAP, celui-ci étant le prétendu équivalent du VDQ. Lors de la conception de ce système, les autorités ont assigné la classification OPE aux produits nécessitant une protection, ce qui explique pourquoi les huit OPE sont tous des muscats doux ou des mavrodaphne. La majorité des vins doux grecs sont produits comme des Vins Doux Naturels (voir p. 144), plutôt qu'à partir de raisins passerillés comme le voudrait la tradition.

Le nord de la Grèce est la partie dont le potentiel vinicole a été le moins exploité.

D'un point de vue physique, la **Macédoine** ressemble plus aux massifs des Balkans qu'aux confins égéens de la Grèce. C'est une contrée de vins rouges, dominée par un cépage, le xinomavro, dont le nom (« acide noir ») dénote l'acidité et qui pourtant produit des vins qui se bonifient lentement et qui sont parmi les plus remarquables du pays. L'appellation **Naoussa** est la plus importante et la première créée dans le pays (1971). Avec le temps, les vins les mieux élaborés peuvent acquérir un bouquet aussi envoûtant que le plus fin barolo, bien qu'au nord, plusieurs exploitations vinicoles soient encore mal équipées. En hiver, les pentes du mont Vermio sont recouvertes de neige, mais les étés y sont si secs qu'il est impératif d'irriguer. La topographie est suffisamment variée et la région suffisamment vaste pour justifier l'identification de crus individuels.

De plus en plus de vins de pays, plus internationaux, sont produits autour de Kavála. Biblia Chora produit des assemblages aux arômes de zestes appuyés, et à Drama, à l'extrémité nord-est du pays, le lazaridi est un exemple de la confiance que les Grecs ont aujourd'hui dans leur vin, confiance qui se traduit par des développements isolés dans le nord de la Grèce. Gerovassiliou, à Epanomí, au sud de Thessalonique, fait des essais avec des cépages de petite syrah, de viognier et du malagousia, un cépage local.

Un vignoble en terrasse sur l'île de Samos, où presque toutes les vignes furent remplacées par du muscat après les ravages du phylloxéra à la fin du XIXᵉ siècle. Toute la production vinicole est entre les mains d'une coopérative compétente, qui produit un large éventail de vins aux styles très variés.

Dans le Nord-Ouest, l'unique appellation de l'**Épire** s'appelle **Zítsa**, le debina étant le cépage blanc le plus utilisé dans la production de vins blancs secs, pétillants ou non. C'est dans l'Épire que se trouvent les plus hautes vignes de Grèce, à près de 1 200 m d'altitude, ainsi que le plus vieux cabernet-sauvignon, planté à Katogi Averoff en 1963. Rapsáni est le fleuron des vins rouges.

Négociants et coopératives dominent la **Grèce centrale**. Le vin traditionnel athénien, produit aux portes de la capitale, dans l'**Attique** (Attiki), est le retsina, ce curieux vin résiné qui a si longtemps nui à la réputation vinicole de la Grèce. L'Attique est la plus grande région vinicole du pays, avec 11 000 ha de vignes, pour la plupart dans la plaine aride et peu fertile qui entoure Mesogia.

▼ Parmi cette sélection variée produite en Grèce et sur les îles grecques, seul ou presque le merlot du domaine Hatzimichalis est issu d'un cépage international importé. L'autre vin notable d'Alpha Estates, près de la frontière avec l'Albanie, est issu d'un sauvignon blanc particulièrement fin.

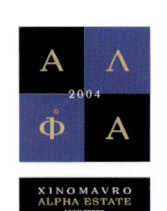

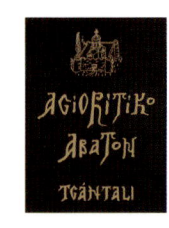

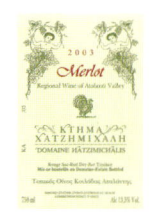

GRÈCE | 283

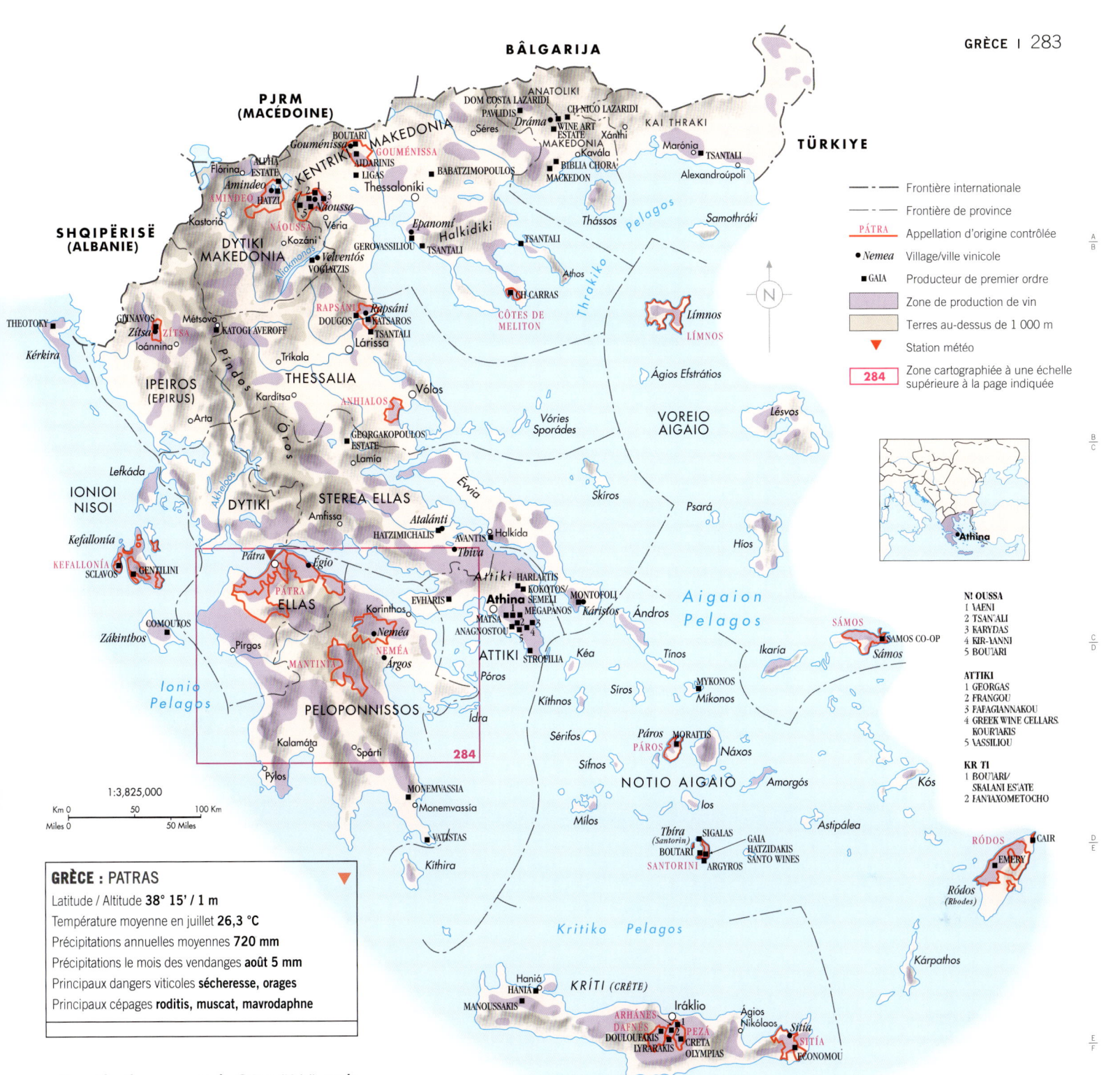

GRÈCE : PATRAS
Latitude / Altitude 38° 15' / 1 m
Température moyenne en juillet 26,3 °C
Précipitations annuelles moyennes 720 mm
Précipitations le mois des vendanges août 5 mm
Principaux dangers viticoles sécheresse, orages
Principaux cépages roditis, muscat, mavrodaphne

Parmi les îles grecques, la **Crète** (Kriti) est le plus gros producteur de vin, célèbre au temps des Vénitiens pour ses malmsey liquoreux. Ceux-ci malheureusement n'existent plus, mais récemment, l'industrie vinicole de l'île a attiré des subventions dont elle avait fort besoin et suscite enfin de l'enthousiasme. Le domaine de Fantaxometocho de Boutari, aux portes d'Héraklion (Iráklio), est un présage favorable. Les meilleurs vignobles se situent à des altitudes relativement élevées.

La **Céphalonie** (Kefallonia) et sa voisine ionienne, **Zante** (Zákinthos), avec son avgoustiatis, cépage local rouge et vif, arrivent en deuxième position, notamment avec leurs cépages blancs et frais, le robola et le tsaoussi, ainsi qu'avec leurs cépages importés. Corfou n'est en général pas une référence pour les amateurs de vin.

Dans la mer Égée, plusieurs îles produisent des vins de muscat doux. **Samos** est la meilleure et la plus réputée ; elle est aussi l'exportatrice principale, notamment de jeunes vins absolument sans défaut et de quelques vins boisés fort appétissants, pratiquement toujours à base des petites baies de muscat blanc. **Lemnos** (Límnos) produit du muscat sec et du muscat doux. Paros a son propre cépage, le monemvassia, qui s'apparente à un malvasia. Le mandelaria est un autre cépage rouge rustique, indigène des îles de Páros, Crète et Rhodes.

Sur l'île de **Rhodes** (Ródos), le blanc domine : l'ample vin blanc athiri a récemment produit des exemples remarquablement élégants issus de vignes à haute altitude.

Cependant, de toutes les îles, **Santorin** est la plus originale et la plus fascinante. Ses vins puissants et intenses, blancs, au parfum de citron et de minéraux, (ultra) secs, proviennent principalement d'anciennes vignes assyrtiko, qui poussent dans de petits nids tapis sur les hauteurs du volcan endormi, balayé par les vents. Le Sigalas, le Hatzidakis et le Thalassitis de Gaia représentent d'excellents exemples de cette île, qui produit aussi un vin blanc particulièrement riche, le vinsanto. Le problème de Santorin n'est pas un manque d'enthousiasme et d'ingéniosité quant à la production de vin, mais plutôt le fait que le tourisme florissant fait monter les prix des terrains, mettant en danger la survie même de ces vignobles uniques (voir photo p. 281).

Péloponnèse

Cette nouvelle carte illustre la partie septentrionale du Péloponnèse, région de Grèce la plus dynamique ces dernières années. C'est aussi la région vinicole la plus connue du pays grâce à la beauté de son littoral, à son accessibilité à partir d'Athènes et à l'attrait de ses sites historiques.

Nemea, près de Mycènes, est l'appellation la plus importante, offrant des vins rouges succulents issus exclusivement de raisin agiorgitiko (saint-georges) cultivé sur des terrains aussi variés que des zones telles que Koútsi, Asprókambos, Gimnó, l'ancienne Némée et Psari commencent déjà à se forger leur propre réputation. Dans la région de Némée, les hivers sont plus tempérés et les étés plus frais qu'on ne pense, grâce à l'influence de la mer (et de la pluie, qui peut menacer les vendanges dans certaines zones). La Némée se divise en trois zones. Les argiles rouges et fertiles de la vallée donnent les vins les moins intéressants. La zone à altitude moyenne semble la mieux adaptée à la production des vins modernes les plus opulents et stupéfiants, quoique même ici, la variété soit grande. Et certains vignobles de la zone la plus élevée, allant jusqu'à 900 m, que l'on disait jadis ne convenir que pour les vins rosés, produisent de très bons vins rouges. Il faudra plus d'un symposium pour concevoir un système équitable de sous-régions.

Patras, dans le nord du Péloponnèse, est principalement une région de vin blanc et la source des meilleurs vins de roditis, son principal cépage. Le laghorti, cépage blanc au parfum minéral qui vient d'être redécouvert, a suscité beaucoup d'intérêt grâce à l'Adoli Ghis (qui veut dire « terre sincère ») d'Antonopoulos. Le producteur Oenoforos achète également des raisins issus du plateau froid d'Aighialia exposé au nord. Ces producteurs suivent le rythme du changement dans une région longtemps associée au muscat et au mavrodaphne excessivement sirupeux – alors qu'avec un peu plus de soin, ces vins pourraient être aussi bons que le muscat de Samos.

Le plateau de Mantinée, dans le sud de la carte ci-dessous, est le berceau de vignes moschofilero, dont le vin au goût de raisin est également produit dans les îles ioniennes de Céphalonie et de Zante, à l'ouest. Comme tant de Grecs ambitieux, ils cultivent aussi une variété de cépages internationaux.

Les vignobles de Papaioannou, dans ce qui est très évidemment l'ancienne Némée, sont organiques. Lorsque Thanassis Papaioannou débuta en 1984, il faisait partie des premiers producteurs de la nouvelle génération d'exploitants en quête de qualité. Son fils Giorgos maintient la tradition.

▶ Le noir semble être la couleur de choix des domaines de Gaia et de Driopi, voisins du domaine de Nemea, tandis que le blanc de Yannis Tselepos, formé en Bourgogne, est certainement très approprié à son délicat cépage blanc, le moschofilero, fleuron des vignobles de la Mantinée. Les antécédents italiens de Mercouri ont amené le refosco, un raisin noir au goût d'agrumes, au nord-ouest du Péloponnèse.

Producteurs indiqués sur la carte
1. VASSILIOU
2. DOM HELIOS/KOKOTOS
3. AIVALIS
4. HARLAFTIS
5. GAIA
6. DRIOPI
7. LAFAZANIS
8. PAPAIOANNOU
   FALIVOS

— Frontière de province
PÁTRA Appellation d'origine contrôlée
• Neméa Village/ville viticole de premier ordre
■ TSOLIS Producteur de premier ordre
▨ Terres au-dessus de 1 000 m

1:1,390,000

Méditerranée orientale

Que ce soit en Turquie, en Géorgie ou en Arménie que le premier vin ait été élaboré, il n'y a aucun doute qu'il apparaît pour la première fois au Moyen-Orient.

De nos jours, la **Turquie** est au quatrième rang mondial en termes d'encépagement, mais à peine 3 % de son raisin est destiné à la production de vin. Le reste est consommé comme raisin de table ou comme raisins secs. L'industrie vinicole a été entravée par l'inexistence d'un marché local dans ce pays musulman, mais la donne a changé grâce au tourisme, à l'abolition d'une interdiction sur les importations de l'étranger, et à la privatisation, au début du XXIe siècle, de Tekel, le monopole de l'État, connu aujourd'hui sous le nom de Mey. Kemal Atatürk, fondateur de la république séculaire, fit construire des exploitations vinicoles étatiques dans les années 1920, dans l'espoir de persuader son peuple des vertus du vin, et assura la survie de cépages autochtones en Anatolie. Les jeunes Turcs commencent à apprécier le vin plus que le raki, l'alcool national parfumé à l'anis.

Le climat en Turquie est très variable. La Marmara, dans l'arrière-pays d'Istanbul, en Thrace, est la région qui produit le plus de vins. À tout point de vue, c'est la partie la plus européenne du pays, notamment grâce à ses sols propices au vin et à son climat chaud, semblables à ceux du littoral de la mer Noire en Bulgarie, au nord, et à ceux de l'extrémité nord-est de la Grèce. Plus de 40 % du vin produit en Turquie provient d'ici et la proportion de cépages importés est plus grande qu'ailleurs.

Environ un cinquième de la totalité du vin turc est issu de vignes fertiles plantées autour d'Izmir, sur la côte de mer Égée, région riche en vestiges antiques. Les blancs sont généralement meilleurs que les rouges, notamment les blancs à base de misket (muscat) et de sultaniye. Le meilleur producteur est Pamukkale, près de Denizli, dans le Sud-Ouest.

Des vignes sont plantées dans le Nord-Est près de Tokat, mais le raisin cultivé en Turquie provient, en majorité, des vignobles de l'Anatolie centrale, à plus haute altitude ; ici, les hivers sont très rudes, les étés extrêmement secs et les rendements particulièrement bas. Les cépages les plus prometteurs sont le kalecik karasi pour les vins rouges et l'émir pour les vins blancs.

Doluca et Kavalklidere sont les producteurs les plus importants et les plus réputés. Doluca travaille à Marmara (sa marque Vila Doluca est fiable). Kavaklidere est basé près d'Ankara et se focalise sur les vignes autochtones de l'Anatolie : le narince, l'émir et le sultaniye pour les blancs et le bogazkere, l'okügözü et le kalecik karasi pour les rouges. Le sud-est de l'Anatolie n'a pratiquement pas d'exploitations vinicoles même si ses raisins noirs sont prometteurs.

Chypre est devenue membre de l'UE en 2004 et son industrie vinicole est par conséquent en pleine révolution. Alors que des subventions étaient versées pour l'exportation de grandes quantités de vin ordinaire (les Soviétiques étaient très demandeurs), aujourd'hui les aides financières sont destinées à favoriser l'arrachage des vignobles les moins intéressants et développer de nouvelles plantations à l'intérieur du pays plus montagneux. Tous les versants méridionaux des montagnes du Troodos sont propices à la production de vin, parce que plus pluvieux. Les vignobles sont situés dans des vallées à plus de 600 m d'altitude et sur des coteaux qui s'élèvent jusqu'à 1 500 m, là où la pluie tombe.

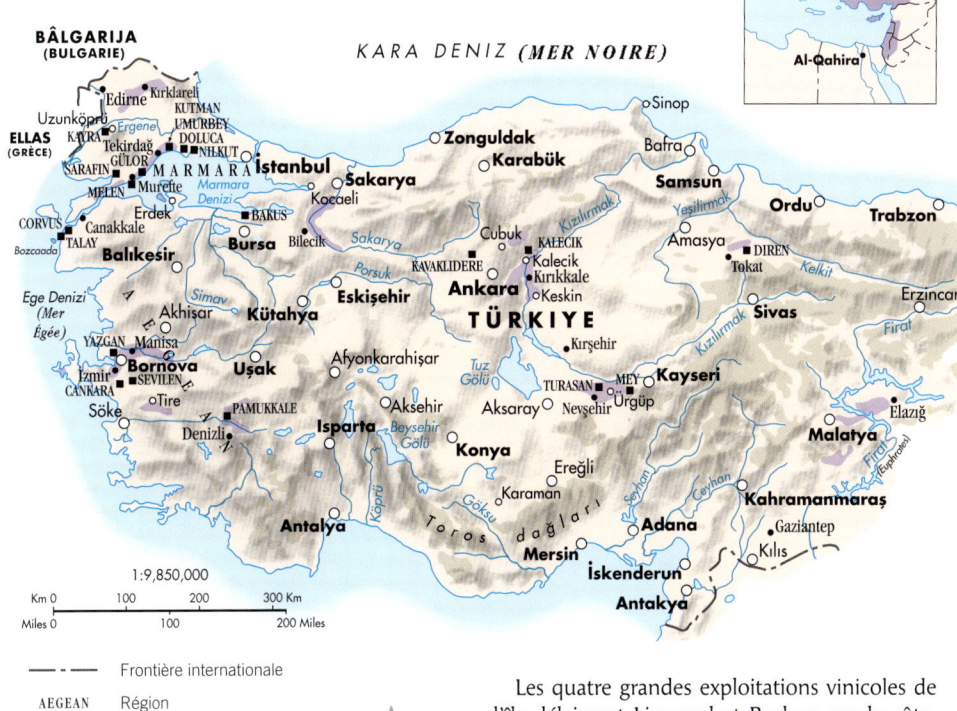

Les quatre grandes exploitations vinicoles de l'île délaissent Limassol et Paphos, sur la côte, pour s'installer plus près des régions les plus prometteuses, celles-ci étant encore dominées par des petits producteurs sans expertise moderne. Néanmoins, en 2006, on comptait déjà à Chypre une cinquantaine d'exploitations qui pratiquaient la vente directe et un système d'appellation d'origine est en cours de développement.

Le changement touche soudainement l'une des cultures vinicoles les plus anciennes au monde puisqu'elle date d'au moins 3 500 av. J.-C., selon des vestiges archéologiques récemment découverts.

Chypre n'a jamais été envahie par le phylloxéra et donc ses vignes non greffées sont protégées par des conditions de quarantaine strictes, ce qui freine l'introduction de cépages internationaux. Dans plus de 70 % des vignobles de l'île consacrés au vin (Chypre est

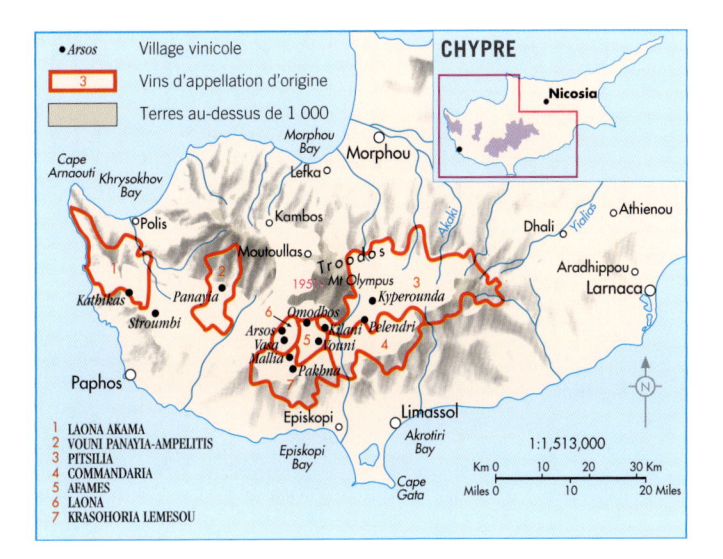

La Chypre moderne est représentée par ce vin de Vasa issu d'une vigne autochtone, et la Turquie moderne par un des cabernets de Sarafin.

aussi un important producteur de raisin de table), on cultive un cépage indigène plutôt ordinaire, le mavro, si commun que son nom signifie simplement « noir ». Le xynisteri local, ainsi que le muscat d'Alexandrie et maintenant le palomino, sont utilisés dans la production de vins fortifiés comme de vins blancs légers. Par ailleurs, le xynisteri donne des blancs secs délicats quand il est cultivé à haute altitude. Parmi les cépages rouges importés, les plus notables sont le cabernet-sauvignon, le syrah et le grenache, mais le maratheftiko et le lefkada locaux donnent des vins de plus en plus intéressants et nerveux. Des vendanges précoces produisent progressivement des vins plus fruités.

Le plus insolite des vins chypriotes est le liquoreux commandaria, issu de raisins mavro et xynisteri passerillés. Le commandaria, qui doit être vieilli en fût de chêne pendant au moins deux ans, peut être simplement sirupeux ou alors étonnement concentré, avec un taux de sucre quatre fois plus élevé que dans le porto. Les meilleurs pourtant ont un goût de raisin et une fraîcheur obsédants.

Les progrès technologiques et la demande ont profité à l'industrie vinicole des Libanais comme des Israéliens. Nombre d'amateurs de vin, si on leur demandait de citer le nom d'un vin de la Méditerranée orientale, évoqueraient le Château Musar du **Liban**. Un homme remarquable, Serge Hogar, a réussi à maintenir la production de ce vin pendant les vingt années de guerre civile. À partir de cabernet-sauvignon, de cinsault et de carignan en culture non irriguée, il a produit des vins aux arômes remarquables, rappelant un bordeaux riche et exotique.

D'autres exploitations libanaises dépendent aussi de vignes cultivées dans la vallée occidentale de la Bekaa, zone ravagée par la guerre, et dans les collines au-dessus de Zahlé, où l'altitude d'environ 1 000 m contribue à la production de vins frais. Le Château Kefraya produit des rosés rafraîchissants, ainsi qu'un assemblage de bordeaux et de côtes-du-rhône notable. L'exploitation la plus importante et la plus ancienne est le Château Ksara, tandis que Massaya, le domaine Wardy et le Clos Saint-Thomas sont des entreprises sérieuses, quoique bien plus récentes.

De l'autre côté de la frontière, fort disputée, **Israël** est l'autre lieu de la révolution vinicole dans cette région du monde. Son encépagement représente à peine un quart de celle du Liban, mais elle exporte plus de vin, principalement pour satisfaire la demande internationale en vin kascher. Les vins rouges doux de kiddush ont été pendant des années le produit courant des coopératives vinicoles de Carmel à Rishon-le-Tzion et Zichron Yaacov, offertes à Israël par le baron Edmond de Rothschild. Dans les régions vinicoles plus traditionnelles, elles contrôlent aujourd'hui encore près de la moitié du raisin cultivé, auquel s'ajoutent progressivement les vignobles plus modernes du désert du Néguev, près de Ramat Arad, et de haute Galilée.

Jusqu'aux années 1980, les vins israéliens n'avaient qu'un intérêt sacramental. Mais à la fin des années 1970, un tournant est pris avec la plantation de nouvelles vignes sur les sols volcaniques des hauteurs du Golan.

Une culture vinicole est déjà solidement établie en Israël – culture qui célèbre les vins israéliens et pas seulement les vins kascher – avec son complément de revues spécialisées dans le vin, de restaurants arborant des cartes de vins internationaux, et une multitude de nouvelles exploitations, petites, certes, mais ambitieuses. Citons Castel et Flam sous le climat tempéré des monts de Judée, près de Jérusalem, Margalit dans la plaine de Sharon et Yatir dans le nord du Néguev. Depuis environ 1995, de remarquables progrès ont été réalisés au niveau de la qualité et de la fiabilité.

La variété des conditions climatiques est extrême pour un si petit pays, mais la région qui offre le potentiel le plus évident est la Galilée (Galil). Les trois exploitations les plus importantes promeuvent la révolution vinicole qualitative par leur judicieux choix des emplacements de leurs vignobles et par leurs investissements dans la technologie. Dans une opération de joint-venture avec Kibbutz Yiron, la Golan Heights Winery a fondé une nouvelle exploitation, la Galil Mountain Winery, à la frontière libanaise. Carmel a construit trois exploitations high-tech près de vignobles clés, tandis que Barkan, le deuxième producteur après Carmel, a développé une exploitation moderne près de Rehevot, dans la région côtière de Samson si riche en vignes, et a également investi dans les sols semi-arides du Néguev. Le génie et la détermination des Israéliens en agriculture sont un atout lorsqu'il s'agit de cultiver des vignes dans des environnements difficiles et d'obtenir une qualité qui soutienne une comparaison à l'échelle internationale. Le cabernet, le merlot, le chardonnay et le sauvignon blanc se sentent manifestement chez eux, le shiraz gagne du terrain et le cabernet franc est prometteur. Des efforts sont en cours pour donner une identité israélienne aux vins sans pour autant utiliser des cépages autochtones.

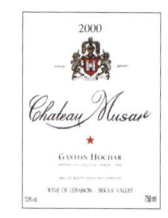

▲ Les vins Flam sont produits par le fils d'Israël Flam ; formé en Italie et en Autriche, il est l'œnologue de Carmel, l'exploitation la plus notable d'Israël, tandis que les Hochar du Château Musar au Liban furent inspirés à l'origine par une visite à Bordeaux.

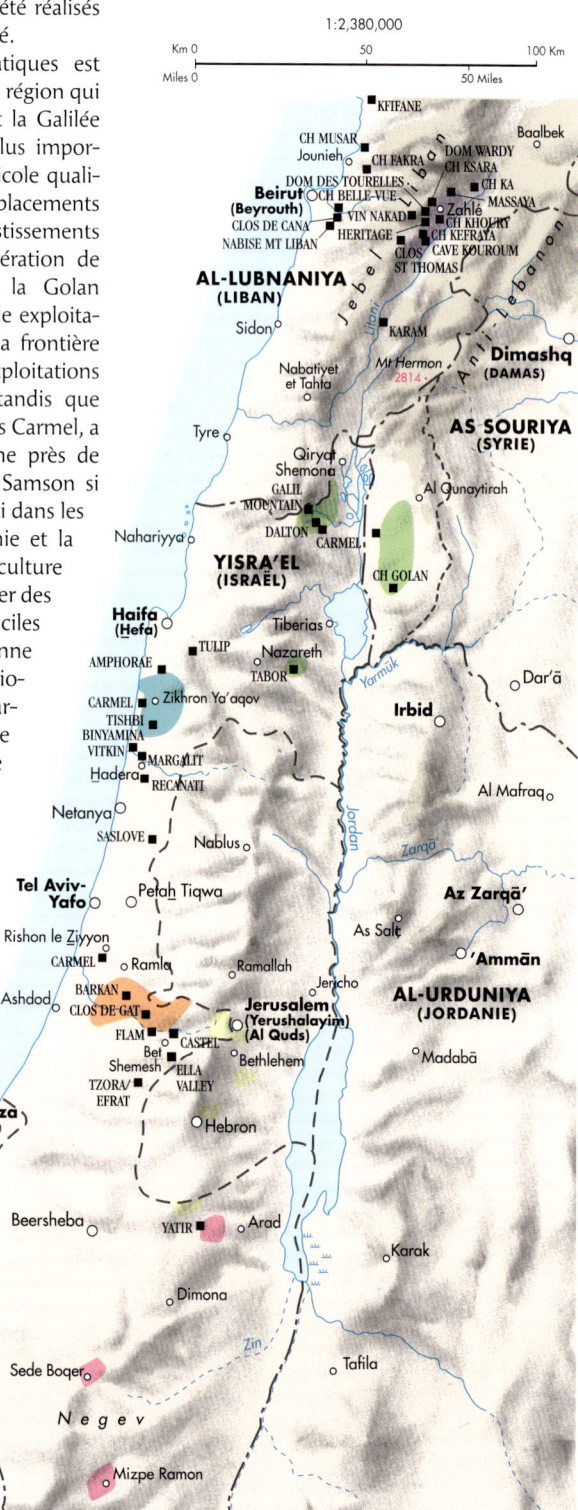

Afrique du Nord

L'Afrique du Nord, et spécifiquement le Maroc, est en train de se ressaisir après un sommeil de cinquante ans. Au milieu du XXe siècle, la production de l'Algérie, du Maroc et de la Tunisie ne représentaient pas moins des deux tiers du commerce international de vin. La majeure partie de ces grandes quantités de vin était envoyée en Europe sous forme de vin rouge puissant et sombre destiné à l'assemblage. L'absence de marché intérieur dans ces pays majoritairement musulmans entraîna, après l'indépendance, un déclin immédiat.

Le **Maroc** est déjà sur le chemin de la renaissance grâce à des opérations de joint-venture et d'équipements modernes qui faisaient défaut – même si le plus gros investissement, réalisé par Castel, de Bordeaux, est attribué à la création de nouveaux vignobles mécanisables. Le sens commun voudrait que de ces trois plus importants producteurs de l'Afrique du Nord, le Maroc ait les meilleurs vignobles, l'altitude et l'influence atlantique jouant en sa faveur. Le principal producteur marocain, Celliers de Meknès, a ouvert une nouvelle exploitation high-tech, Château Roslane, en 2003.

Le Maroc possède quatorze Appellations d'origine garantie (AOG) et à présent, une Appellation d'origine contrôlée (AOC), les Coteaux de l'Atlas, chacun avec ses cépages spécifiques. Cependant seules quatre d'entre elles – Guerrouane, Beni M'Tir, Berkane et Coteaux de l'Atlas – sont très utilisées. Les vignobles les plus réputés sont ceux des alentours de Meknès (60 % de la production marocaine) et de Fès, car la nuit, leur altitude d'environ 600 m entraîne une baisse de température salutaire.

Le vin est majoritairement rouge. Bien plus apprécié que les blancs de plus en plus croustillants, le vin gris marocain – en fait rose pâle – dont le prototype « blush wine » (rosé très pâle) est produit à partir de raisin noir peu macéré, souvent du cinsault. Au sud de Casablanca, le village fortifié de Boulaouane, dans l'AOG de Doukkala, donne son nom à l'un des meilleurs vins gris, en cours de modernisation par Castel.

La **Tunisie** essaye aussi d'améliorer la qualité de ses vins et ses exportations. L'État a encouragé les opérations de joint-venture, expertise et capitaux étant alors importés d'Europe. Au début de ce siècle, au moins sept de ces opérations étaient en cours, les plus notables étant celles du Château Saint Augustin, du domaine Neferis et d'un projet par Calatrasi, de Sicile. Les résultats incluent l'installation d'indispensables systèmes de climatisation et la modernisation des vignobles, la plupart bénéficiant à présent d'irrigation. La Tunisie a de bonnes réserves d'eau. Le carignan, le grenache, le mourvèdre et le syrah sont les cépages rouges typiques du pays.

Les régions les plus fraîches se trouvent sur le littoral. Les brises marines et les sols argileux, frais, de la Bizerte septentrionale donnent des blancs raisonnables, des rouges bien charpentés et d'excellents muscats doux, la spécialité de la Tunisie. Le muscat sec, souvent oxydé, est la spécialité des sols sablonneux du cap Bon, connu sous le nom de Kelibia, sur la côte est.

Les vignobles les plus occidentaux de Jendouba, au sud de Béja, sont les plus chauds de Tunisie. Les exploitations qui s'y trouvent sont les moins fiables à cause de la vétusté des équipements et de l'absence de systèmes de climatisation. Mais il existe un potentiel sérieux pour les rouges puissants, aux saveurs soutenues, issus des exploitations mieux équipées de Grombalia, aux collines de terre rouge qui la séparent de Tunis, du littoral de Mornag au sud-ouest de Tunis, et de Tébourba, à l'ouest de la ville, dont la spécialité est le Gris de Tunis, d'un rose très pâle.

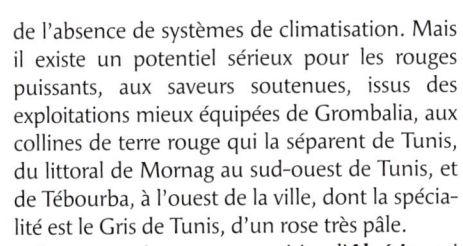

En comparaison avec ses voisins, l'**Algérie**, qui fut à une certaine époque et de loin le plus grand exportateur de vin au monde, est très en retard en termes de modernisation. Ses vignobles ont été négligés ou arrachés entre 1966 et 1997, quand 80 % de ses vignes avaient plus de 40 ans, et sa production de vin a baissé de 16 millions d'hectolitres à moins d'un demi-million. Ce qui ne veut pas dire que le vin algérien est de mauvaise qualité. Le monopole étatique, qui continue de contrôler la production de très près, affirme avoir planté 10 000 ha de cépages internationaux au milieu des années 1990, principalement dans les zones traditionnelles de Tlemcen, Médéa et Zaccar, et tente, dans des conditions sociales très difficiles, de développer les exploitations capables de produire des vins exportables.

Le sauveur improbable de l'industrie vinicole algérienne n'est autre que Gérard Depardieu, ici dans le vignoble de Saint Augustin, à partir duquel il réussit à produire, avec Magrez, de Bordeaux, un rouge capiteux.

▶ *Les étiquettes marocaines appartiennent toutes les deux à des Français, Bernard Magrez et Castel, tandis que Selian (tout à droite) utilise les vignes anciennes de Carignan au nord de la Tunisie, terminant le vin dans leur vignoble de Sicile. La France boit, traditionnellement, des vins nord-africains, grâce à un mélange créatif dans la première moitié du XXe siècle.*

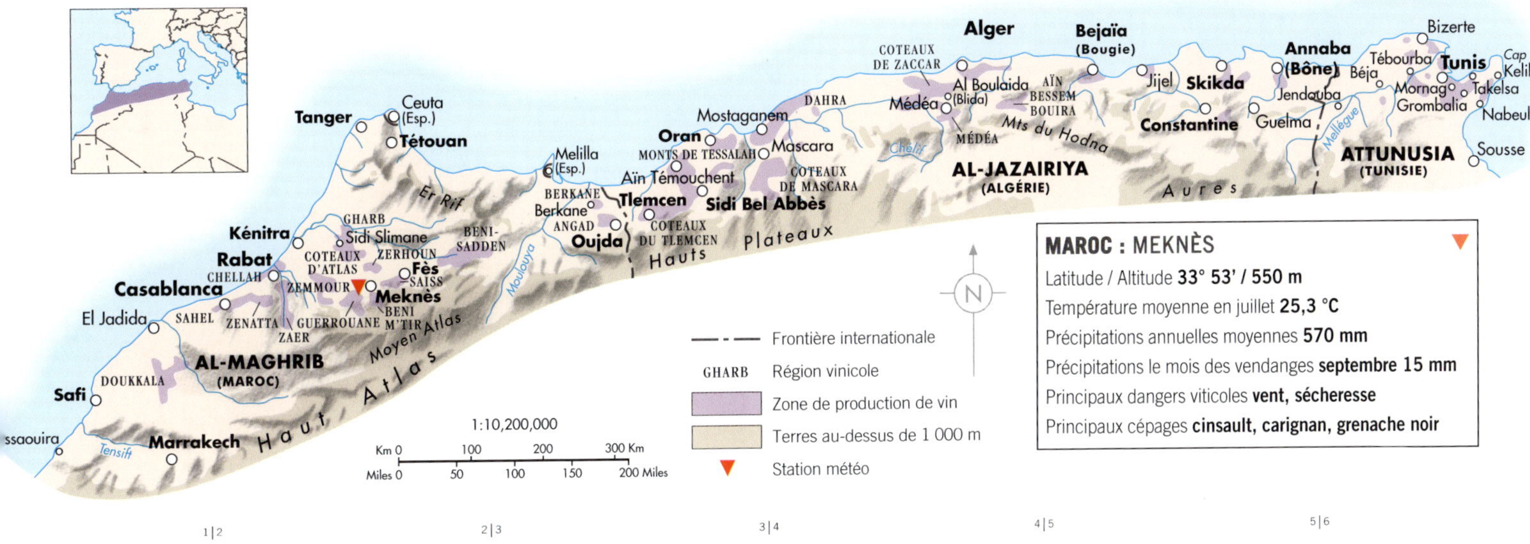

MAROC : MEKNÈS

Latitude / Altitude **33° 53' / 550 m**
Température moyenne en juillet **25,3 °C**
Précipitations annuelles moyennes **570 mm**
Précipitations le mois des vendanges septembre **15 mm**
Principaux dangers viticoles **vent, sécheresse**
Principaux cépages **cinsault, carignan, grenache noir**

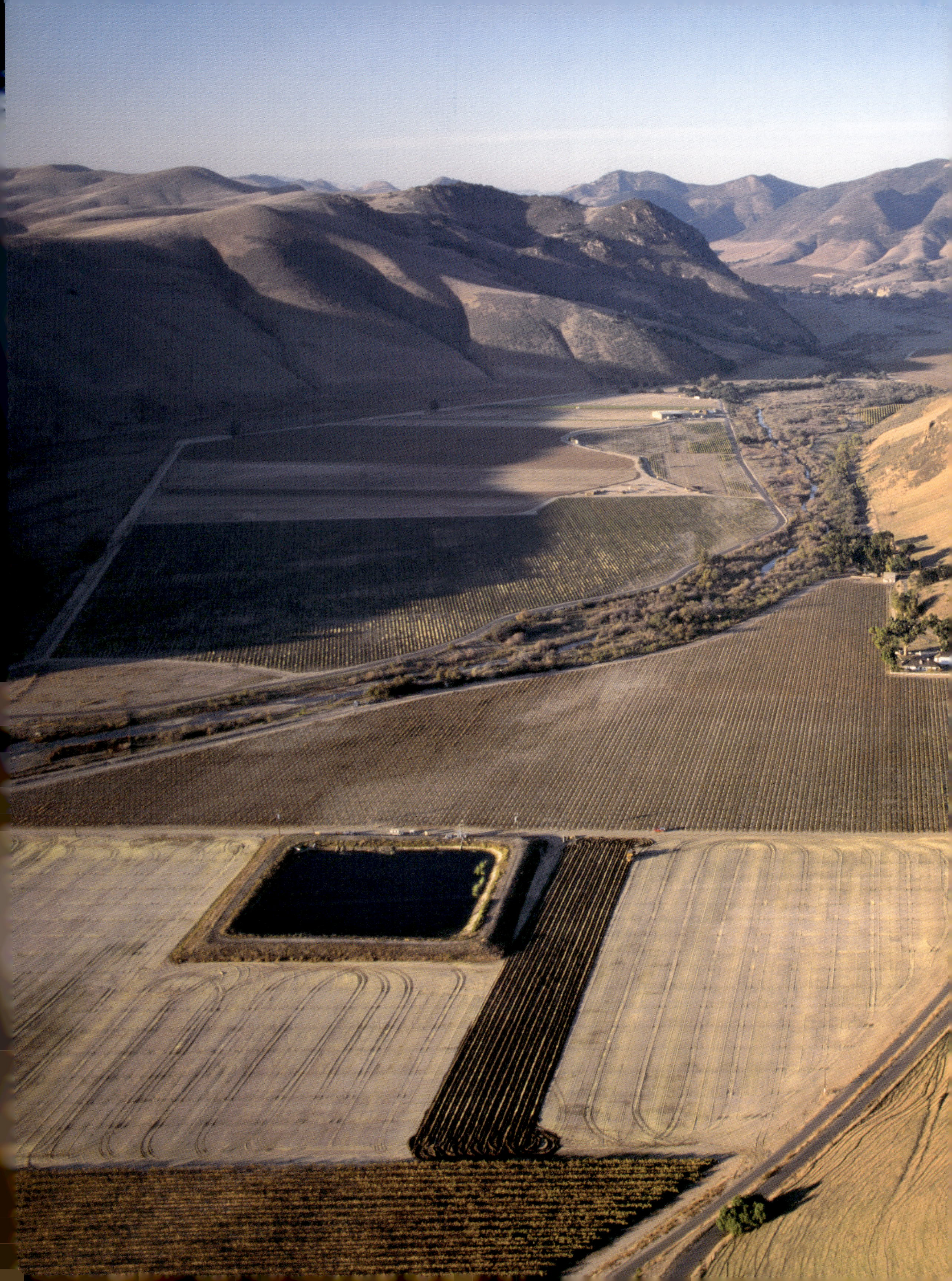

Les vignobles de Bien Nacido, près de la rivière Cuyana dans la chaîne montagneuse de San Rafael, et, au-delà, le cépage Au Bon Climat, en Californie.

Amérique du Nord

Amérique du Nord

La vigne doit être tenace pour avoir résisté sur un continent où elle a été exposée aux insectes nuisibles, aux maladies, aux écarts climatiques extrêmes et autres désastres.

Les États-Unis sont le plus important producteur et consommateur de vin au monde en dehors de l'Europe, et seules la France, l'Espagne et l'Italie en produisent plus qu'eux. L'industrie vinicole du Canada est en pleine transformation, et un de ces jours, le Mexique pourrait les rattraper.

Les plus de 300 ans d'histoire américaine sont une saga d'espoirs brisés. Le vin des vignes américaines avait un goût bizarre et les vignes de vinifera européennes plantées à l'origine dans les nouvelles colonies flétrissaient et mouraient.

À l'époque de la Révolution, Washington s'y essaya et Jefferson, grand amateur de vin qui avait fait le tour de la France dans ce but pour connaître ses vins, tenta aussi sa chance. Sans succès. Le sol était infesté de phylloxéra, ennemi mortel de la vigne européenne. Les étés chauds et humides du sud et de l'est des États-Unis provoquaient des maladies inconnues en Europe, et dans le Nord, elles enduraient des hivers très rudes. Les vignes d'origine américaine avaient développé une résistance naturelle à ces maux.

Aujourd'hui, plus de douze cépages originaires d'Amérique du Nord sont reconnus, beaucoup (notamment la *Vitis labrusca*) produisant un vin tellement sauvage qu'on l'a longtemps décrit comme étant « foxé » – arôme familier dans le jus de raisin et les gelées, mais plutôt rebutant pour les amateurs de vins qui n'ont connu que les vins issus de la vigne européenne.

La coexistence sur ce nouveau continent de vignes américaines et européennes a engendré un métissage des gènes dont les recombinaisons spontanées et aléatoires ont donné des cépages avec un goût « foxé » bien moins marqué. Premier hybride américano-européen à sortir de ces croisements accidentels, le cépage alexander fut découvert en Pennsylvanie et cultivé dans l'Indiana. Il fut suivi du catawba, du delaware et de l'isabella. Le norton est un cépage purement américain qui produit encore aujourd'hui des rouges puissants et distinctifs.

Partout où ils s'installaient, les colons s'essayaient à la viticulture, notamment dans l'État de New York (où sévissent des hivers glacials), en Virginie (où les étés sont étouffants) et dans le New Jersey (d'un climat plus tempéré). Mais ce fut à Cincinnati, dans l'Ohio, que le premier vin américain à connaître un succès commercial vit le jour : le célèbre catawba pétillant de Nicolas Longworth. Déjà dans les années 1850, ce vin était prisé des deux côtés de l'Atlantique et, avec ses 485 ha de vignes, Longworth faisait fortune.

Le succès fut cependant de courte durée. Le défi de Cincinnati à Reims fut torpillé par le black-rot, la guerre de Sécession et le décès de Longworth en 1863. Mais la leçon avait été retenue. Les producteurs du « champagne » de Longworth trouvèrent rapidement de nouveaux employeurs : la nouvelle Pleasant Valley Wine Co de Hammonsport, dans la région des Finger Lakes de l'État de New York. Cette fois, le vin américain allait trouver un havre permanent, encore important de nos jours (voir p. 320).

Au moment de la guerre de Sécession, la viticulture était devenue une activité à part entière et avait produit des douzaines de nouveaux cépages bien adaptés aux conditions américaines, dont le concord, cépage robuste, presque brutal, mais dont l'arôme est puissamment foxé. Créé en 1854, le concord est aujourd'hui le cépage principal du grand territoire du raisin qui s'étend depuis la rive méridionale du lac Erié jusqu'au nord de l'Ohio, la Pennsylvanie et New York. Le concord est également le raisin des jus de fruit et des gelées.

Dans le Sud, les deux Caroline et la Géorgie ont leurs cépages indigènes de muscadine, notamment le scuppermong, dont le jus visqueux produisait un vin plus éloigné du modèle européen que ces hybrides américains. Les variétés de muscadine ont au moins une qualité : elles résistent à la maladie de Pierce, fatale pour les vignes de vinifera en Amérique (voir p. 19).

Un vignoble s'étale pratiquement jusqu'au pied de Grand Mesa à Palisade, près de la rivière Colorado. Le Colorado n'est pas de prime abord une contrée propice à la vigne, mais aujourd'hui tous les États produisent du vin en Amérique.

La viticulture arriva sur la côte ouest par une voie différente. Les premiers colons espagnols au Mexique y avaient importé de la vigne de vinifera dès le XVIᵉ siècle et avaient obtenu d'assez bons résultats. La vigne d'origine, connue sous le nom de mission (identique au cépage argentin criolla chica) florissait dans la Basse-Californie. Mais les pères franciscains ne migrèrent vers le nord de la côte californienne que 200 ans plus tard. En 1769, le père franciscain Junípero Serra fonda la Mission de San Diego en plantant, dit-on, le premier vignoble de la Californie.

Les maux qui sévissaient sur la côte n'existaient pas ici, mis à part la maladie de Pierce. La *Vitis vinifera* avait trouvé sa terre promise. Le bien nommé Jean-Louis Vignes apporta à Los Angeles de meilleurs cépages, en provenance d'Europe, que le mission. La ruée vers l'or entraîna une immigration massive. Dès les années 1850, le nord de la Californie était entièrement conquis par la vigne.

Ainsi vers le milieu du XIXᵉ siècle, l'Amérique possédait-elle deux industries vinicoles radicalement différentes. En Californie, la vigne de vinifera détrôna le concord vers la fin du XIXᵉ siècle et connut son heure de gloire dans les années 1880-1890. Son industrie viticole, alors en plein essor, fut frappée, comme en Europe, par les fléaux du mildiou et du phylloxéra.

Mais un fléau plus terrible allait s'abattre sur l'industrie du vin : la prohibition de l'alcool dans toute l'Amérique du Nord entre 1918 et 1933. Les producteurs de l'est comme de l'ouest des États-Unis survécurent tant bien que mal, produisant soi-disant du vin sacramentel et expédiant d'énormes quantités de raisin, de jus de raisin et de concentré de raisin (avec l'avertissement « Attention – ne pas ajouter de levure, le contenu pourrait fermenter ») dans une nation qui découvrait l'intérêt de faire son propre vin.

Conséquence durable d'une culture qui avait engendré la prohibition d'alcool, l'industrie viticole fut longtemps contrainte par une organisation inutilement compliquée, une législation obstructive et une extrême suspicion de la part de grand nombre d'Américains.

Néanmoins, le vin est aujourd'hui très à la mode et profite d'un enthousiasme qui frôle l'obsession dans le cercle grandissant d'Américains qui possèdent un tire-bouchon. Cela s'est traduit par une activité et une expérimentation effrénées dans une industrie viticole en expansion dans tout le pays. Depuis le développement du chemin de fer, les États riches en vignes, notamment la Californie, ont expédié vin et raisin vers des exploitations moins bien situées. Les cinquante États de la nation, l'Alaska y compris, produisent un peu de vin, même si quinze d'entre eux possèdent moins de dix exploitations. Une vingtaine possèdent plus de 400 ha de vignes.

L'essor de l'industrie viticole au Canada, au Mexique, au Texas, dans l'État de New York et dans toute l'Amérique à l'ouest des montagnes

Rocheuses est commentée en détail aux pages suivantes, mais des centaines d'exploitations (certaines produisant du vin à partir d'autres fruits que le raisin) et des milliers de vignobles existent aussi ailleurs. Ils produisent du jus, de la gelée, des boissons très aromatiques à base de raisins indigènes, mais aussi, et de plus en plus, des ferments plus subtils et sophistiqués issus de vignes de vinifera ou de soi-disant hybrides français. Cette nouvelle génération de cépages (tels le vidal, le seyval blanc et le vignoles pour les cépages blancs, et le baco noir ou le chambourcin pour les cépages rouges) a été conçue en Europe après l'éradication du phylloxéra, à partir de vignes américaines et vinifera.

Les hybrides français dominent dans le Midwest, même si le cépage indigène norton y est aussi répandu. Le **Missouri** est le seul État avec une longue tradition de viticulture à grande échelle ; il était aussi, au XIXe siècle, le seul rival sérieux de l'Ohio à l'est des montagnes Rocheuses. Augusta marqua un point quand elle devint, en 1980, la première AVA (American Viticultural Area) des États-Unis et elle continue de s'améliorer. Les plus de 180 zones de viticulture existantes (souvent délimitées en fonction de critères politiques et non de frontières naturelles, et prenant en compte davantage les désirs des producteurs que ceux des consommateurs) représentent un premier pas vers un système d'appellation contrôlée.

Le **Michigan**, entouré des Grands Lacs, est aujourd'hui le quatrième producteur des États-Unis (après la Californie, Washington et New York). Le concord domine – mais la vigne vinifera, notamment le chardonnay, et une minorité d'hybrides français, en recul, dans les péninsules de Old Mission et de Leelanau – sont prometteuses.

La **Pennsylvanie** possède presque autant de vignobles (plus que l'Oregon) et l'**Ohio** est aussi important. Mais à l'est, l'État qui suscite le plus d'intérêt après New York est sans aucun doute la **Virginie**, qui abrite plus de 100 petits producteurs fort ambitieux et dont les merlots et les cabernets connaissent un franc succès.

L'industrie viticole du **New Jersey**, pourtant bien plus petite, existe depuis presque aussi longtemps ; celle du **Maryland** est encore plus petite. Ces deux États parient autant sur la vinifera que sur les hybrides français.

Le reste du Sud, c'est-à-dire les États bordant le Golf du Mexique, voit sa modeste industrie viticole se développer. Cette dernière remplace ses vignes de muscadine, de faible rendement et bien adaptées au climat chaud et humide de leurs forêts natales, par des hybrides français, de la vinifera et des hybrides de muscadine plus récents, capables de produire des arômes plus traditionnels. Les régions méridionales plus fraîches et plus élevées connaissent des conditions souvent comparables à celles de la Virginie.

Sur cet immense continent plein de surprises, une tendance enthousiasmante se profile : la production de vins qui seront appréciés en dehors de leur région d'origine, tout en la représentant fidèlement.

▶ Le Dry Riesling de Wollersheim est produit dans le Wisconsin à partir de raisin expédié de l'État de Washington, de l'autre côté du continent – pratique courante en Amérique, représentée ici, de gauche à droite, par un effervescent du Michigan, le Linden de Virginie et un bon Norton du Missouri.

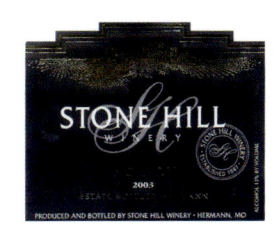

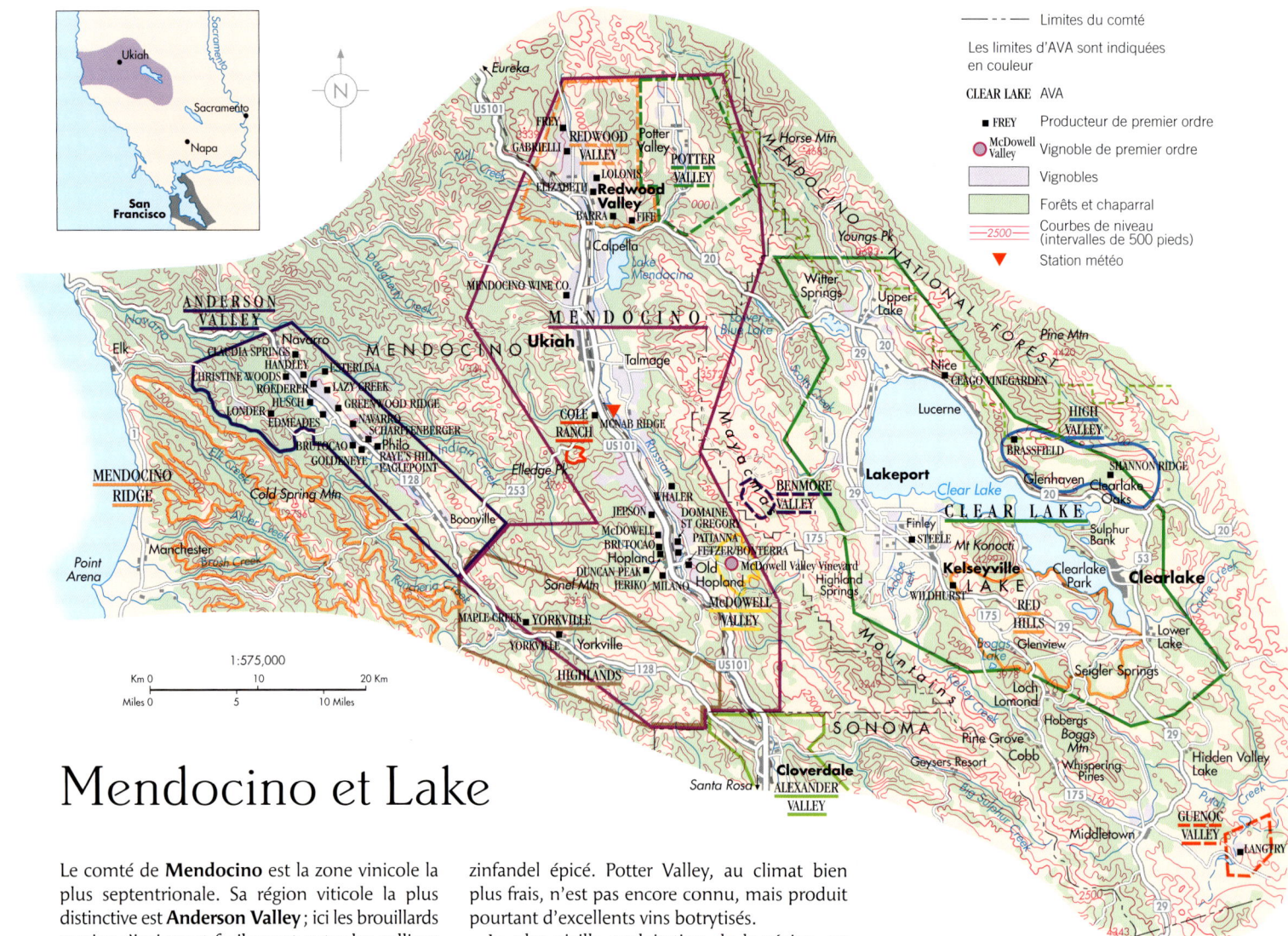

Mendocino et Lake

Le comté de **Mendocino** est la zone vinicole la plus septentrionale. Sa région viticole la plus distinctive est **Anderson Valley**; ici les brouillards marins s'insinuent facilement entre les collines du littoral et stagnent très bas en bandes épaisses. La petite rivière Navarro coule en cascade dans la vallée à travers une forêt de séquoias où plane une forte odeur de résine. Il y a longtemps, des familles italiennes vivant là découvrirent que le zinfandel mûrissait merveilleusement sur les collines qui dominent le tapis de brouillard. Le riesling et le gewurztraminer sont parfaitement adaptés au climat (mais pas nécessairement au marché), mais ce fut une société française, celle des champagnes Roederer, qui inscrivit Anderson Valley sur la carte des vins. En 1982, Roederer choisit de s'installer ici et non pas, comme la plupart de ses pairs, à Carneros.

Les vins produits par **Yorkville Highlands**, au sud-ouest, affichent une bonne acidité naturelle, mais la majorité des vignes du Mendocino se niche derrière les collines du littoral qui s'élèvent jusqu'à 900 m d'altitude au nord de Cloverdale et de la frontière avec le comté de Sonoma. Protégées de l'influence du Pacifique, ces vignes bénéficient donc d'un climat plus chaud et sec. Les brouillards n'atteignent pas Ukiah et rarement Redwood Valley, et leurs vins (le produit de terres alluviales profondes) sont normalement des rouges amples, plutôt doux, issus de cabernet, de petite syrah ou, dans le cas de vignes particulièrement anciennes, de zinfandel épicé. Potter Valley, au climat bien plus frais, n'est pas encore connu, mais produit pourtant d'excellents vins botrytisés.

La plus vieille exploitation de la région est Parducci, fondée en 1932, date à laquelle la Prohibition était encore en vigueur (elle est actuellement la propriété de Mendocino Wine Co). Fetzer fut établi en 1968 et mérite la renommée qu'elle se forgea pour une qualité fiable et son soutien sans compromis à la viticulture biologique dans un État qui s'y prête à merveille. L'exploitation est aujourd'hui entre les mains des distilleries Brown-Forman, tandis que la famille Fetzer cultive un volume croissant de raisin bio pour des labels tels que Patianna et Ceàgo.

McDowell Valley est une minuscule appellation, une alcôve pleine de charme à l'intérieur de Mendocino établie il y a longtemps par des producteurs éponymes spécialisés dans les cépages du Rhône. La petite syrah fut plantée ici en 1919.

À l'est, le comté de **Lake** est aussi une région chaude, comparable au sommet de Nappa Valley et prisée pour ses cabernet-sauvignon, zinfandel et sauvignon blanc fruités vendus à des prix raisonnables. Steele et Langry sont aussi des producteurs réputés.

MENDOCINO : UKIAH
Latitude / Altitude 39° 09' / 180 m
Température moyenne en juillet 23,2 °C
Précipitations annuelles moyennes 964 mm
Précipitations le mois des vendanges septembre 20 mm
Principaux dangers viticoles sécheresse hivernale prolongée, pluie à la saison des vendanges
Principaux cépages chardonnay, zinfandel, cabernet-sauvignon, merlot

---

▼ Les deux étiquettes de gauche, de pinot noir et de riesling, témoignent du climat frais d'Anderson Valley, tandis que l'étiquette Ceàgo, relativement récente, profite de ses références en matière de viticulture biologique – les plus répandues dans cette partie de la Californie.

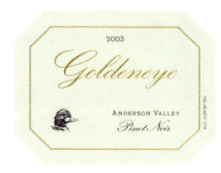

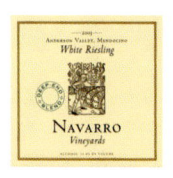

Sonoma septentrional

La règle climatique de la Californie – côte égale fraîcheur – laisserait à penser que le comté de **Sonoma** est plus frais que Napa Valley, comté voisin plus à l'intérieur des terres. De manière générale, la règle s'avère juste. Le comté de Sonoma produit bien plus de raisin que le comté de Napa, dans des conditions bien plus variées et avec des possibilités d'extension de la vigne dans des sites plus récents et plus frais. C'est aussi ici que les premiers bons vins de Californie furent produits, au début du XIXe siècle, même si le comté fut éclipsé au début du XXe siècle par le rôle originel de Napa Valley dans la renaissance du vin de cet État.

Comme dans le reste de la Californie, le climat est dicté par la pénétration des brouillards venus du Pacifique et par la couverture nuageuse qui en résulte. Un peu au sud de la région, cartographiée à la page suivante, il existe une large brèche dans les montagnes côtières qui porte le nom de Petaluma Gap. Grâce à cette brèche, les vignobles du sud sont les plus frais, car souvent baignés de brume jusqu'à 11 heures et à partir de 16 heures. L'AVA **Russian River Valley**, une des plus fraîches du comté, a été étendue sur son flanc sud en 2005 pour englober tous les vignobles situés dans la zone de brouillard au sud de Sebastopol.

Dans Russian River Valley, la température augmente au fur et à mesure que l'on s'éloigne de Petaluma Gap. Williams Selyem, Rochioli et Gary Farrell étaient parmi les premiers producteurs à louer les mérites de cette région pleine de caractère ; ils se sont établis dans West Side Road, où ils profitent de meilleures conditions climatiques qu'un grand nombre de nouveaux venus. Cela dit, la plupart des producteurs de la région en sont encore à planifier leurs futures installations. Leurs premières récoltes sont foulées et pressées dans des installations communes fabriquées à partir de matériel qui servait à presser les pommes. En effet, la pomme était la culture traditionnelle de cette vallée sinueuse jonchée de vieux chênes et de talus fleuris. Comme partout, et pas seulement en Californie, on peut parfaitement s'établir comme caviste

Ce brouillard matinal sur les hauteurs des collines, vu du sommet de Sonoma Valley, à l'est de Santa Rosa, montre l'influence déterminante de la topographie, sur la vitesse de maturation du raisin.

sans posséder ni chais ni vignes, d'autant qu'il existe des viticulteurs professionnels, notamment la famille Dutton, dont la spécialité est de vendre du bon raisin à des tiers.

Le chardonnay reste le cépage le plus répandu dans le comté de Sonoma. Initialement planté pendant l'âge d'or du vin blanc, dans les années 1970-1980, c'était le cépage le plus prisé localement, mais la région doit sa renommée à la richesse de son pinot noir aux arômes de fruits rouges. C'est une des meilleures sources de pinot noir de Californie et les producteurs chevronnés ont établi une tradition bourguignonne de mise en bouteille au vignoble : épanoui, généreusement fruité, avec un bon potentiel de garde. En raison du tapis de brouillard qui camoufle régulièrement les vignobles, les taux d'acidité sont normalement très soutenus et rafraîchissants – sauf quand une canicule au mois d'août accélère la maturation – permettant à Russian River d'offrir des vins charpentés à base des deux grands cépages bourguignons. Les vignobles les plus bas sont en général les plus frais, car le brouillard s'y attarde plus longtemps. Les vignobles situés au-dessus du brouillard, comme Jack Ass Hill et Morelli Lane, ont longtemps produit du très bon zinfandel. Cependant, les vignobles sur les hauteurs commencent à donner des résultats encourageants avec la syrah.

West Side Road, parfois appelé Northern Reach, est la sous-région la plus chaude et la plus ancienne de Russian River Valley, **Green Valley** étant la plus fraîche. Cette dernière enclave dans Russian River Valley est une AVA (pas toujours mentionnée) qui fut accordée dans les années 1970 en raison des vins effervescents d'Iron Horse. À côté, Sebastopol Hills, aussi connu que le Sebastopol méridional et aujourd'hui inclus dans l'AVA Russian River, est presque aussi frais, car il se trouve en plein milieu du chemin emprunté par le brouillard quand il se répand par la brèche de Petaluma Gap.

SONOMA SEPTENTRIONAL : HEALDSBURG ▼

Latitude / Altitude **38° 37' / 30 m**

Température moyenne en juillet **21,9 °C**

Précipitations annuelles moyennes **1 073 mm**

Précipitations le mois des vendanges **septembre 15 mm**

Principaux dangers viticoles **pluies à l'automne**

Principaux cépages **chardonnay, zinfandel, pinot noir**

Au nord-est, **Chalk Hill** possède sa propre AVA, alors qu'elle est incluse dans la grande AVA de Russian River Valley, incorrectement d'ailleurs car elle est bien plus chaude et ses sols sont volcaniques. Elle est le fief d'une seule exploitation, Chalk Hill, dont le plus grand atout est son chardonnay très direct. Elle fait aussi du bon sauvignon blanc, même si son arôme d'agrumes est moins marqué que celui cultivé par Merry Edwards sur les hauteurs plus fraîches de Russian River Valley.

Sur cette carte, entre Russian River Valley et l'océan, se trouvent quelques-uns des producteurs les plus enthousiasmants. Ils se sont établis sur les hauteurs les plus fraîches d'une AVA bien trop grande, **Sonoma Coast** (voir p. 293), qui englobe pas moins de 200 000 ha sur un territoire qui s'étale de Mendocino à la baie de San Pablo. Cette AVA fut initialement créée pour permettre à des producteurs comme Sonoma-Cutrer, aujourd'hui la propriété des distilleries Brown-Forman, de vendre des vins avec la mention « mis en bouteille au domaine » en dépit du fait qu'ils sont parfois issus d'un assemblage de raisins produits par une pléthore de domaines dans la région. Aujourd'hui, il est fortement question de développer à l'intérieur de l'AVA Sonoma Coast des AVA plus limitées géographiquement.

Le choix des sites, dont les facteurs déterminants sont l'exposition aux influences marines, leur altitude et leur orientation, est ici critique. Les vignobles orientés à l'est produisent des raisins qui sont parmi les meilleurs de Russian River Valley, avec un risque de passerillage minime, mais une orientation sud aide à maximiser la maturation du raisin malgré les conditions encore plus fraîches. Marcassin, Littoral, Flowers et Fort Ross Estate sont parmi les pionniers les plus connus. Le vignoble Hirsch donne depuis longtemps du raisin exceptionnel, pour les producteurs de Russian River Valley comme pour d'autres.

Les AVA au nord de Russian River Valley sont plantées en grande densité et elles sont perceptiblement plus chaudes. Dans le canyon qui encercle **Dry Creek Valley** de sols mixtes, les meilleurs sites se caractérisent par un mélange bien drainé de gravier et de glaise rouge, qui porte le nom de « congloméré de Dry Creek Valley ». Les zinfandel et les cabernets s'y épanouissent, alors que le fond de la vallée est planté de cépages blancs, principalement du sauvignon blanc. Dry Creek Vineyards a été le premier à produire ici un bon sauvignon blanc, tandis que, plus récemment, Quivira a également élaboré un bon sauvignon blanc à partir de vignobles de fond des vallées, ainsi qu'un bon zinfandel sur les collines. Comme Phelps, Quivira s'est très tôt converti à la viticulture biodynamique. Des cépages du Rhône ont été plantés, en premier lieu par le très volontaire producteur Lou Preston de Dry Creek. Ces collines sont aussi le berceau d'un cabernet-sauvignon séduisant.

Alexander Valley, plus large et plus ouverte, est bien plus chaude car protégée par des collines basses au nord-est de Healdsburg. Ses sols alluviaux livrent un cabernet mûri à la perfection qui garantit un vin qui se distingue par sa richesse chocolatée. Les terres basses à proximité de la rivière peuvent donner un sauvignon blanc et un chardonnay fort appétissants. La partie nord d'Alexander Valley héberge même des vieilles vignes de zinfandel et, encore plus rare, des vignes de sangiovese. Le domaine Alexander Mountain, autrefois connu sous le nom de Gauer Ranch et propriété de Stonestreet, produit des chardonnays qui sont parmi les plus réputés de Californie. Il jouit de conditions climatiques bien différentes et plus fraîches que celles qui règnent dans le fond de la vallée 140 m plus bas.

Knights Valley, une quasi extension de Napa Valley, est plus chaude que Dry Creek Valley, mais plus fraîche qu'Alexander Valley (parce que plus haute). Peter Michael est la seule exploitation dans cette AVA. Son domaine exploite des vignobles de chardonnay et de cabernet sur des sols volcaniques à des altitudes allant jusqu'à 450 m et 600 m au-dessus du niveau de la mer. Beringer est le pionnier du cabernet de Knights Valley ; il produit aussi un assemblage de bordeaux blanc à partir de son vignoble de Knights Valley, nommé Alluvium en référence aux sols alluviaux de ce site relativement chaud.

Une scène typique du Sonoma : un des chênes natifs de la Californie septentrionale baigné par le soleil matinal sur la propriété de Sir Peter Michael dans Knights Valley. Son chardonnay et son cabernet, mais aussi son pinot noir et son sauvignon blanc, ont déjà acquis une grande réputation.

▼ Tous ces producteurs sont établis de longue date. La mention « Dutton Ranch » sur nombre d'étiquettes de producteurs fait référence non pas à un seul vignoble, mais à bon nombre de vignobles, tous situés dans le Sonoma septentrional.

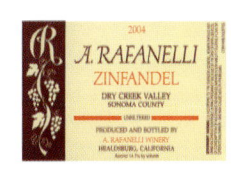

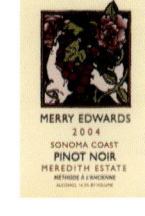

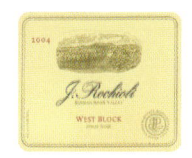

Sonoma méridional et Carneros

C'est ici, autour de l'ancienne Mission de cette ville de garnison et de ce qui fut brièvement la capitale du Sonoma, que le bon vin, ou la première esquisse d'un bon vin, vit le jour. Les moines franciscains venus de plus bas sur la côte Pacifique plantèrent leur dernier vignoble, le plus septentrional, à la Mission Francisco de Solano, fondée en 1832. La vigne allait connaître un des environnements les plus hospitaliers de la terre.

La ville de Sonoma a bien l'atmosphère typique d'une petite capitale du vin – en fait la capitale d'une très petite république, celle de la brève République de Californie, dont l'emblème était un drapeau orné d'un ours.

Les collines surplombant la ville accueillirent le célèbre domaine du pionnier Agoston Haraszthy dans les années 1850-1860. Une partie de ses installations de Buena Vista est encore debout dans la vallée latérale tournée vers l'est, mais son exploitation a été déplacée à Carneros. Une autre exploitation réputée au XIXe siècle, Gundlach-Bundschu, fut reconstruite dans les années 1970 sur les mêmes pentes. L'industrie viticole de la Californie du Nord est née ici, même si de nos jours, l'attention se porte plus sur Russian River Valley et Sonoma Coast au nord.

Comme Napa Valley, mais à plus petite échelle, **Sonoma Valley** est rafraîchie au sud par les brouillards et les vents provenant de la baie de San Pablo, et devient progressivement plus chaude vers le nord, où elle est protégée par les montagnes de Sonoma qui font barrière aux vents marins et aux orages provenant de l'ouest. Les montagnes Mayacama, sur le flanc occidental de Napa Valley, marquent les limites du Sonoma méridional à l'est. La production locale des Vignobles Landmark, le label Durell de Kistler et le vignoble Les Pierres de Sonoma-Cutrer (à l'ouest de la ville de Sonoma) prouvent que cette AVA est capable de produire des grands chardonnays. Hanzell a défrayé la chronique avec ses pinots noirs et ses chardonnays boisés élevés en fûts de chêne, dont la mise en bouteille par Joseph Heitz fut très appréciée.

La preuve que l'on pouvait faire un excellent cabernet a été apportée par le Monte Rosso, célèbre vignoble de Louis Martini niché à 335 m d'altitude sur les collines à l'est ; et plus récemment, par les remarquables cabernets de Laurel Glen, de **Sonoma Mountain**. Cette dernière est une importante appellation dont les sols particulièrement minces et rocheux, l'altitude et les longues heures d'ensoleillement semblent profiter aux meilleurs vins. La clé de la réussite pour les cabernets et les zinfandel : être situés au-dessus de la nappe de brouillard.

Au nord de Sonoma Mountain, la nouvelle AVA de **Bennett Valley**, dont l'exploitation la plus connue est Matanzas Creek, possède des sols semblables à ceux de Sonoma Valley, mais en raison de sa proximité avec la brèche de Crane Canyon (à l'ouest de cette carte), elle est bien plus sujette aux influences rafraîchissantes des vents marins. Cette zone est trop fraîche pour permettre la maturation complète du cabernet ; le merlot est le cépage le plus répandu. De façon générale, dans le Sonoma et contrairement à ce qui se fait dans la Napa Valley, les vignobles en altitude sont vendangés bien avant les récoltes du fond de la vallée.

Occupant les collines basses et ondulées au nord de la baie de San Pablo, **Los Carneros** (appelé plus simplement Carneros), littéralement « Les Béliers », était une région de production laitière avant d'être colonisée par la vigne à partir de la fin des années 1980. Les producteurs Louis Martini et André Tchelistcheff achetaient déjà du raisin ici dans les années 1930. Les sols peu profonds, de terreau argileux, bien moins fertiles par exemple que les sols de Napa Valley, aident à modérer la vigueur de la vigne et son rendement. Les vents forts provenant de la baie agitent le feuillage des vignes alors que, plus au nord, la chaleur attire l'air marin plus frais, surtout l'après-midi. Les vents ralentissent tellement la maturation du raisin que Carneros produit quelques vins qui sont parmi les plus fins de Californie. Ce sont d'excellents vins de base pour les assemblages de vin effervescent. Espoirs et argent ont été investis ici, notamment par les producteurs de vin effervescent, souvent originaires de Champagne (comme par exemple Taittinger et son Domaine Carneros) et de la région de la Cava en Espagne (Artesa et Gloria Ferrer sont aux mains, respectivement, de Codorníu et Freixenet). Suivant les traditions champenoises, le pinot noir et plus particulièrement le chardonnay sont les cépages dominants de vignobles régulièrement sollicités par des producteurs situés dans un climat plus chaud, plus au nord.

Les meilleurs vins tranquilles produits à Carneros peuvent être délicieux. Les chardonnays, avec leur acidité croustillante et leurs

Le Domaine Carneros, avant-poste de Taittinger en Californie, ressemble à son Château de la Marquetterie, en Champagne. Le domaine se concentre aujourd'hui sur le pinot noir, délaissant le vin effervescent pour suivre la tendance du marché.

CALIFORNIE | AMÉRIQUE DU NORD | 299

SONOMA MÉRIDIONAL : SONOMA
Latitude / Altitude 38° 18' / 20 m
Température moyenne en juillet 21,3 °C
Précipitations annuelles moyennes 737 mm
Précipitations le mois des vendanges septembre 10 mm
Principaux dangers viticoles sécheresse prolongée en hiver, gelées printanières, pluies pendant les vendanges
Principaux cépages chardonnay, cabernet-sauvignon, merlot

arômes de fruits à noyau, ont plus de potentiel de garde que la plupart des vins de Californie. Les pinots noirs de Carneros, actuellement en transition entre les premiers clones de Martini et Swan, et les clones plus récents importés de Bourgogne, sont indubitablement plus légers que ceux de Russian River Valley, au goût d'herbe et de cerise.

Les viticulteurs colonisèrent Carneros bien avant la construction d'installations viticoles. Les vignobles les plus réputés, dont les noms se trouvent sur les étiquettes du fleuron des producteurs dans les comtés de Napa et de Sonoma, sont entre autres, Hyde, Hudson, Sangiacomo, Truchard et Winery Lake (planté par le pionnier René DiRosa). La syrah, le merlot et le cabernet franc peuvent aussi être remarquables, et pour ceux qui sont attirés par des cépages moins traditionnels, comme le tempranillo, l'albariño et le vermentino, la versatilité de ce territoire prouve le bien-fondé de leur choix.

L'AVA de le **Sonoma septentrional** est, en revanche, un vaste territoire qui englobe pratiquement tout le comté de Sonoma, excepté Carneros. Gallo (une très grande société dont le domaine de Sonoma fut la première incursion en dehors de Central Valley) créa cette AVA afin que les vins du domaine puissent profiter d'une appellation plus spécifique.

▼ À l'exception de Benziger, tous les vins ci-dessous sont issus de vignes dans la partie méridionale fraîche de Carneros. HdV est une *joint-venture* entre Larry Hyde, un des plus grands producteurs de Carneros, et l'époux de sa cousine, Aubert de Villaine, du Domaine de la Romanée-Conti.

Napa Valley

Pas moins de 20 % de la valeur de la production viticole californienne provient de Napa Valley – alors que son volume de production ne représente que 4 % du total. Telle est la réputation de la région viticole la plus « glamour », la plus choyée et la plus lourdement capitalisée. Son histoire est récente, elle commence en 1966, date de la construction de l'exploitation de Robert Mondavi. La transformation de cette paisible communauté rurale, avec ses vergers de noyers et de pruniers, s'amorça alors. Mais les 18 000 ha de vignes de Napa Valley ne représentent qu'un septième du Bordelais. Malgré tout l'intérêt que la région suscite, elle est en fait relativement petite, et pourtant bien plus variée qu'on ne le pense au premier abord.

Des études détaillées ont établi que la moitié des types de sols représentés sur terre existe dans Napa Valley. Globalement, la vallée est le résultat de l'érosion perpétrée par la rivière Napa, aujourd'hui filet d'eau paresseux, lors de son passage entre les Mayacama Montains, à l'ouest, et le Vaca Range, à l'est. Leurs sommets respectifs sont le produit des déjections ignées du Mont Veeder et de l'Atlas Peak. Les sols les plus pauvres, les plus anciens et les moins fertiles se trouvent donc sur les versants de la vallée, alors que le fond de la vallée est tapissé d'argiles alluviales, profondes et fertiles. Les piedmonts de chaque côté de la vallée présentent aussi des sols profonds, mais bien drainés.

Le climat montre qu'en été la partie ouverte (au sud, dans ce cas) de cette vallée étroite est au moins de 6 °C plus fraîche que son extrémité nord. En fait, Carneros (voir la page précédente) est pratiquement à la limite de la fraîcheur maximale acceptable pour la production de vins fins, Calistoga étant à la limite de la chaleur acceptable. Les vignobles situés entre ces deux extrêmes sont parfaits, notamment pour le cabernet-sauvignon, qui mûrit tardivement. Par beau temps, les versants orientés à l'est profitent du soleil toute l'après-midi, donnant des vins plus souples que ceux qui proviennent des versants orientés à l'ouest, dont les raisins mûrissent sous un soleil matinal. Ces derniers ont en général plus de définition.

Plus on remonte vers le nord, plus les vins sont amples, dotés de tanins plus mûrs. Les vignobles des collines donnent des vins plus charpentés et plus concentrés que ceux du fond de la vallée, à leurs pieds. Les versants des collines, moins fertiles et non irrigués, ont été colonisés par la vigne en dépit des problèmes causés par l'érosion et les querelles de propriété. Les vignobles en altitude, à l'est et à l'ouest de la vallée, jouissent d'un fort ensoleillement matinal, alors que le fond de la vallée reste sous le brouillard. Des brises fraîches viennent baigner les sommets des montagnes en fin d'après-midi, pendant que le fond de la vallée subit la chaleur piégée par une couche d'air froid.

Voilà pour la théorie, mais, parfois, cette relation entre géographie et qualité du vin est perturbée, moins par des caprices de la nature – même si les millésimes varient ici bien plus que les amateurs de vins le pensent – que par l'organisation même de Napa Valley. Les millions de touristes, qui chaque année déferlent sur « la Valley », ont l'impression qu'un nombre infini d'exploitations bordent la Highway 29, toujours encombrée, et son homologue à l'est, la Silverado Trail, moins fréquentée. En fait, il y en a moins de 400 pour plus de 700 viticulteurs. Certaines

L'événement mondain de Napa Valley est la vente aux enchères de vins qui a lieu chaque année en juin et rapporte des millions de dollars provenant de fortunes liées à Interne, et destinés à financer des services médicaux et la construction de logements sociaux, sur les exploitations vinicoles, pour les travailleurs et leurs familles.

maisons n'ont que quelques vignes d'ornementation. Elles achètent leur raisin, parfois même le vin, et vraisemblablement mélangent des lots différents, de sorte que les nuances expressives se perdent. Même si le vin, mais cela est rare, porte le nom d'une AVA plus spécifique que celle de Napa Valley, et à moins que le vignoble ne soit spécifié sur l'étiquette, localiser la source du raisin peut s'avérer difficile.

Le cépage dominant dans Napa Valley est le cabernet-sauvignon. En réalité, les meilleurs cabernets de Napa Valley font indéniablement partie de la cour des grands cabernets mondiaux. D'une opulence et d'une exubérance sans pareille, ils ne sont pas pour autant dépourvus de rigueur. Mis à part certains spécimens plus austères issus des vignobles des collines, ces cabernets peuvent se boire avec plaisir dès l'âge de trois ou quatre ans, même si les grands millésimes du milieu du XXe siècle, produits par des pionniers comme Beaulieu et Inglenook, ont vieilli admirablement pendant 50 ans. Seul le temps démontrera le potentiel de garde des cabernet « super mûrs » et « super alcoolisés », résultat de la nouvelle mode qui consiste à laisser le raisin le plus longtemps possible sur pied.

La plupart des chardonnays de Napa Valley proviennent aujourd'hui de Carneros, zone plus fraîche, du bon sauvignon blanc étant produit au nord de Yountville. La syrah est plantée dans

CALIFORNIE | **AMÉRIQUE DU NORD** | 301

NAPA VALLEY : ST HELENA
Latitude / Altitude 38° 3' / 60 m
Température moyenne en juillet 21,7 °C
Précipitations annuelles moyennes 894 mm
Précipitations le mois des vendanges **septembre 10 mm**
Principaux dangers viticoles **sécheresse prolongée en hiver, gelées printanières**
Principaux cépages **cabernet sauvignon, merlot, chardonnay**

◁ Les producteurs peuvent se faire une réputation relativement vite dans Napa Valley. Le premier millésime de Kongsgaard, mais aussi celui de Long Meadow Ranch, ne sont pas plus vieux que 1996. Quant au défunt Al Brounstein, il fonda Diamond Creek et son concept révolutionnaire de mise en bouteille au domaine en 1968.

Limites du comté
Les limites d'AVA sont indiquées en couleur
NAPA VALLEY AVA
TITUS Producteur de premier ordre
Hudson Vineyard Vignoble de premier ordre
Vignobles
Forêts et chaparral
Courbes de niveau
< 100 pieds à intervalles de 20 pieds
> 100 pieds à intervalles de 200 pieds
303 Zone cartographiée à une échelle supérieure à la page indiquée
▼ Station météo

1:175,000

quelques vignobles en hauteur, notamment sur le mont Veeder, et du très bon zinfandel est cultivé dans divers vignobles de Napa, plus particulièrement autour de Calistoga, mais aussi sur le mont Veeder. Cependant Napa n'a pas vraiment trouvé une réponse cohérente au défi posé par Dry Creek Valley dans le Sonoma.

Néanmoins, le comté de Napa est divisé en diverses AVA qui sont parmi les plus développées et convaincantes du pays. Napa Valley est l'AVA générale. Elle comprend non seulement la célèbre vallée principale connue du monde entier, avec son extraordinaire concentration de restaurants à la mode, de galeries d'art, de boutiques de cadeaux et de caves, mais aussi une surface considérable de terres dispersées.

Pour Rutherford, Oakville et Stags Leap, vers le centre de la vallée, voir les détails à la page suivante. **Oak Knoll District**, AVA relativement récente, est la plus fraîche et la plus méridionale. Elle se distingue par sa capacité à produire d'excellents rieslings et des cabernets de longue garde – comme peut en témoigner Trefethen. Sur son flanc nord, Yountville est un peu plus chaud et se prête fort bien à la culture du merlot qui s'épanouit sur les éventails alluviaux riches en argile de cette AVA, caractérisée par d'immenses blocs de rocher intact qui forment les monticules typiques de cette région.

Un peu plus chaud que Rutherford, **St Helena** est non seulement la ville vinicole la plus grande et la plus active de Napa Valley, mais elle est aussi le siège de bon nombre des plus grands producteurs de la vallée. Ils sont nombreux à importer du vin ou du raisin de sources externes à la région. La fortune de Sutter Home a été bâtie grâce à un zinfandel blanc d'un rose très pâle fourni par Central Valley. Beringer a longtemps produit de bons vins rouges et blancs aux origines géographiques spécifiées, avant d'être acheté par les brasseurs australiens Foster's ; V Sattui prospère grâce aux touristes, de même que le jadis légendaire Louis Martini. St Helena peut aussi s'enorgueillir de la présence de vignobles de très petite taille qui font l'objet d'un véritable culte, comme Grace Family et Colgin Herb Lamb, même si Spottswoode et Corison, entre autres, prouvent que cette région peut également produire des vins vraiment sobres et subtils.

À l'extrémité nord de la vallée, **Calistoga**, qui affiche désormais sa propre AVA, est presque encerclée par les montagnes, dont le mont St Helena. En hiver, elles capturent l'air froid de la nuit et au printemps, elles apportent des gelées qui menacent les vignobles situés au fond de la vallée. Systèmes d'arrosage, machines à vent et hélices sont la caractéristique des vignobles plantés sur les sols volcaniques des alentours de Calistoga. Généralement, les touristes battent en retraite bien avant d'arriver à cette extrémité de la vallée.

En conséquence, **Diamond Mountain District**, en dépit de son cachet, n'est pas très développé. Diamond Creek Vineyard a été l'un des premiers producteurs de vins issus d'un seul vignoble, même si l'extrême variété de ses sols (qui inclut des éléments volcaniques) peut parfois masquer leur identité. Schramsberg, pionnière pour les vins effervescents, est une exploitation voisine singulière. Aujourd'hui, elle achète pratiquement tous ses vins de base dans des zones plus fraîches.

Les vignobles en altitude sont devenus progressivement plus importants dans Napa Valley. La crête occidentale est jonchée d'individus déterminés qui sont jugés et se jugent fondamentalement différents des producteurs du fond de la vallée. Spring Mountain District bénéficie non seulement de son altitude, mais aussi de l'air frais du Pacifique. Dans les années 1960, Stone Hill était devenu un exemple des vins cultes de Napa Valley avec ses chardonnays de très longue garde, et elle continue de l'être. De nos jours, bon nombre des vins les plus souples produits dans Spring Mountain portent l'étiquette de Pride Mountain. York Creek, elle aussi dans l'enceinte de cette AVA, produit d'excellents zinfandel et cabernets.

Au sud, Mount Veeder produit un vin plus robuste, mais néanmoins très caractéristique, sur des sols très pauvres et acides dont les éléments volcaniques ressemblent à ceux de la partie occidentale de Sonoma Valley, de l'autre côté de la crête (Monte Rosso, par exemple).

Sur les pentes plus douces exposées à l'est, vignes et installations fleurissent. Dunn, La Jota et Liparita sont quelques-uns des producteurs très ambitieux qui se sont installés sur les hauteurs de Howell Mountain, dont ils apprécient fraîcheur, tranquillité et absence de brouillard. À quelques mètres de là, en dehors de cette AVA, Delia Vader produit des spécimens de cabernet (franc comme sauvignon) remarquables, issus des hauteurs de Napa Valley.

Le sol de la zone abritée de Conn Valley profite de couches superposées très variées et a démontré qu'il se prêtait fort bien à la culture du cabernet. Chappellet en a été le premier producteur, installé sur Prichard Hill. Au sud, Atlas Peak, encore plus haut, est rafraîchi par les brises qui proviennent directement de la baie. Antinori planta un grand nombre de cépages italiens dans les sols pauvres de son domaine, Atlas Peak Vineyards. Pourtant, aujourd'hui c'est le cabernet qui est roi dans ses vignobles ; cabernet qui donne des fruits particulièrement brillants et dotés d'une bonne acidité naturelle. D'un bout à l'autre de son territoire, le cabernet est le cépage de prédilection de Napa Valley.

VARIATION DE TEMPÉRATURES DANS NAPA VALLEY

Les deux diagrammes ci-dessous (à gauche et au centre), fournis par Terra Spase, consultants en viticulture californiens, indiquent les températures relevées le matin et l'après-midi. Elles illustrent la variation qui existe entre les deux versants de la vallée. Notez les températures plus fraîches observées dans le sud de la vallée par rapport au nord, ainsi que les températures plus élevées sur les hauteurs, au-dessus de la nappe de brouillard dans le fond de la vallée, tôt le matin.

TEMPÉRATURES TÔT LE MATIN

TEMPÉRATURES TARD DANS L'APRÈS-MIDI

« JOURS DEGRÉS » DE VITICULTURE CUMULÉS
(Voir p. 292)

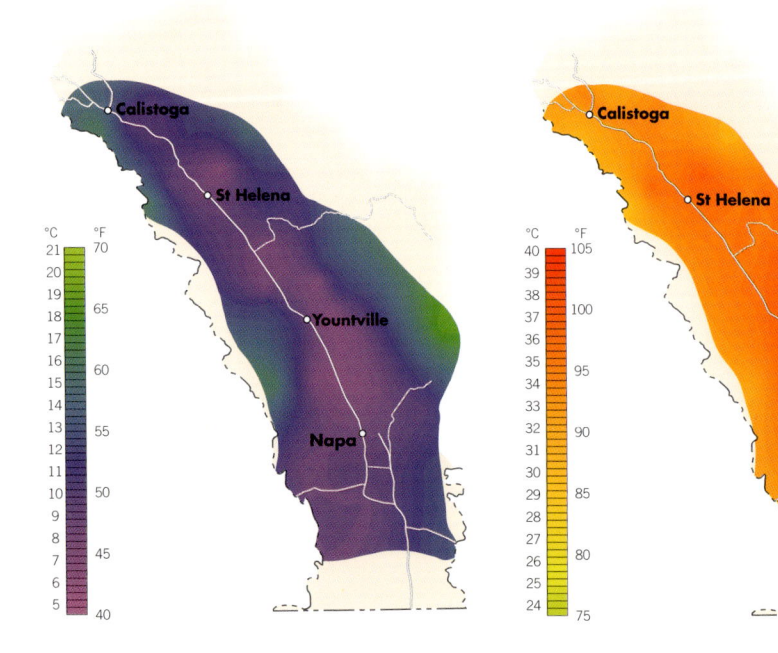

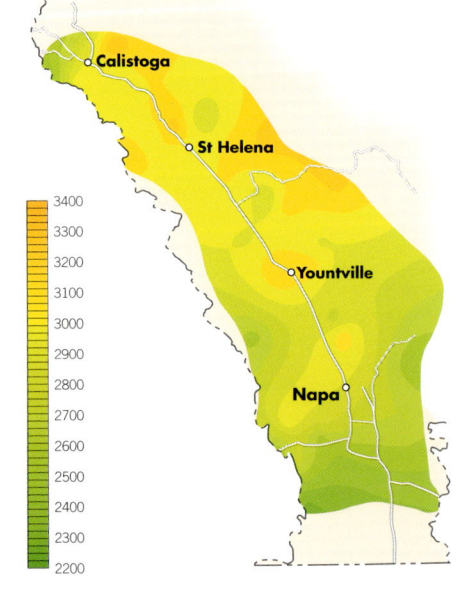

Rutherford

On pourrait parler de Rutherford comme du Pauillac de la Californie, la région du cabernet par excellence. Près de deux tiers des 1 600 ha de vignes sont plantés en cabernet-sauvignon, et le reste en cépages bordelais rouges principalement, destinés à le compléter.

Pourtant, le cabernet mûri par les étés chauds de Rutherford ne laisse pas de place en bouche au merlot et au cabernet franc qui, dans le Médoc, viendraient arrondir le bouquet. Le cabernet de Rutherford regorge de maturité, même s'il est normalement plus charpenté, plus puissant et avec un meilleur potentiel de garde que presque tout autre cabernet californien.

Rutherford produit des cabernets de grande garde, depuis le début du XXe siècle, quand des Inglenook et Beaulieu commencèrent à forger la réputation de la Californie. Parmi d'autres vignobles célèbres, citons Bosché, Bella Oaks et Moffet. Ce dernier appartient à Livingstone ; il est certes plus récent, mais il mérite pleinement sa réputation. Dans le domaine de Rubicon Estate, le cinéaste Francis Ford Coppola a ravivé Inglenook, à une époque le fleuron des exploitations de viticulture et viniculture locales.

Celles-ci sont toutes situées sur le flanc occidental de la vallée, le Rutherford Bench, bande un peu surélevée composée de sable sédimentaire graveleux et d'éventails alluviaux découpés par l'influente rivière Napa. Leurs sols profonds et bien drainés se prêtent à des rendements inférieurs, à un mûrissement précoce et à des arômes plus intenses que la norme dans la vallée. Nombre de dégustateurs détectent une note minérale dans les vins produits ici, appelée familièrement « poussière de Rutherford » – bien que la tendance, dans certains cas, à procéder à la récolte de plus en plus tardivement ait estompé la spécificité de Rutherford.

L'AVA de Rutherford est homogène en raison de son altitude assez uniforme en dessous de 180 m. Mais il existe à l'est de la région un district qui se démarque avec succès entre la rivière Napa et Conn Creek, là où le soleil s'attarde le plus longtemps dans d'après-midi. Les dépôts graveleux qui proviennent de la chaîne des monts Vaca ont vu naître une série de vignobles bien drainés. Ainsi, Caymus s'y approvisionne pour son Special Selection Cabernet. L'influence tempérante des brises marines en provenance de la baie remonte aussi haut au nord qu'ici, mais elle est plus marquée dans les terres plus au sud.

La célèbre « poussière de Rutherford », vue ici dans la zone de Rutherford Bench entre les rangées de vignes généreusement espacées. Il est vrai que grand nombre de majestueux cabernets produits ici – dans cette région vouée au cabernet – sentent un peu la terre.

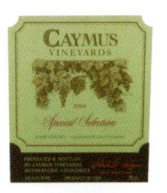

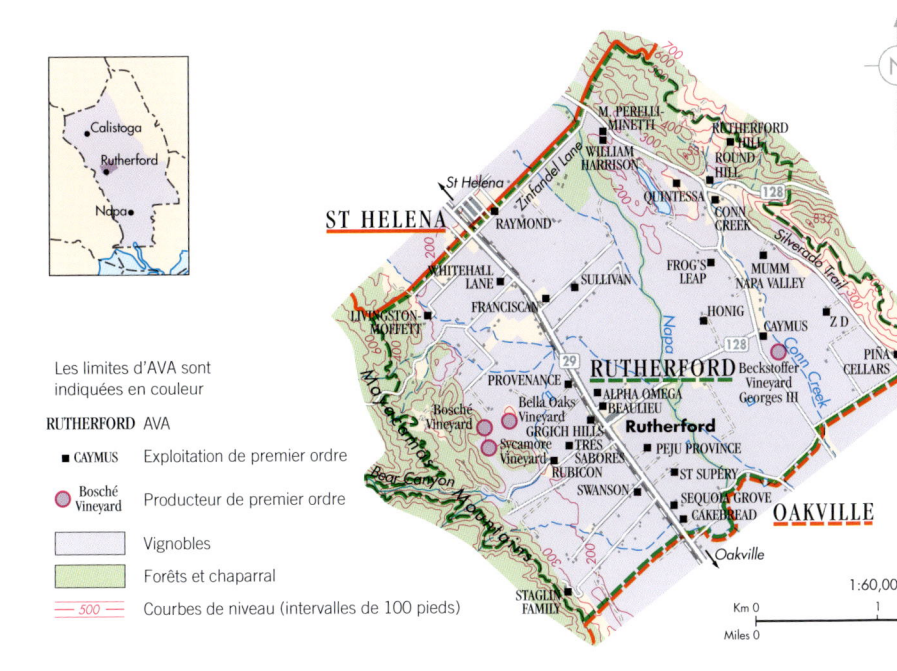

▶ *La famille Staglin et Quintessa, d'Augustin Huneeus, se sont installés récemment sur Rutherford Bench, mais le Rubicon du cinéaste Francis Ford Coppola est cultivé quasiment sur les mêmes terres, qui ont donné les légendaires bouteilles de Inglenook quand Gustave Niebaum était propriétaire des lieux.*

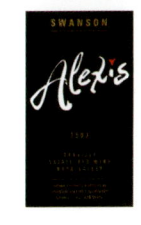

Oakville

Oakville se résume peut-être à sa fabuleuse épicerie (l'Oakville Grocery Store, un des meilleurs endroits de Napa Valley pour acheter des vins et de la nourriture) et à la Napa Wine Company (une installation très sollicitée pour le pressage communal). Pourtant c'est à Oakville, en 1966, que la révolution viticole californienne commença lorsque Robert Mondavi fonda sa remarquable maison viticole. Hélas, celle-ci n'est plus une entreprise familiale, mais juste l'une des centaines entreprises de Constellation, la plus grande société viticole au monde.

Remontant la vallée vers le nord, Oakville marque le début du cabernet de qualité, bien charnu. Les vins n'ont pas le poids et la charpente des meilleurs cabernets de Rutherford, mais ils offrent l'opulence si célèbre de Napa Valley. Oakville est aussi capable de produire de bons chardonnays et de bons sauvignons blancs, et même des sangiovese convaincants, mais le cabernet est sa plus belle réussite.

Cette AVA est suffisamment au sud pour bénéficier de l'influence marine de la baie de San Pablo, mais un monticule au sud-est de Cardinale détermine exactement la direction que prennent ces brouillards et ces brises.

Comme dans Rutherford, les côtés est et ouest d'Oakville sont différents. Les éventails alluviaux prédominent à l'ouest où les terres proches des collines sont riches en particules de grande taille (dépôts graveleux) descendues des monts Mayacama, qui assurent un drainage et une fertilité raisonnables. Plus près du fond de la vallée, des terreaux plus riches prédominent. Ici, le raisin arrive facilement à maturité.

C'est encore plus facile dans la partie orientale – en fait la chaleur qui s'abat sur les versants inférieurs de la chaîne des monts Vaca pendant l'après-midi peut menacer la fraîcheur des fruits. (Les limites de l'AVA vont jusqu'à 180 m d'altitude, alors que presque tout le fond de la vallée a une altitude qui n'excède pas les 60 m.) Les sols à l'est sont plus lourds et plus riches en éléments volcaniques.

Le vignoble de To Kalon, à l'ouest, fut planté en 1870. Son cabernet est d'une telle exubérance que les limites, les droits de propriété et le nom du vignoble engendrent encore aujourd'hui de continuelles disputes. Il est la propriété conjointe des viticulteurs Beckstoffer et du producteur Robert Mondavi.

Le premier vignoble de Napa Valley à être mondialement connu fut Martha's Vineyard. Il doit sa mise en bouteille et son étiquette à Joe Heitz, qui n'a de cesse de nier que sa note mentholée ait quoi que ce soit à avoir avec les eucalyptus qui bordent le vignoble.

De nos jours, la renommée d'Oakville est telle que plusieurs de ses producteurs allouent leurs vins plutôt que de les vendre, et font une donation d'une petite quantité aux ventes de charité, émerveillés par les gains occasionnels. Les noms les plus célèbres sont Screaming Eagle à l'est et Harlan de l'autre côté de la vallée.

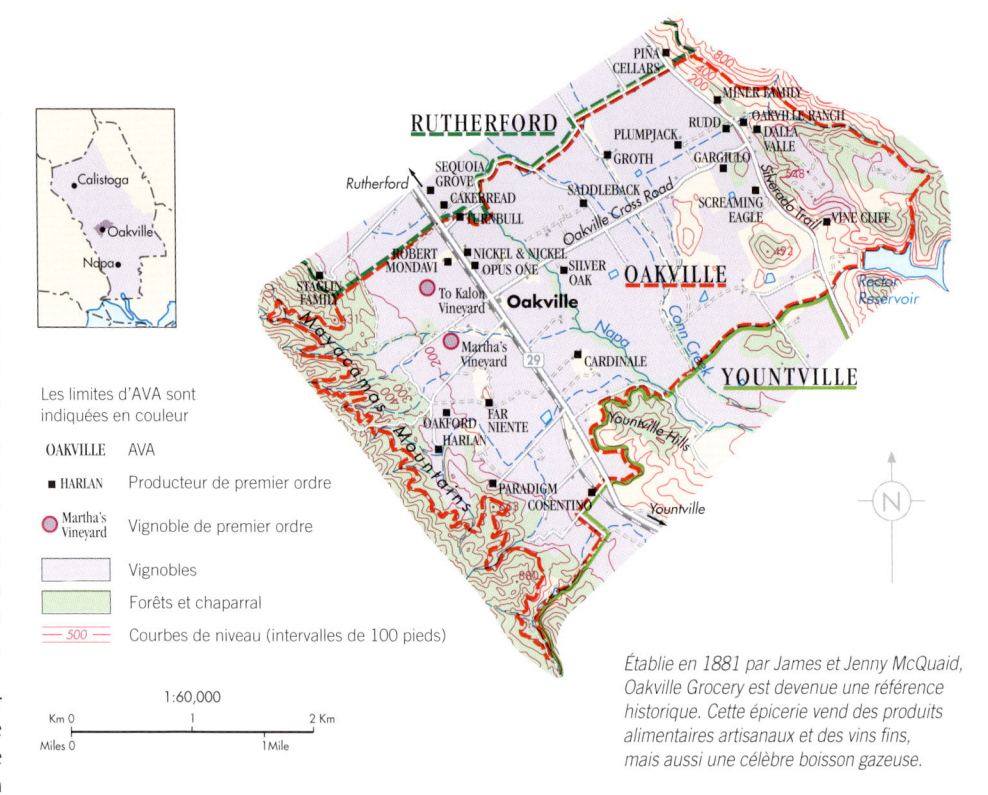

Les limites d'AVA sont indiquées en couleur

OAKVILLE AVA
■ HARLAN Producteur de premier ordre
○ Martha's Vineyard Vignoble de premier ordre
  Vignobles
  Forêts et chaparral
—500— Courbes de niveau (intervalles de 100 pieds)

1:60 000

Établie en 1881 par James et Jenny McQuaid, Oakville Grocery est devenue une référence historique. Cette épicerie vend des produits alimentaires artisanaux et des vins fins, mais aussi une célèbre boisson gazeuse.

▶ *La joint-venture entre Mondavi et Louton, Opus One, ainsi que ce vin de Paul Hobbs (qui a établi un nouveau record dans le prix du raisin) sont basés sur le célèbre vignoble To Kalon, tandis que Maya Cabernet, de Dalla Valle, provient de vignes exposées à l'ouest.*

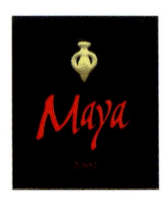

Stags Leap

dans Napa Valley. Mais la région est suffisamment chaude pour inciter le bourgeonnement des vignes une bonne quinzaine de jours avant celle des zones plus septentrionales, même si le cycle de maturation se fait tout en douceur, permettant une récolte plus ou moins à la même période que celles de Rutherford.

Les sols sont modérément fertiles, volcaniques, avec des terreaux graveleux au fond de la vallée et un terrain plus rocheux et particulièrement bien drainé sur les flancs des collines, très bien protégées. Shafer, autre grand producteur de cette zone, profite de son vignoble, très réputé, qui fut taillé dans les collines orientales avant que les restrictions ne commencent à se faire sentir.

Le merlot de Stags Leap est aussi notable, mais la zone est trop chaude pour le chardonnay.

Récolte dans le vignoble – de cabernet-sauvignon – de Stag's Leap Wine Cellars, nommé ainsi d'après une légende locale. Selon la tribu Wappo, un beau cerf, poursuivi par des chasseurs sur les falaises dominant la vallée, a pu se sauver en sautant au-dessus d'un gouffre dans les rochers.

Stags Leap est l'homologue de Yountville à l'est. Cette AVA est une enclave nichée derrière un haut monticule dans le fond de la vallée et qui remonte dans les collines à l'est. D'après sa réputation, on pouvait s'attendre à une AVA plus imposante ou extensive. Sa célébrité, elle l'a gagnée soudainement, en 1976, quand un cabernet issu de Stag's Leap Wine Cellars a été classé premier cru lors d'une dégustation de vins à Paris. La dégustation mettait en compétition le fleuron des vins californiens et certains des meilleurs bordeaux. À la surprise générale, y compris celle des auteurs de ce livre qui se trouvaient parmi le jury, les vins californiens ont répété cet exploit lors d'une dégustation exactement trente ans plus tard.

Il n'empêche, sa célébrité est méritée. De tous les cabernets de Napa, ceux de Stags Leap (le district comme les exploitations de Winiarski) ont le plus de caractère : une texture onctueuse, une nuance de violette ou de cerise, des tanins toujours souples, une puissance plus délicate que la norme pour un cabernet de Napa. D'aucuns les comparent avec les margaux.

Le district, petit (1,5 km sur 5 km environ), doit son nom à une série de rochers nus qui piègent le soleil l'après-midi et dégagent une chaleur que les brises marines tempèrent néanmoins. Ces brises sont aussi un phénomène qui se manifeste l'après-midi. Le monticule au-dessus de Stag's Leap Wine Cellars protège plusieurs vignobles de cette influence rafraîchissante. Il est vrai que le paysage heurté de collines et de crêtes de cette AVA rend difficile toute généralisation, en tout cas plus qu'ailleurs

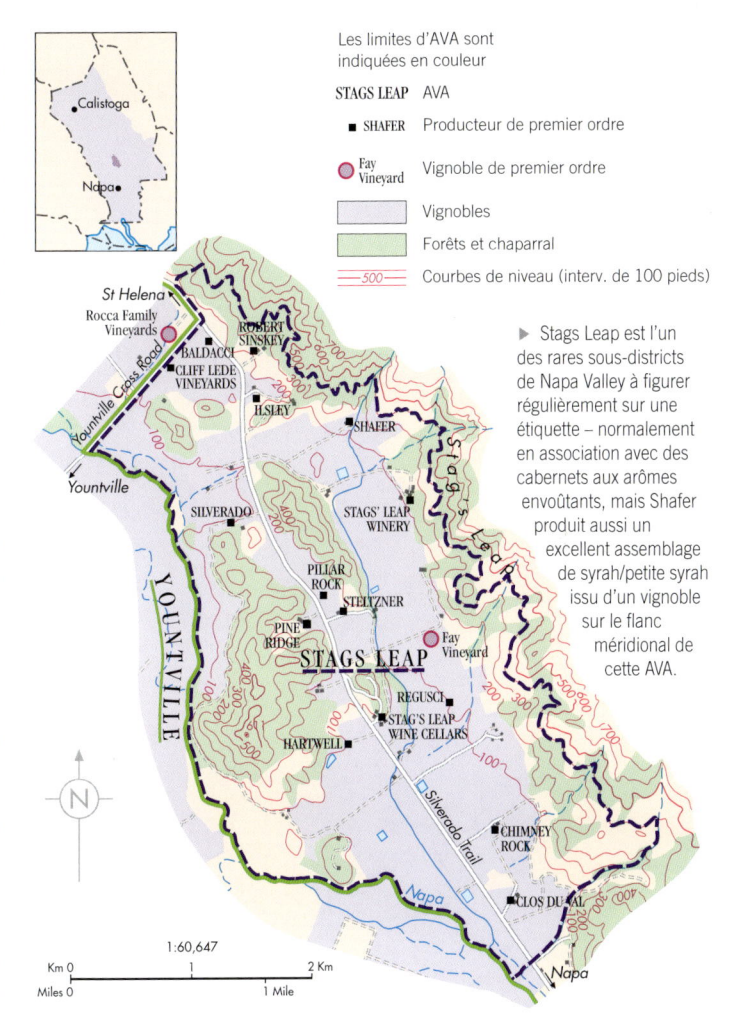

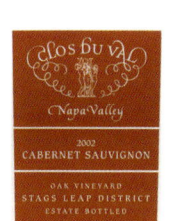

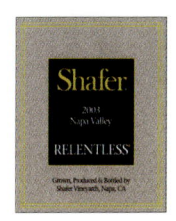

▶ Stags Leap est l'un des rares sous-districts de Napa Valley à figurer régulièrement sur une étiquette – normalement en association avec des cabernets aux arômes envoûtants, mais Shafer produit aussi un excellent assemblage de syrah/petite syrah issu d'un vignoble sur le flanc méridional de cette AVA.

Sud de la baie

Les autres rives de la baie de San Francisco – les rives est et sud – ne ressemblent en rien aux vallées de Napa et de Sonoma, ni en ce qui concerne le vin qui y est produit, ni en termes d'histoire. Ces deux rives ne se ressemblent pas non plus. Les terres à l'est de la vallée de Livermore, balayées par le vent, sèches et graveleuses, se sont forgé une réputation pour le vin blanc, notamment le sauvignon blanc, qui est peut-être le plus caractéristique de cet État depuis 1869 déjà, quand les premières boutures de Château d'Yquem y furent plantées. Les 650 ha de vignes sont dominés par la famille Wente. Sous la menace constante de l'urbanisation, cette famille créative porte le flambeau du sauvignon blanc de Livermore depuis plus d'un siècle dans l'indifférence générale. Il n'en reste pas moins un vin blanc frais mais franc qui mérite d'être gardé trois ou quatre ans, et qui est celui qui se rapproche le plus du graves blanc, parmi les vins californiens.

La partie grisée sur la carte qui représente l'urbanisation a rapidement évolué au sud de la baie de San Francisco en raison de l'extraordinaire croissance de la Silicon Valley. Au-dessus de Santa Cruz Montains se trouve une contrée vinicole des plus incongrues, plus ancienne que Napa Valley. Ses exploitations isolées sont bien moins nombreuses, mais plusieurs d'entre eux comptent parmi les noms les plus célèbres de Californie.

Dans les années 1950, Martin Ray, de Mount Eden, fut le premier producteur de vin à faire parler cette région de belles montagnes couvertes de forêts. Ses vins excentriques et chers, provoquèrent disputes et railleries, à l'exact opposé de son successeur spirituel, Randall Grahm, de Bonny Doon, dont les vignobles, rafraîchis par les brises marines au nord-est de la ville « alternative » de Santa Cruz, ont succombé aux ravages de la maladie de Pierce en 1994. Peu importe. Grahm est un provocateur et un improvisateur inspiré, parcourant non seulement l'État, mais le monde, à la recherche de matières premières pour ses assemblages hautement originaux qui affichent des noms comme Le Cigare Volant et Il Fiasco.

Le leader incontesté de la région est Ridge Vineyards, situé bien au-dessus de la nappe de brouillard, sur une crête qui surplombe l'océan d'un côté et la baie de l'autre. La parcelle la plus haute, Monte Bello, donne un cabernet souvent élégant et capable de bien vieillir, comme beaucoup d'autres en Californie, grâce à ses vieilles vignes et à des sols peu fertiles sur des versants abrupts. Très souvent vieilli dans de vieux fûts de chêne américain, il peut ressembler étrangement à un bordeaux si le temps de garde est suffisant.

À l'est de l'AVA de Santa Cruz Montains se trouve Santa Clara Valley, région viticole presque évincée du territoire par la révolution électronique, alors qu'un peu plus au sud, près de Gilroy, la capitale mondiale de l'ail, des vieux cépages du Rhône sont toujours cultivés. Les exploitations de la région vendent toute leur production au domaine. Par conséquent, peu d'entre elles ont conscience de la qualité potentielle de leurs vins, ce qui augmente d'autant plus la menace de l'avancée du béton.

La vallée avait connu une brève période maraîchère et une longue histoire d'exploitation de la main-d'œuvre (le nom de Steinbeck vous est sans doute familier !) et elle se consacra à la viticulture avec un enthousiasme qui aboutit à la plantation de presque 16 200 ha de vignes – ce qui dépasse l'encépagement de Napa Valley.

Malheureusement, du moins à court terme, cet entonnoir a été bien trop efficace. Quand il fait chaud à l'intérieur des terres, l'air humide de la côte s'engouffre dans la vallée avec une telle force que le vent arrache les sarments des vignes. La vallée est extrêmement aride (mais l'irrigation est pleinement assurée par l'eau souterraine de la rivière Salinas) et diablement froide. Les vignes bourgeonnent régulièrement une quinzaine avant la norme en Californie et la récolte a lieu avec au moins deux semaines de retard, assurant à la vallée de Salinas une des saisons de croissance les plus longues de l'univers vinicole.

Faisant fi de la mode, Ridge a préféré le chêne américain à grain fin au chêne français ; il réalise pourtant quelques-uns des vins les plus « français » de l'État. Son choix est motivé par ses recherches dans des archives de plus d'un siècle et par l'attention obsessionnelle qu'il porte au séchage du chêne avant qu'il ne soit transformé en fûts.

Ces immenses exploitations vinicoles s'étalent sur des kilomètres entre le bas de la carte ci-contre et le haut de la carte de la page suivante. Les vignobles les plus importants sont ceux de San Bernabe, couvrant une surface record de 5 100 ha sur lesquels 2 200 ha de vignes sont plantées, Scheid et Lockwood. Les vins excessivement herbacés qui en résultèrent dans un premier temps entachèrent le nom et la réputation de Monterey. Aujourd'hui encore, en dépit des progrès réalisés dans les techniques de viticulture, une proportion importante de la production de la vallée de Salinas est vendue en vrac aux géants de Central Valley, où elle est mélangée avec des vins de régions plus tempérées et vendue sous une appellation californienne quelconque. Au mieux, avec une attention particulière, la vallée arrive à produire des cépages de qualité moyenne en vente à des prix raisonnables. Comme si souvent en Californie, le chardonnay prédomine largement.

La saison de croissance est encore plus longue à **Arroyo Seco** en raison des températures diurnes sensiblement en dessous de la moyenne. Sa partie occidentale est mieux abritée du vent et les vignes de riesling et de gewürztraminer sur ses vignobles pierreux ont produit de la pourriture noble chaque année, donnant lieu à des

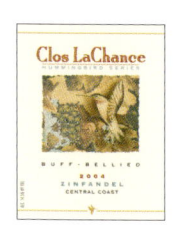

◂ *Même si la majorité des cépages représentés par cette série d'étiquettes ont été cultivés quelque part sur la carte ci-contre, la provenance du Cigare Volant de Randall Grahm a évolué au fil des ans. Le nom fait allusion à une soucoupe volante qui aurait survolé Châteauneuf-du-Pape et qui inspira ce vin.*

CALIFORNIE | AMÉRIQUE DU NORD | 307

vins botrytisés d'une acidité particulièrement rafraîchissante.

Aujourd'hui, les vignes s'étalent au sud jusqu'à la chaude **Hames Valley** (voir p. 293), près de la limite du comté de San Luis Obispo, et jusque sur les versants ouest de **Santa Lucia Highlands**. Grâce à leurs sols alluviaux de l'ère glaciaire, leurs terrassements orientés sud-est et leur exposition aux brouillards et aux brises du Pacifique, elles donnent des pinots noirs et des chardonnays de grande qualité. Caymus de Napa Valley, entre autres, y a établi son vignoble Mer Soleil. De façon générale, c'est une région de viticulture plus que de viniculture.

Chalone Vineyard, qui possède sa propre AVA, est situé au sommet d'une colline calcaire écorchée par le soleil. Du haut de ses 600 m d'altitude, elle domine la route qui de Soledad se perd dans les étendues reculées qui mènent au Pinnacles National Monument. Avec plus ou moins de succès, Chalone a produit des chardonnays et des pinots noirs avec la conviction que Corton en Bourgogne pourrait ressusciter ici. Le bourgogne, ou plus précisément le calcaire, a inspiré Josh Jensen pour créer Calera, ses vignobles de pinot noir. Situés dans un site également isolé et aride, ils sont à peine à 32 km au nord de la même chaîne de montagnes qui héberge l'AVA **Mount Harlan**. Les sols sont propices et la pluviométrie presque désastreusement basse. Les vins du domaine de Calera ont longtemps dépendu des importations de Central Coast, région au sud en pleine expansion. Depuis l'acquisition de Chalone par Diageo en 2005, le domaine s'est fortement tourné vers le raisin moins cher de Monterey.

Côte centrale

Il reste des traces des vignobles de l'époque des Missions dans la très en vogue Côte centrale, mais son renouveau et son expansion ne débutèrent qu'au début des années 1990, en tant que vignoble alternatif et meilleur marché que dans les vallées de Napa et de Sonoma. La région s'étend tout le long de la côte depuis les vignobles du sud de San Francisco jusqu'à la périphérie de Los Angeles, au climat subtropical.

Les deux comtés au centre, San Luis Obispo et Santa Barbara sont en pleine expansion.

Cette partie de la Californie a une spécificité géologique : la faille de San Andreas traverse l'est de la région et ses vignobles poussent sur des sols très différents (plus influencés par l'océan et plus riches en carbone), ce qui, selon certains experts, serait une des causes du caractère voluptueux de ses vins.

Le climat est principalement maritime. Les hivers sont très doux (les vignes ne peuvent pas toujours profiter du repos hivernal) et les étés bien plus frais que la moyenne en Californie (voir les données chiffrées, qui montrent une température moyenne en juillet plus ou moins équivalente à celle de la vallée de la Moselle).

Le comté de **San Luis Obispo** présente trois zones distinctes, dont deux dans l'appellation grossièrement délimitée de **Paso Robles**, qui englobe une vaste étendue de cette région. Les pâturages vallonnés à l'est de la Highway 101 sont nettement plus chauds et les brises maritimes rafraîchissantes n'y parviennent pas. Ses sols profonds et fertiles hébergent déjà une surface importante de vignobles qui donnent des vins souples et fruités à partir de cépages peu exigeants ; la majorité de ces vins est destinée aux caves et aux embouteilleurs sous contrat de la côte nord. Les grosses sociétés comme Constellation (Mondavi et consorts) et Foster's (Beringer et consorts), ainsi que la société locale J Lohr, sont tous des poids lourds du secteur. Meridian, l'exploitation de Beringer (appelée auparavant Estrela River) se distingue par sa position en haut d'une colline d'où elle domine le paysage de plus en plus viticole qui s'étend vers le sud-est.

Les collines boisées de la section occidentale de Paso Robles sont dotées de sols bien plus

Vignes dans Edna Valley, jadis lieu de pâturages pour le bétail jusqu'à ce que l'Amérique découvre la viticulture et les plaisirs du vin. Une grande portion de la côte ouest se convertit à la viticulture. Grâce à la proximité du Pacifique, c'est une des régions vinicoles les plus humides de Californie.

CALIFORNIE | AMÉRIQUE DU NORD

CÔTE CENTRALE : SANTA MARIA

Latitude / Altitude **34° 54' / 70 m**
Température moyenne en juillet **17,3 °C**
Précipitations annuelles moyennes **314 mm**
Précipitations le mois des vendanges **septembre 10 mm**
Principal danger viticole **maturation tardive**
Principaux cépages **chardonnay, pinot noir**

intéressants et comme elles sont refroidies par les brises marines, elles ont plus en commun avec Santa Clara Valley, à l'ouest de la faille de San Andreas. La renommée historique de Paso Robles vient principalement de ses zinfandel puissants ; cultivés sans irrigation selon la tradition des immigrés italiens, ils ressemblent assez au zinfandel Amador Foothill (voir p. 311). La famille Perrin, du Château de Beaucastel à Châteauneuf-du-Pape, a choisi cette région pour planter une gamme extensive de clones français de cépages du Rhône à Tablas Creek, où elle possède ses vignobles et ses installations vinicoles. Larry Turley de Turley Wine Cellars et Château Potelle, de Napa Valley, sont des investisseurs importants.

Edna Valley, de l'autre côté du col de Cuesta au sud, est un cas encore différent. L'air marin qui arrive en tourbillonnant de la baie de Morro, engendrant des conditions parfaites pour le développement de maladies fongiques, rend la vallée aussi fraîche que le restant de la Californie. Elle réussit à produire des chardonnays succulents, avec un arrière-goût de citron vert qui leur confère de la vivacité. Edna Valley Vineyards (lié à Chalone) était à une époque le producteur principal de la région, mais d'autres producteurs lui ont emboîté le pas, notamment Alban, l'un des représentants les plus compétents de la côte centrale en cépages du Rhône, rouges comme blancs. Il réussit à amener la syrah à des niveaux de maturation inimaginables dans la vallée du Rhône.

Immédiatement au sud-est, **Arroyo Grande**, plus varié mais généralement encore plus frais, est de plus en plus reconnu comme une source de pinot noir et de chardonnay de grande qualité, cultivés à Talley ou Laetitia.

Plus au sud, pénétrant le comté de Santa Barbara, la **Santa Maria Valley** est la riposte de la Californie à la Côte d'Or ; elle présente des conditions qui sont peut-être plus fraîches encore. Sa rivière s'écoule vers l'océan dans un paysage plat qui n'offre aucune résistance à l'influence

▼ Divers cépages sont représentés ici, mais aucune trace de cabernet sauvignon, le vin emblématique de la Californie septentrionale. Il aurait des difficultés à mûrir dans ces vignobles, refroidis par le brouillard. Le Fess Parker provient de la nouvelle appellation de Santa Rita Hills.

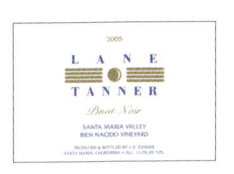

du Pacifique. Certains vignobles sont si bas que le brouillard de l'océan les envahit à midi et les raisins densément plantés peuvent manquer de maturité et être trop acides. Le paysage est loin du stéréotype de la Californie méridionale et même de Santa Barbara, avec son climat tempéré et ses palmiers. Santa Barbara se love à l'abri de montagnes dont l'emplacement stratégique (sud-est de la carte p. 309) la protège des brouillards froids qui émanent de l'océan. En revanche, la pluviométrie basse est typique du comté, contrairement au comté de Sonoma avec ses plantations de pinot (voir les données chiffrées). Par conséquent, nul besoin de se dépêcher pour finir les récoltes avant les pluies d'automne. Les raisins de Santa Barbara, comme ceux plus au nord dans le Monterey et San Luis Obispo, bénéficient d'une période de croissance extrêmement longue qui permet à la flaveur du raisin de se développer pendant plusieurs mois.

Les milliers d'hectares de vignes dans la vallée de Santa Maria sont presque tous aux mains d'agriculteurs et non de producteurs de vin, ce qui donne aux noms des vignobles un rôle déterminant. Par exemple, Bien Nacido apparaît sur les étiquettes d'un certain nombre de caves, alors que beaucoup d'exploitations vinicoles de la région achètent également leur raisin sur toute la côte centrale. Cambria (qui fait partie de l'empire de Kendall-Jackson) est sensiblement plus chaud que Bien Nacido parce que plus loin des influences côtières. Rancho Sisquoc est le plus abrité, exception faite de Foxen, complètement enclavé dans son propre canyon. Les meilleurs cépages, principalement du pinot noir et du chardonnay, mais aussi de la syrah, sont cultivés sur des collines suffisamment hautes – au-dessus de 180 m – pour échapper à la nappe de brouillard. Leur forte acidité naturelle est compensée par une intensité fruitée qui rappelle les meilleurs cépages de Nouvelle-Zélande. Au Bon Climat et son partenaire Qupé, qui occupe les mêmes installations modestes, est l'exploitation la plus enthousiasmante de Santa Maria, avec une atmosphère d'expérimentation frénétique, que seul Bonny Doon de Santa Cruz égale. Fortement inspiré par la Bourgogne, Jim Clendenen y produit un éventail de chardonnay et pinot noir (se procurant du raisin dans l'Oregon), mais aussi de pinot gris, viognier et plusieurs cépages italiens.

Juste au sud de Santa Maria, dans des conditions très rurales et très fraîches, la région (non officialisée) de Los Alamos produit des chardonnays particulièrement vifs dans des vignobles qui occupent plusieurs milliers d'hectares. De l'autre côté des collines de Solomon, le climat est un peu plus chaud et plus stable, notamment (comme à Paso Robles) à l'est de la Highway 101, où se trouvent des sites particulièrement propices à la viticulture, dont les journées chaudes et les nuits froides donnent des vins rouges remarquables à base de syrah et de cépages bordelais, mais aussi de roussane cultivée par Andrew Murray.

Les installations d'Au Bon Climat ont toujours été d'une simplicité délibérée, au contraire de celles de Napa. Pendant de nombreuses années, la compagnie ne possédait aucune vigne, travaillant uniquement sous contrat avec les quelques immenses vignobles du comté de Santa Barbara.

Les conditions sont encore meilleures sur les collines de Santa Rita, bien plus fraîches et qui depuis peu sont une AVA (officiellement l'AVA **Santa Rita Hills**, par égard pour le producteur chilien Santa Rita). Les collines ondulent à l'extrémité occidentale de Santa Ynez Valley entre Lompoc et Buellton, où un coude de la rivière de Santa Inez marque la fin de l'intense influence de l'océan. Les sols sont un ensemble bigarré de sable, de limon et d'argile. Le cépage principal est le pinot noir, suivi du chardonnay. Les démarcations de l'AVA ont été établies en se référant au pinot noir, mais Bryan Babcock a démontré que les taux d'acidité élevés, prépondérants ici, sont également propices au sauvignon blanc, au riesling et au gewürztraminer. Kathy Joseph obtient de bons résultats avec le sauvignon blanc, vendu sous le label Fiddlehead.

Le vignoble de Sanford & Benedict fut le premier à mettre en valeur les collines de Santa Rita. Niché dans un recoin abrité et exposé au nord, il convient parfaitement à la culture du pinot noir. Richard Sanford, qui lui prêta son nom et qui fut le pionnier des capsules à vis, s'adonne aujourd'hui à la culture bio de cépages bourguignons non loin de là, à Alma Rosa.

Contreforts de la Sierra, Lodi et le Delta

La vallée centrale est une étendue vaste, plate, très fertile et irriguée où s'est développée une agriculture mécanisée qui a fait de la région l'un des premiers producteurs mondiaux d'agrumes, de fruits à noyau, de tomates, de coton, de bétail, de riz, de noix et de raisin. C'est à son extrémité septentrionale que le raisin devient intéressant.

Le delta de Sacramento est très différent du reste de la vallée. L'influence de la baie de San Francisco, non loin de là, se traduit par des nuits bien plus fraîches qu'au sud ou qu'au nord. Dans la partie nord-ouest du delta, Clarksburg arrive à produire un chenin blanc mielleux.

Lodi se trouve plus en hauteur, sur des sols bien arrosés de la Sierra, deux facteurs propices au vin. Les viticulteurs, certains établis depuis plus d'un siècle, se sont tellement appliqués à trouver les sites les plus appropriés à la culture de cépages spécifiques que pas moins de sept AVA ont été approuvées en 2006 dans la région. Le cabernet est bon, mais l'atout traditionnel de Lodi est son zinfandel, issu de vignes anciennes.

Frais, fragmentés et spécifiques, les **contreforts de la Sierra** sont très différents de la vallée centrale. Ici, la ruée vers l'or a offert ses premières heures de gloire à la Californie. L'industrie vinicole, longtemps destinée à étancher la soif des mineurs, connaît un renouveau en raison d'efforts discrets et obstinés. Fin XIXe, il existait plus de 100 exploitations vinicoles dans ces collines prometteuses. Pendant la Prohibition, il n'en subsista qu'une seule et les vignobles, pour la plupart plantés en zinfandel, furent plus ou moins abandonnés. Mais la terre coûtait si peu qu'il n'était même pas rentable de les arracher. Pourtant se trouve ici le coffre au trésor de Californie rempli de très, très vieux plants de zinfandel, qui donnent aujourd'hui des vins plein de caractère à des prix raisonnables.

Les vins du comté d'**El Dorado** partagent la même note d'acidité naturelle et l'altitude de ses vignobles en rapide croissance, à 730 m (les plus hauts de la Californie), y est pour beaucoup. Les pluies, et même la neige, y sont fréquentes ; les températures sont basses et les vins issus de ces sols pauvres ont tendance à être relativement légers (au grand bonheur de certains).

Les vignobles du comté d'**Amador** sont sensiblement plus chauds ; ils sont situés sur un plateau dont l'altitude plus basse (entre 300 m et 490 m) a peu de chance de tempérer la chaleur. Ceci est notamment le cas de la **Shenandoah Valley**, à l'est de **Fiddletown**, l'autre AVA du comté d'Amador. Les trois quarts des vignes du comté sont du zinfandel, certaines plantées avant la Prohibition. Vieux ou jeune, sec ou riche, avec beaucoup de mâche, le zinfandel d'Amador a souvent un goût qui rappelle le tamis du mineur, ce qui n'est pas pour déplaire. La syrah trouve aussi sa place ici, de même que le sangiovese et le sauvignon blanc, moins répandu. Au sud, les vignobles du comté de Calaveras sont à une altitude située entre celles des comtés de El Dorado et d'Amador, avec un climat qui varie en fonction de cette l'altitude, bien que par endroits, les sols de Calaveras soient plus fertiles.

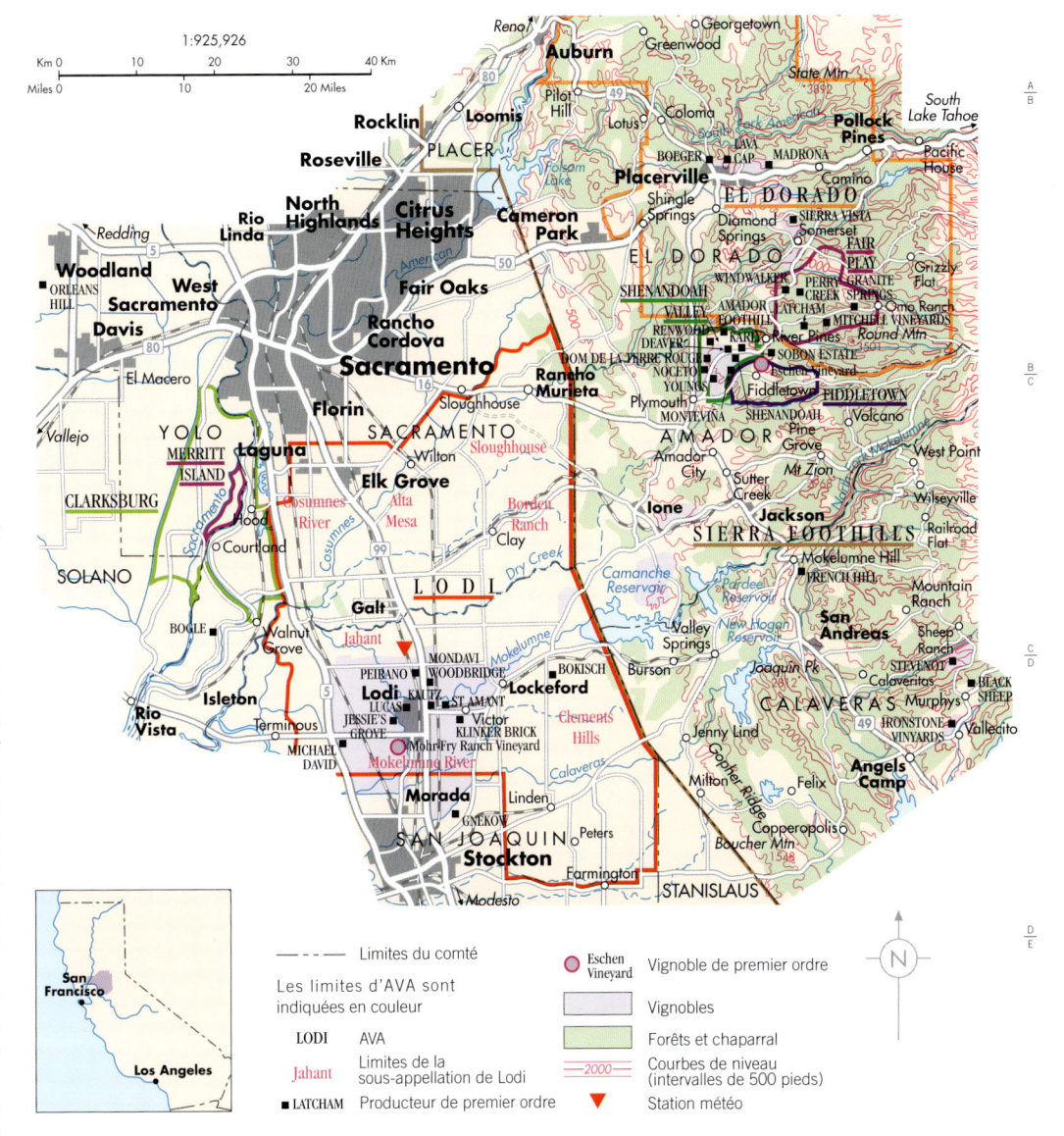

LODI : JAHANT WOODS

Latitude / Altitude **38°12' / 16 m**
Température moyenne en juillet **23,3 °C**
Précipitations annuelles moyennes **432 mm**
Précipitations le mois des vendanges **septembre 10 mm**
Principaux dangers viticoles **botrytis, mildiou poudreux**
Principaux cépages **zinfandel, chardonnay, cabernet-sauvignon**

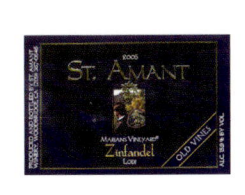

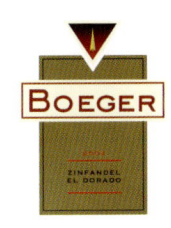

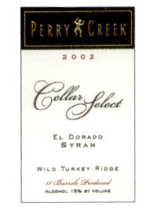

▼ De gauche à droite, ces vins proviennent de vignobles situés de plus en plus à l'intérieur des terres. Le chenin de Clarksburg est franchement racé ; il est suivi de deux des meilleurs vins de Lodi. Amador Zin est un zinfandel originaire de Californie ; à une certaine époque, il servait à produire un vin proche du porto.

États du Sud-Ouest et Mexique

Les premières vignes des Missions furent plantées entre ce qui est aujourd'hui le centre-ville de Los Angeles et la ville de Pasadena plus au nord. La Mission San Gabriel existe toujours, mais les partages successifs et la pollution ont depuis longtemps chassé les vignobles loin de leur berceau californien. Les vignes de Los Angeles ont été déplacées à l'est, dans le Cucamonga, autrefois zone désertique. Au début du XXe siècle, Cucamonga était un vaste vignoble prospère qui produisait des vins de table ordinaires et de bons vins de dessert. Les cartes routières le qualifient encore de « plus vieille exploitation vinicole en Californie ».

Le **Texas** tient une place spéciale dans l'histoire de la vigne, sinon du vin. C'est le cœur botanique de l'Amérique – et il peut s'enorgueillir de posséder le plus de cépages indigènes au monde. Des 36 espèces de genre vitis disséminées dans le monde, pas moins de quinze sont originaires du Texas – un fait qui fut largement exploité pendant l'épidémie de phylloxéra.

Thomas V Munson, de Denison au Texas, a créé des centaines d'hybrides à partir de *Vitis vinifera* et de cépages indigènes pour mettre au point des porte-greffes immunisés. En collaboration avec le professeur Viala de l'université de Montpellier, il lança bon nombre de porte-greffes résistants qui sauvèrent non seulement l'industrie vinicole française, mais également celle du monde entier.

Celle du Texas fut éradiquée par la Prohibition. En 1920, l'État possédait une vingtaine d'exploitations. La renaissance fut lente et douloureuse. Au début des années 1970, un nouveau départ a été pris avec des plantations expérimentales de vinifera et de vignes hybrides dans la région des High Plains, à près de 1 200 m d'altitude, près de Lubbock, sur des sites, bien choisis, qui allaient devenir les exploitations Llano Estado et Pheasant Ridge. Malgré une exposition très grande et la platitude du relief, la terre ici est profonde, calcaire et fertile ; le soleil brille et les nuits sont fraîches (et les hivers très froids).

L'abondante nappe aquifère d'Ogalala irrigue au goutte-à-goutte et contribue à contrecarrer les écarts climatiques extrêmes qui provoquent gel, grêle et canicule. Un vent constant chasse les maladies et aide à refroidir les vignes la nuit. Llano Estado est aujourd'hui le deuxième producteur du Texas et produit avec compétence des rouges au bouquet brillant, qui rappellent les meilleurs vins de l'État de Washington.

La plus grande entreprise vinicole du Texas se trouve à 320 km au sud de Fort Stockton, où l'université du Texas planta un vignoble expérimental vers la fin des années 1970. Ce vignoble de 400 ha a été à une époque dirigé par les Domaines Cordier de Bordeaux ; il est aujourd'hui loué par une société texane, Mesa Vineyards. Leurs vins de cépages bon marché représentent plus de la moitié des vins produits au Texas, sous l'étiquette de Ste Geneviève. Peregrine Hill est un label plus ambitieux.

▶ En partant du haut, quelques exemples de vins très honnêtes de l'Arizona, du Nouveau-Mexique, du Texas, puis de Basse-Californie (deux) au Mexique, où tout est encore possible.

À l'ouest d'Austin, au cœur du Texas, Hill Country est d'une qualité plus prometteuse avec ses trois AVA : Texas Hill Country, Fredericksburg et Bell Mountain. Ces trois AVA couvrent près de 405 000 ha, dont seuls 200 ha sont plantés et où une vingtaine de producteurs opère. La maladie de Pierce et l'humidité sévissent dans de nombreuses parties de l'État, mais le Texas manifeste tous les symptômes d'accoutumance au vin et compte aujourd'hui plus de 100 producteurs. Beaucoup d'entre eux sont regroupés autour des villes, vinifiant des raisins expédiés en camion du fin fond de l'État, voire parfois de plus loin. Une initiative courageuse de l'État permet aujourd'hui aux caves de produire et de vendre du vin même dans des zones sans vignes, à condition que le vin contienne au moins 75 % de fruits cultivés au Texas.

Ce sont les Rocheuses qui ont permis au **Nouveau-Mexique** d'envisager la viticulture : les altitudes refroidissent le climat à tel point que dans la partie nord de l'État, seules les vignes hybrides françaises survivent. La vallée de Rio Grande offre pratiquement la seule terre arable, passant de 2 000 m d'altitude à Santa Fe à 1 300 m à Truth ou à Consequences. Ses trois AVA sont Middle Rio Grande Valley, en dessous d'Albuquerque, Mimbres Valley et Mesilla Valley, pratiquement à la frontière avec le Mexique. Si le Nouveau-Mexique a une quelconque réputation pour son vin, c'est curieusement pour le très bon vin effervescent produit par Gruet.

L'**Arizona** du sud-est, avec son unique AVA, Sonita, a beaucoup en commun avec le Nouveau-Mexique, même si la région vinicole non officielle de Sulphur Springs Valley, à 50 km environ à l'est de Tucson, a un climat encore plus chaud. L'exploitation Callaghan y a connu un certain succès avec du cabernet et du merlot.

Au nord, les exploitations se multiplient dans le **Colorado**, principalement à l'abri de l'AVA Grand Valley, à une hauteur de 1 200 m. Des gels hivernaux et le phylloxéra menacent les vignes, essentiellement de la vinifera (chardonnay, merlot et riesling), mais il n'est guère surprenant de dénicher du viognier et du sangiovese dans un État aussi à la mode.

Entre-temps, la vigne en **Californie du Sud** est plus que jamais menacée par la maladie de Pierce, même si la plupart des viticulteurs ont amélioré leurs clones et la conception des vignobles pour la combattre. L'AVA principale, Temecula, s'élève en une succession de buttes et de collines à plus de 450 m d'altitude et cela à moins de 32 km de l'océan, auquel elle est reliée par un corridor vital, le Rainbow Gap. Chaque après-midi, les brises marines viennent refroidir cette zone subtropicale, pas plus chaude que le haut de Napa Valley.

Grâce aux colonisateurs espagnols, le **Mexique** est l'industrie vinicole la plus ancienne du Nouveau Monde, fondée dans les années 1530, quand le gouverneur Hernando Cortés décréta que chaque fermier devait planter chaque année dix pieds de vigne pour chaque esclave indien. Cependant, en 1699, le roi d'Espagne proscrit la création de nouveaux vignobles au Mexique, craignant qu'ils ne prennent des parts de marché à l'industrie vinicole espagnole. Le développement de la culture de la vigne et du vin fut ainsi gelé au Mexique pendant trois siècles. Veracruz, où les premières vignes avaient été plantées, s'avéra d'un climat trop tropical pour y établir une viticulture durable et de nombreux sites en haute altitude se révélèrent trop pluvieux. Mais dans la vallée de Parras, au sud, les vignes autochtones proliféraient et Casa Madero, fondée en 1597, peut se vanter d'être l'exploitation la plus ancienne des deux Amériques, alors qu'elle produit aujourd'hui des rouges on ne peut plus modernes, dans le style des vins du Rhône, ainsi que des blancs très frais. Mais elle est l'exception. À peine 10 % des 40 000 ha de vignes au Mexique produisent du raisin destiné au vin. La récolte est dédiée en majorité au raisin de table, aux raisins secs et en priorité, au brandy.

Au XVIIIe siècle, des immigrés basques apportèrent entre autres à Parras, grenache, carignan et pedro ximénez ; ceux-ci, ainsi que d'autres variétés vinifera, émigrèrent par la suite au nord de cette longue péninsule rafraîchie par le Pacifique – la Basse-Californie. Même si la première exploitation moderne fondée ici, en 1888, fut Santo Tomas, pionnier du vin de table mexicain moderne a été LA Cetto, exploitation fondée par des immigrés italiens en 1926. LA Cetto est aujourd'hui propriétaire de 1 000 ha de vignobles dans la vallée de Guadelupe, plantée en proportions égales de cépages rouges et blancs. Elle produit des vins remarquables à partir de nebbiolo, le cépage indigène du Piémont natal de la famille, mais aussi à partir de cabernet. Le cépage petite syrah est aussi très agréable. Les vins blancs sont très corrects.

LA Cetto a longtemps été un fournisseur de Pedro Domecq, le producteur dominant de

John R Calvin, passionné de musique du monde, fonda Casa Rondeña, près d'Albuquerque au Nouveau-Mexique, initialement centre artistique. Il vinifiait du raisin cultivé ailleurs dans l'État. Aujourd'hui, il cultive ses propres vignes de vinifera, de plus en plus sous l'influence italienne.

brandy au Mexique et le deuxième producteur de vin après Cetto. Comme Martell, cette société espagnole s'est beaucoup investie au milieu du XXe siècle dans la production de brandy pour répondre aux mesures de protection douanière en achetant du raisin et du vin plutôt que des vignobles. Aujourd'hui, la société est entre les mains de Pernod-Ricard.

La vallée de Guadelupe est le siège de Monte Xanic, la première exploitation, fondée en 1988, au Mexique à faire de la vente au domaine. Mais ce sont les rouges intenses de Casa de Piedra et de Château Camou qui servent de modèles aux nouveaux producteurs, petits mais ambitieux, qui prolifèrent dans la Basse-Californie.

Les cépages vinifera ont aussi été plantés au Mexique dans des vignobles à haute altitude, notamment dans l'État de Querétaro, au nord de Mexico (jusqu'à 2 000 m d'altitude). Ici, ainsi que dans l'État de Zacatecas au nord, les journées sont chaudes mais les nuits sont fraîches ; les vins peuvent cependant pâtir de pluies abondantes au moment des vendanges. Jusque-là, les meilleurs vins ont été les rouges boisés, mais Freixenet et d'autres espèrent produire de bons vins effervescents dans ces États.

Pendant longtemps, les goûts et les habitudes des Mexicains en matière de boisson n'ont pas suivi les progrès de plus en plus enthousiasmants des vignobles et des caves modernes du Mexique, mais cela évolue, certes lentement, dans les grandes villes et les centres touristiques.

Nord-Ouest Pacifique

L'Oregon, le Washington, l'Idaho et la Colombie-Britannique au Canada plantent des vignes de vinifera à un rythme extraordinaire et produisent des vins étonnamment bons. Les plus élégants sont probablement ceux du nord de l'Oregon. Les montagnes du littoral forment une barrière tout le long de la côte, comme dans les régions vinicoles du nord de la Californie, sauf qu'ici, le courant chaud du nord Pacifique amène de la pluie plutôt que du brouillard et tempère ce qui pourrait être un climat plus extrême. Willamette Valley, giron de la production vinicole de l'Oregon, pâtit du même climat capricieux que la Bourgogne, tandis que l'Oregon du Sud, plus chaud et moins pluvieux, ressemble davantage au Bordelais.

Les industries vinicoles de l'Oregon et de Washington se sont développées de manière prodigieuse depuis la fin du XXe siècle, même si début 2006, l'Oregon n'avaient que 5 700 ha de vignes contre plus de 20 000 ha pour Washington. Mais l'Oregon a toujours été le siège de la production de vin artisanale sur des petits domaines gérés par un propriétaire qui vend ses vins, pour la plupart cultivés en bio, lui-même. En revanche, la partie orientale de Washington a débuté de manière quasiment industrielle, avec des raisins copieusement irrigués, cultivés par des agriculteurs qui auraient pu tout aussi bien cultiver des céréales ou des pommes et qui après une récolte mécanisée expédient les fruits à Seattle.

L'occupation des sols est à l'origine de cette différence. Les vignobles de l'Oregon sont pour la plupart regroupés dans les vallées à l'ouest et au sud de Portland où on élève du bétail, cultive des fruits, des noix et des céréales depuis plus d'un siècle. Les vignobles ont dû s'immiscer petit à petit dans ce paysage déjà très occupé. Mais quand la vigne arriva dans l'État de Washington, elle s'installa de suite à l'est, sur les steppes désertiques au-delà de la chaîne de montagnes de Cascade, où existait la monoculture sous irrigation. Mais l'État a rapidement évolué (voir le détail pp. 318-319) et les entreprises artisanales, bien plus nombreuses, se montrent autant préoccupées par la qualité du raisin qu'elles cultivent que par la qualité des vins produits.

L'Oregon est aujourd'hui un moins coupé du monde du vin grâce à l'afflux de capitaux et de compétences marketing. Un des plus grands producteurs, King Estate, occupe un château dont le style est plus français que local et la pépinière du domaine, Lorane Grapevines, a joué un rôle important dans l'introduction de clones mieux adaptés à l'industrie vinicole de la région.

L'AVA de Willamette Valley est de loin la plus développée (détails page suivante). Plus au sud, **Umpqua Valley**, plus abritée, connaît des étés plus chauds et des automnes plus secs. On y cultive surtout du pinot noir et gris, du cabernet-sauvignon et de la syrah. Hillcrest Vineyard, établi en 1961, était important par le passé, mais l'exploitation à suivre est la dynamique Abacela, qui produit des bons tempranillo, albariño, cabernet franc et syrah. L'AVA **Red Hill Douglas County** est une sous-appellation assez pluvieuse.

Toujours au sud, près de la Californie, **Rogue Valley**, plus densément plantée, est encore plus chaude et la pluviométrie annuelle de 300 mm à l'est est presque aussi basse que dans l'Oregon oriental. Les cépages rouges préférés sont le cabernet-sauvignon et le merlot qui arrivent à maturité (contrairement à Willamette Valley). Rogue Valley est composée de trois vallées parallèles. Le chardonnay et la syrah s'adaptent bien, notamment dans **Applegate Valley**, la vallée centrale qui a sa propre AVA. On cultive également du gewürztraminer et du riesling à l'est de Rogue Valley.

Southern Oregon est une grande AVA censée donner une identité propre à une zone vinicole dont le climat, plus chaud et sec que dans le reste de l'Oregon, permet une culture plus diversifiée que les traditionnels pinot noir et pinot gris.

La **Snake River Valley** est une région vinicole surprenante. Située principalement dans l'Idaho, elle chevauche un peu l'est de l'Oregon. Avec ses 900 m d'altitude, son climat est continental, les étés peuvent être torrides, les nuits sont fraîches et les hivers précoces. Près de trente exploitations sont établies dans l'Idaho, qui possède 600 ha de vignes ; pourtant, ces producteurs importent raisin et vin de la contrée voisine, à l'est de l'État de Washington.

La Colombie-Britannique possède aujourd'hui près de 2 800 ha de vignes de vinifera et 130 exploitations. Au centre de la région vinicole orientale du Canada se trouve **Okanagan Valley** ; située à 320 km de Vancouver, elle est protégée du gel hivernal par le long, sinueux et profond lac Okanagan. Cette région touristique connaît des prix de terrain élevés, mais les conditions naturelles ressemblent fort à celles qui existent dans l'est de l'État de Washington. En fait, le sud d'Okanagan Valley est si aride qu'il est désertique. L'irrigation est nécessaire, l'amplitude thermique diurne est exceptionnellement élevée en été, les cépages à maturation précoce prédominent et les taux d'acidité sont élevés. L'arôme et l'acidité des vins de cette région rappellent les vins de Nouvelle-Zélande par leur fraîcheur et le plaisir immédiat qu'ils procurent. Les cépages les plus courants sont le chardonnay et le merlot ; au nord d'Okanagan Valley, le cabernet-sauvignon arrive difficilement à mûrir, mais on y produit de très bons assemblages bordelais, pas nécessairement rouges. On y fait aussi du vin de glace, mais en quantité moindre que dans l'Ontario (voir p. 321).

Au sud-ouest d'Okanagan, **Similkaneen Valley** est la deuxième région vinicole de la Colombie-Britannique, favorisant les cépages rouges. Tout à fait à l'ouest, sur l'**île de Vancouver** et sur les **îles du Golfe**, même si le climat est plus froid et pluvieux qu'en Okanagan, l'enthousiasme pour la viticulture est grand.

Cette sculpture frappante marque l'entrée de l'exploitation Nk'Mip (prononcé « Ink-a-meep »), surplombant le lac Osoyoos dans Okanagan Valley. Le vignoble fut créé par le Osoyoos Indian Band en 1968 et il fut le premier entre les mains d'Indiens en Amérique du Nord.

▼ Quelques spécimens de l'éventail très intéressant de bons vins qui commencent à émerger en Colombie-Britannique. À l'extrême gauche, un vin solitaire du sud de l'Oregon. Voir l'histoire du reste de l'Oregon page suivante et celle de l'est du Canada, avec ses régions vinicoles plus anciennes, p. 321.

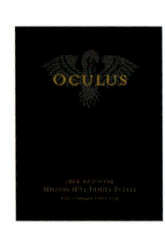

NORD-OUEST PACIFIQUE | AMÉRIQUE DU NORD | 315

Willamette Valley

L'Oregon est fier de ne ressembler en rien à la Californie. Cet État, et certainement **Willamette Valley**, ne ressemble pas non plus à l'État de Washington sur son flanc nord. Les étés sont sensiblement plus frais et nuageux dans Willamette Valley que dans l'État ensoleillé au sud (voir les données encadrées), mais les hivers de la vallée sont bien plus tempérés que dans l'intérieur continental de l'État de Washington. L'influence du Pacifique pénètre en Oregon jusqu'aux régions vinicoles, surtout le nord de Willamette Valley, par des failles dans la chaîne côtière, de sorte que les étés frais et les automnes humides, mais pas le gel hivernal, constituent une menace permanente.

La découverte (ou la création) de Willamette Valley en tant que région vinicole moderne date de la fin des années 1960, avec David Lett et son Eyrie Vineyards, à Dundee, dans le comté de Yamhill. Si Lett avait planté de chardonnay ou de cabernet, le succès aurait été plus tardif (notamment parce que le cabernet aurait eu le plus grand mal à mûrir). Mais il choisit le pinot noir et, depuis 1970, l'Oregon et le pinot noir sont inextricablement liés. Le ciel nuageux de cette région pastorale luxuriante rend possible ce qui en Californie est presque inenvisageable : donner l'illusion d'un élégant bourgogne rouge, même si les pinots de l'Oregon sont en général plus souples, nettement plus fruités et plus vite mûrs que leurs homologues français.

Comme si elle pressentait la méthode de culture qui convenait le mieux au pinot noir, Willamette Valley est restée largement artisanale. Petits moyens et grandes idées ont donné vie à une gamme de vins imprévisibles, certains fascinants, d'autres franchement mauvais. Au départ, la plupart des vins étaient parfumés mais éthérés. Mais déjà au milieu des années 1980, il était devenu parfaitement clair que certains de ces pinots avaient un potentiel de garde des plus intéressants.

Cela a peut-être joué un rôle dans l'afflux de producteurs étrangers de renom qui sont venus s'y établir ; d'Australie, Brian Croser de Petaluma, qui s'est mis à produire pour Argyle des vins effervescents et tranquilles dans une vieille installation qui était utilisée pour sécher les noisettes, à Dundee ; et à la grande fierté de l'Oregon, Robert Drouhin et sa fille Véronique, venus de Bourgogne créer le Domaine Drouhin. Les pinots de la vallée varient aujourd'hui du suave et subtil style Drouhin (qui soutient parfaitement la comparaison avec le vin qu'il produit en Bourgogne) au style richement boisé adopté au début par Beaux Frères, exploitation qui appartient en partie à l'autre

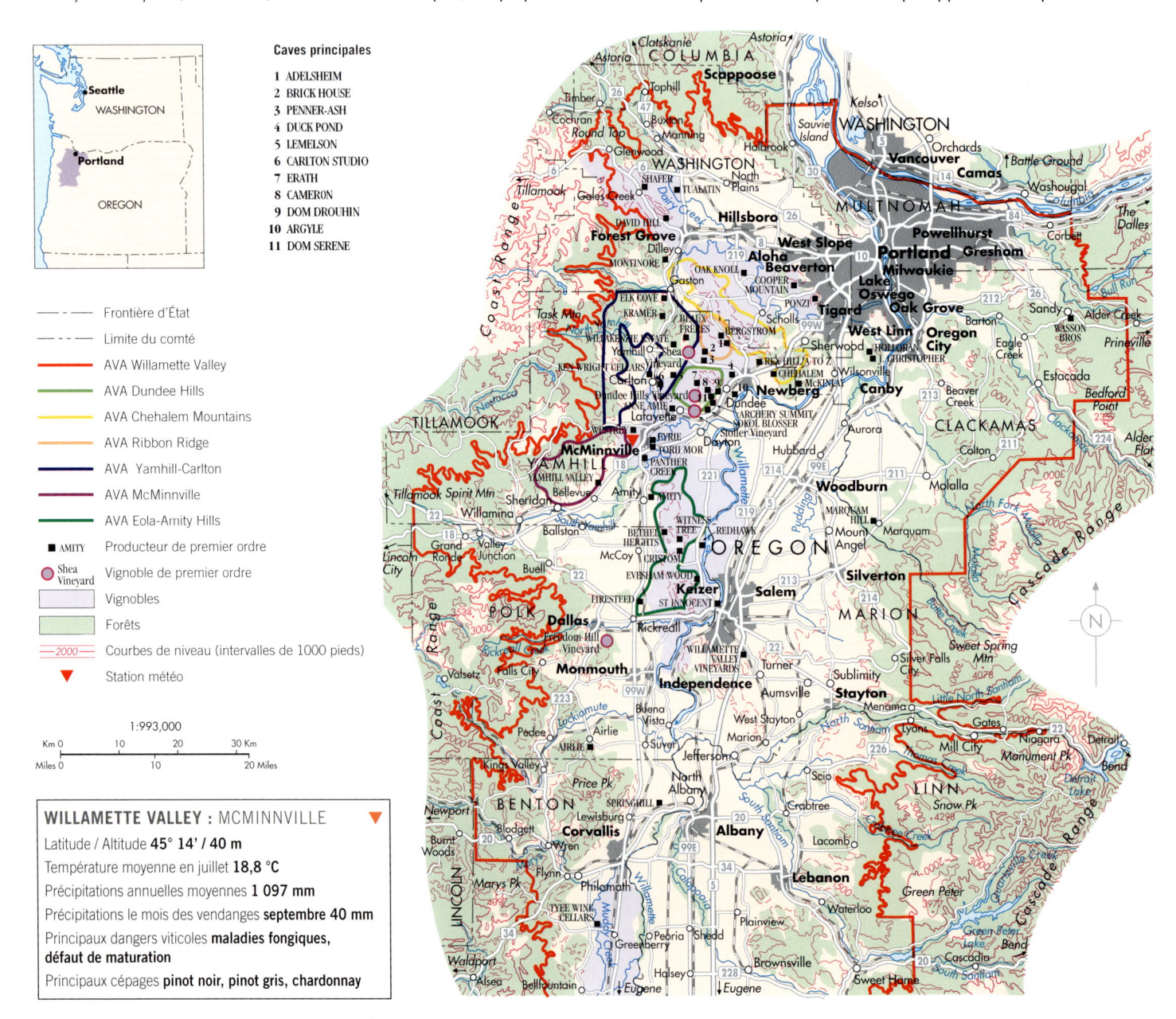

Caves principales
1. ADELSHEIM
2. BRICK HOUSE
3. PENNER-ASH
4. DUCK POND
5. LEMELSON
6. CARLTON STUDIO
7. ERATH
8. CAMERON
9. DOM DROUHIN
10. ARGYLE
11. DOM SERENE

WILLAMETTE VALLEY : MCMINNVILLE
Latitude / Altitude 45° 14' / 40 m
Température moyenne en juillet 18,8 °C
Précipitations annuelles moyennes 1 097 mm
Précipitations le mois des vendanges septembre 40 mm
Principaux dangers viticoles maladies fongiques, défaut de maturation
Principaux cépages pinot noir, pinot gris, chardonnay

investisseur étranger célèbre, le gourou du vin, Robert Parker.

Après maintes discussions et dégustations, plusieurs sous-appellations ont été reconnues dans la vallée, longue de 240 km. **Dundee Hills**, située sur les célèbres collines éponymes de terreau argileux Jory, lourd et rougeâtre, allie un bon drainage et une exposition à la lumière et à la pluie, combinaison qui s'est révélée cruciale dans cet Oregon nuageux. Le district de **Yamhill-Carlton** est à peine plus chaud, mais connaît plus de gel ; les vignes sont donc plantées sur les hauteurs de la vallée, moins sensibles au gel, et de préférence sur les versants exposés à l'est, sur le côté ouest de la vallée, entre 60 et 210 m d'altitude. **McMinnville** porte le nom de la ville universitaire éponyme qui est un centre important pour l'industrie vinicole, tandis que **Ribbon Ridge** est situé au nord-est, au-delà de Dundee Hills. **Eola-Amity Hills**, au nord-est de Salem, et **Chehalem Mountains**, au nord de Willamette Valley, ont toutes deux obtenu leur statut d'AVA en 2006.

La clé pour réussir la viticulture dans Willamette Valley est une maturation complète du raisin intervenant assez tôt pour éviter les pluies d'automne. La date de leur arrivée et leur intensité varient énormément d'une année à l'autre. Nombreux sont les cépages, comme le cabernet-sauvignon et le sauvignon blanc, qui arrivent à maturation trop tardivement pour être viables. Mais même pour les cépages précoces, le calendrier des vendanges est aussi changeant qu'il peut l'être en France, et le plus changeant de toutes le régions vinicoles de l'Amérique. Les amateurs de vin qui ne vivent pas dans l'Oregon sont inconstants dans l'amour qu'ils portent au pinot noir de cet État en fonction de la réussite du millésime, ou à tout le moins de son goût fruité.

Mais il y a un autre problème, surprenant en apparence : la sécheresse estivale. Les pluies peuvent arriver en septembre ou en octobre, mais en général après un été frais, gris et souvent très sec. Nombreux sont les vignobles plus anciens qui commencent à jaunir de façon inquiétante bien avant que la photosynthèse nécessaire à la maturation ne soit complète. Les vignobles plus récents sont normalement dotés de systèmes d'irrigation qui permettent aux producteurs de ne stresser la vigne que lorsqu'ils le jugent utile.

Les pionniers, souvent limités par des budgets très modestes, avaient tendance à créer des vignobles très peu chers, mais des plantations denses sont aujourd'hui considérées un luxe nécessaire. Autre nouvelle tendance dans la conception de vignobles dans l'Oregon : l'utilisation des porte-greffes. Depuis la première apparition du phylloxéra ici en 1990, les producteurs avertis ont planté des vignes greffées sur des porte-greffes capables de résister au fatal puceron et de limiter la prolifération de la végétation qui ralentirait la maturation du raisin.

Le rendement de ces vignobles est donc généralement plus régulier et les vignes mûrissent d'habitude plus tôt, mais le facteur le plus important dans la progression continue de la qualité des pinots noirs et des chardonnays de l'Oregon aura été l'introduction de clones de Bourgogne de ces cépages.

Pendant les deux premières décennies, l'essentiel du pinot noir de l'Oregon était produit à partir d'un clone du wädenswill suisse et/ou de celui du pommard, si répandu en Californie. Ils donnaient des vins dont les bons millésimes étaient fruités et plaisants, mais sans beaucoup de charpente ni de subtilité. L'introduction de clones avec des grappes plus petites, comme les 113, 114, 115, 667, 777 et 882, appelés clones de Dijon dans l'Oregon, a donné au pinot de nouvelles dimensions, même si dans la plupart des cas, ils sont utilisés comme éléments d'assemblage.

Une des raisons pour laquelle les chardonnays de l'Oregon ont été relativement décevants vient sans doute du clone le plus souvent planté, le davis 108, dont l'intérêt principal en Californie était la maturation tardive et donc une longue période de croissance. Dans l'Oregon, cela représente le plus souvent un sérieux désavantage et de nombreux chardonnays ont été trop légers et acides. Les clones de Dijon 76, 95 et 95, mieux adaptés et plus subtils, sont les cépages de choix aujourd'hui, mais l'avenir du vin blanc repose fermement sur le pinot gris. Le pinot gris de l'Oregon est en général plus proche d'un chardonnay aromatique que d'un riche pinot gris d'Alsace, même si cela est en train de changer.

La fête de la Célébration internationale du pinot noir, qui a lieu chaque mois de juillet, est une institution insolite qui a beaucoup œuvré pour placer Willamette Valley sur la carte mondiale du vin et pour souligner les mérites de l'Oregon. Cette foire du pinot qui dure de trois jours voit affluer amateurs (voir la photo ci-dessus) et producteurs du monde entier dans la ville de McMinnville, où ils célèbrent le culte du pinot et râlent à propos de l'iniquité des fanas du cabernet et du merlot.

Lors d'une séance de « Everybody is a Critic » (Chacun est un critique) en 2005, des sommités tels que Michel Bettane (France), et Michael Broadbent (Royaume-Uni) ont initié les participants de la Célébration internationale du pinot noir à leur méthode de dégustation de ce cépage emblématique de l'Oregon.

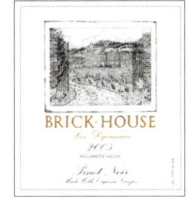

◀ Quelques standards de la production vinicole de l'Oregon. L'ancien journaliste Doug Tunnell de Brick House a été l'un des premiers viticulteurs à adopter les méthodes de la viticulture biologique favorisées dans l'Oregon, malgré l'humidité et les risques de maladies fongiques.

Washington

La partie orientale de l'État de Washington, où sont plantées quasiment toutes les vignes de l'État (mis à part 30 ha), ne ressemble pas à une région vinicole. La plupart des visiteurs viennent de Seattle, dont les alentours regroupent encore de nombreuses exploitations. Ils traversent les forêts humides de sapins et de pins ponderosa de Douglas et la majestueuse chaîne des Cascades pour descendre brusquement dans une zone semi-désertique, où en été, le soleil brille fidèlement jusqu'à 17 heures par jour alors qu'en hiver, un froid arctique s'installe pour plusieurs mois.

Pendant la période de croissance relativement courte du Washington oriental, les champs de blé qui donnent l'impression d'onduler jusqu'au Kansas sont ponctués par des oasis de verdure dans lesquelles sont produits pommes, cerises, houblon et, de plus en plus, vignes. C'est une région de terres arables bon marché (surtout par rapport à la Californie) irriguées par l'eau du bassin de la Colombie. On y cultive de nombreuses vignes de concord pour le jus de raisin et la gelée, mais l'encépagement total de vignes vinifera est en train d'exploser, dépassant les 20 000 ha en 2005. L'État de Washington est bien le deuxième viticulteur et le deuxième producteur de vignes vinifera des États-Unis, même si cela ne représente qu'un minuscule pourcentage de la production californienne.

Le climat continental s'est montré excellent pour faire mûrir de bons raisins vinicoles, à une latitude située entre celles de Bordeaux et de la Bourgogne, à condition d'avoir accès à l'irrigation – grâce aux rivières, aux réservoirs d'eau et aux puits, mais ces derniers sont une option bien plus coûteuse. Les étés et les automnes sans pluies minimisent le risque de maladies, tandis que les journées chaudes et les nuits froides du désert engendrent une belle couleur et des arômes particulièrement bien définis pour certains cépages. Les hivers sont rudes et le gel peut tuer les vignes, mais il a l'avantage de repousser le phylloxéra, avantage que partagent les sols sablonneux, très drainant et relativement uniformes de cette région.

La viticulture et la viniculture étaient jusque-là des secteurs séparés, plus que dans la plupart des cas aux États-Unis, mais les choses évoluent. Par exemple, le groupe vinicole dominant, propriétaire de Colombia Crest, Château Ste Michelle, Snoqualmie et de nombreux autres labels, cultivent aujourd'hui près des deux tiers du raisin dont ils ont besoin. Mais presque tous les producteurs achètent du raisin ailleurs, souvent de l'autre côté des Cascades, bien que le nombre de caves – et de domaines – dans le Washington de l'est ait beaucoup augmenté récemment. Les producteurs ont également tendance à se fournir auprès d'une multitude de viticulteurs et de mélanger leurs sources, de sorte que l'emplacement de la cave n'est guère une indication de la provenance du vin. En partie pour élargir leurs options d'assemblage,

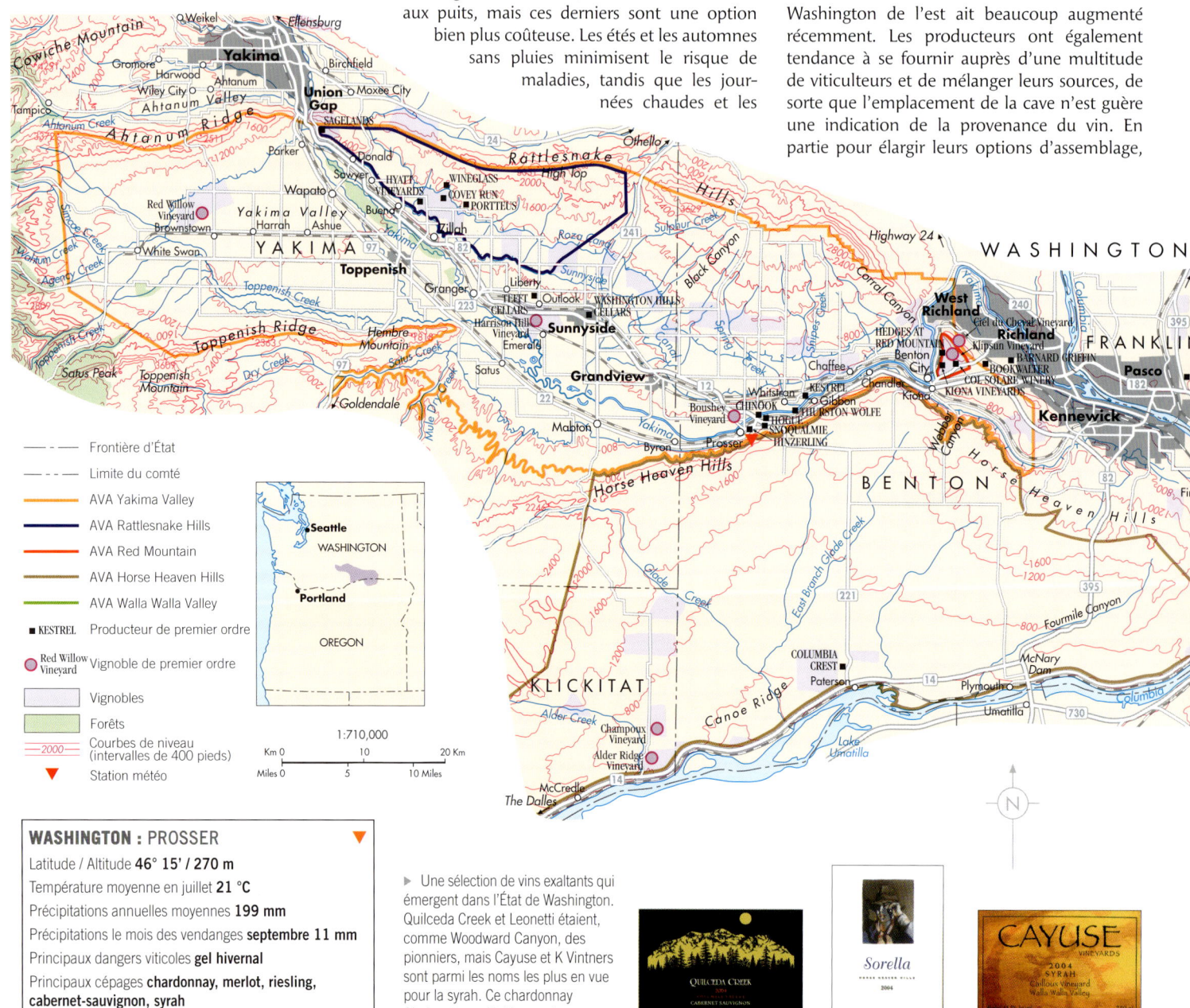

WASHINGTON : PROSSER
Latitude / Altitude **46° 15' / 270 m**
Température moyenne en juillet **21 °C**
Précipitations annuelles moyennes **199 mm**
Précipitations le mois des vendanges **septembre 11 mm**
Principaux dangers viticoles **gel hivernal**
Principaux cépages **chardonnay, merlot, riesling, cabernet-sauvignon, syrah**

▶ Une sélection de vins exaltants qui émergent dans l'État de Washington. Quilceda Creek et Leonetti étaient, comme Woodward Canyon, des pionniers, mais Cayuse et K Vintners sont parmi les noms les plus en vue pour la syrah. Ce chardonnay Abeja est aussi intéressant.

l'énorme AVA **Columbia Valley** (qui englobe les AVA plus spécifiques du Washington oriental cartographiées ici) et le nom de Washington State, d'usage extrêmement flexible, sont largement préférés aux appellations plus spécifiques comme **Yakima Valley**.

Cette vallée broussailleuse, surplombée par le pic enneigé du mont Adams et creusée par la rivière Yakima, est une des régions vinicoles les plus froides et les plus anciennes du Washington. Le vignoble Red Willow a été l'un des premiers à démontrer que la syrah, aujourd'hui plantée frénétiquement dans tout l'État, ainsi qu'en d'autres endroits du Nord-Ouest Pacifique, offre ici un potentiel considérable. **Rattlesnake Hills** est une nouvelle AVA qui s'étend le long de la partie occidentale de la crête éponyme dans Yakima Valley. À l'extrémité sud-est de la vallée, la ville de Prosser, site du nouveau Walter Core Wine and Culinary Center, est rapidement en train de devenir un site phare de l'industrie vinicole dans cet État.

Entre Yakima Valley et le fleuve Colombia, les **collines de Horse Heaven** sont particulièrement prometteuses. La pente de Canoe Ridge, exposée au sud, approvisionne en raisin plusieurs des meilleurs vins rouges du Château Ste Michelle. La proximité du large fleuve Colombia, qui est en réalité une série de lacs endigués pour l'irrigation et la production d'hydroélectricité, la protège des températures extrêmes et surtout du gel hivernal.

Au nord et à l'est de Yakima Valley se trouvent quelques vignobles qui sont parmi les plus chauds de l'État, notamment le célèbre **Wahluke Slope** (voir la carte p. 315). Le cépage le plus répandu est le merlot, mais la petite AVA **Red Mountain**, peu riche en eau, s'est forgé une réputation pour la souplesse de son cabernet-sauvignon. Cette AVA est aussi le site des très élégantes installations de Col Solare (« Col ensoleillé »), la *joint-venture* entre Château Ste Michelle et Antinori d'Italie.

Les étés à **Walla Walla Valley**, si loin à l'intérieur, sont aussi très chauds ; les hivers sont dangereusement froids et la pluviométrie plus haute que la norme dans cette partie du Washington. L'agréable ville universitaire qu'est Walla Walla est un centre de production de grand nombre de vins rouges très prisés, la provenance incertaine des raisins ne semblant pas ternir sa réputation. Les vins issus de cépages locaux sont en général puissamment fruités, mais aussi robustes et tanniques.

La nouvelle AVA **Columbia Gorge**, dans le sud-ouest de Columbia Valley (voir la carte p. 315), inclut également une bonne partie de l'Oregon ; elle est surtout propice au chardonnay, aux variétés de vins blancs aromatiques, au lemberger (connu ici sous le nom de Blue Franc, un clin d'œil à son nom autrichien blaufränkisch), au merlot et au zinfandel.

Le nom d'une nouvelle exploitation est déposé tous les quinze jours dans l'État de Washington, quadruplant le nombre total (qui frôle les 400) d'exploitations dans les six premières années de ce siècle, ce qui dépasse largement le nombre de viticulteurs. Cette croissance rapide signifie que de nombreuses vignes sont jeunes. Elles sont plantées sur des sols neufs et légers, souvent à partir d'un seul clone. Leur culture et leur rendement sont en général entre les mains de fermiers et non de viticulteurs. Par conséquent, certains vins peuvent manquer de subtilité. Mais les meilleurs vins, qui ont en commun la couleur intense, l'acidité croustillante et les arômes brillants et francs qui caractérisent le vin du Washington, ont une remarquable intensité et un fruité riche et souple avec un potentiel de garde d'une huitaine d'années maximum.

Les cépages les plus plantés du Washington sont le chardonnay, suivi du merlot, mais les plantations de riesling ont augmenté si rapidement ces dernières années pour faire face à la production de vins tels que le très en vogue Eroica (une *joint-venture* entre Château Ste Michelle et Erni Loosen de Bernkastel) que le riesling a devancé le cabernet-sauvignon pour devenir le troisième cépage le plus planté dans l'État. Vers 2005, la syrah était au cinquième rang, mais sa croissance demeure rapide.

Le cabernet-sauvignon n'arrive pas toujours à mûrir pleinement dans ce climat continental, tandis que le merlot, dont l'identité est bien plus développée qu'en Californie, est plus flexible, malgré sa malencontreuse vulnérabilité aux gelées hivernales. Le cabernet franc possède ses amateurs, et pas uniquement à cause de sa robustesse. Le lemberger a longtemps été une spécialité locale grâce à sa faible acidité naturelle ; il peut donner de délicieux vins pourpres qui évoquent la mûre. Le sauvignon blanc peut être résolument vivifiant et les sémillons, comme celui d'École 41, sont la preuve que ce cépage pourrait vraiment briller s'il avait sa chance.

Les cépages cultivés à l'ouest, dans l'AVA **Puget Sound**, aux alentours de Seattle, sont radicalement différents – cépages précoces comme le müller-thurgau, la madeleine angevine et le siegerrebe (agrémenté de plus en plus souvent de pinots noir et gris) – mais familiers pour ceux qui vivent sous un climat frais et pluvieux.

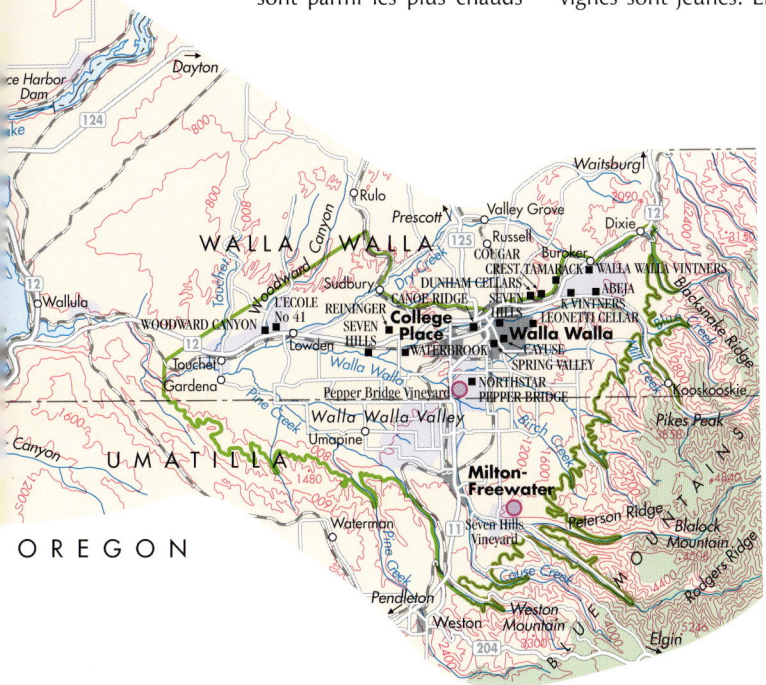

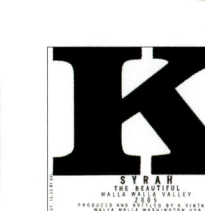

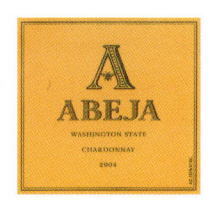

Pas difficile de deviner dans quel pays se situe le vignoble de Walla Walla, mais on s'étonne du peu de mécanisation.

Producteurs de premier ordre dans la région des Finger Lakes
1. CH LAFAYETTE RENAU
2. DR KONSTANTIN FRANK
3. FOX RUN
4. GLENORA
5. HAZLITT 1852
6. HERMANN J. WIEMER
7. HERON HILL
8. HOSMER
9. HUNT COUNTRY
10. LAKEWOOD
11. LAMOREAUX LANDING
12. ANTHONY ROAD WINE CO.
13. STANDING STONE
14. SWEDISH HILL
15. TRELEAVEN
16. SILVER THREAD
17. RED NEWT CELLARS

- - - Frontière internationale
- · - Frontière d'État
LAKE ERIE Région vinicole
■ MILLBROOK Producteur de premier ordre
☐ Zone cartographiée à une échelle supérieure à la page indiquée

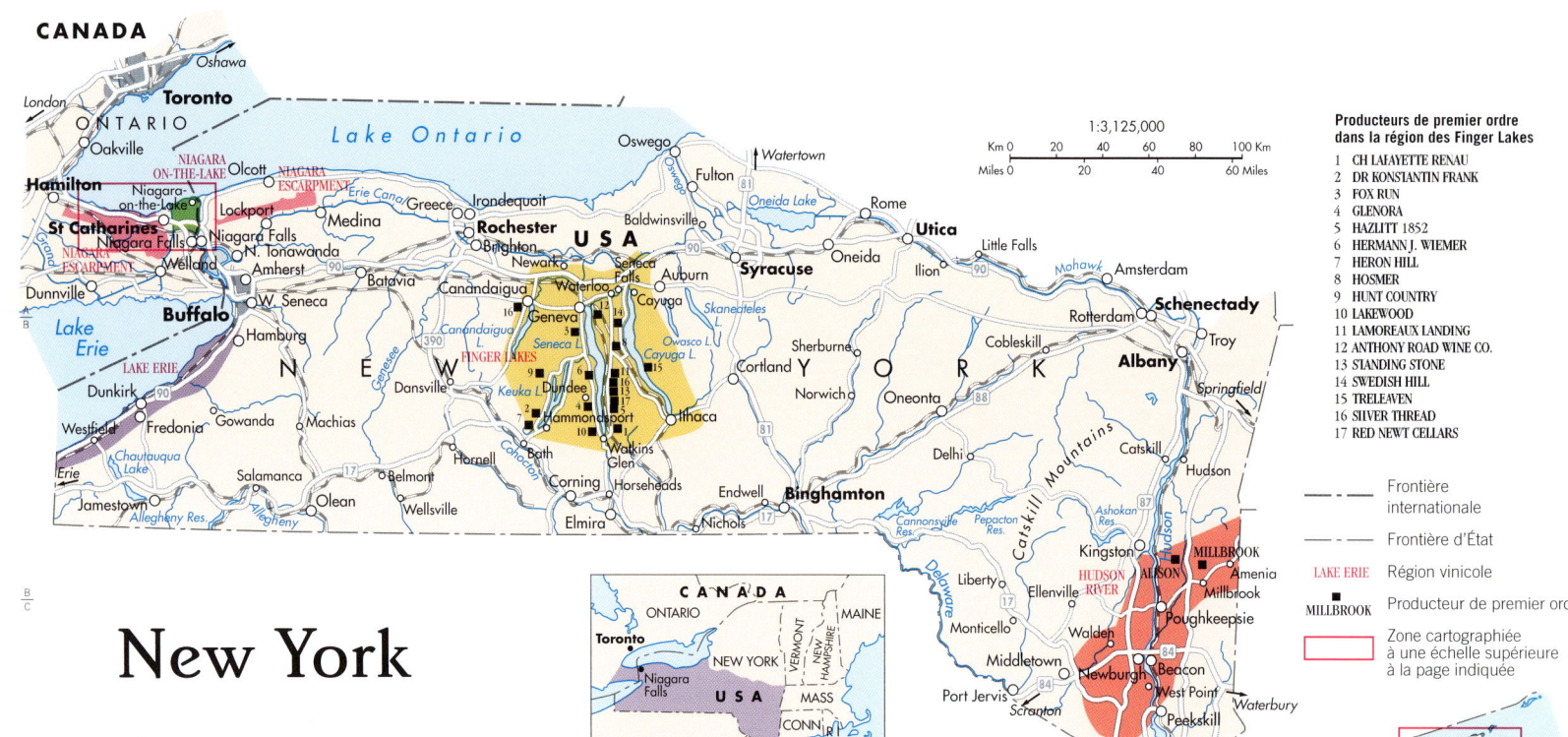

AVA North Fork
AVA The Hamptons
■ LENZ Producteur de premier ordre

New York

L'État de New York arrive en troisième position pour la viticulture aux États-Unis, mais 8 100 ha sur les 12 550 ha de vignobles sont plantés en labrusca destiné au jus de raisin et aux gelées. C'est la raison d'être de la « ceinture de raisin » au sud du lac Érié, où l'on trouve moins de vingt des 234 exploitations de l'État (qui font du vin à partir d'hybrides français, décrits à la p. 290). Mais comme l'Ontario de l'autre côté de la frontière, l'État de New York est en train de se réinventer, les 2 000 ha de plantations nouvelles étant quasiment toutes du vinifera.

Plus de deux tiers des exploitations ont moins de quinze ans. Toutes sont petites mais ambitieuses, surtout dans la région de Finger Lakes (100 producteurs), Long Island (plus de trente) et le long du fleuve Hudson (presque quarante).

Long Island, refroidi et parfois malmené par l'Atlantique, est l'homologue de Bordeaux, à la fois par son climat maritime et par le caractère agréable et rafraîchissant de ses vins. L'influence océanique estompe les saisons et maintient un climat tempéré si longtemps que la période de croissance est ici bien plus longue qu'à l'intérieur des terres. Long Island possède aujourd'hui trois AVA : North Fork (la première), Hamptons, qui porte aussi le nom South Fork (plus froide et plus petite) et Long Island. Toutes les exploitations répertoriées ont bonne réputation, mais nombre de propriétaires et de noms ont changé.

La vigne est exploitée commercialement dans le nord de New York, autour des tranchées glaciales nommées Finger Lakes, au sud du lac Ontario, depuis les années 1850. Les lacs tempèrent le climat, mais il reste nettement continental : souvent moins de 200 jours par an sont sans gel et les hivers sont longs, les températures atteignant -20 °C. Les vignes américaines étaient d'emblée un choix évident et couvrent encore un tiers des 4 000 ha de la région, essentiellement destinés aux vins de dessert. Les hybrides français comme le seyval blanc et le vignoles, introduits dans les années 1950, représentent un autre tiers. À partir des années 1960 cependant, le professeur Konstantin Frank, un viticulteur originaire d'Ukraine et donc un habitué des hivers froids, a prouvé que les cépages vinifera relativement précoces, comme le riesling et le chardonnay, peuvent prospérer dans les Finger Lakes à condition de les greffer sur les bons porte-greffes. Aujourd'hui, d'excellents rieslings, proches de leurs homologues de la Saar, secs et vieillissant bien, sont produits par Red Newt Cellars, Standing Stone, Hermann J Wiemer et Vinifera Wine Cellars (du professeur Frank) entre autres. Le laboratoire de recherche de Geneva est mondialement réputé pour son travail sur l'échalassage et les cépages résistants au froid et les Finger Lakes restent le carrefour commercial de l'industrie vinicole de l'État de New York ; en partie grâce à la présence, depuis 1945, du siège originel de Constellation, aujourd'hui le plus grand groupe vinicole du monde (autrefois la Canandaigua Wine Company, puis la Centerra Wine Company).

Le **Hudson River**, site du premier millésime commercial enregistré en 1829 au domaine connu aujourd'hui sous le nom de Brotherhood, est aussi une région de petites exploitations. Les vignes de vinifera peuvent être vulnérables dans ce climat qui n'est tempéré ni par l'océan ni par un lac, ce qui explique que l'essentiel des 400 plantés à ce jour sont des vignobles d'hybrides français. Mais des producteurs comme Millbrook ont démontré que la vigne de vinifera avait également un avenir dans cette belle région du nord de l'État et Clinton Cellars a prouvé l'intérêt de diversifier l'offre en vinifiant d'autres fruits que le raisin.

Une nouvelle AVA, **Niagara Escarpment**, en face de la principale région vinicole de l'Ontario, compte déjà quelque dix exploitations.

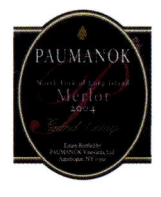

◀ Deux des meilleurs rieslings de Finger Lakes, région particulièrement propice à ce cépage, ainsi qu'une sélection du joyau de Long Island : un chardonnay Channing Daughters, suivi d'un merlot, qui mûrissent pleinement sous ce climat tempéré par l'Atlantique.

Ontario

Le Canada, gelé une grande partie de l'année, peut paraître trop froid pour la viticulture, et pourtant on y fait du vin, avec un enthousiasme croissant, dans quatre provinces différentes.

Dans l'extrémité sud-est du pays, la région de Nova Scotia possède quelques centaines d'hectares avec essentiellement des hybrides résistants au froid (certains de souches mongols), plantés dans quelques coins bien abrités sur le front de l'Atlantique. Le Québec a lui aussi une petite industrie vinicole, ses meilleures exploitations se trouvant aux alentours de Dunham, à la frontière américaine.

L'Ontario est bien plus important. Bien que la région parvienne à peine à satisfaire les besoins du marché local, elle commence à figurer sur le plan mondial, grâce surtout aux prodigieuses quantités de vins de glace qu'elle produit chaque année. Mais la plus grande région vinicole du Canada, avec 6 000 ha de vignobles destinés au vin, est la **péninsule du Niagara**, cartographiée en détail ci-dessous. Une série d'anomalies géographiques rend possible la viticulture dans ce climat semi-continental. Cette mosaïque étroite de dépôts glaciaires est protégée par de vastes lacs, au nord comme au sud, et par la profonde rivière Niagara à l'est. Ces grandes étendues d'eau retardent le débourrement au printemps grâce au froid qu'elles accumulent pendant l'hiver ; elles prolongent aussi la maturation en automne grâce à la chaleur accumulée en été dans leurs eaux relativement tièdes. Le lac Ontario, en particulier, tempère l'influence des courants d'air arctiques en hiver, tandis qu'en été, les différences de température entre ce lac, plus froid, et le lac Érié au sud, plus chaud, provoquent des brises rafraîchissantes.

Les étés dans le Niagara sont de plus en plus longs et chauds, et pourtant l'Ontario réussit toujours à produire chaque année en moyenne un demi-million de litres d'Icewine, un vin de glace réalisé à partir soit de riesling, soit plus couramment de vidal, hybride français au succulent arôme de groseille. Le riesling est de plus en plus reconnu pour son rôle prépondérant dans les vins ultra secs que le Niagara réussit si bien. Quelques producteurs ont aussi eu d'excellents résultats avec du chardonnay et même de la syrah. La majorité des vignes du Niagara est cultivée sur la plaine du lac Iroquois, mais les escarpements très protégés du Niagara, avec leurs sols calcaires, sont particulièrement propices à la culture de riesling et de pinot noir délicats. Une série ambitieuse de douze sous-appellations est déjà en place dans la péninsule du Niagara.

Les autres appellations mineures de l'Ontario sont trop loin de la péninsule du Niagara pour figurer sur la carte ci-dessous. **Lake Erie North Shore**, comme **Pelee Island** (point le plus méridional du Canada, situé dans ce lac) dépendent entièrement du lac Erié pour tempérer le climat. Le **comté de Prince Edward**, région vinicole émergente au nord du lac Ontario, suscite beaucoup d'espoirs, notamment en raison de ses sols pauvres et calcaires si propices aux différentes variétés de pinot, même si les vignes doivent être enterrées ici en hiver pour les protéger du froid.

Les vins produits exclusivement à partir de raisin indigène de bonne qualité sont désignés par la mention VQA (Vintners Quality Alliance), quoique les viticulteurs canadiens les plus importants aient aussi une longue tradition de mise en bouteille de vin importé.

▼ Inniskillin et l'exploitation familiale Spring sont parmi les pionniers les plus anciens de l'Ontario, tandis que Le Clos Jordanne est une *joint-venture* relativement récente entre Vincor et Boisset de Bourgogne. Le cabernet franc de Lailey est vieilli en fûts de chêne canadien.

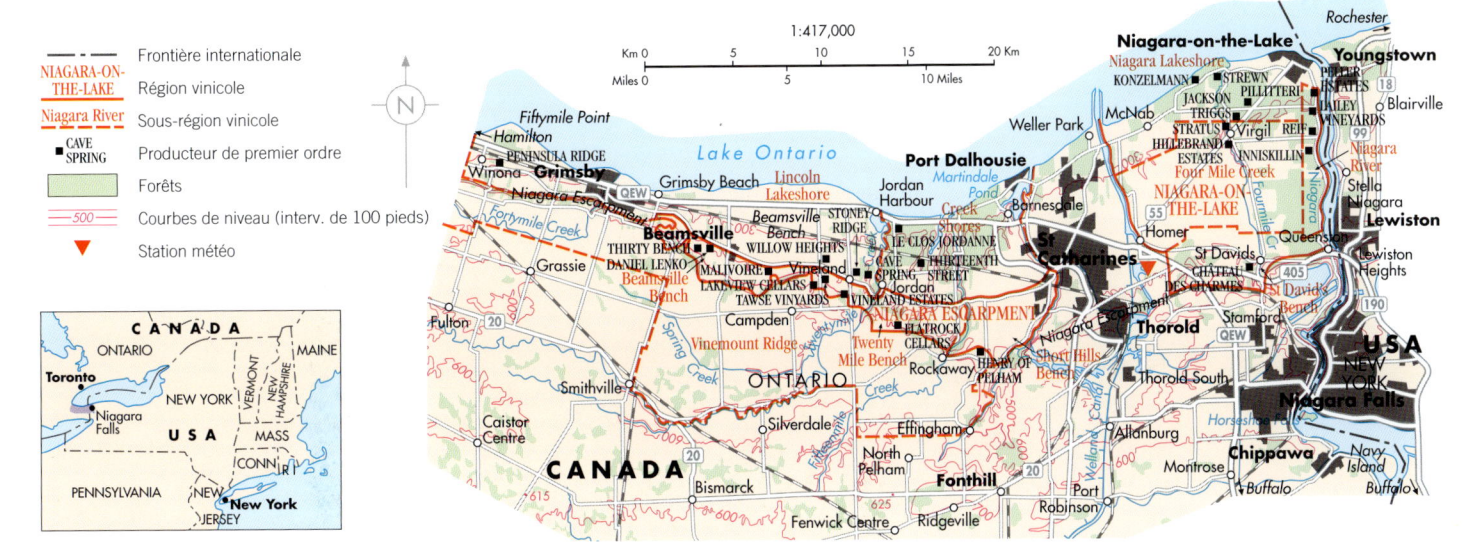

La récolte de raisin gelé destiné au vin de glace dans les vignobles de Henry of Pelham, à St Catharines. Le réchauffement pourrait commencer à influencer les volumes de cette spécialité produits chaque année, mais la production devrait continuer à dominer de loin celle de leiswein allemand.

PÉNINSULE DU NIAGARA : ST CATHARINES ▼
Latitude / Altitude 43° 1' / 90 m
Température moyenne en juillet 21,7 °C
Précipitations annuelles moyennes 860 mm
Précipitations le mois des vendanges octobre 65 mm
Principaux dangers viticoles gel hivernal, défaut de maturation, coccinelle asiatique
Principaux cépages chardonnay, cabernet franc, riesling, cabernet-sauvignon, merlot, pinot noir

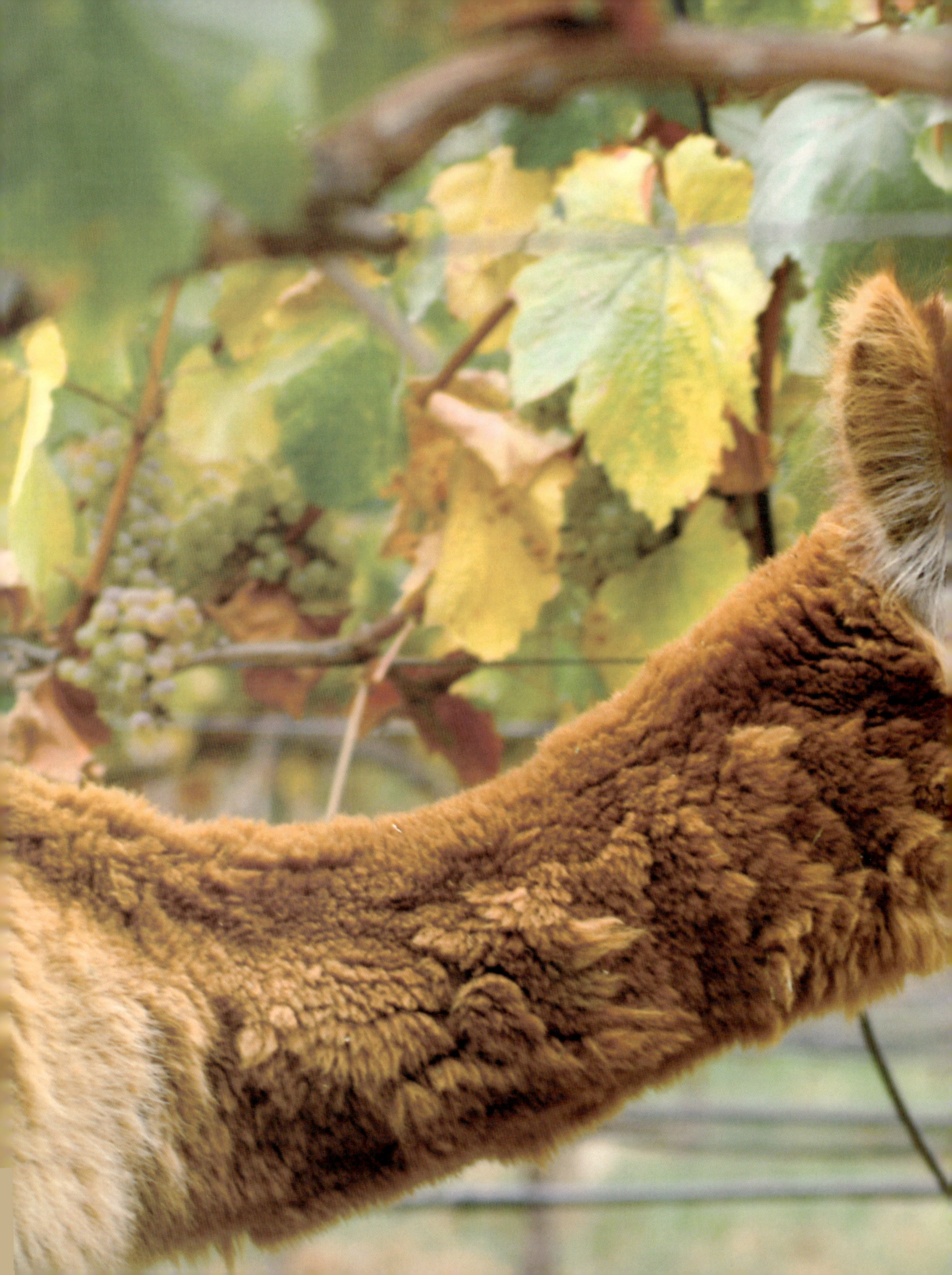

Cet alpaga regarde à travers les vignes à Viña Carmen dans la vallée du Rapel, au Chili. On utilise le fumier de cet animal dans cette exploitation vinicole biologique.

Amérique du Sud

Amérique du Sud

L'Amérique du Sud est le continent le plus important pour sa production de vin après l'Europe. Les cépages européens étaient cultivés au Pérou dès 1531, bien avant qu'ils n'atteignent les autres parties du Nouveau Monde, à l'exception du Mexique. Tout comme la viticulture, l'industrie vinicole reste largement influencée par les immigrants et leurs descendants, des Espagnols et des Portugais et, plus récemment, des Italiens, des Français et des Allemands.

Le plus gros producteur de vin est, de loin, l'Argentine (voir p. 330), même si le Chili (voir page suivante) l'a précédé sur la scène internationale et demeure un exportateur important.

Inconnu du reste du monde, le **Brésil** est le troisième plus gros producteur du continent. Jusqu'à récemment, l'industrie locale produisait surtout des mousseux à l'italienne, légers et doux, pour la consommation locale. L'ouverture du marché, vers 1990, incita à améliorer la qualité. Il devint alors évident, même pour les consommateurs les moins avertis, que la plupart des vins importés étaient d'une qualité supérieure et, de surcroît, à des prix raisonnables une fois les taxes à l'importation abaissées. Les producteurs investirent dans des vignobles et des caves, et s'attachèrent les services d'œnologues étrangers reconnus.

Le Brésil doit encore s'essayer à l'exportation de ses vins, mais certains signes tendraient à prouver que c'est imminent. Il faut dire que l'intérêt pour les bons vins importés n'a jamais été aussi grand. Avec 180 millions d'habitants, la population du Brésil représente un marché potentiel immense, même si la consommation moyenne de vin n'est que de deux litres par habitant et par an, l'alcool de canne à sucre (cachaça) et la bière étant bien plus populaires.

Ce fort potentiel a d'ailleurs attiré Chandon (du groupe Moët et Chandon) au Brésil dès 1973. La tradition viticole brésilienne reste toutefois entre les mains de milliers de petits exploitants, notamment dans la région montagneuse et humide de la Serra Gaúcha, dans l'État du Rio Grande do Sul, où les précipitations sont très élevées (de l'ordre de 1 750 mm par an) et les sols peu perméables. C'est pourquoi on cultive surtout des cépages hybrides, en particulier l'isabella, qui résistent mieux à la pourriture et au mildiou. En 2005, plus de 80 % des vins brésiliens étaient justement à base d'hybrides américains. Les rendements sont généralement trop élevés pour que la qualité des vins convienne à l'exportation et les raisins peinent à mûrir. (La Vale dos Vinhedos, « la vallée des vignobles », est la sous-région qui s'en tire le mieux.) Le merlot peut cependant être vendangé avant les pluies de la fin mars et son affinité pour les sols argileux de la Serra Gaúcha en fait la star montante de cette région.

La Fronteira (ancienne Campanha), à l'extrême sud, est la région la plus enthousiasmante. Environ 1 000 ha de vigne vinifera y prospèrent sur des sols sablonneux, moins fertiles, mais offrant un bon drainage, comme ceux de la frontière avec l'Uruguay. La pluviosité plus faible et l'ensoleillement supérieur favorisent la maturation du raisin.

Dans le nord-est, à la frontière entre les États de Bahia et de Pernambuc, la Vale de São Francisco, au climat chaud et sec, est aussi en pleine évolution. Cette vallée, à une latitude de moins de 10 degrés au sud de l'équateur, fut longtemps considérée comme peu favorable à la viticulture. Mais l'absence d'écarts importants de température, une irrigation efficace et une compréhension accrue des spécificités de la viticulture en milieu tropical permettent de vendanger deux fois par an. Le moscatel est le cépage le plus courant, pour des vins effervescents très doux et rafraîchissants, mais la syrah et le cabernet-sauvignon semblent prometteurs.

La région viticole la plus récente est la Vale do Rio do Peixe, dans l'État de Santa Catarina. Sur ces terres montagneuses, la plupart des vignes poussent entre 400 et 600 m au-dessus du niveau de la mer. Les exploitations modernes, audacieuses, attirent les touristes et les premiers vins comprennent des cabernets et des syrahs étonnamment bons ainsi que des sauvignons et des chardonnays aromatiques.

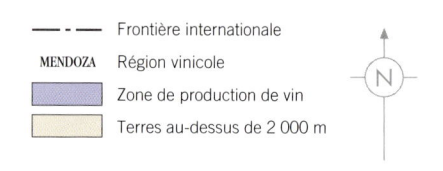

À l'heure où nous écrivons, seule la Vale dos Vinhedos s'est vu accorder l'équivalent brésilien de l'AOC française, *Indicação de Procedência* (indication d'origine), mais la Vale do São Francisco et Pinto Bandeira ont également demandé à recevoir ce label.

Contrairement aux Brésiliens, les habitants de l'**Uruguay** comptent parmi les plus grands consommateurs de vin d'Amérique du Sud, juste derrière les Argentins. Leur industrie vinicole arrive ainsi en quatrième position en Amérique du Sud. L'ère moderne de la viticulture uruguayenne a débuté dès 1870 avec l'arrivée des immigrants basques et l'importation de cépages européens de qualité supérieure. Tout comme le malbec s'est adouci sous les cieux ensoleillés d'Argentine, le tannat qui pousse en Uruguay est plus rond et velouté que celui du sud-ouest de la France. Cela donne, contrairement au madiran, un vin pouvant être bu assez jeune, dès un ou deux ans.

La topographie et le climat uruguayens n'ont pourtant pas grand-chose en commun avec ceux des régions viticoles d'Argentine. L'Uruguay est ensoleillé mais bien plus humide et, dans les principales régions productrices de vin, les nuits sont plus froides. Les soirées, souvent fraîches et venteuses, imposent au raisin de mûrir lentement et, hormis les années où les pluies d'automne surviennent tôt, l'acidité du vin est agréablement rafraîchissante. Cette fraîcheur aromatique est l'une des spécificités les plus intéressantes des vins uruguayens équilibrés.

Environ 90 % des vins uruguayens bénéficient de l'influence du climat maritime de la côte sud, dans les régions de Canelones, de San José (où des Français ont récemment investi), de Florida et de Montevideo, dont les collines en pente douce offrent une grande diversité de terroirs, sur des sols au terreau généralement fertile. Dans le département de Colonia, au sud-ouest du pays, les sols alluviaux sont parfois si fertiles que la vigne, trop vigoureuse, empêche le raisin de mûrir complètement. Afin de contrer cette tendance, une grande partie des vignobles uruguayens est palissée en lyre, sur de hautes treilles qui assurent aux grappes un meilleur ensoleillement – au prix de plus de travail et de temps. Les cultures dérobées contribuent également à aider la vigne dans ses besoins en eau et en nutriments. Le climat tempéré, généralement ensoleillé mais assez humide, est un frein majeur au développement d'une viticulture biologique. Cependant, des viticulteurs passionnés et dotés d'une solide formation, comme Reinaldo de Luccas, parviennent à cultiver sans herbicide ni fongicide (souvent généreusement utilisés pour lutter contre la pourriture et le mildiou).

Les premiers cépages d'harriague n'ont pas résisté aux maladies virales et ont pratiquement tous été remplacés par des plants importés de France, appelés tannats pour les différencier. Gabriel Pisano, l'un des plus jeunes représentants de cette famille de viticulteurs, a cependant mis au point une liqueur de tannat, d'une rare intensité, à partir de cépages d'harriague ayant survécu. On trouve également du viognier, du trebbiano, du torrontés ainsi que les habituelles variétés internationales dont le chardonnay, le sauvignon blanc, le cabernet, la syrah et le merlot, en assemblage avec une proportion plus importante de tannat. En outre, quelques plantations isolées de pinot noir produisent un ou deux vins excellents, typiquement uruguayens.

Une nouvelle zone viticole quasiment identique à celle de la région brésilienne prometteuse de Fronteira s'étend à l'extrême nord-est. C'est là que Bodegas Carrau possède l'une de ses deux grandes caves, dans une *joint-venture* avec l'Espagnol Freixenet. La vigne a également envahi les terres de plantations sucrières du nord-ouest et du centre, où les sols pauvres et les amplitudes thermiques diurnes donnent parfois des résultats intéressants.

Les Uruguayens concertent de plus en plus leurs efforts pour profiter du succès international dont le Chili et l'Argentine bénéficient déjà largement. Les volumes de production des petites sociétés familiales uruguayennes sont toutefois limités et seuls 10 % des quelque 270 producteurs de vin sont présents à l'exportation. De petits domaines récents, comme celui de la famille Bouza, se concentrent sur l'export et les vins de haute qualité, de même que certaines exploitations familiales de petite ou moyenne taille établies de longue date, telles celles des familles Marichal, Pizzorno, De Lucca, Castillo Viejo, Pisano et Juanico (associé en *joint-venture* avec Bernard Magrez de Bordeaux). Les exploitations familiales plus importantes, comme Traversa, commencent elles aussi à diversifier leur énorme production, jusque-là destinée à la consommation locale.

Vendange du raisin cultivé traditionnellement en pergola, à hauteur d'homme, à Fazenda Santa Maria dans la nouvelle région viticole de la Vale do São Francisco, à neuf degrés au sud de l'équateur. Ici, on doit empêcher la vigne de produire trop souvent des récoltes.

▶ *De haut en bas : l'un des rares vins péruviens intéressants, trois vins brésiliens dont le quinta do seival de Miolo à l'étiquette très semblable à celle d'un vin portugais, puis trois vins uruguayens, le premier étant l'étonnante liqueur de tannat de Gabriel Pisano.*

Le **Venezuela** possède une exploitation qui vinifie ses propres raisins, mais la plus belle surprise de l'Amérique latine vient probablement du **Pérou**, pays du pisco, la boisson nationale chilienne. À l'instar des plants de la côte centrale californienne, les vignobles de Tacama, dans la province d'Ica, jouissent de l'air frais du Pacifique et révèlent eux aussi d'agréables surprises dans ces régions du globe qui comptent parmi les plus improbables en matière de viticulture.

Chili

Pour un touriste européen, le Chili est peu dépaysant d'un point de vue culturel mais, d'un point de vue géographique, le pays est caractérisé par ses barrières naturelles. Cet isolement (Andes inhospitalières à l'est, océan Pacifique à l'ouest, sable du désert d'Atacama au nord et immensité de l'Antarctique au sud) a protégé, privilège suprême, les vignobles chiliens du phylloxéra. Les vignes poussent en toute sécurité, sans besoin de porte-greffe, ce qui signifie que pour obtenir un nouveau vignoble, il suffit de planter des boutures en pleine terre.

Le climat du Chili est de type méditerranéen. Jour après jour, le soleil brille, l'atmosphère est sèche et pratiquement non polluée. Cet environnement particulièrement propice à la viticulture et l'importation judicieuse de cépages au XIXe siècle ont permis au Chili de donner tant de vins bon marché, fruités et suffisamment épanouis, à partir de cépages rouges populaires, et plus récemment, blancs. Dans ces vignobles particulièrement sains, la plantation massive de clones supérieurs et de nouveaux cépages ont considérablement élargi la gamme des arômes disponibles. Le cabernet, le merlot, et le carmenère qui prédominaient à l'exportation à la fin du XXe siècle ont été rejoints par les très respectables syrah, pinot noir, malbec, sauvignon blanc, chardonnay et même viognier, gewurztraminer, et riesling. La pourriture et le mildiou ne sont pas inconnus, mais sont bien plus rares qu'en Europe et même en Argentine, de l'autre côté des Andes.

La latitude du Chili semble relativement basse pour la production de vin de qualité (comme, par exemple, au Maghreb), mais la comparaison entre les données de Meknès (p. 287) et de Santiago (p. 329) révèle que la bande centrale du pays, viticole, n'est pas trop chaude et que l'océan Pacifique ainsi que les Andes influent beaucoup sur le climat (encadré p. 327). Les différences de température entre le jour et la nuit, inhabituellement grandes, expliquent en partie le fruité des arômes.

Durant des décennies, les vignobles étaient concentrés dans un couloir de plaine fertile entre la cordillère des Andes et la cordillère côtière, plus basse, qui ne dépasse jamais 1 000 m, mais les viticulteurs entreprenants sont désormais bien plus expérimentés. La carte officielle des vins est divisée en appellations distinctes, du nord au sud. Toutefois, il devient évident que le sol local et les conditions climatiques varient en fait plus d'ouest en est, en fonction de la géologie du site et de la proximité des influences rafraîchissantes de l'océan et des Andes.

En bordure de côte, la vallée de Casablanca s'est développée à un rythme rapide dans les années 1990. Ce n'est plus que l'une des régions viticoles à proximité de l'océan. La vigne pousse désormais jusqu'à Limarí et Elqui, au nord, à des latitudes autrefois considérées trop basses pour une production de qualité (p. 324). Dans sa partie la plus au sud, la sous-région fraîche de Bío Bío, la plus étroite du pays et la plus longue au monde, a aussi été colonisée par la vigne. Les plantations les plus méridionales du pays sont à 320 km de la vallée Malleco, à Osorno dans le district des Lacs. Au milieu, dans la longue Valle Central, la vigne envahit les collines vers l'ouest, en direction de la cordillère côtière, mais surtout sur les pentes orientales, ensoleillées et plus sèches, au pied des Andes.

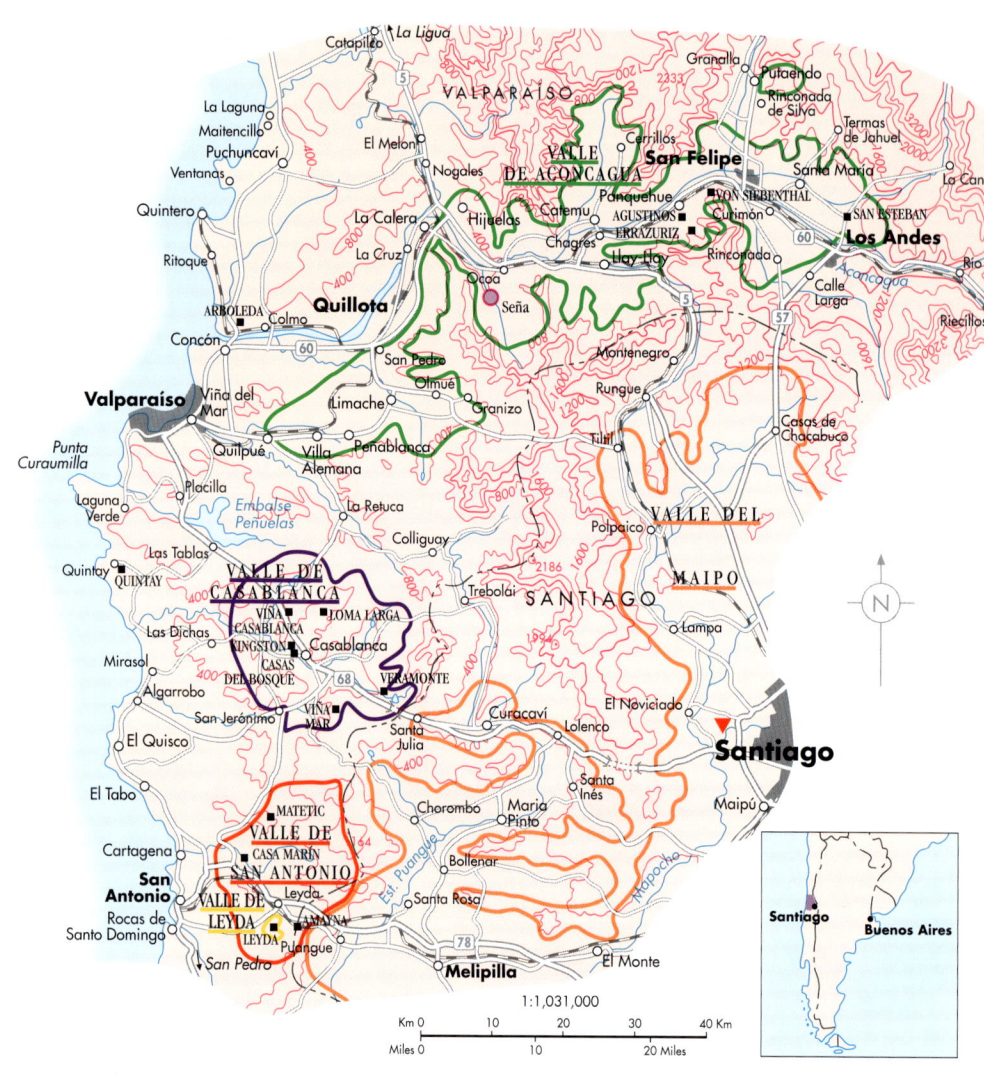

L'absence quasi totale de pluies en été est le seul inconvénient naturel de la viticulture chilienne. Pour y remédier, on a creusé un réseau impressionnant de canaux et de petits ravins afin d'inonder les vignobles avec l'eau de la fonte des neiges (moins importante aujourd'hui). Ce système d'irrigation admirable, quoiqu'imprécis, a été remplacé dans les nouveaux vignobles par une irrigation au goutte-à-goutte qui permet aussi d'ajouter de l'engrais (souvent nécessaire) et répond plus efficacement aux besoins des rangs de vigne. Avec un sol léger mais fertile et une maîtrise absolue de l'approvisionnement en eau, la viticulture devient ridiculement facile, même si les producteurs à la recherche de qualité se tournent aujourd'hui vers des sols plus pauvres, comme ceux d'Apalta à Colchagua, pour leurs meilleurs vins.

L'irrigation est indispensable dans la plupart des vignobles au nord de ceux cartographiés ici, dans les régions d'Atacama et de Coquimbo qui produisaient surtout du raisin de table et du pisco, cet alcool à base de moscatel si populaire, mais on y trouve désormais des vins surprenants.

CHILI : SANTIAGO
Latitude / Altitude **33° 23' / 470 m**
Température moyenne en janvier **20,8 °C**
Précipitations annuelles moyennes **330 mm**
Précipitations le mois des vendanges mars **5 mm**
Principaux dangers viticoles **nématodes**
Principaux cépages **cabernet-sauvignon, chardonnay, merlot, carmenère**

Le long de la rivière Limarí, par exemple, où les vignobles à 15-25 km à l'intérieur des terres sont systématiquement rafraîchis par l'océan, on produit d'excellents chardonnays et syrahs. La principale entreprise viticole du Chili, Concha y Toro, a massivement investi en 2005 à **Limarí** et Tamaya y a des projets ambitieux. La vallée de la Choapa, au sud de Limarí, se recouvre de plantations et Viña Falernia a montré qu'**Elqui**, encore plus au nord, produit d'excellents vins à des altitudes supérieures à 2 000 m.

Entre ici et Santiago, la région d'Aconcagua (qui doit son nom au pic le plus élevé des Andes, à 7 000 m) est cartographiée en trois zones séparées afin de bien montrer le contraste qui règne localement. Cette région se compose de trois sous-régions très différentes : la vallée chaude d'Aconcagua et les vallées particulièrement fraîches de Casablanca et de San Antonio.

La chaleur de la large vallée ouverte d'**Aconcagua** est tempérée par les vents qui poussent l'air froid de la montagne vers la côte en début d'après-midi et amènent l'air de l'océan depuis l'estuaire du fleuve, le soir, pour rafraîchir le pied des Andes exposé à l'ouest. À la fin du XIXe siècle, la propriété de la famille Errázuriz à Panquehue était réputée être le plus grand domaine vinicole au monde. De nos jours, environ 1 000 ha de vigne à vin poussent dans la vallée d'Aconcagua et les collines sont converties en vignobles sous l'influence des Errázuriz. De nouveaux vignobles importants sont également apparus à l'ouest de Colmo, à 16 km uniquement de l'océan (un lieu aussi frais que Marlborough en Nouvelle-Zélande). Panquehue fut le premier endroit où l'on planta de la syrah au Chili, en 1993. Il y eut peu après Apalta, plus au sud, par Montes.

La **vallée de Casablanca**, entre Santiago et le port de Valparaíso, est pratiquement devenue synonyme de vin blanc chilien. Elle fut longtemps jugée trop froide pour la viticulture mais, en 1982, Pablo Morandé, alors vinificateur à Concha y Toro, remplaça son vignoble de raisin de table poussant en pergola par de la vigne à vin palissée verticalement et prouva que Casablanca pouvait produire des vins blancs d'une finesse inconnue jusque-là au Chili.

Aujourd'hui, des dizaines de *bodegas*, et pratiquement tous les grands noms, y achètent ou cultivent du raisin. La vallée est trop loin des Andes pour bénéficier de l'air froid de la montagne le soir ou de la fonte des neiges pour l'irrigation (il faut creuser des puits coûteux à une grande profondeur, l'accès à l'eau étant un frein au développement de la viticulture dans la vallée). Elle est cependant assez proche de l'océan pour profiter des brises fraîches qui peuvent abaisser la température dans l'après-midi de 10 °C. Grâce, en outre, aux hivers doux, la période de croissance dépasse parfois d'un mois celle des autres vignobles de la Valle Central. Il en résulte des vins blancs croquants sur les quelque 4 000 ha plantés vers 2005. La vallée convient admirablement au sauvignon blanc, mais la demande de chardonnay est telle qu'il reste majoritaire dans les vignobles de Casablanca (où il n'a pas un style particulièrement distinct).

Les gelées printanières sont une menace réelle et il n'est pas rare que les vignobles du fond de la vallée soient touchés une semaine avant la vendange. En raison de la pénurie, pulvériser de l'eau qui, en gelant, protège le raisin est un luxe. Comme les vignes naturellement peu vigoureuses sont également la proie des nématodes, il fut recourir à des porte-greffes résistants. La viticulture y est plus onéreuse qu'ailleurs, mais Casablanca, la réponse du Chili à Carneros en Californie, propose de plus en plus de vins qui répondent à son ambitieux programme d'exportation.

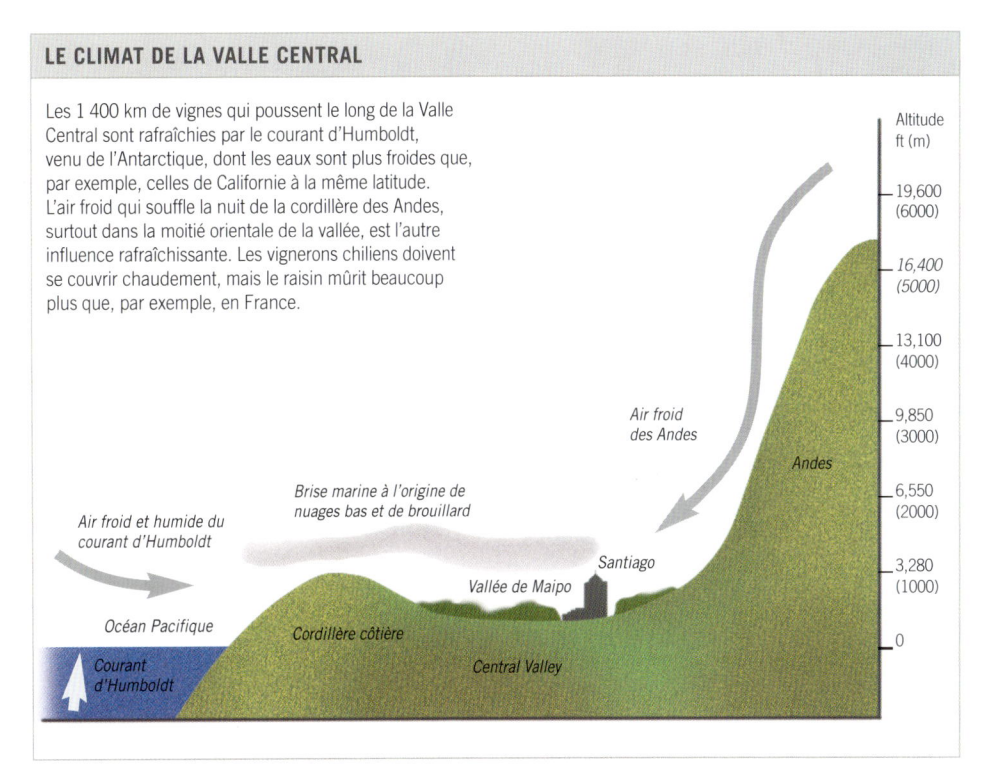

LE CLIMAT DE LA VALLE CENTRAL

Les 1 400 km de vignes qui poussent le long de la Valle Central sont rafraîchies par le courant d'Humboldt, venu de l'Antarctique, dont les eaux sont plus froides que, par exemple, celles de Californie à la même latitude. L'air froid qui souffle la nuit de la cordillère des Andes, surtout dans la moitié orientale de la vallée, est l'autre influence rafraîchissante. Les vignerons chiliens doivent se couvrir chaudement, mais le raisin mûrit beaucoup plus que, par exemple, en France.

Le succès de Casablanca a suscité le développement des collines de la **vallée de San Antonio**, cultivées par Viña Leyda dès 1997 et officiellement reconnues en 2002. Sa topographie lui permet de mieux profiter de l'influence, fraîche et humide, de l'océan que Casablanca. Les pionniers les plus importants sont, outre Viña Leyda, Casa Marin, Matetic et Amayna, mais bien d'autres entreprises y font pousser du raisin, en particulier du sauvignon blanc, du chardonnay et du pinot noir. La syrah mûrit bien dans la vallée de Rosario, où est basé Matetic. Les sols infertiles sont surtout composés de fines couches d'argile sur du granit, comme dans la partie la plus occidentale de Casablanca, et l'eau y est aussi rare. La **vallée de Leyda** est une zone officiellement reconnue au sud de la vallée de San Antonio.

La carte p. 329 montre les cinq zones viticoles les plus importantes : la Valle Central et ses quatre régions portant le nom des vallées latérales (Maipo, Rapel, Curicó et Maule) qui traversent la plaine centrale, comme les graduations d'un thermomètre, avant de traverser la cordillère côtière et d'atteindre la mer.

Maipo a le climat le plus chaud et une atmosphère parfois polluée par le brouillard de Santiago. C'est la zone viticole la plus petite de la Valle Central, mais les *bodegas* y sont nombreuses. Sa proximité avec la capitale a favorisé, au XIXe siècle, l'apparition de vignobles et de domaines viticoles immenses tenus par de riches familles. Certains fondèrent des entreprises vinicoles importantes qui perdurent comme Concha y Toro, Santa Rita (appartenant au même groupe que l'unique producteur de bouteilles) et Santa Carolina.

C'est ici, juste au sud de Santiago, qu'est apparue la première génération de vins dignes de ce nom. Ils n'étaient pas élaborés à partir de país, un cépage ordinaire (appelé criolla chica en Argentine et mission en Californie) que l'on cultive toujours pour le vin vendu en briques Tetrapak, si populaire chez les Chiliens, mais à partir de boutures importées directement de Bordeaux au milieu du XIXe siècle, juste avant que le phylloxéra ne ravage les vignobles de toute l'Europe.

C'est pourquoi le Chili possède tant de cépages bordelais adaptés de longue date : cabernet-sauvignon (qui a devancé le país dans les vignobles à la fin des années 1990), sauvignon blanc (qui est surtout du sauvignon vert ou sauvignonasse), merlot et carmenère (ce vieux cépage bordelais si vigoureux qui convient

Vigne carmenère en fleur au début de l'été, à l'époque où tous les vignobles embaument. Jusqu'en 1996, on pensait que le carmenère était du « merlot chilien ». Depuis qu'un œnologue français a établi la différence entre le merlot et le carmenère, ce dernier est étiqueté en tant que tel.

328 | AMÉRIQUE DU SUD | CHILI

L'amphithéâtre d'Apalta dans le Colchagua, avec le Tinguiririca qui coule en premier plan. Les raisins du Clos Apalta viennent de Montes Folly et de Casa Lapostolle, où ils poussent sur les pentes orientés sud sud-ouest.

surtout aux sols pauvres, plutôt vinifié en assemblage qu'en vin de cépage). Maipo est surtout une région de vin rouge avec une prédominance de variétés bordelaises. Lorsque les rendements sont limités, le vin rappelle celui de la Napa Valley. Dans le Maipo Alto, les vignobles poussent sur les contreforts des Andes. L'influence de la montagne est forte. Les matinées froides et les sols pauvres donnent quelques-uns des rouges chiliens les plus admirables comme almaviva, aurea domus, casa real (Santa Rita), haras de pirque (Quebrada de Macul) et viñedo chadwick (Errázuriz).

Juste au sud, la région en plein essor et variée du Rapel comprend les vallées de Cachapoal au nord (avec les zones de Rancagua, **Requínoa** et Rengo – des noms qui figurent parfois sur l'étiquette) et de **Colchagua** au sud avec San Fernando, Nancagua, Chimbarongo, Marchigüe (Marchihue) et Apalta. Cachapoal et, surtout, Colchagua sont des noms plus présents sur l'étiquette que Rapel, plutôt réservé à des assemblages de vins provenant de sous-régions. Colchagua, où Luis Felipe Edwards a planté jusqu'à 1 000 m d'altitude, a acquis la réputation du merlot le plus concentré et succulent du pays. Les sols varient beaucoup au Chili, même au sein de petites zones comme Colchagua mais, ici, on trouve un peu d'argile, qu'affectionne le merlot, ainsi qu'un mélange typiquement chilien de limon, de calcaire, de sable et, parfois, de terre volcanique. Les assemblages rouges et blancs (par exemple anakena ona) viennent de la vallée de Cachapoal et sont de plus en plus respectés.

Bien plus bas, à proximité de l'autoroute panaméricaine avec ses vieux camions et sa faune imprévisible, on trouve les vignobles de **Curicó**, qui comprennent la sous-région de Lontué, souvent spécifiée sur l'étiquette. Le climat y est un peu plus tempéré et l'irrigation moins nécessaire. La pluviosité est, en moyenne, dix fois supérieure à celle de la vallée d'Elqui. En revanche, le risque de gel est bien plus grand et la Cordillère côtière empêche, par sa présence à l'est, toute influence de l'océan. Venu de Catalogne, Miguel Torres y a investi dans une cave en 1979 (la même année, le baron Philippe de Rothschild passait un accord transatlantique avec Robert Mondavi de Californie). Cet acte de foi dans cette terre viticole si au sud, jugée autrefois impossible, a été suivi par beaucoup d'autres. Dans les années 1990, la cave San Pedro à Molina fut spectaculairement rénovée et agrandie avec les fonds du principal brasseur chilien et l'expertise de Jacques Lurton de Bordeaux. Elle est entourée par les plus grands vignobles de toute l'Amérique latine (1 200 ha) et dirigée, comme souvent dans l'industrie vinicole chilienne, avec une précision technique bien éloignée des stéréotypes qui prévalent ici.

La région la plus méridionale de la Valle Central et la plus ancienne pour le vin, la **Maule**, bénéficie de trois fois plus de pluie qu'à Santiago (l'été étant aussi sec) et de la plus grande superficie en vigne sur des sols volcaniques. Le país prédomine, mais le cabernet-sauvignon est aujourd'hui le cépage le plus planté, suivi de près par le merlot puis le carmenère. Souvent, le vin de cette région porte simplement sur l'étiquette la mention « Valle Central ». Après de nombreuses recherches, Torres a découvert un terroir comme celui de Priorat, riche en ardoise, à Empredado dans l'ouest de la vallée de Maule.

Au sud de la zone cartographiée page ci-contre, les trois sous-régions du sur (sud en espagnol), **Itata**, **Bío Bío** et **Malleco** (carte p. 324), moins protégées par la cordillère côtière, plus fraîches et humides, sont idéales pour le riesling, le gewurztraminer, le sauvignon blanc, le chardonnay et le pinot noir. Le país prédomine toujours, ainsi que (surtout à Itata) le moscatel, Mais des producteurs comme Viña Gracia, Viña Porta et Concha y Toro ont fait à Mulchén un travail de pionniers. La qualité du sol de sol chardonnay de Viña Aquitania de Malleco a encouragé tous ceux qui voudraient étendre la carte viticole plus au sud.

Depuis les premières incursions, médiatisées, de Torres et les investissements de Lafite-Rothschild dans le domaine Peralillo de Los Vascos, des dizaines d'étrangers ont investi dans le vin chilien, entraînant avec eux de nombreux vinificateurs itinérants. Toutefois, l'aspect le plus réjouissant de toute cette affaire, c'est que les viticulteurs et les œnologues chiliens, souvent eux aussi itinérants, soient si qualifiés, formés,

▼ Quelques-uns des meilleurs vins chiliens (présentés de gauche à droite) provenant de vignes plantées dans les régions du nord au sud (et non par rapport à leur lieu de vinification). Par exemple, le sol de sol chardonnay est vinifié près de Santiago à partir de raisin cultivé dans la région la plus méridionale du pays.

compétents et soutenus financièrement par des investisseurs expérimentés.

De nouveaux vignobles ont proliféré, dans des sites mieux choisis et avec des cépages propices à l'environnement. La tendance à abuser des engrais et de l'eau est devenue plus rare car les vignes sont naturellement vigoureuses. Un excès de grappes nuit à une bonne maturation. Par ailleurs, en raison du peso fort, le Chili doit vendre le plus possible.

On a plus recours aux porte-greffes, car ils résistent entre autres aux nématodes et permettent de se prémunir contre l'importation du phylloxéra lorsque les visiteurs affluent des autres régions viticoles (surtout lors des vendanges quand les producteurs de vin de l'hémisphère nord ont du temps libre). Grâce au climat particulièrement propice, la viticulture biologique est en plein essor, même si relativement peu de producteurs demandent la certification. Concha y Toro a, pour ce faire, le temps et l'argent, et sa filiale Viñedos Organicos Emiliana (VOE) s'occupe du vignoble le plus important au monde en biodynamie : le domaine Los Robles à Colchagua, dirigé par le pionnier chilien du bio, Alvaro Espinoza.

Depuis que l'économie s'est tournée vers l'étranger, le Chili exporte autant de vins que l'Australie (environ 60 %). On a massivement investi dans les équipements viticoles et l'élevage sous bois est désormais plus subtil. Ces dernières années, les rendements ont diminué et le prix du raisin augmenté. Souvent, le raisin est assez robuste pour supporter l'influence du chêne, qu'il s'agisse de fûts neufs et coûteux, de copeaux ou de douelles plus abordables. Récemment, les efforts se sont axés sur la maîtrise de la technologie. La nature est ici si facile à domestiquer.

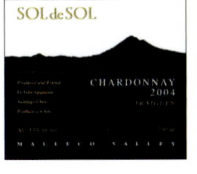

Argentine

L'Argentine, ce mélange prometteur de paysages extrêmes et d'influences culturelles nombreuses, s'est récemment hissé, de manière remarquable, au rang international. Jouissant d'une diversité très enviable de cépages apportés par les immigrants espagnols et italiens au milieu du XIXe siècle, le pays a attendu le milieu des années 1990 pour se tourner vers l'export. Jusque-là, il se contentait de produire des quantités industrielles de vins médiocres, souvent oxydés et vieillis pendant des années dans d'immenses vieilles cuves ouvertes.

Dans les années 1990, une accélération remarquablement rapide du rythme de production a fait de l'Argentine le cinquième producteur de vin au monde. Après une longue période d'instabilité économique, les vieilles caves ont été rénovées ; de nouvelles, prestigieuses, ont été créées par des investisseurs du monde entier et l'on a planté massivement de la vigne à des altitudes encore plus élevées. Les Argentins se sont mis à boire moins, mais du vin plus fruité. À l'étranger, les rouges très aromatiques et corsés, et quelques blancs sont devenus familiers puis admirés.

La crise économique des années 2001-2002 a entraîné une dévaluation de 70 % du peso argentin par rapport au dollar américain, ce qui a ralenti les investissements, augmenté le coût des fûts importés et des équipements de vinification sans que cela se reflète sur une diminution du prix des vins exportés. Ces facteurs externes n'ont apparemment eu que peu d'effet sur l'augmentation constante de la qualité, ce qui exerce une forte pression sur le Chili, le concurrent de longue date, et ses vins.

La ville de Mendoza, très verte (officiellement l'une des huit grandes capitales du vin au monde), n'est qu'à 50 minutes par avion de Santiago au Chili (les vols sont pris d'assaut pour faire des achats là-bas). L'avion doit pourtant survoler la plus haute crête des Andes, à 6 000 m d'altitude. Les centres viticoles de l'Argentine et du Chili sont peut-être très proches l'un de l'autre, mais leurs conditions naturelles sont diamétralement opposées. Tous deux se situent à des latitudes basses pour la vigne, mais si les régions viticoles chiliennes doivent leurs conditions idéales à l'isolement (elles sont prises en sandwich entre les Andes froides et l'océan lui aussi froid), les vignobles argentins, souvent des oasis de verdure au sein d'un désert semi-aride, doivent leur existence à l'altitude.

La vigne pousse à une altitude comprise entre 700 m et 1 400 m, voire jusqu'à 3 015 m dans la province septentrionale de Salta, ce qui serait impensable pour un vignoble européen. En moyenne, les vignobles argentins sont à plus de 900 m au-dessus du niveau de la mer. À une telle hauteur, les températures sont suffisamment basses la nuit pour donner des cépages rouges aux arômes intenses et à la couleur profonde tout comme, dans les zones les plus froides (surtout au nord) des blancs aromatiques. Les maladies de la vigne étant rares, grâce à l'air froid de la montagne, la vigne est généralement franche de pied (non greffée) et, si l'eau est assez abondante, les rendements sont incroyablement élevés. Le défi actuel de la viticulture, qui évolue peu à peu vers une conduite de la vigne plus dirigée, est de maîtriser les besoins en eau afin de privilégier la qualité et non la quantité. Traditionnellement, les vignobles étaient inondés grâce à des réseaux de canalisation alimentés par la fonte des neiges des Andes. Désormais, l'eau devient une denrée rare car la neige est moins abondante et des vignobles sont apparus dans de nouvelles zones. Les autorités locales pourraient limiter l'irrigation à des périodes déterminées et il faudra peut-être creuser, à grands frais, des puits. On a de plus en plus recours à une irrigation au goutte-à-goutte ou par sillons (un sujet de controverse).

Les nouvelles vignes sont le plus souvent plantées sur des porte-greffes, car le phylloxéra n'est pas absent des vignobles argentins (ce qui préoccupe les vignerons chiliens depuis que des entreprises vinicoles chiliennes ont investi dans des terres en Argentine, moins chères qu'au Chili), mais la menace n'est pour l'heure pas grande. L'irrigation par inondation sur des sols relativement sablonneux y est peut-être pour quelque chose. Contrairement à ce qui se passe ailleurs, les plants atteints récupèrent et donnent de nouveaux rameaux. En 1990, une étude de l'OIV a confirmé la très faible incidence des maladies sur la vigne en Argentine. En outre, celle-ci n'aurait pratiquement pas développé de résistance aux produits chimiques courants.

Les conditions ne sont toutefois pas idéales en Argentine, le temps étant souvent imprévisible. À ces latitudes, les hivers sont froids (ce qui favorise la dormance de la vigne), mais les gelées printanières sont un danger réel. À des latitudes basses, comme dans certaines parties des provinces de San Juan et de La Rioja, et à l'est de San Rafael au sud de Mendoza (voir la carte p. 324), l'été est trop chaud pour que l'on puisse produire du vin de qualité. En outre, les précipitations annuelles sont parfois très faibles (même dans les années où sévit El Niño), mais les pluies sont heureusement concentrées durant la période de croissance. Dans certaines zones, en particulier la province de Mendoza (où se trouvent près de 70 % des vignobles argentins), la grêle, relativement fréquente, peut détruire la récolte de toute une année. La région à l'est de San Rafael, entre les rivières Diamante et Atuel, est la plus sujette à la grêle. Certains producteurs ont investi dans des filets qui protègent de la grêle et des rayons brûlants du soleil. Le zonda, un vent sec et très chaud qui souffle du nord-est, constitue un autre danger, surtout en altitude et à l'époque de la floraison.

Les sols sont assez jeunes et alluvionnaires avec, parfois, une forte proportion de sable. L'intensité aromatique des meilleurs vins ne vient pas de la terre, mais du soleil intense, de l'air sec et de l'amplitude thermique élevée à ces altitudes (jusqu'à 20 °C, un record). C'est la conséquence de l'altitude et, en Patagonie, de la latitude qui est importante. Le raisin mûrit facilement sauf dans les vignobles les plus méridionaux de Patagonie, à Neuquén et Río Negro. En fait, des viticulteurs cherchent même à ralentir la maturation, par une irrigation au goutte-à-goutte, afin d'obtenir un maximum d'arômes. Les températures élevées de l'Argentine donnent des rouges aux tanins particulièrement doux et, parfois, des blancs alcooleux.

Le vignoble Pirámide de Catena dans l'Agrelo, où le cabernet-sauvignon cultivé au milieu des années 1990 donna le premier lot, modeste, de catena alta. C'est également là que l'on sélectionne les clones supérieurs de malbec d'où sont issus les meilleurs vins de Catena.

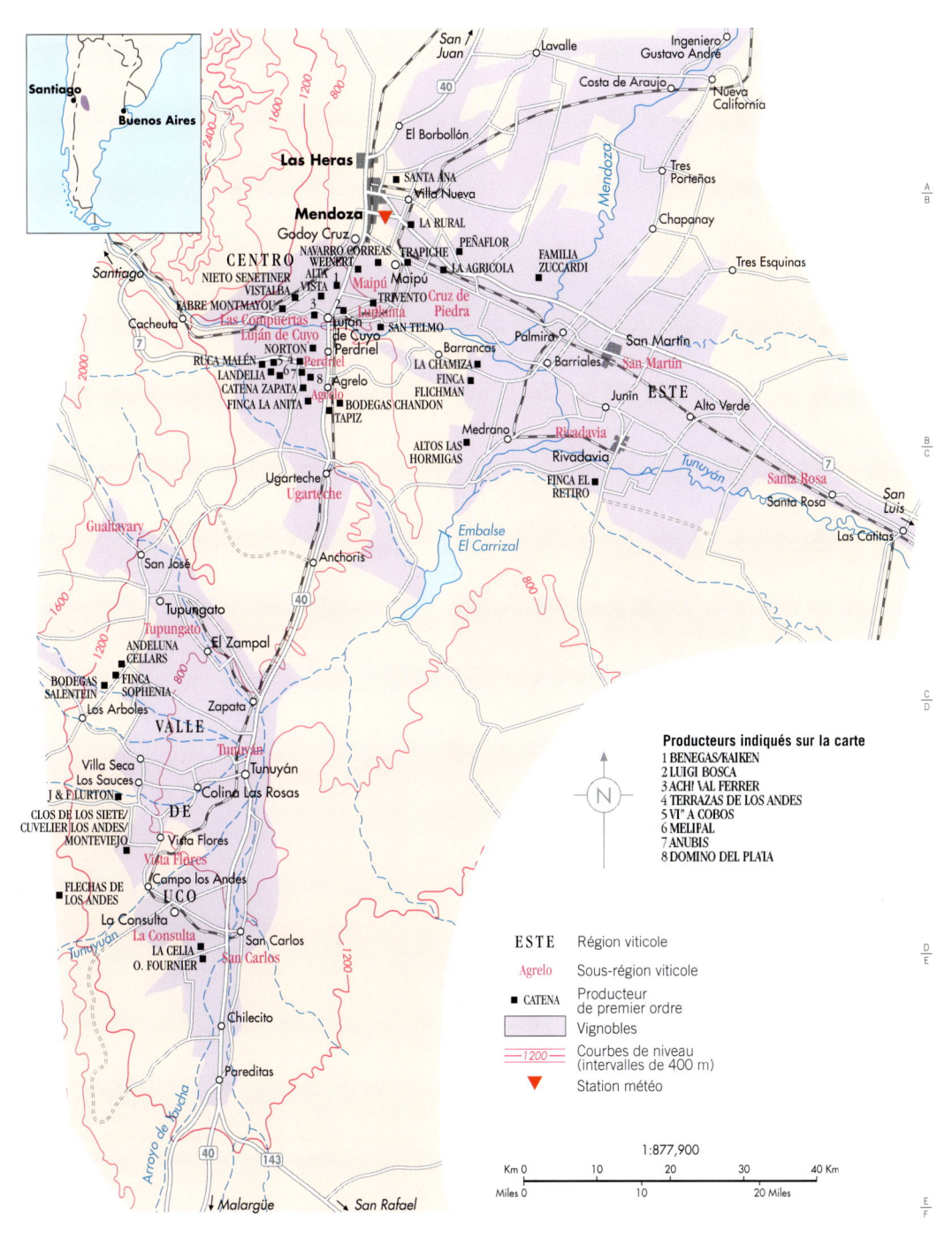

Producteurs indiqués sur la carte
1 BENEGAS/KAIKEN
2 LUIGI BOSCA
3 ACHÁVAL FERRER
4 TERRAZAS DE LOS ANDES
5 VIÑA COBOS
6 MELIFAL
7 ANUBIS
8 DOMINO DEL PLATA

ESTE — Région viticole
Agrelo — Sous-région viticole
■ CATENA — Producteur de premier ordre
Vignobles
═1200═ Courbes de niveau (intervalles de 400 m)
▼ Station météo

1:877 900

ARGENTINE : MENDOZA ▼

Latitude / Altitude **32° 5' / 760 m**
Température moyenne en janvier **23,9 °C**
Précipitations annuelles moyennes **200 mm**
Précipitations le mois des vendanges mars **30 mm**
Principaux dangers viticoles **grêle estivale, zonda**
Principaux cépages **bonarda, malbec, criolla grande, cereza, cabernet-sauvignon, barbera, sangiovese**

L'Argentine doit sa renommée au malbec, un cépage rouge introduit à Mendoza au milieu du XIXe siècle, probablement à partir de pieds importés de Bordeaux au Chili avant le phylloxéra. (Au XVIIIe siècle, le malbec prédominait à Bordeaux.) En Argentine, le goût de ce cépage opulent n'a rien à voir avec celui des vignobles de Cahors. Il est en outre très différent : moins grand, avec des grappes plus denses et des baies plus petites. Les premiers producteurs d'Amérique latine ont probablement sélectionné des plants qu'ils jugeaient mieux adaptés aux conditions locales. Cependant, pour conserver au malbec son acidité et l'intensité de sa flaveur, il vaut mieux qu'il pousse à une altitude un peu supérieure à celle, par exemple, du cabernet-sauvignon.

Comparée au Chili, la palette des cépages est bien plus variée et colorée en Argentine. Le bonarda à la couleur profonde (probablement identique au charbono) est la variété rouge la plus plantée après le malbec. Il gagnerait à être plus cultivé (ce que font avec succès Catena et La Agrícola). Les autres cépages rouges sont, par ordre d'importance, le cabernet-sauvignon, la syrah (qui semble vouée à un bel avenir), le merlot, le tempranillo, le sangiovese, le pinot negro (sic) et le barbera. Tous donnent des vins riches, savoureux aux arômes puissants et mûrs, souvent bien éloignés des archétypes européens et très intéressants. Le pinot negro (ou pinot noir) reste limité à la Patagonie et aux altitudes les plus élevées de Mendoza, mais quelques vignobles prometteurs commencent à apparaître.

À de rares exceptions, on a longtemps planté des cépages sans tenir compte des conditions locales. Cependant, de plus en plus de producteurs avec, à leur tête, Alta Vista, Achaval Ferrer et, surtout, la prestigieuse famille Catena, ont développé la notion de parcelle pour mettre en valeur les spécificités du malbec en fonction des différentes zones viticoles.

Le torrontés est le cépage à peau fine le plus typique. (On trouve aussi, uniquement pour la consommation locale, du criolla grande, grossier et à peau rosée, du cereza, du criolla chica – ou mission – et du pedro giménez, à peau fine.) Le torrontés correspond en fait à trois variétés distinctes. Le plus aromatique est le torrontés riojano, qui doit son nom à la province de La Rioja. Il atteint son apogée dans les vignobles en altitude de la province de Salta, surtout autour de Cafayete (même si ce style de vin n'est pas particulièrement à la mode aujourd'hui). Les origines de ce vin aux arômes floraux, naturellement croquant, demeurent obscures, mais pourraient être espagnoles.

Les autres cépages largement plantés pour les « vins blancs fins » (comme les autorités argentines appellent tout vin pâle et susceptible d'être exporté) sont le chardonnay (qui suscite depuis peu un grand engouement), le chenin blanc, l'ugni blanc et, en augmentation constante, le sauvignon blanc (peut-être le signe que les nouveaux vignobles sont en altitude et, par conséquent, frais). Le vieux viognier est également apparu.

La province viticole la plus septentrionale est **Salta**, où seraient les vignobles les plus hauts du monde. Donald Hess y produit du colomé, un vin de montagne, dans la Valle de Calchaquies, mais Raúl Dávalos, son prédécesseur sur ce domaine et désormais son voisin dans la région sauvage près de la frontière bolivienne continue de revendiquer ce titre. À des altitudes plus basses, la région de Cafayete jouit d'une bonne réputation pour son torrontés, un blanc aromatique. San Pedro de Yacohuya y a démontré que des vieilles vignes et de faibles rendements étaient la clé pour du rouge de qualité. Au sud, **Catamarca** est plus connue pour son raisin de table que pour son vin.

La province de **La Rioja** est surtout connue pour le torrontés riojano, cultivé en pergola et vinifié par des coopératives locales. La vallée Famatina, sèche et venteuse, est la région vinicole la plus connue.

L'unique province produisant du vin en quantité qui concurrence celle de Mendoza est, juste au sud, celle de **San Juan** où le climat est encore plus chaud et sec (les précipitations annuelles moyennes sont de 90 mm). Presque un quart du vin argentin y est produit, surtout à partir de moscatel de Alejandría ou muscat d'Alexandrie, le principal muscat en Argentine. La syrah y est de plus en plus populaire, même si la terre est souvent trop chaude pour produire des vins de cépage. Cependant, comme pour Mendoza, des producteurs à la recherche de qualité ont commencé à planter de la vigne à des altitudes supérieures, avec des résultats prometteurs, dans les vallées d'Ullum, de Zonda, de Calingasta et de Pedernal.

Mendoza est de loin, avec la ville éponyme en son centre, la principale région viticole du pays (avec différentes sous-régions). La vallée centrale de Mendoza a la plus longue tradition pour les vins de qualité et une proportion importante des producteurs les plus célèbres s'y trouve. Les vignobles de part et d'autre des routes qui partent de la ville, dans le département de Luján de Cuyo (qui possède sa propre appellation), sont particulièrement réputés pour leur malbec fin. Ceux qui doivent leur réputation au malbec sont, entre autres, Vistalba, Perdriel, Agrelo et Las Compuertas, où les sols sont particulièrement pauvres. Ici, la qualité des vins résulte de l'âge moyen des vignes, dont beaucoup ont échappé à l'arrachage qui prévalait à la fin du XXe siècle. Le département de Maipú est peut-être meilleur pour le cabernet-sauvignon.

Dans la vallée centrale de **Mendoza**, le climat est tempéré (presque froid à Agrelo) et les sols inhabituellement graveleux pour l'Argentine (surtout à Maipú) alors que dans le reste de la région de Mendoza, les sols sont alluvionnaires et sableux. Le problème de la salinité ne se pose pas, contrairement aux districts plus méridionaux où il affecte les innombrables vins de table élaborés à partir de cereza, de criolla, de pedro giménez, de moscatel de Alejandría et de bonarda (aux rendements élevés).

L'est de Mendoza est plus connu pour sa quantité que sa qualité. Les vignobles sont moins en altitude et l'influence rafraîchissante des Andes est très faible. L'eau qui coule du Mendoza et du Tunuyán permet d'irriguer les vignes en pergola qui fournissent du vin au marché local.

À 100 km environ au sud de Mendoza, San Rafael a une réputation similaire. En raison de son altitude plus basse (500 m), il faut ajouter de l'acidité à tous les fruits, sauf ceux qui poussent dans les vignobles les plus hauts.

Pour les amoureux du vin, la partie la plus enthousiasmante de Mendoza est la vallée d'Uco, qui ne doit pas son nom à la rivière mais à un chef indien précolombien connu pour y avoir introduit un système d'irrigation. Les premières vignes ne furent plantées que dans les années 1980, mais on trouve désormais plus de 10 000 ha de vignobles, souvent jeunes, à des altitudes entre 1 000 m et 1 700 m. Des producteurs comme Catena et Terrazas de Los Andes (propriété du groupe LVMH) indiquent l'altitude exacte sur les étiquettes. Les vignobles les plus en altitude se trouvent dans la sous-région de Tupungato, où pousse un admirable chardonnay. Tupungato a connu une importante modernisation de sa viticulture et quelques-uns des plus vieux chais sont à une certaine distance des vignobles. Les nuits, suffisamment froides, favorisent l'expression de délicats arômes fruités et le taux d'acidité est suffisamment élevé pour justifier une fermentation malolactique. La période exempte de gel ne dure cependant pas plus longtemps que dans la région new-yorkaise des Finger Lakes et les dernières gelées sont une menace réelle à l'est de la vallée d'Uco, sur les pentes un peu moins élevées de la sous-région de San Carlos.

Les autres plantations importantes comprennent le Clos de Los Siete près de Vista Flores, un vaste domaine spécialisé dans le vin rouge conçu par Michel Rolland (de Pomerol) avec d'autres investisseurs, ainsi que divers vignobles autour de La Consulta, San Carlos et Tunuyán. À Mendoza, la limite septentrionale de la viticulture demeure inconnue, mais dépend des capacités d'irrigation. Afin de pallier un éventuel manque d'eau, on compte beaucoup sur l'intensité du soleil dans cette zone non polluée des Andes pour stimuler la photosynthèse et favoriser la maturation naturelle des phénols (couleur, flaveur et tanins). Le vin produit est rare, quoique jeune et trop astringent. La texture des rouges de Mendoza est surtout veloutée.

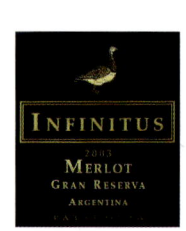

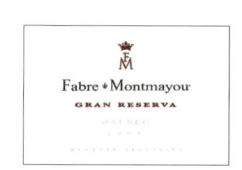

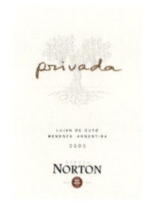

Les vins de **Patagonie**, au sud du pays, dans les provinces de Neuquén et surtout de Rio Negro, ont des caractères bien distinctifs, plus mâchus mais tout aussi intenses. Sous l'effet de l'océan, les températures restent basses mais les vents forts éloignent les maladies. Les vins sont lumineux et très charpentés, avec beaucoup de structure et de caractère. Plusieurs des caves (relativement peu nombreuses) sont dirigées par des non Argentins : Infinitus pour Fabre Montmayou qui s'inspire des bordeaux, Noemia pour Cinzano (fonds) et Dane (fonctionnement), Bodega Familia Schroeder pour des investisseurs d'origine européenne et Bodega Chacra pour Piero Incisa della Rocchetta, un Toscan qui a repris un vieux vignoble de pinot noir à Rio Negro.

Le plus gros producteur du pays est Peñaflor, avec sa *bodega* Trapiche, tandis que le Dr Nicolas Catena, dont les intérêts incluent Catena Zapata, Alamos, Gascon et La Rural, est de loin le plus célèbre à l'étranger. En *joint-venture* avec les Rothschild de Lafite, il se consacre désormais plus au malbec qu'au cabernet-sauvignon. Les investissements étrangers ne manquent pas depuis ceux de la maison Moët qui s'occupe des Bodegas Chandon depuis des décennies et dont le produit phare à Terrazas de Los Andes, cheval de Los Andes, a été créé par Pierre Lurton du cheval blanc. La famille autrichienne Swarovski a acquis Norton en 1989. On trouve également Donald Hess (Colomé) et Paul Hobbs (Viña Cobos) de Californie ; les Lurton (près de Tunuyán dans la montagne), Jean-Michel Arcaute (Alta Vista), Hervé Joyaux (Fabre Montmayou), Michel Rolland (Clos de los Siete), la famille Cuvelier (Cuvelier de los Andes), Catherine Péré-Vergé (Monteviejo) et Rothschild-Dassault (Flechas de los Andes) de Bordeaux ; Codorníu (Septima) et O. Fournier d'Espagne ; Sogrape (Finca Flichman) du Portugal ; Alberto Antonini (Altos las Hormigas) d'Italie ; les multinationales Pernod Ricard (Etchart, Balbi, Graffigna) et Seagram (San Telmo) ; sans oublier des Chiliens, de plus en plus présents, notamment Montes (Kaiken), Viña San Pedro (Finca La Celia) et Concha y Toro (Trivento).

Les Argentins eux-mêmes ne sont pas restés inactifs. Susanna Balbo et Pedro Marchevsky (Dominio del Plata), Patricia Ortiz (Tapiz), Santiago Achaval Becu et ses partenaires (Achaval Ferrer) ainsi que Roberto de la Mota (Mendel) se sont particulièrement illustrés récemment. L'Argentine continue de défier le Chili pour la première place en Amérique latine.

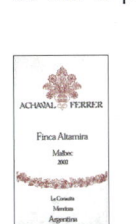

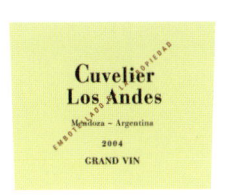

Carlos Pulenta a transformé la propriété familiale en une exploitation où tout vise à mettre en valeur l'art de faire du vin. Les nombreuses attractions pour les touristes comprennent un restaurant sophistiqué, La Bourgogne. Mendoza serait-il en train de devenir la Napa Valley de l'Amérique latine ?

◀ Les six étiquettes de droite représentent quelques-uns des meilleurs malbecs et assemblages de malbec de Mendoza (dont la qualité s'est sensiblement améliorée ces dernières années), tandis que les trois étiquettes de gauche viennent (de gauche à droite) de Patagonie, de San Juan et de Salta. Côté chardonnay, le bramare démontre l'admiration pour le Californien Paul Hobbs de Perdriel à Mendoza, tandis que le lindaflor vient de Tunuyán.

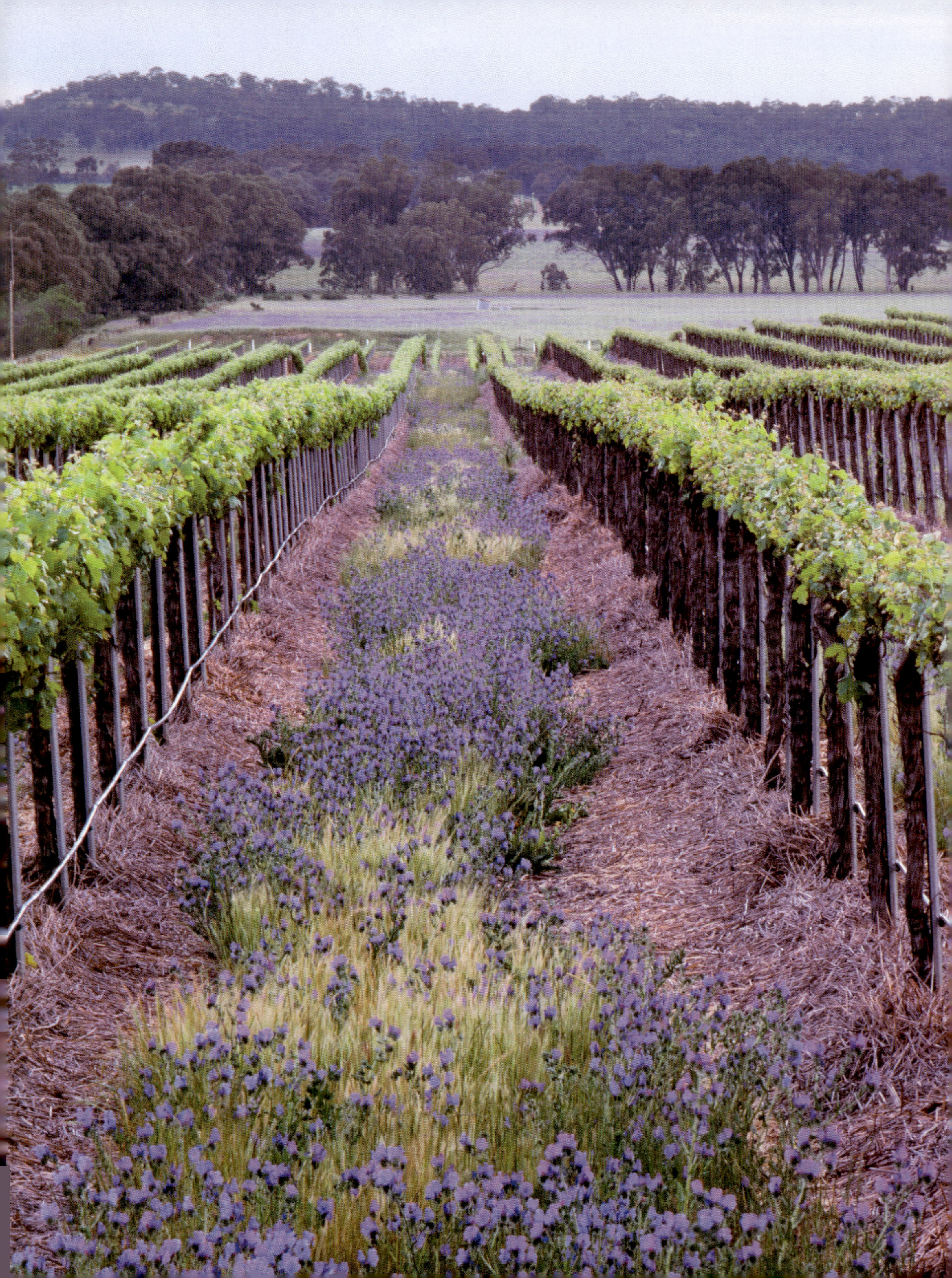

Floraison printanière parmi des vignes cultivées selon les principes de la viticulture biologique à Penfolds dans la Clare Valley, au sud de l'Australie.

Australie

Australie

En 1996, l'Australie se donna pour objectif d'atteindre d'ici 2025 des ventes annuelles de vin, à l'export et sur le marché intérieur, d'une valeur de 4,5 milliards de dollars australiens (3 milliards d'euros). Elle y est parvenue dès 2003. Peu après, elle supplantait la France en tant que plus gros exportateur de vin vers le Royaume-Uni et semble en passe de faire de même vers les États-Unis. En l'espace de plus de dix ans, l'Australie est devenue l'un des acteurs les plus puissants du monde viticole.

Stabiliser la situation est, en revanche, plus problématique. Alors que les ventes explosent, la confiance et les incitations fiscales (à l'origine du doublement de la surface viticole entre 1996 et 2006, jusqu'à 167 000 ha) ont eu pour contrecoup des excédents de raisin. De vastes vignobles n'ont pas été vendangés. Le marché intérieur a croulé sous le vin en surplus, de provenance indéterminée, vendu à des prix sacrifiés. Avec sa population peu nombreuse, l'Australie repose à 60 % sur l'exportation, une proportion guère susceptible de diminuer car les entreprises viticoles, petites ou grandes, sont de plus en plus entre des mains étrangères.

Pendant ce temps, les écoles d'œnologie australiennes continuent de former des vinificateurs compétents qu'elles envoient en septembre dans les caves de l'hémisphère nord. Lorsque le monde viticole vit au ralenti en Australie, ces jeunes diplômés prêchent la bonne parole d'une vinification australienne très efficace, établissant ainsi des liens utiles de l'autre côté de l'équateur. Leur savoir-faire possède une forte valeur marchande, le Commonwealth Scientific & Industrial Research Organization (CSIRO) et l'Australian Wine Research Institute (AWRI) ayant tous deux acquis une renommée internationale.

La constance est l'une des caractéristiques majeures de la « Brand Australia » [la marque Australie], comme l'appellent les Australiens très sensibles au marché. Chaque bouteille de vin répond à une qualité minimale très acceptable, au fruité exubérant voire parfois lassant, provenant sans doute des vignobles très irrigués de l'intérieur du pays. Pratiquement les deux tiers de la récolte annuelle sont cultivés dans l'une des trois grandes zones irriguées où l'eau canalisée des rivières transforme le bush en vergers et vignobles. Par ordre décroissant du volume produit, les régions sont les suivantes : **Murray Darling** qui, comme Swan Hill, enjambe la frontière du Victoria et de la Nouvelle-Galles-du-Sud ; **Riverland** en Australie-Méridionale ; et **Riverina** en Nouvelle-Galles-du-Sud.

L'industrie viticole australienne dépend fortement de l'eau d'irrigation en général et du fleuve Murray en particulier. La disponibilité en eau de qualité est la principale contrainte pour ceux qui voudraient transformer le pays le plus sec du monde en un immense vignoble. Actuellement, les sujets de préoccupation sont la pollution du fleuve, la sécheresse et la salinité excessive des eaux souterraines, conséquence de deux siècles de défrichement systématique par les colons.

Les vastes zones irriguées de l'intérieur des terres, avec la production de vins ordinaires d'une fraîcheur croissante à partir de cépages distincts (et de quelques bons vins comme les sémillons botrytisés de la Riverina de chez Griffith) sont la force majeure de l'industrie viticole. La marque la plus prospère du XXIe siècle, yellow tail (sic), appartient à Casella Wines dans la Riverina. Elle a d'emblée séduit le marché américain lors de sa reprise par les distributeurs américains du chardonnay australien qui figurait auparavant en tête, le lindemans bin 65 produit à Karadoc dans le Murray Darling. Le Riverlanda a, lui, donné naissance à des marques réputées comme Banrock Station et Oxford Landing, et à plus encore de bouteilles avec une étiquette propre.

Les Australiens sont partisans des économies d'échelle. Entre 1996 et 2006, le nombre de

TEMPÉRATURES MOYENNES EN JANVIER

Au nord et à l'ouest de la ligne verte, l'évaporation dépasse largement 1 500 mm par an, réduisant ainsi les ressources en eau déjà faibles dont dispose l'Australie.

PORT LINCOLN — Région non cartographiée ailleurs
— Moyenne d'évaporation de 1 500 mm par an
○ Zone de production de vin

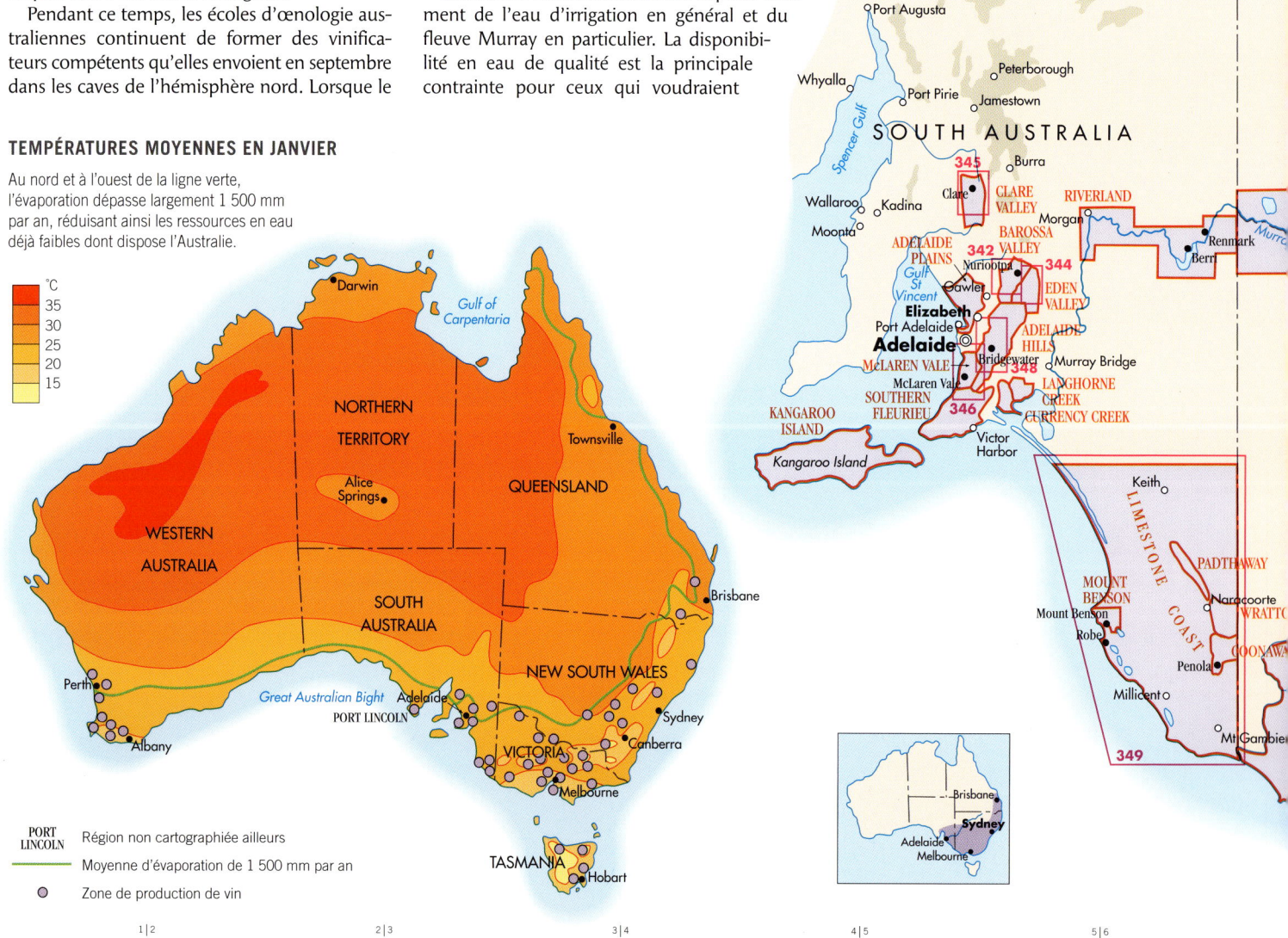

caves est passé de 900 à 2 000, mais cela n'a pas suffi pour répondre à l'accroissement effréné des plantations de vignes observé dès la fin du XXe siècle. De nombreux crus sont vinifiés dans des caves extérieures, ce qui ne constitue pas un problème, car les Australiens ont l'habitude de parcourir de longues distances pour apporter les grappes ou le moût à une coopérative.

Les raisins provenant de divers vignobles sont souvent assemblés en un vin unique, pour l'une des nombreuses marques soigneusement segmentées si chères à leur programme de marketing international. La plupart des caves de Tasmanie et du Queensland sont plutôt minuscules, avec moins de 100 tonnes de raisin pressées chaque automne, et le marché est essentiellement dominé par cinq grosses entreprises viticoles (Hardys, Foster's, McGuigan Simeon, Pernod Ricard Pacific et Casella) qui représentent 64 % de la vinification et 75 % des exportations. Les gros négociants étant de moins en moins nombreux sur la place mondiale, ces entreprises cassent les prix, tant sur le marché national qu'international.

Cela étant, un intérêt pour l'origine géographique des vins se manifeste parmi les industriels du vin et les consommateurs avertis, au point que le terme « regionality » a été créé. Le moment est bien choisi, car la carte du vin australien évolue rapidement (comparez avec celle de l'édition précédente). L'Australie a d'ailleurs mis en place son propre système d'appellations contrôlées, les Geographic Indications (GI). Bien évidemment, elles ne visent qu'à imposer des limites géographiques, parfois contestées avec véhémence mais qui n'auraient pas lieu d'être si personne ne s'y intéressait.

Les régions viticoles se concentrent sur la côte méridionale de l'Australie qui offre des températures plutôt basses et des précipitations plus fortes. Le **Queensland** fait toutefois exception. Son industrie viticole devient de plus en plus dynamique, même dans la région située encore plus au nord des versants occidentaux, plus élevés et plus frais, de la Cordillère australienne (Great Dividing Range).

Une grande partie du **Sud-Est** australien (où la GI s'applique aux vins résultant de l'assemblage de pratiquement n'importe quel raisin produit en dehors de l'Australie-Occidentale) bénéficie d'un climat de type méditerranéen propice à la vigne. Melbourne se trouve à la même latitude que Cordoue dans l'hémisphère nord, tandis que la Hunter Valley

---

1:5,300,000

— · — Frontière d'État
• Penola Ville célèbre pour son vin
[HUNTER] Geographic Indications (GI)
  Terres entre 500 et 1 000 m
  Terres au-dessus de 1 000 m
[342] Zone cartographiée à une échelle supérieure à la page indiquée

Carte de l'Australie-Occidentale p. 339
Carte de la Tasmanie p. 355

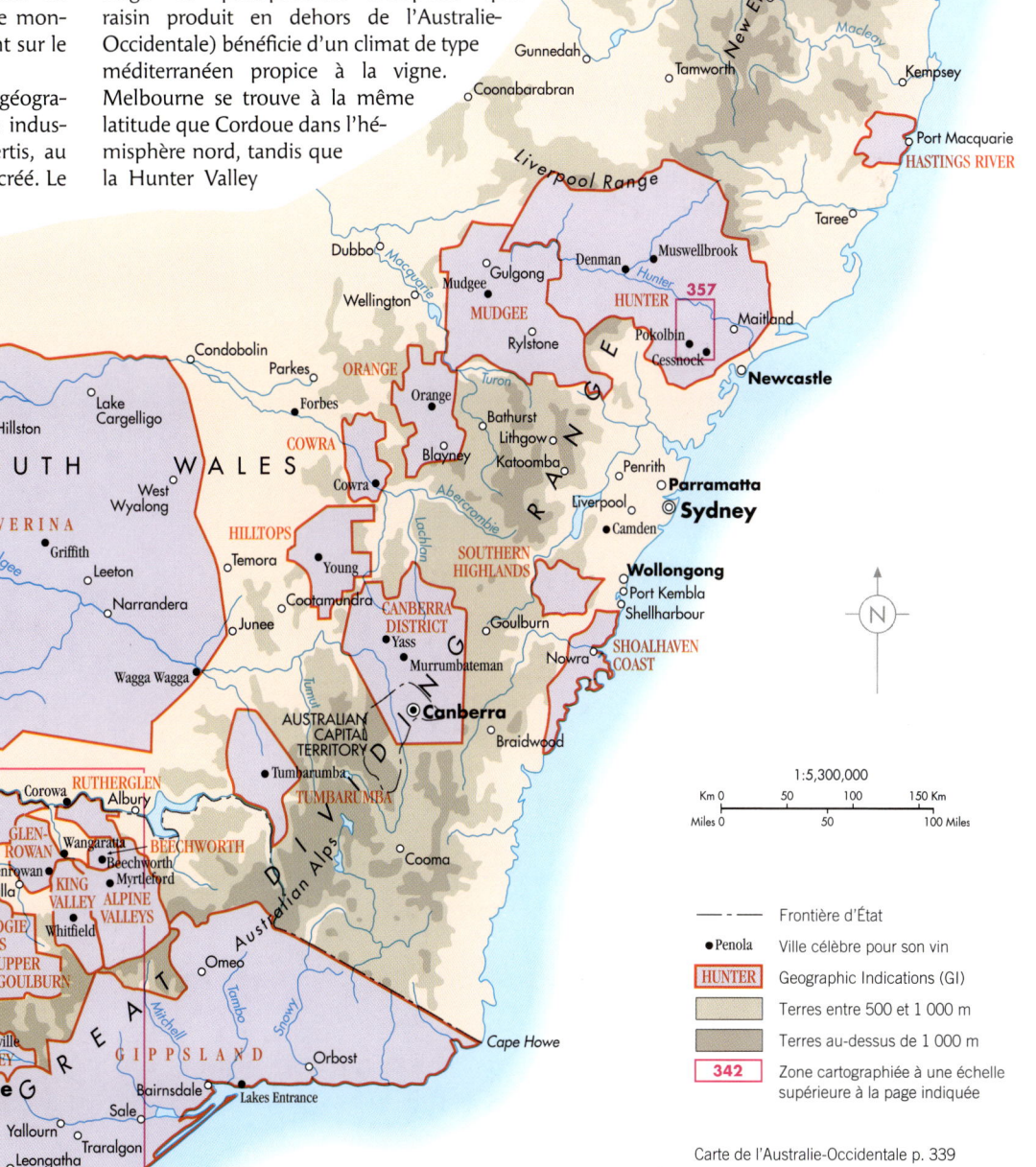

est presque à celle de Rabat, au Maroc. On s'attendrait à y trouver des vins forts, riches en sucre mais manquant d'acidité (ce que les Australiens ont cherché à produire durant plus d'un siècle), mais les vins toniques et charpentés sont passés de mode. Les domaines australiens se sont équipés de systèmes de réfrigération pour se convertir aux vins de table. À l'heure actuelle, la vigne investit de nouvelles régions plus fraîches, dont beaucoup n'avaient encore jamais connu la viticulture. Environ la moitié des GI australiennes correspond à des régions au climat doux. Le sauvignon blanc, le pinot noir et le pinot gris, cépages qui supportent mal la chaleur, sont de plus en plus répandus.

À l'exception de quelques vieux vignobles de Barossa et de McLaren Vale, l'âge moyen de la vigne australienne est très jeune. Les plantations ont tendance à suivre les caprices de la mode. Ainsi, pas un pied de chardonnay ne poussait en Australie-Méridionale en 1970, alors que ce cépage semblait omniprésent dans les années 1980. Vers 1995, la balance pencha à nouveau de l'autre côté. L'engouement pour le vin rouge fut officiellement reconnu et l'on planta tant de syrah (shiraz) et de cabernet-sauvignon qu'il y eut, au début du XXIe siècle, une pénurie de chardonnay. Ce qui suscita aussitôt une vague de plantations de cépages blancs, à tel point qu'un surplus est déjà prévu. Parmi les cépages blancs, le sémillon, le riesling et le verdelho étaient déjà largement implantés en Australie bien avant que le chardonnay ne fasse son apparition en Nouvelle-Galles-du-Sud.

Le cépage le plus planté en Australie, la syrah, fut totalement réhabilité dans les années 1990. Auparavant méprisé du fait de son omniprésence, parfois même dénaturé et servant de base à des blancs effervescents ou des vins mutés bon marché, il fut enfin reconnu comme ce que l'Australie produisait de meilleur, du moins en matière de rouge. Si Margaret River et Coonawarra (voir pages 340-341 et 350) ont un savoir-faire propre avec le cabernet-sauvignon, l'Australie a cessé de croire, vers les années 1990, à l'inéluctable supériorité de ce qui vient de France. Aujourd'hui, même les domaines dotés d'une histoire ancienne abandonnent la dénomination francisée de « château ».

L'industrie viticole australienne s'est toujours distinguée par son adaptabilité, plantant au début du XXIe siècle des cépages venus du monde entier. Le pinot gris, le viognier et le sangiovese sont couramment employés, et les viticulteurs se bousculent pour se procurer des boutures (obligatoirement soumises à la quarantaine) de variétés aussi exotiques que l'aglianico, l'albariño, le fiano, le graciano et le lagrein. Les assemblages sont courants, généralement composés de deux variétés souvent inhabituelles.

L'Australie est aujourd'hui fière de son identité culturelle, de sa cuisine influencée par l'Asie et de sa « philosophie vinicole » qui va du vin en carton BYO (Bring Your Own) pour le bas de gamme au très médiatisé système de médailles et trophées pour les meilleurs crus.

Il est parmi les premiers grands pays viticoles à avoir adopté la capsule métallique, pour les blancs comme pour les rouges, initialement encouragée par l'industrie néo-zélandaise d'importance bien moindre. Les exportateurs donnent parfois le choix entre le bouchon en liège traditionnel et la capsule. Toutefois la grande majorité des producteurs australiens, ainsi que les jurys des concours, ont été convaincus par les vertus du Stelvin, principale marque de bouchon dévissable.

Cette photo incarne à merveille ce que Sydney nous offre aujourd'hui : le Harbour Bridge à l'arrière-plan et l'Opéra avec son restaurant Bennelong, éminemment novateur, qui propose une nourriture et des vins exceptionnels. Premier Aborigène australien à avoir fraternisé avec les colons européens, Bennelong vécut ici même.

◀ Deux des vins les plus impressionnants du Queensland ainsi que l'un des crus de la marque yellow tail au succès stupéfiant, pour lequel aucune région n'est spécifiée. En 2004, l'un de ses camarades remporta le très convoité Jimmy Watson Trophy au titre de meilleur vin rouge jeune d'Australie.

Australie-Occidentale

Nous parcourons, comme à l'habitude dans cet atlas, le pays d'ouest en est avec, pour première escale, l'Australie-Occidentale. Elle représente moins de 5 % de la production nationale mais, en termes de qualité, ses vins ne sont pas loin d'occuper la meilleure place avec leur légèreté associée à une touche de fruit mûr.

Les premiers colons de l'Australie-Occidentale furent prompts à introduire la viticulture. La Swan Valley, juste en amont de la capitale de l'État, Perth, produisit ses premières cuvées en 1834. Étant donné la chaleur qui y règne en été, avec des vents secs provenant de l'intérieur du pays qui maintiennent la température autour de 38 °C durant des semaines, les premiers viticulteurs comprirent que, pour les décennies à venir, leur point fort serait les vins de dessert.

Ce fut pourtant un lot expérimental de blanc sec, élaboré à partir de chenin blanc en 1937, qui fit apparaître l'Australie-Occidentale sur la carte vinicole du pays. Le White Burgundy de Houghton (renommé White Classic pour l'export afin de ménager les susceptibilités de certains pays quant à l'appropriation de toponymes européens) devint un produit de base en Australie, même à l'est du continent. Initialement, il s'agissait d'un blanc très doré à l'arôme intense. Il a depuis été discipliné en un vin tendre quoique vif, sec quoique miellé, en assemblant le chenin blanc avec toutes sortes d'autres cépages : muscadelle, sémillon, verdelho et, récemment, chardonnay. Resté année après année le blanc sec le plus vendu en Australie, il présente l'avantage, pour un vin aussi compétitif, de se bonifier encore après six à huit ans en bouteille.

On imagine mal comment il fut possible d'obtenir, avec des techniques rudimentaires, un blanc de qualité dans une région aussi chaude. Voilà sans doute pourquoi il fallut attendre trois autres décennies avant que l'Australie-Occidentale ne prenne conscience du potentiel des zones plus tempérées de son immense territoire. Lorsque les zones au climat plus doux commencèrent à être exploitées, à la fin des années 1960, l'Australie-Occidentale avait beaucoup à offrir. Perth, autour de laquelle se rassemble une petite industrie viticole, connaît des étés caniculaires. En revanche, vers le sud le long du littoral, les conditions sont plus tempérées grâce à l'influence des courants de l'Antarctique et des vents d'ouest soufflant du large.

D'abord limitée au mont Barker vers 1960 et progressivement étendue, la région du Great Southern [Grand Sud] offre des vignobles figurant parmi les plus tempérés et les plus humides d'Australie, les raisins étant encore sur pied en plein mois de mai. Outre Plantagenet, qui fut pionnier en matière de vin, la région a été envahie par une flopée de petits viticulteurs qui dépendent pour la plupart de l'une des grandes entreprises viticoles locales. Chose inhabituelle en Australie, Great Southern a été divisé en plusieurs sous-régions : Albany, Denmark, Frankland River, Mount Barker et Porongurup.

Les points forts de Mount Barker sont jusqu'à présent son bon riesling et quelques shiraz au séduisant arôme poivré. Planté en 1966, le vignoble Forest Hill a récemment été relancé. Fournissant le domaine du même nom dans le Denmark, Forest Hill est l'une des grandes figures de l'histoire vinicole de l'Australie-Occidentale. Goundrey, qui avait en son temps supplanté Plantagenet, appartient maintenant à Constellation suite à une rapide succession d'acquisitions.

Le long de la côte, Denmark est une zone encore plus humide mais souvent plus chaude. Les petits vignobles qui constituent cette sous-région cultivent pour la plupart des cépages à maturation précoce. Parmi eux, le pinot noir et le chardonnay ont le plus grand succès, bien que le merlot devrait aussi connaître son heure de gloire. Le célèbre domaine John Wade et la grande entreprise viticole Howard Park sont toutes deux basées dans cette zone.

La zone la plus peuplée de la région, Albany, fut aussi le premier lieu de colonisation européenne dans la partie occidentale du pays. La syrah et le pinot noir semblent s'y plaire. Quant à la sous-région de Porongurup, elle s'enorgueillit de vignobles produisant de bons rieslings et pinots noirs, quoiqu'encore jeunes.

Frankland River s'est développée fin 1990, grâce aux incitations fiscales. Cette sous-région possède la plus grande concentration de vignobles du Grand Sud, mais peu de domaines. Pourtant jeune, la plus grande entreprise viticole

Margaret River

L'Australie a peu de paysages aussi verts ni de forêts aussi extraordinaires que celles de Karri et de Jarrah dans la région vinicole la plus connue de l'Australie-Occidentale, regorgeant d'oiseaux aux couleurs vives et de kangourous. Les vagues viennent lécher le littoral rocailleux et l'introduction de vignobles a sans nul doute fini de transformer la région en un véritable paradis.

Les premiers vins apparurent au début des années 1970, avec Vasse Felix suivi de Moss Wood, puis de Cullen. Conformément à l'histoire vinicole australienne, tous furent créés par des médecins. Les critiques leur reconnurent aussitôt une qualité remarquable, notamment concernant les cabernets. Sandalford, le voisin et concurrent de Houghton dans la Swan Valley, s'installa rapidement avec un vaste vignoble. Enthousiasmé, le Californien Robert Mondavi encouragea Denis Horgan à développer l'ambitieux Leeuwin Estate, qui devint rapidement aussi célèbre pour son chardonnay au crémeux autoritaire que pour ses concerts annuels en plein air de renommée internationale.

À l'heure actuelle, la région compte plus de 100 producteurs et 60 viticulteurs, répartis sur des sols extrêmement variés parmi lesquels les limons rouges peu fertiles sont les plus prisés. Le seul problème climatologique de Margaret River réside dans le fait que, sous l'influence du splendide océan Indien, les hivers sont si doux que la vigne peut avoir du mal à entrer correctement en dormance. Au printemps, le vent fréquent affecte parfois la floraison et limite la récolte – l'une des raisons qui explique la concentration des arômes dans les vins fins provenant du cœur de Margaret River. Les étés sont chauds et secs, tempérés par le vent du large connu sous le nom de Fremantle Doctor. Les vendanges peuvent débuter dès février.

Haut lieu du cabernet, Willyabrup Valley est très dense. Les vignobles s'étendent aujourd'hui vers le sud au-delà de Margaret River, jusqu'à la côte méridionale où l'influence de l'Antarctique l'emporte sur celle de l'océan Indien. Cette zone est réputée pour son vin blanc, bien que Suckfizzle, McHenry Hohnen et d'autres producteurs aient montré que la moitié sud de cette carte pouvait offrir de beaux rouges.

Les plantations sont plus fréquentes également au nord de Willyabrup où le climat est plus doux, ainsi que, de manière plus controversée, à l'intérieur des terres dans une région nommée Jindong, où Evans & Tate a créé un domaine ambitieux de grande envergure. Margaret River ayant eu plus que sa part d'investissements spéculatifs ces dernières années, le temps des amateurs passionnés semble bien loin.

La réputation de Margaret River s'est bâtie sur le cabernet-sauvignon. Elle rejoint d'autres régions vinicoles côtières de l'ouest telles que Bolgheri, Napa Valley et Limestone Coast (voir p. 349) dans sa propension à transformer les rayons du soleil couchant en l'un des vins rouges les plus intéressants au monde et les plus

est de loin Ferngrove. Alkoomi est, elle, réputée pour son sauvignon blanc. Les points forts de Frankland Estate sont le riesling et un assemblage bordelais baptisé Olmo's Reward, en hommage au professeur californien qui suggéra le premier, vers 1950, que cette zone conviendrait à la viticulture. Quant au vignoble Westfield, il offre depuis longtemps son raisin à l'exceptionnel assemblage rouge de Houghton, qui porte le nom de son propriétaire Jack Mann même si, comme souvent, le Grand Sud n'est pas mentionné sur l'étiquette.

Entre le Grand Sud et Margaret River sur la côte bordant l'océan Indien, la vigne occupe toutes sortes de régions. Les vignobles les plus importants se trouvent dans les zones de Manjimup et de Pemberton. Plus éloignée de l'influence des courants antarctiques, la sous-région de Manjimup est plus chaude. Chestnut Grove y produit un bon verdelho. Plus loin à l'intérieur des terres, les environs de Perup sont en train d'être plantés. Dans la sous-région de Pemberton, des producteurs comme Picardy et Salitage se concentrent sur les cépages de Bourgogne avec quelques belles réussites, tandis que Smithbrook a remplacé son pinot noir par du merlot.

L'océan Indien, dont on voit les vagues déferler dans la baie Isthmus au sud d'Albany, apporte avec lui des courants venus directement de l'Antarctique. Il rafraîchit ainsi la zone côtière du Grand Sud, ce qui explique la vigueur du riesling Plantagenet dont l'étiquette figure ci-dessous.

La partie la plus importante de la vaste région Geographe est la bande de littoral située entre Bunbury et Busselton, dominée par le producteur Capel Vale. Comme pour Margaret River, le climat est fortement influencé par l'océan Indien. Toutefois les sols y sont plus fertiles, en particulier grâce à un sol poussiéreux gris connu sous le nom de Tuart Sands. Autour de Donnybrook, l'arrière-pays aux nuits fraîches a un potentiel considérable tandis que, plus au nord, Willow Bridge s'est avéré propice à un large éventail de cépages. Blackwood Valley, la région située entre celles de Geographe et de Manjimup, souffre d'une pénurie d'eau douce qui freine le développement de cette partie de l'Australie. Les eaux souterraines d'Australie-Occidentale étant naturellement chargées en sel (les sols en ont été débarrassés), un barrage est indispensable à l'irrigation.

◀ *La gamme des cépages représentés dans ces trois excellents vins donne une idée de la variété des mésoclimats qui existent dans la partie sud-ouest de l'Australie-Occidentale. L'assemblage bordelais Jack Mann exige une grande maturité des cépages, tandis que le pinot noir possède presque la délicatesse d'un bourgogne.*

AUSTRALIE-OCCIDENTALE | AUSTRALIE | 341

aptes au vieillissement. Les cabernets les plus admirés de Margaret River combinent finesse et maturité. Toutefois, la plupart des producteurs réalisent également un assemblage bordelais, associant généralement cabernet et merlot, dont Cullen est le meilleur défenseur.

L'incontestable affinité de la région avec le cabernet n'a cependant pas empêché la plantation de syrah, qui est presque aussi importante et parvient à un compromis alléchant entre la robustesse et le poivre blanc de Barossa. Le chardonnay brille également, non seulement à Leeuwin Estate mais aussi à Pierro, Moss Wood, etc. En outre, la région a acquis une renommée nationale, voire internationale, avec son mélange exubérant aux arômes de fruits tropicaux associant sémillon et sauvignon blanc. L'éventail des cépages pris au sérieux s'est élargi aussi rapidement à Margaret River qu'ailleurs.

Les habitants de Perth prétendaient qu'en dehors de la capitale de l'État, les bons restaurants les plus proches se trouvaient à Singapour. Ce n'est plus le cas grâce à des domaines comme Leeuwin Estate, qui ont joué un rôle essentiel dans l'attrait touristique dont Margaret River bénéficie aujourd'hui.

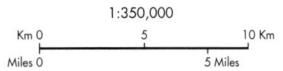

1:350,000
Km 0 — 5 — 10 Km
Miles 0 — 5 Miles

MARGARET RIVER : MARGARET RIVER ▼
Latitude / Altitude **33° 57' / 90 m**
Température moyenne en janvier **20,4 °C**
Précipitations annuelles moyennes **1 150 mm**
Précipitations le mois des vendanges **mars 25,4 mm**
Principaux dangers viticoles **vent, oiseaux**
Principaux cépages **cabernet-sauvignon, syrah (shiraz), chardonnay, sémillon, sauvignon blanc**

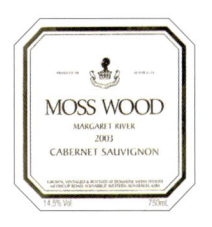

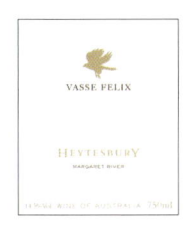

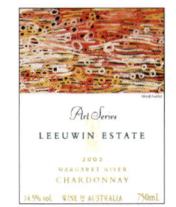

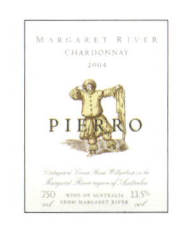

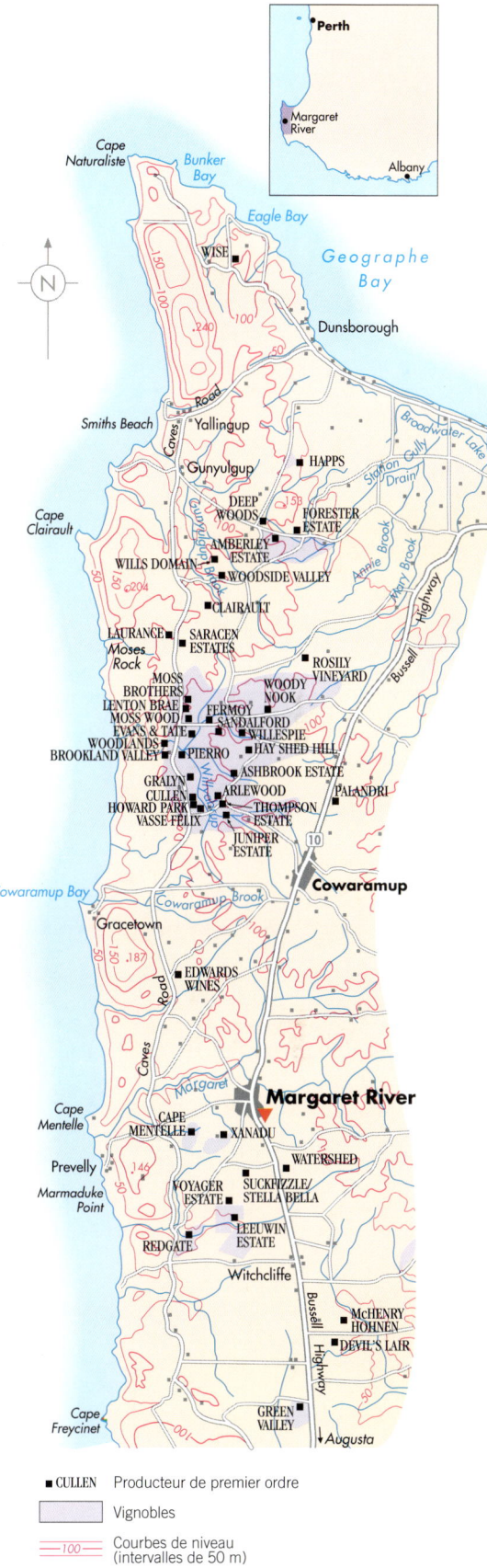

■ CULLEN   Producteur de premier ordre
▨ Vignobles
— 100 —   Courbes de niveau (intervalles de 50 m)
▼   Station météo

◀ Quoique de taille modeste, Margaret River est une région vinicole si réputée qu'elle possède sa propre aristocratie, dont les étiquettes figurent ici. Les domaines mentionnés sur les trois premières étiquettes ont été fondés par des médecins dotés d'une bonne intuition et d'une grande soif.

Australie-Méridionale : Barossa Valley

L'Australie-Méridionale est à l'Australie ce que la Californie est aux États-Unis : l'État du vin. Elle presse une proportion croissante de ses récoltes (près de la moitié) et abrite les plus grands instituts de recherche vinicoles et viticoles. Sa capitale, Adélaïde, est entourée de vignobles. Sur la route du nord-est qui mène à la Barossa Valley (l'équivalent de la Napa Valley californienne), le paysage n'est qu'une succession de vignes sur 55 km. Fondée par les immigrants germanophones de Silésie, aujourd'hui en Pologne, cette vallée est encore germanique à bien des égards, notamment par son sens de la communauté et son goût pour le travail et la charcuterie.

Barossa est le plus grand district d'Australie produisant des vins de qualité. Il suit le cours de la North Para sur 30 km plantés de vignobles, avant de rejoindre à l'est la vallée suivante, celle d'Eden (voir p. 344), en passant d'une altitude de 230 m à Lyndoch à 550 m dans la partie orientale des Barossa Ranges. La zone de Barossa englobe ces deux régions vinicoles contiguës, et une bouteille étiquetée « Barossa » peut provenir du mélange de raisins des deux vallées.

À Barossa, les étés sont chauds et secs, et les vignobles irrigués doivent recevoir assez d'eau pour compenser l'évaporation – prouesse de plus en plus difficile à réaliser. Autrefois, la vigne en foule non irriguée était la norme. Certaines remontent au XIXe siècle, en partie grâce à l'abandon des vieux ceps de syrah au profit du cabernet à la mode, dans les années 1970 et au début des années 1980. La quarantaine étant rigoureusement observée, l'Australie-Méridionale n'a toujours pas été infestée par le phylloxéra, si bien que les pieds non greffés (pour la plupart des boutures d'anciennes vignes) sont directement plantés en pleine terre.

Ces vignes produisent parfois la forme la plus concentrée de ce qui est devenu l'un des styles de vins les plus originaux du monde, le shiraz de Barossa. Riches, chocolatés, épicés et jamais timides, ils expriment de fascinantes essences ou sont un élixir onctueusement alcoolisé. Le raisin mûrit rapidement sous le soleil torride, si bien que l'acidité s'effondre souvent avant même que les grappes n'aient été cueillies. De plus en plus sensibles à ce problème, les producteurs vendangent maintenant plus tôt afin d'obtenir des arômes plus frais et une acidité naturelle. Néanmoins, des œnologues de Barossa ajoutent des tanins et de l'acide, si bien que le shiraz typique de Barossa est exigeant en bouche, notamment lorsqu'il est jeune. Au lieu de laisser macérer longtemps le vin après fermentation, comme pour un bordeaux, afin d'extraire la couleur et les tanins du raisin, les producteurs de Barossa terminent la fermentation de leurs rouges dans des fûts de chêne américain qui leur confèrent finesse et douceur capiteuse. Dans son désir perpétuel d'évolution, le vinificateur australien utilise de plus en plus le chêne français pour

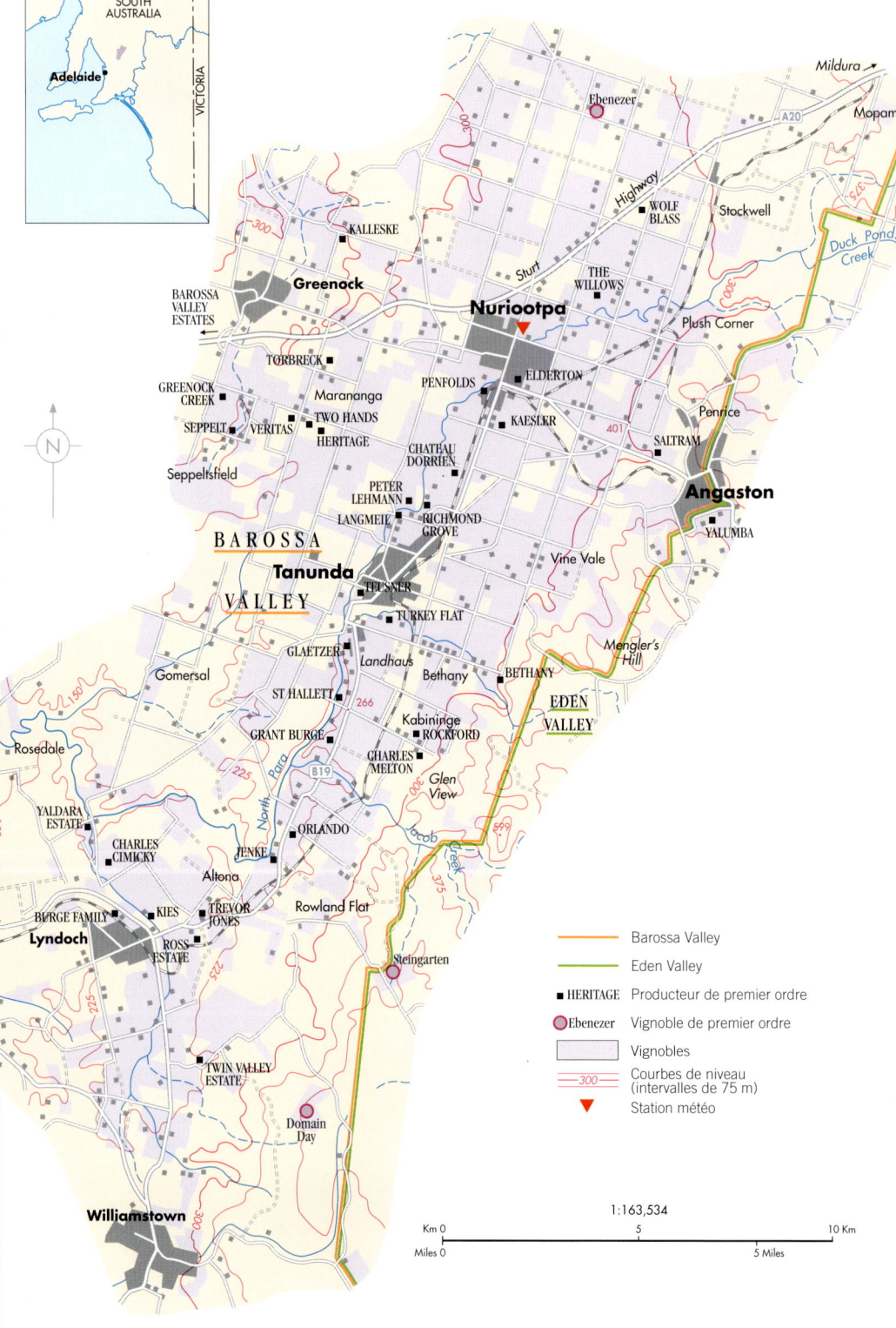

BAROSSA VALLEY : NURIOOTPA ▼

Latitude / Altitude **34° 29' / 274 m**

Température moyenne en janvier **21,1 °C**

Précipitations annuelles moyennes **501 mm**

Précipitations le mois des vendanges **mars 25,4 mm**

Principaux dangers viticoles **sécheresse**

Principaux cépages **syrah (shiraz), cabernet-sauvignon, grenache noir, sémillon, chardonnay**

— Barossa Valley
— Eden Valley
■ HERITAGE Producteur de premier ordre
⊙ Ebenezer Vignoble de premier ordre
▢ Vignobles
━ 300 Courbes de niveau (intervalles de 75 m)
▼ Station météo

faire macérer les fruits ultramûrs de la vallée de Barossa. Une nouvelle mode, suivie dans toute l'Australie, consiste à laisser fermenter ensemble des grappes de syrah et de viognier, afin d'accroître le parfum et de stabiliser la couleur du vin.

En termes de volume, Barossa est dominé par les grosses filiales d'entreprises internationales plus importantes encore. Ainsi, le producteur de bière Foster's possède Penfolds (qui crée ici son assemblage phare, grange, à partir de vins fabriqués dans toute l'Australie-Méridionale), Wolf Blass et bien d'autres marques. Pernod-Ricard détient l'ancienne société Orlando, dont la marque la plus célèbre est Jacob's Creek, baptisée d'après un ruisseau coulant près de Rowland Flat. La plus grosse entreprise familiale, Yalumba, est basée à Angaston à la limite entre les vallées de Barossa et d'Eden. Mais il en existe quantité d'autres, de tailles diverses. Elles vont de Peter Lehmann qui, à lui seul, a pratiquement sauvé la réputation des vieux vignobles de syrah de Barossa à la fin des années 1980 (mais qui a fini par être racheté par la société suisse Donald Hess en 2003), jusqu'à une foule de jeunes vinificateurs ambitieux qui ne produisent parfois guère plus de quelques centaines de caisses par an à partir de grappes achetées, travaillant par ailleurs à plein temps en tant que salariés dans les grandes entreprises vinicoles.

Il existe de vieilles vignes de grenache permettant d'obtenir des degrés d'alcool encore plus élevés, ainsi que du mourvèdre, longtemps appelé mataro. Les assemblages « GSM » alliant ces deux cépages à l'omniprésente syrah sont très appréciés. Le sémillon, dont le clone à peau rose propre à Barossa, est plus répandu que le chardonnay et donne des blancs d'une richesse étonnante. Le cabernet-sauvignon peut faire des merveilles s'il est planté sur les sols foncés gris bruns les mieux exposés, tandis que la syrah est plus fiable, que l'été soit bon ou mauvais, sur les terrains calcaires argileux de la vallée.

Les shiraz les plus appréciés viennent surtout des environs d'Ebenezer, au nord-est de la vallée, où d'anciens cépages cultivés sans irrigation donnent parfois des vins d'une réelle complexité. Cependant, la proportion de vignobles détenus par des viticulteurs plutôt que par des vinificateurs est tellement importante que l'équilibre est fragile entre le prix du raisin et sa qualité. C'est alors la capacité du producteur à se procurer les récoltes des vignes les plus anciennes et dont les cultivateurs sont les moins voraces qui peut primer sur l'emplacement géographique au sein de la vallée. La plupart de ces vieux vignobles ont toujours été entretenus par une même famille, et nombre d'entre eux échappent au regard des milliers de touristes qui envahissent la vallée chaque semaine.

▼ Quelques-uns des meilleurs vins réalisés à Barossa sont représentés ci-dessous, bien que la production du Grange ait quitté Nuriootpa pour Magill, dans la périphérie d'Adélaïde, en 2001. C'est le seul vin qui soit exclusivement composé de raisins vendangés dans la vallée de Barossa.

Extrêmement anciens, les ceps de syrah tels que celui-ci, à St Hallett, sont typiques de Barossa. Ces pieds plus que centenaires sont probablement les plus vieux du monde. Leurs fruits concentrés sont recherchés par un nombre grandissant de vinificateurs ambitieux, jeunes et moins jeunes.

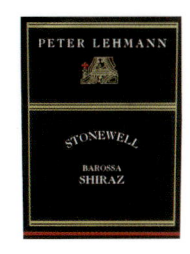

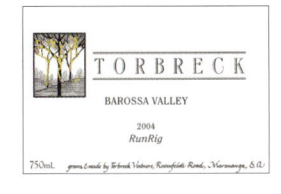

Eden Valley

Eden Valley se trouve à une altitude plus élevée que celle de Barossa, sa voisine. Ses vignobles sont disséminés parmi les coteaux rocailleux, les chemins poussiéreux et les forêts d'eucalyptus. Historiquement, il s'agit d'une extension vers l'est de la vallée de Barossa. Dès 1847, le capitaine Joseph Gilbert y établit le vignoble de Pewsey Vale. Le site appartient aujourd'hui à l'entreprise familiale Yalumba d'Angaston qui joua un immense rôle dans la mise en valeur du riesling.

L'époque moderne préféra les vins de table aux vins de dessert mutés, dont Yalumba possède encore d'impressionnants stocks conservés comme pièces de musées, bien qu'elle ait cédé cette activité en 1993. Ce fut le riesling rhénan qui réussit le mieux à Barossa. Les colons silésiens apportèrent leur attrait pour ce cépage et les viticulteurs s'aperçurent que plus ils montaient dans les collines vers l'est, plus le vin devenait fin, fruité et croquant. Au début des années 1960, Yalumba se tourna vers l'Eden Valley pour sa production de riesling, au détriment de Barossa au climat plus doux. Colin Gramp planta une parcelle sur un sommet schisteux où un mouton ne se serait même pas attardé, la baptisa Steingarten et donna une nouvelle dimension au riesling australien. Aujourd'hui, le produit de cette vigne contribue à la réputation de la gamme de vins proposée par Jacob's Creek et a une bonne aptitude au vieillissement.

Un riesling remarquable et relativement nouveau dans l'Eden Valley est celui de Mesh, *joint-venture* entre Yalumba et Jeffrey Grosset, le maître australien du riesling dans l'autre fief de ce cépage, la Clare Valley. L'objectif de ce produit, conçu dès le départ avec un bouchon dévissable, est d'offrir les caractéristiques du riesling de la vallée d'Eden sous une forme puissante quoique à maturation précoce. Ici, le riesling possède une note dominante florale, parfois minérale, lorsqu'il est jeune. Comme celui de la Clare Valley, son arôme de « grillé » se développe après un certain temps en bouteille. Selon Grosset, le riesling d'Eden tend vers le pamplemousse tandis que celui de Clare se caractérise plus par son arôme de citron vert.

Toutefois, l'Eden Valley a davantage à offrir que son riesling, notamment à plus basse altitude. En effet, la syrah est le principal cépage de la région. Henschke produit les meilleures grappes d'Australie à Mount Edelstone en altitude et, surtout, dans le vignoble Hill of Grace aux pieds centenaires, au sud de Moculta. Le chardonnay peut aussi donner d'excellents résultats, comme Mountadam fut l'un des premiers à le démontrer dans la sous-région de **High Eden** au sud de la vallée. Enfin, la vallée d'Eden est l'une des rares régions australiennes à avoir offert au merlot une réputation, surtout grâce à Irvine Wines.

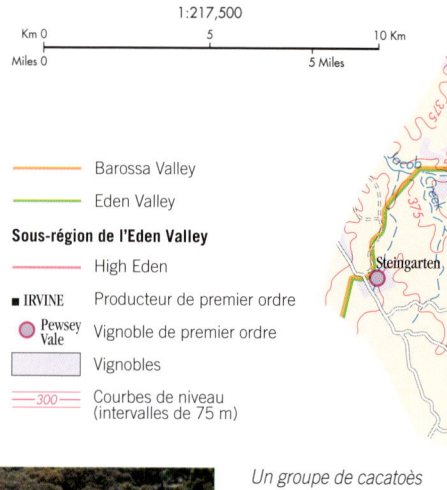

Un groupe de cacatoès survole le vignoble Heggies de Yalumba au début de l'été. Communs dans cette région, ces oiseaux ne s'intéressent heureusement guère aux grains de riesling, même lorsqu'ils sont bien mûrs.

▼ Bien que les rieslings comme ceux de gauche figurent parmi les vins les plus caractéristiques de l'Eden Valley, cette dernière produit également l'un des shiraz les plus fascinants d'Australie avec le vignoble Hill of Grace de Henschke, planté dans les années 1860. Quant à Irvine, il signe l'un des rares merlots australiens qui aient acquis une renommée.

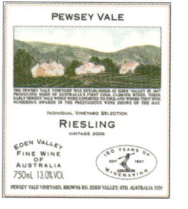

Clare Valley

Le riesling est encore mieux implanté dans la pastorale Clare Valley, bien au nord de la limite septentrionale de Barossa, que dans l'Eden Valley, mais Clare est également réputée dans le monde entier pour ses shiraz et ses cabernets.

Il s'agit en fait d'une série de vallées étroites, surtout orientées nord-sud sur un plateau élevé, avec des types de sols différents pour chaque parcelle. Au sud, dans le cœur de la région entre Watervale et Auburn, se trouve le pays du riesling classique, sur quelques-unes des célèbres terres rouges à base de limon (voir p. 350). À quelques kilomètres au nord, vers Polish Hill, la roche est plus tendre et le limon rouge recouvre des sols argileux. La partie septentrionale, la plus ouverte, de la Clare Valley subit l'influence des vents du golf de Spencer soufflant de l'ouest, tandis que la partie méridionale est rafraîchie par les brises du golf de Saint-Vincent. Clare ne représente qu'un tiers de la taille de la Barossa Valley mais, avec son altitude bien supérieure, le climat est plus extrême. Les nuits très froides qui préservent l'acidité rendent inutile tout ajout dans la plupart des cuvées

La rivalité est de rigueur entre les vinificateurs de la Clare Valley et ceux de la Barossa Valley, plus visible et visitée. Son histoire est aussi ancienne qu'à Barossa. Les premières vignes furent plantées en 1840 par un Anglais, John Horrocks, rapidement suivi par des luthériens de Silésie qui fuyaient les persécutions (d'où le nom de Polish Hill).

Clare est isolée et s'en vante. Les producteurs locaux sont fiers de vivre loin de l'influence de la mode et de la politique des grandes sociétés. Les seules exceptions sont Leasingham, dépendant de Hardys et propriété de Constellation, et Lane de Annie qui ont des liens avec les grandes entreprises. C'est un pays agricole, tenu par de petits viticulteurs très liés les uns aux autres. Ils furent les premiers en Australie à adopter la capsule métallique pour préserver la pureté de leurs rieslings.

Des dizaines de producteurs de riesling compétents comme Grosset, Kilikanoon, Tim Knappstein (TK Wines), Leasingham et Petaluma (propriétaire de Knappstein Wines) ont établi la réputation du riesling de Clare : ferme et sec, parfois austère quand il est jeune, mais aux riches arômes de citron vert qui évoluent, avec l'élevage en bouteille, vers une tonalité grillée. Ce sont des vins que les Australiens associent à leur cuisine fusion.

En outre, de grands rouges aux arômes de prune, avec une belle acidité et structure, donnent lieu à des discussions pour savoir si c'est la syrah ou le cabernet qui convient le mieux. Les cabernets et les shiraz les plus éloquents à ce sujet viennent de chez Jim Barry, Grosset, Kilikanoon, Leasingham et Skillogalee, tandis que les rouges du novateur Wendouree sont indéniablement mâchus.

L'ardoise du vignoble Polish Hill de Grosseti fait penser à la vallée de la Moselle en Allemagne, ce qui explique en partie que le riesling cultivé a, lui aussi, besoin de tant de temps en bouteille.

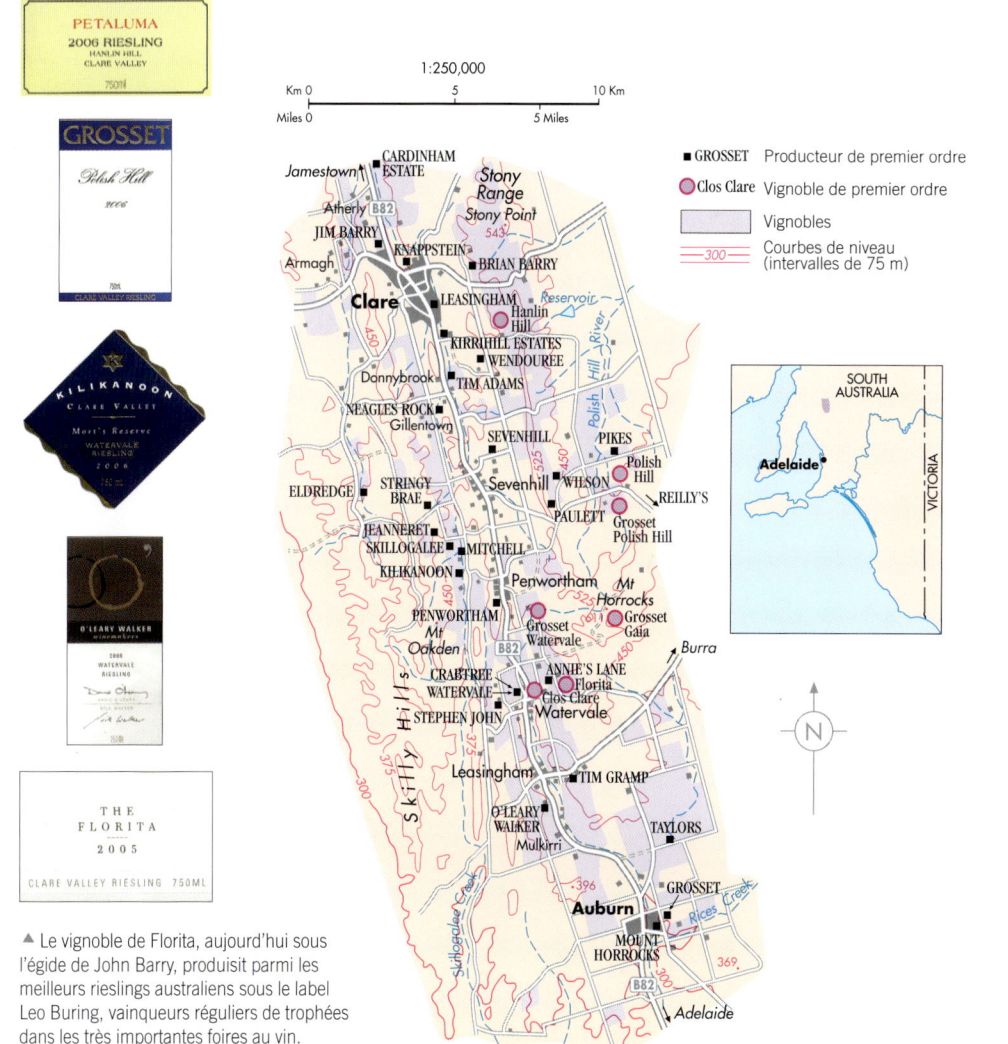

▲ *Le vignoble de Florita, aujourd'hui sous l'égide de John Barry, produisit parmi les meilleurs rieslings australiens sous le label Leo Buring, vainqueurs réguliers de trophées dans les très importantes foires au vin.*

McLaren Vale et ses alentours

La zone de Fleurieu, qui doit son nom à la péninsule éponyme, s'étend vers le sud-ouest à partir d'Adélaïde, une ville viticole, en traversant la McLaren Vale et Southern Fleurieu jusqu'à l'île Kangaroo (**Kangaroo Island**), de plus en plus réputée pour son tourisme et sa gastronomie. En direction du sud-est, elle inclut Langhorne Creek et Currency Creek. Avec le réchauffement climatique, on peut s'attendre à une augmentation de la viticulture et de la vinification à Kangaroo Island et à Southern Fleurieu qui a attiré Brian Croser, une ancienne sommité de chez Petaluma.

Pour l'heure, la région viticole historique la plus importante de la zone de Fleurieu est de loin la **McLaren Vale**. Ses habitants qui travaillent à Adélaïde empruntent une voie rapide à sens unique et reprennent la même, en sens inverse, pour rentrer chez eux. John Reynell, qui donna son nom au Château Reynella, fut le premier à planter de la vigne en 1838. Cette vallée possède encore de nombreuses vieilles vignes, certaines ayant plus de 100 ans. Les reynellas rouges et les vins mutés furent longtemps très respectés et le chai souterrain construit par Reynell est l'une des références historiques du vin australien. De nos jours, c'est le siège de la société, presque aussi ancienne, Thomas Hardy & Sons (aujourd'hui propriété de la très importante entreprise viticole Constellation) avec la cave Tintara achetée par le premier Thomas Hardy en 1876. Ryecroft (fondé en 1888) et les vignobles Amery (acquis par les frères Kay en 1890) se trouvent eux aussi sur ces crêtes de terre riche en fer et de calcaire recouvert de limon qui dominent le nord de la région. Les sols sont très différents dans toute la McLaren Vale, tout comme la qualité et le style des vins.

Autour de Blewitt Springs, les sols très sablonneux avec un peu d'argile conviennent bien au grenache. À l'est, Kangarilla produit un shiraz plus élégant et croquant que dans le reste de la McLaren Vale. Dans la zone au nord de la ville de McLaren Vale, la couche arable est particulièrement mince, ce qui donne des rendements faibles et des arômes intenses. Willunga, au sud de la ville, vendange relativement tard en raison de la forte influence de la mer.

Les conditions météorologiques ne sauraient être meilleures, pour le vin, que dans la zone côtière, une bande étroite entre les hauteurs des Mount Lofty Ranges et la mer. Le gel n'est pas un problème grâce à une période de croissance longue et chaude, et un sol bien drainant. Environ 20 % des vignobles n'ont pas besoin d'être irrigués, ce qui est un avantage vu les pénuries d'eau croissantes. L'océan qui rafraîchit les vignobles, surtout l'après-midi lorsque souffle la brise, retient l'acidité. Grâce à des clones à faible rendement, le sauvignon blanc pousse de longue date dans certaines parcelles.

Tout porte à croire au succès grandissant des rouges, élaborés à partir de vieilles vignes de grenache, de syrah, de cabernet-sauvignon et, plus récemment, de merlot. Chapel Hill, d'Arenberg, Pirramimma, Tatachilla, Wirra Wirra et Woodstock en sont de bons exemples. Coriole et Kangarilla Road ont en outre démontré, il y a un certain temps, que la palette des cépages pouvait avantageusement inclure, respectivement, du sangiovese et du zinfandel. La McLaren Vale compte au moins 80 caves, même si la moitié du raisin est vendangée ailleurs, parfois jusque dans la Hunter Valley, pour ajouter des arômes de prunes aux assemblages. Le shiraz de la McLaren Vale est connu pour son caractère chaleureux, propre à cette terre, et ses arômes de moka.

La spécificité malheureuse de la McLaren Vale, c'est sa conduite de la vigne en double voire en triple cordon, plus que visible, adoptée pour accroître les rendements. Les plantations récentes, souvent dans la partie plate au sud-est de la région (parfois aussi au pied des Sellicks qui surplombent la côte), ont évité cette infamie au paysage. Ici, les raisins mûrissent plus vite et ont souvent une note d'herbe. On commence à vendanger en février et souvent jusqu'au mois de mai pour certains grenaches et mourvèdres classiques.

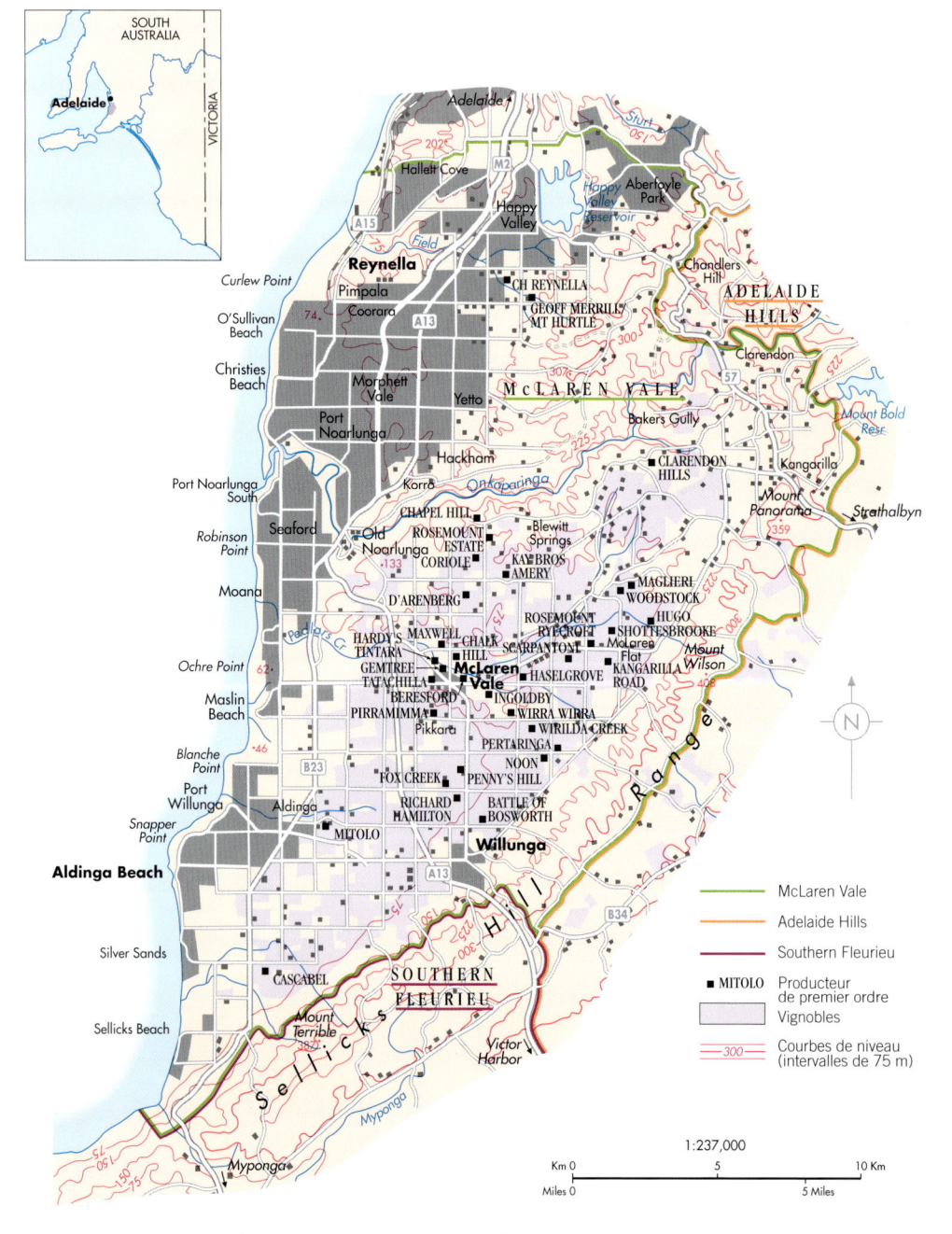

Langhorne Creek est peut-être le secret le mieux gardé de l'Australie-Méridionale. Moins d'un cinquième du vin produit ici est vendu avec le nom de la région, alors que la productivité est similaire à celle de la McLaren Vale. La plupart des vins disparaissent dans des assemblages, chez les grandes entreprises, toutes ayant construit ici d'immenses domaines pour tirer profit de la souplesse, de la douceur et de l'ampleur de la syrah et, surtout, du cabernet. Au début, ce lit de terres alluviales fertiles était irrigué, l'hiver, par inondation en détournant le cours du Bremer et de l'Angas, ce qui limitait les possibilités d'expansion. Il fallut attendre le début des années 1990, quand on autorisa le transport de l'eau du lac Alexandrina, dans le delta du puissant fleuve Murray, pour que Langhorne Creek connaisse un essor rapide.

Les vieilles vignes sont souvent près des rives du fleuve. Elles comprennent le célèbre vignoble Metala, propriété de la famille Adams, de Brothers in Arms, depuis 1891 et ceux plantés par Frank Potts à Bleasdale lorsqu'il eut perçu le potentiel des rouges provenant des bords du Bremer. Cependant, d'ambitieuses plantations, comme celles des vignobles de Step Road et d'Angas, pompent l'eau pour leurs systèmes d'irrigation hautement performants via un réseau complexe de rigoles creusées sur ces terres plates.

Le lac Doctor, d'où souffle la brise l'après-midi, permet de ralentir la maturité du raisin qui est vendangé deux semaines après celui de la McLaren Vale.

Non loin de là, à l'ouest, Currency Creek a également un besoin vital d'irrigation, mais on n'y trouve pour l'heure que de petits domaines. Le climat y est un peu plus chaud qu'à Langhorne Creek, mais surtout plus maritime.

Frank Potts (photo ci-dessous) est arrivé par le HMS Victory et a construit le domaine Bleasdale, qui n'a pratiquement pas changé depuis, si ce n'est que les vins mutés, qui représentaient autrefois la totalité de la production, ne correspondent plus qu'à 1 % environ. Seul Yalumba est dans la même famille depuis plus longtemps. L'arrière-arrière-petit-fils de Potts et son équipe proposent quelques-uns des meilleurs vins australiens.

▼ *Le domaine Noon, minuscule, se trouve dans la McLaren Vale, mais le raisin du cabernet reserve vient depuis longtemps de quelques parcelles prestigieuses de la famille Borrett à Langhorne Creek. Mitolo est un domaine récent où Ben Glaetzer, de la Barossa Valley, y fait des vins somptueux. À droite, deux étiquettes de Langhorne Creek.*

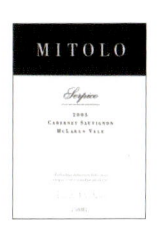

Adelaide Hills

L'été à Adélaïde, la chaleur est rendue plus supportable par la proximité des Mount Lofty Ranges à l'est. Les nuages de l'ouest qui s'y amoncellent donnent un climat suffisamment frais pour la production de vins très divers. La pointe sud des Adelaide Hills [Collines d'Adélaïde] borde la limite nord-est de la McLaren Vale, mais il s'agit d'un monde bien distinct. Ce fut la première région d'Australie à se faire connaître pour son sauvignon blanc aux arômes frais d'agrumes. La courbe de niveau de 400 m recouvre toute l'appellation, hormis au nord. À une altitude supérieure, le brouillard gris est fréquent, tout comme les gelées printanières, et les nuits sont froides, même l'été. Les précipitations sont assez abondantes, mais surviennent surtout l'hiver. Il est cependant difficile de généraliser, car cette région s'étire sur 80 km, du nord-est au sud-ouest.

La Piccadilly Valley sur le Mount Lofty était convoitée dès les années 1970 par Brian Croser, le fondateur de Petaluma, pour sa fraîcheur qui convenait parfaitement au chardonnay (alors une nouveauté en Australie). De nos jours, les collines boisées à l'est d'Adélaïde sont massivement plantées pour répondre à la demande des entreprises qui veulent des cépages en provenance de sites froids pour leurs assemblages. Mais seule une poignée a eu le droit de construire des caves dans ce qui était la banlieue est de la ville.

Seul l'angle sud-ouest des Adelaide Hills figure sur la carte. Au nord, les vignobles autour de Gumeracha sont assez chauds pour que mûrissent le cabernet-sauvignon et quelques syrahs, similaires à celles du Rhône venues du Mount Barker, au sud-est de Stirling. Même si la caractéristique dominante des vins des Adelaide Hills est une acidité lisse, environ la moitié des grappes de la région ont une peau foncée. Le cabernet et, surtout, le merlot sont des variétés importantes ici, mais c'est le pinot noir qui est le plus planté comme l'ont montré des producteurs tels que Jeffrey Grosset, Tim Knappstein (TK Wines), Henschke, Nepenthe et Leabrook Estate.

La région est assez fraîche pour produire des vins effervescents. En outre, le chardonnay, fréquent dans certains assemblages australiens très admirés, a parfois des airs de sauvignon avec ses arômes de nectarine et sa structure souple. Des producteurs comme Nepenthe et The Lane ont expérimenté avec succès toutes sortes de variétés aromatiques, comme le viognier et le pinot gris. Le riesling se plaît aussi, même si l'Australie-Méridionale n'est pas à court de riesling.

La Piccadilly Valley et Lenswood sont les deux seules sous-régions existant officiellement depuis un certain temps mais, pour beaucoup, Kuitpo, Birdwood, Charleston, Echunga, Mount Barker, Hahndorf, Macclesfield et Paracombe seraient également intéressantes par leurs caractéristiques bien spécifiques.

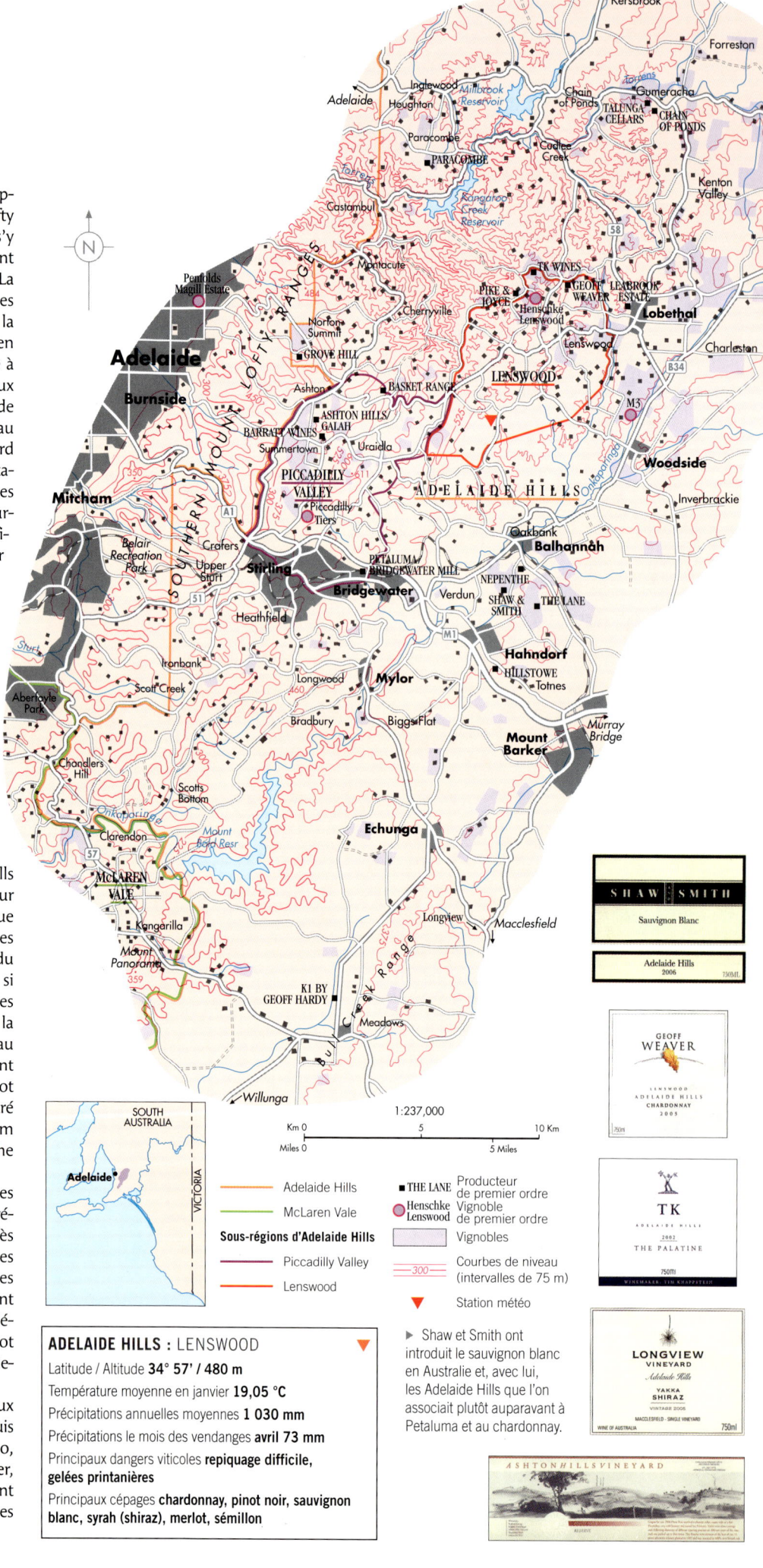

ADELAIDE HILLS : LENSWOOD
Latitude / Altitude 34° 57' / 480 m
Température moyenne en janvier 19,05 °C
Précipitations annuelles moyennes 1 030 mm
Précipitations le mois des vendanges avril 73 mm
Principaux dangers viticoles repiquage difficile, gelées printanières
Principaux cépages chardonnay, pinot noir, sauvignon blanc, syrah (shiraz), merlot, sémillon

▶ Shaw et Smith ont introduit le sauvignon blanc en Australie et, avec lui, les Adelaide Hills que l'on associait plutôt auparavant à Petaluma et au chardonnay.

Limestone Coast

Il est indéniable que les producteurs de cette partie du sud-est de l'Australie sont très fiers de leur calcaire. Cette région viticole bénéficie de ce qui reste des anciens fonds de la mer riches en terra rossa, cette terre si fertile. Les régions officielles, au sein de cette Limestone Coast [Côte calcaire], sont Coonawarra (voir en page suivante), Padthaway, Mount Benson, Wrattonbully et Robe, Bordertown et Mount Gambier étant des zones viticoles distinctes qui doivent encore se faire reconnaître.

Des deux dizaines de zones viticoles délimitées officiellement par les instances régulatrices, la Limestone Coast est l'une de celles qui a le plus de chances de figurer sur les étiquettes. Cela tient en partie à son nom évocateur, en partie aussi au fait que, hormis le Coonawarra, les noms de ses constituants manquent de magie et, enfin et surtout, parce que cela permet des assemblages.

Padthaway fut la première terre riche en calcaire, en dehors du Coonawarra, à être découverte dans cette partie reculée de l'Australie. Les sols ressemblent à ceux du Coonawarra, mais le climat y est plus chaud. Il fallut cependant un certain temps avant que les grandes compagnies ne comprennent toutes les potentialités de cette région et n'en tirent profit. La plupart du raisin cultivé ici est vinifiée loin des vignobles mais, en 1998, Hardys a construit la cave Stonehaven à proximité de l'autoroute (un signe de foi en cette région). Après des travaux d'irrigation, il a obtenu de bons chardonnays, cabernets, syrahs et rieslings pour des assemblages en des quantités encore meilleures, généralement avec du raisin d'autres régions.

Wrattonbully, juste au nord du Coonawarra, est plus frais et plus homogène que Padthaway, et se révélera peut-être plus intéressant encore (si l'on résiste à la tentation d'irriguer à outrance), même s'il possède moins de la moitié de la surface par rapport au Coonawarra et qu'il est bien moins connu que Padthaway. Certains shiraz, issus de vignes intentionnellement peu vigoureuses, sont particulièrement prometteurs. De nouvelles plantations autour du Mount Gambier ont prouvé que cette partie à l'extrême sud était trop froide pour les cépages bordelais, mais intéressante pour le pinot noir.

On trouve plusieurs vignobles de grande taille, les plus chauds de cette côte, à l'ouest de Bordertown, au nord-est de Padthaway et à Elgin près de la côte, à l'ouest du Coonawarra, ainsi que des plantations de moindre importance à Mundulla et Lucindale. Mais la zone la plus prometteuse est peut-être sur la côte ouest au sud du cap Jaffa. Mount Benson est recouvert de petites parcelles, tandis que Robe, la région remarquablement similaire au sud, a été colonisé par des vignobles appartenant à Foster's. Le vin élaboré à partir de raisin poussant sur cette côte est plus juteux, quoique moins concentré, que celui, musclé, du Coonawarra (mais l'âge moyen des vignes est nettement inférieur). Les sols pauvres de ces pentes douces ont tout pour plaire à la vigne. La brise marine rafraîchit les vignobles, mais risque aussi d'apporter du sel, vu la proximité avec l'océan. Heureusement, l'eau des nappes phréatiques n'est pas saline. Hormis peut-être un risque occasionnel, les conditions sont propices aux vins, rouges et blancs.

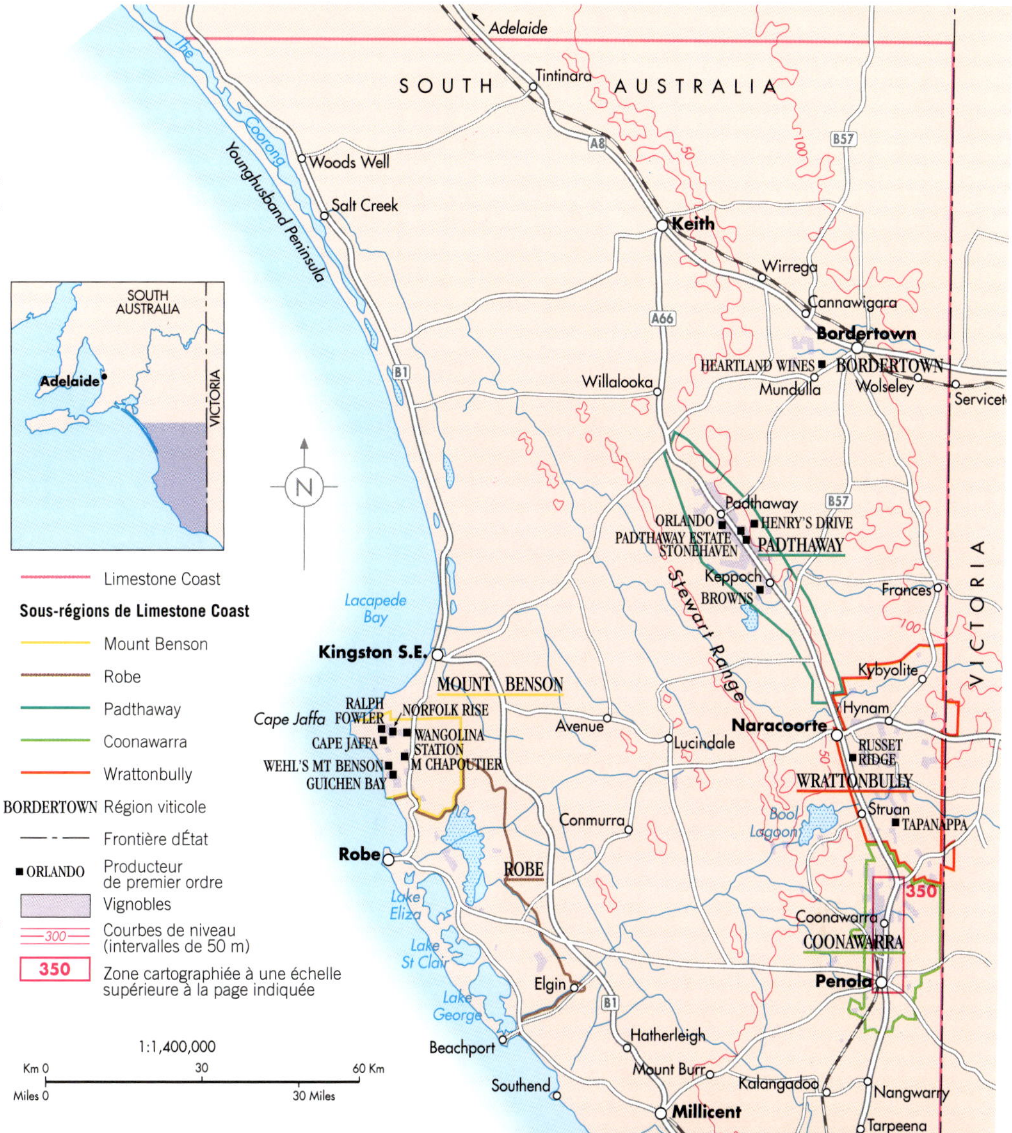

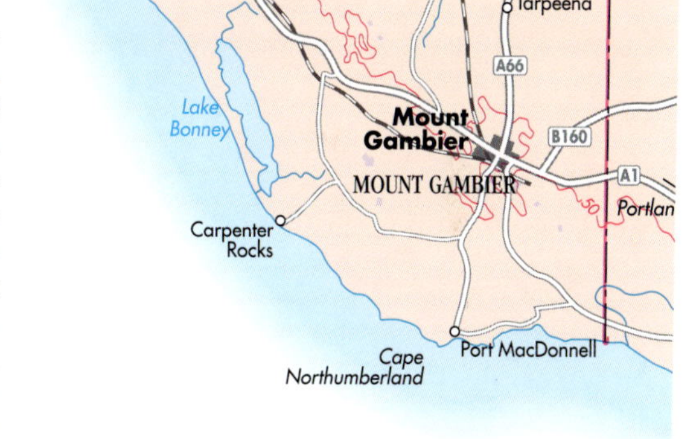

En biodynamie, on ajoute des préparations 502 à 507 (achillée millefeuille, camomille, ortie, écorce de chêne, pissenlit et valériane) au compost à Cap Jaffa, sur le Mount Benson.

▼ *La Limestone Coast est si récente qu'elle a été développée par des outsiders comme Chapoutier de la vallée du Rhône, Kreglinger de Belgique, les Fowlers de la Hunter Valley et un triumvirat qui comprend les familles Bollinger et Lynch-Bages.*

Coonawarra

L'histoire du Coonawarra est, en grande partie, celle de la terra rossa. Dès les années 1860, des colons prirent conscience de la valeur de très vieilles parcelles de terre à 400 km au sud d'Adélaïde et du climat de type méditerranéen. Au nord, près du village de Penola, un long rectangle de 15 km par 1,5 km, plat, est en terre distinctement rouge et friable. À 45 cm au-dessous de la surface, le sol est composé de calcaire pur parfaitement drainant et, deux mètres plus bas, on tombe sur une nappe phréatique d'eau intarissable et relativement pure.

Aucune terre ne semblait plus propice à la culture du raisin. L'entrepreneur John Riddoch créa la Penola Fruit Colony et, vers 1900, cette zone, nommée Coonawarra, produisait de grandes quantités de vins peu connus (surtout à partir de syrah) frais, fruités et à la teneur en alcool modérée – assez semblables à un bordeaux.

Cette incroyable ressource fut longtemps peu appréciée. Il fallut le boom des vins de table, dans les années 1960, pour que l'on en comprenne tout le potentiel. Les grands noms de l'industrie viticole réagirent alors. Wynns est de loin le plus important propriétaire terrien, mais son employeur Foster's contrôle plus de la moitié de tous les vignobles (Penfolds, Lindemans et aussi Jamiesons Run). En partie pour cette raison, des quantités considérables de raisin du Coonawarra finissent dans des assemblages et sont mis en bouteilles au loin. D'un autre côté, des producteurs comme Balnaves, Bowen, Hollick, Katnook, Leconfield, Majella, Parker, Penley, Petaluma, Rymill et Zema proposent des vins plus proches d'un vin de domaine.

Les shiraz étaient la spécialité du Coonawarra, mais depuis que Mildara démontra au début des années 1960 que les conditions étaient plus propices au cabernet-sauvignon, les cabernets du Coonawarra sont devenus la pierre de touche des combinaisons de cépage et de terroir en Australie. Et comme pratiquement six vins sur dix sont, dans le Coonawarra, du cabernet-sauvignon, la fortune de cette région a suivi le cours de la popularité du cabernet australien.

Le sol du Coonawarra n'est pas l'unique explication de ce mariage divin. La région est bien plus au sud que tout autre région viticole d'Australie-Méridionale et à 80 km des côtes, soumises aux courants de l'Antarctique et aux vents d'ouest en été. Le gel pose problème au printemps et les pluies au moment des vendanges. De quoi rendre les producteurs français nostalgiques... En fait, le Coonawarra est plus frais que le Bordelais et l'irrigation par pulvérisation sert plus à contrer les menaces de gel qu'à augmenter les rendements, qui ont diminué depuis qu'on s'est mis à cultiver, dans les années 1980, un grand nombre de vignes très productives. Si la volonté est présente, la vigueur peut être transformée en avantage sur la terra rossa, ce qui n'est pas le cas des rendzinas, ces sols bruns et naturellement humides à l'ouest.

Le Coonawarra, dont l'extension est limitée par son sol hors du commun, a un autre problème : son isolement. La population est pour le moins rare, et donc la main-d'œuvre aussi. Par conséquent, de nombreuses vignes sont taillées, ou du moins prétaillées, et vendangées mécaniquement. Cette région paraît trop facilement froide et inhumaine, même si on y trouve plus de vingt points de vente destinés, comme plus au sud, aux touristes. C'est plutôt réjouissant si l'on pense qu'au moment de la rédaction de cet atlas, la région ne compte que 16 caves en fonctionnement, et une dix-septième en cours de construction.

Les machines sont inévitables dans le Coonawarra qui manque cruellement de main-d'œuvre, mais cela ne nuit pas à la qualité ou à la réputation des vins. On a un temps encouragé une « taille minimale », qui laissait les vignes comme des buissons, pour contrer ce problème.

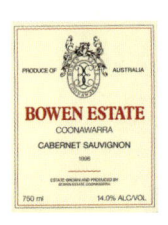

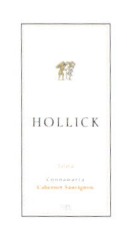

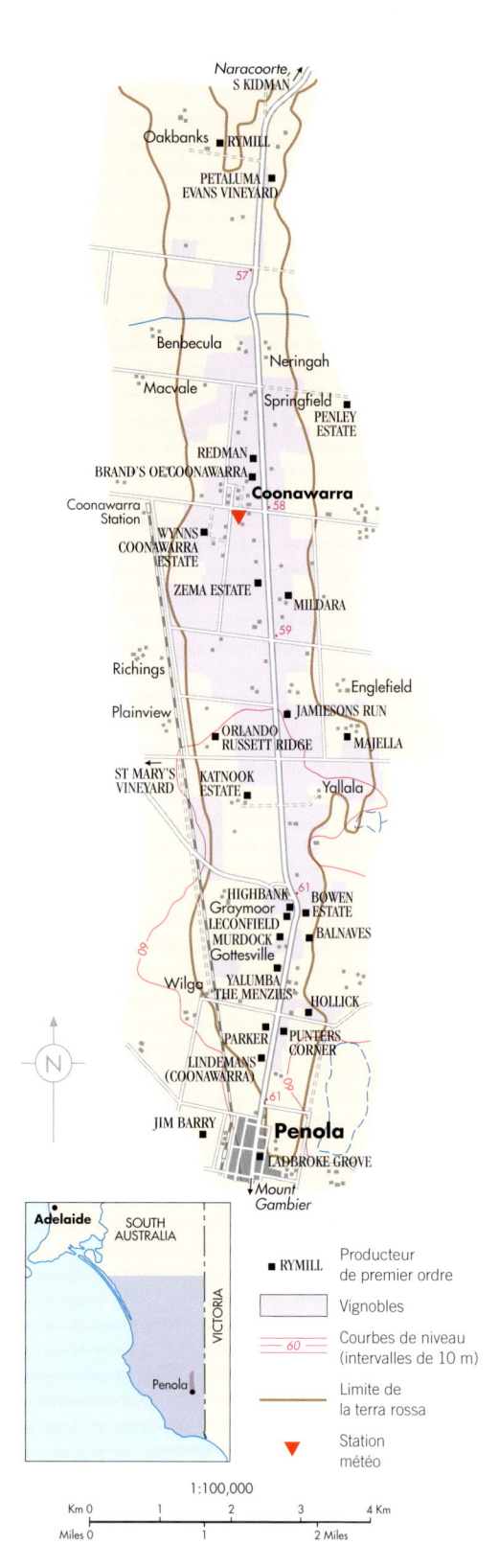

COONAWARRA : COONAWARRA

Latitude / Altitude **37° 17' / 50 m**

Température moyenne en janvier **18,9 °C**

Précipitations annuelles moyennes **70 mm**

Précipitations le mois des vendanges **avril 35 mm**

Principaux dangers viticoles **absence de maturité, gelées printanières, pluies pendant la vendange**

Principaux cépages **cabernet-sauvignon, syrah (shiraz), merlot, chardonnay**

◄ *Le domaine acheté et rebaptisé par David Wynn au début des années 1950 était matériellement responsable de l'établissement de la réputation du cabernet-sauvignon, très stylé, dans le Coonawarra, mais le shiraz de la compagnie, michael, est également superbe.*

Victoria

Par bien des aspects, le Victoria est l'État viticole le plus intéressant, dynamique et varié d'Australie même si, aujourd'hui, il a perdu l'importance quantitative qu'il avait à la fin du XIXe siècle, lorsqu'il comptait presque autant de vignobles qu'en Nouvelle-Galles-du-Sud et Australie-Méridionale réunies. La ruée vers l'or du milieu du XIXe siècle contribua à établir une industrie viticole (comme en Californie), jusqu'à l'arrivée, fatale, du phylloxéra dans les années 1870. Paniqué, le gouvernement encouragea l'arrachage massif de pieds de vigne. Même s'il compte près du double de domaines, le Victoria produit désormais moitié moins de vin que l'Australie-Méridionale, qui a échappé au phylloxéra. Environ la moitié des producteurs de vin du Victoria (300) pressent moins de 25 tonnes de raisin.

Cet État est le plus petit et le plus frais de toute l'Australie continentale, mais les conditions pour la viticulture sont très diversifiées : arides et fortement irriguées dans la région du Murray Darling, autour de Mildura, qui chevauche la limite avec la Nouvelle-Galles-du-Sud et produit 80 % du volume de raisin du Victoria ; fraîches, à l'opposé, dans les Macedon Ranges et au sud-ouest, sur la côte, dans le Henty. Les changements récents les plus enthousiasmants résultent surtout de la recherche de bons terroirs dans les régions les plus froides (autant vers l'océan, au sud, que dans les zones plus élevées).

La région qui a le mieux survécu au phylloxéra fut, cependant, la zone chaude, au nord-est du Victoria, qui continue de se spécialiser dans ses incomparables vins de dessert mutés. Cet élixir liquoreux est souvent élaboré à partir de muscat passerillé à peau foncée et de « tokay » plus caramélisé (le muscadelle de Sauternes et de Bergerac). Après des années d'élevage dans de vieux fûts, souvent sous une toiture en fer-blanc pour des conditions caniculaires, ils parviennent à une étonnante richesse soyeuse, digne des rares muscats de Rutherglen. De fabuleux rouges sont également vinifiés autour de **Rutherglen** et de **Glenrowan**, les Jerez et Oporto d'Australie, avec l'ancien cépage de la vallée du Rhône, le durif, qui est une spécialité de Rutherglen.

La zone comporte à présent trois nouvelles régions viticoles, plus fraîches car plus en altitude : King Valley, Alpine Valleys et Beechworth (dotées d'un intérêt potentiel pour les skieurs car à proximité des pistes du Great Dividing Range). Brown Brothers, à Milawa, est une société appartenant à une famille et, de loin, la plus importante de la **King Valley**. Elle a joué un rôle important dans l'expérimentation de nombreux cépages, jusque-là jugés exotiques, et largement adoptés depuis. Les variétés italiennes sont devenues une spécialité locale, notamment grâce au travail de pionniers de la famille Pizzini, arrivée des Alpes italiennes dans les années 1950 pour cultiver du tabac. Dal Zotto a un héritage italien similaire.

Nombre de ces producteurs se procurent le raisin dans des vignobles encore plus en hauteur dans la région des **Alpine Valleys**. Les vignes sont plantées à des altitudes supérieures à 300 m. Le vin obtenu est particulièrement incisif, brillant avec, bien sûr, des arômes alpins. La Victorian Alps Wine Company produit du vin sous l'étiquette Gapsted. Cette coopérative est beaucoup employée par des sociétés hors de la région, entre autres parce que cette région a échappé au phylloxéra.

À des altitudes plus basses, autour de l'ancienne ville minière de **Beechworth**, Giaconda produit des chardonnays très influencés par la Californie (sa roussanne et ses rouges sont de plus en plus réputés), tandis que Castagna fait d'ambitieux shiraz. Des cépages particulièrement intenses, dont d'inhabituels gamays, sont cultivés à Sorrenberg, l'un des premiers d'une vague récente de vignobles, qui n'occupe plus qu'une infime partie de la surface plantée au début du XIXe siècle.

Comme la région viticole au nord-est, le Great Western, ce district devenu célèbre grâce au « champagne » de Seppelt, n'a jamais abandonné. La région, désormais appelée **Grampians**, se trouve à 335 m d'altitude de l'extrémité

Qui a mangé tous les raisins ? Photographiés par un viticulteur, un kangourou gris et son petit posent en haut d'un des vignobles en pente de Coldstream Hills dans la Yarra Valley. Les kangourous sont une menace permanente pour les vignobles australiens.

352 | AUSTRALIE | VICTORIA

occidentale du Great Dividing Range, sur un sol riche en chaux. Seppelt et Best's, minuscule en comparaison, ont une longue tradition de bons vins, tranquilles ou effervescents, élevés dans des grottes profondes et froides. Le raisin qui sert à produire les quantités industrielles de mousseux chez Seppelt Great Western vient en partie de Padthaway, de l'autre côté de la frontière (très surveillée à cause du risque de phylloxéra) en Australie-Méridionale, et en partie des vignes irriguées le long du Murray. Néanmoins, les extraordinaires shiraz effervescents viennent, eux, d'ici. Le shiraz poivré de Mount Langi Ghiran explique avec éloquence pourquoi.

Pyrenees est le nom du paysage vallonné à l'est des Grampians. Cette région n'est pas vraiment froide (sauf parfois la nuit). Ses meilleurs vins sont des rouges robustes de Redbank et Dalwhinnie, qui fait aussi un bon chardonnay.

Henty, la troisième région de la zone occidentale du Victoria, est la plus fraîche et probablement la plus enthousiasmante. Seppelt fut le premier à s'y installer (l'appelant Drumborg), et, s'il fut parfois tenté d'abandonner, le changement climatique a œuvré en sa faveur. Crawford River, planté en 1975 par un ancien éleveur, a démontré qu'il était possible d'y produire un exceptionnel riesling, de longue garde, tandis que Tarrington s'est dévoué corps et âme aux cépages bourguignons.

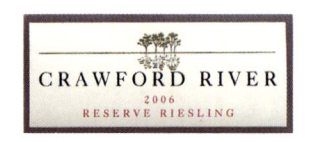

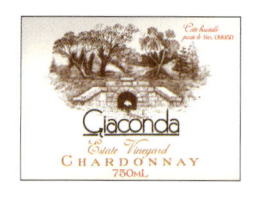

À l'intérieur des terres, dans la zone centrale du Victoria, **Bendigo** est plus chaude. Ses vins sont incarnés par les somptueux rouges de Balgownie. Ensuite, Jasper Hill et d'autres ont montré ce qu'il était possible d'obtenir dans la région un peu plus fraîche, à l'est, sur des sols rouges cambriens. Ils ont donné un tel lustre à **Heathcote** que cette région est désormais reconnue grâce à ses puissants shiraz élaborés à partir de vignes cultivées sans irrigation.

Dans cette même zone, **Goulbourn Valley** est l'endroit où sont réunis David Traeger, Mitchelton et Tahbilk, auparavant l'unique survivant de la région sous le nom de Château Tahbilk. Ses qualités spécifiques lui ont valu de se voir accorder le statut de sous-région, appelée **Nagambie Lakes**. Malgré son nom, le manque d'eau est fréquent et l'irrigation indispensable. Tahbilk est suffisamment vieux pour être classé « monument national » ; il possède encore des vignes plantées en 1860.

Upper Goulburn est une autre région viticole surplombée par des stations de ski. Son altitude importante (par exemple à Delatite) donne parfois des vins étonnamment fins. Les **Strathbogie Ranges**, situées entre les deux régions de Goulburn, ont de vastes vignobles plantés jusqu'à 600 m d'altitude. L'acidité y est si élevée que Domaine Chandon cultive du pinot noir et du chardonnay pour ses mousseux.

La zone de Port Phillip est aujourd'hui le nom donné aux régions autour de Melbourne, épicentre de toute vie intense. L'historique Yarra Valley est traitée à part, page suivante, mais **Sunbury**, établi de longue date dans les plaines juste au nord de l'aéroport de Melbourne, est encore plus près du centre. Son porte-étendard a longtemps été Craiglee, dont le style tout particulier des shiraz incroyablement secs est demeuré d'une constance, d'une saveur et d'une garde admirables durant des décennies.

Au nord de Sunbury, vers Bendigo, les **Macedon Ranges** jouissent d'un des climats les plus frais (parfois trop même) d'Australie. Les efforts de Bindi près de Gisborne et de Curly Flat près de Lancefield montrent que cette région convient au chardonnay et au pinot noir.

Le pinot noir est également le cépage de prédilection de nombreux producteurs des nouvelles régions viticoles côtières, en particulier dans le **Geelong**, chaud, aride et venteux où l'influence maritime est maximale. By Farr, Bannockburn et Scotchmans Hill y font mûrir un prétentieux pinot. Shadowfax est une autre cave ambitieuse, à l'ouest de Melbourne, qui achète son raisin dans ce district.

Au sud de Melbourne, la très maritime **Mornington Peninsula** comprend nombre de producteurs admirables et ambitieux de pinots noir et gris, et de chardonnay (trop nombreux pour tenir tous sur la carte). Les vins produits ici possèdent une structure bien définie, cristalline,

Des rangs bien espacés et un ciel menaçant au-dessus des Grampians dans l'un des vignobles appartenant à Mount Langi Ghiran, désormais une partie du groupe Rathbone qui comprend aussi Yering Station dans la Yarra Valley et Xanadu dans la région de Margaret River – une belle diversité géographique.

sans excès de corps et avec une belle acidité, pure. Le vent souffle presque constamment, de la baie de Port Phillip Bay ou de l'est, mais l'emplacement précis d'un vignoble peut avoir plus de conséquences que ce que suggère la carte. À la fin du XXe siècle, cette péninsule était le lieu de délassement préféré des Melbourniens qui aimaient enduire leurs doigts de jus de raisin. Mais, avec le temps et la passion des viticulteurs pour leur travail, la qualité augmenta tant que c'est désormais l'une des sources de vins artisanaux les plus réputées du pays.

Gippsland, enfin, est si vaste que c'est à la fois une zone et une région qui s'étend bien au-delà de la carte à l'est (voir p. 337). Il renferme tant d'environnements différents que la région est prête pour des sous-divisions. Le vin le plus convaincant, quoique très variable, est pour l'heure le pinot noir de Bass qui vient du sud de Leongatha.

◀ Les vins qui correspondent à ces étiquettes sont, de gauche à droite, de plus en plus affirmés. La progression des rieslings, les plus secs, aux vins botrytisés, les plus liquoreux, montre toute l'étendue des possibilités de flaveur et de styles que cet État le plus froid peut offrir. Le muscat de Chambers est indéniablement le vin australien le plus caractéristique de tous.

Yarra Valley

La Yarra Valley est de loin la région viticole la plus connue, à proximité des restaurants et des salles de concert de Melbourne, à seulement 45 km, où résident nombre de personnes qui y travaillent. La carte montre, avec ses innombrables petits carrés, la densité de ses habitations comparée à celle des autres régions viticoles du pays. La topographie de cette vallée est complexe, avec des pentes étroites et raides à des altitudes de 50 à 470 m. Les pentes les plus élevées bénéficient de nuits froides et de journées chaudes. Les précipitations sont relativement importantes même si, ces dernières années, le climat a été plus sec que ne l'indiquent les chiffres dans l'encadré. Les sols vont du gris sablonneux au limon argileux en passant par une terre volcanique rouge vif très fertile où poussent d'immenses Eucalyptus regnans qui surplombent toutes les criques.

La renaissance de la vallée date des années 1960 quand St Huberts, si puissant autrefois, réouvrit ses portes, rapidement suivi par un groupe de médecins croyant dur comme fer aux vertus du vin (voir aussi Margaret River p. 340). Trois d'entre eux, les docteurs Carrodus à Yarra Yering, Middleton à Mount Mary et McMahon à Seville Estate, produisirent à une petite échelle des vins admirables. Il y eut ensuite le Dr Lance à Diamond Valley et l'écrivain du vin James Halliday à Coldstream Hills (qui appartient désormais à Foster's), qui aspiraient plus que tout à produire le premier grand pinot noir d'Australie.

Le pinot noir est indéniablement l'un des cépages qui convient le mieux à la Yarra Valley, même si cette vallée n'est plus la seule à cultiver du pinot noir. C'est, du reste, sa superficie importante consacrée à ce cépage qui lui a permis de surfer sur la vague, récente, du rosé. Le chardonnay est, cependant, planté aussi abondamment et les exemples de vins fins harmonieux ne manquent pas. La fermentation malolactique est désormais moins courante, car l'objectif est de gagner en finesse avec ce cépage qui pousse si bien au sud de la vallée, dans des vignobles plus en hauteur. Le cabernet-sauvignon est le deuxième cépage rouge le plus planté. Le style de la Yarra est très caractéristique, mais ce cépage préfère toutefois les sites plus chauds. Le shiraz a, lui, bénéficié de l'enthousiasme des Australiens à planter de la syrah en zone plus fraîche et, là aussi, on a eu tendance à laisser fermenter ce cépage (meilleur s'il est cultivé au fond de la vallée) en y ajoutant une petite proportion de viognier.

Ce fut enfin dans la Yarra Valley que naquirent les meilleurs vins effervescents lorsque Moët et Chandon y créa, en 1987, le Domaine Chandon. Aujourd'hui, Chandon produit aussi du green point, un vin tranquille, mais 50 % du raisin destinés à ses vins effervescents proviennent toujours des collines fraîches qui bordent la vallée. Presque toutes les grandes sociétés ont ensuite acheté leur part de Yarra, la plus célèbre étant De Bortoli, qui appartient à une famille. Les critères de la vinification n'ont jamais été aussi élevés.

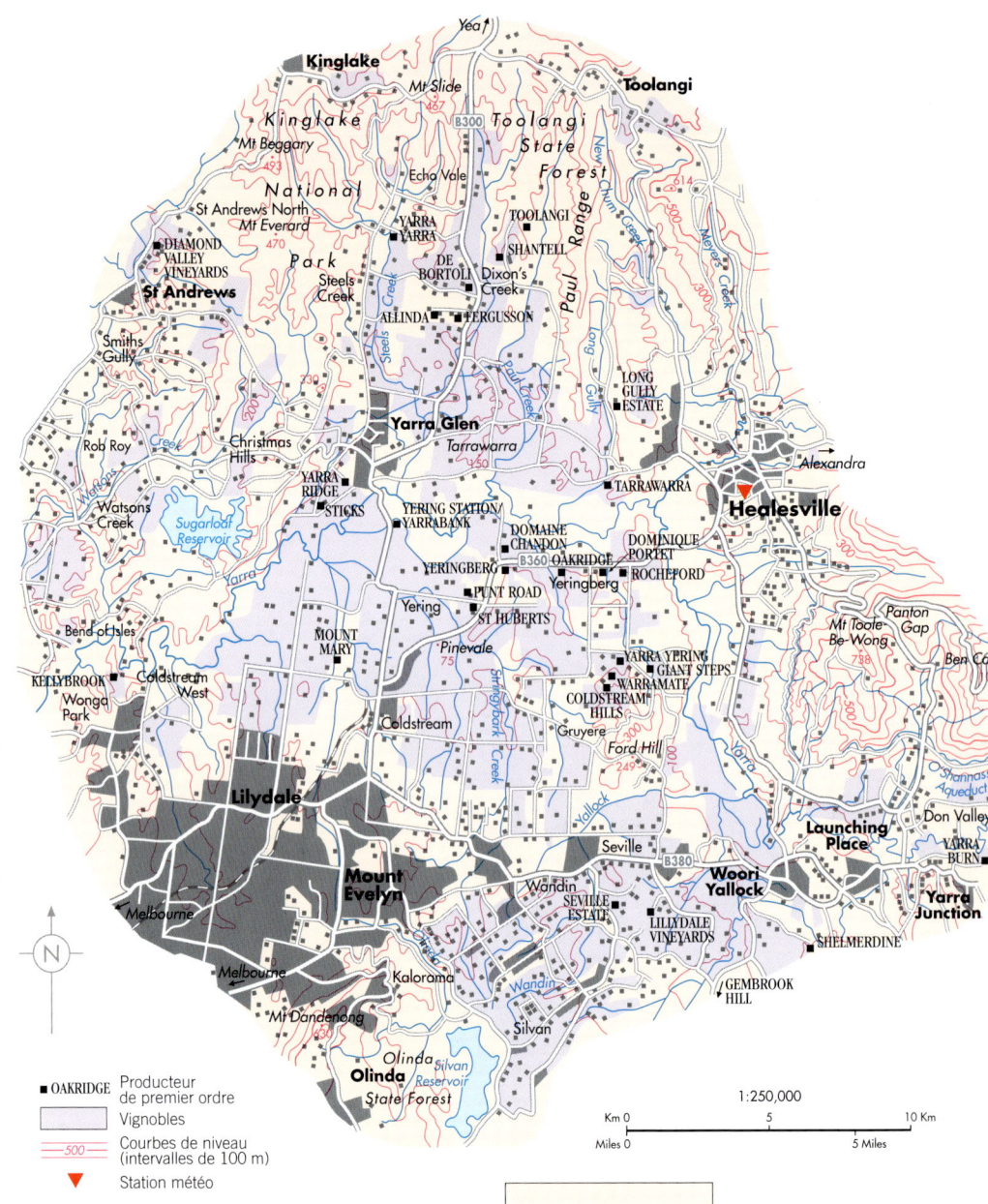

▼ Le contraste entre les styles de ces vins, de la délicatesse du chardonnay pour le mousseux, le giant steps et le diamond valley à la densité de l'assemblage de bordeaux du dry red n° 1 de Yarra Yering, illustre bien la diversité des conditions de la Yarra Valley.

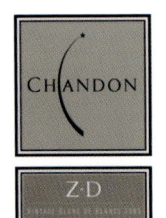

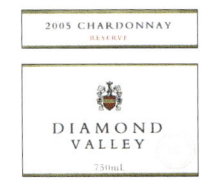

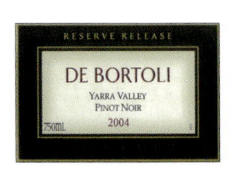

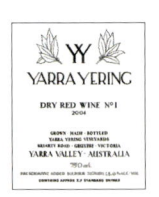

YARRA VALLEY : HEALESVILLE

Latitude / Altitude **37° 41 / 130 m**

Température moyenne en janvier **18,6 °C**

Précipitations annuelles moyennes **1 010 mm**

Précipitations le mois des vendanges **mars 65 mm**

Principaux dangers viticoles **absence de maturité, maladies cryptogamiques, gel**

Principaux cépages **pinot noir, chardonnay, cabernet-sauvignon, syrah (shiraz)**

Tasmanie

La recherche de climats plus froids en Australie a conduit à l'État le plus au sud et encerclé par la mer : la Tasmanie. En contraste absolu avec le continent, cette île étrange s'enorgueillit d'avoir de l'herbe verte tout l'été que lui envient bien des vinificateurs du reste du pays. Ses villes principales, Launceston et Hobart, sont à la même latitude que, respectivement, Marlborough et Christchurch en Nouvelle-Zélande.

Pour l'heure, les producteurs de Tasmanie sont officiellement limités à une seule appellation géographique, Tasmania, mais les sous-régions, quoique non officielles, ont des caractères bien distincts. Au nord-est, la Tamar Valley, au climat protégé, et les sous-régions boisées de Pipers River, où le raisin mûrit tard, sont reconnues comme étant l'une des zones les plus propices, en Australie, à la production de vin en climat frais. La plupart des producteurs les plus importants et ambitieux y sont présents. Par ailleurs, certains sites sur la côte sud-est sont si bien protégés par les montagnes que l'absence de terre entre eux et l'Antarctique est pratiquement sans effet. Même la Huon Valley, région viticole la plus méridionale de l'Australie, produit des raisins parfaitement mûrs. Les Derwent Valley et Coal River, respectivement au nord et au nord-est de Hobart, sont assez chaudes pour que le cabernet-sauvignon arrive à maturité, comme l'ont démontré les propriétaires du Domaine A. Autour de Freycinet, sur la côte orientale, un amphithéâtre naturel, qui semble prédestiné à la viticulture produit un pinot noir exceptionnel.

À la fin des années 1980 et 1990, quand la Tasmanie se mit à produire du vin, on s'aperçut que l'acidité naturelle élevée du raisin en faisait une matière première précieuse pour les vins effervescents. L'île, surtout au nord, joue toujours un rôle important dans la réputation de l'Australie pour de bons mousseux, comme le label Jansz qui appartient à Yalumba en Australie-Méridionale et celui de Hardys, Bay of Fires, qui vient d'une cave de Pipers River. Le jus de raisin et le vin tranquille sont transportés jusqu'au continent par les principales entreprises viticoles, pour être transformées en toutes sortes de vins mousseux. En Australie, c'est la Tasmanie qui a le plus à gagner du réchauffement climatique même si, au début du XXIe siècle, on a craint que les cépages à maturité précoce, comme le chardonnay, ne mûrissent trop.

▼ Un sauvignon blanc exceptionnellement boisé avec une complexité et une longévité réelles, plus trois grands vins effervescents dont la finesse ne semble égalée, sur le continent, que par ceux du vignoble Domaine Chandon de la Yarra Valley.

Personne ne doute des capacités de l'île à produire des vins tranquilles bien distincts de ceux du continent. Les cépages alsaciens (riesling, pinot gris, gewurztraminer et, surtout, pinot noir qui compte pour 40 % de la production) peuvent être très vifs, avec une délicatesse naturelle qui fait souvent défaut sur le continent. La Tasmanie est une terre de prédilection pour le pinot gris et le riesling tasmanien, le troisième cépage par ordre d'importance, a presque la délicatesse d'un riesling de la Moselle – ou de l'île méridionale de la Nouvelle-Zélande.

On compte 250 producteurs de vins en Tasmanie. La plupart travaillent à une échelle minuscule et seuls 28 cultivent plus de 10 ha de vigne, ce qui contribue au coût relativement élevé de la production. Les producteurs les plus importants sont Kreglinger (société flamande qui possède Pipers Brook et son label Ninth Island) et Tamar Ridge, désormais dirigé par Andrew Pirie, qui était autrefois à la tête de Pipers Brook et possède à présent son propre label.

Les vents qui soufflent sur la côte constituent une limite naturelle au rendement des vignobles,

Le vignoble de Pipers Brook n'a jamais été à court d'idées. Ici, les vignes sont taillées selon des lyres en forme de U, afin de limiter la propension à produire du feuillage et de favoriser la maturation du fruit. Cette astuce est largement utilisée dans d'autres régions où la vigne est trop vigoureuse.

taillés dans le bush, très dense, de l'île. Des coupe-vents sont parfois nécessaires, afin de protéger les feuilles des vignes plantées sur les pentes orientées vers la mer. Comme le raisin mûrit aussi lentement et sûrement que l'aimerait tout vigneron, l'intensité de la flaveur qui en résulte est à la hauteur des espérances.

TASMANIE : LAUNCESTON ▼
Latitude / Altitude **41° 32 / 170 m**
Température moyenne en janvier **17,7 °C**
Précipitations annuelles moyennes **680 mm**
Précipitations le mois des vendanges **avril 55 mm**
Principaux dangers viticoles **pourriture grise, coulure**
Principaux cépages **pinot noir, chardonnay, riesling**

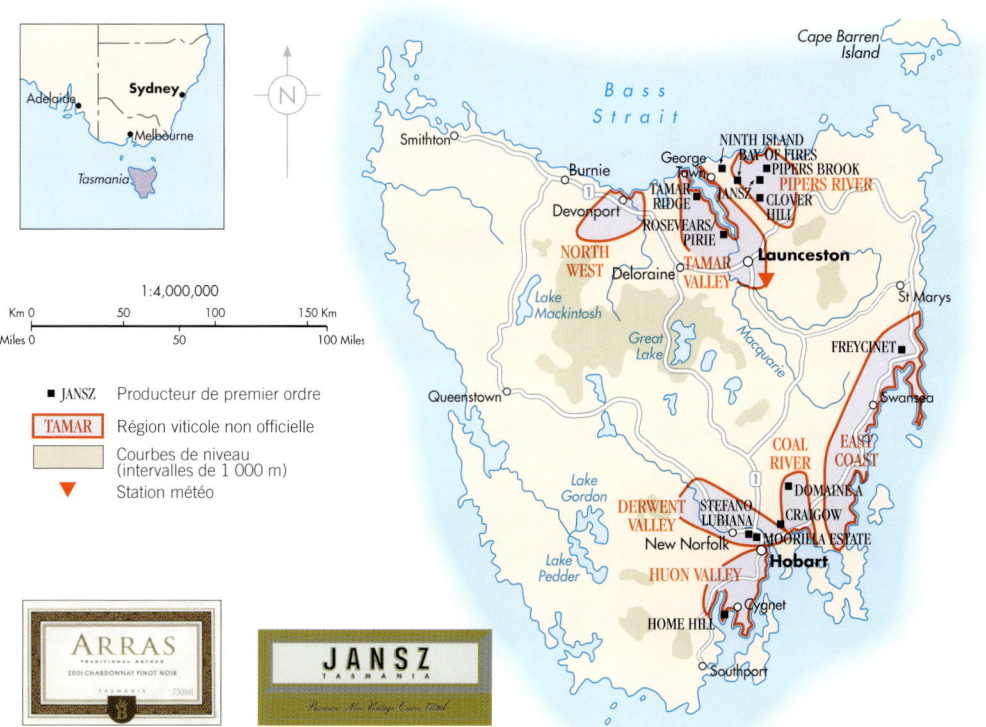

Nouvelle-Galles-du-Sud dont la Hunter Valley

Berceau de la viticulture australienne, la Nouvelle-Galles-du-Sud a été supplantée par l'Australie-Méridionale. Mais il reste un district, à 160 km au nord de Sydney, aussi célèbre que n'importe quel autre dans le pays, même s'il n'y pousse qu'un dixième de ce qui est produit dans cette « usine à vin » à l'intérieur des terres qu'est la Riverina (p. 337), et qu'il est peu à peu supplanté par les nouvelles régions viticoles en plein essor.

La partie méridionale de la Hunter Valley (Lower Hunter), autour de Branxton et de la ville minière de Cessnock, représente un triomphe de la proximité sur la pertinence géographique. **Hunter** est loin d'être un endroit idéal pour la vigne. Le climat est subtropical et c'est la région la plus septentrionale de toutes celles qui font du vin : étés caniculaires et automnes souvent trop humides. Néanmoins, les vents soufflant de l'océan Pacifique, au nord-est, atténuent un peu la chaleur et, l'été, le ciel souvent nuageux protège des rayons du soleil. Plus des deux tiers des précipitations, assez fortes (750 mm) surviennent dans la période cruciale des quatre premiers mois de l'année, quand il faut vendanger. Les difficultés ne manquent pas et les millésimes sont aussi irréguliers qu'en France.

La raison du foisonnement des domaines sur la carte, beaucoup ayant changé de nom depuis la dernière édition, ne tient pas à une affinité naturelle pour la viticulture, mais à la proximité de Sydney, à deux heures seulement en voiture, ce qui en fait une Mecque pour les touristes intéressés par le vin et les investisseurs. Aucune autre région n'a autant fait pour les visiteurs de passage : restaurants, maisons d'hôtes, clubs de golf et caves de dégustation prolifèrent.

Malgré sa situation septentrionale, la Hunter Valley fut l'une des premières régions du pays à se consacrer entièrement au vin de table. Peut-être parce qu'elle a longtemps hébergé ceux qui faisaient et défaisaient l'industrie du vin.

Dès 1828, on a planté de la vigne (à Dalwood, près du fleuve à l'est de Branxton), mais les sols qui ont fait la réputation de la vallée sont au sud, sur les contreforts des Brokenback Range. Sur le versant oriental de ces collines, une bande de basalte érodée, signe d'une ancienne activité volcanique, limite la vigueur de la vigne et concentre souvent les arômes, très minéraux, dans le fruit. Plus en hauteur, les terres rouges volcaniques, comme ceux de Pokolbin, conviennent bien à la syrah, le cépage rouge classique de la Hunter Valley, à partir de très vieux clones. Le sémillon qui pousse plus bas sur du limon et du sable blanc est le cépage blanc traditionnel, même s'il a été supplanté, en quantité, par le chardonnay. Ici la syrah, moyennement corsée, est souvent mélangée avec du raisin de peau plus foncée, importé d'Australie-Méridionale (jusqu'à un maximum autorisé de 15 %). Souple, long, épicé et aux arômes de terre, la syrah peut mûrir, années après années, relativement tôt. Le shiraz est de bonne garde et gagne en complexité avec l'âge, en s'enrichissant de notes de cuir. Le cabernet, qui n'aime pas les automnes humides, est moins cultivé qu'ailleurs.

Même s'il n'est pas apprécié à sa juste valeur, le hunter semillon est l'un des styles de vins classiques du pays. Les raisins sont vendangés lorsqu'ils sont encore peu mûrs, mis à fermenter en cuve et embouteillés assez tôt, quand leur degré alcoolique tourne autour de 11 %, sans subir de fermentation malolactique. Ces vins jeunes assez austères, aux arômes d'herbe ou d'agrume, vieillissent bien. Ils prennent une couleur vert doré et s'enrichissent d'une palette explosive d'arômes d'où ressortent des notes minérales intenses. Ce style de vin ne convient toutefois pas à des néophytes. Le verdelho a une longue histoire ici, mais les avis divergent pour savoir s'il doit être aussi extra-sec qu'un sémillon.

La région a de tout temps aimé les cépages français importés. Dès les années 1970, Murray Tyrrell, inspiré par Len Evans (photo p. 49) qui fut l'imprésario des vins de la Hunter Valley mais aussi de tous ceux du pays, fit avec le chardonnay ce qu'avait fait Max Lake dans les années 1960 avec le cabernet : produire une référence que personne ne pourrait ignorer, son vat 47. Cela lança un millier de chardonnays australiens.

Le chardonnay est aussi, de loin, le principal cépage qui pousse dans la partie septentrionale de la Hunter Valley (Upper Hunter). Rosemount rencontra un grand succès en le cultivant dans les années 1970. On le trouve à 60 km au nord-ouest, plus en hauteur, autour de Denman et de

Il ne s'agit pas d'une photo pour touristes, mais de la réalité d'un hiver dans la région viticole d'Orange. C'est l'allée qui mène à la cave Brangayne, exploitation qui a débuté avec des cultivateurs de fruits de plus en plus séduits par le raisin.

▼ Quelques-uns des vins les plus intéressants de Nouvelle-Galles-du-Sud produits hors de la Hunter Valley : deux vins affinés d'Orange, une réponse de Hilltops à l'amarone, le meilleur cru de Canberra et un liquoreux de la Riverina.

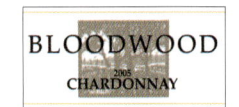

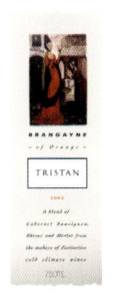

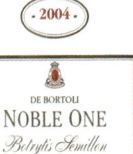

Muswellbrook. Les précipitations sont plus faibles et l'irrigation librement pratiquée. Broke Fordwich, sous-région à une demi-heure de voiture à l'ouest de la zone cartographiée ici, est très dynamique et produit des sémillons aux caractères bien distincts sur des sols sablonneux et alluvionnaires.

À l'ouest, à environ 450 m d'altitude sur les pentes occidentales du Great Dividing Range, Mudgee s'est également fait un nom dès les années 1970 (voir p. 337 pour l'emplacement de toutes les régions viticoles de Nouvelle-Galles-du-Sud, considérées ici du nord au sud). Ses origines sont presque aussi anciennes que celles de la Hunter Valley, mais Mudgee resta dans l'anonymat jusqu'à ce que l'on parte à la recherche de districts plus froids pour faire du vin avec des cépages aux arômes plus prononcés. Le chardonnay et le cabernet, intenses et implantés de longue date, sont ses grands succès. Craigmoor (désormais Poet's Corner) est le plus vieux domaine de la région, tandis qu'Huntington est le meilleur (même si elle est inconnue hors de l'Australie) et que Botobolar produit d'admirables vins issus de raisins biologiques.

La Nouvelle-Galles-du-Sud a toujours recherché de nouvelles régions viticoles dans les parties plus fraîches, souvent plus en hauteur, de l'État. **Orange**, avec son altitude élevée et ses sols volcaniques sur les pentes du Mount Canobolas (aujourd'hui éteint), a d'abord été planté de vignes en 1983, à Bloodwood, par un bibliothécaire fou de vin, Stephen Doyle. La spécificité des nombreux cépages qui y poussent est la pureté de leur acidité naturelle. L'altitude (600 m) est ce qui définit l'appellation, réservée au marché australien. Des vignobles prometteurs plantés des variétés habituelles bordent la limite inférieure de l'appellation et le vin rouge est vendu sous le nom de central ranges.

Cowra a une histoire plus ancienne pour les chardonnays luxuriants, étoffés et exubérants aux rendements élevés, poussant à des altitudes moyennes de 350 m. **Hilltops**, un peu plus au sud, autour de la ville de Young et plus haut que Cowra, est bien plus récente et, comme nombre des régions viticoles plus obscures de Nouvelle-Galles-du-Sud, cultive essentiellement du raisin (surtout des cépages rouges, chardonnay et sémillon) pour des caves hors de la région. On y trouve une demi-douzaine de petites entreprises : Barwang, la plus importante et appartenant désormais à McWilliam, Tyrrell, De Bortoli et Casella de Riverina, l'une des sociétés familiales majeures en Nouvelle-Galles-du-Sud.

Dans le **district de Canberra**, la grande surprise, c'est d'abord le nombre des vignobles, puis leur présence majoritaire en Nouvelle-Galles-du-Sud et enfin leur longévité. John Kirk planta les premières vignes à Clonakilla, dès 1971, et son fils Tim créa un assemblage de syrah et de viognier, sur le modèle du côte rôtie, très populaire. Le gouvernement, enthousiaste de voir ce rouge sous les feux de la rampe, attira Hardy pour qu'il y fonde un centre touristique du vin portant le nom aborigène Kamberra. Les vignobles les plus hauts, comme ceux de Lark Hill, sont froidset produisent l'un des pinots noirs les plus délicats du pays. Helm est l'un des promoteurs de riesling les plus passionnés du pays.

La **Shoalhaven Coast** est en plein essor, même si elle souffre, comme Hastings River près de Port Macquarie au nord, d'une forte humidité. Des hybrides, tel le chambourcin, ont de belles potentialités. Tumbarumba est une autre région froide en haute altitude, surtout intéressante pour les assemblages si réputés de chardonnays (labels Penfolds Yattarna et Eileen Hardy), les vins effervescents et le sauvignon blanc.

Producteurs indiqués sur la carte
1 CONSTABLE & HERSHON
2 HONEYTREE
3 TYRRELL'S
4 GLENGUIN
5 McGUIGAN
6 TEMPUS TWO
7 THOMAS WINES
8 TAMBURLAINE
9 PEPPER TREE
10 TOWER
11 HUNGERFORD HILL

POKOLBIN Sous-région viticole non officielle
■ ADINA Producteur de premier ordre
○ Mount View Vignoble de premier ordre
Vignobles
—300— Courbes de niveau (intervalles de 75 m)
▼ Station météo

LOWER HUNTER : CESSNOOK
Latitude / Altitude **32° 49' / 60 m**
Température moyenne en janvier **23,7 °C**
Précipitations annuelles moyennes **750 mm**
Précipitations le mois des vendanges février **95 mm**
Principaux dangers viticoles **pluies pendant la vendange, maladie cryptogamique**
Principaux cépages **chardonnay, syrah (shiraz), sémillon**

▼ Les grands vins de la Hunter Valley sont représentés sur ces étiquettes, les deux à droite sont le résultat d'un groupe très actif de jeunes Turcs implantés ici de longue date. Les vins de McWilliam et de Tyrrell sont des valeurs anciennes, très sûres.

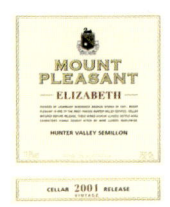

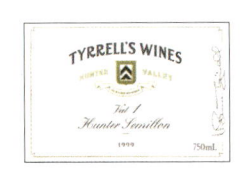

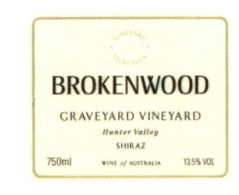

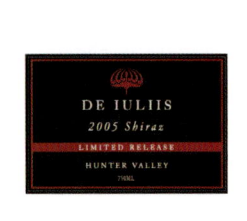

Hawke's Bay

Hawke's Bay a une longue tradition viticole. La vigne y fut plantée par des missionnaires maristes au milieu du XIXᵉ siècle. Ce sont les cabernets élaborés dans les années 1960 par le célèbre Tom McDonald, pour la société viticole australienne McWilliam's (dans une cave réhabilitée en 1990 par Montana pour sa marque Church Road), qui firent connaître cette zone. Quand, dans les années 1970, la viticulture prit de l'ampleur, Hawke's Bay était l'endroit logique pour son expansion, d'autant que le cabernet-sauvignon était alors à la mode.

Depuis, Hawke's Bay est le haut lieu des rouges de style bordeaux, mais il fallut attendre la fin des années 1990 pour obtenir des vins vraiment intéressants. L'année 1998, si chaude et sèche que les moutons de la région durent être transportés par camion vers des pâturages plus verts de l'autre côté des montagnes, produisit des vins croquants, mais surtout issus de raisins bien mûrs. Les tanins, non agressifs mais bien présents, étaient prometteurs pour la suite.

Également à la fin des années 1990, des producteurs comprirent l'intérêt de la complexité des sols de Hawke's Bay, et en tirèrent parti. Depuis longtemps, on se doutait que le climat maritime de cette vaste baie sur la côte est de l'île du Nord, protégée des vents d'ouest par les montagnes Ruahine et Kaweka, offrait une combinaison très favorable avec sa pluviosité assez faible et ses températures élevées (quoiqu'à une latitude plus basse que celle du Bordelais). En revanche, il fallut plus de temps pour comprendre ce qui se passait dans le sous-sol.

Une vue aérienne de Hawke's Bay révèle la diversité remarquable, des gravières (alluvionnaires et riches ou, sinon, moins fertiles) et leur distribution depuis la montagne jusqu'à la mer. Le limon, le terreau et le gravier ont des capacités de rétention de l'eau différentes. Un vignoble peut être saturé en eau et donner trop de feuillage, tandis qu'un autre aura besoin d'être irrigué. On comprit vite que le raisin mûrissait mieux sur un sol pauvre, car cela limitait la croissance. En outre, une irrigation maîtrisée procure à chaque pied la quantité précise d'eau nécessaire (même si les étés sont désormais plus chauds, favorisant la maturation des grappes).

Aucun lieu n'est plus pauvre que les 800 ha de galets (une zone chaude et profonde) qui bordent l'actuelle Gimblett Road, sur les anciennes berges du Ngaruroro, détourné de son cours lors des dramatiques inondations de 1870 et qui coule à présent au nord-ouest de Hastings. À la fin des années 1990, on assista à une véritable ruée sur ces soi-disant gravières de Gimblett, ou de Twyford. Les trois quarts des terres disponibles furent achetées et plantées en culture quasiment hydroponique.

Les autres emplacements propices à la maturation des cépages rouges sont Bridge Pa, juste au sud et un peu plus frais, quelques parcelles sur les collines calcaires de Havelock North (comme celle colonisée tôt par Te Mata) et une bande de galets, fraîche et où le raisin mûrit tard, le long de la côte entre Haumoana et Te Awanga.

Dans les années 1980, la Nouvelle-Zélande a souffert de l'engouement mondial pour le cabernet-sauvignon, mais, même à Hawke's Bay, ce cépage a parfois du mal à mûrir, si bien que le merlot, plus fiable et précoce, est désormais deux fois plus planté. Le malbec se plaît également. Il mûrit même plus tôt, mais les baies ont du mal à nouer. Tous les espoirs se tournent aujourd'hui vers la syrah, à maturité intermédiaire. Dans le pays, deux des trois vins de ce cépage proviennent des sols pauvres de Hawke's Bay, où il mûrit correctement la plupart des années. Les bouteilles de Brookfields' Hillside montrent à quel point la syrah peut être juteuse ici. Comme le Bordelais, c'est une région où les variations, d'une année à l'autre, sont très fortes et, plus ou moins pour les mêmes raisons qu'en France, la plupart des rouges équilibrés de Hawke's Bay sont des assemblages longtemps élevés sous bois.

Le chardonnay concurrence le merlot à Hawke's Bay et la région produit l'un des chardonnays les plus fins du pays, plus opulent qu'ailleurs.

HAWKE'S BAY : NAPIER

Latitude / Altitude **39° 28' / 1 m**

Température moyenne en janvier **18,9 °C**

Précipitations annuelles moyennes **890 mm**

Précipitations le mois des vendanges **mars 75 mm**

Principaux dangers viticoles **pluies automnales, maladies cryptogamiques**

Principaux cépages **chardonnay, merlot, sauvignon blanc**

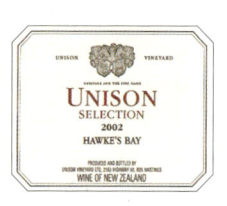

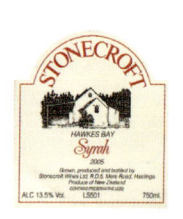

◀ C'est la réponse néo-zélandaise aux meilleurs rouges du Bordelais et de la vallée du Rhône. Stonecroft fut le pionnier des syrahs. Craggy Range (Le Sol) est quelque peu un parvenu, mais il dispose de moyens financiers enviables. La version néo-zélandaise d'une exploitation vinicole de la Napa Valley ?

Martinborough

Que l'on dise Wairarapa, Martinborough (une sous-région qui doit son nom à la capitale du vin de Wairarapa) ou Wellington, il s'agit de la zone la plus enthousiasmante de l'île du Nord pour le pinot noir et de la première à être devenue célèbre avec ce cépage en Nouvelle-Zélande. Elle ne se trouve qu'à une heure de voiture de la capitale du pays, de l'autre côté des montagnes, qui bloquent les pluies venant de l'est. Les températures sont parfois si basses par rapport aux autres régions de l'île qu'un ancien chercheur, le Dr Neil McCallum de Dry River, dit à ce sujet : « Si l'on fait la somme de la chaleur, nous sommes comme Édimbourg. » Néanmoins, grâce aux montagnes à l'ouest, les automnes sont les plus secs du pays, ce qui permet aux 55 caves de faire à partir du pinot noir, le cépage le plus planté, un vin très vif, digne d'un bourgogne. Comme ce dernier, il présente de puissants arômes de prunes ou est plutôt maigre et sec, avec des notes de terre.

La comparaison avec la Bourgogne vaut aussi pour la structure des métiers du vin, ceux qui cultivent les vignes étant aussi responsables de la vinification. Les viticulteurs ont toutes les raisons d'être plus séduits par les rendements, constants et généreux, de Marlborough que par les 0,8 tonnes/ha à peine de Martinborough. Les sols de la région sont minces, pauvres sur une épaisse couche de graviers, de limon et d'argile au haut pouvoir drainant. Et après un printemps froid, durant lequel le gel est toujours une menace, l'époque de la floraison est marquée par la permanence de vents forts soufflant de l'ouest. Mais comme l'automne dure, les grappes sont traitées en vue d'une période de croissance longue, d'autant que Martinborough jouit de la plus grande différence de température entre le jour et la nuit. Comme ailleurs, le défi à relever consiste à produire des vins subtils, dignes d'intérêt et sans maturité excessive.

Nombre des caves importantes (Ata Rangi, Martinborough Vineyard et Dry River) sont apparues dès 1980. Les pionniers à l'origine de leur création se sont forgé une solide réputation « à la bourguignonne », même si Larry McKenna, autrefois à Martinborough Vineyard, a créé une opération de seconde génération à Escarpment.

La région a aussi montré une réelle compétence en cultivant le dernier cépage de prédilection de la Nouvelle-Zélande, le pinot gris (l'autre variété la plus plantée à Wairarapa étant le sauvignon blanc). Les vins les plus remarquables sont élaborés à partir de clones importés dans les années 1880 par la cave Mission. Il existe une rivalité considérable entre Martinborough et Central Otago, chaque région organisant à tour de rôle de grands événements internationaux pour célébrer le pinot noir.

▶ Martinborough est la première région à avoir acquis une réputation pour son pinot noir, ce cépage si populaire. Comme ailleurs, sa popularité est de plus en plus grande, comme l'atteste ce pinot noir du domaine de Palliser.

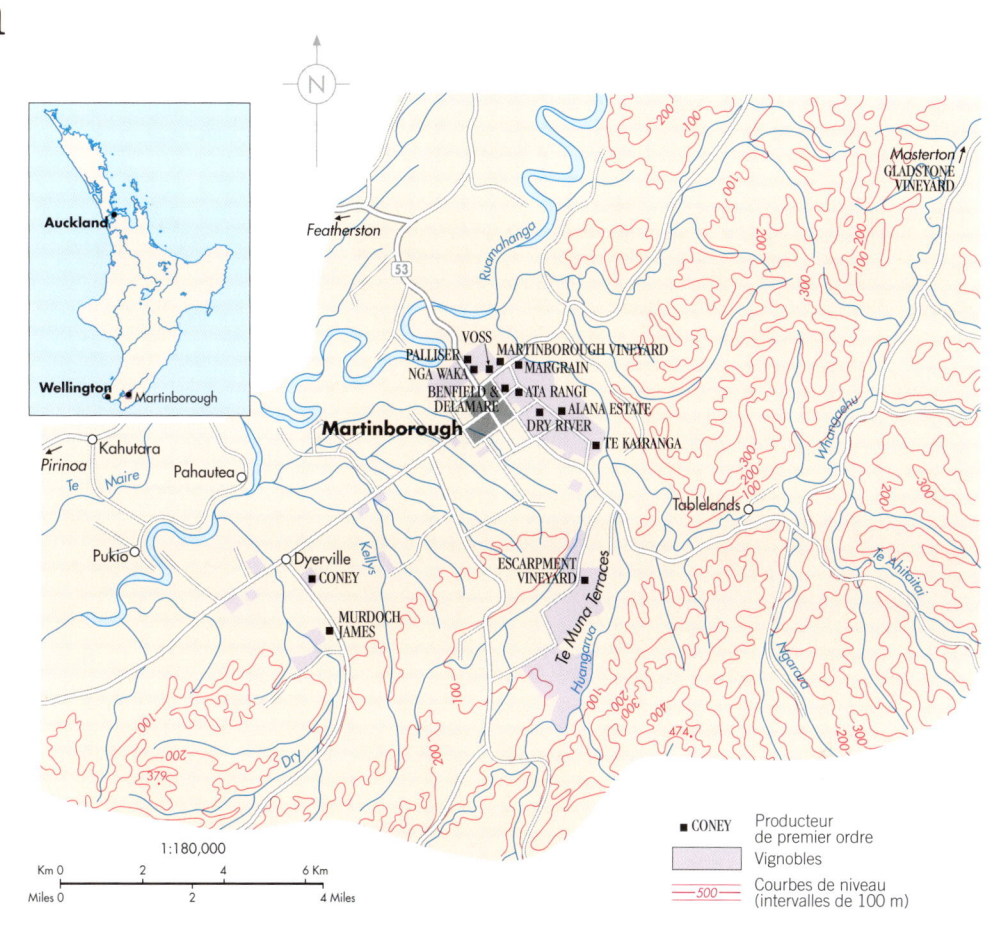

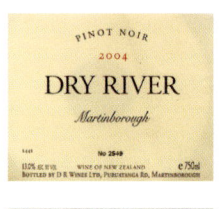

En Nouvelle-Zélande, le vin est étroitement associé aux loisirs. C'est entre autres le cas lors du Toast Martinborough, un festival du vin, de la nourriture et de la musique qui se tient chaque année en novembre. Sa popularité est telle que les billets sont épuisés dans les heures qui suivent leur mise en vente. Des navettes de bus entre les dégustations sont essentielles !

Marlborough

Ces dernières années, Marlborough, à la pointe septentrionale de l'île du Sud, a tellement planté des vignes qu'elle devance toutes les autres régions viticoles néo-zélandaises. On trouve la moitié des vignobles du pays dans cette zone. Un exploit si l'on pense qu'hormis un immigré qui planta du raisin à Meadowbank Farm vers 1873, la vigne était inconnue jusqu'en 1973 quand Montana, le principal producteur du pays, prit le risque de créer un petit vignoble commercial.

Le manque d'eau posait d'énormes problèmes mais, en 1980, la première cuvée était mise en bouteille. Plus personne ne pouvait ignorer l'intensité toute particulière du sauvignon blanc de Marlborough. Ce succès qui révélait les potentialités de ce vin attira, entre autres, David Hohnen de Cape Mentelle en Australie-Méridionale. En 1985, il créa le cloudy bay, un nectar dont le nom, l'étiquette évocatrice et les arômes fumés puissants sont devenus légendaires.

En 2007, plus de 11 000 ha de Marlborough étaient plantés de vignes, presque trois fois plus qu'en 1999. En 2005, le nombre de producteurs de vin dépassait la centaine et la proportion de raisin qui traversait le détroit de Cook, pour être vinifié dans l'île du Nord, avait chuté – ce qui est un avantage pour le vin produit. De nos jours, de plus en plus de producteurs qui vendaient autrefois leur raisin aux grandes entreprises viticoles ont leurs propres marques, ce qui passe parfois par l'une des coopératives très actives de la région.

La **Wairau Valley**, vaste et plate, a attiré les investisseurs et tous ceux qui aiment se consacrer à la vinification, même si certains ont planté de la vigne si loin à l'intérieur des terres que le raisin ne mûrit pas toutes les années ainsi que sur des terres où l'eau de la vallée, si précieuse, est rare. Le besoin de protéger les vignes du gel dans la vaste zone au fond de la vallée constitue un autre problème, de taille, pour tous ceux qui voudraient faire de même.

La spécificité de Marlborough est une combinaison inhabituelle de journées longues, de nuits froides, de soleil vif et, dans les bonnes années, d'automnes plutôt secs. Avec des températures plutôt basses, le raisin a parfois du mal à mûrir là où les pluies d'automne menacent. Mais on laisse parfois plus longtemps les grappes sur pied afin de prolonger la période de maturation. Cela permet d'augmenter la concentration de sucres sans nuire à l'acidité, qui caractérise les vins néo-zélandais grâce aux nuits froides.

Cette variation de température entre le jour et la nuit est plus marquée dans l'**Awatere Valley**, plus sèche, fraîche et venteuse, mais trop au sud pour figurer sur cette carte. Le premier à s'y implanter fut Vavasour et, ces dernières années, la viticulture s'est considérablement accrue grâce à des fonds privés qui ont permis d'améliorer l'irrigation. Le débourrement et la récolte sont a priori plus tardifs dans l'Awatere Valley que dans le fond de la Wairau Valley. Mais les étés sont parfois assez longs et chauds pour permettre aux cépages bordelais de mûrir, contrairement à la plupart des vignobles dans la Wairau Valley. (Les vignobles de Brancott du groupe Montana, ont un peu de retard par rapport à ceux du fond de la vallée à cause de leur altitude.)

Les sols sont caractéristiques de Marlborough. Au nord de l'autoroute 6/63, à l'exception de zones autour de Woodbourne, ils sont bien plus jeunes que ceux du sud. Par endroits, la nappe phréatique est dangereusement élevée et les meilleurs vignobles, sur ces sols jeunes et pierreux, sont ceux qui sont les mieux drainés, grâce à la présence d'une fine couche de limons sur les galets (là où coulait autrefois la rivière). Les vieilles vignes ont un système racinaire profond, tandis que les plus jeunes ont besoin d'être irriguées pour survivre aux étés secs.

Au sud de l'autoroute, les sols les plus bas sont trop mal drainés pour donner du vin de qualité, mais les vignobles plus en altitude, exposés sur le bord méridional de la vallée, nu et bien orienté, produisent du raisin intéressant sur des sols bien plus secs. Les grands producteurs de sauvignon blanc assemblent des raisins de plusieurs parcelles, aux sols et aux conditions climatiques différentes, afin d'obtenir des vins que sortent du lot. Une utilisation limitée et attentive de l'élevage sous bois et de la fermentation malolactique est souvent bénéfique, et permet à un nombre accru de vignobles plantés de sauvignon de se distinguer.

Marlborough a produit à partir du pinot gris, de plus en plus populaire, quelques vins de cépage excellents ainsi que des rieslings remarquables, notamment à partir de vendanges tardives, mais le chardonnay et le pinot noir demeurent les variétés les plus importantes. On les cultive toutes deux pour des vins effervescents et tranquilles, et les pinots fruités de Marlborough gagnent en stature quand les vignes ont un certain âge.

MARLBOROUGH : BLENHEIM

Latitude / Altitude **40° 32' / 20 m**

Température moyenne en janvier **17,7 °C**

Précipitations annuelles moyennes **730 mm**

Précipitations le mois des vendanges avril **60 mm**

Principaux dangers viticoles **pluies automnales**

Principaux cépages **sauvignon blanc, pinot noir, chardonnay**

▶ Comme Marlborough possède désormais des centaines de marques différentes, faire un sauvignon ou un pinot qui se démarque du lot constitue parfois un défi. Dog Point est la propriété de deux des personnes qui ont créé le cloudy bay. Les Fromms sont suisses. Gravitas appartient à des Néo-Zélandais, mais ses sols ont été analysés aux États-Unis.

Central Otago

Le Central Otago est la région viticole la plus méridionale du monde. Concernant la beauté de ses paysages, la vallée de Cape en Afrique du Sud est son unique rivale. Des montagnes enneigées même en été surplombent les rivières bleu turquoise qui dévalent des gorges où embaume le thym. Queenstown, haut lieu touristique, est la capitale du ski néo-zélandais. Les vinificateurs de Central Otago, très soudés, viennent y faire un peu de ski avant d'aller travailler.

En 1997, il n'y avait que 14 producteurs de vin et un peu moins de 200 ha de vignes. En 2006, on comptait 82 producteurs pour 1 150 ha de vignobles, surtout plantés de jeunes vignes de pinot noir destiné pour l'essentiel à être vinifié par des coopératives.

Contrairement au reste de la Nouvelle-Zélande, le Central Otago a un climat non pas maritime mais nettement continental, avec des étés ensoleillés et secs, mais courts. Le gel constitue une menace toute l'année et, dans les zones les plus froides, comme Gibbston, même le pinot qui mûrit tôt a parfois du mal à parvenir à complète maturité avant l'arrivée de l'hiver.

En revanche, le soleil tape fort en été. Le trou dans la couche d'ozone, au-dessus de cette partie isolée du monde, expliquerait ce rayonnement intense. Par chance, grâce aux nuits relativement fraîches, le taux d'acidité est respectable. Cela donne des vins aux arômes très fruités qui, de par leur maturité, contiennent une teneur en alcool rarement inférieure à 14 %. Le pinot noir de Central Otago, comme le sauvignon blanc de Marlborough, manquent parfois de subtilité, mais se laissent boire dès l'embouteillage.

Ici, les étés et les automnes précoces sont si secs que même le pinot noir, qui pourrit facilement, souffre rarement de maladie cryptogamique. En outre, l'irrigation n'est pas un problème dans cette zone de ski. La capacité des sols à retenir l'eau des sols est cependant très limitée. Il s'agit surtout de lœss léger avec un peu de graviers sur du schiste (la même base rocheuse, il y a 200 millions d'années, qu'à Marlborough).

La sous-région Alexandra est la plus méridionale. Froide, elle fut plantée de vignes pour la première fois dans les années 1980 à Black Ridge. Gibbston, légèrement au nord-ouest, est encore plus froid, mais les vignes sont plantées sur les pentes orientées au nord des impressionnantes gorges du Kawarau. Quand la période de croissance est assez longue, les vins ont des arômes complexes. Bannockburn, où les gorges rencontrent la Cromwell Valley, est la sous-région la plus intensément plantée. Elle fut autrefois un pays où l'on cherchait de l'or. Bendigo, au nord, est plutôt chaud et s'est rapidement recouvert de vignes, bien qu'il n'y ait aucune cave pour l'heure. Lowburn, dans la vallée au sud de Bendigo, a aussi un grand potentiel.

La sous-région la plus septentrionale, Wanaka, est l'une des premières à s'être développée. Les vignobles de Rippon sont en bordure du lac, ce qui limite le risque de gel. Depuis qu'ils ont été plantés, au début des années 1980, ils ont fait la joie de milliers de photographes.

Le nord-est de l'Otago possède désormais sa propre région viticole, Waitaki Valley (voir la carte p. 358), où des prospecteurs parient sur le calcaire bourguignon, inconnu dans le reste de Central Otago, même s'il ne faudrait pas oublier le risque permanent de gel sur des vignes, pour l'heure plutôt jeunes. L'avenir devrait être aussi brillant que le sont les vins.

Les hivers rudes sont une réalité ici, dans l'un des vignobles de Chard Farm à Gibbston. Chaque année, dans cette région, la question cruciale est de savoir si les grappes parviendront à mûrir avant l'arrivée de l'hiver.

▼ Créé au début des années 1990, Felton Road est le domaine qui a le plus œuvré pour hisser le Central Otago au niveau international. Mt Difficulty, qui existe depuis 1998, est un autre producteur de renom « ancien » dans cette région très récente.

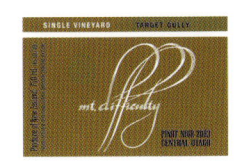

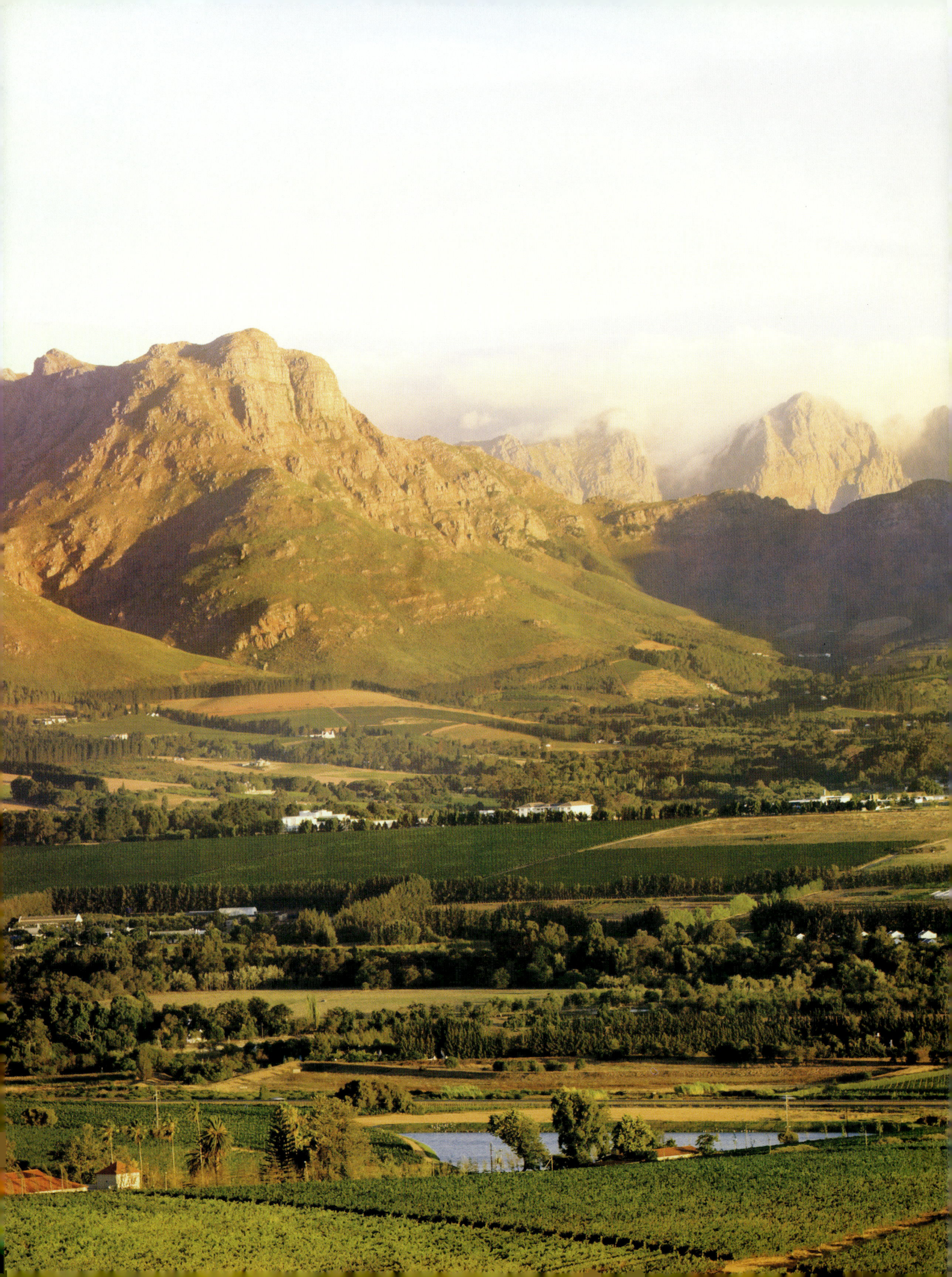

Vue surplombant le domaine de Neetlingshof et donnant sur la ville de Stellenbosch. La couverture nuageuse qui enveloppe les montagnes de Groot Drakenstein au loin est un signe de l'air frais qui souffle majoritairement depuis False Bay vers le sud-est.

Afrique du Sud et Asie

Worcester, district de la région de **Breede River Valley**, est plus proche de la douce influence de l'Atlantique, mais reste si chaud et si sec que l'irrigation est de rigueur. On y produit plus de vin que partout ailleurs dans la région du Cap, soit plus d'un quart de la production nationale. Le raisin est utilisé en grande partie pour faire du brandy, mais quelques excellents vins, rouges comme blancs, y sont également produits.

Toujours dans la **Breede River Valley** mais en allant vers l'océan Indien, le **Robertson** est une région qui se distingue par ses nombreux domaines de qualité et par son bon vin de coopérative. Les sols calcaires profitent à de nombreux haras ainsi qu'à la viticulture, principalement aux vins blancs, dont des chardonnays juteux, mais aussi aux rouges qui se forgent une réputation grandissante. Les vents du sud-est qui amènent les brises marines de l'océan Indien rafraîchissent la vallée, mais les précipitations sont basses et les étés chauds.

Le potentiel le plus stimulant est sans doute au sud, plus près de l'Antarctique. **Walker Bay**, près de Hermanus, est un district relativement récent, mais il peut s'enorgueillir de la solide réputation de ses vins élégants. Tim Hamilton Russel est le pionnier qui a prouvé que l'Afrique du Sud était capable de produire un grand pinot noir, ainsi que du chardonnay avec une étonnante touche de bourgogne. Des sols schisteux érodés par les intempéries sont typiques de la vallée d'Hemel-en-Aarde. La grande variété d'altitudes et d'expositions y est propice à la culture de bons sauvignons blancs, merlots et shiraz. Walker Bay offre le spectacle magnifique, inégalé en Afrique, de baleines – une raison de plus pour visiter la région vinicole du Cap.

À l'est, des terres encore plus fraîches ont été prospectées et du sauvignon blanc d'une grande élégance provient à présent de l'arrière-pays de **Cape Agulhas**, dans les alentours d'Elim, un village livré aux vents, et qui se prolonge dans l'est jusqu'à Ruiterbosch.

Au nord de Walker Bay, le district d'**Overberg** a converti nombre de ses vergers plantés de pommiers en vignobles où s'épanouissent sauvignon blanc, le sémillon, le pinot noir et une variété de shiraz adaptée au climat frais.

Concernant les cépages du Cap, la tendance la plus notable a été la substitution quasi intégrale des rouges, en excès vers 2005, par des blancs, notamment le chenin blanc qui à une certaine époque dominait les vignobles sud-africains. Le chenin reste le cépage le plus planté, mais représente aujourd'hui un cépage sur cinq. Arracher davantage de chenin serait une erreur, car le chenin issu de vieilles vignes taillées en gobelets reste la contribution la plus originale du Cap : un vin très stylé, avec beaucoup de substance, en vente à des prix quasiment imbattables. Il est encore meilleur sur la côte où son acidité naturelle est rehaussée. Les chenins de Ken Forrester, Rudera et De Trafford sont parmi les meilleurs à Stellenbosch, tandis que l'assemblage palladius établit de nouveaux critères d'excellence. Produit par la famille Sadie, le palladius est issu de vieilles vignes taillées en gobelets à Paardeberg, dans le Swartland.

Le colombard, très utilisé dans la distillation, est le troisième cépage le plus planté dans la région du Cap. Autant de chardonnay que de sauvignon blanc y sont cultivés et les deux sont prometteurs. Mais la finesse et le potentiel de garde des chardonnays sont rarement du niveau des bourgognes quand il s'agit des vignobles les plus chauds. Les sauvignons blancs sont aussi dotés d'une importante acidité naturelle.

Le cépage rouge le plus planté est le cabernet-sauvignon. Ses plantations ont doublé entre 2005 et 2008, mais le shiraz le talonne, car les variations sud-africaines sur ce thème jouissent d'une grande popularité, que ce soit les shiraz résolument poivrés de Boekenhoutskloof, avec un style du nord du Rhône, ou les shiraz plus riches, plus limpides, plus doux et souvent vieillis en fût de chêne que produisent Saxenburg et Fairview.

Les plantations de merlot ont considérablement augmenté alors que la surface de vigne consacrée au pinotage, hybride sud-africain à base de pinot noir et de cinsault, ne varie pas. Ce cépage, souvent piquant, donne des vins comparables aux beaujolais ou des vins très boisés, même s'ils restent charnus en bouche. Le débat sur les mérites de ces deux styles est toujours ouvert.

La production de vin rouge dans ce pays a longtemps été frappée par le virus de l'enroulement, qui empêche le raisin d'arriver à maturité. Vers 2005, près de la moitié des vignobles sud-africains étaient déjà replantés avec de nouveaux clones de cépages sains. Plus à la mode que les traditionnels chenin et colombard, ils ont été plantés sur des porte-greffes sélectionnés avec le plus grand soin pour convenir aux conditions locales. Un des plus grands défis de la viticulture sud-africaine sera la pérennité de ces nouveaux plants, qui sont en quarantaine rigoureuse, et qu'ils restent robustes et sains au cours de ce XXIe siècle.

La plus grande évolution de l'Afrique du Sud a sans nul doute été réalisée sur le plan social. Il n'aura pas été facile de partager plus équitablement la propriété et la gestion d'une industrie qui a été pendant si longtemps entre les mains de la minorité blanche. Les revers ont été nombreux, mais il existe aujourd'hui une réelle volonté de transformer l'industrie viticole, afin notamment que la majorité noire sud-africaine constitue un marché important pour les vins sud-africains. Des projets sont en cours pour donner plus de pouvoir aux Noirs et créer des *joint-ventures*, même si leur développement est parfois lent. De nouvelles étiquettes, comme Fair Valley, Tukulu, Bouwland et Yammé, et d'autres aux connotations plus touchantes comme Freedom Road (« Chemin de la Liberté »), Thandi (le mot xhosa pour chérir) et Wings of Change (« Ailes du Changement »), témoignent de l'existence d'une nouvelle ère pour le vin sud-africain. Des programmes de « mentoring » et de formation sont développés spécifiquement pour encourager une plus grande participation dans l'industrie vinicole, tandis que celle-ci attribue plus de fonds pour améliorer le logement, les conditions de travail, les salaires et plus généralement d'élever la condition sociale. Néanmoins, il est compréhensible qu'il y ait de l'impatience.

On aperçoit fréquemment des troupeaux d'autruches domestiquées dans le Klein Karoo. Ces oiseaux inquisiteurs profitent d'une alimentation très variée, même si les remarquables vins mutés qui sont la spécialité de cette région ne sont sans doute pas au menu.

Constantia

Historiquement, le vin le plus connu en Afrique du Sud est le constantia, vin de dessert qui, déjà à la fin du XVIIIe siècle, était reconnu comme un des plus grands vins au monde. À l'origine, le vignoble, très étendu (750 ha) – et bien plus grand que la surface de l'encépagement actuel –, fut fondé en 1685 par le deuxième gouverneur hollandais du Cap, Simon Van der Stel.

Constantia est devenu une très belle banlieue résidentielle au sud de la ville du Cap. De ce fait, le domaine est très exploité et il paraît improbable que l'encépagement augmente ; il se pourrait même qu'il continue de diminuer. Les terrains étant chers, les vignes reculent progressivement pour se nicher sur les hauteurs des versants est, sud-est et nord-est du Constantiaberg, contrefort oriental de Table Mountain. Les vins produits dans ce coin des vignobles du Cap sont parmi ses plus caractéristiques ; ils proviennent d'un amphithéâtre formé par les montagnes, qui s'ouvre directement sur False Bay. Il est constamment rafraîchi par le Cape Doctor, vent du sud-est en provenance de l'océan. Ce vent aide à atténuer les maladies fongiques qui peuvent être relativement répandues ici du fait d'une pluviométrie annuelle qui excède 1 000 mm.

Le sauvignon blanc est le cépage phare des 420 ha de vignobles de Constantia. Il représente un tiers de l'encépagement de la région, le chardonnay et le cabernet-sauvignon étant loin derrière. Le Cape Doctor encouragerait la rétention de pyrazine, ce qui donne au sauvignon ses arômes herbacés. L'exemple le plus incroyable de sauvignon blanc de Constantia se trouve à Steenberg, site particulièrement exposé au vent. Le sémillon était de loin le cépage le plus populaire en Afrique du Sud au début du XIXe siècle et il peut être remarquable. Steenberg et Cape Point en font des spécimens particulièrement réussis.

Les sols, fortement érodés par la pluie et le vent, sont acides, rougeâtres et fort argileux, sauf autour de Uitsig, où le sable prédomine. Là, les terres sont les plus chaudes et les plus basses de tout Constantia, et les vignes sont généralement les premières à mûrir.

Malgré la pression exercée par le développement urbain qui gagne du terrain et par l'occasionnel babouin maraudeur descendu des parcs naturels de Table Mountain, deux nouvelles exploitations vinicoles ont été fondées au début du XXIe siècle, portant le total à sept. Klein Constantia perpétue la tradition des vins de dessert avec son Vin de Constantia issu de petites baies de muscat. Cultivé à l'endroit même où Simon Van der Stel avait fait planter les premières vignes, ce vin est mis en vente dans des bouteilles réalisées à partir d'une bouteille vieille de 200 ans.

Cape Point est un district juste au sud de Constantia (voir la carte p. 366) qui n'a qu'une exploitation. Son climat est encore plus frais, mais il réussit des sauvignons et des sémillons remarquables.

Cette peinture sur batik illustre les quatre saisons de Constantia. L'artiste, Linda Jooste, est la fille du propriétaire de Klein Constantia, domaine qui a été au premier plan pour offrir à ses employés des logements d'un standing supérieur, dans un lotissement à proximité de leur travail, et ce dans une région où les prix des terrains sont les plus élevés.

▲ *Cette région au climat frais est propice à la production de sauvignons blancs vifs et aromatiques. Mais dans les vignobles plus chauds, le domaine de Buitenverwachting (prononcé Bay-ten-ver-vak-ting) prouve que Constantia peut créer des assemblages de bordeaux d'une grande complexité avec un bon potentiel de garde.*

- National Vin de Constantia d'origine contrôlée
- ■ STEENBERG Producteur de premier ordre
- Vignobles
- Forêts
- —500— Courbes de niveau (intervalles de 100 m)
- --- Limites du Parc national

1:77,400

Stellenbosch et Paarl

La carte ci-contre montre le traditionnel cœur de l'activité viticole du Cap, même si aujourd'hui des vignobles plantés sur une surface beaucoup plus large que le Cap produisent de bons vins, depuis le Swartland jusqu'à Walker Bay. Malgré les résultats enthousiasmants obtenus en Afrique du Sud à partir de plantations récentes dans des zones plus fraîches, la grande majorité de l'activité viticole sud-africaine restera sans doute centrée sur la région de **Stellenbosch**, une ville universitaire boisée entourée d'un paysage arcadien. La ville est également le centre académique d'œnologie sud-africaine et un nombre croissant d'étudiants représente la nouvelle Afrique du Sud multiraciale.

Les sols de la région varient, de légers et sablonneux dans la partie occidentale de la vallée (pays traditionnel du chenin blanc) à plus lourds sur les versants, jusqu'au granit décomposé au pied des montagnes Simonsberg, Drakenstein et Franschhoek à l'est (ces deux dernières étant plutôt dans la région de Paarl). Les courbes de niveau et la répartition de l'eau sur la carte ci-contre donnent une bonne indication de la grande variété des terroirs dans cette région. Mais à ce stade de l'évolution de la production viticole sud-africaine, il serait dangereux d'augurer un lien fort entre un terroir et ses vins, car bon nombre de producteurs vinifient du raisin venu d'endroits très variés, réalisant souvent un assemblage qui donne lieu à l'appellation Coastal Region (« Région côtière »), parfois élargie à l'appellation Western Cape (« Cap occidental »), que l'on trouve couramment sur les étiquettes.

Au nord, loin de la mer, les températures sont en général plus élevées, mais le climat est néanmoins presque parfait pour la viticulture. La pluviométrie est presque idéale et concentrée dans les mois d'hiver. Les étés sont à peine plus chauds qu'à Bordeaux. Les vins rouges sont tellement en vogue aujourd'hui que l'encépagement du cabernet sauvignon (définitivement), du shiraz ou du merlot a dépassé celui du chenin blanc dans la région de Stellenbosch. De même pour le sauvignon blanc, qui peut donner d'excellents vins blancs ici, notamment dans les zones de climat plus frais. Le chardonnay est moins planté mais peut aussi se révéler plein de finesse. Les assemblages aussi ont longtemps été importants.

Les vignobles de Stellenbosch sont si bien établis et si variés qu'ils ont justifié la subdivision de ce qui était, dans la nomenclature officielle sud-africaine, le district de la région côtière en plusieurs circonscriptions (il y a eu plusieurs changements depuis la dernière édition de ce livre). Et pour nous narguer, d'autres entités géographiques, qui ne sont pas des circonscriptions officielles, existent aussi dans la région de Stellenbosch.

La première circonscription à obtenir une reconnaissance officielle a été Simonsberg-Stellenbosch. Elle comprend tous les flancs méridionaux, plus frais et bien drainés, de l'imposante montagne de Simonsberg (mais elle exclut Thelema, propriété vinicole avec une grande force de frappe qui n'existait pas encore quand les limites ont été établies en 1980). Jonkershoek Valley est une petite zone reconnue depuis longtemps dans les montagnes qui portent ce nom à l'est de Stellenbosch, tandis que Papegaaiberg, tout aussi minuscule, se situe de l'autre côté de la ville, en tampon face à la circonscription florissante de Devon Valley. Au nord, la circonscription de Bottelary, bien plus grande, plus plate, plus récente aussi, emprunte son nom aux collines situées à l'extrême sud-ouest de la région. Banghoek était la circonscription la plus récente jusqu'à ce que Polkadraai Hills, plus à l'ouest, soit reconnue en 2006 (voir la carte p. 366).

Globalement, les meilleurs vins proviennent des domaines situés autour de la ville de Stellenbosch, ouverte aux brises marines soufflant du sud en provenance de False Bay en raison de sa situation dans les collines. L'alliance de l'altitude et des vents frais retarde la maturation de la vigne. Les imposantes montagnes Helderberg qui se déploient au nord-est de Somerset West sont un facteur incontestable dans la géographie locale du vin et de nombreux producteurs réputés se sont installés sur ses flancs occidentaux. L'extraordinaire exploitation anglo-américaine, Vergelegen (ci-dessous), est établie sur les versants sud de ces montagnes.

Plus loin de l'influence rafraîchissante de False Bay se trouve **Paarl**. La région est certes aujourd'hui plus marginale sur la scène viticole du Cap qu'elle ne l'était à l'époque du KWV et des vins mutés, mais des producteurs tels que Fairview, Glen Carlou, Rupert et Rothschild, et Villiera y produisent d'excellents vins de table. Le chenin blanc et le sauvignon blanc y sont plantés en quantités égales, le shiraz et le merlot prenant respectivement la troisième et la quatrième place.

Les circonscriptions de Paarl incluent l'exploitation de Franschhoek Valley. Isolée et à une plus haute altitude (on n'en voit qu'une partie sur la carte ci-contre), elle fut établie par des Huguenots. De nos jours, cette vallée entourée sur trois flancs par les montagnes évoque davantage les bons restaurants et un beau paysage que le vin, mais elle peut encore s'enorgueillir de quelques grands vins. Boekenhoutskloof se trouve dans la vallée de Franschhoek, même si son shiraz, hors du commun, est issu de raisin cultivé dans un des endroits les plus frais de Wellington, une circonscription de Paarl au nord, bien moins à la mode.

L'architecture de Vergelegen offre un magnifique spectacle, mais, du domaine, la vue sur Table Mountain, de l'autre côté de False Bay, est encore plus spectaculaire. Si l'on considère son palmarès à chaque foire ou exposition vinicoles, on ne peut qu'être émerveillé par tant d'atouts.

STELLENBOSCH ET PAARL | **AFRIQUE DU SUD** | 371

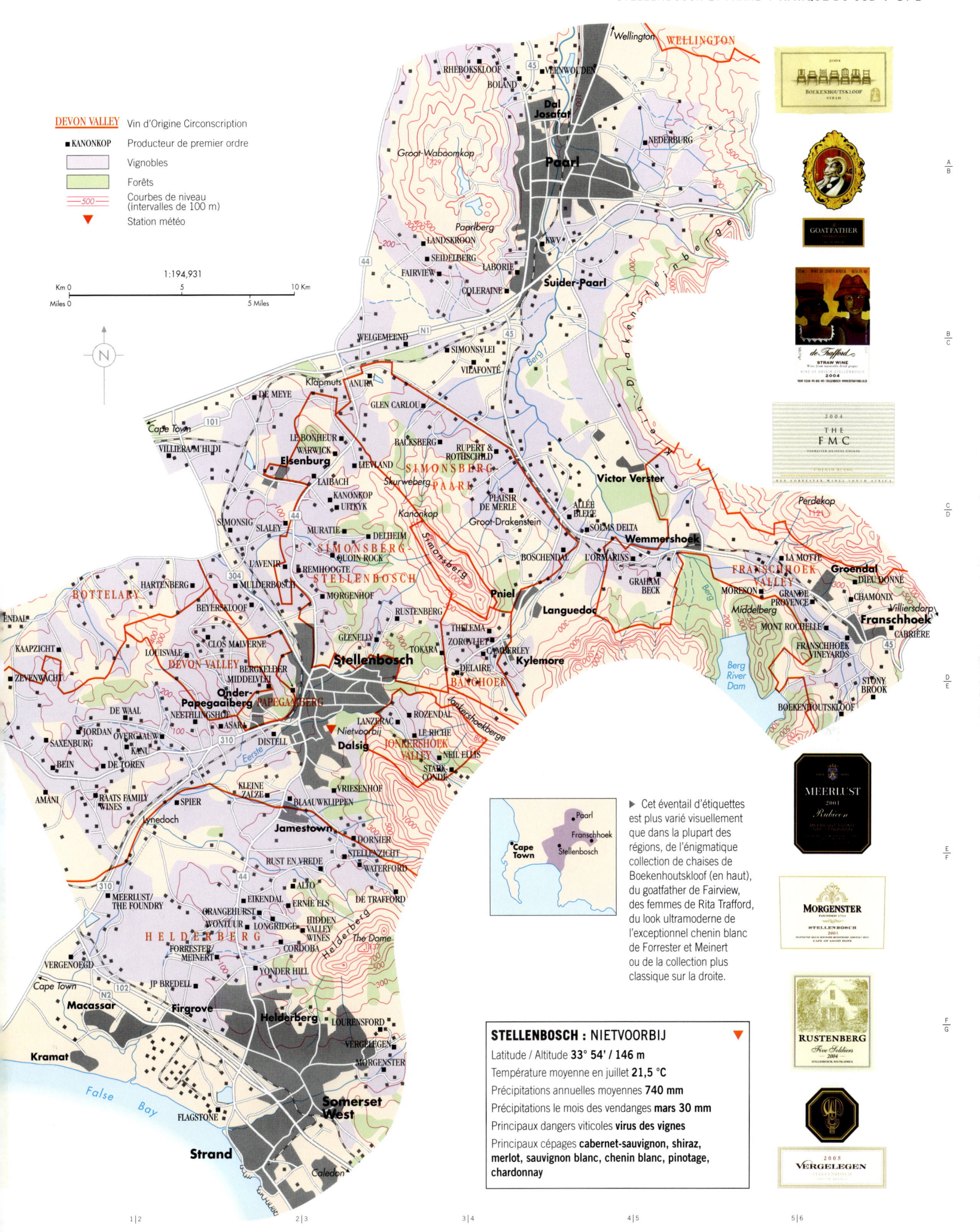

▶ Cet éventail d'étiquettes est plus varié visuellement que dans la plupart des régions, de l'énigmatique collection de chaises de Boekenhoutskloof (en haut), du goatfather de Fairview, des femmes de Rita Trafford, du look ultramoderne de l'exceptionnel chenin blanc de Forrester et Meinert ou de la collection plus classique sur la droite.

STELLENBOSCH : NIETVOORBIJ

Latitude / Altitude **33° 54' / 146 m**

Température moyenne en juillet **21,5 °C**

Précipitations annuelles moyennes **740 mm**

Précipitations le mois des vendanges **mars 30 mm**

Principaux dangers viticoles **virus des vignes**

Principaux cépages **cabernet-sauvignon, shiraz, merlot, sauvignon blanc, chenin blanc, pinotage, chardonnay**

ns courantes pour les expor-
Chine

L'un des symboles les plus éloquents de l'occidentalisation de la Chine est le nombre de Chinois qui a pris goût au vin. La consommation de vin augmente à un tel rythme (15 % par an), que Shanghai et Pékin sont désormais des destinations courantes pour les exportateurs français. Et la passion des Chinois pour le vin (*putaojiu*), plutôt que pour les *jiu* (boissons alcoolisées) a été tellement encouragée par l'État – en partie pour réduire les importations de céréales – que, selon les chiffres de l'OIV, l'encépagement total de la Chine a triplé pendant la décennie précédant 2003. Ces chiffres suggéraient que la Chine était déjà au sixième rang de la production mondiale de vin.

Au IIe siècle av. J.C., les jardiniers de l'ouest de la Chine connaissaient déjà la vigne, et la production et la consommation de vin (sans doute de raisin), étaient aussi de mise. Les cépages européens firent leur apparition en Chine orientale à la fin du XIXe siècle, mais ce n'est que vers la fin du XXe siècle que le vin de raisin s'immisça dans la société (urbaine) chinoise.

L'immensité de la Chine engendre une grande variété de sols et de latitudes. La Chine continentale pâtit des écarts de température extrêmes, typiques des zones continentales, tandis qu'une grande partie de la côte, notamment dans le sud et le centre du pays, est exposée à la mousson.

Dans la province de **Xinjiang**, à l'extrémité nord-est du pays, où pousse environ un cinquième des vignes plantées en Chine, les hivers sont si rudes qu'à chaque automne, les pieds de vignes vinifera doivent être laborieusement recouverts de terre. Des systèmes d'irrigation ingénieux exploitent l'eau de fonte des neiges venue des montagnes dont certaines sont parmi les plus hautes du monde. Vini Suntime, le plus grand domaine de la région, parti de rien en 1998, contrôle environ 10 000 ha de vignobles. L'importance de la Chine occidentale est sur le plan viticole grandissante. Nombre d'exploitations viticoles de la Chine orientale possèdent aussi des centres de production dans l'ouest.

On trouve encore des exploitations étatiques un peu partout en Chine, mais ce n'est qu'à partir du début des années 1980, quand le savoir-faire étranger se répandit, à travers des *joint-ventures*, et que des vins enfin reconnaissables comme tels au palais occidental (secs, fruités et uniquement en provenance de raisin) commencèrent à être produits en Chine, certains avec du moût importé.

Rémy-Martin a été la première société européenne à collaborer avec les Chinois. Le succès de Dynasty, un vin blanc issu d'un cépage local, le long yan (« œil de dragon »), croisé avec du muscat (importé de Bulgarie en 1958)

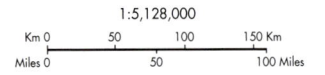

a encouragé la plantation de cépages européens classiques. Le long yan est couramment utilisé dans la production de vins de style occidental, tandis que le shan putao, qui signifie littéralement « raisin de la montagne », est le cépage de base pour les ferments plus traditionnels. Seuls un peu plus de 10 % des vignes plantées jusque-là, sont des cépages internationaux ; le cabernet-sauvignon vient en tête de liste, suivi du merlot. En ce début de XXIe siècle, les Chinois ont plutôt produit du vin rouge et ont imité – de loin il est vrai et sans intensité de couleur – le bordeaux, même si le shiraz se répand. Concernant les blancs, c'est le welschriesling qui a longtemps été le cépage dominant, mais les plantations de chardonnay ont récemment beaucoup augmenté.

Une étiquette, Dragon Seal (« Sceau du Dragon »), développée dans la banlieue occidentale de Pékin, impliquait Pernod-Ricard. La maison française s'est retirée de l'opération en 2001, mais son influence perdure grâce à l'œnologue français Jérôme Sabaté.

La péninsule de **Shandong** dans la Chine orientale serait le site le plus propice à la culture de cépages européens. Dotée d'un climat maritime qui ne nécessite pas la protection des vignes en hiver, elle offre des versants bien drainés et exposés au sud. Près d'un tiers des quelque 500 exploitations viticoles du pays se trouvent dans la province de Shandong, mais des maladies fongiques, à la fin de l'été et durant l'automne, sont le principal inconvénient. Changyu, pionnier dans cette région, est toujours le producteur le plus important. Le groupe italien de boissons, Saronno, représentait un tiers de la production en 2005. Château Changyu-Castel est une autre *joint-venture* avec Castel, de Bordeaux.

La première exploitation viticole moderne de type occidental fut fondée au début des années 1980 par un homme d'affaires de Hong-Kong et fut brièvement la propriété d'Allied Domecq. De nos jours la maison Huadong est réputée pour son chardonnay et son gamay.

L'exploitation qui pouvait se vanter de faire le meilleur vin en Chine au début du XXIe siècle était aussi entre les mains d'intérêts basés à Hong-Kong. Grace produit des rouges convaincants issus de cépages de bordeaux cultivés dans une zone de mines de charbon au sud-ouest de Pékin.

▼ Quelques-unes des étiquettes de vins chinois parmi les plus parlantes pour les Occidentaux. Malgré l'idée reçue en Occident selon laquelle le vin blanc convient mieux à la nourriture chinoise, la plupart des consommateurs chinois pensent qu'un vin doit avant tout être rouge.

Des raisins merlots sont cueillis ici pour Bodega Langes dans la province de Hebei. Le domaine appartient à la famille autrichienne qui détient la société Crystal Swarovski et qui gère Norton en Argentine. La propriété englobe une école du vin, un hôtel de luxe et une exploitation vinicole ultramoderne.

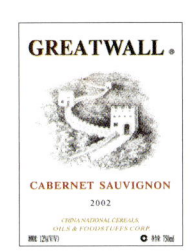

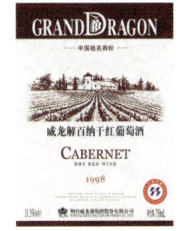

Japon

La nature, quand elle créa le Japon, semble avoir envisagé toutes sortes de plaisirs et d'entreprises, sauf le vin. Même si la latitude de Honshu, l'île principale de l'archipel japonais, coïncide avec celle de la Méditerranée, son climat, en revanche, est bien différent. Comme la partie orientale des États-Unis (à la même latitude), Honshu souffre de sa proximité avec un vaste continent à l'ouest. Prise entre l'Asie et le Pacifique, les deux plus grandes masses de terre et d'eau au monde, il est normal que son climat soit extrême. Il est cependant tout à fait singulier. Les vents soufflant de Sibérie rendent les hivers plus rudes encore ; les moussons amènent du Pacifique et de la mer du Japon des pluies diluviennes au printemps et en été. Et au moment où les vignes ont le plus besoin de soleil, elles sont frappées par les typhons.

Les terres battues par les typhons ont un relief accidenté et montagneux (presque les deux tiers du pays). Les plaines sont composées de sols alluviaux mal drainés, dégringolés des collines et qui conviennent à la culture du riz, mais pas de la vigne. Les terres cultivables en pente douce sont si rares qu'elles sont extrêmement coûteuses et doivent donc être rentables.

Dans ce contexte, il n'est donc pas étonnant que le Japon ait hésité, pendant près de 1 200 ans, à se lancer dans la viticulture. L'histoire est précise sur ce point. Le raisin était cultivé à la cour de Nara au VIIIe siècle av. J.C. Les missionnaires bouddhistes propagèrent la vigne à travers le pays, sans objectif de vinification. En 1186, près du mont Fuji, un jeune plant de vigne vinifera produisant des raisins à la peau épaisse fut sélectionné et baptisé koshu. Il est aujourd'hui encore le cépage le mieux adapté aux conditions locales ; même si à la base il était destiné au raisin de table, il donne des vins francs, délicats, boisés et non boisés, doux et secs.

Une industrie du vin dans le sens moderne du terme existe au Japon depuis 130 ans, depuis bien plus longtemps que dans le reste de l'Asie. Le premier gouvernement nippon à s'ouvrir sur l'extérieur envoya des chercheurs en Europe dans les années 1870 pour y étudier les méthodes de vinification et rapporter des pieds de vignes. Il devint rapidement évident que les vignes américaines donnaient de meilleurs résultats que les vignes françaises ou allemandes. De plus, l'arôme foxé des raisins d'Amérique orientale n'était pas pour déplaire aux Japonais.

Depuis ses débuts, l'industrie vinicole est concentrée dans les collines bordant le bassin du Kofu, dans la préfecture de Yamanashi, près du mont Fuji et à proximité de la capitale. On trouve ici les températures moyennes les plus élevées, mais aussi les débourrements, les floraisons et les vendanges les plus précoces. Plus de la moitié des quelque 175 exploitations viticoles du Japon (les vraies, pas des usines d'assemblage ou de mise en bouteille, ni des centres de production de saké à base de riz) est basée ici. Le Japon importe des quantités impressionnantes de vin en vrac et de moût de raisin, même si de nos jours les étiquettes doivent spécifier tout ingrédient importé.

Jusque dans les années 1960, nombre de petites entreprises dans la région de Yamanashi produisaient un vin extrêmement doux pour un marché peu connaisseur. Aujourd'hui, le marché viticole nippon est dominé par Mercian, Suntory, Sapporo et Manns. Tous disposent des meilleurs cépages européens produits au Japon, issus de vignes qui comptent parmi les mieux travaillées au monde. Les cabernets et les merlots peuvent développer un tanin et une acidité exceptionnels. Les chardonnays sont, quant à eux, moins distinctifs.

Non loin de là, Nagano est moins exposé à la mousson et produit des vins qui comptent parmi les meilleurs du pays. On y trouve déjà 25 exploitations vinicoles et la région fournit du raisin à nombre de grosses exploitations dans la préfecture de Yamanashi. Hokkaido, l'île la plus septentrionale, possède 10 exploitations et une viticulture bien développée.

Le nombre d'exploitations est toujours croissant et, aujourd'hui, 36 des 43 préfectures japonaises produisent du vin, y compris l'île semi-tropicale de Kyushu au sud-ouest, où le domaine de Tsuno réussit à produire d'excellents vins à base de muscat bailey A et de campbell early.

▼ Grace produit un kai noir, issu d'un cépage hybride japonais, qui a été très compétitif dans les foires du vin. Tsuno est une nouvelle exploitation sur l'île de Kyushu dans l'extrême sud, tandis que Château Mercian existe depuis longtemps et le koshu est le cépage blanc traditionnel du Japon.

Producteurs réputés à Nagano
HAYASHI NO-EN, ST COUSAIR, IZUTSU, VILLA D'EST, OBUSE

Producteurs réputés à Yamanashi
ALPS, KIZAN, CH LUMIÈRE, MANNS, CH MERCIAN, RUBAIYAT, GRACE, SADOYA, IKEDA, SAPPORO, KATSUNUMA, SOLEIL, KITANORO, SUNTORY

■ TSUNO Producteur de premier ordre
  Terres au-dessus de 1000 m
▼ Station météo

JAPON : KUMAGAYA

Latitude / Altitude 36° 09' / 30 m
Température moyenne en juillet 24,7 °C
Précipitations annuelles moyennes 1 260 mm
Précipitations le mois des vendanges sept. 230 mm
Principaux dangers viticoles pluies, typhons d'été, maladies fongiques
Principaux cépages koshu, neo muscat, cabernet-sauvignon, merlot, chardonnay, kyoho, delaware

Reste de l'Asie

Hier encore, on considérait que l'Asie n'avait pas la moindre importance dans l'univers du vin. Il n'empêche que le marché asiatique a joué un rôle important dans la hausse des prix des bons vins dans les années 1990. Et aujourd'hui, si l'on produit du vin en Asie centrale – Ouzbékistan, Tadjikistan, Kazakhstan, Turkménistan et Kirghizistan qui ont une longue tradition viticole et qui produisent des vins plutôt doux –, on en élabore aussi dans des pays comme l'Inde, la Thaïlande, le Vietnam, Taiwan et l'Indonésie, qui disposent d'une jeune industrie viticole, fondée sur une viticulture tropicale ou presque.

En Inde, la classe moyenne grandissante, de plus en plus occidentalisée et de plus en plus prospère, constitue un marché plus que suffisant pour l'industrie viticole locale. En 2005, de lourdes taxes sur les vins importés ont favorisé les ventes de domaines indiens comme Château Indage, Sula (tous deux dans l'État du Maharashtra) et Grover. Ces trois exploitations représentent environ 90 % des ventes de vins indiens. Depuis 2001, l'État du Maharashtra encourage activement la production de vin avec toute une série de mesures financières, mesures qui expliquent que 38 des 41 exploitations viticoles recensées dans cet État, en 2007, soient de nouvelles entreprises.

Château Indage fut le pionnier de l'industrie viticole moderne en Inde, notamment avec un vin blanc effervescent légèrement doux, développé avec un savoir-faire et des cépages importés de Champagne, et vendu sous les étiquettes, entre autres, Marquis de Pompadour et Omar Khayyam. La maison s'est beaucoup développée, produisant une gamme variée de cépages tranquilles, et possède une nouvelle exploitation à Himachal Pradesh, dans les contreforts de l'Himalaya.

Le producteur Rajeev Samant a rapporté de son séjour dans la Silicon Valley une certaine sensibilité aux vins de Californie. Il produit des vins blancs frais, fruités et secs, notamment le Sula sauvignon blanc. En 2000, 5 000 caisses composaient le premier millésime de la maison Sula ; en 2006, la production était de 125 000 caisses, fournies par près de 485 ha de vignobles.

L'exploitation de la famille Grover, très fructueuse, est une des rares à être située hors de l'État de Maharashtra. Elle se trouve plus précisément dans les collines surplombant Bangalore dans l'État de Karnataka (mais la famille investit aussi dans le Maharashtra où elle élabore une deuxième gamme de vins). Dans les années 1990, déjà, la famille avait fait appel à l'œnologue Michel Rolland, de Pomerol. Le résultat de cette collaboration est La Réserve, un vin rouge qui mériterait tout à fait sa place sur la table de dégustation d'un caviste bordelais. Ici, les vignes ne sont jamais en dormance, mais grâce à un élagage soigné, elles ne fructifient qu'une fois l'an et sont vendangées en avril ou mai.

L'industrie vinicole de la Thaïlande est bien plus modeste, mais les neuf membres de l'Association du Vin Thaï forment un groupe cohérent, ce qui est compréhensible dans un pays où de puissants groupes s'efforcent de bannir l'alcool sous toutes ses formes. Son histoire débute dans les années 1960 avec la plantation de vignes, destinées principalement à la production de raisin de table. La maison Siam a commencé par faire des coolers (boisson faite de vin, de jus de fruit et d'eau gazeuse) au jus de raisin, puis a établi un programme très sérieux de production, sous la houlette du domaine Château de Loei, dont le premier millésime, issu de vignes cultivées dans l'extrémité septentrionale du pays, près de la frontière avec le Laos, date de 1995.

Aujourd'hui, des vignobles prospèrent jusqu'à 550 m d'altitude dans la région de Khao Yai, au nord-est de Bangkok.

L'encépagement total de la Thaïlande est toujours bien en dessous de 1 000 ha, et le cépage le plus répandu est le shiraz (syrah) et le chenin blanc. Le vin est produit avec compétence et les producteurs les plus consciencieux s'efforcent de se limiter à une vendange annuelle – alors qu'il leur serait possible de réaliser cinq vendanges en deux ans. Un élagage sévère pendant la canicule qui règne de mars jusqu'en mai, suivi de trois mois de pluies, permet aux vignes d'entrer dormance pendant cette période. Tous les raisins précoces sont mis à terre et les vignes sont à nouveau taillées fin septembre ou début octobre, afin d'obtenir une récolte de raisins mûrs hautement concentrés en février.

Des vignes sont aussi cultivées dans le Bhoutan, au Cambodge, en Indonésie, en Corée, au Myanmar, au Sri Lanka, à Taiwan et au Vietnam, souvent à une échelle minuscule et embryonnaire. Mais c'est un fait : le vin a conquis le continent asiatique.

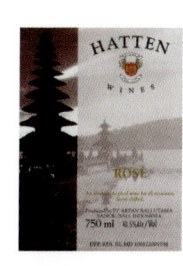

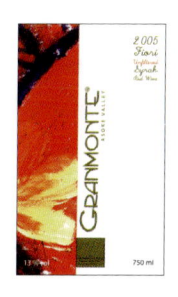

◄ Le propriétaire de Sula a commencé son éducation vinicole en Californie, d'où le choix résolument occidental du design de l'étiquette, même si elle comporte une touche orientale. Monsoon Valley et GranMonte sont destinés à l'industrie touristique importante de la Thaïlande. Hatten a réussi à monter une entreprise vinicole également orientée vers le tourisme à Bali, en Indonésie.

Ces « vignobles flottants » – des îlots de vignes interrompus par une série de canaux – dans le delta du Chao Phraya dans le sud de la Thaïlande, sont parmi les vignobles les plus insolites au monde. Le cépage malaga blanc, cultivé ici sur des pergolas pour les protéger des maladies fongiques dans ce climat humide, sont importés par bateau pour le label Monsoon Valley du domaine de la Siam.

Glossaire

Cette liste a pour objectif d'aider à comprendre les termes les plus couramment utilisés dans le jargon du vin. Ceux propres à une seule région du monde sont expliqués dans la partie correspondante de l'atlas. Les termes français sont plus nombreux que, par exemple, les termes italiens ou espagnols, car ils ont été adoptés, et parfois adaptés, plus largement. Consultez également la terminologie qui figure dans les encadrés.

acide composante vitale d'un vin, qui procure une impression de vigueur et de fraîcheur. Les acides les plus courants sont l'acide tartrique, l'acide malique et, dans une moindre mesure, l'acide lactique.

acidifier ajouter de l'acide au vin ou au moût pour en améliorer l'équilibre.

acidité totale somme de tous les types d'acide que renferme un vin. Elle est déterminante pour l'équilibre du vin.

amarone style de vin issu de raisins passerillés, originaire de Vénétie, en Italie.

appellation contrôlée zone géographique délimitée dont la réglementation doit être strictement respectée (cépage, rendements, etc.) pour que le vin ait droit à l'appellation en question.

AT abréviation pour acidité totale.

BA abréviation de beerenauslese, un vin doux allemand. Voir p. 226.

barrique fût standard, dans le Bordelais, d'une capacité de 225 litres.

bâtonnage opération consistant à remuer les lies afin de favoriser leur interaction avec le vin et l'aération de ce dernier.

black-rot maladie cryptogamique de la vigne caractérisée par des taches nécrosées sur les feuilles et les jeunes grappes.

blanc vin ni rouge ni rosé, dont la couleur va du jaune très pâle au jaune ambré.

bodega terme espagnol désignant la cave ou l'entreprise de vinification.

boisé terme qualifiant un vin influencé par du bois (chêne le plus souvent), qu'il ait été élevé en fût ou mis en contact, processus bien moins coûteux, avec des copeaux de chêne, des planches de bois ou autres. Voir p. 35.

botrytis (Botrytis cinerea) champignon provoquant une maladie de la vigne (maladie cryptogamique), appelée plus familièrement pourriture. Sa forme bénéfique, la pourriture noble, a pour effet de concentrer le sucre et l'acidité des raisins blancs, ce qui donne des vins botrytisés liquoreux, de longue garde et potentiellement somptueux. La forme néfaste, la pourriture grise, fait pourrir les baies, ce qui altère la flaveur et dégrade les matières colorantes des cépages rouges.

bouchonné se dit d'un vin au goût et à l'odeur désagréables, généralement dus à la contamination du bouchon par du trichloroanisol (TCA).

bouteille unité standard correspondant à un volume de 75 cl.

caisse contenant standard de 12 bouteilles, 24 demi-bouteilles ou 6 magnums. Communément en carton, le bois étant réservé aux meilleurs vins.

calcaire un des termes, parfois galvaudé, les plus utilisés pour décrire le sol d'un vignoble. La vigne aime les sols calcaires, qui favorisent l'enracinement, que l'on rencontre entre autres en Bourgogne et en Champagne.

capsule (de surbouchage) gaine (relativement superflue) de plastique ou de métal recouvrant le goulot et le dessus du bouchon d'une bouteille. Utile pour identifier une bouteille dans un casier.

cépage variété de vigne.

chai bâtiment destiné au stockage du vin, particulièrement dans le Bordelais, le plus souvent dans des fûts.

chaptalisation méthode de vinification, qui doit son nom au ministre de l'Agriculture Chaptal, consistant à ajouter du sucre, avant ou pendant la fermentation, afin d'augmenter le degré alcoolique du vin. On dit d'un tel vin qu'il a été chaptalisé.

château terme, courant dans le Bordelais, désignant une exploitation qui cultive son propre raisin et, le plus souvent, le vinifie elle-même. Le vignoble n'est pas toujours d'un seul tenant et l'exploitation ne possède pas nécessairement un « château ».

climat terme bourguignon désignant une parcelle précise de vignoble au sein d'une appellation.

clone pied de vigne, génétiquement identique à la plante mère, sélectionné pour ses caractéristiques spécifiques.

clos terme désignant à l'origine, en Bourgogne, un vignoble d'un seul tenant entouré de murs. Également utilisé par les pionniers du Priorat, en Espagne.

collage méthode de clarification consistant à ajouter au vin un agent de collage (substance coagulante) comme le blanc d'œuf, la caséine ou la bentonite (un type d'argile). Ce produit attire les matières solides en suspension dans le vin et les précipite sous forme de dépôt.

concentration méthode consistant à éliminer une partie de l'eau du moût ou du vin afin de le rendre plus concentré.

conduite de la vigne manière de contrôler la croissance de la vigne, qui est une liane, en la taillant et en la palissant, à l'aide de piquets et de fils de fer, afin que le raisin donne un vin de qualité.

conduite du feuillage pratique viticole consistant à supprimer des feuilles ou à en relever d'autres pour exposer davantage les raisins au soleil afin d'optimiser la quantité et la qualité du vin.

coulure anomalie due à des raisons essentiellement climatiques. Après la floraison, au début de l'été, elle provoque la chute d'une part importante des fleurs non fécondées. Ce phénomène réduit sensiblement le rendement.

cru terme désignant une zone viticole spécifique.

cru classé dans le Bordelais, en particulier, vignoble figurant dans l'un des importants classements de la région. Le plus prestigieux de ces classements est celui de 1885 (voir p. 82), qui hiérarchise les meilleures propriétés du Médoc et une des Graves en cinq catégories : premier, deuxième, troisième, quatrième et cinquième cru.

culture dérobée pratique culturale consistant à implanter un couvert végétal entre deux cultures afin de stimuler la vie microbienne, d'enrichir le sol en nutriments et d'améliorer la structure du sol.

cuvée terme français à l'origine désignant le contenu d'une cuve ou, spécifiquement, l'assemblage final d'un vin, mousseux ou non.

cuvier (ou cuverie) bâtiment, particulièrement dans le Bordelais, abritant les cuves où se déroulent la fermentation.

débourbage opération consistant à laisser décanter le jus, généralement une nuit, afin que les parties solides (bourbes) tombent au fond de la cuve de débourbage.

densité de plantation nombre de pieds de vigne plantés à l'hectare. On parle de « faible densité de plantation » et, à l'opposé, de « densité de plantation élevée ».

dépôt sédiments qui tombent au fond de la bouteille pendant l'élevage du vin, particulièrement importants si ce dernier n'a pas été suffisamment filtré ou collé, et s'il est depuis longtemps en bouteille.

désacidification méthode visant, si l'été est particulièrement frais, à diminuer l'acidité du vin ou du moût, généralement par addition de carbonate de chaux ou, plus rarement, d'eau.

domaine terme utilisé en Bourgogne, notamment, pour qualifier une exploitation viticole.

dosage quantité de sucre ajouté à un vin effervescent avant l'embouteillage.

Eiswein terme allemand pour vin de glace.

élevage étape de la vinification qui va de la fermentation à la mise sur le marché.

élevage en bouteille processus de maturation du vin en bouteille. Voir élevage en fût.

élevage en fût processus de maturation du vin pendant plusieurs mois en fût après la fermentation.

esca maladie cryptogamique qui affaiblit les vignes en s'attaquant au bois.

extraction étape importante de la vinification qui, selon diverses techniques, consiste à extraire des peaux des raisins la quantité souhaitée de couleur, de tanins et de flaveur.

fermentation souvent synonyme de fermentation alcoolique, étape au cours de laquelle les sucres des raisins sont convertis en alcool sous l'effet de levures. Voir également fermentation malolactique.

fermentation en fût méthode classique de vinification, où la fermentation alcoolique se fait en fût. On dit de tels vins (généralement blancs) qu'ils ont fermenté en fût.

fermentation malolactique après la fermentation alcoolique, étape pratiquée pour presque tous les vins rouges et un grand nombre de blancs. Sous l'action de la chaleur et des bactéries lactiques, l'acide malique est converti en acide lactique, ce qui a pour effet d'assouplir le vin.

filtration méthode controversée visant à clarifier le vin à l'aide de filtres afin de supprimer toutes les bactéries et les levures potentiellement néfastes.

flaveur sensations, gustatives et olfactives, procurées par les arômes et les saveurs d'un vin.

flor terme espagnol désignant le voile de levures formant un film épais à la surface d'un vin. Essentiel pour l'élaboration des xérès fino.

fût tout contenant pour liquide fabriqué en bois. Il s'agit généralement d'une barrique ou d'une pièce.

générique vin portant le nom d'une région ou d'un style de vin (par exemple, madère, bordeaux) et non celui d'un cépage ou d'une appellation précise.

grand cru dénomination désignant les meilleurs vignobles de la Côte d'Or et du Chablis, en Bourgogne, ainsi que ceux de Champagne et d'Alsace.

greffage méthode consistant à greffer sur une souche déjà établie (le porte-greffe) et résistant généralement au phylloxéra, une bouture (le greffon) d'une autre variété afin qu'ils associent leurs caractéristiques.

gris synonyme de rosé aux États-Unis. Terme employé par les producteurs de certaines régions. Vin rosé très pâle.

guyot mode de taille, couramment pratiquée dans le Bordelais et en Bourgogne, où les sarments fructifères poussent, dans des vignes basses et palissées, à partir d'un long bois ou rameau qui est renouvelé chaque année.

hybride résultat du croisement entre une espèce de vigne, souvent vinifera, et une autre, souvent américaine. L'hybridation est critiquée en Europe, parfois injustement.

ice wine terme canadien pour vin de glace.

jéroboam grande bouteille d'une contenance de 4,5 litres, soit six bouteilles standard à Bordeaux, 3 litres ou quatre bouteilles en Champagne.

Keller terme allemand signifiant cave.

lies résidu de levures qui s'accumulent au fond d'une cuve ou d'un fût.

macération carbonique technique de vinification consistant à laisser fermenter les grappes de raisin entières et sans foulage dans une cuve hermétiquement fermée, sous l'action du dioxyde de carbone. Voir p. 33.

magnum grande bouteille d'une contenance de 1,5 litres, soit deux bouteilles standard.

maladie bactérienne maladie de la vigne provoquée par des bactéries.

maladie cryptogamique maladie fongique due à un champignon microscopique auquel la vigne est particulièrement sensible. Les plus répandues sont le mildiou et l'oïdium. Voir p. 18.

maladie de Pierce redoutable maladie bactérienne de la vigne, propagée par des insectes, qui sévit tout particulièrement dans le Sud des États-Unis et, de plus en plus, en Californie. Voir p. 19.

mésoclimat climat d'une portion de terre réduite telle qu'un vignoble. On parle de microclimat pour une surface viticole très restreinte et de macroclimat pour qualifier le climat d'une région.

méthode traditionnelle méthode d'élaboration d'un vin effervescent obtenu par une seconde fermentation en bouteille du vin tranquille. Dans l'aire d'appellation Champagne, on parle de méthode champenoise.

mettre en cave laisser intentionnellement un vin vieillir en bouteille, généralement pendant plusieurs années.

microcuvée vin produit en quantité confidentielle. Les meilleurs sont appelés vins de garage. Dans ce livre, nous parlons de microcuvée lorsque la production ne dépasse pas 1 000 caisses, du moins initialement.

millerandage fécondation incomplète des raisins pendant la floraison, dont la conséquence est une maturation inégale.

millésime année de vendange dont provient un vin. Les vins millésimés sont issus de la vendange de l'année figurant sur l'étiquette de la bouteille. Les vins non millésimés, comme la plupart des champagnes, sont des assemblages de plusieurs années.

viticulteur agriculteur cultivant des vignes. Il peut soit vendre ses raisins, soit les vinifier lui-même et, parfois, vendre directement le vin qu'il a produit.

mise en bouteille mode d'embouteillage qui, en France, figure obligatoirement sur l'étiquette. Un vin mis en bouteille au château, au domaine ou à la propriété l'est dans l'exploitation, qu'il ait été élaboré sur place ou non, et quelle que soit la provenance des raisins.

moût jus de raisin non encore fermenté et contenant les pulpes, les peaux, etc.

non millésimé s'applique surtout aux vins effervescents et au champagne, pour qualifier un assemblage de plusieurs années.

œnologie science traitant de l'élaboration et de la conservation du vin.

osmose inverse technique de filtration courante, qui permet d'augmenter ou de réduire le degré alcoolique d'un vin en concentrant le moût.

ouillage opération consistant à rajouter du vin dans un fût lorsqu'il y a eu évaporation, afin d'éviter qu'il ne s'oxyde au contact de l'oxygène de l'air.

pH mesure de l'acidité du jus de raisin en cours de fermentation et du vin, importante en matière de vinification car le pH influe sur la couleur et le potentiel de vieillissement. La valeur du pH de l'eau est de 7, et celle du vin de 3,5 environ.

phénols substances chimiques concentrées dans la peau du raisin, présentes dans les tanins, les pigments et les agents de flaveur, qui confèrent au vin une astringence plus ou moins prononcée.

phylloxéra redoutable puceron parasite, originaire des États-Unis, qui attaque la vigne par les racines. Son invasion, en 1860, a obligé les viticulteurs de la plupart des régions vinicoles d'Europe à greffer les cépages européens sur des porte-greffes résistants. Voir pp. 18-19.

pièce nom traditionnel du fût, en Bourgogne, d'une capacité de 228 litres.

porte-greffe souche de vigne sélectionnée en vue d'un greffage pour ses caractéristiques propres, dont sa résistance au phylloxéra, son adaptation à certains types de sol ou sa capacité à limiter la vigueur de certains cépages.

pourriture voir botrytis pour de plus amples détails sur cette maladie cryptogamique.

pourriture noble voir botrytis.

premier cru terme qualifiant les meilleurs vignobles de Bourgogne et de Champagne (inférieurs toutefois au grand cru). Correspond, dans le Bordelais, au premier grand cru (classé).

primeur vin vendu en primeur.

prise de mousse processus qui aboutit, pour un vin effervescent, à la formation de dioxyde de carbone, à l'origine des bulles.

raisin passerillé raisin flétri, que l'on a laissé se dessécher sur pied ou mis à sécher sur des lattes. Après vinification, on obtient un style de vin moelleux particulier, comme l'amarone ou le vin santo, au titre alcoolique élevé.

remuage opération pratiquée sur les vins effervescents, souvent mécanisée aujourd'hui, qui consiste à faire descendre dans le goulot de la bouteille retournée les sédiments accumulés au cours de la seconde fermentation, en vue de les éliminer.

rendement mesure de la productivité d'un vignoble exprimée en tonnes à l'hectare ou en acre, selon le pays, pour le raisin et en hectolitres à l'hectare pour le vin.

réserve terme très utilisé mais dépourvu de signification précise.

rosé nom usuel des vins dont la couleur est obtenue par macération plus ou moins prolongée du moût avec les peaux de raisin rouge.

saignée soutirage d'une partie du jus de la cuve de fermentation afin d'obtenir un vin plus concentré.

soutirage opération consistant à débarrasser un vin de ses lies en le transférant d'une cuve à une autre. Voir pp. 29 et 35.

sucres résiduels sucres non convertis en alcool au cours de la fermentation alcoolique. Leur taux est une valeur importante : un vin est sec si sa teneur en sucres résiduels est inférieure ou égale à 2 g/l. On rencontre parfois l'abréviation SR.

surgreffage greffage d'une nouvelle variété sur une vigne âgée.

sur lie(s) terme désignant un vin délibérément laissé en contact prolongé avec ses lies afin d'en accroître la flaveur.

TBA abréviation courante de trockenbeerenauslese, un terme allemand désignant un vin liquoreux issu de raisins botrytisés et récoltés un à un en fonction de leur maturité.

tanins phénols astringents présents dans les peaux, les rafles et les pépins de raisin. Ils contribuent à la bonne conservation du vin et à son aptitude au vieillissement.

terroir environnement physique d'un vin (composition du sol, climat, exposition au soleil, etc.). Voir pp. 26-27.

tirage en Champagne, mise en bouteille d'un vin tranquille en vue de sa seconde fermentation alcoolique, par l'ajout de sucre et de levures, et de sa prise de mousse.

vendanges tardives style de vin doux issu de raisins très mûrs.

vendre en primeur usage fréquent dans le Bordelais consistant à vendre un vin avant sa mise en bouteille, généralement au printemps qui suit les vendanges.

vieilles vignes vignes qui, du fait de leur âge, donnent de faibles rendements et confèrent concentration et qualité à un vin.

vieillissement en bouteille voir élevage en bouteille

vieillissement en fût voir élevage en fût

vigne en foule plantation de ceps non alignés, par opposition à la plantation en ligne, résultant de la mise en contact de sarments avec le sol afin d'obtenir, après leur enracinement, de nouveaux pieds.

vigne franche de pied vigne non greffée car résistante au phylloxéra et, de ce fait, plantée sans porte-greffe.

vigueur propension d'une vigne à donner un feuillage abondant, ce qui peut empêcher les grappes de raisin de mûrir correctement.

vin de base vin tranquille, pour un mousseux, avant la seconde fermentation en bouteille ; ou encore vin dont un cépage est majoritaire dans un assemblage.

vin de cépage vin monocépage, portant le nom du cépage dont il est issu (par exemple un chardonnay, un gamay).

vin de garage voir microcuvée.

vin de garde vin doté d'une bonne aptitude au vieillissement.

vin de glace vin liquoreux obtenu à partir de raisins gelés sur pied. C'est une spécialité allemande et autrichienne (Eiswein), mais également canadienne (ice wine).

vin de paille vin doux issu de raisins passerillés, traditionnellement mis à sécher sur des lits de paille avant d'être vinifiés.

vin doux naturel style de vin doux muté. Voir p. 144.

vinifera espèce européenne de vigne du genre Vitis à l'origine de plus de 95 % de la production mondiale de vin (voir hybride).

vinification élaboration du vin.

vin muté vin dont le degré alcoolique est augmenté par adjonction d'alcool, pendant ou après la fermentation. On rencontre aussi parfois les expressions « vin fortifié » et « viné ». Les vins mutés les plus connus sont le porto, le xérès et le madère.

vin santo vin de dessert italien, obtenu à partir de raisins passerillés.

vin tranquille vin non effervescent.

viticulture culture de la vigne.

winery terme anglo-saxon désignant la cave ou l'entreprise de vinification.

Termes de dégustation

Cette liste présente les mots les plus utiles et les plus précis parmi ceux qu'on emploie lors d'une dégustation.

à l'aveugle déguster sans connaître l'identité du ou des vin(s).

acétique vin qui est devenu irrémédiablement aigre, suret, par contact de l'air ; il sent l'acide acétique, le vinaigre.

acide sulfurique voir mercaptan.

arôme odeur initiale de fruit et de levure d'un vin jeune.

arôme de chêne arôme souvent excessif provenant des fûts nouveaux, des douves ou des copeaux.

astringent très tannique, terme utilisé en général pour les vins blancs.

autolyse effet aromatique riche de ferment, conséquence du vieillissement d'un vin effervescent en bouteille sur ses sédiments de levures.

bouchonné vin qui sent le moisi, parfois - mais pas toujours - parce que le bouchon a un défaut.

bouquet odeur complexe d'un vin vieux.

capiteux qui monte à la tête à cause de la teneur en alcool.

charpenté caractéristique agréable d'un vin tannique.

complexe les senteurs se superposent en plusieurs couches : minéraux, fruits, fleurs...

corps le « volume » d'un vin, comment il se différencie de l'eau ; en partie dû au niveau d'alcool. Le corps peut être léger, moyen, plein.

court ce que l'après-goût ou fin de bouche ne doit pas être.

crachoir équipement professionnel indispensable dans lequel le dégustateur crache le vin.

creux un des termes de dégustation les plus faciles à brocarder, signifiant un défaut d'acidité qui donne une impression de vide.

décrépi saveur écoeurante, qui est la conséquence d'une trop haute température imposée aux raisins ou à la bouteille.

droit exempt de défauts, frais.

équilibré un des indicateurs clés de la qualité : tous les composants s'équilibrent entre eux.

fin de bouche ou après-goût comme équilibré, c'est un signe de qualité ; plus le vin est persistant, meilleur il est.

fort trop alcoolisé.

foxé odeur forte des cépages américains, labrusca notamment (pensez à de la gelée de raisin).

gouleyant terme qui décrit l'impact tactile (flatteur si possible) du vin sur le palais.

horizontale dégustation de différents vins du même millésime.

long ce que doit être l'après-goût ou fin de bouche.

louche c'est un défaut ; le vin doit être clair.

madérisé brun ou tournant au brun sous l'effet de l'oxygène ; presque oxydé.

mercaptan composé qui sent les œufs pourris ou le caoutchouc brûlé, qu'on ajoute aux vins réduits.

muet qui n'a presque pas de saveur (conséquence du jeune âge ou d'un vieillissement trop long).

nez odeur du vin.

oxydé vin qui a un goût plat et une couleur brune en raison d'une trop forte exposition à l'oxygène.

rafle verte arôme associé à un millésime insuffisamment mûr ou à une proportion trop élevée de rafles dans le moût.

rancio odeur capiteuse du vin viné, vieilli pendant des années dans le bois ou le verre, souvent à des températures élevées.

réduit dépourvu d'oxygène et sentant le mercaptan. Fréquent avec la syrah dans les climats chauds. Une légère réduction peut être compensée grâce à une aération.

rude tanin d'une astringence désagréable.

sec le contraire de doux, quoiqu'on dise d'un vieux vin dans lequel le fruit s'estompe qu'il « s'assèche ».

série dégustation de vins liés entre eux.

sève le trait vif et direct d'un bon vin jeune.

soyeux mot définissant une certaine texture du vin.

sulfureux odeur piquante qui chatouille la gorge, résultant d'un usage excessif de l'acide sulfurique. Courant autrefois dans les vins blancs ordinaires un peu doux.

tannique tanins trop présents pour être agréables sur le moment, mais pouvant être un bon signe de la durée de vie d'un vin jeune.

verticale dégustation de différents millésimes du même vin.

vert terme courant mais imprécis utilisé pour l'acidité et les tanins marqués.

vif d'une acidité agréable, rafraîchissante.

volatile vin qui est sur le point de devenir acétique ; bien que ce soit un défaut techniquement, une certaine proportion d'acidité volatile peut « relever » le bouquet des rouges corsés.

Index

Les numéros de pages suivis d'indications entre parenthèses renvoient aux cartes de l'Atlas.

A

A Coruña 190 (C1)
A Estrada 194 (A5)
A Guarda 194 (E3)
A to Z 316 (E4)
Aalto 197, 196 (D3)
Aargau 255 (E4)
Abacela 314, 315 (F2)
Abadía del Poblet 203 (E1)
Abadía Retuerta 197, 196 (D2)
Abalos 199 (A1), 199 (F5)
Abaújszántó 268 (E1)
Abbaye de Morgeot 59 (C5)
Abbaye de Sylva Plana 142 (D6)
Abbaye de Valmagne 143 (D2)
Abbazia Santa Anastasia 187
Abeja 318, 319 (E3)
Abilene 312 (E4)
Abona 193 (F2)
Abouriou 114
Abrau Durso 279
Abrel 301 (C3)
Abruzzes 157
Abşeron 278 (G6)
Abtsberg 234, 232 (E6), (F6), 234 (B3)
Abtsfronhof 246 (C2)
Abtswind 250 (E5)
Abymes 151, 151 (C4)
Acacia 299 (D4), 301 (G5)
Acapulco 312 (G4)
Achaia Clauss 284 (E3)
Achara-Guria 278 (G4)
Achával Ferrer 332, 333, 331 (B4)
Achern 248 (E2)
Achkarren 248 (F1)
Achleiten 261, 260 (B5)
Achs, Paul 264
Acquaviva 182 (C5)
Acqui Terme 161 (E6)
Adams, famille 347
Adega Cooperativa de Palmela 214 (E3)
Adelaida (Etats-Unis) 309 (B1)
Adelaide (Australie) 342, 343, 336 (E5)
Adelaide Hills 348, 348 (B3)
Adelsheim 316 (E4)
Adgestone 253 (G5)
Adina 357 (C5)
Adoli Ghis 284
Aegean 285 (B3)
Aetna Springs 301 (A3)
Afames 285 (G4)
Afrique du Nord 287
Afrique du Sud 364-371
Agde 143 (E1)
Agen 113 (B3)
Agenais 153 (D3)
Agiorgitiko (cépage) 284
Aglianico (cépage) 184, 185, 338
Aglianico del Taburno 184 (D3)
Aglianico del Vulture 185, 184 (D4)
Agrelo 330, 332, 331 (B4)
Agricola Centolani 181 (C4)
Agrícola Salve 329 (F4)
Agrícola, la 332, 331 (B4)
Agrigente 187
Agritiusberg 229 (B4)
Agro de Bazan 194 (B4)
Agua Caliente 299 (C3)
Aguascalientes 312 (F4)
Agulhas Wines 366 (G3)
Agustí Torelló 203 (D4)
Agustinos 326 (A5)
Agyag 268 (E1)
Ahlgren 307 (C2)
Ahr 226, 248, 225 (E2)
Aia Nuova 177 (A4)
Aia Vecchia 177 (C4)
Aidarinis 283 (A3)
Aighialia 284
Aigle 257, 256 (F5)
Aigrefeuille-sur-Maine 118 (C2), 119 (G2)
Aigrots, les 62 (C3)
Aigues 153 (D5)
Aïn Bessem Bouira 287 (F4)
Airén (cépage) 25, 192, 193
Airlie 316 (F3)
Aiud 277 (B3)
Aivalis 284 (F4)
Aix-en-Provence 146 (C6)
Aix-les-Bains 151 (C4)
Ajaccio 149, 149 (C5)
Akarua 363 (F5)
Akstafa 278 (G5)
Alabama 291 (C5)
Alain Cailbourdin 125 (B5)
Alamos (Argentine) 333
Alana Estate 361 (B5)
Alaric 141 (C1)
Alaska 290
Alba (Italie) 158, 160, 159 (D3), 161 (E3)
Alba (Roumanie) 277 (C3)
Alba Iulia 277, 277 (C3)
Albacete 191, 190 (F4)
Alban 309, 309 (D2)
Albana di Romagna 157, 166, 167 (F3), 175 (A4)
Albanie 272-273
Albany (Australie) 339, 339 (F6)
Albany (New York), 320 (B5)
Albany (Oregon), 315 (D2), 316 (G4)
Albarella 165 (E4)
Albariño (cépage) Espagne 191, 194 ; États-Unis 299, 314 ; Australie 338
Albarola (cépage) 158
Albea 185 (B4)
Albersweiler 244 (F3)
Albesani 163 (C4)
Albet i Noya 203 (E4)
Albi 113 (B6)
Albig 240 (E2)
Albillo (cépage) 196
Albuquerque 313, 312 (D3)
Albury 352 (A6), 337 (F3)
Alcamo 187 (E2)
Alcobaça 210 (C3)
Aldeanueva de Ebro 199 (C4)
Alder Ridge Vineyard 318 (F4)
Alderbrook 296 (D4)
Aldinga Beach 346 (F3)
Aleatico di Gradoli 183 (D3)
Aleksinac 273 (D5)
Alella 203
Alemany i Corrio 203 (E4)
Alenquer 210 (D3), 214 (B3)
Alentejano 210 (E4)
Alentejo 215, 210 (D5), (E5), 215 (B5)
Alenzau 250 (D1)
Aléria 149
Alessandria 160, 159 (D4), 161 (C6)
Alexander (cépage) 290
Alexander Mountain 297, 296 (C5)
Alexander Valley 297, 296 (C4), (D5), 294 (D4)
Alexandra 363, 363 (G6)
Alexandra Bridge 339 (E3)
Alezio 185 (C5)
Alfaro 198, 199 (C5)
Alföld 266
Alfrocheiro (cépage) 213
Algarve 211, 210 (F4)
Algeciras 190 (G2)
Algérie 287, 287 (F4)
Alghero 188 (B3)
Algiers 287 (F4)
Alibernet (cépage) 270
Alicante 193, 190 (F5)
Alicante-Bouschet (cépage) 191, 215
Alice Springs 336 (F2)
Aligoté (cépage) 275, 276, 277, 279
Alión 196 (D2)
Alison 320 (B5)
Alkoomi 340, 339 (E5)
All Saints 352 (A5)
Allan Scott 362 (F2)
Allée Bleue 371 (D4)
Allemagne 14, 15, 224-251
Allende 199
Allied Domecq 373
Allinda 354 (B4)
Allobrogie 153 (B5)
Allots, aux 65 (E2)
Alluvium 297
Alma Rosa 310, 309 (F3)
Almansa 192, 190 (F4)
Almaviva 328, 329 (B6)
Almeida, Eugénio de 215
Almeida, João Nicolau de 216
Almería 190 (G4)
Almijara, Bodegas 205
Alonso del Yerro 196 (D3)
Aloxe-Corton 63, 55 (D5), 63 (C3)
Alpha Domus 360 (C4)
Alpha Estate 282, 283 (A2)
Alpha Omega 303 (G3)
Alpilles 153 (D5)
Alpine Valleys 351, 352 (B6), 337 (F3)
Alps 374 (F5)
Alsace 126-129
Alsheim 240 (E4)
Alta Mesa 311 (C4)
Alta Vista 332, 333, 331 (B4)
Altaïr 329 (C6)
Altamura 301 (E5)
Altärchen 230 (E3), (F4)
Alte Badstube am Doktorberg 232 (F6)
Alte Point 261 (C2), 262 (F6)
Altenbamberg 242 (C5)
Altenberg (Burgenland) 264 (E2)
Altenberg (Ruwer) 234 (C1)
Altenberg (Sarre) 229 (A4), (A5), (B2), (B5), (C5)
Altenberg de Bergbieten 127
Altenberg de Bergheim 129, 129 (G5)
Altenburg (Alsace) 129 (E3)
Altenburg (Kremstal) 262 (E6), 261 (B2)
Altenburg (Palatinat) 246 (E2)
Altesino 181 (A5)
Altesse (cépage) 151
Alto 371 (F2)
Alto Adige 169, 167 (B3)
Altos las Hormigas 333
Altos las Hormigos 331 (B5)
Alupka 279, 278 (F2)
Alushta 278 (F2)
Alvarinho (cépage) 211
Álvaro Marino 200 (A3)
Álvaro Palacios 204 (C4)
Alvear PX 207
Alzey 240 (E2)
Alzinger, Leo 260
Amador 311
Amador Foothill 311 (B5)
Amaliáda 284 (F2)
Amani 371 (E1)
Amarillo 312 (D4)
Amarone 171
Amativo 185 (C5)
Amayna 327, 326 (D4), 329 (B4)
Ambérieu-en-Bugey 151 (B3)
Amberley 341 (C5)
Amboise 119 (B1)
Ambonnay 81 (D5)
Ambrosini 177 (E5)
Amelia 183 (D5)
American Canyon Vineyard 299 (E6)
American Viticultural Area (AVA) 291
Amérique du Nord 288-321
Amérique du Sud 322-333
Amery 346, 346 (E5)
Amigas, las (vignoble) 299 (D5), 301 (G5)
Amigne (cépage) 255, 256
Amindaio 282
Amindeo 283 (A2)
Amisfield 363 (F3)
Amity 316 (E4)
Amizetta 301 (C4)
Ammerschwihr 127 (D4), 129 (E2)
Amontillado 206, 207
Amoureuses, les 58, 66, 66 (E2)
Amphorae 286 (D4)
Ampuis 132-133, 131 (A4), 133 (B4)
Amselfelder 272
Amtgarten 232 (G3)
Anadia 212 (F2)
Anagnostou 283 (C3)
Anakena 329 (C5)
Anakena Ona 328
Anapa 278 (F3)
Anatolia 285
Ancenis 118 (B3)
Anciennes Républiques soviétiques 278-281
Ancona 175 (C6)
Andalousie 205-207
Andau 259 (C6)
Andeluna Cellars 331 (C3)
Anderson Valley 294, 294 (B2)
Anderson's Conn Valley 301 (C4)
Andes 326
Andlau 127 (B4)
Andosilla 199 (B4)
André (cépage) 270
Andrew Geoffrey 301 (C3)
Andrew Murray 309 (E4)
Andrew Will 315 (A3)
Andriano 169 (C5)
Angad 287 (G3)
Angas 347
Angaston 342 (D5), 344 (C5)
Angaston 343
Angelo, d' 184 (D3)
Angels Camp 311 (D6)
Angerhof-Tschida 264
Angern 263 (F2)
Angers 118 (B4)
Anghelu Ruju 188
Angles, les 61 (F5)
Angleterre 41, 253
Anguix 196 (D3)
Angwin 301 (B3)
Anhialos 283 (B3)
Añina 206, 206 (B2)
Anjou 120
Anjou Blanc 120
Anjou-Villages 120
Anjou-Villages Brissac 120 (E3)
Ankara 285, 285 (B4)
Annaberg 246, 246 (B1)
Annamaria Clementi 166
Anne Amie 316 (E4)
Annecy 151 (B5)
Annemasse 151 (A5)
Annunziata 165 (D4)
Anselmi 170, 171
Anshan 372 (D6)
Ansonica Costa dell'Argentario 175 (D2)
Antech 140 (D6)
Antenau 263 (B5)
Anthony Road Wine Co 320 (A3)
Antibes 147 (B5)
Antica Tenuta del Nanfro 187 (F4)
Antinori 176, 180, 183, 188, 266, 302, 319, 179 (D2), 181 (C4)
Antinori California 301 (D6)
Antinori, Piero & Lodovico 176, 177
Antiyal 329 (B6)
Antonin Rodet 68 (B6)
Antonini, Alberto 333
Antoniusberg 229 (G2)
Antonius-Brunnen 229 (F1)
Antonopoulos 284, 284 (E3)
Anubis 331 (B4)
Anura 371 (C3)
Aosta 159 (B2)
Apalta 326, 327, 328, 329 (D4)
Apetlon 264, 259 (C5)
Apkhazeti 278 (F4)
Apotheke 231, 230 (F4)
Appellation d'origine contrôlée (AOC ou AC) 16, 52, 287
Appellation d'origine garantie (AOG) 287
Appiano (Eppan), 169 (D5)
Applegate Valley 314, 315 (G2)
Apremont 151, 151 (C4)
Aquila, l' 175 (E5)
Aquitania 329 (A6)
Arabako Txakolina 192, 190 (D3)
Aragatsotn 278 (G5)
Aragón 201
Aragonês (cépage) 210, 214, 215
Aranda de Duero 196 (D4)
Aranyos 268 (G4)
Ararat (Afrique du Sud) 337 (F1), 352 (C1)
Ararat (Arménie) 278 (G5)
Araujo 301 (A2)
Arbanats 98
Arbignieu 151 (C4)
Arbin 151, 151 (C5)
Arbois 150, 150 (E3)
Arboleda 326 (B3)
Arborina 165 (D4)
Arcaute, Jean-Michel 333
Archées Kleones 284 (F4)
Archery Summit 316 (E4)
Arciero 309 (B2)
Arcins 94, 95 (F5)
Arcos de la Frontera 206 (B4)
Ardillats, les 73 (C2)
Ardoise, l' 138 (D5)
Arena, Antonio 149
Arenberg, d' 346 (E4)
Areni (cépage) 280
Aresti 329 (F4)
Arezzo 175 (C4)
Argens 153 (D6)
Argent Double 140, 141 (B1)
Argentiera 177 (C3)
Argentine 330-333, 324 (F4)
Argiano 181 (D4)
Argillat, l' 61 (A2)
Argillats, aux 65 (E2)
Argillats, les 65 (E2)
Argillières, les (Gevrey-Chambertin) 66 (E2)
Argillières, les (Nuits-Saint-Georges) 65, 64 (E4)
Argiolas 188, 188 (D4)
Árgos 283 (D3), 284 (F4)
Argyle 316, 316 (E4)
Argyros 283 (E4)
Arhánes 283 (F4)
Arhéa 284 (F4)
Arinto (cépage) 210, 211, 214
Arione 165 (F6)
Arizona 313, 291 (C2)
Arlay 150
Arles 146 (B3)
Arlewood 341 (D5)
Armagnac 113
Armavir 278 (G5)
Arménie 279-280
Armida 296 (D4)
Armsheim 240 (E2)
Armusèries, les 123 (D2)
Arnaldo Caprai 183 (C6)
Arnedo 199 (C4)
Arneis (cépage) 160
Arnulfo 165 (F4)
Aroma, El 329 (G3)
Árpádhegy 268 (F1)
Arrowood 299 (B2)
Arroyo Grande 309, 309 (D2)
Arroyo Seco 306, 307 (G4)
Arruda 214, 210 (D3), 214 (C2)
Arrufiac (cépage) 114
Arsac 96, 97 (E2)
Arsos 285 (G4)
Artadi-Cosecheros Alaveses 199 (F6)
Artemíssio 284 (F4)
Artesa 203, 298, 301 (F4), 299 (C4)
Arthur Earl 309 (F3)
Artigas 324 (F5)
Artigues 91 (D4)
Artiguillon 87 (G3)
Arvelets, les (Gevrey-Chambertin) 67 (D4)
Arvelets, les (Pommard) 61 (E6), 62 (B1)
Arzuaga Navarro 196 (D2)
Asara 371 (E2)
Aschaffenburg 250 (E1)
Ascoli Piceno 175 (E5)
Asenovgrad 275 (C3)
Asensio 200 (B2)
Ashbrook Estate 341 (D5)
Ashland 315 (G3)
Ashton Hills 348 (B4)
Asie 372-375
Asili 163 (D3)
Aspisheim 240 (D1)
Asprokambos 284, 284 (E4)
Assenovgrad 274, 275 (C3)
Assisi 175 (D4), 183 (B5)
Assmannshausen 235, 235 (E1)
Assyrtiko (cépage) 283
Aster 196 (D3)
Asti 157, 158, 160, 159 (D3), 161 (C4)
Asti Spumante 160
Astley 253 (E4)
Asunción 324 (E5)
Aszár-Neszmély 267, 267 (D3)
Aszú 268-269
Ata Rangi 361, 361 (B5)
Atacama 326
Ataida da Costa Martins Semedo 212 (F2)
Atalánti 283 (C3)
Atalon 301 (A1)
Atatürk, Kemal 285
Athées, aux 65 (F2)
Athets, les 66 (F3)
Athíkia 284 (F5)
Athina 283 (D3)
Athiri (cépage) 283
Atlantique 153 (C2)
Atlas Peak Vineyards 300, 302, 301 (D6)
Attique 282-283
Atzberg 260 (C3)
Au Bon Climat 310, 309 (E3)
Auberdière, l' 123 (E3)
Aubignan 139 (D5)
Aubonne 256 (D3)
Aubues, les 60 (G3)
Aubuis, les 122 (F3)
Auburn (Australie) 345 (G5)
Auburn (Californie) 311 (A5)
Auburn (New York) 320 (A3)
Auch 113 (C3)
Auckland 358-359, 358 (B5)
Auersthal 259 (B5)
Auf de Wiltingerkupp 229 (A3)
Auf der Heide 233 (C1)
Auggen 248 (G1)
Augusta 291
Auleithen 260 (D2)
Aulhausen 235 (E3)
Aups 146
Aurea Domus 328
Ausejo 199 (B3)
Auslese 226, 228, 229, 245, 270
Aussy, les 61 (F4)
Austin 312 (E4)
Australie 334-357
Australien Wine Research Institute (AWRI) 336
Australis 352 (D4)
Autriche 258-265
Auxerre 55 (A3), 75 (E3)
Auxerrois (cépage) 126, 227
Auxey-Duresses 61, 55 (D5), 61 (D1)
Avantis 283 (C3)
Avaux, les 62 (C3)
Avellino 184, 184 (D3)
Avelsbach 234, 234 (D2)
Avenay 81 (D4)
Avenir, l' 371 (D2)
Avensan 94, 95 (G4)
Aventure, l' 309 (B2)
Avesso (cépage) 211
Avezzano 184 (C1)
Avgoustiatis (cépage) 283
Avignon 137 (E2)
Avignonesi 182, 182 (B6)
Avize 80, 81 (F3)
Avoca 337 (F1)
Avoine 122 (E2)
Avontuur 371 (F2)
Awatere Valley 362, 358 (C5), 362 (G4)
AXA 90, 91, 102, 218, 269, 269
Axe Hill 366 (F5)
Axpoint 260 (C3)
Ay 78, 81 (D3)
Ayl 229 (D2)
Ayllón 196 (E5)
Ayze 151, 151 (B5)
Azal (cépage) 211
Azay-le-Rideau 118 (B6)
Azé 70 (C2)
Azerbaïjan 280, 278 (G5)
Azienda Agr. Donna Olga 181 (C4)

B

Babatzimopoulos 283 (A3)
Babcock 309 (E3)
Babcock, Bryan 310
Babească Neagră (cépage) 276
Babillères, les 66 (F2)
Bacalhôa Vinhos 211, 214, 214 (E3), 215 (A4)
Bacchus (cépage) 251, 253
Bach 203 (D4)
Back, Charles 367
Backsberg 371 (C3)
Baco Noir (cépage) 291
Bad Bergzabern 244 (G3)
Bad Dürkheim 246, 244 (E4), 246 (C1)
Bad Kissingen 250 (D4)
Bad Kösen 251
Bad Kreuznach 242, 243, 240 (D1), 242 (B5), 243 (D5)
Bad Krozingen-Schlatt 249
Bad Münster am Stein 243 (F4)
Bad Münster-Ebernburg 242 (B5)
Bad Pirawarth 259 (B5)
Bad Vöslau 259 (C4)
Badacsony 267, 267 (E2)
Badacsony-Tomaj 267 (E2)
Badajoz 190 (F2)
Bade 226, 248-249
Baden (Allemagne), 225 (F2)
Baden (Autriche), 259 (C5)
Baden-Baden 249, 248 (E2)
Badenweiler 248 (G1)
Badfeld 263 (C4)
Badia a Coltibuono 176, 178, 179 (E5)
Badische Bergstrasse Kraichgau 249, 248 (D3)
Badischer Winzerkeller 248
Baga (cépage) 212, 213
Bages 90
Baglio Hopps 187 (E2)
Bagno a Rípoli 179 (B4)
Bagnols-sur-Cèze 137 (C1)
Baia-Mare 277 (A3)
Baiken 237 (E3)
Baileys 352 (A5)
Bainbridge, îles 315 (A3)
Bairrada 211-212, 210 (B4), 212 (F1)
Bairro 218 (F1)
Baix Penedès 202
Baixa Corgo 216
Baixada Finca Dofí, la 204 (C4)
Baixo Corgo 219 (E5)
Baja Montaña 200
Bajram Curri 273 (E4)
Bakersfield 293 (E5)
Bakhchysaray 278 (F2)
Baki 278 (G6)
Bakus 285 (B4)
Balaton 266-267
Balatonboglár 267, 267 (E2), (F2)
Balaton-Felvidék 267 (E2)
Balatonfüred 267 (E2)
Balatonfüred-Csopak 267, 267 (E2)
Balbaina 206, 206 (B2)
Balbi 333
Balbo, Susanna 333
Balcon de l'Hermitage, le 135 (A4)
Balcons de l'Aude 141 (B1)
Baldacci 305 (E3)
Baldassare Fanti 181 (D5)
Baldivis Estate 339 (C4)
Baléares 193
Balgownie 352, 352 (B3)
Balhannah 348 (C5)
Bali 375
Balkans occidentaux 272-273
Ballaison 151 (A5)
Ballarat 337 (G1), 352 (C2)
Ballsh 273 (G4)
Balmes Dauphinoises 153 (C5)
Balnaves 350, 350 (D5)
Bălţi 278 (E1)
Bamberg 250 (E6)
Bamboes Bay 367, 366 (C1)
Banat (Roumanie) 277, 277 (C2)
Banat (Serbie) 273 (C5)
Banc, le 60 (D2)
Bancroft Ranch Vineyard 301 (B4)
Bandol 148, 148 (F3)
Banghoek 370, 366 (F2), 371 (D4)
Bannockburn (Australie) 353, 337 (G2), 352 (D3)
Bannockburn (Nouvelle-Zélande) 363, 363 (F5)
Baños de Ebro 199 (F5)
Banrock Station 336
Banská Bystrica 270 (G4)
Bányász 268 (E2)
Bányihegy 268 (C6)
Banyuls 144
Baraillot 101 (A1)
Baraques 67 (E2)
Baraques de Gevrey-Chambertin, les 67 (F2)

380 | INDEX

Barbara Fores 202 (F5)
Barbaresco 156, 157, 160, 162–163, 159 (D3), 161 (D3), 163 (C3)
Barbastro 201, 201 (F5)
Barbeito 223 (G3)
Barbera (cépage) 158, 160, 162, 163, 332
Barbera d'Alba 160, 161 (E3)
Barbera d'Asti 160, 161 (D4)
Barbera del Monferrato 160, 159 (D4)
Barbi 176
Barbier, René 204
Barbières, les 61 (E3)
Barcelone 202, 203, 190 (D6), 203 (E5)
Bardolino 157, 167 (D2), 170 (B6), 171 (B1)
Bardolino Classico 167 (D2), 170 (B6)
Bardolino Superiore 166
Bardonnex 256 (G2)
Barge, Gilles 133
Bargetto 307 (D3)
Barguins, les 123 (E3)
Bari 185, 184 (D5), 185 (A4)
Barkan 286, 286 (F4)
Barletta 184 (C4)
Barnard Griffin 318 (E5)
Barnett 301 (B2)
Barnsole 253 (F6)
Barolo 156, 157, 160, 162, 163, 164–165, 159 (D3), 161 (E3), 165 (E4)
Barón de Ley 199 (B3)
Baron Langwerth von Simmern 236, 238
Baron Widmann 169 (F5)
Barone di Villagrande 187 (E5)
Barossa Valley 338, 342-343, 345, 336 (E5), 342 (C3), (D4), 344 (C5)
Barottes, les 66 (E2)
Barquero, Pérez 207
Barr 127 (B4)
Barra 294 (B3)
Barratt Wines 348 (B4)
Barraud, Daniel 71
Barre Dessus, la 61 (F2)
Barre, en la 61 (F2)
Barre, la (Meursault) 61 (F4)
Barre, la (Vouvray) 123 (E3), (F5)
Barrières, aux 65 (F3)
Barrua 188, 188 (D3)
Barry, Jim 345
Barsac 102-103, 83 (G4), 103 (A3)
Bartfi 268 (E2)
Bartholomew Park 299 (C3)
Bartoli, de 187 (E2)
Barton, Anthony 92, 93
Barwang 357
Bas Chenevery 66 (E4)
Bas de Combe, au 65 (E3)
Bas de Gamay à l'Est, le 60 (E3)
Bas de Monin, le 60 (D2)
Bas de Poillange, au 60 (B6)
Bas des Duresses 61 (E2)
Bas des Saussilles, le 62 (B2)
Bas des Teurons, le 62 (C4)
Bas Doix, les 66 (E2)
Bas Liards, les 63 (B1)
Bas Marconnets 62 (B6)
Basarin 163 (D4)
Basel 248 (G1)
Basellandschaft 255 (E3)
Basilicata 185
Basket Range 348 (B4)
Bas-Rhin 127
Bass Phillip 353, 352 (D4)
Bas-Santenay 59 (B3)
Basserman-Jordan 245, 246
Basses Chenevières, les 67 (E4)
Basses Vergelesses 63 (B2)
Basses Vergelesses, les 63 (B3)
Bastei 243 (F4)
Bastgen estate 232
Bastia 149, 149 (B6)
Bastianich 173 (D1)
Bas-Valais 256 (F5)
Bâtard-Montrachet 60, 60 (G3)
Battaglia, Fazi 174
Battaudes, les 59 (D5)
Battenfeld-Spanier 240
Batterieberg 233 (C2)
Battle 253 (G6)
Battle of Bosworth 346 (F4)
Baud Père et Fils 150 (G1)
Baudana 165 (D6)
Baudes, les 66 (E3)
Baudines, les 59 (B5)
Baule 119 (A3)
Baumelles, les 148 (E2)
Baumgarten 264 (F2)
Baux-de-Provence, les 146
Baverstock, David 210, 211
Bay of Fires 355 (F5)
Bay of Plenty 359
Bayonne 112 (D5)
Beacon 320 (C5)
Beamsville 321 (F4)
Beamsville Bench 321 (G3)
Bear Creek 315 (G2)
Béarn 114
Béarn-Bellocq 114
Bearsted 253 (F6)
Beatty Ranch Vineyard 301 (A3)
Beau Puy 122 (C2)
Beaujeu 73 (C3)
Beaujolais 72–74
Beaujolais-Villages 69, 72
Beaulieu (Angleterre) 253 (G4)
Beaulieu (États-Unis) 300, 303, 303 (G3)
Beaulieu-sur-Layon 118 (B4), 120 (F3)
Beaume 134, 135 (C4)
Beaumes-de-Venise 138, 137 (D3), 139 (D5)
Beaumont 366 (G2)
Beaumont-en-Véron 122 (F2)
Beaumont-Monteux 135
Beaumont-sur-Vesle 81 (B6)
Beaumonts, les 63 (D2)
Beaune 58, 62–63, 55 (D5), 62 (E5)
Beaunois (cépage), voir Chardonnay
Beauregard 59 (C4)
Beaurepaire 59 (B3)
Beauroy 77 (C2)
Beausset, le 148 (D4)
Beauvais 122 (C3)
Beaux Bruns, aux 66 (E3)
Beaux Fougets, les 62 (C2)
Beaux Frères 316, 316 (E4)
Beaux Monts Bas, les 65 (E5)
Beaux Monts Hauts, les 65 (E4)
Beaux Monts Hauts Rougeots 65 (D5)
Beaverton 315 (C2), 316 (D4)
Beblenheim 128, 127 (D4), 129 (F3)
Bechtheim 240, 240 (E3)
Bechtolsheim 240 (E3)
Becker (France) 128
Becker Vineyards 312 (E4)
Becker, J. B. 238
Becketts, A' 253 (F4)
Beckman 309 (F4)
Beckstoffer 304
Beckstoffer Vineyard Georges III 303 (F4)
Bédarrides 139 (F3)
Bedell 320 (D5)
Bedford Thompson 309 (E3)
Beechworth 351, 337 (F3), 352 (A6)
Beerenauslese (BA) 226, 236, 250, 269
Bégadan 86, 87 (C3)
Bègles 83 (F3)
Begnins 256 (E2)
Béguey 98
Beilstein 248 (D4)
Bein 371 (E1)
Beira Interior 210 (B5), (C5)
Beiras 211, 210 (C4)
Beja 215 (C5)
Bekaa 286, 286 (C5)
Bekecs 268 (G2)
Békéscsaba 267 (F5)
Bela Crkva 273 (C6)
Bela Krajina 271, 273 (B2)
Bel-Air (Gevrey-Chambertin) 66 (E6)
Bel-Air (Vouvray) 123 (E3)
Belford 357 (B4)
Belgrade 273 (C5)
Belhorod-Dnistrovs'kyy 278 (E1)
Beli Pinot (cépage) 314
Bélissand 62 (D3)
Bell Hill 359
Bell Mountain 313, 312 (E4)
Bell Mountain Vineyards 312 (E4)
Bella 296 (C4)
Bella Oaks 303, 303 (G3)
Bellaria Alta 177 (A4)
Bellavista 166, 176
Belle Croix 64 (F6)
Belle, Albert 135
Bellefon 59 (C3)
Bellegarde-sur-Valserine 151 (B4)
Bellet 146
Belleville 73 (D4), 74 (F6)
Belley 151 (C4)
Bellmunt del Priorat 204 (D4)
Belvédère 274, 275, 296 (E4)
Belz 246, 246 (E2)
Ben Lomond Mountain 307 (C2)
Benais 122 (C3)
Benanti 187 (E5)
Bendigo (Australie) 352, 337 (F2), 352 (B3)
Bendigo (Nouvelle-Zélande) 363, 363 (E5)
Benegas 331 (B4)
Benessere 301 (B3)
Benevento 184 (D3)
Benfield & Delamare 361 (B4)
Beni M'Tir 287, 287 (G2)
Beni-Sadden 287 (G2)
Benjamin Romeo 199 (F4)
Benmore Valley 294 (C4)
Bennett Lane 301 (A1)
Bennett Valley 298, 299 (B1)
Bennwehr 127 (D4)
Bennwihr 129 (F3)
Benoites, les 59 (D5)
Benton Lane 315 (E2)
Benwarin 357 (C4)
Benziger 31, 299, 299 (B2)
Berat 273 (F4)
Béres 268 (E3)
Beresford 346 (F4)
Berg 239 (F3), 237 (E2)
Berg Kaisersteinfels 235 (F2)
Berg Roseneck 235 (F3)
Berg Rottland 235 (F3)
Berg Schlossberg 235 (F2)
Berg, im 262 (D5)
Bérgamo 159 (B5)
Bergbieten 127 (A4)
Bergbildstock 237 (E5)
Bergerac 115, 115 (B5)
Bergères les-Vertus 81 (G3)
Bergerie, la 60 (G2)
Bergheim 127 (D4), 129 (G5)
Bergholtz 127 (F3), 128 (E1)
Bergholtz-Zell 128 (D2)
Bergkelder 371 (E2)
Bergkirche 241 (D5)
Berg-Schlösschen 229 (E1)
Bergstrom 316 (E4)
Bergweingarten 264 (E2)
Beringer 297, 302, 308, 301 (C3)
Berkane 287, 287 (F3)
Berlou Co-op 141 (A3)
Berlucchi, famille 166
Bern 255 (F3)
Bernadotti 163 (F3)
Bernardus 307 (F3)
Bernkastel 232–233
Bernkastel-Kues 227 (E5), 232 (F6)
Berri 336 (E6)
Berry's Bridge 352 (B2)
Bertani 171
Berti, Stefano 166
Bertins, les 61 (F5)
Beryslav 278 (E2)
Berzé-la-Ville 70 (E1)
Berzé-le-Châtel 70 (D1)
Besarabca 278 (E1)
Besigheim 248 (D4)
Bessa Valley 274, 275 (C3)
Bessards, les 134, 135 (C4)
Bessas 134
Best's 352, 352 (C1)
Bestué 201
Bethany 342 (E5)
Bethel Heights 316 (E4)
Betsek 269, 268 (F3)
Bettane, Michel 317
Bettelhaus 246 (B3)
Beugnons 77 (E2)
Beuttes, les 60 (G2)
Bevagna 183 (C5)
Bévy 57
Bex 256 (F6)
Beychevelle 92 (G5), 95 (A4)
Beyer, Léon 129
Beyerskloof 371 (D2)
Beyrouth 286 (C5)
Bézannes 81 (A3)
Béziers 141 (B5)
Bhoutan 375
Bianchello del Metauro 175 (C6)
Bianco di Custoza 166, 167 (D2), 170 (C6)
Bianco di Pitigliano 175 (D3)
Biarritz 112 (D5)
Bibbona 177
Biblia Chora 282, 283 (A4)
Bical (cépage) 210, 212
Bichot, Albert 58
Bidaude, la 66 (E4)
Bidaudières, les 123 (E4)
Biddenden 253 (G6)
Biel 255 (E3)
Bielersee 255, 255 (E2)
Biella 159 (C3)
Bien Nacido 310, 309 (D3)
Bienenberg 248
Bienvenida de Vinos 195 (E5)
Bienvenues Bâtard Montrachet 60 (G3)
Bienvenues, Les 60
Bierzo 192, 190 (D2)
Bievaux 59 (A3)
Biferno 175 (G6), 184 (C3)
Biffar, Josef 246
Bigő 268 (G3)
Bigorre 153 (D3)
Bikáver (cépage) 266
Bilancia 360 (B4)
Bilbao 192, 190 (C4)
Bildstock 241 (F4)
Bilecik 285 (B4)
Billard 67 (E2)
Billaux, les 104 (A5)
Billecart-Salmon 79
Billigheim-Ingenheim 244 (G4)
Billy-le-Grand 81 (C6)
Bimbadgen 357 (C5)
Bindi 353, 352 (C3)
Bingen 242, 244, 242 (A5), 235 (G2), 240 (C1)
Binissalem 193, 190 (F6)
Binyamina 286 (E4)
Bío Bío 326, 328
Biodiversity and Wine Initiative 366
Biondi-Santi 176, 181 (C5)
Birbaum 263 (D1)
Birdwood 348
Birkweiler 244 (F3)
Birmingham 253 (E3)
Bischöfliches Konvikt 228
Bischöfliches Priesterseminar 228
Bischöfliches Weinguter Trier 234, 234
Bischofsberg 235 (F3)
Bischofsgarten 246 (D3), (E3)
Bisquertt 329 (D4)
Bisseuil 81 (D4)
Bissy-la-Mâconnaise 70 (B2)
Bitola 273 (F5)
Bizeljsko Sremič 271, 273 (A2)
Bizerte 287
Bizkaiko Txakolina 192, 190 (D4)
Bjana 173 (D3)
Blažič 173 (D3)
Blaauwklippen 371 (E2)
Blacé 73 (E3)
Black Hills 315 (G6)
Black Ridge 363, 363 (G5)
Black Sea 285 (B5)
Black Sheep 311 (D6)
Black Spanish (cépage) 222
Blackjack 352 (B3)
Black-rot 290
Blackstone 299 (A2)
Blackwood Valley 340, 339 (D4)
Bladen 362 (G2)
Blagny 60, 60 (F4)
Blagoevgrad 275 (C1)
Blaignan 86, 87 (E4)
Blaj 277 (C3)
Blanc de Blancs 80
Blanchards, les 66 (E4)
Blanches Fleurs 62 (C6)
Blanches, ez 61 (E4)
Blanchisserie, la 62 (C4)
Blanchot Dessous 60 (G2)
Blanchot Dessus 60 (G2)
Blanchots, les 76, 77 (D4)
Blasted Church 315 (F5)
Blatina (cépage) 272
Blatnicé 270 (G4)
Blauburgunder (cépage) 255
Blauer Portugieser (cépage) 258
Blauer Wildbacher (cépage) 259
Blaufränkisch (cépage) 258, 264, 265, 266, 270, 277
Blaye 82, 83 (D3)
Bleasdale (vignoble) 347
Bleckenweg 263 (B5)
Blecua (vignoble) 201, 201 (F5)
Blenheim 358 (C5), 362 (G3)
Bléré 119 (B1)
Blewitt Springs 346
Blienschwiller 127 (C4)
Blois 119 (A2)
Bloodwood 357
Blottières, les 122 (C4)
Blue Franc (cépage) 319
Blue Mountain 315 (G6)
Blue Pyrenees 352 (B2)
Blue Teal Winery & Vineyards 312 (E3)
Blueridge 275 (B4)
Boal (cépage) 193
Boas Quintas 212 (F3)
Bobal (cépage) 188, 193
Bobtail Ridge 339 (E5)
Boca 158, 159 (B3)
Bockenheim 244 (D4)
Bockfliess 259 (B5)
Bockstein 229 (E3)
Bodega Langes 372 (E5)
Bodega Langes 8, 373
Bodegas Chandon 331 (B4)
Bodegas Salentein 331 (C3)
Bodenheim 240 (D3)
Bodensee 226, 249, 248 (G3), (G4)
Bodrogkeresztúr 269, 268 (G4)
Bodrogkisfalud 268 (F3)
Bodrogolaszi 268 (E5)
Bodrogszegi 268 (F3)
Boeger 311 (B5)
Boekenhoutskloof 368, 370, 371, 371 (E6)
Bogács 267 (D4)
Bogăzkere (cépage) 285
Bogdanuša (cépage) 272
Bogle 311 (C3)
Boglyoska 268 (C6)
Bohème 270
Böhlig 246 (E2)
Boiches, les 62 (C5)
Boichot, en 59 (C3)
Boirettes, les 59 (C5)
Bois de Blagny, le 60 (E5)
Bois de Chassagne 59 (C5)
Bois Fleury 125 (B5)
Bois Gibault 125 (B5)
Bois-Rideau, le 123 (E3)
Boissenot, Jacques et Eric 94
Boisset 54, 321
Boissey 133 (F1)
Bokisch 311 (D5)
Boland 371 (A4)
Bolgheri 176, 177, 175 (B2), 177 (C4)
Bolgheri Sassicaia 177 (B4)
Bolhrad 278 (E1)
Bolivie 324 (D4)
Bollenberg 128 (E2)
Bollène 137 (C2)
Bollinger 78, 79, 80, 349
Bologne 166, 167 (F3)
Bolsena 183 (D4)
Bolzano 169, 167 (B3), 169 (C6)
Bombino Bianco (cépage) 176
Bomboly 268 (F3)
Bommes 103 (E2)
Bonarda (cépage) 158, 332
Bondola (cépage) 255
Bondues, les 60 (G2)
Bonheur, le 371 (C3)
Bonneau, Henri 138
Bonnefond, Patrick & Christophe 133
Bonnes-Mares, les 66, 67, 66 (E3)
Bonneville 151 (B5)
Bonneville-et-Saint-Avit-de-Fumadières 115 (B3)
Bonnezeaux 120, 118 (B4), 120 (G4)
Bonnie, famille 100
Bonny Doon 306, 310, 307 (D2)
Bonny-sur-Loire 119 (A5)
Bons Feuvres, les 62 (D2)
Bonterra 294 (C4)
Bonvillars 255 (F2)
Bonyhád 267 (F3)
Bookers 253 (G5)
Bookwalter 318 (E5)
Boordy (vignoble) 291
Booth's Taminick Cellars 352 (A5)
Boplaas 366 (F5)
Borba 215, 215 (A5)
Bordeaux 13, 14, 16, 82–111, 53 (F2), 83 (E3), 101 (A4)
Borden Ranch 311 (C5)
Bordertown 349, 349 (B6)
Bordini 163 (C4)
Bořetice 270 (G3)
Bořetice (cépage) 270
Borges, HM 223 (G3)
Borgo del Tiglio 173 (D2)
Borgo San Daniele 173 (E2)
Borie la Vitarèle 141 (A4)
Borie, Bruno 91, 92
Borie, François-Xavier 91
Borja 190 (D4)
Borkút 268 (F2)
Born, Günter 251
Borniques, les 66 (E2)
Borrett, famille 347
Boscarelli 182 (C4)
Bosché 303
Bosché Vineyard 303 (G3)
Boschendal 371 (D4)
Boschetti 165 (E4)
Bosco (cépage) 158
Bosnie-Herzégovine 272, 273 (C3)
Bosquet des Papes 139 (E2)
Bossi Fedregotti 168 (E4)
Bossière, la 67 (C1)
Bossières 65 (F4)
Botalcura 329 (F3)
Botaveau 59 (A2)
Bothy, The 253 (F5)
Botromagno 185 (B3)
Botrytis cinerea 18, 102
Bottelary 370, 371 (D1)
Bou 119 (A3)
Bouaye 118 (C2)
Bouchaine 299 (D5), 301 (G5)
Bouchard Aîné et Fils 58
Bouchard Finlayson 366 (G2)
Bouchard Père et Fils 54, 58, 62
Boucharey 133 (B3)
Bouchère, la 61 (E4)
Bouchères, les 60 (F6)
Boucherottes, les 62 (C2)
Bouches-du-Rhône 147
Bouchet (cépage), voir Cabernet franc
Bouchon, J. 329 (G3)
Bouchot, le 125 (C5)
Bouchots, les 66 (E4)
Boudières, les 67 (D4)
Boudots, aux 65 (E3)
Boudrières, les 60 (G4)
Boudriotte, la 59, 59 (C5)
Bougros 76, 77 (D4)
Bougy-Villars 257, 256 (E2)
Boulaouane 287
Boulay, le 119 (A1)
Boulmeau 63 (C3)
Boulotte, la 63 (C3)
Bouquet Telish 275 (B3)
Bouqueyran 95 (G1)
Bourbonnais 153 (B4)
Bourboulenc (cépage) 138, 140, 148
Bourdigny 256 (F1)
Bourdonnerie, la 133 (D2)
Bourg 83 (D3)
Bourg-en-Bresse 55 (F6)
Bourgeois, Henri 124, 125
Bourgeots, les 63 (C1)
Bourges 119 (C4)
Bourgneuf-en-Retz 118 (C1)
Bourgogne 13, 15, 27, 31, 33, 43, 54–77
Bourgogne Aligoté 54, 68
Bourgogne-Chitry 75, 75 (E4)
Bourgogne-Côte-d'Auxerre 75, 75 (F3)
Bourgogne-Epineuil 75, 75 (D6)
Bourgogne Coulanges-la-Vineuse 75 (F3)
Bourgogne Grand Ordinaire 54
Bourgogne Passetoutgrain 54
Bourgogne Tonnerre 75 (D6)
Bourgogne Vézelay 54
Bourgueil 122, 118 (B6), 122 (D2)
Bouscaut, le 101 (E5)
Boushey Vineyard 318 (E4)
Bousse d'Or, la 61, 61 (F4)
Bousselots, aux 65 (E2)
Boutari 282, 283, 283 (A2), (A3), (E4)
Boutenac 140
Bouthières, aux 71 (B5)
Boutières, aux 63 (C2)
Boutières, les 63 (C3)
Boutoillottes, aux 67 (E3)
Boutonniers, les 61 (E2)
Bouvet-Ladubay 121 (E3)
Bouvier (cépage) 271
Bouwland 368
Bouza, famille 325
Bouzeron 68, 55 (D5), 68 (A6)
Bouzy 80, 81 (D5)
Bovale Grande (cépage) 188
Bovale Sardo (cépage) 188
Bowen Estate 350, 350 (C5)
Boyes Hot Springs 299 (C3)
Břeclav 270 (G3)
Braccesca, la 182 (B4)
Brachetto (cépage) 146, 160
Brachetto d'Acqui 157, 159 (D3), 161 (E5)
Brain-sur-Allonnes 118 (B5)
Bramaterra 158, 159 (B3)
Brancaia 179 (E3)
Brancott Estate 359, 362
Brancott Valley 362 (G2)
Brand 129, 129 (E1)
Brand's of Coonawarra 350 (B5)
Brandborg 315 (E2)
Brander 309 (F4)
Brandy 10, 16, 193, 222, 279, 280, 313, 368
Brandy de Jerez 193
Brangayne 356
Branxton 356, 357 (B5)
Branzoll 169 (D6)
Braquet (cépage) 146
Brasília 324 (G6)
Brassfield 294 (C5)
Bratenhöfchen 232 (F6)
Bratislava 270, 270 (G3)
Braucol (cépage) 112, voir aussi Fer-Servadou
Braune Kupp 228, 229 (B3)
Brauneberg 230, 231, 231 (A1), 232 (G3)
Braunfels 229 (C3)
Brazey, les 66 (E3)
Brcko 273 (C4)
Brda 173 (D3)
Brea 165 (E6)
Breaky Bottom 253 (G5)
Bredell, JP 371 (F2)
Breede River Valley 368, 366 (F3)
Breedekloof 366 (F2)
Breganze 166, 167 (C3)
Breisach 248
Breisgau 248, 248 (F1)
Breitl 261 (B1)
Brelance 60 (G4)
Bremm 233
Brescia 158, 159 (C6), 167 (D1)
Brescul, en 62 (B2)
Brésil 324-325, 324 (D5)
Bress 352 (B3)
Bressandes, les 63, 62 (B5), 63 (C4)
Bret, frères 69, 71, 71 (D6)
Bréterins, les 61 (D2)
Breton (cépage), voir Cabernet franc
Bretzenheim 242 (A5)
Breuer, Bernhard 238, 238
Brewer Clifton 309 (F3)
Brézé 118 (C5), 121 (G3)
Brian Barry 345 (E4)
Brian Carter Cellars 315 (A3)
Bric dël Fiasc 164
Bricco Asili 162
Bricco delle Viole 165 (E3)
Bricco di Neive 162
Bricco di Neive-Serraboella 163 (D5)
Bricco di Treiso 163 (F3)
Bricco Fiasco 164, 165 (D5)
Bricco Luciani 165 (D4)
Bricco Manzoni 165 (D4)
Bricco Rocche 164, 165 (E5)
Bricco San Biaggio 165 (C4)
Briccolina 165 (F6)
Brick House 317, 316 (E4)
Bridge Pa 360
Bridgeview 315 (G2)
Bridgewater (Australie du Sud) 336 (E5), 348 (C4)
Bridgewater (Victoria) 337 (F2)
Bridgewater Mill 348 (C4)
Brig 256, 257 (F4)
Bright, Peter 211
Brightwell 253 (F5)
Brignoles 146
Briñas 199 (E3)
Brindisi 185, 184 (D6), 185 (B5)
Briones 199 (F4)
Brisbane 337 (A6)
Brissac-Quincé 120 (E5)
Brno 270, 270 (F3)
Broadbent, Michael 317

Broadley 315 (E2)
Brochon 67
Broke Fordwich 356, 357
Brokenwood 357 (C4)
Brolio 178
Bronzolo 169 (D6)
Brookfields 360 (B5)
Brookfields' Hillside 360
Brookland Valley 341 (D5)
Brosse, la 133 (A4)
Brotherhood 320
Brouillards, les 61 (F5)
Brouilly 74, 55 (F5), 73 (D3), 74 (G4)
Brounstein, Al 301
Brown Brothers 351, 352 (B5)
Brown-Forman 294, 297
Browns 349 (B5)
Bruce, David 306
Bruck 260 (D1)
Bruck an den Mur 259 (D3)
Bruckanderleitha 259 (C5)
Brückchen 241 (F5)
Brücke 243 (G1)
Brückes 243 (C5)
Bruderberg (Ruwer) 234, 234 (B3)
Brudersberg (Hesse rhénane) 241, 241 (D5)
Bruderschaft 231, 230 (D1), (D2), (D3)
Brûlat, le 148 (D3)
Brûlées, aux 65 (E4)
Brûlées, les 64 (F6)
Brûlés, les 71 (C4)
Brunate 164, 165 (D4)
Bründlmayer, Willi 263
Brunel, André 138
Brunelle, la 67 (E2)
Brunello 181
Brunello di Montalcino 156, 157, 176, 181, 175 (C3)
Brunet, Georges 146
Brunettes et Planchots, les 63 (C3)
Brunn 259 (C5)
Brunnfeld 263 (F1)
Brunngraben 263 (G2)
Brunnleiten 263 (G2)
Brutocao 294 (C2), (C3)
Bruyères, les 63 (D3)
Bryant Family Vineyard 301 (C5)
Bual (cépage) 222
Bucelas 214, 210 (D3), 214 (C2)
Buchental 260 (D3)
Bucium Iaşi 277 (B5)
Bucureşti 277 (D4)
Budafok 267
Budapest 266, 267 (E3)
Bué 124
Buehler 301 (C4)
Buellton 310
Buena Vista 298, 299 (D4)
Buenos Aires 324 (F5)
Buffa 187, 187 (E2)
Buffalo 320 (A1)
Bugey 151, 53 (E5)
Bühl 248, 248 (E2)
Buhl, Reichsrat von 245
Bühlertal 248 (E2)
Buisson Certaut, le 60 (G6)
Buitenverwachting 369, 369 (E5)
Bükk 267 (D5)
Buland, en 71 (B3)
Bulcy 125 (D6)
Bulgarie 274–275
Bulichella 177 (D5)
Bullas 192, 190 (F4)
Bullers Calliope 352 (A5)
Bunbury 339 (D4)
Bündner Herrschaft 255, 255 (E5)
Buradon Gatzaga 199 (E3)
Burg Layen 242
Burgas 275 (C5)
Burgaud, Bernard 133
Burgberg 232 (C5), 233 (E2)
Burge, famille 342 (F3)
Burgenland 258, 264–265
Bürgerspital 251
Burges 134
Burgess 301 (B3)
Burggarten 261 (B2), 262 (E6)
Burglay 230 (B5), 233 (B1)
Burglayen 242 (A5)
Burgos 190 (D3)
Bürgstadt 250 (F2)
Burgstall 261 (B1)
Burgund Mare (cépage) 277
Burgy 70 (B3)
Burkheim 248 (F1)
Bürklin-Wolf 245, 246
Burrowing Owl 315 (G6)
Burrweiler 244 (F4)
Bursinel 256 (E2)
Busch, Clemens 233
Buschenberg 260 (A5)
Bussay, László 267
Bussia 164, 165 (E4)
Bussia Soprana 165 (E4)
Bussia Sottana 165 (E4)
Bussière, la 66 (E3)
Bussières 70 (E1)
Bussières, les 66 (E3)
Busslay 232 (C4)
But de Mont 133 (B3)
Buttafuoco 158
Butteaux 77 (F2)
Buttes, les 61 (G5)
Buttler, Gróf 266
Buttonwood Farm 309 (F4)
Büttrio 173 (D1)
Buxy 68, 68 (F5)
Buzău 277 (C5)
Buzet 114
Buzzetto (cépage) 158
By 86, 87 (C4)
By Farr 353, 352 (D3)
Byala 275 (B6)
Byington 307 (C2)
Byron 309 (E3)
Bzenec 270 (G3)

C

Ca'dei Frati 166
Ca'del Bosco 166
Ca'Marcanda 176, 177, 177 (B4)
Cabardès 141
Cabernet cubin (cépage) 226
Cabernet d'Anjou 120
Cabernet franc (cépage) 22 ; Allemagne 249 ; Hongrie 266 ; Amérique du Nord 299, 302, 303, 314, 319, 321 ; France 84, 106, 108, 110, 112, 118, 120, 121, 122; Israël 286 ; Italie 157, 166, 172
Cabernet-Sauvignon (cépage) 17, 21, 32 ; Afrique du Sud 367, 368, 369, 370 ; Allemagne 245
Cabrière 371 (D6)
Cabrières 142 (C6)
Čačak 273 (D5)
Cacc'e Mmitte di Lucera 184 (C3)
Caccia al Piano 177 (C4)
Cachapoal Valley 328
Cadalora, la 168 (G4)
Cadaujac 98 (B5), 101 (E5)
Caderousse 138 (D6)
Cadière d'Azur, la 148 (E3)
Cadillac 98, 83 (G4), 99 (D2)
Cádiz 205, 190 (G2), 206 (C2)
Cafayete 332
Caggiano 184 (D3)
Cagliari 188 (D4)
Cahors 112, 114
Caille, la 133 (C3)
Cailleret, en 59 (C6), 60 (F1), 61 (F4)
Cailleret, le 60, 60 (F3)
Cailleret-Dessus 61 (F3)
Caillerets 61
Caillerie, la 123 (E2)
Cailles, les 64 (E5)
Caillettes, les 63 (D3)
Cailloux, les 138, 139 (E2)
Cain Cellars 301 (C2)
Cair 283 (D6)
Cairanne 138, 137 (C3), 139 (A3)
Cairnbrae 362 (F2)
Cakebread 303 (G3), 304 (B4)
Calabrese Montenuovo (cépage) 185
Calabria 185
Calafat 277 (D2)
Calahorra 199 (B4), 200 (C2)
Calamin 257, 256 (E4)
Calatayud 192, 190 (E4)
Calatrasi 287
Calaveras County 311
Calcinaie, le 179 (E1)
Calços a Tanha 218 (F1)
Caldaro 169, 167 (B3)
Caldaro (Kaltern), 169 (D5)
Calédonie 352 (D4)
Calera 307, 307 (E4)
Calheta 222 (F6)
Californie 290, 291, 292–311, 291 (C1)
Calina 329 (F4)
Calingasta Valley 332
Calinottes, les 95 (E5)
Calistoga 292, 300, 302, 301 (A1)
Caliterra 329 (D4)
Calitor (cépage) 146
Calitzdorp 367, 366 (F5)
Callaghan Vineyards 313, 312 (E2)
Callet (cépage) 193
Calmont 233
Calona Vineyards 315 (E6)
Calouère 66 (E4)
Caluso Passito 160
Calvente, H. 205
Calvi 149
Câmara de Lobos 223 (G2)
Camaret-sur-Aigues 139 (C2)
Camargo 324 (E4)
Cambas 284 (F4)
Camberley 371 (D4)
Cambodge 375
Cambria (Etats-Unis), 310, 309 (E3)
Cambria (Italie), 187 (E5)
Camden 337 (E5)
Camel Valley 253 (G3)
Cameron 316 (E4)
Camigliano 181 (C3)
Camillo Castilla 200 (C3)
Campanha 324
Campanha Frontiera 324 (F5)
Campanie 157, 184-185
Campbell Early (cépage) 374
Campbells 352 (A5)
Campiglia Marittima 177 (E4)
Campo al Mare 177 (B4)
Campo de Borja 192, 190 (D4)
Campo di Sasso 176, 177, 177 (A4)
Campo Eliseo 195
Campo Rotaliano 168
Campobasso 184 (C3)
Campogiovanni 181 (D4)
Campolargo 211, 212 (F2)
Can Ràfols dels Caus 203 (E4)
Canada 290, 291, 314, 321
Canaiolo (cépage) 178, 180
Canakkale 285 (B3)
Canalicchio 181 (B5)
Canandaigua 320 (A2)
Canandaigua wine company 320
Canaries, îles 193, 193 (F3)
Canas de Senhorim 212 (F4)
Canberra 337 (E4)
Canberra, district 357
Canby 315 (D3), 316 (E5)
Candido 185 (B5)
Canelones 325, 324 (F5)
Canepa 329 (A6)
Canet Valette 141 (A4)
Cangé 123 (G6)
Canière, la 60 (G1)
Cankara 285 (B3)
Cannes 147 (C5)
Canneto 182 (D3)
Cannonau (cépage) 188
Cannonau di Sardegna 188 (B3)
Cannubi 164, 165 (E4)
Cannubi Boschis 165 (E4)
Cannubi Muscatel 165 (E4)
Canoe Ridge 319, 319 (E2)
Canon-Fronsac 104
Cantanhede 212 (F2)
Cantele 185 (B6)
Canteloup 101 (D2)
Cantenac 96, 97 (C3)
Canterayne Cave Co-op 91 (C2)
Canterbury 359
Cantina del Notaio 184 (D4)
Cantina di Castello 170
Cantina la Vis 168 (B5), 169 (G4)
Cantina Monrubio 183 (C4)
Cantina San Donaci 185 (B5)
Cantina Santa Maddalena 169 (C6)
Cantina Sociale Caldaro 169 (D5)
Cantina Sociale Colterenzio 169 (D6)
Cantina Sociale Copertino 185 (C5)
Cantina Sociale Cortaccia 169 (E5)
Cantina Sociale di Trapani 187 (E2)
Cantina Sociale Elorina 187 (G5)
Cantina Sociale Gries 169 (C6)
Cantina Sociale Jerzu 188 (C5)
Cantina Sociale San Michele Appiano 169 (D5)
Cantina Sociale Santadi 188 (D3)
Cantina Sociale Terlano 169 (C5)
Cantina Termeno Hofstätter 169 (E5)
Cantine Foraci 187 (E2)
Cantine Gran Furor Divina Costiera 184 (D3)
Cantine Rallo 187 (E2)
Cap Bon 287
Cap Corse 149
Cap Rock Winery 312 (D4)
Capafons-Ossó 204 (D5)
Capaia 367, 366 (F2)
Capannelle 179 (E5)
Caparone 309 (A2)
Caparzo 181 (A5)
Cape Agulhas 368 366 (G3)
Cape Blend 368, 370
Cape Doctor 366, 369
Cape Jaffa 349 (C4)
Cape Mentelle 341 (E5)
Cape Point 369, 366 (G1)
Cape Town 367, 369, 366 (F2)
Capel Vale 340, 339 (D4)
Capercaillie 357 (C5)
Capichera 188 (A4)
Capitel Foscarino 171
Cappuccina, La 170
Caprai, Marco 183
Caprino Veronese 171 (A1)
Caradeux, en 63 (B3)
Caramany 145, 145 (B2)
Carbonia 188 (D3)
Carcassonne 140, 140 (C6)
Carcavelos 214, 210 (D3), 214 (D1)
Cardeuse, la 59 (C5)
Cardinale 304, 304 (B5)
Cardinham Estate 345 (D4)
Carelles Dessous 61 (F4)
Carelle-sous la Chapelle 61 (F4)
Carema 158, 159 (C3)
Carignan (cépage) 33, 140, 142, 144, 188, 203, 204, 286, 287, 313
Carignano del Sulcis 188, 188 (D3)
Cariñena (cépage) 192, 202, 203, 204, 190 (E4)
Carl Reh 277 (D2)
Carlton Studio 316 (E4)
Carmel (Etats-Unis) 307 (F2)
Carmel (Israël) 286, 286 (D5), (E4)
Carmel Valley 307 (F3)
Carmen 329 (B6)
Carmenère (cépage) 23, 172, 173, 326, 327, 328
Carmenet 299 (B3)
Carmignano 157, 174, 180, 175 (A3)
Carminoir (cépage) 255
Carmo, Snr do 218 (F4)
Carneros 292, 293, 298–299, 300
Carneros Lake Vineyard 299 (D4), 301 (G5)
Carnuntum 258, 259 (C5)
Carobbio 179 (D3)
Caroline du Nord 291 (C6)
Carougeot 67 (E1)
Carpentras 137 (D3), 139 (E5)
Carquefou 118 (B2)
Carr Taylor 253 (G6)
Carraia, la 183 (C4), (D4)
Carran, en 61 (B1)
Carrascal 206, 206 (B3)
Carrau, Bodegas 325
Carré Rougeaud, le 67 (E2)
Carregal do Sal 212 (F4)
Carrés, les 67 (E3)
Carricante (cépage) 187
Carrick 363 (F5)
Carrières, les 66 (E3)
Carrodus, Dr Bailey 354
Carruades de Lafite 90, 91 (C4)
Carso 173, 271, 167 (C6)
Carta Vieja 329 (G4)
Carters 253 (F6)
Cartizze 166
Cartuxa 215
Casa de Piedra 313, 312 (D1)
Casa de Saima 212, 212 (F2)
Casa de Santar 212 (E4)
Casa Donoso 329 (F4)
Casa Emma 179 (E3)
Casa Lapostolle 328, 329 (D4)
Casa Madero 313, 312 (F4)
Casa Marín 327, 326 (C3), 329 (A4)
Casa Nuestra 301 (B3)
Casa Patronales 329 (G4)
Casa Real 328
Casa Rondeña 313, 312 (D3)
Casa Silva 329 (D5)
Casa Sola 179 (D3)
Casablanca (Chili) 326, 327, 326 (C4), 329 (A4)
Casablanca (Maroc) 287 (G2)
Casale Monferrato 161 (A5)
Casaloste 179 (D4)
Casanuova delle Cerbaie 181 (B5)
Casanuova di Neri 181 (B6)
Casas del Bosque 326 (C4)
Cascabel 346 (G4)
Cascais 214 (D1)
Cascante 200 (D3)
Cascatel 140
Case Basse 181 (C4)
Case Nere 165 (E3)
Casella Wines 336, 337, 357
Caserta 184 (D2)
Casot des Mailloles 145 (D6)
Casotto 163 (E3)
Cassereau, le 123 (D4)
Casse-Têtes, les 61 (F1)
Cassière, la 59 (B2)
Cassis 146
Cassoret 104
Castá 270 (G4)
Castagna 351, 352 (A6)
Castagneto Carducci 177 (C4)
Castalletto Monforte 165 (F5)
Castèggio 158
Castejon del Puente 201 (G5)
Castel (France) 94, 287, 287, 373
Castel (Israël) 286, 286 (F5)
Castel (Maroc) 287
Castel Bolovanu 277 (D3)
Castel del Monte 185, 185 (A3)
Castel Sallegg 169 (D5)
Castelão (cépage) 211, 214
Castelgiocondo 181 (C4)
Castell (Allemagne) 251, 250 (F4)
Castell' in Villa 179 (G5)
Castellada, la 173 (D4)
Castellammare 184 (D2)
Castellane, de 78
Castellare 179 (E3)
Castelldefels 203 (E4)
Casteller 167 (C3)
Castellero 165 (E4)
Castellet, le 148 (D3)
Castelli Romani 176, 175 (F3)
Castellina 178
Castello Banfi 166, 181 (D4)
Castello d'Albola 179 (E4)
Castelló de la Plana 190 (E5)
Castello dei Rampolla 179 (D3)
Castello del Terriccio 177
Castello della Paneretta 179 (E2)
Castello della Sala 183, 183 (C4)
Castello delle Regine 183 (D5)
Castello di Ama 179 (F4)
Castello di Bossi 179 (F5)
Castello di Brolio 179 (F5)
Castello di Cacchiano 179 (F4)
Castello di Fonterutoli 179 (F3)
Castello di Nipozzano 179 (A5)
Castello di Querceto 179 (D4)
Castello di San Polo in Rosso 179 (F4)
Castello di Trebbio 179 (A4)
Castello di Verrazzano 179 (D3)
Castello di Volpaia 179 (E4)
Castello la Leccia 179 (F3)
Castello Monaci 185 (C5)
Castello Vicchiomaggio 179 (C3)
Castelluccio 177 (B4)
Castelmaure Co-op 141 (E3)
Castelnuovo Berardenga 179 (G5)
Castelvetrano 187 (E2)
Castets, les 60 (D2)
Castiglione del Lago 183 (B4)
Castiglione Falletto 164, 165 (D5)
Castilla y León 192, 195
Castilla, Fernando de 205
Castillazuelo 201 (F5)
Castillo de Monesma 201
Castillo de Monjardín 200 (B2)
Castillo de Perelada 203 (E4)
Castillo Viejo 325
Castillo Ygay 198
Castillon-la-Bataille 83 (E5), 105 (E5)
Castle Vineyards 299 (C3)
Castoro Cellars 309 (B2)
Castres-Gironde 98
Castrillo de la Vega 196 (D4)
Castro Martín 194 (B4)
Catalogne 202–204
Catamarca 332, 324 (E4)
Catánia 187 (F5)
Catanzaro 184 (F5)
Catarratto (cépage) 186, 187
Catawba (cépage) 290
Catena 330, 332, 333
Catena Zapata 331 (B4)
Catena, Dr Nicolas 333
Cathare 153 (D4)
Cathedral Ridge 315 (C3)
Catusseau 107 (E4)
Căuseni 278 (E1)
Caussan 87 (E3)
Causse 141 (B2)
Cava 202
Cavaion Veronese 171 (B1)
Cavaliere 176
Cavatappi 315 (A3)
Cave Beaujolaise de Saint-Vérand 73 (F2)
Cave de Chautagne 151 (B4)
Cave de Fleurie 74 (C5)
Cave de l'Étoile 145 (D6)
Cave de Monbazillac 115 (B5)
Cave de Roquebrun 141 (A4)
Cave des Vignerons de Buxy 68 (G4)
Cave des Vignerons de Saumur 121 (G3)
Cave du Marmandais 113 (A2)
Cave du Razès 140 (D5)
Cave du Sieur d'Arques 140 (D6)
Cave Jean-Louis Lafage 145 (A3)
Cave Junction 315 (G2)
Cave Kouroum 286 (C5)
Cave la Malepère 140 (C6)
Cave Spring 321, 321 (G4)
Cave, la 61 (E4)
Caves Aliança 212 (F2)
Caves Messias 212 (F2)
Caves Primavera 212 (F2)
Caves São João 212 (F2)
Cavit 168
Cavríglia 179 (E5)
Caymus 303, 307, 303 (F4)
Cayuse 318, 319 (E3)
Cazes, famille 90, 218
Cazetiers, les 67, 67 (D2)
Ceàgo 294
Ceàgo Vinegarden 294 (B5)
Cecchi 176
Cechy 270 (E2)
Cedar Mountain 307 (A3)
Cedarcreek 315 (E6)
Cederberg 367, 366 (D2)
Ceja 299 (D5), 301 (G5)
Celeiros 218 (D5)
Celeste 196 (E3)
Celia, la 331 (D3)
Celigny 256 (E2)
Celilo Vineyard 315 (C4)
Cellars Can Blau 204 (D5)
Celldömölk 267 (E2)
Celler de Cantonella 203 (E1)
Celler de Capçanes 202, 204 (E4)
Cellers Vilella de la Cartoixa 204 (C4)
Cellier des Templiers 145 (D6)
Cellier du Mas Montel 143 (A4)
Cellier le Brun 362 (G2)
Celliers de Meknès 287
Cenan, en 71 (E6)
Cencibel (cépage) 192, 193
Cenicero 199, 199 (B1)
Cennatoio 179 (D4)
Cent Vignes, les 62 (C5)
Centerra Wine Company 320
Central Anatolia 285 (B5)
Central Coast (États-Unis) 293, 307, 308–310, 293 (E4)
Central Otago 361, 363
Central Ranges 357
Central Valley (Chili) 326, 327–329
Central Valley (Etats-Unis) 292, 302, 306, 311
Centro 331 (B4)
Cépages 20–23
Céphalonie 283, 284, 283 (C1)
Ceptura 277 (C4)
Cerasuolo d'Abruzzo 176
Cerasuolo di Vittoria 157, 187, 187 (G4)
Ceratti 184 (G4)
Cerbaiola 181 (B5)
Cerbaiona 181 (C6)
Cercié 73 (D4), 74 (F4)
Cercueils, les 67 (E1)
Cerequio 163, 164, 165 (D4)
Céret 145 (D3)
Cereza (cépage) 332
Cerhov 270 (G6)
Cérons 99, 83 (G4)
Cerretta 165 (D6)
Certaldo 179 (D1)
Cervaro della Sala 183
Cerveteri 176, 175 (E3)
Cesanese (cépage) 176
Cesanese del Piglio 175 (F4), 184 (C1)
Cesanese di Affile 175 (F4)
Cesani 179 (E1)
Ceské Budějovice 270 (F2)
Cessnock 356, 337 (D5), 357 (D5)
Cetto, LA 313, 312 (D1)
Ceuso 187 (E2)
Céyzerieu 151 (B4)
Chabiots, les 66 (E2), (E4)
Chablais 257, 255 (G2), 256 (E6)
Chablis 30, 75–77, 55 (A3), 75 (E5), 77 (D4)
Chablisien, le 75, 76-77
Chabœufs, les 64 (E5)
Chacé 121 (F3)
Chacolí de Alava 192
Chacolí de Guetaria 192
Chacolí de Vizcaya 192
Chacra, Bodega 333
Chaffots, les 66 (E4)
Chagny 68, 55 (D5), 68 (A6)
Chaignots, aux 65 (E2)
Chailles 119 (B2)
Chaillots, les 63 (C4)
Chailloux, aux 71 (B5)
Chain of Ponds 348 (A6)
Chaînes Carteaux 64 (E5)
Chainey, le 59 (A2)
Chaintré 71, 55 (F5), 70 (G2), 71 (E6)
Chalandins, les 65 (F5)
Chaliots, les 64 (F6)
Chalk Hill (Australie), 346 (E4)
Chalk Hill (États-Unis) 297, 300, 296 (D5)
Chalone (vignoble) 307, 319, 307 (F5)
Chalonnes-sur-Loire 118 (B4)
Châlons-en-Champagne 79 (B5)
Chalon-sur-Saône 68, 55 (D5)
Chalumeaux, les 60 (F4)
Chambers 353
Chambers Rosewood 352 (A5)
Chambertin 58, 66-67, 66 (E6)
Chambertin-Clos de Bèze 67, 66 (E6)
Chambéry (Pessac-Leognan) 101 (D4)
Chambéry (Savoie) 151, 151 (C4)
Chambolle 67
Chambolle-Musigny 58, 66, 67, 55 (C6), 65 (D6), 66 (E2)
Chambourcin (cépage) 291, 357
Chambrates 125 (B4)
Chambres, les 60 (G2)
Chamery 81 (B3)
Chamiza, la 331 (B5)
Chamonix 371 (D6)
Chamoson 252
Chamoson & Saint-Pierre-de-Clages 256 (F6)
Champ 67 (D3)
Champ Canet 60 (F4)
Champ Croyen 60 (G4)
Champ Derrière 60 (G2)
Champ Gain 60 (F4)
Champ Roux, en 71 (B5)
Champ Tirant 60 (D2)
Champagne 13, 15, 16, 78–81
Champagne de Savigny 62 (C6)
Champans 61, 61 (F4)
Champeaux 67 (D2)
Champerrier du Bas 67 (E2)
Champerrier du Dessus 67 (E2)
Champigny 118 (C5), 121 (F4)
Champillon 81 (D3)
Champin, le 133 (A4)
Champlots, les 60 (E3)
Champonnet 67 (D1)
Champoux Ranch 319
Champoux Vineyard 318 (F4)
Champs Chardons, aux 63 (C2)
Champs Chenys 66 (E6)
Champs Claude, les 59 (C4)
Champs d'Or, les 372 (B4)

Champs de Morjot 59 (D5)
Champs de Vosger 67 (E4)
Champs des Charmes, les 67 (E3)
Champs des Pruniers, aux 63 (C2)
Champs Fulliot, les 61 (F3)
Champs Gain, les 59 (C6), 60 (G1)
Champs Goudins 65 (F4)
Champs Jendreau 59 (C5)
Champs Perdrix, aux 65 (E2)
Champs Perriers, les 67 (E2)
Champs Pimont 62 (C3)
Champs Ronds, les 61 (E3)
Champs Tions, les 67 (E4)
Champs Traversins, les 65 (E5)
Champs, en 67 (D2)
Champs, les 60 (E3)
Champtoceaux 118 (B3)
Champy 58
Chanay 151 (B4)
Chanaz 151 (C4)
Chançay 123 (C5)
Chanceleiros 218 (F4)
Chandon 333, 324
Chandrebi 280
Chânes 69, 70 (G2), 71 (E5), 73 (B4)
Changbaishan 372 (A6)
Changyu 373, 372 (F5)
Chanière, la 61 (E6), 62 (B1)
Chaniot, au 60 (F4)
Chanlin 61 (E5)
Chanlins-Bas, les 61 (E5)
Chanlins-Hauts, les 61 (E5)
Channing Daughters 320, 320 (E6)
Chanson (Condrieu) 133, 133 (E2)
Chanson Père et Fils (Beaune) 58, 62
Chante-Alouette 135
Chante-Perdrix 139 (F2)
Chapareillan 151 (D4)
Chapel Down 253 (G6)
Chapel Hill (Australie) 346, 346 (E4)
Chapel Hill (Hongrie) 267
Chapelle l'Enclos 113 (D2)
Chapelle-Basse-Mer, la 119 (E3)
Chapelle-Chambertin 66 (E6)
Chapelle-de-Guinchay, la 73 (B4)
Chapelle-Heulin, la 118, 119 (F3)
Chapelle-sur-Erdre, la 118 (B2)
Chapelle-sur-Loire, la 122 (D3)
Chapelle-Vaupelteigne, la 77 (B2)
Chapelot 77 (D5)
Chapitre, le 123 (F4)
Chaponnières, les 61 (F6)
Chapoutier 131, 133, 134, 135, 349, 349 (C4)
Chappellet 302, 301 (C5)
Chaptal, Jean-Antoine 34
Charbonnières, les 64 (F4)
Charbono (cépage) 332
Chard Farm 363, 363 (F4)
Chardannes, les 66 (E3)
Chardonnay 70, 70 (A4)
Chardonnay (cépage) 17, 21, 30 ; Afrique du Sud 368, 369, 370 ; Allemagne 249 ; Amérique du Nord 291, 293, 296, 297, 298, 299, 302, 304, 305, 306, 307, 309, 310, 313, 314, 317, 319, 320, 321 ; Amerique du Sud 324, 326, 327, 328, 332, 333 ; Angleterre 253 ; Australie 336, 338, 339, 340, 341, 343, 344, 348, 349, 351, 352, 353, 354, 355, 356, 357; Autriche 259, 264 ; Bulgarie 274 ; Chine 373 ; Croatie 272 ; Espagne 193, 200, 201, 202, 203, 205 ; France 63, 75, 80, 140, 150, 151, 153 ; Hongrie 266, 267 ; Israël 286 ; Italie 157, 158, 160, 163, 166, 168, 169, 171, 173, 183, 18 5; Japon 374 ; Nouvelle-Zélande 358, 359, 362 ; Portugal 214 ; Republique tchèque 270 ; Roumanie 276, 277 ; Russie 279 ; Slovénie 271 ; Suisse 254, 256
Chardonnay del Salento IGT 185
Chardonne 257, 256 (E5)
Chardonnereux, les 62 (D3)
Charentais 153 (C2)
Charentay 73 (D4), 74 (G4)
Charlemagne, le 63 (B3)
Charles Cimicky 342 (F3)
Charles Krug 301 (C3)
Charles Melton 342 (E4)
Charleston 348
Charme 218 (E5)
Charme de Niepoort 218
Charmes Dessus, les 59 (A1)
Charmes, les (Gevrey-Chambertin) 66 (E2)
Charmes, les (Meursault) 61, 66, 60 (G5), 66 (E5)
Charmes-Chambertin 66 (E6)
Charmes-Dessous, les 60 (G5)
Charmes-Dessus, les 60 (G5)
Charmois, le 60 (F2)
Charmois, les 65 (E1)
Charmots, les 62 (C1)
Charmotte, la 65 (E2)
Charmotte, la Petite 65 (E2)
Charnay-lès-Mâcon 70 (F2)
Charnières, les 63 (B2)
Charreux 67 (E2)
Charrières, les (Gevrey-Chambertin) 66 (E5)
Charrières, les (Meursault) 60 (G3)
Charron, en 59 (A2)
Charta 236, 238
Chassagne 58, 59 (C6), 60 (F2)
Chassagne du Clos Saint-Jean 60 (F1)
Chassagne-Montrachet 59, 55 (D5), 59 (C5), 60 (G1)
Chasselas 69, 71 (D3), 70 (G1)
Chasselas (cépage) 124, 126, 127, 151, 254, 255, 256, 257
Châtains 77 (E3)
Château Abelanet 141 (E4)
Château Aiguilloux 141 (D3)
Château Andron Blanquet 89 (F4)
Château Aney 95 (C4)
Château Angélus 109 (E3)
Château Anthonic 95 (F3)
Château Arnaud 94, 95 (F5)
Château Ausone 27, 108, 110, 111, 109 (F4)
Château Balestard 99 (A2)
Château Balestard la Tonnelle 109 (E5)
Château Barbanau 146 (D6)
Château Barde-Haut 105 (D2), 109 (F6)
Château Bardins 101 (D5)
Château Baret 101 (C4)
Château Barrabaque 104 (B4)
Château Barreyres 94, 95 (E6)
Château Bas 146 (B5)
Château Bassanel 141 (B2)
Château Bastor Lamontagne 103 (D4)
Château Batailley 90, 91 (E4)
Château Baudare 113 (C5)
Château Beauchêne 107 (D2)
Château Beaumont 95 (D4)
Château Beauregard 107 (E4)
Château Beau-Séjour Bécot 109 (E3)
Château Beauséjour Héritiers Duffau-Lagarrosse 109 (E3)
Château Beau-Site 88, 89 (D4)
Château Beau-Site Haut-Vignoble 89 (D4)
Château Bégadanet 87 (C3)
Château Bel Air 89 (E5)
Château Bel Orme Tronquoy de Lalande 88, 89 (C4)
Château Bel-Air 105 (A3), (B4)
Château Belair 110, 109 (F4)
Château Bel-Air Marquis-d'Aligre 97 (B1)
Château Belair-Ouÿ 105 (D4)
Château Belgrave 93, 92 (F3)
Château Bélingard 115 (B5)
Château Bellefont-Belcier 109 (G5)
Château Bellegrave (Pauillac) 91 (E5)
Château Bellegrave (Pomerol) 107 (D2)
Château Belles Graves 107 (C5)
Château Bellevue 109 (E3)
Château Belle-Vue 286 (C5)
Château Bellevue la Forêt 113, 113 (C5)
Château Bellevue Mondotte 109 (F5)
Château Bergat 109 (E5)
Château Berliquet 109 (F3)
Château Bernadotte 91, 91 (D2)
Château Bertineau Saint-Vincent 105 (B2)
Château Béthanie 150 (E3)
Château Beychevelle 92, 92 (G5), 95 (A4)
Château Biston-Brillette 95 (G3)
Château Blaignan 87 (E4)
Château Blanzac 105 (E4)
Château Bonalgue 107 (E2)
Château Bonneau 105 (C3)
Château Bonnet 98, 99 (A3)
Château Boswell 301 (B3)
Château Bouchassy 138 (F6)
Château Bouranc 86
Château Bourdieu-Vertheuil 89 (F2)
Château Bourgneuf-Vayron 107 (D3)
Château Bourgueneuf 107 (D3)
Château Bournac 87 (D3)
Château Bouscassé 113 (D2)
Château Bouscaut 100, 101 (E5)
Château Boyd-Cantenac 96, 97 (C4)
Château Branaire-Ducru 92, 92 (G5), 95 (A4)
Château Branas Grand Poujeaux 94, 95 (F4)
Château Branda 105 (B4)
Château Brane-Cantenac 96, 97 (C3)
Château Branon 101 (F2)
Château Brehot 105 (D3)
Château Brillette 95 (G3)
Château Brondelle 99 (F2)
Château Broustet 103 (B3)
Château Brown 101 (D3)
Château Cabrières 139 (E2)
Château Cadet-Bon 109 (E4)
Château Cadet-Piola 109 (D4)
Château Caillou 103 (B2)
Château Calissanne 146 (B4)
Château Calon 105 (B2)
Château Calon-Ségur 88, 89 (D5)
Château Cambon la Pelouse 97 (E4)
Château Camensac 93, 92 (G3)
Château Cameron 103 (E2)
Château Camou 313, 312 (D1)
Château Canon 109 (E3)
Château Canon de Brem 104 (B4)
Château Canon-la-Gaffelière 104, 108, 274, 109 (G4)
Château Cantegril 103 (B2)
Château Cantegrive 105 (B5)
Château Cantemerle 96, 97 (E5)
Château Cantenac-Brown 96, 97 (C2)
Château Cantin 105 (D3)
Château Cap de Faugères 105 (D4)
Château Cap de Haut 95 (D6)
Château Capbern Gasqueton 89 (D5)
Château Cap-de-Mourlin 109 (D4)
Château Caraguilhes 141 (D2)
Château Carbonnieux 100, 101 (E4)
Château Caronne-Sainte-Gemme 95 (B2)
Château Carras 282, 283 (B3)
Château Carsin 99 (D1)
Château Carteau Côtes Daugay 109 (F2)
Château Cascadais 141 (D2)
Château Cassagne-Haut-Canon 104 (B4)
Château Castera 86, 87 (F3)
Château Cazal-Viel 141 (A4)
Château Certan de May 107 (D5)
Château Certan-Marzelle 107 (D5)
Château Chaberts 147 (D2)
Château Chalon 150, 150 (F2)
Château Chambert-Marbuzet 88, 89 (F5)
Château Chambrun 105 (B1)
Château Chamirey 68 (C5)
Château Changyu-Castel 373, 372 (F5)
Château Chantelys 87 (E2)
Château Chantgrive 105 (D2)
Château Charmail 89 (C4)
Château Chasse-Spleen 94, 95 (F4)
Château Chauvin 109 (C3)
Château Cheval Blanc 98, 100, 108, 110-111, 109 (B1), 107 (E5)
Château Cissac 89, 89 (G2)
Château Citran 94, 95 (G4)
Château Clarke 94, 95 (F3)
Château Clauzet 88, 89 (F4)
Château Clerc-Milon 90, 91 (B5)
Château Climens 102, 103, 103 (C2)
Château Clinet 106, 107 (D4)
Château Clos des Jacobins 109 (D3)
Château Colombier-Monpelou 91, 91 (C5)
Château Condom-Perceval 115 (C4)
Château Corbin 105 (B2), 109 (B2)
Château Corbin Michotte 109 (B2)
Château Cordeillan-Bages 90, 91 (E5)
Château Cos d'Estournel 86, 88, 89 (G5), 91 (A5)
Château Cos Labory 88, 89 (G5), 91 (A4)
Château Côte Montpezat 105 (D5)
Château Coucheroy 101 (E4)
Château Coucy 105 (C3)
Château Coufran 88, 89 (B4)
Château Couhins 101 (D5)
Château Coujan 141 (A4)
Château Coupe Roses 141 (B3)
Château Courac 137 (D1)
Château Court-les-Mûts 115 (B4)
Château Coustolle 104 (B4)
Château Coutelin-Merville 89 (F3)
Château Coutet 102, 103 (B3)
Château Crabitan-Bellevue 99 (E2)
Château Crabitey 98 (C6)
Château Crémade 146 (C6)
Château Croix de Labrie 109 (E4)
Château Croizet-Bages 91, 91 (D5)
Château Croque Michotte 107 (E6), 109 (B2)
Château Cruzeau 104 (C6)
Château d' Agassac 97 (G6)
Château d' Aiguilhe 104, 105 (C5)
Château d' Ampuis 132–133
Château d' Anglès 141 (C5)
Château d' Angludet 96, 97 (D3)
Château d' Aqueria 138 (F6)
Château d' Archambeau 99, 99 (E1)
Château d' Arche Sauternes 103 (F2)
Château d' Arche Southern Médoc 97 (F6)
Château d' Arche-Pugneau 103 (E3)
Château d' Arcins 94, 95 (F5)
Château d' Ardennes 98 (E6)
Château d' Arlay 150 (F1)
Château d' Armailhac 90, 91 (B5)
Château d' Armajan-des-Ormes 103 (C4)
Château d' Augey 103 (D2)
Château d' Aydie 113 (D2)
Château d' Elle 115 (B5)
Château d' Épiré 120 (D2)
Château d' Esclans 147 (C3)
Château d' Escurac 86, 87 (D2)
Château d' Issan 96, 97 (B3)
Château d' Or et de Gueules 137 (F1)
Château d' Oupia 141 (B2)
Château d' Yquem 98, 102-103, 306, 103 (F3)
Château Dalem 104 (A4)
Château Dassault 109 (D5)
Château Dauzac 96, 97 (D5)
Château de Bachen 113 (C1)
Château de Barbe Blanche 105 (A3)
Château de Beaucastel 136, 138, 309, 139 (D2)
Château de Beaufort 141 (B2)
Château de Beaulieu 114, 113 (A2)
Château de Beaumont 94
Château de Beck 136 (F6)
Château de Bel-Air 107 (B3)
Château de Bellet 147 (B6)
Château de Bellevue 105 (A3)
Château de Brau 140 (B6)
Château de Brissac 120 (E5)
Château de Caladroy 145 (B3)
Château de Campuget 137 (F1)
Château de Carles 104 (A5)
Château de Cary Potet 68 (F5)
Château de Cazeneuve 142, 143 (A3)
Château de Cesseras 141 (B2)
Château de Chantegrive 98, 98 (D6)
Château de Commarque 103 (G1)
Château de Couhins-Lurton 100, 101 (E4)
Château de Coulaine 122 (F2)
Château de Crémat 147 (B6)
Château de Cruzeau 100, 98 (C4)
Château de Danzay 122 (F2)
Château de Davenay 68 (F4)
Château de Fargues 102, 103 (F5)
Château de Ferrand 105 (D3)
Château de Fesles 120 (G4)
Château de Fieuzal 100, 101 (G3)
Château de Flaugergues 143 (C4)
Château de Fonsalette 136, 137 (C3)
Château de Fontenille 99 (B1)
Château de Fourques 143 (C3)
Château de Frandat 113 (B3)
Château de Fuissé 71, 71 (C5)
Château de Gaillat 99 (F3)
Château de Garcinères 147 (D3)
Château de Gironville 97 (F5)
Château de Gourgazaud 141 (B2)
Château de Grange-Neuve 107 (D3)
Château de Gueyze 114
Château de Haux 99 (B1)
Château de Jasson 147 (D2)
Château de Jau 145 (B4)
Château de l' Escarelle 147 (C2)
Château de l' Euzière 143 (B4)
Château de l' Horte 141 (C2)
Château de l' Hospital 98 (C6)
Château de l' Île 141 (D4)
Château de la Colline 115 (C5)
Château de la Dauphine 104 (C4)
Château de la Gardine 139 (E1)
Château de la Grenière 105 (A3)
Château de la Grille 122 (F3)
Château de la Liquière 142 (D5)
Château de la Negly 141 (C4)
Château de la Peyrade 143 (D3)
Château de la Rivière 104 (B3)
Château de la Tuilerie 136 (F6)
Château de Lamarque 94, 95 (D5)
Château de Lancyre 142, 143 (A3)
Château de Landereau 99 (A1)
Château de Lascaux 142
Château de Lastours 141 (D3)
Château de Lisse 105 (D3)
Château de Loei 375
Château de Lumières 74 (D4)
Château de Malle 103 (D4)
Château de Malleret 97 (G4)
Château de Marbuzet 89 (F5)
Château de Marmorières 141 (C4)
Château de Mayragues 113 (B5)
Château de Montaigne 115 (B3)
Château de Montmirail 139 (C4)
Château de Nages 136 (F6)
Château de Nizas 143 (D1)
Château de Nouvelles 141 (E2)
Château de Pech-Latt 141 (D2)
Château de Pennautier 140 (B6)
Château de Pez 88, 89 (E4)
Château de Pibarnon 148, 148 (E3)
Château de Pommard 61 (F6)
Château de Pressac 105 (D3)
Château de Raissac 141 (B5)
Château de Rayne Vigneau 103 (E2)
Château de Reignac 98
Château de Ricaud 99, 99 (D2)
Château de Ripaille 151 (A6)
Château de Robert 140 (C5)
Château de Rochemorin 100, 101 (F5)
Château de Rolland 103 (B4)
Château de Roques 105 (B4)
Château de Routier 140 (C5)
Château de Rozier 137 (F1)
Château de Saint-Cosme 138, 139 (C5)
Château de Salles 107 (B2)
Château de Sassay 122 (G3)
Château de Ségriès 138 (F5)
Château de Selle 147 (C3)
Château de Sérame 141 (C2)
Château de Sours 98, 99 (A2)
Château de Targé 121 (F5)
Château de Tiregand 115 (B6)
Château de Tracy 125 (B4)
Château de Tressac 104 (B4)
Château de Trinquevedel 138 (G6)
Château de Val 274, 275 (A1)
Château de Valandraud 109 (F4)
Château de Valflaunès 143 (A3)
Château de Vaudieu 139 (E2)
Château de Viaud 107 (B3)
Château de Viella 113 (D2)
Château de Villegeorge 95 (G5)
Château de Villeneuve 121 (F4)
Château des Annereaux 104 (A6), 107 (A2)
Château des Auzines 141 (D2)
Château des Charmes 321 (G5)
Château des Cointes 140 (C6)
Château des Erles 141 (D3)
Château des Estanilles 142 (D5)
Château des Eyssards 115 (B5)
Château des Fines Roches 139 (F2)
Château des Fougères 98 (C4)
Château des Gavelles 146 (B5)
Château des Grandes Vignes 103 (C5)
Château des Jacques 74 (C6)
Château des Laurets 105 (C4)
Château des Rochers 103 (B4)
Château des Rontets 71 (D5)
Château des Tourettes 137 (E5)
Château des Tours 105 (B3)
Château Desmirail 96, 97 (C4)
Château Destieux 105 (D3)
Château Deyrem-Valentin 97 (A2)
Château Doisy-Daëne 102, 103 (B3)
Château Doisy-Dubroca 103 (B2)
Château Doisy-Védrines 103 (C3)
Château Dorrien 342 (D4)
Château du Bloy 115 (B3)
Château du Breuil Bordeaux 89 (G3)
Château du Breuil Loire 120 (F2)
Château du Cause 105 (C3)
Château du Cèdre 113 (A4)
Château du Courlat 105 (A3)
Château du Cros 99 (E2)
Château du Gaby 104 (B4)
Château du Glana 92 (F5)
Château du Grand Moulas 137 (C2)
Château du Grand-Bos 98 (C5)
Château du Hureau 121 (E4)
Château du Juge 99 (D2)
Château du Mayne 103 (B4), (D3)
Château du Mont 99, 99 (E2)
Château du Moulin Rouge 95 (C4)
Château du Nozet 124
Château du Paradis 105 (E2)
Château du Pick 103 (D3)
Château du Prieuré des Mourgues 141 (A4)
Château du Prieuré-Lichine 96, 97 (C3)
Château du Raux 95 (C5)
Château du Rétout 95 (D4)
Château du Roc de Boissac 105 (B4)
Château du Rouet 147 (C3)
Château du Seuil 98, 99 (D1)
Château du Tailhas 108 (C6), 107 (F4)
Château du Tertre 96, 97 (D2)
Château du Trignon 139 (B5)
Château du Val d'Or 105 (E1)
Château Ducru-Beaucaillou 91, 92, 92 (F5)
Château Dudon 103 (B3)
Château Duhart-Milon 90
Château Duhart-Milon Rothschild 91 (B4), 89 (G5)
Château Duplessis Fabre 95 (G2)
Château Durand-Laplagne 105 (B4)
Château Durfort-Vivens 96, 97 (B3)
Château Dutruch Grand Poujeaux 94, 95 (F4)
Château Etang des Colombes 141 (C3)
Château Fabas 141 (B1)
Château Faizeau 105 (B2)
Château Fakra 286 (C5)
Château Faugères 105 (D4)
Château Faurie de Souchard 109 (D5)
Château Fayau 98, 99 (D2)
Château Ferran 101 (G6)
Château Ferrand 107 (F4)
Château Ferrande 98 (C6)
Château Ferrand-Lartigue 105 (D2)
Château Ferrière 96, 97 (B2)
Château Feytit-Clinet 107 (D4)
Château Figeac 85, 110-111, 109 (C1)
Château Filhot 103 (G2)
Château Fleur-Cardinale 105 (D4)
Château Fombrauge 105 (C3)
Château Fonbadet 91, 91 (E5)
Château Fonbel 1 104 (C6)
Château Fonbel 2 105 (D1)
Château Fonbel 3 105 (D2)
Château Fongaban 105 (B4)
Château Fonplégade 109 (F3)
Château Fonréaud 94, 95 (G1)
Château Fonroque 109 (D4)
Château Fontenil 104 (A4)
Château Fortia 138, 139 (F2)
Château Fourcas-Dupré 94, 95 (E1)
Château Fourcas-Hosten 94, 95 (F1)
Château Fourcas-Loubaney 95 (E2)
Château Franc Mayne 109 (E3)
Château France 101 (G2)
Château Franc-Maillet 109 (A2), 107 (D6)
Château Gaillard 105 (D3)
Château Garraud 105 (A1)
Château Gaudet-Saint-Julien 109 (E4)
Château Gaudin 91 (E5)
Château Gaudrelle 123 (D3)
Château Gazin 107 (D6)
Château Gazin-Rocquencourt 101 (F2)
Château Gilette 102, 103 (C5)
Château Giscours 96, 97 (D4)
Château Gléon Montanié 141 (D3)
Château Gloria 92, 92 (F5)
Château Golan 286 (D5)
Château Gombaude-Guillot 107 (D4)
Château Gracia 109 (F2)
Château Grand Corbin 109 (B3)
Château Grand Mayne 109 (E3)
Château Grand Moulin 141 (C3)
Château Grand Ormeau 107 (B5)
Château Grand Renouil 104 (C4)
Château Grand Vostock Le 279
Château Grand-Corbin-Despagne 109 (B2)
Château Grande Cassagne 137 (F1)
Château Grandes Murailles 109 (E4)
Château Grandis 89 (C4)
Château Grand-Mouëys 99 (B1)
Château Grand-Pontet 109 (E3)
Château Grand-Poujeaux 94
Château Grand-Puy-Ducasse 91, 91 (D6)
Château Grand-Puy-Lacoste 90, 91 (D4)
Château Gravas 103 (B3)
Château Gravet 105 (D1)
Château Grès Saint-Paul 143 (B5)
Château Gressier-Grand-Poujeaux 94, 95 (F4)
Château Greysac 86, 87 (B4)
Château Grillet 133, 131 (A4), 133 (D2)
Château Grillon 103 (C3)
Château Grinou 115 (B5)
Château Grivière 87 (E3)
Château Gruaud-Larose 92-93, 92 (G4), 95 (A3)
Château Gueyrosse 104 (D6)

Château Guibot-le-Fourvieille 105 (B4)
Château Guillot 107 (D3)
Château Guillot Clauzel 107 (D3)
Château Guiot 137 (F1)
Château Guiraud 103 (F3)
Château Guiteronde du Hayot 103 (B2)
Château Hanteillan 89 (F3)
Château Haura 99 (E1)
Château Haut-Bommes 103 (F2)
Château Haut-Corbin 109 (B3)
Château Haut-Gléon 141 (D3)
Château Haut-Rian 99 (D1)
Château Haut-Bages Averous 90
Château Haut-Bages Libéral 91, 91 (E5)
Château Haut-Bages Monpelou 91, 91 (D4)
Château Haut-Bailly 100, 101 (F4)
Château Haut-Ballet 104 (B4)
Château Haut-Batailley 90-91, 91 (F4), 92 (E3)
Château Haut-Beauséjour 89 (E5)
Château Haut-Benauge 98
Château Haut-Bergeron 103 (D3)
Château Haut-Bergey 101 (F2)
Château Haut-Bernat 105 (B4)
Château Haut-Breton-Larigaudière 97 (A1), 95 (G5)
Château Haut-Brion 15, 82, 100, 101 (A2)
Château Haut-Caplane 103 (F2)
Château Haut-Chaigneau 105 (B1)
Château Haut-Claverie 103 (G4)
Château Haut-Condissas 86, 87 (C3)
Château Haut-Gardère 101 (G3)
Château Haut-Lagrange 101 (F4)
Château Haut-Madrac 91 (E3)
Château Haut-Maillet 109 (A2), 107 (D6)
Château Haut-Marbuzet 88, 89 (F5)
Château Haut-Nouchet 101 (G5)
Château Hauts Sainte-Marie 99 (B2)
Château Haut-Sarpe 105 (C2)
Château Haut-Segottes 109 (D2)
Château Haut-Selve 98 (D5)
Château Haut-Tropchaud 107 (D4)
Château Hélène 141 (C1)
Château Hortevie 92 (G4)
Château Hosanna 106, 107 (D5)
Château Houissant 89 (F5)
Château Hourbanon 87 (F2)
Château Hourtin-Ducasse 91 (D3)
Château Indage 375
Château Jacques-Blanc 105 (D3)
Château Jean Gué 107 (A4)
Château Jean Voisin 109 (C3)
Château Jean-Blanc 105 (E3)
Château Jean-Pierre Gaussen 148 (D3)
Château Joanin Bécot 104, 105 (C5)
Château Jolys 113 (E1)
Château Jonc Blanc 115 (B3)
Château Jouclary & Salitis 141 (B1)
Château Julien 307 (F3)
Château Ka 286 (C6)
Château Kefraya 286, 286 (C5)
Château Khoury 286 (C5)
Château Kirwan 96, 97 (C3)
Château Ksara 286, 286 (C5)
Château l' Angélus 104
Château l' Arrosée 109 (F3)
Château l' Aubépin 103 (F2)
Château l'Eglise-Clinet 106, 107 (D4)
Château l'Enclos 107 (C3)
Château l'Evangile 106, 107 (E5), 109 (B1)
Château la Baronne 141 (C2)
Château la Bastienne 105 (B2)
Château la Bécasse 91 (D5)
Château la Bergelasse 113 (D2)
Château la Bienfaisance 105 (D2)
Château la Bridane 92 (E5)
Château la Cabanne 107 (D4)
Château la Calisse 147 (C2)
Château la Caminade 113 (A4)
Château la Canorgue 137 (E5)
Château la Cardonne 86, 87 (F3)
Château la Caronne Sainte-Gemme 94
Château la Clare 87 (B3)
Château la Clarière Laithwaite 105 (D4)
Château la Clémence 107 (F4)
Château la Closerie du Grand-Poujeaux 94, 95 (F4)
Château la Clotte 109 (F4)
Château la Commanderie (Pomerol) 107 (F3)
Château la Commanderie (Saint-Estèphe) 89 (F4)
Château la Condamine 143 (D1)
Château la Conseillante 106, 107 (E5), 109 (B1)
Château la Couronne 91 (F4)
Château la Couspaude 109 (E4)
Château la Croix 107 (E4)
Château la Croix des Pins 137 (D4)
Château la Croix Saint-André 105 (B1)
Château la Croix Saint-Georges 107 (E4)
Château la Croix Taillefer 107 (F3)
Château la Croix-Beauséjour 105 (B2)
Château la Croix-de-Gay 107 (D5)
Château la Croix-du-Casse 107 (F3)
Château la Dominique 109 (B2), 107 (E6)
Château la Dournie 141 (A3)
Château la Fleur 109 (C5)
Château la Fleur de Boüard 104, 105 (B1)
Château la Fleur de Gay 106, 107 (D5)
Château la Fleur de Jaugue 104 (C6)
Château la Fleur du Roy 107 (E4)
Château la Fleur-Milon 91 (B5)
Château la Fleur-Pétrus 106, 107 (D5)
Château la Freynelle 99 (A3)
Château la Gaffelière 109 (F4)
Château la Garde 101 (G6)
Château la Gomerie 109 (D3)
Château la Gorce 87 (E4)
Château la Grande Maison 115 (B5)
Château la Grave (Bordeaux) 104 (C5)
Château la Grave (Languedoc-Roussillon) 141 (C1)
Château la Grave à Pomerol 107 (C4)
Château la Grave Figeac 107 (E5), 109 (B1)
Château la Gurgue 97 (B2)
Château la Haye 88, 89 (F4)
Château la Lagune 96, 135, 146, 97 (F5)
Château la Louvière 100, 101 (E4)
Château la Marzelle 109 (D1)
Château la Maurigne 115 (B4)
Château la Mission Haut-Brion 100, 101 (A3)
Château la Nerthe 138, 139 (F2)
Château la Papeterie 105 (B1)
Château la Plagnotte-Bellevue 105 (C2)
Château la Pointe 107 (E3)
Château la Providence 107 (D5)
Château la Rame 99, 99 (E2)
Château la Reyne 113 (A4)
Château la Rousselle 104 (B4)
Château la Rouvière 148 (D3)
Château la Serre 109 (E4)
Château la Tour Blanche 102, 103 (F2)
Château la Tour Carnet 93, 92 (G2)
Château la Tour de By 86, 87 (B4)
Château la Tour de Mons 94, 95 (G6)
Château la Tour de Ségur 105 (A3)
Château la Tour du Pin Figeac (Giraud-B) 109 (B1), 107 (E5)
Château la Tour du Pin Figeac (J. M. Moueix) 107 (E5), 109 (B1)
Château la Tour Figeac 107 (F4), 108 (C6)
Château la Tour Haut-Brion 100, 101 (A3)
Château la Tour Léognan 101 (E4)
Château la Tour Saint-Bonnet 87 (C4)
Château la Tour-Prignac 87 (E2)
Château la Varière 120 (E5)
Château la Vieille Cure 104 (A5)
Château la Violette 107 (D4)
Château la Voulte-Gasparets 141 (C3)
Château Labégorce 96, 97 (A2)
Château Laborde 104 (A6)
Château Lachesnaye 95 (B4)
Château Lafaurie-Peyraguey 102, 103 (E2)
Château Lafayette Reneau 320 (B3)
Château Laffitte-Carcasset 89 (E4)
Château Laffitte-Teston 113 (D2)
Château Lafite 16, 88
Château Lafite Rothschild 90, 215, 328, 333, 91 (A5), 89 (G5)
Château Lafleur 106, 107 (D5)
Château Lafleur-Gazin 107 (D6)
Château Lafon (Bordeaux) 103 (E3)
Château Lafon (Dordogne) 115 (C4)
Château Lafon-Rochet 88, 89 (G4), 91 (A4)
Château Lagrange 92, 93
Château Lagrange (Pomerol) 107 (D5)
Château Lagrange (Saint-Julien) 92 (G3)
Château Lagrezette 113 (A4)
Château Lalande-Borie 92 (F4)
Château Lamartine 113 (A4)
Château Lamothe 103 (F2)
Château Lamothe de Haux 98 (B6)
Château Lamothe Guignard 103 (F2)
Château Lamothe-Bergeron 95 (C5)
Château Lamothe-Cissac 89 (G2)
Château Lamourette 103 (E1)
Château Landiras 98
Château Lanessan 94, 95 (B3), 92 (G4)
Château Langlade 105 (C3)
Château Langlois-Château 121 (E2)
Château Langoa Barton 93, 92 (F5)
Château Laniote 109 (D3)
Château Larcis Ducasse 109 (G5)
Château Larmande 109 (D5)
Château Laroque 105 (D3)
Château Larose-Trintaudon 93, 92 (E3)
Château Laroze 109 (D2)
Château Larrivaux 89 (G3)
Château Larrivet Haut-Brion 101 (F4)
Château Lascaux 143 (A4)
Château Lascombes 97 (B2)
Château Lassègue 109 (G6)
Château Latour (Bordeaux) 38, 39, 90, 91 (F6), 92 (E4)
Château Latour (Pomerol) 106, 107 (D4)
Château Latour-Martillac 100, 101 (G6)
Château Laujac 87 (C1)
Château Laulan Ducos 86
Château Laulerie 115 (B4)
Château Laussac 105 (E4)
Château Lavallade 105 (C3)
Château Laville Haut-Brion 100, 101 (A3)
Château le Bon Pasteur 107 (D6), 109 (A2)
Château le Boscq 88, 91
Château le Boscq (Médoc) 87 (C5)
Château le Boscq (Saint-Estèphe) 89 (D4)
Château le Bourdieu 87 (B2)
Château le Castelot 105 (D1)
Château le Crock 88, 89 (F5)
Château le Doyenné 98 (B5)
Château le Fagé 115 (B5)
Château le Gay 107 (D5)
Château le Grand Verdus 98 (A6)
Château le Hannetot 101 (E4)
Château le Hère 103 (F2)
Château le Mayne 105 (C4)
Château le Meynieu 89 (E3)
Château le Moulin 107 (C3)
Château le Pape 101 (F4)
Château le Pin 104, 106
Château le Pin Beausoleil 99 (A4)
Château le Prieuré 109 (E5)
Château le Puy 105 (C3)
Château le Roc 113 (C5)
Château le Temple 87 (B2)
Château le Tertre Roteboeuf 108, 110, 109 (F6)
Château le Thil Comte Clary 101 (E4)
Château le Thou 141 (B5)
Château Leamon 352 (B3)
Château Léhoul 99 (F3)
Château Léoville Barton 92, 93, 92 (F5)
Château Léoville Las Cases 86, 92, 92 (E5)
Château Léoville Poyferré 92, 92 (E5)
Château les Carmes Haut-Brion 100
Château les Charmes Godard 104
Château les Cruzelles 107 (B5)
Château les Grands Chênes 86, 87 (C5)
Château les Hauts-Conseillants 105 (B1)
Château les Justices 103 (C5)
Château les Miaudoux 115 (B5)
Château les Ormes de Pez 88, 89 (E4)
Château les Ormes Sorbet 86, 87 (D4)
Château les Palais 141 (C2)
Château les Pins 145 (B4)
Château les Roques 99 (E2)
Château les Trois Croix 104 (B4)
Château les Valentines 147 (D2)
Château Lescours 105 (D1)
Château Lestage (Médoc) 94, 95 (F2)
Château Lestage (Montagne-Saint-Émilion) 105 (C3)
Château Lestage-Simon 89 (B4)
Château Lezongars 99 (C1)
Château Lieujan 91 (D2)
Château Lilian Ladouys 88, 89 (F4)
Château Liot 103 (C2)
Château Liversan 91, 91 (C2)
Château Livran 87 (G3)
Château los Boldos 329 (C5)
Château Loubens 99, 99 (E2)
Château Loudenne 86, 89, 87 (E6), 89 (A4)
Château Loupiac-Gaudiet 99, 99 (E2)
Château Lucas 105 (A3)
Château Lucia 105 (E2)
Château Lumière 374 (F5)
Château Lussac 105 (B3)
Château Lusseau 105 (E1)
Château Lynch-Bages 88, 90, 349, 91 (D5)
Château Lynch-Moussas 91, 91 (E3)
Château Lyonnat 105 (A4)
Château MacCarthy 89 (F5)
Château Macquin-Saint-Georges 105 (C2)
Château Magdelaine 109 (F4)
Château Magence 99 (F3)
Château Magneau 98 (D4)
Château Maison Blanche 105 (B2)
Château Malangin 105 (C4)
Château Malartic-Lagravière 100, 101 (F3)
Château Malescasse 94, 95 (E5)
Château Malescot Saint-Exupéry 96, 97 (B3)
Château Malleprat 101 (F6)
Château Mallevielle 115 (B4)
Château Malromé 99 (E3)
Château Malviès-Guilhem 140 (C5)
Château Mangot 105 (D4)
Château Mansenoble 141 (C2)
Château Maravenne 147 (D2)
Château Marbuzet 88
Château Margaux 27, 96, 97, 97 (B3)
Château Maris 141 (B2)
Château Marjosse 98, 99 (A3)
Château Marojallia 97 (E2)
Château Marquis d'Alesme-Becker 96, 97 (B3)
Château Marquis de Terme 96, 97 (B2)
Château Marsac Séguineau 97 (A2)
Château Martinens 97 (C2)
Château Martinet 104 (C6)
Château Mas Neuf 136 (F6)
Château Masburel 115 (B4)
Château Massamier la Mignarde 141 (B2)
Château Matras 109 (F3)
Château Maucaillou 94, 95 (E4)
Château Maucamps 97 (E6)
Château Maucoil 139 (E1)
Château Mauras 103 (D2)
Château Maurel Fonsalade 141 (A4)
Château Maurens 105 (D3)
Château Mayne-Blanc 105 (A3)
Château Mayne-Vieil 104 (A4)
Château Mazeris 104 (B4)
Château Mazeyres 107 (D2)
Château Megyer 268 (D5)
Château Mémoires 99 (E2)
Château Ménota 103 (B3)
Château Mercian 374, 374 (F5)
Château Meyney 88, 89 (E5)
Château Mille Roses 97 (E5)
Château Minière 122 (D3)
Château Monbadon 105 (B5)
Château Monbousquet 105 (D1)
Château Monbrison 97 (E2)
Château Montahuc 141 (A3)
Château Montaiguillon 105 (B2)
Château Montelena 301 (A1)
Château Montels 113 (B6)
Château Mont-Redon 139 (E1)
Château Montrose 88, 89 (F5)
Château Mont-Thabor 139 (F3)
Château Montus 113 (D2)
Château Montviel 107 (D3)
Château Morin 89 (D4)
Château Mossé 145 (C3)
Château Moulin Caresse 115 (B4)
Château Moulin de Ciffre 141 (A4)
Château Moulin de la Rose 93, 92 (G5), 95 (A4)
Château Moulin du Cadet 109 (D4)
Château Moulin Haut-Laroque 104 (A4)
Château Moulin Pey-Labrie 104 (B4)
Château Moulin Saint-Georges 109 (F4)
Château Moulin-à-Vent 95 (G1)
Château Moulinet 107 (C3)
Château Moulinier 141 (A3)
Château Moulin-Riche 92 (E3)
Château Moulins de Calon 105 (B2)
Château Mourgues du Grès 137 (F2)
Château Mouton-Rothschild 14, 90, 152, 91 (B5)
Château Musar 286, 286 (C5)
Château Musset 105 (C3)
Château Myrat 103 (B2)
Château Nairac 103 (A3)
Château Nardique la Gravière 99 (B1)
Château Négrit 105 (B2)
Château Nénin 107 (E3)
Château Nico Lazaridi 283 (A4)
Château Olivier 27, 100, 101 (E3)
Château Ollieux Romanis 141 (C3)
Château Pajzos 268 (E5)
Château Palmer 96, 97 (B3)
Château Palvié 113 (C6)
Château Pape Clément 100, 101 (A1)
Château Patache d'Aux 86, 87 (C3)
Château Pato 357 (C4)
Château Paul Blanc 137 (F1)
Château Paveil de Luze 94, 95 (G5)
Château Pavie 110, 109 (F4)
Château Pavie Macquin 108, 109 (F5)
Château Pavie-Décesse 109 (F5)
Château Pavillon 99 (E2)
Château Pech Redon 141 (C5)
Château Pech-Céleyran 141 (B4)
Château Pédesclaux 91, 91 (B5)
Château Peillon-Claverie 103 (G4)
Château Pernaud 103 (C3)
Château Perron 104 (A6), 107 (A4)
Château Perruchon 105 (A4)
Château Pesquié 137 (D4)
Château Petit Bocq 88, 89 (E4)
Château Petit Faurie de Soutard 109 (D5)
Château Petit Gravet 105 (D1)
Château Petit Village 107 (E5)
Château Pétrus 27, 106 107 (D5)
Château Peyrabon 91, 91 (C2)
Château Peyredon-Lagravette 95 (E3)
Château Peyre-Lebade 95 (F2)
Château Peyron 103 (G5)
Château Peyrou 105 (E4)
Château Peyroutas 105 (E2)
Château Phélan Ségur 88, 89 (E5)
Château Piada 103 (B3)
Château Pibran 91, 91 (C5)
Château Picard 89 (E5)
Château Pichon-Lalande 90
Château Pichon-Longueville (Baron) 90, 91 (E5), 92 (E4)
Château Pichon-Longueville (Comte de) 91 (F5), 92 (E4)
Château Picque Caillou 100
Château Pierre Bise 120 (F2)
Château Pineraie 113 (A4)
Château Piot 103 (B3)
Château Pipeau 105 (D2)
Château Pique-Sègue 115 (B4)
Château Plain Point 104 (A4)
Château Plaisance (Entre-deux-Mers) 99 (C1)
Château Plaisance (Haute-Garonne) 113 (C5)
Château Plaisance (Montagne-Saint-Émilion) 105 (B1)
Château Planère 145 (C4)
Château Plince 107 (E3)
Château Pomys 89 (F4)
Château Pontac-Lynch 97 (B3)
Château Pontac-Monplaisir 101 (D5)
Château Pontet-Canet 90, 91, 91 (C5)
Château Pontoise-Cabarrus 89 (C4)
Château Potelle 309, 301 (E3)
Château Potensac 86, 87 (F4)
Château Pouget 96, 97 (C4)
Château Poujeaux 94, 95 (E4)
Château Poumey 101 (D3)
Château Poupille 105 (D4)
Château Pradeaux 148 (E2)
Château Preuillac 86, 87 (F2)
Château Prieuré Borde-Rouge 141 (D2)
Château Prost 103 (A4)
Château Providence 106
Château Puech-Haut 142, 143 (B4)
Château Puy Bardens 98 (B5)
Château Puy Castéra 89 (G3)
Château Puy Guilhem 104 (A5)
Château Puy Servain 115 (B4)
Château Puygueraud 104
Château Quinault l'Enclos 104 (C5)
Château Rabaud-Promis 103 (E2)
Château Rahoul 98, 98 (C6)
Château Ramage la Batisse 91, 91 (B2)
Château Rauzan-Gassies 96, 97 (B3)
Château Rauzan-Ségla 96, 97 (B3)
Château Rayas 136, 138, 139 (E2)
Château Raymond-Lafon 102, 103 (E3)
Château Real Martin 147 (C2)
Château Respide Médeville 99 (F2)
Château Rêve d'Or 107 (C3)
Château Revelette 146 (B6)
Château Reynella 346, 346 (D5)
Château Reynon 98, 99 (D1)
Château Reysson 89 (E2)
Château Ricaud de 99
Château Richard 115 (B5)
Château Richelieu 104 (C5)
Château Rieussec 102, 103 (F4)
Château Rigaud 105 (C3)
Château Ripeau 109 (C2)
Château Roche Redonne 148 (D3)
Château Rochebelle 109 (F6)
Château Rocher Bellevue Figeac 108 (D6)
Château Rocher-Corbin 105 (B2)
Château Rol Valentin 109 (D3)
Château Rollan de By 87 (C4)
Château Romain 115 (B5)
Château Romassan 148 (E3)
Château Romer du Hayot 103 (E4)
Château Roquefort 99 (B4)
Château Roque-Peyre 115 (B4)
Château Roslane 287
Château Roubaud 136 (F6)
Château Roudier 105 (C3)
Château Rouet 104 (A3)
Château Rougerie 99 (A2)
Château Rouget 107 (C4)
Château Roumieu 103 (C3)
Château Roumieu-Lacoste 103 (C2)
Château Rouquette-sur-Mer 141 (C5)
Château Routas 147 (C2)
Château Roylland 109 (F2)
Château Rozier 105 (D2)
Château Ruat Petit-Poujeaux 95 (G2)
Château Saint-Amand 103 (B4)
Château Saint-André Corbin 105 (B2)
Château Saint-Augustin 287
Château Saint-Cyrgues 137 (F1)
Château Sainte-Anne 148 (E4)
Château Sainte-Eulalie 141 (B2)
Château Sainte-Gemme 95 (B4)
Château Sainte-Michelle 318, 319, 315 (A3)
Château Sainte-Roseline 147 (C3)
Château Saint-Estèphe 89 (F4)
Château Saint-Georges (Saint-Émilion) 104–105
Château Saint-Georges Côte Pavie 109 (F4)
Château Saint-Jacques d'Albas 141 (B1)
Château Saint-Jean 299 (A2)
Château Saint-Marc 103 (A3)
Château Saint-Martin de la Garrigue 143 (D1)
Château Saint-Paul 89 (C4)
Château Saint-Pierre 92, 92 (G5), 95 (A4)
Château Saint-Robert 99 (E1)
Château Saint-Roch (Languedoc-Roussillon) 145 (A2)
Château Saint-Roch (Rhône) 138 (F6)
Château Sansonnet 109 (E5)
Château Saransot-Dupré 95 (F2)
Château Seguin 98 (A6)
Château Semeillan-Mazeau 95 (F1)
Château Siaurac 105 (B1)
Château Sigalas-Rabaud 103 (E2)
Château Signac 137 (C1)
Château Simon 103 (B3)
Château Simone 146, 146 (C6)
Château Sipian 87 (B2)
Château Siran 96, 97 (C5)
Château Smith Haut Lafitte 100, 101 (F5)
Château Sociando-Mallet 88–89, 89 (C5)
Château Soleil 105 (C4)
Château Soucherie 120 (F2)
Château Soudars 89 (B4)
Château Soutard 109 (D4)
Château Suau (Barsac) 103 (A3)
Château Suau (Entre-deux-Mers) 99 (C1)
Château Suduiraut 102, 103 (E3)
Château Taillefer 107 (F4)
Château Talbot 93, 92 (F4)
Château Tamagne 279
Château Tayac 95 (G5)
Château Terre Vieille 115 (B6)
Château Terrey-Gros-Cailloux 93, 92 (F4)
Château Tertre-Daugay 109 (F3)
Château Teynac 92 (G4)
Château Teyssier 105, 105 (E2)
Château Thieuley 98, 99 (B1)
Château Thivin 74 (F3)
Château Tire Pé 99 (E4)

Château Tirecul la Gravière 115, 115 (B5)
Château Toumalin 104 (B4)
Château Tour Blanche 87 (D5)
Château Tour Boisée 141 (B1)
Château Tour de Grenet 105 (A3)
Château Tour de Marbuzet 88, 89 (F5)
Château Tour de Mirambeau 98, 99 (A3)
Château Tour de Pez 88, 89 (E3)
Château Tour des Gendres 115, 115 (B6)
Château Tour des Termes 89 (D4)
Château Tour du Haut-Moulin 94, 95 (D4)
Château Tour du Moulin 104 (A4)
Château Tour-du-Roc 95 (F5)
Château Tour Haut-Caussan 86, 87 (E3)
Château Tour Musset 105 (C3)
Château Tour Saint-Joseph 89 (G2)
Château Tournefeuille 105 (B1), 107 (C6)
Château Tourril 141 (B3)
Château Toutigeac 98, 99 (B2)
Château Trapaud 105 (D3)
Château Trimoulet 109 (C5)
Château Tronquoy-Lalande 88, 89 (E5)
Château Troplong Mondot 104, 108, 109 (F5)
Château Trotanoy 106, 107 (D4)
Château Trottevieille 109 (E5)
Château Ts 374 (F5)
Château Turcaud 99 (B2)
Château Val Joanis 137 (F5)
Château Valandraud 82, 105, 110
Château Vannières 148 (D2)
Château Ventenac 140 (B6)
Château Verdet 104 (C6)
Château Verdignan 88, 89 (B4)
Château Vernous 87 (F2)
Château Veyrac 105 (D3)
Château Videlot 104 (D5)
Château Vieux Maillet 109 (A2), 107 (D6)
Château Vieux Robin 86, 87 (C3)
Château Vignelaure 146, 147 (B1)
Château Villars 104 (A4)
Château Villegeorge 94
Château Villemaurine 109 (E4)
Château Villerambert-Julien 141 (B1)
Château Vincent (Hongrie) 267
Château Viranel 141 (A4)
Château Vrai-Canon-Bouché 104 (B4)
Château Vrai-Canon-Boyer 104 (B4)
Château Vray Croix de Gay 107 (D5)
Château Windy Hills 275 (B4)
Château Yon-Figeac 109 (D2)
Châteaumeillant 53 (D3)
Châteauneuf-du-Pape 136, 138-139, 139 (E2)
Châteauthébaud 119 (F2)
Chatelots, les 66 (E2)
Chatenière, la 60 (E3)
Châtillon-en-Diois 131
Chatonnet, Pascal 110
Chatto Wines 357 (C5)
Chaudefonds-sur-Layon 120 (F1)
Chaume de Talvat 77 (F2)
Chaumées, les 60 (F2)
Chaumes des Casse-Têtes 61 (F1)
Chaumes des Narvaux 60 (F6)
Chaumes des Perrières, les 60 (F5)
Chaumes et la Voierosse, les 63 (C3)
Chaumes, les (Beaune) 63 (C3)
Chaumes, les (Chassagne-Montrachet) 59 (C5), 60 (G1)
Chaumes, les (Meursault) 60 (F6)
Chaumes, les (Vosne-Romanée) 65 (E3)
Chautagne 151, 151 (B4)
Chavanay 130-131, 133, 131 (A3), 133 (F2)
Chave, Gérard 135
Chave, Jean-Louis 131
Chaves 210 (A5)
Chavignol 124
Chazière 67 (E2)
Chechnya 279, 278 (F5)
Cheffes 118 (A4)
Chehalem 316 (E4)
Chehalem Mountains 317
Cheilly 59
Chelan Valley 319
Chellah 287 (G2)
Chemillé 118 (C4)
Cheminots, aux 67 (E4)
Chénas 74, 55 (F5), 73 (B4), 74 (B5)
Chêne Marchand 125 (C3)
Chêne Vert 122 (F4)
Chênes, les 60 (G1)
Chenevery, les 66 (E4)
Chenevières, les 67 (E4)
Chenevottes, les 60 (F2)
Chenin Blanc (cépage) 23 ; Afrique du Sud 367, 368, 370 ; Argentine 332 ; Australie 339 ; États-Unis 311 ; France 118, 120, 121, 123, 140 ; Nouvelle-Zélande 359 ; Thaïlande 375
Cherbaudes 66 (E6)
Cherchi 188 (B3)
Chéreau-Carré 119 (F2)
Chéry 133, 133 (C2)
Cheseaux, aux 66 (E5)
Chestnut Grove 340, 339 (E4)
Cheusots, aux 67 (D4)
Chevagny-les-Chevrières 70 (E2)
Cheval de los Andes 333
Chevalier de Sterimberg 135
Chevalier Métrat 74 (E4)
Chevalières, les 61 (F1)
Chevalier-Montrachet 60, 61, 60 (F3)
Chevelswarde 253 (E5)
Cheverny 118
Cheviot Ridge 352 (C4)
Chevret, en 61 (F3)
Chevrette 122 (C2)
Chevrières, les 71 (E5)
Chevrol 107 (C6)
Chevrot, en 61 (A2)
Chianciano 182 (D4)
Chianciano Terme 182 (E4)
Chianti 156, 157, 174, 176, 178–180, 175 (B3)
Chianti Classico 157, 178, 180, 175 (B3), 179 (E3)
Chianti Classico Riserva 180
Chianti Colli Aretini 175 (B4), 179 (E5)
Chianti Colli Fiorentini 178, 175 (B4), 179 (B3)
Chianti Colli Senese 178, 175 (B3), (C3), 179 (E2), (G4)
Chianti Colline Pisane 175 (A3)
Chianti Montalbano 178, 175 (A3)
Chianti Montespertoli 175 (B3), 179 (C1)
Chianti Rufina 178, 175 (B4), 179 (A5)
Chiaretto 166
Chiavennasca (cépage) 158
Chichée 77 (E5)
Chiclana de la Frontera 206 (C3)
Chigi Saraceni 179 (G5)
Chignin 151, 151 (C4)
Chignin-Bergeron 151
Chigny-les-Roses 81 (B4)
Chihuahua 312 (E3)
Chilènes, les 62 (C5)
Chiles Valley 302, 301 (B5)
Chilford Hundred 253 (F5)
Chili 172, 326-329, 324 (F3)
Chiltern Valley 253 (F5)
Chimbarongo 328
Chimney Rock 305, 305 (G4)
Chindrieux 151 (C4)
Chine 8, 10, 372–373
Chinon 122, 118 (C6), 122 (F3)
Chinook 318 (E4)
Chios 12
Chiquet 101 (B2)
Chiripada Winery 312 (D3)
Chiroubles 74, 55 (F5), 73 (C4), 74 (C4)
Chirpan 275 (C3)
Chirrá 163 (D4)
Chisinău 278, 278 (E1)
Chitry 75
Chiveau, en 61 (E6)
Chivite 200, 200
Chloé 141
Chlumčany 270 (E2)
Choapa Valley 326
Chocalán 329 (B5)
Chocapalha 214
Cholet 118 (C4)
Choné, Xavier 27
Chorey 63
Chorey-lès-Beaune 63 (D2)
Chouacheux, les 62 (C3)
Chouillet, aux 65 (F2)
Chouilly 81 (E3)
Chouinard 307 (A2)
Choully 256 (F1)
Chouzé-sur-Loire 122 (E1)
Chris Ringland 344 (D5)
Christchurch 359, 358 (D4)
Christine Woods 294 (B2)
Christopher Creek 296 (D5)
Christopher, J. 316 (E5)
Chryseia 218
Chumeia 309 (B2)
Chur 255 (F5)
Church Road (États-Unis) 360, 360 (B5)
Chusclan 136, 137 (C2)
Ciacci Piccolomini 181 (D5)
Ciarliana, la 182 (C4)
Ciel du Cheval 318 (D5)
Cienega Valley 307 (E4)
Cigales 192, 190 (D3)
Cigare Volant, Le 306
Cilento 184 (E3)
Cima Corgo 216, 221, 219 (E5)
Cims de Porrera 204 (C5)
Cincinnati 290
Cinciole, le 179 (D3)
Cinnabar 307 (C2)
Cinque Terre 158, 159 (E5)
Cinsault (cépage) 136, 138, 142, 148, 286, 287, 368
Cintruénigo 200 (C3)
Cinzano 333
Cirò 185, 184 (F5)
Cissac 89
Cissac-Médoc 89 (G2)
Cistercians 14
Citernes, les 63 (C3)
Citrus Heights 311 (B4)
Citrusdal 367
Citrusdal Mountain 366 (D2)
Citrusdal Valley 366 (D2)
Città della Pieve 183 (C4)
Ciudad de Mexico 312 (G4)
Ciudad Real Valdepeñas 190 (F3)
Ciumai 278 (E1)
Cividale del Friuli 173 (C2)
Civrac-en-Médoc 86, 87 (D2)
Claiborne & Churchill 309 (C2)
Clairault 341 (C5)
Clairette (cépage) 131, 138, 139, 148
Clairette-de-Die 131, 53 (E5)
Clairette-du-Languedoc 143, 143 (C1)
Clamoux 141 (B1)
Clape, Auguste 130
Clape, la 140, 141 (C4)
Clare Valley 345, 336 (E5), 345 (E4)
Clarendon Hills 346 (E5)
Clarksburg 311, 311 (C3)
Claudia Springs 294 (B2)
Clavoillon 60 (G4)
Clear Lake 294 (C5)
Clearlake 294 (C5)
Clearview Estate 360 (C5)
Clémenfert 67 (E4)
Clements Hills 311 (D5)
Clendenen, Jim 310
Clermont-l'Hérault 143 (C1)
Clessé 70, 55 (E5), 70 (C3)
Clevedon 358 (B5)
Clevener (cépage) 255
Cliff Lede Vineyards 305 (E3)
Clifford Bay 362 (G5)
Climat du Val 61 (D2)
Cline Cellars 299 (E3)
Clinton Cellars 320
Clisson 118 (C3), 119 (G3)
Clomée, en 67 (E4)
Clonakilla 357
Cloof 366 (F2)
Clos Apalta 328
Clos Arlot 64, 64 (E4)
Clos Bagatelle 141 (A4)
Clos Baulet 66 (E4)
Clos Beauder 61 (F6)
Clos Bernot 60 (G1)
Clos Berthet 63 (B4)
Clos Blanc (Côte de Beaune) 61 (F6), 62 (C1)
Clos Blanc (Côte de Nuits) 65 (E6), 66 (E1)
Clos Bouche 133 (D2)
Clos Bourgelat 99 (D1)
Clos Centeilles 141 (B2)
Clos Chareau 59 (C4)
Clos Clare 345 (F5)
Clos d'Audignac 61 (F4)
Clos d'Ière 147 (C3)
Clos d'un Jour 113 (A4)
Clos d'Yvigne 115 (B5)
Clos de Bèze 67
Clos de Cana 286 (C5)
Clos de Coulaine 120 (E1)
Clos de Gamot 113 (A4)
Clos de Gat 286 (F4)
Clos de Haute-Combe 74 (A5)
Clos de l'Anhel 141 (D2)
Clos de l'Echo 122 (F3)
Clos de l'Église 105 (E4)
Clos de l'Escandil 141 (B2)
Clos de l'Olive 122 (F4)
Clos de l'Oratoire 109 (D5)
Clos de l'Orme 66 (E2)
Clos de la Barre, 61 (G2)
Clos de la Commaraine 62, 61 (F6), 62 (C1)
Clos de la Dioterie 122 (G5)
Clos de la Feguine 62 (C4)
Clos de la Garenne 60 (F4)
Clos de la Maréchale 64, 64 (E3)
Clos de la Mouchère 60 (G4)
Clos de la Mousse 62 (C3)
Clos de la Perrière 67
Clos de los Siete 332, 333, 331 (D3)
Clos de Mazeray 61 (F1)
Clos de Monsieur Noly 71 (E6)
Clos de Mosny 123 (G5)
Clos de Paulilles 145 (D6)
Clos de Sarpe 109 (E5)
Clos de Tavannes 59 (C4)
Clos de Verger 61 (F6), 62 (C1)
Clos de Vougeot 54, 57, 58, 64, 66, 65 (F5), 66 (E1)
Clos des 60 Ouvrées 61 (F3)
Clos des Abbayes 257
Clos des Avaux 62 (C3)
Clos des Capucins 129, 129 (E2)
Clos des Chênes 61, 61 (F4)
Clos des Ducs 61, 61 (E5)
Clos des Maréchaudes 63 (D4)
Clos des Meix 60 (G3)
Clos des Moines 257
Clos des Mouches 62, 62 (C2)
Clos des Mouches Meursault 61 (F3)
Clos des Mouches Santenay 59 (C3)
Clos des Ormes 66 (E5)
Clos des Papes 138, 139 (F2)
Clos des Perrières 60 (F5)
Clos des Réas 65 (F3)
Clos des Varoilles 67
Clos des Verdots 115 (B6)
Clos Devant 60 (G2)
Clos du Bois 296 (C4)
Clos du Bourg 123, 123 (E3)
Clos du Caillou 139 (E2)
Clos du Chapitre 67, 67 (D1), (D3)
Clos du Chêne Marchand 124
Clos du Clocher 107 (D4)
Clos du Gravillas 141 (A3)
Clos du Jolivet 122 (D3)
Clos du Mont-Olivet 139 (E2)
Clos du Parc 122 (F3)
Clos du Petit Mont 123 (E2)
Clos du Roi 63, 62 (C6), 63 (C4)
Clos du Rouge Gorge 145 (B3)
Clos du Roy, le 125 (C3)
Clos du Val 305, 305 (G4)
Clos du Vigneau 122 (D1)
Clos Dubreuil 105 (D3)
Clos Erasmus 204 (C4)
Clos Faubard 59 (B3)
Clos Floridène 98, 99 (F1)
Clos Fourtet 109 (E4)
Clos Gauthey 61 (E3)
Clos Genet 59 (B2)
Clos Guirouilh 113 (E1)
Clos Hauserer 129, 128 (F6)
Clos Haut-Peyraguey 102, 103 (F2)
Clos Henri 362 (G1)
Clos i Terrasses 204 (C4)
Clos Jean 99 (D2)
Clos Jebsal 129, 129 (E1)
Clos Jordanne 321, 321 (F4)
Clos Jus 68
Clos l' Eglise 106, 107 (D4)
Clos la Chance 307 (C3)
Clos la Coutale 113 (A4)
Clos la Madeleine 109 (F4)
Clos Landry 62 (C3)
Clos Lapeyre 113 (E1)
Clos les Côtes 115 (B5)
Clos les Lunelles 105 (D4)
Clos Malverne 371 (D2)
Clos Marie 142, 143 (A3)
Clos Micot 61 (F5)
Clos Mireille 147 (D2)
Clos Mogador 204, 204 (D4)
Clos Napoléon 67 (D4)
Clos Pegase 301 (B2)
Clos Pepe 309 (E3)
Clos Perdu 141 (D4)
Clos Pitois 59 (C5)
Clos Prieur 67 (E1)
Clos Prieur-Bas 67 (E1)
Clos Puy Arnaud 104, 105 (D5)
Clos Quéron 122 (G5)
Clos Reland 59 (C6), 60 (G1)
Clos René 107 (D3)
Clos Ressier 71 (E6)
Clos Saint Thomas 286, 286 (C5)
Clos Saint-Denis (Morey-Saint-Denis) 66, 66 (E4)
Clos Saint-Denis (Vosne-Romanée) 65 (E5)
Clos Sainte-Magdeleine 146 (D6)
Clos Saint-Hune 129 (F4)
Clos Saint-Imer 128 (E4)
Clos Saint-Jacques 58, 67, 67 (D2)
Clos Saint-Jean 59, 60 (F2)
Clos Saint-Julien 109 (E4)
Clos Saint-Landelin 129, 128 (E2)
Clos Saint-Martin 109 (E3)
Clos Saint-Urbain 126, 129
Clos Solon 66 (F4)
Clos Sorbé 66 (E4)
Clos Thou 113 (E1)
Clos Triguedina 113 (A4)
Clos Uroulat 113 (D1)
Clos Windsbuhl 129, 129 (F4)
Clos, le (Pouilly-Fuissé) 71 (C4)
Clos, le (Vouvray) 123 (E4)
Clos, les (Chablis) 76, 77 (D4)
Clos, les (Gevrey-Chambertin) 66 (D2)
Clos-de-la-Roche 66, 67, 66 (E5)
Clos-des-Lambrays 66, 66 (E4)
Clos-de-Tart 66, 66 (E4)
Closeau, au 67 (E1)
Closeaux, les 61 (E1)
Clou des Chênes, le 61 (E3)
Cloudy Bay 362, 362 (G2)
Clous Dessous, les 61 (F1)
Clous Dessus, les 60 (E6)
Clous, aux 63 (A1)
Clous, le 61 (D1)
Clous, les 61 (E3)
Clover Hill 355 (F5)
Cloverdale 294, 294 (D4), 296 (B3)
Clusel-Roche 133
Cluver, Paul 367
CO.VI.O. 183 (C4)
Coal River 355, 355 (G6)
Coastal Region 370, 366 (E2)
Cobaw Ridge 352 (C3)
Cochem 227, 227 (E5)
Coco Farm 374 (F5)
Codana 165 (D5)
Codolet 138 (D5)
Codorníu 202, 203, 298, 333, 203 (D4)
Codru 278 (E1)
Cofco Great Wall 372 (E3)
Cofco Huaxia 372 (E5)
Cofco Yantai 372 (F5)
Cohn, BR 299 (B2)
Coimbra 213, 212 (G2)
Cǒka 272, 273 (B5)
Col d'Orcia 181 (D4)
Col Solare 319, 318 (E5)
Colares 214, 210 (D3), 214 (C1)
Colchagua 326, 328, 328, 329
Cold Creek Vineyard 315 (B5)
Coldstream Hills 351, 354, 354 (C5)
Cole 163 (D3)
Cole Ranch 294 (C3)
Coleraine 371 (B4)
Colgin 301 (C5)
Colgin Herb Lamb 302
Colheita 221, 222
Colinas de São Lourenço 212 (F2)
Colin-Deléger 59
Colinele Tutovei 277 (B5)
Collareto 165 (F6)
Colle di Val d'Elsa 179 (F2)
College Place 319 (E2)
Collelungo 179 (E3)
Collemattone 181 (D5)
Colli Albani 175 (F3)
Colli Altotiberini 183 (A4)
Colli Amerini 183, 175 (D4), 183 (D5)
Colli Aretini 178
Colli Berici 166, 167 (D3)
Colli Bolognesi 166, 167 (F3), 175 (A4)
Colli del Trasimeno 183, 175 (C4), 183 (B4)
Colli di Lapio 184 (D3)
Colli di Luni 159 (E5)
Colli di Parma 159 (E6), 167 (F1)
Colli Euganei 166, 167 (D3)
Colli Goriziano 172, 172
Colli Lanuvini 175 (F3)
Colli Maceratesi 175 (D5)
Colli Martani 183, 175 (D4), 183 (C5)
Colli Orientali 172-173, 167 (C6), 173 (D2)
Colli Perugini 183, 175 (D4), 183 (B5)
Colli Pesaresi 175 (C5)
Colli Piacentini 158, 159 (D5)
Colli Tortonesi 159 (D4)
Colline Lucchesi 175 (A3)
Colline Metallifere 176
Colline Novaresi 159 (B4)
Colline Pisane 178
Colline Teramane 157
Collins Vineyard 301 (C3)
Collio 167 (C6)
Collio DOC 172, 173
Collio Goriziano O Collio 173 (E3)
Collioure 144
Colmar 128, 129, 127 (E4), 129 (F1)
Colmo 327
Colognola ai Colli 171 (C4)
Colognole 179 (A5)
Colombaio di Cencio 179 (F4)
Colombard (cépage) 367, 368
Colombard, le 133 (B4)
Colombera 165 (E5)
Colombie-Britannique 314, 291 (A2)
Colombier (Dordogne) 115 (B6)
Colombier (Rhône) 133, 133 (D2)
Colombière, la 65 (F4)
Colombo, Jean-Luc 130
Colomé 332-333
Colonia 325, 324 (F5)
Colorado 290, 313, 291 (C3)
Colorino (cépage) 180
Colpetrone 183 (C5)
Colterenzio 169
Columbia 315 (A3)
Columbia Crest 318, 318 (F5)
Columbia Gorge 319, 315 (C4)
Columbia Valley 318, 315 (B5)
Columella 367, 367
Combards, les 59 (B6), 60 (F1)
Combe au Moine 67 (D2)
Combe Bazin 61 (B1)
Combe Brûlée 65 (E4)
Combe d'Orveaux, la 65 (E5)
Combe Danay, la 61 (E3)
Combe de Lavaut 67 (D1)
Combe du Dessus 67 (D2)
Combe Roy, en 67 (D4)
Combes, les (Beaune) 63 (C3)
Combes, les (Meursault) 61 (F5)
Combes au Sud, les 60 (F3)
Combes Dessous, les 61 (F5)
Combes Dessus, les 61 (F5)
Combes du Bas 67 (E2)
Combettes, les 60, 60 (G4)
Combotte, la 61 (E5)
Combottes, aux 66 (E3), (E5)
Combottes, les 66 (E3)
Cometa 185
Commandaria 286, 285 (G4)
Commanderie de Peyrassol 147 (C2)
Comme Dessus 59 (B3), (B4)
Comme, la 59, 59 (B4)
Commes, les 60 (F2)
Commonwealth Scientific & Industrial Research Organization (CSIRO) 314, 336
Communes, aux 65 (F4)
Como 159 (B4)
Comoutos 283 (C2)
Completer (cépage) 255
Compuertas, Las 332
Comrat 278 (E1)
Comtal 203 (E4)
Comté de Grignan 153 (C5)
Comté Tolosan 153 (D3)
Comtés Rhodaniens 153 (C5)
Conca 165 (D4)
Conca de Barberá 202, 203, 190 (D5), 203 (D2)
Conca dell'Abbazia dell'Annunziata 165 (D4)
Concannon 307 (A3)
Concavins 203 (D2)
Concha y Toro 326, 327, 328, 329, 333, 329 (B6)
Concis du Champs, le 60 (G1)
Concord (cépage) 290, 291, 318
Condado de Haza 196 (D3)
Condado de Huelva 190 (G2)
Condado do Tea 194
Conde de San Cristóbal 197, 196 (D3)
Condemennes, les 66 (E2)
Condrieu 132-133, 131 (A4), 133 (D2)
Conero 157, 175 (C6)
Coney 361 (C4)
Conn Creek 303 (F3)
Conn Valley 302
Connardises, ez 63 (B1)
Connecticut 291 (B6)
Conne-de-Labarde 115 (B6)
Cono Sur 329 (D5)
Consequences 313, 312 (D3)
Constable & Hershon 357 (C4)
Constant 301 (B2)
Constantia 16, 369, 366 (F2)
Constantia Glen 369 (D5)
Constantia Uitsig 369 (E5)
Constantia Valley 369 (D5)
Constellation 304, 308–309, 320, 339, 345, 346
Consulta, la 332, 331 (D3)
Conthey 257 (F1)
Conti 339 (B4)
Conti Martini 168 (A5), 169 (F4)
Conti Zecca 185 (C5)
Conti, Leone 166
Conti, Luc de 115
Contini 188 (C3)
Contino 198, 199
Contra Costa County 293
Contres 119 (B2)
Contrie, la 122 (D1)
Controliran 274
Coonawarra 338, 349, 350, 336 (F6), 349 (D6), 350 (B5)
Co-op Agricola Reguengos de Monsaraz 215 (B5)
Cooper Garrod 307 (B2)
Cooper Mountain 316 (D4)
Cooperativa Agrícola Vitivinícola de Curicó 329 (E4)
Copain 296 (E6)
Copertino 185, 185 (C6)
Coppadoro 184 (C3)
Coppola, Francis 296 (C4)
Coppola, Francis Ford 303
Coquimbo 326
Corbeaux, les 67 (E1)
Corbières 140
Corbières-Boutenac 140
Corbins, les 61 (F2)
Corbonod 151 (B4)
Corcelles-en-Beaujolais 74 (D5)
Cordes 113
Cordoba (Afrique du Sud) 371 (F2)
Córdoba (Espagne) 190 (F3)
Corée 375
Corella 200
Corfu 283
Coriole 346, 346 (E4)
Corison 302, 301 (C3)
Cormòns 173 (E2)
Cormontreuil 81 (A4)
Cornalin (cépage) 255, 256, 257
Cornas 130
Cornières, les 59 (B2)
Corning 320 (B3)
Corowa 337 (F3), 352 (A5)

Córpora Vineyards & Winery 329 (C5)
Corpus Christi 312 (E4)
Corse 149
Cortaccia 169
Cortes de Cima 215, 215 (C5)
Cortés, Hernando 313
Cortese (cépage) 160
Cortese dell'alto Monferrato 159 (D3)
Cortese di Gavi 157
Cortland 320 (B3)
Corton 16, 56, 58, 62-63, 63 (C4)
Cortona 182, 175 (C4)
Corton-Charlemagne 57, 62, 63, 63 (B4)
Cortons, les 60 (F3)
Corvallis 315 (D2), 316 (G4)
Corvées, aux (Gevrey-Chambertin) 67 (E1)
Corvées, aux (Nuits-Saint-Georges) 64 (E4)
Corvina (cépage) 171
Corvus 285 (B3)
Corzano e Paterno 179 (C2)
Cos 187 (G4)
Cosentino 304 (C5)
Cosenza 184 (F4)
Cosne-Cours-sur-Loire 119 (B5)
Costa del Sol 205
Costa di Rosé 165 (E4)
Costa Russi 163, 163 (D2)
Costanti 181 (B5)
Coste, le 165 (E4), (G5)
Costers del Segre 203, 203, 190 (D5), 203 (D1)
Costers del Siurana 204 (C4)
Costières-de-Nîmes 136-137
Cosumnes River 311 (C4)
Côt (cépage) 112, voir aussi Malbec
Cotarella, Renzo 183
Cotarella, Riccardo 183
Cotat 124, 125 (B3)
Côte Blonde 132-133, 133 (B4)
Côte Bonnette 133, 133 (C3)
Côte Brune 132-133, 133 (B4)
Côte Chalonnaise 68
Côte Châtillon 133, 133 (C3)
Côte d'Or 13, 27, 56–58
Côte de Baleau 109 (D3)
Côte de Beaune 59–63
Côte de Bréchain 77 (D5)
Côte de Fontenay 77 (C4)
Côte de Léchet 77 (D2)
Côte de Nuits 15, 64–7
Côte de Savant 77 (D1)
Côte de Sézanne 80, 79 (C4)
Côte des Bar 79 (D6)
Côte des Blancs 80, 79 (B4), 81 (F3)
Côte des Prés Girots 77 (D6)
Côte galicienne 194
Côte roannaise 72, 53 (D4)
Côte Rôtie (Nuits-Saint-Georges) 66 (D4)
Côte Rozier 133 (A5)
Coteşti 276, 277 (C5)
Côte toscane 176-177
Côte Vermeille 153 (E4)
Côte, la (France) 125 (B3), 133 (E2)
Côte, la (Suisse) 257, 255 (F1), 256 (D2)
Coteau de Noiré 122 (F4)
Coteau de Semons 133 (B3)
Coteau de Vernon 133
Coteau de Vincy 256 (E2)
Coteau des Bois, le 65 (E1)
Coteaux Charitois 153 (B4)
Coteaux-d'Aix-en-Provence 146
Coteaux d'Ancenis 53 (D1)
Coteaux d'Atlas 287, 287 (G2)
Coteaux de Coiffy 153 (A5)
Coteaux de Glanes 153 (C3)
Coteaux de l'Ardèche 153 (C5)
Coteaux de l'Aubance 120, 120 (E3)
Coteaux de l'Auxois 153 (B4)
Coteaux de Mascara 287 (F4)
Coteaux de Montélimar 153 (C5)
Coteaux-de-Pierrevert 146, 53 (F5)
Coteaux de Tannay 153 (B4)
Coteaux de Zaccar 287 (F4)
Coteaux des Baronnies 153 (C5)
Coteaux-du-Cap-Corse 149
Coteaux du Cher et de l'Arnon 153 (B3)
Coteaux du Grésivaudan 153 (C5)
Coteaux-du-Languedoc 142
Coteaux du Layon 120, 120 (F3)
Coteaux du Liberon 153 (D4)
Coteaux du Loir 118
Coteaux du Pic, les 143 (B3)
Coteaux du Quercy 53 (F3)
Coteaux du Tlemcen 287 (G3)
Coteaux-du-Tricastin 136
Coteaux du Verdon 153 (D5)
Coteaux et Terrasses de Montauban 153 (D3)
Coteaux-Varois 146
Côte-de-Brouilly 74, 55 (F5), 73 (D3), 74 (F4)
Côte-Rôtie 132–133, 133 (B3)
Côtes Catalanes 153 (E4)
Côtes-d'Auvergne 72, 53 (E4)
Côtes de Bergerac 115
Côtes-de-Blaye 82
Côtes-de-Bordeaux 99
Côtes-de-Bordeaux-Saint-Macaire 99
Côtes-de-Bourg 82, 99
Côtes-de-Castillon 99, 104
Côtes de Duras 115
Côtes-de-Francs 99, 104, 104
Côtes de Gascogne 153 (D3)
Côtes-de-l'Orbe 255 (F2)
Côtes de Meliton 283 (B3)
Côtes-de-Millau 112, 53 (F4)
Côtes de Montestruc 153 (D3)
Côtes de Montravel 115
Côtes-de-Provence 146
Côtes de Saint-Mont 114, 53 (G2)
Côtes de Thongue 153 (D4)
Côtes de Toul 53 (B5)
Côtes du Brulhois 113, 53 (F2)
Côtes du ConDomois 153 (D3)
Côtes-du-Forez 72, 53 (E4)
Côtes-du-Jura 150
Côtes-du-Luberon 146
Côtes du Marmandais 114
Côtes-du-Rhône 33, 131, 136, 138
Côtes-du-Rhône-Villages 136, 138–139
Côtes-du-Roussillon 144
Côtes-du-Roussillon-les-Aspres 145
Côtes-du-Roussillon-Villages 144-145
Côtes du Tarn 153 (D4)
Côtes-du-Ventoux 136
Côtes-du-Vivarais 136, 53 (F5)
Côtes Nothes 141 (A1)
Cotnari 276, 277 (B5)
Coto de Rioja, El 199 (B2)
Coton, en 67 (E3)
Cottà 163 (D4)
Coturri & Sons Ltd H 299 (B1)
Coucherias, aux 62 (C4)
Coudoulet de Beaucastel 136, 139 (D2)
Coudray-Macouard, le 121 (G2)
Couëron 118 (B2)
Cougar Crest Tamarack 319 (E3)
Coulée de Serrant 120, 120 (D2)
Coulommes-la-Montagne 81 (A2)
Couly-Dutheil 122 (F3)
Coume del Mas 145 (C4)
Counoise (cépage) 138, 146
Couquèques 86, 87 (D4)
Courcelle, famille 98
Cour-Cheverny 118, 119 (B2)
Courgis 77 (F2)
Courrian, Philippe 86
Courtelongs 71 (B3)
Courthézon 139 (E3)
Courts, les sous 61 (E3)
Cousiño-Macul 329 (A6)
Coutras 83 (D5)
Couvent des-Jacobins 109 (E4)
Covey Run 318 (D3)
Covurlui 277 (C5)
Cowaramup 341 (D6)
Cowra 357, 337 (E4)
Crabtree 345 (F5)
Craggy Range 360, 360 (C5)
Craiglee 353, 352 (C4)
Craigmoor 357
Craigow 355 (G6)
Craipillot 67 (D1)
Crais, les (Fixin) 67 (E4)
Crais, les (Santenay) 59 (B2), 61 (C1)
Cramant 80, 81 (E3)
Crane Canyon 298
Crane, famille 301 (F5)
Crapousuets, les 63 (C3)
Cras, aux (Beaune) 62 (C4)
Cras, aux (Nuits-Saint-Georges) 65 (E3)
Cras, les (Beaune) 63 (D3)
Cras, les (Chambolle-Musigny) 66 (E3)
Cras, les (Meursault) 61 (F3), (F5)
Crâs, les (Nuits-Saint-Georges) 65 (F6), 66 (E2)
Cravant-les-Coteaux 122, 122 (F5)
Crawford River 352, 352 (D1)
Crays, les (Meursault) 61 (E3)
Crays, les (Pouilly-Fuissé) 71 (A3)
Crechelins, en 67 (E3)
Crèches-sur-Saône 70 (G2)
Creek Shores 321 (F4)
Crema, la 296 (E5)
Crémant-d'Alsace 126
Crémant de Bourgogne 68
Crémant-de-Die 131
Crémant-de-Limoux 140
Crémant de Loire 121
Crémant-du-Jura 150
Cremaschi Furlotti 329 (G4)
Cremona 159 (D6), 167 (E1)
Créole 67 (E3)
Créot, en 60 (D3)
Créot, le 67 (E3)
Crépy 151, 151 (A5)
Creston Manor 309 (B3)
Creta Olympias 283 (E4)
Crete 283
Crètevent 67 (E3)
Crets, ez 60 (G2)
Creux Baissants, les 66 (E2)
Creux de Borgey 61 (C1)
Creux de la Net 63 (B3)
Creux de Tillet 61 (D2)
Creysse 115 (B6)
Crézancy-en-Sancerre 125 (C3)
Crişana 277 (B2)
Crichton Hall 301 (E5)
Cricova 278 (E1)
Crimée 278–279, 280
Criolla Chica & Grande (cépages) 290, 327, 332
Criots, les 60, 60 (G2), 61 (F3)
Cristom 316 (F4)
Crljenak Kåtelanski (cépage) 272
Crna Gora (Montenegro) 273 (E4)
Croatie 272
Croatina (cépage) 158
Croisettes, les 67 (E2)
Croix Blanche, la (Beaune) 62 (C1)
Croix Blanche, la (Côtes de Nuits) 67 (E4)
Croix Blanche, la (Nuits-Saint-George) 65 (F3)
Croix de Labrie 1 105 (D1)
Croix de Labrie 2 105 (E3)
Croix de Labrie 3 105 (E1)
Croix Mouton, la 104 (B3)
Croix Neuve, la 61 (A2)
Croix Noires, les 61 (F5)
Croix Pardon, la 71 (C5)
Croix Planet, la 61 (G5)
Croix Rameau, la 65 (E4)
Croix Rouge, la 133 (D2)
Croix Rouges, aux 65 (F2)
Croix Sorine 59 (A2)
Croix Viollette, la 67 (E3)
Croix, aux 66 (E3)
Croix, la 135 (C5)
Cromin, le 61 (F2)
Cromwell 363, 363 (F5)
Cronin 307 (B1)
Crooked Vine 307 (A3)
Cros Martin 61 (G4)
Cros Parantoux 65 (E4)
Croser, Brian 316, 346, 348
Crossroads 360 (B4)
Crotots, les 60 (G6)
Crots, les 65 (E1)
Crottes, ez 59 (C5)
Croux, les 71 (A3)
Crownthorpe 360 (B3)
Crozes-Hermitage 135, 131 (D4), 135 (A4)
Cru Barréjats 103 (B2)
Cru de Bergeron 103 (D2)
Cru Monplaisir 97 (A3), (B4)
Cruet 151 (C5)
Cruots ou Vignes Blanches, les 65 (E5)
Crus Bourgeois 88, 93, 94
Crus du Beaujolais 74
Crusius, Dr 244
Cruz de Piedra 331 (B4)
Cruzille 70 (A3)
Csáford 267 (E2)
Császár 267 (E3)
Cserfás 268 (G3)
Cserszegi Fűszeres (cépage) 270
Csongrád 266, 267 (F4)
Csopak 267 (E2)
Cucamonga 312
Cucco 165 (E6)
Cuilleron, Yves 133
Cuis 81 (E3)
Culiacán 312 (F3)
Cullen 340, 341, 341 (D5)
Culoz 151 (B4)
Cunac 113
Cúneo 159 (E2)
Curiň-Prapotnik 271 (B6)
Curia 212 (F2)
Curicó 328, 329 (E5)
Curlewis 352 (D3)
Curly Flat 353, 352 (C3)
Currency Creek 346, 347, 336 (E5)
Cussac 94, 95 (C4)
Cussac-Fort-Médoc 95 (C4)
Cusumano 187 (E2)
Cuvaison 301 (B2)
Cuvelier los Andes 331 (D3)
Cuvelier, famille 333
Cuzcurrita de Río Tirón 198 (B6)
Cviček 271
CVNE 199 (F3)
Cwm Deri 253 (F3)
Cyprus 285–6
Cziróka 268 (E4)

D

D & P Belluard 151 (B5)
D'Angelo 185
D'Arenberg 346
Dachsberg 236 (E3)
Dafnés 283 (F4)
Dáfni 284 (E4)
Dagestan 279, 278 (F5)
Dagueneau, Didier 124, 125
Dahlenheim 127 (A5)
Dahra 287 (F4)
Dal Forno 171
Dal Zotto 351, 352 (B5)
Dalian 372 (E5)
Dalla Vale 304 304 (A5)
Dallas (États du Sud-ouest) 312 (D4)
Dallas (Nord-ouest pacifique) 315 (D2) 316 (F3)
Dalles, The 315 (C4)
Dalmatia 272
Dalmatinska Zagora 273 (D2)
Dalsig 371 (E3)
Dalton 286 (D5)
Dalwhinnie 352, 352 (B2)
Dalwood 356
Damascus 286 (C6)
Dambach-la-Ville 127 (C4)
Dames de la Charité 62
Damianitza 275, 275 (D2)
Damijan 173 (D3)
Damodes, les 65 (E3)
Danczka 268 (F2)
Danebury 253 (F4)
Danguerrins, les 66 (E2)
Daniel Ducois 150 (E3)
Daniel Lenko 321 (F3)
Danubian Plain 275 (B2)
Dão 210, 212–213, 210 (B5) 212 (F5)
Dão 212-213
Dardagny 257, 256 (F1)
Dardi 165 (F4)
Darioush 301 (E5)
Dark Star 309 (B1)
Darling 367, 366 (F2)
Dartmoor Valley 360 (A4)
Daubhaus Paterhof 241 (G5)
Daubos 91 (E5) 92 (D4)
Dávalos, Raúl 332
Davayé 69, 70 (F2) 71 (B5)
Davenport 253 (G5)
David Bruce 307 (C2)
David Hill 316 (D4)
David Hook 357 (B4)
David Traeger 352 (B4)
Davies, J. 301 (B2)
Davis 108 (clone) 317
Davis 311 (B3)
Davis Bynum 296 (E5)
Dax 112 (D6)
De Bartoli 187
De Bortoli 354, 357, 354 (A4)
De Concilis 185, 184 (E3)
De Lucca 325
De Rust Estate 367
De Trafford 368
Deák-Barát 268 (G3)
Dealu Mare 276, 277, 277 (D4)
Dealul Bujorului 277 (C5)
Dealurile Buzăului 277 (C5)
Dealurile Craiovei 277 (D3)
Deaver 311 (B5)
Debina (cépage) 282
Debrő 267
Debrecen 267 (E5)
Dechant 263 (B2)
Deep Woods 341 (C5)
Dehesa de Los Canónigos 196 (D2)
Dehesa la Granja 195 (F5)
Deheza del Carrizal 191
Dehlinger 296 (F5)
Dei 182 (D4)
Deidesheim 245, 246, 244 (E4) 246 (G2)
Del Rio 315 (G2)
Delaire 371 (D3)
Delaney Vineyards 312 (D4)
Delas 133, 135
Delatite 353, 352 (B5)
Delaware (cépage) 290, 374
Delbeck, Pascal 285
Delheim 371 (D3)
Deliblato 273 (C5)
Delille 315 (A3)
Delizia, la 165 (E6)
Dellchen 243 (F3)
Delon, famille 92
Delvinë 273 (G4)
Demoiselle 78
Den Felsen, in 242 (F6)
Denbies 253, 253 (F5)
Denée 120 (E2)
Denicé 73 (E3)
Denizli 285, 285 (C4)
Denman 356, 337 (D5)
Denmark (Australie) 339, 339 (F5)
Denominação de Origem Controlada (DOC) 211
Denominación de Origen (Calificada) (DO(Ca)) 191, 193, 197
Denominazione di Origine Controllata (e Garantita) (DOC(G)) 156-157
Dent de Chien 60 (F3)
Depardieu, Gérard 195, 287
Dérée, en 67 (E2)
Derenoncourt, Stéphane 110, 197
Dereskos 284 (G2)
Derrière chez Edouard 60 (D2)
Derrière la Grange 66 (E3)
Derrière la Tour 60 (E3)
Derrière le Four (Chambolle-Musigny) 66 (E2)
Derrière le Four (Meursault) 61 (D2)
Derrière le Four (Vosne-Romanée) 65 (E4)
Derrière les Crais 59 (B2)
Derrière les Gamay 60 (B6)
Derwent Valley 355, 355 (G5)
Desertas 222
Despagne, famille 98
Dessewffy 268 (G4)
Dessous les Mues 60 (G2)
Dessus de Marconnets 62 (B6)
Dessus de Monchenevoy 63 (A2)
Dettelbach 250 (E4)
Dettori 188 (A3)
Deutsch Schützen 259 (E5)
Deutsche Weinstrasse 244
Deutscher Tafelwein 226
Deutschkreutz 259 (D5)
Deutschlandsberg 259 (F3)
Devesas 218 (F1)
Devil's Lair 341 (F6)
Devlin 307 (D2)
Devon Valley 370, 371 (D2)
Dézaley 257, 256 (E4)
Dezize 59
Dhron 231, 230 (D4)
Dhroner Hofberger 231
Di Majo Norante 185
Diablo Grande 293 (C3)
Diageo 307
Diamond Creek Vineyard 302, 301 (B2)
Diamond Mountain 301 (B2)
Diamond Mountain District 302
Diamond Terrace 301 (B2)
Diamond Valley 354, 354 (A3)
Diano d'Alba 164
Dicastillo 200 (B2)
Didiers, les 64 (E5)
Diel, Armin 244
Diemersfontein 366 (F2)
Dienheim 240 (D4), 241 (G6)
Dietlingen 248 (D3)
Dieu Donné 371 (D6)
Dijon 53 (C5), 55 (C6)
Dijon (clones) 317
Dimiat (cépage) 275
Diminio 284 (E4)
Dinastía Vivanco 199 (F4)
Dingaè 272
Diognières, les 135 (C5)
Diolinoir (cépage) 255
Diosig 277 (B2)
Diren 285 (B5)
Dirmstein 244 (D4)
DiRosa, Rene 299
Disa 165 (E5)
Diseči Traminec (cépage) 271
Distell 371 (E2)
Distré 121 (F3)
Districtus Autrichee Controllatus (DAC) 258, 258
Disznókő 269, 269, 268 (G3)
Dittelsheim 240, 240 (E3)
Dizy 81 (D3)
Djakovica 273 (E4)
Dnestrian 278 (E1)
Dobrich 275 (A5)
Dobrogea 276, 277, 277 (D5)
Doctor 232 (F6)
Doctor (Bernkasteler) 224, 232
Dog Point 362, 362 (G2)
Doktorberg 234 (D5)
Dokus 268 (C6)
Dolcetto (cépage) 160, 162, 164
Dolcetto d'Alba 160, 161 (E3)
Dolcetto d'Asti 161 (E5)
Dolcetto delle Langhe Monregalesi 159 (E3)
Dolcetto di Diano d'Alba 160, 161 (E3)
Dolcetto di Dogliani 157, 160, 159 (E3), 161 (F3)
Dolcetto di Ovada 160, 159 (E4)
Dôle (cépage) 254, 256
Dolenjska 273 (A2)
Dolní Kounice 270, 270 (F3)
Doluca 285, 285 (B3)
Dom Pérignon 80
Domaine A 355, 355 (G6)
Domaine Abotia 112 (E6)
Domaine Alain Michaud 74 (F4)
Domaine Alain Roy-Thevenin 68 (G4)
Domaine Alphonse Mellot 125 (B4)
Domaine Alquier 142 (C5)
Domaine Ameztia 112 (E5)
Domaine André Delorme 68 (B6)
Domaine Arnal 143 (A5)
Domaine Arretxea 112 (E6)
Domaine Baillat, 141 (C1)
Domaine Bélouve 148 (D3)
Domaine Bénazeth 141 (B1)
Domaine Bernard Baudry 122 (F5)
Domaine Berthet-Bondet 150 (F2)
Domaine Berthoumieu 113 (D2)
Domaine Bertrand-Bergé 140, 141 (E2)
Domaine Blanville 143 (D1)
Domaine Boisantin 143 (B1)
Domaine Boisson 139 (B4)
Domaine Bordenave 113 (E1)
Domaine Borie de Maurel 141 (B2)
Domaine Boudau 145 (B4)
Domaine Bouisset 141 (C4)
Domaine Bourillon d'Orléans 123 (E2)
Domaine Boyar Shumen 275 (B5)
Domaine Brahms 366 (F2)
Domaine Brana 112 (E6)
Domaine Bru-Baché 113 (E1)
Domaine Brussonnes, les 59 (C5)
Domaine Calvet Thunevin 145 (A2)
Domaine Capion 143 (C2)
Domaine Capmartin 113 (D2)
Domaine Carneros 298, 299 (D4), 301 (G5)
Domaine Castéra 113 (E1)
Domaine Catherina 275 (D4)
Domaine Cauhapé 113 (E1)
Domaine Cazes 145 (B4)
Domaine Chandon (Australie) 353-354, 354 (B4)
Domaine Chandon (États-Unis) 301 (E4)
Domaine Chante Cigale 139 (E2)
Domaine Chanzy 68 (A5)
Domaine Charles Joguet 122 (G5)
Domaine Chaume-Arnaud 137 (B3)
Domaine Chevalier d'Homs 113 (A4)
Domaine Chofflet-Valdenaire 68 (D5)
Domaine Clavel 143 (B3)
Domaine Coche-Dury 60
Domaine Combier 135
Domaine Cordier 312
Domaine Cordier Père et Fils 71 (D5)
Domaine Corsin 71 (B4)
Domaine Cosse-Maisonneuve 113 (A4)
Domaine Costa Lazaridi 283 (A4)
Domaine Coston 143 (B2)
Domaine d' Anglas 143 (A2)
Domaine d' Aupilhac 142, 143 (B1)
Domaine d' Aussières 141 (C3)
Domaine d' Escausses 113 (B6)
Domaine Daniel Barraud 71 (A3)
Domaine Daniel et Denis Alary 139 (A3)
Domaine Day 342 (G4)
Domaine de Bablut 120 (E5)
Domaine de Baron'Arques 152, 140 (D6)
Domaine de Barroubio 141 (A3)
Domaine de Beaurenard, 139 (F2)
Domaine de Becamil 95 (B4)
Domaine de Bernardins 139 (D5)
Domaine de Bouillerot 99 (E5)
Domaine de Cabasse 139 (B5)
Domaine de Cabrol 140 (B6)
Domaine de Cantegril 138 (F5)
Domaine de Cassan 139 (C5)
Domaine de Cayron 138, 139 (C5)
Domaine de Cazenove 145 (C4)
Domaine de Chamans 141 (B1)
Domaine de Chevalier 100, 101 (G2)
Domaine de Clos Salomon 68 (D6)
Domaine de Clovallon 142 (C5)
Domaine de Courcel 62
Domaine de Cristia 139 (E3)
Domaine de Durban 139 (D5)
Domaine de Fondrèche 137 (D4)
Domaine de Frégate 148 (F2)
Domaine de Grandmaison 101 (E4)
Domaine de Grangeneuve 137 (B2)
Domaine de Granoupiac 143 (C1)
Domaine de Haute Perche 120 (D4)
Domaine de Joliet 113 (C5)
Domaine de Jöy 113 (C2)
Domaine de l'A 105 (D4)
Domaine de l'Aiguelière 142
Domaine de l'Ancienne Cure 115 (B5)
Domaine de l'Arjolle 142 (D6)
Domaine de l'Ecu 119 (E3)
Domaine de l'Eglise 107 (D4)
Domaine de l'Hermitage 148 (D4)
Domaine de l'Hortus 142, 143 (B3)
Domaine de l'Hospitalet 141 (C4)
Domaine de l'Idylle 151 (C5)
Domaine de l'Île Margaux 97 (A4)
Domaine de l'Olivette 148 (D3)
Domaine de l'Oratoire Saint-Martin 139 (A3)
Domaine de l'Île Margaux 85
Domaine de la Baume 142 (E6)
Domaine de la Bégude 148 (C2)
Domaine de la Bérangeraie 113 (A4)

386 | INDEX

Domaine de la Bongran 70 (C3)
Domaine de la Bouissière 139 (C5)
Domaine de la Butte 122 (C2)
Domaine de la Capelle 143 (D3)
Domaine de la Charbonnière 139 (E2)
Domaine de la Citadelle 137 (E4)
Domaine de la Collonge 71 (C5)
Domaine de la Coste 143 (B4)
Domaine de la Cotelleraie 122 (D1)
Domaine de la Courtade 147 (E2)
Domaine de la Devéze 143 (B5)
Domaine de la Grange des Pères 143 (B2)
Domaine de la Haute-Févrie 119 (G3)
Domaine de la Janasse 139 (E3)
Domaine de la Lande 122 (C2)
Domaine de la Lauzade 147 (C3)
Domaine de la Louvetrie 119 (F2)
Domaine de la Madone 74 (C4)
Domaine de la Marfée 143 (C3)
Domaine de la Monardière 139 (C4)
Domaine de la Mordorée 138 (F5)
Domaine de la Noblesse 148 (E3)
Domaine de la Perrière 122 (F5)
Domaine de la Présidente 137 (C3)
Domaine de la Rectorie 145 (D6)
Domaine de la Romanée-Conti 55, 64, 68, 132, 299
Domaine de la Sansonnière 120 (G4)
Domaine de la Solitude (Bordeaux) 101 (G5)
Domaine de la Solitude (Rhône) 139 (E2)
Domaine de la Soufrandière 71 (D6)
Domaine de la Soufrandise 71 (D5)
Domaine de la Source 147 (B6)
Domaine de la Taille aux Loups 123 (F5)
Domaine de la Terre Rouge 311 (B5)
Domaine de la Tour du Bon 148 (D3)
Domaine de la Tourade 139 (C4)
Domaine de Laballe 113 (C2)
Domaine de Larredya 113 (E1)
Domaine de Laulan 115 (C4)
Domaine de Lavabre 143 (A3)
Domaine de Limbardié 141 (A4)
Domaine de Martinolles 140 (D6)
Domaine de Matibat 140 (C5)
Domaine de Montcalmès 143 (B2)
Domaine de Montigny 125 (D2)
Domaine de Montille 62
Domaine de Mourchon 139 (B5)
Domaine de Nalys 139 (E2)
Domaine de Nerleux 121 (G4)
Domaine de Paillas 113 (A4)
Domaine de Panisse 139 (E2)
Domaine de Papolle 113 (C2)
Domaine de Pas de l'Escalette 142 (B6)
Domaine de Piaugier 139 (B5)
Domaine de Pourra 139 (B5)
Domaine de Rancy 145 (B3)
Domaine de Ribonnet 113 (D5)
Domaine de Rimauresq 147 (D2)
Domaine de Saint-Baillon 147 (C2)
Domaine de Saint-Guilhem 113 (C2)
Domaine de Saint-Lannes 113 (C2)
Domaine de Souche 113 (E1)
Domaine de Terre Mégère 143 (C2)
Domaine de Terrebrune 148 (F5)
Domaine de Thalabert 135
Domaine de Trévallon 146, 146 (A3)
Domaine de Triennes 147 (C1)
Domaine de Val Brun 121 (F5)
Domaine de Vayssette 113 (B6)
Domaine de Villemajou 141 (C3)
Domaine Depeyre 145 (B4)
Domaine des Aires Hautes 141 (B2)
Domaine des Armouriers 139 (E4)
Domaine des Aubuisières 123 (E3)
Domaine des Baumard 120 (E1)
Domaine des Béates 146 (B5)
Domaine des Belles Pierres 143 (C3)
Domaine des Bertranoux 115 (B6)
Domaine des Causse-Marines 113 (B5)
Domaine des Chandelles 141 (C1)
Domaine des Chazelles 70 (C3)
Domaine des Chemins de Bassac 142 (D6)
Domaine des Chênes 145 (A4)
Domaine des Coteaux des Travers 139 (A4)
Domaine des Côtes de la Roche 73 (B4)
Domaine des Deux Roches 71 (B5)
Domaine des Entrefaux 135
Domaine des Forges 120 (F1)
Domaine des Garrigues 138 (F6)
Domaine des Grands Devers 137 (B3)
Domaine des Grécaux 143 (B2)
Domaine des Hautes Noelles 119 (E3)
Domaine des Héritiers du Comte Lafon 70 (E1)
Domaine des Jougla 141 (A4)
Domaine des Murettes 141 (B2)
Domaine des Pierres Plantées 136 (F6)
Domaine des Remizières 135
Domaine des Rochelles 120 (D5)
Domaine des Roches Neuves 121 (F3)
Domaine des Sablonettes 120 (G3)
Domaine des Savarines 113 (A4)
Domaine des Schistes 145 (B3)
Domaine des Souchons 74 (E4)
Domaine des Terres Falmet 141 (A4)
Domaine des Tourelles 286 (C5)
Domaine des Tours 139 (E4)
Domaine des Vernes 121
Domaine des Vignes du Mayne 70 (B3)
Domaine Didier Dagueneau 125 (B5)
Domaine Diochon 74 (B5)
Domaine Drouhin 316, 316 (E4)
Domaine du Bagnol 146 (D6)
Domaine du Bila-Haut 145 (B3)
Domaine du Bois des Méges 139 (C4)
Domaine du Cagueloup 148 (E2)
Domaine du Clos des Fées 145 (A4)
Domaine du Clos Naudin (Foreau) 123 (E3)
Domaine du Clot de l'Oum 145 (B3)
Domaine du Colombier 135
Domaine du Comte Armand 62, 63
Domaine du Crampilh 113 (D2)
Domaine du Deffends 147 (C1)
Domaine du Fraïsse 142 (D5)
Domaine du Grand Crès 141 (C2)
Domaine du Grand Mayne 115 (C4)
Domaine du Gros Noré 148 (E3)
Domaine du Haut-Pécharmant 115 (B5)
Domaine du Joncier 138 (F5)
Domaine du Mas Blanc 145 (D6)
Domaine du Mas Crémat 145 (A4)
Domaine du Mas Rous 145 (D4)
Domaine du Meix Foulot 68 (C5)
Domaine du Météore 142 (D5)
Domaine du Montgilet 120 (D4)
Domaine du Moulin 137 (B3)
Domaine du Noble 99 (D2)
Domaine du Nouveau Monde 141 (B5)
Domaine du Pech 113 (B3)
Domaine du Pegaü 138, 139 (E2)
Domaine du Petit Causse 140
Domaine du Petit Chaumont 143 (C5)
Domaine du Petit Malormé 115 (C4)
Domaine du Poujol 143 (B3)
Domaine du Roncée 122 (G6)
Domaine du Silène des Peyrals 143 (D2)
Domaine du Tabatau 141 (A3)
Domaine du Trapadis 139 (A4)
Domaine du Trillol 141 (E2)
Domaine du Tunnel 130
Domaine du Vieux Relais 137 (E1)
Domaine du Vieux Télégraphe 138, 139 (E2)
Domaine du Vissoux 73 (F2)
Domaine Dupasquier 151 (C4)
Domaine Escourrou 140 (B6)
Domaine Etxegaraya 112 (E6)
Domaine Faiveley 68 (C5)
Domaine Félines-Jourdan 142 (D2)
Domaine Ferrer-Ribière 145 (C4)
Domaine Filliatreau 121 (F4)
Domaine Font Caude 142, 143 (B1)
Domaine Font du Loup 139 (E2)
Domaine Fontanel 145 (B3)
Domaine Fontedicto 142 (D6)
Domaine Font-Sane 139 (C5)
Domaine Força Réal 145 (B3)
Domaine François Lumpp 68, 68 (D6)
Domaine Gardiés 145 (A3)
Domaine Gauby 145 (B3)
Domaine Gavoty 147 (C2)
Domaine Gérard Charvet 74 (C6)
Domaine Gérard Mouton 68 (E5)
Domaine Gérard Parize 68 (D6)
Domaine Gineste 113 (C6)
Domaine Gourt de Mautens 139 (A4)
Domaine Gramenon 136, 137 (B3)
Domaine Grassa 113 (C2)
Domaine Guffens-Heynen 71, 71 (A3)
Domaine Guilhémas 112 (D6)
Domaine Haute Bégude 140 (C6)
Domaine Hauvette 146 (A3)
Domaine Helios 284 (E4)
Domaine Henri Bonneau 139 (E2)
Domaine Henri Bourgeois 125 (B3)
Domaine Henry 143 (C3)
Domaine Hubert Lapierre 74 (D4)
Domaine Hugues et Yves de Suremain 68 (C5)
Domaine Ilarria 112 (E6)
Domaine Isabel Ferrando 139 (E1)
Domaine Jaume 137 (B3)
Domaine Jean Manciat 70 (F2)
Domaine Jean-Baptiste Senat, 141 (B1)
Domaine Jean-Claude Brelière 68 (B6)
Domaine Jean-Louis Chave 135
Domaine Jean-Louis Denois 140 (D5)
Domaine Jean-Marc Burgaud 74 (D4)
Domaine Joblot 68 (D6)
Domaine l' Aiguelière 143 (B1)
Domaine la Bastide Blanche 148 (D3)
Domaine la Cabotte 137 (C2)
Domaine la Colombette 141 (A5)
Domaine la Condamine l'Evèque 143 (D1)
Domaine la Croix Jacquelet 68 (C5)
Domaine la Croix Saint Roch 143 (B5)
Domaine la Croix-Belle 142 (D6)
Domaine la Laidiere 148 (E4)
Domaine la Madura 141 (A3)
Domaine la Parrina 176
Domaine la Réméjeanne 137 (C1)
Domaine la Rocalière 138 (F5)
Domaine la Roquete 139 (E2)
Domaine la Sauvageonne 142, 143 (B1)
Domaine la Soumade 139 (A4)
Domaine la Suffrène 148 (E3)
Domaine la Tour Vieille 145 (D5)
Domaine la Truffière 143 (A3)
Domaine Labranche-Laffont 113 (D2)
Domaine Laffont 113 (D2)
Domaine Lafond-Roc-Epine 138 (F5)
Domaine Lafran-Veyrolles 148 (E3)
Domaine Laguerre 145 (A2)
Domaine Lapeyre 112 (D6)
Domaine Laporte 145 (B4)
Domaine le Cascavel 137 (D4)
Domaine le Conte de Floris 142 (D6)
Domaine le Fort 140 (C5)
Domaine le Galatin 148 (E3)
Domaine le Murmurium 137 (D4)
Domaine le Puts 113 (C2)
Domaine le Soula 145 (A2)
Domaine Leflaive 70 (E1)
Domaine Léon Barral 142 (D5)
Domaine Leroy 64
Domaine Lerys 141 (D3)
Domaine les Allegrets 115 (C4)
Domaine les Goubert 139 (C4)
Domaine les Hautes Cances 139 (A3)
Domaine Lorenzon 68 (C5)
Domaine Luc Lapeyre 141 (B1)
Domaine Lucien Crochet 125 (B3)
Domaine Madeloc 145 (C4)
Domaine Magni Thibaut 103 (G4)
Domaine Malys-Anne 141 (B1)
Domaine Marc Sorrel 135
Domaine Marcel Richaud 139 (A3)
Domaine Maria Fita 140, 141 (D3)
Domaine Mas Amiel 144, 145 (A3)
Domaine Masson Blondelet 125 (C5)
Domaine Matassa 145 (B3)
Domaine Maurice Protheau et Fils 68 (C5)
Domaine Menada 275 (C4)
Domaine Michel 70 (C3)
Domaine Michel Briday 68 (B6)
Domaine Michel Chignard 74 (C5)
Domaine Michel Forest 71 (A3)
Domaine Michel Goubard 68 (E5)
Domaine Michel Juillot 68 (C5)
Domaine Michel Sarrazin et Fils 68 (E5)
Domaine Morin-Langaran 143 (D2)
Domaine Mouthes-le-Bihan 115 (C4)
Domaine Navarre 141 (A4)
Domaine Neferis 287
Domaine Nicolas Gaudry 125 (C5)
Domaine Nicole Chanrion 74 (F4)
Domaine Ogereau 120 (F2)
Domaine Ollier-Taillefer 142 (C6)
Domaine Ott 147 (E2)
Domaine Padie 145 (B3)
Domaine Pascal & Nicholas Reverdy 125 (B3)
Domaine Paul Mas 143 (D1)
Domaine Pélaquié 137 (D2)
Domaine Pertuisane 145 (A2)
Domaine Petra 176
Domaine Peyre-Rose 143 (D1)
Domaine Philippe Alliet 122 (G5)
Domaine Philippe Delesvaux 120 (F1)
Domaine Piccinini 141 (B2)
Domaine Pierre Cros 141 (B1)
Domaine Pierre Luneau-Lapin 119 (E3)
Domaine Pignier 150 (G1)
Domaine Piquemal 145 (B4)
Domaine Piron 74 (E4)
Domaine Pithon 145 (B4)
Domaine Pochon 135
Domaine Pouderoux 145 (A2)
Domaine Prieuré Saint-Christophe 151 (C5)
Domaine Rabiega 147 (C3)
Domaine Ragot 68 (E5)
Domaine Raspail-Ay 139 (C4)
Domaine Ray-Jane 148 (E3)
Domaine Richaume 147 (C1)
Domaine Richou 120 (E3)
Domaine Rimbert 141 (A3)
Domaine Robert-Denogent 71, 71 (C5)
Domaine Roger Lassarat 71 (A3)
Domaine Roger Sabon 139 (E2)
Domaine Rolet 150 (E3)
Domaine Rotier 113 (C6)
Domaine Rouge Garance 137 (E1)
Domaine Saint-André de Figuière 147 (D2)
Domaine Saint-Andrieu 143 (B1)
Domaine Saint-Antonin 142 (D5)
Domaine Sainte-Anne 137 (C1)
Domaine Sainte-Rose 142 (D6)
Domaine Saint-Gayan 139 (B5)
Domaine Saint-Gregory 294 (C4)
Domaine Saint-Jacques 68
Domaine Saint-Jean de l'Arbousier 143 (B4)
Domaine Saint-Jean de Villecroze 147 (B2)
Domaine Saint-Préfert 139 (E2)
Domaine Saint-Sebastien 145 (C4)
Domaine Saint-Sernin 141 (B1)
Domaine Sakar 275 (D4)
Domaine San Luigi 176
Domaine Santa Duc 138, 139 (C4)
Domaine Sarda-Malet 145 (B4)
Domaine Saumaize-Michelin 7 1 (A3)
Domaine Serene 316 (E4)
Domaine Serres-Mazard 141 (D2)
Domaine Singla 145 (B5)
Domaine Sol-Payré 145 (C5)
Domaine Sorin 148 (E2)
Domaine Stéphane Aladame 68, 68 (G4)
Domaine Tempier 148, 148 (E3)
Domaine Terlato & M Chapoutier 352 (B3)
Domaine Terre Inconnue 143 (B5)
Domaine Terres Blanches 146 (A4)
Domaine Tissot 150 (E3)
Domaine Tupinier-Bautista 68
Domaine Uby 113 (C2)
Domaine Vacheron 125 (B4)
Domaine Valette 71 (E6)
Domaine Vaquer 145 (C4)
Domaine Versino 139 (F2)
Domaine Vincent Dureuil-Janthial 68
Domaine Vincent Pinard 125 (B3)
Domaine Virgile Joly 143 (B1)
Domaine Virginie 141 (A5)
Domaine Wardy 286, 286 (C5)
Domaine Weinbach 129
Domaine Wills 341 (C5)
Domaine Yann Chave 135
Domaine Yannick Amirault 122 (D2)
Domdechaney 239, 239 (F4)
Domdechant, Werner 239
Dôme, le 109 (E2)
Domecq, Pedro 313
Domeniile Tohani 277 (C4)
Domeniul Coroanei Şegarcea 277 (D3)
Domherr 230 (B4)
Domherrenberg 234 (B2)
Domini-Kanerberg 234 (C5)
Dominio de Atauta 196 (E6)
Dominio de Pingus 197, 196 (D2)
Dominio de Valdepusa 191, 193
Dominio del Plata 333
Dominique Portet 354 (C5)
Domino del Plata 331 (B4)
Dominode, la 63 (B1)
Dominus 301 (D4)
Domoszló 267 (D4)
Domprobst 232 (E5)
Donatien Bahuaud 119 (F3)
Donauland 258, 259 (B4)
Donaupoint 260 (C4)
Donnafugata 187 (E2)
Donnaz 158
Donnersdorf 250 (E5)
Donnerskirchen 264, 259 (C5)
Dönnhoff, Helmut 243, 244
Dönnhoff, Hermann 244
Donnici 184 (F4)
Donnybrook 340
Donostia-San Sebastián 190 (C4)
Donum 299 (D4)
Doosberg 236, 236 (F5)
Dopff 128
Doradilla (cépage) 205
Dorado, El 311 (B5)
Dordogne 115
Dorgo Disznókő 268 (F3)
Doriane, La 133
Dorner 262 (B6)
Dornfelder (cépage) 226, 241, 243, 245, 246, 253, 270
Dornier 371 (E3)
Dorsheim 244, 242 (A5)
Dos Cabezas Wineworks 312 (E2)
Dos d'âne, le 61 (A2)
Dos Victorias 195 (E5)
Dotto, del 301 (E6)
Doué-la-Fontaine 118 (C5)
Dougos 283 (B3)
Doukkala 287, 287 (G1)
Douloufakis 283 (E4)
Douro 211, 216–219
Douro bake 221
Douro Superior 219 (E6)
Dourthe 93
Douvaine 151 (A5)
Down Saint Mary 253 (G3)
Doyle, Stephen 357
Dr Konstantin Frank 320 (B2)
Dr Stephens 301 (B3)
Drachenstein 235 (F4)
Drăgăşani 277, 277 (D3)
Dragon Seal 373, 372 (E3)
Dragon's Eye (cépage) 373
Draguignan 146
Drakenstein Mountains 370
Drama 282, 283 (A4)
Drayton's, famille 357 (D4)
Dreissigacker 240
Dresden 251, 225 (D5)
Dressoles, les 61 (G3)
Driopi 284, 284 (F4)
Dromana 352 (D4)
Drouhin, Joseph 54, 58, 62
Drouhin, Robert 316
Drouhin, Véronique 316
Dry Creek 297, 296 (D4)
Dry Creek Valley 293, 297, 296 (C3)
Dry River 361, 361 (B5)
Drylands 362 (F3)
Duboeuf, Georges 73, 131, 153
Dubois 123 (E4)
Dubourdieu, Denis 27, 98
Duca di Salaparuta 187 (E3)
Duché d'Uzès 153 (D5)
Duck Pond 316 (E4)
Duck Walk 320 (E5)
Duckhorn 294, 301 (B3)
Duclaux 133, 139 (E2)
Due Palme 185 (B5)
Due Terre, le 173, 173 (C2)
Duero 192, 196
Dugat 67
Duijn, Jakob 248
Dulcínea dos Santos Ferreira 212 (F2)
Dumazet, Pierre 133
Dumol 296 (E6)
Dunajska Streda 270 (G4)
Duncan Peak 294 (C3)
Dundee (États-Unis) 316
Dundee Hills (États-Unis) 317, 316 (E4)
Dunedin 358 (E4)
Dunham (Québec) 321
Dunham Cellars 319 (E3)
Dunkirk 320 (B1)
Dunn 302, 301 (A3)
Dunnigan Hills 293, 293 (A2)
Durand, Eric & Joël 130
Durango 312 (F3)
Duras (cépage) 112, 115 (C4)
Durbach 248, 249, 248 (E2)
Durban 141 (E3)
Durbanville 367, 366 (F2)
Durbanville Hills 366 (F2)
Durell 298
Duresses, les 61 (E2)
Duriense 210 (B5)
Durif (cépage) 351
Dürkheimer 246
Durney 307 (F3)
Dürnstein 260, 261, 259 (B3), 260 (B6)
Durots, les 61 (G3)
Durrel Vineyard 299 (D3)
Durrës 273 (F4)
Durtal 118 (A5)
Dusi Vineyard 309 (B2)
Dusóczky 268 (F3)
Düsseldorf 225 (D2)
Dutch Henry 301 (B2)
Dutton Goldfield 296 (F5)
Dutton Ranch 297
Dutton, famille 296, 297
Duxoup 296 (C4)
Dve Mogili 275 (A4)
Dveripax 271 (A4)
Dyer Wine 301 (B2)
Dynasty 373, 372 (E4)

E

Eaglepoint 294 (C2)
East Coast 355 (F6)
Eastern Peake 352 (C2)
Eben 263 (D2)
Ebenezer 343, 342 (C5)
Eberle 309 (B2)
Ebersberg 241 (E3)
Ebritzstein 262 (C5)
Echaille 60 (D2)
Échanges, aux 66 (E3)
Echards, ez 61 (G4)
Echeverria 329 (E4)
Echevronne 57
Échézeaux 64
Échézeaux du Dessus 65 (E5)
Échézeaux, aux 66 (E5)
Échézeaux, les 66 (E2)
Echigo 374 (E5)
Echo Canyon Winery 312 (D2)
Echoppes, les 101 (A2)
Echuca 337 (F2), 352 (A3)
Echunga 348
Ecole No 41, l' 319 (E2)
Economou 283 (F5)
Écu, à l' 62 (B5)
Ecueil 81 (B3)
Ecussaux, les 61 (E2)
Edelberg 233 (B2)
Edelmann 236 (F4)
Edelwein 374 (E6)
Edelzwicker 127
Eden Valley 342, 344, 336 (E5), 344 (D5), 342 (E5), 344 (E6)
Edenkoben 244 (F4)
Edesheim 244 (F4)
Edi Simčič 173 (D3)
Edirne 285 (A3)
Edmeades 294 (B2)
Edna Valley 308, 309
Edna Valley Vineyards 309, 309 (C2)
Edwards Wines 341 (D5)
Edwards, Luis Felipe 328
Edwards, Merry 297
Efrat 286 (F4)
Egelsee 262 (D5)
Eger 266, 267 (D4)
Eggenburg 259 (A4)
Égio 283 (C2), 284 (E3)
Eglantine 253 (E5)
Egna 169 (E5)
Egri Bikavér 266
Eguisheim 128-129, 127 (E4), 128 (F5)
Égypte 287, 286 (G4)
Ehrenberg 234 (E5), (E6)
Ehrenhausen 259 (F4)
Ehrenstetten 248 (G1)
Eibelstadt 250 (F4)
Eichberg (Allemagne) 237 (E1)
Eichberg (Autriche) 263 (B4)
Eichberg (France) 129, 128 (F5)
Eichbühell 263 (G2)
Eichelberg 263 (A3)
Eichhoffen 127 (B4)
Eikendal 371 (F2)
Eileen Hardy 357
Einzellagen 226, 245
Eisenberg 259 (E5)
Eisenheim 250 (E4)
Eisenstadt 259 (C5), 264 (E1)
Eisfeld 263 (F1)
Eiswein 226, 232, voir aussi Vins de glace, Icewine
Eitelsbach 234, 234 (B4)
Ekler Dezsö 269
El Dorado County 311
El Niño 331
El Paso 312 (E3)
Elazığ 285 (C6)
Elba 175 (C1)
Elbasan 273 (F4)
Elbling (cépage) 227, 255
Elciego 198, 199 (B1), (G6)
Elderton 342 (D5)
Eldredge 345 (F4)
Elena Walch 169 (E5)

Elenovo 274
Elgin (Afrique du Sud) 367, 368, 366 (G2)
Elgin (Australie) 349
Elian da Ros 114, 113 (A2)
Elim 367, 368, 366 (G3)
Elisenberg 232 (G4)
Elizabeth 294 (B3)
Elk Cove 316 (D4)
Elk Grove 311 (C4)
Elkhovo 275 (C4)
Ella Valley 286 (F4)
Ellergrub 233 (D2)
Ellerstadt 245, 246, 244 (E4)
Ellis, Neil 367
Elliston 307 (A2)
Elmira 320 (B3)
Elne 145 (C5)
Előhegy 268 (D4), (G3)
Eloro 187 (G5)
Elqui 326
Elsarn 263 (A4)
Elsenburg 371 (C2)
Elsheim 240 (D2)
Elster 246 (F2)
Eltville 238, 235 (D4), 237 (G3)
Elyse 301 (E4)
Embrazées, les 59 (C5)
Emeringes 73 (B4), 74 (B4)
Emerlingtal 262 (C6)
Emery 283 (E6)
Émilie-Romagne 157, 166
Emilio Moro 196 (D3)
Emir (cépage) 285
Empordà-Costa Brava 203, 190 (D6)
Empredado 328
Enate 201, 201 (E5)
Encastell, l' 204 (C5)
Enclos, l' 91 (E6), 92 (D4)
Encostas de Aire 210 (C4)
Encruzado (cépage) 210, 213
Endingen 248, 248 (F1)
Enfer d'Arvier 158
Engabrunn 263 (C5)
Engelgrube 230 (D4), (E4)
Engelmannsberg 236 (F6)
Engelsberg 241 (B5)
Engerer, Frédéric 38
Enkirch 227 (E5), 233 (C2)
Enkirchen Zeppwingert 233 (C2)
Enrico Spagnolli 168 (E4)
Enseignères, les 60 (G3)
Ensenada 312 (E1)
Entraigues-sur-Sorgues 139 (G3)
Entre Arve et Lac 255 (G1), 256 (F2)
Entre Arve et Rhône 255 (G1), 256 (G2)
Entre Deux-Velles, les 67 (D4)
Entre-Deux-Mers 98–99, 83 (F4), 99 (C2)
Eola-Amity Hills 317
Eos 309 (B2)
Epaisse, l' 122 (C1)
Epanomí 283 (A3)
Epenotes, les 62 (D2)
Épenots, les 62
Épernay 78, 80, 81 (D3)
Epesses 257, 256 (D4)
Epfig 127
Epinottes, les 77 (E3)
Epirus 282
Épointures, les 67 (E1)
Erath 316 (E4)
Erbach 238, 237 (F2)
Erbaluce di Caluso 160, 159 (C3)
Erdőbénye 269, 268 (E3)
Erdőhorváti 268 (D4)
Erden 232
Erdschüssl 263 (G2)
Erfurt 225 (D4)
Ergot, en 66 (E6)
Érigné 120 (D4)
Erlabrunn 250 (E3)
Erlenbach 248 (D4)
Ermelinda Freitas 214 (D4)
Ermita, l' 191, 204, 204 (C4)
Ermitage (cépage) 256
Ernie Els 371 (F2)
Eroica 319
Errázuriz 327, 326 (A5)
Ersingen 248 (D3)
Erste Lagen 226, 236
Erstes Gewächs 225, 226, 236
Escarpment 361, 361 (C5)
Eschen Vineyard 311 (B5)
Escherndorf 251, 250 (E4)
Escondido Valley 312 (E4)
Escourche, l' 148 (F3)
Esk Valley 360 (A5)
Espagne 16, 189–207
Espinho 218 (F4)
Espinoza, Alvaro 329
Esporão 211
Essarts, les 59 (C6), 60 (G1)
Essingen 244 (F4)
Est! Est!! Est!!! 175 (D3), 183 (D3)
Estada 201
Estancia Piedra 195 (E5)
Este 331 (B5)
Estella 200 (A2)
Esterlina 294 (B2)
Estoril 214 (D1)
Estournelles Saint-Jacques 67 (D1)
Estrémadure 210, 210 (C3)
Estremoz 215 (A5)
Esvres 119 (B1)
Eszencia 269
États-Unis 290–291
Etchart 333
Ételois, aux 66 (E6)
Etna Rosso 187
Étoile, l' (Jura) 150, 150 (G1)
Étoile, l' (Vouvray) 123 (E4)
Etréchy 81 (G3)
Etude 299 (D5), 301 (G5)
Etyek 267 (E3)
Etyek-Buda 267, 267 (E3)
Euchariusberg 229 (A2), (A5)
Eugene 315 (E2)
Eugenio Collavini 173 (D2)
Europvin Falset 204 (D4)
Evans & Tate 340, 341 (D5)
Evans, famille 357 (C5)
Evans, Len 49, 356
Evesham Wood 316 (F4)
Evharis 283 (C3)
Évocelles, les 67 (D2)
Evois, les 122 (D3)
Evora 215, 215 (B4)
Extremadura 193
Eygalières 147
Eyguets, les 133, 133 (E2)
Eyrie 316, 316 (E4)
Ezerjó (cépage) 266, 267, 270

F

Faber 339 (B4)
Fabre Montmayou 333, 331 (B4)
Fábregas 201 (F5)
Façonnières, les 66 (E4)
Faedo 168
Fair Play 311 (B6)
Fair Valley 368
Fairendes, les 59 (C5)
Fairhall 362 (G3)
Fairview 367, 368, 370, 371, 371 (B3)
Faite, Le 114
Faiveley 54, 64, 68
Falanghina (cépage) 185
Falchini 179 (E1)
Falerio dei Colli Ascolani 175 (C5)
Falerno del Massico 185, 184 (D2)
Falernum 185
Falesco 183 (D4)
Fălești 278 (E1)
Falkenberg 230 (B4)
Falkenstein 259 (A5)
Falkensteiner Hofberg 229 (A4)
Falklay 233 (B2)
Fall Creek Vineyards 312 (E4)
Falletto 165 (F6)
Falset 202, 204 (D5)
Famatina Valley 332
Familia Zuccardi 331 (B5)
Famines, les 61 (G4)
Fanagoria 279, 280
Fannuchi 296 (E5)
Fantaxometocho 283, 283 (E4)
Far Niente 304 (B4)
Fara 159 (C4)
Fargues 103 (F4)
Fariña 195 (E5)
Faro (Italie) 187 (D6)
Faro (Portugal) 210 (F4)
Farrell, Gary 295
Fassati 182 (C4)
Fasset 163 (D3)
Fatascià 187 (E3)
Fattori & Graney 170
Fattoria Basciano 179 (A5)
Fattoria dei Barbi 181 (C5)
Fattoria del Cerro 182 (D5)
Fattoria Le Casalte 182, 182 (D4)
Faubourg de Bouze 62 (D4)
Faucha 262 (D6)
Faugères 142, 142 (C5)
Faustino 197
Favorita (cépage) 160
Fawley 253 (F5)
Fay Vineyard 305 (F4)
Faye-d'Anjou 120 (G4)
Fazenda Santa Maria 325
Fazio Wines 187 (E2)
Féchy 257, 256 (E3)
Fehring 259 (F4)
Feiler-Artinger 264
Fellbach 249
Felline 185 (C5)
Fels (Allemagne) 229 (B1)
Fels (Autriche) 259 (B4)
Felsenberg 243, 244, 242 (F6)
Felseneck 243 (E4)
Felsenkopf 230 (F3)
Felsensteyer 243 (F2)
Felsina 179 (G5)
Felton Road 363, 363 (F5)
Fendant (cépage) 254, 256
Fenestra 307 (A3)
Féraud, Laurence 138
Ferghettina 166
Fergusson 354 (B4)
Ferme Blanche, la 146 (D6)
Fermoy 341 (D5)
Fernandez de Piéroia 199 (A2)
Fernández, Alejandro 195
Fernando Remírez de Ganuza 199 (F5)
Fernão Pires (cépage) 211, 212, 214
Ferngrove 340, 339 (E5)
Ferrara 167 (E3)
Ferrari 168, 168 (C5)
Ferrari-Carano 296 (C4)
Ferreira 218
Ferreiro, Do 194 (C4)
Ferrer, Gloria 298
Ferret, J.-A. 71, 71 (C5)
Ferruccio Deiana 188 (D4)
Fer-Servadou (cépage) 112
Fertőszentmiklós 267 (E2)
Fès 287
Fess Parker 309, 309 (E4)
Festa 275 (B5)
Fetească (cépage) 266, 276, 277
Fetters Hot Springs 299 (C3)
Fetzer 294, 294 (C4)
Fetzer Five Rivers 309 (A2)
Feuersbrunn 258
Feusselottes, les 66 (E2)
Fèves, les 62 (C5)
Fèvre, William 77
Feydieu 97 (F5)
Fiano (cépage) 184, 186, 187, 338
Fiano di Avellino 157, 184, 184 (D3)
Fichots, les 63 (B3)
Fidal 272
Fiddlehead 310, 309 (F3)
Fiddletown 311, 311 (C5)
Fiefs Vendéens 53 (D1)
Fiegl 173 (E4)
Field Stone 296 (D5)
Fier 273 (F4)
Fiésole 179 (A3)
Fiétres, les 63 (C3)
Fife 294 (B3)
Figari 149
Figline Valdarno 179 (C5)
Figula, Mihály 267
Filiatrá 284 (G2)
Filigare, le 179 (E3)
Filipa Pato 212 (F2)
Fillaboa 194 (D5)
Fils de Charles Trosset, les 151 (C5)
Filzen (Piesport) 231 (A1)
Filzen (Sarre) 229 (B2)
Finca Allende 199 (F4)
Finca el Retiro 331 (C5)
Finca Elez 191
Finca Flichman 333, 331 (B5)
Finca la Anita 331 (B4)
Finca La Celia 333
Finca Sandoval 193
Finca Sophenia 331 (C3)
Finca Valpiedra 199 (B1)
Findling 241 (D4)
Finger Lakes 24, 290, 320, 320 (B2)
Fino 207
Fiore dei Liberi 173 (D2)
Fiorita, la (Montalcino) 181 (C5)
Fiorita, la (Ombrie) 183 (B4)
Firenze 175 (B3), 179 (A3)
Fires 355
Firesteed 316 (F4)
Firestone 309 (E3)
Firvida 218 (F1)
Fitero 200
Fitou 140, 141
Fixin 67, 55 (C6), 67 (E4)
Flagey 64
Flagstone 371 (G2)
Flam 286, 286, 286 (F4)
Flat Creek Estate 312 (E4)
Flatrock Cellars 321 (G4)
Flechas de los Andes 333, 331 (D3)
Flèche, la 118 (A5)
Flein 248 (D4)
Flerianou 284 (E3)
Fleurie 74, 55 (F5), 73 (C4), 74 (C5)
Fleurières, les 64 (F6)
Fleurieu 346, 336 (F5), 346 (G4)
Fleys 77 (D6)
Flick, Reiner 239
Floirac 83 (E3)
Flora Springs 301 (C3)
Florence 174, 176, 178
Florida 291 (D5)
Florida (Uruguay) 325
Florimont 129 (F1)
Florita 345 (F5)
Flörsheim-Dalsheim 240, 240 (F3)
Flowers 297, 296 (E3)
Flurbereinigung 246
Focşani 276, 277 (C5)
Foggia 185, 184 (C3)
Folatières, les 60, 60 (F4)
Foley 309 (F3)
Folie à Deux 301 (B3)
Folie, la 123 (D4)
Foligno 183 (C6)
Folle Blanche (cépage) 119
Folle Noir (cépage) 146
Fölliger Wald und Weide 264 (F1)
Fondemens, les 67 (E4)
Fondis, les 122 (D1)
Fondo Antico 187 (E2)
Fondrèche 136
Fongeant 133 (A4)
Fonseca, José Maria da 214, 214 (E3)
Font de Michelle 139 (F2)
Fontaine de Vosne, la 65 (F3)
Fontaine Sot 60 (G2)
Fontana Galardi 185
Fontanafredda 164
Fontanile 165 (E4)
Fonteny 67 (D1)
Fonterutoli 176
Fontevraud-l'Abbaye 118 (C5)
Fontfroide 141 (C3)
Fonti, le 179 (E2)
Fontodi 179 (D3)
Fonty's Pool 339 (E4)
Foote, EB 315 (A3)
Foppiano 296 (D5)
Foradori 168 (A5), 169 (G4)
Foradori, Elisabetta 168
Forbes 337 (D3)
Forcine, la 122 (D1)
Forest Grove 315 (C2), 316 (D4)
Forest Hill 339, 339 (E6), (F5)
Forester Estate 341 (C6)
Forêts, les (Chablis) 77 (F3)
Forêts, les (Nuits-Saint-Georges) 64 (E5)
Forges, les 61 (F2)
Foris 315 (G2)
Forlí 167 (F4), 175 (A5)
Forman 301 (C4)
Forrás 268 (G3)
Forrest Estate 362 (G2)
Forrester 371, 371 (F2)
Forrester, Ken 368
Forst 245–246, 246 (E2)
Forst (Nahe) 243 (C4)
Forst (Palatinat) 244 (E4)
Försterlay 232 (C5)
Fort Ross 297
Fort Stockton 312
Fortant de France 152
Fortino 307 (D3)
Forts de Latour, les 38, 91 (D4), (F4), (F5), 92 (E3), (E4)
Fortuna, la 329 (E4)
Fossacolle 181 (C4)
Fossati 165 (D3)
Fosses, les 61 (E2)
Foster's 302, 308, 337, 343, 345, 349, 350, 354
Foucault Frères 121 (F3)
Fouchères, les 66 (E2)
Fougeray, le 123 (D4)
Fougueyrolles 115 (B4)
Foujouin 123 (D4)
Foulot, en 59 (A2)
Foulot, le 62 (D4)
Foundry, The 371 (F1)
Four Mile Creek 321 (F5)
Fourchaume 76, 77 (B3)
Fourches, aux 63 (C2)
Fourneaux, aux 63 (C2)
Fourneaux, les (Chablis) 77 (D6)
Fourneaux, les (Santenay) 59 (A2)
Fournereaux, aux 61 (E3)
Fournier, O (Argentine) 333, 331 (E3)
Fournier, O (Espagne) 196 (D3)
Fournières, les 63 (C3)
Fowler's 349
Fox Creek 346 (F4)
Fox Run 320 (B3)
Foxen Vineyard 310, 309 (E3)
Frairie, la 71 (B4)
Framersheim 240 (E3)
Framingham 362 (G2)
France 13, 52–153
Francemont 59 (C5)
Franche-Comté 153 (A5), (B5)
Francia 165 (F6)
Franciacorta 157, 166, 176, 159 (C6), 167 (D1)
Francis Mahoney 299 (D5), 301 (G5)
Francisca 303 (F3)
Franco Pacenti 181 (B5)
François Chidaine 123 (F5)
François Pinon 123 (E4)
Franconie 226, 250-251, 225 (E3)
Frâncusa (cépage) 276
Frangou 283 (C3)
Frangy 151, 151 (B4)
Frank, famille 301 (B2)
Frank, Konstantin 320
Frankenthal 235 (F1)
Frankland Estate 340, 339 (E5)
Frankland River 339, 339 (E5)
Frankovka (cépage) 270
Franschhoek Valley 370, 366 (F2), 371 (D5), (D6)
Franz Haas 169, 169 (E6)
Franzen 233
Frappato (cépage) 187
Frascati 176, 175 (F3)
Fraser Valley 315 (G4)
Frauenberg 233
Frauengärten 260 (A5)
Frauengrund 263 (F1)
Frauenkirchen 264, 264 (E4)
Frauenweingarten 260 (B6), 261 (B1)
Fraupoint 261 (B2)
Frecciarossa 158
Frechau 263 (D1)
Frédéric Burrier 71 (C5)
Frédéric Lornet 150 (E3)
Fredericksburg 313, 312 (E5)
Freedom Hill Vineyard 316 (F4)
Freedom Road 368
Freemark Abbey 301 (B3)
Freestone 295
Freestone Hill Vineyard 296 (F4)
Freiburg 248 (F1)
Freie Weingärtner Wachau 260, 262
Freie Weingärtner Wachau co-op 260, 262
Freinsheim 244 (D4)
Freisa (cépage) 160
Freisa d'Asti 159 (D3)
Freisa di Chieri 159 (D3)
Freixenet (Espagne) 202, 204, 298, 313, 325, 203 (D4)
Freixenet (Mexique) 312 (G4)
Frelonnerie, la 123 (F3)
Fremantle 339 (B4)
Fremières, les 66 (E3), (E4)
Fremiers, les 61 (F5)
Frémiets 61 (F5)
Fremont 293 (C3)
French Hill 311 (C6)
Frères Couillard 119 (F3)
Frescobaldi, famille 176
Fresno 293 (D4)
Fréterive 151 (C5)
Freunde (Palatinat) 244
Freundstück 245, 246 (E2)
Frey 294 (A3)
Freyburg 251
Freycinet 355, 355 (F6)
Fribourg 255 (F2)
Frick 296 (C4)
Frickenhausen 251, 250 (F4)
Friedelsheim 244 (E4)
Friedrich-Wilhelm-Gymnasium 228
Frionnes, les 60 (D3)
Frioul 157
Frioul-Vénétie Julienne 172–173
Fritsch, Karl 258
Frittmann Testvérek 266
Fritz 296 (C4)
Friulano (cépage) 166, 172, 173
Friuli Aquileia 167 (C6)
Friuli Grave 167 (C5)
Friuli Isonzo 167 (C6), 173 (E2)
Friuli Latisana 167 (C5)
Froehn 129 (F3)
Frog's Leap 303 (F3)
Froichots, les 66 (E5)
Frome Valley 253 (F4)
Fromm 362, 362 (G2)
Fronhof 246 (C2)
Fronsac 104, 83 (E4), 104 (C5)
Fronteira 324
Frontignan 143 (D3)
Fronton 113
Frühburgunder (cépage) 249, 251, 251
Frühlingsplätzchen 243
Fruitière Vinicole d'Arbois 150 (E3)
Fruška Gora 272, 273 (C5)
Frutos Villar 195 (E5)
Fruvimed 277 (D5)
Fryer's Cove 366 (C1)
Fuchs 229 (E2)
Fuchsberg 235 (F5)
Fuchsmantel 246 (D2)
Fuées, les 66 (E3)
Fuenmayor 198, 199 (B1)
Fuentecén 196 (D4)
Fuentespina 196 (D4)
Fuerteventura 193 (F4)
Fuissé 71, 55 (F5), 70 (F2), 1 (C5)
Fukuoka 374 (F3)
Fuligni 181 (B5)
Fully 256 (G6)
Fumane 171
Fumin (cépage) 158, 159
Funchal 222, 223 (G3)
Fundação Eugénio de Almeida 215 (B5)
Furano 374 (D6)
Furmint (cépage) 266, 267, 268, 269, 271
Fürst Lowenstein 236, 251
Fürst, Rudolf 251
Furstentum 129 (F3)
Furth 263 (F1)
Fyé 77 (C5)
FYROM (Macédonie) 273

G

G H Mumm 78
Gabarinza 264 (E4)
Gabbas 188 (B4)
Gabriel's Paddock 357 (C5)
Gabrielli 294 (A3)
Gadais Père & Fils 119 (F2)
Gageac-et-Rouillac 115 (B5)
Gaia (Barbaresco) 163 (C4)
Gaia (Péloponnèse) 283, 284 (E4)
Gaia Hatzidakis Santo Wines 283 (E4)
Gaillac 112-113, 114
Gaillac Premières Côtes 113
Gaillard, Pierre 133
Gainey Vineyard, The 309 (F4)
Gaiole 178
Gaisberg (Kamptal) 263 (B4)
Gaisberg (Kremstal) 262 (E5), 261 (B2)
Gaisböhl 246 (G2)
Gaispfad 233 (D2)
Gaja, Angelo 162, 163, 164, 176, 177
Gál, Tibor 266
Galah 348 (B4)
Galambos 268 (F3)
Galante 307 (F3)
Galardi 184 (D2)
Galatás 284 (F4)
Galatina 185 (C6)
Galegas 194 (D5)
Galgenberg 263 (B4)
Galice 194
Galil Mountain 286, 286 (D5)
Galilée 286, 286 (D5)
Galippe, la 122 (G6)
Galiziberg 261 (B1)
Gallac Primeur (cépage) 113
Gallais, Le 228
Gallina 163 (C4)
Gallo d'Alba 165 (C5)
Gallo Sonoma 299
Gallo, E & J 17
Gallo, famille Vineyards 296 (D5)
Galuches, les 122 (D2)
Gamaires, les 66 (F3)
Gamaret (cépage) 255, 257
Gamay 60 (E3)
Gamay (cépage) 67, 69, 72, 74, 122, 151, 272, 256, 257, 272, 351, 373
Gambellara 166, 167 (D3), 171 (C6)
Gamets, les 61 (E2)
Gamla 286
Gamlitz 259 (F3)
Gamza (cépage) 266, 273
Gancia 165 (D4)
Gangloff, Yves 132, 133
Gäns 233
Gänserndorf 259 (B5)
Gansu 372, 372 (B4)
Gapsted 351, 352 (B6)
Garanoir (cépage) 255, 257
Garanza 195 (E4)
Garbutti-Parafada 165 (E5)
García, Mariano 195, 197
Garda 166, 167 (D2), 170 (B6), (C5), 171 (C3)
Garda Classico 170 (B4)
Gardière, la 122 (C1)
Gárdony 268 (F1)
Garenne, la 60 (F4)
Gargaliáni 284 (G2)
Garganega (cépage) 166, 170, 171
Gargiulo 304 (A5)
Gargouillot, en 61 (G3)
Garlands 339 (E6)
Garnacha (cépage) 188, 192, 193, 195, 196, 198, 200, 201, 202, 203, 204, voir aussi Grenache
Garnacha Blanca (cépage) 199, 203
Garrafeira 211
Garrigues, les 203
Gärtchen 230 (B5)
Gartl 262 (C6)
Gärtling 262 (C6)
Gary Farrell 296 (E4)
Gary's Vineyard 307 (F4)
Gascon 333
Gastoúni 284 (F2)
Gattera 165 (D4)
Gatti 166
Gattinara 157, 158, 159 (C3)
Gau-Algesheim 240 (C2)
Gau-Bickelheim 240 (D2)
Gau-Bischofsheim 240 (D3)
Gauby, Gérard 144
Gaudichots ou la Tâche, les 65 (E4)
Gaudichots, les 65 (E4)
Gaudrelle, la 123 (D3)
Gauer Ranch 297
Gaujal 143 (D1)
Gaules 153 (B5)
Gau-Odernheim 240 (E3)
Gavà 203 (E5)
Gavarini 165 (F5)
Gavi 157, 160, 159 (D4)
Gawler 336 (E5)
Gazeau-Montrasi 71 (D5)
Gaziantep 285 (C5)
Gebling 263 (D1), (D2)
Gedersdorf 259 (B4), 263 (D3)
Geelong 353, 337 (G2), 352 (D3)
Gehrn 237 (E3)
Geierslay 230 (C6)
Geisberg 129 (F4)
Geisenheim 16, 236, 235 (D3), (G6), 236 (G1)
Gembrook Hill 354 (D5)
Gemtree 346 (E4)
Genaivrières, aux 65 (F3)
Genavrières, les 66 (E5)

Genêt, en 62 (C6)
Genève 254, 256-257, 255 (G1), 256 (F2), 320 (A3)
Genevrières Dessous, les 60 (G6)
Genevrières Dessus, les 60 (F6)
Genevrières et le Suchot, les 63 (C3)
Genevrières, Les 61
Genièvres, les 70
Génova 159 (E4)
Gentilini 283 (C1)
Geoff Merrill 346 (D5)
Geoff Weaver 348 (B5)
Geographe 340, 339 (D4)
Geographic Indications (GIs) 337–338
Georgakopoulos 283 (B3)
Georgas 283 (C3)
Georgia 278, 280, 291 (C5)
Georgian Wine & Spirit company 280
Gere, Attila 266, 267
Gérin, Jean-Michel 132
Gerla, la 181 (B5)
Gerovassiliou 282, 283 (B3)
Gerümpel 246, 246 (E2)
Gesellmann, Albert 265
Getariako Txakolina 192, 190 (D4)
Gevegelija-Valandovo 273 (F6)
Gevrey 58, 67
Gevrey-Chambertin 57, 58, 66–67, 55 (C6), 67 (E1), (E2)
Gewurztraminer (cépage) 21, 314 ; Amérique du Nord 294, 307, 310, 314 ; Australie 355 ; Chili 326, 328 ; Espagne 201 ;France 126-127, 129 ; Italie 169 ; Nouvelle-Zélande 358, 359 ; Roumanie 277 ; Slovénie 271, voir aussi Traminer
Geyser Peak 296 (C4)
Gharb 287 (G2)
Ghemme 157, 158, 159 (C4)
Ghiga Paglieri 163 (D3)
Ghioroc 277 (C2)
Ghisonaccia 149
GIA 266–267
Giachini 165 (D4)
Giaconda 351, 352 (A6)
Giacosa 163, 163 (E3)
Giacosa, Bruno 163
Gianiclis 287
Giant Steps 354 (C5)
Gibassier, les 67 (E4)
Gibbston 363, 363 (F4)
Gibbston Valley 363 (F4)
Gibraltar 190 (G2)
Gien 119 (A5)
Gigondas 136, 138, 137 (C3), 139 (C5)
Gigotte, la 61 (F4)
Gilbert 339 (E6)
Gilbert, Joseph 344
Gillmore Estate 329 (G3)
Gimblett Gravels 360 (B4)
Gimileo 199 (F3)
Gimmeldingen 244 (E4)
Gimnó 284, 284 (F4)
Ginestra 164, 165 (F5)
Gini 171
Gioia del Colle 185, 185 (B4)
Gippsland 353, 337 (G3)
Girardières, les 123 (E4)
Giraud, Henri 79
Girò (cépage) 188
Girolamo Dorigo 173 (D1)
Girolate 98, 99 (A3)
Giroud, Camille 58
Gisborne 353, 359, 358 (B6)
Giuseppe Calò 185 (C6)
Givry 68, 55 (D5), 68 (D6)
Gizeux 118 (B6)
Gjirokastëa 273 (G4)
Gladstone 358 (C5)
Gladstone Vineyard 361 (A6)
Glaetzer 342 (E4)
Glaetzer, Ben 347
Glen Carlou 370, 371 (C3)
Glen Ellen 299 (B2)
Glenelly 371 (D3)
Glenguin 357 (C4)
Glenora 320 (B3)
Glénouze 118 (C5)
Glenrowan 351, 337 (F2), (F3), 352 (A5)
Glinavos 283 (B2)
Glöck 241 (D5)
Gloeckelberg 129 (G5)
Gloggnitz 259 (D4)
Gloire de Mon Père 115
Gloria Ferrer 298, 299 (D3)
Glun 131
Glyndwr 253 (F3)
Gnekow 311 (D4)
Gobelsberger Haide 263 (C3)
Gobelsburg 262, 263 (C3)
Göcklingen 244 (F3)
Godeaux, les 63 (B2)
Godello (cépage) 191, 192
Golan Heights 286, 286 (D5)
Goldatzel 236 (E2), (F2)
Goldbächel 246, 246 (E2)
Goldberg (Autriche) 262 (D6), 264 (E4)
Goldberg (Rheingau) 236 (E3)
Goldberg (Sarre) 229 (C1)
Goldberg Danzern 262 (E5)
Goldbühel 263 (G2)
Goldendale 315 (C4)
Goldene Luft 241 (D5)
Goldeneye 294, 294 (C2)
Goldert 129, 128 (E4)
Goldgrube 233 (C1)
Goldridge 296
Goldriesling cross 251, 314
Goldschatz 232 (G4)
Goldtröpfchen 230 (B4), (B5)
Goldwingert 232 (C4)
Golfe, îles du 314
Golitzin, Prince Lev 279
Gollot, en 61 (B1)
Golop 268 (E1)
Gols 264, 259 (C6)
Golubok (cépage) 279
Gomera, la 193, 193 (F2)
Gondorf 233
Gönnheim 244 (E4)
Gonon, Jean 131
Gonzales (États-Unis) 306, 307 (F4)
Gonzáles Byass 207
Goosecross 301 (D5)
Görbe-Baksó 268 (G3)
Gordon Brothers 318 (E6)
Gorelli 181 (B5)
Gorges de Narvaux, les 60 (F6)
Goriška 173 (D3)
Goriška Brda 273 (A1)
Gorízia 167 (C6), 173 (E4)
Gottardi 169 (E5)
Gottesacker 237 (F5)
Gottesfuss 229 (B3)
Göttlesbrunn 258, 259 (C5)
Gottschelle 262 (F6)
Götzenfels 243 (F3)
Gouais Blanc (cépage) 256
Gouin, en 60 (E3)
Goujonne, la 59 (C6), 60 (G1)
Goulburn Valley 353, 337 (F2), 352 (A4)
Goulée 86
Goulots, les 67 (D2)
Goulotte, la 61 (D3)
Gouménissa 282, 283 (A3)
Goundrey 339, 339 (E6)
Gouttes d'Or, les 61, 61 (F1)
Gouveia 212 (F5)
Gouveio (cépage) 218
Graach 232, 232 (E5)
Graben 232 (F6)
Grace (Chine) 373, 372 (B5)
Grace (Japon) 374, 374 (F5)
Grace, famille 302, 301 (C3)
Gracia 329 (C6)
Graciano (cépage) 198, 338
Gradignan 83 (F3), 101 (C3)
Gradisca d'Isonzo 173 (F3)
Grado, El 201 (E6)
Graeser 301 (B1)
Gräfen 237 (E2)
Grafenberg 230 (C3)
Gräfenberg 238
Graffigna 333
Grafschafter Sonnenberg 232 (G3)
Graham Beck 366 (F3), 371 (D5)
Grahm, Randall 306
Graillot, Alain 135
Grain d'Orient 145 (A1)
Grainhübel 246, 246 (F2)
Gralyn 341 (D5)
Gramolere 165 (F5)
Gramona 203 (D4)
Gramp, Colin 344
Grampians 351-352, 353, 337 (G1), 352 (C1)
Gran Clos 204 (D4)
Gran Feudo Viñas Viejas 200
Grand Clos Rousseau 59 (A2)
Grand Mont 122 (C3)
Grand Poujeaux 95 (F4)
Grand Valley (Colorado) 313
Grande Borne, la 59 (C4)
Grande Côte, la 125 (B3)
Grande Montagne, la 59 (B6), (C5), 60 (F1)
Grande-Motte, la 143 (C5)
Grande Provence 371 (D6)
Grande Rue, la 64, 65 (E4)
Grandes Bastes, les 123 (D4)
Grandes Plages, les 133 (A5)
Grandes Ruchottes 59 (C5)
Grandes Vignes, les 61 (E4)
Grands Champs, les (Puligny-Montrachet) 60 (G4)
Grands Champs, les (Volnay) 61 (F4)
Grands Charrons, les 61 (F1)
Grands Clos, les 59 (C5)
Grands Épenots, les 62 (C1)
Grands Liards, aux 63 (B1)
Grands Murs, les 66 (E2)
Grands Picotins 63 (C1)
Grands Poisots, les 61 (G5)
Grands Terres, les 59 (D5)
Grands Vignes, les 64 (E4)
Grands-Champs, les 61 (E2)
Grands-Échézeaux 57, 64, 65 (E5)
Grandview 318 (E4)
Grange 343
Grange de Quatre Sous, la 141 (A3)
Grangehurst 371 (F2)
Granger 315 (B5), 318 (D3)
Granite Belt 337 (B5)
Granite Springs 311 (B6)
Granja, la 199 (E4)
Granja-Amareleja 215 (C6)
Grans Muralles 202
Grant Burge 342 (E4)
Grants Pass 315 (G2)
Grape Wine Research Institute 374 (D6)
Grappoli di Grillo 187
Graša (cépage) 276
Graševina (cépage) 272
Grasweg 129 (G5)
Gratallops 191, 204, 204 (C4)
Gratien et Meyer 121 (E3)
Grattamacco 177 (B4)
Graubünden 255 (F5)
Grauburgunder (cépage) 226, 227, 241, 245, 248, 249, 251, voir aussi Pinot Gris
Grauburgunder Symposium 248
Graus 201
Grauves 81 (F3)
Gravains, aux 63 (B2)
Grave (Friou) 173
Graves 84, 98–99, 83 (F3), 98 (D6)
Graves Supérieures 99
Gravières, les 59, 59 (C4)
Gravina 185 (B3)
Gravitas 362, 362 (G1)
Gravner 173 (D4)
Gray Monk 315 (E6)
Graz 259 (E3)
Great Southern 339, 339 (F5)
Great Wall 373
Great Western 351–352
Grecanico (cépage) 187
Grèce 282–284
Grechetto (cépage) 183
Grechetto Bianco (cépage) 182
Greco di Bianco 185, 184 (G4)
Greco di Tufo 157, 184, 184 (D3)
Greek Wine Cellars 283 (C3)
Green & Red 301 (B5)
Green Point 354
Green Valley (Australie) 341 (F6)
Green Valley (États-Unis) 296
Greenfield 307 (F4)
Greenock 342 (C4)
Greenock Creek 342 (D3)
Greenwood Ridge 294 (B2)
Gréffieux, les 135 (C4)
Gréfieux 134
Grenache (cépage) 22 ; Australie 343, 346 ; Chypre 286 ; France 136, 138, 139, 144, 146 ; Mexique 313 ; Tunisie 287, voir aussi Garnacha
Grenache Blanc (cépage) 138, 140, 144
Grenache Gris (cépage) 144
Grenache Noir (cépage) 22, 144
Grenade 205, 190 (G3)
Grendel, de 366 (F2)
Grenouilles 76, 77 (D4)
Greppone Mazzi 181 (C5)
Grés de Montpellier 142, 143 (B4), (C2)
Gresham 315 (C3)
Grésy-sur-l'Isère 151 (C5)
Greta 357 (B5)
Greve 178, 179 (D3)
Grèves, les 62, 62 (C4), 63 (C4)
Grevilly 70 (A3)
Grezzana 171 (B3)
Grgich Hills 303 (G3)
Grgich, Miljenko 272
Griffith 336, 337 (E3)
Grignolino (cépage) 160
Grignolino d'Asti 161 (C4)
Grignolino del Monferrato Casalese 159 (D3), 161 (A4)
Grille, la 122 (F3)
Grillenparz 262 (E6)
Grillo (cépage) 187
Grimsby 321 (F3)
Gringet (cépage) 151
Grinzane Cavour 165 (C6)
Grinzing 259 (B5)
Griotte-Chambertin 66 (E6)
Gris de Boulaouane 287
Gris de Tunis 287
Grk (cépage) 272
Groenekloof 367, 366 (F1)
Gróf Degenfeld 268 (G3)
Grombalia 287
Groot Constantia 369 (E5)
Groote Post 366 (F1)
Gros des Vignes, le 135 (B4)
Gros Manseng (cépage) 114
Gros Plant du Pays Nantais 53 (D1)
Groseilles, les 66 (E3)
Groslée 151 (C4)
Gross 259
Gross Gebirg 263 (F1)
Gross-Bottwar 248 (D4)
Grosser Hengelberg 230 (D3)
Grosser Herrgott 230 (B6), (C6)
Grosses Gewächs 225, 226, 246
Grosset 345 (G5)
Grosset Gaia 345 (F5)
Grosset Polish Hill 345 (F5)
Grosset Watervale 345 (F5)
Grosset, Jeffrey 344, 345, 348
Grosseto 175 (C2)
Grossfeld 264 (E3)
Grossheubach 250 (F1)
Grosshöflein 265, 259 (C5)
Grosskarlbach 244 (D4)
Grosslagen 226
Grosslangheim 250 (E4)
Grossostheim 250 (E1)
Groth 304 (A5)
Grove Hill 348 (B4)
Grove Mill 362 (G2)
Grover 375
Gruali 187
Grub 263 (B3)
Gruenchers, les 66 (E3), (E4)
Gruet Winery 313, 312 (D3)
Grumello 158
Grüner Veltliner (cépage) 258, 259, 260, 262, 263, 264, 270
Grünstadt 244 (D4)
Gruyaches, les 60 (G5)
Guadalajara (Californie) 312 (G3)
Guadalajara (Espagne) 190 (E3)
Guadelupe (Mexique) 313, 312 (D1)
Guado al Tasso 176
Güal (cépage) 193
Gualdo del Re 177 (E5)
Gualtayary 331 (C3)
Guanajuato 312 (G4)
Guardiola, la 187 (E5)
Gueberschwihr 127 (E4), 128 (E4)
Guebwiller 129, 127 (F3), 128 (D1)
Guelbenzu 200, 200 (D3)
Guenoc Valley 294 (D6)
Guerchère 59 (C5)
Guérets, les 63 (C3)
Guéripes, les 66 (E2)
Guerrouane 287, 287 (G2)
Gués d'Amant, les 123 (D2)
Guetottes 63 (A1)
Guettes, aux 63 (A2)
Gueulepines, les 67 (E2)
Guffens, Jean-Marie 71
Guglielmo 307 (C3)
Guicciandini Strozzi 179 (E1)
Guichen Bay 349 (C4)
Guigal, Marcel 132-133
Guilliams 301 (B2)
Gujan-Mèstras 83 (F1)
Guldental 242 (A5)
Gulfi 187 (F5)
Gülor 285, 285 (B3)
Gumeracha 348
Gumiel de Hizán 196 (D4)
Gumiel de Mercado 196 (D4)
Gumpoldskirchen 259 (C5)
Gundelsheim 248 (C4)
Gunderloch 241
Gundersheim 240 (F3)
Gundheim 240 (F3)
Gundlach-Bundschu 298, 299 (C3)
Guntersblum 240 (E4)
Gunterslay 230 (C5)
Guntramsdorf 259 (C5)
Guoignière 134
Gurjaani 278 (G5)
Gurrida 187 (E5)
Gutedel (cépage) 249
Gutenberg 236 (F3), (G2)
Guten-Hölle 243 (F2)
Gutental 243 (C5)
Gwäss (cépage) 256
Győr 267 (D2)
Gyöngyös 266, 267
Gyopáros 268 (D4)
Gysler 240

H

Haag, Thomas 232
Haardt 244 (E4)
Haart, Reinhold 231
Haas, Franz 169
Hacienda Araucano 329 (E4)
Hacienda El Condor 329 (E4)
Hacienda Monasterio 197, 196 (D2)
Hadersdorf am Kamp 263 (C4)
Hadratstall Hohenäcker 262 (F6)
Hadres 259 (A4)
Hafner 296 (C5)
Hagafen 301 (E5)
Hagnau 249
Hahn 307 (F4)
Hahndorf 348, 348 (C5)
Haid, auf der 262 (D6)
Haideboden 264 (E4)
Haie Martel, la 122 (G5)
Hainburg 259 (C6)
Haindorf 263 (B3)
Hajós 267 (F3)
Hajós-Baja 266, 267 (F3)
Halandritsa 284 (E3)
Halbjoch 264 (E2)
halbtrockenwines 225
Halbturn 259 (C6)
Halenberg 243
Halewood 1 277 (C3)
Halewood 2 277 (C4)
Halewood 3 277 (D4)
Halewood 4 277 (D4)
Halewood 5 277 (C4)
Halfpenny Green 253 (E4)
Hall 301 (C3)
Hallcrest 307 (C2)
Halle 251
Hallebühl 264 (E4)
Halley, famille 104
Hallgarten 236, 236 (E5)
Halliday, James 354
Haltingen 248 (G1)
Hambach 244 (E4)
Hambledon 253
Hamburg 320 (B1)
Hamelin Bay 339 (E3)
Hames Valley 307, 293 (D4)
Hamilton 358 (B5)
Hamilton Russell 366 (G3)
Hamilton Russell, Tim 367, 368
Hammelburg 250, 251, 250 (D3)
Hammerstein 234 (D2)
Hammondsport 290
Hampton Bays 320 (C6), (E5)
Hamptons 320, 320 (E6)
Handley 294 (B2)
Hanging Rock 352 (C3)
Haniá 283 (E4)
Hanlin Hill 345 (E4)
Hanna 296 (F5)
Hannersdorf 259 (E5)
Hans 362 (F2)
Hansenberg 236 (F2)
Hanzell 298, 299 (C3)
Happs 341 (C6)
Haras de Pirque 328, 329 (B6)
Haraszthy, Agoston 298
Hardy, Thomas, & Sons 346
Hardy's 337, 345, 349, 357
Hardy's Bay 355
Hardy's Tintara 346 (E4)
Harewood 339 (F5)
Harlaftis 283 (C3), 284 (F4)
Harlan 304, 304 (B4)
Haro 198, 190 (D4), 198 (A6), 199 (F3)
Harriague (cépage) 325
Harrison 301 (C5)
Harrison Hill Vineyard 318 (D3)
Hárslevelű (cépage) 266, 267, 268
Harsovo 275 (D2)
Hart 312 (D1)
Hartberg 260 (C2)
Hartenberg 371 (D2)
Hartford, famille 296 (F4)
Hartwell 305 (G4)
Häschen 230 (D3)
Hasel 263 (B5)
Haselgrove 346 (F5)
Haseln 263 (B3)
Hasensprung 236, 236 (F3), (G2)
Haskovo 274, 275 (C4)
Hassel 237 (F1)
Hasselbach, famille 241
Hastings (Australie) 352 (D4)
Hastings (Nouvelle-Zélande) 358 (C6), 360 (C4)
Hastings River 357, 337 (C6)
Hatalos 268 (F3)
Hâtes, les 59 (B3)
Hatschbourg 129, 128 (F4)
Hattenheim 236, 236 (F6)
Hattstatt 127 (E4), 128 (F4)
Hatzi 283 (A2)
Hatzidakis (cépage) 283
Hatzimichalis 282, 283 (C3)
Haugsdorf 259 (A4)
Haumoana 360
Hauner 187 (D5)
Hausbergen 262 (C5)
Haussatz 264 (F1)
Haut Cousse, le 123 (D4)
Haut-Adige 169
Haut-Comtat 136
Hautes Maizières 65 (F5)
Hautés, les 61 (E1)
Hautes-Corbières 140, 141 (D2)
Hautes-Côtes 57, 61
Hauteville-Lompnès 151 (B4)
Haut-Lieu, le 123, 123 (E3)
Haut-Montravel 115
Haut-Poitou 53 (D2)
Haut-Rhin 128
Hauts Beaux Monts, les 65 (E4)
Hauts Brins, les 61 (E4)
Hauts Champs, les 122 (C3)
Hauts de Caillevel, les 115 (B5)
Hauts Doix, les 66 (E2)
Hauts Jarrons 63 (B1)
Hauts Marconnets, les 62 (B6)
Hauts Poirets, les 64 (E6)
Hauts Pruliers, les 64 (E6)
Haut-Santenay 59 (B2)
Haut-Valais 257 (E3)
Havana Hills 366 (F2)
Havelock North 360, 360 (C5)
Havens 301 (E5)
Hawequa Mountains 370
Hawke's Bay 358, 359, 360, 360 (C4)
Hay Shed Hill 341 (D5)
Hayashi No-en 374 (F5)
Hayastan (Arménie), 278 (G5)
Haye-Fouassière, la 119 (F3)
Hazendal 371 (D1)
Hazlitt 1852 320 (B3)
HdV 299
HDV Wines 301 (F6)
Healdsburg 297, 296 (D5)
Healesville 337 (G2), 352 (C4), 354 (B5)
Heart of England 253 (E4)
Heartland Wines 349 (B6)
Heathcote 352, 337 (F2), 352 (B3)
Heathcote II 352 (B3)
Heathvale 344 (D6)
Hebei 8, 372-373, 372 (B5)
Hecker Pass 306, 307 (D3)
Hedges 315 (A3), 318 (E5)
Heger, Dr 248
Heggies 344, 344 (D5)
Heida (cépage) 255, 256
Heidelberg 14, 248 (C3)
Heidsieck & Cie Monopole 78
Heidsieck, Charles 78
Heilbronn 248 (D4)
Heiligenbaum 241 (E4)
Heiligenberg 236 (D6), 237 (F1)
Heiligenstein 262, 263 (B3)
Heimberg 242 (F6)
Heimbourg 129 (E1)
Heinrich, Gernot 264
Heinrich, Johann 265
Heissenstein 128 (D1)
Heitz Wine Cellars 301 (C4)
Heitz, Joseph 298, 304
Heizenleithen 260 (C3)
Helan 372 (B5)
Held 230 (E3)
Helderberg 371 (F2)
Helenenkloster 232
Helenenkloster 232 (G4)
Helle, Johannes 242
Heller Estate 307 (F3)
Helm 357
Helvécia 267 (E4)
Hemel-en-Aarde 368
Hendelberg 236 (D6)
Hendry 301 (F5)
Hengst 129, 128 (F6)
Henri et Paul Jacqueson 68 (B6)
Henriot 78
Henriques & Henriques 223 (G2)
Henry Estate 315 (F2)
Henry of Pelham 321, 321 (G4)
Henry's Drive 349 (B5)
Henschke 344, 348, 344 (C6)
Henschke Lenswood 348 (B5)
Hensel, Thomas 246
Henty 351, 352, 337 (G1), 352 (D1)
Heppenheim 240 (F3)
Heptures, les 61 (D1)
Heraklion 283
Herbues, aux (Gevrey-Chambertin) 66 (F3), 67 (D3)
Herbues, aux (Nuits-Saint-Georges) 65 (F2)
Herbuottes, les 66 (E5)
Hercegkút 268 (D5)
Herdade do Esporão 215, 215 (B5)
Herdade do Mouchão 215 (B4)
Herdade dos Coelheiros 215 (A5)
Herder 315 (G5)
Heritage (Australie) 342 (D4)
Heritage (Liban) 286 (C5)
Hermann J. Wiemer 320 (B3)
Hermannsberg 243 (G1)
Hermannshöhle 243, 243 (G1)
Hermanos Sastre 196 (D4)
Hermanus 368
Hermitage 130, 131, 132, 134–135
Hermitage La Chapelle 134
Hermite, l' 134, 135 (B4)
Hermosillo 312 (E2)
Heron Hill 320 (B2)
Herrenberg (Bernkastel) 232 (C4), 233 (C2)
Herrenberg (Hesse rhénane) 241 (G5)
Herrenberg (Palatinat) 246, 246 (B2)
Herrenberg (Piesport) 230 (A5), (A6)
Herrenberg (Ruwer) 234, 234 (B3), (B4), (B5), (C1), (C3), (C4)
Herrenberg (Sarre) 228, 229 (A4), (B2), (D3)
Herrenberger 229 (C1), (D2)
Herrengarten 241 (F6), (G6)
Herrenmorgen 246 (B1)
Herrentrost 263 (F1)
Herrenweg 129 (F1)
Herrgottsacker 246 (F2)
Herrnbaumgarten 259 (A5)
Herrnberg 239 (G6)
Herrnsheim 240 (F3)
Herrnsheim, Heyl zu 241
Hervé Joyaux 333
Hervelets, les 67, 67 (D4)
Herxheim 244 (D4)
Herzogenburg 259 (B4)
Herzoglicher 251
Hess Collection Winery 301 (F4)
Hess, Donald 332, 333, 343
Hesse rhénane 226, 235, 240–241, 225 (E2)
Hessische Bergstrasse 249, 225 (E3)
Hessloch 240 (E3)

Hétszőlő 268 (G4)
Heuchelheim-Klingen 244 (G3)
Heudürr 260 (A6)
Heurige 259
Heyl zu Herrnsheim 241
Heymann-Löwenstein 227, 233
Hidden Valley Wines 371 (F3)
Hierro, el 193, 193 (F1)
High Constantia 369 (E5)
High Eden 344, 344 (E4)
High Valley 294 (C5)
Highbank 350 (C5)
Highdown 253 (G5)
Highfield Estate 362 (G2)
Hiliomódi 284 (F4)
Hill of Grace 344, 344 (C6)
Hillcrest Vineyard 314, 315 (F2)
Hillebrand Estates 321 (F5)
Hillsboro 315 (C2), 316 (D4)
Hillside 315 (F6)
Hill-Smith Estate 344 (D5)
Hillstowe 348 (C5)
Hilltop 267
Hilltops 357, 337 (E3)
Himachal Pradesh 375
Himbertscha (cépage) 256
Himmelreich 232 (D4), (E5), (F6)
Hinkelstein 243 (C4)
Hinter der Burg 260 (B4)
Hinterburg 129 (E1)
Hintere Pointen 262 (F6)
Hinterkirch 235 (D2)
Hinterkirchen 260 (B4)
Hinterseiber 260 (B4)
Hintós 268 (F3)
Hinzerling 318 (E4)
Hipping 241, 241 (D5)
Hiroshima 374 (F4)
Hirsch Vineyard 297, 296 (E3)
Hirtzberger 260
Hitzendorf 259 (E3)
Hitzlay 234 (C5)
Hlohovec 270 (G4)
Hobart 355, 355 (G5)
Hobbs, Paul 304, 333
Hochäcker 262 (C6)
Hochar, Serge 286, 286
Hochbenn 246 (B1)
Hochheim 239, 235 (D5), 239 (F4)
Hochrain 260 (C3), (C4)
Hochrain Höhlgraben 263 (F1)
Hochsatzen 262 (C6)
Hochstadt 244 (F4)
Hochstrasser 261 (B1)
Hódmezővásárhely 267 (F4)
Hofberger 230 (C3), (D4)
Hofgarten 243 (C4)
Höflein 258, 259 (C5)
Hofmeister 239 (F5)
Hofsatz 264 (E2)
Hofstadt 263 (C4)
Hofstatt 262 (B6), (C5)
Hofstätter 169
Hogue 318 (E4)
Hőgyész 267 (F3)
Höhe, auf der 262 (C6)
Hoheburg 245, 246 (G2)
Hohenmorgen 246, 246 (F2)
Hohenrain 237 (F2)
Hohen-Sülzen 240, 240 (F3)
Hohenwarth 259 (B4)
Hoher Rain 263 (F1)
Höhereck 260 (B6)
Höhlgraben 263 (F1)
Hohnen, David 362
Höhnstedt 251
Hokkaido 374, 374 (D5)
Holdvölgy 268 (F2)
Höll 243 (F4)
Holl, Steven 261
Hölle (Nahe) 241 (E5)
Hölle (Rheingau) 239, 239 (G4), (G6), 236 (F2)
Hölle (Sarre) 229 (B3)
Höllenberg 235 (D2)
Hollenburg 263 (F3)
Hollenburgern 263 (F3)
Hollerin 260 (B6)
Hollick 350, 350 (D5)
Holloran 316 (E5)
Homburg 250 (E2)
Home Hill 355 (G5)
Homme Mort, l' 77 (B3)
Homme, l', (Loire) 118 (A6)
Homme, l', (Rhône) 135 (B5)
Honeytree 357 (C4)
Hongrie 266–269
Honig 303 (F3)
Honigberg 232 (E3)
Hood River 315 (C3)
Hop Kiln 296 (E5)
Hope Estate 357 (C5)
Hopfengrund 263 (G2)
Hóra 284 (G3)
Hörecker 229 (B2)
Horgan, Denis 340
Horgoš 273 (B5)
Horitschon 259 (D5)
Hornstein 264 (E1)
Horra, La 197
Horrocks, John 345
Horrweiler 240 (D1)
Horse Heaven Hills 319, 315 (C5)
Hosmer 320 (B3)
Hospices de Beaune 58, 62
Hosszúhegy 268 (D5)
Hotel Palace do Buçaco 212 (F2)
Houghton 340, 339 (E4)
Houghton Wines 339 (B4)
Houillères, les 60 (G3)
Houston 312 (E5)
Howard Park 339, 339 (F6), 341 (D5)
Howell Mountain 302, 301 (A3)
Hradec Králové 270 (F3)
Hrvatska 273 (B3)
Hrvatsko Primorje 273 (B1)
Huşi 277 (B5)
Huadong 373, 372 (G5)
Huapai 358 (B5)
Huber von Reichersdorf, Markus 258
Huber, Bernhard 248
Hubertuslay 232 (C5)
Hudson 299, 299 (D4), 301 (G5)
Hudson River 320, 320 (B5)
Huelva 190 (G2)
Huerta del Rey 196 (D5)
Huet 123
Huët Champalou 123 (E3)
Huff, Georg Gustav 241
Hugel 128-129
Hugo 346 (E5)
Huguet de Can Feixes 203 (D3)
Hühnerberg 233 (F2)
Huia 362 (F2)
Huismes 122 (E3)
Humagne Blanc (cépage) 255, 256
Humagne Rouge (cépage) 255, 256
Humbrecht 128
Hunawihr 129, 127 (D4), 129 (F4)
Hund 262 (E6)
Huneeus, Agustin 303
Hungerford Hill 357 (C5)
Hungriger Wolf 243 (B4)
Hunsrück hills 242
Hunt Country 320 (B2)
Hunter Valley 338, 346, 356–357, 337 (D5)
Hunter's 362 (F3)
Huntington 357
Huon Valley 355, 355 (G5)
Hurbanovo 270 (G4)
Hurigny 70 (E3)
Husch 294 (B2)
Husseau 123 (F5)
Hüttbühel 262 (A6)
Hütte 229 (C5)
Hutweg 263 (C5)
Hvar 272
Hyatt Vineyards 318 (D3)
Hyde 299, 299 (D5), 301 (G5)
Hyde, Larry 299

I

I Clivi 173 (D2)
I Feudi di San Gregorio 184 (D3)
I Tetti Roggieri 165 (C4)
Ialoveni 278 (E1)
Iaşi 277 (B5)
Ica 325
Icewan 321, voir aussi Eiswein, Vins de glace
Ickworth 253 (F6)
Idaho 314, 291 (B2)
Idrias 201
Igé 70 (D2)
Igler, Hans 265
Iglésias 188 (D3)
Ignaz Niedrist Josef Niedermayr 169 (D5)
Ihringen 248 (F1)
Ikalto 280
Ikeda 374 (F5)
Il Fiasco 306
Ilbesheim 244 (F4)
Île-Bouchard, l' 122 (G6)
Illasi 171 (C4)
Illats 99
Ille-sur-Têt 145 (B3)
Illinois 291 (B4)
Illkirch-Graffenstaden 127 (A6)
Illmitz 264, 259 (C5)
Illuminati 176
Illzach 127 (G4)
Ilsley 305 (E4)
Imbach 262 (C6)
Imereti 280, 278 (G4)
Imperia 159 (F3)
Impflingen 244 (F4)
Impruneta 179 (B3)
Inama 171
Incisa della Rocchetta, Piero 176, 333
Incisa in Val d'Arno 179 (C5)
Inclassable, l' 87 (E3)
Incontri 177 (E5)
Inde 375
Independence 316 (F4)
Indian Wells Vineyard 315 (B5)
Indiana 290, 291 (B5)
Indicaçãoes de Procedência (Brésil) 324
Indicaçãoes de Proveniência Regulamentada (IPR) (Portugal) 211
Indicazione Geografica Tipica (IGT) 157, 176
Indonésie 375
Inferno 158
Infinitus 333
Ingelheim 240 (C2)
Ingersheim 127 (E4), 129 (F1)
Inglenook 300, 303
Ingoldby 346 (F4)
Ingrandes 118 (B3)
Ingrandes-de-Touraine 122 (D4)
Initiative de la Biodiversité et du Vin 366
Innausen 263 (F1)
Innere Leiste 250
Inneren Thalland 263 (D2)
Inniskillin 321, 321 (F6)
Institut national des appellations d'origine (INAO) 52, 76, 146
Inurrieta 200 (B3)
Inwood Estates Vineyard 312 (D3)
Inzolia (cépage) 187
Iona 366 (G2)
Ione 311 (C5)
Iphofen 251, 250 (F4)
Ippesheim 250 (F4)
Ipsheim 250 (F5)
Ipswich 337 (A6)
Irancy 75, 55 (B3), 75 (F4)
Iron Horse 296, 296 (F4)
Ironstone Vinyards 311 (D6)
Irouléguy 112, 114
Irsai Olivér (cépage) 266
Irsch 229 (F3)
Irvine 344, 344 (E5)
Isabel Estate 362 (G2)
Isabella (cépage) 290, 324
Ischia 184 (D2)
Isläcker 264 (E3)
Ismael Arroyo 196 (D4)
Ismailli 278 (G6)
Isola e Olena 179 (E3)
Isonzo 173
Israël 286, 286 (D5)
Istanbul 285 (B4)
Istenhegy 268 (F2)
Istituto Agrario di San Michele all'Adige 168 (B5), 169 (G4)
Istok 273 (E5)
Istra 273 (B1)
Istria Babadag 277 (D5)
Istrie 272
István Szepsy 268 (F2)
Italie 16, 154–188
Itata 328
Ithaque 320 (B3)
Iuliis, de 357 (C4)
Ivanhoé 357 (D4)
Ivesti 277 (C5)
Iwanohara 374 (E5)
Izéras 133 (E1)
Izmayil 278 (E1)
Izmir 285, 285 (B3)
Izsák 267 (E4)
Izutsu 374 (F5)

J

J 296 (D5)
Jablanicko 273 (D3)
Jaboulet 133, 134, 135
Jaboulet Aîné, Paul 96
Jachères 65 (F4)
Jack Ass Hill 296, 296 (E4)
Jack Mann 340
Jackson (États-Unis) 311 (C5)
Jackson (Nouvelle-Zélande) 362 (G2)
Jackson Triggs (Canada) 321 (F5)
Jackson-Triggs (Etats-Unis) 315 (G6)
Jacob's Creek 343, 344
Jacopo Banti 177 (E4)
Jacquart 78
Jacquère (cépage) 151
Jacquet (cépage) 222
Jacquines, les 65 (F3)
Jadot, Louis 54, 58, 62, 73
Jaeger-Inglewood 301 (C3)
Jaén 190 (F3)
Jaen (cépage) 210, 213
Jaffelin 58
Jahant 311 (C4)
Jakončič 173 (D3)
Jamek, Josef 260
Jamesport 320 (E5)
Jamestown 371 (E2)
Jamet 133
Jamieson's Run 350, 350 (C5)
Jané Ventura 203 (E3)
János Arvay 268 (G4)
Jansz 355, 355 (F5)
Japon 374
Jardins de Babylone, les 113 (E1)
Jarel 205
Jarolières, les 61 (F5)
Jarron, le 61 (B1)
Jásdi, István 267
Jasmin 132
Jasnières 118
Jasper Hill 352, 352 (B3)
Jauerling 260 (C1)
Jaume Serra 203 (E4)
Jean Daneel 366 (G3)
Jean Douillard 119 (F3)
Jean León 203 (D4)
Jean Macle 150 (F2)
Jean Rijckaert (Bourgogne) 70 (C3), 71 (D4)
Jean Rijckaert (Jura) 150 (E3)
Jeanneret 345 (F4)
Jeanraude 133 (D2)
Jefferson, Thomas 59, 290
Jendouba 287
Jenke 342 (F4)
Jennersdorf 259 (F4)
Jensen, Josh 307
Jepson 294 (C3)
Jerez de la Frontera 205–207, 190 (G2), 206 (B3)
Jerez-Xérès-Sherry Manzanilla-Sanlúcar 190 (G2)
Jeriko 294 (C3)
Jermann 173 (E3)
Jersey City 320 (C5)
Jerusalem 286, 286 (F5)
Jeruzalem (Slovénie) 271
Jeruzalem-Ormož 271 (B6)
Jessie's Grove 311 (D4)
Jesuitenberg 229 (C2)
Jesuitengarten (Palatinat) 245, 246 (E2)
Jesuitengarten (Rheingau) 236 (G2), (G3), (G4)
Jesuitengarten (Ruwer) 234 (D5)
Jeunelotte, la 60 (F4)
Jeunes Rois, les 67 (E3)
Jidvei 277 (C3)
Jilin 372 (A6)
Jim Barry 345 (E4), 350 (D5)
Jimmy Watson Trophy 338
Jinan 372 (G4)
Jindong 340
Jingalla 339 (F6)
Jo Pithon 120 (F2)
Joan d'Anguera 204 (E3)
Joan Raventós Rosell 203 (D4)
Joannes Protner 271 (A4)
João Portugal Ramos 215 (A5)
Joching 260, 260 (B4)
Johanneshof 362 (F3)
Johannisberg 236 (F2)
Johannisberg (cépage) 256
Johannisbrünnchen 232 (F6)
Johannishof 236
Johannserberg 260 (D3)
Johner, Karl Heinz 248
Johnson, Hugh 269
Jois 259 (C5)
Jonchère, la 61 (C1)
Jongieux 151, 151 (C4)
Jonkershoek Valley 370, 371 (E3)
Jonquières 139 (D3)
Jordan (Afrique du Sud) 371 (E1)
Jordan (États-Unis) 296 (D5)
Jordan (Israël) 286 (F6)
Jory 307 (C2)
José Maria da Fonseca Succs. 214 (E2)
Josep Maria Fuentes 204 (D4)
Joseph Phelps 301 (C4)
Joseph, Kathy 310
Josephshöfer 232 (E5)
Jost, Toni 226, 238
Jota, la 301 (B4)
Joubert-Tradauw 366 (F4)
Jouènes, les 61 (E2)
Jouères, les 61 (G4)
Jouise 67 (E1)
Journaux, les 67 (E3)
Journoblot, en 60 (G2)
Jouy-lès-Reims 81 (A2)
JP Vinhos 211
Juanico 325
Judd's Hill 301 (B4)
Judean Hills 286, 286 (F5)
Juffer 231, 231 (A1), 232 (G3)
Juffer Sonnenuhr 231, 231 (A1), 232 (G3)
Juhfark (cépage) 266, 267
Juhnoslovenská 270 (G4)
Juigné-sur-Loire 120 (D4)
Julián Chivite 200 (D3)
Juliénas 74, 55 (F5), 73 (B4), 74 (A5)
Jullié 73 (B4), 74 (A4)
Jullien, André 16, 134, 135
Jully-lès-Buxy 68 (G5)
Jumilla 192, 193, 190 (F4)
Junge Pfalz 244
Jungfer 236, 236 (E5)
Juniper Estate 341 (D5)
Jura 150, 255 (E2)
Jurançon 114
Juris 264
Jurtschitsch, frères 263
Jussy 256 (F2)
Justice, la 67 (F2)
Justin 309 (A1)
Jutruots, les 66 (D2)
Juvé y Camps 203 (D4)
Juzna Morava 273 (E5)

K

K Vintners 319 (E3)
K1 by Geoff Hardy 348 (E4)
Kaapzicht 371 (D1)
Kabinett 225, 226, 238
Kadarka (cépage) 266, 273
Kaefferkopf 129 (E2)
Kaesler 342 (D5)
Kafels 243 (F2)
Käferberg 263 (B2)
Kagul 278 (E1)
Kahlenberg 243 (D4)
Kai Noir (cépage) 374
Kaiken 333, 331 (B4)
Kaiserberg 260 (A5)
Kaiserstuhl 246, 248, 249, 248 (F1)
Kajárpéc 267 (E2)
Kakheti 280, 278 (G5)
Kalamáta 284 (G3)
Kalávrita 284 (E3)
Kalbspflicht 237 (F3)
Kalecik 285 (B5)
Kalecik Karasi (cépage) 285
Kalívia 284 (E3)
Kalkofen (Palatinat) 246, 246 (A1)
Kalkofen (Wachau) 260 (D2)
Kalleske 342 (C4)
Kallmet (cépage) 272–273
Kallmuth 251
Kallstadt 246, 244 (D4), 246 (A2)
Kamberra 357
Kammer 231 (A1)
Kammern 263 (B3)
Kamptal 262–263, 259 (B4), 263 (B2)
Kandila 284 (F4)
Kangarilla Road 346, 346 (E5)
Kangaroo Island 346, 336 (F4)
Kanonkop 371 (C3)
Kanu 371 (E1)
Kanzem 228, 229 (B2)
Kanzlerberg 129 (G5)
Kapellchen 230 (C5)
Kapellenpfad 243 (C4)
Kapfenberg 259 (D3)
Kappelrodeck 248 (E2)
Karadoc 337 (E1)
Karam 286 (C5)
Kardinalsberg 232 (G5)
Káristos 283 (C4)
Karl Seppelt Grand Cru 344 (F5)
Karlovac 273 (B2)
Karlovo 275 (B3)
Karlsberg 229 (B5)
Karlsmühle 234
Karlsruhe 248 (D3)
Karlstadt 250 (E3)
Karlštejn 270 (F2)
Karly 311 (B5)
Karnataka 375
Karnobat Sis 275 (B5)
Karriview 339 (F5)
Karthäuserhof 234
Karthäuserhofberg 234, 234 (B4)
Kartli 280, 278 (G5)
Karydas 283 (A2)
Kasel 234, 234 (C4)
Kassaváros 268 (E1)
Kaštela 272
Kastrí 284 (G4)
Kathikas 285 (G3)
Kathryn Kennedy 307 (C2)
Katnook 350, 350 (C5)
Katogi Averoff 282, 283 (B2)
Katsaros 283 (B3)
Katsunuma 374 (F5)
Kätzchen 230 (A6)
Katzengraben 262 (F6)
Katzenthal 127 (E4), 129 (E2)
Kautz 311 (D4)
Kauzenberg 243 (D4)
Kavadarci 273
Kavajë 273 (F4)
Kavaklidere 285, 285 (B4)
Kavála 282
Kawarau Estate 363 (F5)
Kay Brothers 346, 346 (E5)
Kayra 285 (B3)
Kaysersberg 129 (E2)
Kazakhstan 375
Kecskemét 267 (E4)
Kehrnagel 234 (C5), (D5)
Keith Tulloch 357 (C4)
Keizer 316 (F4)
Kékfrankos (cépage) 266, 267
Kéknyelű (cépage) 266
Kékoporto (cépage) 266
Kelcyre 273 (G4)
Kelibia 287
Keller, Fritz 248
Keller, Klaus Peter 240, 241
Kellerberg 260 (B6)
Kellerweingarten 260 (B5)
Kellybrook 354 (C3)
Kelowna 315 (E6)
Kelseyville 294 (C5)
Kemblefield 360 (B3)
Ken Brown 309 (F4)
Ken Wright Cellars 316 (E4)
Kendall-Jackson 310, 296 (E5)
Kennewick 315 (B5), 318 (E6)
Kentucky 291 (C5)
Kenwood 299 (A2)
Kérkira 283 (B1)
Kerner (cépage) 226, 241, 251
Kerschbaum 262 (D6)
Kerschbaum, Paul 265
Kertz 243 (G2)
Kesseler, August 235
Kesselstatt, Reichsgraf von 228, 232, 234
Kessler 128 (D1)
Kesten 231, 230 (A6)
Kestrel 318 (E4)
Kettle Valley 315 (F5)
Kfifane 286 (B5)
Khaskovo 275 (C4)
Kherson 278, 278 (E2)
Khvanchkara 278 (G4)
Kiáto 284 (E4)
Kibbutz Yiron 286
Kičevo 273 (F5)
Kickelskopf 243 (E4)
Kidman, S. 350 (A5)
Kiedrich 238, 237 (E2)
Kientzheim 128-129, 127 (D4), 129 (E2)
Kiepersol Estates Vineyards & Winery 312 (E5)
Kies 342 (F3)
Kieselberg 246, 246 (F2)
Kiesling 262 (C6)
Kilani 285 (G4)
Kilikanoon 345, 345 (F4)
Kilingenberg 250 (E1)
Kiliya 278 (E1)
Killerby 339 (D4)
Kilzberg 236 (F1)
Kim Crawford 360 (C5)
Kimberg 260 (B5)
Kimmeridge 75
Kincsem 269, 268 (E4)
Kindzmarauli 278 (G5)
King City 306, 307 (G5)
King Estate 314, 315 (E2)
King Valley 351, 337 (F3), 352 (B5)
Kingersheim 127 (G4)
Kingston (Australie) 349 (C4)
Kingston (Chili) 326 (C4)
Kingston (États-Unis) 320 (B5)
Kinheim 233, 232 (C5)
Kintzheim 127 (C4)
Kiona Vineyards 318 (E5)
Kiparissía 284 (G2)
Király 269, 268 (F3)
Királyhegy 268 (D5)
Királyleçnyka (cépage) 266
Kiralyudvar 268 (G3)
Kirchberg (Allemagne) 232 (G4)
Kirchberg (Autriche) 259 (B4), 264 (D3)
Kirchberg (Sarre) 229 (B2)
Kirchberg de Ribeauvillé 129 (F4)
Kirchenpfad 235 (F5)
Kirchenstück (Palatinat) 245, 246 (E2)
Kirchenstück (Rheingau) 239, 239 (F4)
Kirchheim 244 (D4)
Kirchlay 232 (C6)
Kirchplatte 241 (D3)
Kirghizistan 375
Kirikkale 285 (B5)
Kirk, John & Tim 357
Kirklareli 285 (A4)
Kirrihill Estates 345 (E4)
Kirrweiler 244 (F4)
Kirschböck 261 (B2), 262 (F6)
Kirschheck 243 (F3)
Kirşehir 285 (B5)
Kir-yanni 283 (A2)
Kiskőrös 267 (F4)
Kiskunhalas 267 (F4)
Kissomlyó 267 (E2)
Kistelek 267 (F4)
Kistler 298, 296 (F5)
Kitakyūshū 374 (F3)
Kitanoro 374 (F5)
Kitterlé 129, 128 (D1)
Kittmannsberg 263 (B1)
Kitzingen 250 (F4)
Kizan 374 (F5)
Klamm 243 (G1)
Klaus (Rheingau) 236 (G2)
Klaus (Wachau) 260 (A5)
Kläuserweg 237, 236 (G2)
Kleedorf 263 (G2)
Klein Constantia 369, 369 (E5)
Klein Karoo 367, 368, 366 (F4)
Kleine Zalze 371 (E2)
Kleinrivier 368, 366 (G3)
Kleinstein Satzen 263 (C5)
Klevener de Heiligenstein (cépage) 126
Klimenti 284 (F4)
Klingelberger (cépage) 249
Klinker Brick 311 (D4)
Klipsun Vineyard 318 (E5)
Klöch 259, 259 (F4)
Klos 273 (F4)
Kloster Eberbach 14, 236, 238
Klosterberg (Bernkastel) 232 (D3), (E3), 233 (C1)
Klosterberg (Nahe) 243 (F2)
Klosterberg (Rheingau) 235 (E4), 236 (E4), (F4), 237 (D2), (E2)
Klosterberg (Sarre) 229 (B3), (E2)
Klostergarten (Hesse rhénane) 241 (D4)
Klostergarten (Piesport) 230 (F3), (G3), 231 (A1)

390 | INDEX

Klosterlay 235 (F4)
Klosterneuburg 258, 259 (B5)
Klostersatz 260 (B6)
Klüsserath 230–231, 230 (E2)
Knappstein 345 (E4)
Knappstein, Tim 345, 348
Knebel 227, 233
Knetzgau 250 (D5)
Knight Granite Hills 352 (C3)
Knight's Valley 297, 297, 296 (C6)
Knipperlé (cépage) 126-127
Knipser 246
Knjaževac 273 (D6)
Knoll, Emmerich 260
Knoll, famille 251
Knyphausen 238
Kőbánya 268 (G3)
Kōbe 374 (F4)
Kobern 227 (D6)
Kobl 263 (D1)
Koblenz 227, 227 (C6)
Kobleve 278 (E2)
Kobylí 270, 270 (G3)
Kočani 273 (F6)
Kocher-Jagst-Tauber 248 (C4)
Koehler-Ruprecht 246
Kögl 262 (E6)
Kogl 271 (B6)
Kogl Langen-Hadinger 263 (F3)
Kohfidisch 259 (E5)
Kokopelli Winery 312 (E2)
Kokotos 283 (C3), 284 (E4)
Koktebel 278 (F3)
Kolitzheim 250 (E4)
Kollmitz 260 (B4)
Kollmütz 260 (C4)
Kollwentz, Andi 265
Komárno 270 (G4)
Kommlingen 229 (A3)
Kongsgaard 301, 301 (C2)
König, Robert 235
Königin Victoriaberg 239, 239 (G5)
Königsberg 233 (C2), (D2)
Königsfels 242 (F6)
Königswingert 246 (D2)
Konjári, János 267
Konstanz 248 (G4)
Kontinentalna Hrvatska 273 (B3)
Konz 227 (F4), 229 (A2)
Konzelmann 321 (F5)
Kooyong 352 (D4)
Koper 271
Kőporos 268 (F2)
Korakohóri 284 (F2)
Korbel 296 (E4)
Korçë 273 (G4)
Korčula 272
Kórinthos 284 (E5)
Koshu (cépage) 374
Košice 270 (G6)
Koso Amselfeld 273 (E5)
Kosovo 272, 273 (E5)
Kosta Browne 296 (F5)
Kostheim 239 (E2)
Kotovs'k 278 (E1)
Kötsag 268 (G4)
Kotsifali (cépage) 283
Kourtakis 282, 283 (C3)
Koútsi 284 (E4)
Kővágó 269, 268 (F3)
Kövenig 233 (C2)
Köves 268 (F1)
Kövesd 268 (G3)
Köveshegy 268 (C6)
Köwerich 230 (E3)
Kozaracko 273 (B3)
Kracher, Alois 264, 265
Kraichgau 249
Krajina 273 (D6)
Krajnc 271 (B6)
Královsky Chlmec 270 (G6)
Kramer 316 (D4)
Krans, de 366 (F5)
Kranzberg 241 (D5)
Kras 271, 273 (A1)
Krasnodar 279, 278 (F3)
Krasnostop (cépage) 279
Krasohoria Lemesou 285 (G4)
Kratovo 273 (F6)
Kräuterhaus 233 (D1)
Kreglinger 349, 355
Krems 262, 259 (B3), 261 (A3), 263 (E1)
Kremserl 262 (D6)
Kremsleithen 262 (D6)
Kremstal 262-263, 259 (B3), 261 (A1), 263 (D1)
Kress 249
Krettnach 229 (A5)
Kreutles 261 (B1)
Kreuz 241 (G5)
Kreuzäcker 264 (E3)
Kreuzberg (Bernkastel) 233 (E1)
Kreuzberg (Wachau) 260 (B6)
Kreuzschragen 262 (C6)
Kreuzwertheim 250 (E2)
Kreuzwingert 230 (B5)
Kristancic, Ales 271
Krk 272
Krone 235, 234 (D5)
Kronenberg 246 (A2)
Krötenpfuhl 243 (C5)
Kröv 232 (C6)
Krug 78, 79, 80
Kruger-Rumpf 244
Krupina 270 (G4)
Krustetten 263 (F2)
Krutzler, famille 265
Kruževac 273 (D5)
Krym 278 (F2)
Kserokambos 284 (E4)
Kuehn 128
Kuenhof 169
Kues 232
Kühberg 262 (D6)
Kühling-Gillot 241
Kühn, Peter Jakob 236
Kuitpo 348
Kukës 273 (E4)
Kuleto 301 (C5)
Kumamoto Wine 374 (G3)
Kumanovo 273 (E5)
Kumeu 358 (B5)
Kummersthal 260 (B6)
Kunde 299 (B2)
Kunság 266, 267 (F4)
Künstler, Franz 239, 239
Kupfergrube 243 (G1)
Kupp 229 (B3), (D1), (D2), (E2), (G3)
Kurfürstenberg 234 (D4)
Kurzberg 264 (E4)
Kutjevo 272
Kutman Umurbey 285 (B3)
Kutná Hóra 270 (F2)
Kútpatka 268 (E4)
Kuzumaki 374 (E5)
KVintners 318
KWV 366-367, 370, 371 (B4)
Kylemore 371 (D4)
Kyneton 337 (F2), 352 (C3)
Kyoho (cépage) 374
Kyōto 374 (F4)
Kyperounda 285 (G4)
Kyushu 374, 374

L

L'École 41 319
La Horra 196 (D3)
La Jota 302
La Mancha 190 (F3)
La Paz 324 (D4)
Labarde 97 (D4)
Labastida 198, 198 (A6), 199 (F4)
Laboratoire de recherche de Geneva (New York) 320
Laborie 371 (B4)
Labourons, les 74 (B4)
Labrousse 91 (C1)
Lacrima di Morro d'Alba 175 (C6)
Ladbroke Grove 350 (D5)
Ladera 301 (B3)
Ladoix 63 (D4)
Ladoix-Serrigny 55 (D6), 63 (C5)
Ladoucette, de 124, 125 (C5)
Laetitia 309, 309 (D2)
Lafare 139 (C5)
Lafarge 60
Lafazanis 284 (F4)
Lafnetscha (cépage) 256
Lafões 210 (B4)
Lafon 60, 69
Lafond 309 (F3)
Lagar de Fornelos 194 (E4)
Lageder 169, 169 (F5)
Lagnier Meredith 301 (E4)
Lagnieu 151 (B3)
Lago di Corbara 175 (D4)
Lagoa 210 (F4)
Lagorthi (cépage) 284
Lagos 210 (F3)
Lagrasse 141 (C2)
Lagrein (cépage) 169, 338
Lagrein-Dunkel 169
Lagrein-Kretzer 169
Laguardia 199 (A1)
Laguna 311 (C4)
Laguna (cépage) 166
Laguna Ridge 296
Lahr 248 (F2)
Laibach 371 (C3)
Laible, Andreas 248, 249
Lailey 321, 321 (F6)
Laithwaite, Tony 17
Laives 169 (D6)
Lake 294
Lake Caldaro 169
Lake Chalice 362 (F2)
Lake Erie 320 (B1)
Lake Erie North Shore 321
Lake Erie South Shore 290, 320
Lake Oswego 315 (C3), 316 (D5)
Lake, Max 356
Lakeport 294 (C4)
Lakes Entrance 337 (G3)
Lakes Folly 357 (C5)
Lakeview Cellars 321 (G4)
Lakewood 320 (B3)
Lalande-de-Pomerol 104, 83 (E4), 107 (A3)
Lalanne 201 (F5)
Laliótis 284 (E4)
Lamarque 94, 95 (D5), (E5)
Lambardi 181 (B5)
Lamberhurst 253 (G5)
Lambert Bridge 296 (D4)
Lambertuslay 232 (F3)
Lamborn, famille 301 (A3)
Lambots, les 61 (E5)
Lambourne 253 (G2)
Lambrusco 166
Lambrusco di Sorbara 167 (E2)
Lambrusco Grasparossa di Castelvetro 167 (F2)
Lambrusco Mantovano 167 (E2)
Lambrusco Reggiano 167 (E2)
Lambrusco Salamino di Santa Croce 167 (E2)
Lamezia 184 (F4)
Lamm 263 (B3)
Lammershoek 366 (F2)
Lamont 339 (B4)
Lamonzie-Saint-Martin 115 (B5)
Lamoreaux Landing 320 (B3)
Lan 199 (B1)
Lancaster 296 (D5)
Lance, Dr 354
Lancefield 353
Lancement 133 (B4)
Lancers 210
Lancié 73 (C4), 74 (D5)
Land's End 366 (G3)
Landau 244 (F4)
Lande, la 122 (C2)
Landelia 331 (B4)
Landersdorf 263 (D1)
Landiras 98 (E6)
Landmark 298, 299 (A2)
Landonne, la 132, 133 (B5)
Landreau, le 119 (F3)
Landskroon 371 (B3)
Landstrass 263 (C4)
Landwein 226
Landwid 263 (F1)
Lane de Annie 345, 345 (F5)
Lane Tanner 309 (D3)
Lane, The 348, 348 (C5)
Langa de Duero 196 (E5)
Langeais 118 (B6)
Langenberg 237 (E5)
Langenlois 262, 262, 263, 259 (B4), 263 (B2)
Langenlonsheim 244, 242 (A5)
Langenmorgen 246, 246 (G2)
Langenstück 237 (D4), (E3), (F4)
Langhe 158, 160, 162, 164, 159 (E3), 161 (E3)
Langhorne Creek 346-347, 336 (E5)
Langmeil 342 (D4)
Langolsheim 127 (A6)
Langon 98, 83 (G4), 99 (F2)
Langtry 294, 294 (D6)
Languedoc 13, 140–143, 143 (C2), 141 (A4)
Languettes, les 63 (C4)
Lanson 78
Lantignié 73 (C3)
Lanzarote 193, 193 (E4)
Lanzerac 371 (E3)
Laona 285 (G4)
Laona Akama 285 (G3)
Laouque 148 (D3)
Lapis 268 (F3)
Laposa József 267
Lapuebla de Labarca 199 (B1)
Largillas 61 (D2)
Largillière, en 62 (C1)
Lark Hill 357
Larkmead 301 (B2)
Larnaca 285 (G5)
Larose 329 (C5)
Larrets, les 66 (E4)
Larrey de Nampoillon, le 61 (C1)
Las Compuertas 331 (B4)
Las Heras 331 (A4)
Las Vegas 312 (D2)
Laski Riesling 271
Laški Rizling (cépage) 271
Lastra a Signa 179 (A2)
Latcham 311 (B6)
Late Bottled Vintage (LBV) 221
Latera 183 (D3)
Latina 184 (C1)
Latour, Louis 54, 58, 68, 70, 131, 146, 153
Latour-de-France 145, 145 (B3)
Latresne 98 (A5)
Latricières 67
Latricières-Chambertin 66 (E5)
Latzói 284 (F2)
Laubenheim 242 (A5)
Laudamusberg 230 (D3), (E4)
Lauds 134
Laudun 136, 137 (D2), 138 (D5)
Lauffen 248 (D4)
Laumersheim 245, 246, 244 (D4)
Launceston 355 (F5)
Launching Place 354 (D6)
Laurance 341 (C5)
Laurel Glen 298, 299 (B2)
Laurent, Dominique 54
Laurentiusberg 234 (E6)
Laurentiuslay 231, 230 (E3)
Laurent-Perrier 79
Laus, Bodegas 201, 201 (G5)
Lausanne 257, 255 (F2), 256 (D4)
Lautus 200, 200
Lava Cap 311 (B5)
Lavandou, Le 146
Lavaut Saint-Jacques 67, 67 (D1)
Lavaux 257, 255 (F2), 256 (D5)
Lavières, aux (Nuits-Saint-Georges) 65 (F3)
Lavières, les (Beaune) 63 (B2)
Lavières, les (Meursault) 61 (E1)
Lavilledieu 53 (F3)
Lavis 168 (B5), 169 (G4)
Lavrottes, les 66 (E3)
Lawson's Dry Hills 362 (G3)
Lay 232 (F6)
Lazaridi 282
Lazio 176, 183
Lazy Creek 294 (B2)
Lazzarito 165 (E6)
Le Roy, Baron 138
Leabrook Estate 348, 348 (B5)
Leányka (cépage) 266, 267, 270
Leasingham 345, 345 (E4), (G5)
Lebrija 206 (A3)
Lecce 185, 184 (E6)
Lecco 159 (B5)
Lechinţa 277 (B3)
Lechovice 270, 270 (G3)
Leconfield 350, 350 (D5)
Lecques, les 148 (E1)
Ledson 299 (A1)
Leeds Castle 253 (F6)
Leelanau 291
Leeuwen, Cornelis Van 27, 85, 111
Leeuwin Estate 340, 341, 341 (E5)
Lefkada (cépage) 286
Leflaive 32, 60, 69
Legaris 196 (D3)
Legé 118 (C2)
Legyesbénye 268 (G1)
Lehmann, Peter 343
Leibnitz 259 (F3)
Leika 284 (G3)
Leimen 248 (C3)
Leimern 263 (D2)
Leinhöhle 246, 246 (F2)
Leipzig 251
Leiten 263 (G2)
Leiterchen 231, 230 (F4)
Leiwen 228, 230, 231, 230 (F3)
Lemberger (cépage) 226, 249, 319
Lembras 115 (B6)
Lemelson 316 (E4)
Lemnos 283
Lemps 131
Lenchen 236, 236 (F5), (G4), (G5)
Len-de-l'El (cépage) 113
Lengenfeld 259 (B3), 262 (B6)
Lenswood 348, 348 (B5)
Lenton Brae 341 (C5)
Lenz 320 (D5)
Lenz Moser 262
Léognan 98, 100, 83 (F3), 101 (F3)
León (Espagne) 190 (D3)
León (Mexico) 312 (G4)
Leondári 284 (G3)
Leonetti 318, 319, 319 (E3)
Leongatha 353
Leónti 284 (F4)
Leóntio 284 (E3)
Léoville 92
Lerchenfeld 263 (D2)
Les Pierres 298
Leskovac 272, 273 (E5)
Leskovik 273 (G4)
Lesparre 86, 87 (F1)
Lesquerde 145, 145 (A2)
Lessini 171
Lessona 158, 159 (C3)
Letrínoi 284 (F2)
Lett, David 316
Letten 246 (E3)
Letterlay 233 (B1)
Letzenberg 129 (F1)
Leuk 257 (F2)
Leurey, au 64 (E3)
Leutschach 259 (F3)
Leventhorpe 253 (D4)
Leverano 185 (C5)
Levice 270 (G4)
Levrière, la 62 (D1)
Levrons, les 60 (G4)
Lewiston 321 (F6)
Leyda 326 (D4), 329 (B4)
Leynes 69, 70 (G1), 71 (D4), 73 (B4)
Leyssac 89 (F4)
Leytron 256 (G6)
Leza 199 (F5)
Lezhe 272, 273 (E4)
Lézignan-Corbières 141 (C2)
Lhuis 151 (C4)
Liban 286, 286 (C5)
Libournais 104–105
Libourne 104, 106, 83 (E4), 104 (C5), 107 (F1)
Librandi 185, 184 (F5)
Librazhd 273 (F4)
Lichine, Alexis 96
Lichtensteinerin 260 (A5)
Liebenberg 260 (A5)
Liebfrauenberg 229 (B1)
Liebfrauenstift-Kirchenstück 241
Liebfraumilch 226, 240, 241
Lieser 232, 232 (F4)
Lievland 371 (C3)
Ligas 283 (A3)
Ligerz 255
Ligist 259 (E3)
Ligné 118 (B3)
Lignes, les 122 (E1)
Ligondras 97 (D2)
Ligré 122 (G4)
Ligurie 158
Likhni 278 (F4)
Lilliano 179 (F3)
Lillydale Vineyards 354 (D5)
Lilydale 354 (C4)
Lima 324 (D3)
Limarí 326
Limassol 285, 285 (G4)
Limbach 270
Limberg 262 (C6)
Lime Kiln Valley 307 (E4)
Limerick Lane 296 (D5)
Limestone Coast 349, 336 (F6)
Limmattal 255 (E4)
Límnos 283 (B4)
Limoux 79, 140–141, 140 (D6)
Limozin, le 60 (G6)
Linares 329 (G4)
Lincoln Lakeshore 321 (F4)
Lindeman's 336, 350, 350 (D5)
Linne Calado 309 (B2)
Linsenbusch 245, 246 (G2), (G3)
Liparita 302
Liparita Cellars 301 (B4)
Lipniţa 277 (D5)
Lirac 139, 138 (F5)
Lis Neris 173 (E3)
Lisbonne 210 (D3), 214 (D2)
Lisini 181 (D5)
Lison-Pramaggiore 166, 173, 167 (C5)
Liste, le 165 (E3)
Listicko 273 (D3)
Listrac 94
Listrac-Médoc 83 (D2), 95 (F2)
Litoměřice 270 (E2)
Little's 357 (C5)
Littorai 297
Livadia 279, 278 (F2)
Livermore Valley 306, 307 (A3)
Liverpool 253 (D4)
Livingston 303, 301 (C3)
Livingston-Moffett 303 (F2)
Livinière, La 140
Livio Felluga 173 (D2)
Livorno 175 (A2)
Lizzano 185 (C5)
Ljubljana 273 (A2)
Ljutomer 271, 271
Llanerch 253 (F3)
Llano Estacado 312, 312 (D4)
Lleida 203, 190 (D5)
Lloar, el 204 (C4)
Loach, de 296 (F5)
Loachausses, les 65 (E5)
Lobethal 348 (B6)
Loché 70, 70 (G2), 71 (C6)
Lockeford 311 (D4)
Lockenhaus 259 (D5)
Lockport 320 (A1)
Lockwood 306, 307 (G5)
Locorotondo 185 (B5)
Lőcse 268 (E3)
Lodi 311, 311 (C4)
Loewen, Carl 230
Logroño 191, 198, 190 (D4), 199 (B2), 200 (B1)
Lohr, J. 309, 307 (B2), 309 (A2)
Loiben 259 (B3)
Loibenberg 261 (B1)
Loimer, Fred 263, 263
Loiser Heide 263 (A1)
Loiserberg 263 (A1)
Loisium, Hôtel 262, 263
Lolières, les 63 (C5)
Lolonis 294 (A3)
Loma Larga 326 (C4)
Lombardes, les 60 (G1)
Lombardie 157, 158
Lompoc 310, 309 (F2)
Londer 294 (B2)
London 253 (F5)
Long 301 (C5)
Long Gully Estate 354 (B5)
Long Island 25, 320, 320 (C6)
Long Meadow Ranch 301, 301 (D3)
Long Yan (cépage) 373
Longecourts, les 64 (F5)
Longères, les 61 (E3)
Longoria 309 (F4)
Longridge 371 (F2)
Longview (Australie du Sud) 348 (E5)
Longview (Nord-ouest Pacifique) 315 (C2)
Longworth, Nicholas 290
Lons-le-Saunier 150 (G1)
Lontué 328
Loosen, Erni (Dr) 232, 246, 319
López de Heredia 199, 199 (F3)
Lopez Hermanos 205
Lorane 314
Lorenzhöfer 234
Lorenzhöfer 234 (C4)
Loreto Aprutino 176
Lőrincz György 266
Loron et Fils 73 (B5)
Loroux-Bottereau, le 118 (B3), 119 (E3)
Lörrach 248 (G1)
Los Alamos 310
Los Andes 326 (A6)
Los Angeles 308, 312, 293 (F6), 312 (D1)
Los Carneros 299 (D4), 301 (G5)
Los Robles 329
Los Tercios 206 (B2)
Los Vascos 328, 329 (D4)
Lösnich 232 (C5)
Lou Lan 372 (B4)
Loubès-Bernac 115 (C4)
Louis Magnin 151 (C5)
Louis Martini 301 (C3)
Louis-Claude Desvignes 74 (E4)
Louisvale 371 (D2)
Louny 270 (E2)
Loupiac 98, 99, 83 (G4), 103 (A4)
Loupiac Loureira (cépage) 191
Loureiro (cépage) 211
Lourensford 366 (F2), 371 (G3)
Lourinhã 210 (D3)
Loutráki 284 (E5)
Louvois 81 (C5)
Lovedale 357 (C5)
Lowburn 363, 363 (F5)
Löwenstein, Fürst 236, 251
Lower Hunter Valley 356
Lower Hutt 358 (C5)
Lower Orange (Afrique du Sud) 367
Lubbock 312, 312 (D4)
Lubentiushof 233
Luc de Conti 115
Luc et Sylvie Boilley 150 (F1)
Lucas 311 (D4)
Lucca 175 (A3)
Luccas, Reinaldo de 325
Luce 181 (C4)
Luchets, les 61 (E1)
Lucindale 349
Lucquets, les 148 (E2)
Luddite 366 (G2)
Ludes 81 (B4)
Ludon-Médoc 97 (F6)
Ludwigsburg 248 (D4)
Ludwigshafen 245, 244 (D5)
Ludwigshöhe 240 (E4)
Lugana 170 (C5)
Lugano 255 (G5)
Luginsland 246 (E2)
Lugny 70, 55 (E5), 70 (B3)
Luguna 167 (D2)
Luigi Bosca 331 (B4)
Luins 256 (E2)
Luis Cañas 199 (F5)
Luis Felipe Edwards 329 (D5)
Luis Gurpegui Muga 199 (B4)
Luis Pato 212 (F2)
Luján de Cuyo 332, 331 (B4)
Luka 267
Lulham Court 253 (F4)
Lully 256 (G1)
Lump 251
Luna 301 (E5)
Luna Rossa Winery 312 (E3)
Lunel 143 (B5)
Lungarotti, Giorgio 183, 183 (B5)
Lungarotti, Teresa & Chiara 183
Lunlunta 331 (B4)
Lupicaia (cépage) 177
Luquín 200 (B2)
Luraule,en 61 (F1)
Lurets, les 61 (G4)
Lur-Saluces, famille 102
Lurton, André 100
Lurton, famille 96, 98, 195, 333
Lurton, J. & F. 331 (D3)
Lurton, Jacques 328, 346
Lurton, Pierre 98, 333
Lurton, Sophie 100
Lusco do Miño 194 (D5)
Lushnjë 273 (F4)
Luso 212 (F2)
Lussac 83 (E5), 105 (B3)
Lussac-Saint-Émilion 104–105
Lussault-sur-Loire 123 (F6)
Lusthausberg 263 (G3)
Lutry 256 (D4)
Lutterbach 127 (G4)
Lützkendorf 251
Lutzmannsburg 259 (D5)
Lutzville 367, 366 (C1)
Lutzville Valley 366 (C1)
Luxembourg 30, 227
Luzern 255 (E4)
LVMH 102, 332
Lyaskovets 275 (B4)
Lyndoch 342, 342 (F3)
Lynmar 296 (F5)
Lynsolence 105 (E1)
Lyon 53 (E5), 55 (G5)
Lyrarakis 283 (E4)
Lys, les 77 (E3)
Lytton Springs Vineyard 296 (D4)
Lyubimets 275 (C4)

M

M'Hudi 371 (C2)
M3 348 (B5)
Ma Vérité 89 (C4)
Macabrée, la 61 (E1)
Macari 320 (E5)
Macau 97 (D6)
Maccabéo (cépage) 140, 199, 201, 202, 203, 205
Macchiole, le 177 (B4)
Macchione, Il 182 (C4)
Macclesfield 348
Macédoine 273, 275, 282
Macedon Ranges 351, 353, 337 (F2), 352 (C3)

Macharnudo 205, 206, 206 (B3)
Macherelles, les 60 (G2)
Machico 223 (F5)
Mackedon 283 (A4)
MacMurray Ranch 296 (E4)
Mâcon 69, 55 (F5), 70 (F3), 73 (A5)
Mâconnais 69–70
Mâcon-Villages 70 (E5)
Macrostie 299 (D3)
Maculan, Fausto 166
Macvin-du-Jura 150
Mád 269, 268 (F2)
Madeira Wine Company 223 (G3)
Madeirense Madeira 210 (E3)
Madeleine Angevine (cépage) 319
Madera 293 (C4)
Madère 16, 222–223
Madiran 114, 325
Madonna Estate 299 (D5), 301 (G5)
Madrague, la 148 (E2)
Madrid 191, 190 (E3)
Madrona 311 (B5)
Madroñales 206 (B2)
Maffini 185, 184 (E3)
Magarach Wine Institute 279
Magdalenenkreuz 235 (F5)
Magill 343
Maglieri 346 (E5)
Magliocco Canino (cépage) 185
Magno Megonio 185
Magny-lès-Villers 57
Magrez Fombrauge 105 (C2)
Magrez, Bernard 195, 287, 325
Maharashtra 375
Mähler-Besse 195
Maikammer 244 (F4)
Mailberg 258, 259 (A4)
Mailly-Champagne 81 (B5)
Main Ridge 352 (D4)
Maindreieck 251, 250 (E3)
Mainstockheim 250 (E4)
Mainviereck 251, 250 (E1)
Mainz 225 (E2), 240 (C3)
Maipo 327, 328, 329 (B5)
Maipú 332, 331 (B4)
Maisdon-sur-Sèvre 119 (F3)
Maison Audebert 122 (D2)
Maison Blanche 135 (B5)
Maison Brûlée 66 (E4)
Maison Rouge 133 (B3)
Maissau 259 (B4)
Maîtres Vignerons de Cascastel 141 (D2)
Maizières Basses 65 (F5)
Majella 350, 350 (C6)
Majevicko 273 (C4)
Majo Norante, di 184 (C3)
Majolini 166
Mal Carrées, les 66 (F2)
Maladière 133 (C2)
Maladière, la 59 (B3)
Maladières, les (Gevrey-Chambertin) 66 (F3)
Maladières, les (Nuits-Saint-Georges) 64 (F6)
Málaga 16, 205, 205, 206, 190 (G3)
Malaga Blanc (cépages) 375
Málaga Virgen 205
Málaga y Sierras de Málaga 190 (G3)
Malagousia (cépage) 282
Malandrénio 284 (F4)
Malat 262
Malatinszky 267
Malbec (cépage) 23; Amérique du Sud 325, 326, 331–333; Espagne 196
Malconsorts, au dessus des 65 (E3)
Malconsorts, aux 64, 65 (E3)
Maldonado 324 (F5)
Malepère 141, 53 (G3)
Malibu 293
Malibu-Newton Canyon 293 (F5)
Malisevo 273 (E5)
Malivoire 321 (G4)
Malleco 328
Mallia 285 (G4)
Mallorca 193
Malmesbury 366 (F2)
Malmsey 222, 283
Malokarpatská 270 (G3)
Malpoiriers, les 61 (G2)
Maltroie, la 60 (G1)
Malvasia (cépage) 158, 160, 178, 180, 187, 188, 195, 202, 218, 222, 272
Malvasia Bianca (cépage) 182
Malvasia de Bosa 188 (B3)
Malvasia delle Lipari 187, 187 (D5)
Malvasia di Casorzo d'Asti 160
Malvasia Istriana (cépage) 173
Malvasia Nera (cépage) 185
Malvasia Riojana (cépage) 199
Malvazija Istarska (cépage) 272
Malvoisie (cépage) 140, voir aussi Bourboulenc
Malvoisie de Corse (cépage) 149, voir aussi Vermentino
Mambourg 129 (F2)
Manavi 278 (G5)
Mancha, La 191, 192, 193
Manchester 253 (D4)
Manchuela 192, 193, 190 (F4)
Mandelberg 129 (F3)
Mandelgarten 246 (D3)
Mandelgraben (Bernkastel) 232 (G3)
Mandelgraben (Piesport) 230 (B6), 231 (A1)
Mandement 257, 255 (G1), 256 (F1)
Mandilaria (cépage) 283
Manduria 185
Manescotto 165 (C5)
Mangatahi 360 (B3)
Mangualde 212 (E5)
Manicle 151 (B4)
Manisa 285 (B3)
Manjimup 340, 339 (E4)
Mann, Jack 340
Mannberg 236, 237 (F1)
Mannheim 248 (C3)
Manns 374, 374 (F5)
Manoussakis 283 (E3)
Manresa 203
Manseng (cépages) 112, 114
Mansenoble 141
Manstree 253 (G3)
Mantinia 283 (D3), 284 (F4)
Manto Negro (cépage) 193
Mántova 167 (D2)
Manukau 358 (B5)
Manzanares 190 (F3)
Manzanilla 206
Manzano 173 (D2)
Manzoni Soprana 165 (G4)
Maple Creek 294 (C3)
Maramureş 277 (B2)
Maranges 57, 59, 55 (D5)
Maraština (cépage) 272
Maratheftiko (cépage) 286
Marbach 248 (D4)
Marbuzet 89 (F5)
Marcarini 163 (E3)
Marcassin 297
Marcé 122 (C2)
Marcenasco 165 (D4)
Marchais, les 67 (D1)
Marchampt 73 (D3)
Marches 157, 174, 176
Marches, les 151 (C4)
Marchesi di Gresy 163
Marchevsky, Pedro 333
Marchgasse 263 (D2)
Marchigüe (Marchihue) 328
Marchihue 329 (D4)
Marcillac 112, 53 (F3)
Marckrain 129 (F3)
Marco Felluga 173 (F3)
Marcobrunn 238, 237 (F1)
Marconnets, les 62 (C6)
Marcorino 163 (D4)
Mardeuil 81 (D2)
Mardeuil-le-Port 80 (D6)
Mardie 119 (A3)
Mareau, en 61 (E6)
Maréchaude, la 71 (A4)
Maréchaudes, les 63 (C4)
Marenca-Rivette 165 (E6)
Marestel 151 (C4)
Mareuil-sur-Ay 81 (D4)
Marey-lès-Fussey 57
Margalit 286, 286 (E4)
Margan, famille 357 (B4)
Margaret River 24, 338, 340–341, 339 (E3), 341 (E5)
Margaux 85, 90, 96–97, 83 (D3), 97 (B3)
Margheria 165 (E5)
Margrain 361 (B5)
Margrave de Bade 249
Maria Gomes (cépage) 212
Mariages, les 62 (C5)
Maribor 271, 271 (B4), 273 (A2)
Marichal 325
Marienholz 234 (A3), (A4), (B4)
Mariensburg 251
Mariental 264 (F2)
Marienthal 235 (E6)
Marignan 151, 151 (A5)
Marignieu 151 (C4)
Marimar Torres 296 (F4)
Marin (Espagne) 194 (C4)
Marin (États-Unis) 293
Marin (France) 151, 151 (A6)
Maring 263 (F1)
Maring-Noviand 232 (F3)
Marino 176, 175 (F3)
Marinot 60 (D2)
Mario Schiopetto 173 (E3)
Marjan Simčič 173 (D3)
Mark West 296 (E5)
Markaz 266
Markgräflerland 249, 248 (G1)
Markham 301 (C3)
Markowitsch, Gerhard 258
Markt Einersheim 250 (F4)
Marlborough 26, 358, 362
Marlenheim 127 (A5)
Marmajuelo (cépage) 193
Marmandais 114
Marmara 285, 285 (B3)
Maroc 287, 287 (G2)
Marquam Hill 316 (E5)
Marqués de Borba 215
Marqués de Cáceres 199, 199 (B1)
Marqués de Griñon 193
Marqués de Montecastro 197
Marqués de Murrieta 198, 199 (B2)
Marqués de Riscal 198, 199 (G6)
Marqués de Romeral 198
Marqués de Vargas 197, 198, 199 (B2)
Marqués de Vizhoja 194 (D6)
Marquis d' Angerville 60
Marquis de Pompadour 375
Marquis de Saint-Estèphe 89 (E4)
Marquis de Ségur 88
Marsac 97 (A2)
Marsain, le 60 (B6)
Marsala 16, 186, 187, 187 (E2)
Marsannay 67, 55 (C6)
Marsanne (cépage) 23, 130, 131, 135, 140, 254, 256
Marsciano 183 (C5)
Marseille 53 (G5), 146 (D5)
Marston 301 (C3)
Martha Clara 320 (E5)
Martha's Vineyard 304, 304 (B4)
Marthal 263 (D1)
Martigny 256, 255 (G2), 256 (G6)
Martillac 100, 101 (G6)
Martin & Weyrich 309 (B2)
Martin Brothers 309 (A2)
Martin Códax 194 (B4)
Martina 185 (B4)
Martina (Puglia) 184
Martinborough 361, 358 (C5), 361 (B4)
Martinelli 296 (E5)
Martinelli, F. 183 (B5)
Martinenga 162, 163 (D3)
Martínez Bujanda 199 (A2)
Martini & Prati 296 (F5)
Martini, Louis 298, 302
Martino, de 329 (B5)
Martinsthal 238, 237 (E4)
Maryhill Winery 315 (C4)
Maryland 291, 291 (B6)
Marzemino 168
Mas 203 (E4)
Mas Baux 145 (B5)
Mas Bruguière 142, 143 (A3)
Mas Brunet 143 (B2)
Mas Cal Demoura 143 (B1)
Mas Carlot 137 (F1)
Mas Champart 141 (A3)
Mas d'Aimé 143 (D2)
Mas d'Auzières 143 (B4)
Mas d'En Gil 204 (D4)
Mas de Bellevue 143 (B5)
Mas de Daumas Gassac 142, 143 (B2)
Mas de l'Écriture 143 (B1)
Mas de la Dame 146 (B3)
Mas de la Séranne 143 (B2)
Mas de Libian 137 (B1)
Mas de Mortiès 143 (B3)
Mas des Bressades 137 (F1)
Mas des Brousses 143 (B2)
Mas des Chimères 142 (C6)
Mas Doix 204 (B5), (C5)
Mas du Soleilla 141 (C4)
Mas Ignells 204 (B5)
Mas Jullien 143 (B1)
Mas Laval 143 (B2)
Mas Martinet 204 (C4)
Mas Sainte-Berthe 146 (B3)
Mas Saint-Laurent 143 (D2)
Masandra 278 (F2)
Masía Duch 204 (B4)
Masnou, el 203 (D6)
Maso Cantanghel 168 (C6)
Massa (Italie centrale) 179 (D3)
Massa (Italie du Nord-ouest) 159 (F6)
Massandra 279
Massanera 179 (B2)
Massaya 286, 286 (C6)
Masseria 163 (D4)
Masseria li Veli 185 (B5)
Masseria Monaci 185 (C5)
Masseto 176
Massif d'Uchaux 139, 137 (C2)
Massif de Saint-Thierry 79 (A4)
Massignieu-de-Rives 151 (C4)
Mastantuono 309 (B2)
Mastroberadino 184 (D3)
Masures, les 59 (C6), 60 (G1)
Masut da Rive 173 (E2)
Matakana 358 (A5)
Matanzas Creek 298, 299 (B1)
Matapiro 360 (B3)
Matariki 360 (B4)
Mataro 343
Matarredonda 195 (E5)
Matarromera 196 (D2)
Matawhero 358 (B6)
Matera 184 (D4)
Matetic 327, 326 (C4), 329 (A4)
Mateus 210
Matheisbildchen 232 (F6)
Mathéou 97 (C2)
Matino 185 (C6)
Mátra 266, 266, 267, 267 (D4)
Matsa 283 (C3)
Mattersburg 259 (D5)
Matthews 315 (A3)
Mattituck 320 (E5)
Matzen 259 (B5)
Mäuerchen 235 (F5)
Maulbronn 248 (D3)
Maule 328
Maurens 115 (A5)
Maures 153 (D6)
Mauro 196 (E1)
Mauro 197
Maurodós 195 (E6)
Maury 144
Mäushöhle 246 (F2)
Mautern 261, 259 (B3), 261 (B2), 262 (E6)
Mauves 130, 131, 135
Mauzac (cépage) 113, 140
Mavro (cépage) 286
Mavrodaphne (cépage) 282, 284
Mavrud (cépage) 274
Maximin Grünhaus 234
Maximiner 234 (B3)
Maxwell 346 (E4)
Maxxima 274, 275 (C3)
Maya 304
Mayacamas 301 (E4)
Mayacamas Mountains 298, 300, 304
Mayo 299 (B2)
Mazière, la 67 (E3), (E4)
Mazis 67
Mazis-Chambertin 67 (E1)
Mazoyères-Chambertin 66 (E5)
Mazuelo (cépage) 198
Mazzocco 296 (D4)
McCallum, Neil 361
McCrea 315 (B2)
McDonald, Tom 360
McDowell Valley 294, 294 (C3), (C4)
McGuigan 357 (C4)
McGuigan, Simeon 337
McHenry Hohnen 340, 341 (F6)
McKenna, Larry 361
McKinlay 316 (E4)
McLaren Vale 338, 346–347, 336 (E5), 346 (D5), 348 (D3)
McMahon, Dr 354
McMinnville 317, 315 (D2), 316 (E4)
McNab Ridge 294 (B3)
McPherson Cellars 312 (D4)
McQuaid, James and Jenny 304
McWilliam's 357, 360, 357 (D4)
Meadowbank 362
Méal 134, 135 (C4)
Mealhada 210 (B4), 212 (F2)
Meckenheim 244 (E4)
Médéa 287, 287 (F4)
Medford 315 (G3)
Medgidia 277 (D5)
Méditerranée orientale 285–286
Médoc 84, 86–97, 83 (D2)
Médrac 95 (E3)
Meerea Park 357 (C5)
Meerlust 371 (F1)
Meersburg 249, 248 (G4)
Megalópoli 284 (F3)
Meggyes 268 (F1)
Megyer 269, 268 (D5)
Meinert 371, 371 (E2)
Meisenberg 234 (D6)
Meissen 251
Meix au Maire, le 67 (E3)
Meix Bas, le 67 (D4)
Meix Bataille, le 61 (E3)
Meix Chavaux, les 61 (E2)
Meix de Mypont, le 61 (E3)
Meix des Duches 67 (D1)
Meix Fringuet 67 (E3)
Meix Gagnes, les 61 (G1)
Meix Garnier, le 61 (E3)
Meix Goudard, les 60 (G2)
Meix Pelletier 60 (G4)
Meix Rentier 66 (E4)
Meix Tavaux, le 61 (F2)
Meix, les (Beaune) 63 (C3)
Meix, les (Meursault) 60 (G3)
Meix-Bas 67 (D3)
Méjanelle, la 143 (C4)
Meknès 287
Melbourne 353, 337 (G2), 352 (D4)
Melegoldal 268 (G4)
Melen 285 (B3)
Meler 201
Melia 187 (E2)
Melin, sur 60 (B6)
Mélinots 77 (E2)
Melipal 331 (B4)
Melipilla 329 (B4), 326 (D4)
Melk 259 (B3)
Mellot, Alphonse 124
Mělník 270, 270 (E2), (F2)
Melnik (cépage) 274, 275, 275 (D2)
Melnik district 275
Meloisey 57
Melon de Bourgogne (cépage) 118
Melsheimer, Thorsten 233
Melville 309 (E3)
Mencía (cépage) 191, 192, 210, 213
Mendavia 199 (B3)
Mendel 333
Mendocino 293, 294, 294 (B3)
Mendocino Ridge 294 (C1)
Mendocino Wine Co. 294, 294 (B3)
Mendoza 330, 331, 332, 333, 324 (F4), 331 (B4)
Mendoza Monge 199 (F4)
Mendoza, Enrique 193
Menetou-Salon 125, 119 (B4)
Ménétréol 124
Ménétréol-sous-Sancerre 125 (B4)
Ménétrières, les 71 (C4)
Menti 187 (E2)
Méntrida 193, 190 (E3)
Mentzelopoulos, famille 96
Meopham Valley 253 (F5)
Mer Soleil (Californie) 307, 307 (F4)
Merano (Meran), 169 (A5)
Merced 293 (C4)
Mercian 374
Mercier 78
Mercouri 284, 284 (F2)
Mercurey 68, 68, 55 (D5), 68 (C5)
Meridian 309, 309 (A2)
Merlaut, famille 93, 94
Merlin, Olivier 71
Merlot (cépage) 21, 32 ; Afrique du Sud 367, 368, 370 ; Allemagne 249 ; Amérique du Nord 291, 293, 298, 299, 302, 305, 313, 314, 319, 320 ; Amérique du Sud 324, 325, 326, 327, 328, 332 ; Australie 339, 340, 344, 346, 348 ; Bulgarie 274, 275 ; Chine 8, 373 ; Croatie 272 ; Espagne 193, 196, 200, 204 ; France 82, 84-85, 106, 108, 115, 141, 153 ; Hongrie 266 ; Israël 286 ; Italie 157, 163, 166, 168, 169, 172, 173, 176, 180, 183, 185, 187 ; Japon 374 ; Moldavie 278 ; Nouvelle-Zélande 358, 359, 360 ; Portugal 212 ; Roumanie 276, 277 ; Russie 280 ; Serbie 272 ; Suisse 255, 257
Merlot rouge 173
Meroi 173 (D1)
Merret 253
Merritt Island 311 (C3)
Merry Edwards 296 (E5)
Merryvale 301 (C3)
Mersea 253 (F6)
Mertesdorf 234, 234 (B5)
Merum 339 (E4)
Mesa vineyards 312, 312 (E3)
Mesh 344
Mesilla Valley 313, 312 (E3)
Mesland 119 (B2)
Meslerie, la 123 (D4)
Mesneux, les 81 (A3)
Mesnil-sur-Oger, le 80, 81 (F3)
Mesogia 283
Message in a Bottle 240
Messas 119 (A3)
Messina 187 (E6)
Messina Hof Wine Cellars 312 (E5)
Messiní 284 (G3)
Messoirano 163 (B5)
Messzelátó 268 (F3)
Mestervölgy 268 (G3)
Mesves-sur-Loire 125 (D6)
Meszes-Major 268 (F3)
Metairie, la 115 (B5)
Metala 347
Métsovo 282
Mettenheim 240 (E3)
Metternich, Count Wolff 249
Meung-sur-Loire 119 (A3)
Meursault 32, 56, 57, 58, 60–61, 55 (D5), 61 (G1)
Mève 133 (E2)
Mévelle 67 (E1)
Mexique 290, 291, 312-313
Mey 285, 285 (B5)
Meye, de 371 (C2)
Mèze 143 (D2)
Mézes Mály 269, 268 (G3)
Mézesfehér (cépage) 266
Mezzacorona 169
Mezzocorona 168, 168 (A5), 169 (F4)
Mezzolombardo 168, 168 (A5), 169 (G4)
Mezőzombor 269, 268 (G2)
Miadoux 115
Miani 173 (D1)
Miceli 187 (F2)
Michael David 311 (D4)
Michael, Sir Peter 297, 297
Michel Rey 71 (A3)
Michel, Louis 77
Michelau 250 (E5)
Michele Calò 185 (C6)
Michele Satta 177 (C4)
Michelmark 237 (F1), (F2)
Michelsberg 246, 246 (C2)
Michel-Schlumberger 296 (C4)
Michigan 291, 291 (B5)
Middelvlei 371 (E2)
Middle Rio Grande Valley 313, 312 (D3)
Middleton, Dr 354
Middletown 320 (C4)
Midnight 309 (B2)
Miège 257 (F2)
Miesbauer, Fritz 262
Mignotte, la 62 (C3)
Miguel Merino 198 (B6), 199 (F4)
Miguel Torres (Chili) 329 (E4)
Miguel Torres (Espagne) 203 (E3)
Mikulov 270, 270 (G3)
Milagro Vineyards 312 (D3)
Milano (États-Unis) 294 (C3)
Milan (Italie) 159 (C5)
Milat 301 (C3)
Milawa 351
Mildara 350, 350 (B5)
Mildiou 18, 290, 326
Mildura 337 (E1)
Miléa 284 (F4)
Mill Creek 296 (D4)
Millandes, les 66 (E4)
Millbrook (Australie) 339 (C4)
Millbrook (États-Unis) 320, 320 (B5)
Milletière, la 123 (F4)
Milly 77 (D3)
Milly-Lamartine 70 (E1)
Milmanda (Espagne) 202, 203, 203 (D1)
Milot 273 (F4)
Milotiće 270 (G3)
Milous 95 (D5)
Miltenberg 250 (F2)
Milton Freewater 315 (C6), 319 (F2)
Milz 231
Mimbres Valley 313, 312 (E3)
Miner, famille 304 (A5)
Minervois 140
Minheim 230, 230 (C5)
Minho 211, 210 (A4)
Miniş Măderat 277 (B2)
Miraflores 206 (B2)
Mirassou 307 (B3)
Miro Vino 271 (B6)
Miroglio 275 (C4)
Miroglio, Edoardo 274
Misket (cépage) 275, 285
Miskolc 267 (D5)
Mission 361
Mission (cépage) 290, 312, 327, 332
Mission Estate 360 (B5)
Mission Hill 315 (E5)
Mission San Gabriel 312
Missouri 291, 291 (C4)
Mistelbach 259 (B5)
Mistral Vineyard 307 (D4)
Mitans, les 61 (F5)
Mitchell 345 (F4)
Mitchell Katz 307 (A3)
Mitchell Vineyards 311 (B6)
Mitchelton 353, 352 (B4)
Mitolo 347, 346 (F4)
Mittelberg 263 (A1)
Mittelbergheim 127 (B4)
Mittelburgenland 258, 265, 259 (D5)
Mittelhaardt 244, 245-246
Mittelheim 236, 236 (F4)
Mittelhölle 236 (F2)
Mittelrhein 226, 227, 225 (E2)
Mittelwehr 127 (D4)
Mittelwihr 129 (F3)
Mitterbierg 260 (C3)
Mitterweg 263 (G2)
Moccagatta 163 (D3)
Mochamps, les 66 (E5)
Mocho Vineyard, el 307 (A3)
Moculta 344
Modène 166, 167 (E2)
Modesto 293 (B3)
Modra 270, 270 (G3)
Modra Frankinja (cépage) 271
Modry Portugal 270
Moët & Chandon 78, 333, 354
Moffett vineyard 303
Mogau 372 (B4)
Mogyorósok 268 (E3)
Mohr-Fry Ranch Vineyard 311 (C4)
Mokelumne River 311 (D4)
Moldava nad Bodvou 270 (G5)
Moldavie 278, 279, 277 (B5), 278 (E1),
Molette (cépage) 151
Molettieri 184 (D3)
Molfetta 184 (D4)
Molina (Chili) 328
Molina Real 205
Molinara (cépage) 171
Molineuf 119 (B2)
Molino di Grace, Il 179 (D4)
Molise 185
Molsheim 127 (A5)
Mombies, les 66 (F2)
Mommessin 66
Monastrell (cépage) 193, 202
Monbazillac 115, 115 (B5)
Monção 211
Mönchberg 243 (C5), (F2)
Mönchhof 264, 259 (C6)
Mönchspfad 235 (F6), 236 (F1)
Moncontour 123 (E3)
Mondavi Woodbridge 311 (D4)
Mondavi, Robert 300, 304, 308, 309, 340
Mondéjar 193, 190 (E4)
Mondeuse (cépage) 151
Mondotte, la 108, 109 (F6)
Monemvasia (cépage) 283
Monemvassia 283 (D3)

Moneo, Rafael 200
Monesma, 201
Monestier 115 (B5)
Monfalletto 165 (C4)
Monferrato 158, 160, 159 (D3)
Monferrato Casalese 160
Monforte d'Alba 164, 165 (G5)
Monica di Sardegna 188 (B3)
Monmouth 316 (F4)
Monnières 119 (F3)
Monnow Valley 253 (F4)
Monok 268 (F1)
Monópoli 184 (D5)
Monostorapáti 267 (E2)
Monprivato 165 (D5)
Monsanto 179 (E2)
Monsheim 240 (F3)
Monstant 190 (E5)
Mont de Milieu 76, 77 (D5)
Mont Granier 151
Mont Rochelle 371 (D6)
Mont Tauch 140, 141 (E2)
Mont, le 123, 123 (E3)
Montagne (Beaune) 62 (B2)
Montagne (Bordeaux) 83 (E5), 105 (B2)
Montagne de Reims, la 80, 79 (A4)
Montagne du Bourdon, la 61 (D2)
Montagne du Tillet, la 61 (D2)
Montagne-Saint-Émilion 104-105, 109 (A3)
Montagne-Sainte-Victoire 146
Montagnieu 151, 151 (C3)
Montagny 68, 55 (E5), 68 (G4)
Montagny-lès-Buxy 68 (G4)
Montalcino 166, 181, 181 (B5)
Montana 359, 360, 362
Montana Brancott 362 (G4)
Montanello 165 (D5)
Montaribaldi 163 (E2)
Montauban 113 (B4)
Montbellet 70 (B4)
Montbré 81 (B4)
Mont-Caumes 153 (D5)
Montceau, en 60 (E3)
Mont-Chambord 119 (B2)
Mont-de-Marsan 113 (C1)
Monte Aribaldo 163 (E3)
Monte Bello 306
Monte Lentiscal 193 (F3)
Monte Rossa 166
Monte Rosso vineyard 298, 299 (B3)
Monte Xanic 313, 312 (D1)
Montecarlo 175 (A3)
Montecarotto 174
Montecastro 196 (D3)
Montecchia di Crosara 171 (C5)
Montecchio 179 (D3)
Montecillo 199 (B1)
Montecucco 175 (C3)
Montée de Tonnerre 76, 77 (D5)
Montée Rouge 62 (C3)
Montefalco 183, 183 (C5)
Montefalco Sagrantino 157, 183, 175 (D4), 183 (C5)
Montefiascone 183, 183 (D4)
Montefico 163 (C3)
Monteforte d'Alpone 171 (D5)
Montélimar 131 (G3), 137 (A2)
Montenegro 273
Monteneubel 233 (B2)
Montepoloso 177 (E5)
Montepulciano 182, 182 (C3)
Montepulciano (cépage) 176, 185
Montepulciano d'Abruzzo 157, 174, 176, 175 (E5), (G6)
Montepulciano d'Abruzzo Colline Teramane 176, 175 (E6)
Monteregio di Massa Marittima 176, 175 (C2)
Monterey 307 (E2), (E4)
Monterey County 306
Monteriggioni 179 (F3)
Monterminod 151 (C4)
Monterrei 192, 190 (D2)
Monterrey 312 (F4)
Montes 327, 333, 329 (D4)
Montes Folly 328
Montescudaio 177, 175 (B2)
Montesomo 163 (C4)
Montestefano 163 (C3)
Monteux 139 (F5)
Montevarchi 179 (E6)
Montevertine 179 (E4)
Montevetrano 185, 184 (D3)
Montevideo 325, 324 (F5)
Monteviejo 333, 331 (D3)
Monteviña 311 (C5)
Montez, Stéphane 131
Montfauon 138 (E6)
Montgras 329 (D4)
Monthelie 61, 55 (D5), 61 (E3)
Monthey 256 (F5)
Monthoux 151 (C4)
Montiano 183
Monticello Cellars 301 (E5)
Montilla 190 (G3)
Montilla-Moriles 205, 206, 207, 190 (G3)
Montinore 316 (D4)
Montirius 139 (D4)
Montlouis-sur-Loire 123, 123 (F4), (F5)
Montmain 133 (A5)
Montmains 77 (E3)
Montmelas-Saint-Sorlin 73 (E3)
Montofoli 283 (C4)
Montpellier 16, 312, 143 (C3)
Montpeyroux 142, 143 (B1)
Montrachet 16, 58, 59, 61, 60 (G3)
Montravel 115
Mont-Redon 138
Montrésor 119 (C2)
Montreuil-Bellay 118 (C5)
Montreux 256 (E5)
Montrevenots, les 62 (C2)
Montrichard 119 (B2)
Monts Damnés, les 124, 125 (B4)
Monts de Tessalah 287 (F3)
Monts Luisants 66, 66 (E5)
Montsant 202, 203
Monts-Luisants 66
Montsoreau 121 (F5)
Mont-sur-Rolle 257, 256 (E3)
Mont-Tauch 140
Monza 159 (C5)
Monzel 232
Monzingen 243, 242 (B3)
Moonambel 337 (F1)
Moorilla Estate 355 (G5)
Moorooduc 352 (D4)
Moosbrugger, Michael 262-3
Moosburgerin 263 (C3)
Moquegua 324 (D3)
Mór 266, 267, 267 (E3)
Morada 311 (D4)
Moraga 312 (D1)
Mórahalom 267 (F4)
Morais, les 63 (D4)
Moraitis 283 (D4)
Morales de Toro 195 (E5)
Morand, la 63 (B4)
Morandé 329 (D5)
Morandé, Pablo 327
Morava 272, 270 (F3)
Moravie 270
Moravská Nová Ves 270 (G3)
Mörbisch 259 (C5)
Morbisch 264
Morein 77 (D6)
Morelli Lane 296, 296 (F4)
Morellino di Scansano 157, 176, 175 (C2)
Morentin 200 (B2)
Morera de Montsant, la 204 (B5)
Môreson 371 (D5)
Morey 32, 59, 66, 67
Morey-Saint-Denis 66, 55 (C6), 66 (E4)
Morgadio 194 (D6)
Morgan 307 (E3)
Morgante 187 (F3)
Morgenhof 371 (D3)
Morgenster 371 (G3)
Morgeot 59, 59 (C5)
Morges 257, 256 (D3)
Morgex 158
Morgon 74, 55 (F5), 73 (C4), 74 (E4)
Morichots, les 60 (G1)
Morillon (cépage) 259
Moris Farms 176
Moristel (cépage) 201
Morlanda 204 (D4)
Morlays, les 71 (B4)
Mornag 287
Mornington 352 (D4)
Mornington Peninsula 353, 337 (G2), 352 (D4)
Morphou 285 (F4)
Morra, la 160, 164, 165 (D3)
Morrastel (cépage) 198
Morris 352 (A6)
Mortágua 212 (F3)
Mosaic 296 (C4)
Mosbacher, Georg 245
Mosby 309 (F3)
Moscadello di Montalcino 175 (C3)
Moscatel (cépage) 202, 205, 206, 324, 326, 328
Moscatel de Alejandría (cépage) 332
Moscatel de Grano Menudo 200
Moscatel de Setúbal 214
Moscato (cépage) 158, 160, 162, 187, 188
Moscato Bianco (cépage) 187
Moscato d'Asti 157, 160, 159 (D3), 161 (E4)
Moscato de Noto 187, 187 (G5)
Moscato de Syracuse 187, 187 (F5)
Moscato di Pantelleria 187, 187 (F2)
Moscato di Trani 185 (A3)
Moscato Passito di Pantelleria 187 (F2)
Moschofilero (cépage) 284, 284
Mosconi 165 (F5)
Moselle 26, 30, 227-234, 53 (B5), 225 (E2)
Moslavina 273 (B3)
Moss Brothers 341 (C5)
Moss Wood 340, 341, 341 (D5)
Most 270, 270 (E2)
Mostar 272, 273 (D3)
Mota, Roberto de la 333
Motrot, en 67 (E2)
Motte, la 371 (D5)
Mouchottes, les 60 (G1)
Moueix, Jean-Pierre 104, 106
Mouille, la 67 (E3), (E4)
Moulin Cruottes Moyne, aux 63 (B1)
Moulin des Costes 148 (E3)
Moulin Landin, au 61 (F1)
Moulin Moine, le 61 (E2)
Moulin-à-Vent 74, 55 (F5), 73 (B4), 74 (B5)
Mouline, la (Côte-Rôtie) 132-133, 133 (B4)
Mouline, la (Margaux) 97 (E2)
Moulis 94
Moulis-en-Médoc 83 (D2), 95 (F3)
Mount Avoca 352 (B2)
Mount Badacsony 267
Mount Barker (Australie du Sud) 348, 348 (D5)
Mount Barker (Australie-Occidentale) 339, 339 (E6)
Mount Benson 349, 336 (F6), 349 (C4)
Mount Canobolas 357
Mount Difficulty 363 (F5)
Mount Edelstone 344, 344 (C6)
Mount Eden 306, 307 (C2)
Mount Edward 363 (F4)
Mount Evelyn 354 (D4)
Mount Gambier 349, 349 (E6)
Mount Harlan 307, 307 (E4)
Mount Hermon 286
Mount Horrocks 345 (G5)
Mount Hurtle 346 (D5)
Mount Ida 352 (B3)
Mount Langi Ghiran 352, 353, 352 (C2)
Mount Mary 354, 354 (C4)
Mount Maude 363 (D5)
Mount Michael 363 (F5)
Mount Riley 362 (G4)
Mount Veeder 300, 302, 301 (E4), (F4)
Mount View 357 (D4)
Mountadam 344, 344 (E5)
Mountford 359
Moura, Alentejo 210 (E5), 215 (C5)
Moura, Douro 218 (F4)
Mourão 210 (E5), 215 (B6)
Mourels 141 (B3)
Mourvèdre (cépage) 22, 136, 138, 140, 148, 193, 287, 343, 346
Moutai 372 (E5)
Moutier Amet 63 (C1)
Moutonne, la 76, 77 (D4)
Moutonnes, les 133 (A4)
Mouzáki 284 (G3)
Mouzillon 119 (F3)
Movia 173 (D3)
Mtsvane (cépage) 280
Mud House 362 (G2)
Mudgee 357, 337 (D4)
Muehlforst 129 (F4)
Mués 200 (B2)
Muffato 183
Muga 199 (F3)
Mugnier, J.-F. 64
Mühlberg (Nahe) 242 (F5), (F6)
Mühlberg (Wachau) 260 (E2)
Mühlpoint 261 (B1)
Mujuretuli (cépage) 280
Mukuzani 278 (G5)
Mulató 268 (E3)
Mulchén 328
Mulderbosch 371 (D2)
Mülheim 232, 232 (G4)
Mulhouse 127 (G4)
Müllen, Martin 233
Müller, Dr 254
Müller, Egon 228, 270
Müller-Catoir 245, 245
Müller-Thurgau (cépage) 30, 158, 168, 226, 227, 241, 243, 245, 249, 250, 251, 253, 254, 259, 270
Müllheim 248 (G1)
Mumfords 253 (F4)
Mumm Napa Valley 303 (F4)
Mumm, von 235
Munari 352 (B3)
München 225 (G4)
Mundelsheim 248 (D4)
Mundulla 349
Munson, Thomas V 312
Münster-Sarmsheim 244, 242 (A5)
Muntenie 276–277, 277 (D4)
Murana 187 (F2)
Muratie 371 (D3)
Murcia 190 (F4)
Murdoch James 361 (C4)
Murdock 350 (D5)
Muré, René 126-129
Murées, les 60 (F1)
Murefte 285 (B3)
Muret 134
Murets, les 135 (C5)
Murfatlar 277, 277 (D5)
Murger de Monthelie, au 61 (E2)
Murgers des Dents de Chien, les 60 (F3)
Murgers, aux 65 (E3)
Murgo 187, 187 (E5)
Murietta's Well 307 (A3)
Muri-Gries 169 (C6)
Murphy-Goode 296 (C5)
Murray Darling 336, 351, 337 (E1)
Murray River 336, 352
Murray, Andrew 310
Murrumbateman 337 (E4)
Mûrs-Érigné 120 (D3)
Muruzábal 200 (A3)
Muscadelle (cépage) 84, 102, 113, 339, 351
Muscadet 118-119
Muscadet-Coteaux-de-la-Loire 118
Muscadet-Côtes-de-Grandlieu 118
Muscadine (cépage) 290, 291
Muscat (cépage) : Afrique du Sud 367, 369 ; Australie 351, 353 ; Bulgarie 275 ; Chine 373 ; France 23, 126, 131, 138, 144, 149 ; Grèce 282, 282, 283, 284 ; Italie 186 ; Portugal 214 ; Tunisie 287
Muscat Bailey A (cépage) 374
Muscat Blanc (cépage) 23, 200, 268, 283
Muscat d'Alexandrie (cépage) 187, 214, 286, 332, 374
Muscat du Cap Corse 149 (B6)
Muscat Ottonel (cépage) 264, 275, 276, 277
Muscat-de-Frontignan 143, 143 (D3)
Muscat-de-Lunel 143, 143 (B5)
Muscat-de-Mireval 143, 143 (D3)
Muscat-de-Rivesaltes 144
Muscat-de-Saint-Jean-de-Minervois 140
Musenhang 246 (E2)
Musigny 58, 66, 65 (E6), 66 (E2)
Muskat Momjanski (cépage) 272
Müskát Moravsky (cépage) 270
Muskateller (cépage) 245, 264
Müstert 230 (C5)
Muswellbrook 356, 337 (D5)
Mutigny 81 (D4)
Myanmar 375
Myans 151 (C4)
Mykonos 283 (D4)
Myrtleford 337 (F3), 352 (B6)
Myskhako 279

N

Nabise Mt Liban 286 (C5)
Nackenheim 241, 240 (D4), 241 (B5)
Nackenheim-Rothenberg 241
Nafplio 284 (F4)
Nagambie 337 (F2)
Nagambie Lakes 353, 337 (F2), 352 (B4)
Nagano 374, 374 (F5)
Nagoya 374 (F5)
Nagyszőlő 268 (G4)
Nahe 226, 242–244, 225 (E2)
Nájera 198, 199 (B1)
Nalle 296 (C4)
Nalles 169 (C5)
Nampoillon 61 (C1)
Nancagua 328
Nancy 53 (B5)
Nantes 53 (D1), 118 (B2), 119 (F2)
Nantoux 57
Naoussa 282, 283 (A2)
Napa 293 (B2), 299 (C5), 301 (F5)
Napa County 293
Napa Valley 26, 292, 293, 299, 300–302, 299 (C4), (E5), 301 (C4), (E5)
Napa Wine Company 304
Napier 358 (C6), 360 (A5)
Napoli 184 (D2)
Naracoorte 336 (F6), 349 (C6)
Narbantons, les 63 (B1)
Narbonne 141 (C4)
Nardo 185 (C5)
Narince (cépage) 285
Narni 183 (D5)
Narrenkappe 243 (C4)
Narvaux 61
Narvaux-Dessus, les 60 (F6)
Narveaux-Dessous, les 60 (F6)
Nasco (cépage) 188
Nastringues 115 (B4)
Nau Frères 122 (D3)
Nautilus Estate 362 (G2)
Nava de Roa 196 (E3)
Navaridas 199 (A1), (F5)
Navarre 200, 190 (D4)
Navarro 294, 294 (B2)
Navarro Correas 331 (B4)
Nazoires, les 66 (F2)
Néac 104, 107 (C6)
Neagles Rock 345 (E4)
Nebbiolo (cépage) 22,158, 160, 162, 163, 164, 275, 313
Nebbiolo d'Alba 160, 161 (D3)
Neckarsulm 248 (D4)
Neckenmarkt 259 (D5)
Nederburg 371 (A5)
Neef 233
Neethlingshof 371 (E2)
Negev 286 (G4)
Negev Desert 286
Negrar 171
Négrette (cépage) 113
Negroamaro (cépage) 185
Neil Ellis 371 (E3)
Neipperg 248 (D4)
Neive 162, 163 (C5)
Nekeas 200 (A3)
Nelas 212 (F4)
Nelson 359, 358 (C5)
Nelson Estate Vineyard 299 (C2)
Neméa 284, 283 (C3), 284 (F4)
Neo Muscat (cépage) 374, voir aussi Muscat
Nepenthe 348, 348 (C5)
Nerello (cépage) 187
Nerello Mascalese 187
Nero d'Avola (cépage) 186, 187
Neszmély 267 (D3)
Neuberg (Burgenland) 264 (D3)
Neuberg (Kremstal) 262 (F6)
Neubergen 263 (G2)
Neubergern 263 (F3)
Neuburger (cépage) 259, 264
Neuchâtel 254, 255, 255 (F2)
Neudorf (Nouvelle-Zélande) 359
Neufeld 264 (F3)
Neuillé 118 (B5)
Neumagen 231, 227 (F4), 230 (D4)
Neuquén 331, 333, 324 (G4)
Neusiedeln 263 (D2)
Neusiedl 259 (C6)
Neusiedl am See 264 (E3)
Neusiedlersee 258, 264, 259 (C6), 264 (F3)
Neusiedlersee-Hügelland 264–265, 259 (C5), 264 (F2)
Neusiedlerweg 264 (F3)
Neustadt 245, 244 (E4), 250 (F5)
Neustadt-Haardt 245
Neuweier 248 (E2)
Nevada 291 (B2)
Nevşehir 285 (C5)
New Hall 253 (F6)
New Jersey 290, 291, 291 (B6)
New York 25, 290, 291, 320, 291 (B6), 320 (D5)
Newberg 316 (E4)
Newburgh 320 (C5)
Newcastle 337 (D5)
Newlan 301 (E5)
Newton 301 (C3)
Newton Johnson 366 (G3)
Nga Waka 361 (B4)
Ngatarawa 360 (C4)
Niagara Escarpment 320, 320 (A1), (A2), 321 (G4)
Niagara Falls 320 (A1), 321 (G6)
Niagara Lakeshore 321 (F5)
Niagara Peninsula 321
Niagara River 321 (F6)
Niagara-on-the-Lake 320 (A1), 321 (F6)
Nicastro 184 (F4)
Nice 147 (B6)
Nichelini 301 (C5)
Nickel & Nickel 304 (B4)
Nicolas, Eric 119
Nicoreşti 276, 277 (C5)
Nicosia 285 (F5)
Niebaum-Coppola 303
Niederberg-Helden 232
Niederberghelden 232 (F4)
Niederemmel 230 (C5)
Niederfell 233
Niederhausen 243, 242 (B4), 243 (F2)
Niederhhausen-Schlossböckelheim 244
Niederkirchen 244 (E4), 246 (F3)
Niedermennig 229 (A4)
Niedermorschwihr 127 (E4), 129 (E1)
Nieder-Olm 240 (D3)
Niederösterreich 258
Niellucio (cépage) 149, voir aussi Sangiovese
Niepoort Vinhos 218
Niepoort, Dirk 218
Nierstein 240, 241, 240 (D3), 241 (E5)
Niersteiner Gutes Domtal 226, 240, 241
Nies'chen 234 (C4)
Nieto Senetiner Vistalba 331 (B4)
Nietvoorbij Research Centre 370
Nigl 262
Nikolaihof 261
Nilkut 285 (B3)
Nîmes 143 (A6)
Ningxia Huizu Zizhiqu 372 (B5)
Ningxia Province 372
Ninth, Île 355 (F5)
Niš 272, 273 (D6)
Nisava 273 (D6)
Nitida 366 (F2)
Nitra 270, 270 (G4)
Nitrianská 270 (G4)
Nittardi 179 (E3)
Nittnaus, Hans & Anita 264
Nk'Mip Cellars 314, 315 (G6)
No 1 362 (F2)
Noblaie, la 122 (G3)
Noble Joué 122
Noceto 311 (B5)
Noemia 333
Noirets, les 63 (B4)
Noirots, les 66 (E3)
Noizay 123 (E5)
Noizons, les 62 (C2)
Nonnenberg (Bernkastel) 232 (E4)
Nonnenberg (France) 126
Nonnenberg (Rheingau) 2 37 (E4)
Nonnengarten (Nahe) 243 (E3)
Nonnengarten (Palatinat) 246 (C2), (C3)
Nonnenstück 246 (E4), (F3)
Noon 347, 346 (F5)
Nordheim 251, 250 (E4)
Norfolk Rise 349 (C4)
Norheim 243, 242 (B5), 243 (F3)
North Coast (États-Unis) 292-293, 293 (A1), (B2)
North Fork (États-Unis) 320, 320 (D5)
North Yuba 293, 293 (A3)
Northstar Pepper Bridge 319 (F2)
Norton (Argentine) 333, 331 (B4)
Norton (cépage) 290, 291
Nort-sur-Erdre 118 (B2)
Nosiola (cépage) 168
Nosroyes, les 60 (G4)
Noszvaj 267 (D4)
Nothalten 127 (C4)
Notre-Dame d'Allençon 120 (F5)
Nottola 182 (C4)
Nouveau-Mexique 313, 291 (C3)
Nouvelles-Galles-du-Sud 338, 356–357
Nouvelle-Zélande 19, 358–363
Nova Scotia 321
Nova Zagora 275 (C4)
Novara 159 (C4)
Novartis 197
Nové Bránice 270, 270 (F3)
Nové Zámky 270 (G4)
Novello 165 (F3)
Novi Pazar 275 (B5)
Novi Sad 273 (C5)
Novo Selo 275 (A1)
Novy Saldorf 270, 270 (G3)
Novy Svet 279
Novy Svit 278 (F2)
Noyer Bret 60 (G3)
Nozzole 179 (C3)
Nuits-Saint-Georges 64-65, 55 (C6), 65 (F1)
Nulkaba 357 (D5)
Numanthia Termes 195 (E4)
Nuoro 188, 188 (B4)
Nuragus (cépage) 188
Nuriootpa 343, 336 (E5), 342 (C5)
Nussbien 245, 246 (G2)
Nussbrunnen 236, 237 (F1)
Nussriegel 246 (B2)
Nusswingert 230 (D3)
Nutbourne 253 (G5)
Nyetimber 253, 253 (G5)
Nyíregyháza 267 (D5)
Nykolayiv 278 (E2)
Nyon 256 (E2)
Nyons 137 (B4)
Nyúl 267 (E2)
Nyulászó 269, 268 (F2)

O

O Rosal 194
O'Leary Walker 345 (G5)
Oak Knoll (Californie) 302, 301 (E5)
Oak Knoll (Oregon) 316 (D4)
Oak Valley 366 (G2)
Oakford 304 (B4)
Oakland 293 (B2)
Oakridge 354 (C5)
Oakville 304, 301 (D4), 303 (G4), 304 (B5)
Oakville Ranch 304 (A5)
Oatley 253 (F4)
Oberarnsdorf 260 (D3)
Oberberg 237 (E5)
Obere Pointen 262 (F6)
Obere Zistel 262 (F6)
Oberemmel 229 (C4)
Oberer Neckar 248 (E3)
Oberfeld 262 (F6)
Oberhausen 243, 242 (B4), (C5)
Oberhauser 260 (B6)
Oberkirch 248 (E2)
Oberloiben 260, 261, 260 (B6)
Obermarkersdorf 259 (A4)
Obermorschwihr 128 (F4)
Oberpullendorf 259 (D5)
Oberrotweil 248
Oberschwarzach 250 (E5)
Oberstocksfall 258, 259 (B4)
Oberwalluf 237 (F5)
Óbidos 210 (D3)
Obrigheim 244 (D4)
Observatory, The 366 (F2)
Obuse 374 (F5)
Oc, d' 153 (D4)
Ochoa 200 (B3)
Ochsenfurt 250 (F4)
Ockenheim 240 (D1)
Ockfen 229 (E3)
Octavian 43
Odenas 73 (D3), 74 (G3)

Odessa 278
Odfjell 329 (A5)
Odinstal 246 (E1)
Odoardi 184 (F4)
Odobeşti 276, 277 (C5)
Oeil-de-Perdrix 255
Oenoforos 284, 284 (E3)
Oestrich 236, 235 (D4), 236 (F5)
Ofenberg 263 (B4)
Offenberg 260 (C2)
Offenburg 248 (E2)
Oger 81 (F3)
Oggau 259 (C5)
Ogier 133
Ohio 290, 291, 291 (B5)
Ohligsberg 230 (C6)
Ohrid 273 (F5)
Oion 199 (A2)
Oiry 81 (E4)
Oisly 119 (B2)
Ojai 312 (D1)
Okanagan Valley 314, 315 (G4)
Okuizumo 374 (F4)
Okureshi 278 (G4)
Oküzgözü (cépage) 285
Olasz Rizling (cépage) 266, 267
Olaszliszka 269, 268 (E4)
Ölberg (Hesse rhénane) 241 (E4)
Ölberg (Palatinat) 246 (G2)
Olbia 188 (A4)
Old Mission 291
Olifants River 367, 366 (D2)
Olite 200 (B3)
Olive Farm 339 (B4)
Oliveira do Bairro 212 (F2)
Olivier Merlin 70 (E1)
Olivier, l' 123 (E1)
Ollauri 198 (B6), 199 (F3)
Ollioules 148 (F5)
Ollon 257, 256 (F5)
Olmo's Reward 340
Oloroso 206, 207
Olssens 363 (F5)
Oltenia 276, 277, 277 (D3)
Oltrepò Pavese 158, 159 (D4)
Olvena 201 (F6)
Olympia 315 (B2)
Omar Khayyam 375
Ombrie 157, 183
Omlás 268 (E3)
Omodhos 285 (G4)
Ondenc (cépage) 113
Onder-Papegaaiberg 371 (E2)
Onkelchen 243 (F3)
Ontario 30, 321, 291 (A5)
Opimian 13
Opitz, Willi 264
Oplenac 273 (D5)
Oporto 220, 221
Oppenheim 241, 240 (D4), 241 (F6)
Optima 296 (D5)
Opus One 304, 304 (B4)
Ora 169 (E6)
Orahovac 273 (E5)
Orange (Australie) 357, 337 (D4)
Orange (France) 138, 137 (D2), 139 (C1)
Orbel 241 (E4)
Ordoñez, Jorge 194, 205
Ordonnac 86, 87 (F5)
Oregon 19, 30, 310, 314, 291 (B1)
Oregon City 315 (D3), 316 (E5)
Oremus 268, 269, 2 68 (C6), (E4)
Orfila 312 (D1)
Organisation Internationale de la Vigne et du Vin (OIV) 272, 279, 331, 372
Oriachovitza 275 (C4)
Orissa 375
Oristano 188 (C3)
Orlando 343
Orlando (Barossa Valley) 342 (E4)
Orlando (Limestone Coast) 349 (B5)
Orlando Russett Ridge 350 (C5)
Orléans 119 (A3)
Orleans Hill 311 (B3)
Ormarins, l' 371 (D4)
Orme, en l' 62 (B6)
Ormeau, en l' (Meursault) 61 (F4)
Ormeau, en l' (Santenay) 59 (C5)
Ormes, aux 65 (F4)
Ormond 358 (B6)
Ormoz 271 (B6)
Ornato 165 (F6)
Ornellaia 176, 177, 177 (B4)
Orofino 315 (G5)
Orovela 280
Orschwihr 127 (F3), 128 (D2)
Orta Nova 184 (D3)
Ortenau 249, 248 (E2)
Ortenberg 248 (E2)
Ortiz, Patricia 333
Orveaux, en 65 (E5)
Orvieto 183, 175 (D4), 183 (C4), (D4)
Orvieto Classico 175 (D4), 183 (C4)
Oryahovica 275 (C4)
Osaka 374 (F4)
Osca 201 (F3)
Oseleta (cépage) 171
Osorno 326
Osoyoos-Larose 315 (G5)
Osterberg (Alsace) 129 (F4)
Osterberg (Palatinat) 246 (B3)
Osterhöll 243 (D4)
Ostertag, André 127
Osthofen 240 (F3)
Ostrava 270 (F4)
Ostrov 277 (D5)
Ostuni 185 (B5)
Ostwald 127 (A6)
Otago 361, 363
Othegraven, von 228
Ott, Karl & Bernhard 258
Otto Bestué 201 (F6)
Oudart, Louis 162
Oudtshoorn 366 (F6)
Ourense 190 (D2)
Oustal de Cazes, l' 141 (B2)
Ouzbékistan 375
Ovada 160
Ovello 163 (C3)
Overberg 368, 366 (G3)
Overgaauw 371 (E2)
Oviedo 190 (C2)
Oxford Landing 336
Ozenay 70 (A4)
Ozurgeti 278 (G4)

P

Paardeberg 368
Paarl 370-371, 366 (F2), 371 (A4)
Pacheco Pass 307 (D4)
Pacherenc du Vic-Bilh 114
Padernã (cépage) 211
Padihegy 268 (F2)
Padoue 166, 167 (D4)
Padthaway 349, 352, 336 (F6), 349 (B5)
Padthaway Estate 349 (B5)
Paestum 185
Pagadebit di Romagna 167 (F4), 175 (B5)
Paganos 199 (F6)
Page Mill 307 (B1)
Pago de Carraovejas 196 (E3)
Pago de los Capellanes 196 (D3)
Pagos 191, 193, 206
Pagos del Rey 197, 196 (D3)
Pahlmeyer 301 (E6)
Paiagallo 165 (E3)
Paicines 307 (E5)
Païen (cépage) 255, 256
Paillère, la 101 (B3)
País (cépage) 327, 328
Pajoré 162, 163 (E3)
Pajzos 269, 268 (E5)
Pakhna 285 (G4)
Palace Hotel Buçaco 213
Palacio 199 (F6)
Palacio de la Vega 200 (B2)
Palacios Remondo 199 (C5)
Palacios, Alvaro 191, 192
Palandri 341 (D6)
Palari 187 (E6)
Palatinat 226, 235, 244–247, 225 (F2)
Pálava (cépage) 270
Palazza, la 183 (D6)
Palazzino, Il 179 (F4)
Palazzola, la 183 (D5)
Palazzone 183 (C4)
Palazzone, Il 181 (B5)
Palermo 187 (E3)
Palette 146
Palič 273 (B5)
Palladius 367, 368
Pallet, le 119 (F3)
Palliser 361, 361 (B4)
Pallud, en 67 (E1)
Palma 193, 190 (F6), 193 (F1)
Palmela 214, 210 (E4), 214 (E3)
Palmer (États-Unis) 320 (E5)
Palmer (France) 78
Palo Cortado 207
Palomino (cépage) 191, 286
Palomino Fino (cépage) 205
Paloumey 97 (F5)
Palt 263 (F1)
Pamhagen 259 (D6)
Pamid (cépage) 275
Pampa, la 324 (G4)
Pamplona 190 (D4), 200 (A3)
Pamukkale 285, 285 (C4)
Panayia 285 (G3)
Panciu 276, 277 (C5)
Pannonhalma 267 (E2)
Panquehue 327
Pantelleria 186, 187
Panther Creek 316 (E4)
Panzaun 263 (B2)
Paolo Cesconi 168 (B5), 169 (G4)
Papagiannakou 283 (C3)
Papaioannou 284, 284 (F4)
Papaioannou, Thanassis et Giorgos 284
Papantonis 284 (F4)
Papegaaiberg 370, 371 (D3)
Paphos 285, 285 (G3)
Paquiers, aux 59 (B2)
Paracombe 348, 348 (A4)
Paradelinha 218 (D5)
Paradies 232 (C6)
Paradiesgarten 246 (G2)
Paradigm 304 (C4)
Paradis, le 125 (B4)
Paradiso, Il 179 (E1)
Paraduxx 301 (D5)
Paraguay 324 (E5)
Paraiso Springs 307 (F4)
Parc Bellevue 148 (F3)
Parducci 294
Parellada (cépage) 202
Parés Balta 203 (E3)
Pargny-lès-Reims 81 (A2)
Paringa 352 (D4)
Paris 53 (B3)
Paris, Vincent 130
Parker 350, 350 (D5)
Parker, Robert 316
Parma 159 (D6), 167 (E1)
Páros 283, 283 (D4)
Parraleta (cépage) 201
Parras 312 (F4)
Parras Valley 313
Parrina 175 (D2)
Parterre, le 60 (F1)
Parva Farm 253 (F4)
Parxet 203, 203 (D6)
Pas de Chat, les 66 (E2)
Pasanau Germans 204 (B5)
Pascal Jolivet 125 (B4)
Paschal Winery 315 (G2)
Paschingerin 263 (D2)
Pasco 315 (B5), 318 (E6)
Pask, C. J. 360 (B4)
Paso Robles 308–309, 309 (B2)
Pasquelles, les 60 (F2)
Pasquiers, les 61 (G4)
Passetemps 59 (C3)
Passito 183
Passopisciaro 187 (E5)
Pasteur, Louis 42
Pastura 163 (D4)
Patagonia 331, 332, 333
Paterberg 241 (F5)
Patergarten 129 (E2)
Paterno 182 (D4)
Paternoster 185, 184 (D3)
Paterson 315 (C5), 318 (F5)
Patianna 294, 294 (C4)
Pato, Luís 211, 212, 213
Patócs 268 (E2)
Pátra 284, 283 (C2), 284 (E3)
Patriarche Père et Fils 58, 62
Patrimonio 149, 149 (B6)
Patutahi 358 (B6)
Patz & Hall 299 (D5), 301 (G6)
Pau 113 (E1)
Pauillac 86, 90-91, 83 (D2), 91 (D5), 92 (D4)
Paul Cluver 366 (G2)
Paul Hobbs 304, 333, 296 (F5)
Paul Janin et Fils 74 (C6)
Paul Osicka 352 (B4)
Paulands, les 63 (D4)
Paules, les 62 (D3)
Paulett 345 (F5)
Paulinsberg 230 (A6), (B5)
Paulinshofberg 231, 230 (A6), 231 (A1)
Paulinshofberger 230 (B5), (B6)
Paulinslay 230 (A6), 231 (A1)
Paumanok 320 (E5)
Paupillot, au 60 (G4)
Pavia 159 (C4)
Pavillon Blanc, le 96, 97 (B1)
Pavillon Ermitage 134
Pavlidis 283 (A3)
Pavlikeni 275 (B3)
Pavlov 270 (G3)
Pays Nantais 118
Paysandú 324 (F5)
Pazardzhik 275 (C3)
Pazo de Barrantes 194 (B4)
Pazo de Señorans 194 (B4)
Pcinja-Osogovo 273 (F6)
Peachy Canyon 309 (B1)
Pebblebed 253 (G3)
Péby Faugères 105 (D4)
Peč 273 (E4)
Pécharmant 115
Pechstein 246 (E2)
Peciña 199 (F4)
Peconic Bay 320 (E5)
Pécoui Touar (cépage) 146
Pécs 266, 267 (F3)
Pécsi 268 (F3), (G3)
Pécsvárad 267 (F3)
Pedernal Valley 332
Pedrizzetti 307 (C3)
Pedro Domecq 313, 312 (D1), (G4)
Pedro Giménez (cépage) 332
Pedro Ximénez (cépage) 205, 207, 313
Pedroncelli 296 (C4)
Pedrosa de Duero 196 (D3)
Peekskill 320 (C5)
Peel 339 (C4)
Pegos Claros 214 (D4)
Peirano 311 (D4)
Peissy 256 (F1)
Peju Province 303 (G3)
Pékin 373, 372 (B5), (E3)
Pékin Fengshou 372 (E3)
Pélago 179 (A5)
Pelagonija-Polog 273 (F5)
Pelagrilli 181 (B5)
Pelaverga (cépage) 160
Péléat 134, 135 (C5)
Pelee Island 321
Pelendri 285 (G4)
Pelisseri 163 (B4)
Pelješac Peninsula 272
Pellegrini 320 (E5)
Pellegrino 187, 187 (E2)
Peller Estates 321 (F6)
Pellerin, le 118 (B2)
Pelles-Dessus, les 61 (G1)
Pelles-Dessous, les 60 (G6)
Péloponnèse 282, 284
Peloux, aux 71 (C4)
Pemberton 340, 339 (E4)
Pemboa 253 (G2)
Peñafiel 190 (D3), 196 (E3)
Peñaflor (Argentine) 333, 331 (B4)
Peñaflor (Chili) 329 (B5)
Peñaranda de Duero 196 (D5)
Pendits 268 (E1)
Penedès 202, 190 (E5), 203 (E4)
Peney 256 (F1)
Penfolds 343, 350, 357, 342 (D5)
Penfolds Magill Estate 348 (B3)
Peninsula Ridge 321 (F3)
Penley 350, 350 (B6)
Penner-Ash 316 (E4)
Pennsylvanie 290, 291, 291 (B6)
Penny's Hill 346 (F4)
Penola 336 (G6), 350 (D5), 349 (D6)
Penola Fruit Colony 350
Pentro di Iserna 175 (G5)
Penwortham 345 (F4)
Pepper Bridge Vineyard 319 (F2)
Pepper Tree 357 (C5)
Peppers Creek 357 (C4)
Pêra Manca 215
Peralillo 328
Perchots, les 61 (F2)
Perchtoldsdorf 259 (C5)
Perclos, les 60 (G2)
Perdriel 332, 331 (B4)
Perdrix, aux 64 (E4)
Peregrine 363 (F4)
Peregrine Hill 312
Pereira d'Oliveira 223 (G3)
Perelli-Minetti, M. 303 (F3)
Péré-Vergé, Catherine 333
Pérez Barquero 207
Pérez Cruz 329 (B6)
Pérez Pascuas 196 (D3)
Pergine Valsugana 168 (C6)
Pericoota 337 (F2)
Périère, la 60 (B6)
Périgord 153 (C3)
Perlé 113
Perle de la Moldavie 276
Përmet 273 (G4)
Pernand-Vergelesses 63, 55 (C5), 63 (B4)
Pernik 275 (C1)
Pernod Ricard 280, 313, 333, 337, 343, 359, 373
Pérolles, les 59 (B2)
Péronne 70 (C3)
Pérou 324, 325, 324 (C3)
Pérouse 183, 175 (C4), 183 (B5)
Perpignan 145 (B4)
Perréon, le 73 (D3)
Perret, André 133
Perrière Noblot, en la 65 (E3)
Perrière, la (Bourgogne) 67 (E1), (D3)
Perrière, la (Sancerre) 125 (B4)
Perrières Dessous, les 60 (F5)
Perrières, aux 60 (F5)
Perrières, les (Beaune) 62 (B5), (D1), 63 (C3)
Perrières, les (Meursault) 58, 60, 61, 60 (D2), (G4)
Perrières, les (Nuits-Saint-Georges) 64 (E6)
Perrières, les (Pouilly-Fuissé) 71 (D4)
Perrier-Jouët 78, 79, 80
Perrin, famille 309
Perroy 256 (E3)
Perry Creek 311 (B6)
Pertaringa 346 (F5)
Perth 339, 339 (B4)
Perth Hills 339 (B4)
Pertuisots 62 (C3)
Perup 340
Perushtitsa 275 (C3)
Pervomays'ke 278 (E2)
Perwolff 265
Pesaro 175 (B6)
Pescara 175 (F6)
Pesenti-Turley 309 (B2)
Peshkopi 273 (F4)
Peshtera 275 (C3)
Pêso da Régua 210 (B5), 218 (F1)
Pesquera 196 (D3)
Pesquera de Duero 197, 196 (D3)
Pesquié 136
Pessac 83 (F3), 101 (A2)
Pessac-Léognan 27, 100–101
Pestkreuz 263 (D1)
Petaluma 345, 350, 348 (C4)
Petaluma Evans 350 (A5)
Petaluma Gap 295, 296
Peter Dipoli 169 (E5)
Peter Lehmann 342 (D4)
Peter Michael 296 (D6)
Petingeret 60 (F2)
Petit Auxey 61 (D1)
Petit Batailley 91 (E4), 92 (E3)
Petit Bois 101 (A4)
Petit Chablis 75, 76
Petit Clos Rousseau 59 (A1)
Petit Courbu (cépage) 112, 114
Petit Manseng (cépage) 114
Petit-Poujeaux, le 95 (G3)
Petit Rouge (cépage) 158
Petit Verdot (cépage) 84, 193, 205
Petite Arvine (cépage) 158, 255, 256, 257
Petite Causse 141 (B1)
Petite Chapelle 66 (E6)
Petite Combe, la 61 (E6)
Petite Gorge, la 133 (F2)
Petite Sirah (cépage) 282, 294, 305, 313
Petites Fairendes, les 59 (C5)
Petits Cazetiers 67 (D2)
Petits Charrons, les 61 (F1)
Petits Clos, les 59 (C5)
Petits Crais, les 67 (D3)
Petits Epenots, les 62 (C2)
Petits Gamets, les 61 (G4)
Petits Godeaux 63 (B2)
Petits Grands Champs, les 60 (G4)
Petits Liards, aux 63 (B1)
Petits Monts, les 65 (E4)
Petits Musigny, les 65 (E6), 66 (E1)
Petits Noizons, les 62 (B1)
Petits Nosroyes, les 60 (G4)
Petits Picotins, les 63 (D1)
Petits Poisots, les 61 (G5)
Petits Vercots, les 63 (C3)
Petits Vougeots, les 65 (E6), 66 (E2)
Pető 268 (E4)
Petra 177 (E5)
Petri 284 (E4)
Petroio Lenzi 179 (F3)
Pettenthal 241, 241 (C5), (D4)
Peuillets, les 62 (C6)
Peutes Vignes, les 61 (F3)
Peux Bois 60 (F4)
Pewsey Vale 344, 344 (E4)
Peynaud, Emile 176
Peyraud, famille 148
Pez 89 (E4)
Pezá 283 (E4)
Pézenas 142, 143 (D1)
Pézerolles, les 62 (C2)
Pezinok 270, 270 (G3)
Pezzi-King 296 (D4)
Pfaffenberg 236 (F6)
Pfaffenheim 127 (E4), 128 (E3)
Pfaffenstein 243 (F2)
Pfaffenthal 260 (A6)
Pfalzel 227 (F4)
Pfalzhoch 244
Pfastatt 127 (G4)
Pfeifenberg 262 (B6)
Pfersigberg 128 (F5)
Pfieffer 352 (A5)
Pfingstberg 128 (D2)
Pfingstweide 243 (F2)
Pfneiszl 267
Pheasant Ridge 312, 312 (D4)
Phelps, Joseph 295
Philadelphie (Afrique du Sud) 367, 366 (F2)
Philip Staley 296 (D4)
Philip Togni 301 (C2)
Philo 294
Phoenix 312 (D2)
Phylloxera 16, 18–19
Piacenza 159 (D5)
Piane, Le 158
Pian-Médoc, le 97 (G4)
Pianpolvere 165 (F4)
Piaton, le 133 (D2)
Piave 166, 167 (C4)
Pic Saint-Loup 142, 143, 143 (A3)
Picapoll (cépage) 203
Picardan (cépage) 138
Picardy 340, 339 (E4)
Picasses, les 122 (E2)
Piccadilly Valley 348, 348 (C4)
Pichler, FX 260
Pichler, Rudi 260
Pichlpoint 260 (B4)
Pickberry Vineyard 299 (C2)
Picolit (cépage) 157, 173
Picpoul (cépage) 203
Picpoul Noir (cépage) 138
Picpoul-de-Pinet 143, 143 (D1)
Picutener (cépage) 158
Pièce Fitte, la 61 (E4)
Pièce sous le Bois, la 60 (F5)
Pied d'Aloue 77 (D5)
Piedirosso (cépage) 185
Piémont 16, 157, 158, 160–161
Pierce's Disease 19, 290, 292, 306, 313
Pieropan 170
Pierre & Catherine Breton 122 (D3)
Pierre Caslot 122 (C3)
Pierre Vessigaud 71 (C4)
Pierre Virant 66 (E4)
Pierreclos 70 (E1)
Pierre-Jacques Druet 122 (C2)
Pierrelatte 137 (B2)
Pierres Vineyard, les 299 (C2)
Pierres, les 60 (G2)
Pierres, Les (Californie) 298
Pierro 341, 341 (D5)
Pierry 81 (E3)
Piesport 230–231, 227 (F4), 230 (B4)
Piesporter Goldtröpfchen 231
Piesporter Michelsberg 231
Pietroasa 277
Pieve del Vescovo 183 (B5)
Pieve Santa Restituta 181 (C4)
Pigato (cépage) 158, 159, 188
Pignolo (cépage) 172
Pijanecki 273 (F5)
Pike & Joyce 348 (B5)
Pikes 345 (E5)
Pillar Rock 305 (F4)
Pillitteri 321 (F5)
Pillnitz 251
Pimentiers, les 63 (C1)
Pimont, en 60 (F2)
Pimontins 133 (B3)
Pin, le (Bordeaux) 82, 107 (E4)
Pin, le (Loire) 122 (E3)
Piña Cellars 303 (F4), 304 (A5)
Pinada 91 (F5), 92 (E4)
Pinard, Vincent 124
Pince-Vin 67 (E2)
Pindar 320 (D5)
Pine Ridge 305 (F4)
Pineau d'Aunis (cépage) 118
Pineau de la Loire (cépage) 120
Pineaux, les 122 (F2)
Pinenc (cépage) 114, voir aussi Fer-Servadou
Pinesse, la 103 (C3)
Pinguet, Noël 123
Pinhão 216, 218, 218 (F5)
Pinkafeld 259 (E4)
Pinnacles Vineyard 307 (F4)
Pinot Bianco (cépage) 158, 160, 166, 169, 172, 173
Pinot Blanc (cépage) 23, 126, 171, 254, 259, 264, 270, 271, voir aussi Weissburgunder
Pinot Franc (cépage) 279
Pinot Grigio 157, 158, 160, 168, 169, 172, 173
Pinot Gris (cépage) 23 ; Amérique du Nord 310, 314, 317, 319 ; Australie 338, 348, 353, 355 ; France 126-127, 129 ; Hongrie 266 ; Moldavie 278 ; Nouvelle-Zélande 358, 361, 361, 362 ; République tchèque 270 ; Roumanie 276, 277; Slovénie 271 ; Suisse 254, 256, 257, voir aussi Grauburgunder
Pinot Meunier (cépage) 80, 249, 253
Pinot Negro (cépage) 332
Pinot Nero (cépage) 158, 160, 166
Pinot Noir (cépage) 20, 30, 314; Afrique du Sud 368; Amérique du Nord 293, 294, 296, 298–299, 306, 307, 309, 310, 314, 316–317, 319, 321 ; Amérique du Sud 325, 326, 327, 328, 332, 333 ;Angleterre 253 ; Australie 338, 339, 340, 348, 349, 353, 354, 355, 357; Autriche 259 ; Bulgarie 274 ; Espagne 202 ; France 15, 63, 64, 67, 68, 80, 117, 124, 126-127, 146, 150, 153 ; Hongrie 266, 267 ; Italie 166, 169 ; Nouvelle-Zélande 358, 359, 361, 362, 362, 363 ; République tchèque 270 ; Roumanie 276, 277 ; Serbie 272 ; Slovénie 271, 271 ; Suisse 254, 255, 256, 257, voir aussi Spätburgunder
Pinotage (cépage) 368
Pins, les 122 (C2)
Pinson 312 (F4)
Pintas 218, 218 (E5)
Pintia 195, 195 (E5)
Pinto Bandeira 325
Pinto Rosas, José Ramos 216
Pinto, Ramos 216, 218
Piombino 176, 177 (G3)
Pione (cépage) 374
Piper-Heidsieck 78
Pipers Brook 355, 355 (F5)
Pipers River 355, 355 (F6)
Pirámide 330
Pírgos 284 (F2)
Pirie 355 (F5)
Pirie, Andrew 355
Pirineos 201, 201 (F5)
Pirramimma 346, 346 (F4)
Pisa 175 (A2)
Pisa Range Estate 363 (F5)
Pisano, Gabriel 325
Pisco 325, 326
Pisoni 307 (F4)
Pisoni Vineyard 307 (F5)
Pissa 284 (F3)
Pistoia 175 (A3)
Piteşti 277
Pitschental 262 (E5)
Pitsitia 285 (G4)

394 | INDEX

Pitures Dessus 61 (E5)
Pizay 74 (E5)
Pizzini 351, 352 (B5)
Pizzorno 325
PJRM 273 (F5)
Pla de Bages 203, 190 (D6)
Plà i Llevant 193, 190 (F6)
Placerville 311 (B5)
Places, les 60 (G2)
Placher 263 (B4)
Plageoles, Robert 113
Plaimont 114
Plaisir de Merle 371 (C4)
Plaiurile Drâncei 277 (D2)
Plan de Dieu 139, 137 (C3), 139 (C3)
Plan du Castellet, le 148 (E3)
Planalto Serrano 324 (E6)
Planchots de la Champagne, les 63 (D1)
Planchots du Nord, les 63 (D1)
Planeta 186, 187, 187 (E3)
Planeta, Diego 186
Plantagenet 339, 340, 339 (E6)
Plante du Gaie 60 (G2)
Plantes au Baron 64 (F5)
Plantes Momières, les 59 (C5)
Plantes, les (Gevrey-Chambertin) 66 (E2)
Plantes, les (Meursault) 61 (E3)
Plantigone ou Issart 67 (D1)
Plateaux, les 65 (E1)
Platerie, la 122 (D3)
Platière, la (Beaune) 62 (B1)
Platière, la, Santenay 59 (D6), 60 (G1)
Plâtre, le 74 (D5)
Platzl 262 (D6)
Plavac Mali (cépage) 272
Pleasant Valley 290
Plesivica 273 (B2)
Plessys, les 71 (E6)
Pleven 275 (B3)
Plice, la 59 (C4)
Plovdiv 274, 275 (C3)
Pluchots, les 61 (G4)
Plume la Poule 101 (B4)
Plumpjack 304 (A5)
Plumpton College 253 (G5)
Plunkett 352 (B4)
Plures, les 61 (F3)
Pluris 260 (C3)
Plzeň 270 (F1)
Poboleda 204 (B5)
Pocerina-Podgora 273 (C4)
Pöckl, Josef 264
Podensac 98, 99
Podere Capaccia 179 (E4)
Podere la Capella 179 (D3)
Podere San Luigi 177 (G3)
Poderina, la 181 (C6)
Podersdorf 259 (C5)
Podgoria Dacilor 277 (D2)
Podgoria Severinului 277 (D2)
Podgorica 273, 273 (E4)
Podravje 271, 273 (A2)
Podunavlje 273 (B4)
Poet's Corner 357
Poggerino 179 (E4)
Poggette, le 183 (D5)
Poggibonsi 179 (E2)
Poggio al Sole 179 (D3)
Poggio al Tesoro 177 (A4)
Poggio Antico 181 (C5)
Poggio Bertaio 183 (B4)
Poggio Bonelli 179 (G5)
Poggio di Sotto 181 (D6)
Poggio Scalette 179 (D4)
Poggio Valente Morellino di Poggiolino, Il 179 (D3)
Poggio Valente Morellino di Scansano 174
Poggione, Il 181 (D4)
Poggiopiano 179 (C2)
Pogradec 273 (F4)
Poigen 260 (C4)
Poillange, en 60 (B6)
Poinchy 77 (D3)
Point (Kamptal) 263 (B4)
Point (Wachau) 260 (B5)
Pointes d'Angles 61 (F5)
Pointes de Tuvilains, les 62 (D3)
Pointes, aux 63 (B1)
Poirets Saint-Georges, les 64 (E6)
Poirier du Clos, le 60 (G1)
Poisets, les 64 (F5)
Poisot, le 61 (G5)
Poissenot 67 (D1)
Pojer & Sandri 168 (A5), 169 (G4)
Pokolbin 356, 337 (D5), 357 (C4)
Pokolbin Estate 357 (C4)
Pokuplje 273 (B2)
Pol Roger 78, 79, 80
Polešovice 270 (G3)
Poligny 150 (F2)
Polish Hill 345, 345 (E5)
Poliziano 182 (C4)
Polkadraai Hills 370, 366 (F2)
Pollino 184 (E4)
Pollock Pines 311 (B6)
Polmassick 253 (G2)
Polz 259
Pomerol 27, 82, 84-85, 104, 106–107, 83 (E4), 107 (D4), 108 (B6)
Pomino 175 (B4), 179 (A6)
Pommard 62, 55 (D5), 61 (F6), 62 (C1)
Pommeraye, la 118 (B4)
Pomorie 275 (B5)
Pompeii 12
Pomport 115 (B5)
Pondalowie 352 (B3)
Ponder Estate 362 (G2)
Pont de Crozes 135 (A4)
Pont de la Maye, le 101 (C4)
Ponta do Sol 223 (G1)
Pontac 15, 88
Pontaix, les 135 (A4)
Pontassieve 179 (A5)
Pontcharra 151 (D5)
Ponteareas 194 (D5)
Pontevedra 194, 190 (D1), 194 (C4)
Ponts-de-Cé, les 120 (C4)
Ponzi 317, 316 (D4)
Poole's Rock 357 (C4)
Pope Valley 302
Poplar Grove 315 (F5)
Popovo 275 (B4)
Porirua 358 (C5)
Porlottes, les 66 (D2)
Porongurup 339, 339 (E6)
Porra 163 (D3)
Porrera 204 (C5)
Porroux, les 66 (E3)
Port d'Alon, le 148 (F2)
Port Dalhousie 321 (F5)
Port Guyet 122 (D1)
Port Lincoln 336 (G3)
Port Macquarie 357
Port Phillip Zone 353
Porta 329 (C6)
Portal del Alto 329 (B6)
Portalegre 215
Porte Feuilles ou Murailles du Clos 65 (F5)
Porter Creek 296 (E4)
Portes de Méditerranée 153 (D5)
Portes Feuilles, les 67 (E3)
Portets 98, 98 (C6)
Portimão 210 (F4)
Portland 315 (C3), 316 (D5)
Porto 216-221, 210 (B4), 219 (E4)
Porto e Douro 210 (B5), 219 (E5)
Porto Moniz 222 (D6)
Porto Santo 222
Porto Tórres 188 (A3)
PortoVecchio 149
Portteus 318 (D3)
Portugal 208–223
Portugieser (cépage) 241, 245, 266, 270
Port-Vendres 145 (D6)
Porusot Dessus, le 60 (F6)
Porusot, le 61, 60 (F6)
Porusots Dessous, les 60 (G6)
Posavje 271, 273 (A2)
Pošip (cépage) 272
Possonnière, la 120 (E1)
Postaller 260 (B4)
Postup 272
Pot Bois 59 (B6), 60 (F1)
Potenza 184 (D4)
Potets, les 59 (B2)
Potisje 273 (B5)
Potter Valley 294, 294 (A4)
Potts, Frank 347
Pougets, les 63 (C3)
Poughkeepsie 320 (C5)
Pouilles 176, 184, 185
Pouilly 124, 55 (F5), 70 (F2), 71 (C5)
Pouilly-Fuissé 69, 71, 70 (D5)
Pouilly-Fumé 124, 125 (C5)
Pouilly-Loché 69, 70 (D5)
Pouilly-sur-Loire 117, 118, 124, 119 (B5), 125 (C5)
Pouilly-Vinzelles 69, 70 (D5)
Poulaillères, les 65 (E5)
Poulettes, les 64 (E6)
Poulsard (cépage) 150
Poussie, la 125 (B3)
Poutures, les 61 (F5)
Pouvray 123 (D4)
Pouyalet, le 91 (B5)
Povardarje 273 (F6)
Poverty Bay 359
Poysdorf 259 (A5)
Pra 171
Pradell de la Teixeta 204 (D6)
Prades 145 (C2)
Prager 260, 301 (C3)
Prague 270 (F2)
Prälat 232, 232 (C4)
Prarons-Dessus, les 59 (C4)
Prásino 284 (F2)
Prats, Bruno 218
Pré à la Rate, le 60 (B6)
Pré de la Folie, le 65 (F4)
Pré de Manche, le 61 (F2)
Prea 165 (E4)
Préau 67 (D3)
Preceptoire de Centarnach 145 (B2)
Preignac 102, 103 (C4)
Prekmurje 273 (A3)
Prellenkirchen 259 (C6)
Premariacco 173 (C2)
Prémeaux-Prissey 64-65, 64 (E4)
Premières-Côtes-de-Blaye 99
Premières-Côtes-de-Bordeaux 98-99
Prespa 273 (F5)
Pressoir, le 122 (G5)
Preston 296 (C4)
Preston, Lou 297
Pretty-Smith 309 (A2)
Preuses, les 76, 77 (C4)
Prévaux, les 63 (C1)
Prévoles, les 62 (D3)
Pride Mountain 302, 301 (C2)
Prieuré de Montézargues 138 (G6)
Prieuré Font Juvenal 141 (B1)
Prieuré Saint-Jean de Bébian 143 (D1)
Prignac-en-Médoc 87 (E2)
Prigonrieux 115 (B5)
Prigorje-Bilogora 273 (B3)
Prilep 273 (F5)
Primicia 199 (F6)
Primitivo (cépage) 185
Primivito di Manduria 185 (C5)
Primo Pacenti 181 (B5)
Primorje 273 (E3)
Primorska 172, 271, 273 (A1)
Primorska Hrvatska 273 (C2)
Prince Albert 352 (D3)
Prince Edward County 321
Principauté d'Orange 153 (C5)
Príncipe de Viana 200 (D3)
Principe di Corleone 187 (E3)
Prinz, Fred 236
Priorat 191, 192, 204, 190 (E5), 202 (E6), 204 (B4)
Prissé 69, 70 (F2), 71 (A4)
Pritchard Hill 302
Prizren 273 (E5)
Procanico (cépage) 183, voir aussi trebbiano
Procès, les 65 (E1)
Producteurs Plaimont 113 (C2)
Prokupac (cépage) 272
Propriano 149
Proprietà Sperino 158
Prose 143 (C3)
Prosecco (cépage) 166, 173
Prosecco di Conegliano Valdobbiadene 167 (C4)
Prosecco di Valdobbiadene Superiore 166
Prosser 319
Provenance 303 (G3)
Provence 13, 146–148
Provins co-op 256
Prugnolo Gentile (cépage) 182
Pruliers, les 64 (E6)
Prüm, J. J. 232, 233
Pruzilly 70 (G1), 73 (B4), 74 (A5)
Psari 284
Ptuj 271 (B5)
Ptujska Klet 271 (B4)
Pucelles, les 60, 60 (G3)
Puch, le 103 (C4)
Puebla 312 (G4)
Puente Alto 329 (B6)
Puerto de Santa María, El 206 (C2)
Puerto Real 206 (C3)
Puget Sound 319, 315 (A3), (G4)
Pugnane 165 (E4)
Puig i Roca 203 (E3)
Puisieulx 81 (B5)
Puisseguin 83 (E5)
Puisseguin-Saint-Émilion 104–105
Puits Merdreaux 60 (G1)
Puits, le 60 (D2)
Pujanza 199 (F6)
Pujaut 139 (G1)
Pujols-sur-Ciron 98
Pulchen 229 (B2)
Pulenta, Carlos 333
Puligny-Montrachet 60–61, 55 (D5), 60 (G4)
Pulkau 259 (A4)
Pünderich 233
Punt Road 354 (C4)
Punters Corner 350 (D5)
Pupillin 150
Pupillo 187 (F5)
Pupillo, Nino 187
Purbach 264, 259 (C5)
Purcari 278, 278 (E1)
Pusztamérges 267 (F4)
Putin, Vladimir 278
Puyguilhem 115 (C5)
Puyméras 139, 137 (C4)
Pyramid Valley 359
Pyrenees (Australie) 352, 337 (F1), 352 (B2)

Q

Qazax 278 (G5)
Qingdao 372 (G5)
Quails' Gate 315 (E5)
Qualitätswein bestimmter Anbaugebiete (QbA) 226
Qualitätswein mit Prädikat QmP) 226
Quando 366 (F3)
Quartiers de Nuits, les 65 (F5)
Quartiers, les 63 (B4)
Quarts, les 71 (B4)
Quarts-de-Chaume 120, 118 (B4), 120 (F2)
Quartz Reef 363 (F5)
Quatourze 141 (C4)
Québec 321, 291 (A6)
Quebrada de Macul 328, 329 (A6)
Queensland 337, 338
Queenstown 363, 358 (E3), 363 (F3)
Quenard, André & Michel 151 (C4)
Quenard, Jean-Pierre & Jean-François 151 (C4)
Querbach 236
Querciabella 179 (D4)
Querétaro 312 (G4)
Querétaro 313
Queue de Hareng 67 (D3)
Quilceda Creek 318, 315 (A3)
Quillota 326 (A4)
Quincié-en-Beaujolais 73 (D3)
Quincy 125, 119 (C4)
Quinta Amarela 218 (F5)
Quinta Baleira 219 (F2)
Quinta Costa de Baixo 218 (F3)
Quinta da Agua Alta 218 (F4)
Quinta da Alegria 219 (F2)
Quinta da Boa Vista 218 (F4)
Quinta da Cabana 218 (F2)
Quinta da Carvalheira 218 (F6)
Quinta da Cavadinha 219, 218 (E5)
Quinta da Costa 218 (D5)
Quinta da Ferrad 218 (G3)
Quinta da Ferradosa 219 (G3)
Quinta da Foz 218 (F5), (G2)
Quinta da Foz de Temilobos 218 (G2)
Quinta da Gaivosa 218, 218 (E1)
Quinta da Gricha 219 (E1)
Quinta da Leda 218
Quinta da Murta 214 (C2)
Quinta da Pellada 213, 212 (F5)
Quinta da Perdiz 218 (F6)
Quinta da Poca 218 (F4)
Quinta da Portela 218 (G2)
Quinta da Ribeira 218 (D5)
Quinta da Ribeira Teja 219 (G5)
Quinta da Romaneira 218 (E6)
Quinta da Romeira 214, 214 (C2)
Quinta da Serra 218 (F6)
Quinta da Serra da Ribeira 219 (G5)
Quinta da Teixeira 218 (F6)
Quinta da Telhada 219 (G6)
Quinta da Terra Feita 218 (E5)
Quinta da Torre 218 (G1)
Quinta da Vacaria 218 (G1)
Quinta da Vila Velha 219 (E1)
Quinta das Bageiras 212 (F2)
Quinta das Baratas 218 (F5)
Quinta das Carvalhas 218 (F5)
Quinta das Fontainhas 219 (G6)
Quinta das Lajes 218 (G6)
Quinta das Maias 213, 212 (F5)
Quinta das Manuelas 218 (D5)
Quinta das Quarias 218 (F1)
Quinta de Alameda 212 (E4)
Quinta de Bagauste 218 (G2)
Quinta de Baixo 212, 212 (F2)
Quinta de Cabriz 212 (Dão Sul) (F4)
Quinta de Campanha 218 (F1)
Quinta de Castelinho 219 (F2)
Quinta de Chocapalha 214 (B2)
Quinta de Covelos 218 (F2)
Quinta de Foz de Arouce 211, 212 (G3)
Quinta de la Quietud 195 (E5)
Quinta de la Rosa 218, 218 (F5)
Quinta de Macedos 218 (G6)
Quinta de Marrocos 218 (G1)
Quinta de Nápoles 218 (G3)
Quinta de Pancas 214 (B3)
Quinta de Porto de Bois 219 (G5)
Quinta de Roeda 218 (F5)
Quinta de Romarigo 218 (F1)
Quinta de Roriz 218, 219 (E1)
Quinta de Saes 213
Quinta de Saint Antonio 218 (D6)
Quinta de San Martinho 219 (E2)
Quinta de Santa Barbara 218 (G1), 219 (F1)
Quinta de Vargellas 218, 219 (G4)
Quinta de Ventozelo 218 (F6)
Quinta do Arnozelo 219 (G4)
Quinta do Barrilario 218 (G2)
Quinta do Bom Dia 218 (F3)
Quinta do Bom Retiro 218 (F5)
Quinta do Bomfim 218 (F6)
Quinta do Bragão 218 (D5)
Quinta do Cachão 219 (G4)
Quinta do Canal 218 (G2)
Quinta do Carmo 215, 215 (A5)
Quinta do Carril 218 (G3)
Quinta do Castelo Borges 218 (G4)
Quinta do Charondo 218 (F6)
Quinta do Côtto 218
Quinta do Crasto 216, 218, 218 (F4)
Quinta do Cruzeiro 218 (E5)
Quinta do Dr Christiano 218 (F6)
Quinta do Eira Velha 218 (F5)
Quinta do Encontro 212 (F2)
Quinta do Farfao 219 (G6)
Quinta do Fojo 218 (D5)
Quinta do Garcia 218 (G1)
Quinta do Infantado 218 (F4)
Quinta do Junco 218 (E5)
Quinta do Lelo 218 (F6)
Quinta do Louvazim 219 (G6)
Quinta do Merouco 219 (E1)
Quinta do Monte d'Oiro 214 (B3)
Quinta do Mouro 215 (A5)
Quinta do Noval 218, 218 (E5)
Quinta do Passadouro 218 (D5)
Quinta do Pedrogão 218 (G6)
Quinta do Pego 218 (G5)
Quinta do Peso 218 (F1)
Quinta do Portal 218 (E5)
Quinta do Porto 218 (F5)
Quinta do Sagrado 218 (F5)
Quinta do Seixo 218 (F5)
Quinta do Sibio 218 (E6), 219 (E1)
Quinta do Silval 218 (E5)
Quinta do Sol 218 (G2)
Quinta do Tedo 218 (G3)
Quinta do Tua 219 (E2)
Quinta do Val de Malhadas 219 (G5)
Quinta do Vale de Figueira 218 (F5)
Quinta do Vale Dona Maria 218
Quinta do Vale Meão 218
Quinta do Vallado 218, 218 (F1)
Quinta do Vesúvio 216, 218, 219 (G4)
Quinta do Zambujal 218 (F2)
Quinta do Zimbro 219 (E2)
Quinta dos Aciprestes 219 (E1)
Quinta dos Canais 219 (G4)
Quinta dos Carvalhais 213, 212 (E5)
Quinta dos Currais 218 (F1)
Quinta dos Frades 218 (G3)
Quinta dos Ingleses 219 (G5)
Quinta dos Lagares 218 (D6)
Quinta dos Malvedos 219 (E1)
Quinta dos Roques 213, 212 (F5)
Quinta Milieu 219 (E2)
Quinta Nova do Roncão 218 (E6)
Quinta Panascal 218 (G5)
Quinta São Luiz 218 (G4)
Quinta Vale Cavelos 219 (G5)
Quinta Vale da Mina 219 (G4)
Quinta Vale Dona Maria 218 (F6)
Quinta Velha 218 (G1)
Quintanilla de Onésimo 196 (D2)
Quintay 326 (B3)
Quintessa 303, 303 (F3)
Quivira 297, 296 (C4)
Quoin Rock 371 (D3)
Qupé 310, 309 (E3)

R

Raats, famille 371 (E1)
Rabajà 163 (D3)
Rabat 287 (G2)
Rabigato (cépage) 218
Raboso (cépage) 166
Rača 270 (G3)
Racha-Lechkumi 280, 278 (F4)
Radda 178
Radgona 271
Radgonske Gorice 271 (A5)
Radike Vineyard 309 (A2)
Radikon 173 (D4)
Rafanelli, A 296 (D4)
Raguenières, les 122 (C3)
Ragusa 187 (G5)
Raiding 259 (D5)
Raignots, aux 65 (E4)
Raimat estate 203
Rainbow Gap 313
Raka 366 (G3)
Rakvice 270, 270 (G3)
Rallo 187
Ralph Fowler 349 (C4)
Ramandolo 157, 173, 167 (B5)
Ramat Arat 286
Ramey 296 (D5)
Ramirana 329 (C4)
Ramisco (cépage) 214
Ramos Pinto 216, 218
Ramos, João Portugal 215
Rampa di Fugnano, la 179 (E1)
Ramsthal 250 (D4)
Rancagua 328, 329 (C6)
Ranché, en la 60 (D3)
Rancho Rossa Vineyards 312 (E2)
Rancho Sisquoc 310, 309 (E3)
Randersacker 250 (E3)
Rangen 127, 129
Ranina (cépage) 271
Rány 268 (E4)
Rapaura 362 (F3)
Rapazzini 307 (D4)
Rapel 327, 328
Raphael 320 (D5)
Rapitalà 187 (E2)
Rappu 149
Rapsáni 283 (B3)
Rapsáni (cépage) 282
Raşcov 278 (E1)
Ráspi 267
Rastatt 248 (D2)
Rasteau 138, 137 (C3), 139 (A4)
Ratausses, les 63 (D1)
Rathbone group 353
Rátka 268 (F2)
Ratosses, les 63 (D1)
Ratsch 259 (F3)
Rattlesnake Hills 319, 315 (B5)
Raubern 261 (B1)
Raucoule 134, 135
Rauenthal 238, 237 (D4)
Rauenthaler Berg 238
Raul 229 (C5)
Rausch 228, 229 (F1)
Räuschling (cépage) 255
Ravelles, les 60 (F4)
Ravenne 166, 167 (F4), 175 (A5)
Ravenswood 299 (C3)
Raventós i Blanc 203 (D4)
Raventós, famille 203
Ravera 165 (E5)
Ravier, Daniel 148
Raviolles, aux 65 (F3)
Ray, Martin 306
Raye's Hill 294 (C2)
Raymond 303 (F3)
Raymond Usseglio & Fils 139 (E2)
Razac-de-Saussignac 115 (B4)
Real Sitio de Ventosilla 196 (D4)
Réas, aux 65 (F3)
Rebeninha 218 (E6)
Rebholz 245
Rebichets, les 60 (F2)
Recanati 286 (E4)
Recas 277
Recaş 277 (C2)
Réchaux, la 67 (D4)
Rechbächel 246, 246 (E2)
Rechnitz 259 (E5)
Recioto della Valpolicella 171
Recioto di Soave 157, 170, 171, 167 (D3)
Red Edge 352 (B3)
Red Hill Douglas County 314, 315 (F2)
Red Hills 294 (C5)
Red Misket (cépage) 275
Red Monica (cépage) 188
Red Mountain 319, 315 (B5)
Red Newt cellars 320, 320 (A3)
Red Rooster 315 (F6)
Red Willow Vineyard 319, 318 (D2)
Redbank 352, 352 (B2)
Redesdale Estate 352 (B3)
Redgate 341 (E5)
Redhawk 316 (E4)
Redling 263 (C3)
Redman 350 (B5)
Redoma 218
Redondela 194 (D4)
Redondo 215, 215 (B5)
Redrescut 63 (B1)
Redwood Valley 294, 294 (A3)
Refène, la 61 (F6), 62 (C1)
Referts, les 60 (G4)
Refosco (cépage) 172, 173, 271, 272, 284
Regent (cépage) 226
Reggio di Calabria 184 (G4)
Reggio nell'Emilia 166, 167 (E2)
Régnié 72, 74, 55 (F5), 73 (C3), 74 (E3)
Regrippière, la 119 (F4)
Reguengos 215, 215 (B5)
Reguengos de Monsaraz 210 (E5), 215 (B5)
Regusci 305 (F4)
Reh, Carl 277
Rehberg 262 (D6)
Rehevot 286
Reichensteiner (cépage) 253
Reichersdorf, Markus Huber von 258
Reichestal 239 (F3)
Reif 321 (F6)
Reihburg 265
Reil 233
Reilly's 345 (F5)
Reims 78, 80, 53 (B4), 79 (A4), 81 (A4)
Reine Pédauque, Caves de la 58
Reininger 319 (E2)
Reinsport 230 (C5)
Reisenthal 263 (D2)
Reiterpfad 245
Reiterpfad 246 (G2)
Reith 263 (B4)
Rejadorada 195 (E5)
Remelluri 199, 199 (F4)
Remhoogte 371 (D3)
Remilly, en 60 (F3)
Remoissenet Père et Fils 58
Remstal-Stuttgart 248 (E4)
Rémy Martin 372
Renardes, les 63, 63 (C5)
Renato Keber 173 (D3)
René Bourgeon 68 (E5)
René Noël Legrand 121 (F3)
Rengo 328

Renmark 336 (E6)
Renski Rizling (cépage) 271
Renton 315 (A3)
Renwick 362 (G2)
Renwood 311 (B5)
Réole, la 83 (G5)
Repanis 284 (E4)
Republika Srpska 273 (C3)
République Tchèque 270
Requínoa 328
Reserva de Caliboro 329 (G3)
Restigné 122 (D3)
Retsina 282
Retz 259 (A4)
Retzlaff 307 (A3)
Retzstadt 250 (E3)
Reugne 61 (E2)
Reuilly 125, 119 (C3)
Reus 203 (F1)
Revanna 301 (C3)
Reverie 301 (B2)
Reversées, les 62 (D3)
Rex Hill 316 (E4)
Reynell, John 346
Reynella 346 (D4)
Reysses, les 71 (C5)
Rezé 118 (C2), 119 (F2)
Rèze (cépage) 255, 256
Rheboksskloof 371 (A4)
Rheinberg 237 (G5)
Rheingarten 237 (G1)
Rheingau 14, 226, 235-239, 225 (E2)
Rheinhell 237 (G1), (G2)
Rheinhessen Five 240
Rheintal 255 (E5)
Rheinterrasse 240, 241
Rhine Riesling (cépage) 267, 271
Rhodes 283, 283 (E6)
Rhodt 244 (F4)
Rhône 130-139
Rías Baixas 191, 194, 190 (D1)
Ribagnac 115 (C5)
Ribatejano 210 (D4)
Ribatejo 210 (D4), 211, 214 (C3)
Ribaudy, la 133 (F1)
Ribbon Ridge 317
Ribeauvillé 127 (D4), 129 (F4)
Ribeira Brava 223 (G1)
Ribeira do Ulla 194
Ribeira Sacra 191-2, 190 (D2)
Ribeiro 191, 190 (D1)
Ribera Alta & Baja 200
Ribera del Duero 192, 195, 196-197, 190 (D3)
Ribera del Guadiana 193, 190 (F2)
Ribera del Júcar 190 (F4)
Ribolla Gialla (cépage) 173, 271
Ricasoli, Baron 176, 178, 181
Richard Hamilton 346 (F4)
Richard, Sir Cliff 210
Richarde, en la 60 (F3)
Richardson 299 (D4)
Riche, le 371 (E3)
Richebourg, le 16, 64, 65 (E4)
Richemone, la 65 (E3)
Richland 315 (B5), 318 (D5)
Richmond Grove 342 (D4)
Richter, Max Ferd. 232
Rickety Gate 339 (F5)
Riddoch, John 350
Ridge (Santa Cruz) 307 (B2)
Ridge (Sonoma) 296 (D4)
Ridge Vineyards 306
Ridgeback 366 (F2)
Ridgeview 253, 253 (G5)
Riecine 179 (E5)
Riefring 264 (E2)
Riegersburg 259 (E4)
Rierpaolo Pecorari 173 (E3)
Rieslaner (cépage) 245, 251
Riesling (cépage) 15, 17, 20, 30, 32, 33 ; Allemagne 224, 226, 227, 228, 228, 233, 235, 240, 241, 243, 244, 245, 246, 249, 250, 251 ; Alsace 126-129 ; Amérique du Nord 291, 294, 302, 307, 310, 313, 314, 319, 320, 321 ; Australie 17, 326, 338, 339, 340, 344, 344, 345, 348, 349, 352, 355, 357 ; Autriche 258, 259, 260, 262, 263 ; Bulgarie 274, 275 ; Chili 326, 328 ; Croatie 272 ; Italie 158, 166, 169 ; Nouvelle-Zélande 358, 359, 362 ; République tchèque 270 ; Slovaquie 270
Riesling Italico (cépage) 173, voir aussi Welschriesling
Riesling-Silvaner (cépage) 251, 254
Rignano sull' Arno 179 (B5)
Rijckaert, Jean 71
Rijeka 273 (B1)
Rijk's 366 (E2)
Rilly-la-Montagne 81 (B4)
Rimauresq 147
Rimavská Sobota 270 (G5)
Ringerin 263 (A3)
Rio 284 (E3)
Rio Grande 183 (D5)
Rio Grande do Sul 324
Rio Grande Valley 313
Río Negro 331, 333, 324 (G4)
Rioja (États-Unis) 16,191,192,196, 198-199, 190 (D4)
Rioja Alavesa 198
Rioja Alta, la 199 (F3)
Rioja Baja 198
Rioja, la (Argentine) 331, 332, 324 (F4)
Riojanas 199 (B1)
Rios-Lovell 307 (A3)
Riotte, la 66 (E4)
Riottes, les (Beaune) 62 (C1)
Riottes, les (Meursault) 61 (E3)
Ripaille 151, 151 (A6)
Rippon 363, 363 (D4)
Riquewihr 129, 127 (D4), 129 (F3)
Rishon le Zion 286
Ristow 301 (E5)
Ritchie Creek 301 (B2)
Ritsch 230, 230 (E1)
Rittergarten 246 (B2)
Ritterpfad 229 (C1), (C2)
Ritzling 260 (B4)
Riudoms 203 (F1)
Riunite 166
Riva del Garda 168 (E3)
Rivadavia 331 (B5)
Rivaner (cépage) 227, v oir aussi Müller-Thurgau
Rivas de Tereso 199 (E4)
Rivassi 165 (E4)
Rivaux, les 61 (E3)
Rivaz 257, 256 (E4)
Rive Alte 173
Rive Droite 257 (F1)
River 185 (A3)
River Junction 293 (B3)
River Road 296 (E5)
River Run 307 (D3)
Rivera 324 (F5)
Riverhead 320 (C6), (E5)
Riverina 336, 337 (E2)
Riverland 336, 336 (E6)
Rivesaltes 140, 144, 145 (B4)
Riviera del Garda Bresciano 167 (C2), 170 (B5)
Riviera Ligure di Ponente 159 (F3)
Rivière, au dessus de la 65 (F3)
Rivolet 73 (E3)
Rivoli Veronese 171 (B1)
Rivosordo 163 (D3)
Rixheim 127 (G4)
Rizes 284 (F4)
Rizzi 163 (E2)
Rkatsiteli (cépage) 275, 279, 280
Roa de Duero 196 (D3)
Roaix 137 (C3), 139 (A5)
Robardelle 61 (F4)
Robe 349, 336 (F6), 349 (C4)
Robe Ranges 349 (C4)
Robert Craig 301 (A3)
Robert Keenan 301 (B2)
Robert Mondavi 304 (B4)
Robert Mueller 296 (D5)
Robert Plageoles et Fils 113 (B6)
Robert Sinskey 305 (E4)
Robert Talbott 307 (F4)
Robert Young Vineyard 296 (C5)
Robert, Stéphane 130
Robertson 368, 366 (F3)
Robin, Gilles 135
Robinvale 337 (E1)
Robledo 299 (D3)
Robola (cépage) 283
Robyn Drayton 357 (D4)
Roc d'Anglade 143 (A5)
Roc des Anges 145 (B3)
Rocca della Macie 176
Rocca di Castagnoli 179 (F5)
Rocca di Montegrossi 179 (F4)
Rocca, famille 305 (E3)
Rocche, le 164, 165 (D4)
Rocchette 165 (D4)
Rocchettevino 165 (D4)
Rocco Rubia 188
Rocfort 123 (E5)
Roch, Julia 193
Rochains, les 133 (B5)
Roche 299 (E3)
Roche Vineuse, la 71, 70 (E1)
Roche, sur la 71 (A4)
Roche-aux-Moines, la 120, 120 (D2)
Rochecorbon 123 (E2)
Rocheford 354 (C5)
Rochefort-sur-Loire 118 (B4), 120 (E2)
Rochegulde 139, 137 (C2)
Rochelle, la 122 (F3)
Rochepot, La 57
Rochère, la 123 (E5)
Roches, les 123 (E3)
Rocheservière 118 (C2)
Rochester 320 (A2)
Roche-sur-Foron, la 151 (B5)
Rochette-Saint-Jean 122 (F4)
Rochioli 295, 296 (E5)
Rockburn 363 (F5)
Rockford 342 (E4)
Rockingham 339 (B4)
Rockpile 293 (A1)
Rocoule 135 (C5)
Roda 199 (F3)
Rödchen 237 (E5)
Rödelsee 251, 250 (F4)
Rodern 127 (D4)
Rodero 196 (D3)
Rodet, Antonin 68
Roditis (cépage) 284
Rodney Strong 296 (D5)
Rodriguez, Telmo 195, 205
Roederer 294, 294 (B2)
Roederer, Louis 78, 79, 80, 88
Roero 157, 160, 159 (D3), 161 (D3)
Roessler 296 (E6)
Rogliano 149
Rognet-Corton, le 63 (C5)
Rogue River 315 (G2)
Rogue Valley 314, 315 (G2)
Rohrendorf 262, 259 (B4), 263 (D2)
Rohrendorfer Gebling 263 (D2)
Roichottes 63 (A2)
Rolland, Dany 195
Rolland, Michel 110, 195, 332, 333, 375
Rolle (cépage) 140, 188
Roma 175 (F3)
Romagna 166
Romagniens, les 61 (E3)
Romanèche-Thorins 73 (C4), 74 (C6)
Romanée Saint-Vivant 65 (E4)
Romanée, la (Gevrey-Chambertin) 67 (C1)
Romanée, la (Nuits-Saint-Georges) 65, 65 (E4)
Romanée, la (Santenay) 59 (C5)
Romanée-Conti, la 64, 65 (E4)
Romanée-Saint-Vivant, la 64
Romans d'Isonzo 173 (F2)
Rombauer 301 (B3)
Rombone 163 (E2)
Rome 174, 176
Romé (cépage) 205
Römerhang 232 (D5)
Römerhof 265
Römerstein-Martinhof 264 (F3)
Romorantin (cépage) 118
Romorantin-Lanthenay 119 (B3)
Ronca 171 (C5)
Roncaglie 163 (E2)
Roncagliette 162, 163 (D2)
Roncé 122 (G6)
Ronceret, le 61 (F4)
Ronchevrat 71 (A3)
Ronchi di Manzano 173 (D2)
Ronchi, Umani 174
Roncière 64 (E6)
Roncières 77 (E3)
Ronco del Gelso 173 (E2)
Ronco del Gnemiz 173 (D2)
Roncus 173 (E3)
Ronda 205, 190 (G3)
Rondières, les 60 (B6)
Rondinella (cépage) 171
Rondo (cépage) 253
Roque Sestière 141 (C3)
Roquemaure (Bourgogne) 139 (F1)
Roquemaure (Loire) 59 (C5)
Roquetaillade 141
Roquette, José 215, 218
Rosa Bosco 173 (D2)
Rosa, la (Chili) 329 (C4)
Rosa, la (Italie) 165 (D5)
Rosacker 129, 129 (F4)
Rosario Valley 327
Röschitz 259 (A4)
Rosé d'Anjou 120
Rosebud Vineyard 315 (B5)
Roseburg 315 (F2)
Rosella's Vineyard 307 (F4)
Rosemary 253 (G5)
Rosemount Estate 356, 346 (E4)
Rosemount Ryecroft 346 (E5)
Rosenberg (Bernkastel) 232 (C6), (E5), (F5)
Rosenberg (Hesse rhénane) 241 (C4)
Rosenberg (Nahe) 243 (F2)
Rosenberg (Piesport) 230 (C5)
Rosenberg (Sarre) 229 (B4), (C3), (C4)
Rosenblum 296 (D5)
Rosengärtchen 230 (E4)
Rosengarten (Bernkastel) 233 (D2)
Rosengarten (Rheingau) 235 (F3)
Rosenheck 243 (G2)
Rosenlay 232, 232 (F4)
Rose-Pauillac, la 91, 91 (C5)
Rosette 115
Rosettes, les 122 (G3)
Rosevears 355 (F5)
Roseworthy 16
Rosily Vineyard 341 (C6)
Ross Estate 342 (F3)
Rossano 184 (F5)
Rossatz 260 (B6)
Rossese di Albenga 158
Rossese di Dolceacqua 158, 159 (F2)
Rossiya 278 (E4)
Rosso Barletta 185 (A3)
Rosso Canosa 185 (A3)
Rosso Conero 176, 175 (D6)
Rosso di Cerignola 184 (D4), 185 (A2)
Rosso di Montalcino 181
Rosso di Montepulciano 182
Rosso Piceno 176, 175 (D6)
Rosso Piceno Superiore 175 (E6)
Rostaing, René 132
Rostov 278 (E4)
Rostov-na-Donu 278 (E3)
Rostov-on-Don 279
Rota 206 (B2)
Rotenfels 244, 243 (E3), (F3)
Rotenfelser im Winkel 243 (F4)
Roter Hang 241
Roter Veltliner (cépage) 258, 270
Roterd 230 (D4), (E5)
Rotes Tor 260 (C3)
Rotgipfler (cépage) 259
Rothenberg (Hesse rhénane) 241, 241 (B5)
Rothenberg (Rheingau) 235 (F6), 236 (G1), 237 (E4)
Rothenberg (Wachau) 261 (B1)
Rothenhof 261 (B1)
Rothschild, Baron Edmond de 94, 286
Rothschild-Dassault 333
Rotkäppchen 251
Rotlei 234 (D2)
Rotllan Torra 204 (C5)
Rotorua 358 (B5)
Röttgen 233
Röttingen 250 (F3)
Roudnice 270
Roudnice nad Labem 270 (E2)
Roudon Smith 307 (C2)
Rouffach 129, 127 (F4), 128 (F3)
Rouffignac-de-Sigoulès 115 (B5)
Rougeots, les 61 (F1)
Rougeotte, la 61 (F5)
Rouges du Bas, les 65 (E5)
Rouges du Dessus, les 65 (E5)
Rougier, famille 146
Roumanie 276-277
Round Hill 303 (F3)
Roupeiro (cépage) 215
Roussanne (cépage) 130-131, 135, 138, 140, 151, 310, 351
Rousseau 67
Rousselle, la 60 (G4)
Rousset-les-Vignes 136, 137 (B3)
Roussette (cépage) 151
Roussette-de-Savoie 151
Roussillon 144-145
Route des Vins d'Alsace 129
Rouvrettes, les 63 (B1)
Rovellats 203 (E3)
Rovereto 168 (E4)
Rovigo 167 (E4)
Rowland Flat 343
Roxheim 242 (B5)
Roxy Ann 315 (G3)
Royal Tokaji 269
Royal Tokay Wine Co 268 (F2)
Rozendal 371 (E3)
Rozier 133 (A5)
Rubaiyat 374 (F5)
Rubbia al Colle 177 (E5)
Rubicon Estate 303
Rubin (cépage) 275
Rubino 185 (B5)
Ruca Malén 331 (B4)
Rucahue 329 (G3)
Ruchots, les 66 (E4)
Ruchottes du Bas 67 (E1)
Ruchottes du Dessus 67 (D1)
Ruck, Johann 251
Rudd 304 (A5)
Rudera 368
Rüdesheim 235, 235 (D3), (F4)
Rüdesheimer Berg 235
Rué 165 (E3)
Rue au Porc 61 (G6)
Rue aux Vaches, la 60 (G4)
Rue de Chaux 65 (E1)
Rue de Vergy 66 (E4)
Rue Rousseau 60 (G3)
Rued Vineyard 296 (F4)
Rueda 192, 190 (E3)
Ruffieux 151 (B4)
Ruffino 176, 179 (A5)
Rúfina 179 (A5)
Rugiens, les 58, 62
Rugiens-Bas, les 61 (F5)
Rugiens-Hauts, les 61 (E5)
Ruinart 78
Ruiterbosch 368, 366 (F6)
Rully 68, 55 (D5), 68 (B6)
Rumeni Plavec (cépage) 271
Rumilly 151 (B4)
Rupert & Rothschild 370, 371 (C4)
Ruppertsberg 245, 246, 244 (E4), 246 (G3)
Rural, la 333, 331 (B4)
Rusack 309 (F3)
Ruse 275 (A4)
Russet Ridge 349 (C6)
Russian River Valley 293, 295-297, 300, 296 (E4)
Russie 279
Russien Hill 296 (E5)
Russin 256 (F1)
Russiz Superiore 173 (E3)
Russo 177 (E5)
Rust 264, 259 (C5), 264 (F2)
Rust en Vrede 371 (F3)
Rustenberg 371 (D3)
Ruster Ausbruch 264
Rustridge 301 (C5)
Rutherford 303, 301 (C4), 303 (G3), 304 (A4)
Rutherford Bench 303
Rutherford Hill 303 (F3)
Rutherglen 351, 337 (F3), 352 (A6)
Rutz 296 (F5)
Rutz Cellars 296 (F5)
Ruwer 227, 234, 227 (F4), 234 (A3)
Ryecroft 346
Rymill 350, 350 (A5)
Ryzlink Rynsky (cépage) 270
Ryzlink Vlassky (cépage) 270

S

Saale-Unstrut 251, 225 (D4)
Saarbrücken 225 (F2)
Saarburg 228, 227 (G3), 229 (F2)
Saarfeilser-Marienberg 229 (D3)
Sabaté, Jérôme 373
Sables du Golfe du Lion 153 (D5)
Sablet 139, 137 (C3), 139 (B5)
Sablons, les 122 (D2)
Sachsenberg 263 (C3)
Sackträger 241 (G5)
Sacramento 293 (A3), 311 (B4)
Sacramento Delta 311
Sacred Hill 360 (A4)
Sacy 81 (B3)
Saddleback 304 (B5)
Sadie, Eben 367, 367
Sadie, famille 368, 366 (F2)
Sadova 277 (D3)
Sadova-Corabia 277 (D3)
Sadoya 374 (F5)
Saering 128 (D1)
Sag Harbor 320 (E6)
Sagelands 318 (D2)
Sagemoore 319
Sagrantino (cépage) 183
Sahel 287 (G2)
Sahy 270 (G4)
Saillon 256 (G6)
Saint-Aignan 119 (B2)
Saint-Amour 74, 55 (F5), 73 (B4), 74 (A6)
Saint-Amour-Bellevue 70 (G2), 74 (A6)
Saint-Andelain 125 (C5)
Saint-André-de-Cubzac 83 (E3)
Saint-Anne 91 (F3), 92 (E3)
Saint-Aubin 60, 55 (D5), 60 (D2)
Saint-Aubin de Luigné 120 (F1)
Saint-Barthélémy-d'Anjou 118 (B4)
Saint-Bouize 125 (C4)
Saint-Brice 87 (E5)
Saint-Bris (Bordeaux) 101 (B4)
Saint-Bris (Bourgogne) 75, 55 (B3)
Saint-Bris-le-Vineux 75
Saint-Chinian 142
Saint-Christol 143 (B4)
Saint-Christoly-Médoc 86, 87 (C5)
Saint-Christophe 109 (E6)
Saint-Christophe-des-Bardes 105 (C3)
Saint-Clément-de-la-Place 118 (B4)
Saint-Corbian 89 (D4)
Saint-Cyr-en-Bourg 121, 121 (G3)
Saint-Cyr-sur-Mer 148 (E2)
Saint-Désiré 62 (C2)
Saint-Didier-sur-Beaujeu 73 (C2)
Saint-Drézéry 143 (B4)
Sainte Genevieve 312
Sainte-Agathe 133 (C3)
Sainte-Baume 153 (D5)
Sainte-Croix-du-Mont 98, 99, 83 (G4), 103 (B5)
Sainte-Foy-la-Grande 83 (E6), 115 (B4)
Sainte-Gemme-en-Sancerrois 125 (A3)
Sainte-Marie-la-Blanche 153 (B5)
Sainte-Maure-de-Touraine 119 (C1)
Saint-Émilion 16, 27, 82, 84-85, 104, 108-111, 83 (E5), 105 (D2), 107 (F5)
Sainte-Radegonde-de-Touraine 123 (F1)
Saint-Estèphe 86, 88-89, 83 (C2), 89 (D5), 91 (A4)
Saint-Estève 145 (B4)
Saint-Étienne-des-Ouillères 73 (D3)
Saint-Étienne-la-Varenne 73 (D3)
Saint-Fiacre 118
Saint-Fiacre-sur-Maine 119 (F2)
Saint-Florent-le-Vieil 118 (B3)
Saint-Gengoux-de-Scissé 70 (B2)
Saint-Geniès-de-Comolas 138 (E6)
Saint-Georges (Bordeaux) 83 (E5)
Saint-Georges, les (Bourgogne) 64, 64 (E5)
Saint-Georges-Saint-Émilion 104-105, 109 (B5)
Saint-Georges-sur-Loire 118 (B4)
Saint-Germain-d'Esteuil 86, 87 (F4)
Saint-Gervais 139, 137 (C1)
Saint-Guilhem-le-Désert 153 (D4)
Saint-Herblain 118 (B2)
Saint-Hilaire-Saint-Florent 118 (B5)
Saint-Hippolyte (Alsace) 127 (D4), 129 (G6)
Saint-Hippolyte (Loire) 119 (C2)
Saint-Jacques, aux 65 (F2)
Saint-Jean (Médoc) 87 (C2)
Saint-Jean (Santenay) 59 (A2)
Saint-Jean-d'Ardières 74 (E6)
Saint-Jean-de Minervois 140
Saint-Jean-de-Braye 119 (A3)
Saint-Jean-de-Duras 115 (C4)
Saint-Jean-de-la-Croix 120 (D2)
Saint-Jean-de-la-Porte 151 (C5)
Saint-Jean-de-Muzols 131
Saint-Jean-des-Mauvrets 120 (D5)
Saint-Jeoire-Prieuré 151 (C4)
Saint-Joseph 130-131, 131 (B4), 133 (F1)
Saint-Julien (Bordeaux) 86, 92-93, 92 (F4)
Saint-Julien (Bourgogne) 73 (E3)
Saint-Julien-Beychevelle 83 (D2), 92 (E5)
Saint-Julien-de-Concelles 119 (E3)
Saint-Juliens, aux 65 (F2)
Saint-Lager 73 (D4), 74 (F4)
Saint-Lambert 91, 91 (E5)
Saint-Lambert-du-Lattay 120 (F2)
Saint-Laurent (Médoc) 95 (B2)
Saint-Laurent (Saint-Émilion) 109 (F5)
Saint-Laurent-des-Arbres 138 (F5)
Saint-Laurent-des-Combes 110
Saint-Laurent-des-Vignes 115 (B5)
Saint-Laurent-Médoc 92 (F1)
Saint-Léonard 257 (F1)
Saint-Loubès 83 (E4)
Saint-Louis 139 (F3)
Saint-Lumine-de-Clisson 119 (G3)
Saint-Macaire 83 (G4)
Saint-Magne-de-Castillon 105 (E4)
Saint-Martin-le-Beau 123 (G6)
Saint-Maurice-sur-Eygues 137 (C3)
Saint-Melaine-sur-Aubance 120 (E4)
Saint-Michel-sur-Rhône 133 (D2)
Saint-Nazaire 118 (B1)
Saint-Nicolas 62 (D5)
Saint-Nicolas-de-Bourgueil 122, 118 (B6), 122 (D1)
Saint-Pantaléon-les-Vignes 136, 137 (B3)
Saint-Patrice 122 (D4)
Saint-Paul 122 (G4)
Saint-Péray 130-131
Saint-Philbert-de-Grand-Lieu 118 (C2)
Saint-Philippe d'Aiguille 105 (C5)
Saint-Pierre d'Albigny 151 (C5)
Saint-Pierre-de-Mons 98
Saint-Pierre-des-Corps 119 (B1)
Saint-Pourçain 53 (D4)
Saint-Quentin-de-Baron 98
Saint-Rambert-en-Bugey 151 (B3)
Saint-Romain 61, 61 (A1)
Saint-Roman-de-Malegarde 139 (A4)
Saint-Saphorin 257, 256 (E4)
Saint-Sardos 53 (G3)
Saint-Saturnin 142, 143 (B1)
Saint-Saturnin-sur-Loire 120 (D5)
Saint-Sauveur (Dordogne) 115 (B6)
Saint-Sauveur (Pauillac) 91, 91 (C3)
Saint-Sébastien-sur-Loire 118 (B2), 119 (F2)
Saint-Sernin 115 (C4)
Saint-Seurin 86, 89 (B4)
Saint-Seurin-de-Cadourne 89 (C4)
Saint-Sigismond 118 (B3)
Saint-Symphorien 119 (B1)
Saint-Symphorien-d'Ancelles 73 (C5)
Saint-Trélody 87 (F2)
Saint-Tropez 146
Saint-Véran 69, 70 (D5)
Saint-Vérand 69, 70 (G2), 73 (B4)
Saint-Vivien co-op 17
Saint-Yzans 89 (A3)
Saint-Yzans-de-Médoc 86, 87 (E5)
Saiss 287 (G2)
Sakai 374 (E5)
Sakar 275
Sakartvelo 278 (G4)
Salado Creek 293 (C3)
Salamandre 307 (D3)
Salamanque 190 (E2)

396 | INDEX

Salas Altas 201 (E5)
Salas Bajas & Altas 201
Salas, Alfonso de 197
Salcheto 182 (D4)
Salem 315 (D2), 316 (F4)
Salerno 184 (D3)
Salgesch 257 (F2)
Salice Salentino 185 (C5)
Salinas 293 (D3), 307 (E3)
Salinas Valley 306
Salitage 340, 339 (E4)
Salkhino 278 (G4)
Salle, la 158
Salles-Arbuissonnas-en-Beaujolais 73 (E3)
Salnesur del Palacio de Fefiñanes 194 (B4)
Salò 170 (A4)
Salomon-Undhof 262
Salpetrière, la 122 (D2)
Salta 26, 330, 332, 333, 324 (E4)
Salto 324 (F5)
Saltram 342 (D5)
Salvador 301 (F5)
Salvadori, Jean-Pierre 150
Salvioni 181 (B5)
Salwey 248
Salyan 278 (G6)
Salzburg 264 (E4)
Samaniego 199 (A1), 199 (F5)
Samant, Rajeev 375
Samaria 286 (E4)
Sâmbureşti 277, 277 (D3)
Samegrelo 278 (F4)
Samkir 278 (G5)
Sämling 88 (cépage) 264
Sámos 282, 283, 283 (C5)
Sámos Co-op 283 (C5)
Sampigny 59
Samson 286 (F4)
Samtredia 278 (G4)
Samuel Tinon 268 (G3)
San Adrián 199 (B4)
San Ambrogio 171
San Andreas 311 (C6)
San Andreas Fault 308
San Antonio (Chili) 326 (D3), 329 (B3)
San Antonio (Texas) 312 (E4)
San Antonio Valley (Chili) 327, 293 (D3)
San Benito 307 (E4)
San Bernabe 306, 307 (G5)
San Bernardo 329 (B5)
San Carlos 332, 331 (D4)
San Casciano in Val di Pesa 179 (C2)
San Cristoforo 163 (D4)
San Diego 312 (D1)
San Diego Mission 290
San Esteban 326 (A6)
San Esteban de Gormaz 196 (E6)
San Fabiano Calcinaia 179 (F3)
San Felice 179 (F5)
San Felipe 326 (A5)
San Fernando (Chili) 328, 329 (D5)
San Fernando (Espagne) 206 (C3)
San Francesco 184 (F5)
San Francisco 293 (B2), (C3)
San Gimignano 178, 179 (E1)
San Giovanni al Natisone 173 (D2)
San Giovanni Ilarione 171 (B5)
San Giovanni Valdarno 179 (D5)
San Giusto 177 (G2)
San Giusto a Rentennana 179 (F4)
San Goncalo 218 (F1)
San Guido 176, 177 (A4)
San João da Pesqueira 219 (G2)
San Joaquin Valley 292
San Jose (États-Unis) 293 (C3), 307 (B2)
San José (Uruguay) 325, 324 (F5)
San Juan 331, 332, 324 (F4)
San Juan del Río 312 (G4)
San Leonardo 168 (G3)
San Lorenzo 165 (E4)
San Lucas 293 (D3), 307 (G6)
San Luis Obispo 308–309, 309 (C2)
San Luis Potosí 312 (F4)
San Martín 331 (B5)
San Michele 168, 177 (E3)
San Michele Appiano 169
San Miguel del Huique 329 (D4)
San Patrignano 174
San Pedro 328, 333, 329 (E4)
San Pedro de Yacohuya 332
San Rafael 331, 332, 324 (F4)
San Remo 159 (F2)
San Severo 185, 184 (C3)
San Telmo 333, 331 (B4)
San Vicente de la Sonsierra 198, 198 (A6), 199 (F4)
San Vincenzo 177 (D3)
San Ysidro 307 (D4)
Sanary-sur-Mer 148 (G4)
Sancerre 117, 118, 124, 119 (B5), 125 (B4)
Sanctus 105 (C3)
Sandalford 340, 339 (B4), 341 (D5)
Sandberg 229 (B2)
Sandgrub 237 (E3), (F2)
Sandgrube 263 (A4), (D1)
Sandhurst 253 (G6)
Sandidge, C R 319
Sandyford 253 (F6)
Sanford 309 (F3)
Sanford & Benedict Vineyard 310, 309 (F3)
Sanford, Richard 310
Sang des Cailloux, le 139 (D4)
Sangenis i Vaqué 204 (C5)
Sangiacomo vineyard 299, 299 (D3)
Sangiovese (cépage) 22, 166, 174, 176, 178, 180, 181, 182, 185, 245, 277, 297, 304, 311, 313, 332, 338, 346
Sangiovese di Romagna 166, 167 (F3), 175 (A4)
Sangue di Giuda 158
Sanjaku (cépage) 374
Sanlúcar de Barrameda 205, 206, 190 (G2), 206 (B2)
Sannio 184 (D3)
Sant Sadurní d'Anoia 202, 203 (D4)
Sant' Agata dei Goti 184 (D2)
Sant' Agnese 177 (F4)
Sant' Antimo 181, 175 (C3)
Santa Amalia 329 (C5)
Santa Ana 331 (A4)
Santa Anastasia 187 (E4)
Santa Barbara 292, 308, 310, 310, 293 (F5)
Santa Carolina 327, 329 (A6)
Santa Catarina 324
Santa Clara Valley 306, 307 (C3)
Santa Comba Dão 212 (F3)
Santa Cruz (Californie) 307 (D2)
Santa Cruz (Madère) 223 (G5)
Santa Cruz Mountains 306, 307 (C2)
Santa Emiliana 329 (A6)
Santa Fe 313, 312 (D3)
Santa Helena 329 (D5)
Santa Laura 329 (D4)
Santa Lucia 185 (A3)
Santa Lucia Highlands 307, 307 (F4)
Santa Maria 309 (D3)
Santa Maria Valley 292, 310, 312 (D1), 309 (D3)
Santa Monica 329 (C5)
Santa Rita 310, 327, 328, 329 (B6)
Santa Rita Hills 309, 310, 309 (E3)
Santa Rosa (Argentine) 331 (C6)
Santa Rosa (Californie) 295, 293 (B2), 296 (F6)
Santa Sarah 275 (C4)
Santa Venere 184 (F5)
Santa Ynez Valley 310, 312 (D1), 309 (F4)
Santadi co-op 188
Santana 223 (E4)
Santander 192, 190 (C3)
Santenay 59, 55 (D5), 59 (B2)
Santenots Blancs, les 61 (F3)
Santenots Dessous, les 61 (F3)
Santenots du Milieu, les 61 (F3)
Santi, Clemente 181
Santiago 327, 328, 324 (F4), 329 (A6), 326 (C5)
Santiago de Compostela 192, 194
Santiago Ruiz 194 (E4)
Santo Isidro de Pegões 214 (D4)
Santo Stefano 162, 163 (C4), 165 (F5)
Santo Tomás 313, 312 (E1)
Santorini 281, 283, 283 (E4)
São Domingos 212 (F2)
Saperavi (cépage) 278, 279, 280
Sapporo 374, 374 (D5), (F4), (F5)
Saracen Estates 341 (C5)
Sarafin 285, 285 (B3)
Sarah's Vineyard 307 (D3)
Sarajevo 273 (D4)
Sarata 278 (E1)
Sárazsadány 268 (E5)
Sarcignan 101 (C4)
Sardaigne 157, 188
Sardine 101 (B2)
Sardón de Duero 197, 196 (E2)
Sárgamuskotály (cépage) 268
Sarica Niculiţel 277 (C5)
Sarmazza 165 (E4)
Sarmiento y di Galante 204 (D3)
Saronno 373
Saronsberg 366 (E2)
Sárospatak 269, 267 (D5), 268 (D5)
Sarottes, les 67 (E4)
Sarre 227, 228–229
Sarrians 139 (E4)
Sartène 149
Sarzedinho 218 (F5)
Sasalja 268 (E2)
Saslove 286 (E4)
Sassari 188 (A3)
Sassella 158
Sassetta 177 (C5)
Sassicaia 176, 188, 175 (B2)
Satigny 257, 256 (F1)
Sátoraljaújhely 268 (C6)
Satov 270, 270 (G3)
Satta, Michele 176
Sattlerhof 259
Sattui, V. 302, 301 (C3)
Satz 264 (F2)
Sätzen 261 (B1)
Satzen 263 (F1)
Saucelito Canyon 309 (C2)
Saucours, les 63 (B1)
Sauer, Horst 251
Sauer, Rainer 251
Saules, aux 65 (F4)
Saulheim 240 (D2)
Saumagen 246, 246 (A2)
Saumur 121, 118 (B5), 121 (G3)
Saumur Mousseux 121
Saumur-Champigny 121, 121 (F4)
Saunières, les 59 (A2)
Sausal 296 (C5)
Saussignac 115, 115 (B5)
Saussilles, les 62 (C2)
Saussois, en 61 (D1)
Saute aux Loups 122 (G3)
Sauternes 31, 102–103, 268, 83 (G4), 103 (F2)
Sauveterre 139 (F1)
Sauveterre-de-Guyenne 98
Sauvignon Blanc (cépage) 21, 33 ; Afrique du Sud 367, 368, 369, 370 ; Amérique du Nord 294, 297, 302, 304, 306, 310, 311, 317, 319 ; Amérique du Sud 325, 326, 327, 328, 332 ; Australie 338, 340, 341, 346, 348, 35 7; Autriche 259 ; Bulgarie 274, 275 ; Espagne 192, 193, 205 ; France 84-85, 102, 113, 115, 117, 122, 124, 125 ; Hongrie 266 ; Inde 375 ; Israël 286 ; Italie 163, 166, 169, 172, 173, 176 ; Nouvelle-Zélande 358, 361, 362 ; République tchèque 270 ; Roumanie 276, 277 ; Russie 279 ; Slovénie 271 ; Suisse 254, 257
Sauvignon Vert (cépage) 172, 327
Sauvignonasse (cépage) 172, 271, 327
Sauvion et Fils 119 (F3)
Savagnin (cépage) 150
Savannah Channel 307 (C2)
Savatiano (cépage) 283
Savennières 120, 120 (D1)
Savigny 15, 63, 55 (C5)
Savigny-en-Véron 122 (F2)
Savigny-lès-Beaune 63 (A1)
Savoie 151, 151 (B4)
Savona 159 (E3)
Savuto 184 (F4)
Saxe 251, 225 (D5)
Saxenburg 368, 371 (E1)
Sazano 278 (G4)
Scadarca (cépage) 273
Scala Dei 204, 204 (B5)
Scali 366 (F2)
Scandicci 179 (B2)
Scansano 174, 176
Scarborough 357 (C4)
Scarpantoni 346 (E5)
Scavino 164
Sceaux, les 62 (D3)
Schaefer, Karl 246
Schaefer, Willi 232
Schäfer-Fröhlich 243, 246
Schaffhausen 255, 255 (D4)
Schafis 255
Scharffenberger 294 (C2)
Scharlachberg 241
Scharrachbergheim 127 (A5)
Scharzhofberg 228, 229 (C4)
Schatz, F. 205
Schatzgarten 233 (C1)
Scheibelberg 262 (D5)
Scheibental 260 (C4)
Scheid 306, 307 (F5)
Scheidterberg 229 (D1)
Scheltigheim 127 (A6)
Schembs 241
Schenkenbichl 263 (B2)
Scheu, Georg 253
Scheurebe (cépage) 226, 241, 245, 246, 251
Schiava (cépage) 168, 169
Schiefer, Uwe 265
Schiefern, in 263 (G3)
Schiesslay 230 (E2)
Schilcher 259
Schioppettino (cépage) 172, 173
Schlangengraben 229 (C2)
Schlickenpfennig 263 (B1)
Schliengen 248 (G1)
Schloss 241 (G5)
Schloss Böckelheim 243, 244
Schloss Gobelsburg 262-263
Schloss Halbturn 264
Schloss Hohenreschen 241 (E3)
Schloss Johannisberg 236, 236 (F2)
Schloss Lieser 232
Schloss Neuweier 249
Schloss Proschwitz 251
Schloss Reichardshausen 236 (F6)
Schloss Rheinhartshausen 238
Schloss Saaleck 250
Schloss Saarfelser Schlossberg 229 (G3)
Schloss Saarsteiner 229 (G2)
Schloss Schönborn 238
Schloss Schwabsburg 241 (E3)
Schloss Staufenberg 248 (E2)
Schloss Staufenberg 249
Schloss Vollrads 236, 236 (F3)
Schlossberg (Alsace) 129, 129 (E3)
Schlossberg (Bernkastel) 232 (D4), (E4), (F4), (G5), (G6), 233 (B2), (E1), (E2)
Schlossberg (Hesse rhénane) 241 (F6)
Schlossberg (Palatinat) 246 (E2)
Schlossberg (Rheingau) 236 (F3), 237 (G2)
Schlossberg (Sarre) 229 (B3), (C3), (E2)
Schlossböckelheim 242 (B4), (F6)
Schlossböckelheimer Kupfergrube 243
Schlossgarten 236 (G2)
Schlossgut Diel 242, 244
Schlossheide 236 (E2)
Schlumberger 129
Schmelz, Johann 260
Schnait 248 (E4)
Schnaitmann, Rainer 249
Schneider 320 (E4)
Schneider, Markus 246
Schoden 228, 229 (D2)
Schoenenbourg 129, 129 (F4)
Schoffit 126, 127
Scholtz Hermanos 205
Schön 260 (D1)
Schönberg 259 (B4)
Schönborn, Count 238
Schönhell 236, 236 (E5)
Schönleber, Emrich 243
Schornsheim 240 (D3)
Schrammeln 264 (E3)
Schramsberg 302, 301 (B2)
Schreck 262 (E6)
Schreiberberg 261, 260 (A6)
Schriesheim 248 (C3)
Schroeder 333
Schrötten Point 263 (F3)
Schubertslay 230 (B4)
Schug 299 (D3)
Schütt 260 (B6)
Schützen 259 (C5)
Schutzenhaus 236 (F6)
Schützenhütte 241 (F5)
Schwabsburg 241, 240 (D3), 241 (F3)
Schwaigern 248 (D4)
Schwarzenstein 236 (E2)
Schwarzriesling (cépage) 249
Schweigen 245, 244 (G3)
Schweiger 301 (B2)
Schweinfurt 250 (D4)
Sciacarello (cépage) 149
Sciacchetrà 158
Sciez 151 (A5)
Sclavos 283 (C1)
Scopetone 181 (B5)
Scorpo 352 (D4)
Scotchman's Hill 353, 352 (D3)
Screaming Eagle 304, 304 (B5)
Scuppernong (cépage) 290
Sea Smoke 309 (F3)
Seagram 333
Seattle 319, 315 (A3), (G4)
Seavey 301 (B4)
Sebastiani 299 (C3)
Sebastopol 296 (F5)
Sebastopol Hills 296
Sebes Apold 277 (C3)
Secastilla 201
Séchet 77 (E3)
Secondine 163 (C3)
Sečovce 270 (G6)
Sedlescombe 253 (G6)
Seeberg 263 (A2)
Seewein 249
Seghesio 296 (D5)
Segovia 190 (E3)
Segre 203
Séguin, Gérard 27, 85
Séguret 137 (C3), 139 (B5)
Seidelberg 371 (B3)
Seinsheim 250 (F4)
Sekt 228
Selbach-Oster 232
Selian 287
Sella & Mosca (Chine) 372 (G5)
Sella & Mosca (Sardaigne) 188, 188 (B3)
Selvapiana 179 (A5)
Semblançay 118 (B6)
Semeli Megapanos 283 (C3)
Sémillon (cépage) 17, 21 ; Afrique du Sud 368, 369 ; Amérique du Nord 319 ; Australie 17, 336, 338, 339, 341, 343, 356, 357 ; France 84, 102, 115 ; Nouvelle-Zélande 359
Seña 326 (A4)
Senec 270 (G4)
Senftenberg 262 (C5)
Señorio de Arinzano 200, 200 (A2)
Señorio de San Vicente 199 (F4)
Sentier du Clou, sur le 60 (D2)
Sentiers, les 66 (E3)
Sepp Muster 258
Seppelt 351–352, 342 (D4)
Seppelt Great Western 352 (C1)
Septima 333
Sequoia Grove 303 (G3), 304 (B4)
Serbie 272, 273 (D5)
Sercial (cépage) 223
Sered' 270, 270 (G4)
Serédi 268 (E4)
Serena, la 181 (B6)
Seresin Estate 362 (G2)
Sérine (cépage) voir aussi Syrah
Sermiers 81 (B3)
Serpens, les 61 (F5)
Serpentières, aux 63 (A1)
Serra 165 (F6)
Serra Gaúcha 324, 324 (F6)
Serra, la 164, 165 (D3)
Serralunga 160, 164
Serralunga d'Alba 164, 165 (E6)
Serras do Sudeste 324 (F5)
Serres 141 (B3)
Serres, Olivier de 35
Serrières-de-Briord 151 (B3)
Serrières-en-Chautagne 151 (B4)
Serrig 227
Serve 277 (C4)
Serviès 141 (C1)
Servy, en 71 (B4)
Sète 152, 143 (E2)
Setley Ridge 253 (G4)
Settesoli 187, 187 (E2)
Setúbal 214, 210 (E4), 214 (E3)
Setz, auf der 263 (B1)
Setzberg 260 (C2)
Seurey, les 62 (C3)
Sevastopol' 278 (F2)
Seven Hills 319, 319 (E2), (E3), (F3)
Sevenhill 345 (E4)
Sevilen 285 (B3)
Sevilla 190 (G2)
Seville Estate 354, 354 (D5)
Sévrier 151 (B5)
Seymour 337 (F2)
Seyssel 151, 151 (B4)
Seyssuel 131
Seyval Blanc (cépage) 30, 253, 291, 320
Sforzato della Valtellina 157, 158, 159 (B5)
Shaanxi 372 (B5)
Shadowfax 353, 352 (B3), (D3)
Shafer (Californie) 305, 305 (E4)
Shafer (Washington) 316 (D4)
Shagra, famille 296 (C3)
Shampanskoye 279, 280
Shan Putao (cépage) 373
Shandong 373, 372 (B5)
Shangri La 372 (C4)
Shannon Ridge 294 (C5)
Shantell 354 (A4)
Shanxi 372 (B5)
Sharon Plain 286
Sharpham 253 (G3)
Shaw & Smith 348 (C5)
Shawsgate 253 (F6)
Shea Vineyard 316 (E4)
Shelmerdine 354 (D6)
Shemakha 278 (G6)
Shenandoah Valley 311, 311 (B5)
Shepparton 337 (F2), 352 (A4)
Sherry 16, 205–207
Shingle Peak 362 (F2)
Shiraz (cépage) 17, 20, 286, 338, 339, 341, 342, 343, 344, 345, 346, 347, 348, 349, 350, 351, 352, 353, 356, 357, voir aussi Syrah
Shiroka Melnishka Losa (cépage) 275
Shkodra 272–273, 273 (E4)
Shoalhaven Coast 357, 337 (E5)
Short Hills Bench 321 (G5)
Shottesbrooke 346 (E5)
Shqipërisë 273 (F4)
Shumen 275, 275 (B5)
Siam Winery 375, 375
Sichel, famille 96
Sicile 157, 186–187
Siduri 296 (E6)
Siebeldingen 245, 244 (F3)
Siefersheim 240, 240 (E1)
Siegel 329 (D4)
Siegelsberg 238, 237 (F2)
Siegendorf 259 (C5)
Siegerrebe (cépage) 319
Sienne 178, 175 (B3), 179 (G4)
Sierra Cantabria 199 (F4)
Sierra de Guara 201 (F3)
Sierra Foothills 311, 293 (B4), 311 (C5)
Sierra Madre Vineyard 309 (E3)
Sierra Vista 311 (B6)
Sierras de Málaga 205
Sierre 256, 257 (F2)
Sigalas (cépage) 283, 283 (D4)
Sigean 141 (D3)
Signargues 139, 137 (E2)
Signat 203 (D6)
Signorello 301 (E5)
Sigolsheim 127 (D4), 129 (F2)
Siklós 267 (G3)
Silberbichl 261 (C2)
Sileni 360 (C4)
Silicon Valley 306
Sillery 81 (B5)
Silvaner (cépage) 226, 241, 250, 251, 270, 272, voir aussi Sylvaner
Silvania 277 (B2)
Silver Oak (Oakville) 304 (B5)
Silver Oak (Sonoma) 296 (C4)
Silver Thread 320 (A3)
Silverado 305 (F3)
Silverado Trail 300
Silvio Nardi 181 (A4)
Simi 296 (D4)
Similkameen Valley 314, 315 (G4)
Simonroth 249
Simonsberg-Paarl 370, 371 (C3)
Simonsberg-Stellenbosch 370, 371 (D3)
Simonsig 371 (D2)
Simonsvlei 371 (C3)
Sine Qua Non 312 (D1)
Singerriedel 260 (C3)
Sino-French Manor 372 (D3)
Sintra 214 (D1)
Sion 256, 255 (G3), 257 (F1)
Sionnières, les 66 (E4)
Sipon (cépage) 271
Siracusa 187 (F5)
Siria 277 (B2)
Sisseck, Peter 197
Sister Creek Vineyards 312 (E4)
Sitia 283 (E5)
Sitzendorf 259 (A4)
Sivipa 214 (E3)
Sizies, les 62 (C3)
Sizzano 159 (C4)
Sjeverna Dalmacija 273 (C2)
Skafidiá 284 (F2)
Skalani Estate 283 (E4)
Skalica 270, 270 (G3)
Skalli 152
Skillogalee 345, 345 (F4)
Skopje 273 (F5)
Skouras 284 (F4)
Skrapar 273 (G4)
Sky 301 (E3)
Slaley 371 (D2)
Slaviantzi 275 (B5)
Slavonie 272, 273 (A2), (B3)
Sliven 274, 275 (B4)
Sloughhouse 311 (C4)
Slovácko 270, 270 (F3)
Slovaquie 270
Slovénie 172, 173, 271
Slovenska Bistrica 271 (B3)
Slovenska Istra 273 (B1)
Slovenska Konjice 271 (C3)
Slovenské Nové Mesto 270 (G6)
Smaragd 261
Smart, Dr Richard 9, 358
Smederevka (cépage) 272
Smederevo 272
Smith & Hook 307 (F4)
Smith Woodhouse 221
Smithbrook 340, 339 (E4)
Smith-Madrone 301 (B2)
Smolenice 270 (G4)
Snake River Valley 314, 315 (G4)
Sneyd, Nigel 17
Snoqualmie 318, 318 (E4)
Soave 157, 166, 170–171, 167 (D3), 171 (C4)
Soave Classico 167 (D3), 171 (C5)
Soave Superiore 170, 171 (C5)
Sobon Estate 311 (B5)
Sofiya 275 (B2)
Sokol Blosser 316 (E4)
Solaia 180
Solano County Green Valley 293 (B2), 296 (F4)
Soledad 307 (F4)
Soleil 374 (F5)
Solis 307 (D3)
Solis, Felix 197
Solms Delta 371 (D4)
Sologny 70, 70 (E1)
Solomon Hills 310
Solopaca 184 (C2)
Solutré-Pouilly 71, 55 (F5), 70 (F1), 71 (B4)
Solvang 310
Somborne Valley 253 (G4)
Somerset West 370, 366 (F2), 371 (G3)
Somló 266, 267, 267 (E2)
Somloire 118 (C4)
Somlóvásárhely 267 (E2)
Sommerach 250 (E4)
Sommerberg 129 (E1)
Sommerhausen 250 (F4)
Somontano 201, 190 (D5)
Sóndrio 159 (B5)
Songe, en 67 (D2)
Sonnay 122 (F5)
Sonnenberg (Rheingau) 237 (F4), (G5)
Sonnenberg (Ruwer) 234 (E6)
Sonnenberg (Sarre) 229 (A4), (C2), (E3), (F4)
Sonnenglanz 129 (F3)
Sonnenlay 232 (G3), (G4), 233 (C1)
Sonnenuhr (Bernkastel) 232 (D4), (E5), (F3)
Sonnenuhr (Piesport) 230, 230 (E4), (F3)

Sonnleiten 260 (D2)
Sonoita 313, 312 (E2)
Sonoma 295-299, 293 (A1), 296 (E5), 299 (C3), 301 (E3)
Sonoma Mountain 298, 299 (B2)
Sonoma Valley 292, 295, 298, 299 (B2), (E4)
Sonoma-Cutrer 297, 298, 296 (E5)
Sooss 259 (C4)
Sopraceneri 255 (G4)
Sopron 266, 267, 267 (D2)
Soquel 307 (C2)
Sorbara 166
Sorbés, les 66 (E4)
Sordes, les 66 (E2)
Sorgentière, la 67 (E4)
Sorgues 139 (F2)
Sorì San Lorenzo 163, 163 (C3)
Sorì Tildin 162, 163, 163 (D2)
Soriano 324 (F5)
Sorrenberg 351, 352 (A6)
Sotillo de la Ribera 196 (D4)
Sottoceneri 255 (G5)
Soulaines-sur-Aubance 120 (E4)
Soultzmatt 127 (F3), 128 (D3)
Soumard 125 (B5)
Sources de Caudalie, les 100
Sous Blagny 60 (F5)
Sous Frétille 63 (B4)
Sous la Roche 59 (B3)
Sous la Velle 61 (A1), (B1), (E2)
Sous le Bois de Noël et Belles Filles 63 (A4)
Sous le Cellier 61 (E3)
Sous le Château 61 (A1), (B1)
Sous le Courthil 60 (F4)
Sous le dos d'Ane 60 (F5)
Sous le Puits 60 (F4)
Sous Roche 61 (B2)
Sous Roche Dumay 60 (E3)
Soussans 94, 95 (F6), (G6), 97 (A1)
South Auckland 358 (B5)
South Burnett 337 (A5)
South Coast Winery 312 (D1)
South Eastern Australie (GI) 337–338
South Fork (États-Unis) 320
Southampton 320 (E5)
Soutomaior 194
Sovana 175 (D3)
Spadafora 187 (E3)
Spangler Vineyards 315 (F2)
Spanna (cépage) 158, voir aussi Nebbiolo
Spannberg 259 (B5)
Spárti 284 (G4)
Spätburgunder (cépage) 226, 235, 241, 245, 248, 249, 251
Spätlese 225, 226, 236
Spello 183 (B6)
Spey 244 (E5)
Spézia, la 159 (F5)
Spice Route 33, 366 (F2)
Spicewood Vineyards 312 (E4)
Spiegel (Alsace) 128 (D1)
Spiegel (Kamptal) 263 (B3)
Spiegel (Kremstal) 262 (D6)
Spielberg 246, 246 (B2)
Spier 371 (E2)
Spiesheim 240 (E2)
Spiess 245, 246 (G2)
Spiropoulos 284 (F4)
Spitaller 263 (D1)
Spitz 260, 261, 259 (B3), 260 (D3)
Split 273 (D2)
Spoleto 183 (C6)
Sporen 129, 129 (F3)
Sportoletti 183 (B6)
Spottswoode 302, 301 (C3)
Spreitzer 236, 238
Sprendlingen 240 (D1)
Spring Mountain 300, 302, 301 (C2)
Spring Valley 319 (E3)
Springfield (Afrique du Sud) 366 (F3)
Springfield (États-Unis) 315 (E2)
Springhill 316 (G4)
Sprinzenberg 263 (F1)
Spy Valley 362 (G1)
Squinzano 185, 185 (B6)
Srednja i Južna Dalmacija 273 (D2)
Srem 273 (C4)
Sri Lanka 375
St Amant 311 (D4)
St Anna 259 (F4)
St Augustin 287
St Catharines 321, 320 (A1), 321 (G5)
St Charles Vineyard 307 (C2)
St Clair Estate 362 (G3)
St Clair Winery 312 (E3)
St Clement 301 (C3)
St Cousair 374 (F5)
St David's Bench 321 (G5)
St Francis 299 (A1)
St Gallen 255 (E5)
St Georgen 259 (C5)
St Hallett 342 (E4)
St Helena 302, 301 (C3), 303 (F2)
St Huberts 354, 354 (C4)
St Innocent 316 (F4)
St Kiliansberg 239 (E3)
St Laurent (cépage) 259, 264, 270
St Margarethen 259 (C5)
St Martin 243 (C5)
St Mary's Vineyard 350 (C5)
St Nikolaus 236 (F4), (G4)
St Pölten 259 (B4)
St Stefan 259 (F3)
St Supéry 300, 303 (G3)
St Urbanshof 228
Staatliche Hofkellerei 251
Staatsweingut 234
Stadecken 240 (D2)
Stadio 284 (F4)
Stadt Krems 262
Stadt Lahr 249
Staete Landt 362 (F2)
Stag's Leap 25, 300, 305, 301 (E5), 305 (F4)
Stagecoach Vineyard 301 (D5)
Staglin, famille 303, 303 (G3), 304 (B4)
Staiger, P&M 307 (C2)
Stainz 259 (F3)
Stajerska Slovenija 271 (A5), (C3), 273 (A2)
Stambolovo 275 (C4)
Standing Stone 320, 320 (B3)
Stangl 263 (B4)
Stanlake Park 253 (F5)
Stanton & Killeen 352 (A5)
Staple 253 (F6)
Stara Zagora 275 (C4)
Starderi 163 (B4)
Stark-Condé 371 (E3)
Starkenburg (Bade) 248 (C3)
Starkenburg (Bernkastel) 233 (D2)
Stary Plzenc 270 (F1)
Staufen 248 (G1)
Stavropol 279
Steele 294, 294 (C5)
Steenberg 369, 369 (F5)
Stefănești 277 (D3)
Stefano Lubiana 355 (G5)
Stefanslay 230 (B6)
Steffensberg 233 (B1), (B2)
Steiermark 258, 259
Steig 239 (E3)
Steiger 260 (B6)
Steigerdell 243 (F4)
Steigerwald 251, 250 (F4)
Stein (Autriche) 259 (B3), 261 (B2), 262 (E6), 263 (C5)
Stein (Rheingau) 239 (G5)
Stein (Wachau) 262
Stein am Rain 260 (B4)
Steinacker 246 (A2), (B2)
Steinaweg 262 (F6)
Steinbach 248 (E2)
Steinberg (Nahe) 243 (C4), (G1)
Steinberg (Ortsteil) 236, 238, 236 (E6)
Steinberg (Palatinat) 246 (B1), (C1)
Steinberger 229 (B2)
Steinborz 260 (C3)
Steinbühel 263 (F1)
Steiner Hund 262
Steiner Pfaffenberg 262 (E5), 261 (B1)
Steiner Point 262 (F6)
Steiner Vineyard 299 (B1)
Steinert 128 (E3)
Steinertal 261 (B1)
Steinfeder 261
Steingarten 344, 344 (D4), 342 (F4)
Stein-Grubler 128 (E6)
Steinhagen 263 (E1)
Steinhaus 263 (B2)
Steinklotz 127
Steinling Schlucht 262 (F6)
Steinmassel 263 (B2)
Steinmorgen 237 (F2), (G2)
Steinplatte 261 (C1)
Steinriegl 260 (B4)
Steinsatz 263 (C3)
Steinwand 263 (B3)
Steinwandl 261 (B4)
Steinwein 250, 251
Steinwingert 243 (G2)
Stel, Simon van der 369
Stella Bella 341 (E5)
Stellenbosch 368, 370–371, 366 (F2), 371 (D3)
Stellenzicht 371 (F3)
Steltzner 305 (F4)
Stelvin 338
Stemmler 299 (D4)
Step Road 347
Stéphan, Jean-Michel 133
Stephanus-Rosengärtchen 232 (G6)
Stephen John 345 (F4)
Sterling 301 (B2)
Stetten 248 (E4)
Steven Kent 307 (A3)
Stevenot 311 (D6)
Steyer 243 (F2)
Steyer Vina 271 (A5)
Sticks 354 (B4)
Stiegelstal 260 (D3)
Stielweg 239 (F4)
Stift 246 (E3)
Stiftskeller Konstanz 249
Stirby 277 (D3)
Stirling 348 (C4)
Stirn 229 (E2)
Stockerau 259 (B4)
Stockton 293 (B3), 311 (D4)
Stojan Sčurek 173 (D3)
Stoller Vineyard 316 (E4)
Stonecroft 360, 360 (B4)
Stonehaven 349, 349 (B5)
Stonestreet 297, 296 (D5)
Stoney Ridge 321 (F4)
Stonier 352 (D4)
Stony Brook 371 (E6)
Stony Hill 302, 301 (B2)
Stonyridge 359
Stork Nest Estates 274, 275 (A3)
Storrs 307 (D2)
Storybook Mountain 301 (A1)
Straden 259 (F4)
Strand 366 (G2), 371 (G2)
Strasbourg 53 (B6), 127 (A6)
Strass 259 (B4), 263 (B4)
Strathbogie Ranges 353, 337 (F2), 352 (B4)
Stratus 321 (F5)
Stratzing 263 (C1)
Strážnice 270 (F3)
Streda nad Bodrogom 270 (G6)
Stredoslovenská 270 (G5)
Strekov 270 (G4)
Strem 259 (E5)
Strewn 321 (F5)
Stringy Brae 345 (F4)
Strofilia 283 (D3)
Stroumbi 285 (G3)
Strudel 262 (F5)
Strumica-Radoviste 273 (F6)
Stsbury 299 (D5), 301 (G5)
Stucchi, famille 178
Stúrovo 270, 270 (G4)
Stuttgart 249, 225 (F3), 248 (E4)
Subotica-Horgoš 272, 273 (B5)
Suceava 277 (A4)
Suchot, en 67 (D3)
Suchots, les 65 (E4)
Suckfizzle 340, 341 (E5)
Sucre 324 (D4)
Sudak 278 (F2)
Südburgenland 265, 259 (E5)
Südoststeiermark 259 (F4)
Südpfalz Connexion 244
Südsteiermark 259 (F3)
Suhindol 274, 275 (B3)
Suisse 254-257
Suisse 254–257
Suisun Valley 293 (B2)
Sukhindol 275 (B3)
Sula 375, 375
Sullivan 303 (F3)
Sulphur Springs Valley 313
Sultaniye (cépage) 285
Sulzfeld 250 (F4)
Sumac Ridge 315 (F5)
Sumadija-Velika Morava 273 (C5)
Summa Vineyard 296 (E3)
Summerfield 352 (B2)
Summit Lake 301 (A3)
Sunbury 353, 337 (G2), 352 (C3)
Sungurlare 275 (B5)
Sunnyside 315 (B5), 318 (D3)
Suntime 372 (A4)
Suntory 93, 374, 374 (F5)
Super Umbrians 183
Superin 260 (B6)
Supertoscans 180, 182
Sur Roches 61 (E5)
Sury-en-Vaux 125 (B3)
Süssenberg 261 (B1), (C2), 262 (F5)
Süsser See 251
Sutter Home 302, 301 (C3)
Sutton Grange 352 (B3)
Suva Reka 273 (E5)
Suvereto 177 (D5)
Suzon 101 (A4)
Svätovavřinecké (cépage) 270
Sveti Ivan Zelina 272
Sviri 278 (G4)
Svishtov 275 (A3)
Swan 296 (E5)
Swan clone 299
Swan District 339 (A4)
Swan Hill 336, 337 (E1)
Swan Valley 339, 340, 339 (B4)
Swanson 303 (G3)
Swarovski, famille 333
Swartland 33, 367, 368, 366 (E2)
Swedish Hill 320 (B3)
Sweet Home 315 (E3)
Swellendam 366 (G4)
Switchback Ridge 301 (B2)
Sycamore Vineyard 303 (G3)
Sydney 337 (E5)
Sylvaner (cépage) 126, 166, 254, 256, 270, voir aussi Silvaner
Sylvester 309 (A2)
Sylvie 67 (E2)
Symington, famille 218, 219, 221
Symphonia 352 (B5)
Syndicat Viticole de Saint-Émilion 111
Syracuse 320 (A3)
Syrah (cépage) 20 ; Afrique du Sud 367, 368, 370 ; Amérique du Nord 296, 299, 302, 305, 309, 310, 311, 314, 318, 319, 321 ; Amérique du Sud 324, 325, 326, 327, 332 ; Bulgarie 275 ; Chypre 286 ; Espagne 193, 204 ; France 112-113, 130–131, 133, 134, 136, 138, 140, 146 ; Italie 157, 163, 174, 187 ; Nouvelle-Zélande 358, 359, 360, 360 ; Portugal 211, 212, 214, 215, 215 ; Suisse 256 ; Thaïlande 375 ; Tunisie 287 ; Turquie 285
Syrie 286 (D6)
Szamorodni 269
Szárhegy 268 (D4)
Szarvas 269, 268 (G3)
Szeged 267 (F4)
Szegfű 268 (D5)
Szegi 268 (F3)
Szegilong 269, 268 (F4)
Székesfehérvár 267 (E3)
Szekszárd 266, 267 (F3)
Szent Orban 267
Szentgyörgyvár 267 (E2)
Szentvér 268 (E4)
Szepsy, István 269
Szerelmi 268 (G4)
Szeremley, Huba 267
Szerencs 268 (G2)
Szilvölgy 268 (G3)
Szolnok 267 (E4)
Szőlőhegy 268 (F1)
Szt Kereszt 268 (G3)
Szt Tamás 269, 268 (F2)
Szürkebarát (cépage) 266, 267

T

T'Gallant 352 (D4)
Tablas Creek 309, 309 (B1)
Tabontinaja 329 (G3)
Tabor 286 (D5)
Taburno 184 (D3)
Tacama 325
Tâche, la 64, 65 (E4)
Tachis, Giacomo 188, 188
Tacna 324 (D3)
Tacoma 315 (A3)
Tacoronte-Acentejo 193 (F2)
Tadjikistan 375
Taft Street 296 (E4)
Tahbilk 16, 353, 352 (B4)
Taille Pieds 61, 61 (F4)
Tain l'Hermitage 134, 131 (D4), 135 (C4)
Taissy 81 (A4)
Taittinger 78, 79, 80, 298
Taiwan 375
Takahata 374 (E5)
Takeda 374 (E5)
Takler, Ferenc 266
Talagante 329 (B5)
Talamona 159 (B5)
Talay 285 (B3)
Talca 329 (F4)
Talence 83 (F3), 101 (A4)
Talenti 181 (D4)
Talheim, im 263 (D2)
Talley Vineyards 309, 309 (C2)
Talloires 151 (B5)
Tállya 267 (D5), 268 (E2)
Talmettes, les 63 (B2)
Taltarni 352 (B2)
Talunga Cellars 348 (A6)
Tămâioasă Românească (cépage) 276, 277
Taman Peninsula 279
Tamar Ridge 355, 355 (F5)
Tamar Valley 355, 355 (F5)
Tamaya 326
Tamburlaine 357 (C4)
Tamellini 171
Tamisot 67 (E2)
Tampico 312 (F4)
Tanba 374 (F4)
Tangshan 372 (E4)
Tannat (cépage) 112-113, 114, 325
Tantalus Vineyards 315 (E6)
Tanunda 342 (D4)
Tapanappa 349 (C6)
Tapiz 333, 331 (B4)
Taquière, la 133 (B4)
Taradale 360 (B5)
Táranto 184 (D5), 185 (B4)
Tarapacá 329 (B5)
Taratahi oriental 358 (C5)
Tarbes 113 (E2)
Tarcal 268, 269, 268 (G3)
Tarczal, de 168 (E4)
Tardieu-Laurent 135, 137 (F5)
Tarija 324 (E4)
Târnave 276, 277, 277 (C3)
Tarragona 202, 190 (E5), 203 (F2)
Tarrawarra 354 (B5)
Tarrington 352, 352 (D1)
Tarsus 196 (D3)
Tartaras 133 (A4)
Tartegnin 256 (E2)
Tartre (cépage) 171
Tarutyne 278 (E1)
Tasca d'Almerita 186, 187 (E3)
Tasmanie 337, 355
Tata 267 (E3)
Tatachilla 346, 346 (F4)
Tatarbunary 278 (E1)
Tatler 357 (C5)
Tatschler 264 (E1)
Taubenberg 237 (E3), (E4), (F3)
Taubenhaus 233 (E1)
Taunus Hills 236
Taupe, la 65 (E5), 66 (E1)
Taupine, la 61 (F3)
Tauranga 358 (B5)
Taurasi 157, 184, 184 (D3)
Tauria 278 (E2)
Taurino 185 (B5)
Tausendeimerberg 260 (C2)
Tautavel 145, 145 (A3)
Tauxières 81 (C5)
Tavannes, les 62 (C1)
Tavel 139, 138 (F5)
Tavernelle 181 (C4)
Tavers 119 (A3)
Tavira 210 (F5)
Távora-Varosa 210 (B5)
Tawse Vinyards 321 (G4)
Tayirove 278 (E2)
Taylor Fladgate Partnership 221
Taylor's 218
Taylors 345 (G5)
Taz 309 (E3)
Tbilisi 278 (G5)
Tchelistcheff, André 298, 303
Te Awa Farm 360 (B4)
Te Awanga 360, 360 (C5)
Te Kairanga 361 (B5)
Te Mata 360, 360 (C5)
Te Whare Ra 362 (G2)
Tébourba 287
Tefft Cellars 318 (D3)
Tegernseerhof, famille 260
Tehigo 206 (B2)
Teilung 264 (F3)
Tekel 285
Tekirdağ 285 (B3)
Telavi 280, 278 (G5)
Teldeschi 296 (C4)
Tellières, les 67 (E3)
Temecula 313, 312 (D1)
Tement 259
Tempranillo (cépage) 22, 192, 193, 196, 198, 199, 200, 201, 203, 205, 210, 214, 215, 216, 299, 314, 332
Tempus Two 357 (C5)
Temriuk 278 (F3)
Ten Minutes by Tractor 352 (D4)
Tenerife 193, 193 (F2)
Tennessee 291 (C5)
Tenterden 253 (G6)
Tenuta Angoris 173 (E2)
Tenuta Barone la Lumia 187 (F4)
Tenuta Corini 183 (C4)
Tenuta di Petrolo 179 (E6)
Tenuta di Sesta 181 (D5)
Tenuta Guado al Tasso 177 (B4)
Tenuta Scilio di Valle Galfina 187 (E5)
Teófilo Reyes 196 (E3)
Tequisquiapan 312 (G4)
Téramo 176, 175 (E5)
Teran 271, 272
Tercic 173 (E4)
Terézia 269, 268 (G3)
Terlano 169, 169 (C5)
Terlo 165 (E3)
Termeno 169, 169 (E5)
Ternay 118 (C5)
Terni 175 (E4), 183 (D6)
Teroldego (cépage) 168
Teroldego Rotaliano 168, 167 (B3)
Terra Alta 203, 190 (E5), 202 (F5)
Terra Andina 329 (A6)
Terra di Lavoro 185
Terrabianca 179 (F4)
Terracina 184 (D1)
Terramater 329 (B5)
Terrano (cépage) 173
Terranoble 329 (F4)
Terrantez (cépage) 223
Terras do Poé 214 (E4)
Terras do Sado 214, 210 (E4)
Terras Gauda 194 (E4)
Terras Madeirenses 210 (E3)
Terrassenmosel 227, 233, 227 (E5)
Terrasses de Béziers 141 (B5)
Terrasses des Puits-Saint-Pierre 150
Terrasses-du-Larzac 142, 143 (B1)
Terravin 362 (G2)
Terrazas de Los Andes 332, 333, 331 (B4)
Terre Brune 188
Terre de la Custodia 183 (C6)
Terre di Franciacorta 166, 159 (C6), 167 (D1)
Terre di Ginestra 187 (E3)
Terredora di Paola 184 (D3)
Terres Blanches, les 64 (E4), (E5), 61 (F1)
Terres de Sommières 143 (A4)
Terret Noir (cépage) 138
Terroirs Landais 153 (D2)
Teruel 190 (E4)
Tesch, Martin 244
Tesseron, Guy 88
Tesson, le 61 (F1)
Testarossa 307 (C3)
Tête du Clos 59 (C5)
Têtière, la 60 (G2)
Tetovo 273 (F5)
Tetti 163 (D3)
Teurons, les 62 (C4)
Teusner 342 (D4)
Texas 291, 312–313, 291 (D3)
Texas Davis Mountains 312 (E3)
Texas High Plains 312 (D4)
Texas Hill Country 313, 312 (E4)
Texas Hills Vineyards 312 (E4)
Texoma 312 (D4)
Thai Wine Association 375
Thaïlande 375
Thalassitis (cépage) 283
Thalland 263 (D1)
Thallern 263 (F2)
Thandi 367, 368
Thanisch, Dr. H 224
Thann 129, 127 (G3)
The Lane 348
Thelema 370, 371 (D4)
Thelnetham 253 (E6)
Thénac 115 (C5)
Theotoky 283 (B1)
Thermenregion 259, 259 (C4)
Thesée 119 (B2)
Thessaloniki 282
Theulet 115 (B5)
Thévenet 69
Thézac-Perricard 153 (D3)
Thienpont, famille 104
Thienpont, Jacques 106
Thiergarten 234
Thierrière, la 123 (D5)
Thíra (Santorini), 283 (E4)
Thirteenth Street 321 (G4)
Thirty Bench 321 (F3)
Thiva 283 (C3)
Thomas Coyne 307 (A3)
Thomas Fogarty 307 (B1)
Thomas Wines 357 (C4)
Thompson Estate 341 (D5)
Thonon-les-Bains 151 (A5)
Thorey, aux 65 (E2)
Thorn Clarke 344 (C5)
Thorncroft 253 (F5)
Thörnich 230
Thorold 321 (G5)
Thouarcé 118 (B4), 120 (G4)
Thouars 118 (C5)
Thrace 13, 285
Thracian Lowlands 275 (C3), (D2)
Three Choirs 253 (F4)
Three Lakes 255 (E2)
Three Palms Vineyard 301 (B2)
Thuir 145 (C3)
Thun 255 (F3)
Thunersee 255 (F3)
Thunevin, Jean-Luc 110
Thüngersheim 250 (E3)
Thurgau 255, 255 (D5)
Thurston Wolfe 318 (E4)
Thurzó 268 (G3)
Tianjin 372, 372 (B5), (E4)
Tibouren (cépage) 146
Ticino 254, 255, 255 (G4)
Tiefenfucha 263 (F2)
Tiefental 263 (D2)
Tierra Estella 200
Tierra Valentine 301 (C2)
Tiers 348 (C4)
Tiffán, Ede 266
Tiglat 264, 264 (F3)
Tignanello 180
Tikveš 273
Tillets, Les 61, 60 (F6)
Tillières 119 (F4)
Tiltridge 253 (F4)
Tim Adams 345 (E4)
Tim Gramp 345 (G5)
Timaru 358 (D4)
Timok 272, 273 (D6)
Timpert 234 (C4)
Tinhorn Creek 315 (G5)
Tinta Amarela (cépage) 210, 216
Tinta Barroca (cépage) 216, 367
Tinta Miúda (cépage) 198
Tinta Negra Mole (cépage) 222
Tinta Roriz (cépage) 210, 212, 216
Tintara 346
Tinto Cão (cépage) 210, 213, 216
Tinto de Toro (cépage) 195
Tinto del Pais (cépage) 196
Tinto Fino (cépage) 196, 197, 197
Tiranë 273 (F4)
Tiraspol 278 (E1)
Tishbi 286 (E4)
Titov Veles 273 (F5)
Titus 301 (C3)
TK Wines 345, 348, 348 (B5)
Tlemcen 287
To Kalon Vineyard 304, 304 (B4)
Tobin James 309 (B3)
Tocai (cépage) 166
Tocai Friulano (cépage) 172, 271
Todi 183 (C5)
Todoroff Wine Cellar 275 (C3)
Toisières, les 61 (F3)
Tök 267 (E3)
Tokachi 374 (D6)
Tokaj Kereskedőház 269, 268 (C6)
Tokajská 270 (G6)
Tokara 371 (D3)

Tokat 285, 285 (B5)
Tokay 16, 266, 268–269, 267 (D5), 268 (G4), 351
Tokyo 374 (F5)
Tolcsva 269, 268 (E4)
Toledo 193, 190 (E3)
Tolna 266, 267 (F3)
Tomás Cusiné 203 (D1)
Tondonia 199
Tonghua 372 (B6)
Tonnerre 75 (D6)
Toolangi 354 (A5)
Toowoomba 337 (A5)
Topolčany 270 (G4)
Topons, les 64 (F5)
Toppe Marteneau, la 63 (C3)
Toppenish 315 (B4), 318 (D3)
Torbreck 342 (D4)
Torcolato 166
Toren, de 371 (E1)
Toresanas 195 (E5)
Torgiano 183, 175 (D4), 183 (B5)
Torgiano Riserva 175 (D4), 183 (B5)
Torgiano Rosso Riserva 157
Torii Mor 316 (E4)
Torino 159 (D2), 161 (A1)
Tormaresca 185 (A3), (B5)
Toro 192, 195, 190 (E2), 195 (E5)
Toronto 320 (A1)
Torras et les Garennes 135 (C5)
Torre de Oña 199 (F6)
Torre, la 181 (C5)
Torrebreva 206 (B2)
Torremontalbo 199 (B1), 199 (G5)
Torrenieri 181 (B6)
Torreón 312 (F3)
Torreón de Paredes 329 (D5)
Torres Vedras 214, 210 (D3), 214 (B2)
Torres, Celeste 197
Torres, Marimar 295
Torres, Miguel 202, 328
Torrette 158
Torriglione 165 (D4)
Torrita di Sienna 182 (B3)
Torroja del Priorat 204 (C5)
Torrontés (cépage) 325, 332
Torrontés Riojano (cépage) 332
Toscane 12, 16, 157, 176-182
Toulon 147 (E1)
Toulouse 113
Tour de Grangemont, la 115 (B6)
Tour du Ferré, la 119 (F3)
Touraine 122
Touraine-Amboise 122
Touraine-Azay-le-Rideau 122
Touraine-Mesland 122
Touraine-Noble-Joué 122
Touriga Franca (cépage) 2 10, 216
Touriga Nacional (cépage) 23, 210, 212, 213, 215, 216, 367
Tournant de Pouilly 71 (C5)
Tournon 131, 135 (C3)
Tournon-sur-Rhône 131 (D4)
Tournus 55 (E6)
Tours 119 (B1)
Tours-sur-Marne 81 (D5)
Touvet, le 151 (D4)
Tovuz 278 (G5)
Tower 357 (C5)
Traben 227 (E5), 233 (D2)
Traben-Trarbach 233, 233 (D2)
Trabucchi 171
Tradición 205
Traeger, David 353
Trafford, de 371 (F3)
Trafford, Rita 371
Traisen 242 (B5), 243 (E3)
Traisental 258, 259 (B4)
Traiser Bastei 244
Traiskirchen 259 (C5)
Traismauer 259 (B4)
Trajadura (cépage) 211
Tramin 169, 169 (E5)
Traminac (cépage) 272
Traminer (cépage) 251, 259, 272, voir aussi Gewürztraminer
Traminer Aromatico (cépage) 173
Tramini (cépage) 267
Transylvania 276, 276, 277, 277 (B3)
Trápani 186, 187 (E2)
Trapiche 333, 331 (B4)
Trarbach 227 (E5), 233 (E2)
Trasimeno Lake 183
Trasmontano 211, 210 (A5)
Tras-os-Montes 210 (A5), (A6)
Trauntal 260 (D3)
Travarnelle Val di Pesa 179 (D2)
Travers de chez Edouard, les 60 (D2)
Travers de Marinot, les 60 (D2)
Traversa 325
Travignoli 179 (A5)
Tre Monti 166
Treana 309 (A2)
Trebbiano (cépage) 171, 185, 325
Trebbiano d'Abruzzo 176, 175 (F5), (G6), 184 (C2)
Trebbiano di Romagna 166, 167 (F4), 175 (A5)
Trebbiano Toscano (cépage) 174, 176, 180, 182, 183
Trebinje 272
Trefethen 302, 301 (E5)
Tregnago 171 (B4)
Treiso 162, 163 (F3)
Treixadura (cépage) 191
Trélazé 118 (B4)
Treleaven 320 (B3)
Tremblots, les 60 (G3)
Trentadue 296 (C5)
Trentin 166, 168, 167 (C2)
Trento 167 (C3), 168 (C5)
Trépail 81 (C6)
Treppchen 232
Treppchen (Bernkastel) 232 (C4)
Treppchen (Piesport) 230 (C4), (C5)
Terrose 182 (B6)
Très Girard 66 (F4)
Tres Sabores 303 (G3)
Treux, les 65 (E5)
Trèves 13, 227, 228, 234, 227 (F4)
Trevor Jones 342 (F3)
Trézin, le 60 (F4)
Triangle, The 360 (C4)
Tribourg 65 (F1)
Triefenstein-Lengfurt 250 (E2)
Trieste 167 (D6)
Trifolerà 163 (D3)
Trimbach 128-129
Trincadeira (cépage) 210, 211, 215
Trinity Hill 360 (B4)
Tripila 284 (G3)
Tripoli 284 (F4)
Trittenheim 230, 231, 230 (F4)
Trivento 333, 331 (B4)
Trnava 270 (G4)
Trockenbeerenauslesen (TBA) 226, 235, 236, 238, 264
Troësmes 77 (C2)
Trois Follots 61 (E6)
Trollinger (cépage) 168, 249
Troodos Mountains 285, 286
Trottacker 129 (F4)
Trousseau (cépage) 150
Troyes 79 (D5)
Truchard Estate Vineyard 299, 299 (C5), 301 (F5)
Truffière, la 60 (F4)
Truth 313, 312 (D3)
Tsantali 283 (A2), (A4), (B3)
Tsaoussi (cépage) 283
Tselepos 284 (G4)
Tselepos, Yiannis 284, 284
Tsimlianskiy 279
Tsinandali 280, 278 (G5)
Tsolis 284 (G3)
Tsuno 374, 374 (G3)
Tsyurupyns'k 278 (E2)
Tua Rita 177 (E5)
Tualatin 316 (D4)
Tuart Sands 340
Tübingen 248 (E4)
Tucson 312 (E2)
Tudal 301 (B3)
Tudela 197, 200 (D3)
Tudela de Duero 196 (E1)
Tudelilla 198, 199 (B3)
Tukulu 368
Tularosa Winery 312 (D3)
Tulbagh 366, 366 (E2), (F2)
Tulip 286 (D5)
Tulocay 301 (F6)
Tumbarumba 357, 337 (F3)
Tuniberg 248, 248 (F1)
Tunis 287 (F6)
Tunisie 287, 287 (F6)
Tunnell, Doug 317
Tunuyán 332, 333, 331 (D4)
Tupin 131 (A4), 133 (B4)
Tupungato 332, 331 (C3)
Turasan 285 (B5)
Turckheim 129, 127 (E4), 129 (E1)
Turin 159
Turkey Flat 342 (E4)
Turkménistan 375
Turley 301 (B3)
Turley Wine Cellars 309
Turley, Larry 309
Turnbull 304 (B4)
Turnote, le 165 (D4)
Turquant 121 (F5)
Turque, la 132, 133 (B4)
Turriga 188
Tursan 114, 53 (G2)
Tuvilains, les 62 (C3)
Tuyaux, aux 65 (F2)
Tvishi 278 (G4)
Twann 255
Twee Jonge Gezellen 366 (E2)
Twenty Mile Bench 321 (G4)
Twin Valley Estate 342 (F3)
Two Hands 342 (D4)
Two Paddocks 363 (G5)
Twomey 301 (B2)
Tyee Wine Cellars 316 (G3)
Tygerberg 367, 366 (F2)
Tyrrell, Murray 356
Tyrrell's 357, 357 (C4)
Tzora 286 (F4)

U

Überlingen 248 (G4)
Uberti 166
Uccelliera 181 (D5)
Uchizy 70, 70 (B4)
Uclés 190 (E4)
Uco Valley 332
Udenheim 240 (D3)
Udine 167, 167 (C5)
Ugarteche 331 (C4)
Ugni Blanc (cépage) 84, 148, 332
Uhlen 233
Uitkyk 371 (C3)
Uitsig 369
Ukiah 294, 294 (B3)
Ukraine 278–279, 278 (E3)
Ukrinsko 273 (C3)
Ullum Valley 332
Umathum 264
Umbertide 183 (A4)
Umpqua Valley 314, 315 (F2)
Umriss 264 (F2)
Undurraga 329 (B5)
Ungeheuer 245, 246 (E2)
Ungerberg 264 (E4)
Ungsberg 233 (E2)
Ungstein 246, 244 (D4), 246 (B2)
Unico 196
Union Gap 315 (B4), 318 (C2)
Unison 360 (B4)
Unterberg 229 (B2)
Unterbergern 261 (B1)
Untere Lüss 264 (F3)
Untere Voglsang 264 (F2)
Untere Weisen 264 (F3)
Untere Zistel 262 (E6)
Unterhaardt 246
Unterloiben 260, 261, 261 (B1)
Upper Goulburn 353, 337 (F2), 352 (B5)
Upper Moutere 358 (C5)
Upper Reach 339 (B4)
Úrágya Birsalmás 268 (F2)
Urbellt 229 (B2)
Urfé 153 (C4)
Uröm 267 (E3)
Uruguay 325, 324 (F5)
Ürzig 232, 232 (C3)
Utiel-Requena 192, 193, 190 (F4)
Uva di Troia (cépage) 185
Uva Rara (cépage) 158, 160
Uzès 137 (D1)

V

Vaccarèse (cépage) 138
Vache, la 61 (E6)
Vacqueyras 138, 137 (D3), 139 (D4)
Vadu 277 (C4)
Vaeni 283 (A2)
Vaillons 77 (E3)
Val d'Anniviers 256
Val d'Arbia 175 (C3)
Val d'Orcia 181
Val di Cornia 176, 175 (B2), 177 (D4), (F3)
Val di Suga 181 (B5)
Val do Rio do Peixe 324
Val do Salnés 194
Val du Petit-Auxey, sur le 61 (C1)
Val Verde Winery 312 (E4)
Valais 254, 256-257, 255 (G3), 257 (F2), (G1)
Valandraud 109 (F5), (G5)
Valandraud 2 105 (D1)
Valandraud 4 105 (D3)
Valbuena de Duero 196 (D2)
Valcalepio 159 (B5)
Valckenberg 241
Valdadige 167 (C3), 171 (A1)
Valdamor Agnusdei 194 (C4)
Valdeorras 191, 192, 190 (D2)
Valdepeñas 192, 193, 190 (F3)
Valdhuber 271 (A4)
Valdicava 181 (B5)
Valdichiana 175 (C4)
Valdipiatta 182 (C4)
Valdivia 205
Valdivieso 329 (E4)
Valdizarbe 200
Valdobbiadene 166
Vale do Río do Peixe 324 (E5)
Vale do São Francisco 324, 325, 324 (G6)
Vale dos Vinhedos 324, 325, 324 (F5)
Valea Călugărească 277 (D4)
Valea Lui Mihai 277 (A2)
Valence (Espagne) 192, 190 (F5)
Valence (France) 131 (E4)
Valentini, Eduardo 176
Valenzuela, M. 205
Valeriano 163 (E3)
Valeyrac 86, 87 (A3)
Valgella 158
Vall de Riu Corb 203
Vall Llach 204, 204 (C5)
Valladolid 196, 190 (D3), 196 (D1)
Vallagarina 168
Valle de Aconcagua 326 (A5)
Valle de Calchaquíes 332
Valle de Casablanca 326 (C4), 329 (A4)
Valle de Colchagua 329 (D4)
Valle de Curicó 329 (E4)
Valle de Güimar 193 (F2)
Valle de la Orotava 193 (F2)
Valle de Leyda 327, 326 (D4), 329 (B4)
Valle de San Antonio 326 (C4), 329 (A4)
Valle de Uco 324 (F4), 331 (D3)
Valle del Bío Bío 324 (G3)
Valle del Cachapoal 329 (C4)
Valle del Choapa 324 (F3)
Valle del Elqui 324 (F3)
Valle del Itata 324 (G3)
Valle del Limarí 324 (F3)
Valle del Maipo 326 (B5), 329 (B5)
Valle del Malleco 324 (G3)
Valle del Maule 329 (G4)
Valle del Rapel 324 (F3)
Valle dell'Acate 187 (F4)
Valle Isarco 169, 167 (A3)
Valle Venosta 169, 167 (B2)
Vallée d'Aoste 158, 159, 159 (B2)
Vallée de l'Ardre 79 (A4)
Vallée de la Loire 13, 118–125
Vallée de Nouy, la 123 (E3)
Vallejo 302, 293 (B2), 299 (F6)
Vallerots, les 64 (E5)
Vallet 118, 118 (C3), 119 (F3)
Valletta 165 (E4)
Valley of the Moon 299 (B2)
Valley of the Roses 275
Valley View 315 (G2)
Valley Vintners 275 (A1)
Valli Vineyards 363 (F4)
Vallone 185 (C6)
Valmiñor 194 (E4)
Valmur 76, 77 (D4)
Valozières, les 63 (C4)
Valpantena 171
Valparaíso 326 (B3)
Valpiedra 199
Valpolicella 166, 171, 167 (D3), 171 (B4)
Valpolicella Classico 171, 167 (D2), 171 (B2)
Valpolicella Valpantena 167 (D3), 171 (B3)
Valréas 136, 139, 137 (B3)
Valsacro 199 (B4)
Valtellina (Chianti) 179 (F5)
Valtellina (Lombardie) 157, 158, 159 (A6), 167 (B1)
Valtellina Superiore 157, 158, 159 (B6), 167 (C1)
Valtice 270 (G3)
Valtorta 163 (D4)
Vámosújfalu 268 (E4)
Van Volxem 228, 228
Vancouver 315 (C3), (G4), 316 (D5)
Vancouver, île de 314, 315 (G4)
Vânju Mare 277, 277 (D2)
Vár 268 (E2)
Varades 118 (B3)
Varaždin 272
Varese 159 (B4)
Várhegy 268 (C6), (F2), (F3)
Varna 275 (B6)
Varogne, la 135 (B4)
Varoilles, les 67 (C1)
Varrains 121 (F3)
Vasa 285, 285 (G4)
Vasse Felix 340, 341 (D5)
Vassiliou 283 (C3), 284 (E4)
Vat 47 356
Vatan, Philippe 121
Vatelot, Yves 98
Vatistas 283 (D3)
Vau de Vey 77 (D1)
Vau Giraut 77 (D1)
Vau Ligneau 77 (E1)
Vau Ragons 77 (D2)
Vauchrétien 120 (F5)
Vaucoupin 77 (E6)
Vaucrains, les 64, 64 (E5)
Vaud 254, 256-257, 255 (F2), 256 (D3)
Vaudemanges 81 (C6)
Vaudésir 76, 77 (D4)
Vaufegé 123 (E3)
Vaugiraut 77 (E4)
Vaulorent 77 (C4)
Vaumuriens-Bas, les 61 (E5)
Vaumuriens-Hauts, les 61 (E5)
Vaupulent 77 (C3)
Vaussier 148 (E1)
Vaut, en 61 (E5)
Vauthier, Alain 111
Vaux Dessus, les 59 (B2)
Vaux-en-Beaujolais 73 (D3)
Vauxrenard 73 (B3)
Vavasour 362, 362 (G4)
Vayres 83 (E4)
Veaugues 125 (C3)
Vecchie Terre di Montefili 179 (D3)
Vecchio Samperi 186
Vecchio Samperi Riserva 30 Anni 187
Veenwouden 371 (A4)
Vega Sauco 195 (E5)
Vega Sicilia 195, 196, 197, 269, 196 (D2)
Veitschöchheim 250 (E3)
Velette, la 183 (D4)
Velich 264
Veliki Preslav 275, 275 (B5)
Veliko 271
Vélines 115 (B4)
Velké Bělovice 270
Velké Bilovicé 270 (G3)
Velké Pavlovice 270, 270 (F3), (G3)
Velké Žernoseky 270, 270 (E2)
Vellé, au 67 (D2)
Velle, sur la 61 (F3)
Velletri 175 (F3)
Veltlinské Zelené (cépage) 270
Velventós 283 (B2)
Velykodolyns'ke 278 (E1)
Venâncio da Costa Lima 214 (E3)
Vendôme 119 (A1)
Vénétie 157, 166, 167 (D4)
Venezuela 325
Venialbo 195 (F4)
Venica 173 (C3)
Venningen 244 (F4)
Venoge, de 78
Ventana 307 (F4)
Venthone 257 (F2)
Ventisquero 329 (C4)
Venus la Universal 204 (D5)
Veracruz 313, 312 (G5)
Veramonte 326 (C4)
Verano, el 299 (C3)
Vérargues 143 (B4)
Verband Deutsches Prädikatsweingüter (VDP) 226, 236, 243, 245
Vercelli 158, 159 (C3)
Verchère, la 60 (C6)
Verchères, les 71 (E6)
Verchers-sur-Layon, les 118 (C5)
Vercots, les 63 (C3)
Verdejo (cépage) 192, 195
Verdelho (cépage) 212, 222, 223, 338, 339, 340, 356
Verdicchio (cépage) 157, 166, 174–176
Verdicchio dei Castelli di Jesi 174–176, 175 (C5)
Verdicchio di Matelica 176, 175 (D5)
Verdigny 125 (B3)
Verdiso (cépage) 166
Verduno 160, 165 (B3)
Verduno Pelaverga 159 (D3)
Verduzzo (cépage) 166, 172, 173
Vereinigte Bischöfliches Weingut 228
Vereinigte Hospitien 228
Vérenay 133 (A5)
Vergelegen 370, 371 (G3)
Vergelesses, île des 63 (B3)
Vergennes, les 63 (C5)
Vergenoegd 371 (F1)
Vergers, les 60 (F2)
Verget 54, 70 (E1)
Vergisson 71, 55 (F5), 70 (F1), 71 (A3)
Vérin 133 (D2)
Veritas 342 (D4)
Veritas Panciu 277 (C5)
Verlieux 133 (E2)
Vermarain à l'Est, Bas de 60 (D3)
Vermarain à l'Ouest, Bas de 60 (D3)
Vermentino (cépage) 149, 158, 159, 160, 299
Vermentino di Gallura 157, 188, 188 (A4)
Vermentino di Sardegna 188, 188 (B3)
Vermouth 151, 185
Vernaccia (cépage) 174, 180
Vernaccia di Oristano 188, 188 (C3)
Vernaccia di San Gimignano 157, 175 (B3)
Vernaccia di Serrapetrona 157, 175 (D5)
Vernatsch (cépage) 168, 169
Vernay, Georges 133
Vernon 133 (C3)
Vernou-sur-Brenne 123 (E4)
Véroilles, les 66 (E3)
Vérone 170–171, 167 (D3), 171 (C3)
Vérottes, les 62 (D3)
Verpelét 267 (D4)
Verroilles ou Richebourgs, les 65 (E4)
Vers Cras 71 (C5)
Vers Pouilly 71 (C5)
Verseuil, en 61 (F4)
Vertheuil 89, 87 (G4), 89 (E2)
Vertou 118, 118 (C2), 119 (F2)
Vertus 81 (G3)
Verzé 55 (F5), 70 (D2)
Verzenay 80, 81 (B5)
Verzy 80, 81 (B5)
Vespaiolo (cépage) 166
Vespolina (cépage) 158
Vesztergombi 266
Vétroz 256, 257 (F1)
Veuve Clicquot 79, 80
Veuve Clicquot-Ponsardin 78, 79
Vevey 256 (E5)
VI.C.OR. 183 (C4)
Via Wines 329 (F4)
Viader 301 (B3)
Viader, Delia 302
Viala, Professor 312
Viallière, la 133 (A5)
Viana 199 (A2)
Viana do Alentejo 215 (B4)
Viansa 299 (E3)
Vicairies 125 (B4)
Vicenza 166, 167 (D3)
Victoria 16, 351–353
Victorian Alps Wine Company 351
Vida, Péter 266
Vidal (cépage) 291, 321
Vidal Estate 360 (C5)
Vidal-Fleury 133
Vide Bourse 60 (G3)
Vidigueira 215, 215 (C5)
Vidin 275 (A1)
Vie di Romans 173 (E2)
Vieille Julienne, la 139 (D1)
Vienna 258-259, 131 (A4)
Vierzon 119 (B3)
Vietnam 375
Vietti 164
Vieux Bonneau, la 105 (C3)
Vieux Château Certan 104, 106, 107 (E5)
Vieux Château Champs de Mars 105 (C5)
Vieux Château Gaubert 98 (C6)
Vieux Château Landon 87 (D3)
Vieux Château Saint-André 105 (B2) 109 (B4)
Vieux Cussac 94, 95 (D5)
Vieux Donjon, le 139 (E2)
Vieux-Thann 127 (G3)
Vie-Vin 277 (D2)
VieVinum 259
Vigna La Miccia 187
Vigna Rionda 165 (F6)
Vignabaldo 183 (B5)
Vignamaggio 179 (D4)
Vignavecchia 179 (E4)
Vigne au Saint, la 63 (C3)
Vigne aux Loups 125 (A3)
Vigne Blanche 59 (C5)
Vigne de l'Enfant Jésus 62
Vigne Derrière 59 (C6), 60 (F1)
Vigne di Zamò, le 173 (D2)
Vignerais, aux 71 (B4)
Vignerondes, aux 65 (E3)
Vignerons de Beaupuy, les 113 (A2)
Vignerons de Buzet, les 113 (B2)
Vignerons du Pays Basque 112 (E6)
Vignerons Landais Tursan-Chalosse 113 (D1)
Vignes aux Grands, les 67 (D3)
Vignes Belles 66 (E6)
Vignes Blanches, les (Meursault) 61 (G3)
Vignes Blanches, les (Pouilly-Fuissé) 71 (C4)
Vignes des Champs 71 (C5)
Vignes Dessus, aux 71 (A3)
Vignes Franches, les 62 (C2)
Vignes Moingeon 60 (D3)
Vignes Rondes, les 61 (E3)
Vignes, Jean-Louis 290
Vigneto La Rocca 171
Vigneux 65 (F4)
Vignois 67 (E3)
Vignois, aux 67 (E4)
Vignoles (cépage) 291, 320
Vignots, les 62 (B1)
Vignottes, les 64 (E3)
Vigo 194, 194 (D4)
Vihiers 118 (C4)
Vila Nova da Gaia 220–221, 210 (B4)
Vila Real 218, 210 (A5)
Vilafonté 371 (C4)
Vilagarcía de Arousa 194 (B4)
Vilella Alta, la 204 (C4)
Vilella Baixa, la 204 (C4)
Villa Bel Air 98 (D5)
Villa Cafaggio 179 (D3)
Villa d'Est 374 (F5)
Villa Doluca 285
Villa la Selva 179 (F6)
Villa Lyubimets 275 (C4)
Villa Maria 362 (G2)
Villa Matilde 185, 184 (D2)
Villa Medoro 176
Villa Russiz 173 (E3)
Villa, la 165 (E3), (F5)
Villabuena de Álava 199 (A1), 199 (F5)
Villafranca del Penedès 190 (E5), 203 (E4)
Village (Gevrey-Chambertin) 67 (E1)
Village (Meursault) 61 (G6), 62 (C1)
Village (Nuits-Saint-Georges) 65 (F4)
Village Bas, le 61 (A1)
Village Haut, le 61 (A1)
Village, le (Beaune) 63 (B4)
Village, le (Gevrey-Chambertin) 66 (E4)
Village, le (Meursault) 60 (D2)
Village, le (Nuits-Saint-Georges) 65 (F6)

Village, le (Santenay) 59 (B2)
Villagrande, Barone di 187
Villaine, A. & P. de 68 (A5)
Villaine, Aubert de 68, 299
Villamediana de Iregua 199 (B2)
Villanova i la Geltrú 203 (E4)
Villány 266, 267 (F3)
Villard, François 133
Villars 146
Villars-Fontaine 57
Villatte, la 122 (D2)
Ville-Dommange 81 (A3)
Villefranche-sur-Saône 72, 55 (G5), 73 (E4)
Villenave-d'Ornon 83 (F3), 101 (D5)
Villeneuve (France) 139 (E2)
Villeneuve (Suisse) 256 (E5)
Villeneuve-de-Duras 115 (C4)
Villeneuve-sur-Lot 113 (A3)
Villero 164, 165 (E5)
Villers Allerand 81 (B4)
Villers-aux-Nœuds 81 (A3)
Villers-Marmery 81 (C6)
Villette 256 (E4)
Villié-Morgon 73 (C4), 74 (D4)
Villiera 370, 371 (C2)
Vin de Constance 369
Vin de Corse 149 (B6)
Vin de Corse-Calvi 149 (B5)
Vin de Corse-Coteaux du Cap Corse 149 (A6)
Vin de Corse-Figari 149 (D5)
Vin de Corse-Porto-Vecchio 149 (D6)
Vin de Corse-Sartène 149 (D5)
Vin de Glacier 256
Vin de Pays d'Oc 143, 152-153
Vin de Pays de Corse 149
Vin de Pays de l'Atlantique 82, 152-153
Vin de Pays de la Haute-Vallée de l'Aude 152
Vin de Pays des Collines Rhodaniennes 131, 153, 153 (C5)
Vin de Pays des Comtés Rhodaniens 152
Vin de Pays des Coteaux de l'Ardèche 131, 153
Vin de Pays des Côtes Catalanes 144
Vin de Pays des Côtes de Gascogne, 114, 153
Vin de Pays des Gaules 153
Vin de Pays des Vignobles de France 152
Vin de Pays du Charentais 153
Vin de Pays du Comté olosan 152
Vin de Pays du Jardin de la France 152-153
Vin de Pays Portes de Méditerranée 152
Vin gris 122, 287
Vin jaune 150
Vin Nakad 286 (C5)
Vin Santo 168, 174, 180, 182, 283
Vin Santo di Montepulciano 175 (C3)
Vin Santo di Montepulciano Occio de Pernice 182
Vin Santo di Montepulciano Riserva 182
Viña Aquitania 328
Viña Bajoz 195 (E5)
Viña Carmen 323
Viña Casablanca 326 (C4)
Viña Cobos 333, 331 (B4)
Viña Falernia 326
Viña Gracia 328
Viña Ijalba 199 (B2)
Viña Leyda 327
Viña Magaña 200 (D3)
Viña Mar 326 (C4)
Viña Nora 194 (D5)
Viña Porta 328
Viña Salceda 199 (G6)
Viña Tondonia 199 (F3)
Viña Villabuena 199 (F5)
Viña Winery, la 312 (E3)
Vinag 271 (B4)
Vinarte 277 (D2)
Viñas del Vero 201, 201 (F5)
Vincon Vrancea 277 (C5)
Vincor 321
Vin-de-Savoie 151
Vine Cliff 304 (B6)
Vinea Wachau 261
Viñedos Chadwick 328
Viñedos de Aldeabuena 199 (C5)
Viñedos de Villaester 195 (E6)
Viñedos del Contino 199 (B2)
Viñedos Organicos Emiliana 329, 329 (D4)
Vineland Estates 321 (G4)
Vinemount Ridge 321 (G3)
Vinex Preslav 275 (B5)
Vinho Regional 211
Vinho Regional Alentejano 215
Vinho Regional Beiras 212
Vinho Regional Terras do Sado 214
Vinho Verde 194, 211, 210 (A4)
Vinhos Justino Henriques 223 (G4)
Vini Sliven 275 (B4)
Vini Suntime 372
Vinicola del Priorat 204 (C4)
Vinivel-Ivailovgrad 275 (D4)
Vinja 277 (B5)
Vino de la Tierra Castilla y León 192
Vino Kupljen 271 (B6)
Vino Nobile di Montepulciano 156, 157, 182, 175 (C3)
Vinon 125 (C4)
Vinos de la Tierra 205
Vinos de Madrid 193, 190 (E3)
Vinos Generosos 205
Vinos Piñol 202 (F5)
Vinovation 240
Vinprom Peshtera 275 (C2)
Vinprom Peshtera Iambol 275 (C4)
Vinprom Rousse 275 (A4)
Vins Auvigue 71 (B4)
Vins d'Entraygues et du Fel 112, 53 (F3)
Vins d'Estaing 112, 53 (F4)
Vins de glace 270, 271, voir aussi Eiswein, Icewine
Vins de la La 132
Vins de Lavilledieu 113
Vins de paille 135, 150
Vins de Pays 152–153
Vins de Table Afrique du Sud 367, 370 ; Allemagne 225, 226 ; Angleterre 253 ; Argentine 332 ; Australie 338, 344, 350, 356 ; États-Unis 17, 312 ; France 144, 146, 152 ; Hongrie 266 ; Italie 157, 180 ; Mexique 313 ; Portugal 211, 213, 216, 218
Vins délimités de qualité supérieure (VDQS) 52
Vins Doux Naturels (VDN) 138, 140, 144
Vins du Sud-Ouest 112-114
Vins du Thouarsais 53 (D2)
Vins effervescents Allemagne 227, 228, 251 ; Angleterre 253 ; Australie 338, 348, 351–352, 353, 354, 355, 357 ; Brésil 324 ; Crimée 279 ; Espagne 202 ; États-Unis 290, 294, 298, 302, 313, 316 ; France 68, 113, 118, 121, 123, 140, 150, 151 ; Géorgie 280 ; Grèce 282, 284 ; Hongrie 267 ; Italie 158, 160, 166, 168, 171, 187 ; Mexique 313 ; Portugal 212 ; Roumanie 276 ; Russie 279 ; Slovaquie 270 ; Slovénie 271 ; Ukraine 279
Vinska Klet Goriška Brda 173 (D3)
Vinsobres 138, 137 (B3)
Vinterra 277 (D2), (D4)
Vintners Quality Alliance (VQA) 321
Vinum Benedictum 250
Vinzel 256 (E2)
Vinzelles 55 (F5), 70 (G2), 71 (D6)
Viognier (cépage) 23 ; Allemagne 245 ; Amérique du Sud 325, 326, 332 ; Australie 338, 343, 348, 354, 357 ; États-Unis 310, 313 ; France 130, 133, 153 ; Grèce 282 ; Hongrie 266 ; Nouvelle-Zélande 358 ; Suisse 254
Violès 139 (C4)
Violettes, les 65 (F5)
Vion 131
Vionne, la 67 (E4)
Viozinho (cépage) 218
Vipava 273 (A1)
Vipavska Dolina 173 (F4)
Viré 70, 55 (E5), 70 (C3)
Viré-Clessé 70
Vireuils Dessous, les 61 (E1)
Vireuils Dessus, les 61 (E1)
Vireux, les 61 (E1)
Virgil 12
Virgin Hills 352 (C3)
Virginia 290, 291, 291 (C6)
Virieu-le-Grand 151, 151 (B4)
Virondot, en 59 (C5)
Vis 272
Visan 136, 137 (B3)
Visette 165 (F4)
Viseu 213, 212 (E4)
Visintini 173 (D2)
Visp 257 (F4)
Visperterminen 256, 257, 257 (F4)
Vista Flores 332, 331 (D3)
Vistalba 332
Viterbo 175 (D3)
Viticcio 179 (D3)
Viticola Sarica Niculițel 277 (C5)
Vitis labrusca 22, 290, 320
Vitis vinifera 18, 22, 279, 290, 320
Vitkin 286 (E4)
Vitoria-Gasteiz 190 (D4)
Vitusberg 237 (F5), (G5)
Viu Manent 329 (D4)
Viura (cépage) 193, 199
Vivier, le 74 (C5)
Vlorë 273 (G4)
Voegtlingshofen 129, 127 (E4)
Vogelleithen 260 (D2)
Vogelsang (Nahe) 243 (C4)
Vogelsang (Rheingau) 236 (F2)
Vogelsang (Sarre) 229 (G3)
Vogiatzis 283 (B2)
Voillenot Dessous 60 (G2)
Voillenots Dessus, les 60 (G2)
Voipreux 81 (G4)
Voitte 60 (G4)
Vojvodina 272, 273 (B5)
Volkach 250 (E4)
Volker Eisele 301 (C5)
Vollenweider, Daniel 233
Volnay 15, 16, 61, 55 (D5), 61 (F4)
Volnay-Santenots 61
Von Siebenthal 326 (A5)
Von Strasser 301 (B2)
Vongnes 151 (C4)
Voor Paardeberg 370, 366 (F2)
Vorbourg 129, 128 (E2)
Vordernberg 263 (C3)
Vorderseiber 260 (B4)
Vorontzov, Mikhail 279
VORS 207
VOS 207
Vosgros 77 (E4)
Vosne 58, 67 (D2)
Vosne-Romanée 64, 65, 55 (C6), 65 (F4)
Voss 361 (B4)
Vougeot 57, 55 (C6), 65 (F6), 66 (F1)
Vouni 285 (G4)
Vouni Panayia-Ampelitis 285 (G3)
Vouvray 123, 119 (B1), 123 (E3)
Vouvry 256 (F5)
Voyager Estate 341 (E5)
Voznesens'k 278 (E2)
Vráble 270 (G4)
Vraháti 284 (E4)
Vranac (cépage) 272, 273
Vrancea 276
Vranje 272, 273 (E5)
Vranken-Pommery 78
Vratsa 275 (B2)
Vredendal 367
Vriesenhof 371 (E3)
Vrigny 81 (A2)
Vršac 273 (C6)
Vugava (cépage) 272
Vully 255 (E2)
Vychodoslovenská 270 (G6)
Vylyan 266

W

Waal, de 371 (E1)
Wachau 260–261, 259 (B3), 260 (A4), 262 (F6)
Wachenheim 246, 244 (E4)
Wachtberg 262, 262 (D6)
Wade, John 339
Wädenswil clone 317
Wagga Wagga 337 (E3)
Wagner, Philip 291
Wagner-Stempel 240, 241
Wagram 258
Wahluke Slope 319, 315 (B5)
Waiheke, île 359, 359, 358 (B5)
Waihopai Valley 362 (G1)
Waikato 359
Waimea Plains 358 (C5)
Waipara 359, 358 (D4)
Wairarapa 361
Wairau Valley 26, 362, 362 (G2)
Waitaki Valley 359, 363, 358 (E4)
Walch, Elena 169
Waldäcker 264 (E4)
Waldrach 234, 227 (F4), 234 (D5)
Waldulm 248 (E2)
Walensee 255 (E5)
Walkenberg 237 (F5)
Walker Bay 367, 368, 366 (G3)
Walkersdorf 263 (C4)
Walla Walla 315 (C6), 319 (E3)
Walla Walla Valley 319, 315 (B6)
Wallhausen 242 (A4)
Walluf 226, 238, 237 (F5)
Walsheim 244 (F4)
Walter Core Wine and Culinary Center 319
Walter Filiputti 173 (D2)
Wanaka 363 363 (D5)
Wangaratta 337 (F3), 352 (A5)
Wangolina Station 349 (C4)
Wantirna Estate 352 (D4)
Warden Abbey 253 (F5)
Warnham Vale 253 (G5)
Warrabilla 352 (A5)
Warramate 354 (C5)
Warraroong Estate 357 (C5)
Warre 219, 221
Warrenmang 352 (B2)
Warrnambool 352 (D1)
Warwick 371 (C3)
Washington 291, 314, 317, 318–319
Washington Hills Cellars 318 (D4)
Washington, George 290
Wasseros 238
Wassmer, Fritz 249
Wasson Bros 316 (D6)
Water Wheel 352 (B3)
Waterbrook 319 (F2)
Waterford 371 (F3)
Watershed 341 (E6)
Watervale 345, 345 (F5)
Wattle Creek 296 (B4)
Watzelsdorf 259 (A4)
Wechselberg 263 (B2), (B4)
Wechselberger Spiegel 263 (B4)
Wedgetail 352 (C4)
Wehl's Mount Benson 349 (C4)
Wehlen 232, 232 (E5)
Weiden 259 (C6)
Weigenheim 250 (F4)
Weil, Robert 238
Weilberg 246 (B2)
Weilong 372 (F5)
Weinberg 263 (C4)
Weinert 331 (B4)
Weingut am Stein 251
Weinheim (Bade-Wurttemberg) 248 (C3)
Weinheim (Hesse rhénane) 240, 240 (E2)
Weinland Osterreich 258
Weinsberg 226, 248 (D4)
Weinstrasse 246 (D2)
Weinviertel 258, 259 (B5)
Weinzierlberg 263 (D1)
Weisenheim 244 (D4)
Weisenstein 232, 232 (G5)
Weisinger's 315 (G3)
Weiss Erd 239 (F3)
Weissburgunder (cépage) 226, 227, 241, 245, 248, 249, 251, 259, 264, voir aussi Pinot Blanc
Weissenkirchen 260, 261, 259 (B3), 260 (B4)
Weissherbst (cépage) 249
Weitenberg 260 (B4)
Weitgasse 263 (D2)
Welgemeend 371 (C3)
Welland Valley 253 (E5)
Wellington (Afrique du Sud) 370, 366 (F2), 371 (A5)
Wellington (États-Unis) 299 (B2)
Wellington (Nouvelle-Zélande) 361, 358 (C5)
Welschriesling (cépage) 173, 258, 259, 264, 266, 270, 271, 272, 276, 277, 373
Wemmershoek 371 (D5)
Wendouree 345, 345 (E4)
Weninger, Franz 265, 267, 267
Wente Bros 307 (A3)
Wente, famille 306
Wermuth 301 (B3)
West Cape Howe 339 (F6)
West Richland 318 (D5)
West Sacramento 311 (B3)
West Side Road 295, 296
Westcorp 367, 366 (C1)
Western Cape 370
Western Range 339 (A4)
Westfield 340, 339 (E5)
Westhalten 128-129, 127 (F4), 128 (E3)
Westhofen 240 (F3)
Westover 307 (A2)
Westrey 316 (E4)
Weststeiermark 259 (F3)
Wettolsheim 127 (E4), 128 (F6)
Whaler 294 (C4)
Whangarei 358 (A5)
Whistling Eagle 352 (B3)
White Salmon 315 (C4)
Whitehall Lane 303 (F3)
Whitehaven 362 (G3)
Whitfield 337 (F3)
Wicker 239
Wickham 253 (G5)
Wieden 262 (E6)
Wiedendorf 263 (A5)
Wieland 263 (D3)
Wiemer, Hermann J. 320
Wien 259 (B5)
Wiener Neustadt 259 (C5)
Wiesbaden 239, 225 (E2), 235 (C5)
Wiesenbronn 250 (E4)
Wignalls 339 (F6)
Wild Duck Creek 352 (B3)
Wild Goose 315 (F6)
Wild Hog 296 (E3)
Wild Horse 309 (B2)
Wildendürnbach 259 (A5)
Wildhurst 294 (C5)
Wildsau 237 (E5)
Willakenzie Estate 316 (E4)
Willamette Valley 26, 314, 316–317, 315 (D2), 316 (F4)
Willanzheim 250 (F4)
Willespie 341 (D5)
William Fèvre 329 (B6)
William Harrison 303 (F3)
William Hill (Californie) 301 (E6)
William Hill (Nouvelle-Zélande) 363 (G6)
Williams Selyem 295, 296 (E5)
Williamstown 342 (G3)
Willow Bridge 340, 339 (D4)
Willow Heights 321 (G4)
Willows, The 342 (C5)
Willunga 346, 346 (F4)
Willyabrup Valley 340
Wilson (Australie) 345 (E5)
Wilson (États-Unis) 296 (D4)
Wiltingen 228, 229 (C3)
Winden 259 (C5)
Windesheim 242 (A5)
Windleiten 263 (D2)
Winds of Change 368
Windsor 296 (E5)
Windwalker 311 (B5)
Wine Art Estate 283 (A4)
Wineck-Schlossberg 129 (E2)
Wineglass 318 (D3)
Winery Lake 299, 299 (D4), 301 (G4)
Wing Canyon 301 (E4)
Winiarski, Warren 305
Winkel 236, 235 (D4), 236 (G3)
Winningen 227, 233
Winter, Stefan 240
Winterthur 255 (E4)
Wintrich 231, 230 (B6)
Wintzenheim 129, 127 (E4), 128 (E6)
Winzenheim 242 (B5), 243 (C5)
Wipfeld 250 (E4)
Wirilda Creek 346 (F5)
Wirra Wirra 346, 346 (F5)
Wirsching, Hans 251
Wisconsin 291, 291 (B4)
Wise 341 (B5)
Wisselbrunnen 236, 237 (F1)
Wissett Wines 253 (E6)
Wither Hills 362 (G3)
Witness Tree 316 (E4)
Wittenheim 127 (G4)
Wittlich 227 (E4)
Wittmann, Philipp 240
Wohlmuth 259
Wohra 263 (C5)
Wöhrle, famille 249
Wolf 233, 233 (C1)
Wolf Blass 343, 342 (C5)
Wolf, J. L. 246
Wölffer 320 (E6)
Wolfsberg 263 (G2)
Wolfsgraben 263 (B5)
Wolfsworth 264 (F3)
Wolkersdorf 259 (B5)
Wollersheim 291
Wollongong 337 (E5)
Wöllstein 240 (E1)
Wolxheim 127 (A5)
Wonnegau 241
Woodbourne 362, 362 (G2)
Woodburn 315 (D2), 316 (E4)
Woodend 337 (G2)
Woodland 311 (B3)
Woodlands 341 (D5)
Woodside 307 (B1)
Woodside Valley 341 (C5)
Woodstock 346, 346 (E5)
Woodward Canyon 318, 319, 319 (E2)
Woody Nook 341 (C5)
Wooing Tree 363 (F5)
Woolridge Creek 315 (G2)
Woori Yallock 354 (D5)
Worcester 368, 366 (F3)
Worms 241, 240 (F4), 244 (D5)
Wörrstadt 240 (D2)
Worthenbury Wines 253 (E4)
Wösendorf 260, 260 (C4)
Wrattonbully 349, 336 (F6), 349 (C6)
Wroxeter 253 (E4)
Wuenheim 127 (F3)
Wülfen 237 (E4)
Wurtemberg 226, 248–249, 25 (F3)
Württembergisch Unterland 248 (D4)
Würzburg 240, 250, 251, 225 (E3), 250 (E3)
Würzgarten (Bernkastel) 232, 232 (C3), (C4), 233 (C1), (D1)
Würzgarten (Rheingau) 236, 236 (E5)
Wyken 253 (E6)
Wylye Valley 253 (F4)
Wyndham Estate 357 (B6)
Wynns 350, 350 (B5)

X

Xabregas 339 (F6)
Xanadu 341 (E5)
Xarel-lo (cépage) 202
Xérès 205-207
Xinjiang 372
Xinjiang Uygur Zizhiqu 372 (B3)
Xinomavro (cépage) 282
Xisto 218
Xixia 372 (B5)
Xynisteri (cépage) 286

Y

Yakima 315 (B4), 318 (C2)
Yakima Valley 318–319, 315 (B5)
Yaldara Estate 342 (E3)
Yalumba 343, 344, 355, 344 (C5), 342 (D5)
Yalumba The Menzies 350 (D5)
Yamanashi 374, 374 (F5)
Yamazaki 374 (D5)
Yambol (Iambol), 275 (C4)
Yamhill Valley 316, 316 (E3)
Yamhill-Carlton District 317
Yammé 368
Yarden 286
Yarra Burn 354 (D6)
Yarra Glen 337 (G2), 354 (B4)
Yarra Junction 354 (D6)
Yarra Ridge 354 (B4)
Yarra Valley 351, 354, 337 (G2), 352 (C4)
Yarra Yarra 354 (A4)
Yarra Yering 354, 354 (C5)
Yarrabank 354 (B4)
Yass 337 (E4)
Yatir 286, 286 (F5)
Yattarna 357
Yazgan 285 (B3)
Ycoden Daute-Isora 193 (F2)
Yearlstone 253 (G3)
Yecla 192, 190 (F4)
Yeghegnadzor 280
Yellow Tail 336,338
Yenne 151 (C4)
Yerevan 278 (G5)
Yering Station 354 (B4)
Yeringberg 354 (C4)
Yerro, Alonso 197
Yevpatoriya 278 (F2)
Yokohama 374 (F5)
Yonder Hill 371 (F2)
York Creek 302, 301 (C2)
York Mountain 309 (B1)
Yorkville 294, 294 (C3)
Young 337 (E4)
Youngs 311 (C5)
Yountville 302, 301 (E4), 304 (B5), 305 (F3)
Ysios 198
Ysios 199 (F6)
Yufuin 374 (F3)
Yunnan 372 (C4)
Yunnan Red 372 (C4)
Yunnan Sun Spirit 372 (C4)
Yvorne 257, 256 (F5)

Z

Zaca Mesa 309 (E4)
Zacatecas 313, 312 (F4)
Zaccar 287
Zaer 287 (G2)
Zagorje-Medimurje 273 (A3)
Zagreb 273 (B3)
Zahlé 286
Zahtila 301 (A2)
Zákinthos 283, 283 (D1)
Zala 267, 267 (E2), (F2)
Zalakaros 267 (F2)
Zalhostice 270 (E2)
Zamora 190 (D2), 195 (E3)
Zanella, Maurizio 166
Zante 283, 284
Zanzl 260 (B5)
Zapadna Morava 273 (D5)
Zapata 333
Zaragoza 190 (D4)
Zaum 261 (B2)
Zayante 307 (C2)
ZD 303 (F4)
Zefir (cépage) 266
Zehnmorgen 241 (D5)
Zeil 250 (D5)
Zeletin 277 (B5)
Zell 227, 233, 227 (E5)
Zellenberg 127 (D4)
Zellingen 250 (E3)
Zeltingen 232
Zema Estate 350, 350 (B5)
Zemmer 227 (F4)
Zemmour 287 (G2)
Zenatta 287 (G2)
Zeni 168 (B5), 169 (G4)
Zenit (cépage) 266
Zerbina 166
Zerhoun 287 (G2)
Zeta (cépage) 266
Zeus (cépage) 266
Zeutern 248 (D3)
Zevenwacht 371 (D1)
Zevgolátio 284 (E4)
Zibbibo (cépage) 187
Zibo 372 (G4)
Zichron Yaacov 286
Zierfandler (cépage) 259
Ziersdorf 259 (B4)
Zilavka (cépage) 272, 273
Zilliken, Geltz 228
Zimmerling 251
Zind-Humbrecht 126-127, 129
Zinfandel (cépage) 17, 23, 185, 272, 293, 294, 296, 297, 298, 302, 306, 309, 311, 319, 346
Zinnkoepflé 129, 128 (E3)
Zistersdorf 259 (B5)
Zítsa 282, 283 (B2)
Zlahtina (cépage) 272
Zlaté Moravce 270 (G4)
Zlati Grič 271 (C3)
Znojmo 270, 270 (G3)
Zöbing 262, 259 (B4), 263 (A3)
Zoltán Demeter 268 (G4)
Zonda Valley 332
Zornberg 260 (D2)
Zorovliet 371 (D4)
Zotzenberg 127
Zsadányi 268 (E4)
Zuckerberg 241 (F6)
Zuger, Roger & Jean-Claude 96
Zürcher Weinland 255 (E4)
Zürich 255 (E4)
Zürichsee 255 (E4)
Zweigelt (cépage) 258, 264, 266, 270, 272
Zweigeltrebe (cépage) 270
Zwerithaler 260 (A5)

Remerciements

Nous aimerions remercier les personnes suivantes et présenter nos excuses à ceux que nous aurions pu oublier.

Introduction *Terroir* Laurent Lebrun ; *Anatomie d'une propriété viticole* Frédéric Engerer, Hélène Genin, Sonia Favreau

France Chris Skyrme, Pierre Morel, Amina El Abbassi (Sopexa UK), Elodie Pastie (INAO), *Bourgogne* Soizic Pinczon du Sel, Tina Sellenet (BIVB) ; *Pouilly-Fuissé* Jean Rijckaert ; *Beaujolais* Clive Coates MW, Anne Masson (UIVB) ; *Chablis* Rosemary George MW ; *Champagne* Michael Edwards, Brigitte Batonnet (CIVC) ; *Bordeaux* James Lawther, Kees van Leeuwen, Tim Unwin, Aurélie Chobert (L'Alliance des crus bourgeois du Médoc), Anne Marbot (CIVB) ; *Sud-Ouest* Paul Strang, Jérôme Pérez ; *Vallée de la Loire* Charles et Philippa Sydney ; *Alsace* Oliver Humbrecht MW, Thierry Fritsch (Conseil interprofessionnel des vins d'Alsace) ; *Rhône* John Livingstone Learmonth, François Drounau (Inter Rhône) ; *Languedoc* Christine Behey-Molines (Comité interprofessionnel des vins du Languedoc), Paul Strang ; *Roussillon* Eric Aracil (Comité interprofessionnel des vins du Roussillon), Tom Lubbe ; *Provence* François Millo (Comité interprofessionnel des vins de Provence) ; *Corse* Patrick Fioramonti ; *Jura, Savoie et vins de pays* Wink Lorch

Italie David Gleave MW, Michèle Shah, Federico Vincenzi ; *Trentin* Sabrina Schenchl ; *Haut-Adige* Thomas Augscholl ; *Vérone* Emilio Fasoletti ; *Frioul* Barbara Rosso ; *Chianti* Silvia Fiorentini (Consorzio Vino Chianti Classico) ; *Pouilles* Mark Shannon ; *Sicile* Kate Singleton

Espagne John Radford, Maria-José Sevilla, Margarita Perez Vilanova, Alison Dillon ; *Somontano* Martin Abell ; *Rueda* Arancha Zamácola ; *Priorat* René Barbier ; *Jerez* Jesús Barquín

Portugal Richard Mayson, Filipe Neves ; *Douro et Madère* Ben Campbell-Johnson

Allemagne Stuart Pigott, Michael Schemmel, Steffen Schindler (DWI), Hilke Nagel (VDP) ; *Palatinat* Markus Heil

Angleterre et Pays de Galles Stephen Skelton MW, Julia Trustram Eve (producteurs de vins anglais)

Suisse Pierre Thomas

Autriche Peter Moser, Susanne Staggl (OEWM)

Hongrie Gabriella Meszaros, Diana Sidlovits (Hegyköségek Nemzeti Tanácsa)

République tchèque et Slovaquie Helena Baker, Pavel Heimlich, Martin Kristek, Ondrej Kuchar

Slovénie Robert Gorjak, Mojca Jakša

Balkans Lisa Shara Hall ; *Croatie* Irina Ban, Darrel Joseph ; *Albanie* Andreas Shundi

Bulgarie Caroline Gilby MW, Lilia Stoilova, Julia Kostadinova

Roumanie Caroline Gilby MW, Basil Zarnoveanu (Provinum)

Anciennes Républiques soviétiques Shalva Khetsurani, Bisso Atanassov, John Worontschak ; *Ukraine* T. Postoain ; *Azerbaïdjan* Mail Amanov ; *Géorgie* Shalva Khetsuriani, Gia Sulkhanishvili

Grèce Konstantinos Lazarikis

Méditerranée orientale *Turquie* Yakip Icgoren, Oktay Onderer, Ozlem Atak ; *Chypre* Caroline Gilby MW ; *Liban* Michael Karam, Charles Ghostine ; *Israël* Adam Montefiore

Amérique du Nord *États-Unis* Rebecca Murphy, Doug Frost MW, MS, Bill Nelson, Jenny Mattingley ; *Californie* Larry Walker, Linda Murphy, Emma Rice, Gladys Horiuchi ; *Napa* Terry Hall ; *Sonoma* Phil Bilodeau ; *Lodi* Mark Chandler ; *Arizona* Todd Bostock ; *Michigan* David Creighton ; *Missouri* Ann Miller ; *Ohio* Donniella Winchell ; *New York* Jim Tresize, Susan Spence (NYWGF) ; *Nord-Ouest Pacifique* Lisa Shara Hall, Susan O'Hara ; *Texas* Dacota Julson ; *Canada* Janet Dorozynski, Igor Ryjenkov ; *Colombie-Britannique* John Schreiner ; *Ontario* Prof. Tony Shaw (Brock University), Linda Bramble, Laurie Macdonald (VQA) ; *Mexique* John Worontschak

Amérique du Sud *Brésil* Arthur Azevedo ; *Uruguay* Daniel Pisano, Lauro Arias, José Osvaldo do Amarante, Luiz Horta ; *Chili* Patricio Tapia, Michael Cox (vins du Chili) ; *Argentine* Enrique Chrabolowsky, James Forbes, Fernando Farré, Ariel Menniti (vins d'Argentine)

Australie Kirsten Moore (vins d'Australie), Peter Bailey (AWBC) ; *Australie-Occidentale* Peter Forrestal ; *Margaret River* Janine Carter ; *Australie-Méridionale* Max Allen ; *McLaren Vale* Sandie Holmes ; *Adelaide Hills* Katie Cameron ; *Limestone Coast et Coonawarra* Brian Croser, Ian Hollick ; *Victoria* Max Allen, Joanne Butterworth ; *Geelong* Diana Sawyer ; *Yarra Valley* Anna Aldridge ; *Tasmanie* Andrew Pirie, Kim Seagram ; *Nouvelle-Galles-du-Sud* Stuart McGrath-Kerr ; *Hunter Valley* Iain Riggs, Christopher Barnes, Paul Stuart

Nouvelle-Zélande Michael Cooper, Warren Adamson (vins de Nouvelle-Zélande) ; *Auckland* Michael Brajkovich MW ; *Hawke's Bay* Gordon Russell ; *Martinborough* Larry McKenna, Sarah Sherwood ; *Marlborough* Sarah Booker ; *Central Otago* Lucy Thomson

Afrique du Sud Tim James, Sophie Waggett (WOSA UK), Su Birch, Andre Morgenthal (WOSA South Africa) ; *Constantia* Di Botha, Lowell Jooste

Asie Denis Gastin

Photographies
b bas, c centre, g gauche, d droite, h haut

Anthony Blake Photo Library/Gerrit Bunrock 247, /Guy Moberly 202–203, AKG-Images 12 bg, Alamy /Peter Adams Photography 254, /BL Images Ltd 140, /Cephas Picture Library 35 g, 164, 174, 191, 192, 197, 205, 213 h, 220, 223, 233, 237, 238, 274, 281, 334–335, 355, /Danita Delimont 304, /Joel Day 340, FAN travelstock 166, John Ferro Sims 172, /Peter Horree 108, /Chris Howes/Wild Places Photography 252, /isifa Image Service s.r.o. 270, /Per Karlsson - BKWine.com 35 d, 134, 269, 272, /Roy Mehta 98, /WoodyStock 143, Ancient Art & Architecture Collection 13 bg, Badia a Coltibuono 178, Baron Philippe de Rothschild S.A. 152 b, Bodega Catena 330, Grand conseil des vins de Bordeaux/V Bengold 31 bg, Brangayne of Orange, NSW, Australie 356, Bridgeman Art Library/©Louvre, Paris, France/Giraudon 13 bc, Bob Campbell MW 31 bd, Cape Jaffa Wines/Jane Hogarth 349, Lucy Carolan 2–3, John R. Calvin, Casa Rondeña Winery 313, Central Otago Pinot Noir Ltd, Chard Farm 363, Cephas Picture Library/Jerry Alexander 303, 305, /Kevin Argue 321, /Nigel Blythe 104, 112, 152 h, 201, 224, 374, /Andy Christodolo 132, 240, 257, 353, /Bruce Fleming 300, /Dario Fusaro 160, /Kevin Judd 344, /Herbert Lehmann 157, 261, /Clay McLachlan 244, /Pierre Mosca 221, /R & K Muschenetz 19 bd, 288–289, /Mike Newton 170, /Alain Proust 368, /Mick Rock 19 bcg, 19 bcd, 58 d, 65, 68, 70, 72, 93, 111, 124, 126, 136, 138, 144, 149, 150, 154–155, 184, 188, 195, 198, 211, 213 b, 217, 231, 249, 266, 276, 295, 347, /Ian Shaw 180, Château Ksara 285, Château Latour/Alain Benoit, Deepix 39, Château Lynch-Bages 90, Château Olivier 27, Château Smith Haut-Lafite 100, 100 g, domaine Señorío de Arínzano de la famille Chivite 200, Corbis/Morton Beebe 298, /Alex Grimm/Reuters 250, /Charles O'Rear 343, /Henri Tullio 287, /©Merle W. Wallace/Fox Searchlight/Bureau L.A. Collection 292, Patrick Cronenberger 82, Deutsches Weininstitut/Kämper 245, /Hartmann 251, famille Evans/Peter Morse 49, avec l'aimable autorisation de la Fanagoria Wine Company/I&O Ulko 279, Werner Forman Archive 12 bd, /Musée Égyptien, Caire 12 bc, /Grand musée du vin Rothschild, Bordeaux 14, cave Gaja 176–177, Getty Images/Clay McLachlan 359, Bozidar Grabovac 271, Charmaine Grieger 116–117, 322–323, 327, 364–365, 367, Grosset Wines 345, Guillaume à Bennelong 338, Julia Harding MW 333, Herederos del Marqués de Riscal 189, Jamie Hewet 2003 351, Kirk Irwin, I&I Images 290, 308, 310, Hugh Johnson 341 b, 369, Leeuwin Estate/Martin Farquharson 341 h, Claes Lofgren 17, 19 h, 32, 33, 78, 80, 102 b, 106, 158, 169, 186, 228, 239, 258, 265, 282, 284, 319, 370, Loisium Wine Attraktion 262, vins Montes 30 hg, 328, Nyetimber Ltd 253, Octavian Corsham Cellars, Wiltshire, UK 43 b, Octopus Publishing Group Ltd/Adrian Pope 6, 7, 44 g, 44 hd, 44 bd, 46–47, 48 g, 48 d, 48 c, /Russel Sadur 41, 43 h, /Chris Terry 40 bg, bgc, 40 bcg, bcd, bd, OnAsia/Natalie Behring 8, 373, /Luke Duggleby 375, Charles O'Rear 4–5, 18–19, 24–25, 40 h, Peter Michael Winery/Olaf Beckmann 297, Photos 12/ Institut Rameses 12 h, Janet Price 63, 76, 314, Emma Rice 34, Ridge Vineyards 306, RK le Studio – France 40 bdc, Christian Sarramon 50-51, Schlossgut Diel 242, Science Photo Library/Alfred Pasieka 19 bg, Scope/J Guillard 67, 75, 110, 121, 129, 147, 162, 208–209, 215, 227, /J. L. Barde 71, 102 h, 114, 207, 350, /Marc Combier 69, /M. Guillard 85, 86, 88, 94, 125, /S. Matthews 182, 317, Giorgi Sulkhanishvili 280, domaine de la famille Symington 219, Tahbilk 16, Toast Martinborough 361 h, 361 b, ViniBrasil 325, VinVinoLife 96, Don Wallace 31 h, Jon Wyand 30 d, 54–55, 58 g, 61, 130.

Illustrations
Lisa Alderson/Advocate 18–23 (20–21 d'après les photographies de Peter Oberleithner), Chris Boyd 1, Keith Hornblower 38–39, Tim Loughhead/Precision Illustration 36–37, Lucinda Rogers 28–29.

Nous nous sommes efforcés de trouver les propriétaires des copyrights des photographies. Quiconque aurait été oublié de cette liste par inadvertance est invité à écrire aux éditeurs qui se feront un plaisir de procéder aux modifications qui s'imposent lors des réimpressions de cette publication.